D1665909

Fraud Management

Hans-Willi Jackmuth Christian
de Lamboy Peter Zawilla (Hg.)

Fraud Management

Der Mensch als Schlüsselfaktor
gegen Wirtschaftskriminalität

Frankfurt School
Verlag

Bibliografische Information der Deutschen Nationalbibliothek

Die Deutsche Nationalbibliothek verzeichnet diese Publikation in der Deutschen Nationalbibliografie; detaillierte bibliografische Daten sind im Internet über http://dnb.d-nb.de abrufbar.

Besuchen Sie uns im Internet: http://www.frankfurt-school-verlag.de

Das Werk einschließlich aller seiner Teile ist urheberrechtlich geschützt. Jede Verwertung außerhalb der engen Grenzen des Urheberrechtsgesetzes ist ohne Zustimmung des Verlages unzulässig und strafbar. Das gilt insbesondere für Vervielfältigungen, Mikroverfilmungen und die Einspeicherung und Verarbeitung in elektronischen Systemen.

Printed in Germany

ISBN 978-3-940913-19-7

1. Auflage 2012 © Frankfurt School Verlag GmbH, Sonnemannstraße 3-5, 60314 Frankfurt am Main

Geleitwort

Die Aufmerksamkeit, die Medien und Öffentlichkeit der Wirtschaftskriminalität schenken, ist in den letzten Jahren gestiegen und prägt das wirtschaftliche Handeln mittlerweile unmittelbar. Denn die zunehmende Internationalisierung und die moderne Kommunikations- und Informationstechnik erleichtern kriminelle Angriffe auf Unternehmenswerte. Die Wirtschaft verzeichnet hohe Schäden, so dass Gesetzgeber und Aufsichtsbehörden Anforderungen an und Regeln für das wirtschaftliche Handeln verschärfen und regelmäßig neue erlassen.

Daher richten immer mehr Unternehmen eigene Abteilungen oder ganze Bereiche ein, deren wesentliche Aufgabe es ist, wirtschaftskriminelle Handlungen vom Unternehmen fernzuhalten oder entstandene Schäden zu minimieren. Unter dem Begriff Fraud Management werden ihre Aktivitäten und Ziele zusammengefasst.

Auf Konferenzen und in den Medien werden die Herausforderungen des Fraud Management aufgegriffen, doch nicht immer geschieht dies in der notwendigen Tiefe und Ausgewogenheit, was sicherlich auch mit der Flüchtigkeit unserer Informationsgesellschaft zusammenhängt. Umso wichtiger ist es, sich mit dem Thema Wirtschaftskriminalität fundiert auseinanderzusetzen, seine Komplexität umfassend darzustellen und zu diskutieren. Immer mehr Menschen, die in Unternehmen, aber auch bei Verbänden oder Non-Profit-Organisationen tätig sind, benötigen praktische Hilfestellungen für ihren Berufsalltag im Bereich Fraud Management. Dabei geht es um Aufgaben wie Prävention, Trainingsmaßnahmen oder Sensibilisierungsaktionen für Mitarbeiter, die Erstellung organisationseigener Leitlinien genauso wie um Best Practices für den Umgang mit einem Schadensfall.

Der vorliegende Herausgeberband deckt das gesamte Aufgaben- und Themenfeld des Fraud Management hervorragend und detailliert ab. Die Autoren kommen aus der Praxis. Authentisch legen sie ihre jeweiligen Spezialgebiete sowie eigene Erfahrungen dar und zeigen, welche Kenntnisse ein erfolgreicher Fraud Manager heutzutage benötigt. Dem Menschen kommt dabei eine Schlüsselrolle zu – denn letztlich ist es der Einzelne, der unterschlägt oder hinterzieht und damit kriminell wird. Und es sind die Menschen, die Kriminalität verhindern oder aufdecken. Die einzelnen Beiträge stellen das Individuum und seine Rolle entsprechend in den Fokus und zeigen auf, wie Fraud Management aufgestellt sein und agieren muss. Mit diesem Buch liegt erstmals ein ganzheitlicher und integrierter Ansatz für Fraud Prävention und Fraud Management vor.

Wiesbaden, im Frühjahr 2012

Jörg Ziercke
Präsident des Bundeskriminalamts

Geleitwort

Learning is not compulsory ... neither is survival.

Dieser von William Edwards Deming geprägte Satz veranschaulicht deutlich, dass im Prinzip eine Wahl besteht, sich nicht weiter zu bilden, die Wahl aber sehr häufig zugunsten des Lernens ausfallen dürfte. Verknüpft man dieses Zitat mit den Erkenntnissen von Charles Darwin, dass nur der Stärkste überlebt, können wir für die heutige Informationsgesellschaft konstatieren, dass nur derjenige überlebt, der sich ständig weiterbildet.

Umso mehr freut mich, dass wir mit dem vorliegenden Buch und dem Zertifikatsstudiengang Certified Fraud Manager (CFM) – aus dem das Buch entstanden ist – eine einzigartige Möglichkeit geschaffen haben, sich mit dem für Aus- und Fortbildung noch recht jungen Gebiet der Wirtschaftskriminalität auseinanderzusetzen.

Das Gesamtprojekt des CFM und der Zuspruch hierzu ist auch ein Beleg dafür, dass die Ausrichtung der Frankfurt School of Finance & Management als eine Business School modernen Typs zwar für deutsche Verhältnisse gewagt, aber genau die richtige Entscheidung war. Wir verstehen uns als Dienstleister, der für hohe Qualität und Innovation anerkannt ist und das vielfältige Bildungsangebot auf die Bedürfnisse der Menschen und Unternehmen ausrichtet. Neben der Ausbildung durch den CFM und den damit verbundenen Seminaren und Coachings bieten wir daher das vorliegende Buch, e-learnings, Informationsplattformen sowie Konferenzen im Bereich des Fraud Managements und nehmen damit eine führende Rolle in der Ausbildung von Fraud Managern ein. Erst diese Führungsrolle und der dazugehörende Erfolg gestatten uns auch nach über 50 Jahren, zukünftig in neue Themen und Dienstleistungen zu investieren.

Neben dem zitierten Ausspruch hat Deming aber auch weitere Dinge geprägt, wie den PDCA-Zyklus, der auch als Deming-Kreis bezeichnet wird. Dieser Zyklus dient dem vorliegenden Buch als Strukturierungskonzept, anhand dessen sich eine Fraud-Management-Organisation und die dazu gehörenden vielschichtigen Themen aufbauen lassen. Im Mittelpunkt steht dabei der Schlüsselfaktor Mensch.

Fraud Management als einen strukturierten Zyklus darzustellen, ist ein interessantes Unterfangen: Häufig werden in Unternehmen keine Anstrengungen hinsichtlich der Verhinderung von Wirtschaftskriminalität unternommen und in anderen Unternehmen werden Doppelarbeiten geleistet, weil die Abstimmung nicht funktioniert. Während das Thema Fraud Management an sich schon ein interessantes Untersuchungsthema darstellt, haben sich die Herausgeber einer noch höheren Herausforderung gestellt: Wie können Personen dabei unterstützt werden, Fraud-Management-Systeme zu planen, umzusetzen und zu verbessern? Das Problem, welches in diesem Herausgeberband betrachtet wird, liegt auf mehreren Ebenen und stellt ein komplexes Feld dar. Es erfordert den Einsatz und die adäquate Kombination unterschiedlicher Konzepte und Methoden aus verschiedenen Disziplinen, wie der Managementlehre, Psychologie, Wirtschaftsinformatik oder auch Jura.

Herausgekommen ist ein Werk, welches einer ratsuchenden Person geeignete Anregungen gibt und die Möglichkeit der Reflexion bietet, wie die eigene Problemstellung angegangen werden soll – ganz gleich, ob es sich bei den Problemstellungen um präventive Maßnahmen, aufdeckende Methoden oder der Umgang mit Fraud-Fällen handelt.

Ich möchte mich herzlich bei allen an der Erstellung des Buches beteiligten Personen bedanken, die viel dazu beitragen, dass die Frankfurt School ihrem exzellenten Ruf gerecht wird.

Frankfurt am Main, im Februar 2012
PROF. DR. UDO STEFFENS
Präsident
Vorsitzender der Geschäftsführung
Frankfurt School of Finance & Management

Inhaltsverzeichnis

Vorwort

Das Verhalten der Menschen im Allgemeinen und das (wirtschafts-)kriminelle Verhalten der Menschen im Besonderen hat seit jeher einen speziellen Reiz, der jeden ergreift, der sich näher mit der Thematik beschäftigt. Neben dem rein persönlichen Interesse bestehen aber auch zahlreiche wirtschaftliche Notwendigkeiten, sich mit dem facettenreichen Phänomen Wirtschaftskriminalität – oder auch Fraud – auseinanderzusetzen.

Es ist erstaunlich, dass derzeit nur sehr begrenzte systematische Ansätze für den Umgang mit Fraud in Unternehmen oder Tendenzen für ein einheitliches Berufsbild des Fraud Managers festzustellen sind. In wenigen Unternehmen wird die Aufgabe des professionellen Managements von Fraud bislang in einer eigenständigen Abteilung behandelt. Häufig wird sie von der Internen Revision, von Compliance oder der Security-Abteilung mit abgedeckt. Neben der Einbindung, den Rollen und den Aufgaben des Fraud Managements in einer Organisation stellt sich in der Praxis aber die Frage, welche Kenntnisse und Fertigkeiten ein Fraud Manager mitbringen muss, um die Aufgaben zuverlässig zu bewältigen. Einher damit geht die Frage des qualitativ angemessenen Erwerbs und verlässlichen Nachweises erforderlichen Wissens. Auch eine neutrale branchen- und unternehmensübergreifende Plattform ist notwendig, über die sich Fraud Manager aus verschiedensten Bereichen austauschen können.

Als Lösungsbeitrag zu diesen Fragen wurde von den Herausgebern dieses Buches in 2010 mit dem Certified Fraud Manager (CFM) ein Zertifikatsstudiengang entwickelt, der nach zahlreichen Gesprächen mit Experten aus Unternehmen und Behörden die Essenz dessen abbildet, was ein Fraud Manager an theoretischem, v. a. Dingen aber praktischem Wissen und Fertigkeiten benötigt. Neben Fachwissen in bestimmten Bereichen, wie juristische Grundlagen oder IT-Forensik, gehören dazu auch Soft Skills wie Befragungstechniken und Hilfestellung in der Deutung von Fällen, etwa durch Profiling. Diese Inhalte strukturiert in einem ganzheitlichen Modell zu vereinen und letztlich in einen Ausbildungs- und Zertifizierungsstudiengang münden zu lassen, war eine Herausforderung, die offensichtlich gut bewältigt wurde, wenn man den zahlreichen positiven Rückmeldungen Glauben schenkt.

Es müssen aber nicht immer ganze Ausbildungsgänge sein, die einen persönlich weiterbringen. In bestimmten Bereichen genügt bereits der Einblick, wie andere Fraud-Verantwortliche die Herausforderungen angehen.

Ausgehend hiervon lag es auf der Hand, dass die Inhalte der einzelnen Vorlesungsthemen des CFM in diesem Buch umgesetzt wurden und damit auch einer breiteren Öffentlichkeit zugänglich gemacht werden. Die Themen werden – mit wenigen Ausnahmen – allesamt im CFM im Rahmen von Vorlesungen behandelt.

Den Rahmen zu einem integrierten Fraud Management gibt dabei der aus dem Qualitätsmanagement bekannte PDCA-Zyklus (plan, do, check, act), der auf das Fraud Management angepasst wurde (Planung, Durchführung, Kontrolle und Bewertung, Ausführung und Verbesserung). Diese vier Schritte werden durch zwei einführende Beiträge angereichert. Der „Schlüsselfaktor Mensch" spielt im Fraud Management die entscheidende Rolle, weswegen zu Beginn des Buches sowohl auf die Psychologie der Täter als auch der Stakeholder eingegangen wird sowie darauf, wie sich die Fraud-Management-Organisation im Unternehmen auch kommunikativ etablieren kann. Daneben werden rechtliche Grundlagen behandelt, die für das Fraud Management unverzichtbar sind.

Der PDCA-Zyklus beginnt mit der Planung einer Fraud-Management-Organisation. Hier werden Gefährdungslagen untersucht, welchen das Unternehmen ausgesetzt ist, aber auch Schnittstellen und Abgrenzungen zwischen den verschiedenen Abteilungen innerhalb des Unternehmens. Die Durchführung ist dreigeteilt in Prävention, Aufdeckung und das Management von Fraud Fällen. Diese Unterpunkte aufgreifend, werden Inhalte, Techniken und Best-Practice-Ansätze beschrieben. Die letzten beiden Teile ‚Kontrolle' sowie ‚Ausführung und Verbesserung' widmen sich v. a. Prozessen und deren Messbarkeit und Optimierung.

Wir bedanken uns bei allen Dozenten für die hervorragende Zusammenarbeit, ihre hohe Identifikation und ihr Engagement im Rahmen des CFM. Wir freuen uns sehr, dass fast alle auch als Autoren mit ebenso viel Engagement und großer Inspiration an diesem Fachbuch mitwirken konnten und hierdurch ein in dieser Konstellation einzigartiges Werk geschaffen haben. Weiterhin möchten wir uns bei Jörg Ziercke und Prof. Dr. Udo Steffens für die Geleitworte bedanken. Dem Frankfurt School Verlag danken wir für die Unterstützung bei der Erstellung des Buches. Unsere Kolleginnen Katja Katzmann, Ute Osiander, Alwina Berg sowie Isabel Parketta haben uns – häufig auch sehr kurzfristig – zuverlässig unterstützt und erheblich zum Erfolg beigetragen. Unseren Dank möchten wir auch den Teilnehmern des Certified Fraud Managers widmen. Sie haben uns ihr Vertrauen geschenkt und ohne ihre wertvollen Anregungen wäre das Buch in dieser Form nicht entstanden. Neben allen weiteren Kontakten, die an dieser Stelle nicht namentlich aufgeführt werden können, möchten wir aber v. a. unseren Familien danken, die durch das Buchprojekt viele Entbehrungen in den letzten Monaten durchleben mussten und die uns stets moralisch zur Seite standen.

Ihnen als Leser wünschen wir eine interessante Lektüre und viele Anregungen, wie Sie dazu beitragen können, dass die Wirtschaftskriminalität gemeinsam bekämpft wird.

Frankfurt am Main, im Februar 2012

HANS-WILLI JACKMUTH
CHRISTIAN DE LAMBOY
PETER ZAWILLA

Ganzheitliches Fraud Management und der Schlüsselfaktor Mensch

Hans-Willi Jackmuth/Christian de Lamboy/Peter Zawilla

1 Entwicklung und Gefährdungslage

Das Thema Wirtschaftskriminalität (englisch: Fraud)[1] spielt in der Wirtschaft eine immer bedeutsamere Rolle, nachdem diese Thematik in den Unternehmen lange Zeit sogar mehr oder weniger negiert wurde. So waren Kommentare wie „Bei uns passiert so etwas nicht", „Wir sind ja viel zu klein für so etwas" oder „Da sprechen wir nicht drüber" häufig anzutreffen. Dies erschien umso erstaunlicher bzw. unverständlicher, da die „Polizeiliche Kriminalstatistik" der letzten Jahre für Deutschland, das „Bundeslagebild Wirtschaftskriminalität" des Bundeskriminalamtes (BKA) sowie alle Analysen und Erhebungen bekannter Wirtschaftsprüfungsgesellschaften und Vertrauensschadenversicherer bereits seit längerem deutlich zeigen:

Wirtschaftskriminalität ist ein ernsthaftes und größer werdendes Problem mit einer sehr hohen Dunkelziffer, das alle Unternehmen und Branchen betrifft!

Allein die bekannt gewordenen Schäden gehen für die Unternehmen in eine mehrstellige Milliardenhöhe, ganz abgesehen von der immensen Dunkelziffer, von der auch die Ermittlungsbehörden ausgehen und auf die in allen anderen Statistiken und Lagebilddarstellungen ausdrücklich hinwiesen wird.[2]

Dabei handelt es sich keineswegs um ein jeweils nationales Problem, sondern der Täter oder ganze Tätergruppen operieren – nicht zuletzt auch begünstigt durch die technische Entwicklung der letzten Jahren – länder- und kontinentübergreifend[3] sowie mit einer Geschwindigkeit, die es teilweise erheblich erschwert, sich hiervor als einzelnes Land oder Unternehmen angemessen zu schützen.

In jedem Unternehmen können daher durch Fraud-Fälle von eigenen Mitarbeitern und/ oder Externen erhebliche, oftmals unmittelbar ertragsmindernde Schäden entstehen und sind nicht selten auch bereits entstanden. Dies zeigen aktuelle Fälle sowohl bei namhaften

---

[1] Im weiteren Verlauf des Buches wird der Begriff „Fraud" als ein Synonym für den Begriff „Wirtschaftskriminalität" verwendet, ohne allerdings eine inhaltliche Begriffsdefinition damit zu verbinden. Zur Definition des Begriffes „Wirtschaftskriminalität" vergleiche Abschnitt 2 dieses Beitrags.

[2] Die Dunkelziffer in den polizeilichen Statistiken ist zweigeteilt, einerseits beinhaltet diese noch nicht aufgedeckte Fälle, andererseits aber auch alle die Fraud-Fälle, die von Unternehmen oder Privatpersonen zwar aufgedeckt, nicht aber gegenüber den Ermittlungsbehörden angezeigt wurden und demzufolge ebenfalls nicht statistisch erfasst werden können. Die aktuellen Entwicklungen werden jeweils im jährlichen „Bundeslagebild Wirtschaftskriminalität" des Bundeskriminalamtes abgebildet.

[3] Vgl. hierzu den Report to the Nations on Occupational Fraud and Abuse, der regelmäßig von der Association of Certified Fraud Examiners herausgegeben wird.

nationalen als auch internationalen Unternehmen deutlich. Neben materiellen Auswirkungen erleiden die geschädigten Unternehmen zudem aufgrund der meist unvermeidlichen Publizität dieser Vorkommnisse einen – teilweise massiven – Vertrauensverlust und eine deutliche Beeinträchtigung ihrer Reputation.

Insbesondere kleinere und mittelgroße Unternehmen verfügen i.d.R. über vergleichsweise wenig eigene Erfahrungen im Umgang mit Fraud-Fällen und Unregelmäßigkeiten von eigenen Mitarbeitern. Dies liegt zumeist in einer in der Vergangenheit bisher nur geringen Anzahl bekannt gewordener Fälle im jeweils eigenen Haus begründet. Dadurch werden die vorhandenen Gefahren und Risiken z.T. erheblich unterschätzt (gefühlte Sicherheit).[4] Dabei unterliegen viele Unternehmen oftmals noch immer dem Phänomen des so genannten „Teufelskreises trügerischer Sicherheit".

Abbildung 1: „Der Teufelskreis trügerischer Sicherheit"

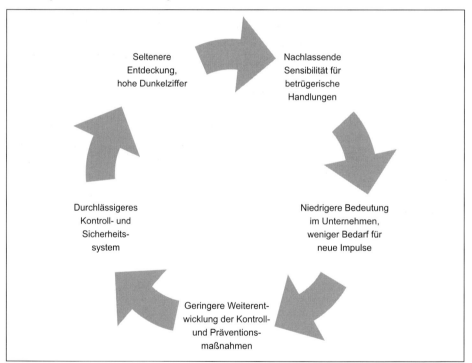

---

[4] Vgl. hierzu auch die Ausführungen auf der S. 20 der Studie „Wirtschaftskriminalität 2011 – Sicherheitslage in deutschen Großunternehmen", die die Wirtschaftsprüfungsgesellschaft PricewaterhouseCoopers (PwC) in Zusammenarbeit mit der Martin-Luther-Universität Halle-Wittenberg erstellt und herausgegeben hat.

Waren Unternehmen bisher noch nicht oder nur selten Opfer betrügerischer Handlungen, so neigen sie dazu, ihr Augenmerk nicht unbedingt auf vorbeugende Maßnahmen zur Verbesserung des Entdeckungsrisikos – z.B. durch die Optimierung des eigenen Internen Kontrollsystems (IKS) – zu legen. Somit sinkt gleichzeitig auch die Aufdeckungswahrscheinlichkeit tendenziell weiter. Hierdurch wird allerdings Wirtschaftskriminalität nicht verringert, sondern im Gegenteil lediglich die Dunkelziffer erhöht.

Ausgehend hiervon tragen die Unternehmen – wenn auch bisher teilweise eher noch zurückhaltend – den Risiken aus wirtschaftskriminellem Handeln zu ihren Lasten Rechnung und treffen umfassendere Vorkehrungen zur Vermeidung von Fraud als bisher. Allerdings bestehen derzeit nur in einzelnen Branchen auch konkrete gesetzliche sowie aufsichtsrechtliche Verpflichtungen, sich im Rahmen des Risikomanagements auch und konkret gegen Fraud zu schützen.[5]

Die entsprechende Verantwortlichkeit hierfür liegt dabei bei der Geschäftsleitung. Allerdings zeigt die Praxis, dass bei vielen – insbesondere den für den Vertrieb zuständigen – Mitgliedern der Geschäftsleitung das nachhaltige Bewusstsein sowie die Akzeptanz noch erhöht bzw. teilweise erst noch geschaffen werden müssen. Auch dieser Bereich der operationellen Risiken eines Unternehmens stellt eine ernst zu nehmende Herausforderung dar und kann erhebliche Risiken bergen.

Die nachfolgenden Ausführungen in diesem Beitrag geben einen Eindruck sowie einen Überblick über die Vielfältigkeit der Fraud- und Manipulationsmöglichkeiten sowohl durch Mitarbeiter als auch durch Externe, über die maßgebliche Rolle des Schlüsselfaktors Mensch sowie über die Notwendigkeit eines ganzheitlichen, integrierten Fraud Prevention & Fraud Managements zur wirksamen und effizienten Bekämpfung von Wirtschaftskriminalität.

---

[5] Hier ist insbesondere die Finanzdienstleistungsbranche zu nennen, vgl. hierzu auch den Beitrag von Romeike zu Risikomanagement im Fraud-Kontext.

2 Definition und Formen von Fraud

2.1 Definition von Fraud

In Deutschland existiert zur Beschreibung der Wirtschaftskriminalität unverändert keine Legaldefinition. Die Polizei bedient sich daher bei der Zuordnung von Straftaten zur Wirtschaftskriminalität des Katalogs von § 74c Abs. 1 Nr. 1 bis 6b Gerichtsverfassungsgesetzes (GVG).[6]

Das Institute of Internal Auditors (IIA) hat in ihren IIA-Standards eine Definition des Begriffes „Fraud" formuliert, die in der durch das Deutsche Institut für Interne Revision e.V. (DIIR) vorgenommenen Übersetzung wie folgt lautet:[7] „Illegale Handlungen, die sich in vorsätzlicher Täuschung, Verschleierung oder Vertrauensmissbrauch ausdrücken. Diese Handlungen sind nicht abhängig von Gewaltandrohung oder Anwendung körperlicher Gewalt. Dolose Handlungen werden von Beteiligten und Organisationen begangen, um in den Besitz von Geldern, Vermögensgegenständen oder Dienstleistungen zu gelangen, um Zahlungen oder den Verlust von Leistungen zu vermeiden oder um sich einen persönlichen oder geschäftlichen Vorteil zu verschaffen."

Für die Bankenbranche definiert der deutsche Gesetzgeber in § 25c Kreditwesengesetz (KWG) mittlerweile den Begriff „sonstige strafbare Handlungen", also ein weit gefasster Begriff ohne exakte Definition.

Ungeachtet einer umfassenden und allgemeingültigen bzw. anerkannten Definition sind die Formen und Begehungsmöglichkeiten wirtschaftskrimineller Handlungen sehr vielschichtig und vielfältig. In den drei folgenden Abschnitten wird daher eine Aufteilung nach Tätergruppen aus der Sicht eines Unternehmens dargestellt.

---

[6] Ausführungen in den Vorbemerkungen der „pressefreien Kurzfassung" des „Bundeslagebildes Wirtschaftskriminalität" des Bundeskriminalamtes der letzten Jahre.

[7] IIA-Standards in der Fassung von Januar 2009, deutscher Text in der Fassung des DIIR. Der englische Originaltext lautet: „Fraud: Any illegal act characterized by deceit, concealment, or violation of trust. These acts are not dependent upon the threat of violence or physical force. Frauds are perpetrated by parties and organizations to obtain money, property, or services; to avoid payment or loss of services; or to secure personal or business advantage."

2.2 Fraud durch Mitarbeiter von Unternehmen

Unternehmen sind grundsätzlich aus zwei Richtungen von Wirtschaftskriminalität bedroht: von innen durch die eigenen Mitarbeiter und von außen durch Kunden, Lieferanten, Geschäftspartner oder externe Dritte, wobei auch ein Zusammenspiel dieser Tätergruppen möglich ist. Die Umfragen und Studien bekannter Wirtschaftsprüfungsgesellschaften sowie Vertrauensschadenversicherungen zeigen dabei, dass etwa die Hälfte aller Delikt-/Schadensfälle durch die eigenen Mitarbeiter verursacht wird.

Die nachstehende Übersicht zeigt zunächst die einzelnen Straftatbestände, die i.d.R. am häufigsten im Zusammenhang mit Mitarbeiterdeliktfällen auftreten, wobei diese nicht selten auch in verschiedenen Kombinationen vorkommen.[8]

Abbildung 2: Wesentliche Straftatbestände bei (Mitarbeiter-)Deliktfällen

Wesentliche Straftatbestände bei (Mitarbeiter-)Deliktfällen

| § 242 StGB Diebstahl | § 246 StGB Unterschlagung | § 261 StGB Geldwäsche | § 263 StGB Betrug | § 264a StGB Kapitalanlagebetrug | § 265b StGB Kreditbetrug | § 266 StGB Untreue | § 266b StGB Missbrauch von Scheck- und Kreditkarten | § 267 StGB Urkundenfälschung |

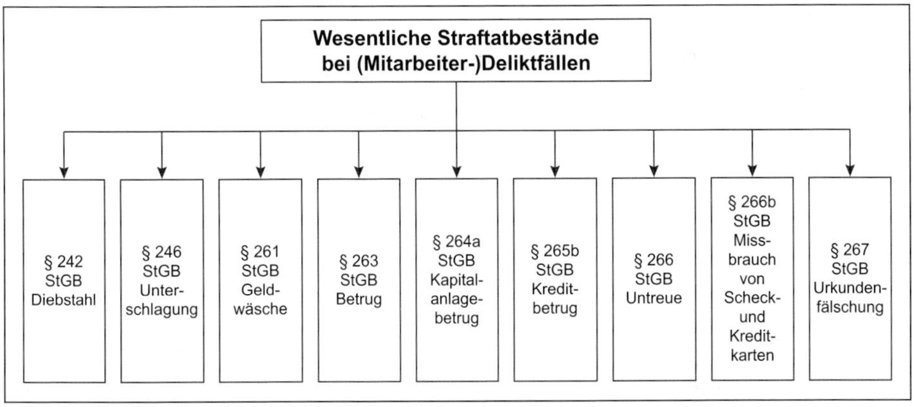

Zudem sind selbstverständlich auch alle Korruptionsstraftatbestände in Betracht zu ziehen, insbesondere § 299 Strafgesetzbuch (StGB) „Bestechlichkeit und Bestechung im geschäftlichen Verkehr".[9]

Den Mitarbeitern sind dabei in ihrer Phantasie, ihrer Vielfältigkeit sowie ihren Möglichkeiten für deliktische Handlungen und Manipulationen nahezu keine Grenzen gesetzt, insbesondere dann nicht, wenn der interne Täter mit einem anderen Mitarbeiter gemeinsam agiert oder unkritisches Verhalten seiner Kollegen ausnutzt. Letzteres ist auch immer wieder bei Führungskräften der Fall, die ihnen disziplinarisch unterstellte Mit-

---

[8] Vgl. auch den Beitrag von Kühn zu rechtlichen Grundlagen im Fraud Management.
[9] Zu den Straftatbeständen vgl. den Beitrag von Blumenschein zu Korruptionsprävention im öffentlichen Sektor.

arbeiter z.B. für Gefälligkeitsunterschriften oder unkritische Systemeingaben und -kontrollen missbrauchen. Dabei ist häufig zu beobachten, dass dolose Handlungen von Mitarbeitern begangen werden, die sich mit den unternehmensinternen Arbeitsabläufen und Systemen sowie den Kontrollmechanismen des eigenen Hauses sehr gut auskennen.[10]

2.3 Fraud durch externe Dritte

Neben dem durch eigene Mitarbeiter verursachten Fraud gibt es eine ebenso große Bandbreite an Gefährdungspotenzialen und Risiken, die durch betrügerische Handlungen von Dritten verursacht werden. Hierzu gehören letztlich alle Formen strafbaren Handelns zum Schaden des Unternehmens wie z.B. Diebstahl, Datenmissbrauch, Betrug oder Erpressung sowie Korruptionstatbestände, um nur einige von zahlreichen Möglichkeiten zu nennen. Als externer Täter kommt dabei grundsätzlich jeder in Betracht, der sich auf unredliche Art und Weise persönlich zu Lasten des Unternehmens bereichern möchte (u.a. Kunden/Nichtkunden mit betrügerischen Absichten, Vermittler, Lieferanten, Dienstleister oder auch Kriminelle, die nicht in einer Geschäftsbeziehung zum betroffenen Unternehmen stehen).

2.4 Fraud durch kollusives Handeln von Mitarbeitern mit externen Dritten

Auf keinen Fall zu unterschätzen sind betrügerische Handlungen, bei denen eigene Mitarbeiter im kollusiven Zusammenwirken mit externen Dritten agieren, unabhängig davon, von wem letztlich die Initiative hierfür ausgegangen ist. Bei externen Dritten kann es sich dabei sowohl um Kunden, Vermittler, Lieferanten oder Dienstleister als auch um Personen handeln, die mit dem Unternehmen in keiner Geschäftsbeziehung stehen (z.B. auch Familienangehörige von Mitarbeitern). Das kollusive Handeln von Innentätern mit einem oder mehreren externen Tätern bietet eine Vielzahl weiterer Möglichkeiten, Unternehmen z.T. erheblichen Schaden zuzufügen.

---

[10] Praxisbeispiele für (typische) Fraud-Fälle siehe Wells, J./Kopetzky, M., 2006, Handbuch Wirtschaftskriminalität in Unternehmen; sowie Wells, J., 2007, Fraud Casebook – Lessons from the Bad Side of Business; sowie für deliktische Handlungen in Kreditinstituten Kaup, A./Schäfer-Band, U./Zawilla, P., 2005, Unregelmäßigkeiten im Kreditgeschäft; sowie Zawilla, P., 2008, Neue Manipulationspraktiken in modernen Vertriebskanälen, S. 502-509.

Zu den immer wieder zu beobachtenden Betrugsmustern gehört auch, dass Mitarbeiter gemeinsam mit Vermittlern oder Beratern – aufgrund der besonderen Dreieckskonstellation Unternehmen-Mitarbeiter-Kunde – zum Nachteil und Schaden des Unternehmens agieren, wobei oftmals eine persönliche Vorteilsnahme des Mitarbeiters schwer nachzuweisen ist.

3 Schlüsselfaktor Mensch – Integrität als wichtigste Präventions- und Erfolgskomponente

Bei den grundsätzlichen Überlegungen zum Aufbau eines wirksamen Fraud Prevention & Fraud Managements darf die Psychologie von Mitarbeitern und externen Tätern und damit der Faktor Mensch für unredliches Handeln nicht unberücksichtigt bleiben.[11] Die allgemeinen Beweggründe wirtschaftskriminellen Handelns sind in der nachstehenden Fraud-Pyramide[12] veranschaulicht.

Abbildung 3: Die Fraud-Pyramide

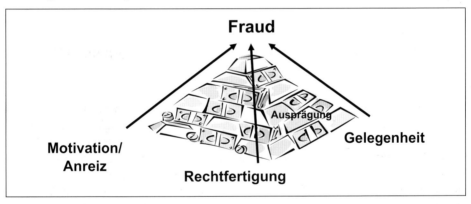

Dabei gilt die allgemeine Faustregel: Die Fraud-Eintrittswahrscheinlichkeit ist umso höher, je größer die Gelegenheit, die Motivation bzw. der Anreiz sowie die eigene Rechtfertigung hierfür sind.

---

[11] Weitere Ausführungen zum Thema „Schlüsselfaktor Mensch" siehe auch die Beiträge von Bédé, Koch, Möhrle, Torner sowie Urbaniok.

[12] Die Darstellung der Fraud-Pyramide ist angelehnt an das von Cressey entwickelte Fraud Triangle, vgl. Cressey, D., 1973, Other People's Money.

Einer der Treiber auf der Motivationsseite ist sicherlich die Gier[13] der Menschen, nämlich das rücksichtslose Streben nach materiellem Besitz, unabhängig von dessen Nutzen. Dabei scheint ein Teil dieser Gier auf die Sucht nach gesellschaftlicher Anerkennung, ein anderer Teil aber – so die Gehirnforschung – auf unser Belohnungszentrum zurückzuführen zu sein. Belohnungen im Gehirn erfolgen nicht nur für den materiellen Besitz, sondern viel stärker für die Vermehrung der Geldwerte. Nur so ist zu erklären, dass viele Menschen trotz der ihnen bewussten Gefahren spiel- oder „börsen-"süchtig werden.

Da dieses Problem offensichtlich nicht nur für alle Menschen, sondern aufgrund der höheren Verfügbarkeit von Vermögenswerten explizit auch für Führungskräfte gilt, kommen daher nicht umsonst Forderungen auf, dass in der Wirtschaft eine andere Moral – der Verzicht auf habgieriges Verhalten – notwendig ist.[14]

Die Motivation bzw. die Motivlagen insbesondere von internen Tätern haben sich in den vergangenen Jahren um einen wesentlichen Aspekt erweitert. Das ständig wachsende Profitstreben der Unternehmen sowie der durch die Globalisierung zunehmende Wettbewerb führten u.a. zu einem ständig zunehmenden internen Vertriebs-, Leistungs- und Ertrags- sowie insgesamt (internationalen) Konkurrenzdruck für die Unternehmen. Einhergehend hiermit haben viele Unternehmen auch ihre Prozesse reorganisiert und teilweise ihre Vertriebskanäle modifiziert, was bei nahezu allen Unternehmen zu Auswirkungen auf den Personalbedarf und damit zu einer nachhaltigen Reduzierung des Personalbestandes geführt hat.

Das nachstehende Schaubild veranschaulicht, welche Folgen entstehen können, wenn betriebswirtschaftlich an sich normale und auch übliche bzw. sinnvolle Zielsetzungen in einer nicht mehr realistischen bzw. überzogenen Höhe angesetzt bzw. gestellt werden und dabei die emotionalen Auswirkungen auf die Mitarbeiter nicht bzw. unzureichend beachtet werden.

---

[13] In Anlehnung an diverse Definitionen der Begriffe „Gier" und „Habgier", Gier nach Habe, also Besitz.

[14] Vgl. Gesamtwerk: Leyendecker, H., 2007, Die große Gier – Korruption, Kartelle, Lustreisen: Warum unsere Wirtschaft eine neue Moral braucht.

Abbildung 4: Gefährdungspotenziale durch (überhöhtes) Wachstumsstreben

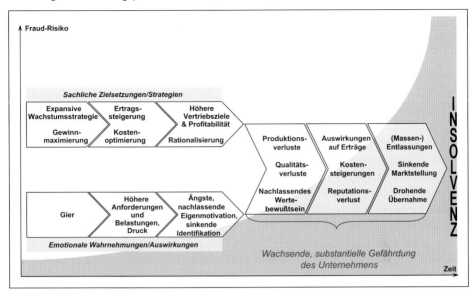

Auffallend ist dabei insbesondere, dass Entscheidungsträger vielfach die Auswirkungen ihrer überhöhten Zielvorgaben auf die Emotionen der Mitarbeiter zunächst gar nicht in einem konkreten Zusammenhang betrachten und die Mitarbeiter diese zunächst auch nicht offen kommunizieren. Dies führt dazu, dass diese beiden Stränge zunächst für eine gewisse Zeit parallel zueinander laufen, ohne dass dies bereits zu unmittelbar sichtbaren bedeutsamen Konsequenzen führen muss. Dieser schleichende Prozess ist aber gleichzeitig auch eine große Gefahr, denn wenn die dargestellten Auswirkungen erst einmal sichtbar werden, kann der einsetzenden Eigendynamik, mit der dann auch das Fraud-Risiko zunimmt, nur noch schwer entgegen gesteuert werden.

Der zunehmende – zumindest von den Mitarbeitern so empfundene – (Vertriebs-)Druck sowie auch Ängste um den eigenen Arbeitsplatz führen – einhergehend mit leistungsbezogenen ausgerichteten Vergütungssystemen – dazu, dass Mitarbeiter aus nahezu allen Hierarchiestufen im zunehmenden Maße immer wieder versuchen, mit unredlichen Methoden ihre persönlichen Vertriebs- und Leistungs-/Ertragsziele zu erreichen. Dabei steht eine direkte persönliche Bereicherung seitens der Mitarbeiter nicht bzw. nicht unmittelbar im Vordergrund,[15] was auch veränderte Aufdeckungsansätze und Prüfungsmethoden bedingt.[16] Dies bedeutet, dass negativ empfundener Druck sowie Ängste bei

---

[15] Vgl. Zawilla, P., 2007, Manipulationen im Provisionsgeschäft, S. 21-23.

[16] Vgl. Altenseuer, F./Zawilla, P., 2008, Manipulationen von Zielwerten im Vertrieb, S. 6 ff.

Menschen teilweise unmittelbare negative Auswirkungen auf die Loyalität sowie die Redlichkeit ihres Handelns haben können und auch haben.

Betrachtet man die drei auschlaggebenden Faktoren für die Fraud-Eintrittswahrscheinlichkeit genauer, so wird sehr schnell deutlich, dass sowohl der Aspekt „Motivation/Anreiz" als auch der Aspekt „Rechtfertigung" unmittelbar vom Schlüsselfaktor Mensch abhängen, während lediglich der dritte Aspekt „Gelegenheit" auch von der Gestaltung von Arbeits- und Kontrollprozessen beeinflusst wird.

Ausgehend hiervon ist somit ein wesentlicher Faktor sowohl für die langfristige Sicherung des Unternehmenserfolges als auch für ein hohes Maß an Integrität die Förderung bzw. der Erhalt einer möglichst hohen Eigenmotivation bei allen Mitarbeitern. Gelingt dies den Führungskräften über einen langen Zeitraum hinweg, profitieren sowohl das Unternehmen als auch die Mitarbeiter von der im nachstehenden Schaubild als Kreislauf dargestellten Eigendynamik.

Abbildung 5: Eigenmotivation der Mitarbeiter – Wesentlicher Bestandteil für Unternehmenserfolg und Integrität

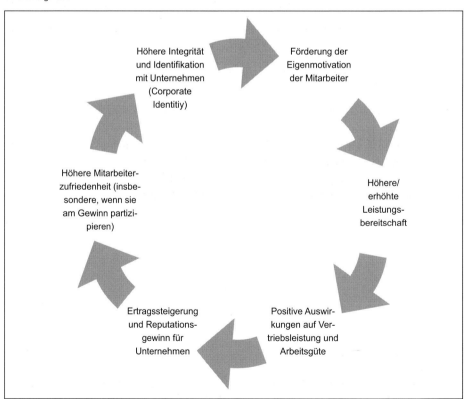

Eine sehr wesentliche Grundlage für das Maß der Eigenmotivation bildet – wie auch für viele andere Entwicklungen innerhalb des Unternehmens – die Vorbildfunktion der Geschäftsleitung.[17]

Mögliche Einzelmaßnahmen zur Förderung der Integrität der Mitarbeiter können sein:

- ein sorgfältiges Personaleinstellungsverfahren („Der richtige und integere Mitarbeiter am richtigen Arbeitsplatz"),

- eine erkennbare mittel- und langfristige Personalentwicklungsplanung,

- ein regelmäßiges und transparentes Beurteilungssystem, einhergehend mit der sinnvollen Förderung und fachlichen sowie persönlichen Weiterentwicklung von Mitarbeitern,

- die Berücksichtigung von sozialen Aspekten bei der Standort-/Arbeitsplatzauswahl,

- die Implementierung von verbindlichen, klaren und eindeutigen Wohlverhaltensrichtlinien (Code of Ethics) unter Einbeziehung aller Hierarchiestufen,

- die konsequente Sanktionierung von Verstößen gegen die Wohlverhaltensrichtlinien,

- anspruchsvolle, aber realistische Vertriebs-/Zielwertvorgaben, die nicht nur kurzfristig ausgerichtet sind („Zunächst säen, dann pflegen und danach erst ernten"),

- angemessene betriebliche Anreizsysteme (u. a. Beteiligung aller Mitarbeiter am Unternehmenserfolg),

- die Förderung einer offenen und hierarchieübergreifenden Kommunikation.

Das redliche (compliance-konforme) Verhalten eines Mitarbeiters wurde von Richard Laxer, Manager bei General Electric, mit folgenden Satz charakterisiert: „Wenn Sie zehn Punkte auf Ihrem Arbeitsplan haben, dann sollte Compliance nicht der elfte Punkt sein, sondern die Art und Weise, wie Sie die zehn Punkte erledigen."[18]

---

[17] Vgl. hierzu ausführlich den Beitrag von Zawilla zu strategische Komponenten im Fraud Management.

[18] Zitiert nach Leyendecker, H., 2007, Die große Gier – Korruption, Kartelle, Lustreisen: Warum unsere Wirtschaft eine neue Moral braucht, S. 256.

Als Grundprinzip bei der Unternehmens- bzw. insbesondere bei der Personalführung sollte dabei gelten:

„Der Mensch als Mittelpunkt"

UND NICHT

„Der Mensch als Mittel PUNKT"

Dies bedeutet konkret, dass der respektvolle und wertschätzende Umgang mit Mitarbeitern über alle Hierarchieebenen hinweg sowie die – soweit möglich – angemessene Beteiligung an Entscheidungsprozessen langfristigen und nachhaltig wirkenden positiven Einfluss auf die Integrität, Loyalität und auch die Aufmerksamkeit von Mitarbeitern bei ihrem Handeln am Arbeitsplatz sowie für ihr Unternehmen haben. Demgegenüber stehen eher – insbesondere mittel- und langfristige – kontraproduktive Auswirkungen, die durch (permanente) Drucksituationen und despektierliches (Führungs-)Verhalten zur Realisierung der Unternehmensziele entstehen.

Daher gilt es auch für die Vermeidung von (zusätzlichen) Fraud-Risiken aufgrund von Loyalitätsverlusten, eine entsprechende Balance zwischen konsequentem Umsetzen von (ambitionierten) Unternehmenszielen und einer von Wertschätzung geprägten Unternehmenskultur zu finden. In diesem Zusammenhang ist anzumerken, dass der ausschlaggebende Faktor dabei nicht die Selbsteinschätzung der Verantwortungsträger (des „Senders") ist, sondern die Wahrnehmung des „Empfängers", also die Stimmung, wie sie Mitarbeiter empfinden.

4 Das Ziel – Implementierung eines ganzheitlichen integrierten Ansatzes für Fraud Prävention & Fraud Management

Ungeachtet der elementaren Bedeutung des Schlüsselfaktors Mensch sowie aller Bestrebungen zur Stärkung der Eigenmotivation und des Bewusstseins für Mitarbeiter auch vor den Risiken wirtschaftskriminellen Handelns durch Kollegen und/oder externe Dritte ist selbstverständlich auch ein effektives Internes Kontrollsystem (IKS) zu implementieren. Dies ist nicht zuletzt auch deswegen notwendig, um bei allem Grundvertrauen und ggf. langjährigen positiven Erfahrungen durch entsprechende Kontrollen auch regelmäßig sowie immer wieder erneut zu überprüfen (und damit auch den Risiken von für Täter berechenbaren Routinen entgegen zu wirken), inwieweit das entgegengebrachte Vertrauen auch (unverändert) gerechtfertigt ist.

Allerdings reicht ein funktionierendes und von allen Mitarbeitern/Verantwortlichen auch gelebtes IKS allein nicht aus, um Fraud zu verhindern bzw. sehr frühzeitig aufzudecken. Das IKS ist im Bezug auf die Thematik „Fraud-Erkennung" im Wesentlichen darauf ausgerichtet, vorhandene Unregelmäßigkeiten möglichst zeitnah und unmittelbar aufzudecken (zeitnah nach der Tat).

Die bereits dargestellten Ausführungen zum Schlüsselfaktor Mensch sind dagegen vielmehr darauf ausgerichtet, vor der Tat zu wirken, d.h. die Motivation und die Anreize für deliktisches Handeln möglichst erst gar nicht entstehen zu lassen sowie Tätern auch keine entsprechende Rechtfertigung zu geben.

Darüber hinaus müssen bei der Implementierung eines Fraud Prevention & Fraud Managements selbstverständlich auch Vorkehrungen zum Umgang mit eintretenden – unvermeidlichen – Fraud-Fällen getroffen werden (nach der Tat).

Hieraus resultiert die Grundüberlegung, dass ein wirksames Fraud Prevention & Fraud Management die drei Grundanforderungen: Fraud-Prävention, Fraud-Aufdeckung und Fraud-Bearbeitung sowie deren permanente Optimierung in einem ganzheitlichen, integrierten Ansatz miteinander verknüpft werden müssen.

Ausgehend hiervon wurde das in der nachstehenden Abbildung dargestellte Phasenmodell entwickelt,[19] welches sich an dem bekannten ganzheitlichen prozessualen Ansatz – dem so genannten „Plan-Do-Check-Act-Modell" (PDCA-Modell) – orientiert und wodurch die zuvor definierte grundsätzliche Zielsetzung und Anforderung für eine (konzernweite) Integration aller Aktivitäten zu einem Fraud Prevention & Fraud Management-System innerhalb eines Unternehmens erfüllt werden können.

---

[19] Das dargestellte Modell wurde von Jackmuth, Schulze Heuling und Zawilla entwickelt.

Abbildung 6: Fraud Prevention & Fraud Management auf Basis eines ganzheitlichen, prozessualen Ansatzes (PDCA-Modell)

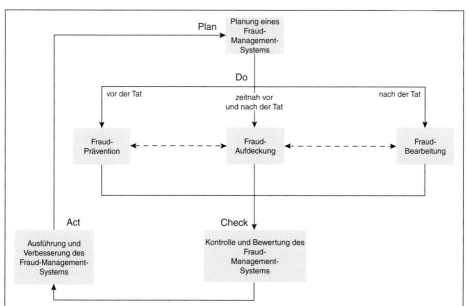

Wesentliche Voraussetzung für die Funktionsfähigkeit und Effizienz des vorgenannten Regelkreises und damit auch für ein wirksames und effektives Fraud Prevention & Fraud Management ist ein entsprechend etabliertes und gelebtes Kommunikations- und Informationsmanagement „Fraud". Dies ist so zu gestalten, dass es sowohl innerhalb des Unternehmens als auch – insbesondere im Krisenfall – nach außen gerichtet gegenüber Kunden, Partnern und Behörden im Besonderen sowie gegenüber der Öffentlichkeit im Allgemeinen wirkt.

5   Zwischenfazit und Ausblick

Ein unternehmensinternes Fraud Prevention & Fraud Management muss alle notwendigen Vorkehrungen und Einzelmaßnahmen zur Prävention, Aufdeckung und Bearbeitung von Fraud-Fällen sinnvoll miteinander verbinden. Dies kann wirksam nur mit einem ganzheitlichen, prozessualen Ansatz erreicht werden, in dem die einzelnen Bestandteile sowohl aufbau- als auch ablauforganisatorisch miteinander verzahnt werden und unvermeidliche Schnittstellen nicht nur geregelt, sondern durch ein funktionierendes Kommunikations- und Informationsmanagement „Fraud" effektiv und effizient umgesetzt sind. Hierbei sowie insbesondere bei der Fraud-Prävention spielt der Schlüsselfaktor Mensch die entscheidende Rolle.

Die einzelnen Bestandteile dieses Fraud-PDCA-Modells bilden – wie bereits im Vorwort dargestellt – sowohl die Basis für die Gliederung dieses Buches als auch für die Zusammenstellung der einzelnen Vorlesungen des Zertifikatsstudienganges zum Certified Fraud Manager (CFM). Die einzelnen Prozessschritte und deren konkrete Inhalte sind in dem Kapitel zu den strategischen Komponenten im Fraud Management näher dargestellt, die Umsetzung dieser wird dann in den darauffolgenden Beiträgen von den jeweiligen Spezialisten für die einzelnen Themen konkretisiert.

I
Schlüsselfaktor Mensch
im Fraud Management

Forensisch-psychiatrische Risikobeurteilungen als Instrument zur Bekämpfung von Wirtschaftskriminalität

Frank Urbaniok

1 Einleitung

2 Was kann die forensische Psychiatrie zur Prävention von Straftaten beitragen?

3 Persönlichkeits- und Situationstäter

4 Technik der Risikokalkulation im Überblick

5 Spezielle methodische Aspekte der Prognoseforschung

6 Fazit

1 Einleitung

Kriminalität hat für jede Gesellschaft gravierende und weitreichende Konsequenzen. Jede Straftat hat zur Folge, dass Schäden entstehen und Menschen in direkter oder indirekter Weise zum Opfer werden. Wenn in Südafrika statistisch jede zweite Frau mindestens einmal in ihrem Leben Opfer eines Sexualdeliktes wird, dann prägt dieser Umstand das Klima der gesamten Gesellschaft. Diese Wirkung bleibt nicht nur auf die direkt betroffenen Opfer beschränkt, sondern erfasst über das Umfeld des Opfers Angehörige, Freunde und weite Bereiche der Gesellschaft. Opfer einer Straftat zu werden, ist eine destruktive und häufig traumatisierende Erfahrung. Sie kann zu langfristigen psychischen Folgen, zu finanziellen Schäden und hohen gesellschaftlichen Folgekosten führen.

Generell gilt der Grundsatz: Eine Gesellschaft mit weniger Opfern ist eine gesündere, leistungsfähigere und erfolgreichere Gesellschaft.

Dieser Zusammenhang liegt bei Gewalt- und Sexualstraftaten ohne weitere Erklärungen auf der Hand.[1] Dabei wird häufig aber vergessen, dass auch Eigentums- und Betrugsdelikte für die betroffenen Personen und die Gesellschaft im Allgemeinen zu langfristigen, gravierenden Schäden führen können. Unternehmen, in denen hart arbeitende Mitarbeiter um die Früchte ihrer Bemühungen gebracht werden, Sparer, die ihr Vermögen verlieren, Menschen, denen etwas Liebgewonnenes gestohlen wird, verlieren häufig mehr als das, was sich als materieller Schaden in Beträgen ausdrücken lässt. Nicht selten führen Gefühle von Ohnmacht, Angst, Wut, Enttäuschung oder Misstrauen zu Veränderungen eigener Lebenseinstellungen. Der Glaube an die Gesellschaft, an Gerechtigkeit und an viele andere konstruktive, für eine Gesellschaft insgesamt unverzichtbare Werte kann dauerhaft Schaden nehmen. Schon allein deswegen sind Wirtschaftsstraftaten weder Kavaliersdelikte, noch *per se* in ihren Folgen für die jeweils Betroffenen und die Gesellschaft allgemein zu unterschätzen.

Die Finanzkrise der Jahre 2008 und 2009 hat uns allen drastisch vor Augen geführt, dass Wirtschaft und die Art, wie Geschäfte betrieben werden, nichts Abstraktes sind, sondern uns alle betreffen und angehen. Es wurde offensichtlich, wie schnell durch unsaubere Geschäftspraktiken Millionen von Menschen existenziell in ihrem Alltag in Mitleidenschaft gezogen werden können. Dennoch sind die notwendigen Lehren noch nicht gezogen worden. Abgesehen von einigen spektakulären Fällen, die in der Öffentlichkeit publik geworden sind, sind die Anstrengungen zur Bekämpfung von Wirtschaftskriminalität verglichen mit dem Ausmaß des Phänomens nach wie vor unzureichend und marginal.

---

[1] Siehe auch Zürcher Opferschutz-Charta, www.z-o-c.org.

Hierfür gibt es verschiedene Gründe. Zu nennen ist einerseits die Komplexität von Verfahren, mit denen Staatsanwaltschaften nicht selten personell und fachlich überfordert sind. Hinzu kommt, dass Unternehmen, die von Wirtschaftskriminalität betroffen sind, in aller Regel kein Interesse an einer Offenlegung der entsprechenden Straftatbestände haben. Der befürchtete Imageschaden führt dazu, dass schätzungsweise in mehr als 99 % der Fälle auch gravierende Wirtschaftsdelikte ohne Anzeige im Dunkelfeld verbleiben. Internationalisierung und Globalisierung, regionale Korruption und Doppelmoral sind weitere Hinderungsgründe. Das Verhalten der Wirtschaft im Umgang mit Wirtschaftskriminalität erinnert an die über Jahrzehnte in der katholischen Kirche praktizierte Strategie im Umgang mit sexuellem Missbrauch. Da, wo entsprechende Phänomene aufgedeckt wurden, gab es interne Lösungen. Die Täter wurden versetzt, der Vorgang vertuscht – zu Lasten der Betroffenen und zukünftiger, neuer Opfer.

In den letzten Jahrzehnten hat im Bereich der Gewalt- und Sexualkriminalität zumindest teilweise ein Umdenken stattgefunden, der Bereich der Wirtschaftskriminalität ist allerdings von einer vergleichbaren Entwicklung noch weit entfernt. Dies ist schon allein daran zu erkennen, dass der Bereich Wirtschaftskriminalität nach wie vor weitgehend ein wissenschaftliches Niemandsland ist. Abgesehen von anekdotischen Berichten und einigen, kaum empirisch abgestützten Typologien finden sich keine breit angelegten epidemiologischen Studien oder empirisch abgesicherte Untersuchungen zu Risikomerkmalen, Rückfallquoten oder Evaluationen zu präventiven Maßnahmen. Hier besteht dringender Handlungsbedarf und man darf hoffen, dass nicht zuletzt die Finanzkrise, aber auch die jüngst zu beobachtende Entwicklung im Bereich Compliance nicht nur zur kosmetischen Anpassung an der Oberfläche, sondern zu einem nachhaltigen und profunden Umdenken führt. Dieses Umdenken betrifft das Bewusstsein der Verantwortungsträger in Unternehmen, aber auch die Sensibilisierung von Öffentlichkeit, Politik und Justiz.

Man kann sich fragen, was die forensische Psychiatrie zu einem solchen Prozess möglicherweise beitragen kann. Hier drängt sich zunächst die Parallele zur bereits erwähnten Gewalt- und Sexualkriminalität auf. Anhand international verstärkter Präventionsbemühungen und dementsprechend vielfältiger praktischer Erfahrungen, aber auch durch eine verstärkte Forschungsaktivität sind hier in den letzten 20 Jahren deutliche Erkenntnisfortschritte erzielt worden. Auch wenn das Phänomen der Wirtschaftskriminalität nicht in allen Aspekten mit Gewalt- und Sexualkriminalität vergleichbar ist, lassen sich aber einige dieser grundlegenden Erkenntnisse, z.B. zum Zusammenhang von risikorelevanten Persönlichkeitsmerkmalen und Straftaten (z.B. Persönlichkeits- versus Situationstäter), zu Präventionsstrategien und v.a. zu Risikokalkulationen, übertragen. Dass dies ein gangbarer Weg ist, wird auch durch praktische Erfahrungen mit Wirtschaftskriminellen gestützt. Der Psychiatrisch-Psychologischer Dienst (PPD) des Justizvollzugskanton

Zürich sieht pro Jahr ca. 1.500 Straftäter, fertigt Risiko- und Gefährlichkeitseinschätzungen in großer Zahl an und führt präventive therapeutische Programme bei jeweils ca. 250 hoch rückfallgefährdeten Gewalt- und Sexualstraftätern durch.[2] Wirtschaftskriminelle sehen wir demgegenüber vergleichsweise selten, weil sie viel seltener als Gewalt- und Sexualstraftäter im Hellfeld der Justiz erscheinen. Analysiert man aber diese begrenzte Anzahl von Fällen, dann zeigt sich, dass die oben erwähnten grundlegenden Konzepte zum Verständnis von Deliktdynamiken und Risikomerkmalen in gleicher Weise auch auf Wirtschaftskriminelle zutreffen. Dieser Eindruck wird zusätzlich dadurch bestätigt, dass sich auch in Fällen, in denen Beratungen im so genannten Dunkelfeld stattfinden, die gleiche Parallelität zeigt.

Vor diesem Hintergrund wird nachfolgend das Konzept der Persönlichkeits- versus Situationstäter erläutert und anschließend ausführlich auf den derzeitigen Stand der Prognosewissenschaft Bezug genommen. Beide Konzepte sind zum Verständnis von Straftaten, aber auch für Präventionsstrategien zentral und auf das Phänomen der Wirtschaftskriminalität uneingeschränkt übertragbar.

2 Was kann die forensische Psychiatrie zur Prävention von Straftaten beitragen?

Die moderne forensische Psychiatrie sollte sich v.a. zum Präventionsgedanken bekennen, d.h. dazu, Risiken zu erkennen und mit gezielten Interventionen Risiken zu vermindern. Das zentrale Ziel lautet demnach: Opferschutz.

Es sind v.a. zwei zentrale Dienstleistungen, die die forensische Psychiatrie hier praktizieren kann:

1. Risikokalkulationen und

2. präventive Therapieinterventionen.

Die genaue Risikokalkulation im Einzelfall ist die Basis jeder Prävention. Man muss das Risiko einer Person genau kennen, um zu wissen, welche Maßnahmen im Einzelfall angemessen sind, auf dieses Risiko zu reagieren. Hier gibt es ein breites Spektrum möglicher Interventionen. Ist das Risiko vernachlässigbar klein, muss gar nichts getan werden. Besteht ein geringer Interventionsbedarf, reicht möglicherweise ein Rayonverbot – oder auch Platzverweis –, die Kontrolle von Suchtmittelkonsum oder die Wegnahme von

---

[2] Urbaniok, F., 2001, Das Züricher PPD-Modell, S. 37-67.

Waffen. Spezifischer sind dann niederfrequente Therapiemaßnahmen oder aber bei einem hohen Therapiebedarf intensive, mehrjährige Therapien. Es gibt allerdings auch unbehandelbare, hochgefährliche Straftäter. Bei diesen Tätern geht es nicht um Therapie, sondern – sofern die rechtlichen Grundlagen gegeben sind – darum, die Gesellschaft dadurch zu schützen, dass diese Täter lebenslang gesichert werden. Dies betrifft naturgemäß immer nur eine sehr kleine Gruppe von Straftätern. Es ist aber wichtig, diese genau und frühzeitig zu erkennen, weil von ihnen eine Vielzahl sehr gravierender Straftaten ausgeht.

Die heute vorwiegend zum Einsatz kommenden Therapieverfahren sind nicht primär auf die Heilung einer psychiatrischen Erkrankung ausgerichtet. Vielmehr geht es darum, die risikorelevanten Eigenschaften einer Person – die durch die genaue Risikokalkulation erkannt werden – gezielt anzugehen. Man spricht hier von so genannten deliktorientierten Therapieinterventionen. Dies bedeutet, dass das Delikt und das Deliktverhalten ganz im Zentrum der entsprechenden therapeutischen Techniken stehen. Vielfach handelt es sich darum, Kompensationsstrategien zu entwickeln. Dies ist vergleichbar mit einem Alkoholiker, der zwar Alkoholiker bleibt, aber Techniken lernt, langfristig abstinent zu leben. Entsprechend sind diese so genannten deliktorientierten Therapien vergleichbar mit langfristigen Risikomanagementprozessen.

Das Risiko kann mit den modernen Therapiemethoden zwar entscheidend gesenkt werden, es beträgt aber nicht Null. Im Schnitt lassen sich durch solche Verfahren 30-50 % der Rückfälle verhindern. 30-50 % weniger Rückfälle bedeutet 30-50 % weniger Opfer. Leider gibt es keine 100 %-igen Erfolgsquoten und selbstverständlich ist jeder Rückfall einer zu viel. Bedenkt man aber, dass 99 % der Straftäter ohnehin irgendwann entlassen werden, weil sie endliche Freiheitsstrafen verbüßen, dann gibt es gar keine Alternative dazu, den Großteil der behandelbaren Gewalt- und Sexualstraftäter zu therapieren. Weil letztlich ist für 99 % der Straftäter nicht die Frage, ob sie therapiert oder weggesperrt werden. Für diese Straftäter ist die praktische Frage: Lebt in der Nachbarschaft ein therapierter oder untherapierter Gewalt- oder Sexualstraftäter?

Zusammenfassend lässt sich also festhalten: Die Basis jeder Präventionsstrategie bildet die genaue Risikokalkulation im Einzelfall. Für die meisten Straftäter sind dann spezifische deliktorientierte Therapieverfahren sinnvoll, um das langfristig bestehende Rückfallrisiko deutlich zu reduzieren.

Im Bereich der Wirtschaftskriminalität stellt sich die Situation aber so dar, dass die überwiegende Mehrheit der Täter gar nicht erst angezeigt oder auch nur unabhängig von einer Anzeige einer professionellen Beurteilung zugeführt wird. Dementsprechend fehlen professionelle Risikobeurteilungen zur Wiederholungsgefahr oder spezifische Maßnahmen und Interventionen, um das jeweilige Rückfallrisiko zu vermindern.

3 Persönlichkeits- und Situationstäter

Über die Ursachen von Kriminalität gibt es diverse, z.T. auch weltanschaulich begründete Mythen. So ist häufig die Meinung zu hören, dass Menschen deswegen zu Straftätern werden, weil sie ungünstige Entwicklungen bzw. eine schlechte Kindheit hatten. Dann wiederum ist zu hören, dass im Einzelfall z.B. der Alkohol eine entscheidende Rolle gespielt hat, schlechter Umgang, spezielle Lebenssituationen schuld waren oder der Täter einer sich ihm bietenden Gelegenheit nicht widerstehen konnte. Zunächst einmal ist festzuhalten, dass – zumindest bei Gewalt- und Sexualstraftätern – schlechte Entwicklungsbedingungen oder gravierende Probleme in der Kindheit für höchstens ein Drittel der Täter nachgewiesen werden können. Bei zwei Dritteln der Täter lassen sich derartige Einflussfaktoren nicht zeigen.[3] Generell führen zudem negative soziale Entwicklungsbedingungen auch nicht zwangsläufig zu Kriminalität, da es auch viele Menschen mit ungünstiger Biografie gibt, die nicht kriminell werden. Traditionell werden bei Wirtschaftsdelikten als Erklärungen häufig besondere unternehmensspezifische Umstände, schwierige Lebenssituationen der Täter oder andere soziale Umstände stark ins Zentrum der Betrachtung gerückt.

Für all diese Fragen ist aber die Unterscheidung zwischen Persönlichkeits- und Situationstätern von zentraler Bedeutung.

3.1 Persönlichkeitstäter

Bei Persönlichkeitstätern handelt es sich um Personen, die so genannte risikorelevante Persönlichkeitsmerkmale aufweisen. Diese Persönlichkeitsmerkmale entsprechen häufig einer persönlichen Grunddisposition, die oft bereits in der Kindheit und Jugend – nicht zuletzt durch eigene Entscheidungen – verfestigt wird und damit zu stabilen Charakterzügen führt. Die risikorelevanten Persönlichkeitsmerkmale führen zu einer eigenständigen Motivation, bestimmte Straftaten zu begehen. Der Persönlichkeitstäter schafft aktiv Situationen, in denen er Straftaten begehen kann. Die Motivation für die Begehung der Straftat ist eine direkte Folge der risikorelevanten Persönlichkeitsmerkmale dieser Person.

Wenn eine Person z.B. pädosexuell veranlagt ist, dann bedeutet dies, dass ihre Beziehungs- und Sexualitätswünsche primär oder ausschließlich auf Minderjährige ausgerichtet sind. Die Pädosexualität wäre demnach ein solcher risikorelevanter Problembereich, der fest in die Persönlichkeit integriert ist. Unabhängig von einer bestimmten Situation

---

[3] Endrass, J./Rossegger, A./Urbaniok, F., 2007, Die Zürcher Forensik Studie.

oder spezifischen Lebensumständen hat eine solche Person ein nachhaltiges Bedürfnis für sexuelle Kontakte mit Minderjährigen. Aufgrund dieses Bedürfnisses besteht eine hohe Wahrscheinlichkeit dafür, dass die pädosexuell veranlagte Person nicht passiv darauf wartet, dass sich irgendeine Gelegenheit bietet. Primär wird das stabile Bedürfnis dazu führen, dass sich eine solche Person gezielt entsprechende Situationen sucht und schafft, in denen die Möglichkeit für sexuelle Übergriffe besteht.

Das, was hier exemplarisch am Beispiel einer pädosexuellen Disposition dargestellt ist, gilt in gleicher Weise für viele andere risikorelevante Problembereiche, aus denen sich ein individuelles Risikoprofil zusammensetzen kann. Beispielhaft seien nachfolgend einige risikorelevante Problembereiche genannt:

- Dominanzfokus: Mit Dominanzfokus ist z.B. eine stabile, in der Persönlichkeit verankerte Bedürfnislage gekennzeichnet, die darauf ausgerichtet ist, gegenüber anderen Menschen eine dominante Position einzunehmen. Damit einher gehen das Bedürfnis, Personen und Situationen zu kontrollieren, sowie das Ignorieren der Bedürfnisse anderer Menschen.

- Dissoziale Persönlichkeit: Dissozialität bezeichnet die grundsätzlich bestehende Bereitschaft, Regeln und Normen zu missachten. Dissoziale Personen sind sehr stark auf eigene Bedürfnisse fixiert und weisen eine geringe Hemmschwelle für Gewalttätigkeit auf. Mit Dissozialität häufig verbunden ist die Unfähigkeit, aus Bestrafung oder negativen Konsequenzen zu lernen, sowie die Tendenz, Verantwortung zu externalisieren und z.B. andere Personen oder Umstände für eigene Fehler verantwortlich zu machen.

- Chronifizierte Vergewaltigungsdisposition: Mit chronifizierter Vergewaltigungsdisposition ist gemeint, dass es eine stabile und unabhängig von bestimmten Situationen oder Zeiten bestehende Disposition dafür gibt, gewalttätige Sexualität als attraktiv zu erleben.

- Delinquenznahe Weltanschauung: Mit delinquenznaher Weltanschauung sind Überzeugungen und Glaubenseinstellungen gemeint, die die Wahrscheinlichkeit für bestimmte Straftaten erhöhen. Zu denken ist beispielsweise an religiöse Überzeugungen, wie sie z.B. bei Selbstmordattentätern vorkommen oder die Meinung, als Ehemann die völlige Verfügungsgewalt über die eigene Ehefrau zu haben.

Es gibt eine Vielzahl weiterer risikorelevanter Problembereiche, wie z.B. Impulsivität, Narzissmus, chronifizierte Gewaltbereitschaft, Aggressionsfokus, instabiler Realitätsbezug, emotionale Instabilität, die an dieser Stelle aber nicht weiter vertieft werden sollen.

Solche risikorelevante Problembereiche werden auch prognostische Syndrome genannt. Dabei handelt es sich nicht um psychiatrische Diagnosen, sondern um eigenständige persönlichkeitsbezogene Problembereiche, die z.T. keinerlei Bezug zu psychiatrischen Erkrankungen haben. Ein Selbstmordattentäter, der aus seiner religiösen Überzeugung heraus bereit ist, sich und viele andere Menschen in die Luft zu sprengen, ist sicherlich gefährlich. Seine Gefährlichkeit speist sich aus dem prognostischen Syndrom der delinquenzfördernden Weltanschauung, möglicherweise kombiniert mit weiteren risikorelevanten Persönlichkeitsmerkmalen. Die delinquenznahe Weltanschauung ist prognostisch hochrelevant, es handelt sich aber nicht um eine psychiatrische Erkrankung oder irgendeine andere Krankheitsdiagnose. Wenn es um Risiken geht, sind demnach nicht krankheitsbezogene Diagnosen wichtig, sondern die oben dargestellten prognostischen Syndrome.

Zusammenfassend ist Folgendes festzuhalten: Persönlichkeitstäter sind Personen, bei denen risikorelevante Persönlichkeitsmerkmale (prognostische Syndrome) stark ausgeprägt sind. Es gilt folgender Zusammenhang:

Täterpersönlichkeit (risikorelevante Persönlichkeitsmerkmale) → Tatmotivation → (Tatausgangs-)Situation → Straftat.

D.h., die Deliktdynamik entwickelt sich aus der Persönlichkeit, der Täter schafft aktiv eine entsprechende Tatausgangssituation. Aufgrund der starken Eigenmotivation sind Regeln und Normen für Persönlichkeitstäter tendenziell unwichtig. Ebenso sind Strafe und Abschreckung wirkungslos, weil der Persönlichkeitstäter aufgrund seiner stabilen Bedürfnislage, sein Verhalten nicht einfach ohne weiteres ändern kann. Persönlichkeitstäter zeigen meist auch unabhängig von Straftaten problematische oder risikobehaftete Verhaltensweisen. Die meisten Gewalt- und Sexualstraftäter sind Persönlichkeitstäter.

3.2 Situationstäter

Vom Typus des Persönlichkeitstäters zu unterscheiden ist der Situationstäter. Beim Situationstäter finden sich keine risikorelevanten Persönlichkeitseigenschaften oder sie sind nur schwach ausgeprägt. Er begeht Delikte nur, wenn er – zufällig – in eine hochspezifische, unwahrscheinliche Ausgangssituation gerät.

Ein klassisches Beispiel für einen Situationstäter ist das berühmt gewordene Milgram-Experiment.[4] Hier wurde Versuchspersonen die Anweisung gegeben, einer anderen Person (Schüler) Vokabeln beizubringen. Um den Lernerfolg zu verbessern, sollte die Versuchsperson dem Schüler Stromschläge verabreichen. Beim Schüler handelte es sich um einen Schauspieler, der die entsprechenden Reaktionen simulierte. Die Versuchsperson wurde vom Versuchsleiter unter Druck gesetzt, eine konsequente Haltung zu vertreten. In dieser hochspezifischen Versuchssituation ließen sich zwei Drittel der Versuchspersonen dazu bringen, dem Schüler Stromstöße in einer Höhe zu verabreichen, die theoretisch tödlich gewesen wären. Bei den Versuchspersonen handelte es sich um normale Menschen, die keine besonderen risikorelevanten Persönlichkeitseigenschaften aufwiesen. Wären sie nicht in eine hochspezifische Situation gekommen, hätten sie vermutlich in ihrem Leben nie entsprechende Handlungen begangen.

Dies ist das Prinzip des Situationstäters. Er weist keine stabile, unabhängig von der Situation bestehende Bedürfnislage für strafbare Handlungen auf. Für ihn gilt im Unterschied zum Persönlichkeitstäter folgender Zusammenhang: Risikorelevante Persönlichkeitsmerkmale sind nicht vorhanden oder nur schwach ausgeprägt. Es gilt:

(Tatausgangs-)Situation → Tatmotivation (weitgehend unabhängig von stabilen Persönlichkeitsmerkmalen des Täters) → Straftat.

Deliktdynamik und Tatmotivation entwickeln sich demnach aus der Situation und nicht aus der Person heraus. Situationstäter fühlen sich meist Regeln und Normen gegenüber grundsätzlich verpflichtet. Bei Situationstätern sind Strafe und Abschreckung wirksam, weil sie aufgrund der mangelnden Verankerung des Tatverhaltens in der Persönlichkeit ihr Verhalten relativ leicht ändern können.

Einfach gesagt lässt sich der Unterschied zwischen Persönlichkeits- und Situationstäter wie folgt zusammenfassen: Beim Persönlichkeitstäter ist das Problem die Person. Beim Situationstäter ist das Problem die Situation. Deswegen ist es falsch, bei Persönlichkeitstätern für die Prävention auf unspezifische Maßnahmen, soziale Faktoren, Ausbildungen oder bestimmte Lebensumstände zu fokussieren. Da alle diese Faktoren außerhalb der Persönlichkeit liegen, haben sie nur einen geringen Einfluss auf das Risiko. Wirksam sind hier vor allem spezifische, auf die Grundproblematik in der Persönlichkeit ausgerichtete Maßnahmen.

---

[4] Milgram, S., 1974, Das Milgram-Experiment – Zur Gehorsamsbereitschaft gegenüber Autoritäten.

4 Technik der Risikokalkulation im Überblick

Das Risiko für die Begehung einer Straftat steht in engem Zusammenhang zur Ausprägung der oben beschriebenen risikorelevanten Merkmale in der Persönlichkeit einer Person. Solche risikorelevanten Merkmale kommen in Form der dargelegten prognostischen Syndrome vor und liegen bei Persönlichkeitstätern in relevanter Ausprägung vor.

Ähnlich wie bei Gewalt- und Sexualstraftätern dürfte es sich bei der Mehrheit der Wirtschaftskriminellen um Persönlichkeitstäter handeln. Hier spielen Lebensumstände oder andere situative Faktoren eine geringe Rolle für die Deliktbegehung, auch wenn die Täter selbst nach Entdeckung häufig situative Umstände als Ursache ihres Handelns angeben werden.

Risikokalkulationen führen nicht zur Aussage, dass eine bestimmte Person zu einem bestimmten Zeitpunkt eine Tat begeht. Vielmehr wird die Wahrscheinlichkeit dafür angegeben, mit der eine bestimmte Person in Zukunft eine Tat begehen wird. Gebräuchlich sind z.B. fünfstufige Skalen, in denen diese Wahrscheinlichkeit wie folgt angegeben wird: Sehr gering, gering, moderat, erheblich, sehr hoch.

Den Kern einer *state of the art* durchgeführten Risikobeurteilung bildet die umfassende, auf den individuellen Einzelfall bezogene Risikoanalyse. Dabei geht es darum, möglichst vollständig und in der jeweiligen Bedeutung möglichst angemessen die oben erwähnten risikorelevanten Merkmale in der Persönlichkeit zu erfassen. Hierfür werden verschiedene Informationsquellen genutzt:

1. Gespräche mit dem Täter oder mit Drittpersonen und

2. Akten.

Die Aktenanalyse ist von großer Wichtigkeit, v.a. müssen genaue Tatmusteranalysen erstellt werden. Insbesondere die Tatmusteranalyse verrät viel über Handlungsmotivationen und Deliktmechanismen. Der Täter hinterlässt durch die Art seiner Tatbegehung eine Art Fingerabdruck. Denn es gilt: Das, was ein Mensch tut und die Art, wie er es tut, sagt etwas darüber aus, was dieser Mensch fühlt, wie er denkt und wie er wahrnimmt.[5]

---

[5] Vgl. auch den Beitrag von Koch zu Profiling und Workplace Violence.

Aus diesem Grunde haben Tatmusteranalysen für die Risikobeurteilung eine sehr große Bedeutung. Häufig können Risikoanalysen allein aufgrund von aussagekräftigem Aktenmaterial vorgenommen werden.

Die Verwendung zweier Informationsquellen ist aus Gründen des Qualitätsmanagements von großer Bedeutung. Durch die unabhängig voneinander erfolgende Bearbeitung beider Informationsquellen (personenbezogene Informationen und Tatmusteranalysen) können mögliche Widersprüche bzw. Inkongruenzen aufgedeckt werden.

Sind die risikorelevanten Merkmale bzw. die vorliegenden prognostischen Syndrome identifiziert, dann ergibt sich daraus das Risikoprofil einer Person. Aus diesem Risikoprofil lässt sich die genaue Risikokalkulation bestimmen. Zentrale Bedeutung hat dabei stets die Klärung des Deliktmechanismus. Der Deliktmechanismus ist das Verbindungsglied zwischen den risikorelevanten Persönlichkeitsmerkmalen (prognostische Syndrome) und den anhand der Tatmusteranalyse ermittelten Tatmerkmalen. Aus den Persönlichkeitsmerkmalen müssen sich die Tatmerkmale vollständig erklären lassen. Wenn dies gelingt, ist damit der Deliktmechanismus identifiziert. Der Zusammenhang zwischen der konkreten Deliktbegehung und den Persönlichkeitsmerkmalen des Täters ist dann geklärt und damit die Basis für die individuelle Risikokalkulation geschaffen.

Es gibt mittlerweile moderne standardisierte Verfahren, die bei einer Risikoanalyse angewendet werden sollen, um Fehlermöglichkeiten zu vermindern (z.B. HCR-20[6], FOTRES[7]). Eine Risikoanalyse aus dem Bauch heraus ohne den Einsatz von modernen Verfahren ist heutzutage nicht mehr vertretbar. Leider wird dieser Grundsatz aber noch nicht flächendeckend in der Praxis umgesetzt.

Lege artis durchgeführte Risikobeurteilungen erreichen mittlerweile eine hohe Zuverlässigkeit. Es handelt sich allerdings um sehr aufwändige Arbeiten, die spezialisiertes Know-how erfordern. Die Prognosewissenschaft als Teil der modernen forensischen Psychiatrie kann dabei als eigenständige Disziplin betrachtet werden. Sie weist nur noch wenige Berührungspunkte mit dem Gebiet der „normalen" Psychiatrie auf.

---

[6] Webster, C. et al., 1997, HCR-20 – Assessing the Risk of Violence.
[7] Urbaniok, F., 2007, FOTRES: Forensisches Operationalisiertes Therapie-Risiko-Evaluations-System.

5 Spezielle methodische Aspekte der Prognoseforschung

Da die Risikobeurteilung den Schlüsselprozess für jede Präventionsstrategie darstellt, wird nachfolgend in einer Übersicht der aktuelle Stand der Prognosewissenschaft mit seinen grundlegenden methodischen Implikationen dargestellt. Dabei handelt es sich bei dieser Übersicht um einen Auszug aus einer im Jahre 2008 erschienen Grundlagenarbeit zum Thema Prognostik.[8]

5.1 Aktueller Stand der Prognoseforschung

Auf dem Gebiet der Risikokalkulation bei Straftätern sind seit den 1990er Jahren wichtige Fortschritte erzielt worden. Dies kommt u.a. in der Entwicklung neuer Verfahren zum Ausdruck, die mehrheitlich aus dem angelsächsischen Raum stammen. Zu nennen sind u.a. die Psychopathie-Checkliste (PCL-R),[9] deren verkürzte Version die PCL-SV,[10] der Level of Service Inventory-Revised (LSI-R),[11] der Static-99,[12] der HCR-20, der SVR-20,[13] der SONAR,[14] der Violence Risk Appraisal Guide (VRAG) und der Sex Offender Risk Appraisal Guide (SORAG).[15] Im deutschsprachigen Raum wurde das Forensische Operationalisierte Therapie-Risiko-Evaluations-System (FOTRES) entwickelt. Die Besonderheit dieses Systems ist, dass es nicht nur für Risikokalkulationen eingesetzt werden kann, sondern v.a. als standardisiertes forensisches Dokumentations- und Qualitätsmanagementsystem entwickelt wurde. Es leitet strukturiert und standardisiert den klinisch-forensischen Beurteilungsprozess und ist in der Lage, Therapieverläufe abzubilden.

Untersuchungen zur prädiktiven Validität der Instrumente waren Gegenstand zahlreicher empirischer Studien. Meist wurde untersucht, inwiefern die aus den Ursprungsstudien bekannten Kennwerte (wie z.B. der Prozentsatz der anhand des Instruments korrekt als Rückfalltäter oder Nicht-Rückfalltäter klassifizierten Personen) auf andere Populationen übertragen werden können. Die meisten Replikations- und Evaluations-

---

[8] Urbaniok, F. et al., 2008, Forensische Risikokalkulationen, S. 470-477.

[9] Hare, R., 2003, Psychopathy Checklist-Revised (PCL-R).

[10] Hart, S./Cox, D./Hare, R., 2003, The Hare PCL: SV – Psychopathy Checklist.

[11] Andrews, D./Bonta, J., 2001, The Level of Service Inventory-Revised.

[12] Harris, A. et al., 2003, Static-99 Coding Rules Revised.

[13] Dempster, R./Hart, S., 2002, The relative utility of fixed and variable risk factors in discriminating sexual recidivists and nonrecidivists, S. 121-138.

[14] Hanson K./Harris A., 2000, The sex offender need assessment rating (SONAR).

[15] Quinsey, V. et al., 2006, Violent offenders – Appraising and managing risk.

studien stammen – wie die Ursprungsstudien – aus dem angelsächsischen Raum bzw. aus Kanada. Erst in jüngster Zeit ist eine Zunahme von Publikationen aus Europa bzw. aus dem deutschsprachigen Raum zu beobachten.[16] Demgegenüber wurden Fragen der praktischen Anwendbarkeit (z.B. Ökonomie des Instruments), der Indikationsstellung des Einsatzes bei unterschiedlichen Fragestellungen oder der praktischen Relevanz der generierten Ergebnisse (Interpretierbarkeit der Ergebnisse) bislang kaum untersucht.

Während in den letzten Jahren insbesondere im angelsächsischem Sprachraum der Einsatz aktuarischer Instrumente als *state of the art* und gegenüber der klinischen Urteilsbildung als überlegen galt, wird in jüngster Zeit der ideographischen einzelfallorientierten Prognosebildung wieder ein höherer Stellenwert eingeräumt.[17] In Deutschland formulierte eine aus forensischen Psychiatern und Juristen zusammengesetzte Arbeitsgruppe Richtlinien für die Erstellung von Prognosegutachten. Auch hier wurde der klinischen, einzelfallbezogenen Risikoanalyse ein zentraler Stellenwert eingeräumt. Ergänzend hierzu sei der Einsatz eines standardisierten Prognoseinstruments möglich, wenn folgende Anforderungen erfüllt seien: „Es muss standardisiert sein, es muss ein Manual zur Erläuterung von Vorgehen, Items und Auswertung existieren, es müssen Daten zur Reliabilität und Validität des Instruments vorliegen. Der Sachverständige muss darin ausgebildet und imstande sein, dieses Verfahren kompetent anzuwenden".[18]

Dass die aus der Testpsychologie bekannten Testgütekriterien (Objektivität, Reliabilität und Validität) auch bei forensischen Instrumenten zur Risikokalkulation berücksichtigt werden sollen, erscheint auf den ersten Blick plausibel. Es ist allerdings zu beachten, dass Validitätsstudien bei forensischen Risikokalkulationen mit einer Reihe besonderer methodischer Herausforderungen konfrontiert sind. Diese werden z.T. bei der Durchführung von Studien, aber auch bei der Diskussion von Befunden und Schlussfolgerungen bislang nur unzureichend berücksichtigt. Für die Optimierung zukünftiger Forschungsdesigns, aber auch für den Einsatz von Risikobeurteilungsverfahren in der Praxis, ist eine Klärung methodischer Grundlagen zur Validität von Prognoseverfahren und eine Bestandsaufnahme über den gegenwärtigen Forschungsstand daher von zentraler Bedeutung.

---

[16] Vgl. Müller-Isberner, R./Cabeza, S./Eucker, S., 2000, Vorhersage sexueller Gewalttaten mit dem SVR-20; Müller-Isberner, R./Jöckel, D./Cabeza, S., 1998, Die Vorhersage von Gewalttaten mit dem HCR-20; Rettenberger, M./Eher, R., 2006, Die deutsche Übersetzung und Adaptierung des Static 99; Stadtland, C. et al., 2006, Rückfallprognosen bei Sexualstraftätern; Stadtland, C. et al., 2005, Psychopathic traits and risk of criminal recidivism; Stadtland, C./Nedopil, N., 2004, Vergleichende Anwendung heutiger Prognoseinstrumente zur Vorhersage krimineller Rückfälle; Urbaniok, F. et al., 2006, Prediction of violent and sexual offences; Urbaniok F. et al., 2007, The predictive quality of the Psychopathy Checklist-Revised.

[17] Conroy, M./Murrie, D., 2007, Forensic assessment of violence risk.

[18] Boetticher, A. et al., 2006, Mindestanforderungen für Prognosegutachten, S. 537-544.

5.2   Risikokalkulationen sind Wahrscheinlichkeitsaussagen

Das Risiko für die Begehung einer Straftat durch eine Person steht – wie bereits mehrfach erwähnt – in engem Zusammenhang zur Ausprägung risikorelevanter personaler Merkmale wie z.B. Gewaltbereitschaft, Dominanzstreben, Dissozialität, sexuelle Deviationen. Bei der forensischen Risikokalkulation gilt dabei folgender Zusammenhang: Umso ausgeprägter personale Risikomerkmale vorhanden sind, desto geringer ist der Einfluss situativer Faktoren (z.B. Lebensumstände, konstellative Situationsmerkmale) für eine Straftat. Umgekehrt gilt: Umso geringer die Risikodisposition ausgeprägt ist, desto spezifischer müssen situative Faktoren sein, damit es zu einer Straftat kommt. Aus der spezifischen Zusammensetzung und dem Zusammenspiel der risikorelevanten Merkmale einer Person ergibt sich die Art (z.B. das Risiko ein Sexualdelikt zu begehen) und die Ausprägung (z.B. ein 70%-iges Risiko) der individuellen Risikodisposition.

Die Risikokalkulation mündet also in eine Wahrscheinlichkeitsaussage, die eine qualitative (welche Straftat) und eine quantitative Aussage (mit welcher Wahrscheinlichkeit) beinhaltet. Die Wahrscheinlichkeit für eine erneute Deliktbegehung kann theoretisch einen Wert von 0 bis 1 (bzw. 0-100%) annehmen, wobei die Werte 0 und 1 aus praktischer Sicht ausgeschlossen werden können, da außerordentlich unwahrscheinliche Ereignisse auf beiden Polen nie absolut auszuschließen sind (z.B. Tod eines Hochrisikotäters durch Blitzschlag, was einen Rückfall verunmöglicht oder umgekehrt ein Hirntumor bei einer Person mit minimalem Risiko, durch den plötzlich – wie von Burns und Swerdlow beschrieben – pädosexuelle Bedürfnisse verursacht werden).[19]

Dass Risikokalkulationen Wahrscheinlichkeitsaussagen sind und daher keinen dichotomen Charakter haben (Rückfall vs. kein Rückfall), hat weitreichende Implikationen für die Untersuchung der Validität prognostischer Beurteilungen. In der Vergangenheit wurde der probabilistische Charakter von Risikokalkulationen aber häufig missachtet. Unter Verwendung eines dichotomen Verständnisses der Prognose (Rückfall vs. kein Rückfall) wurde die Validität von Risikobeurteilungen grundsätzlich infrage gestellt. Die damit verbundenen Implikationen wurden an anderer Stelle in einer Kritik an der gängigen Interpretation der Vier-Felder-Tafel ausführlich analysiert.[20] So gilt die Vier-Felder-Tafel als das zentrale Modell, um die Validität prognostischer Aussagen bzw. prognostischer Verfahren einzuordnen. Hingewiesen wird dabei insbesondere auf den Anteil vermeintlich falsch positiver Beurteilungen. Damit ist die Quote der Personen gemeint, bei denen ein Risiko für die Begehung einer Straftat dokumentiert wurde, die in der Folge aber nicht straffällig wurden. Diese Quote vermeintlich falsch positiver Beurteilungen

---

[19]   Burns, J./Swerdlow, R., 2003, Right Orbitofrontal Tumor With Pedophilia Symptom, S. 437-440.

[20]   Urbaniok, F., 2004, Validität von Risikokalkulationen bei Straftätern, S. 260-269.

wird als Beleg dafür angeführt, die Zuverlässigkeit von forensischen Risikokalkulationen infrage zu stellen.[21] Die Problematik dieser Argumentation kann an folgendem Beispiel erläutert werden: Wenn eine Population aus Straftätern besteht, in der alle Personen ein tatsächliches individuelles Rückfallrisiko von 70% aufweisen, dann werden 70 von 100 Straftätern rückfällig. Die 30 Personen, die nicht rückfällig werden, sind in diesem Modell nicht falsch klassifiziert worden, sondern repräsentieren den bei einer homogenen Gruppe mit einem 70%-Rückfallrisiko erwarteten Anteil nicht-rückfälliger Personen. Sie unterscheiden sich hinsichtlich ihrer Risikodisposition nicht von denjenigen, die rückfällig wurden.

Gemäß der gängigen Interpretation der Vier-Felder-Tafel können optimale Ergebnisse – also das Vermeiden von vermeintlich falsch positiven Beurteilungen – nur mit Personen erzielt werden, die aufgrund einer außerordentlich starken Ausprägung risikorelevanter Persönlichkeitsmerkmale ein 100%-iges Risiko aufweisen. Schon eine Population aus Personen, die alle „nur" ein 90%-Risiko haben, würde zwangsläufig eine Quote von mindestens 10% so genannter falsch-positiver Ergebnisse produzieren.

5.3 Aktuarische Risikokalkulationen

Rein statistisch generierte Modelle basieren auf einem Gruppenvergleich zwischen Erst- und Rückfalltätern. Dabei wird nach den Merkmalen gesucht, in denen sich die beiden Gruppen signifikant unterscheiden. Ein Vorteil solcher Art generierter statistischer Verfahren besteht darin, dass die Variablen zumeist gut definiert, einfach zu erheben und dementsprechend reliabel sind. I.d.R. handelt es sich um wenige Variablen, die gut anhand von Aktenanalysen erhebbar sind.

Häufig stehen diese Prädiktoren lediglich in einem sehr indirekten Zusammenhang zum Deliktmechanismus und der zugrunde liegenden Risikodisposition. Für unser oben genanntes Beispiel bedeutet dies Folgendes: Das rein statistische Verfahren erfasst nicht das Vorliegen von Vergewaltigungsfantasien. Aufgrund von rein statistisch generierten Risikokalkulationsmodellen würden vielmehr Prädiktoren ermittelt, die mit dem Risiko korrelieren, das auf der Ausprägung der Vergewaltigungsfantasien und anderer risikorelevanter Merkmale beruht. Bei gewissen Instrumenten wird dies sehr indirekt (z.B. beim Static-99 über die Anzahl der einschlägigen Vorstrafen) bei anderen Instrumenten direkter (z.B. beim SORAG über phallometrische Untersuchungen) erfasst. Das Problem der mangelnden – ätiologisch begründbaren und somit direkteren – Verknüpfung besteht

---

[21] Monahan, J., 1973, Dangerous offenders – A critique of Kozol et al.; Cornel, H., 1994, Die Gefährlichkeit von Gefährlichkeitsprognosen; Kühl, J./Schumann, K., 1989, Prognosen im Strafrecht.

darin, dass zum Individuum eine rein statistische Zuordnung erfolgt. Darum bleibt es unklar, ob ein Individuum, das ein bestimmtes Set von Risikofaktoren aufweist, aber keine Straftat begeht, tatsächlich dieses Risiko repräsentiert. Wird demgegenüber ein klinisch evidentes Kriterium, wie z.B. das Vorliegen von Vergewaltigungsfantasien, direkt erfasst, ist eher nachzuvollziehen, ob eine Person zu Recht dem Risiko zugeordnet wurde oder nicht, auch wenn sie keine Straftat begeht. Das Vorliegen von Vergewaltigungsfantasien ist in diesem Sinne eine nachvollziehbare, klinisch sowohl dem Einzelfall als auch qualitativ einem damit verbundenen Risiko zuzuordnende Größe. Eine wichtige Eigenschaft eines Prognoseverfahrens ist daher dessen Fähigkeit, einen Einzelfall in seinen direkt mit dem Risiko verbundenen Merkmalen möglichst genau abzubilden. Dafür ist es u.a. erforderlich, dass genügend und ausreichend differenzierte Kriterien zur Verfügung stehen. Über diese Eigenschaften verfügen statistische Methoden nur eingeschränkt oder gar nicht. Darum haben statistisch generierte Verfahren für Risikokalkulationen einen vergleichbaren Stellenwert wie Laborwerte in der klinischen Diagnostik. Sie eignen sich in der Praxis zum Screening und können leicht von klinisch nicht geschultem Personal eingesetzt werden.

Außerdem sind rein statistisch generierte Risikokalkulationsmodelle populationsspezifisch und müssen daher an anderen Populationen (z.B. neue Zusammensetzung von Deliktgruppen, Strafvollzugs- oder psychiatrische Population, neue Sprachregionen) repliziert werden.[22]

5.4   Gutachten als ein prognostisches Verfahren

Im bereits erwähnten Konsensartikel von Boetticher et al. werden Kriterien für den Einsatz standardisierter prognostischer Verfahren in strafrechtlichen Gutachten genannt. Gemäß den Autoren bildet die einzelfallbezogene, klinische Fallanalyse den Hauptteil eines solchen Gutachtens. Für diesen einzelfallorientierten Hauptteil des Gutachtens werden lediglich formale Anforderungen definiert (z.B. das Erfordernis einer genauen Aktenanalyse, einer Darstellung der Delinquenzvorgeschichte oder einer Sexualanamnese bei einem Sexualstraftäter). Es ist allerdings darauf hinzuweisen, dass die klinische Einzelfallanalyse bzw. das psychiatrische Prognosegutachten auch ohne Anwendung eines standardisierten Instruments ein prognostisches Verfahren darstellt. Das Ziel dieser Vorgehensweise ist ebenfalls die möglichst genaue Risikoeinschätzung des Täters. So betrachtet ist es erstaunlich, dass für standardisierte Instrumente Kriterien, wie z.B. das Vorliegen von Daten, zur Validität gefordert werden, dies aber für die klinische Einzelfallanalyse bzw. das psychiatrische Gutachten an sich nicht gilt. Auch in die bisherige

---

[22]   Urbaniok, F. et al., 2007, The prediction of criminal recidivism, S. 129-134.

Validitätsdiskussion werden Gutachten nicht einbezogen. Untersuchungen zu Gutachten beschränken sich bislang auf die Überprüfung des Einhaltens formaler Standards.[23]

Die für die Erstellung psychiatrischer Gutachten bestehenden formalen Standards sind an und für sich sinnvoll. Sie leiten sich aus klinischer Plausibilität sowie einem *best-practice*-Verständnis ab und haben damit eine legitime Grundlage. Es bleibt aber festzuhalten, dass sich diese Standards nicht auf empirische Untersuchungen zur Validität abstützen können. Dies bedeutet, dass für die – z.B. durch das Fehlen standardisierter Auswertungsregeln oder operationalisierter Bewertungskriterien – inhaltlich nicht standardisierte, klinische Einzelfallanalyse im Rahmen eines Gutachtens nicht die gleichen Validitätskriterien gelten, wie für den Einsatz standardisierter Prognoseverfahren.

Dies ist nicht ohne weiteres sachlich begründbar. Zwar ist es aus nachvollziehbaren Gründen technisch schwieriger, ein nicht standardisiertes Verfahren auf seine Validität hin zu untersuchen. Grundsätzlich wäre es aber durchaus möglich, die aus der Einzelfallanalyse bzw. dem psychiatrischen Gutachten generierte Risikoeinschätzung, ebenso wie das Ergebnis des standardisierten Verfahrens, anhand des tatsächlichen Ausgangs zu überprüfen. Darüber hinaus erscheint es sinnvoll, für die klinische Einzelfallbeurteilung nicht nur bei der Definition formaler Vorgehensleitlinien stehen zu bleiben, sondern eine weitergehende Standardisierung des Prozederes und der Schlussfolgerungen anzustreben. Dies ist nicht nur im Sinne der Transparenz anzustreben, sondern würde auch eine bessere Grundlage für Validitätsstudien ermöglichen. Solche Studien sind deswegen anzustreben, weil für die klinische Einzelfallbeurteilung bzw. das psychiatrische Gutachten an sich die gleichen Maßstäbe gelten sollten wie für standardisierte Risikokalkulationen.

5.5   Qualitätsmanagement der Risikokalkulation

Verschiedene der vorangehend dargestellten Punkte haben einen Bezug zu Qualitätsmanagementaspekten. Typische Qualitätsmanagementziele bei Risikokalkulationen sind im Hinblick auf Bewertungsprozedere und Schlussfolgerungen u.a. Transparenz, Standardisierung, Nachvollziehbarkeit und Korrigierbarkeit des prognostischen Beurteilungsprozesses. Ein weiteres Ziel ist die Förderung einer Arbeitsweise des Beurteilers, die Fehler unwahrscheinlicher macht (z.B. Sicherstellung einer ausreichenden Aktenanalyse, Förderung eines eigenen, intensiven Auseinandersetzungsprozesses mit dem Fall). Eng verbunden mit dem allgemeinen Qualitätsmanagement ist das Anstreben einer möglichst standardisierten, nachvollziehbaren und überprüfbaren Dokumentation des Beurteilungsprozesses und zentraler Aspekte des Falls.

---

[23]   Heinz, G., 1982, Fehlerquellen forensisch-psychiatrischer Gutachten; Fegert, J. et al., 2006, Psychiatrische Begutachtung in Sexualstrafverfahren.

5.6 Reliabilität

Auch die Reliabilität ist ein mit dem Konsensartikel angesprochenes Qualitätsmerkmal. Praktisch hängt dieses Kriterium mit der Einfachheit, der Definitionsgenauigkeit der Kriterien und nicht zuletzt mit dem Trainingsstand des Anwenders zusammen. Ein Verfahren, das in differenzierter, den Einzelfall gewichtender Weise eine individuelle Situation fokussiert, kann dabei nicht mit wenigen und groben Variablen auskommen.

Für die differenzierte Abbildung des Einzelfalls sind daher die Operationalisierung solcher Variablen und die Standardisierung des Beurteilungsprozesses besonders wichtig, um eine hohe Reliabilität zu ermöglichen. So ist es nicht verwunderlich, dass beim inhaltlich kaum standardisierten, psychiatrischen Gutachten die Interrater-Reliabilität zwischen verschiedenen Gutachtern tendenziell eher gering sein dürfte. Entsprechende Untersuchungen hierüber liegen aber allein schon deswegen nicht vor, weil es vermutlich aus Kosten- und Ressourcengründen kaum möglich sein wird, Parallelgutachten nur mit dem Ziel einer Interrater-Reliabilitätsstudie in Auftrag zu geben.

5.7 Einschlägige und allgemeine Rückfälligkeit

Risikokalkulationen bestehen immer aus einem quantitativen und einem qualitativen Anteil. Der quantitative Anteil entspricht einer Wahrscheinlichkeit für die Begehung einer Straftat. Der qualitative Anteil beschreibt, um welche Art Straftat es sich handelt. Nur wenige Verfahren (z.B. das psychiatrische Gutachten oder FOTRES) sind in der Lage, deliktspezifische Rückfallrisiken zu beschreiben. Andere Verfahren beziehen sich bestenfalls auf globale Kategorien wie Gewaltdelikte oder Sexualdelikte oder weisen keine Spezifizierung für bestimmte Deliktarten auf.

Für Validitätsstudien wäre zu fordern, dass zumindest zwischen allgemeiner (unspezifische Deliktkategorien), einschlägiger Rückfallkriminalität (Rückfalldelikt entspricht dem Anlassdelikt) und Rückfälligkeit mit einem Sexual- oder Gewaltdelikt (bzw. je nach Zielsetzung mit einem Wirtschaftsdelikt) als Outcome-Kriterium unterschieden wird.

Dies wird in den Populationen schwierig sein, in denen die Basisrate für einschlägige Rückfälligkeit gering ist. Wenn dann als Outcome-Kriterium die allgemeine Rückfälligkeit gewählt wird, ist stets zu berücksichtigen, dass dieses Ergebnis u.U. nicht repräsentativ für die – meist besonders interessierende – einschlägige Rückfälligkeit ist. Idealerweise ist also eine ausreichend hohe Basisrate für einschlägige Rückfälligkeit anzustreben. Dies ist meist dann erreichbar, wenn tendenziell lange Katamnesezeiträume vorliegen. Lange Katamnesezeiträume gehen allerdings mit anderen methodischen Schwierigkeiten einher. Zumeist wird die Rückfälligkeit anhand offizieller Strafregisterauszüge gemessen. Nach bestimmten Fristen werden spezifische Straftaten aus dem Strafregister wieder gelöscht oder es werden Personen, die ein bestimmtes Lebensalter erreichen oder versterben, aus dem Strafregister entfernt. Personen, die ihren Wohnsitz in ein anderes Land verlegen, erscheinen nicht mehr im inländischen Strafregister. Durch die genannten Effekte wird die tatsächliche Rückfälligkeit durch Strafregisterauszüge tendenziell unterschätzt. Dieses Problem wird im Bereich der Wirtschaftskriminalität angesichts der bekannt hohen Dunkelziffer zusätzlich verschärft.

Schließlich sind Änderungen des Ursprungsrisikos umso wahrscheinlicher, je länger der Beobachtungszeitraum ist. Einerseits sind also lange Beobachtungszeiträume wünschenswert, andererseits sind sie wiederum mit spezifischen Problemen assoziiert.

5.8 Risikofluktuationen im Verlauf

Wie bereits oben erwähnt, speist sich die Risikodisposition aus personalen risikorelevanten Merkmalen. Diese Persönlichkeitsmerkmale können mehr oder weniger chronifiziert und veränderungsresistent sein. Je nachdem wie stabil oder potenziell veränderbar diese Persönlichkeitsmerkmale sind, ist die Risikodisposition über längere oder kürzere Zeiträume als stabil zu betrachten. Daher gibt es Problemprofile, die aufgrund ihrer Ausprägung, ihrer Persönlichkeitsverwurzelung und ihrer mangelnden Zugänglichkeit für Veränderungsprozesse als langfristig oder sogar lebenslang unveränderbar anzusehen sind. Auf dem Gegenpol finden sich noch in Entwicklung befindende oder veränderbare Persönlichkeitsmerkmale, die potenziell auch in wenigen Jahren für einen nachhaltigen Veränderungsprozess zugänglich erscheinen.

I.d.R. handelt es sich bei der Veränderung der Risikodisposition um Änderungen in der Persönlichkeit im engeren Sinne. Diese sind für die Mehrheit der zu beurteilenden Straftäter realistischerweise nur in sehr langfristigen Zeiträumen zu erwarten. Auch wenn für viele Täter daher von einer mehr oder minder ausgeprägten Zeitstabilität der Risikodisposition auszugehen ist, ergeben sich v.a. für langfristige Zeiträume Fluktuationen des Risikos im Verlauf. Nicht zuletzt bei Therapieprozessen, aber auch bei anderen Veränderungsprozessen können dabei einschneidende Änderungen des Risikos erzielt werden. Daneben können z.B. Faktoren wie Krankheit oder andere gravierende Änderungen der Lebensumstände zu Veränderungen der Risikoausprägung führen.

In der Praxis ist es außerdem so, dass Täter, bei denen durch die Justiz ein hohes Rückfallrisiko festgestellt wird, i.d.R. Interventionen erfahren. Es kann sich um sichernde oder therapeutische Maßnahmen handeln. Umso höher das Risiko ist, umso wahrscheinlicher sind solche risikosenkenden Interventionen. Damit ergibt sich ein Interventionsbias in der Art, dass gerade bei ausgeprägten Risiken ein gegenläufiger Parameter den Längsverlauf beeinflusst. Wird nicht zwischen Ursprungsrisiko und dem aktuellen

Risiko im Längsverlauf unterschieden, ist das Outcome (Rückfall) durch den Interventionsbias systematisch verzerrt. Im Violence Risk Appraisal Guide (VRAG) ist die Diagnose einer Schizophrenie z.B. ein protektiver Faktor. Dies mag auf den ersten Blick erstaunen. So ist aus anderen Studien bekannt, dass insbesondere paranoide Syndrome mit einem erheblich erhöhten Risiko für Gewalttaten einhergehen.[24] Erklärbar wird der Befund durch den Interventionsbias. Ein Täter mit einer schweren Gewalttat und der Diagnose Schizophrenie wird mit großer Wahrscheinlichkeit langfristig Behandlungsmaßnahmen und professionelle Beobachtung erfahren. Daher ist es verständlich, dass die Diagnose einer Schizophrenie zwar für eine Ersttat ein Risikofaktor ist, nicht aber für ein Rückfalldelikt. Das Beispiel verdeutlicht, dass insbesondere statistische Prädiktoren populationsspezifisch sind und Studien, bei denen solche Effekte im Längsverlauf nicht kontrolliert werden können, einem erheblichen Verzerrungsfaktor ausgesetzt sind.

Dies bedeutet, dass für die Mehrzahl der Fälle Veränderungen des Risikos im Verlauf berücksichtigt werden müssten. Hierzu sind die meisten rein statistisch generierten Instrumente zur Risikokalkulation nicht in der Lage, weil sie lediglich statische (z.B. biografische, soziodemografische oder kriminologische) Variablen enthalten, durch die Veränderungen nicht abgebildet werden können. Dies ist durch klinische Verfahren (z.B. das psychiatrische Prognosegutachten, FOTRES, HCR-20) prinzipiell möglich.

6 Fazit

In den vorangegangenen Abschnitten wurde die Bedeutung der Risikoeinschätzung für die Prävention von Straftaten, das Konzept von Persönlichkeitstätern versus Situationstätern, ein Überblick über die Technik in der praktischen Anwendung von Risikobeurteilungen und schließlich eine Übersicht über aktuelle methodische Fragen der Prognosewissenschaft dargestellt. Ziel dieses Beitrags ist es u.a., auf das bislang brach liegende Potenzial im Bereich Wirtschaftskriminalität hinzuweisen, welches dadurch entsteht, dass bereits vorhandene Erkenntnisse und praktische Anwendungskompetenzen aus anderen Deliktbereichen nicht genutzt werden. Dies betrifft sowohl das Verständnis über risikorelevante Persönlichkeitsmerkmale von Wirtschaftskriminellen, den fehlenden Einsatz professioneller Risikobeurteilungen und dadurch die fehlende Anwendung spezifisch präventiver Intervention und Maßnahmen. Letztlich ist dies aber nur ein Teilaspekt einer umfassenderen Problematik. Nach wie vor fehlt eine ausreichende Sensibilisierung gegenüber dem Ausmaß und den erheblichen, negativen Konsequenzen von Wirtschaftskriminalität. Hier sind die Unternehmen, die Politik, die Justiz, aber auch die

---

[24] Arboleda-Flórez, J., 1998, Mental illness and violence; Fazel, S./Danesh, J., 2002, Serious mental disorder in 23000 prisoners.

Gesellschaft im Ganzen gefordert, eine klare Haltung einzunehmen, konsequent gegen Wirtschaftskriminalität einzutreten und Präventionsstrategien zur Verminderung entsprechender Straftaten zu intensivieren.

Ähnlich wie beim Thema des sexuellen Missbrauchs in Institutionen und Familien ist ein grundlegendes Umdenken erforderlich. Wegschauen, vertuschen, ausweichen und bagatellisieren sind die falschen Strategien auf Kosten von Opfern, Geschädigten und letztlich auf Kosten von uns allen.

Zusammenfassend ist festzuhalten:

- Wirtschaftskriminalität verursacht Opfer und schädigt die gesamte Gesellschaft.

- Eine Gesellschaft mit weniger Opfern ist eine gesündere, leistungsfähigere und erfolgreichere Gesellschaft.

- Konsequentes Eintreten gegen Wirtschaftskriminalität und die Intensivierung von Präventionsstrategien zur Verhinderung entsprechender Straftaten sind das Gebot der Stunde.

- Wirtschaftskriminalität ist bislang aus forensisch-psychiatrischer Perspektive ein wissenschaftliches Niemandsland.

- Risikokalkulationen sind der Schlüsselprozess für jede Präventionsstrategie.

- Die modernen Verfahren der professionellen Risikobeurteilung haben eine hohe Zuverlässigkeit.

- Risikokalkulationen sind Wahrscheinlichkeitsaussagen.

- Das präventive Potenzial professioneller Risikobeurteilungen zur Verhinderung von Straftaten ist bislang im Bereich der Wirtschaftskriminalität noch weitgehend ungenutzt.

- Im Kern geht es bei der Risikobeurteilung stets darum, risikorelevante Persönlichkeitsmerkmale einer Person so vollständig und in ihrer Bedeutung so angemessen wie möglich zu erfassen.

- Bei Persönlichkeitstätern gilt folgender Zusammenhang: Täterpersönlichkeit (risikorelevante Persönlichkeitsmerkmale) → Tatmotivation → (Tatausgangs-)Situation → Straftat.

- Bei Situationstätern gilt folgender Zusammenhang: (Tatausgangs-)Situation → Tatmotivation (weitgehend unabhängig von stabilen Persönlichkeitsmerkmalen des Täters) → Straftat.

- Die meisten Wirtschaftskriminellen sind Persönlichkeitstäter.

Profiling und Workplace Violence

Klaus-Peter Koch

1 Profiling und Fraud Management – Gegensatz oder Ergänzung?

Fälle von Wirtschaftskriminalität zu verhindern oder aufzuklären, ist eine interdisziplinäre Herausforderung. Täter in diesem Bereich verfügen über z.T. überdurchschnittliche intellektuelle Fähigkeiten. Wird der Intellekt zusätzlich in kreativer Weise für die Realisierung schädigender Handlungen eingesetzt, wird es noch mehr erschwert, ein Unternehmen präventiv hiergegen abzusichern.

Der Kreativität von Tätern kann jedoch begegnet werden, indem man ihr nicht minder kreative Ansätze im Fraud Management entgegensetzt. Einen Blick zu wagen gerade auf Spezialgebiete anderer Fachrichtungen und Disziplinen lohnt sich daher.

Mit diesem Beitrag soll der Vorteil hervorgehoben werden, der von einer Anwendung der Methodik des Profilings für das Fraud Management ausgehen kann. Wie das Fraud Management ist Profiling eine interdisziplinäre Aufgabe, bei der der Schlüsselfaktor Mensch im Vordergrund steht. Von Profiling ist in aller Regel die Rede, wenn es um die Identifizierung der noch unbekannten Person eines Gewalttäters geht. Es handelt sich dabei mithin um einen repressiven Ermittlungsansatz. Fraud Management hingegen hat eine stark präventive Ausrichtung, wenngleich mit diesem Begriff auch die reaktive Begegnung akuter wirtschaftskrimineller Angriffe gegen ein Unternehmen beschrieben wird.

Auf den ersten Blick gibt es daher kaum Anlass zur Annahme, dass Profiling nur ansatzweise eine sinnvolle Ergänzung von Fraud Management sein könnte. Eine detaillierte Betrachtungsweise kommt hingegen zu einem anderen Ergebnis. Ganz entscheidend ist es, hierbei Begrifflichkeiten, Vorgehen und Zielsetzungen näher zu definieren.

Der Beitrag erläutert zunächst, was es mit der häufig sinnentstellt verwandten Begrifflichkeit des Profiling in fachlicher Hinsicht tatsächlich auf sich hat. Hierzu gehört ebenfalls die Betrachtung des Ermittlungskontextes innerhalb dessen Profiling einen erfolgreichen Ermittlungsansatz darstellt. Die zentrale Idee der Profiling-Methode wird sodann als Profiling-Ansatz auf den Aspekt der Fraud-Prävention adaptiert. Überleitende Erläuterungen zu Fraud Management und dem Schlüsselfaktor Mensch führen zur Thematik von Workplace Violence.

Die Problematik Workplace Violence wird detailliert erläutert. Die diesbezüglichen Ursachen sowie der Eskalationsprozess bis zum Setzen einer höchst destruktiven Handlung werden beschrieben und analysiert. Im Sinne eines interdisziplinären Wissenstransfers wird der Profiling-Ansatz genutzt, um konkrete Präventionsmaßnahmen vor

Workplace Violence hieraus abzuleiten. Ergebnis der Betrachtung sind konkrete Präventionsratschläge von Beginn des Einstellungsverfahrens bis zur Beendigung des Arbeitsverhältnisses. Dabei basiert der Beitrag auf Inhalten der Vorlesung im Rahmen des Certified Fraud Managers von Dr. Thomas Müller.

2 Begrifflichkeiten, Vorgehen und Zielsetzungen

2.1 Profiling

Mit dem Begriff des Profiling verbindet jeder zunächst eigene Vorstellungen, die geprägt sind durch z.T. reißerische Medienberichterstattung und zahlreiche Fernsehunterhaltungsserien. Auch im Zusammenhang mit der Risikoklassifizierung von Fluggästen wurde kürzlich von Profiling gesprochen.

Profiling im Sinne der Täterprofilerstellung ist ein Verfahren, bei dem ein unbekannter Täter hinsichtlich seiner Persönlichkeits- und Verhaltensmerkmale so beschrieben wird, dass er von anderen Personen signifikant zu unterscheiden ist. Das Täterprofil ist eine fallanalytisch hergeleitete Tätertyphypothese. Sie umreißt die Kategorie Mensch, die als Akteur für die Handlungen, die im Rahmen des Tatgeschehens gesetzt wurden, in Frage kommt.[1]

Die Täterprofilerstellung ist eine der verschiedenen interdisziplinären fallanalytischen Methoden, die unter dem Oberbegriff der Operativen Fallanalyse zusammengefasst werden.

2.1.1 Operative Fallanalyse

Bei der Operativen Fallanalyse (OFA) handelt es sich um ein anerkanntes und erfolgreiches Werkzeug zur Unterstützung der polizeilichen Ermittlungen im Bereich der schweren Gewaltkriminalität.[2] Entwickelt wurde diese Art der kriminalistisch-kriminologischen Polizeiarbeit Ende der siebziger Jahre beim amerikanischen Federal Bureau of Investigation (FBI) durch den damaligen Leiter der Abteilung für Verhaltensforschung Robert Ressler.

---

[1] Dern, H., 2000, Operative Fallanalyse bei Tötungsdelikten, S. 538.
[2] Ziercke, J., 2009, Die Operative Fallanalyse in der Hauptverhandlung, S. V.

In Deutschland wurde am 22.01.1999 das bundesweite Konzept zur Einführung der fallanalytischen Verfahren und der ViCLAS-Datenbank[3] verabschiedet. Seither gibt es beim Bundeskriminalamt (BKA) und den jeweiligen Landeskriminalämtern Operative-Fallanalyse-Dienststellen.[4] Mit der Operativen Fallanalyse wird der Versuch unternommen, Antworten auf folgende Fragen zu erhalten:

- Was hat sich wann auf welche Weise zugetragen?

- Warum hat es sich auf die erkennbare Weise zugetragen?

Erst dann kommt der Fallanalytiker zur entscheidenden Frage, nämlich wer die Tat begangen haben könnte.

Vorgehensweise bei der Operativen Fallanalyse[5]

Voraussetzung für das Verständnis von Profiling im Sinne der Täterprofilerstellung ist es, den ermittlerischen Kontext näher zu betrachten, in welchen die Maßnahme Profiling als integrativer Ermittlungsbestandteil eingebettet ist. Einen systematischen Eindruck vermittelt die folgende schematische Darstellung der Vorgehensweise.

Abbildung 1: Schematische Darstellung der Vorgehensweise

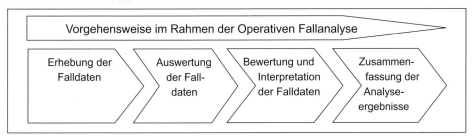

---

[3] ViCLAS = Violent Crime Linkage Analysis System. Mit der ViCLAS-Datenbank sollte es ermöglicht werden, Serientaten im Bereich der schweren sexuellen Gewaltdelikte frühzeitig erkennen zu können.

[4] Baurmann, M./Dern, H./Straub, U., 2009, Welche Rolle spielt die Fallanalyse in der Hauptverhandlung?, S. 5.

[5] Bundeskriminalamt, 2009, Qualitätsstandards für die operative Fallanalyse, S. 199-209.

Um den schematischen Überblick näher zu erläutern, werden im Folgenden die einzelnen Vorgehensschritte ausgeführt.

1. Erhebung der Falldaten: Bevor ein Fallanalytiker überhaupt mit seiner Tätigkeit beginnen kann, müssen sämtliche Falldaten erhoben werden. Die kriminaltechnische Akribie und Vollständigkeit mit der gerade objektive Beweismittel identifiziert und gesichert werden, ist entscheidend für den Erfolg einer darauf aufbauenden Täterprofilerstellung. Zur Erhebung der Falldaten gehören in jedem Fall folgende Einzelelemente:

- Erstbericht zur Auffindsituation;

- Tatortbefund (Bericht und Fotos, gegebenenfalls Video);

- Obduktionsbefund (Bericht und Fotos, gegebenenfalls Video);

- Kartenmaterial;

- Angaben zum Opfer;

- gegebenenfalls Opfervernehmungen;

- Untersuchungsbefunde;

- sozio-demographische Daten;

- Umgebungsvariablen;

- weitere Informationen;

- Inaugenscheinnahme des Tatorts zur räumlichen Einschätzung, Lichtverhältnisse, Fußgängerfrequenz etc.;

- Kontaktaufnahme zu Rechtsmedizinern und Gutachtern.

2. Auswertung der Falldaten: Ob im Speziellen die erhobenen Falldaten vollständig und in der erforderlichen Datendichte sowie Qualität vorliegen, um diese überhaupt einer Täterprofilerstellung zugänglich machen zu können, wird folgendermaßen ermittelt:

- Sichtung auf Vollständigkeit und Qualität;

- erforderlichenfalls Nacherhebung von Daten;

- Prüfung der Geeignetheit des Falles zur Analysedurchführung;

- eingehendes Studium der vorliegenden Daten.

3. Bewertung und Interpretation der Falldaten: Eine Beurteilung und Aufbereitung der Falldaten wird wie folgt vorgenommen, bevor diese anschließend einer fallanalytischen Betrachtungsweise zu Grunde gelegt werden können:

- Tathergangsanalyse;

- Bewertung fallspezifischer Parameter (Täter-Opfer-Beziehung, Tatort- und Tatzeitauswahl, Eskalation);

- fallanalytische Herleitung von Ergebnissen:

  - Motivbewertung,

  - Fallcharakteristik (Benennung der Elemente, die diesen Fall individuell kennzeichnen),

  - Aussagen zur Person des Täters (Täterprofilerstellung),

  - Ermittlungshinweise.

4. Zusammenfassung der Analyseergebnisse: Die Analyseergebnisse werden zusammengefasst und in einer Ergebnisdarstellung zusammengeführt, deren Kernbereich folgende Elemente beinhalten soll:

- Tathergang (Risiko-, Zeit- und Ortsfaktoren, Sequenzierung),

- Motiv (inklusive Prüfung einer Deliktseskalation),

- fallspezifisch bedeutsame Aussagen,

- Aussagen zur Person des Täters,

- Ermittlungshinweise.

Die beschriebene Vorgehensweise verdeutlicht, dass vor der eigentlichen Täterprofilerstellung im Rahmen eines interdisziplinären Arbeitsprozesses sämtliche objektiven Parameter erhoben, geprüft und beurteilt werden müssen. Erst die daraus resultierenden Parameter dienen sodann als Basis der Täterprofilerstellung.

2.1.2   Täterprofilerstellung

„Die Vorgehensweise eines Fallanalytikers bei der Erstellung eines Täterprofils ähnelt der eines Klinikers bei der Diagnose und Behandlungsplanung: Es werden Daten gesammelt und bewertet, die Ausgangssituation rekonstruiert, Hypothesen formuliert, ein Profil entwickelt und getestet und schließlich Rückmeldungen gegeben."[6]

---

[6] Zitiert nach Douglas, J. et al., 1986, Criminal Profiling, S. 401.

Dabei gilt das Primat objektiver Daten als Grundlage einer aussagekräftigen Täterprofilerstellung. Falls nämlich die Ursprungsdaten, auf deren Basis Hypothesen gebildet werden sollen, bereits falsch sind, kann zwangsläufig das Täterprofil nicht zutreffend sein.

Deshalb und um nicht voreingenommen zu sein, werden sämtliche Aussagen von Tatzeugen oder Hinweise auf Verdächtige, die subjektive Wahrnehmungen darstellen, aus der Fallakte herausgefiltert, die als Grundlage der Profilerstellung dient.[7]

Vorsicht ist darüber hinaus geboten bei einer nicht unmittelbar tatzeitpunktnahen Datenerhebung. Die Gegebenheiten können sich zwischenzeitlich verändert haben. Dies ist insbesondere bei einer nachträglichen Inaugenscheinnahme der Tatörtlichkeit in Betracht zu ziehen. Die Tatortanalyse besteht darüber hinaus aus Wahrscheinlichkeitsaussagen, die falsche Aussagen enthalten können. Das darauf aufbauende Täterprofil vergrößert diese Fehler weiter.

Methodische Grundprinzipien der Täterprofilerstellung

- Auf andere Sichtweisen hinweisen: Die Betrachtung von Objekten aus unterschiedlichen Perspektiven eröffnet die Möglichkeit des zusätzlichen Erkenntnisgewinns. Thomas Müller veranschaulicht dies plakativ am Beispiel eines Kaffeebechers. Das Gegenüber nimmt zwar das „frontal" auf dem Becher angebrachte Logo wahr; dass sich jedoch auf der zunächst verborgenen Rückseite eine weiterführende Erläuterung des Logos befindet, erkennt der Betrachter erst, wenn der Kaffeebecher gedreht wird oder der Betrachter den Betrachtungsstandpunkt seinerseits verändert.[8]

  Erst eine unterschiedliche Sichtweise auf die vorhandenen objektiven Daten ermöglicht es, brauchbare Antworten auf diverse Warum-Fragen zu finden, wie beispielsweise:

  - Warum hat sich der Täter dieses Opfer ausgesucht?

  - Warum hat er dieses und kein anderes Tatwerkzeug benutzt?

  - Warum hat er die Leiche liegen lassen und nicht versteckt?

- Suche nach dem Tatverhalten: Das folgende Zitat von Thomas Müller: „Wir suchen keine Täter, wir suchen Tatverhalten!" führt zum elementaren Kern dessen, was die Idee des Profiling ausmacht. Es handelt sich um das Nachvollziehen von Entscheidungen. Im täglichen Leben treffen Menschen jeweils eine Vielzahl von Entscheidungen. Mit jeder Entscheidung gibt der Mensch ein Stück davon Preis, wer er ist.

---

[7] Vgl. Brock, P., 1999, The Profiling Method(s).
[8] Vgl. Brock, P., 1999, The Profiling Method(s).

- Entscheidungen des Täters nachvollziehen: „Der Tatort und die bei der Tatbegehung hinterlassenen Spuren stehen im Mittelpunkt. Denn das ist der Moment in dem der Täter nicht lügt!"[9] Bei der Tatausführung muss der Täter eine Vielzahl von Entscheidungen treffen. Jede dieser Entscheidungen ist Ausdruck seines Verhaltens. Das Verhalten wiederum ist der Ausdruck seiner Bedürfnisse.

Entscheidungen → Verhalten → Bedürfnisse

Jedes menschliche Verhalten ist bedürfnisorientiert. Ein aktives Verhalten wiederum führt zu einer Veränderung der Umwelt. Mittels dieser objektiven Fakten auf Einzelentscheidungsebene im Vergleich mit anderen Fallkonstellationen gelangt man zu Aussagen über die individuellen Bedürfnisse eines Täters.

Zentraler Punkt ist es demnach, die Entscheidungen des Täters nachzuvollziehen, um in der Lage zu sein, Aussagen über dessen individuelle Bedürfnisse zu treffen. Kennt man diese tätereigenen Bedürfnisse, lässt sich im Idealfall eine Charakterbeschreibung des unbekannten Täters erstellen. Die Betonung liegt hierbei auf der Beschreibung des Charakters. Die Anfertigung eines psychologischen Täterprofils ist nicht Gegenstand des Profiling.[10]

- Es ergeben sich zwei zentrale Fragen bei der Täterprofilerstellung:

  - Die erste zentrale Frage der Fallanalytiker zielt auf die Bedürfnisse des Täters und lautet: Was hat der Täter getan, das er nicht notwendigerweise hätte tun müssen, um die Tat zu verwirklichen?

  - Die zweite zentrale Frage dient der Unterscheidung von planendem und unkontrolliertem Täterverhalten und lautet: Was hat der Täter unterlassen, das er für eine aus seiner Sicht gelungene Tat hätte tun müssen?

Die im Rahmen des Profiling genutzte Verknüpfung und Wechselwirkung von Entscheidungen, Verhalten und Bedürfnissen bietet Ansatzpunkte, diese Erkenntnis – ansatzweise – im Fraud Management zu nutzen.

---

[9] Müller, T. zitiert nach Maier, B., 1999, Die Kunst, Tatorte zu lesen.
[10] Vgl. hierzu jedoch die Beiträge von Urbaniok zu Täterpsychologie und Glaz-Ocik/ von Groote zu Psychologische Analyse von Hinweisschreiben.

Die Methodik des Profilings im Sinne der Täterprofilerstellung kann als Übersicht schematisch wie folgt dargestellt werden:

Abbildung 2: Schematische Darstellung des Vorgehens bei der Täterprofilerstellung

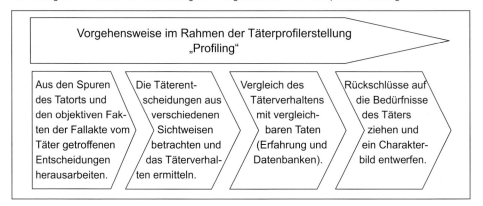

2.2 Fraud Management

Im Gegensatz zu dem Profiling liegt die primäre Zielsetzung von Fraud Management darin, vor die Tat zu kommen, also präventiv wirtschaftskriminellen Schädigungshandlungen gegenzusteuern.[11] Dennoch ist der Arbeitsplatz nicht selten Tatort von Mitarbeiterkriminalität zum Nachteil des Unternehmens. Die verursachten Schäden durch interne Delikte lagen nach einer Erhebung von Euler-Hermes alleine im Jahre 2008 bei etwa 1,5 Mrd. EUR.[12] Diese Zahl verdeutlicht zumindest die Größenordnung. Es muss jedoch davon ausgegangen werden, dass das tatsächliche Schadensausmaß noch bedeutend höher anzusetzen ist, da die oben genannte Größe sich nur auf das Hellfeld bezieht. Das Dunkelfeld – bestehend aus nicht entdeckten sowie von Unternehmen nicht angezeigten oder verfolgten Fällen – dürfte zusätzlich ein verdecktes Schadensausmaß im Milliarden-Euro-Bereich ausmachen.

Der Profiling-Ansatz kann im Bereich der Prävention vor Mitarbeiterkriminalität hilfreich sein. Die Motivation beziehungsweise der Anreiz zur Tatbegehung und schließlich die Rechtfertigung des Innentäters sind unmittelbar Ausdruck seines bedürfnisorientierten Verhaltens.[13] Dolose Handlungen zum Nachteil des Unternehmens begangen

---

[11] Vgl. hierzu den Beitrag von Zawilla zum Thema strategische Komponenten.

[12] Euler-Hermes, 2008, Wirtschaft konkret.

[13] Vgl. hierzu die Ausführungen zu der Fraud-Pyramide in dem Beitrag von Zawilla zu strategischen Komponenten.

durch Innentäter geschehen kaum spontan, sondern sind regelmäßig das Ergebnis eines schleichenden Prozesses im Rahmen individueller Entwicklungen in der Person des Mitarbeiters.

Die Ursachen für die Tendenz eines Mitarbeiters, das Unternehmen zu schädigen, können sowohl im unmittelbaren Arbeitsumfeld als auch in der persönlichen Sphäre des Mitarbeiters entstanden sein. Diese Ursachen führen zu nicht erkennbaren – aber auch zu erkennbaren – Verhaltens- und Bedürfnisveränderungen.

Eine progrediente Negativentwicklung möglichst frühzeitig zu erkennen, ermöglicht es, schädigende Handlungen verhindern zu können. Genau darin ist der Profiling-Ansatz im Fraud Management zu sehen. Bereits an dieser Stelle sei darauf hingewiesen, dass es nicht darum gehen kann, Mitarbeiter und Kollegen unter Generalverdacht zu stellen und eine Atmosphäre gegenseitigen Argwohns zu schaffen oder gar Maßnahmen zu ergreifen, die gegen arbeits- sowie datenschutzrechtliche Vorschriften verstoßen würden.[14] Der positive Profiling-Ansatz würde sonst ins Gegenteil gedreht.

Innerhalb des Systems eines ganzheitlich integrierten Fraud Prevention & Fraud Managements kann der Profiling-Ansatz wie folgt eingegliedert werden:

- Aufsichts- und Kontrollpflichten der Führungskräfte: Sensibilisierung der Führungskräfte hinsichtlich frühzeitiger Wahrnehmung von nachhaltigen Verhaltensänderungen bei Mitarbeitern.

- Wertemanagement, Leitbild und Ethikgrundsätze: Reduzierung arbeitsplatzbezogenen Krisen- und Konfliktpotenzials im Umgang der Mitarbeiter untereinander und im Führungsverhalten.

- Schulungs- und Sensibilisierungsmaßnahmen: Sensibilisierung der Mitarbeiter hinsichtlich der Wahrnehmung nachhaltiger negativer Verhaltensänderungen bei Kollegen.

- Programm zur Sensibilisierung und Stärkung der Integrität der Mitarbeiter: Bewusstseinsbildung.

---

[14] Vgl. hierzu die Beiträge von Christ/Müller zu Datenschutz und Röck zu arbeitsrechtlichen Grundlagen.

2.3   Schlüsselfaktor Mensch

Verbindendes Element von Fraud Management und Profiling ist der Schlüsselfaktor Mensch. Menschliches Verhalten ist nicht planbar. Es ist zu komplex, um es vollständig kategorisieren zu können. So wie es nicht nur Schwarz oder Weiß gibt, sondern hunderte von Grautönen, verhält es sich auch beim Menschen und seinen unterschiedlichen individuellen Verhaltensweisen. Wie bereits im Rahmen der Betrachtung von Täterprofilerstellungen dargelegt, ist jedes menschliche Verhalten bedürfnisorientiert.

Bedürfnisse sind jedoch individuell unterschiedlich und nach Außen hin grundsätzlich nicht erkennbar; es sei denn, sie werden durch eine aktive Handlung ausdrücklich gesetzt und damit externalisiert. Sie sind zudem nicht statisch. Je nach Situation verändern sich die jeweiligen Bedürfnisse eines Menschen im Laufe der Zeit. Diversifikation von Bedürfnissen ist durchaus positiv, trägt sie doch dazu bei, dass eine kreative Vielfalt an Interessen und Zielen verfolgt wird. Tendiert die Bedürfnishaltung allerdings dazu, schädigende Ziele zu verwirklichen, muss dies frühzeitig registriert werden.

Zu hinterfragen sind sodann die Ursachen, die zur Tendenz normwidrigen Verhaltens geführt haben. Denn das Verhalten eines Menschen als solches kann man nicht beeinflussen. Erst das Eingehen auf das darunter stehende Bedürfnis ermöglicht eine Verhaltensänderung. Dabei empfiehlt sich folgender Dreiklang:

1. Beobachten;

2. Bemerken;

3. Interpretieren.

Permanente aufmerksame Wahrnehmung ist notwendig, um dem schwer kalkulierbaren Risiko des Faktors Mensch einigermaßen angemessen begegnen zu können. Bei der Interpretation des Verhaltens anderer ist zu berücksichtigen, dass hierbei die rein subjektive Sicht des Interpretierenden zu Fehleinschätzungen führen kann. Es sollte daher vermieden werden, das Verhalten einer anderen Person nur auf Basis der eigenen – rein persönlichen – moralischen und ethischen Einstellungen zu beurteilen. Falls eine Entscheidung subjektiv nicht nachvollziehbar erscheint, kann es sein, dass die Person in einer Erfahrungswelt lebt, die man selbst für sich noch nicht erschlossen hat.

Der Maßstab, menschliches Verhalten hinsichtlich der Integrität zu beurteilen, kann daher vernünftigerweise regelmäßig nur ein objektiver sein. Integeres Verhalten wird durch die Einhaltung allgemeingültiger Wertvorstellungen, gültiger Gesetze, sozialer Normen und Unternehmensleitlinien definiert.

Für den Schlüsselfaktor Mensch ist die soziale Kompetenz im Führungsverhalten Anforderung und Erfolgsfaktor zugleich. Dies bedeutet, dass eine Führungskraft nicht nur über die notwendigen Fähigkeiten verfügen, sondern seine Entscheidungen ebenfalls auf ein angemessenes Maß an Lebenserfahrung stützen können muss. Ein aufmerksamer sowie respektvoller Umgang im Führungsverhalten wie auch im Kontakt der Mitarbeiter untereinander trägt wesentlich dazu bei, das Risiko vorsätzlicher Unternehmensschädigungen durch Mitarbeiter frühzeitiger erkennen und minimieren zu können.

3 Workplace Violence

Neben der Problematik der Mitarbeiterkriminalität, die hauptsächlich vorsätzlich begangene unmittelbare Vermögensschädigungen zum Nachteil des eigenen Unternehmens umfasst, soll im Folgenden auf das weiter gefasste Feld der Workplace Violence eingegangen werden.

3.1 Der Begriff Workplace Violence

Eine Definition des Begriffs Workplace Violence lautet wie folgt:

> *„Unter ‚Workplace Violence' ist der Umstand und eine Handlung zusammengefasst, die einen anderen Mitarbeiter, einen Vorgesetzten, ein Mitglied der Geschäftsleitung, des Aufsichtsrates oder einen beziehungsweise mehrere Aktionäre binnen kürzester Zeit in eine extreme Belastungssituation bringen kann, weil [...] am Arbeitsplatz ein anderer Mitarbeiter eine höchst destruktive Handlung gesetzt hat.“*[15]

Destruktive Handlungen in diesem Sinne können sein:

- anonyme E-Mails und Briefe,

- komplexe, vorsätzliche Mobbing-Handlungen,

- Nötigungen,

- Erpressungen,

---

[15] Müller, T., 2010, Bestie Mensch – Gierige Bestie, S. 79.

- Mitnahme firmeneigener vertraulicher Unterlagen,

- Sabotage,

- Angriffe auf die körperliche Unversehrtheit.

Mithin werden unter dem Begriff Workplace Violence Tathandlungen subsumiert, die auf den Arbeitsplatz bezogen sind, destruktive Qualität haben und primär gegen Personen gerichtet sind. Personen, die unmittelbar dem Unternehmen als Mitarbeiter oder Führungskraft angehören oder mit dem Unternehmen als Aktionär oder Aufsichtsorgan verbunden sind. Die Schädigungsabsicht des Täters zielt nur sekundär auf Vermögenswerte des Unternehmens ab. Es geht dem Täter um die Einwirkung auf die Reputation sowie die freie Willensbetätigung Unternehmensangehöriger, indem er beispielsweise droht, vertrauliche Firmeninterna oder Privatangelegenheiten Preis zu geben, die nicht für die Öffentlichkeit bestimmt sind.

Dies schließt nicht aus, dass ein Täter im Umfeld von Workplace Violence auch Vermögensdelikte begeht. Für ihn steht dann jedoch nicht die eigene Bereicherung, sondern die Schädigung des Unternehmens im Vordergrund.

Es kommt ihm gerade darauf an, das Unternehmen in Schwierigkeiten zu bringen. Workplace Violence ist in dogmatischer Hinsicht daher eher dem Gewaltbereich als den reinen Vermögensdelikten zuzuordnen, wenngleich im Ergebnis zumindest mittelbar erhebliche Vermögensschäden die Konsequenz sein können. Über dieses Hauptmotiv, das Unternehmen in Schwierigkeiten bringen zu wollen, gelangt man zu den Ursachen von Workplace Violence.

3.2 Ursachen für Workplace Violence

Die entscheidenden Ursachen für Workplace Violence können in folgende drei Kriterien eingeteilt werden. Treffen diese Kriterien zeitlich kulminierend auf einen Mitarbeiter zu, so kommt es zu einer zielgerichteten Entladung aufgestauter Gefühle wie Wut und Zorn am Arbeitsplatz. Die ursächliche Einstellung des Täters lautet zu jenem Zeitpunkt etwa: „Mir geht es schlecht, und dem Chef soll es jetzt noch viel schlechter gehen!"

3.2.1 Wirtschaftliche Rahmenbedingungen – Dauerbelastungssituation

Workplace Violence ist im Grunde immer ein Ausdruck von Überforderung.[16] Das erste kausale Kriterium für Workplace Violence ist eine länger dauernde, mindestens sechsmonatige Dauerbelastungssituation.[17]

Unter Dauerbelastungssituation wird in diesem Sinne eine Stresssituation verstanden, in der die gesamte Belegschaft in eine länger andauernde Belastungssituation getrieben wird. Die Ursachen hierfür können insbesondere externer Natur sein, wie ein rezessives, krisenartiges Gesamtwirtschaftsumfeld oder aber Ereignisse der Art wie sie sich am 11. September 2001 zugetragen haben. Für den Banken- und Finanzbereich können hier die Entwicklungen im Zusammenhang mit dem Zusammenbruch der Investmentbank Lehman Brothers angeführt werden. Entscheidend ist, dass die Belegschaft länger und intensiver arbeiten muss, ohne andererseits adäquaten Ausgleich zu finden.[18]

In einem extremen Wettbewerbsumfeld finden sich Dauerbelastungssituationen bisweilen als Folge unternehmensstrategischer Ausrichtungen. Es gibt eine Reihe von Unternehmen, die zwischenzeitlich den unternehmerischen und sozialen Mehrwert des Prinzips der Nachhaltigkeit wiederentdeckt haben und nach dem schon 1898 von Werner von Siemens formulierten Motto handeln: „Für den kurzfristigen Erfolg verkaufe ich nicht die Zukunft!"

Dennoch ist die Arbeitswelt häufig auf den kurzfristig realisierbaren maximalen Erfolg ausgerichtet. Beschäftigte werden nicht selten mit Zielvorgaben konfrontiert, die an ihre maximale Belastungsgrenze heranreichen oder diese noch überschreiten. Dies gilt insbesondere für den Vertriebsbereich. Zeit- und Erfolgsdruck werden top-down auf den einzelnen Mitarbeiter delegiert. Hinzu kommt eine z.T. als ungerecht empfundene Vergütungspraxis hoher Führungskräfte. Andererseits werden bis in kleinere Einheiten hinein erfolgsabhängige Vergütungskomponenten vereinbart.

Ein wesentlicher Faktor, solches Konfliktpotenzial zu vermeiden, ist demzufolge der Führungsstil und die Wertigkeit im Umgang mit anderen. Indem Führungskräfte ihrerseits extrem gefordert sind, können zur Umsetzung nur Maßnahmen in Betracht kommen, die nicht zu viel der knappen Kapazitäten binden sowie einfach umsetzbar sind. Hier ist v.a. eine persönliche, offene und ehrliche Kommunikation zu nennen im Gegensatz zu einer schnelllebigen, non-verbalen rein technischen Kommunikation.

---

[16] Vgl. Hollweg, P., 2006, Arrogant und Weltfremd.
[17] Vgl. Müller, T., 2010, Bestie Mensch – Gierige Bestie, S. 81 f.
[18] Vgl. Müller, T., 2010, Bestie Mensch – Gierige Bestie, S. 82.

Kommunikation und ein Führungsverhalten nach dem Motto: „Behandle andere Menschen so, wie Du selbst behandelt werden möchtest!" sind hier schon zwei wesentliche Faktoren.

Nicht zuletzt sollten Erfolge durch Vorgesetzte auch anerkennend gewürdigt und nicht als Selbstverständlichkeit nur zur Kenntnis genommen werden. Dies ist insbesondere für Positionen wichtig, deren Erfolg nicht direkt in Zahlen messbar ausgedrückt werden kann. Hierzu können v. a. auch Fraud Manager gezählt werden, deren erfolgreiche Tätigkeit gerade darin zum Ausdruck kommt, dass sich Nichts ereignet, was für Aufmerksamkeit sorgt.[19]

3.2.2   Mangelnde Identifikation mit dem Arbeitsumfeld

Eine Dauerbelastung wie soeben beschrieben, kann auszuhalten sein, sofern sich Mitarbeiter mit ihrem Arbeitsumfeld sowie dem Unternehmen identifizieren können. Dies ist in den großen multinationalen Konzerngesellschaften heute deutlich schwieriger als in den kleinen inhabergeführten Betrieben. Andererseits wird die Identifikation mit dem Unternehmen in gewisser Weise begünstigt, wenn es sich um ein renommiertes Unternehmen mit einem positiv besetzten Markenprofil handelt. Dies alleine ist hingegen nicht ausreichend. Auch diese Unternehmen erschweren die Identifikation in Zeiten eines stetigen Wandels einhergehend mit Umstrukturierungen, Fusionen, Unternehmensübernahmen und Rationalisierungen.

Die Identifizierung mit den Kollegen, der Sinnhaftigkeit der Arbeit, dem Produkt sowie dem Unternehmen an sich trägt entscheidend zur Bindung des Mitarbeiters bei. Ist die Identifikation für den Mitarbeiter kaum mehr möglich oder gänzlich verloren, so ist das zweite Kriterium erfüllt, um mit einiger Wahrscheinlichkeit damit rechnen zu müssen, dass es zu Ereignissen im Sinne von Workplace Violence kommen wird.

3.2.3   Persönliche Belastung

Drittes Kriterium ist, dass zusätzlich zu einer Dauerbelastung, der fehlenden Identifizierung mit dem Unternehmen noch eine individuell persönliche Belastung gegeben sein muss, um mit hoher Wahrscheinlichkeit destruktives Verhalten im Sinne von Workplace Violence auszulösen.

---

[19] Vgl. auch den Beitrag von de Lamboy zu Leistungsindikatoren für das Fraud Management.

Solch eine private Problemstellung kann in einer emotional geführten Ehescheidung, einem Todesfall, einer schweren Erkrankung oder einem tragischen Unfall von nahen Angehörigen insbesondere von Kindern zu sehen sein. Die Gesundheit und das Gefühl der Sicherheit vermisst man erst, wenn man den jeweiligen Verlust zu beklagen hat. Insofern wird von diesem Kriterium ebenfalls der Umstand akuter Angst um den Arbeitsplatz infolge persönlicher oder arbeitgeberspezifischer konkreter Situationen umfasst.

3.3 Eskalationsprozess

Die drei zentralen Kriterien für Workplace Violence sprechen ihrer jeweiligen Art nach bereits dafür, dass es nicht um ein plötzlich auftretendes Phänomen im Sinne einer Affekthandlung gehen kann. Thomas Müller unterstreicht an dieser Stelle, dass es eben nicht um eine Situation geht, bei der „man morgens aufsteht, denkt es sein ein schlechter Tag und daher außergewöhnliches, destruktives Verhalten zeigt."[20] Unter Bezugnahme auf die soeben näher beschriebenen Kriterien erläutert Müller den schleichenden Prozess von der Einstellung eines Mitarbeiters bis zum Setzen der – finalen – destruktiven Handlung an Hand des an dieser Stelle nachgezeichneten Verlaufsdiagramms:

Abbildung 3: Verlaufsdiagramm Workplace Violence

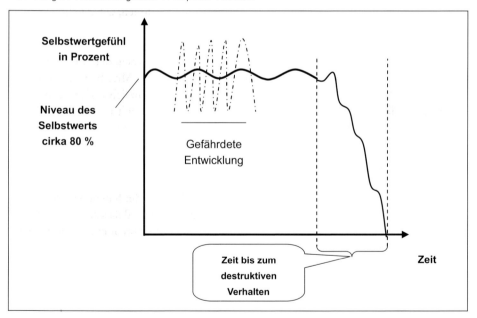

---

[20] Müller, T., 2010, Bestie Mensch – Gierige Bestie, S. 80.

Besonderer Berücksichtigung bedarf hierbei das Niveau des individuellen Selbstwertgefühls eines Mitarbeiters in Abhängigkeit vom zeitlichen Verlauf beginnend mit der Aufnahme seines Arbeitsverhältnisses.

Relevanz des Selbstwertgefühls

„Sehr viel, wenn nicht alles hängt mit dem Selbstwertgefühl zusammen".[21] Das Fundament eines stabilen Selbstwertgefühls wird durch die drei Säulen Arbeit, Interaktion und Ego getragen.

Abbildung 4: Statik des Selbstwertgefühls als Idealdarstellung

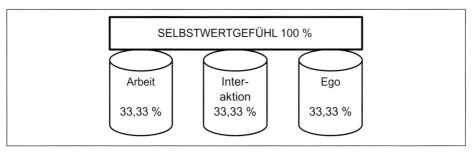

Die Balance der Bestätigungen, die ein Mensch aus:

- seiner Arbeitssphäre,

- seinen sozialen Beziehungen im Umgang mit anderen sowie

- seiner eigenen Einstellung sich selbst gegenüber

erfährt, ergeben das metaphorisch gesprochene statische Gefüge seines Selbstwertes. Diversifikation der jeweiligen Anteile ist wichtig, so dass nicht zwingend wie in der obigen Idealdarstellung alle Selbstwertanteile exakt gleichwertig zu je einem Drittel gewichtet sein brauchen. Graduelle Schwankungen als Ausdruck vorübergehender individueller Präferenzen führen nicht zu relevant negativen Signifikanzen. Gefahr für die Tragfähigkeit droht allerdings, wenn ein Teil mehr als beide anderen Teile zusammen beträgt oder ein Anteil gänzlich wegbricht.

---

[21] Müller, T., 2010, Bestie Mensch – Gierige Bestie, S. 82.

3.3.1 Kompensation

Die Konsequenz eines signifikant reduzierten Selbstwertgefühls ist, dass der Betroffene nach Möglichkeiten sucht, um den negativen Gefühlszustand kompensieren zu können. Folgende typische Kompensationshandlungen können beschrieben werden:

- Neurosen: Ausbildung psychosomatischer körperlicher (Schmerz-)Leiden, wie beispielsweise Rückenschmerzen, Kopfschmerzen u.ä., ohne tätsächlich diagnostizierbare organische Ursachen. Ferner u.a. Angststörungen und Depressionen.

- Suchtverhalten: Ausprägung stofflicher Süchte wie insbesondere Alkohol-, Medikamenten- und Drogenabhängigkeiten. Ferner nicht stoffliche Süchte, wie Konsum- oder Spielsucht.

- Eingehen und Unterhalten von Zweit- und Drittbeziehungen.

- Destruktives Verhalten.

Hierzu zählt das psychologische Phänomen, dass Menschen glauben, wenn es ihnen am Arbeitsplatz schlecht geht, es würde ihnen besser gehen, wenn es anderen noch schlechter ginge.[22] Das Phänomen, andere zu unterdrücken, zu erniedrigen und zu demütigen, weil man selbst nicht in der Lage ist, seinen Selbstwert durch Leistung zu erhöhen, wird in der Psychiatrie als maligner Narzissmus beschrieben.

3.3.2 Beginn des Verlaufs mit Begründung des Arbeitsverhältnisses

Das obige Verlaufsdiagramm Workplace Violence legt zu Beginn des Arbeitsverhältnisses ein Selbstwertniveau von cirka 80 % zu Grunde. Berücksichtigt wird insoweit, dass in aller Regel der Idealwert nicht gegeben ist.

Zu Beginn des Arbeitsverhältnisses wird ein Mitarbeiter, der einen guten Arbeitsvertrag angenommen hat mit einer Selbstzufriedenheit der Arbeit nachgehen, die sich in einem Korridor von 80 % bis 90 % bewegt. Die gleichmäßige Wellenförmigkeit der durchgängig gezogenen Linie spiegelt dabei die normalen kleineren Erfolge wie auch Misserfolge wieder, die sich zu Beginn noch die Waage halten und sich somit jeweils wieder ausgleichen.

---

[22] Müller, T., 2010, Bestie Mensch – Gierige Bestie, S. 81.

3.3.3 Fortgesetzter Verlauf des Arbeitsverhältnisses

Mit der längeren Unternehmenszugehörigkeit wächst die Verantwortung. Misserfolge können mithin eine größere Tragweite haben und werden gegebenenfalls nicht mehr vergleichsweise leicht durch adäquate Erfolge ausgeglichen. Ferner können sich – einhergehend mit der längeren Unternehmenszugehörigkeit – Spannungen im Umgang mit Vorgesetzten oder Kollegen bereits angebahnt haben. Diese Situation ist als gefährdete Entwicklung im obigen Verlaufsdiagramm durch die extremere Oszillierung der gestrichelten Linie abgebildet.

Wie dargestellt, braucht es in diesem breiteren Selbstwertkorridor nicht zu signifikanten Auffälligkeiten zu kommen, und die Situation kann sich wieder auf das Ausgangsniveau normalisieren. Andererseits ist die gefährdete Entwicklung der Zeitpunkt, in dem ein Mitarbeiter infolge zusätzlich belastender Gesamtumstände in eine Situation geraten kann, in der er erstmals – wenn auch nur vage – darüber nachdenkt, destruktive Handlungen zu begehen.

3.3.4 Eintritt des Krisenszenarios

Im Verlaufsdiagramm ist dieser Zeitpunkt der Beginn der verbleibenden Zeit bis zum Setzen eines destruktiven Verhaltens. Der Mitarbeiter, der zu diesem Zeitpunkt massiv unter Druck steht, der die Identifikation mit dem Unternehmen verloren hat und der durch erhebliche private Probleme belastet ist, verliert rapide jegliche vorhandenen Anteile von Selbstwertgefühl.

Innerhalb dieses akuten Krisenzeitraums gibt es jedoch eine Reihe von Warnhinweisen bis zum finalen Setzen der destruktiven Handlung. Der Mitarbeiter verändert sein Verhalten auf drei Ebenen. Genau darin kommen folgende Warnsignale gegenüber seiner Umwelt erkennbar zum Ausdruck:

- Verhalten gegenüber dem Unternehmen:
  - Probleme der Anwesenheit/Absentismus,
  - abnehmende Produktivität/bestenfalls „Dienst nach Vorschrift",
  - unregelmäßiges Arbeitsverhalten in größerer Bandbreite,
  - negative Äußerungen im kleinen Kreis intern wie extern über das Unternehmen;

- Verhalten gegenüber den Personen des Unternehmens:

  - Belastung für die Zeit des Vorgesetzten,

  - nur noch schwache Mitarbeiterverbindungen,

  - Verlagerung der Arbeitszeiten auf früh morgens oder spät nachmittags, um den Kontakt mit Kollegen zu vermeiden,

  - unerklärlich wechselhaftes Verhalten;

- Verhalten sich selbst gegenüber:

  - Konzentrationsprobleme,

  - schlechte Gesundheit und Hygiene,

  - situationsbedingter persönlicher Stress,

  - Selbstisolation.

Die einzelnen Auffälligkeiten sind stets in der jeweiligen Abhängigkeit vom Zeitfaktor zu betrachten. Um nicht kurzzeitigen Indispositionen oder Verhalten außerhalb der vom Mitarbeiter sonst gewohnten Routinen schon die Qualität eines manifesten Warnhinweises beizumessen, ist zwar das Bemerken wichtig, aber eine weitere Beobachtung über die Folgezeit notwendig.

Ausprägung konkret gesetzter Vorbereitungshandlungen im Kontext des Eskalationsprozesses

Die bisherigen Ausführungen werden als übersichtliche Detailbetrachtung unter Berücksichtung gerade der Warnhinweise innerhalb des Eskalationsprozesses – wie folgt – dargestellt:

Abbildung 5: Detailbetrachtung des Eskalationsprozesses

Ausprägung konkret gesetzter Vorbereitungshandlungen im Kontext des Eskalationsprozesses		
Dauerbelastung	**Situation & Selbstwert**	**Verhalten & Handlungen**
	- Stress-Situation ohne adäquaten Ausgleich. - Zielvorgaben & Erfolge kaum erreichbar. - Sorge um den Arbeitsplatz. Private Beziehungen (Interaktion) & Ego leiden → Selbstwertfundament gerät ins Ungleichgewicht. - Fehlende offene, ehrliche Kommunikation.	- Erstes Nachdenken (Phantasieren) über mögliche destruktive Handlungen. - Suchen & Entdecken von Kompensationshandlungen wie u.a. neurotisches Verhalten, Alkohol-, Medikamenten-, Drogenmissbrauch, Kauf- & Spielsucht. - Situationsbedingter persönlicher Stress, Überforderung, Gereiztheit. - Schriftliche Eingaben an Vorgesetzte. - Belastung für die Zeit des Vorgesetzten.
Neg. Identifikation	- Sinnhaftigkeit der Arbeit wird in Frage gestellt. - Findet kein „offenes Ohr" & Anerkennung bei Vorgesetzten für den geforderten erheblichen (Mehr-)Einsatz zu Lasten des Privatlebens & des Egos. - Würdigung & Respekterweisung als „Mensch" wird vermisst. - Ungerechtigkeiten werden empfunden. - Bereits ins Ungleichgewicht geratenes Selbstwertniveau sinkt in fragiler Konstellation deutlich ab.	- Überleitung gedanklich konkretisierter Vorbereitungshandlungen in die Planungsphase. - Probleme der Anwesenheit. - Abnehmende Produktivität. - Unregelmäßiges Arbeitsverhalten in größerer Bandbreite. - Äußert sich negativ über Unternehmen. - Schwache Mitarbeiterverbindungen. - Unerklärlich wechselhaftes Verhalten. → Kompensationsverhalten nimmt überhand, Suchterscheinungen. - Kleinere physische, psychische oder verbale Drohungen. - Formulierung und Versand einer anonymen E-Mail in schärferem Ton.
Pers. Probleme	- Persönliche Kränkungen, Demütigungen im Privat- wie im Arbeitsumfeld werden erlebt. - Schwere Krankheit, Verlust von Angehörigen, Ehescheidung… - Empfindungen, wie unsäglicher Schmerz von Erniedrigung, Zusammenfall der eigenen Persönlichkeit, Vernichtung des eigenen Lebens. - Selbstwertniveau nahe gleich Null. → „Glaubt, Nichts mehr zu verlieren haben".	- Konkrete Detailplanungen destruktiven Verhaltens & Umsetzung von Vorbereitungshandlungen. - Herabsetzen, Demütigen von Anderen im Sinne eines malignen Narzissmus. - Konzentrationsprobleme. - Schlechte Gesundheit & Hygiene. → Suchtfolgeerscheinungen. - Isoliert sich, Absentismus, abgebrochene Kommunikation, aggressives Verhalten. - Anonyme Schreiben als Konsequenz, dass ihm keiner mehr zuhört.

FINALES SETZEN DER DESTRUKTIVEN HANDLUNG

(Nötigungen, Erpressungen, Mitnahme vertraulicher Unterlagen, Sabotage, Körperverletzungen, Tötungen…)

3.4 Präventionsmöglichkeiten

3.4.1 Ansätze im Rahmen der Mitarbeitereinstellung

Präventionsaspekte ergeben sich bereits zu Beginn eines Einstellungsverfahrens, da Überforderung als Ursache von Workplace Violence vermieden werden kann, wenn im Rahmen einer genauen Überprüfung des Kandidaten sichergestellt wird, dass er über die notwendigen fachlichen, wie auch physischen und psychischen Voraussetzungen in angemessener Weise tatsächlich verfügt.[23]

Für Einstellungsgespräche – nicht nur im Bereich von Task Forces oder Krisenmanagement – bietet die folgende Frage gute Möglichkeiten, aufschlussreiche Erkenntnisse über einen Kandidaten zu gewinnen: Wie viel Erfahrung haben Sie mit Krisensituationen?

Kombiniert man diese Frage mit der Nutzung ebenso geschickter zulässiger Befragungstechniken,[24] ergeben sich Einschätzungsmöglichkeiten hinsichtlich der bedeutenden Fähigkeit eines Kandidaten, mit Krisen umzugehen.

Erklärt ein Kandidat glaubhaft über konkrete Krisenerfahrung zu verfügen, schildert diese und lässt erkennen, dass er mit Krisen nach dem Motto verfährt: „aus der Krise lernen", ist er einem Kandidaten ohne derartige Erfahrung oder anderer diesbezüglicher Einstellung eher vorzuziehen, sofern die geschilderten Krisenerfahrungen ihrer Art nach nicht generell gegen eine Einstellung sprechen würden.

3.4.2 Ansätze im Rahmen der Mitarbeiterführung

Im Rahmen der Mitarbeiterführung kommt es entscheidend darauf an, dem Schlüsselfaktor Mensch in angemessener Weise Rechnung zu tragen.

- Umsetzung und Nutzung von Mentorenprogrammen bei der Begründung des Arbeitsverhältnisses und der Führungsentwicklung.

- Notwendigerweise konsequentes Führungsverhalten sollte immer auch von einer respektvollen Umgangsweise geprägt sein.

---

[23] Vgl. hierzu die Beiträge von Urbaniok zu Täterpsychologie sowie von Grieger-Langer zu Prävention im Personalmanagement.

[24] Vgl. hier den Beitrag von Wilmer zu Befragungstechniken.

- Eine verlässliche, offene sowie ehrliche Kommunikation gerade in Zeiten von Belastungssituationen schafft Vertrauen und fördert die Identifikation der Mitarbeiter zum Unternehmen sowie dessen Zielsetzungen.

- Erfolge von Mitarbeitern sind angemessen zu würdigen und nicht als Selbstverständlichkeit lediglich zur Kenntnis zu nehmen.

- „Beobachten – Bemerken – Interpretieren" von Mitarbeiterverhalten, so wie es die Mitarbeiter tagtäglich im Umgang mit ihrer Arbeit demonstrieren, dient zur frühzeitigen Risikoidentifizierung negativer Entwicklungen.

- Zur Risikobeurteilung ist nicht unbedingt entscheidend, was ein Mitarbeiter sagt, sondern das, was er tut. Der Profiling-Ansatz bedeutet, aus gezeigtem Verhalten Rückschlüsse auf die individuellen Bedürfnisse zu ziehen.

- Soweit vertretbar kann man durch das Eingehen auf individuelle Bedürfnisse positive Verhaltensänderungen herbeiführen. Registrierte negative Verhaltensentwicklungen als solche sind direkt nicht zu beeinflussen.

- Die Sensibilisierung aller Mitarbeiter, darauf zu achten, nachhaltige Verhaltensänderungen, die zur Besorgnis Anlass geben könnten, im Kollegenkreis zu registrieren, nicht zu ignorieren und auch nicht zu stigmatisieren.

- Gewährleistung adäquater Ausgleichsmöglichkeiten in Dauerbelastungssituationen.

- Thematisieren des Umgangs mit bekannten – eventuell schon erfolgreich bewältigten – Krisensituation des Mitarbeiters im Unternehmen im Rahmen der regulären Mitarbeitergespräche.

- Berücksichtigung der Bedeutung eines stabilen und ausgewogenen Selbstwertgefüges sowie der Gefahren und Warnhinweise, falls dies nennenswert durch externe wie interne Faktoren aus der Balance zu geraten droht.

- Organisatorische Vorkehrungen, dass anonyme wie nicht anonyme Briefe, Schreiben, E-Mails wahrgenommen, ernst genommen, zentral erfasst und nicht verschwiegen oder geheim gehalten werden.

- Wird im schlimmsten Fall destruktives Verhalten im Unternehmen offenbar, so sind unverzüglich und gründlich die Ursachen hierfür zu ermitteln, aufzuklären und erforderliche Maßnahmen einzuleiten, um zu verhindern, dass weitere Mitarbeiter als Ursache oder Geschädigte involviert sind.

3.4.3   Ansätze bei der Beendigung von Arbeitsverhältnissen

Bei der Beendigung von Arbeitsverhältnissen sollte dem Umstand Rechnung getragen werden, dass eine Gefahr destruktiver Handlungen für das Unternehmen oder dessen Verantwortliche gerade dann besonders hoch sein und darüber hinaus noch Nachwirkung entfalten kann. Soweit vertretbar, sollten bisherige Verdienste des Mitarbeiters entsprechend gewürdigt werden.

Negative Umstände gerade in Situationen außerordentlicher Kündigungen sollten gegebenenfalls objektiv sachlich beurteilt, jedoch nicht verurteilt werden. Hilfreich – weil deeskalierend – ist es, dem Mitarbeiter eine der Situation und den sich gegenüberstehenden Interessen angemessene psychologische Brücke anzubieten.

Dies setzt zunächst voraus, dass man mit dem zu Kündigenden ein Gespräch führt und diesen nicht durch Übersendung oder kommentarlose Übergabe des Kündigungsschreibens vor vollendete Tatsachen stellt. Eine psychologische Brücke soll dem zu Kündigenden eine Art psychologische – keinesfalls eine rechtliche – Entschuldigung anbieten.

Menschen, die sich mit Verurteilungen oder konkreten Vorwürfen konfrontiert sehen, werden in aller Regel zwangsläufig in die Defensive gedrängt. In die Defensive gedrängt ist der zu Kündigende nicht mehr bereit, einzusehen, dass er arbeitsrechtliches Fehlverhalten begangen hat. Selbst zweifelsfrei begründete Argumente wird er nicht mehr gegen sich gelten lassen.

Signalisiert man dem zu Kündigenden hingegen, dass man für dessen konkrete individuelle Situation, die zur Kündigung führen musste, ein gewisses Verständnis aufbringen kann, erleichtert man es diesem, sein Fehlverhalten als solches zuzugeben und sich mit den Konsequenzen abzufinden.

Voraussetzung dafür, dass man dem zu Kündigenden eine psychologische Brücke anbieten kann, ist zumindest die Vermutung der vom zu Kündigenden etwaig vorgebrachten Rechtfertigungen. Im Falle von dolosen Handlungen könnte dies beispielsweise wie folgt geschehen:

- Vermutete Rechtfertigung: „Ich leiste so viel für dass Unternehmen und werde so schlecht bezahlt, da muss ich eben sehen, wie ich trotzdem auf meine Kosten komme!"

- Mögliche psychologische Brücke: „Ich kann mir vorstellen, dass es Mitarbeiter gibt, die sich für ihr Engagement für das Unternehmen schlecht bezahlt fühlen und dann auf anderem Wege für einen Ausgleich sorgen!"

Welche Bedeutung es haben kann, rechtzeitig mit einem gewissen Verständnis auf Mitarbeiter zuzugehen kann man am Zitat eines Workplace-Violence-Täters ermessen. Dieser sagte, „hätte zum damaligen Zeitpunkt [gemeint war der Zeitpunkt vor der Tat] auch nur ein einziger Kollege einmal danach gefragt, wie es mir geht, wäre das alles nicht passiert!"

4 Fazit

Die Erkenntnisse aus der Profiling-Methodik, wonach aus Entscheidungen und (Tat-) Verhalten Rückschlüsse auf die individuellen Bedürfnisse eines Menschen gezogen werden können, worauf aufbauend wiederum man den Versuch unternehmen kann, ein entsprechendes Charakterbild zu zeichnen, können als Wissenstransfer wertvolle Impulse für Fraud Prevention geben.

Gewisse Profiling-Ansätze kann man nutzen, um vor die Tat zu kommen. Hierzu gehört es insbesondere, darauf sensibilisiert zu sein, negative Verhaltens- sowie Bedürfnisveränderungen, die nicht offensichtlich nur vorübergehender Natur sind, bei Mitarbeitern im Rahmen deren täglichen Arbeitsverhaltens zu beobachten, zu bemerken und zu interpretieren.

Die Interpretation beobachteten Verhaltens an Hand eines objektiven Maßstabs jedoch aus unterschiedlichen Sichtweisen sowohl bedürfnisorientiert, wie auf der Selbstwertebene leistet einen wertvollen Beitrag zur Prävention vor Workplace Violence.

Gegebenenfalls kann dadurch eine Entwicklung, welche schlimmstenfalls in der Ausübung höchst destruktiven Verhaltens münden würde, frühzeitig an Hand einschlägiger Warnhinweise erkannt und noch verhindert werden.

Hinsichtlich der Bedeutung des Schlüsselfaktors Mensch würde sich dieser Präventionsansatz bereits lohnen, wenn es auch nur in Einzelfällen gelänge, Workplace Violence zu verhindern.

Social Engineering – Ein besonderer Aspekt des Informationsschutzes

Axel Bédé

1 Social Engineering – Begriffserklärung und Phänomenologie

„Schwachstelle Mensch – trotz Telefonüberwachung und Trojanern" so lautet die Überschrift eines Berichts in einer Ausgabe des Magazins Focus in 2009,[1] der sich mit dem Schutz von Unternehmensinformationen gegen Wirtschaftsspionage befasst.[2]

Die darin geschilderten Aussagen von Sicherheitsexperten besagen, dass auch in Zeiten technologischen Fortschritts drei Viertel der Erkenntnisse von Menschen über Menschen weitergegeben werden. Grund genug, sich intensiv mit einem Thema zu befassen, dessen Aktualität und Brisanz unumstritten ist – Social Engineering.

1.1 Begriffserklärungen

Wenn man sich mit dem Begriff Social Engineering befasst, den man frei mit „soziale Manipulation" übersetzen könnte, stößt man auf eine Vielzahl weiterer Begriffe, die in diesem Zusammenhang genannt werden. Um diese Begriffsvielfalt etwas zu entwirren, zunächst einige Definitionen:

Definition Social Engineering:[3] „Social Engineering benutzt Techniken der Beeinflussung und Überredungskunst zur Manipulation oder zur Vortäuschung falscher Tatsachen, über die sich ein Social Engineer eine gefälschte Identität aneignet.

Damit kann der Social Engineer andere zu seinem Vorteil ausbeuten, um mit oder ohne Verwendung von technischen Hilfsmitteln an [vertrauliche] Informationen zu gelangen. Ein Großteil dieser Angriffe wird den Betroffenen gar nicht bekannt, da ein Social Engineer großen Wert darauf legt, unbemerkt zu agieren und unerkannt zu bleiben, um sich so einen Zugang für weitere Angriffe offen zu halten."

An dieser Stelle wurde neben zahlreichen anderen Definitionen bewusst aus dem Buch „Die Kunst der Täuschung – Risikofaktor Mensch" von Kevin Mitnick zitiert, da Mitnick als Erster den – ursprünglich sozialpolitischen – Begriff in einem Kontext mit Ausspähung und Spionage verwandte.

---

[1] O.V., 2009, Schwachstelle Mensch, S. 104-105.

[2] Die nachfolgenden Ausführungen sind zum Teil inhaltliche Zusammenfassungen meines Buchs „Social Engineering – Ein besonderer Aspekt des IT-Schutzes" (2009), Stuttgart/ Berlin: Steinbeis-Edition.

[3] Vgl. Mitnick, K./Simon, W., 2003, Die Kunst der Täuschung.

Kevin Mitnick war selbst ein legendärer Hacker in den Vereinigten Staaten, der nach Verbüßung einer fünfjährigen Haftstrafe seine Erfahrungen in dem 2002 erschienenen Buch (engl. Originaltitel „The Art of Deception") veröffentlichte und dabei die größte Schwachstelle in jedem IT-Sicherheitssystem enthüllte – den Menschen.

Definition Social Hacking: Synonym für Social Engineering.

Definition Human Intelligence (HUMINT): Informationsgewinnung mittels menschlicher Quellen, z. B. durch Gesprächsabschöpfung, Einschleusung, Anbahnung (so genannte Romeo-Methode), Observation etc.

Social Engineering fällt unter HUMINT, wobei auch Praktiken, die eindeutig in den illegalen Bereich fallen, unter HUMINT subsumiert werden, z. B. klassische Spionage.

Definition Open Sources Intelligence (OSINT): OSINT ist die gezielte Auswertung von öffentlich zugänglichen Quellen, um einen Vorteil gegenüber Konkurrenten/Mitbewerbern zu erzielen. Solche Quellen können z. B. sein:

- *Internetseiten eines Unternehmens;*

- *Presseveröffentlichungen;*

- *elektronischer Bundesanzeiger;*

- *Recherche bei Kongressen, Messen und Fachseminaren;*

- *Geschäftsberichte (z.B. bei Aktiengesellschaften, die zur Veröffentlichung bestimmter Geschäftszahlen etc. verpflichtet sind);*

- *Werbematerial, Broschüren;*

- *(Fach-)Publikationen etc.*

Die Auswertung solcher Quellen ist grundsätzlich legal, wobei oftmals ein fließender Übergang zum Social Engineering besteht, z.B. durch das Einholen fingierter Angebotsanforderungen, um sich über die Preispolitik eines Mitbewerbers zu informieren.

Definition Competitive Intelligence (CI): Synonym für OSINT im Sinne eines legalen Informations- und Frühwarnsystems zur Informationsbeschaffung, -sammlung, -verarbeitung und -analyse zum Zweck der wettbewerbsorientierten Wissensbildung.

Definition Signal Intelligence (SIGINT): Informationsgewinnung durch elektronische Mittel, z. B.:

- *Satellitenüberwachung;*

- *Abhören von Telefonaten;*

- *Überwachen von E-Mailverkehr.*

Definition Technical Intelligence (TECHINT): Synonym für SIGINT.

Definition Wirtschaftsspionage:[4] Staatlich gelenkte oder gestützte, von fremden Nachrichtendiensten ausgehende Ausforschung von Wirtschaftsunternehmen und Betrieben. (Dieser Bereich nachrichtendienstlicher Tätigkeit ist Aufgabe der Spionageabwehr der Verfassungsschutzbehörden.)

Definition Konkurrenzausspähung (umgangssprachlich Industriespionage): Ausforschung, die ein (konkurrierendes) Unternehmen gegen ein anderes betreibt, um wichtiges Firmen-Know-how selbst oder über Mittelsmänner zu beschaffen.

1.2 Erscheinungsformen des Social Engineering

1.2.1 Human Based Social Engineering

Unter diese Kategorie fällt der eigentliche klassische Social-Engineering-Angriff, nämlich das nicht-technische Ausspähen von Daten durch direkten (zumeist telefonischen) manipulativen Kontakt zu Informationsträgern. Durch den Aufbau einer Legende (z.B. Täter gibt sich als Autoritäts- oder Vertrauensperson aus) wird ein psychologisches Beziehungsverhältnis konstruiert (z.B. Angst, Bedürfnis zu helfen etc.), mittels dessen das Opfer unwissend sicherheitskritische Informationen preisgibt.

1.2.2 Reverse Social Engineering

Reverse Social Engineering meint, dass der Social Engineer selbst ein Problem schafft (z.B. Opfer hat durch vorausgegangene Manipulation keinen Zugriff auf seine Daten) und suggeriert, er könne dieses beheben (z.B. in dem er sich als Mitarbeiter der Systemadministration ausgibt).

---

[4] Bundesamt für Verfassungsschutz, 2008, Wirtschaftsspionage.

Der Reverse Social Engineer agiert vermeintlich als „Retter in der Not". Das Opfer wird nun von sich aus den Social Engineer kontaktieren und die relevanten Informationen (z. B. Passwort, Rechner-Nr. etc.) preisgeben, um die vorgetäuschte Hilfe zu erhalten.

Reverse Social Engineering erfolgt zumeist unter gleichzeitiger Anwendung technischer Angriffe und erfordert Insiderwissen sowie eine längere Vorbereitungsphase.

1.2.3 Computer Based Social Engineering

Computer Based Social Engineering ist eine Erscheinungsform im Kontext mit computergestützten technischen Manipulationen. Hierbei werden z. B. beim Aufrufen bestimmter Internet-Seiten so genannte PopUp-Fenster generiert, bei denen der Anwender zur Eingabe persönlicher Daten aufgefordert wird, um beispielsweise an einem angeblichen Gewinnspiel teilzunehmen.

Es handelt sich meist um Varianten des – im Rahmen von Computer Based Social Engineering weit verbreiteten – so genannten Phishing. Phishing[5] ist ein Kunstwort, dass sich aus den Begriffen *password* und *fishing* zusammensetzt. Wörtlich übersetzt bedeutet es soviel wie das „Angeln (mit Ködern) nach Passwörtern".

Mittels gefälschter und entsprechend präparierter E-Mails oder Webseiten, die eine andere – seriöse – Identität (z. B. Ebay, Internetseite eines Geldinstitutes etc.) vorgaukeln (so genanntes Spoofing[6]), wird versucht, sensible geheime Zugangsdaten wie Passwörter, Benutzernamen oder Kreditkarteninformationen zu erlangen.

> **Hinweis:** *Seriöse Unternehmen würden niemals Passwörter oder Zugangsdaten über E-Mail abfragen.*

Eine technische Weiterentwicklung des Phishings stellen so genannte (automatisierte) Man-In-The-Middle-Attacken dar, mit denen sich Einmalpasswörter (iTANs) im Onlinezahlungsverkehr ausspähen lassen. Dabei wird der Rechner des Bankkunden mit einem Trojaner[7] infiziert. Wenn der Kunde nun eine Überweisung vornehmen will,

---

[5] Der Begriff des Phishing ist national und international nicht eindeutig definiert.

[6] Als Spoofing bezeichnet man in der Informationstechnik Täuschungsversuche zur Verschleierung der eigenen Identität. Personen werden in diesem Zusammenhang auch als Spoofer bezeichnet.

[7] Als Trojanisches Pferd, auch kurz Trojaner genannt, bezeichnet man ein Programm, das als nützliche Anwendung getarnt ist, im Hintergrund aber ohne Wissen des Anwenders eine andere (meist schädliche) Funktion erfüllt.

bewirkt der Trojaner eine Umleitung der iTAN-Eingabe an ein anderes (vom Täter definiertes) Ziel. Der Täter kann nun mit der erhaltenen iTAN eine Transaktion zu seinen Gunsten vornehmen.

Ein weiteres – mit Phishing in engem Zusammenhang stehendes – Phänomen sind Bot-Netze. Ein Bot-Netz ist ein fernsteuerbares Netz zahlreicher, über einen Schadcode infizierter Rechner, die ohne Wissen ihres Besitzers von einer anderen Person (so genannter Botmaster oder Herder) gesteuert werden. Dies erfolgt über einen so genannten Command-&-Control-Server (C&C-Server), wodurch weder der physische Standort noch die Identität des Täters zu ermitteln sind.

Nach Installation der Schadsoftware (auch Malware für *malicious software*) verfügt der Täter über einen nahezu vollständigen Zugriff auf den Computer des Opfers – der Opfer-PC wird zum Zombie-Rechner und kann von Tätern benutzt werden, um z.B.

- Schadsoftware weiter zu verteilen,
- massenhaft anonyme Spam-Mails zu versenden,
- Angriffe auf andere Webseiten (DDOS-Angriffe,[8] d.h. das Herbeiführen der Arbeitsunfähigkeit eines Rechners durch Überlastung aufgrund unzähliger unsinniger Anfragen) durchzuführen.

Zahlreiche Unternehmen (z.B. Vertriebsportale) müssen sich im wettbewerbsintensiven Marktsegment Internet immer mehr auf die Netzwerkkonnektivität verlassen. Somit ist die Netzwerksicherheit ein entscheidender Faktor für das geschäftliche Überleben einer Internetplattform. Nach Angaben des Microsoft-Pressesprechers Thomas Baumgärtner sind Bot-Netze mit 40.000 Rechnern für 400 EUR auf dem grauen Markt erhältlich.[9]

Da beim Computer Based Social Engineering keine soziale Annäherung zwischen Angreifer und Opfer erfolgt, wird z.T. die Auffassung vertreten, dass es sich nicht um wirkliches Social Engineering handelt.

---

[8] Bei DDOS-Angriffen (Distributed Denial of Service) rufen alle in einem Bot-Netz zusammengeschlossenen Zombie-Rechner auf Befehl des Botmasters (des Herder) innerhalb kürzester Abstände immer wieder z.B. eine nicht existente Seite auf den Webservern des angegriffenen Unternehmens auf. Dies wird so lange fortgesetzt, bis die Webserver unter der Last der Anfragen zusammenbrechen (Denial of Service) und das jeweilige Unternehmen damit nicht mehr über das Internet erreichbar ist.

[9] Hottelet, U., 2007, Schutzgeld-Banden im Online-Kaufhaus, S. 31.

Spezielle Technik

Technische Möglichkeiten zur Informationsgewinnung sind ein eigenes Themenfeld und würden den Rahmen dieser Ausführungen sprengen.

Stellvertretend für diverse Überwachungsmöglichkeiten sei hier nur auf die Gefahren durch so genannte Keylogger (zu deutsch: Tastaturrekorder) hingewiesen. Es handelt sich dabei um eine spezielle Hard- oder Software, die dazu verwendet wird, die Eingaben des Benutzers an einem Computer zu protokollieren und dadurch zu überwachen oder zu rekonstruieren. Keylogger werden u.a. verwendet, um an vertrauliche Daten wie Passwörter oder PINs zu gelangen. Software-Keylogger schalten sich zwischen Betriebssystem und Tastatur. Hardware-Keylogger erfordern einen unmittelbaren physischen Zugang zum Zielcomputer – sie werden direkt zwischen Tastatur und Rechner gesteckt.

Spionagetechnik ist heutzutage preisgünstig für jedermann zu beschaffen und leicht einzusetzen. Neben so genannten Spy-Shops, die sich auf derartige Produkte spezialisiert haben, ist auch der Kauf über das Internet eine beliebte Alternative. Der Hinweis, dass ein Großteil der angebotenen Technik nur für den Export bestimmt bzw. der Einsatz in Deutschland verboten ist, dürfte dabei kaum eine abschreckende Wirkung entfalten.

1.3 Allgemeine Situation/Lagebild

In den neunziger Jahren des vergangenen Jahrhunderts überstiegen die Unternehmensausgaben für Informationstechnologien erstmals die Ausgaben für Produktionstechnologien – der Übergang von der Industrie- zur Informationsgesellschaft war vollzogen.[10] Aus betriebs- und volkswirtschaftlicher Sicht ist Information längst ein Gut wie die klassischen Faktoren Arbeit, Kapital und Boden. Wissen und Know-how bestimmen verstärkt den Wert eines Unternehmens.

Christian Lux und Thorsten Peske haben in ihrem Buch „Competitive Intelligence und Wirtschaftsspionage" die Eigenschaften der Information im direkten Vergleich zu einem materiellen Wirtschaftsgut tabellarisch gegenübergestellt:[11]

---

[10] Bruck, P./Geser, G., 2000, Schulen auf dem Weg in die Informationsgesellschaft.
[11] Lux, C./Peske, T., 2002, Competitive Intelligence und Wirtschaftsspionage.

Tabelle 1: Unterscheidung der Eigenschaften eines materiellen Wirtschaftsguts und einer Information

Materielles Wirtschaftsgut	Information
Hohe Vervielfältigungskosten	Niedrige Vervielfältigungskosten
Individueller Besitz	Vielfacher Besitz möglich
Wertverlust durch Teilung	Wertgewinn durch Teilung
Identifikations- und Schutzmöglichkeit	Probleme bei Datenschutz und -sicherheit
Schwierige Verbreitung	Einfache Verbreitung
Preis/Wert objektiv ermittelbar	Preis/Wert nur subjektiv bestimmbar
Kosten leicht zu ermitteln	Kosten schwer zu ermitteln
Bestandsbewertung möglich	Bestandsbewertung problematisch

Laut einer im Januar 2009 veröffentlichten Studie der Purdue-Universität im US-Bundesstaat Indiana[12] unterschätzen Unternehmen den Wert ihres geistigen Eigentums und die Bedeutung des Verlusts: „Eine einzige Kompromittierung oder ein einziger Verlust wichtiger Unternehmensdaten kann den Aktienkurs und das Kundenvertrauen praktisch über Nacht beeinflussen", heißt es in der Untersuchung. Trotzdem werde die Gefahr vernachlässigt.

Die meisten Attacken auf sensible Daten kommen dabei von innen. Firmenzusammenbrüche und Stellenabbau führten dazu, „dass eine erheblich gestiegene Anzahl entlassener oder in finanzielle Bedrängnis geratener Angestellter wichtige Unternehmensdaten stehlen, um entweder ihre finanzielle Situation oder ihre Jobmöglichkeiten bei Wettbewerbern zu verbessern", schreiben die Forscher.

Dabei ist kriminelle Energie eigener Mitarbeiter noch nicht einmal das Hauptproblem. Der einfachste Weg, an vertrauliche Daten in einem Unternehmen zu gelangen, führt über seine Mitarbeiter, wobei die gravierendsten Sicherheitsprobleme gerade durch autorisierte Mitarbeiter verursacht werden, die über Zugang zu sicherheitskritischen Daten bzw. Informationen verfügen. In den wenigsten Fällen werden diese Informationen freiwillig oder gar gezielt (z.B. gegen Entlohnung, Sabotage o.ä.) preisgegeben. Es handelt sich vielmehr um mangelndes Sicherheitsbewusstsein, Nachlässigkeit, fehlende Sensibilität für den wirtschaftlichen Gegenwert bestimmter Informationen oder/und das damit einhergehende Vertrauen in rein technische Sicherheitsmaßnahmen wie Firewalls, Virenschutzprogramme etc.

---

[12] Heuzeroth, T., 2009, Datenklau bringt Firmen um eine Billion Dollar, S. 10.

Die Zeitung „Die Welt" beschreibt die Situation in ihrer Samstagsausgabe vom 18.08.2007 unter der Überschrift „Mängel bei IT-Sicherheit", wie folgt: „In vielen kleinen Unternehmen bestehen einer Umfrage zufolge erhebliche Mängel bei der IT-Sicherheit. Die Hälfte aller Firmen schule oder informiere seine Angestellten nicht zu Sicherheitsfragen, ergab der IT-Sicherheitsreport 2007 des Netzwerks Elektronischer Geschäftsverkehr (NEG) in Köln. Zudem verfüge die Hälfte der Unternehmen nicht über IT-Notfallpläne, die etwa bei einem erfolgreichen Virenangriff eingesetzt werden können. Grund für den Mangel sei möglicherweise ein Informationsdefizit der Unternehmensführung: So bekundeten 20 Prozent der befragten Personen, sich noch nie mit dem Thema auseinandergesetzt zu haben. Befragt wurden 275 Unternehmen."

Die Wirksamkeit (zentraler) technischer Sicherheitsbarrieren wird zusätzlich durch die zunehmende Mobilität der Mitarbeiter ausgehebelt. Mobile Datenträger wie Notebooks, Smartphones oder Tablet-PCs enthalten vermehrt sensible Firmendaten und werden gleichzeitig an externe Systeme (z.B. private Docking-Station) angeschlossen. Nach einer Umfrage des Sicherheitsanbieters Safenet[13] werden Daten auf mobilen Geräten nur in jedem sechsten Unternehmen verschlüsselt. Somit steigt die Zahl möglicher Verbreitungswege, wie auch die der Bypässe für Informationsabflüsse.

Stellt man dieser Ausgangslage die große Anzahl potenzieller Interessenten für Unternehmensinterna gegenüber, sollte die Brisanz des Themas außer Frage stehen:

* Mitbewerber, Konkurrenten, Prozessparteien;
* Presse, Medien;
* Angestellte (frustriert, finanzielle Motivation etc.);
* Non Government Organisations (NGOs);[14]
* Geheimdienste;
* Hacker (Spaß, Ehrgeiz oder auch krimineller Hintergrund);
* Detekteien;
* Interne (frustrierte Kollegen, freiberufliche Mitarbeiter, Dienstleister/Berater).

---

[13] Reppesgaard, L., 2006, Wenn der Blackberry plötzlich weg ist.
[14] NGOs sind nicht gewinnorientierte Organisationen, die nicht von staatlichen Stellen organisiert oder abhängig sind (z.B. Menschenrechts- oder Umweltorganisationen).

1.4 Gefährdete Branchen/Bereiche

Aufgrund der bereits beschriebenen immer stärkeren Wissens- und Informationsfokussierung des Unternehmenswertes gibt es im Grunde keine Branche, bei der Social-Engineering-Angriffe gänzlich auszuschließen sind. Ein generell hohes Risiko besteht in stark innovationsabhängigen Branchen, wie z.B. Pharmaindustrie, Mikroelektronikbranche etc., in Branchen mit hohem Geheimschutzbedürfnissen, wie z.B. der Rüstungsindustrie, sowie bei Finanzdienstleistern, da Finanzinformationen grundsätzlich von großem Interesse für die Konkurrenz sind.

Der Forschungs- und Entwicklungsbereich (F&E) stellt für einen Social Engineer regelmäßig ein begehrtes Angriffsziel dar.

Das Bundesamt für Sicherheit in der Informationstechnik (BSI) veröffentlicht mit dem „Bericht zur Lage der IT-Sicherheit in Deutschland" alle zwei Jahre einen Überblick über gegenwärtige und künftige Risiken, Herausforderungen und Trends. Im Jahresbericht 2006/2007[15] heißt es, dass sich das Gefährdungspotenzial im Vergleich zu 2005 erhöht hat: „Mit der zunehmenden Verlagerung von geschäftlichen und privaten Aktivitäten in die virtuelle Welt geht auch eine Professionalisierung und Kommerzialisierung der IT-Bedrohungen einher. Es besteht eine anhaltend hohe Bedrohungslage der IT-Sicherheit bei Privatanwendern sowie bei Unternehmen und in Verwaltungen".

Ziele des Social Engineering

Die Ziele eines Social Engineers sind im Grunde identisch mit denen eines Hackers:

- Identitätsdiebstahl;
- Netzwerkeinbrüche;
- Datendiebstahl;
- Wirtschafts-/Industriespionage;
- Sabotage.

---

[15] Bundesamt für Sicherheit in der Informationstechnik, 2007, Jahresbericht 2006/2007.

2 Vorgehensweisen beim Social Engineering

2.1 Vorbereitung – Basisinformationen einholen

Ein Social Engineer versucht zunächst, möglichst viele leicht zugängliche Informationen über ein Unternehmen zu sammeln, die ihm Insiderwissen vermitteln. Die Kenntnis von Unternehmensstrukturen, -hierarchien und -abläufen ermöglicht es ihm, im zweiten Schritt als vermeintlicher Unternehmensangehöriger aufzutreten.

Neben öffentlich zugänglichen Informationen (z.B. Internet-Homepage eines Unternehmens, Werbebroschüren etc.) gibt es weitere – i.d.R. leicht zu beschaffende – Informationsträger wie z.B.:

- Organigramme;

- Telefonlisten;

- Werk-, Gebäude- und Raumpläne;

- Mitarbeiterzeitungen;

- Dienst- und Schichtpläne;

- Arbeitsanweisungen.

Einmal mehr sei an dieser Stelle auf potenzielle Gefahren des Internets hingewiesen. Es ist immer wieder verblüffend, wie viele – z.T. sehr persönliche – Informationen durch einfachste Recherche mittels Suchmaschinen (z.B. Google) erlangt werden können. Ein Zitat aus der Security-Fachzeitschrift „Der Sicherheitsberater" bringt die aktuelle Situation auf den Punkt:[16] „Die meisten Anwender und auch viele Sicherheitsverantwortliche verstehen nicht, wie das Internet funktioniert und unterliegen dem Irrglauben, in der Masse an Informationen im Internet doch eher anonym zu sein. Dementsprechend gehen sie oft leichtfertig mit sensiblen Informationen um. Man sollte sich daher stets einige Grundprinzipien des Internets vor Augen halten, die entscheidend sind:

- Das Internet vergisst nichts!

- Anonymität ist ein frommer Wunsch!

- Fälschung ist einfach!"

---

[16] O.V., 2007, Gezielte Ausforschung und Manipulation, S. 197.

Einzeln betrachtet sind die o.a. Informationen eher unspektakulär und harmlos – erst miteinander verknüpft ergibt sich ein mosaikartig vervollständigtes erstes Gesamtbild. Als Faustregel gilt: Fünf unwichtige Informationen ergeben eine wichtige (sensible) Information.

Hinweis: Eine einfache Möglichkeit, sich einen Überblick über frei zugängliche Informationen in Hinblick auf das eigene Unternehmen zu verschaffen, bietet eine gezielte Online-Recherche.

2.2 Aktive Beschaffung von Detailinformationen – Kontaktphase

2.2.1 Am Telefon – Psychologische Methode

Nach wie vor ist das Telefon das wichtigste Hilfsmittel eines Social Engineers, da es ein gezieltes Agieren bei gleichzeitiger Wahrung der eigenen Anonymität erlaubt.

„Gespräch mit falschem Müntefering" meldete Spiegel-Online am 14.09.2008 und bezog sich auf einen Stimmenimitator, der sich für einen Radiosender als SPD-Chef Franz Müntefering ausgab und sieben Minuten mit der hessischen SPD-Chefin Andrea Ypsilanti telefonierte. Obwohl die Ausstrahlung des Gesprächs sofort untersagt wurde, kursierte das unvorteilhafte Gespräch auf der Internet-Plattform YouTube und führte zu einem erheblichen Imageschaden.

Der Sachverhalt zeigt, wie schnell man Opfer einer Täuschung mittels Telefon werden kann. Bezogen auf Social-Engineering-Angriffe gegen Unternehmen, könnte sich folgendes Gespräch ergeben.

Beispiel:

Angreifer: Social Engineer (SE)
Opfer: IT-Mitarbeiter Meier (M) der Firma Fiktiv-AG

M: *Meier, guten Tag, IT-Support der Fiktiv-AG. Was kann ich für Sie tun?*

SE: *Guten Tag, Listig mein Name von der Firma Data-Fantast. Spreche ich mit dem Leiter der IT-Abteilung der Fiktiv-AG?*

M: *Nein, bedauere, unser Unit-Manager Herr Krüger ist noch bis kommenden Mittwoch im Urlaub. Donnerstag ist er auf jeden Fall im Haus, denn um 10:00 Uhr ist immer Team-Meeting.*

SE: *Ach, wie ärgerlich – ich bin nämlich seitens Data-Fantast mit Ihrer Kunden-betreuung beauftragt. Es gab in letzter Zeit wiederholt Probleme mit dem neuen Server X.*

M: *Das verstehe ich nicht, den Server X setzen wir gar nicht ein – wir verwenden hier Y in der Version 7.0.*

SE: *Mmh – bin ich jetzt vielleicht selber durcheinander gekommen? Ich vertrete bei uns nämlich Herrn Lehmann und muss mich selbst noch in dessen Unter-lagen einarbeiten. Ich schaue jetzt alles noch mal durch und melde mich dann wieder. Entschuldigen Sie bitte meine schlechte Vorbereitung. Könnten Sie mir freundlicherweise noch die Durchwahl von Herrn Krüger geben?*

M: *Gerne – Herr Krüger hat die Apparat-Nr. 800. Wie gesagt, bitte erst ab Mittwoch versuchen.*

SE: *Vielen Dank – Ihnen noch einen schönen Tag und sorry für die Störung.*

Welche Informationen hat unser Social Engineer in diesem kurzen Telefonat erlangt?

- Name des IT-Mitarbeiters, Name des Vorgesetzten;
- firmeninterne Bezeichnungen wie Unit-Manager und Team-Meeting;
- Urlaubssituation von Herrn Krüger;
- eingesetztes Produkt und Version;
- Durchwahl von Herrn Krüger.

Diese Informationen versetzen unseren Social Engineer nun in die Lage, sich in einem weiteren Telefonat mit einem anderen Mitarbeiter der IT-Abteilung der Fiktiv-AG als vertrauenswürdig zu authentifizieren und einen gezielten Angriff durchzuführen. Vor-genannte Informationen werden dabei genutzt, um Insiderkenntnisse vorzutäuschen und/oder ein Überordnungsverhältnis zu suggerieren („… Ihr Unit-Manager, Herr Krüger, hat mich beauftragt, während seines Urlaubs …").

Das scheinbar beiläufige Nennen von Personen höherer Hierarchieebenen, das auch als *name dropping* bezeichnet wird, ist dabei eine häufig angewandte Methode.

Der Social Engineer wird alles daran setzen, sich schnellstmöglich die besondere Unternehmenssprache anzueignen, die sich in unterschiedlichsten Ausprägungen zeigen kann:

- Eigenbezeichnung der Betriebsangehörigen (z.B. Siemensianer, Microsofties);

- Wortschöpfungen für bestimmte Gebäude (z.B. *bullshit castle* für das Vorstandsgebäude);

- Fachausdrücke und spezielle Abkürzungen etc.

Der sichere Gebrauch solcher Insider-Ausdrücke hilft ihm, Zweifel an seiner Identität schnell zu zerstreuen.

Da der Social Engineer bei dieser Form der Informationsbeschaffung sein Opfer durch direkte Interaktion manipuliert, spricht man hier auch von der psychologischen Methode.

2.2.2 Vor Ort – Physische Methode

Oftmals beschafft sich der Social Engineer die benötigten Informationen auch direkt vor Ort – also im Unternehmen selbst. Auch Werkzäune und Zugangsberechtigungssysteme bieten hier leider oftmals kein wirkliches Hindernis, wie nachfolgende Methoden zeigen:

- Mitschwimmen in einer Gruppe von tatsächlichen Unternehmensangestellten beim Passieren der Eingangskontrolle (so genanntes Piggy Backing), teilweise unter Einbeziehung eines ahnungslosen hilfsbereiten Mitarbeiters („Ich habe meinen Ausweis in meinem Zimmer liegenlassen – können Sie mich mitnehmen?").

- Einschleusen am Lieferanteneingang, z.B. unter Verwendung der Kleidung oder sogar Uniform eines regulären Zulieferers.

Wie erfolgreich solche – auf den ersten Blick simplen – Tricks sind, zeigen zahlreiche Beispiele aus dem Bereich des investigativen Journalismus, bei denen sich Reporter Zugang zu (Hoch-)Sicherheitsbereichen verschaffen, um dem Fernsehzuschauer Sicherheitsmängel zu demonstrieren.

Beispiel: Das ZDF-Fernsehmagazin Frontal 21 zeigte in der Sendung „Außer Kontrolle – Sicherheitslücken am Flughafen Frankfurt" vom 25.04.2004 wie sich ein Reporter und ein Rechtsanwalt scheinbar ungehindert Zugang zu Passagierflugzeugen in einem Hangar verschaffen konnten. Die Kleidung der beiden – der Rechtsanwalt trug einen Nadelstreifenanzug, der Reporter Arbeitskleidung mit einer flughafentypischen Warnweste – war offenbar der Schlüssel zum Erfolg.

Arbeitskleidung und Warnweste suggerierten Betriebszugehörigkeit, der Nadelstreifen-anzug signalisierte eine hohe Hierarchieebene mit entsprechender Beschwerdemacht. Diese Kombination wirkte im wahrsten Sinne als Türöffner – Flughafenmitarbeiter und Airline-Personal hielten dem vermeintlich wichtigen Duo Türen auf, die ansonsten nur mit Chipkarten/Transpondern zu öffnen waren.

Hinweis: Der Spruch „Kleider machen Leute" führte nicht nur beim Hauptmann von Köpenick zum Erfolg, sondern hat an Aktualität nichts eingebüßt. Unterneh-menstypische Kleidung, Uniformen oder Visitenkarten sind keine sichere Identifi-kation. Lassen Sie sich den entsprechenden Ausweis zeigen und/oder kontaktieren Sie den genannten Auftraggeber bzw. Ansprechpartner. Gegebenenfalls sollten Besucher stets vom Empfang abgeholt bzw. bis zum Ansprechpartner begleitet werden.

Und: Die soziale Höflichkeitsregel des Türaufhaltens sollte außer Kraft gesetzt werden, wenn die Identität nicht zweifelsfrei feststeht.

Befindet sich der Social Engineer erst einmal auf dem Unternehmensgelände, erschließen sich schnell viele frei zugängliche Informationsquellen:

- Wegweiser mit Raumnummern, Türschilder mit Namen, Funktion und Hierarchie-ebene, Lage- und Übersichtskarten z.T. in Verbindung mit Notfallplänen (z.B. Flucht- und Evakuierungswege);

- schwarze Bretter mit entsprechenden Aushängen (Veranstaltungsdaten, interne Ver-öffentlichungen wie Rundschreiben, Anweisungen etc.);

- Kantinen und öffentliche Raucherbereiche (Kontakte knüpfen, Belauschen von Gesprächen);

- Toilettenräume (in denen man sich z.B. über Nacht einschließen lassen kann);

- leere, nicht abgeschlossene Büroräume (teilweise mit eingeschalteten PCs und offen herumliegenden Unterlagen – als Summe der denkbaren Fehler am besten noch mit dem Passwort, notiert auf einem Post-it-Zettel, der an der Tastatur oder am Bild-schirm klebt).

Achtung: Es wird oft auch gleich das Notebook entwendet. Laut einer Studie, die das Unternehmen Symantec im Februar 2008 gemeinsam mit dem Ponemon Institut veröffentlicht hat, sind 36 % der Datenverluste das Ergebnis verlorener oder gestoh-lener Laptops oder anderer mobiler Endgeräte.[17]

---

[17] www.symantec.de, Pressemitteilungen.

- leere Konferenzräume (z. T. mit Unterlagen der letzten Präsentation, den Tagesordnungspunkten oder dem Protokoll der letzten Besprechung bzw. beschriebenen Flipcharts/Whiteboards).

Achtung: Konferenzräume sollten keine ungesicherten Netzwerkzugänge haben.

Diese Vorgehensweise wird auch als physische Methode bezeichnet, da der Social Engineer sich durch eigene körperliche Anwesenheit im Zielobjekt Informationen beschafft.

Hinweis: Viele Mitarbeiter vernachlässigen außerhalb des Firmengeländes einfachste Sicherheitsregeln. Es ist immer wieder erstaunlich, wie oft man beispielsweise in Hotellobbys oder Flughafen-Lounges ungewollt Ohrenzeuge von Verhandlungen oder Telefongesprächen mit schutzwürdigen Inhalten wird. Gleiches gilt für Arbeiten am Notebook im Zug oder im Flugzeug, die die Passagiere der rückwärtigen Sitzreihe geradezu zu interessierten Kenntnisnahme (so genanntes Shoulder Surfing) einladen. Auch Kongresse, Messen und Fachseminare sind beliebte Betätigungsfelder des Social Engineers.

2.2.3 Aus dem Müll

Führen Sie sich an dieser Stelle kurz vor Augen, wie viel ein Social Engineer über Sie in Erfahrung bringen könnte, wenn er Ihren Hausmüll über einen Zeitraum von einem Monat systematisch „auswerten" würde (Korrespondenz, Rechnungen/Quittungen, Kontoauszüge, alte Bahn-/Flugtickets etc.). Erfreulicherweise dürfte ein Interesse an solchen Informationen nur bei sehr wenigen Menschen bestehen.

Ganz anders verhält es sich mit Informationen, die sich dem „Unternehmensabfall" entnehmen lassen. Da viele Betriebe nach wie vor große Papiermengen ungeschreddert entsorgen, bieten sich hier oft mannigfaltige Informationsquellen.

Hinweis: In allen Unternehmensbereichen, die Umgang mit vertraulichen Informationen haben, sollten sich auch Aktenvernichter (Schredder) befinden. Achten Sie darauf, keine Geräte zu beschaffen, die lediglich Papierstreifen produzieren, da diese leicht wieder zusammenzufügen sind. Empfehlenswert sind so genannte Kreuzschredder, die einen sehr hohen Zerstörungsgrad gewährleisten (mindestens Sicherheitsstufe 4). Große Aktenmengen sollten zentral ggf. über einen professionellen Dienstleister vernichtet werden.

Dies trifft in gleichem Maße für Elektroschrott zu, der vielfach Datenträger/-speicher enthält, die nicht fachmännisch gelöscht wurden. Durch die enormen Speicherkapazitäten von elektronischen Datenträgern potenziert sich hier das Risiko eines immensen Informationsabflusses.

Nachfolgende Meldung in Spiegel Online vom 02.04.2005 verdeutlicht die Brisanz der Thematik: „Polizeidaten bei Ebay – Geheimes Schnäppchen: Ein Potsdamer Student hat für 20 Euro eine 20 GB-Festplatte der Polizei ersteigert. Sein Überraschungsfund: brisante Informationen wie interne Alarmpläne und Namenslisten von Krisenstäben. Das Brandenburger Innenministerium rätselt noch, warum die Daten nicht gelöscht wurden."

Hinweis: Vor Entsorgung von Datenträgern reicht ein einfacher Löschvorgang nicht aus, da diese Vorgänge mit entsprechender Kenntnis und Software zumeist reversibel sind! Sicher ist hier nur ein physisches komplettes Zerstören oder ein fachmännisches sicheres Löschen durch spezialisierte Firmen bzw. entsprechende Software.

Die gezielte Suche nach Informationen mittels Durchwühlen des Mülls wird auch als Dumpster Diving oder Trashing bezeichnet. Sofern diese Suche in Mülltonnen/-containern eines Unternehmens keinen Hausfriedensbruch darstellt, ist dieses Vorgehen nicht illegal, da der ehemalige Besitzer sein Eigentum mit der Deklaration als Müll (durch Wurf in die Tonne) aufgegeben hat.

Abschließbare Müllcontainer werden üblicherweise verwendet, um zu verhindern, dass unberechtigte Personen dort ihren Müll entsorgen – hier können sie einem unberechtigten Entfernen entgegenwirken. Nachhaltiger als dieser mechanische Schutz sind allerdings aufmerksame Mitarbeiter, die sich an die Entsorgungsrichtlinien des Unternehmens halten, da sie sich der Problematik des Dumpster Diving bewusst sind.

2.3 Entwickeln des eigentlichen Tatplans

Die bislang beschafften Hintergrundinformationen werden vom Social Engineer ausgewertet und wie Puzzleteile zu einem Gesamtbild zusammengefügt. Durch Vortäuschung einer Identität kann er als Insider auftreten und so ein Vertrauensverhältnis zu seinem Opfer aufzubauen.

Die Planung des weiteren Vorgehens wird sich nun an folgenden Fragen orientieren:

- Welches sind die eigentlichen Zieldaten/-informationen?

- Welche Personen im Unternehmen haben eine Zugriffsberechtigung auf diese Daten?

- Wie viele Schritte (Einzelangriffe) auf ggf. unterschiedliche Personen mit ggf. unterschiedlichen Legenden sind erforderlich, um plausibel an die Zielperson/Zieldaten zu gelangen?

- Wie lassen sich diese Schritte zu einer plausiblen Gesamt-Story (Drehbuch) verknüpfen (z.B. Umfrage zu IT-Dienstleistungen im Auftrag des Vorstands etc.)?

- Welche Rahmenbedingungen sind günstig für einen Social-Engineering-Angriff, z.B.

  - Ferienzeit;

  - Mittagszeit;

  - kurz vor Feierabend bzw. Wochenende?

- Was ist zu berücksichtigen, um keine Spuren zu hinterlassen bzw. Spuren zu verwischen (z.B. ID-Call-Unterdrückung, Rufumleitung, anonyme Websites etc.)?

2.4 Angriffsvarianten

Die menschliche Psyche ist vielschichtig – Angriffsvarianten des Social Engineering auch! Der Weg zum Ziel (Information) führt – wie dargestellt – oft über Umwege bzw. über diverse unterschiedliche Ansprechpartner in einem Unternehmen. Je nach Position, Ausbildungsstand und Charakter des Gegenübers wird der Social Engineer unter den gängigsten Manipulationstechniken die Variante auswählen, die nach seiner Einschätzung am erfolgsträchtigsten scheint:

- Sympathie: Menschen kooperieren schneller und besser, wenn sie für ihren Gesprächspartner eine Form von Zuneigung empfinden. Ein Social Engineer wird versuchen, durch Herstellen und Betonen von Gemeinsamkeiten (z.B. Hobby, Herkunftsort etc.) Sympathie zu erzeugen. Diese Technik ist als NLP[18]-Methode auch als so genanntes verbales Spiegeln bekannt.

- Autorität: Durch psychologische Experimente[19] ist wissenschaftlich belegt, wie schnell Menschen z.T. bereit sind, eigene Bedenken „über Bord zu werfen", wenn eine vermeintliche Autoritätsperson die Verantwortung übernimmt. Gelingt es dem Social Engineer, glaubhaft zu vermitteln, in der Hierarchie über seinem Gesprächspartner zu stehen bzw. im Namen der Geschäftsleitung o.ä. zu handeln, sinkt die Bereitschaft, kritische Nachfragen zu stellen, bei den meisten Mitarbeitern sehr schnell.

---

[18] NLP= Neurolinguistische Programmierung.

[19] Z.B. das 1962 erstmals durchgeführte Milgram-Experiment, bei dem die Bereitschaft von Menschen getestet wurde, autoritären Anweisungen auch dann Folge zu leisten, wenn sie in direktem Widerspruch zu ihrem Gewissen stehen.

- Hilfsbereitschaft/Mitleid: Wenn man anderen Menschen gegenüber Schwäche und Unterlegenheit signalisiert und gleichzeitig um Hilfe bittet, erfährt man i.d.R. auch Unterstützung. Dieses Verhalten macht sich ein Social Engineer zunütze, indem er sich beispielsweise als neuer, unbeholfener Mitarbeiter ausgibt.

- Soziale Bestätigung/soziale Bewährtheit: Menschen orientieren sich gern am Verhalten anderer Menschen. Jeder von uns wird durch sein soziales Umfeld (unbewusst) in seinen Entscheidungen beeinflusst (z.B. Mode, Urlaubsziele, Fahrzeugkauf etc.) – man orientiert sich an Personen, die man schätzt. Für einen Social Engineer bietet sich hier eine Manipulationsmöglichkeit: Mit Bemerkungen wie „Ich bin dieses Procedere für die Aufspielung eines neuen Patches schon mit der halben Abteilung durchgegangen – Sie sind der Erste, der hier Bedenken hat" gelingt es ihm ggf., die Person zu verunsichern und von weiteren kritischen Nachfragen abzusehen.

- Revanchieren: Die Redewendung „eine Hand wäscht die andere" beschreibt das Verhaltensprinzip der Gegenseitigkeit. Erhalten wir offenbar ohne konkreten Anlass ein Geschenk oder eine Form der Unterstützung, sind wir bestrebt, in Form einer Gegenleistung einen Ausgleich zu schaffen („… der hat noch etwas gut bei mir!"). Diese Manipulationstechnik kommt oft beim Reverse Social Engineering zum Einsatz – der Social Engineer hilft bei der Beseitigung des (selbst verursachten) Computerproblems und bittet dann seinerseits um „schnelle unbürokratische Unterstützung" („… mein PC ist gerade abgestürzt, könnten Sie mir kurz die Daten abrufen – ich kann sonst meinen Termin nicht halten.").

Social Engineering kann durch technische Maßnahmen nur in geringem Maße begegnet werden, da es gezielt psychologische Grundsätze ausnutzt.

3 Schutzmaßnahmen

Wenngleich hier verdeutlicht werden soll, dass durch Social-Engineering-Angriffe auch ausgeklügelte technische Sicherheitsvorkehrungen und organisatorische Sicherheitsmechanismen mit einem Schlag nutzlos gemacht werden können, so ist das keinesfalls als Plädoyer gegen technische IT-Schutzmaßnahmen zu verstehen. Im Gegenteil: Sicherheitssoftware wie (aktuelle) Virenscanner und Firewalls sollten heute in jedem Unternehmen eine Selbstverständlichkeit sein und werden auch zukünftig eine zentrale Rolle in jedem IT-Sicherheitskonzept spielen. Nachfolgend angeführte Schutzmaßnahmen beziehen sich daher explizit auf die Abwehrmaßnahmen gegen Social-Engineering-Angriffe.

3.1 Grundlegende Schutzmaßnahmen

Folgende Schutzmaßnahmen sollten – abhängig von den Schutzinteressen des Unternehmens – Eingang in die IT-Security-Policy[20] finden:

- *Need-to-know*-Prinzip:
  - restriktive Berechtigungsverfahren,
  - Informationen nur an diejenigen, die diese tatsächlich benötigen;
- frei zugängliche Informationen (z.B. Unternehmens-Website) überprüfen und ggf. reduzieren;
- Richtlinien zum Generieren von Passwörtern;
  - Pflicht zur regelmäßigen Änderung,
  - einfache Passwörter vermeiden;
    - mindestens achtstellig, keine Wörter verwenden, sondern sinnlose Kombination aus Groß-/Kleinbuchstaben, Zahlen, Sonderzeichen,
    - keine von Internetseiten voreingestellten Passwörter übernehmen, sondern Neue erstellen,
  - Regeln Umgang mit Passwörtern,
    - z.B. keine Firmenpasswörter und Usernamen im Internet verwenden,
    - ein Passwort nur einmal und nicht bei mehreren Internetseiten verwenden;
- Richtlinien zum Umgang mit E-Mails (z.B. keine unbekannten Anhänge öffnen);
- Konsequenzen für Sicherheitsverstöße sollten festgelegt und veröffentlicht werden;
- erkannte Sicherheitsverstöße sollten auch tatsächlich sanktioniert werden;
- spezielle Notebook-Sicherungen (z.B. verschlüsselte Festplatten, biometrische Sicherungen, Sichtschutzfilter etc.);
- Whistleblowing-System als effektives Frühwarnsystem einrichten:
  - einen Ansprechpartner zur zentralen Entgegennahme/Koordination sicherheitsrelevanter Hinweise benennen und allen Mitarbeitern bekannt geben,
  - möglichst zentrale Rufnummer, die während der Arbeitszeiten immer besetzt ist;

---

[20] Vgl. auch den Beitrag von Kob zu Einführung in die Informationssicherheit.

- klare Verantwortungen schaffen:
  - Grundverantwortung der (Linien-)Führungskräfte hervorheben,
  - Sicherheitskoordinatoren benennen;
- Verpflichtung zum offenen Tragen des Firmenausweises (mit Foto) bzw. von andersfarbigen Besucherausweisen;
- Verpflichtung zum Ansprechen von Personen, die auf dem Unternehmensgelände den Firmen-/Besucherausweis nicht (offen) tragen;
- Arbeitsplatz „sauber" verlassen, so genanntes Clear-Desk-Prinzip:
  - keine sensiblen Unterlagen offen zurücklassen, wenn man den Raum verlässt,
  - Bildschirmsperre mit Kennwortsicherung beim Verlassen des Arbeitsplatzes;
- Schulung der Mitarbeiter (z.B. IT-Helpdesk, Telefonzentrale, Empfang), z.B.:
  - ungewöhnliche Anfragen/Anliegen stets hinterfragen,
  - Sensibilisierung der Belegschaft für die Gefahr des Aushorchens bei Messebesuchen, Konferenzen und Fachtagungen,
  - sichere Authentifizierung von Anrufern (Rückruf ist nicht ausreichend sicher, da eine Rufweiterleitung auf ein Handy bestehen kann – möglich wäre z.B. das Hinterlegen von Fragen und Antworten in einer Datenbank o.ä. (so genannte Zwei-Faktor-Authentifizierung);
- sämtliche Informationen über Aufbau und Struktur des Unternehmensnetzwerkes sollten als „streng vertraulich" eingestuft werden;
- sorgfältige Überprüfung von Praktikanten, Werksstudenten und Diplomanten aus dem In- und Ausland;
- kritische Prüfung der Bewerbungsunterlagen zukünftiger Mitarbeiter für sensible Bereiche, so genanntes Pre-Employment-Screening.[21]

Mitarbeiter, die das Unternehmen verlassen (z.B. Kündigung, Ende des Praktikums etc.) verlieren sofort ihre Zugangsberechtigung zum Firmennetzwerk.

Eine weitergehende Maßnahme, die bei den Mitarbeitern zunächst wahrscheinlich auf Widerstand stoßen dürfte, wäre eine Sperrung des Internet- und W-LAN[22]-Zugangs auf allen Arbeitsrechnern, bei denen dazu keine zwingende Notwendigkeit besteht. Als

---

[21] Vgl. auch den Beitrag von Grieger-Langer zu Prävention im Personalmanagement.
[22] Wireless Local Area Network = drahtloses lokales Netzwerk.

Ausgleich käme beispielsweise die Einrichtung eines kostenlosen Internet-Cafés im Unternehmen in Betracht.

Je nach Schutzbedürfnis des Unternehmens wäre weiterhin zu prüfen, inwieweit ein komplettes Monitoring des Datenverkehrs bzw. eine komplette Netzwerküberwachung bis hin zu Stichproben und Kontrollen am Arbeitsplatzrechner der Mitarbeiter (insbesondere Notebooks) erforderlich erscheinen.

Bei Kontrollmaßnahmen dieser Qualität ist die vorherige Einbindung des Betriebsrates erforderlich.

Hinweis: Die jüngsten Überwachungsskandale bei Unternehmen wie Lidl, Telekom und der Deutschen Bahn haben zu massiven Vertrauensverlusten in der Belegschaft, aber auch zu einem nachhaltigen Imageschaden in der Öffentlichkeit geführt. Die Sensibilität des Themas darf daher auf keinen Fall unterschätzt werden – datenschutzrechtliche Bestimmungen sind zu beachten und strikt einzuhalten!

Sicherheitsmaßnahmen sollten:

- möglichst einfach zu befolgen sein,
- verständlich erläutert werden,
- leicht zugänglich sein,
- übersichtlich dokumentiert werden,

denn, nur wer den Sinn versteht, wird sich auch an die Spielregeln halten.

3.2 Information-Security-Awareness

Grundvoraussetzung für die Implementierung einer (Informations-)Sicherheitskultur ist ein eindeutiges Bekenntnis der Unternehmensspitze, dieses Vorhaben ohne Vorbehalte zu unterstützen. Informationssicherheit ist Bestandteil der Unternehmenskultur und muss dementspechend vorgelebt werden.

Alle Mitarbeiter müssen in die Themen der Informationssicherheit involviert und in bzw. durch Kampagnen integriert werden. Dabei sollten die unterschiedlichen **Zielgruppen** berücksichtigt werden, z.B.:

- Führungskräfte;

- IT-Abteilung (ggf. nochmals gesonderte Trainings für den IT-Helpdesk bzw. für Systemadministratoren);

- Bereiche, die unter Aspekten der Informationssicherheit besonders sicherheitskritisch sind (z.B. Forschung & Entwicklung);

- Mitarbeiter, die im Ausland tätig sind bzw. vermehrt persönliche Termine im Ausland wahrnehmen müssen (Verknüpfung der Thematik Informationsschutz mit Travel Security);

- Empfangspersonal, Telefonzentrale, Sekretärinnen;

- Reinigungspersonal.

Bei der Planung einer Awareness-Kampagne, bei der das Budget im Vorfeld geklärt werden muss, hat sich folgende Struktur bewährt:

1. Bestandsaufnahme der Ist-Situation;

2. Schwachstellenanalyse;

3. Definition/Formulierung der (realistischen und überprüfbaren) Ziele und Unterziele mit Festlegung entsprechender Kennzahlen; z.B. Reduzierung der durch Computerviren verursachten Kosten um 20% jährlich;

4. Festlegung der Zielgruppen (siehe oben);

5. Festlegung der zielgruppenorientierten Inhalte („Jedem seine Botschaft" (Arbeitsbereich, Bildungsniveau etc. berücksichtigen));

6. Festlegung der einzusetzenden Medien, Veranstaltungsformen und sonstiger Faktoren, z.B.

   - E-Mails, Intranet, Flyer, Infoveranstaltungen, Firmenzeitung,

   - Poster, Web-Based-Trainings,

   - Durchführung von Workshops,

   - Einsatz von Kurzfilmen, ggf. in Eigenproduktion,

   - Einsatz externer Referenten oder Berater;

7. Durchführung der Kampagne und der damit verbundenen zielgruppenbezogenen Maßnahmen:

- z.B. ausführliche Infoveranstaltung für Führungskräfte mit Schwerpunkt auf Bedeutung der Informationssicherheit und Verantwortung des Managements,

- praxisorientierte Infoveranstaltungen mit flankierendem Web-based-Training für Mitarbeiter,

- Verhaltensschulung für das Reinigungspersonal, ggf. mit Rollenspielen;

8. Evaluation/Erfolgskontrolle;

9. ggf. zusätzliche Veranstaltungen/Maßnahmen durchführen.

Um das Kernziel einer Awareness-Kampagne (Informationssicherheit ist die eigenverantwortliche Aufgabe jedes Unternehmensangehörigen) zu erreichen, wird eine einmalige Bereitstellung von Informationen und Unterlagen nicht ausreichen. Nachhaltig wirkt ein fortlaufendes Sensibilisierungsprogramm, das direkt an die Awareness-Kampagne anknüpfen sollte. Denkbar sind regelmäßige aktuelle Informationen über Vorfälle mit Informationsschutzhintergrund (z.B. Zeitungsmeldungen) oder auch der Einsatz von so genannten Splash Screens,[23] die jeden Tag eine Sicherheitsempfehlung vermitteln. Gleichzeitig ist sicherzustellen, dass neue Mitarbeiter umgehend eine ausführliche Unterweisung erhalten und die Gesamtthematik in die Aus- und Fortbildung integriert wird.

3.3 Social Engineering Audits und Ethical Hackings

Social Engineering Audits und Ethical Hackings[24] sind wirksame Methoden um zu prüfen, wie gut das Unternehmen tatsächlich gegen einen Social-Engineering-Angriff geschützt ist. Schon relativ einfache Versuche führen dabei oft zu drastischen Ergebnissen.

Eine beliebte Variante solcher Tests ist z.B. das Auslegen von USB-Sticks in unterschiedlichen Bereichen des Unternehmens, einschließlich den Räumlichkeiten der Systemadministratoren. Sobald der USB-Stick in den entsprechenden Port gesteckt wird, installiert sich eine Software, die es ermöglicht, den entsprechenden Rechner sofort zu identifizieren. Meist werden über zwei Drittel solcher Sticks – entgegen der bestehenden

---

[23] Grafischer Platzhalter der während des Ladens oder Startens eines Computerprogramms auf dem PC-Bildschirm erscheint.

[24] Gezielter Auftragshackerangriff – auch unter Einbeziehung von Methoden des Social Engineering – als extremste Form der technischen Sicherheitsüberprüfung.

IT-Schutz-Richtlinien – blauäugig mit firmeneigenen Rechnern verbunden und damit einem potenziellen Eindringling Tür und Tor ins Unternehmensnetz geöffnet – und dies auch von Systemadministratoren bzw. Mitarbeitern der IT-Abteilung. Würde sich auf diesem Stick nicht nur das Testprogramm zu Identifizierung, sondern Malware/ein Trojaner befinden, wäre das Firmennetzwerk direkt infiziert.

In mehr als 90 % der Fälle kann man einen Rechner per USB-Stick infizieren, ohne das Passwort zu kennen, schätzt Magnus Kalkuhl, Virenanalytiker beim russischen Sicherheitsspezialisten Kapersky Lab.[25]

Befragt man die Betroffenen nach dem Grund ihres Handelns, so lautet die Antwort zumeist: „Ich dachte, den hätte ein Kollege verloren, und wollte anhand der Dateien sehen, um wen es sich handelt, um den Stick dann zurückzugeben". Man kann dieses Verhalten als leichtsinnig, gutgläubig oder dumm bezeichnen – eines ist es in jedem Fall: hochgradig gefährlich.

Solche Arten von Tests sind allerdings auch nicht unumstritten, da oftmals der Vorwurf erhoben wird, Mitarbeiter werden durch die Unternehmensleitung ausspioniert und bloßgestellt. Grundsätzlich fokussieren Social Engineering Audits gerade nicht auf die persönliche Überprüfung einzelner Mitarbeiter, sondern auf die Belastbarkeit des Sicherheitssystems einer Firma. Damit ist allerdings zwangsläufig auch die Überprüfung der Einhaltung von firmeninternen Regeln bzw. deren Umsetzung verbunden.

Der Erfolg eines solchen Audits im Zusammenhang mit einer Awareness-Kampagne im Vorfeld wird maßgeblich von einer guten Planung sowie einer klaren Kommunikation gegenüber den Mitarbeitern von Beginn an abhängen. Unerlässlich sind weiterhin die Einbeziehung der Personalabteilung, des Betriebsrats sowie des Datenschutzbeauftragten. Das Audit selbst sollte auf einem schlüssigen Konzept basieren, bei dem die Kontrollziele definiert sein müssen und der Ablauf als Drehbuch mit den zu erwartenden Resultaten vorliegen sollte.

Mitarbeiter, die auf einen Social-Engineering-Angriff „reinfallen", sollten nicht sanktioniert werden, sondern nach Möglichkeit als Betroffene für Awareness-Veranstaltungen gewonnen werden, um dort authentisch über selbst gemachte Erfahrungen zu berichten. Eine gelebte (Informations-)Sicherheitskultur setzt voraus, Mitarbeiter als Partner und nicht nur als Sicherheitsrisiko zu betrachten.

---

[25] Hottelet, U., 2007, Schutzgeld-Banden im Online-Kaufhaus, S. 31.

4   Fazit

Informationsschutz ist mehr als Informatikschutz!

Die Ausführungen dieses Beitrags sollten verdeutlichen, dass die Grenzen von Informationsbeschaffung bis zur Industrie- und Wirtschaftsspionage im großen Stil fließend sind. Selbst wenn es sich eindeutig um Formen der Wirtschaftsspionage handelt, funktionieren die erfolgreichsten Methoden größtenteils eben nicht nach James-Bond-Manier, sondern sind in Wahrheit oft geradezu banal.

Ganz aktuell werden diese Aussagen bestätigt und verstärkt durch die SiFo-Studie 2009/10 „Know-how-Schutz in Baden-Württemberg", deren drei zentrale Ergebnisse lauten:

- Spionage und ungewollter Know-how-Abfluss sind realistische Bedrohungen/Risiken, die noch immer unterschätzt werden.

- Nicht technische Angriffe und Außenstehende, wie weithin vermutet, sondern Unternehmensangehörige sind es hauptsächlich, welche die Unternehmen durch Know-how-Verrat schädigen.

- Die Unternehmen könnten (und müssten) selbst mehr tun, um ihr Know-how zu schützen.

Technischer IT-Schutz ist wichtig – aber ohne eine trainierte, wachsame und gewissenhafte Belegschaft eben nicht ausreichend. Wer aktiven Informationsschutz betreiben will, muss nicht nur in technische Maßnahmen investieren, sondern in das Bewusstsein seiner Mitarbeiter.

Spätestens an dieser Stelle sollte die Erkenntnis stehen, dass die Gefahr des gezielten Informationsabflusses für kleine und mittlere Unternehmen (KMUs) nicht geringer ist, als für die Global Player.

Kevin Mitnick ist beizupflichten, der in seinem Buch „Die Kunst der Täuschung" bereits 2002 mahnte: „Wenn ihr Unternehmen bisher verschont geblieben ist, stellt sich nicht die Frage, ob es passiert, sondern wann!" und daraus die Forderung ableitete: *„Human Firewalls are a must!"*

Verhandlungs- und Präsentationstechniken

Olaf Torner

1 Wirkungsvoll präsentieren

1.1 Theorie

Wenn die Welt von Computern regiert würde, wären nur Informationen wichtig! Computer A sendet Informationen zu Computer B. Die Geschäftswelt wird jedoch von Managern beherrscht, deren Aufgabe es ist, ihre Mitarbeiter zu motivieren, und von Verkäufern, die versuchen müssen, Kunden zu überzeugen, ihre Produkte zu kaufen. Diese Mitarbeiter und Kunden werden nicht so sehr von dem beeinflusst, was gesagt wird, sondern vielmehr davon, wie es gesagt wird.

Die Tatsachen sprechen für sich, wird oft gesagt. Dies ist unsinnig. Keine Tatsache, Meinung oder Entscheidung spricht für sich. Es wird ein Übertragungssystem benötigt, um die Botschaft zu übermitteln. Schätzungsweise wird der Effekt der Kommunikation zu 55% von der äußeren Erscheinung des Redners, zu 38% von der Stimme und nur zu 7% von seinen verwendeten Worten bestimmt.[1]

Die äußere Erscheinung und das Verhalten des Redners üben einen Einfluss auf das Unterbewusstsein des Zuhörers aus. Dieser richtet seine bewusste Aufmerksamkeit[2] auf den Inhalt und entscheidet im Rahmen dieser bewussten Wahrnehmung über Akzeptanz oder Ablehnung.

Wenn wir also davon ausgehen, dass die Tatsachen für sich sprechen und wir der Art und Weise, in der sie präsentiert werden, keine Aufmerksamkeit widmen, benutzen wir nur 7% unseres Potenzials, um nur 10% unseres Zieles zu erreichen! „Die Fähigkeit zu kommunizieren, ist der Schlüssel zu allem!" Nicht nur die Botschaft, sondern auch die richtige Präsentation ist von großer Bedeutung.

1.2 Realität

Die folgenden Gedanken eines Redners zeugen davon, dass dieser sich in einem Teufelskreis der Nervosität und der negativen Vorstellungen befindet. Was er auch immer sagt, seine negative Haltung wird sich auf sein Verhalten und seine Stimme auswirken, so dass seine Botschaft nur einen schwachen Eindruck hinterlassen wird.

---

[1] Vgl. Mehrabian, A., 1972, Non-verbal Communication; Mehrabian, A., 1971, Silent Messages.
[2] Den bewussten Teil seines Verstandes – laut Freud entspricht dieser Bereich ca. 10% der gesamten Gehirnmasse.

- „Ich hoffe, dass ich genug zu sagen habe, ich hatte keine Zeit, alles gut vorzubereiten."

- „Oh nein, **er** ist wieder da; ich hoffe nicht, dass er wieder schwierige Fragen stellt."

- „Ich hätte mich noch etwas mehr mit dem Marketingaspekt beschäftigen müssen."

- „Wenn noch Zeit übrig ist, kann ich mir vielleicht noch etwas ausdenken."

- „Wie entsetzlich, ich hatte nur mit sechs Personen gerechnet. Sie scheinen auch nicht besonders interessiert zu sein."

- „Es ist auch so warm hier."

- „Ich hätte eigentlich mehr Dias zeigen können. Ich hoffe nur, dass der Projektor in Ordnung ist."

- „Ich glaube, jetzt sind alle da. Ich werde wohl besser anfangen. (Hoffentlich wird es keine Katastrophe?!)"

- „Hm ... Guten Tag! Hm ..."

Wie kann die Energie, die in diesem Fall durch Nervosität verschwendet wird, positiv genutzt werden? Indem man „im Voraus" nervös ist und diese Energie in die Vorbereitung des Vortrags steckt.

Wenn wir die Energie in die Vorbereitung stecken, wird ein positiver Prozess in Gang gesetzt: Selbstsicherheit und positive Vorstellungen, Erfolg. Es ist gut, wenn jemand, der vor einer Gruppe sprechen soll, etwas nervös ist, v.a. während der ersten paar Minuten. Das ist normal und auch notwendig.

Gute Redner machen sich Sorgen, wenn sie nicht ein bisschen aufgeregt sind. Tief atmen und lächeln hilft immer, und der Redner beginnt seinen Vortrag mit gut vorbereiteten Eröffnungsworten. Ein positives Bild der Präsentation erzeugt ein gutes Bild vom Redner. Das Unterbewusstsein der Zuhörerschaft ist ihm wohl gesonnen, es ist bereit, sich beeinflussen zu lassen.

Die Frage stellt sich, wie wir dieses positive Resultat bei allen Vorträgen erreichen können. Betrachten wir hierzu die im Folgenden unterbreiteten Tipps für die Vorbereitung und wie wir uns unserer äußeren Erscheinung und der richtigen Ausdrucksform unserer Botschaft bewusst werden.

2 Vorbereitung eines Vortrags

2.1 Schriftliche Vorbereitung

Der Vortrag muss schriftlich vorbereitet sein, auch wenn wir auf einem bestimmten Gebiet ein Fachmann sind, bedeutet das noch nicht, dass unsere Vorträge perfekt sind. Eine gute Vorbereitung ist konkret und erfolgt schriftlich.

Auch kurze Vorträge benötigen eine lange Vorbereitung. Es ist leicht, viel zu reden, sich kurz zu fassen, ist da schon schwerer. Bismarck hat einmal gesagt, dass er eine Rede von drei Stunden in drei Minuten vorbereiten könne, aber für eine Ansprache von drei Minuten drei Stunden Vorbereitungszeit benötige.

Dabei muss eine gute Vorbereitung zielorientiert sein und kann folgende Punkte enthalten.

- Was werde ich den Zuhörern erzählen?

- Warum werde ich etwas sagen?

- Welche Aktion oder Veränderung bringt dieser Vortrag zustande?

- Wie können die Zuhörer von diesem Vortrag zu einer konkreten Handlung aufgefordert werden?

Die logische Konsequenz der oben genannten Argumente besteht darin, dass jeder Vortrag andere Zuhörer und ein anderes Ziel hat. In den seltensten Fällen können wir denselben Vortrag ein zweites Mal halten. Die Qualität des Vortrages hängt von der Vorbereitung ab. Die Vorbereitung wird davon bestimmt, wie wir mit der Zeit umgehen.

2.2 Stufenweises Vorgehen bei der Vorbereitung

2.2.1 Inhalt bestimmen

Sobald wir wissen, an wen wir uns wenden und warum, müssen wir folgende Punkte beachten:

- Warum? Das ist eine sehr wichtige Frage und zwingt das Publikum zum Zuhören.

- Was? Was die Zuhörer wissen müssen (notwendige Informationen).

- Die konkrete Aufforderung zur Tat! Was müssen die Zuhörer nach Beendigung des Vortrags unternehmen?

2.2.2   Inhalte verinnerlichen und merken

Sind die Inhalte bestimmt, müssen diese verinnerlich werden, damit der Vortrag flüssig vonstatten geht. Dafür können kleine Merkkarten genutzt werden. Zwei oder drei dieser Merkkarten passen leicht in die Jackentasche oder Hand.

Geübte Redner gestalten ihre Karten in der Form, dass sie die Karten zunächst in zwei Spalten unterteilen. In der linken Spalte werden die so genannten Schlüsselworte vermerkt, also genau die Worte, die ständig die Struktur unseres Vortrages bewusst machen und nicht daran hindern, den Augenkontakt mit dem Publikum zu verlieren.

Die rechte Spalte wird als Zeitplanungsschiene genutzt. Sie gibt die zeitlichen Eckpunkte des Vortrages vor, so dass man beispielsweise genau weiß, mit welchem Punkt man bei einem 30 Minuten-Vortrag nach bereits 10 abgelaufenen Minuten starten muss.

Wenn man diese Merkkarten mit der Hand hält, an der sich auch die Armbanduhr befindet, dann kann man geschickt die Uhr so positionieren, dass beim Anblick der Karte auch die Zeitprüfung vorgenommen werden kann.

2.2.3   Einüben

Ist der Inhalt des Vortrags bestimmt und verinnerlicht, müssen allerdings noch weitere Schritte unternommen werden. Wenn an dieser Stelle mit der Vorbereitung aufgehört wird, würde dies bedeuten, dass die Art und Weise, in der präsentiert werden soll, dem Zufall überlassen wird. Das Publikum bildet sich ja gerade aufgrund der Präsentation sein Urteil.

Darum muss der Vortrag in einfachen Worten eingeübt werden, so, als würde ein Gespräch geführt. Hierzu kann es hilfreich sein, einen Kollegen, Freund oder ein Familienmitglied zu bitten, sich den Vortrag anzuhören und Feedback zu geben.

Um die Situation möglichst realistisch zu gestalten, sollte im Stehen geübt werden, um zu kontrollieren, ob die Kärtchen gelesen werden können. Auch kann so kontrolliert werden, ob der Vortrag zu lange dauert und verkürzt werden muss. Dabei sollten weniger Themen behandelt und nicht die gleichen Themen kompakter dargestellt werden.

Bei wichtigen Präsentationen sollte auch eine Generalprobe mit visuellen Hilfsmitteln durchgeführt werden. Wenn möglich, sollte davon eine Video-Aufnahme gemacht werden, so dass man sich selbst, den Augenkontakt, das Lächeln, die Begeisterung und die Stimme kontrollieren kann.

2.3 Ein Bild sagt mehr als tausend Wörter

Es wird oft gesagt, dass der Gebrauch von Bildern die kommunikative Fähigkeit maximiert. Dabei stellt sich die Frage, ob hiermit ausschließlich wirkliche Bilder (Dias, Abbildungen, grafische Darstellungen) gemeint sind oder auch Worte im Sinne von Anekdoten und Metaphern.

Der Mensch erwirbt 83% seiner Kenntnisse mit den Augen. Viele Menschen haben ein visuelles Gedächtnis und erinnern sich an ein deutliches Diagramm oder eine Metapher noch lange, nachdem sie bereits vergessen haben, was gesagt wurde. Dies ist v.a. der Fall, wenn die rechte Gehirnhälfte am stärksten entwickelt ist.

Wenn das Diagramm oder die Metapher die Kernbotschaft des Vortrags wiedergibt, wird die Lebensdauer der Botschaft – und damit ihre Anwendungsmöglichkeiten – wesentlich verlängert. Napoleon Bonaparte sagte einmal: „Besser eine schlechte Skizze, als eine lange Rede."

Dabei existiert eine Vielzahl von Visualisierungsmöglichkeiten:

- Text;

- grafische Schaubilder;

- Bilder;

- Symbole;

- Kombinationen davon.

Text – der geschriebene Text

Ein visualisierter Text eignet sich für Zusammenfassungen, Aufzählungen von Argumenten, für Gegenüberstellungen von Vor- und Nachteilen oder für Hervorhebungen wichtiger Aussagen.

Damit ein geschriebener Text bei dem Publikum eine möglichst hohe Wirkung erzielt, muss er plakativ gestaltet sein. Dies bedeutet, dass:

- nur die wichtigsten Kernaussagen visualisiert werden;

- einfache und v.a. Dingen verständliche Formulierungen gewählt werden;

- keine Prosatexte, sondern stichwortartige Aufzählungen gewählt werden;

- ausreichend Abstand zwischen den Textzeilen gelassen wird;

- so groß geschrieben wird, dass der Text auch in der letzten Reihe gut gelesen werden kann;

- maximal sieben Inhaltspunkte (Stichwortaufzählung) pro Visualisierung genutzt werden.

Tabellen

Bei der Erstellung von Tabellen muss auf folgende Punkte besonders beachtet werden:

- Kopf- und Vorspalte durch eine stärkere Umrandungslinie abheben;

- die Zahl der Spalten und Zeilen so gering wie möglich halten, um auch die Tabelle auf einen Blick erfassen zu können;

- die Spaltenbeschriftung lesbar gestalten; evtl. nummerieren und eine Legende anlegen;

- bei sehr vielen Spalten mehrere Spalten (2-3) durch dünne Linien zu Blöcken zusammenfassen.

Grafische Schaubilder

Grafische Schaubilder sind das beste Mittel, um mit Datenbergen und schwer vorstellbaren Mengen- und Größenverhältnissen übersichtlich umzugehen. Häufige Formen sind das Linien-, Balken- sowie Kreisdiagramm. Für alle gilt:

- Schaubilder sollten überblickartig gestaltet, Datenmengen begrenzt werden.;

- überflüssige Details sollten weggelassen werden;

- Schaubilder sollten genutzt werden, um komplexe Zusammenhänge zu vereinfachen;

- es sollten gerundete Werte genutzt werden.

Bei der Nutzung der einzelnen Arten der Diagramme sind auch spezielle Dinge zu beachten. Liniendiagramme verbinden Zahlenwerte in einem Koordinatensystem. Dies kann in Form von geraden Linien oder auch durch Kurven geschehen. Sie werden häufig eingesetzt, um Bewegungen oder Verschiebungen in einem zeitlichen Ablauf zu verdeutlichen. Mit Liniendiagrammen lassen sich Wachstumsentwicklungen, Trends oder Schwankungen auf einen Blick erkennen.

Bei der Nutzung von Liniendiagrammen muss darauf geachtet werden, dass:

- maximal 3-4 Linien in einer Visualisierung genutzt werden – mehr Linien verwirren den Leser, besonders wenn einige Linien eng zusammen oder gar übereinander liegen;

- für unterschiedliche Linien unterschiedliche Farben oder Schraffuren genutzt werden;

- möglichst keine gesonderte Legende geschrieben wird, sondern die Bezeichnung direkt an die Kurve gelegt wird;

- die Achsen dicker als die einzelnen Linien und Kurven gezeichnet werden;

- der Nullpunkt nicht vergessen wird.

Bei der Nutzung von Kreisdiagrammen sollte die Beschriftung der einzelnen Elemente außerhalb mit einem Verbindungsstrich erfolgen. Nur bei großen Schaubildern und wenigen Kreissegmenten kann die Beschriftung innerhalb der Kreissegmente erfolgen. Ein Kreis sollte, um übersichtlich zu bleiben, in nicht mehr als 5-6 Segmente aufgeteilt werden. Hier bietet sich an die fünf wichtigsten Segmente zu nutzen und das sechste als „Sonstiges" zu deklarieren, in dem alle anderen Daten gesammelt werden. Wenn absolute Werte angegeben sind, sollten diese in Prozente umgerechnet werden, so dass der vollständige Kreis immer 100% ergibt.

Bilder und Symbole

Bilder und Symbole können komplexe Sachverhalte ausdrücken. Sie können andererseits auch Geschichten erzählen. Bilder lösen bei den Anwesenden einer Präsentation Assoziationen und Gefühle aus. Diese Assoziationen und Gefühle können positiv sein; ein Bild kann Freude bereiten, lustig wirken, zum Lachen anregen. Sie können aber auch negativ sein, wenn sie Abscheu erregen oder deplaziert und übertrieben wirken. Im Rahmen der Präsentationsvorbereitung muss der Bild- und Symboleinsatz sorgfältig auf die Zielgruppe abgestimmt werden. Nicht jedes Bild eignet sich gleichermaßen für jedes Publikum.

Kombination von zwei oder mehreren Visualisierungselementen

Sinnvoll ist die Verwendung solcher Kombinationen, bei denen Texte, Tabellen und Schaubilder zusammen mit Bildern oder Symbolen gestaltet werden. Derartige Kombinationen beleben und lockern die Visualisierung auf. Ihre Elemente beziehen sich aufeinander und regen dadurch zur intensiven Wahrnehmung an. Der bildhafte Anteil in diesen Kombinationen zielt aber auch auf die Gefühlsebene der Teilnehmer der Präsentation. Dabei muss darauf geachtet werden, dass das Bild nicht die Sache erschlägt.

Visuelle Hilfsmittel sorgen für Abwechslung. Wenn keine visuelle Unterstützung genutzt wird, ist der Redner für die Zuhörer das Einzige, auf das sie ihre Blicke richten können, und das wird spätestens nach 20 bis 30 Minuten langweilig.

Mit Bildern können Gedanken konkretisiert werden. Einige Redner haben die Angewohnheit, sich in allgemeinen Worten auszudrücken, während sie letztendlich ein konkretes Ziel erreichen müssen.

Beispiel: Ein Redner skizziert in allgemeinen Worten die kulturellen Unterschiede zwischen zwei Ländern. Anschließend erläutert er seine Worte mit einer Anekdote von zwei Geschäftsleuten in einer bestimmten Situation. Die Zuhörer lächeln und denken: „Aha, jetzt weiß ich, was er meint!". Die Verbindung zur Realität wird mit Hilfe einer Situation hergestellt, die sich der Zuhörer vorstellen, die er visualisieren kann.

3 Während des Vortrags

3.1 Haltung und Gestik

Zuhörer sehen einen, bevor sie jemanden sprechen hören. Es darf v.a. nicht vergessen werden, dass der erste Eindruck der wichtigste ist.

Sitzen, v.a. hinter einem Tisch, erweckt den Eindruck, als wollte man sich verteidigen. Im Stehen verleiht man den Worten einen besseren Nachdruck. Hinzu kommt, dass Sitzen die Beweglichkeit einschränkt. Je mehr Bewegungsfreiheit man hat, desto natürlicher sind die Bewegungen. Dabei sollte möglichst darauf verzichtet werden, die Hände auf die Hüften zu stützen, da dies als Zeichen von Aggressivität interpretiert werden kann.

Manche Menschen haben, wenn sie vor einer Gruppe sprechen, instinktiv die Neigung sich kleiner zu machen. Wenn man sich voll aufgerichtet ist, gibt man seinen Worten mehr Gewicht.

Auch sollten nicht beide Hände in die Taschen gesteckt werden, da dies zu lässig wirkt. Eine Hand in der Tasche wirkt natürlicher. Gekreuzte Arme über der Brust kann als Verteidigungsstellung aufgefasst werden oder als die Haltung eines Menschen, der mit seinen Händen keinen Rat weiß. Die Hände könnten zumindest zu Beginn des Vortrages auf dem Rücken gehalten werden.

Die beste Lösung besteht allerdings darin, keines von dem zu tun, sondern mit den Händen zu sprechen. Es ist normal, beim Sprechen zu gestikulieren und das sollte auch während des Vortrages getan werden. Dasselbe gilt für die Füße. Die Position kann und sollte verändert werden. Wenn man ganz in den Zuhörern und einem selbst aufgeht, wird man sich von selbst natürlich bewegen.

Wenn man sich während des Vortrages auf den Rand eines Schreibtisches oder Tisches setzt, erscheint das ganz natürlich. Am Anfang eines Vortrags kann es jedoch zu lässig wirken (wie die Hände in den Taschen) oder ängstlich (Versuch, sich kleiner zu machen). Auf dem Tisch zu sitzen, ist jedoch bereits nach wenigen Sekunden eine zu statische Stellung, ebenso wie hinter einem Tisch zu sitzen. Von einigen Zuhörern kann dies allerdings auch als Mangel an Respekt gedeutet werden.

3.2   Lächeln

Vielen Rednern vergeht bei dem Gedanken daran, vor einer Gruppe zu sprechen, das Lächeln. Dabei sollte es bei guter Vorbereitung sehr leicht fallen zu lächeln. Dann kann diese Erfahrung als eine Bestätigung und als das Resultat der Bemühungen betrachtet werden. Eine gute Vorbereitung macht es möglich, sich zu freuen. Ein Lächeln kann ein äußeres Zeichen dafür sein.

Es ist wichtig zu lächeln, da die Zuhörer einen zunächst sehen und danach erst hören. Ein Lächeln zieht die Aufmerksamkeit auf sich. Gäste, die zu einem Empfang geladen sind, wenden sich lieber den Gruppen zu, wo gelacht oder gelächelt wird, als zu den Leuten, die schweigend vor sich hin starren. Das Lächeln ist das erste positive Signal, das ausgesendet wird.

Außerdem hilft Lächeln, die Spannung zu verringern. Es ist möglich, dass man beim Vortrag nervös ist, aber die Zuhörer brauchen das nicht zu merken. Ein Lächeln kann Vertrauen und Optimismus einflößen und dafür sorgen, dass sich die Zuhörer wohler fühlen als man selbst.

Das Publikum hört	Es sieht, ohne Lächeln	Es sieht, mit Lächeln
Guten Morgen, es freut mich, Sie hier zu sehen.	Ich wünschte, ich wäre nicht hier. Es wird schlimm werden.	Es wird ein angenehmer Nachmittag für uns alle

3.3 Erster Kontakt durch den Blick

Den Blick festhalten bedeutet, die Aufmerksamkeit festhalten. Es ist sehr schwer, einem Menschen, der einen anschaut, nicht zuzuhören. Wenn wir woanders hinsehen – auf den Boden, an die Decke, in unsere Notizen – werden einige Zuhörer anfangen, in ihren Terminkalender zu schauen, zumindest in Gedanken.

Als Vergleich soll die Pilotenausbildung dienen. Während ihrer ersten Flugstunden schauen die Flugschüler starr auf ihre Instrumente, v.a. auf den künstlichen Horizont, während erfahrene Piloten 90% ihrer Zeit nach draußen sehen.

Blickkontakt vergrößert die Glaubwürdigkeit. Wenn jemand mit einem spricht, ohne ihn anzusehen, ist der andere geneigt, an der Aufrichtigkeit zu zweifeln. Augenkontakt ist ein Zeichen der persönlichen Teilnahme.

Dabei sollte jeder Zuhörer angesehen werden. Redner haben die Neigung, v.a. ältere Leute, ermutigende Zuhörer oder ihren Chef anzusehen. Es ist jedoch besser, den Eindruck zu erwecken, als würde man mit allen Anwesenden ein Gespräch führen. Dadurch wird vermieden, dass manche Zuhörer ein Gefühl in der Form bekommen, sie würden nicht dazugehören oder ihnen würde sogar zuviel Aufmerksamkeit gewidmet.

3.4 Energieübertragung

Es gibt keine langweiligen Themen – es gibt nur langweilige Redner.

Eine Darlegung der Liquiditätsposition kann faszinierend sein; ein Vortrag über das Fallschirmspringen hingegen ermüdend bis einschläfernd. Man muss sich nur einmal fragen, von welchen Lehrern man in der Schule am meisten gelernt hat. Nicht von den Intellektuellen, sondern von denen, die mit ihrer Art und Weise begeistern konnten.

Der Erfolg von Unterricht und Kommunikation hängt oft von einem Faktor ab: der Übertragung von Energie. Es reicht nicht aus, dem Publikum eine Botschaft zu vermitteln, es muss auch begeistert werden.

Je mehr man sich auf die Übertragung der Energie konzentriert, desto mehr konzentriert man sich auf das Interesse, das die Zuhörer für die Botschaft zeigen und desto weniger denkt man an sich selbst. Man vergisst sich selbst und die Nervosität, so dass man sich ganz natürlich verhält.

Fünf Minuten vor Beginn eines Vortrages sollte man sich die Frage stellen: „Wenn ich nicht begeistert bin, warum sollten es dann die anderen sein?" Schon allein der Gedanke an diese Frage erweckt Energie in einem selbst, so dass man diese auch an die Zuhörer ausstrahlen kann.

3.5   Schweigen am Anfang

Die meisten Menschen haben schon einmal erlebt, dass ein Redner bereits das Wort ergriff, während noch einige Zuhörer miteinander sprachen, etwas in ihrer Aktentasche suchten oder ihre Notizen durchlasen.

Als Alternative kann ein paar Sekunden geschwiegen und gelächelt werden. Die Zuhörer hören auf zu reden und sehen den Redner an. Dieser beginnt erst zu sprechen, wenn alle Zuhörer ruhig und aufmerksam dasitzen. Er hat die Situation nun im Griff (was die Zuhörer erwarten), und alle hören ihm zu. Es ist eine positive zweckmäßige Beziehung entstanden.

Vergleiche:

- *der Pianist, der noch wartet, bevor er seine Hände auf das Klavier legt;*
- *der Stabhochspringer, der sich konzentriert, bevor er Anlauf nimmt.*

3.6   Mit „drei offenen Fragen" beginnen

Was passiert, wenn der Redner zu Beginn seines Vortrages den Zuhörern Fragen stellt? Zum Beispiel:

- Was sind die wichtigsten Vorteile eines Programms zur Qualitätsverbesserung?
- Was können wir unternehmen, um die Qualität in unserem Unternehmen zu verbessern?
- ...?

Fragen wie diese, nach denen eine kurze Pause gemacht wird, erregen die Aufmerksamkeit der Zuhörer, erwecken ihr Interesse und regen sie zum Nachdenken an. Die Zuhörer sind an dem Thema beteiligt, sie denken mit.

Im Vergleich zu einer offenen Frage soll die Reaktion verglichen werden, die mit folgendem Satz erzielt werden kann: „Ich sage Ihnen, wie Sie an dem neuen Programm zur Qualitätsverbesserung mitarbeiten können!"

Die Reaktion kann sein, dass sich der Zuhörer fragt „warum?", wenn dieser demotiviert ist oder er kann den Satz auch einfach negativ auffassen „Ich lasse mir nicht vorschreiben, was ich tun soll". Eine Behauptung im Eröffnungssatz kann ein Urteil auslösen, das zu einem Konflikt oder zur Gleichgültigkeit führen kann.

Mit offenen Fragen können die Zuhörer zur Antwort aufgefordert werden. Der Redner muss damit vorsichtig sein, wenn er nur wenig Zeit hat oder wenn er weiß, dass sich unter den Zuhörern Personen befinden, die nicht mit dem einverstanden sind, was er sagt. Es können auch rhetorische Fragen sein, auf die keine Antwort erwartet wird, die jedoch den Zuhörer zum Nachdenken anregen.

Dabei dürfen keine mehrdeutigen Fragen gestellt werden, da nicht sicher ist, wie der Zuhörer den Satz jeweils deutet! Die Fragen müssen mit „was ist", „wie" oder „warum" anfangen. Es sollte vermieden werden, die Zuhörer in die Falle zu locken („Finden Sie Qualität wichtig?") oder ihre Kenntnisse zu testen („Was ist weltweit betrachtet, die durchschnittliche Rate der ausgemusterten Einzelteile in unserer Branche?"). Ziel ist nur, ihr Interesse für das Thema zu wecken.

3.7   Durch Schweigen beherrschen

Häufig kommt es vor, dass der Vortrag von einem Nachzügler unterbrochen wird, der einen Platz sucht, oder von jemandem, der seine Papiere hat fallen lassen, dessen Mobiltelefon klingelt oder von einem Techniker, der einen Stecker sucht. Der Redner steht dann vor der Entscheidung, ob er aufhören soll zu reden oder ob er weiterreden soll, als ob nichts geschehen wäre.

Der Redner behält die Situation im Griff, wenn er schweigt, bis sich ihm die Aufmerksamkeit wieder zuwendet. Die Zuhörer können sich nicht gleichzeitig auf den Redner und den Vorfall konzentrieren. Wenn der Redner eine Pause macht, wird seine Argumentation nicht unterbrochen, und er kann seinen Vortrag mit erneuter Energie fortsetzen.

3.8   Ich + Sie = Wir

Ein Redner, der die ganze Zeit nur in der Ich-Form spricht, kann den Eindruck erwecken, er wäre egozentrisch und würde sich nicht für seine Zuhörer interessieren. Wenn er immer nur „Sie" sagt, richtet sich sein Vortrag zwar auf seine Zuhörer, aber er macht dann einen sehr autoritären und sogar aggressiven Eindruck.

Wie wird sich ein Verkäufer fühlen, wenn sein Vorgesetzter zu ihm sagt: „Sie müssen dieses Ziel erreichen!"? Dagegen sorgt „wir" für eine Verbindung, Einheit und Ermutigung. Ein Satz, der mit „… wir sehen also, dass …" beginnt, bedeutet, dass es nicht nur um die eigene Beobachtung geht (Egoist), nicht nur die der Zuhörer (autoritär), sondern die Gemeinsame (Beteiligung).

3.9 Nutzung von Zwischenfragen

Während des Vortrages kann auch Gebrauch von den Fragen gemacht werden, die bereits zu Beginn verwendet wurden. Sie können genutzt werden, um zu strukturieren und Ideen in eine logische Reihenfolge zu bringen.

Anstatt das nächste Thema anzukündigen („Ich werde Ihnen jetzt erklären, wie dieses Prinzip angewendet werden kann.") kann der Redner seine Zuhörer mit Hilfe einer Zwischenfrage auffordern, über das nächste Thema mitzudenken („Wie können wir dieses Prinzip jetzt bei unserer Arbeit anwenden?").

Der Redner kann natürlich auch Fragen stellen, welche die Ausgangspunkte oder Annahmen all dessen, was er bisher gesagt hat, scheinbar untergraben: „… was macht das eigentlich aus?", „Warum sollten wir uns Sorgen darüber machen?", „Wie kann das in der Praxis realisiert werden?".

Der Redner stellt eine Frage, die beweist, dass die Sache auch von einem anderen Gesichtspunkt betrachten werden kann – vielleicht von dem der Zuhörer aus. Die Zuhörer warten aus diesem Grund auf seine Antwort. Wie bei allen Formen der Kommunikation ist derjenige, der die Fragen stellt, auch gleichzeitig Gesprächsleiter.

3.10 Alles viermal wiederholen

Angenommen, dass nach Beendigung des Vortrages jemand ganz willkürlich die Frage stellt: „Was waren die wichtigsten Botschaften des Vortrages?" Kann davon ausgegangen werden, dass alle die richtige Antwort auf diese Frage geben können?

Wenn man sicher sein möchte, dass die Botschaft richtig verstanden wird, muss dafür gesorgt werden, dass Schlüsselworte mehrmals wiederholt werden. Es ist nicht genug, Schlüsselworte einmal zu nennen; sie müssen wiederholt werden, um sie zu bestätigen und ihnen Nachdruck zu verleihen.

1. Wiederholung = teilweises Verständnis

2. Wiederholung = Bestätigung, Klärung

3. Wiederholung = Verstärkung

4. Wiederholung = Erinnerung

Mit anderen Worten, muss gesagt werden und noch einmal gesagt werden, was gesagt werden soll. Es ist möglich, im Laufe seines Vortrages mehrmals auf einen Punkt zurückzukommen, beispielsweise:

- die Kernaussage mit der Eröffnungsfrage präsentieren;

- die Idee noch einmal als Zwischenfrage stellen;

- die Idee herausarbeiten und unter einem anderen Gesichtspunkt präsentieren;

- die Idee in die Schlussfolgerung mit aufnehmen.

3.11 Zeit nicht überschreiten

Es gibt viele Redner, die sich nicht an die ihnen zugeteilte Zeit halten. Die Zuhörer haben vielleicht andere Verabredungen, auch wenn sie das meistens nicht sagen. Das Zeitlimit respektieren, bedeutet die Zuhörer zu respektieren. Damit die Einhaltung des Zeitlimits gelingt, sollten folgende Hilfestellungen genutzt werden:

- Vorbereitung: Die Zeit, die für die Vorbereitung erforderlich ist, entspricht umgekehrt der Dauer der Einfachheit des Vortrags.

- Einschränkung des Inhalts: Wenn man 15 Minuten Sprechzeit hat, muss man sich auf einen Vortrag von höchstens 10 Minuten Dauer vorbereiten. So hat man eine gewisse Spanne, und es bleibt eventuell noch Zeit für Fragen.

3.12 Konkrete Aufforderung zur Tat

Die Präsentation ist ein Mittel, um eine Veränderung hervorzurufen, indem die Haltung und das Handeln der Zuhörer beeinflusst werden können. Der Erfolg ergibt sich demnach aus dem Maß, indem sich das Verhalten der Zuhörer ändert. Nach Beendigung des Vortrages stellt sich der Zuhörer die Fragen:

- Was muss ich jetzt tun?

- Was ist der nächste Schritt?

Dieser Schritt muss konkret erläutert werden, sonst bekommen die Zuhörer das Gefühl, dass sie zwar verstehen, um was es sich handelt, sich jedoch nicht motiviert fühlen, auch etwas zu bewegen, zu verändern.

Die Werbung kann hierbei als Anregung dienen.

Beispiele:

Diese Creme macht Sie einfach jünger! Testen Sie uns gleich morgen!

Wollen Sie ihn auch, diesen Geschmack der großen, weiten Welt – Er wartet auf Sie!

Die konkrete Aufforderung zur Tat gibt den Zuhörern die Möglichkeit, etwas mit der Botschaft zu unternehmen, und der Redner erhält auf diese Weise die Chance, seine Effizienz zu messen.

4 Fazit

In der Geschäftswelt aber auch im privaten Bereich stehen wir ständig vor der Herausforderung, andere Menschen zu überzeugen. Menschen werden dabei weniger von dem beeinflusst, was gesagt wird, sondern vielmehr davon, wie es gesagt wird.

Die äußere Erscheinung und das Verhalten des Redners üben einen Einfluss auf das Unterbewusstsein des Zuhörers aus. Dieser richtet seine bewusste Aufmerksamkeit auf den Inhalt und entscheidet im Rahmen dieser bewussten Wahrnehmung über Akzeptanz oder Ablehnung. Nicht nur die Botschaft, sondern auch die richtige Präsentation ist von großer Bedeutung.

Vorträge sollten daher im Vorfeld vorbereitet werden, um einen positiven Prozess in Gang zu setzen. In dem Beitrag wurde betrachtet, wie dieses positive Resultat bei allen Vorträgen erreicht werden kann.

II
Rechtliche Grundlagen

Rechtliche Grundlagen für das Fraud Management

Michael Kühn

10 Handlungsempfehlung im Fraud-Fall

11 Fazit

1 Einführung

Will man sich im Rahmen eines Fraud Managements wirksam schützen, bedarf es einer genauen Kenntnis der entsprechenden Rechtsgrundlagen. Hier muss man zunächst unterscheiden, ob sich die Betrugshandlung gegen das Unternehmen selbst oder aus dem Unternehmen heraus gegen Dritte richtet. Gehört ersteres zu dem Bereich der Betrugsbekämpfung und Prävention, gehört letzteres auch zum Aufbau eines Compliance-Management-Systems.[1]

Beschäftigte man sich die letzten Jahre mit den zuvor genannten Themen, gibt es eine kaum mehr zu fassende Anzahl von Wirtschaftsstraftaten, die sich gegen Unternehmen oder gegen Dritte richten. Die entsprechenden Staatsanwaltschaften in Deutschland haben erheblich personell und qualitativ aufgerüstet, so dass es zukünftig vermehrt zu Ermittlungsverfahren kommen wird; dies insbesondere auch vor dem Hintergrund, dass durch die Einführung qualifizierter Compliance-Management-Systeme sowie interner Betrugsbekämpfungsmaßnahmen immer mehr Straftaten entdeckt werden. Die sich aus diesen Straftaten für die Unternehmen ergebenen Bebußungen und Strafgeldzahlungen sind erheblich. Alleine im Fall Siemens errechnet sich ein Gesamtschaden für den Konzern von 2,5 Mrd. EUR. Im Fall MAN hat sich das Unternehmen relativ schnell mit der ermittelnden Staatsanwaltschaft auf eine Bußgeldzahlung von 151 Mio. EUR geeinigt. Noch ungewiss ist der Ausgang des Verfahrens Ferrostaal. Die Liste könnte beliebig weiter geführt werden.

Um den möglichen Straftaten begegnen zu können, muss den jeweils betroffenen Mitarbeitern – regelbasiert – nahe gebracht werden, was man darf und was man nicht darf. Im Nachfolgenden werden im Einzelnen die Korruptionsdelikte wie § 299 Strafgesetzbuch (StGB), Europäisches Bestechungsgesetz (EUBestG) und internationales Bestechungsgesetz nebst den Besonderheiten des neuen UK Bribery Act und des Foreign Corrupt Practices Act (FCPA) besprochen. Nicht behandelt werden die Amtsbestechungsdelikte.[2] Daneben werden die Delikte Betrug, Untreue, Unterschlagung und Diebstahl kurz aufgegriffen, wobei vertiefend hier auf die Spezialliteratur verwiesen wird. Schließlich werden in einem Exkurs die möglichen Folgen der Rechtsprechung des Bundesgerichtshofs (BGH) zur strafrechtlichen Verantwortlichkeit des Compliance Officers besprochen sowie die Regularien des § 130 Gesetz über Ordnungswidrigkeiten (OWiG).

---

[1] Vgl. hierzu weiterführend den Beitrag von Jackmuth/Pauthner/Zawilla zu Vergleich Compliance Management zu Fraud Management.

[2] Vgl. hierzu den Beitrag von Glinder zu Kommunale Prävention und Bekämpfung von Korruption.

Bei der Darstellung der Tatbestände werden ausschließlich die Ausführungen zu dem objektiven und subjektiven Tatbestand geleistet. Alle Straftaten dürfen nicht gerechtfertigt oder entschuldbar sein. Rechtfertigungsgründe sind z. B. Notwehr oder ein so genannter Notstand. Entschuldigungsgründe sind die Unkenntnis, Unrecht zu tun. Beides ist jeweils gesondert zu prüfen und eigentlich nur, wenn sich dies aus den Schilderungen des Täters aufdrängt.

Um letztlich den Delikten im eigenen Hause begegnen zu können, bedarf es zunächst seitens der Geschäftsleitung der Organisierung und Implementierung eines Anti-Fraud-Management-Systems, innerhalb dessen die entsprechenden Abläufe, die Ausstattung des Personals und Sachmittel, Zuständigkeiten und Befugnisse sowie entsprechende Policies immanent sein sollten.[3]

Im Hinblick auf die wertebasierten Regelungen eines solchen Systems gilt es hier seitens der Geschäftsleitung, sich vorbildlich gegenüber den Mitarbeitern zu verhalten und zu verdeutlichen, wie sehr man selbst eine derartige Organisation befürwortet und lebt.[4]

Für den Fall, dass es zu Verstößen kommt, bedarf es eines sofortigen Einschreitens verbunden mit den notwendigen Konsequenzen, wobei möglichen Verdachtsvorwürfen insbesondere auch die Untersuchung der Entlastung des möglichen Delinquenten bedeuten sollte.[5]

Dies ist allein schon deswegen notwendig, um sich als Verantwortlicher nicht selbst zivil- oder strafrechtlicher Inanspruchnahme ausgesetzt zu sehen. Ungeachtet des Umstandes, dass insbesondere Führungskräfte dem Legalitätsprinzip verpflichtet sind, dienen sie auch als Vorbild für die Mitarbeiter (*tone from the top*).

Je nach Form des Unternehmens treffen die Verantwortlichen nicht nur die Pflichten der jeweils anwendbaren Gesetze, wie das GmbH-Gesetz (GmbHG) oder Aktiengesetz (AktG), sondern sie sind auch den Richtlinien des Deutschen Corporate Governance Kodexes (DCGK) verpflichtet.

Gibt letzterer derzeit nur Empfehlungen und Anregungen, sind die gesetzlichen Vorgaben verpflichtend anzuwenden. Allerdings wurde durch den BGH in der Mannesmann-Entscheidung aus dem DCGK zitiert und in diesem Fall Anhaltspunkte für die Grenzen einer angemessenen Vergütung des Vorstands entnommen.[6] Wie weit die Inhal-

---

[3] Vgl. auch den Beitrag von Jackmuth/de Lamboy/Zawilla zu integriertem Fraud Management.
[4] Vgl. auch den Beitrag von Pauthner/Lehmacher zu Korruptionsprävention.
[5] Vgl. auch den Beitrag von Zawilla zu Vorgehensweise bei Sonderuntersuchungen.
[6] BGH NJW 2006, 522.

te haftungsrechtliche Verschärfungen nach sich ziehen, ist zwar derzeit im Fluss. Die Mannesmann-Entscheidung gibt jedoch hinreichende Anhaltspunkte, dass dies der Fall ist.

Mit Einführung durch das Gesetz zur Kontrolle und Transparenz im Unternehmensbereich (KonTraG) sind die Vorstände einer Aktiengesellschaft verpflichtet, ein geregeltes Risikomanagement einzuführen, um Schaden vom Unternehmen abzuwenden (§ 91 Abs. 2 AktG).[7] Dies beinhaltet zwangsläufig, auch Schäden des Unternehmens durch Betrug zu vermeiden. Kommt der Vorstand dem nicht nach, kann er gemäß § 93 AktG in Haftung genommen werden. Diese Inanspruchnahme wird zudem immer wahrscheinlicher, wenn auf Fehlverhalten nicht in dem Maß reagiert wird, wie dies zu erwarten ist.

Diese Haftung kann auch einen leitenden Angestellten treffen, wenn auch nicht nach den genannten Vorschriften. Gerade im Bereich von Compliance- oder Risikomanagementsystemen erfolgt, je nach Unternehmensgröße, eine hierarchische Organisation. Die sich dann für den Angestellten ergebenden Rechte leiten sich aus dem Arbeitsvertrag und seiner Arbeitsplatzbeschreibung ab. Sofern sich der Angestellte lediglich weisungsmäßig verhält, mithin auf Anweisung seines Vorgesetzten handelt, wird ihn ein Verschulden i.d.R. nicht treffen.

Im Übrigen kann der Angestellte nur in Anspruch genommen werden, wenn er vorsätzlich oder grob fahrlässig handelt. Kann er bei „normaler" Fahrlässigkeit anteilig haften, so entfällt eine Haftung bei leichter Fahrlässigkeit.[8]

Für Organe einer GmbH finden sich spiegelbildliche Haftungsvorschriften in § 43 GmbHG.

Neben den Haftungsvorschriften für Organe aus den Sondergesetzen besteht aber auch die Inanspruchnahme aus unerlaubter Handlung gemäß § 823 Bürgerlichem Gesetzbuch (BGB). Sofern die schädigende Handlung durch einen Straftatbestand verwirklicht wurde, kann die Inanspruchnahme auch durch § 823 Abs. 2 BGB i.V.m. einem Schutzgesetz (z.B. §§ 263, 266 StGB) erfolgen.

Ungeachtet der nunmehr aufzuzeigenden strafrechtlichen Grundlagen zeigt das Vorgenannte, wie wichtig die Einhaltung der gesetzlichen Vorschriften ist, um sich als Handelnder vor Haftung gegenüber der Gesellschaft oder Dritten aus seiner Tätigkeit zu schützen.

---

[7] Vgl. auch den Beitrag von Romeike zu Risikomanagement im Fraud-Kontext.
[8] BAG, 1993, NJW, S. 1737.

2 Bestechlichkeit und Bestechung im geschäftlichen Verkehr (§ 299 StGB)

(1) Wer als Angestellter oder Beauftragter eines geschäftlichen Betriebes im geschäftlichen Verkehr einen Vorteil für sich oder einen Dritten als Gegenleistung dafür fordert, sich versprechen lässt oder annimmt, dass er einen anderen bei dem Bezug von Waren oder gewerblichen Leistungen im Wettbewerb in unlauterer Weise bevorzuge, wird mit Freiheitsstrafe bis zu drei Jahren oder mit Geldstrafe bestraft.

(2) Ebenso wird bestraft, wer im geschäftlichen Verkehr zu Zwecken des Wettbewerbs einem Angestellten oder Beauftragten eines geschäftlichen Betriebes einen Vorteil für diesen oder einen Dritten als Gegenleistung dafür anbietet, verspricht oder gewährt, dass er ihn oder einen anderen bei dem Bezug von Waren oder gewerblichen Leistungen in unlauterer Weise bevorzuge.

(3) Die Absätze 1 und 2 gelten auch für Handlungen im ausländischen Wettbewerb.

2.1 Normzweck

Durch diese Vorschrift soll der freie, lautere und faire Wettbewerb gewährleistet und insbesondere Auswüchsen im Wettbewerb begegnet werden.[9] Die Norm ist als abstraktes Gefährdungsdelikt ausgestaltet, so dass es auf den Eintritt des gewünschten Erfolges nicht ankommt. Betriebsinhaber sind keine tauglichen Täter des Delikts, sehr wohl aber Geschäftsführer und Vorstände juristischer Personen, auch der Alleingeschäftsführer einer GmbH.[10]

2.2 Objektiver Tatbestand

Täter

Täter kann jeder Angestellte oder Beauftragte einer Firma sein. So hat sich ausweislich des Hamburger Abendblatts vom 08.10.2011 die Firma Repower von einem externen Beauftragten getrennt, der sich bei so genannten Outsourcing-Prozessen intensiv um Zah-

---

[9] BGH vom 16.07.2004, wistra 2004, S. 22.

[10] Vgl. Fischer, T., 2011, Kommentar zum Strafgesetzbuch, § 299, Rn. 10c.

lung von Geldern derjenigen Firma bemüht hat, die am Ende noch im Bieterkreis verblieben ist. Nach Aufdeckung der Tat hat sich Repower unverzüglich von dem externen Interimsmanager getrennt.[11]

Handel im geschäftlichen Verkehr

Der Handel im geschäftlichen Verkehr umfasst alle Tätigkeiten, die auf die Förderung eines beliebigen Geschäftszwecks gerichtet sind. Damit einhergehend sind jedoch auch private Verbraucher nicht mit umfasst.

Vorteilsbegriff

Der Vorteil, der den des § 331 StGB entspricht, umfasst jede Leistung auf die der Empfänger keinen Rechtanspruch hat und die seine wirtschaftliche, rechtliche oder auch persönliche Lage objektiv verbessert.[12] Dabei kann der Vorteil sowohl materiell wie auch immateriell zugewandt werden, wobei ein nur mittelbarer Vorteil ausreicht.

Die materielle Zuwendung kann in Form von Provisionen, Honoraren, Rabatten, zinslosen Darlehen, Erlass von Schulden, Zuwendung von Waren oder Dienstleistungen, Reisen und üppigen Geschäftsessen erfolgen. Immaterielle Zuwendungen können in der Hilfe beim beruflichen Aufstieg, Verleihung besonderer Ämter und möglicherweise durch sexuelle Zuwendungen erfolgen.[13]

Ein Vorteil im Sinne der Vorschrift ist zu verneinen, wenn die Zuwendung als sozial adäquat anzusehen ist. Dies ist gegeben, wenn sie nach der Verkehrssitte oder den Regeln der Höflichkeit gewährt und allgemein gebilligt wird, sowie nicht den Charakter einer Gegenleistung hat.[14]

Unrechtsvereinbarung

Der Vorteil muss als Gegenleistung für eine künftige unlautere Bevorzugung gedacht sein, der Vorteilsgeber handelt mithin mit dem Ziel, auf die künftige Handlung Einfluss nehmen zu wollen. Dies jeweils zu beurteilen, unterliegt der Beurteilung des Tatgerichts.

---

[11] http://www.abendblatt.de/wirtschaft/article2052908/Korruptionsversuch-bei-Repower.html, Zugriff 09.10.2011.

[12] Vgl. Heybrock, H., 2010, Praxiskommentar zum GmbH-Recht, § 299 StGB, Rn. 14.

[13] Vgl. Tiedemann, K., 2006, Leipziger Kommentar Strafgesetzbuch, § 299, Rn. 25.

[14] Vgl. Fischer, T., 2011, Kommentar zum Strafgesetzbuch, § 299, Rn. 16.

Bevorzugung im Wettbewerb

Die Bevorzugung besteht in der Gewährleistung von Vorteilen im Wettbewerb gegenüber einem Mitbewerber. Dies setzt somit mindestens zwei Konkurrenten voraus, wie folgendes Fallbeispiel verdeutlichen soll.

Beispiel: In einem Fall der Auftragsvergabe an einen externen Dienstleister suchte ein Unternehmen zur Erbringung von Dienstleistungen innerhalb eines Kernkraftwerkes einen neuen Auftragnehmer. Neben der Zulassung zur gewerblichen Arbeitnehmerüberlassung sollte das Unternehmen so dicht an dem Kernkraftwerk gelegen sein, dass das Auslösen in Form von Fahrtgeldern und dergleichen nicht notwendig wurde. Zudem musste das Unternehmen eine Zulassung gemäß § 15 der Strahlenschutzverordnung vorweisen, um in dem Kernkraftwerk arbeiten zu können. In der Folgezeit erhielt derjenige Ingenieur, der die Auftragsvergabe mit beeinflusste, von dem neuen Auftragnehmer erhebliche Zuwendungen. Es konnte festgestellt werden, dass ein weiterer Betrieb in der näheren Umgebung insbesondere nicht über die Zulassung nach § 15 der Strahlenschutzverordnung verfügte, so dass ein tatsächlicher Mitbewerber nicht vorhanden war. Mithin war eine Straftat im Sinne des § 299 StGB zu verneinen.

Tathandlung

Die Tathandlung ist nicht nur das aktive Fordern oder Annehmen, sondern auch das passive Sich-versprechen-lassen. Aus Sicht des Zuwendenden ist die Tathandlung die aktive Bestechung.

2.3 Subjektiver Tatbestand

Die Handlung erfordert ein vorsätzliches Handeln, wobei der Eventualvorsatz *dolus eventualis* ausreicht.[15] Vorsatz definiert sich grundsätzlich dadurch, dass der Täter mit dem Wissen und Wollen handelt, eine Straftat zu begehen. Die „mildeste" Form des Vorsatzes ist der *dolus eventualis*, der dadurch definiert wird, dass der Handelnde die Verwirklichung eines Straftatbestands billigend in Kauf nimmt.[16]

---

[15] Vgl. Fischer, T., 2011, Kommentar zum Strafgesetzbuch, § 299, Rn. 19.
[16] StV, 1997, S. 8 f.

3 EU-Bestechungsgesetz

Das EUBestG regelt die Amtsbestechung im Ausland.[17] Es selbst enthält keine strafrechtlichen Normen. Vielmehr bezieht es sich auf die Bestechungstatbestände der §§ 332, 334 StGB, also nicht der Vorteilsannahme. Eine Strafbarkeitsausdehnung erfolgte durch das EUBestG allein dadurch, dass die deutschen Amtsträger einem Amtsträger eines anderen Mitgliedstaats der EU gleichgestellt werden, soweit seine Stellung einem Amtsträger i.S.d. § 11 Abs. 1 Nr. 2 StGB entspricht. Darüber hinaus werden näher definierte Gemeinschaftsbeamte der EU gleichgestellt. Einem deutschen Richter werden sowohl Richter eines anderen Mitgliedstaats der EU als auch die Mitglieder eines Gerichts der Europäischen Gemeinschaft gleichgestellt.[18]

4 Ausländische Straftatbestände für Bestechungsdelikte

4.1 UK Bribery Act

Mit dem UK Bribery Act von 2010 hat das Vereinigte Königreich die bisher geltenden Vorschriften zur Korruptionsbekämpfung auf den neuesten Stand gebracht und insbesondere an die Vorgaben der Organisation für wirtschaftliche Zusammenarbeit und Entwicklung (OECD) angepasst. Die bedeutendsten Änderungen hierbei sind auch die nunmehr vorhandenen Möglichkeiten, die Vorschriften auf deutsche Unternehmen anzuwenden. Ähnlich wie bei dem US-amerikanischen Vorläufer, dem FCPA, lassen bestimmte Konstellationen der Bestechung ein Eingreifen englischer Ermittlungsbehörden zu.

Dies ist hauptsächlich der Fall, wenn eine natürliche oder juristische Person, die mit dem Unternehmen verbunden ist, eine Korruptionstat begeht und das Unternehmen gleichzeitig eine Verbindung zum Vereinigten Königreich aufweist. Darunter fallen v.a. Tochtergesellschaften, Handelsvertreter oder Angestellte. Eine Verbindung zum Vereinigten Königreich ist auch gegeben, wenn das Unternehmen beispielsweise eine Tochtergesellschaft oder Betriebsstätte im Vereinigten Königreich betreibt oder in der Rechtsform einer englischen Limited geführt wird. Als Sanktion ist eine Geldstrafe in unbegrenzter Höhe möglich. Das Unternehmen kann sich nur verteidigen, wenn es nachweist, dass es angemessene Maßnahmen zur Verhinderung von Korruption umgesetzt hat. Für diesen

---

[17] BGBL. II, S. 2340, BGBL. I, S. 1763.

[18] Sommer, U., 2009, Korruptionsstrafrecht, Rn. 325.

Fall hat das englische Justizministerium den Entwurf eines Leitfadens veröffentlicht. Danach hat sich ein derartiges Programm an folgenden sechs Grundprinzipien zu orientieren:

1. Risikobeurteilung;

2. Verpflichtung durch das Top-Management;

3. gebührende Sorgfalt bei der Auswahl der Geschäftspartner;

4. klare, praktische und verfügbare Richtlinien und Vorgehensweisen;

5. effektive Einführung bzw. Umsetzung des Compliance-Programms;

6. Überwachung und Überprüfung des Compliance-Programms.

Insoweit sollten insbesondere international tätige Unternehmen oder diejenigen, die möglicherweise in Form einer englischen Limited geführt werden, ihr aktuelles Compliance-Programm überprüfen und den Gegebenheiten anpassen.

4.2 Foreign Corrupt Practices Act (FCPA)

Der aktuelle Act stammt aus den Jahr 1977.[19] Anlass für dieses Gesetz war der Umstand, dass bekannt wurde, dass mehr als 300 amerikanische Unternehmen illegale Zahlungen an ausländische Amtsträger vornahmen. Durch dieses Gesetz sollte dem Einhalt geboten werden. Auch hier wollte die amerikanische Regierung wieder Vertrauen in die eigene Marktwirtschaft und den Wettbewerb bringen.

Durch das Gesetz werden neben illegalen Zahlungen auch Fragen im Zusammenhang mit der Buchführung der Firma abgehandelt, da festgestellt wurde, dass die Gelder meistens aus schwarzen Kassen stammten oder falsch verbucht wurden. Die Vorschrift des FCPA findet Anwendung auf US-Gesellschaften und für Gesellschaften, die bei der Securities and Exchange Commission (SEC) notiert sind, oder die Tat US-Bezug hat.

Die Tatbestandsvoraussetzungen beinhalten die Nutzung von Postdiensten (Mails) oder eines anderen Kommunikationsmittels, um in korrupter Art und Weise ein Angebot oder die Zahlung von Geld oder eines Wertgegenstandes an einen ausländischen *official*, eine politische Partei oder einen Dritten, der das Geld an einen der zuvor genannten vermutlich weiterleitet, um den Empfänger zu bewegen, dem Unternehmen bei Abschluss eines

---

[19] Public Law 95-213, 95th Congress, December 19, 1979, 91 STAT. 1494 et seq.

Geschäfts behilflich zu sein oder dies zu sichern. Der Begriff des *official* umfasst dabei sowohl Amtsträger als auch Angestellte privater Unternehmen, sowie Privatpersonen, die im staatlichen Auftrag handeln.

Durch die weite Fassung der Vorschrift kann allein durch die Nutzung amerikanischer Kommunikationsdienste zur Verabredung der Korruption die Zuständigkeit des Department of Justice (DoJ) ausgelöst werden. Bei Verwirklichung des Tatbestandes drohen Geldstrafen bis zu 2 Mio. USD. Zudem ziehen die Verletzungen persönliche Strafen der Handelnden nach sich. Letztlich können auch zivilrechtliche Strafen durch die Gerichte verhängt werden.

5 Betrug (§ 263 StGB)

(1) Wer in der Absicht, sich oder einem Dritten einen rechtswidrigen Vermögensvorteil zu verschaffen, das Vermögen eines anderen dadurch beschädigt, dass er durch Vorspiegelung falscher oder durch Entstellung oder Unterdrückung wahrer Tatsachen einen Irrtum erregt oder unterhält, wird mit Freiheitsstrafe bis zu fünf Jahren oder mit Geldstrafe bestraft.

(2) Der Versuch ist strafbar.

(3) In besonders schweren Fällen ist die Strafe Freiheitsstrafe von sechs Monaten bis zu zehn Jahren. Ein besonders schwerer Fall liegt in der Regel vor, wenn der Täter

1. gewerbsmäßig oder als Mitglied einer Bande handelt, die sich zur fortgesetzten Begehung von Urkundenfälschung oder Betrug verbunden hat,

2. einen Vermögensverlust großen Ausmaßes herbeiführt oder in der Absicht handelt, durch die fortgesetzte Begehung von Betrug eine große Zahl von Menschen in die Gefahr des Verlustes von Vermögenswerten zu bringen,

3. eine andere Person in wirtschaftliche Not bringt,

4. seine Befugnisse oder seine Stellung als Amtsträger missbraucht oder

5. einen Versicherungsfall vortäuscht, nachdem er oder ein anderer zu diesem Zweck eine Sache von bedeutendem Wert in Brand gesetzt oder durch eine Brandlegung ganz oder teilweise zerstört oder ein Schiff zum Sinken oder Stranden gebracht hat.

(4) § 243 Abs. 2 sowie die §§ 247 und 248a gelten entsprechend.

(5) Mit Freiheitsstrafe von einem Jahr bis zu zehn Jahren, in minder schweren Fällen mit Freiheitsstrafe von sechs Monaten bis zu fünf Jahren wird bestraft, wer den Betrug als Mitglied einer Bande, die sich zur fortgesetzten Begehung von Straftaten nach den §§ 263 bis 264 oder 267 bis 269 verbunden hat, gewerbsmäßig begeht.

(6) Das Gericht kann Führungsaufsicht anordnen (§ 68 Abs. 1).

(7) Die §§ 43a und 73d sind anzuwenden, wenn der Täter als Mitglied einer Bande handelt, die sich zur fortgesetzten Begehung von Straftaten nach den §§ 263 bis 264 oder 267 bis 269 verbunden hat. § 73d ist auch dann anzuwenden, wenn der Täter gewerbsmäßig handelt.

Nach diesen gesetzlichen Voraussetzungen muss mithin ein Dritter im Falle doloser Handlungen gegenüber dem Unternehmen das Unternehmen selbst oder ein Kunde über einen Sachverhalt getäuscht werden, so dass basierend auf dem dadurch entstandenen Irrtum eine Vermögensverfügung erfolgt. Dem ganzen Handeln ist immanent, dass der Täuschende beabsichtigt, sich rechtswidrig gegenüber dem eigenen Unternehmen oder dem Dritten zu bereichern.[20]

5.1 Objektiver Tatbestand

Täuschung

Getäuscht werden kann nur über Tatsachen. Unter Tatsachen sind aber nur gegenwärtige oder vergangene Verhältnisse, Zustände oder Geschehnisse zu verstehen, nicht aber solche, die noch in der Zukunft liegen wie z. B. die künftige Zahlungsfähigkeit.[21]

Irrtum

Die Irrtumserregung liegt vor, wenn der Getäuschte die behauptete Tatsache für wahr hält oder zumindest von der Möglichkeit ausgeht, dass sie wahr ist.[22]

---

[20] Betrug kommt in vielen Bereichen vor, weswegen im Hinblick auf die Fülle der Literatur und der Rechtsprechung auf die einschlägigen Kommentierungen in Fischer verwiesen wird.

[21] Heybrock, H., 2010, Praxiskommentar zum GmbH-Recht, § 263 StGB, Rn. 4.

[22] Heybrock, H., 2010, Praxiskommentar zum GmbH-Recht, § 263 StGB, Rn. 7.

Vermögensverfügung

Das ungeschriebene Merkmal stellt quasi das Bindeglied zwischen Irrtum und Schaden dar.

Vermögensschaden

Durch die Vermögensverfügung des Getäuschten muss dessen Vermögen oder das eines Dritten unmittelbar geschädigt werden. Den hier bestehenden Streit über den Schadensbegriff soll an dieser Stelle der Fachliteratur überlassen werden. Letztlich orientiert sich die Rechtsprechung an den wirtschaftlichen Verhältnissen vor und nach der Tat.[23]

5.2   Subjektiver Tatbestand

Der subjektive Tatbestand verlangt Vorsatz und die Absicht, sich selbst oder einem Dritten einen objektiv rechtswidrigen Vermögensvorteil zu verschaffen. Eventualvorsatz reicht aus. Der Täter muss die Gefahr des endgültigen Verlustes sehen und billigen.[24]

Zur grundsätzlichen Verdeutlichung, welche Form der Betrug hat, sollen nachfolgend zwei Beispiele gegeben werden.

Beispiel 1: Unternehmen A hat infolge möglicher Zahlungsausfälle, die das Unternehmen selbst nicht zu vertreten hat, Zahlungsschwierigkeiten. Gleichwohl wird beabsichtigt, anstehende Aufträge abzuarbeiten. Zu diesem Zwecke werden die Materialien beschafft, die für die Durchführung der Aufträge notwendig sind. In der Folgezeit können die Außenstände nicht realisiert und dadurch die Forderungen gegenüber den Lieferanten nicht beglichen werden. Diese stellen Strafanzeige. In derartigen Fällen spricht man von einem so genannten Eingehungsbetrug.

Gleichwohl das Unternehmen wusste, dass es derzeit Zahlungsschwierigkeiten hat und die Frage der Realisierung der offenen Forderungen fraglich war, wurden neue Verträge eingegangen. Bei Eingehung der Verträge wurde dem Lieferanten vorgespiegelt, zahlungsfähig zu sein. Dadurch wurden Lieferanten auch geschädigt. Obwohl die vorgenannten Tatbestandsmerkmale leicht nachzuweisen sind, wird es, und dies sind auch die Schwierigkeiten in der Realität, fraglich sein, ob die Bereicherungsabsicht der ausführenden Organe der Firma A zu beweisen sein wird.

---

[23]   Vgl. auch BGH, 18.05.1976-1 StR 146/76, BGHSt 26, 346 = J R 1977, 32.
[24]   WM, 2009, S. 1930-1935; ZIP, 2009, S. 1854.

Grundsätzlich kann man auch an dieser Stelle als Vertreter des geschädigten Unternehmens argumentieren, dass man zur Durchführung offener Lieferungen und mithin der damit einhergehenden Realisierung weiterer Gewinne für das Unternehmen mit der Absicht handelte, sich oder das Unternehmen auf diese Art und Weise zu bereichern. Vieles wird davon abhängen, wie hoch der jeweils entstandene Schaden ist, wie lang die Dauer der Zahlungsunfähigkeit und dergleichen war.

Beispiel 2: *Mitarbeiter A erstellt die monatliche Spesenabrechnung gegenüber dem Arbeitgeber. Bei dieser Aufstellung führt er eine Fahrt zum Kunden B an, die tatsächlich nicht stattgefunden hat. A hat sich tatsächlich aus privaten Gründen in der Stadt aufgehalten, wo B seinen Geschäftssitz hat. An diesem Abend war A mit seiner Freundin Essen und gibt den Bewirtungsbeleg ebenfalls bei der Spesenabrechnung an, und vermerkt dort, dass er mit B dort Essen war. Die gewährten Spesen werden insgesamt ausgezahlt.*

Auch hier ist festzustellen, dass der Betrug gegenüber dem Unternehmen begangen wurde. Der Mitarbeiter hat darüber getäuscht, dass er eine dienstliche Fahrt zum Dienstsitz des Unternehmens B gemacht hat, gleichwohl diese ausschließlich privaten Charakter hatte. Auch hat er darüber getäuscht, mit einem Kunden Essen gewesen zu sein, obwohl es die Freundin war. Dadurch ist dem Unternehmen ein Schaden in der Höhe der geltend gemachten Abrechnungen entstanden. Hier wird indiziert, dass dies der Mitarbeiter A in der Absicht tat, sich auf Kosten des Arbeitgebers zu bereichern.

Betrug ist in vielen weiteren Konstellationen denkbar. An dieser Stelle wird auf einschlägige Spezialliteratur zum Bereich Betrugsfälle im Unternehmen verwiesen.[25]

6 Untreue (§ 266 StGB)

(1) Wer die ihm durch Gesetz, behördlichen Auftrag oder Rechtsgeschäft eingeräumte Befugnis, über fremdes Vermögen zu verfügen oder einen anderen zu verpflichten, missbraucht oder die ihm kraft Gesetzes, behördlichen Auftrags, Rechtsgeschäfts oder eines Treueverhältnisses obliegende Pflicht, fremde Vermögensinteressen wahrzunehmen, verletzt und dadurch dem, dessen Vermögensinteressen er zu betreuen hat, Nachteil zufügt, wird mit Freiheitsstrafe bis zu fünf Jahren oder mit Geldstrafe bestraft.

(2) § 243 Abs. 2 sowie die §§ 247, 248a und 263 Abs. 3 gelten entsprechend.

---

[25] O'Gara, J., 2004, Corporate Fraud.

Die Vorschrift ist eine zentrale Vorschrift der Vermögensdelikte, und es existiert umfangreiche Literatur und Rechtsprechung. Gerade in den letzten Jahren ist die Rechtsprechung dazu inflationär geworden. Dies liegt daran, dass der Tatbestand immer weiter ausgelegt wurde und führte zu der Anmerkung Ransieks: „Untreue passt immer".[26]

Oft gehe es dabei gar nicht um den Schutz des betroffenen Vermögens, sondern dieser werde lediglich als Instrument für andere Schutzgüter benutzt, weil ein anwendbarer Spezialtatbestand fehle.[27] Die Vorschrift dient daher quasi als Auffangtatbestand. Sie findet mittlerweile auf verschiedenste Gebiete Anwendung, so z.B. bei der Vergabe von Krediten, der Bildung schwarzer Kassen, der unterlassenen Geltendmachung von Schadenersatzansprüchen etc. Die Fälle der jüngsten Vergangenheit könnten prominenter nicht sein. Man denke nur an das Mannesmann-Verfahren, das letztlich durch Zahlungen von Geldauflagen in Höhe von 5,3 Mio. EUR eingestellt wurde. Oder das so genannte Kohl-Verfahren, das letztlich gegen die beiden hessischen CDU-Politiker Kanther und Weyrauch geführt wurde. Oder auch das VW-Verfahren, wo durch Manager des Konzerns Spesen mit südamerikanischen Schönheiten durchgebracht wurden.

Da auch die Fassung dieser Vorschrift sehr allgemein gehalten ist, stellt sich immer wieder die Frage nach dem Bestimmtheitsgebot gemäß Art 103 Grundgesetz (GG). Die Folge dieser Unbestimmtheit ist, dass sich in den letzten Jahren Fallgruppen innerhalb der Rechtsprechung zu dieser Vorschrift entwickelt haben, die sich dann an den Spezialvorschriften orientieren. Folgende Gruppen haben sich gebildet:

- Organuntreue,

- Konzernuntreue,

- GmbH-Untreue,

- Untreue bei Kreditvergabe,

- Amtsuntreue,

- Untreue bei Parteispenden oder

- Haushaltsuntreue.

Der Tatbestand beinhaltet die durch die Rechtsprechung gebildete Problematik der vorgelagerten Strafbarkeit. Es kommt, so die Rechtsprechung, gar nicht mehr darauf an, dass ein Schaden eintritt, die Gefährdung alleine reicht aus.[28] Dieser Ausdehnung des Tat-

---

[26] Ransiek, A., 2004, Risiko, Pflichtwidrigkeit und Vermögensnachteil bei der Untreue, S. 634 f.
[27] Vgl. Perron, W., 2009, Probleme und Perspektiven des Untreuetatbestandes, S. 219-222.
[28] Vgl. BGHSt 44, S. 376-384; 47, S. 148-156; 48, S. 354; 51, S. 100-113; 53, S. 71-79.

bestands will das Bundesverfassungsgericht (BVerfG) begegnen und führt in einer neuen Entscheidung aus, dass eine „zu weite Einbeziehung von Gefährdungslagen als Vermögensnachteil zu einer Vorverlagerung der Strafbarkeit in den Versuchsbereich führen [könnte], die der Gesetzgeber gerade nicht vorgesehen hat."[29]

6.1 Objektiver Tatbestand

Untreue begeht nach dieser Vorschrift demnach derjenige, der aufgrund besonderer Verpflichtungen gegenüber seinem Arbeitgeber dafür einsteht, das Vermögen zu schützen. Die Tat ist somit ein Sonderdelikt.[30] Der Tatbestand ist mithin nicht durch jeden Mitarbeiter eines Betriebes zu verwirklichen, sondern nur durch denjenigen, der kraft Gesetz oder durch vertragliche Regelungen seitens des Arbeitgebers Vermögensbetreuungspflichten übertragen bekommt, wie der Geschäftsführer, Prokurist und dergleichen. Bei juristischen Personen oder Personenhandelsgesellschaften sind die Handelnden in § 14 StGB aufgeführt.

Der Schutzzweck der Norm ist das individuelle Vermögen des Treugebers. Die Vorschrift enthält mit dem Missbrauchstatbestand und dem Treuebruchtatbestand zwei unterschiedliche Handlungsalternativen, die auf die Entstehung der Untreue zurückzuführen sind. Der Missbrauchstatbestand setzt den Missbrauch einer nach außen hin wirkenden Vertretungsmacht voraus. Beim Treuebruchtatbestand reicht es aus, wenn der Täter eine dem Treugeber gegenüber bestehende Treuepflicht zur Wahrnehmung fremder Vermögensinteressen in sonstiger Weise – also auch durch rein tatsächliche Handlungen – verletzt.[31]

Vermögensbetreuungspflicht

Den Tatbestand verwirklichen kann nur derjenige, dem eine Pflicht obliegt, fremdes Vermögen zu betreuen. Das Vorliegen einer Vermögensbetreuungspflicht, die für beide Tatbestandsalternativen gleichermaßen vorliegen muss, ist damit konstitutiv für den Tatbestand des § 266 Abs. 1 StGB.[32]

---

[29] BVerfG, NJW 2009, 2370 ff. [BVerfG 10.03.2009 - 2 BvR 1980/07]; Beschl. v. 23.06.2010 – 2 BvR 2559/08, Rn. 149 ff.

[30] BGHSt 13, S. 330.

[31] Dierlamm, A., 2003, Münchner Kommentar zum Strafgesetzbuch, § 266, Rn. 13.

[32] Vgl. wegen der umfangreichen Kasuistik Boettger, M., 2010, Wirtschaftsstrafrecht in der Praxis, Kapitel 3, Rn. 32.

Pflichtwidrigkeit

Im Fall des Missbrauchstatbestandes muss der Täter die ihm eingeräumte Befugnis „missbrauchen", im Fall des Treubruchtatbestandes muss er die ihm obliegende Treuepflicht verletzen. Der Untreuetatbestand setzt also auf objektiver Seite bei beiden Tatbestandsalternativen ein pflichtwidriges Handeln voraus.

6.2 Subjektiver Tatbestand

Der subjektive Tatbestand verlangt Vorsatz, wobei bedingter Vorsatz ausreichend ist.[33]

7 Unterschlagung/Diebstahl

§ 246 StGB Unterschlagung

(1) Wer eine fremde bewegliche Sache sich oder einem Dritten rechtswidrig zueignet, wird mit Freiheitsstrafe bis zu drei Jahren oder mit Geldstrafe bestraft, wenn die Tat nicht in anderen Vorschriften mit schwererer Strafe bedroht ist.

(2) Ist in den Fällen des Absatzes 1 die Sache dem Täter anvertraut, so ist die Strafe Freiheitsstrafe bis zu fünf Jahren oder Geldstrafe.

(3) Der Versuch ist strafbar.

§ 242 StGB Diebstahl

(1) Wer eine fremde bewegliche Sache einem anderen in der Absicht wegnimmt, die Sache sich oder einem Dritten rechtswidrig zuzueignen, wird mit Freiheitsstrafe bis zu fünf Jahren oder mit Geldstrafe bestraft.

(2) Der Versuch ist strafbar.

---

[33] Fischer, T., 2011, Kommentar zum Strafgesetzbuch, § 266 Rn. 77, 78b.

Die Vorschriften unterscheiden sich insoweit, als das beim Diebstahl zunächst fremder Gewahrsam gebrochen werden muss, um neuen, eigenen oder für einen Dritten zu begründen. Hingegen hat man bei der Unterschlagung bereits das Wirtschaftsgut erhalten und entzieht infolge Nichtherausgabe oder eigener Verwendung den Gegenstand dem tatsächlichen Eigentümer.

Beide Delikte können durch jeden Mitarbeiter eines Betriebes begangen werden. In vielerlei Hinsicht kann es hier Abgrenzungsschwierigkeiten geben, so z.B. mit dem Einbehalt seitens des Arbeitgebers zur Verfügung gestellter sächlicher Ausstattungen, die infolge einer Kündigung, deren Wirksamkeit fraglich sein könnte, seitens des Arbeitnehmers nicht zurückgegeben werden. In derartigen Fällen ist zunächst differenziert zu untersuchen, ob nicht bis zum Abschluss eines arbeitsgerichtlichen Verfahrens dem Arbeitnehmer ein Besitzrecht an diesen Gegenständen zusteht, gleichwohl das Arbeitsverhältnis gekündigt wurde. Dies würde verhindern, dass der entsprechende Tatbestand erfüllt wird. Im Übrigen wird hinsichtlich der vorgenannten Paragrafen vertiefend auf die entsprechende Fachliteratur der Strafrechtskommentare verwiesen.[34]

8 Exkurs: Neue Rechtsprechung zum Compliance Officer

Für Compliance Officer bestehen neue Strafbarkeitsrisiken infolge der Rechtsprechung des BGH vom 17.07.2009. In dieser Entscheidung hatte der BGH in einem so genannten *obiter dictum* ausgeführt:

> *„Eine solche, neuerdings in Großunternehmen als „Compliance" bezeichnete Ausrichtung, wird im Wirtschaftsleben mittlerweile dadurch umgesetzt, dass sogenannte „Compliance Officer" geschaffen werden [...]. Deren Aufgabengebiet ist die Verhinderung von Rechtsverstößen, insbesondere auch von Straftaten, die aus dem Unternehmen heraus begangen werden und diesem erhebliche Nachteile durch Haftungsrisiken oder Ansehensverlust bringen können [...]. Derartige Beauftragte wird regelmäßig strafrechtlich eine Garantenstellung im Sinne des § 13 Abs. 1 StGB treffen, solche im Zusammenhang mit der Tätigkeit des Unternehmens stehende Straftaten von Unternehmensangehörigen zu verhindern. Dies ist die notwendige Kehrseite ihrer gegenüber der Unternehmensleitung übernommenen Pflicht, Rechtsverstöße und insbesondere Straftaten zu unterbinden [...]."[35]*

---

[34] Vgl. Dierlamm, A., 2003, Münchner Kommentar zum Strafgesetzbuch; Schönke, A./ Schröder, H., 2010, Strafgesetzbuch: Kommentar.

[35] BGH, 17.07.2009 – 5 StR 394/08.

Zur Erläuterung ist zunächst einmal darauf hinzuweisen, dass ein so genanntes *obiter dictum* eine Äußerung eines Strafsenates zu einem Thema ist, der nicht Gegenstand der aktuellen Urteilsfindung ist. Dadurch gibt der dieses *obiter dictum* absetzende Senat Hinweise darauf, wie er bei anderen Sachverhalten zu entscheiden gedenkt. Dies dient zum einen dazu, Vordergerichte über dieses Thema zu sensibilisieren. Andererseits dient diese Vorgehensweise auch der Feststellung, wie seitens anderer Senate am BGH oder auch anderer an Strafverfahren Beteiligter diese Meinungsäußerung aufgenommen wird.

In dem zugrunde liegenden Verfahren ging es darum, dass der Chefjustiziar und Leiter der Innenrevision für ein städtisches Unternehmen tätig war. Im Rahmen seiner Tätigkeit war ihm bekannt geworden, dass Abrechnungsbescheide zu Lasten der Bürger zu hoch deklariert wurden. Gleichwohl er diese Kenntnis hatte, hat er nicht dazu beigetragen, dass diese Abrechnungspraxis abgestellt wurde. Der Bürger kam in diesem Fall zu einem Schaden von insgesamt 32 Mio. EUR. In diesem Fall hat der BGH die Garantenpflicht des handelnden Justiziars anerkannt.

Vor dem Hintergrund der als Compliance Officer tätigen Mitarbeiter im Unternehmen wurde nunmehr darüber diskutiert, wie die Aussage des BGH zu deuten ist.[36]

Im Wesentlichen stimmen die Kommentatoren hier überein, dass ein Verpflichteter zur Schaffung einer Organisation zur Verhinderung künftiger Pflichtenverstöße im Unternehmen, nicht dieselbe Pflicht trifft, wie einen Polizisten. Er hat letztlich nur die Aufgabe Vorkehrungen im Unternehmen zu treffen, um zu verhindern, dass es zu Gesetzes- und Regelverstößen kommt. Diese können nicht nur strafrechtlicher Art sein, sondern finden sich auch in einer Vielzahl weiterer Gesetze, wie dem Allgemeinen Gleichbehandlungsgesetz (AGG), Bundes-Immissionsschutzgesetz (BImSchG) und Handelsgesetzbuch (HGB). Mangels einer tatsächlich gesetzlichen Regelung hinsichtlich des genauen Anforderungsprofils des Compliance Officers wird dies letztlich nur aus der Stellenbeschreibung ersichtlich sein. Jeder Compliance Officer wird aber ein eigenes vitales Interesse daran haben, dass zukünftig (möglicherweise in der Vergangenheit begangene) Delikte nicht mehr vorkommen.

Welche Schwierigkeiten selbst veritable Staatsanwälte mit diesem Thema hatten, lässt sich durch den Fall des ehemaligen Compliance Officers der Deutschen Bahn feststellen. Die Überbürdung einer grundsätzlichen Garantenpflicht, so wie seitens des BGH in dem Obiter manifestiert, ist rechtlich falsch und so nicht haltbar. Der Compliance Officer soll

---

[36] Vgl. hierzu Berndt, M., 2009, Anmerkung zur Entscheidung des BGH, S. 687-691; Mischalke, R., 2010, Neue Garantenpflichten, S. 666-670; Rübenstahl, M., 2009, Anmerkung zum Urteil des BGH, S. 1341-1344; Stoffers, K., 2009, Anmerkung zum BGH-Urteil, S. 3173-3177.

kein Supervisor im Bereich Regelkonformität sein, sondern soll im Rahmen seiner vertraglichen Aufgaben dazu beitragen, Systeme zu implementieren, die es verhindern, dass es zu Straftaten kommt. Dass dies in aller Regel gerade nicht gelingt, wenn große kriminelle Energie zu Tage tritt, zeigt uns der tägliche Blick in die Zeitung.

Letztlich liegt es an dem Compliance Officer selbst, wie er mit der Kenntnis von Regelverstößen umgeht. Kommt er seiner Verpflichtung nach, diese unverzüglich der zuständigen Geschäftsleitung oder dem darüber befindlichen Gremien zu kommunizieren, sofern die Geschäftsleitung selber involviert ist, kann eine darüber hinausgehende Nichtumsetzung seitens der Firmenlenker nicht zu seinen Lasten gehen. Insoweit vielfach gerade der Compliance Officer auch mit der Implementierung so genannter Fraud-Management-Systeme beschäftigt ist oder die Abteilung, die für die Betrugsbekämpfung zuständig ist, auch Themen der allgemeinen Compliance mit abdeckt, trifft diese ebenso wenig eine entsprechende Garantenpflicht, wie zuvor beschrieben.

Inwieweit nunmehr durch die Neuschaffung der §§ 25a, 25c Kreditwesengesetz (KWG) und mithin der Aufforderung bei Bankeninstituten entsprechende Fraud-Management-Systeme zu implementieren zu einer veränderten Stellung des jeweils Betroffenen führt, wird die Zukunft zeigen. Insbesondere vor dem Hintergrund, dass gemäß § 25c Abs. 4 und 9 KWG als Zielrichtung die Pflicht zur Gefahrenabwehr gesetzlich vorgeschrieben ist, ergeben sich aus diesem Legalitätsprinzip bereits weitergehende Rechte und Pflichten des damit per Gesetz Beauftragten.[37]

9 Geldbuße und andere Sanktionen gegen juristische Personen und Personenvereinigungen

Da die zuvor genannten Straftaten in aller Regel aus Unternehmen heraus begangen werden, wurden entsprechende Sanktionen, die das StGB so gegen Unternehmen nicht vorsieht, im Rahmen des OWiG und dort in § 30 geregelt.

§ 30 Geldbuße gegen juristische Personen und Personenvereinigungen

(1) Hat jemand

1. als vertretungsberechtigtes Organ einer juristischen Person oder als Mitglied eines solchen Organs,

2. als Vorstand eines nicht rechtsfähigen Vereins oder als Mitglied eines solchen Vorstandes,

---

[37] Vertiefend dazu siehe Richter, H., 2011, § 25c KWG-Pflichten.

3. als vertretungsberechtigter Gesellschafter einer rechtsfähigen Personengesellschaft,

4. als Generalbevollmächtigter oder in leitender Stellung als Prokurist oder Handlungsbevollmächtigter einer juristischen Person oder einer in Nummer 2 oder 3 genannten Personenvereinigung oder

5. als sonstige Person, die für die Leitung des Betriebs oder Unternehmens einer juristischen Person oder einer in Nummer 2 oder 3 genannten Personenvereinigung verantwortlich handelt, wozu auch die Überwachung der Geschäftsführung oder die sonstige Ausübung von Kontrollbefugnissen in leitender Stellung gehört, eine Straftat oder Ordnungswidrigkeit begangen, durch die Pflichten, welche die juristische Person oder die Personenvereinigung treffen, verletzt worden sind oder die juristische Person oder die Personenvereinigung bereichert worden ist oder werden sollte, so kann gegen diese eine Geldbuße festgesetzt werden.

(2) Die Geldbuße beträgt

1. im Falle einer vorsätzlichen Straftat bis zu einer Million Euro,

2. im Falle einer fahrlässigen Straftat bis zu fünfhunderttausend Euro.

Im Falle einer Ordnungswidrigkeit bestimmt sich das Höchstmaß der Geldbuße nach dem für die Ordnungswidrigkeit angedrohten Höchstmaß der Geldbuße. Satz 2 gilt auch im Falle einer Tat, die gleichzeitig Straftat und Ordnungswidrigkeit ist, wenn das für die Ordnungswidrigkeit angedrohte Höchstmaß der Geldbuße das Höchstmaß nach Satz 1 übersteigt.

(3) § 17 Abs. 4 und § 18 gelten entsprechend.

(4) Wird wegen der Straftat oder Ordnungswidrigkeit ein Straf- oder Bußgeldverfahren nicht eingeleitet oder wird es eingestellt oder wird von Strafe abgesehen, so kann die Geldbuße selbständig festgesetzt werden. Durch Gesetz kann bestimmt werden, dass die Geldbuße auch in weiteren Fällen selbständig festgesetzt werden kann. Die selbständige Festsetzung einer Geldbuße gegen die juristische Person oder Personenvereinigung ist jedoch ausgeschlossen, wenn die Straftat oder Ordnungswidrigkeit aus rechtlichen Gründen nicht verfolgt werden kann; § 33 Abs. 1 Satz 2 bleibt unberührt.

(5) Die Festsetzung einer Geldbuße gegen die juristische Person oder Personenvereinigung schließt es aus, gegen sie wegen derselben Tat den Verfall nach den §§ 73 oder 73a des Strafgesetzbuches oder nach § 29a anzuordnen.

Unternehmen können also bis zu einer Geldbuße von 1 Mio. EUR bestraft werden. Erforderlich dabei ist die Tatbeteiligung einer Führungskraft, die letztlich die nach § 130 OWiG erforderlichen Maßnahmen nicht ordnungsgemäß umgesetzt hat. Zu diesem Punkt später mehr.

Eine weitere Sanktion der Verwirklichung dieser Vorschrift ist die Eintragung ins Gewerbezentralregister, was gegebenenfalls bei behördlichen Aufträgen künftig zu entsprechenden Schwierigkeiten bis hin zum Ausschluss von Ausschreibungen führen kann. Daneben ergeben sich für die betroffenen Führungskräfte zivilrechtliche Haftungsansprüche.

Sofern das Unternehmen im Rahmen einer Aktiengesellschaft organisiert ist, treffen den betreffenden Vorstand bei Verstößen, für die das Unternehmen bebußt wird, Haftungsrisiken im Rahmen des § 93 AktG. Bei Inanspruchnahme aus dieser Vorschrift trifft den betroffenen Vorstand die Besonderheit, dass er dafür darlegungs- und beweisbelastet ist, im Rahmen seiner Tätigkeit als Organ der Aktiengesellschaft ordnungsgemäß gehandelt zu haben. Vergleichbare Haftungsvorschriften gibt es für den Aufsichtsrat wie auch für den GmbH-Geschäftsführer.[38]

Um den entsprechenden Inanspruchnahmen insbesondere seitens des OWiG zu begegnen, sind letztlich die Voraussetzungen des § 130 OWiG seitens der Führungskraft zu erfüllen.

§ 130 OWiG

(1) Wer als Inhaber eines Betriebes oder Unternehmens vorsätzlich oder fahrlässig die Aufsichtsmaßnahmen unterlässt, die erforderlich sind, um in dem Betrieb oder Unternehmen Zuwiderhandlungen gegen Pflichten zu verhindern, die den Inhaber treffen und deren Verletzung mit Strafe oder Geldbuße bedroht ist, handelt ordnungswidrig, wenn eine solche Zuwiderhandlung begangen wird, die durch gehörige Aufsicht verhindert oder wesentlich erschwert worden wäre. Zu den erforderlichen Aufsichtsmaßnahmen gehören auch die Bestellung, sorgfältige Auswahl und Überwachung von Aufsichtspersonen.

(2) Betrieb oder Unternehmen im Sinne des Absatzes 1 ist auch das öffentliche Unternehmen.

---

[38] Vgl. hierzu weiterführend Wellhöfer, W./Pelzer, M./Müller, W., 2008, Die Haftung von Vorstand, Aufsichtsrat und Wirtschaftsprüfer.

(3) Die Ordnungswidrigkeit kann, wenn die Pflichtverletzung mit Strafe bedroht ist, mit einer Geldbuße bis zu einer Million Euro geahndet werden. Ist die Pflichtverletzung mit Geldbuße bedroht, so bestimmt sich das Höchstmaß der Geldbuße wegen der Aufsichtspflichtverletzung nach dem für die Pflichtverletzung angedrohten Höchstmaß der Geldbuße. Satz 2 gilt auch im Falle einer Pflichtverletzung, die gleichzeitig mit Strafe und Geldbuße bedroht ist, wenn das für die Pflichtverletzung angedrohte Höchstmaß der Geldbuße das Höchstmaß nach Satz 1 übersteigt.

Im Wesentlichen hat die Vorschrift eine Fünf-Stufen-Lehre:

1. Danach muss sich das Unternehmen um eine sorgfältige Auswahl der Mitarbeiter bemühen.

2. Im Rahmen des Unternehmens muss eine sachgerechte Organisation von Aufbau und Abläufen gegeben sein.

3. Die entsprechenden Mitarbeiter müssen angemessen aufgeklärt sein.

4. Die Führungskräfte müssen eine ausreichende Überwachung der Mitarbeiter dokumentieren und angemessen bei Fehlverhalten einschreiten.

5. Im Wesentlichen entsprechen diese notwendigen Elemente einer gewöhnlichen Compliance-Organisation, der auch das Fraud Management angehört.

9.1 Sorgfältige Auswahl der Mitarbeiter

Im Hinblick auf die Auswahl von Mitarbeitern ist darauf abzustellen, dass bei Bewerbungen die schriftlichen Unterlagen sowie die mündlichen Auskünfte miteinander konsistent sind. Der Arbeitgeber sollte hier nachdrücklich fehlende Unterlagen, i.d.R. im Original, anfordern.

Gerade im Hinblick auf mögliche fraudulente Handlungen müssen bei bestimmten Tätigkeiten seitens des potenziellen Arbeitnehmers möglicherweise polizeiliche Führungszeugnisse vorgelegt werden. Man denke hier an Mitarbeiter, die an der Kasse arbeiten oder im Bereich des Finanzwesens tätig sind. Einschlägige Vorstrafen wären hier sicherlich problematisch. Auch können möglicherweise so genannte Pre-Employment-Screenings sinnvoll sein, sofern diese im Rahmen des Datenschutz und Arbeitsrechtes erfolgen.[39]

---

[39] Vgl. auch den Beitrag von Grieger-Langer zu Prävention im Personalmanagement.

9.2 Sachgerechte Organisation und Aufgabenverteilung

Auch hier sollten im Rahmen der Organisation den Mitarbeitern klare Aufgaben innerhalb der Organisation und Ablaufwege verdeutlicht werden. Gerade in den Bereichen
wie Bewirtungen, Geschenke und Einladungen zu Veranstaltungen wie auch bei Abschluss von Beraterverträgen sollten entsprechende Vorgaben für die betroffenen Mitarbeiter in Form von Policies vorbereitet werden, um auch hier möglichen Betrugshand-
lungen zu Lasten des Unternehmens zu begegnen.[40]

9.3 Angemessene Aufklärung der Mitarbeiter

Je nach Ausgestaltung des Unternehmens müssen die entsprechenden Richtlinien nicht
nur aktualisiert und den Bedürfnissen des Unternehmens angepasst sein, sondern auch im
Rahmen von Schulungen angemessen den Mitarbeitern nahe gebracht werden. Dies kann
durch unternehmensinterne Stellen oder externe Dienstleister ebenso erfolgen wie durch
E-Learning-Veranstaltungen.[41]

9.4 Ausreichende Überwachung der Mitarbeiter

Mitarbeiter sollten von Zeit zu Zeit durch unangekündigte Kontrollen überprüft werden.
Daneben sollten entsprechende Whistleblowing-Hotlines eingesetzt werden oder die
Implementierung des Ombudsmannes, um, je nach Ausgestaltung des Unternehmens,
den Mitarbeitern die Möglichkeit zu geben, Fehlverhalten anderer Mitarbeiter dorthin zu
berichten, um rechtzeitig einschreiten zu können.[42]

9.5 Angemessenes Einschreiten bei Fehlverhalten

Sofern entsprechende Fehlverhalten aufgedeckt werden, müssen diese angemessen und
arbeitsrechtlich zulässig sanktioniert werden. Jedem Mitarbeiter des Unternehmens muss
durch das Einschreiten verdeutlicht werden, wo die Grenzen unternehmensunerwünsch-
ten Handelns liegen.

---

[40] Vgl. den Beitrag von Zawilla zu strategische Komponenten im Fraud Management.

[41] Vgl. Pauthner, J./de Lamboy, C., 2011, Aufbau unternehmensinterner Kompetenz- und
Wissensressourcen für das Compliance Management, CCZ, Nr. 4, S. 146-155.

[42] Vgl. den Beitrag von Buchert zu Hinweisgebersystemen.

Sofern die vorgenannten Vorschriften dokumentierbar seitens der Unternehmensleitung umgesetzt werden, kann dieses zur Exkulpierung bei Wirtschaftsstraftaten im Unternehmen herangezogen werden. Auch hier gilt aus der Krise zu lernen. Sollten gleichwohl vorgenannte Kontrollmechanismen versagt haben, müssen für die Zukunft neue Wege beschritten werden, um dies zukünftig zu verhindern, da bei einem wiederholten Verstoß man sich damit nicht mehr wird entschuldigen können.

10 Handlungsempfehlung im Fraud-Fall

Sofern es innerhalb des Unternehmens zur Aufdeckung einer fraudulenten Handlung kommt, hängt die weitere Vorgehensweise zunächst davon ab, ob der Fall durch interne Recherchen entdeckt oder ob der Fall durch externe Ermittlungen, z.B. durch Staatsanwaltschaft oder Steuerfahndung, ins Unternehmen gebracht wurde.

Zudem hängt die Frage der Intensität des Eingriffs oftmals davon ab, wie die Kontakte zu Ermittlungsbehörden generell sind. Es empfiehlt sich, als Betrugsermittler frühzeitig Kontakte zu Ermittlungsbehörden zu knüpfen, um eine persönliche Ebene zu finden. Verhält man sich während dieser Phasen glaubwürdig, wird ihre Meinung geschätzt werden.

Wurde der Fall intern ermittelt, bedarf es zunächst einer internen, gerichtsverwertbaren Ermittlung des Falles. Hierbei darf sich der Ermittler nicht von bereits vorgefertigten Meinungen Dritter beeinflussen lassen, sondern objektiv die Fakten zusammen tragen.[43]

Für den Fall, dass intern Zeugen vernommen werden, die wegen ihrer arbeitsvertraglichen Pflichten zur Auskunft verpflichtet sind, können deren Aussagen durch die Staatsanwaltschaft beschlagnahmt und verwertet werden. Dies gilt nunmehr auch, wenn die Mitarbeiter durch externe Rechtsanwälte vernommen werden.[44]

Erst wenn der Fall aus Sicht des Fraud-Beuftragten hinreichend stichhaltig ermittelt ist, sollte er der Geschäftsleitung vorgestellt werden, damit diese entscheiden kann, wie weiter zu verfahren ist und ob ggf. externe Ermittler eingeschaltet werden. Ist die Sachlage klar, sollte der Fall strafrechtlich zur Anzeige gebracht werden. Im Zweifelsfall empfiehlt sich die rechtliche Prüfung durch einen Rechtsanwalt, um sich nicht selbst strafrechtlichen Ermittlungen nach § 164 StGB ausgesetzt zu sehen, sollten sich die Vorwürfe nicht bestätigen.

---

[43] Vgl. den Beitrag von Zawilla zu Vorgehensweise bei den Sonderuntersuchungen.
[44] LG Hamburg v. 15.10.2010, 608 Qs 18/10.

Zudem muss in diesem Fall immer damit gerechnet werden, dass man mit einer Hausdurchsuchung konfrontiert wird, da die Ermittler in solchen Fällen bei dem geschädigten Unternehmen durchsuchen dürfen (§ 103 Strafprozessordnung (StPO)). Für derartige Fälle empfiehlt es sich – im Rahmen üblicher Krisenprävention – die durch eine solche Maßnahme als erste betroffenen Mitarbeiter zu schulen, um den Eingriff möglichst wenig invasiv werden zu lassen.

Anders gelagert ist grundsätzlich der Fall, wenn man erst durch die Ermittlungen der Staatsanwaltschaft mit einem Betrugsfall im Unternehmen konfrontiert wird. Hier heißt es, kühlen Kopf zu bewahren.

I.d.R. wollen die Ermittler direkt vor Ort Zeugen oder Beschuldigte vernehmen. Sind den Beschuldigten ihre Rechte meist klar, wissen die Zeugen oftmals nicht, welche Rechte ihnen zustehen. Sie sind quasi Objekt der Ermittlungen. Neigen manche Rechtsanwälte dazu, von vornherein und rückhaltlos mit den Behörden zusammen zu arbeiten, sollte es auch der Fürsorgepflicht des Arbeitgebers entsprechen, diesen Zeugen Zeugenbeistände an die Seite zu stellen, um die Mitarbeiter vor unvorsichtigen Äußerungen zu schützen. Leider kommt es des Öfteren vor, dass der Zeuge am Ende der Vernehmung seine Stellung in die eines Beschuldigten verändert hat. Vor derartigen Situationen sind die Mitarbeiter zu bewahren.

Im Übrigen muss das Unternehmen auch nicht als Ort für Vernehmungen dienen. Hier hat das Unternehmen Hausrecht. Vernehmungen finden i.d.R. in den Diensträumen der Behörden und nicht in zivilen Institutionen statt. Auch wenn dies oftmals als inkooperativ empfunden wird, entspricht es den gesetzlichen Vorschriften.

In derartigen Fällen ist es die Kunst des gerufenen Anwalts, zum einen die Position des Unternehmens zu wahren und gegebenenfalls die Möglichkeit zu eröffnen, die vermeintlichen Zeugen nach Beendigung der Maßnahme selbst zu vernehmen, um sich einen Überblick über den Schaden zu verschaffen. Auf der anderen Seite darf bei den Ermittlern nicht der Eindruck entstehen, man wolle blockieren. Vernünftige Ermittler sind vernünftigen Argumenten zugänglich.[45]

Schafft man es, eine solide Basis der Zusammenarbeit zu finden, werden die Ermittlungsbehörden einen auch informiert halten. Dies ist auch deswegen wichtig, da es gerade die Staatsanwaltschaft mit den Mitteln der StPO erreichen kann, veruntreute Gelder zu arrestieren und dem Unternehmen zurück zu führen.[46]

---

[45] Siehe Beitrag von Minoggio zu Strafverteidigung im Unternehmen.
[46] Siehe hierzu vertiefend Kühn, M./Klose, B.H. (Hg.), 2009, Asset Tracing & Recovery, S. 587-636; vgl. auch den Beitrag von Stephan zu Asset Tracing.

Die Erfahrung zeigt, dass gerade die Zusammenarbeit mit der Staatsanwaltschaft und Gerichten den wirtschaftlichen Erfolg einer Betrugsermittlung nach sich zieht.

11 Fazit

Im Ergebnis ist festzuhalten, dass das Führen von Unternehmen durch eine Fülle von gesetzlichen Regelungen bestimmt wird, denen mit dem Aufbau eines Fraud Managements zu begegnen ist. Nur dadurch können dem Unternehmen und dessen Verantwortlichen Inanspruchnahmen durch Ermittlungsbehörden erspart werden.

Ein ganzheitliches Vorgehen dient nicht nur dazu, den jeweiligen Fall aufzuklären und den möglichen Schaden zu begrenzen. Es zeigt auch den Mitarbeitern, was ihnen im Fraud-Fall droht und hat somit Präventivcharakter.

Nur wenn das Unternehmen durch solche Fälle für die Zukunft lernt, kann es davon ausgehen, künftig von solchen Taten geringer getroffen zu werden.

Arbeitsrechtliche Grundlagen für das Fraud Management

Christian Röck

1 Grundbegriffe und Regelungen des Arbeitsrechts

1.1 Grundbegriffe des Arbeitsrechts

Das Arbeitsrecht betrifft zum einen die rechtlichen Beziehungen zwischen Arbeitgebern und Arbeitnehmern (so genanntes Individualarbeitsrecht). Zum anderen regelt es die Rechtsbeziehungen der jeweiligen Interessenvertretungen auf Arbeitnehmer- und Arbeitgeberseite: beispielsweise Betriebsrat, Gewerkschaften einerseits und Arbeitgeberverband andererseits (so genanntes Kollektivarbeitsrecht).

Weil das Arbeitsrecht in Deutschland bislang nicht in einem einheitlichen Arbeitsgesetz geregelt ist, ergeben sich die jeweiligen Rechte und Pflichten aus unterschiedlichsten Rechtsquellen. Diese sind insbesondere (beginnend mit der ranghöchsten Rechtsquelle):

- Gesetze und Verordnungen;

- Tarifverträge;

- Betriebsvereinbarungen;

- Arbeitsverträge (hierzu zählen auch Ansprüche aus betrieblicher Übung oder Gesamtzusagen sowie des Gleichbehandlungsgrundsatzes).

Im Verhältnis dieser unterschiedlichen Rechtsquellen zueinander gilt grundsätzlich das Rangprinzip („Ober sticht Unter"), welches aber durch das so genannte Günstigkeitsprinzip eingeschränkt wird: Eine für den Arbeitnehmer günstigere, rangniedrigere Regelung gilt gegenüber einer ranghöheren, ungünstigeren Regelung.[1] Maßgeblich beeinflusst werden diese Rechtsquellen zudem durch die nationale wie zunehmend die europäische Rechtsprechung.

Arbeitnehmer ist nach gängiger Definition, wer aufgrund eines privatrechtlichen Vertrages im Dienste eines anderen zur Leistung weisungsgebundener, fremdbestimmter Arbeit in persönlicher Abhängigkeit verpflichtet ist. Arbeitgeber ist demgegenüber üblicherweise, wer mindestens einen Arbeitnehmer beschäftigt, d.h. die Arbeitsleistung des Arbeitnehmers kraft Arbeitsvertrages fordern kann und diesem Arbeitsentgelt schuldet.

---

[1] Gewährt der Arbeitsvertrag einen Urlaubsanspruch von 30 Tagen pro Jahr, gilt diese vertragliche Regelung im Vergleich zur ranghöheren, gesetzlichen Regelung, die – bei einer Fünf-Tage-Woche – lediglich 20 Urlaubstage pro Jahr vorsieht.

Eine Zwischenposition nehmen Organmitglieder (Vorstände, Geschäftsführer) sowie leitende Angestellte ein. Auch sie stehen in einem Vertragsverhältnis zum Arbeitgeber, repräsentieren hierbei aber die Arbeitgeberseite gegenüber den Arbeitnehmern.

1.2 Betriebsrat

Die Arbeitnehmermitbestimmung auf betrieblicher Ebene nimmt in erster Linie der Betriebsrat nach dem Betriebsverfassungsgesetz (BetrVG) war. Da der Betriebsrat häufig in fraud-relevante Entscheidungen mit eingebunden werden muss, wird im Folgenden kurz dargelegt, welche Rechte und Pflichten einem Betriebsrat zustehen. Der Betriebsrat ist zuständig für die Arbeitnehmer des jeweiligen Betriebs, mit Ausnahme von leitenden Angestellten.[2] Verfügt der Arbeitgeber über mehrere Betriebe, sind grundsätzlich für jeden Betrieb gesonderte Betriebsräte zu wählen. Bestehen hiernach mehrere Betriebsräte, haben diese durch Entsendung von Betriebsratsmitgliedern einen Gesamtbetriebsrat zu bilden. Der Gesamtbetriebsrat nimmt die Interessen der Arbeitnehmer sämtlicher ihm zugeordneten Betriebsstätten des Unternehmens wahr, soweit dies dem lokalen Betriebsrat nicht möglich ist. Bestehen mehrere Gesamtbetriebsräte, haben diese durch Entsendung von Gesamtbetriebsratsmitgliedern einen Konzernbetriebsrat zu bilden. Der Konzernbetriebsrat nimmt die Interessen der Arbeitnehmer sämtlicher zu den einzelnen Konzernunternehmen zugehörigen Betriebe wahr, soweit dies dem Gesamtbetriebsrat nicht möglich ist. In europaweit agierenden Unternehmen und Konzernen kann ggf. ein Europäischer Betriebsrat nach dem Gesetz über Europäische Betriebsräte (EBRG) gebildet werden.

Ein Betriebsrat kann immer dann gebildet werden, sofern in einem Betrieb mindestens fünf Arbeitnehmer beschäftigt werden, von denen mindestens drei aktiv wahlberechtigt sein müssen. Die Anzahl der Betriebsratsmitglieder ist abhängig von der Anzahl der (wahlberechtigten) Arbeitnehmer im Betrieb. Die regelmäßigen Betriebsratswahlen finden grundsätzlich alle vier Jahre in der Zeit vom 01.03. bis 31.05. statt.

Das Verhältnis von Betriebsrat und Arbeitgeber unterliegt dem Grundsatz der vertrauensvollen Zusammenarbeit. Die Betriebsratstätigkeit ist ein unentgeltliches Ehrenamt. Freilich sieht das Gesetz aber Regelungen vor, wonach Betriebsräte von ihrer eigentlichen Arbeit für Betriebsratsarbeit freizustellend sind, ohne dass ihr Lohn gekürzt werden darf (Lohnausfallprinzip). Darüber hinaus nehmen Betriebsräte an der beruflichen betriebsüblichen Lohnentwicklung teil und sind kündigungsrechtlich besonders geschützt.

---

[2] Für diese Mitarbeitergruppe existiert mit dem Sprecherausschuss ein eigenständiges Vetretungsorgan, dessen Rechte und Pflichten sich aus dem Sprecherausschussgesetz (SprAuG) ergeben.

Der Betriebsrat verfügt über eine Vielzahl unterschiedlich ausgestalteter Beteiligungsrechte, welche vom Arbeitgeber im Rahmen der betrieblichen Zusammenarbeit beachtet werden müssen. Hier sind – aufsteigend nach der Intensität der Beteiligung – insbesondere Informations- und Beratungs-, Anhörungs-, Zustimmungs- und Mitbestimmungsrechte zu nennen.

Informations- und Beratungsrechte sind die schwächsten Beteiligungsrechte. Sie gewähren dem Betriebsrat lediglich ein Recht auf Information und einen Anspruch, bei geplanten Maßnahmen beratend vorab involviert zu werden. Das wichtigste Informationsrecht findet sich in § 80 BetrVG. Hiernach sind dem Betriebsrat für die Erfüllung der ihm dort genannten allgemeinen Aufgaben die erforderlichen Informationen zur Verfügung zu stellen. Dies beinhaltet neben der rechtzeitigen und umfassenden Unterrichtung durch den Arbeitgeber auch die Bereitstellung von Unterlagen oder das Hinzuziehen einer sachkundigen Person. Unter Fraud-Gesichtspunkten wäre hier beispielsweise an eine umfassende Information des Betriebsrates zu denken, ob der Arbeitgeber den – beispielsweise in einer Betriebsvereinbarung über bestimmte Mitarbeiterkontrollen – vereinbarten Prozess einhält.

Im Rahmen der Anhörungsrechte hat der Arbeitgeber den Betriebsrat vor Umsetzung einer Maßnahme anzuhören. Ein zentrales Anhörungsrecht gewährt § 102 BetrVG. Hiernach ist der Betriebsrat vor jeder Kündigung zu hören. Darüber hinaus gestattet ihm das Anhörungsrecht, eine eigene Stellungnahme zur Maßnahme abzugeben und damit den Arbeitgeber über das Meinungsbild im Betriebsrat zu informieren. Der Betriebsrat kann in diesem Fall die Maßnahme allerdings nicht verhindert, d. h. der Arbeitgeber kann die Maßnahme vornehmen, selbst wenn der Betriebsrat anderer Ansicht sein sollte.

Die Zustimmungsrechte machen die Zulässigkeit einer Maßnahme von der Zustimmung des Betriebsrats abhängig. Von zentraler Bedeutung ist das Zustimmungsrecht des Betriebsrats bei personellen Einzelmaßnahmen (Einstellung/Versetzung bzw. Ein-/ Umgruppierung) gemäß § 99 BetrVG. Erteilt der Betriebsrat die entsprechende Zustimmung nicht, kann die Maßnahme – abgesehen von Sonderfällen oder einer Ersetzung der Zustimmung durch das Arbeitsgericht – grundsätzlich nicht vorgenommen werden.

Die Mitbestimmungsrechte machen die Zulässigkeit einer Maßnahme ebenfalls von der entsprechenden Zustimmung des Betriebsrats abhängig, gewähren ihm darüber hinaus aber auch Einflussmöglichkeiten auf deren inhaltliche Ausgestaltung bis hin zu einem Initiativrecht. Die wesentlichen mitbestimmungspflichtigen Sachverhalte sind in der zentralen Norm des § 87 Abs. 1 BetrVG niedergelegt. Die Wahrung eines Mitbestimmungsrechts erfolgt regelmäßig über den Abschluss einer Betriebsvereinbarung gemäß § 77 BetrVG, in der das Ergebnis der Verhandlungen zwischen Arbeitgeber und Betriebsrat über den fraglichen Sachverhalt aufgenommen wird. Wird keine Einigung erzielt, können sowohl Arbeitgeber als auch Betriebsrat eine betriebliche Einigungsstelle anrufen, welche dann über die vorgesehene Maßnahme entscheidet. Unter Fraud-Gesichtspunkten könnte der Arbeitgeber beispielweise keine Taschenkontrollen oder Videoüberwachungsmaßnahmen ohne Mitwirkung des Betriebsrates durchführen.

Verstöße gegen Beteiligungsrechte des Betriebsrats führen regelmäßig zur Unwirksamkeit der (arbeitgeberseitigen) Maßnahme. Auch individualrechtlich an sich zulässige Maßnahmen gegenüber Mitarbeitern sind unwirksam, wenn sie der Arbeitgeber ohne Berücksichtigung der Mitbestimmungsrechte des Betriebsrates anweist (Grundsatz der kollektiven Wirksamkeitsvoraussetzung). Der Arbeitgeber kann etwaige Rechte aus solchen Maßnahmen nicht herleiten. Der Betriebsrat kann zudem die Unterlassung der Maßnahme gerichtlich erwirken. Bei groben bzw. wiederholten Verstößen kann der Betriebsrat gegen den Arbeitgeber auf dem Gerichtswege vorgehen (§ 23 Abs. 3 BetrVG). Darüber hinaus sind die Straf- und Ordnungswidrigkeitstatbestände gemäß §§ 119, 121 BetrVG zu beachten.

1.3 Arbeitsvertragliche Haupt- und Nebenleistungspflichten

Die grundlegenden Rechte und Pflichten aus und in Verbindung mit dem Arbeitsverhältnis ergeben sich regelmäßig aus dem abgeschlossenen Arbeitsvertrag selbst. Darüber hinaus sind in diesem Zusammenhang weitere Rechtsquellen (insbesondere Gesetz, anwendbare Tarifverträge, Betriebsvereinbarungen etc. (vgl. Abschnitt 1.1)) zu berücksichtigen. Ferner gibt es – teilweise ungeschriebene – Rechte und Pflichten, so genannte Nebenpflichten, welche letztlich Ausdruck eines gegenseitig rücksichtvollen Zusammenwirkens der Arbeitsvertragsparteien sind.

Der Arbeitnehmer ist aufgrund des Arbeitsvertrages im Wesentlichen dazu verpflichtet, die vertraglich geschuldete Arbeitsleistung zu erbringen, und zwar so gut er es kann. Sofern keine ausdrückliche Vereinbarung getroffen worden ist, steht dem Arbeitgeber zur spezifischen Ausgestaltung der Arbeitspflicht ein Direktionsrecht (auch: Weisungsrecht) gegenüber dem Arbeitnehmer zu, aufgrund dessen er den Arbeitnehmer nach billigem Ermessen Weisungen erteilen kann. Hierdurch kann er insbesondere Ort, Zeit, Inhalt und Umfang der Arbeitsleistung konkretisieren (vgl. § 106 Gewerbeordnung (GewO)). Daneben treffen ihn weitere Neben- bzw. Treuepflichten gegenüber dem Arbeitgeber. Diese verpflichtet ihn insbesondere, die arbeitgeberseitigen Interessen zu wahren und Schäden vom Arbeitgeber fernzuhalten. Darunter fallen u.a. Schadensabwendungs- und Rücksichtnahmepflichten, Loyalitätspflichten sowie Unterlassungspflichten (Verschwiegenheitspflichten, nachvertragliche Wettbewerbsverbote etc.).

Hinweis: Gerade unter dem Gesichtspunkt der Fraud-Prävention empfiehlt es sich, konkrete arbeitsvertragliche Regelungen hinsichtlich (nachvertraglicher) Wettbewerbsverbote, Verschwiegenheitspflichten, Nebentätigkeitserlaubnissen konkret auszuformulieren. Hier ist höchstes Augenmerk darauf zu legen, dass der Maßstab der gesetzlichen Inhaltskontrolle von Vertragsregelungen (§§ 305 ff. Bürgerliches Gesetzbuch (BGB)) und die hierzu ergangene Rechtsprechung eingehalten werden.

Der Arbeitgeber ist aufgrund des Arbeitsvertrages v.a. zur Zahlung des vereinbarten Arbeitsentgelts verpflichtet. Das Arbeitsentgelt kann sich neben dem Arbeitsvertrag auch aus anderen Regelwerken ergeben, z.B. aus einem Tarifvertrag (so genannter Entgelttarifvertrag). Ist keine Vereinbarung über das Arbeitsentgelt getroffen und ergibt sich dieses auch nicht aus einem einschlägigen Regelwerk, ist die für entsprechende Arbeit üblicherweise zu zahlende Vergütung zu leisten (§ 612 Abs. 2 BGB). Darüber hinaus ist der Arbeitgeber zur (vertragsgemäßen) Beschäftigung des Arbeitnehmers verpflichtet. Zahlt der Arbeitgeber nicht das geschuldete Arbeitsentgelt oder beschäftigt er den Arbeitnehmer nicht vertragsgemäß, steht dem Arbeitnehmer bis zur Zahlung ein Zurückbehaltungsrecht an seiner Arbeitsleistung zu, d.h. er ist nicht zur weiteren Arbeitsleistung verpflichtet, hat aber Anspruch auf entsprechende Vergütung. Im Extremfall kann der Arbeitnehmer sogar seinerseits kündigen und ggf. Schadensersatz geltend machen. Dem Arbeitgeber obliegt darüber hinaus als Nebenpflicht eine so genannte Fürsorgepflicht gegenüber dem Arbeitnehmer. Hierunter wird eine Vielzahl arbeitgeberseitiger Verpflichtungen zusammengefasst, z.B. der Schutz des Arbeitnehmers selbst, seiner in den Betrieb eingebrachten Sachen sowie seiner Vermögensinteressen. Verstöße gegen Fürsorgepflichten können ebenfalls Schadensersatzansprüche begründen und bis hin zur Kündigung durch den Arbeitnehmer führen.

2 Präventives Fraud Management

2.1 Möglichkeiten arbeitgeberseitiger Verhaltensvorgaben

2.1.1 Direktionsrecht

Das bereits erwähnte Direktionsrecht ermächtigt den Arbeitgeber, nach billigem Ermessen insbesondere Ort, Zeit, Inhalt und Umfang der Arbeitsleistung des Arbeitnehmers zu konkretisieren. Dieses Recht ist begrenzt durch etwaige (höherrangige) Regelungen aus dem Arbeitsvertrag, einer Betriebsvereinbarung, eines Tarifvertrages oder eines Gesetzes. Der Arbeitgeber kann sein Direktionsrecht durch entsprechende arbeitsvertragliche Regelungen erweitern. Vertragliche Regelungen, die das Direktionsrecht erweitern sollen, unterfallen der Inhaltskontrolle nach §§ 305 ff. BGB. Sie müssen insbesondere klar und verständlich sein (so genanntes Transparenzgebot (§ 307 Abs. 1 S. 2 BGB)) und dürfen den Vertragspartner nicht unangemessen benachteiligen (§ 307 Abs. 1 S. 1 BGB).[3]

2.1.2 Ethik- oder Verhaltensrichtlinien

Immer mehr Unternehmen führen so genannte Ethikrichtlinien ein. Hierzu können sie aufgrund des US-amerikanische Sarbanes Oxley Act (SOX) verpflichtet sein,[4] oder auch weil die New York Stock Exchange (NYSE) alle an ihr gelistete Unternehmen verpflichtet, einen Code of Business Conduct and Ethics für Mitarbeiter einzuführen. Für nicht-US-börsennotierte Unternehmen sind diese Maßstäbe in Deutschland zwar nicht verbindlich. Sie setzen sich aber zunehmend als Standard für eine internationale *best practice* jedenfalls in größeren Unternehmen durch. Auch der Deutsche Corporate Governance Kodex[5] nimmt mehrfach Bezug auf Begriff der Compliance. Schlussendlich entspricht das Vorhandensein entsprechender Verhaltensrichtlinien – jedenfalls ab einer gewissen Unternehmensgröße und Bekanntheit – schlicht der Markterwartung.

Der Inhalt eines Code of Business Conduct kann vielfältig sein. Üblicherweise, aber nicht abschließend, beinhaltet er Regelungen zum Verhalten am Arbeitsplatz und im geschäftlichen Umfeld,[6] zum Umgang mit Interessenkonflikten[7] sowie Verhaltensregeln bei entsprechenden Verstößen. Für jeden einzelnen Fall einer Verhaltensvorgabe muss gesondert ein etwaiges Mitbestimmungsrecht des Betriebsrates, insbesondere nach § 87 Abs. 1 BetrVG, geprüft und – falls gegeben – zwingend beachtet werden.[8]

---

[3] Vgl. zuletzt BAG v. 13.04.2010, 9 AZR 36/09.

[4] Dieses für alle an US-amerikanischen Börsen notierten Unternehmen anwendbare US-Bundesgesetz aus dem Jahr 2002 enthält detaillierte Regelungen zur Unternehmensorganisation und zur Einrichtung eines internen Berichts- und Informationswesens, insbesondere zu Berichtspflichten und Feststellungen von Gesetzesverstößen, der Position eines Compliance Officer in der Rechtsabteilung sowie zur Verpflichtung ausgewählter Führungskräfte auf einen Code of Ethics.

[5] In der Fassung vom 26.05.2010. Er nimmt mehrfach Bezug auf die Compliance und wie bspw. unter Ziffer 4.1.3. auf „unternehmensinterne Richtlinien".

[6] Umgang mit Drogen, Alkohol, Rauchen und Radiohören am Arbeitsplatz, Umgang mit Eigentum und Rechten des Unternehmens, Umgang mit vertraulichen Informationen, Geschenken und Zuwendungen/Einladungen.

[7] Zu denken wäre hier an: Nebentätigkeiten, politische Aktivitäten, Insiderhandel, Datenschutz, Umgang mit Medien.

[8] Ein pauschales Mitbestimmungsrecht gibt es nicht; vielmehr sind es themenbezogene Mitbestimmungsrechte, vgl. BAG v. 22.07.2008, 1 ABR 40/07 („Honeywell").

Die konkrete Umsetzung der einzelnen Verhaltensvorgaben kann auf unterschiedliche Art und Weise erfolgen. Jede Variante hat ihre Vor- und Nachteile. Denkbar ist einerseits eine einseitige Umsetzung durch den Arbeitgeber mittels seines Direktionsrechts. Dies hat zwar den Vorteil, dass der Arbeitgeber die Regelung jederzeit einseitig abändern kann. Der entscheidende Nachteil ist jedoch, dass dies nur für solche Regelungen gilt, welche durch das Direktionsrecht überhaupt erfasst sind[9] und zudem außerhalb der Mitbestimmungsrechte des Betriebsrates liegen.[10]

Eine weitere Umsetzungsmöglichkeit ist die mittels Arbeitsvertrag. Diese Variante birgt indes zwei Schwierigkeiten: Einerseits bedarf es der Zustimmung der Mitarbeiter („ohne Zustimmung kein Vertrag"). Andererseits gelten auch und gerade bei arbeitsvertraglichen Vertragsregelungen die engen gesetzlichen Inhaltskontrollbestimmungen der §§ 305 ff. BGB.[11] Hiernach gehen Unklarheiten zu Lasten des Verwenders (also des Arbeitgebers); unwirksame Klauseln bleiben unwirksam. Insofern ist in der Praxis die häufigste Umsetzungsvariante die mittels einer Betriebsvereinbarung. Die Vorteile überwiegen hier die Nachteile. Nachteilig ist zunächst, dass Verhaltensrichtlinien regelmäßig als Paket mit dem Betriebsrat verhandelt werden, d.h. der Arbeitgeber dem Betriebsrat ein Mitwirkungsrecht auch bei solchen Maßgaben einräumt, bei denen der Betriebsrat an sich nichts mitzubestimmen hätte. Die Alternative wäre indes, Verhaltensrichtlinien in einen nicht mitbestimmungspflichtigen Teil und einen mibestimmungspflichtigen Teil aufzuspalten. Ein weiterer Nachteil ist ferner das Zeitmoment: Der Betriebsrat könnte durch entsprechende (Verhandlungs-)Taktiken den Abschluss der Betriebsvereinbarung und damit das Wirksamwerden der Verhaltensregelungen verzögern. Letztlich müsste eine – zuweilen kostenintensive – Einigungsstelle angerufen werden. Die Vorteile, Verhaltensrichtlinien mittels einer Betriebsvereinbarung umzusetzen, stehen dem gegenüber. Allein die Mitwirkung des Betriebsrates erhöht die politische Akzeptanz der Verhaltensregelungen in der Belegschaft. Unter rechtlichen Gesichtspunkten liegt der Vorteil darin, dass eine Betriebsvereinbarung unmittelbar und zwingend für alle betroffenen Arbeitnehmer wirkt (§ 77 Abs. 4 BetrVG), ohne dass es auf deren Zustimmung ankäme. Zudem sind etwaige Unsicherheiten hinsichtlich der Reichweite des Direktionsrechts bzw. der Wirksamkeit arbeitsvertraglicher Regelungen beseitigt, weil Betriebsvereinbarungen der strengen gesetzlichen Inhaltskontrolle der §§ 305 ff. BGB entzogen sind (vgl. § 310 Abs. 4 BGB).

---

[9] Das sind v.a. jene, die lediglich die vertraglich geschuldete Arbeitspflicht konkretisieren.

[10] Das sind v.a jene, die entweder eine abschließende gesetzliche Pflicht wiedergeben (bspw. Betäubungsmittelgesetz) oder keinen Mitbestimmungstatbestand nach dem BetrVG erfüllen.

[11] Siehe Abschnitt 2.1.1.

2.2   Der richtige Kandidat: Fragerecht des Arbeitgebers

Vor jeder Unterzeichnung des Arbeitsvertrages steht der Auswahlprozess der Bewerber. Hier prallt das Informationsinteresse des Arbeitgebers mit dem Persönlichkeitsrecht des Bewerbers (Recht auf informationelle Selbstbestimmung) aufeinander. Grundsätzlich ist der Bewerber nämlich nicht verpflichtet, für ihn negative Umstände zu offenbaren. Er hat bei unzulässigen Fragen das „Recht zur Lüge", ohne dass sich der Arbeitgeber wegen der unwahren Angabe nachträglich wieder vom Vertrag lösen könnte. Diesem Recht stehen zwei Ausnahmen gegenüber:

- Zum einen hat der Arbeitgeber ein zulässiges Fragerecht, wenn dies auf einem berechtigten billigenswerten und schutzwürdigen Interesse beruht. Als Faustformel gilt: Je weniger die Frage mit dem konkreten Arbeitsplatz zu tun hat, desto eher wird sie unzulässig sein. Der Bewerber hat daher wahrheitsgemäß zu antworten auf Fragen bspw. zu seinem bisherigen beruflichen Werdegang oder eines ihn bindenden nachvertraglichen Wettbewerbsverbots. Auch Fragen nach etwaigen Nebentätigkeiten sind zulässig. Fragen zu seiner bisherigen Vergütung muss er grundsätzlich nicht wahrheitsgemäß beantworten, es sei denn, er selbst fordert eine Mindestvergütung. Fragen zu Krankheiten bzw. zu seinem Gesundheitszustand muss der Bewerber nur dann wahrheitsgemäß beantworten, sofern sein Gesundheitszustand für seine Einsatzfähigkeit auf dem konkreten Arbeitsplatz relevant ist bzw. wenn der Arbeitsplatz besondere Anforderungen an die physische und/oder psychische Gesundheit des Bewerbers stellt. Pauschale Frage nach dem Gesundheitszustand, zu Freizeitaktivitäten oder gar Trink-, Rauch- oder Sexualverhalten sind unzulässig. Ebenfalls unzulässig sind Fragen zu einer etwaigen Schwangerschaft oder entsprechenden Plänen hierfür. Gleichsam unzulässig sind Fragen nach einer Schwerbehinderung oder Gleichstellung. Differenziert zu betrachten sind demgegenüber Fragen nach einer Gewerkschafts-, einer Religions- oder Parteizugehörigkeit. Solche Fragen sind grundsätzlich unzulässig, es sei denn, der (neue) Arbeitgeber ist ein Arbeitgeberverband/eine Gewerkschaft, eine Kirche/ein Tendenzträger oder eine Partei. Ob und in welcher Form Fragen nach einer Scientology-Mitgliedschaft zulässig sind, ist bislang noch nicht abschließend entschieden. Zulässig dürfte die Frage aber jedenfalls sein, wenn es sich bei der zu besetzenden Stelle um eine Führungs- oder Vertrauensposition handelt oder es sich um eine Stelle handelt, die mit Erziehung oder Bildung betraut ist. Fragen zur Verfassungstreue des Bewerbers, insbesondere zu einer früheren Stasi-Tätigkeit sind zulässig, wenn dieser Umstand einen konkreten Bezug zur besetzenden Stelle (konkretes Sicherheitsbedürfnis) haben kann.

- Zum anderen unterliegt der Bewerber einer (ungefragten) Offenbahrungspflicht, wenn der Arbeitgeber ein berechtigtes Informationsinteresse hat und dieses den Schutz der Privatsphäre des Bewerbers überwiegt. Dies hängt ab von der Art der zu besetzenden Stelle (Einzelfallprüfung). Als Faustformel spricht für eine solche Offenbarungspflicht immer, wenn der erfragte Umstand die Erfüllung der arbeitsvertraglichen Pflicht unmöglich macht und der Bewerber erkennt, dass er aufgrund fehlender Qualifikationen oder Fähigkeiten für die Arbeit völlig ungeeignet ist oder die verschwiegenen Umstände ausschlaggebende Bedeutung für den Arbeitsplatz haben. Eine Offenbahrungspflicht kann demnach i.d.R. bejaht werden bei entsprechenden Vorstrafen/Haftstrafen (ggf. mit entsprechendem Vermerk in polizeilichem Führungszeugnis), wenn es sich um eine besondere Vertrauensposition handelt. Als Beispiel ist eine Offenbarungspflicht bei Alkoholkrankheit oder entsprechenden Straßenverkehrsdelikten bei Berufskraftfahrern sowie Vermögensdelikten bei Bankmitarbeitern anzunehmen. Informationen zum Gesundheitszustand, insbesondere zu einer Krankheit, müssen ausnahmsweise nur offenbart werden, wenn bei Dienstantritt bzw. in absehbarer Zeit mit erneuter Erkrankung zu rechnen ist, eine Operation oder Kur ansteht und daher eine Arbeitsaufnahme nicht möglich ist. Gleiches gilt wohl auch, wenn durch die Erkrankung eine Ansteckungsgefahr der Mitarbeiter droht oder im Fall periodisch wiederkehrender, erheblich beeinträchtigender Krankheiten. Offenbaren muss der Bewerber ferner ein noch laufendes nachvertragliches Wettbewerbsverbot bei seinem früheren Arbeitgeber.

2.3 Zulässigkeit persönlicher Überwachung und Kontrolle

Ein weiterer Meilenstein einer effektiven Fraud-Prävention ist die persönliche Überwachung und Kontrolle der Mitarbeiter. Freilich sind dem – angesichts der Überwachungs- und Bespitzelungsskandale der letzten Jahre – zu Recht enge und enger werdende Grenzen gesetzt, allen voran durch das Persönlichkeitsrecht der Arbeitnehmer (Art. 2 Abs. 1 Grundgesetz (GG)). Wie jede rechtliche Maßnahme bedürfen auch diese Maßnahmen einer sie legitimierenden Anspruchsgrundlage. In Betracht kommt einerseits das Direktionsrecht in Verbindung mit dem jedem Arbeitnehmer verpflichtenden Rücksichtnahmegebot. Dem Kontrollwunsch des Arbeitgebers steht indes das grundgesetzlich garantierte Persönlichkeitsrecht der Arbeitnehmer entgegen (Unverletzlichkeit der Person und Freiheit (Art. 2 Abs. 1 GG)). Daher erfordern entsprechende Kontrollen stets die Einwilligung der Arbeitnehmer, welche jedoch im Einzelfall auch durch die bloße Tätigkeitsaufnahme unterstellt werden kann.[12] Nur ausnahmsweise überwiegt das Kontrollrecht des Arbeitgebers, nämlich bei einem berechtigten betrieblichen Interesse. Dieses wird regelmäßig bei konkreten Ereignissen oder Verdachtsmomenten anzunehmen sein (bspw. sich häufende Diebstähle). In diesen Fällen haben die Mitarbeiter entsprechende Kontrollmaßnahmen zu dulden, sofern diese Maßnahmen erforderlich und angemessen sind. Als weitere Anspruchsgrundlage kommt eine arbeitsvertragliche

---

[12] Man denke an den Fall, dass die Mitarbeiter die Zugangskontrollen (klaglos) hinnehmen, um an ihren Arbeitsplatz zu gelangen.

Vereinbarung in Betracht. Diese muss jedoch dem strengen Maßstab der gesetzlichen Inhaltskontrolle gemäß §§ 305 ff. BGB gerecht werden. Insbesondere müssen Anlass, Umfang und Art der Kontrolle transparent und ebenfalls verhältnismäßig sein. Angesichts der regelmäßig bei solchen Kontroll- und Überwachungseingriffen bestehenden Mitbestimmungsrechte des Betriebsrates (§ 87 Abs. 1 BetrVG) empfiehlt sich der Abschluss einer Betriebsvereinbarung, in welcher sodann die Einzelheiten des Eingriffsprozesses festgelegt werden.

Der Umfang der einzelnen Maßnahmen ist unterschiedlich. So kann der Umfang von Eingangskontrollen in Form äußerlicher Personen- und Sachüberprüfung gesetzlich normiert sein (bspw. atomrechtlich vorgeschriebene Torkontrolle). Er kann aber auch – wie zuvor dargelegt – arbeitsvertraglich oder in einer Betriebsvereinbarung festgelegt sein. In jedem Fall muss die Kontrolle aber verhältnismäßig sein, also den geringsten Eingriff hinsichtlich Zeit und Intensität darstellen. Gleiches gilt bei Leibesvisitationen, wobei hier besondere Anforderungen an die Erforderlichkeit und Angemessenheit des Anlasses und die Durchführung zu stellen sind, je intensiver der Eingriff ist. So dürfte eine körperliche Durchsuchung nur bei gravierenden (hinreichende Wahrscheinlichkeit) Verdachtsmomenten zulässig sein. Die Zulässigkeit so genannter Zuverlässigkeits- oder Ehrlichkeitstests (bspw. durch beauftragte Detektive) dürfte immer dann vorliegen, sofern der Anlass und die konkrete Durchführung in angemessenem Verhältnis zu Durchführungszweck stehen. Dies ist anzunehmen bei gelegentlichen offen durchgeführten Überprüfungen der Arbeitnehmer am Arbeitsplatz durch Routineüberprüfungen oder Befragungen. Demgegenüber sind verdeckte prophylaktische Zuverlässigkeitstest ohne jeden konkreten Anlass grundsätzlich unzulässig. Eine Ausnahme soll gelten bei unbeaufsichtigten Arbeitnehmern, bspw. Außendienstmitarbeiter. Hier sollen gelegentliche spontane Überprüfungen zulässig sein, sofern diese ebenfalls angemessen sind.

Zulässig und unter bestimmten Voraussetzungen[13] mitbestimmungsfrei ist der Einsatz von Detektiven. Aber auch hier fordert die Rechtsprechung einen konkreten Tatverdacht einer strafbaren Handlung oder einer anderen schweren Verfehlung zulasten des Arbeitgebers sowie, dass mildere Mittel zuvor ausgeschöpft wurden (bspw. durch Befragung von Kollegen etc.). Die Detektivkosten können im Überführungsfall auf den Mitarbeiter abgeschoben werden. Die Grenze der Ersatzpflicht richtet sich nach dem, was ein vernünftiger, wirtschaftlich denkender Mensch nach den Umständen des Falles zur Beseitigung der Störung oder zur Schadensverhütung nicht nur als zweckmäßig, sondern als erforderlich getan haben würde.[14]

---

[13] Der Detektiveinsatz ist i.d.R. mitbestimmungsfrei, wenn der Detektiv außerhalb des Arbeitsplatzes eingesetzt wird. Er darf also nicht „wie ein sonstiger Arbeitnehmer des Betriebs" eingegliedert sein und tätig werden, vgl. LAG Hamm v. 28.05.1986, 12 TaBV 6/86.

[14] BAG v. 28.05.2009, 8 AZR 226/08.

Die Kontrolle des Internets und des E-Mail-Systems unterliegen ebenfalls strengen Zulässigkeitsanforderungen. Wie weitgehend das System kontrolliert werden kann, richtet sich v.a. danach, ob die Privatnutzung von E-Mail und Internet vom Arbeitgeber erlaubt bzw. geduldet wird. Dürfen die Systeme ausschließlich dienstlich genutzt werden, gelten weitgehende Überwachungsbefugnisse. Anders dagegen bei auch erlaubter Privatnutzung. Hier gelten sodann die Sonderbestimmungen des Telemediengesetzes (TMG) und des Telekommunikationsgesetzes (TKG), die enge Ausnahmetatbestände zum Fernmeldegeheimnis regeln. Im Ergebnis sehen diese Ausnahmen vor, dass eine inhaltliche Kontrolle der Internetnutzung und der E-Mails grundsätzlich nicht möglich ist. Hier kommt eine Inhaltskontrolle ausnahmsweise nur in Betracht, wenn ein konkreter Verdacht auf einen Geheimnisverrat oder eine Straftat vorliegt.

Einer Videoüberwachung sind ebenfalls enge Grenzen gesetzt, v.a. durch das Grundrecht auf informationelle Selbstbestimmung (Art. 2 Abs. 1 i.V.m. Art. 1 Abs. 1 GG). Eine prophylaktische, verdachtsunabhängige Videoüberwachung zur Verhinderung von Vermögensinteressen ist stets unzulässig, da es hierdurch zu einem ständigen Überwachungs- und Anpassungsdruck der Belegschaft kommt.[15] Zulässig ist dagegen eine aufgrund eines konkreten Tatverdachts anlassbezogene, punktuelle Überwachung, sofern weniger einschneidende Mittel ausgeschöpft sind.[16] Sollte der Arbeitgeber vor Durchführung der Videoüberwachung bestehende Mitbestimmungsrechte des Betriebsrates (§ 87 Abs. 1 Nr. 6 BetrVG) nicht beachtet haben, kann der Betriebsrat hiergegen zwar vorgehen. Verneint hat die Rechtsprechung aber die Frage, ob sich daraus auch ein eigenständiges Beweisverwertungsverbot ergibt, wenn der Betriebsrat der Verwendung des Beweismittels und der darauf gestützten Kündigung später zustimmt und die Beweisverwertung nach den allgemeinen Grundsätzen gerechtfertigt ist.[17]

Das Abhören von Telefonaten ist nur ausnahmsweise zulässig. Denn das Grundgesetz schützt das Recht am gesprochenen Wort. Dies ist das Recht, ob das Gesagte nur dem Gesprächspartner, einem bestimmten Personenkreis oder der Öffentlichkeit zugänglich sein soll. Bei Tonaufzeichnungen ist daher besondere Vorsicht geboten, weil das heimliche Abhören von Telefongesprächen strafrechtlich relevant sein kann. Im Gegensatz dazu ist das (zufällige) Belauschen eines Mitarbeitergesprächs nicht strafbar, wenn die andere Seite mit der Möglichkeit rechnen muss. Das Bundesarbeitsgericht (BAG) fordert jedoch, dass der Gesprächspartner vorher darüber zu informieren ist, wenn jemand mithört.[18] Informationen, die durch unzulässiges Mithören erlangt worden sind, unterliegen

---

[15] BAG v. 07.10.1987, 5 AZR 116/86.
[16] BAG v. 27.03.2007, 2 AZR 51/02.
[17] BAG v. 27.03.2007, 2 AZR 51/02.
[18] BAG v. 29.10.1997, 5 AZR 508/96.

einem prozessualen Beweisverwertungsverbot.[19] Gemäß der Regelung des § 32 Abs. 1 S. 2 Bundesdatenschutzgesetz (BDSG) ist die Datenerhebung, -verarbeitung oder -nutzung zur Aufdeckung von Straftaten durch Arbeitnehmer nur unter folgenden Voraussetzungen zulässig:

- Es müssen tatsächliche Anhaltspunkte für einen Regelverstoß vorliegen (und die Verdachtsmomente müssen sorgfältig dokumentiert sein),
- die Maßnahmen (Datenerhebung) für Straftataufdeckung müssen erforderlich sein,
- es darf kein überwiegendes schutzwürdiges Interesse des Arbeitnehmers bestehen und schließlich
- muss der Anlass verhältnismäßig sein.

Besteht ein Betriebsrat, so sind bei technischen Hilfsmitteln, die zur Überwachung von Arbeitnehmern eingesetzt werden sollen, zudem die Mitbestimmungsrechte des Betriebsrats zu beachten (§ 87 Abs. 1 Nr. 6 BetrVG).

3 Repressives Fraud Management

3.1 Abmahnung

Ist ein Arbeitnehmer einer vertragswidrigen oder gar strafbaren Handlung überführt oder bestehen hierzu jedenfalls hinreichend konkrete Verdachtsmomente, hat der Arbeitgeber unterschiedliche Reaktionsmöglichkeiten. Hierbei ist er an den Verhältnismäßigkeitsgrundsatz gebunden, d.h. er hat immer für das in der jeweiligen Situation geeignetste, aber gleichzeitig auch mildeste (erforderliche) und damit angemessenste Mittel zu wählen. Als grobe Faustformel kann gelten:

- Abmahnung vor Kündigung;
- Änderungskündigung vor Beendigungskündigung;
- ordentliche Kündigung vor außerordentlicher Kündigung.

---

[19] BAG v. 29.10.1987, 5 AZR 508/96.

Das mildeste arbeitsrechtliche Mittel ist die Abmahnung.[20] Sie ist der – nicht zwingend vorgeschriebene, aber aus Beweisgründen dringend zu empfehlende – schriftliche und unmissverständliche Hinweis an den Mitarbeiter, dass seine Leistungs- und/oder Verhaltensmängel im Wiederholungsfall arbeitsrechtliche Konsequenzen für das Arbeitsverhältnis bis hin zur Kündigung nach sich ziehen können. Der Abmahnung kommen drei Funktionen zu:

1. Zum einen soll durch sie das beanstandete Verhalten (schriftlich) dokumentiert werden (Dokumentationsfunktion).

2. Zum anderen soll sie den Arbeitnehmer darauf hinweisen, dass der Arbeitgeber ein bestimmtes Verhalten als vertragswidrig ansieht (Hinweisfunktion).

3. Schließlich führt sie dem Arbeitnehmer deutlich vor Augen, dass im Wiederholungsfalle der Bestand seines Arbeitsverhältnisses ernsthaft gefährdet ist (Warn- bzw. Androhungsfunktion).

Sofern das Kündigungsschutzgesetz Anwendung findet, ist eine Abmahnung regelmäßig zwingende Voraussetzung einer verhaltensbedingten Kündigung. Die Abmahnung muss so detailliert wie nur möglich hinsichtlich Ort, Zeit, anwesenden Personen, konkreten Umständen des Vorfalls das vorgeworfene Verhalten beschreiben. Gleichzeitig sollte sie dem Arbeitnehmer deutlich aufzeigen, wie er sich vertragskonform hätte verhalten müssen.

---

[20] Es gibt zwar noch das (noch mildere) Mittel der Ermahnung. Diese ist arbeitsrechtlich nahezu irrelevant, so dass sie hier nicht weiter berücksichtigt wird.

Ein Formulierungsbeispiel einer Abmahnung aufgrund nicht rechtzeitiger Vorlage einer Arbeitsunfähigkeitsbescheinigung könnte lauten:

Abbildung 1: Formulierungsbeispiel einer Abmahnung

Sehr geehrter Herr xy,

leider haben wir Anlass, Sie aufgrund des nachfolgend näher beschriebenen Sachverhalts abzumahnen und Sie an die Einhaltung Ihrer arbeitsvertraglichen Pflichten zu erinnern.

Am _____ um _____ Uhr haben Sie sich telefonisch bei Ihrem Manager, Herrn xy, arbeitsunfähig für den Zeitraum _____ gemeldet. Nach §____ Ihres Arbeitsvertrages vom _____ sind Sie verpflichtet, eine Arbeitsunfähigkeitsbescheinigung spätestens am dritten Tag Ihrer Arbeitsunfähigkeit bei _____[Stelle/Person] vorzulegen. Dementsprechend hätten Sie die Bescheinigung spätestens am _____ vorlegen müssen. Tatsächlich haben Sie Ihre Arbeitsunfähigkeitsbescheinigung erst am _____ und damit _____ Tage verspätet vorgelegt. Damit haben Sie gegen Ihre arbeitsvertraglichen Pflichten verstoßen.

Wir weisen Sie ausdrücklich darauf hin, dass wir nicht bereit sind, derartige Pflichtverletzungen hinzunehmen. Insbesondere haben Sie im Fall einer Arbeitsunfähigkeit eine entsprechende ärztliche Bescheinigung spätestens am dritten Tag Ihrer Arbeitsunfähigkeit bei _____ vorzulegen. Wir fordern Sie auf, künftig Ihre arbeitsvertraglichen Pflichten strikt einzuhalten. Andernfalls sehen wir uns zu weitergehenden arbeitsrechtlichen Maßnahmen bis hin zur Kündigung Ihres Arbeitsverhältnisses veranlasst. (…)

Hinweis: *Will der Arbeitgeber mehrere Vertragspflichtverletzungen abmahnen, sollte jeder Vertragspflichtverstoß in einer separaten Abmahnung abgemahnt werden. Denn beinhaltet ein Abmahnungsschreiben mehrere Vorwürfe und stellt sich nur einer als unzutreffend bzw. anderweitig gelagert heraus, ist die gesamte Abmahnung unwirksam.*

Die Abmahnung ist nicht fristgebunden, d.h. sie muss nicht innerhalb eines bestimmten Zeitraumes nach der Vertragspflichtverletzung ausgesprochen werden. Jedoch gelten die Grenzen der Verwirkung. Diese sind dann erreicht, wenn der Arbeitnehmer aufgrund der verstrichenen Zeit und des sonstigen Verhaltens des Arbeitgebers davon ausgehen durfte, dass eine Abmahnung nicht mehr erfolgt. Ein Zeitraum von mehreren Wochen ist hierbei sicherlich nicht ausreichend, einen Verwirkungstatbestand zu begründen. Dennoch gilt, dass je früher die Abmahnung ausgesprochen ist, desto eher kann sie ihre (Warn-)Funktion erzielen. Die Abmahnung verliert – je nach Schwere des abgemahnten

Pflichtverstoßes – nach einem Zeitraum von sechs Monaten bis zu fünf Jahren ihre Wirkung. Der betroffene Arbeitnehmer hat ferner das Recht, seine Sicht der Dinge in Form einer Gegendarstellung zur Personalakte zu geben (§ 83 Abs. 2 BetrVG). Er kann auch gerichtlich gelten machen, eine aus seiner Sicht zu Unrecht erfolgte Abmahnung aus der Personalakte zu nehmen. Dies ist jedoch aus prozesstaktischen Gründen nur selten empfehlenswert. Ein Mitbestimmungsrecht des Betriebsrates besteht bei einer Abmahnung nicht.

3.2 Kündigung

Ist der Pflichtverstoß gravierender, wird sich der Arbeitgeber für die **Kündigung des Arbeitsverhältnisses** entscheiden. Bei Kündigungen ist zum einen zu unterscheiden, welchen Inhalt sie haben sollen, zum anderen, zu welchem Zeitpunkt sie wirken sollen.

3.2.1 Inhalt der Kündigung

Im Hinblick auf den Inhalt einer Kündigung ist zu unterscheiden zwischen einer Beendigungskündigung und einer Änderungskündigung. Eine Beendigungskündigung bezweckt die Beendigung des Arbeitsverhältnisses. Es geht also nicht mehr und nicht weniger als um den Bestand des Arbeitsverhältnisses. V.a. verhaltensbedingte Beendigungskündigungen sind ferner noch zu unterteilen in so genannte Tatkündigungen und Verdachtskündigung. Durch eine Tatkündigung soll das Arbeitsverhältnis beendet werden, weil das Vertrauen in den Arbeitnehmer unwiederbringlich zerstört und daher die Weiterbeschäftigung des Arbeitnehmers für den Arbeitgeber unzumutbar ist.[21] Davon zu unterscheiden ist die Verdachtskündigung. Sie bezweckt die Beendigung des Arbeitsverhältnisses wegen des Wegfalls des für die Fortsetzung des Arbeitsverhältnisses erforderlichen Vertrauens, da der dringende (nicht erwiesene!) Verdacht eines strafbaren bzw. vertragswidrigen Verhaltens besteht. Dies ist der Fall, wenn es hinreichend wahrscheinlich ist, dass der Mitarbeiter die Straftat bzw. Pflichtwidrigkeit begangen hat. Den Arbeitgeber treffen hier besondere Aufklärungspflichten, insbesondere die unverzügliche Anhörung des betroffenen Arbeitnehmers zu den im Raum stehenden Verdachtsmomenten.

---

[21] Die Tatkündigung ist also keine Strafe für vergangenes rechtswidriges Arbeitnehmerverhalten, sondern erfolgt wegen des Wegfalls der Vertrauensgrundlage.

Findet der allgemeine Kündigungsschutz nach dem Kündigungsschutzgesetz (KSchG) Anwendung, kann der Arbeitgeber vor Ausspruch einer Beendigungskündigung auch zum Ausspruch einer so genannte Änderungskündigung (§ 2 KSchG) verpflichtet sein. Die Änderungskündigung verknüpft zwei Elemente:

- zum einen eine Beendigungskündigung, die auf die Beendigung des Arbeitsverhältnisses zu den aktuell geltenden Konditionen gerichtet ist;

- zum anderen das damit unmittelbar verbundene Angebot an den Arbeitnehmer, das Arbeitsverhältnis zu geänderten Konditionen (ggf. auf einem anderen Arbeitsplatz) fortzusetzen.

Der Arbeitnehmer hat eine gesetzlich festgelegte Frist von (längstens) drei Wochen, innerhalb derer er auf die Änderungskündigung reagieren kann. Angesichts der Verbindung aus Beendigungskündigung und (Neu-)Angebot hat der betroffene Arbeitnehmer bei einer Änderungskündigung vier Reaktionsmöglichkeiten:

1. Der Arbeitnehmer kann die Änderungskündigung (auch durch konkludentes Verhalten) vorbehaltlos annehmen und zu den geänderten Konditionen weiterarbeiten, mit der Folge, dass das Arbeitsverhältnis einvernehmlich geändert und in geänderter Form weitergeführt wird.

2. Der Arbeitnehmer kann die Änderungskündigung unter Vorbehalt annehmen und die Änderungskündigung zur gerichtlichen Überprüfung stellen (so genannte Änderungsschutzklage). Ist die Änderungskündigung sozial gerechtfertigt, entfällt der Vorbehalt und das Arbeitsverhältnis wird zu den neuen Konditionen fortgesetzt. Wird die Änderungskündigung hingegen durch das Arbeitsgericht für sozial ungerechtfertigt erklärt, wird der Vorbehalt wirksam und das Arbeitsverhältnis wird zu den bisherigen Konditionen weitergeführt.

3. Der Arbeitgeber lehnt das Änderungsangebot ab und erhebt Klage gegen die inzident ausgesprochene Beendigungskündigung (so genannte Änderungskündigungsschutzklage).

4. Der Arbeitnehmer lehnt das Änderungsangebot ab und erhebt keine Klage gegen die Kündigung mit der Folge, dass die Kündigung nach Ablauf der Dreiwochenfrist als rechtmäßig gilt und das Arbeitsverhältnis zum Kündigungstermin endet.

3.2.2 Zeitliche Wirkung der Kündigung

Im Hinblick auf den Beendigungszeitpunkt des Arbeitsverhältnisses ist zu unterscheiden zwischen einer ordentlichen und einer außerordentlichen (fristlosen) Kündigung. Bei der ordentlichen Kündigung sind die vertraglichen oder gesetzlichen (vgl. § 622 BGB) Kündigungsfristen zu beachten. Die gesetzlichen Kündigungsfristen gelten zunächst nur für arbeitgeberseitige Kündigungen. Durch vertragliche Vereinbarung können die gesetzlichen Kündigungsfristen aber auch auf Kündigungen des Arbeitnehmers erstreckt werden. Andernfalls können Arbeitnehmer ihr Arbeitsverhältnis mit einer Frist von vier Wochen zum 15. oder zum Ende eines Kalendermonats kündigen (§ 622 Abs. 1 BGB). In besonderen Konstellationen kommt der Ausspruch einer außerordentlichen Kündigung in Betracht, welche fristlos wirkt, d.h. sofort ohne Abwarten einer Kündigungsfrist. Voraussetzung hierfür ist das Vorliegen eines wichtigen Grundes. Ein solcher ist nach der gesetzlichen Definition (§ 626 BGB) gegeben, wenn Tatsachen vorliegen, aufgrund derer dem Kündigenden unter Berücksichtigung aller Umstände des Einzelfalles und unter Abwägung der Interessen beider Vertragsteile die Fortsetzung des Arbeitsverhältnisses bis zum Ablauf der Kündigungsfrist oder bis zu der vereinbarten Beendigung des Arbeitsverhältnisses nicht zugemutet werden kann. Gerade die einzelfallbezogene Interessenabwägung erschwert eine Prognose der Erfolgsaussichten einer außerordentlichen Kündigung.[22] Die außerordentliche Kündigung kann nur innerhalb von zwei Wochen ab dem Zeitpunkt erfolgen, zu dem der Kündigungsberechtigte von den für die Kündigung maßgebenden Tatsachen vollständige und endgültige Kenntnis erlangt hat (Ausschlussfrist). Danach kann die außerordentliche Kündigung auf solche Tatsachen nicht mehr gestützt werden.

Eine Mitteilung der Kündigungsgründe ist nicht erforderlich, d.h. die Kündigung ist auch ohne Angabe eines Kündigungsgrundes wirksam.[23] Lediglich auf Verlangen des Gekündigten ist der entsprechende Grund unverzüglich schriftlich mitzuteilen (§ 626 Abs. 2 BGB).

Jede Kündigung – auch eine Probezeitkündigung – bedarf der vorherigen Betriebsratsanhörung gemäß § 102 BetrVG sowie der Schriftform gemäß § 623 BGB. Um die gesetzliche Schriftform zu wahren, muss die Kündigungserklärung schriftlich abgefasst und von einer zur Kündigung befugten Person im Original unterzeichnet sein. Die schriftliche Kündigungserklärung wird wirksam, wenn sie dem Arbeitnehmer zugeht, d.h. ihm entweder persönlich ausgehändigt oder (nachweislich) zugestellt worden ist.

Der Arbeitnehmer muss die Unwirksamkeit einer Kündigung binnen drei Wochen nach Zugang der Kündigung beim Arbeitsgericht durch Klageerhebung geltend machen. Andernfalls gilt die Kündigung bereits von Gesetzes wegen als rechtmäßig und wirksam.

---

[22] Vgl. hierzu den Fall „Emmely" BAG v. 10.06.2010, 2 AZR 541/09.

[23] Anders indes bei Kündigung eines Ausbildungsverhältnisses nach der Probezeit (§ 22 Abs. 3 Berufsbildungsgesetz (BBiG)).

3.2.3 Allgemeiner Kündigungsschutz

Arbeitnehmer können allgemeinen Kündigungsschutz nach dem Kündigungsschutzgesetz genießen. Die Grundvoraussetzungen für das Eingreifen des allgemeinen Kündigungsschutzes sind, dass der Arbeitnehmer mehr als sechs Monate im Unternehmen beschäftigt ist (Wartezeit). Diese Wartezeit deckt sich i.d.R. mit der (vertraglich vereinbarten) Probezeit. Der Betrieb muss zudem i.d.R. mehr als zehn[24] Vollzeitarbeitnehmer beschäftigen (Kleinbetriebsklausel). Soweit ein Arbeitnehmer allgemeinen Kündigungsschutz genießt, bedarf die Kündigung seines Arbeitsverhältnisses zu ihrer Wirksamkeit der sozialen Rechtfertigung. Eine Kündigung ist sozial gerechtfertigt, sofern sie auf verhaltensbedingten, personenbedingten oder betriebsbedingten Gründen beruht.

Eine verhaltensbedingte Kündigung liegt vor, wenn Anlass für den Ausspruch der Kündigung ein Verhalten des Arbeitnehmers war, welches zu einer Verletzung vertraglicher Pflichten geführt hat („Der Mitarbeiter kann sich pflichtgemäß verhalten, will es aber nicht"). Da eine Kündigung stets das letzte Mittel darstellen sollte (so genanntes ultimaratio-Prinzip), ist vor Ausspruch einer verhaltensbedingten Kündigung grundsätzlich eine Abmahnung erforderlich, andernfalls ist die Kündigung unwirksam. Lediglich in Ausnahmefällen kann auf dieses Abmahnungserfordernis verzichtet werden, bspw. wenn der Arbeitnehmer nicht mit einer Hinnahme seines Verhaltens durch den Arbeitgeber rechnen konnte (z.B. bei einem Diebstahl von Arbeitsmitteln).

Eine personenbedingte Kündigung liegt vor, wenn Gründe in der Person des Arbeitnehmers bestehen, welche eine weitere Zusammenarbeit verhindern („Der Mitarbeiter will sich vertragsgemäß verhalten, kann es aber nicht"), z.B. durch eine dauerhafte Erkrankung. Vor Ausspruch einer personenbedingten Kündigung hat der Arbeitgeber jedoch alles zu versuchen, um den Arbeitnehmer zu befähigen, seiner Arbeitsverpflichtung wieder hinreichend nachkommen zu können. Insofern muss er bspw. – sofern möglich – ihn an einen anderen, geeigneten Arbeitsplatz versetzen. Erfüllt der Arbeitgeber diese Anforderungen nicht, kann dies zur Unwirksamkeit der Kündigung führen.

Eine betriebsbedingte Kündigung liegt vor, wenn die Kündigung des Arbeitnehmers aufgrund des dauerhaften Wegfalls seines Arbeitsplatzes (z.B. wegen Auftragsmangel oder Outsourcing) betrieblich veranlasst ist. Vor Ausspruch der Kündigung hat der Arbeitgeber zu prüfen, inwiefern anderweitige Beschäftigungsmöglichkeiten im Betrieb oder Unternehmen, regelmäßig aber nicht im Konzern, zur Verfügung stehen. Ferner muss der Arbeitgeber prüfen, ob er den Arbeitnehmer per Versetzung oder ggf. per Änderungskündigung auf einen freien Arbeitsplatz versetzen kann. Sofern mehrere Arbeitnehmer vom Wegfall von Arbeitsplätzen betroffen sind, allerdings wegen eines verblei-

---

[24] Bei einer Einstellung bis zum 31.12.2003 fünf Vollzeitarbeitnehmer.

benden Beschäftigungsbedarfs nicht insgesamt gekündigt werden müssen, ist zwischen ihnen eine Sozialauswahl vorzunehmen. Hierbei sind die Dauer der Betriebszugehörigkeit, das Lebensalter, die Unterhaltspflichten und eine etwaige Schwerbehinderung der betroffenen Arbeitnehmer ausreichend zu berücksichtigen. Von der Sozialauswahl können allerdings Arbeitnehmer ausgenommen werden, deren Weiterbeschäftigung, insbesondere wegen ihrer Kenntnisse, Fähigkeiten und Leistungen oder zur Sicherung einer ausgewogenen Personalstruktur des Betriebes im berechtigten betrieblichen Interesse liegt.

3.2.4 Sonderkündigungsschutz

Unter speziellen Voraussetzungen unterliegt ein Arbeitnehmer besonderem Kündigungsschutz. Ein solcher Sonderkündigungsschutz kann sich insbesondere aus gesetzlichen Regelungen ergeben. Betriebsratsmitglieder genießen Sonderkündigungsschutz nach § 15 KSchG. Danach ist eine ordentliche Kündigung während der Dauer des Mandatsverhältnisses sowie für den Zeitraum eines Jahres nach Beendigung der Amtszeit (so genannte Nachwirkungsphase) grundsätzlich unzulässig. Die Möglichkeit zur außerordentlichen fristlosen Kündigung besteht hingegen trotz des Betriebsratsamtes fort, wobei jedoch für eine solche Kündigung während der laufenden Amtszeit vorher die Zustimmung des Betriebsrats gemäß § 103 BetrVG einzuholen ist. Vergleichbarer Sonderkündigungsschutz gilt auch für andere Arbeitnehmer mit besonderer Funktion nach dem Betriebsverfassungsgesetz (z. B. der Datenschutzbeauftragte, Mitglieder der Jugend- und Auszubildendenvertretung, Mitglieder des Wahlvorstandes). (Werdende) Mütter unterliegen besonderem Kündigungsschutz gemäß § 9 Mutterschutzgesetz (MuSchG). Hiernach ist die Kündigung gegenüber einer Frau während der Schwangerschaft und bis zum Ablauf von vier Monaten nach der Entbindung unzulässig, wenn dem Arbeitgeber zur Zeit der Kündigung die Schwangerschaft oder Entbindung bekannt war oder innerhalb zweier Wochen nach Zugang der Kündigung mitgeteilt wird. Die für den Arbeitsschutz zuständige oberste Landesbehörde oder die von ihr bestimmte Stelle kann allerdings in besonderen Fällen, die nicht mit dem Zustand einer Frau während der Schwangerschaft oder ihrer Lage bis zum Ablauf von vier Monaten nach der Entbindung in Zusammenhang stehen, ausnahmsweise die Kündigung für zulässig erklären. Mitarbeiter in Elternzeit genießen ebenfalls Sonderkündigungsschutz gemäß § 18 Gesetz zum Elterngeld und zur Elternzeit (BEEG). Insofern darf der Arbeitgeber das Arbeitsverhältnis ab dem Zeitpunkt, von dem an Elternzeit verlangt worden ist (höchstens jedoch acht Wochen vor Beginn der Elternzeit) und während der Elternzeit nicht kündigen. In besonderen Fällen kann allerdings ausnahmsweise eine Kündigung durch die für den Arbeitsschutz zuständige oberste Landesbehörde oder die von ihr bestimmte Stelle für zulässig erklärt werden. Schwerbehinderte Menschen/Gleichgestellte verfügen über Sonderkündigungsschutz gemäß §§ 85 ff. Sozialgesetzbuch IX (SGB IX). Hiernach ist vor Ausspruch einer Kündigung stets die Zustimmung des Integrationsamts zur Kündigung einzuholen. Auch in den drei letztgenannten Fällen (Mütter, Elternzeit und Schwerbehinderte/Gleichgestellte) ist eine vorherige Betriebsratsanhörung erforderlich. Die Anhörung kann jedoch bereits parallel zu dem ebenfalls erforderlichen – verwaltungsrechtlichen – Zustimmungsverfahren erfolgen.

3.3 Aufhebungsvertrag/Abwicklungsvertrag

Anstelle des Ausspruchs einer Kündigung können Arbeitgeber und Arbeitnehmer auch eine einvernehmliche Aufhebung des Arbeitsverhältnisses vereinbaren (so genannter Aufhebungsvertrag). Auch ein Aufhebungsvertrag bedarf der Schriftform (§ 623 BGB). Hierzu müssen Arbeitgeber und Arbeitnehmer die ausgehandelten Konditionen für die Beendigung des Arbeitsverhältnisses schriftlich niederlegen und das Schriftstück (eigenhändig) unterzeichnen. Der Aufhebungsvertrag hat sowohl für den Arbeitgeber als auch den Arbeitnehmer Vorteile. Der Arbeitgeber kann sich von einem Mitarbeiter trennen, ohne zuvor das – in der Praxis oft fehleranfällige – Anhörungsverfahren des Betriebsrates durchführen zu müssen. Für den Arbeitnehmer ist der Aufhebungsvertrag die Möglichkeit, das Unternehmen kurzfristig zu verlassen, bspw. bei einem von ihm gewollten Arbeitgeberwechsel. Im Fall einer ansonsten drohenden Kündigung ist es für ihn die Möglichkeit, das Unternehmen geräuschlos und gesichtswahrend zu verlassen. Für beide – Arbeitgeber und Arbeitnehmer – beinhaltet der Aufhebungsvertrag zudem die Möglichkeit einer gütlichen Klärung sämtlicher offener Punkte.

Hauptregelungsgegenstand eines Aufhebungsvertrages ist die Beendigung des Arbeitsverhältnisses zu einem bestimmten Zeitpunkt gegen Zahlung einer Abfindung in bestimmter Höhe. Einen generellen Anspruch auf Abfindung gibt es indes nicht, ebenso wenig ist die Höhe der Abfindung im Vorhinein bestimmt. Vielmehr sind Arbeitgeber und Arbeitnehmer frei, deren Höhe auszuhandeln (Ausnahme: § 1a KSchG). Allerdings gilt ganz allgemein folgende Faustformel:

$$0,5 \times \text{Bruttomonatsgehalt} \times \text{(volle) Beschäftigungsjahre} = \text{Abfindung}$$

Abfindungen stellen kein sozialversicherungspflichtiges Entgelt dar. Jedoch sind sie mittlerweile nicht mehr steuerprivilegiert, d.h. sie sind voll zu versteuern.

Darüber hinaus empfehlen sich Regelungen zur Gehaltsfortzahlung bis zum Beendigungszeitpunkt sowie zur (ggf. nur anteiligen) Auszahlung von Jahressonderzahlungen o.ä. In besonderen Fällen ist auch eine so genannte Turboprämie in Betracht zu ziehen, nach der bei einem vorzeitigen Ausscheiden des Arbeitnehmers die dadurch frei werdenden Monatsgehälter bis zum Beendigungszeitpunkt entweder komplett oder auch nur anteilig auf die Abfindung draufgerechnet werden. Der wesentliche Vorteil dieser

Regelung besteht darin, dass der Arbeitgeber hierdurch einen Anreiz zum vorzeitigen Ausscheiden setzt und zugleich Gehaltsbestandteile und Arbeitgeberanteile zur Sozialversicherung einsparen kann. Weitere Regelungsgegenstände eines Aufhebungsvertrages sind insbesondere: Freistellung und Anrechnung auf Urlaub, betriebliche Altersversorgung, Rückgabe überlassener Gegenstände (z.B. Dienstwagen), Geheimhaltungsverpflichtung, nachvertragliches Wettbewerbsverbot, Zeugnisnote und -formulierung sowie der allgemeine Hinweis auf die steuer- und sozialversicherungsrechtlichen Folgen eines Aufhebungsvertrages mit Verweis auf die bestehenden Beratungsmöglichkeiten durch Steuerberater/Finanzamt und Sozialversicherungsträger. Aufhebungsverträge sind gerade sozialversicherungsrechtlich nicht unproblematisch, da sie für den Arbeitnehmer zum Eintritt einer bis zu dreimonatigen Sperrzeit beim Arbeitslosengeld führen können (§ 144 SGB III). Vor diesem Hintergrund werden derartige Aufhebungsvereinbarungen vornehmlich nach Ausspruch einer Kündigung im Rahmen eines arbeitsgerichtlichen Prozesses geschlossen, da in einem solchen Fall die Sperrzeit ausnahmsweise nicht eintritt.

Darüber hinaus können entsprechende Vereinbarungen zwischen dem Arbeitgeber und dem Arbeitnehmer auch noch im Nachgang zu einer bereits ausgesprochenen Kündigung im Rahmen eines so genannten Abwicklungsvertrages getroffen werden. Hier sind ebenfalls die bereits oben genannten sozialversicherungsrechtlichen Folgen zu berücksichtigen.

Ein besonderes Augenmerk ist auf die Freistellung des Mitarbeiters zu richten: Will der Arbeitgeber den Arbeitnehmer während der verbleibenden Laufzeit des Arbeitsverhältnisses von der Arbeitspflicht freistellen, ist klarzustellen, ob diese Freistellung widerruflich (d.h. mit Rückrufoption) oder unwiderruflich erfolgt. Erfolgt eine widerrufliche Freistellung, können verbliebene Ansprüche auf Resturlaub und Freizeitausgleich nicht mit dieser Freistellungszeit verrechnet werden; allerdings ist der Arbeitnehmer nach wie vor an sein arbeitsvertragliches Wettbewerbsverbot gebunden. Erfolgt eine unwiderrufliche Freistellung, so können Resturlaub und verbliebene Freizeitguthaben zwar verrechnet werden. Der Arbeitnehmer ist dann allerdings nicht mehr an das arbeitsvertragliche Wettbewerbsverbot gebunden, d.h. er kann bereits eine Konkurrenztätigkeit aufnehmen. Der Arbeitgeber kann sich bei der Freistellung aber eine Einhaltung des Wettbewerbsverbots vorbehalten. Darüber hinaus sollte er sich – unabhängig von der Art der Freistellung – die Anrechnung anderweitigen Verdienstes während der Freistellungszeit vorbehalten. Mittlerweile ist demgegenüber höchstrichterlich klargestellt, dass die Art der Freistellung keine sozialversicherungsrechtliche Auswirkungen hat.[25] Sowohl bei einer widerruflichen als auch bei einer unwiderruflichen Freistellung besteht das sozialversicherungsrechtliche Beschäftigungsverhältnis bis zur rechtlichen Beendigung des Arbeits-

---

[25] Bundessozialgericht v. 24.09.2008, B 12 KR 22/07 R.

verhältnisses fort, d. h. es sind weiter Beiträge zur Sozialversicherung zu entrichten. Hilfreich in diesem Zusammenhang ist es, die jeweils gültigen Durchführungsanweisungen der Bundesagentur für Arbeit im Blick zu behalten.[26]

4 Fazit

Fraud-Aktivitäten werden von Menschen an Menschen und Unternehmen begangen. Das Arbeitsrecht als die das Arbeitsleben regelende Rechtsmaterie bietet eine Vielzahl effektiver Fraud-Kontrollen, seien sie präventiv oder repressiv. Diese Kontrollmöglichkeiten richtig und effektiv angewandt können Schaden vermeiden helfen oder aber – wenn es zu einer Fraud-Konstellation gekommen ist – eine gewisse Schadensbegrenzung erzielen.

---

[26] Abrufbar unter www.arbeitsagentur.de.

Datenschutz und Mitarbeiterkontrollen

Peter Christ/Arne Müller

1 Einleitung

In den letzten Jahren hat eine Reihe von Datenschutzskandalen bei verschiedenen Unternehmen für Aufsehen in der Öffentlichkeit gesorgt.[1] Insbesondere die Überwachung von Angestellten in Supermärkten und der Abgleich von Mitarbeiterkonten mit den Konten von Lieferanten führten zu Bußgeldern in Millionenhöhe. Für die betroffenen Unternehmen dürfte der Schaden durch die damit verbundene negative Publizität aber noch größer gewesen sein.

Mit der öffentlichen Diskussion hat der Beschäftigtendatenschutz an Bedeutung gewonnen. Da aber auch weiterhin viele Rechtsfragen des Beschäftigtendatenschutzes nicht gerichtlich geklärt sind, besteht in Detailfragen noch eine große Rechtsunsicherheit, die durch die Einführung des § 32 Bundesdatenschutzgesetz (BDSG) noch vergrößert wurde. Auch der aktuell diskutierte Gesetzesentwurf zum Beschäftigtendatenschutzgesetz (BDatG) wird weitere praktische Fragen aufwerfen.

Auf der anderen Seite haben Unternehmen nicht nur ein berechtigtes Interesse daran, dass die Arbeitsleistung ihrer Arbeitnehmer vertragsgemäß erbracht wird. Im Rahmen der Compliance bzw. des Fraud Managements muss sichergestellt sein, dass nicht nur das Unternehmen selbst, sondern auch seine Arbeitnehmer im Rahmen der gesetzlichen Vorgaben handeln: So ist der Arbeitgeber verpflichtet, eine sorgfältige Personalauswahl durchzuführen,[2] eine sachgerechte Organisation und Aufgabenverteilung zu gewährleisten und für angemessene Aufklärung und Schulungen zu sorgen.[3] Weiterhin müssen eine ausreichende Überwachung sowie eine angemessene Reaktion bei einem Fehlverhalten des Arbeitnehmers sichergestellt sein.[4] Gesetzliche Grundlage hierfür sind insbesondere § 130 Gesetz über Ordnungswidrigkeiten (OWiG), § 91 Abs. 2 Aktiengesetz (AktG) und § 43 Gesetz betreffend die Gesellschaften mit beschränkter Haftung (GmbHG). Art und Umfang der erforderlichen Maßnahmen richten sich dabei nach der Größe des jeweiligen Unternehmens.[5]

---

[1] Vgl. Bahn akzeptiert Bußgeld für Datenskandal in Höhe von 1,1 Mio. Euro, in: ZEIT ONLINE, dpa, Reuters – 23.10.2009; 1,462 Mio. Euro Bußgelder gegen Lidl-Gesellschaften wegen systematischer Überwachung durch Sicherheitsunternehmen, in: Pressemitteilung, Unabhängiges Datenschutzzentrum Schleswig-Holstein – 11.09.2008.

[2] Vgl. den Beitrag von Grieger-Langer zu Präventionsmaßnahmen im Personalmanagement.

[3] Vgl. den Beitrag von Jackmuth/de Lamboy/Zawilla zu ganzheitlichem Fraud Management; vgl. auch Zawilla zu strategischen Komponenten im Fraud Management.

[4] Vgl. den Beitrag von Röck zu Arbeitsrecht.

[5] Senge, L., 2011, § 130, Rn. 12; König, P., 2009, § 130 Rn. 10; OLG Koblenz, Beschluss vom 03.03.1989 – 1 Ss 38/89.

Nicht nur ein Verstoß gegen datenschutzrechtliche Vorgaben, sondern auch ein Verstoß gegen notwendige Überwachungspflichten kann ein Bußgeld und/oder Schadensersatzansprüche zur Folge haben. Zusammengefasst:

„Nichts tun ist auch keine Lösung."

Die Überwachungspflicht des Unternehmers begründet keine unbegrenzten Rechte zur Kontrolle der Arbeitnehmer. Die datenschutzrechtlichen Vorgaben sind bei der Kontrolle der Arbeitnehmer einzuhalten und stellen gleichzeitig die Grenze der zulässigen Maßnahmen dar. Für das Arbeitsverhältnis besonders relevant sind das BDSG, das Telekommunikationsgesetz (TKG) und das Telemediengesetz (TMG). Die Einhaltung des Datenschutzes ist aber nicht nur Grenze, sondern auch Teil der Compliance selbst.

Aufgrund der aktuellen Diskussion und der geplanten Gesetzesnovelle zum Beschäftigtendatenschutz wird die Einhaltung datenschutzrechtlicher Vorgaben noch weiter an Bedeutung gewinnen. Bei Fertigstellung des Beitrags Ende 2011 befindet sich die geplante Gesetzesnovelle nach Verweisung des Bundestages in den zuständigen Fachausschüssen. Mit einem Inkrafttreten des Gesetzes ist nicht vor dem vierten Quartal 2012 bzw. dem ersten Quartal 2013 zu rechnen.

Dieser Beitrag soll im Folgenden einen kurzen Überblick über die Grundzüge des Beschäftigtendatenschutzes geben und geht dabei vom derzeit geltenden Recht aus.

2 Grundsätze des Datenschutzrechts

2.1 Verfassungsrechtliche Grundlagen

Jede Datennutzung kollidiert mit dem allgemeinen Persönlichkeitsrecht des Arbeitnehmers, das sich aus Art. 2 Abs. 1 i.V.m. Art. 1 Abs. 1 Grundgesetz (GG) ergibt.[6] Ausprägungen des allgemeinen Persönlichkeitsrechts sind z.B. das Recht am eigenen Bild,[7] die Vertraulichkeit des gesprochenen Wortes[8] und das Recht auf informationelle Selbstbestimmung.[9] Inhalt und Reichweite des allgemeinen Persönlichkeitsrechts stehen dabei

---

[6] Vgl. BVerfG, Entscheidung vom 09.10.2002, 1 BVR 1611/96, 1 BVR 805/98.

[7] BVerfG, Entscheidung vom 15.12.1999, 1 BvR 653/96.

[8] BVerfG, Entscheidung vom 19.12.1991, 1 BvR 382/85.

[9] BVerfG, Entscheidungen vom 14.12.2000, 2 BvR 1741/99, 2 BvR 276/00, 2 BvR 2061/00.

nicht starr fest, sondern ergeben sich aus einer Rechtsgüter- und Interessenabwägung im Einzelfall. Diese Verhältnismäßigkeitsprüfung gilt im Datenschutzrecht insgesamt. Aus diesem Grund ist es schwierig, allgemein gültige Aussagen zu treffen, da immer auf die Besonderheiten des Einzelfalles Bezug genommen werden muss.

2.2 Gesetzliche Umsetzung: BDSG und andere Gesetze

Das BDSG regelt die Datenverarbeitung für öffentliche sowie für private Stellen. Zusätzlich enthält es allgemeine Vorschriften und Sondervorschriften für bestimmte Bereiche sowie Straf- und Bußgeldvorschriften.

Neben den Vorschriften des BDSG haben auch alle Bundesländer eigene Landesdatenschutzgesetze. Diese gelten für die jeweiligen Landesbehörden und Kommunalverwaltungen. Außerdem gibt es eine Vielzahl von spezialgesetzlichen Vorschriften zum Datenschutz, wie beispielsweise im Kreditwesengesetz (KWG), TKG, TMG oder im Strafgesetzbuch (StGB).

2.3 Rechtfertigung der Datenverarbeitung nach dem BDSG

Gemäß § 4 BDSG ist die Erhebung, Verarbeitung und Nutzung personenbezogener Daten nur zulässig, wenn das BDSG oder eine andere Rechtsvorschrift dies erlaubt oder anordnet oder der Betroffene eingewilligt hat. Als Grundsatz gilt:

„Was nicht erlaubt ist, ist verboten.“

In der Prüfung ist daher zunächst davon auszugehen, dass die Datenverarbeitung unzulässig ist, sofern es nicht gelingt, eine gesetzliche Rechtfertigung zu finden.

2.4 Allgemeine Prinzipien des BDSG

Ausprägung des verfassungsrechtlich geschützten Verhältnismäßigkeitsgrundsatzes sind im BDSG insbesondere die Regelungen zur Datensparsamkeit, Datenvermeidung, Datenlöschung und zum Datengeheimnis. Hinzu kommen Informationspflichten des Arbeitgebers über den Umfang und den Inhalt der gespeicherten Daten.

2.4.1 Datenvermeidung und -sparsamkeit (§ 3a BDSG)

Es sind so wenig personenbezogene Daten wie möglich zu erheben, zu verarbeiten und zu nutzen. Die Daten sind, sofern es möglich und verhältnismäßig ist, zu anonymisieren oder zu pseudonymisieren. Außerdem bedarf jeder neue Zweck der Datenverarbeitung einer eigenen Rechtfertigung.

2.4.2 Informationspflichten

Informationspflichten des Arbeitgebers können sich z.B. aus den Regelungen der §§ 33, 34 BDSG ergeben.

Danach hat der Arbeitgeber als verantwortliche Stelle dem Arbeitnehmer auf Anfrage Auskünfte über die über seine Person gespeicherten Daten sowie den Zweck der Speicherung zu erteilen. Bei im Rahmen von § 32 Abs. 1 S. 2 BDSG gespeicherten Daten besteht diese Pflicht zwar grundsätzlich ebenfalls.[10] Allerdings ist eine Information des Arbeitnehmers so lange nicht erforderlich, wie die Geheimhaltung für die Aufdeckung der Straftat erforderlich ist (§ 33 Abs. 2 Nr. 3 BDSG).

Weitere Informationspflichten ergeben sich z.B., wenn die Daten des Arbeitnehmers an dritte Stellen – z.B. an Dienstleister für die Gehaltsabrechnung – übermittelt werden (§ 33 Abs. 1 S. 2 BDSG).

2.4.3 Datengeheimnis

Gemäß § 5 BDSG ist es den bei der Datenverarbeitung beschäftigten Personen „untersagt, personenbezogene Daten unbefugt zu erheben, zu verarbeiten oder zu nutzen". Die in der Datenverarbeitung tätigen Personen sind vom Arbeitgeber daher entsprechend „zu verpflichten". Der Großteil der Literatur[11] und einige Landesdatenschutzgesetze[12] weiten – um einen ausreichenden Datenschutz zu gewährleisten und um Wertungswidersprüche zu vermeiden – den Anwendungsbereich auf all diejenigen Personen aus, die Zugang zu personenbezogenen Daten haben. In der Praxis wird diese Verpflichtung auf das Datengeheimnis regelmäßig durch einen Zusatz zum Arbeitsvertrag geregelt, den der Arbeitnehmer unterschreibt.[13]

---

[10] Gola, P./Schomerus, R., 2010, § 32 Rn. 28; § 33 Rn. 5, 16.

[11] Thüsing, G., Arbeitnehmerdatenschutz und Compliance Rn. 142; Ambs, F., 2010, § 5 BDSG, Rn. 5.

[12] Z.B. § 6 DGS NRW; § 9 HDSG.

[13] So auch Gola, P./Schomerus, R., 2010, § 5 Rn. 12.

2.4.4 Datensicherheit

Gemäß § 9 BDSG ist der Arbeitgeber verpflichtet, die erforderlichen technischen und organisatorischen Maßnahmen zu treffen, um die Sicherheit der personenbezogenen Daten zu gewährleisten. Insbesondere muss sichergestellt sein, dass

- (räumlich) kein Unbefugter Zutritt zu den Datenverarbeitungsanlagen hat,

- (technisch) kein Unbefugter Zugang zu den Datenverarbeitungsanlagen hat,

- keine Übermittlungskontrolle stattfindet,

- bei der Übertragung keine unbefugte Möglichkeit der Vervielfältigung, Kenntnisnahme, Löschung oder Änderung der Daten besteht,

- eine nachträgliche Überprüfung der Eingabe, Änderung und Entfernung von Daten möglich ist,

- die Daten vor zufälligem Verlust und Zerstörung geschützt sind,

- zu unterschiedlichen Zwecken erhobene Daten getrennt verarbeitet werden können und

- im Auftrag verarbeitete Daten nur gemäß den Weisungen des Auftraggebers verarbeitet werden können.

Bei der Frage, ob die vorstehend beschriebenen Vorgaben ausreichend umgesetzt sind, handelt es sich regelmäßig um eine technische Fragestellung.

2.4.5 Löschung gespeicherter Daten

Personenbezogene Daten sind insbesondere dann zu löschen, sobald ihre Kenntnis für die Erfüllung des Zwecks nicht mehr erforderlich ist (§ 35 Abs. 2 Nr. 3 BDSG). Eine darüber hinausgehende Speicherung der Daten bedarf somit einer gesonderten Rechtfertigung, die insbesondere in der Einwilligung des Betroffenen liegen kann.

In der Praxis stellt sich das Problem, wie lange dann Fraud-, Compliance- oder Revisionsberichte aufgehoben werden können, wenn diese Arbeitnehmerdaten enthalten.[14]

---

[14] Der Düsseldorfer Kreis hat jedenfalls zu auf Hinweisgebersystemen (Whistleblowing) basierenden Untersuchungen folgende Stellungnahme abgegeben: „Grundsätzlich sollten Daten innerhalb von 2 Monaten nach Abschluss der Untersuchung gelöscht werden. Eine darüber hinausgehende Speicherung ist nur für die Dauer der Klärung erforderlicher weiterer rechtlicher Schritte wie Disziplinarverfahren oder Einleitung von Strafverfahren zulässig. Personenbezogene Daten im Zusammenhang mit Meldungen, die von der Einheit, die für die Bearbeitung der Meldung zuständig ist, als grundlos erachtet werden, sollten unverzüglich gelöscht werden."

Sofern auf dieser Grundlage weitere Maßnahmen wie etwa Kündigung, Abmahnung oder aber eine Strafanzeige eingeleitet werden, rechtfertigt regelmäßig die ergriffene Maßnahme die weitere Speicherung. Ggf. bestehen zusätzlich steuer- oder handelsrechtliche Aufbewahrungspflichten. Kann durch eine Untersuchung der Verdacht gegen einen Arbeitnehmer ausgeräumt werden, sind die Daten umgekehrt unverzüglich zu löschen, es sei denn, der Betroffene besteht auf einer anderweitigen Dokumentation. Besondere Schwierigkeiten bereiten daher in der Praxis die Fälle, in denen eine Untersuchung ohne klares Ergebnis endet. Hier muss im Einzelfall geprüft werden, ob entweder eine Rechtsgrundlage für eine Speicherung gefunden wird oder eine anonymisierte Speicherung sinnvoll erscheinen kann.

3 Rechtfertigung durch das BDSG

3.1 § 32 Abs. 1 S. 1 BDSG und § 28 BDSG

Im September 2009 wurde das BDSG novelliert und mit § 32 BDSG ein eigener Paragraph für die Datenerhebung, -nutzung und -verarbeitung für Zwecke des Beschäftigungsverhältnisses neu aufgenommen. § 32 BDSG ist insoweit spezieller als die allgemeine Regelung des § 28 BDSG.

Allerdings kann die Regelung des § 28 BDSG auch in Bezug auf Daten aus einem Arbeitsverhältnis zur Anwendung gelangen. Dies ist z.B. der Fall, wenn die Daten nicht der Durchführung des Arbeitsverhältnisses dienen, sondern zur Erfüllung einer sonstigen Vertragspflicht des Arbeitgebers notwendig sind. Im Rahmen von Unternehmenskäufen kann dies z.B. bei Datenübermittlungen im Zusammenhang mit einer Due-Diligence-Prüfung der Fall sein.[15] Weiterhin sind Rechtsstreitigkeiten mit Kunden oder Lieferanten denkbar, in denen der Arbeitgeber darlegen muss, dass seine Arbeitnehmer ordnungsgemäß gehandelt haben. § 32 Abs. 1 S. 1 BDSG lautet:

„Personenbezogene Daten eines Beschäftigten dürfen für Zwecke des Beschäftigungsverhältnisses erhoben, verarbeitet oder genutzt werden, wenn dies für die Entscheidung über die Begründung eines Beschäftigungsverhältnisses oder nach Begründung eines Beschäftigungsverhältnisses für dessen Durchführung oder Beendigung erforderlich ist."

---

[15] Göpfert, B./Meyer, S., 2011, Datenschutz bei Unternehmenskauf.

Zentraler Punkt der Vorschrift und zugleich Ursache für eine Reihe von wichtigen Fragestellungen ist das Kriterium der Erforderlichkeit. In Ermangelung einer gefestigten Rechtsprechung sind daher sehr unterschiedliche Ergebnisse denkbar, abhängig davon, was als (noch) erforderlich angesehen wird.

Beispiele, bei denen eine Erforderlichkeit der Datenspeicherung bereits fraglich erscheint:

- Googeln von Bewerberdaten,

- Speicherung der privaten Telefonnummer und des Geburtsortes der Arbeitnehmer und

- Speichern aller persönlichen Daten von ausgeschiedenen Arbeitnehmern nach Beendigung des Arbeitsverhältnisses.

Zur Durchführung des Beschäftigungsverhältnisses erforderlich sind alle Daten, die der Arbeitgeber zur Erfüllung seiner Pflichten und zur Wahrnehmung seiner Rechte gegenüber dem Arbeitnehmer vernünftigerweise benötigt.[16]

Nach der Vorgängerregelung in § 28 BDSG a.F. war die Erhebung, Verarbeitung und Nutzung bereits zulässig, wenn die Daten für die Durchführung des Arbeitsverhältnisses dienlich[17] waren. Allerdings wurde auch schon zur Vorgängernorm in der Literatur vertreten, dass eine Dienlichkeit lediglich vorläge, wenn die Erhebung, Verarbeitung und Nutzung der Daten erforderlich sei.[18]

Zwar sollen ausweislich der Gesetzesbegründung durch die Neufassung in § 32 BDSG keine inhaltlichen Änderungen im Bereich des Arbeitnehmerdatenschutzes erfolgen.[19] Der Gesetzeswortlaut beinhaltet entgegen der Gesetzesbegründung aber sehr wohl entscheidende Änderungen, in welchen insbesondere der Begriff der Dienlichkeit durch den Begriff der Erforderlichkeit ersetzt wurde.[20]

Vor dem Hintergrund der Gesetzesbegründung erscheint es aber gut vertretbar, dass eine Erforderlichkeit für die Datenerhebung auch weiterhin vorliegt, wenn die Daten zur Erfüllung des legitimen Vertragszwecks des Arbeitsverhältnisses benötigt werden, also

---

[16] Gola, P./Schomerus, R., 2010, § 32 Rn. 12, a.A. Däubler, W., 2011, Das neue Bundesdatenschutzgesetz und seine Auswirkungen im Arbeitsrecht, S. 874, der auf die „Nützlichkeit" abstellt.

[17] Vgl. § 28 in der bis zum 31.08.2009 gültigen Fassung.

[18] Vgl. Gola, P./Schomerus, R., 2007, § 28 Rn. 34.

[19] BT-Drs. 16/13657, S. 27.

[20] Thüsing, G., 2009, Grundfragen des Arbeitnehmerdatenschutzes, S. 865.

eine Erfüllung des Vertragszwecks auf andere Weise nicht oder jedenfalls nicht angemessen möglich ist.[21]

Im Einzelnen kann wie folgt unterschieden werden:

3.1.1 Begründungsphase des Arbeitsverhältnisses

Grundsätzlich dürfen in der Begründungsphase des Arbeitsverhältnisses all jene Daten erhoben werden, die notwendig für die Identifizierung, Kontaktierung und rechtmäßige Beurteilung des Bewerbers sind. Dazu gehören auch Fragen nach Daten, die darauf abzielen, festzustellen, ob der Bewerber in der Lage ist, die entsprechende Tätigkeit auszuführen. Zu beachten ist dabei auch das Allgemeine Gleichbehandlungsgesetz (AGG), das ggf. das Fragerecht des Arbeitgebers weiter einschränken kann.[22]

Eine Internetrecherche ist nach Auffassung der Autoren weiterhin zulässig und oftmals auch praktisch zu empfehlen. Dabei sollte allerdings darauf geachtet werden, dass erkennbar private und für das Arbeitsverhältnis irrelevante Daten keine Berücksichtigung finden. Diese Auffassung entspricht in etwa dem aktuellen Gesetzesentwurf, wonach Daten in Social-Media-Plattformen nicht für das Arbeitsverhältnis ausgewertet werden dürfen.

3.1.2 Löschung nach (nicht erfolgreichem) Abschluss des Bewerbungsverfahrens

Insbesondere die Speicherung der Daten nicht erfolgreicher Bewerber nach Abschluss des Bewerbungsverfahrens ist aus datenschutzrechtlicher Sicht problematisch. Gemäß § 35 Abs. 2 BDSG sind Daten zu löschen, sobald ihre Kenntnis für die Erfüllung des Zwecks der Speicherung nicht mehr erforderlich ist. Eine unbegrenzte Speicherung der Bewerberdaten ist ohne Einwilligung somit nicht zulässig.

Allerdings kann eine Speicherung zur Verteidigung gegen Rechtsansprüche auch nach Abschluss des Bewerbungsverfahrens erforderlich sein. Nach einer älteren Entscheidung des Bundesarbeitsgerichts (BAG) fällt der Grund für die Speicherung zwar bereits dann weg, wenn der Bewerber in dem konkreten Verfahren nicht berücksichtigt worden ist.[23] Spätestens durch Einführung des AGG dürfte diese Rechtsprechung aber wie folgt zu ergänzen sein, um, wenn notwendig, in einem Gerichtsverfahren eine diskriminierungs-

---

[21] Gola, P./Wronka, G., 2009, Handbuch zum Arbeitnehmerdatenschutzgesetz, Rn. 398.

[22] Vgl. Hey, T., 2009, Kommentar zum AGG, insb. § 7 Rn. 13, § 8 Rn. 29, 34.

[23] BAG, Urteil vom 06.06.1984, 5 AZR 286/81.

freie Auswahlentscheidung belegen zu können: Zur Abwehr möglicher Schadensersatz-ansprüche nach dem AGG ist nach Ansicht der Autoren die Speicherung der Daten von abgelehnten Bewerbern zumindest für einen Zeitraum von sechs Monaten nach Abschluss des Bewerbungsverfahrens noch erforderlich.[24] Es sollte dabei aber sicher-gestellt werden, dass während der sechs Monate ein Zugriff auf die Daten aus anderen Gründen nicht erfolgen kann. Die Daten sind durch entsprechende Maßnahmen zu sperren.[25]

Eine Aufbewahrung der Daten über die genannten Zeiträume hinaus oder zu einem anderen Zweck ist nur zulässig, wenn der Betroffene eine den Anforderungen des § 4a BDSG entsprechende schriftliche Einwilligung erteilt hat. Da so die Möglichkeit eröffnet wird, ggf. in einem späteren Bewerbungsverfahren berücksichtigt zu werden, wird eine solche Einwilligung i.d.R. durch den Bewerber erteilt werden.

3.1.3 Durchführung des Arbeitsverhältnisses

Im Rahmen der Durchführung des Arbeitsverhältnisses werden regelmäßig die Personal-stammdaten und Sozialdaten des Arbeitnehmers (z.B. Name, Adresse, Geburtsdatum etc.) erhoben und gespeichert. Die Speicherung dieser Daten wird vom BAG für die Durchführung des Arbeitsverhältnisses grundsätzlich für erforderlich gehalten.[26]

Zu beachten ist aber auch stets der Zweck der Datenspeicherung. So ist die Erhebung und Speicherung der Konfession des Arbeitnehmers nur im Zusammenhang mit der Abfüh-rung der Lohnsteuer zulässig (§ 39b Abs. 1 S. 4 Einkommensteuergesetz (EStG)). Eine anderweitige Verwendung dieses Datums dürfte ohne Einwilligung des Arbeitnehmers i.d.R. unzulässig sein.

Auch eine Erhebung der Staatsangehörigkeit ist wohl zur Durchführung des Beschäfti-gungsverhältnisses nur zulässig, um zu überprüfen, ob der Arbeitnehmer eine Arbeits-erlaubnis benötigt. Andere erforderliche Zwecke sind nicht ersichtlich. Zudem besteht die Gefahr, dass eine Erhebung der Staatsangehörigkeit als ein Verstoß gegen das AGG angesehen werden kann.

Die Erfassung der privaten Telefonnummern und sonstigen Kontaktdaten wie der Mail-adresse von Arbeitnehmern ist jedenfalls zulässig, wenn diese nur für einen Notfall gespeichert werden und ein Zugriff auf die Daten für andere Fälle ausgeschlossen ist.

---

[24] Siehe auch Wank, R., 2011, § 32 BDSG, Rn. 15.

[25] Eine höchstrichterliche Entscheidung zur Zulässigkeit dieser Speicherung liegt bislang nicht vor, vgl. auch Gola, P./Schomerus, R., 2010, BDSG, § 35 Rn. 13b.

[26] Vgl. BAG, Urteil vom 22.10.1986 – 5 AZR 660/85.

3.1.4 Beendigung des Arbeitsverhältnisses

Auch im Rahmen der Beendigung des Arbeitsverhältnisses richtet sich die Zulässigkeit der Datenerfassung nach der Erforderlichkeit. Erforderlich wird dabei beispielsweise regelmäßig die Erfassung und Speicherung der Anhörungsunterlagen des Betriebsrats, der Kündigung bzw. des Aufhebungsvertrags und des Abschlusszeugnisses sein. Auch die erforderlichen Daten für Leistungen nach Beendigung des Arbeitsverhältnisses, z.B. für die betriebliche Altersversorgung, können nach Beendigung des Arbeitsverhältnisses gespeichert werden.

Soweit nach Beendigung des Arbeitsverhältnisses gesichert feststeht, dass keine Leistungen mehr beansprucht werden können, sollten die Daten jedenfalls nach Ablauf der Regelverjährung gelöscht werden. Sofern mögliche Ansprüche nicht gesichert ausgeschlossen werden können, ist auch eine längere Speicherung wohl nicht zu beanstanden.

3.2 § 32 Abs. 1 S. 2 BDSG: Aufdeckung von Straftaten

Die im Rahmen der Aufdeckung von Straftaten bestehenden Befugnisse zur Datenerhebung des Arbeitgebers sind in § 32 Abs. 1 S. 2 BDSG geregelt: „Zur Aufdeckung von Straftaten dürfen personenbezogene Daten eines Beschäftigten nur dann erhoben, verarbeitet und genutzt werden, wenn zu dokumentierende tatsächliche Anhaltspunkte den Verdacht begründen, dass der Betroffene im Beschäftigungsverhältnis eine Straftat begangen hat, die Erhebung, Verarbeitung oder Nutzung erforderlich ist und das schutzwürdige Interesse des Beschäftigten an dem Ausschluss der Erhebung, Verarbeitung oder Nutzung nicht überwiegt, insbesondere Art und Ausmaß im Hinblick auf den Anlass nicht unverhältnismäßig sind."

Die Regelung führt in der Praxis zu folgenden Fragestellungen:

3.2.1 Zu dokumentierende tatsächliche Anhaltspunkte

Für eine Datenerhebung gemäß § 32 Abs. 1 S. 2 BDSG ist es erforderlich, dass tatsächliche Anhaltspunkte für ein Fehlverhalten existieren. Dies bedeutet, dass konkrete Verdachtsmomente und Indizien für ein mögliches Fehlverhalten vorliegen müssen. Diese konkreten Tatsachen müssen sodann aktenkundig gemacht werden. Dafür ist ein schriftliches oder elektronisches Festhalten der Indizien erforderlich, die einen (möglichen) Schaden begründen und zugleich auf die verdächtige Person hindeuten.[27]

---

[27] Wank, R., 2011, § 32 BDSG, Rn. 30.

Oftmals ist in der Praxis bei Datenanalysen zu empfehlen, diese zunächst auf anonymer Basis durchzuführen. Dadurch unterfällt die Auswertung im ersten Schritt nicht dem BDSG. Werden Auffälligkeiten festgestellt, reichen diese oftmals bereits aus, um den nach § 32 Abs. 1 S. 2 BDSG geforderten Verdacht zu begründen. In einem zweiten Schritt ist es dann nach Auffassung der Autoren durch eine weitere Auswertung möglich, die konkreten Namen zu ermitteln. Der mit diesem Vorgehen verbundene Mehraufwand ist im Regelfall durch die gewonnene Rechtssicherheit gerechtfertigt.

3.2.2 Der Betroffene

Die Maßnahmen des § 32 Abs. 1 S. 2 BDSG sind nur gegen „den Betroffenen" zulässig. Eine Datenerhebung, die eine Vielzahl von Personen betrifft, ohne dass ein konkreter Verdacht besteht, ist gemäß § 32 Abs. 1 S. 2 BDSG unzulässig. Es wird aber wohl ausreichend sein, dass die Gruppe von Betroffenen anhand des Verdachts abgegrenzt werden kann.

3.2.3 Straftat im Beschäftigungsverhältnis

Zwar sind nach dem Gesetzeswortlaut Ordnungswidrigkeiten nicht erfasst. Nach allgemeiner Ansicht findet § 32 Abs. 1 S. 2 BDSG allerdings auch bei der Aufdeckung von möglichen Ordnungswidrigkeiten des Arbeitnehmers Anwendung.[28]

Weiterhin kann davon ausgegangen werden, dass § 32 Abs. 1 S. 2 BDSG auch bei Pflichtverletzungen im Arbeitsverhältnis, welche die Grenze zur Ordnungswidrigkeit bzw. Straftat nicht überschritten haben, anwendbar und daher zu beachten ist.[29]

Der Arbeitnehmer hat regelmäßig ein berechtigtes Interesse an der Ermittlung bzw. Aufklärung von möglichen Straftaten im Arbeitsverhältnis. Dieses Interesse besteht aber auch im Falle eines Verdachts von Pflichtverletzungen. Zum Schutz des Persönlichkeitsrechts des betroffenen Arbeitnehmers stellt § 32 Abs. 1 S. 2 BDSG entsprechend hohe Hürden auf,[30] die für alle Ermittlungen gleichermaßen gelten. § 32 Abs. 1 S. 2 BDSG stellt nach unserer Auffassung daher nur eine Konkretisierung der auch im Rahmen von § 32 Abs. 1 S. 1 BDSG zu prüfenden Erforderlichkeit dar.

---

[28] Wank, R., 2011, § 32 BDSG, Rn. 29; Gola, P./Schomerus, R., 2010, § 32 Rn. 29.

[29] Vgl. auch § 32e BDSG-E.

[30] BT-Drs. 16/13657, S. 21.

Die so verstandene Straftat muss weiterhin im Beschäftigungsverhältnis erfolgt sein. Der Begriff des Beschäftigungsverhältnisses ist dabei weit zu verstehen. Hierunter fallen alle Straftaten, die im Zusammenhang mit dem Beschäftigungsverhältnis durchgeführt werden.[31]

3.2.4 Verhältnismäßigkeit

Die Maßnahmen zur Aufdeckung von Straftaten und Ordnungswidrigkeiten im Beschäftigungsverhältnis müssen stets im Verhältnis zur möglichen Straftat des Arbeitnehmers stehen. Dies bezieht sich insbesondere auf Art und Ausmaß der Erhebung, Verarbeitung und Nutzung der Daten. So ist nach der Rechtsprechung eine DNA-Analyse der Arbeitnehmer zur Aufdeckung des Verfassers von beleidigenden Briefen unzulässig.[32] Insgesamt sollte daher insbesondere bei so genannten Bagatelldelikten nochmals geprüft werden, ob aufwendigere Untersuchungen nicht nur aus wirtschaftlichen, sondern auch aus datenschutzrechtlichen Gründen unterbleiben sollten.

3.2.5 Praxis

Soweit in der Praxis Ermittlungen nicht mehr (rechtssicher) zulässig sind, bleibt einzig die Möglichkeit, die zuständige Ermittlungsbehörde zu informieren. Ob die dann zu erwartende (zusätzlich) erhöhte Belastung der Ermittlungsbehörden immer zu dem aus Unternehmenssicht gewünschten Ermittlungsaufwand und Ergebnis führt, erscheint aber fraglich.

4 Rechtfertigung durch andere Rechtsvorschriften

4.1 Andere Rechtsvorschriften

Die Datenerhebung, -nutzung und -verarbeitung ist gemäß § 4 BDSG auch zulässig, wenn sie nach einer anderen Rechtsvorschrift zulässig ist. Aufgrund der Vielzahl der gesetzlichen Vorgaben nachfolgend nur einige Beispiele.

Als andere Rechtsvorschrift kommt v.a. im Bankenbereich § 25c KWG in Betracht. Gemäß § 25c Abs. 2 S. 2 KWG dürfen Kreditinstitute personenbezogene Daten erheben, verarbeiten und nutzen, soweit dies zur Erfüllung ihrer Verpflichtungen aus dem KWG

---

[31] Wank, R., 2011, § 32 BDSG Rn. 29.
[32] VGH Baden-Württemberg, Beschluss vom 28.11.2000, PL 15 S 2838/99.

erforderlich ist. Dabei ist aber ebenfalls stets der Grundsatz der Verhältnismäßigkeit zu beachten. Weiterhin ist zu beachten, dass nicht allen Anforderungen der Bundesanstalt für Finanzdienstleistungsaufsicht (BaFin) automatisch Gesetzesqualität zukommen. Aus datenschutzrechtlicher Sicht ist daher eine Prüfung, welche Daten erhoben und ggf. weitergegeben werden, dennoch empfehlenswert.

Darüber hinaus finden sich eine Vielzahl an Vorschriften in der Abgabenordnung (AO) oder den Sozialgesetzbüchern, z. B. die Regelung zum betrieblichen Eingliederungsmanagement, (§ 84 Abs. 2 SGB IX).

4.2   Betriebsvereinbarung

Nach allgemeiner Auffassung und nach einer älteren Entscheidung des BAG stellt eine Betriebsvereinbarung eine andere Rechtsvorschrift im Sinne des § 4 BDSG dar.[33] Zwar gibt es zu dieser Frage keine aktuelle höchstrichterliche Entscheidung, es kann aber davon ausgegangen werden, dass der Gesetzgeber im Rahmen der Novelle des BDSG im September 2009 eine Regelung zur Betriebsvereinbarung aufgenommen hätte, wenn er diese als Rechtfertigungsmöglichkeit hätte ausschließen wollen.[34]

Betriebsvereinbarungen können daher ein sehr wirksames Mittel sein, bestehende rechtliche Unsicherheiten für das eigene Unternehmen gemeinsam mit dem Betriebsrat zu lösen. Aber auch der Gestaltungsspielraum der Betriebsparteien wird durch die Wertungen des Grundgesetzes und zwingenden Gesetzesrechtes begrenzt. Gleichwohl bietet eine Betriebsvereinbarung Vorteile, da in dieser detaillierte Regelungen zu den erfassten Daten und insbesondere den Kontrollmöglichkeiten getroffen werden können. Durch die Einbindung des Betriebsrates haben die getroffenen Vereinbarungen regelmäßig auch eine höhere Akzeptanz bei den Arbeitnehmern. Im Verhältnis zur Einwilligung ist eine Betriebsvereinbarung auch nicht jederzeit widerruflich, sondern nur durch eine Kündigung durch eine der Betriebsparteien zu beenden. Ebenso können ablösende Regelungen mit dem Betriebsrat verhandelt werden. Der zeitaufwendige Prozess, Einwilligungen einer Vielzahl von Arbeitnehmern einzuholen, kann entfallen.[35]

---

[33]   Wank, R., 2011, § 4 BDSG, Rn. 2; Gola, P./Schomerus, R., 2010, § 4 Rn. 7; BAG, Beschluss vom 27.05.1984 – 1 ABR 48/84.

[34]   Vgl. auch Gola, P./Wronka, G., 2009, Handbuch zum Arbeitnehmerdatenschutzgesetz, Rn. 242 ff.

[35]   Vgl. auch den Beitrag von Röck zu Arbeitsrecht.

5 Rechtfertigung der Datenverarbeitung durch Einwilligung

Ist die Datenverarbeitung weder gemäß §§ 28, 32 BDSG noch aufgrund einer anderen Rechtsgrundlage zulässig, ist weiterhin denkbar, die Einwilligung des betroffenen Arbeitnehmers einzuholen. Die Zulässigkeit der Einwilligung des Betroffenen ist in § 4 BDSG ausdrücklich vorgesehen. Die Wirksamkeitserfordernisse an eine solche Einwilligung sind in § 4a BDSG wie folgt geregelt:

- Freiwilligkeit,

- informierter Hinweis auf Zweck der Datenerhebung, -nutzung und -verarbeitung,

- Schriftform und

- besondere Hervorhebung, wenn sie mit anderen Erklärungen erteilt werden soll.

Eine Einwilligung – oftmals im Arbeitsvertrag zu finden als generelles Einverständnis zur nicht näher beschriebenen Datenverarbeitung – ist daher in jedem Fall zu unkonkret und bereits aus diesem Grund regelmäßig nicht ausreichend.[36]

Darüber hinaus ist aber bereits die Zulässigkeit einer Einwilligung im Arbeitsverhältnis überhaupt umstritten: Aufgrund des strukturellen Ungleichgewichts zwischen Arbeitgeber und Arbeitnehmer könne eine Freiwilligkeit im Arbeitsverhältnis nicht vorliegen.[37] Überzeugen kann diese Ansicht nicht. Dagegen spricht, dass das BDSG die Möglichkeit der Einwilligung ausdrücklich vorsieht. Eine Einschränkung für den Beschäftigtendatenschutz wurde jedenfalls bislang im BDSG nicht geregelt, obwohl der Gesetzgeber bei Einführung des § 32 BDSG die Möglichkeit hierzu gehabt hätte.

Darüber hinaus ist aber auch die Annahme eines immer gegebenen strukturellen Ungleichgewichts nicht zutreffend. So kann der Arbeitnehmer etwa freiwillig in Kontrollmöglichkeiten einwilligen, um im Gegenzug Internet- und E-Mail-System des Arbeitgebers auch zu privaten Zwecken nutzen zu können. Sofern der Arbeitnehmer nicht einwilligt, entfällt die Möglichkeit der Privatnutzung. Ein Nachteil wird dem Arbeitnehmer hieraus nicht erwachsen.

---

[36] OLG Bremen, Beschluss vom 16.08.2001 – 5 U 23/2001 c.

[37] Vgl. Wohlgemuth, H., 1988, Datenschutz für Arbeitnehmer, Rn. 120 ff., Simitis, S., 2011, Bundesdatenschutzgesetz, § 4 Rn. 7 m. w. N.

Abschließend ist als Konsequenz der Freiwilligkeit die Einwilligung jederzeit und ohne Angaben von Gründen widerruflich. Insbesondere aus diesem Grund ist die Möglichkeit der Einwilligung nicht geeignet, um für eine größere Gruppe von Arbeitnehmern die dauerhafte Zulässigkeit einer Datenverarbeitung sicherzustellen.

6 Betrieblicher Datenschutzbeauftragter

6.1 Aufgaben und Befugnisse

Sind in einem Betrieb i.d.R. 20 oder mehr Personen mit der Verarbeitung von Daten beschäftigt, so muss ein betrieblicher Datenschutzbeauftragter bestellt werden (§ 4f BDSG). Der Datenschutzbeauftragte ist Teil des Systems der Datenschutzkontrolle.[38] Zu seinen Aufgaben gehören u.a. die interne Datenschutzorganisation, die Beratung des Arbeitsgebers, die Durchführung von vorgeschriebenen Meldungen an die Datenschutzbehörden oder die Mitwirkung bei der Gestaltung von datenschutzkonformen Verträgen und Vertragsklauseln.[39]

Als Datenschutzbeauftragter kann sowohl ein Arbeitnehmer des Unternehmens als interner Datenschutzbeauftragter als auch ein externer Datenschutzbeauftragter bestellt werden. Voraussetzung ist jeweils die erforderliche Fachkunde und Zuverlässigkeit für die Erfüllung der Aufgaben (§ 4 Abs. 2 BDSG).

Der betriebliche Datenschutzbeauftragte berichtet gemäß § 4 Abs. 3 BDSG unmittelbar an die Geschäftsleitung. Um Interessenkonflikte zu vermeiden und die Unabhängigkeit des Datenschutzbeauftragten zu sichern, scheiden Personen mit Geschäftsleitungsfunktionen regelmäßig für die Aufgabe des Datenschutzbeauftragten aus.[40] Nur in Bezug auf die datenschutzrechtlichen Aufgaben besteht keine Weisungsbefugnis des Arbeitgebers gegenüber dem Datenschutzbeauftragten,[41] im Übrigen verbleibt es aber bei den allgemeinen arbeitsrechtlichen Regelungen.

---

[38] Wank, R., 2011, § 4f BDSG, Rn. 1.
[39] Gola, P./Wronka, G., 2009, Handbuch zum Arbeitnehmerdatenschutzgesetz, Rn. 1510.
[40] Wank, R., 2011, § 4f BDSG, Rn. 3; Gola, P./Schomerus, R., 2010, § 4f, Rn. 24.
[41] Wank, R., 2011, § 4f BDSG, Rn. 4; Gola, P./Schomerus, R., 2010, § 4f, Rn. 48.

6.2 Bestellung/Abberufung und Kündigungsschutz

Die Bestellung des Datenschutzbeauftragten unterliegt als solche nicht der Mitbestimmung des Betriebsrats, jedoch kann bei fehlender Eignung des Datenschutzbeauftragten der Betriebsrat die insbesondere für eine Versetzung gemäß § 99 Abs. 2 Nr. 1 Betriebsverfassungsgesetz (BetrVG) notwendige Zustimmung verweigern.[42]

Das Arbeitsverhältnis des gesetzlich zu bestellenden Datenschutzbeauftragten kann gemäß § 4f Abs. 3 BDSG nur außerordentlich gemäß § 626 Bürgerliches Gesetzbuch (BGB) gekündigt werden. Dies gilt für die Dauer der Zeit als Datenschutzbeauftragter und ein Jahr danach. Ein Widerruf der Bestellung zum betrieblichen Datenschutzbeauftragten setzt ein Verlangen der Aufsichtsbehörde (i.d.R. die Datenschutzaufsichtsbehörden der Länder) oder einen wichtigen Grund im Sinne des § 626 BGB voraus.

In der Praxis bietet es sich daher an, einen externen Datenschutzbeauftragten zu bestellen. Das mit diesem bestehende Auftragsverhältnis kann jederzeit unter Einhaltung der vereinbarten Kündigungsfristen beendet werden. Als Alternative kann über eine befristete Bestellung des internen Datenschutzbeauftragten nachgedacht werden. Nach unserer Rechtsauffassung unterliegt eine solche Befristung nicht dem Teilzeit- und Befristungsgesetz und ist aus datenschutzrechtlicher Sicht jedenfalls dann wirksam, wenn sie ausreichend lange ist, um keinen unmittelbaren Einfluss auf den Datenschutzbeauftragten ausüben zu können.

6.3 Verfahrensverzeichnis

Gemäß § 4g Abs. 2 S. 1 BDSG hat das Unternehmen dem Datenschutzbeauftragten ein Verzeichnis über die im Unternehmen bestehenden Verfahren zur automatisierten Verarbeitung von Daten gemäß § 4e BDSG (Verfahrensverzeichnis) zur Verfügung zu stellen. Das Verfahrensverzeichnis ist auch regelmäßig das erste Dokument, das die Datenschutzbehörden im Falle einer Überprüfung zur Einsicht verlangen. Das Verfahrensverzeichnis muss folgende Angaben beinhalten:

- Name oder Firma der verantwortlichen Stelle,

- Inhaber, Vorstände, Geschäftsführer oder sonstige gesetzliche oder nach der Verfassung des Unternehmens berufene Leiter und die mit der Leitung der Datenverarbeitung beauftragten Personen,

---

[42] BAG, Beschluss vom 22.03.1994, 1 ABR 51/93; siehe auch Gola, P./Schomerus, R., 2010, § 4f, Rn. 33.

- Anschrift der verantwortlichen Stelle,

- Zweckbestimmungen der Datenerhebung, -verarbeitung oder -nutzung,

- Beschreibung der betroffenen Personengruppen und der diesbezüglichen Daten oder Datenkategorien,

- Empfänger oder Kategorien von Empfängern, denen die Daten mitgeteilt werden können,

- Regelfristen für die Löschung der Daten,

- geplante Datenübermittlung in Drittstaaten und

- allgemeine Beschreibung, die es ermöglicht, vorläufig zu beurteilen, ob die Maßnahmen nach § 9 BDSG zur Gewährleistung der Sicherheit der Verarbeitung angemessen sind.

6.4 Datenübermittlung an Dritte, insbesondere Auftragsdatenverarbeitung

Die Übermittlung personenbezogener Daten an Dritte ist ein gesonderter Vorgang im Sinne des BDSG, der einer eigenen Rechtfertigung bedarf. Da es keine Ausnahmeregelung für Konzernunternehmen gibt, gilt dies auch im Konzern. Privilegiert ist dabei die Auftragsdatenverarbeitung, die auch oftmals als Grundlage für die Datenverarbeitung im Konzern herangezogen werden kann. Eine Auftragsdatenverarbeitung liegt vor, wenn der Dritte die Datenverarbeitung ausschließlich im Auftrag des Auftraggebers, hier also des Arbeitgebers, durchführt, z.B. die Gehaltsabrechnung durch einen Dienstleister. Der Dritte unterliegt dabei den Weisungen des Auftraggebers und hat keine eigene Entscheidungskompetenz. Hinsichtlich der Auswahl des Dritten trifft den Auftraggeber eine Sorgfaltspflicht. Als Faustregel gilt: Der Auftraggeber muss sicherstellen, dass beim Auftragnehmer die Datenschutzvorkehrungen getroffen werden, die er selbst vornehmen müsste, wenn er die Daten selbst verarbeiten würde.[43]

Insbesondere sind die formalen Voraussetzungen einzuhalten: Der Datenübertragung an den Dritten muss eine schriftliche Vereinbarung zugrunde liegen, die den Anforderungen des § 11 BDSG entspricht. Es müssen u.a. Art und Umfang der Nutzung, Pflichten des Dritten, Kontrollrechte des Auftraggebers, die Weisungsbefugnis und Rückgabe- und Beendigungsmodalitäten geregelt werden. Die einzelnen Voraussetzungen wurden mit der Novelle des BDSG zum 01.09.2009 eingeführt, mit der Folge, dass Altverträge nicht

---

[43] Gola, P./Schomerus, R., 2010, § 11, Rn. 21; Ambs, F., 2010, § 27 BDSG, Rn. 6.

mehr der aktuellen Rechtslage entsprechen. Da das Gesetz auch keine Übergangsvorschrift vorsieht, kann nicht ausgeschlossen werden, dass auch für Altverträge eine Anpassung erforderlich werden könnte. In der Praxis bietet sich meist eine Vertragsanlage mit den gemäß § 11 BDSG erforderlichen Angaben an, um den Neuabschluss laufender Verträge zu vermeiden. Für neue Verträge sollten die Vorgaben im Vertragsmanagement automatisch berücksichtigt werden.

7 Verstöße gegen Vorschriften des BDSG

7.1 Sanktionen des BDSG

Verstöße gegen einzelne Vorschriften des BDSG stellen i.d.R. eine Ordnungswidrigkeit dar. Ein solcher Verstoß kann mit einem Bußgeld von bis zu 300.000 EUR geahndet werden. Einzelne Verstöße – z.B. das vorsätzliche, unbefugte Erheben oder Verarbeiten von personenbezogenen Daten, die nicht allgemein zugänglich sind, gegen Entgelt oder in der Absicht, sich oder einen anderen zu bereichern – stellen eine Straftat dar und werden mit Freiheitsstrafe bis zu zwei Jahren oder Geldstrafe belegt.

Gemäß § 43 Abs. 3 BDSG soll die Geldbuße den wirtschaftlichen Vorteil, den der Täter aus dem Verstoß gegen die Vorschriften des BDSG gezogen hat, übersteigen. Hierzu wäre es theoretisch möglich, den durch die Datenschutzverletzung erlangten Gewinn abzuschöpfen. Hierzu ist es nach § 43 Abs. 3 S. 3 BDSG zulässig, dass die im BDSG festgesetzten Bußgeldbeträge überschritten werden können.

7.2 Gerichtliche Verwertbarkeit von rechtswidrig erlangten Daten

Rechtswidrig erlangte Daten aus Überwachungsmaßnahmen können einem gerichtlichen Beweisverwertungsverbot unterliegen. Dies hätte zur Folge, dass diese in nachfolgenden Straf- und Zivilverfahren nicht verwertet werden können.

Ein Beweisverwertungsverbot liegt i.d.R. vor, wenn das Beweismittel durch das unbefugte Eindringen in die Privatsphäre des Arbeitnehmers erlangt worden ist. Dieses Risiko besteht insbesondere bei heimlich durchgeführten Videoaufzeichnungen, die nicht den strengen Anforderungen der Gerichte genügen, und gilt selbst dann, wenn die Aufzeichnungen die Täterschaft klar belegen würden.

Bei geplanten Überwachungsmaßnahmen ist daher im Vorfeld genauestens zu prüfen, ob die Maßnahmen nach den gesetzlichen Regelungen und insbesondere dem BDSG zulässig sind. Ansonsten besteht die Gefahr, dass sich das Unternehmen wegen einer Verletzung des BDSG verantworten muss und gleichzeitig eine Durchsetzung von möglichen Ansprüchen oder Sanktionen gegen den betreffenden Arbeitnehmer ausgeschlossen ist.

8 Rechte des Betriebsrats

8.1 Mitbestimmungsrechte gemäß § 87 BetrVG

Im Rahmen der datenschutzrelevanten Arbeitnehmerüberwachung hat der Betriebsrat regelmäßig die folgenden Mitbestimmungsrechte gemäß § 87 BetrVG. So ist der Einsatz von technischen Einrichtungen, die dazu bestimmt sind, das Verhalten und die Leistung des Arbeitnehmers zu überwachen, gemäß § 87 Abs. 1 Nr. 6 BetrVG mitbestimmt. Dies ist bei Maßnahmen zur Arbeitnehmerüberwachung mit Einsatz von technischen Hilfsmitteln regelmäßig der Fall. Hierunter fallen z.B. biometrische Zugangskontrollen, verdeckte und offene Videoüberwachung, automatische Erfassung von Telefondaten und -gebühren, Speicherung von Daten zur Internetnutzung etc.[44] Die Rechtsprechung hat den Begriff der technischen Einrichtungen gemäß § 87 Abs. 1 Nr. 6 BetrVG auch auf solche erweitert, die nicht ausdrücklich dazu bestimmt sind, Arbeitnehmer zu überwachen, aber objektiv dazu geeignet wären. Ob der Arbeitgeber mit der Einrichtung dieses Ziel konkret verfolgt und eine Auswertung tatsächlich vornimmt, ist unbeachtlich.[45]

Ein weiteres Mitbestimmungsrecht wird sich regelmäßig aus § 87 Abs. 1 Nr. 1 BetrVG ergeben, wenn die Regelung nicht das bloße Arbeits- sondern vielmehr das Ordnungsverhalten der Arbeitnehmer betrifft. Zu den Fragen der Ordnung des Betriebs und dem Verhalten des Arbeitnehmers gehören z.B. die Durchführung von Torkontrollen, Anwesenheitskontrollen oder Regelungen zur Privatnutzung von Telekommunikationsdiensten.

Wurde der Betriebsrat entgegen der gesetzlichen Bestimmungen nicht beteiligt, sind die Maßnahmen nach der Theorie der Wirksamkeitsvoraussetzung unwirksam.[46] Darüber hinaus hat der Betriebsrat bei Verstößen des Arbeitgebers gegen datenschutzrechtliche Bestimmungen einen Unterlassungsanspruch gemäß § 23 Abs. 3 BetrVG.

---

[44] Vgl. Fitting, K., 2010, Betriebsverfassungsgesetz, § 87, Rn. 244 ff.
[45] Richardi, R., 2010, Betriebsverfassungsgesetz, § 87, Rn. 501.
[46] BAG Großer Senat, Beschluss vom 03.12.1991, GS 1/90; BAG, Urteil vom 28.09.1994, 1 AZR 870/93.

8.2 Informationsrecht gemäß § 80 BetrVG

Darüber hinaus steht dem Betriebsrat ein allgemeines Informationsrecht gemäß § 80 Abs. 1 Nr. 1 BetrVG zu, um die für seine Aufgabenwahrnehmung erforderlichen Informationen zu erhalten.

Eine Aufgabe des Betriebsrats ist es, die Einhaltung der Arbeitnehmerschutzgesetze zu überwachen. Hierzu zählt auch das BDSG. Für die Wahrnehmung der Überwachungsfunktion sind dem Betriebsrat gemäß § 80 Abs. 2 BetrVG alle erforderlichen Informationen zur Verfügung zu stellen. Außerdem hat der Betriebsrat das Recht, dass der Arbeitgeber ihm zur Durchführung der Überwachung sachkundige Arbeitnehmer als Auskunftspersonen zur Verfügung stellt. Dies wird regelmäßig der Datenschutzbeauftragte sein. Der Betriebsrat hat aber auch das Recht, bei komplexeren Fragestellungen externe Sachverständige hinzuzuziehen.

9 Einzelne Maßnahmen der Arbeitnehmerüberwachung

9.1 Überwachung von Telekommunikationseinrichtungen (Telefon, E-Mail, Internet)

9.1.1 Anwendbarkeit des Telekommunikations- und Telemediengesetzes

Das TKG und TMG regeln die zulässigen Rechte und Maßnahmen für die Anbieter von Telekommunikationsdienstleistungen. Rechtlich relevant ist in diesem Zusammenhang insbesondere das Fernmeldegeheimnis, dem gemäß § 88 Abs. 1 TKG der Inhalt der Telekommunikation und ihre näheren Umstände unterliegen, insbesondere die Tatsache, ob jemand an einem Telekommunikationsvorgang beteiligt ist oder war, sowie die näheren Umstände erfolgloser Verbindungsversuche.

Entscheidend ist zunächst die Festlegung, ob die Regelungen des TKG und TMG und damit auch das Fernmeldegeheimnis im Verhältnis Arbeitgeber zu Arbeitnehmer überhaupt Anwendung finden, wenn der Arbeitnehmer vom Arbeitgeber zur Verfügung gestellte Telekommunikationsmittel (Telefon, E-Mail, Internet) nutzt.

Im Rahmen der rein geschäftlichen Kommunikation zwischen dem Arbeitnehmer und Arbeitgeber soll das für die Anwendung des TKG erforderliche Anbieter-Nutzer-Verhältnis nicht vorliegen. Die Bereitstellung der Telekommunikationsgeräte bei der geschäftlichen Nutzung erfolgt nur zum Zweck der Erfüllung der Arbeitsaufgaben.[47]

Räumt der Arbeitgeber allerdings dem Arbeitnehmer die Möglichkeit der Privatnutzung der Telekommunikationsmittel ein, soll nach der herrschenden Ansicht die private Kommunikation des Arbeitnehmers dem Anwendungsbereich von TKG und TMG unterfallen. Da eine Unterscheidung – wenn überhaupt möglich – zwischen dienstlicher und privater Telekommunikation eine Kenntnisnahme von deren Inhalt voraussetzen würde, führt diese Rechtsauffassung dazu, dass der Arbeitgeber (jedenfalls ohne weitere Vorkehrungen getroffen zu haben) die Nutzung der Telekommunikationsmittel allenfalls stark eingeschränkt kontrollieren kann. Im Bereich der E-Mail-Nutzung führt dies regelmäßig zu sehr unbefriedigenden Ergebnissen.

Nach Auffassung der Autoren ist die dargestellte Ansicht aber nicht nur aufgrund der praktischen Konsequenzen zweifelhaft. Die Nutzung der Telekommunikationsmittel erfolgt zunächst als Arbeitsmittel. Die Möglichkeit der privaten Nutzung ist, anders als bei Telekommunikationsunternehmen, regelmäßig nicht Geschäftszweck des Arbeitgebers, sondern wird nur anlässlich der geschäftlichen Nutzung gewährt. Diese Situation mag grundsätzlich mit einem Dienstwagen vergleichbar sein, der auch privat genutzt werden kann. Im Unterschied zum Dienstwagen wird die private Nutzungsmöglichkeit allerdings regelmäßig nicht im Arbeitsvertrag verbindlich als Entgeltbestandteil geregelt, sondern vom Arbeitgeber als reine Annehmlichkeit anlässlich der geschäftlichen Nutzung gewährt. Die Annahme, dass ein Anbieter-Nutzer-Verhältnis begründet werden soll, überzeugt daher nur wenig. Darüber hinaus lassen sich auch aus der Gesetzesbegründung zum TKG keine Argumente für die Einbeziehung der privaten E-Mail-Nutzung von Arbeitnehmern entnehmen.[48]

Vor dem Hintergrund der Auffassung der Datenschutzbehörden empfiehlt es sich aber, durch entsprechende Regelungen eine Kontrollmöglichkeit sicherzustellen oder aber die Privatnutzung, insbesondere des E-Mail-Systems, zu untersagen. Im Einzelnen sind daher folgende Punkte zu klären.

---

[47] Gola, P./Wronka, G., 2009, Handbuch zum Arbeitnehmerdatenschutzgesetz, Rn. 738.
[48] Vgl. Thüsing, G., 2010, Arbeitnehmerdatenschutz und Compliance, Rn. 232 ff.

9.1.2   Kontrolle von Telefondaten

Inhaltliche Kontrolle

Das heimliche Mithören von privaten und dienstlichen Telefonaten ist grundsätzlich nur mit Einwilligung aller Gesprächsteilnehmer zulässig.[49] Ein Verstoß stellt eine Straftat gemäß § 201 Strafgesetzbuch (StGB) dar.

Eingeschränkt zulässig ist das offene Aufzeichnen von Telefonaten. Insbesondere bei Call-Centern und beim Telefonbanking kann eine solche Aufzeichnung zum Zweck der Qualitätskontrolle zulässig sein.[50] Das Mithören muss sich jedoch auf Stichproben oder Auffälligkeiten wie z.B. die überlange Dauer eines Telefonats reduzieren.[51] Beim Telefonbanking fungiert das Aufzeichnen regelmäßig auch als Beweisfunktion.[52] In der Praxis erfolgt die Einholung der Einwilligung durch einen Hinweis auf die Aufzeichnung zu Beginn des Telefonats, dem der Anrufer durch mündliche Bestätigung oder Drücken einer Taste auf seinem Telefon zustimmt.

Verbindungsdaten

Bei der Erhebung von Verbindungsdaten ist auch wieder nach privater und dienstlicher Nutzung zu differenzieren. Erlaubt der Arbeitgeber ausschließlich dienstliche Gespräche, so darf er die Verbindungsdaten erheben, um eine Wirtschaftlichkeitskontrolle durchzuführen und zu kontrollieren, ob eine Privatnutzung entgegen der Arbeitsanweisung erfolgt.[53] Allerdings ist eine Speicherung der vollständigen Telefonnummer, die angerufen wurde, wohl auch dann nicht zulässig.[54] Soll dennoch eine Erfassung der Telefonnummer erfolgen, so ist diese um einen Teil zu kürzen. Für eine Missbrauchskontrolle wird auch die so verkürzte Telefonnummer ausreichen.[55]

---

[49] BGH, Urteil vom 18.02.2003 – XI ZR 165/02; ArbG Berlin, Urteil vom 18.02.2010 – 38 CA 12879/09; Oberwetter, C., 2008, Arbeitnehmerrechte bei Lidl, Aldi & Co, S. 609-611.

[50] Oberwetter, C., 2008, Arbeitnehmerrechte bei Lidl, Aldi & Co, S. 609-611.

[51] Oberwetter, C., 2008, Arbeitnehmerrechte bei Lidl, Aldi & Co, S. 609-611; Gola, P., 2001, Kunden- und Arbeitnehmerdatenschutz im Call Center, S. 17-20.

[52] Gola, P./Wronka, G., 2009, Handbuch zum Arbeitnehmerdatenschutzgesetz, Rn. 686; Oberwetter, C., 2008, Arbeitnehmerrechte bei Lidl, Aldi & Co, S. 609-611.

[53] BAG, Urteil vom 13.01.1987, 1 AZR 267/85.

[54] BVerfG, 19.12.1991, 1 BvR 382/85.

[55] Gola, P./Wronka, G., 2009, Handbuch zum Arbeitnehmerdatenschutzgesetz, Rn. 755.

Auch bei einer privaten Nutzung ist grundsätzlich eine Erfassung der Daten, die für den technischen Betrieb und zur Gewährleistung der Datensicherheit des Netzes erforderlich sind, zulässig. Eine darüber hinausgehende Erfassung der vollständigen Verbindungsdaten ist grundsätzlich unzulässig. Es ist daher dringend anzuraten, die Kontrollbefugnisse des Arbeitgebers bei erlaubter Privatnutzung im Rahmen einer Betriebsvereinbarung festzulegen und durch die Arbeitnehmer eine entsprechende Einwilligungserklärung unterzeichnen zu lassen.[56] Ein Mitbestimmungsrecht des Betriebsrats ist in jedem Fall gemäß § 87 Abs. 1 Nr. 6 BetrVG gegeben, da die Maßnahme objektiv dazu geeignet ist, Arbeitnehmer zu überwachen und zu kontrollieren.[57]

9.1.3 Kontrolle von E-Mail und Internet

Auch bei der Kontrolle des E-Mail-Verkehrs und der Internetnutzung ist danach zu unterscheiden, ob die private Nutzung von E-Mails und dem Internet für den Arbeitnehmer erlaubt ist oder nicht.

Verbot der Privatnutzung

Ist die Privatnutzung von Internet und E-Mail verboten, darf der Arbeitgeber nach der herrschenden Meinung grundsätzlich auch auf die Inhalte der E-Mails und der besuchten Internetseiten zugreifen.[58]

Unstreitig hat der Arbeitgeber ein berechtigtes Interesse an der Erhebung der Nutzungsdaten zu technischen Zwecken und zur Missbrauchskontrolle. Daher darf der Arbeitgeber jedenfalls eine stichprobenartige Überprüfung durchführen, ob das Verbot der privaten E-Mail-Nutzung eingehalten oder das Internet zu privaten und insbesondere rechtswidrigen Zwecken benutzt wird.[59]

Nach der hier vertretenen Auffassung ist bei Ausschluss der Privatnutzung auch eine Vollkontrolle nicht zu beanstanden. Geschäftliche E-Mails sind Teil der Unternehmenskommunikation,[60] vergleichbar mit normalen Geschäftsbriefen, die dem Arbeitgeber als Arbeitsergebnis zustehen und daher jederzeit kontrolliert werden können.[61] Bei schriftlicher Geschäftskorrespondenz ist unstrittig eine durchgängige Kontrolle möglich, z.B.

---

[56] Zu den Einzelheiten siehe Abschnitt 5.
[57] Fitting, K., 2010, Betriebsverfassungsgesetz, § 87 Rn. 214 ff.
[58] Gola, P./Wronka, G., 2009, Handbuch zum Arbeitnehmerdatenschutzgesetz, Rn. 786 ff.
[59] Simitis, S., 2011, Bundesdatenschutzgesetz, § 32, Rn. 91.
[60] Simitis, S., 2011, Bundesdatenschutzgesetz, § 32, Rn. 91.
[61] Oberwetter, C., 2008, Arbeitnehmerrechte bei Lidl, Aldi & Co, S. 609-611.

durch ein „Vier-Augen-Prinzip" vor Versendung oder Unterschriftenregelungen. Es ist aus Sicht der Autoren kein überzeugender Grund ersichtlich, warum dies bei einer E-Mail-Kommunikation anders sein sollte.

Erlaubte Privatnutzung

Ist dagegen die private Internet- und E-Mail-Nutzung erlaubt, ist eine inhaltliche Kontrolle von E-Mails und der Internetnutzung – sofern nicht vorab Regelungen (dazu nachfolgend Abschnitt 9.1) geschaffen werden – grundsätzlich unzulässig. Wie oben dargestellt, kann nicht ausgeschlossen werden, dass der Arbeitgeber in diesem Fall den Bestimmungen des TKG und insbesondere dem Fernmeldegeheimnis unterliegt.[62] Die Frage, wann bei einer E-Mail-Kommunikation der Übertragungsvorgang abgeschlossen ist und daher das Fernmeldegeheimnis nicht mehr anwendbar ist, ist derzeit offen und kann an dieser Stelle nicht vertieft werden. In jedem Fall sollte von einer Kontrolle vor dem Eingang auf dem Computer (im Transit) des Arbeitnehmers wegen der Gefahr der Verletzung des Fernmeldegeheimnisses und einer eigenen Strafbarkeit gemäß § 206 StGB abgesehen werden.

Sofern vorab keine eindeutige Regelung getroffen wurde, ist aber auch nach Abschluss des Übertragungsvorganges nur in Ausnahmefällen, z.B. wenn ein konkreter Verdacht einer Straftat oder einer anderen schweren Verfehlung zulasten des Arbeitgebers besteht, eine Kenntnisnahme des Inhalts privater E-Mails ggf. zulässig.[63] Vor dem Hintergrund einer möglichen eigenen Strafbarkeit, insbesondere wegen Ausspähen von Daten nach § 202a StGB, sollte aber auch dann geprüft werden, ob keine anderweitigen Beweismittel vorliegen. Weiterhin ist grundsätzlich zur Vermeidung des Risikos, sich selbst strafbar zu machen, die Einschaltung der staatlichen Ermittlungsbehörden zu empfehlen. In jedem Fall sollte aber die Überprüfung einer erkennbar privaten E-Mail unterbleiben.

Die Erfassung von Verbindungsdaten der privaten E-Mails dürfte zumindest zulässig sein, wenn sie ausschließlich zu technischen Zwecken und zur Wirtschaftlichkeitskontrolle erfolgt.

Praxistipp: Abschluss einer Betriebsvereinbarung plus Einwilligungserklärung.

Will der Arbeitgeber regelmäßig die Daten von Telefon-, Internet- und E-Mail-Verkehr erfassen und Kontrollen durchführen, sollte die private Nutzung dieser Telekommuni-

---

[62] Vgl. oben Abschnitt 9.1.1.

[63] Oberwetter, C., 2008, Arbeitnehmerrechte bei Lidl, Aldi & Co, S. 609-611; Wolf, T./Mulert, G., 2008, Die Zulässigkeit der Überwachung, S. 442-444.

kationsgeräte verboten werden. Soll dagegen auch die private Nutzung erlaubt werden (bleiben) und gleichzeitig eine Missbrauchskontrolle erfolgen, zu der der Arbeitgeber gesetzlich verpflichtet ist (§ 130 OWiG), empfiehlt es sich, dringend die entsprechenden Regelungen und Kontrollmöglichkeiten in einer Betriebsvereinbarung zu regeln. Zusätzlich sollte eine Einwilligung des Arbeitnehmers auf Grundlage der Regelungen der Betriebsvereinbarung eingeholt werden.

Die Betriebsvereinbarung stellt zumindest bis zur Neufassung des Beschäftigtendatenschutzes noch eine andere Rechtsvorschrift im Sinne des § 4 BDSG dar. Zusätzlich wird die Zulässigkeit der Datenerfassung und Datenkontrolle auch im Rahmen des TKG durch die Einholung der Einwilligung nach der hier vertretenen Auffassung gerechtfertigt. Die Möglichkeit der Privatnutzung im Rahmen der in der Betriebsvereinbarung festgelegten Grenzen sollte dabei an eine (wirksame) Einwilligungserklärung gebunden sein. Bei Widerruf der Einwilligung erlischt demnach die Möglichkeit der Privatnutzung. Die so erteilte Einwilligung wird auch regelmäßig dem Erfordernis der Freiwilligkeit genügen, da der Arbeitnehmer keinen Anspruch auf die private Nutzung von Internet und E-Mail hat.

Zusätzlich sollten die Arbeitnehmer aufgefordert werden, ihre privaten E-Mails durch den Zusatz „privat" in der Betreffzeile bzw. durch das Verschieben von empfangenen privaten E-Mails in einen gesonderten Ordner zu kennzeichnen. Denkbar ist es auch, nur noch eine Privatnutzung des Internets zu gestatten. In diesem Fall kann private E-Mail-Kommunikation über die entsprechenden Web-Dienste stattfinden.

9.2 Offene Videoüberwachung

Bei der offenen Videoüberwachung ist zwischen einer Überwachung an öffentlich zugänglichen Orten (§ 6b BDSG) und solchen, die dies nicht sind (z.B. Büros, Fabrikhallen etc.), zu unterscheiden.

9.2.1 Öffentlich zugänglicher Ort

Für die Videoüberwachung an einem öffentlich zugänglichen Ort findet sich in § 6b BDSG eine ausdrückliche Zulässigkeitsregelung im BDSG. Eine solche Überwachung ist zulässig, wenn sie alternativ zur

- Aufgabenerfüllung öffentlicher Stellen,
- Wahrnehmung des Hausrechts oder
- Wahrnehmung berechtigter Interessen

erforderlich ist und keine Anhaltspunkte bestehen, dass schutzwürdige Interessen der Betroffenen überwiegen.

Öffentlich zugänglich ist ein Ort nur, wenn der Raum entweder dem öffentlichen Verkehr gewidmet ist oder nach dem erkennbaren Willen des Berechtigten von jedermann genutzt oder betreten werden kann.[64] Dies ist z.B. regelmäßig bei den Eingangsbereichen zum Unternehmen oder der Einfahrt zum Fabrikgelände der Fall.

Weiterhin sind Verkaufsräume regelmäßig öffentlich, so dass insbesondere Tätigkeiten im Handel und im Dienstleistungssektor in den Anwendungsbereich des § 6b BDSG fallen.[65] Auf den Schutz des § 6b BDSG können sich sowohl die Kunden als auch die betroffenen Arbeitnehmer berufen.[66]

Gemäß § 6b Abs. 2 BDSG müssen die Tatsache der Beobachtung und die verantwortliche Stelle, welche die Überwachung durchführt, durch geeignete Maßnahmen erkennbar gemacht werden. Dies kann z.B. durch entsprechende Hinweisschilder erfolgen, die im überwachten Bereich angebracht sind.

9.2.2 Nicht öffentlich zugänglicher Ort

An nicht öffentlichen Orten ist die offene Videoüberwachung nur im Einzelfall zulässig, sofern sie einem legitimen Zweck dient und verhältnismäßig ist.

Die Möglichkeit der jederzeitigen Kontrolle des Arbeitnehmers stellt dabei keinen legitimen Grund dar.[67] Vielmehr ist das allgemeine Persönlichkeitsrecht des Arbeitnehmers gemäß Art. 2 Abs. 1 GG i.V.m. Art. 1 Abs. 1 GG zu beachten und es ist erforderlich, dass der Arbeitgeber ein berechtigtes Interesse an der Überwachung hat. Dies kann z.B. dann gegeben sein, wenn ein konkreter Anhaltspunkt für Diebstähle im Bereich des überwachten Bereiches besteht oder allgemein ein besonderes Sicherheitsrisiko (z.B. Tresorräume von Banken, Sicherheitsbereich im Atomkraftwerk) besteht. Die Interessen des Arbeitgebers überwiegen in einem solchen Fall die Interessen des Arbeitnehmers.[68]

---

[64] Gola, P./Schomerus, R., 2010, § 6b, Rn. 8.

[65] BAG, Urteil vom 27.03.2003 – 2 AZR 51/02; Oberwetter, C., 2008, Arbeitnehmerrechte bei Lidl, Aldi & Co, S. 609f.

[66] Vgl. Gola, P./Schomerus, R., 2010, § 6b Rn. 1 ff.; Oberwetter, C., 2008, Arbeitnehmerrechte bei Lidl, Aldi & Co, S. 609f.

[67] Gola, P./Wronka, G., 2009, Handbuch zum Arbeitnehmerdatenschutzgesetz, Rn. 822.

[68] BAG, Beschluss vom 29.06.2004 – 1 ABR 21/03; OVG Münster, Urteil vom 08.05.2009 – 16 A 3375/07.

9.3   Verdeckte Videoüberwachung

Die heimliche Videoüberwachung stellt einen ungleich schwereren Eingriff in das allgemeine Persönlichkeitsrecht des Arbeitnehmers dar und ist daher nach den von der Rechtsprechung herausgearbeiteten Kriterien nur als *ultima ratio*, d.h. im berechtigten Ausnahmefall, zulässig. Das BAG hat die von ihm aufgestellten Voraussetzungen wie folgt zusammengefasst: Danach ist eine verdeckte Videoüberwachung nur zulässig, wenn „der konkrete Verdacht einer strafbaren Handlung oder einer anderen schweren Verfehlung zu Lasten des Arbeitgebers besteht, weniger einschneidende Mittel zur Aufklärung des Verdachts ausgeschöpft sind, [und] die verdeckte Video-Überwachung praktisch das einzig verbleibende Mittel darstellt und insgesamt nicht unverhältnismäßig ist."[69] Insbesondere darf die verdeckte Überwachung auch nicht auf unbestimmte Zeit erfolgen und muss sich auf einen konkreten örtlichen Bereich beziehen.[70]

Nur wenn diese Anforderungen erfüllt sind, können die erlangten Videoaufzeichnungen vor Gericht als Beweis verwendet werden.[71]

9.4   Arbeitnehmer-Screening

Ein weiteres Mittel zur Arbeitnehmerüberwachung ist der (systematische) Datenabgleich (Screening), etwa um auszuschließen, dass Arbeitnehmer zugleich als Lieferanten gelistet sind etc.[72]

Rechtlich problematisch ist das Screening jedoch, da eine effektive Vorgehensweise den Vergleich sehr vieler Daten voraussetzt, um dabei zufällig auf Parallelen zu stoßen.[73] Selbst wenn die Arbeitnehmer zur Nutzung der Kontodaten für die Gehaltszahlung eingewilligt hätten, wäre die Nutzung der Kontodaten zur Korruptionsbekämpfung eine wesentliche Zweckänderung und damit von der Einwilligung grundsätzlich nicht gedeckt.[74]

---

[69]   BAG, Urteil vom 27.03.2003 – 2 AZR 51/02.

[70]   Vgl. Urteil des Arbeitsgerichts Düsseldorf vom 29.04.2011, 9 BV 183/10.

[71]   BAG, Urteil vom 27.03.2003 – 2 AZR 51/02.

[72]   Vgl. auch den Beitrag von Jackmuth zu Datenanalytik im Fraud Management.

[73]   Kock, M./Francke, J., 2009, Arbeitnehmerkontrolle, S. 110 f.

[74]   Gola, P./Schomerus, R., 2010, § 33, Rn. 16; a. A. Diller, M., 2009, „Konten-Ausspäh-Skandal" bei der Deutschen Bahn, S. 438 f.

Deshalb ist es notwendig, hier auf § 32 Abs. 1 S. 2 BDSG als Rechtfertigung zurückzugreifen, wonach die Datenerhebung zur Aufdeckung einer Straftat grundsätzlich zulässig ist, sofern ein konkreter Anfangsverdacht besteht und der Grundsatz der Verhältnismäßigkeit gewahrt wird.[75] Zulässig nach jetziger Rechtslage und wohl auch nach dem Gesetzesentwurf der Regierung ist ein Abgleich von Arbeitnehmerdaten, sofern es sich um bloße Stichproben handelt.[76] Ein Datenabgleich aller Arbeitnehmer (Rasterfahndung) dürfte dagegen regelmäßig bereits unverhältnismäßig sein.[77]

Sofern der erforderliche Verdacht nicht vorliegt, kommt ein Abgleich von anonymisierten und pseudonymisierten Daten in Betracht. Werden so Auffälligkeiten gefunden, besteht meistens ein hinreichend konkreter Verdacht, um eine zweite namensbezogene Auswertung vorzunehmen.[78]

Nach einem durchgeführten Screening trifft den Arbeitgeber die Pflicht, die betroffenen Arbeitnehmer zu informieren (§ 33 BDSG). Die Benachrichtigung kann aufgeschoben werden, bis eine Gefährdung des Untersuchungserfolges nicht mehr anzunehmen ist.[79]

9.5 Kontrolle am Arbeitsplatz

Die Kontrolle des Arbeitnehmers am Arbeitsplatz ist i.d.R. zulässig, z.B. um die Anwesenheit des Arbeitnehmers zu überprüfen. Dies gilt auch für die Überprüfung des Bearbeitungsstands der übertragenen Aufgaben.

Zulässig ist regelmäßig – v.a. beim Vorliegen von Vertrauensarbeitszeit – auch die Aufforderung zur Erstellung einer Tätigkeitsübersicht inklusive der Arbeitszeiten und der in dieser Zeit erledigten Aufgaben. Dies hat sich in der Praxis als sehr effektiv erwiesen, wenn es darum geht, konkret das Verhalten und die Tätigkeit von Arbeitnehmern, insbesondere im Außendienst, später prüfen zu können.

---

[75] Wank, R., 2011, § 32 BDSG, Rn. 2.

[76] BAG, Beschluss vom 26.08.2008 – 1 ABR 16/07.

[77] Kock, M./Francke, J., 2009, Arbeitnehmerkontrolle, S. 110 f.; a.A. Diller, M., 2009, „Konten-Ausspäh-Skandal" bei der Deutschen Bahn, S. 438 f.

[78] Kock, M./Francke, J., 2009, Arbeitnehmerkontrolle, S. 110 f.

[79] Vgl. § 33 Abs. 2 Nr. 7b BDSG.

9.6 Befragung von Arbeitnehmern

9.6.1 Grundsatz

Über das Weisungsrecht des Arbeitgebers gemäß § 106 der Gewerbeordnung (GewO) kann der Arbeitgeber den Arbeitnehmer über Art und Umfang der Arbeitsleistung anweisen. Hierzu zählt auch die Möglichkeit, arbeitsbezogene Fragen zu beantworten. Auch kann der Arbeitgeber grundsätzlich die Weisung erteilen, an Untersuchen im eigenen Arbeitsbereich mitzuwirken.[80]

Eine allgemeine Berichtspflicht des Arbeitnehmers über den konkreten Arbeitsplatz hinaus gibt es jedoch grundsätzlich nicht.[81] Arbeitnehmer können aufgrund ihrer arbeitsvertraglichen Nebenpflichten aber dann zu Auskunft und Berichten gegenüber dem Arbeitgeber verpflichtet sein, wenn so ein wesentlicher Schaden abgewendet werden kann.

9.6.2 Anzeigepflicht

Insbesondere kann auch ohne konkrete Nachfrage eine Anzeigepflicht des Arbeitnehmers gegenüber dem Arbeitgeber bestehen. Allerdings ist diese begrenzt auf bevorstehende oder drohende nicht nur unerhebliche Schäden sowie ggf. auf gravierende betriebliche Missstände, Rechtsverstöße oder Straftaten.[82] Bei schweren Pflichtverletzungen und Wiederholungsgefahr ist der Arbeitnehmer auch verpflichtet, das Fehlverhalten von Kollegen aufzudecken.

Eine deutlich darüber hinausgehende Anzeigepflicht besteht aber für Führungskräfte hinsichtlich ihres Verantwortungsbereiches.[83]

9.6.3 Mögliche Selbstbelastung

Noch ungeklärt ist, inwieweit eine Verpflichtung zur Auskunft besteht, wenn der Arbeitnehmer sich selbst einer Straftat belasten würde. In diesem Fall bestünde gegenüber den Strafverfolgungsbehörden ein Aussageverweigerungsrecht (*Nemo-tenetur-Grundsatz*).

---

[80] Mengel, A./Ulrich, T., 2006, Arbeitsrechtliche Aspekte, S. 240-243.

[81] Mengel, A./Ulrich, T., 2006, Arbeitsrechtliche Aspekte, S. 240-242.

[82] Diller, M., 2004, Der Arbeitnehmer als Informant, S. 313 f.; siehe auch Vogt, V., 2009, Compliance und Investigations, S. 4213.

[83] Mengel, A./Ulrich, T., 2006, Arbeitsrechtliche Aspekte, S. 240-242.

Allerdings hat das Landesarbeitsgericht (LAG) Hamm entschieden, dass ein Arbeit-nehmer bei einem Verstoß gegen sein Wettbewerbsverbot zur Auskunft über sein wett-bewerbswidriges Verhalten auch dann verpflichtet ist, wenn er sich durch die Auskunft in einem staatsanwaltschaftlichen Ermittlungsverfahren selbst belasten könnte.[84] Inso-fern kann das Recht zur Aussageverweigerung zumindest in den Fällen ausgeschlossen sein, in denen eine Pflicht des Arbeitnehmers, z.B. aufgrund einer ausdrücklichen ver-traglichen Regelung, zur Mitwirkung besteht.

9.6.4 Hinzuziehung eines Rechtsanwalts/Betriebsratsmitglieds

Gemäß § 82 Abs. 2 S. 2 BetrVG kann der Arbeitnehmer auf die Anwesenheit eines Betriebsratsmitgliedes bei einer Befragung bestehen.[85] Es besteht aber grundsätzlich kein Anspruch auf Hinzuziehung eines Rechtsanwalts zu einem Personalgespräch. Etwas anderes kann wohl nur gelten, wenn der Arbeitgeber seinerseits einen Rechtsanwalt zu dem Gespräch hinzuzieht. In der Praxis stellt sich dennoch regelmäßig die Frage, ob dem Arbeitnehmer gestattet werden sollte, seinen Rechtsanwalt mit an dem Gespräch teil-nehmen zu lassen, um überhaupt eine Gesprächsbereitschaft zu erreichen.

9.7 Einsatz von Detektiven

Der Einsatz eines Detektives zur Überwachung eines Arbeitnehmers muss das einzige Mittel sein, um eine Straftat oder schwere Pflichtverletzung aufzudecken.[86] Es muss bereits ein konkreter Verdacht bestehen und das Gebot der Verhältnismäßigkeit beachtet werden. Der Umfang der Überwachung ist auf den erforderlichen Umfang zu beschrän-ken und muss auch in zeitlicher Hinsicht dem Gebot der Verhältnismäßigkeit entspre-chen, insbesondere ist darauf zu achten, dass die Privat- und Intimsphäre des Arbeit-nehmers gewahrt bleibt.

Die Kosten des Detektiveinsatzes können ggf. im Kündigungsschutzprozess geltend gemacht werden, wenn der Arbeitgeber darlegen kann, dass die Kosten notwendig und verhältnismäßig waren. Weitere Voraussetzung ist, dass sich der konkrete Tatverdacht einer vertragswidrigen, vorsätzlichen Handlung durch die Ermittlungen des Detektivs bestätigt.[87]

---

[84] LAG Hamm, Urteil vom 03.03.2009 – 14 Sa 1689/08.

[85] BAG, Beschluss vom 16.11.2004 – 1 ABR 53/03.

[86] Dazu auch BAG, Beschluss vom 26.03.1991 – 1 ABR 26/90.

[87] So u.a.: BAG, Urteil vom 28.05.2009 – 8 AZR 226/08; LAG Berlin, Beschluss vom 20.09.2001 – 17 Ta 6117/01; LAG Hamburg, Beschluss vom 07.11.1995 – 3 Ta 13/95.

Umgekehrt besteht kein Kostenersatzanspruch, wenn es sich um einen fest angestellten Hausdetektiv handelt und die Kosten auch unabhängig vom konkreten Verhalten des betreffenden Arbeitnehmers entstehen würden. Dann handelt es sich um nicht erstattungsfähige ständige Betriebsausgaben.[88]

9.8 Zeiterfassungs- und Zugangskontrollsysteme

Der Arbeitgeber darf die Einhaltung der Arbeitszeit durch ein entsprechendes Zeiterfassungssystem (z.B. Stechuhren, Magnetkarten) oder Zugangskontrollsystem kontrollieren. Es besteht regelmäßig ein berechtigtes Interesse daran, die Arbeits- oder Fehlzeiten kontrollieren zu können.[89] So ist der Arbeitgeber insbesondere für die Einhaltung des Arbeitszeitgesetzes verantwortlich.

Im Einzelfall sollte jedoch sichergestellt sein, dass die Dokumentation nicht unangemessen ist, etwa wenn durch die Zugangskontrolle gleichzeitig ein Bewegungsschema des Arbeitnehmers erstellt wird.

10 Datenschutznovelle vom 25.08.2010

Durch die Novelle des BDSG im Jahre 2009 wurden mit § 32 BDSG erstmals spezifische Regelungen zum Beschäftigtendatenschutz eingeführt. In Ermangelung weiterer Spezialregelungen werden im Übrigen weiter allgemeine Datenschutzregelungen auf das Arbeitsverhältnis angewendet. Darüber hinaus wurde versucht, anhand weniger gerichtlicher Einzelfallentscheidungen Grundsätze des Arbeitnehmerdatenschutzes herauszubilden. Es verbleibt aber, wie dargestellt, bei einer Vielzahl von Fragestellungen eine nicht nur unerhebliche Rechtsunsicherheit. Seit Jahren wird daher sowohl von Seiten der Arbeitgeber als auch von Seiten der Arbeitnehmer die Schaffung eines eigenständigen Arbeitnehmerdatenschutzes gefordert.

Mit dem Gesetzesentwurf der Bundesregierung vom 25.08.2010 soll nunmehr ein solcher eigenständiger Arbeitnehmerdatenschutz geschaffen werden. Ausweislich der Gesetzesbegründung soll so die Rechtssicherheit für Arbeitgeber und Arbeitnehmer gestärkt und ein vertrauensvolles Arbeitsklima zwischen Arbeitgebern und Arbeitnehmern geschaffen werden.

---

[88] LAG Rheinland-Pfalz, Urteil vom 04.11.2009 – 7 Sa 391/09.
[89] BAG, Beschluss vom 11.03.1986 – 1 ABR 12/84.

Nach der Stellungnahme des Bundesrats wurde der Gesetzesentwurf in der Bundestags-sitzung am 25.02.2011 in die zuständigen Ausschüsse verwiesen. Bei Fertigstellung dieses Beitrags ist mit einer Verabschiedung aufgrund der diversen Beratungen in den Aus-schüssen nicht mehr in dieser Legislaturperiode, also von 2013, zu rechnen.[90] Die folgen-den Ausführungen nehmen in der gebotenen Kürze auf den aktuellen Stand des Gesetz-gebungsverfahrens Bezug, da weitere Änderungen aufgrund der vielfach geäußerten Kritik an dem Entwurf zu erwarten sind.

10.1 Überblick über die Neuregelungen im Gesetzesentwurf

Der Gesetzesentwurf sieht vor, in das BDSG die §§ 32-32l, also insgesamt 13 Para-graphen einzufügen.[91] Inhaltlich werden durch die gesetzlichen Neuregelungen bislang bestehende Grundsätze im Arbeitnehmerdatenschutz z.T. erheblich verändert.

Nach § 32l Abs. 5 des Gesetzesentwurfs (BDSG-E) soll es nunmehr nicht mehr zulässig sein, von den Regelungen des BDSG zu Ungunsten des Arbeitnehmers abzuweichen. Somit wäre der Abschluss einer Betriebsvereinbarung mit abweichenden Regelungen vom BDSG nicht mehr zulässig. Darüber hinaus wurden Regelungen zu einer Vielzahl von Einzelfragen geschaffen, die teilweise die vorstehend dargestellten und bislang geltenden Grundsätze teilweise erheblich verändern. Im Folgenden werden daher einige ausgewählte Punkte aufgegriffen.

10.2 Regelungen für das Bewerbungsverfahren

Der Gesetzesentwurf enthält nun spezielle Regelungen für das Bewerbungsverfahren. Diese begrenzen gegenüber der aktuellen Rechtslage teilweise die Möglichkeiten des Arbeitgebers zur Datenerhebung im Bewerbungsverfahren. So soll nur noch die Erhe-bung von Daten zulässig sein, die erforderlich sind, um die Eignung des Bewerbers für die vorgesehene Tätigkeit festzustellen (§ 32b Abs. 1 BDSG-E). Es stellt sich bereits die Frage, ob die Gehaltsvorstellungen des Bewerbers, die wohl nur mit einigem Begrün-dungsaufwand die Eignung des Bewerbers betreffen, noch abgefragt werden dürfen.

Steht fest, dass ein Beschäftigungsverhältnis nicht begründet wird, sind die Daten des Bewerbers unverzüglich zu löschen. Wie dargestellt, besteht aber die rechtliche Notwen-digkeit, im Hinblick auf mögliche Klagen des Bewerbers nach dem AGG auch nach

---

[90] Stand Dezember 2011.
[91] §§ 32-32l BDSG in der Fassung des Regierungsentwurfs vom 15.12.2010.

Abschluss des Bewerbungsverfahrens eine diskriminierungsfreie Auswahlentscheidung belegen zu können. Sollte der Gesetzgeber nicht ohnehin die Regelung nachbessern, wird man aber wohl auch weiterhin davon ausgehen können, dass ein Bewerbungsverfahren erst dann als abgeschlossen im rechtlichen Sinne anzusehen ist, wenn die Klagefrist aus dem AGG abgelaufen ist.

Mit Einwilligung des Bewerbers können die Daten allerdings weiterhin gespeichert werden.

10.3 Erhebung von Daten ohne Kenntnis des Arbeitnehmers

Personenbezogene Daten dürfen gemäß § 32e Abs. 1 BDSG-E grundsätzlich nur noch mit Kenntnis des Betroffenen erhoben werden. Eine Erhebung ohne Kenntnis darf nur noch erfolgen, wenn der Verdacht einer Straftat oder einer schwerwiegenden Pflichtverletzung des Arbeitnehmers besteht und die Daten zur Aufdeckung oder Verhinderung weiterer Straftaten oder Pflichtverletzungen erforderlich sind. Allerdings soll nunmehr offenbar klargestellt werden, dass auch eine Pflichtverletzung ausreichend ist.[92]

Beschränkt wird die Datenerhebung im Gesetzesentwurf auch im Hinblick auf die zulässigen Mittel und den zeitlichen Umfang. So finden sich im Entwurf nunmehr ausdrückliche Regelungen zum Einsatz von technischen Ortungssystemen und biometrischen Verfahren. Darüber hinaus hat der Arbeitgeber den Beschäftigten über die Erhebung, Verarbeitung und Nutzung der Daten zu unterrichten, sobald der Zweck der Maßnahme hierdurch nicht mehr gefährdet wird.

10.4 Offene und verdeckte Videoüberwachung

§ 32g BDSG-E beschränkt die Zulässigkeit offener Videoüberwachung in nicht öffentlichen Betriebsstätten auf wenige, konkret genannte Situationen wie die Zutrittskontrolle oder die Sicherheit der Beschäftigten und des Betriebs. Das bereits bestehende Verbot der Überwachung von Räumen, die überwiegend der privaten Lebensgestaltung des Beschäftigten dienen (z.B. Sanitär-, Umkleide-, Schlafräume), wird im Gesetzesentwurf nunmehr kodifiziert.

Die verdeckte Videoüberwachung ist nach dem Gesetzesentwurf nicht mehr zulässig. Dies gilt selbst dann, wenn die in Abschnitt 9.3 dargestellten strengen Voraussetzungen vorliegen sollten.

---

[92] Siehe auch Abschnitt 3.2.

10.5 Telekommunikationsüberwachung

Erhebliche Änderungen ergeben sich in Bezug auf die Zulässigkeit der Internet- und E-Mail-Überwachung durch den Arbeitgeber: Zwar wurde mit § 32i BDSG-E eine ausdrückliche Regelung zur Datenerfassung bei der Nutzung von Telekommunikationssystemen geschaffen. Diese Regelung findet gemäß § 32i Abs. 1 BDSG-E aber nur bei einer ausschließlich zu beruflichen bzw. dienstlichen Zwecken erlaubten Nutzung Anwendung.

Selbst dann soll eine Kontrolle dienstlicher E-Mails und der Internetnutzung nur zulässig sein, um stichprobenartig oder anlassbezogen Leistungs- oder Verhaltenskontrollen durchzuführen. Eine vollständige Inhaltskontrolle der dienstlichen Internetnutzung und E-Mails ist nur noch zulässig, wenn die beteiligten Kommunikationspartner zuvor eingewilligt haben. Aufgrund des Verweises in § 32i Abs. 4 BDSG-E ist aber davon auszugehen, dass sich dies nur auf den Übermittlungsvorgang bezieht.

Nach Abschluss eines Telekommunikationsvorganges gelten gemäß § 32i Abs. 4 BDSG-E die allgemeinen Regelungen, so dass die Kontrolle einer E-Mail auf dem Rechner eines Arbeitnehmers möglich sein dürfte, wenn dies zur Durchführung des Arbeitsverhältnisses erforderlich ist. Dies stellt eine praxisgerechte Regelung dar.

10.6 Rechtfertigung durch Einwilligung des Beschäftigten

Die Erhebung, Verarbeitung und Nutzung personenbezogener Daten des Beschäftigten soll nur noch in den ausdrücklich normierten Fällen durch Einwilligung gerechtfertigt sein. Darüber hinaus enthält der Gesetzesentwurf ein Verbot, zu Ungunsten des Beschäftigten von den Vorschriften über den Beschäftigtendatenschutz abzuweichen. Es kann nicht ausgeschlossen werden, dass dieses Verbot auch im Hinblick auf die normierten Einwilligungsfälle weitere Einschränkungen bringen könnte.

10.7 Regelung und Rechtfertigung durch Betriebsvereinbarung

Bislang stellt die Betriebsvereinbarung ein zweckmäßiges Mittel zur Regelung und Rechtfertigung von Kontrollmaßnahmen des Arbeitgebers bzw. zur Regelung der Erhebung, Verarbeitung (mit Ausnahme der Datenübermittlung in Länder außerhalb der Europäischen Wirtschaftsgemeinschaft (EWG)) und Nutzung von personenbezogenen Daten der Beschäftigten dar. Ob und inwieweit dies auch im Falle des Inkrafttretens eines dem Gesetzesentwurf entsprechenden Gesetzes noch angenommen werden kann, ist noch unklar, da der Gesetzesentwurf insoweit widersprüchlich erscheint: Einerseits sieht er vor, dass die Rechte der Interessenvertretungen der Beschäftigten, also auch des Betriebsrats, unberührt bleiben. Andererseits darf zu Ungunsten des Beschäftigten von den Vorschriften über den Beschäftigtendatenschutz nicht mehr abgewichen werden. Bei strenger Auslegung dieses Verbots bleibt daher wenig Raum, eine Betriebsvereinbarung abzuschließen. Es stellt sich sogar die Frage, ob dann noch Mitbestimmungsrechte des Betriebsrats bestehen können, wenn der Arbeitgeber keinen Entscheidungsspielraum mehr hat. In jedem Fall trägt der Arbeitgeber das Risiko, dass eine modifizierte Regelung als negative Abweichung und damit als unwirksam angesehen wird.

10.8 Zusammenfassung

Der bisherige Entwurf ist in seiner jetzigen Form wenig praxisgerecht. Vor dem Hintergrund der Schwachpunkte und Unklarheiten des bisherigen Entwurfs bleibt zu hoffen, dass im Verlauf des Gesetzgebungsverfahrens weitere Klarstellungen erfolgen und die in der Literatur bereits geäußerte Kritik zu Änderungen am Gesetzesentwurf führt.

11 Fazit

Der Arbeitnehmerdatenschutz hat in den letzten Jahren erheblich an Bedeutung gewonnen. Aufgrund der andauernden Diskussionen und der bevorstehenden Gesetzesänderungen wird seine Bedeutung vermutlich noch zunehmen.

Aufgrund der vielen noch ungeklärten Rechtsfragen besteht eine erhebliche Rechtsunsicherheit. Es ist nach dem jetzigen Stand des Gesetzgebungsverfahren davon auszugehen, dass auch die gesetzliche Novellierung viele Punkte offen lassen wird. Da zudem einzelne Kontrollmöglichkeiten weiter eingeschränkt werden, sollten die weiteren Entwicklungen genau beobachtet und die eigene Praxis dementsprechend regelmäßig überprüft werden. Eines aber scheint sicher: Der Arbeitnehmerdatenschutz wird seine zentrale Rolle im Fraud Management behalten.

III
Planung eines Fraud-Management-Systems

Risikomanagement im Fraud-Kontext

Frank Romeike

1 Risikomanagement von der Antike bis heute

1.1 Fortuna als Risikomanager

Die Ursprünge der modernen Risiko- und Wahrscheinlichkeitstheorie sind sehr eng verbunden mit dem seit Jahrtausenden bekannten Glücksspiel.[1] Bereits seit Menschengedenken haben Menschen Glücksspiele gespielt, ohne von den Systemen der Chancenverteilung zu wissen oder von der Theorie des modernen Risk Managements beeinflusst zu sein. Das Glücksspiel war in der Vergangenheit und ist auch noch heute direkt mit dem Schicksal verknüpft. Das Glückspiel ist quasi der Inbegriff eines bewusst eingegangenen Risikos.

So kann man beispielsweise in dem dreitausend Jahre alten hinduistischen Werk Mahabharata[2] lesen, dass ein fanatischer Würfelspieler sich selbst aufs Spiel setzte, nachdem er schon seinen gesamten Besitz verloren hatte.[3] Die ältesten bekannten Glücksspiele benutzten den so genannten Astragalus, den Vorfahren unseres heutigen sechsseitigen Würfels. Ein Astragalus war ein rechteckiger Knochen, der ursprünglich aus den harten Knöcheln von Schafen oder Ziegen gefertigt wurde.

Das Würfelspiel mit Astragali erfreute bereits die Ägypter, wie archäologische Grabungsfunde bestätigen. Durch ihre kantige Form haben sie vier verschiedene mögliche Ruhepositionen, die Wahrscheinlichkeit für die Ergebnisse ist unterschiedlich hoch. Daneben wurden auch Würfel moderner Form verwendet. Schon antike Autoren hatten Theorien zu ihrer Erfindung, u.a. schrieb Plinius der Ältere[4] die Erfindung Palamedes[5] während des Trojanischen Krieges zu, Herodot[6] hingegen dem Volk der Lyder.[7] Es ist jedoch davon auszugehen, dass sie aus dem Orient übernommen wurden. Dabei waren neben sechsseitigen auch bereits Würfel mit höheren Seitenzahlen bekannt, u.a. gibt es Funde von 12-, 18-, 19-, 20- und 24-seitigen Würfeln. An Materialien ist ein weites Spek-

---

[1] Vgl. Romeike, F./Hager, P., 2009, Erfolgsfaktor Risiko-Management, S. 21.

[2] Mahabharata ist das bekannteste indische Epos. Man nimmt an, dass es erstmals zwischen 400 v.Chr. und 400 n.Chr. niedergeschrieben wurde, aber auf älteren Traditionen beruht. Es umfasst etwa 100.000 Doppelverse.

[3] Vgl. Romeike, F., 2008, Zur Historie des Versicherungsgedankens und des Risikobegriffs, S. 25.

[4] Römischer Gelehrter, * etwa 23 in Novum Comum; † 24.08.79 in Stabiae.

[5] Griechischer Sagenheld aus Nauplia.

[6] Antiker griechischer Historiograph, Geograph und Völkerkundler, * 490/480 v. Chr., † um 425 v. Chr.

[7] Vgl. Ineichen, R., 1996, Würfel und Wahrscheinlichkeit, S. 41 ff.

trum überliefert, u. a. Ton, Metall, Elfenbein, Kristall, Knochen und Glas. Auch gab es bereits Würfel mit Buchstaben und Wörtern statt Zahlen oder Augen, die für die Wahrsagerei oder komplexe Würfelspiele benutzt wurden.

Nach Überlieferungen des römischen Senators und Historikers Publius (oder Gaius) Cornelius Tacitus (* um 55, † nach 116) spielten die Germanen mit äußerstem Leichtsinn um Haus und Hof, zuletzt gar um die eigene Freiheit.[8] Ohnehin waren Würfelspiele v.a. in der römischen Zeit weit verbreitet, obwohl es immer wieder Spielverbote gegeben hat. Schuld daran waren offenbar auch die Spielbetrüger. Aus der Antike überliefert sind Würfelbecher und Würfeltürme, die verhindern sollten, dass einzelne Glücksritter ihre Mitspieler über den Tisch ziehen. In die Würfeltürme wurden die Würfel von oben hineingeworfen und rollten durch das Innere des Turms über mehrere Stufen dem Ausgang entgegen. Sie stellten damit eine antike Form der Betrugsprävention dar.

Auch der römische Staatsmann, Feldherr und Autor Gaius Iulius Caesar[9] liebte das Glückspiel und soll bekanntlich die Worte „Alea iacta est" (Der Würfel ist gefallen) ausgesprochen haben, als er am 10.01.49 v.Chr. den Grenzfluss Rubikon überschritt und damit den Bürgerkrieg einleitete.[10]

Damals wie heute hängt der Ausgang von Glücksspielen primär vom Zufall ab und nicht vom Geschick oder den Fähigkeiten der Spieler (abgesehen vom Falschspiel mit gezinkten Würfeln). Die verschiedenen Glücksspiele unterscheiden sich u. a. durch die Wahrscheinlichkeit des Gewinnens sowie im Verhältnis der Gewinnausschüttung zu den gezahlten Einsätzen. Im Allgemeinen sind die Spielregeln und Gewinnausschüttungen so ausgelegt, dass ein Glücksspieler auf lange Sicht, also bei häufigem Spiel, Geld verliert.

Noch im Mittelalter hat man dieses Phänomen als von Gott gegeben hingenommen. Wie der Mensch sind auch die Natur und das Geschehen von Gott gelenkt. Das Individuum ist lediglich ein Teil dieser göttlichen Ordnung, ihm ist in der *universitas* ein ganz bestimmter und fester Platz zugewiesen. Der einzelne Mensch hingegen fühlte sich nicht als Individuum, sondern als Glied einer Gemeinschaft.

---

[8] Vgl. Romeike, F./ Hager, P., 2009, Erfolgsfaktor Risiko-Management, S. 21.

[9] * 13.07.100 v.Chr. in Rom; † 15.03.44 v.Chr. in Rom.

[10] Das Sprichwort ist in dieser Version erstmals beim Geschichtsschreiber Sueton belegt: Am 10.01.49 v.Chr. erschien Julius Caesar mit seiner Armee am Rubikon, dem Grenzfluss zwischen der Provinz Gallia cisalpina und Italien, das kein römischer Feldherr mit seinen Truppen betreten durfte. Während er noch unschlüssig dastand, kam ein Hirte herangelaufen, entriss einem Soldaten die Trompete, überschritt den Fluss und blies Alarm. Darauf sagte Caesar: *„Eatur quo deorum ostenta et inimicorum iniquitas vocat. Iacta alea est."*

Das durchschnittliche Risikoverhalten solcher Lebensmodelle kann als tendenziell passiv oder abwartend verstanden werden: Man erwartete das kommende Reich Gottes. Dem individuellen Handeln – beispielsweise zur aktiven Steuerung von Chancen und Risiken – waren aus dem Verständnis der Zeit somit Grenzen gesetzt.

Bereits die naturreligiösen und mythischen Opfer und Rituale gehörten in den Bereich der (magisch-subjektiven) Risikominimierung, bei der es primär darum ging, Unvorhergesehenes und Bedrohliches aus dem eigenen systemischen Denken auszugrenzen oder das zukünftige Risiko zu kontrollieren.[11] Im Römischen Reich führte dies bei zunehmender rechtlicher Kodifizierung der gesellschaftlichen Verhältnisse, die Unsicherheiten bzw. Risiken abbauen sollte, und bei wachsender Säkularisierung der ökonomischen Verkehrsformen zu einer religiösen Konstellation, die „als letzte Bastion mythischen Denkens und als wahrscheinlich wichtigste Gegenfigur zum christlichen Glauben an die Omnipotenz des einen wahren Gottes betrachtet werden muss: zum außerordentlich populären Kult der Fortuna, der Göttin des glücklichen, aber unberechenbaren Zufalls".[12] So war denn auch Fortuna, die Göttin des Zufalls, des wagemutigen Handelns und damit des Eingehens von Risiken, die letzte der antiken Götter, die überlebt hatte und angebetet wurde, was zumindest den Schluss zulässt, dass im späten römischen Imperium das Experimentalverhalten zur Welt eine so grundbestimmende Tendenz der gesellschaftlichen Praxis gewesen ist, dass religiöse Furcht in ihr kaum noch von durchgreifender Bedeutung sein konnte.

Die moderne Gesellschaft stellt sich die Zukunft dagegen nicht als Ewigkeit vor, sondern vergegenwärtigt sie in einer Prognose als kommende Gegenwart: Die Zukunft wird zum Risiko. Die leitende Orientierung religiösen Vertrauens entfällt. Kompensiert wird sie durch rationale Handlungsstrategien, die notwendigerweise das Risiko produzieren. Das Risikoverhalten der Moderne ist in seiner Rationalität aktivisch geprägt: Risikomanager oder Vorstände steuern die Risiken aktiv. Nicht die Gunst Gottes oder verdienstfrei erworbener Adel von Gottes Gnaden, sondern die eigene Leistungsfähigkeit bestimmen Wert und Rang des jeweiligen Lebensmodells. Es gilt, sich Herausforderungen zu stellen, Risiken proaktiv und präventiv anzugehen sowie Chancen zu nutzen. Dadurch, dass jeder Zustand in seiner möglichen Veränderbarkeit gesehen werden kann, wird jede Entscheidung riskant (Stichwort „Risikogesellschaft"[13]).

---

[11] Vgl. Romeike, F./Hager, P., 2009, Erfolgsfaktor Risiko-Management, S. 26.

[12] Nerlich, M., 1998, Zur abenteuerlichen Moderne oder von Risiko und westlicher Zivilisation, S. 81.

[13] Vgl. vertiefend Beck, U., 1986, Risikogesellschaft sowie Beck, U., 1991, Politik in der Risikogesellschaft.

1.2 Vom Seehandel zum Risikomanagement

Basierend auf einer etymologischen Analyse kann der (europäische) Begriff „Risiko" auf die drei Wörter Angst, Abenteuer und Risiko zurückgeführt werden.[14] Die althochdeutschen Bezeichnungen für Angst (*angust, angest*) implizieren eine körperlich und seelisch erfahrene Bedrängnis und Not. Diese Wörter sind bedeutungsgeschichtlich die Wurzeln in der Begriffsgeschichte des kaufmännischen Risikos. Der Ausdruck des Abenteuers (*aventiure, adventure*) bezeichnet bereits im Spätmittelalter auch pekuniäre Wagnisse und verdichtet eine Ideologie, die das Abenteuer als eine Strategie zur individuellen Vertiefung des Selbstwerts verabsolutiert. Das mittelhochdeutsche Lehnwort steht im Kontext einer höfisch-ritterlichen Welt u. a. für die Suche nach riskanten Situationen und die kämpferische Konfrontation mit ungewissem Ausgang.

Der moderne Risikobegriff (ital. *rischio*, span. *riesgo*, frz. *risque*, engl. *risk*) kann sowohl auf das frühitalienische *risco* (für „die Klippe") zurückverfolgt werden als auch auf das griechische „ριζα" („rhíza") für „Wurzel".[15] Sowohl eine zu umschiffende „Klippe" als auch eine aus dem Boden herausragende „Wurzel" kann ein Risiko darstellen. Unter Etymologen umstritten ist die Rückführung auf das arabische Wort „risq" für „göttlich Gegebenes, Schicksal, Lebensunterhalt". Risiko kann daher allgemein als das mit einem Vorhaben, Unternehmen oder ähnlichem verbundene Wagnis definiert werden.

Der heutige (moderne) Begriff „Risiko" tauchte im 14. Jahrhundert das erste Mal in den norditalienischen Stadtstaaten auf. Der aufblühende Seehandel führte zur gleichen Zeit zur Entstehung des Seeversicherungswesens.[16] Risiko bezeichnet die damals wie heute existierende Gefahr, dass ein Schiff sinken könne, etwa weil es an einer Klippe zerschellt oder von Piraten gekapert wird. Das „Risiko" quantifiziert das Ausmaß einer Unsicherheit und ermöglicht den kontrollierten Umgang damit.

Seit dem 15. Jahrhundert etabliert sich der Risikobegriff als kaufmännische Definition zunehmend auch in den anderen europäischen Volkssprachen. In Deutschland finden sich als italienisches oder katalanisches Fremdwort kurz vor 1500 erste Belege, und wenig

---

[14] Vgl. Keller, H., 2004, Auf sein Auventura und Risigo handeln, S. 60-65; vgl. auch Romeike, F./ Hager, P., 2009, Erfolgsfaktor Risiko-Management, S. 31.

[15] *Klippe, cliff, récif* sind die Wortursprünge des spanischen *riesgo*, des französischen *risque* und des italienischen *risico, risco, rischio*. Das deutsche „Risiko" ist aus diesen italienischen Worten entlehnt.

[16] Vgl. Romeike, F., 2008, Zur Historie des Versicherungsgedankens und des Risikobegriffs.

später finden wir „Risiko" in der Doppelformel mit dem geläufigen Ausdruck „Abenteuer" bzw. „Auventura" in einem Buchhaltungsbuch von 1518: im Hinweis, dass „auf sein Auventura und Risigo" zu handeln sei.[17]

2 Grundlagen des Risikomanagements

2.1 Definition und Abgrenzung des Risikobegriffs

Ein entscheidungstheoretischer Risikobegriff ist durch das Konstrukt der Standardabweichung der positiven wie auch negativen Zielabweichungen von einem Erwartungswert gekennzeichnet. Dieser entscheidungsorientierte Risikobegriff berücksichtigt zudem, dass alle menschlichen Tätigkeiten auf Entscheidungen beruhen, die oft unter unvollkommener Information (= Ungewissheit oder Unsicherheit im engeren Sinne[18]) über die Auswirkungen in der Zukunft getroffen werden, womit Informationsdefizite das Risiko vergrößern und zu ungünstigen Abweichungen zwischen Plan und Realisierung führen können.[19]

Eine derartige Entscheidungssituation kann in einer Entscheidungsmatrix übersichtlich und allgemeingültig dargestellt werden. Unterstellen wir bestehende Eintrittswahrscheinlichkeiten für die Umweltzustände, so handelt es sich um eine Risikosituation.[20] In der Matrix werden Entscheidungssituationen mit Handlungsoptionen innerhalb des Aktionsraums dargestellt. Diese Optionen umfassen alle Handlungsmöglichkeiten und Unterlassungen des Entscheidungsträgers (absatzpolitische, risikopolitische Instrumente etc.). Die unterschiedlichen Umweltzustände sind exogen vorgegeben und können von den Entscheidungsträgern nicht direkt beeinflusst werden. Die Umweltzustände, beispielsweise die Nachfrageelastizität oder Vorgaben des Gesetzgebers, beschreiben den Umweltraum. Den verschiedenen Umweltzuständen werden Eintrittswahrscheinlichkeiten zugeordnet.

- Bei einer Wahrscheinlichkeit von 1 wird eine Entscheidung unter Sicherheit getroffen.

- Bei einer Wahrscheinlichkeit kleiner 1 wird unter Risiko entschieden (als Ausdruck eines Informationsdefizits).

---

[17] Keller, H., 2004, Auf sein Auventura und Risigo handeln, S. 62.
[18] Vgl. Laux, H., 1995, Entscheidungstheorie, S. 24 ff.
[19] Vgl. Romeike, F., 1995, Zur Risikoverarbeitung in Banken und Versicherungsunternehmen.
[20] Vgl. Romeike, F., 1995, Zur Risikoverarbeitung in Banken und Versicherungsunternehmen, S. 18.

- Hat man keinerlei Kenntnisse über die Wahrscheinlichkeiten, so spricht man von einer Entscheidung unter Unsicherheit im engeren Sinne, respektive von einer Entscheidung unter Ungewissheit.

Durch eine spezifische Handlung und einen Umweltzustand wird ein Ergebnis determiniert. Diese möglichen Ergebnisse werden durch stochastische Größen, durch bestimmte Wahrscheinlichkeiten, quantifiziert. Beispielsweise sind Schäden, Prämien oder auch Gewinne funktional abhängig von bestimmten Aktionen und exogenen Umweltzuständen.

Dies bedeutet, dass ein Entscheidungsträger grundsätzlich zwischen verschiedenen Handlungsoptionen wählen kann, die durch individuelle Wahrscheinlichkeitsverteilungen spezifiziert sind. Neben dem probabilistischen Risikobegriff kann auch ein possibilistischer definiert werden.[21] Der possibilistische Risikobegriff setzt die Unvermeidbarkeit von Risiken voraus, d.h. er akzeptiert, dass es keine nicht-riskante Entscheidungen gibt. Dies bedeutet, dass es nur Risiken gibt, wenn man sich entschieden hat. Hieraus folgt, dass man auch dann mit Risiken operiert, wenn man sich entschieden hat, sich nicht zu entscheiden (Inverted Risk[22]). Risiko kann demnach als eine der zu unternehmenden Handlung immanente Erscheinung aufgefasst werden.

Für die mathematische Betrachtung des Risikos sind einzig die entscheidungstheoretischen Abweichungen eines erwarteten Zielzustandes ausschlaggebend. Das Risiko einer Handlung wird stets durch eine Wahrscheinlichkeitsverteilung der möglichen Ausprägungen ausgedrückt.

Risiken sind die aus der Unvorhersehbarkeit der Zukunft resultierenden, durch „zufällige" Störungen verursachten Möglichkeiten, von geplanten Zielwerten abzuweichen. Risiken können daher auch als „Streuung" um einen Erwartungs- oder Zielwert betrachtet werden (vgl. Abbildung 1). Risiken sind immer nur in direktem Zusammenhang mit der Planung eines Unternehmens zu interpretieren. Mögliche Abweichungen von den geplanten Zielen stellen Risiken dar – und zwar sowohl negative (Gefahren) wie auch positive Abweichungen (Chancen).

---

[21] Vgl. Romeike, F., 1995, Zur Risikoverarbeitung in Banken und Versicherungsunternehmen, S. 18.

[22] Vgl. Rescher, N., 1983, Risk – a Philosophical Introduction, S. 10.

Abbildung 1: Risiken als mögliche Planabweichung[23]

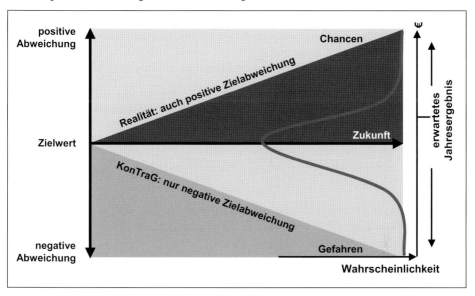

Es ist eine Aufgabe des Risikomanagements in Unternehmen, die Streuung bzw. die Schwankungsbreite von Gewinn und Cashflow zu reduzieren. Dies führt u. a. zu folgenden Vorteilen für Unternehmen:[24]

• Die Reduzierung der Schwankungen erhöht die Planbarkeit und Steuerbarkeit eines Unternehmens, was einen positiven Nebeneffekt auf das erwartete Ertragsniveau hat.

• Eine prognostizierbare Entwicklung der Zahlungsströme reduziert die Wahrscheinlichkeit, unerwartet auf teure externe Finanzierungsquellen zurückgreifen zu müssen.

• Eine Verminderung der risikobedingten Schwankungsbreite der zukünftigen Zahlungsströme senkt die Kapitalkosten und wirkt sich positiv auf den Unternehmenswert aus.

• Eine stabile Gewinnentwicklung mit einer hohen Wahrscheinlichkeit für eine ausreichende Kapitaldienstfähigkeit ist im Interesse der Kapitalmärkte, was sich in einem guten Rating, einem vergleichsweise hohen Finanzierungsrahmen und günstigen Konditionen widerspiegelt.

---

[23] Quelle: Gleißner, W./Romeike, F., 2005, Risikomanagement, S. 27; vgl. auch Romeike, F./ Hager, P., 2009, Erfolgsfaktor Risiko-Management, S. 107.

[24] Vgl. Gleißner, W./Romeike, F., 2005, Risikomanagement, S. 28 f.; sowie Romeike, F./ Hager, P., 2009, Erfolgsfaktor Risiko-Management, S. 108.

- Eine stabile Gewinnentwicklung sowie eine hohe Risikotragfähigkeit (Eigenmittelausstattung) reduziert die Wahrscheinlichkeit einer Insolvenz.

- Eine stabile Gewinnentwicklung sowie eine niedrigere Insolvenzwahrscheinlichkeit sind im Interesse von Arbeitnehmern, Kunden und Lieferanten, was es erleichtert, qualifizierte Mitarbeiter zu gewinnen und langfristige Beziehungen zu Kunden und Lieferanten aufzubauen.

- Bei einem progressiven Steuertarif haben zudem Unternehmen mit schwankenden Gewinnen Nachteile gegenüber Unternehmen mit kontinuierlicher Gewinnentwicklung.

- Die Verhinderung von wirtschaftskriminellen Handlungen verringert finanzielle Schäden.

- Ein präventives Fraud- und Risikomanagement reduziert das Risiko von Reputationsschäden und schützt die Marke sowie den Unternehmenswert.

Risikomanagement bietet insgesamt v.a. eine Erhöhung der Planungssicherheit und eine nachhaltige Steigerung des Unternehmenswerts.

2.2 Risikolandkarte in Unternehmen

Die Wahrnehmung von Risiken ist eine höchst subjektive Angelegenheit, da Risiken in ihrer Dimension und Materialität und Immaterialität durch unsere Sinnesorgane konstruiert werden.[25] Ob wir etwas als Risiko auffassen oder nicht, hängt von unseren Urteilen ab, die von Meinungen, Moden und Moralvorstellungen geprägt sind: Was für den einen ein Risiko ist, braucht für die anderen noch lange keins zu sein. Auch die Einschätzung von Wahrscheinlichkeiten ist eine höchst subjektive Angelegenheit. Was für den einen Experten wahrscheinlich ist, hält der nächste für unwahrscheinlich. Risiken sind unsichere Ereignisse, die eintreten können, aber nicht müssen.

Daher sind Risikolandkarten nicht nur über die Branchengrenzen hinweg, sondern auch innerhalb eines Unternehmens eher heterogen. Empirische Studien zeigen jedoch auf, dass Unternehmenszusammenbrüche primär auf strategische oder operative Risiken zurückgeführt werden können, zu denen auch Wirtschaftskriminalität zu zählen ist.[26]

---

[25] Vgl. Romeike, F./Hager, P., 2009, Erfolgsfaktor Risiko-Management, S. 109.

[26] Vgl. Romeike, F., 2004, Integration des Managements der operationellen Risiken in die Gesamtbanksteuerung, S. 41-54 sowie Erben, R./Romeike, F., 2003, Allein auf stürmischer See, S. 13 ff.

Strategische und operative Risiken zusammen werden auch als operationelle Risiken bezeichnet. In Abbildung 2 ist eine generische Risikolandkarte für Unternehmen aller Branchen skizziert.

Risiken im Kontext Fraud können sich in unterschiedlichen Risikokategorien wiederfinden. So können sich beispielsweise Risiken in der Folge deliktischer bzw. doloser Handlungen sowohl im Bereich Finanzrisiken als auch im Bereich der operativen bzw. strategischen Risiken niederschlagen. Der Begriff dolose Handlungen (nach lat. *dolosus* = arglistig, trügerisch) fasst hierbei Bilanzmanipulationen, Untreue, Unterschlagung und alle anderen zum Schaden des Unternehmens vorsätzlich durchgeführten Handlungen zusammen. In der Konsequenz werden derartige Handlungen v.a. auch zu einem Reputationsverlust führen.

Abbildung 2: Risikokategorien im Überblick[27]

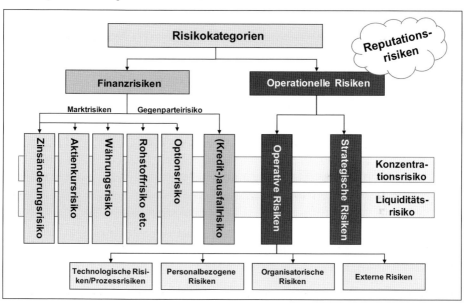

Des Weiteren können Risiken durch externe oder interne Ereignisse und Störungen verursacht werden. So kann etwa ein Beschaffungsrisiko auf Schwierigkeiten im Beschaffungsprozess oder ebenso auf die Ursache zurückgeführt werden, dass durch ein externes Schadensereignis (Erdbeben, Überschwemmung etc.) bestimmte Produkte auf dem Weltmarkt nicht mehr oder nur zu höheren Preisen verfügbar sind. Nachfolgend sind einige Beispiele für potenzielle Risikobereiche aufgezählt:

---

[27] Vgl. Romeike, F./Hager, P., 2009, Erfolgsfaktor Risiko-Management, S. 111.

- Bedrohung von Kernkompetenzen oder Wettbewerbsvorteilen;

- Risiken durch eine Unternehmensstrategie, die inkonsistent ist oder auf sehr unsicheren Planungsprämissen basiert;

- strukturelle Risiken der Märkte infolge ungünstiger Struktur der Wettbewerbskräfte (beispielsweise geringe Differenzierungschancen in stagnierenden Märkten, niedrige Markteintrittshemmnisse oder erhebliche Substitutionsgefahr);

- starke Abhängigkeiten von wenigen Kunden oder wenigen Lieferanten;

- Markteintritt neuer Wettbewerber;

- Adressausfallrisiken, insbesondere Ausfall von Kundenforderungen;

- Wertschwankungen von Beteiligungen oder Wertpapieren des Umlaufvermögens;

- organisatorische Risiken durch fehlende bzw. unklare Aufgaben- und Kompetenzregelung oder Schwächen des internen Kontrollsystems (Wirtschaftskriminalität in Form von Bilanzmanipulationen, Vermögensschädigungen, Korruptionssachverhalten und sonstigen Compliance-Verstößen (*„Fraud and Misconduct"*));[28]

- Risiken durch den Ausfall von Schlüsselpersonen;

- Schadenersatzforderungen oder Produkthaftpflichtfälle;

- Sachanlageschäden, beispielsweise infolge von Feuer;

- Reputationsrisiken;

- Risiken aus korrumptiven Handlungen von Mitarbeitern;

- Know-how-Verlust durch Wirtschaftsspionage.

Ein Blick in die Praxis der Unternehmen zeigt, dass eine Abgrenzung zwischen den einzelnen Risikokategorien aufgrund der Vielschichtigkeit und Komplexität häufig nicht unproblematisch ist. Insbesondere die komplexe Verknüpfung der Einzelrisiken – wie bereits ausgeführt – ist von besonderer Bedeutung für das Management strategischer und operativer Risiken. Risikokategorien dürfen nicht losgelöst voneinander erfasst und analysiert werden, da Risiken durch positive und negative Rückkopplungen miteinander verbunden sind (vgl. Abbildung 3).

---

[28] Vgl. auch die Beiträge von Jackmuth/de Lamboy/Zawilla zu ganzheitlichem Fraud Management, Kopetzky zu Financial Forensic, Pauthner/Lehmacher zu Korruptionsprävention.

Abbildung 3: Dynamische und interaktive Beziehungen prägen eine Risikolandkarte[29]

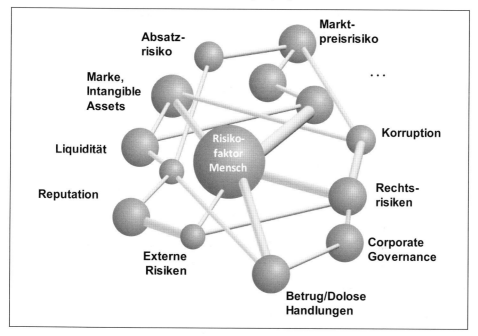

Die in der Praxis zu beobachtenden Kettenreaktionen (Dominoeffekt) sind insbesondere bei dolosen Handlungen zu beobachten:

- Eine Verfälschung von Finanzinformationen (Bilanzfälschung etc.) führt zu einem Reputationsverlust für das betroffene Unternehmen bzw. die Marke;

- dies wiederum führt ggf. zu einer Beeinträchtigung von Kunden- und Lieferantenbeziehungen;

- dies führt ggf. zu einer Beeinträchtigung der Beziehungen zu Behörden (beispielsweise Ausschluss von öffentlichen Vergabeverfahren);

- dies führt in der Konsequenz ggf. zu einem Motivationsverlust der Mitarbeiter bzw. einem Rückgang der Arbeitsethik (*set the tone from the top*);

- obige Beeinflussungen führen zu einem erhöhten Zeit- und Arbeitsaufwand (Pressearbeit, Kommunikation, Entwicklung und Umsetzung von Steuerungsmaßnahmen etc.) und in der Konsequenz zu einem höheren finanziellen Aufwand;

---

[29] Vgl. Romeike, F., 2006, Integriertes Risiko-Controlling und -Management, S. 439.

- dies führt insgesamt zu einem höheren finanziellen und zeitlichen Aufwand;

- in der Konsequenz kann dies zu einem Unternehmenszusammenbruch führen (vgl. Tyco, Worldcom, AIG, Bawag, Enron, Flowtex etc.).

Sehr häufig ist ein ganzes Bündel von unterschiedlichen Risikokategorien für die Schieflage eines Unternehmens verantwortlich. Vor diesem Hintergrund wird auch die Bedeutung einer integrierten Gesamtrisikosteuerung (Enterprise Risk Management (ERM), vgl. Abbildung 4) deutlich. Im Kontext Wirtschaftskriminalität ist ein besonderes Augenmerk auf den Risikofaktor „Mensch" zu setzen.

Abbildung 4: Weg zum Enterprise Risk Management

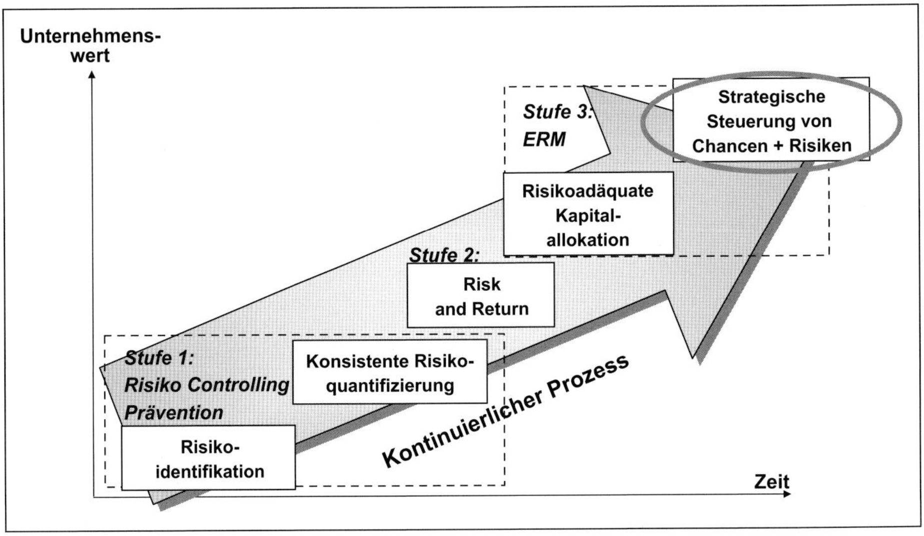

2.3 Risikomanagementprozess in der Praxis

2.3.1 Strategisches Risikomanagement

Ein effizienter Risikomanagementprozess funktioniert ähnlich dem menschlichen Organismus oder anderer Netzwerkstrukturen in der Natur. In einem menschlichen Organismus arbeiten Gehirn, Herz und Nervensystem zusammen. Netzwerke sind anpassungsfähig und flexibel, haben gemeinsame Ziele, spielen zusammen und vermeiden Hierarchien. Netzwerkstrukturen sind skalierbar und außerordentlich überlebensfähig.

Übertragen auf den Prozess des Risikomanagements bedeutet dies, dass verschiedene Sensoren und Sinne (etwa Auge, Ohr, Nerven oder Frühwarnindikatoren) die Risiken aufnehmen und sie an eine zentrale Stelle weiterleiten (Gehirn bzw. Risikomanager). Und insgesamt entscheidet die strategische Ausrichtung des Systems (Unternehmens) über das Risikoverständnis. In diesem Zusammenhang ist es wichtig, die strategische Dimension des Risikomanagements nicht etwa losgelöst von der strategischen Unternehmensführung (Geschäftsstrategie) zu betrachten.

Abbildung 5: Prozess des Risikomanagements in der Praxis[30]

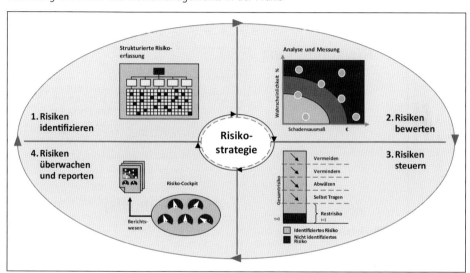

Das Strategische Risikomanagement bildet die integrative Klammer und das Fundament des gesamten Risikomanagementprozesses. Es beinhaltet v.a. die Formulierung von Risikomanagementzielen in Form einer Risikostrategie. Bevor das Risikomanagement als kontinuierlicher Prozess eingeführt und gelebt werden kann, müssen zunächst die Grundlagen bezüglich der Rahmenbedingungen (etwa Risk Policy Statement bzw. Risikostrategie), Organisation (etwa Funktionen, Verantwortlichkeiten und Informationsfluss) und die eigentlichen Prozessphasen definiert werden. Gerade bei der Risikostrategie sollte der Fraud Manager darauf achten, dass seine Belange und Risiken mit integriert werden, um auch im weiteren Prozess eingebunden zu sein.

---

[30] Vgl. Romeike, F./Hager, P., 2009, Erfolgsfaktor Risiko-Management, S. 121.

Risiken effizient zu steuern und zu kontrollieren sowie Chancen zu erkennen und zu nutzen, gehört zur unternehmerischen Kerntätigkeit jedes Unternehmens. Trotzdem ist die Bereitschaft der Unternehmen, Risiken einzugehen, sehr unterschiedlich und abhängig von den Eigentumsverhältnissen, der Liquidität und auch der persönlichen Risikoneigung der Unternehmensleitung bzw. der Eigentümer. Eine idealtypische Kategorisierung von Risikotypen ist in Abbildung 6 dargestellt.

Abbildung 6: Idealtypische Risikotypologie[31]

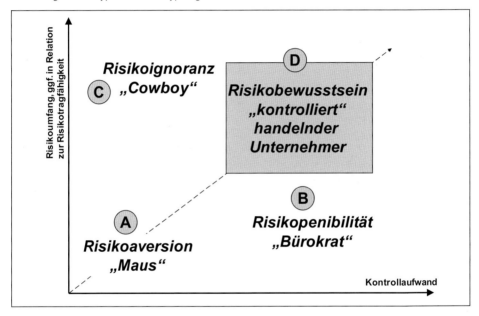

Eine Maus (A) geht ein geringes Risiko ein und hat einen äußerst geringen Kontrollaufwand. Der Bürokrat (C) hingegen ist ähnlich risikoscheu, nimmt aber durch seine Kontrollstruktur in Kauf, dass auch seine Chancen – und damit sein Wachstums- und Entwicklungspotenzial – äußerst begrenzt sind. Ein Cowboy (C) hingegen riskiert die Gefahr, von negativen Entwicklungen überrascht zu werden, die er nicht mehr kontrollieren kann. Der kontrolliert handelnde Unternehmer (D) demgegenüber verwendet bei seinen Entscheidungen die Werkzeuge des Risikomanagements und geht Risiken bewusst und kontrolliert ein, um die damit verbundenen Gewinnchancen zu realisieren.

---

[31] Vgl. Romeike, F./Hager, P., 2009, Erfolgsfaktor Risiko-Management, S. 115.

So gibt es eher risikofreudige Unternehmen, weil etwa eine kurzfristige Gewinnmaximierung angestrebt wird oder eine gute Kapitalausstattung vorhanden ist. Andere Marktteilnehmer investieren hohe Summen in die Risikosteuerung und -kontrolle und verhalten sich eher risikoavers, weil etwa die Liquiditätslage angespannt ist oder unplanmäßige Kosten vermieden werden sollen. Werden eine langfristige Sicherung der Marktposition und eine langfristige wertorientierte Unternehmenssteuerung angestrebt, so wird sich ein Unternehmen risikoneutral verhalten und sein Risiko-Chancen-Profil optimieren, um den Unternehmenswert zu erhöhen. Entsprechend muss auch der Fraud Manager sich an die strategische Ausrichtung des Risikomanagements halten, wodurch beispielsweise neue, stark wachsende Unternehmensbereiche anders zu behandeln sind, als Etablierte.

2.3.2 Risikoidentifikation

Das operative Risikomanagement (vgl. Abbildung 5) beinhaltet den Prozess der systematischen und laufenden Risikoanalyse der Geschäftsabläufe. Ziel der Risikoidentifikation ist die frühzeitige Erkennung von „den Fortbestand der Gesellschaft gefährdende Entwicklungen", d.h. die möglichst vollständige Erfassung aller Risikoquellen, Schadensursachen und Störpotenzialen.[32] Für einen effizienten Risikomanagementprozess kommt es darauf an, dass dieser als kontinuierlicher Prozess – im Sinne eines Regelkreises – in die Unternehmensprozesse integriert wird.[33]

Die Informationsbeschaffung ist die schwierigste Phase im gesamten Prozess und eine Schlüsselfunktion des Risikomanagements, da dieser Prozessschritt die Informationsbasis für alle nachfolgenden Phasen liefert – schließlich können nur Risiken bewertet und gesteuert werden, die auch erkannt wurden.

Besonders kritisch mit dem grundsätzlichen Erkennen von seltenen Ereignissen (Risiken) befasst sich Nassim N. Taleb. Er verweist auf die schon erwähnte herausragende Bedeutung sehr seltener und nahezu unvorhersehbarer Einzelereignisse für die Entwicklung der Gesellschaft und insbesondere auch der Wissenschaft. Derartige außergewöhnliche Einzelereignisse, die er „Schwarzen Schwan" (*Black Swan*) nennt, sind „Ausreißer", die außerhalb des üblichen Bereichs der Erwartung liegen, da in der Vergangenheit nichts Vergleichbares geschehen ist.[34]

---

[32] Vgl. auch den Beitrag von Jackmuth/Zawilla zur Gefährdungsanalyse.
[33] Vgl. auch den Beitrag von Schulze Heuling zur prozessualen Umsetzung eines Fraud-Management-Systems.
[34] Vgl. Taleb, N., 2008, Der Schwarze Schwan.

Bevor Australien entdeckt wurde, waren die Menschen in der Alten Welt überzeugt, alle Schwäne seien weiß.[35] Diese Überzeugung war unanfechtbar, da sie durch die empirische Evidenz anscheinend völlig bestätigt wurde. Als der erste schwarze Schwan gesichtet wurde, wurde das bisherige Gedankengebäude schwer erschüttert. Die Schwarze-Schwan-Illustration veranschaulicht eine schwerwiegende Beschränkung bei unserem Lernen durch Beobachtung oder Erfahrung und die Zerbrechlichkeit unseres (historischen) Wissens. Da die meisten Beobachter über den eigenen Tellerrand nicht hinausschauen, war für sie klar, dass alle Schwäne weiß sind. Es lag schlichtweg außerhalb der eigenen Erfahrungen und Vorstellungskraft, dass schwarze (Trauer-)Schwäne in allen Bundesstaaten Australiens vorkommen, sowohl auf dem Festland wie auch in Tasmanien.

Taleb behauptet, dass wir systematisch die schmerzhaften Folgen von Extremereignissen unterschätzen. Talebs Analyse kann wie folgt zusammengefasst werden: Wir denken in schlüssigen Geschichten, verknüpfen Fakten zu einem stimmigen Bild, nehmen die Vergangenheit als Modell für die Zukunft. So schaffen wir uns eine Welt, in der wir uns zurechtfinden. Aber die Wirklichkeit ist anders: chaotisch, überraschend, unberechenbar.

Diese Erkenntnis ist nicht neu: Bereits der französische Mathematiker Benoît B. Mandelbrot kritisiert seit Jahrzehnten viele traditionelle Risikomodellierungsansätze, da sie die Realität nur sehr eingeschränkt abbilden würden. Basierend auf seinen Analysen sind viele Risikomodelle und Methoden blind für seltene Extremereignisse. Dies hängt u.a. damit zusammen, dass viele Modelle auf der Annahme der Gauß'schen Normalverteilung (siehe Abbildung 7) basieren. Mandelbrot weist darauf hin, dass Risiken falsch gemessen werden:

„Jahrhunderte hindurch haben Schiffbauer ihre Rümpfe und Segel mit Sorgfalt entworfen. Sie wissen, dass die See in den meisten Fällen gemäßigt ist. Doch sie wissen auch, dass Taifune aufkommen und Hurrikane toben. Sie konstruieren nicht nur für die 95 Prozent der Seefahrttage, an denen das Wetter gutmütig ist, sondern auch für die übrigen fünf Prozent, an denen Stürme toben und ihre Geschicklichkeit auf die Probe gestellt wird. Die Finanziers und Anleger der Welt sind derzeit wie Seeleute, die keine Wetterwarnungen beachten."[36]

---

[35] Vgl. Taleb, N., 2008, Der Schwarze Schwan, S. XVII.
[36] Vgl. Mandelbrot, B., 2008, Fraktale und Finanzen, S. 52.

Abbildung 7: Gauß'sche Normalverteilung

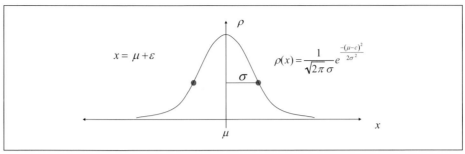

Neben der Sensibilisierung für die Bedeutung solcher seltenen Extremereignisse, die in der Statistik den *„Fat Tails"* von Wahrscheinlichkeitsverteilungen zugeordnet sind, möchte Taleb v.a. auf ein psychologisches Phänomen hinweisen: Alle Menschen neigen dazu, sich so zu verhalten, als würde es derartige seltene Extremereignisse nicht geben. Taleb bezeichnet es sogar als „großen intellektuellen Betrug", dass die Menschen, aber auch die Wissenschaft und die Unternehmenspraxis, sich primär mit den typischen und normalen Entwicklungen befassen, die beispielsweise durch die Normalverteilung erfasst werden, aber die für die Entwicklung tatsächlich besonders maßgeblichen „Extremereignisse" systematisch vernachlässigt oder komplett ignoriert werden.

Da derartige Extremereignisse nicht vorhersehbar sind, bleibt jedoch als einzige Strategie für ein Unternehmen, sich auf ihre Existenz einzustellen, d.h. Vorbereitungen für mögliche Auswirkungen einer im Detail (und den Einzelursachen) unbekannten Extrementwicklung zu treffen sowie derartige Szenarien mit Hilfe von Stresstests zu simulieren. Diese Herausforderung kennen viele Fraud Manager. So werden häufig die Fraud-Risiken unterschätzt oder gar ignoriert, und es bedarf erst eines Schadenfalls, damit im Unternehmen reagiert wird. Hier bietet es sich an, den Vergleich zu ähnlichen Unternehmen zu suchen, um mögliche Risiken anhand von dort vorgekommenen Schadensfällen auch plastisch dem Management vorzuführen.

Ein wichtiges Instrument zur Risikoidentifikation[37] sind außerdem Frühwarnsysteme, mit deren Hilfe Frühwarnindikatoren (etwa externe Größen wie Zinsen oder Konjunkturindizes, aber auch interne Faktoren wie etwa Fluktuation im Management) ihren Benutzern rechtzeitig latente (d.h. verdeckt bereits vorhandene) Risiken signalisieren, sodass noch hinreichend Zeit für die Ergreifung geeigneter Maßnahmen zur Abwendung

---

[37] Auf die einzelnen Methoden der Identifikation von Risiken sei auf die Literatur verwiesen, beispielsweise: Romeike, F./Hager, P., 2009, Erfolgsfaktor Risiko-Management, S. 125 ff. bzw. Bessis, J., 2002, Risk Management in Banking sowie Hull, J., 2011, Risikomanagement.

oder Reduzierung der Bedrohung besteht.[38] Frühwarnsysteme verschaffen dem Unternehmen Zeit für Reaktionen und optimieren somit die Steuerbarkeit eines Unternehmens.

Die Wahl der Methodik zur Risikoidentifikation hängt stark von den spezifischen Risikoprofilen des Unternehmens und der Branche ab. In der betrieblichen Praxis werden die einzelnen Identifikationsmethoden häufig kombiniert. Abbildung 8 gibt einen Überblick über die verschiedenen in der Praxis angewendeten Methoden. Bei der Erfassung der Risiken helfen Checklisten, Workshops, Besichtigungen, Interviews, Organisationspläne, Bilanzen und Schadenstatistiken. Ergebnis der Risikoanalyse sollte ein Risikoinventar sein. Die identifizierten Risiken müssen im anschließenden Prozessschritt detailliert analysiert und bewertet werden. Ziel sollte dabei ein sinnvolles und möglichst für alle Risikokategorien anwendbares Risikomaß sein.

Abbildung 8: Methoden der Risikoidentifikation[39]

Kollektionsmethoden	Suchmethoden	
	Analytische Methoden	*Kreativitätsmethoden*
• Checkliste • SWOT-Analyse/Self-Assessment • Risiko-Identifikations-Matrix (RIM) • Interview, Befragung	• Fragenkatalog • Morphologische Verfahren • Fehlermöglichkeits- und Einflussanalyse • Baumanalyse	• Brainstorming • Brainwriting • Delphi-Methode • Synektik • Szenarioanalyse
Vorwiegend geeignet zur Identifikation bestehender und offensichtlicher Risiken	**Vorwiegend geeignet zur Identifikation zukünftiger und bisher unbekannter Risikopotenziale (proaktives Risikomanagement)**	

---

[38] Vgl. Romeike, F., 2008, Gesunder Menschenverstand als Frühwarnsystem, S. 65 sowie Romeike, F., 2005, Frühwarnsysteme im Unternehmen, S. 22-27.

[39] Vgl. Romeike, F./Hager, P., 2009, Erfolgsfaktor Risiko-Management, S. 123. Hier finden Sie auch detaillierte Ausführungen und Beispiele zu den Methoden.

2.3.3 Risikobewertung

In der Unternehmenspraxis erfolgt traditionell eine Quantifizierung der Risiken hinsichtlich des Erwartungswertes (vgl. Abbildung 9). Der Erwartungswert bestimmt sich (bei diskreten Zufallsvariablen) zweidimensional aus der Multiplikation der Eintrittswahrscheinlichkeit mit dem Schadensausmaß (Risikodimension, Risikopotenzial, Tragweite). Der Erwartungswert E(X) oder μ einer Zufallsvariablen (X) ist jener Wert, der sich (i.d.R.) bei vielfachem Wiederholen des zugrunde liegenden Experiments als Mittelwert der Ergebnisse ergibt. Er bestimmt die Lokalisation (Lage) einer Verteilung und ist vergleichbar mit dem empirischen arithmetischen Mittel einer Häufigkeitsverteilung in der deskriptiven Statistik. Das Gesetz der großen Zahlen sichert in vielen Fällen zu, dass der Stichprobenmittelwert bei wachsender Stichprobengröße gegen den Erwartungswert konvergiert. Im Rahmen dieses Beitrages kann nicht im Detail auf die verschiedenen Bewertungsmethoden in der Praxis eingegangen werden.[40]

Abbildung 9: Risikokapital zur Unternehmenssteuerung

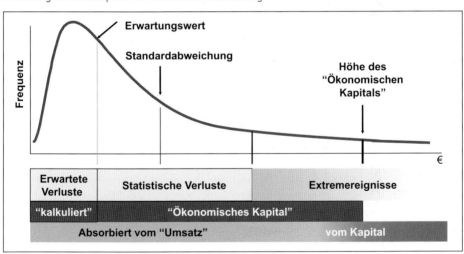

Der Werkzeugkasten des Risiko- und des Fraud Managers bietet eine große Vielfalt an Methoden und Analysemethoden. Die Auswahl der Werkzeuge und Methode wird primär von den verfügbaren Daten der einzelnen Risiken determiniert. Bei quantifizierbaren Risiken können die potenziellen Verluste in drei Bereiche aufgeteilt werden: Erwartete Verluste, statistische Verluste und Stressverluste.

---

[40] Weiterführende Informationen finden sich beispielsweise in: Romeike, F./Hager, P., 2009, Erfolgsfaktor Risiko-Management, S. 132 ff.; Cottin, C./Döhler, S., 2009, Risikoanalyse; Gleißner, W., 2008, Grundlagen des Risikomanagements im Unternehmen.

Der erwartete Verlust (im Bereich der Finanzdienstleister auch als Expected Loss oder Standardrisikokosten bezeichnet) spiegelt die mit einer Geschäftstätigkeit zusammenhängenden, durchschnittlichen inhärenten Verluste wider (vgl. linker Bereich in Abbildung 9). Diese sind in den Budgets abgebildet und werden – sofern es die Rechnungslegungsstandards zulassen – direkt von den Erträgen abgezogen. Als fraud-spezifisches Beispiel kann hier historisch bekannter Schwund im Lager angeführt werden (Inventurdifferenzen).

Der statistische Verlust (unerwartete Verlust bzw. *unexpected loss*) ist die geschätzte Abweichung des effektiven Verlusts vom erwarteten Verlust über einen bestimmten Zeithorizont und unter Annahme eines vorgegebenen Konfidenzintervalls (auch Vertrauensbereich oder Mutungsintervall genannt). Erhöht sich beispielsweise der Schwund im Lager, weil mehr Material als in der Vergangenheit gestohlen wird, so wird dies im unerwarteten Verlust ausgedrückt.

I.d.R. ist aufgrund der begrenzten Datenbasis eine Modellierung basierend auf empirischen Verteilungsfunktionen nicht möglich. Vielmehr bedient man sich in der Praxis theoretischer Verteilungsfunktionen (vgl. mittlerer Bereich in Abbildung 9).

Der Stressverlust ist der Verlust, der durch extreme Ereignisse (*high-severity/low-frequency*-Risiken) ausgelöst werden kann. Da in der Praxis für derartige Extremereignisse in aller Regel nicht genügend historische Risiko- oder Schadensdaten vorhanden sind, muss man entweder mit theoretischen Zufallsverteilungen arbeiten oder mit Hilfe von Stresstests potenzielle Stressszenarien analysieren. Bei potenziell katastrophalen Ereignissen, die zwar selten eintreten, dafür aber fatale Schadenssummen produzieren, greift man in der Praxis auch auf die Extremwert-Theorie (Extreme Value Theory (EVT)) bzw. die Peaks-over-Threshold-Methode (PoT) zurück.[41] Beispielsweise könnte mit Hilfe einer stochastischen Szenarioanalyse untersucht werden, welche Auswirkungen ein Totalverlust eines Lagers durch kriminelle Handlungen auf die Finanzen eines Unternehmens oder auch die Produktionskapazitäten hat.

Eine Aggregation aller relevanten Risiken ist erforderlich, weil sie auch in der Realität zusammen auf Gewinn und Eigenkapital wirken. Es ist damit offensichtlich, dass alle Risiken gemeinsam die Risikotragfähigkeit eines Unternehmens belasten (siehe Abbildung 10). Die Risikotragfähigkeit wird – vereinfacht betrachtet – von zwei Größen bestimmt, nämlich zum einen vom Eigenkapital und zum anderen von den Liquiditätsreserven. Die Beurteilung des Gesamtrisikoumfangs ermöglicht eine Aussage darüber, ob die oben bereits erwähnte Risikotragfähigkeit eines Unternehmens ausreichend ist, um

---

[41] Vgl. zur Vertiefung: Gumbel, E., 1958, Statistics of extremes sowie Embrechts, P./ Klappelberg, C./Mikosch, T., 1997, Modelling extremal events.

den Risikoumfang des Unternehmens tatsächlich zu tragen und damit den Bestand des Unternehmens zu gewährleisten. Sollte der vorhandene Risikoumfang eines Unternehmens gemessen an der Risikotragfähigkeit zu hoch sein, werden zusätzliche Maßnahmen der Risikobewältigung erforderlich. Die Kenntnis der relativen Bedeutung der Einzelrisiken (Sensitivitätsanalyse) ist für ein Unternehmen in der Praxis wichtig, um die Maßnahmen der Risikofinanzierung und -steuerung zu priorisieren.[42]

Abbildung 10: Risikotragfähigkeit eines Unternehmens

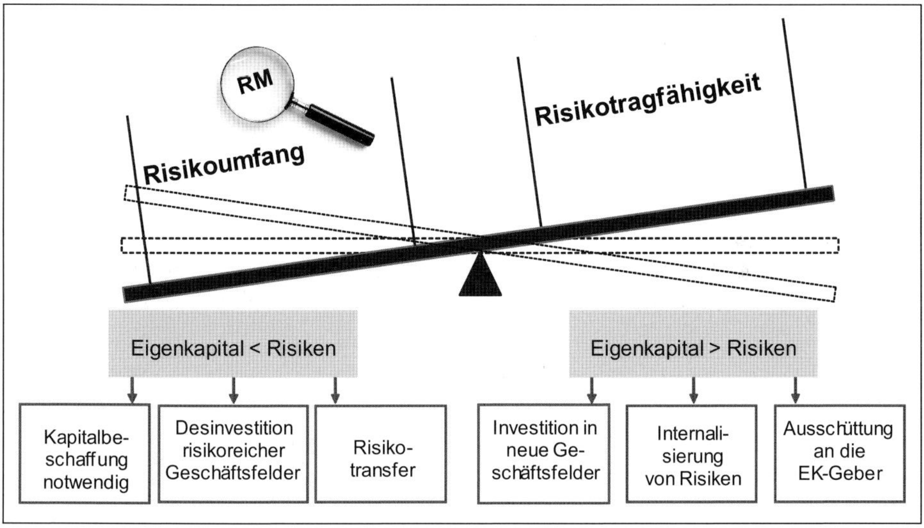

2.3.4 Risikosteuerung

Der Gesamtrisikoumfang – als Ergebnis der Risikoaggregation – ermöglicht erst eine fundierte Beurteilung der Risikoeigentragungskraft des Unternehmens, die maßgeblich die nachfolgenden Maßnahmen der Risikofinanzierung oder des Risikotransfers bestimmt. In diesem Zusammenhang ist auch eine Berechnung der kalkulatorischen Eigenkapitalkosten – eine wesentliche Komponente der Gesamtrisikokosten – wichtig. So substituieren Risikotransferlösungen (beispielsweise Versicherungen) letztlich knappes und relativ teures Eigenkapital. Die kalkulatorischen Eigenkapitalkosten resultieren als Pro-

---

[42] Auf die einzelnen Methoden zur Aggregation kann im Rahmen dieses Textes nicht eingegangen werden. Hier sei auf die weiterführende Literatur verwiesen. Vgl. Hager, P., 2004, Corporate Risk Management.

dukt von Eigenkapitalbedarf und Eigenkapitalkostensatz, der von der akzeptierten Ausfallwahrscheinlichkeit und der erwarteten Rendite von Alternativanlagen (beispielsweise am Aktienmarkt) abhängt.[43]

Abbildung 11: Unterschiedliche Maßnahmen der Risikosteuerung[44]

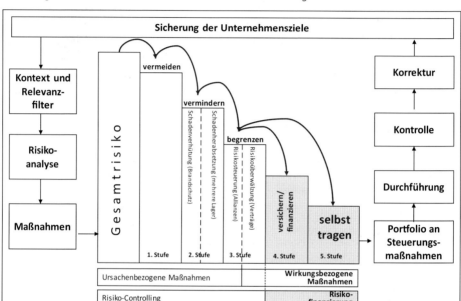

Eine Schlüsselstelle im gesamten Risk-Management-Prozess nimmt die Risikosteuerung und -kontrolle ein (siehe Abbildung 11). Diese Phase zielt darauf ab, die Risikolage des Unternehmens positiv zu verändern bzw. ein ausgewogenes Verhältnis zwischen Ertrag (Chance) und Verlustgefahr (Risiko) zu erreichen, um den Unternehmenswert zu steigern. Die Risikosteuerung und -kontrolle umfasst alle Mechanismen und Maßnahmen zur Beeinflussung der Risikosituation, entweder durch eine Verringerung der Eintrittswahrscheinlichkeit und/oder des Schadensausmaßes. Dabei sollte die Risikosteuerung und -kontrolle mit den in der Risikostrategie definierten Zielen sowie den allgemeinen Unternehmenszielen übereinstimmen. Ziele dieser Prozessphase sind die Vermeidung

---

[43] Vgl. Romeike, F./Löffler, H., 2007, Wert- und Effizienzsteigerung durch ein integriertes Risiko- und Versicherungsmanagement sowie Löffler, H./Romeike, F., 2007, Risiken schultern, S. 30.

[44] Quelle: Romeike, F., 2006, Integriertes Risiko-Controlling und -Management, S. 450.

von nicht akzeptablen Risiken sowie die Reduktion und der Transfer von nicht vermeidbaren Risiken auf ein akzeptables Maß. Eine optimale Risikosteuerung und -bewältigung
ist dabei diejenige, die durch eine Optimierung der Risikopositionen des Unternehmens
den Unternehmenswert steigert.

Im Hinblick auf die Steuerung bzw. das Management von Risiken bestehen prinzipiell
drei Strategiealternativen. Die so genannte präventive (oder auch ätiologische) Risikopolitik zielt darauf ab, Risiken aktiv durch eine Beseitigung oder Reduzierung der entsprechenden Ursachen zu vermeiden oder zu vermindern. Es wird versucht, die Risikostrukturen durch Verringerung der Eintrittswahrscheinlichkeit und/oder der Tragweite
einzelner Risiken zu verringern.[45]

Im Gegensatz zu diesen aktiven Steuerungsmaßnahmen, die direkt an den strukturellen
Risikoursachen (Eintrittswahrscheinlichkeit, Schadensausmaß) ansetzen, wird bei der so
genannten korrektiven (oder palliativen) Risikopolitik der Eintritt eines Risikos bewusst
akzeptiert. Ziel der passiven Risikopolitik ist es nicht, die Eintrittswahrscheinlichkeiten
oder die Tragweite der Risiken zu reduzieren, d.h. die Risikostrukturen werden nicht
verändert. Der Risikoträger versucht vielmehr, durch geeignete Maßnahmen Risikovorsorge zu betreiben. Diese Risikovorsorge hat zum Ziel, die Auswirkungen des Risiko-
eintritts zu vermeiden oder zu vermindern. Dies kann beispielsweise in Form der häufig
praktizierten Überwälzung von Risiken auf andere Risikoträger (etwa Versicherer oder
Kapitalmarkt) geschehen. Bei einem Risikoeintritt werden neben der Bereitstellung der
erforderlichen Liquidität die negativen Konsequenzen auf der Ertragslage abgefedert.

Werden die finanziellen Folgen von Risikoeintritten nicht auf professionelle Risikoträger
transferiert, so muss das Unternehmen die notwendige Liquidität und die ertragsmäßigen
Belastungen aus dem eigenen Finanzsystem bereitstellen. Das Selbsttragen von Risiken
kann dabei bewusst oder unbewusst geschehen. Wurden Risiken nicht identifiziert oder
korrekt bewertet, so müssen die Folgen dieser Fehleinschätzung im Schadensfall aus dem
laufenden Cashflow, aus Rücklagen oder durch die Auflösung stiller Reserven finanziert
werden. Dies kann jedoch dazu führen, dass der Unternehmensgewinn durch einen Scha-
deneintritt in einem gewinnschwachen Jahr besonders belastet wird.

---

[45] Für Details zu den Ausprägungen im Fraud Management vgl. auch die Beiträge in diesem
Buch, die jeweils risikomindernde Maßnahmen beschreiben.

2.4 Risikomanagementprozess als PDCA-Zyklus basierend auf der ISO 31000

Der systemische Ansatz zeigt die Aufgaben der Führung einer Organisation. Diese umfassen die Planung, die Umsetzung, die Leistungsbewertung sowie die Verbesserung. Dieser Regelkreis findet in vielen Teilbereichen der Führung Anwendung, am bekanntesten ist er in der Normenreihe EN ISO 9000 ff. hinterlegt.

Am 15.11.2009 hat die Internationale Standardisierungsorganisation (International Organization for Standardization (ISO)) erstmals einen weltweit verbindlichen Standard für Risikomanagement veröffentlicht.[46] Zwei Kategorien von ISO-Standards sind für die Entstehung von ISO 31000 maßgebend. Auf der einen Seite gibt es seit vielen Jahren eine immer größere Anzahl von branchenspezifischen Risk-Management-Standards. Auf der andern Seite existieren Standards, die Managementsysteme beschreiben. Die wohl bekannteste Serie ist die Standardfamilie ISO 9000 ff. Qualitätsmanagement-Systeme. Besonders weit verbreitet und zertifiziert ist die Norm ISO 9001:2008 Qualitätsmanagement-Systeme, Anforderungen. Dieser Standard ist heute weltweit rund eine Million Mal umgesetzt und zertifiziert worden.[47]

Ein Managementsystem beschreibt eine in sich selbst abgeschlossene Systematik zur Steuerung und Kontrolle von Organisationen. So definiert ISO 9000 das Managementsystem als „System zum Festlegen von Politik und Zielen sowie zum Erreichen dieser Ziele".[48] ISO 31000 vereinigt beide Aspekte, indem ein branchenübergreifender Standard zum Risikomanagement entstand, der gleichzeitig einen systemischen Ansatz enthält und damit die Eigenschaften eines Managementsystems bzw. eines Risikomanagementsystems umfasst.

Die Veröffentlichung des internationalen Standards ISO 31000 „Risk Management – Principles and Guidelines" ist ein wichtiger Schritt in der weiteren Entwicklung des Risikomanagements. ISO 31000 knüpft an die Tatsache an, dass Risikomanagement an sich nichts Neues und von vielen Organisationen bereits praktiziertes Konzept ist. Oft wird die zutreffende Behauptung geäußert, dass die Führung aller erfolgreichen Organisationen und Unternehmen die Grundsätze des Risikomanagements schon seit langem beachten. Den Beweis liefert ihre andauernde und erfolgreiche Existenz.

---

[46] Vgl. Brühwiler, B./Romeike, F., 2010, Praxisleitfaden Risikomanagement.
[47] ISO, 2007, The ISO Survey of Certification 2006, S. 8.
[48] ISO 9000:2005, Ziff. 3.2.2.

Die folgenden Punkte skizzieren die grundsätzliche Basis der ISO 31000:

1. Risikomanagement ist ein Top-down-Ansatz;

2. Risikomanagement ist eine umfassende Führungsaufgabe mit einem gegebenen Regelkreis;

3. die Norm stellt einen branchenübergreifenden Ansatz dar;

4. die Norm ist funktionsübergreifend anwendbar und

5. sie ist ein international breit abgestütztes Konzept.

Außerdem folgt der Standard ISO 31000 dem bekannten PDCA-Zyklus (auch Demingkreis, Deming-Rad bzw. Shewhart cycle genannt). PDCA steht hierbei für Plan, Do, Check, Act, was im Deutschen auch als Planen-Umsetzen-Überprüfen-Verbessern übersetzt wird (vgl. Abbildung 12).

Abbildung 12: PDCA-Zyklus im Standard ISO 31000

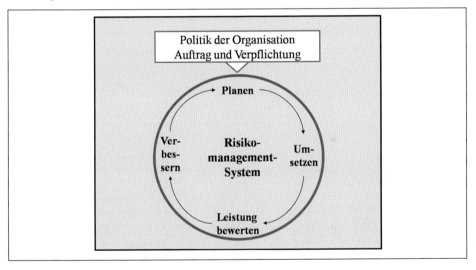

Nachfolgend werden nun die einzelnen Elemente aus dem Regelkreis der Führung dargestellt. Besonders wird dann auf die Fragen der Einführung des Risk-Management-Systems, auf die Risk-Management-Politik sowie auf die Zertifizierung des Risk-Management-Systems eingegangen.

Abbildung 13: PDCA-Zyklus (Planen/Plan)

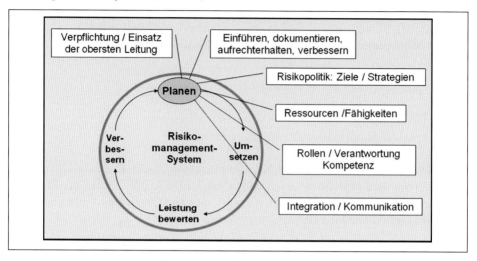

Die Planung umfasst die Verpflichtung und den Einsatz der obersten Leitung, insbesondere auch das Was und Wie im Umgang mit Risiken, die dazu erforderlichen Ressourcen und Fähigkeiten, die Rollen, Verantwortlichkeiten und Kompetenzen sowie die Integration des und die Kommunikation im Risikomanagement (vgl. Abbildung 12).

Abbildung 14: PDCA-Zyklus (Umsetzen/Do)

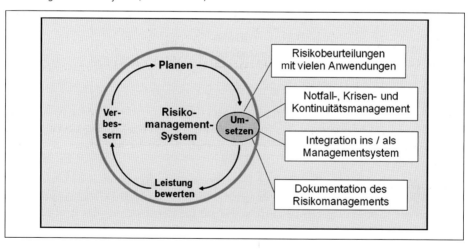

Bei der Umsetzung stehen die verschiedenen Anwendungen des Risikomanagement-prozesses im Mittelpunkt. Auch die Frage, wie es im Managementsystem eingebettet werden soll (alleinstehend oder integriert), ist zu klären. Schließlich gehören die umfang-reichen Dispositionen des Notfall-, Krisen- und Kontinuitätsmanagement, die in vielen Organisationen eingeführt sind, auch zum Risikomanagement (vgl. Abbildung 14).[49]

Abbildung 15: PDCA-Zyklus (Leistungsbewertung/Check)

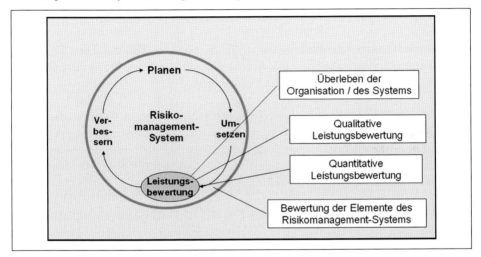

Die Bewertung zielt darauf ab, festzustellen, ob das Risikomanagement überhaupt wirk-sam ist und die erhofften Verbesserungen von Unternehmensstrategie und operativen Tätigkeiten auch wirklich eintreten. Qualitative und quantitative Leistungsbewertungen sind dabei ebenso möglich wie ein Audit des Risikomanagements in einer Organisation (vgl. Abbildung 15).

Ergebnis der Bewertung des Risikomanagementsystems ist die Gegenüberstellung der Anforderungen mit der tatsächlich erfolgten Umsetzung des Risikomanagement. Daraus entstehen Lücken und allenfalls auch Duplizitäten, die zu Verbesserungsmaßnahmen Anlass geben.

---

[49] Vgl. auch den Beitrag von Bédé zu Krisenmanagement.

3 Regulatorische und gesetzliche Grundlagen

§ 91 Abs. 2 Aktiengesetz (AktG) legt fest, dass der Vorstand geeignete Maßnahmen zu treffen und insbesondere ein Überwachungssystem einzurichten hat, damit den Fortbestand des Unternehmens gefährdende Entwicklungen früh erkannt werden: „Der Vorstand hat geeignete Maßnahmen zu treffen, insbesondere ein Überwachungssystem einzurichten, damit den Fortbestand der Gesellschaft gefährdende Entwicklungen früh erkannt werden."

Bereits in der Gesetzesbegründung wird darauf hingewiesen, dass mit dieser Vorschrift keine neue Leitungsaufgabe für den Vorstand geschaffen worden ist, sondern lediglich eine Aufgabe besonders hervorgehoben werden sollte.[50]

Zum § 91 Abs. 2 AktG hat der Gesetzgeber keine Entsprechung im GmbH- oder Personengesellschaftsrecht geschaffen. Allerdings wird in der Gesetzesbegründung ausdrücklich auf eine „Ausstrahlungswirkung" auf andere Gesellschaftsformen hingewiesen. Die Intensität dieser Ausstrahlungswirkung ist allerdings von der Größe und der Komplexität der jeweiligen Unternehmensstruktur abhängig.

In der Literatur wird diskutiert, ob durch § 91 Abs. 2 AktG eine ausdrückliche Pflicht begründet wird, ein umfassendes Risikomanagementsystem einzurichten. Einige Kommentatoren sind der Ansicht, dass allenfalls eine Komponente eines Risikomanagementsystems gefordert wird, nämlich die Einrichtung eines Überwachungssystems zur Früherkennung von bestandsgefährdenden Entwicklungen. Im Gesetzeswortlaut wird der Begriff „Risiken" nicht verwendet. Vielmehr wird von „den Fortbestand der Gesellschaft gefährdende Entwicklungen" gesprochen. Nach Einschätzung des Gesetzgebers gehören zu den Entwicklungen, die den Fortbestand der Gesellschaft gefährden können, insbesondere risikobehaftete Geschäfte, Unrichtigkeiten der Rechnungslegung und Verstöße gegen gesetzliche Vorschriften, die sich auf die Vermögens-, Finanz- und Ertragslage der Gesellschaft oder des Konzerns wesentlich auswirken.

Insgesamt wird jedoch v.a. im betriebswirtschaftlichen Schrifttum bzw. in der Prüfungspraxis überwiegend die Auffassung vertreten, dass § 91 Abs. 2 AktG die Grundlage für eine Verpflichtung der Unternehmen zur Einführung eines umfassenden Risikomanagementsystems darstellt. Ein solches bestehe aus einem Frühwarnsystem, aus einem Internen Überwachungssystem und dem Controlling (vgl. Abbildung 16).

---

[50] Vgl. Romeike, F., 2008, Rechtliche Grundlagen des Risikomanagements, S. 6.; vgl. auch BT-Drucksache 13/9712, S. 15.

Abbildung 16: Risikomanagement im Kontext Corporate Governance

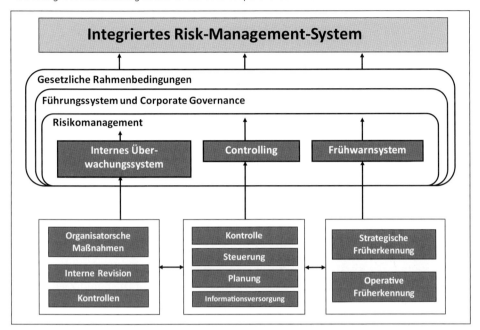

Der Begriff der Überwachung wird primär auf die Überwachung von Risiken bzw. potenziellen Planabweichungen bezogen. Die interne Überwachung gewährleiste die Zuverlässigkeit der betrieblichen Prozesse, während das Controlling die Planung, Informationsversorgung, Kontrolle und Steuerung übernehme. Dies umfasst auch eine Geschäfts- bzw. Risikostrategie zur Vermeidung, Verminderung, Überwälzung und das Selbsttragen von Risiken. Sämtliche Entscheidungen sollten daher auf das Risikopotenzial und ihre Gefahr für den Bestand der Gesellschaft hin untersucht werden und entsprechend behandelt werden.

Selbst wenn § 91 Abs. 2 AktG so – wie von einigen Kommentatoren – interpretiert wird, dass sich aus dem Gesetzestext keine Verpflichtung zur Einrichtung von umfassenden Risikomanagementsystemen ergibt, verlangt § 76 Abs. 1 AktG und der anzulegende Sorgfaltsmaßstab den angemessenen Umgang des Vorstandes mit Risiken. Daraus ergibt sich bereits, dass das Risikomanagement eine originäre Leitungspflicht des Vorstands darstellt.

Ergänzend fordert § 93 Abs. 1 AktG eine gebotene Sorgfalt bei der Geschäftsführung, hierzu gehört auch die Bewertung und Steuerung von Risiken, die den Fortbestand der Gesellschaft gefährden könnten.

„Die Vorstandsmitglieder haben bei ihrer Geschäftsführung die Sorgfalt eines ordentlichen und gewissenhaften Geschäftsleiters anzuwenden. Eine Pflichtverletzung liegt nicht vor, wenn das Vorstandsmitglied bei einer unternehmerischen Entscheidung vernünftigerweise annehmen durfte, auf der Grundlage angemessener Information zum Wohle der Gesellschaft zu handeln."

Eine ähnliche Regelung findet sich in § 347 Abs. 1 Handelsgesetzbuch (HGB): „Wer aus einem Geschäft, das auf seiner Seite ein Handelsgeschäft ist, einem anderen zur Sorgfalt verpflichtet ist, hat für die Sorgfalt eines ordentlichen Kaufmanns einzustehen."

Neben branchenspezifischen Gesetzen (Versicherungsaufsichtsgesetz, Kreditwesengesetz etc.) fordert auch der Deutsche Corporate Governance Kodex (DCGK) die Einrichtung eines Risikomanagements. Er enthält eine Reihe von Regelungen, die sich mit dem Risikomanagement befassen:[51]

- Punkt 3.4: Der Vorstand informiert den Aufsichtsrat regelmäßig, zeitnah und umfassend über alle für das Unternehmen relevanten Fragen der Planung, der Geschäftsentwicklung, der Risikolage, des Risikomanagements und der Compliance. Er geht auf Abweichungen des Geschäftsverlaufs von den aufgestellten Plänen und Zielen unter Angabe von Gründen ein.

- Punkt 4.1.4: Der Vorstand sorgt für ein angemessenes Risikomanagement und Risikocontrolling im Unternehmen.

- Punkt 5.2: Der Aufsichtsratsvorsitzende soll mit dem Vorstand, insbesondere mit dem Vorsitzenden bzw. Sprecher des Vorstands, regelmäßig Kontakt halten und mit ihm die Strategie, die Geschäftsentwicklung und das Risikomanagement des Unternehmens beraten.

- Punkt 5.3.2: Der Aufsichtsrat soll einen Prüfungsausschuss (Audit Committee) einrichten, der sich insbesondere mit Fragen der Rechnungslegung, des Risikomanagements und der Compliance, der erforderlichen Unabhängigkeit des Abschlussprüfers, der Erteilung des Prüfungsauftrags an den Abschlussprüfer, der Bestimmung von Prüfungsschwerpunkten und der Honorarvereinbarung befasst.

Risikomanagement ist eine Führungsaufgabe und darf weder vom Vorstand einer Aktiengesellschaft (börsennotiert oder nicht börsennotiert) noch von den entsprechenden Organen anderer Unternehmensformen vernachlässigt werden.

---

[51] Vgl. Deutsche Corporate Governance Kodex (in der Fassung vom 26.05.2010): www.corporate-governance-code.de.

Eine Geschäftsleitung, welche die Implementierung eines umfassenden und präventiven Risikomanagements unterlässt, und dennoch für sich in Anspruch nimmt, ordentlich und gewissenhaft im Sinne des § 93 Abs. 1 S. 1 AktG zu handeln, sieht sich bei der Realisierung eines Risikos hinsichtlich seines Unterlassens einem immensen Rechtfertigungsdruck sowie einer potenziellen persönlichen Haftung ausgesetzt.[52]

Zur Beurteilung einer persönlichen Haftung der Organe wird in der Praxis die Business Judgement Rule herangezogen. Diese Regel für unternehmerische Entscheidungen beruht auf den Principles of Corporate Governance des American Law Institute aus dem Jahr 1994 und der deutschen höchstrichterlichen Rechtsprechung des Bundesgerichtshofes (BGH). Der BGH hatte in seinem Urteil vom 21.04.1997 entschieden, dass ein Unternehmensleiter hinsichtlich der zu treffenden unternehmerischen Entscheidungen einen bestimmten Spielraum hat. Das Organ trifft danach keine persönliche Haftung, wenn er ausreichend gut informiert ist und eine Entscheidung nachvollziehbar im besten Sinne des Unternehmens getroffen hat.

Eine Pflichtverletzung setzt folgende Merkmale voraus:

- Unternehmerische Entscheidung: ist aufgrund ihrer Zukunftsbezogenheit durch Prognosen und nicht justiziable Einschätzungen geprägt. Das unterscheidet sie von der Beachtung gesetzlicher, satzungsmäßiger, anstellungsvertraglicher oder organschaftlicher Beschlusspflichten, bei denen es keinen tatbestandlichen Handlungsspielraum gibt (Pflichtentscheidungen).

- Gutgläubigkeit: Die Entscheidungen müssen *ex ante* (hierbei werden später abgelaufene Vorgänge, die zu einem früheren Zeitpunkt noch nicht bekannt sein konnten, außer Acht gelassen) in gutem Glauben auf das Unternehmenswohl ausgerichtet sein.

- Handeln ohne Sonderinteressen und sachfremde Einflüsse: Das Handeln muss unbeeinflusst von Interessenkonflikten, Fremdeinflüssen und ohne unmittelbaren Eigennutz sein. Der Vorstand muss also unbefangen und unbeeinflusst handeln.

- Handeln zum Wohle der Gesellschaft: Entscheidungen müssen der langfristigen Ertragsstärkung und Wettbewerbsfähigkeit des Unternehmenskonzerns und seiner Produkte/Dienstleistungen dienen. Diese Voraussetzung liegt etwa bei einer nachträglich gewährten Leistungsprämie, die der Gesellschaft keinen zukunftsbezogenen Nutzen bringt, nicht vor. Wenn das mit der Entscheidung verbundene Risiko in völlig unverantwortlicher Weise falsch beurteilt wurde, ist das Merkmal „vernünftigerweise" nicht erfüllt.

---

[52] Vgl. Lorenz, M., 2008, Einführung in die rechtlichen Grundlagen des Risikomanagement, S. 27.

- Handeln auf der Grundlage angemessener Information: Eine unternehmerische Entscheidung beruht häufig auch auf Instinkt, Erfahrung, Phantasie und Gespür für künftige Entwicklungen, was sich nicht durch objektive Informationen ersetzen lässt. Deshalb soll der Mut zum unternehmerischen Risiko nicht genommen werden, andererseits jedoch Unbesonnenheit und Leichtsinn nicht gefördert werden. Abgestellt wird somit auf die vernünftigerweise als angemessen erachtete Information. Eine Information kann nicht allumfassend sein, sondern hat betriebswirtschaftliche Schwerpunkte. Der unbestimmte Rechtsbegriff der angemessenen Information ist erfüllt, wenn der Vorstand sie aus eigener Einschätzung für ausreichend erachtet.

4 Fazit und Ausblick

Bei vielen Unternehmen wurde Risk Management in den vergangenen Jahren eher als lästige Pflichtübung verstanden und nicht als Kernaufgabe einer strategischen, wert- und risikoorientierten Unternehmensführung. Formale Risikomanagementsysteme, die durch den Druck des Gesetzes zur Kontrolle und Transparenz im Unternehmensbereich (KonTraG) bzw. anderer gesetzlicher oder regulatorischer Anforderungen aufgebaut wurden, zeigen daher teilweise erhebliche Defizite:

- Schwächen bei der Risikoanalyse: Im Rahmen der Risikoanalyse werden Risiken vielfach wenig systematisch identifiziert und unbefriedigend quantifiziert. Entweder fehlt die Quantifizierung komplett oder es werden lediglich sehr einfache Beschreibungen des Risikos vorgenommen – beispielsweise anhand von Schadenshöhe und Eintrittswahrscheinlichkeit. Moderne Methoden der Risikoquantifizierung werden nicht genutzt. Auch die Wechselwirkungen zwischen Risiken werden oft nicht erfasst. Häufig lässt sich bei der Risikoidentifikation zudem feststellen, dass ein strategischer Bezug fehlt. Es wird insbesondere nicht analysiert, welchen Bedrohungen die langfristigen Erfolgsfaktoren des Unternehmens – wie Wettbewerbsvorteile und Kernkompetenzen – ausgesetzt sind.

- Unzureichende Anwendung von Werkzeugen zur Identifikation und Bewertung von Risiken: Der gut gefüllte Werkzeugkasten des Risikomanagements wird in der Praxis häufig nur z.T. angewendet. So konzentrieren sich viele Unternehmen auf eine rein qualitative oder semi-quantitative Bewertung der Risiken. Kreativitätsmethoden werden nicht verwendet, obwohl gerade diese Methoden (nicht offensichtliche) Risiken aufzeigen. Sinnvoll wäre es jedoch, parallel verschiedene Verfahren der Risikoidentifikation und -bewertung zu verwenden, da die Risikotypologien höchst unterschiedlich sind und die Qualität der vorhandenen Daten immer heterogen ist. Somit definiert eher die vorhandene Datenlage sowie die Risikotypologie die Anwendung der Identifikations- und Bewertungsmethoden.

- Fehlen von Verfahren und Methoden zur Risikoaggregation: Eine akzeptable Risikoaggregation schließt aus der Menge der identifizierten und bewerteten Einzelrisiken auf den Gesamtrisikoumfang des Unternehmens. Die Risikoaggregation soll einerseits aufzeigen, in welchen risikobedingten Streuungsbändern sich wichtige Unternehmenszielgrößen – wie beispielsweise der Cashflow – bewegen. Andererseits wird durch die Risikoaggregation deutlich, wie viel Eigenkapital erforderlich ist, um die durch die Risiken möglicherweise entstehenden Verluste aufzufangen und damit eine Überschuldung bzw. Illiquidität des Unternehmens wirksam zu verhindern. Wegen der damit verbundenen methodischen Herausforderungen – beispielsweise den relativ komplexen Simulationsverfahren – ist diese wichtigste Aufgabe des Risk Managements in vielen Unternehmen kaum entwickelt. Ist es nicht möglich, den Eigenkapitalbedarf eines Unternehmens zu bestimmen, können auch keine risikogerechten Kapitalkostensätze für die wertorientierte Unternehmensführung abgeleitet werden.

- Fehlende Integration des Risikomanagements in Unternehmensplanung und Controlling: Risiken führen zu Abweichungen der tatsächlichen von den geplanten Unternehmensergebnissen. Für einen ökonomisch sinnvollen Umgang mit Risiken müssen diese daher in den Kontext der Unternehmensplanung gestellt werden. Ein so verstandenes Risikomanagement ermöglicht eine „Aufrüstung" der vorhandenen Systeme zur Unternehmensplanung und zum Controlling. Risikomanagement ist folglich keine eigenständige Aufgabe, sondern ein integraler Bestandteil eines fundierten Unternehmenssteuerungskonzepts.

- Bürokratische Organisation der Risikomanagementsysteme: Sinnvolle Risikomanagementsysteme nutzen möglichst die vorhandenen Organisations- und Berichtsstrukturen des Unternehmens. Die Kritik an den heute implementierten KonTraG-orientierten Risk-Management-Systemen resultiert zum einen daher, dass unnötiger bürokratischer Aufwand betrieben wurde. Zum anderen wird kritisiert, dass sich Risikomanagementsysteme mit einer Vielzahl von Risiken auseinandersetzen, die eigentlich nur von geringer Bedeutung für das jeweilige Unternehmen sind. Häufig haben die implementierten Systeme primär noch einen statischen Charakter. Dynamische Frühaufklärungs- und Prognosesysteme zur frühzeitigen Signalisierung einer unerfreulichen Umsatzentwicklung fehlen meist.

- Defizite bei der Risikobewältigung: Ökonomischen Nutzen entfalten Risk-Management-Systeme erst, wenn die zusätzlich vorhandenen Informationen über die Risiken des Unternehmens auch zur Optimierung der Risikobewältigung genutzt werden. Da Unternehmertum zwangsläufig mit dem Eingehen von Risiken verbunden ist, geht es bei der Risikobewältigung keinesfalls um die Verbannung sämtlicher Risiken aus dem Unternehmen. Vielmehr soll das Chancen-Risiko-Profil des Unternehmens optimiert werden. Die Maßnahmen zur Risikobewältigung beschränken sich aber in vielen Unternehmen immer noch auf den Abschluss von Versicherungen.

- Umgang mit Managementrisiken: Viele Risiken sind letztlich auf ein mögliches Fehlverhalten von Menschen zurückzuführen. Unter den personenbezogenen, operationellen Risiken haben die Managementrisiken mit weitem Abstand die größte Bedeutung. Dieser Typ von Risiken kennzeichnet die Möglichkeit, dass die Unternehmensführung eine grundlegende strategische Fehlentscheidung trifft, die bei den vorhandenen Informationen eigentlich vermeidbar wäre. Vielfach wird gar nicht erst versucht, alle für eine wesentliche Entscheidung relevanten Informationen zu beschaffen und diese zielorientiert auszuwerten. Selbstverständlich kann – wegen der Unvorhersehbarkeit der Zukunft – nicht erwartet werden, dass das Management stets die – im Nachhinein – optimale Entscheidung trifft. Managementrisiken sollten daher immer bewertet werden unter Berücksichtigung derjenigen Informationen, die dem Management zum Entscheidungszeitpunkt zur Verfügung standen oder mit vertretbarem Aufwand hätten beschafft werden können. Dies gilt auch für die wirksame Prävention, Aufdeckung und angemessene Adressierung von Wirtschaftskriminalität in Form von Bilanzmanipulationen, Vermögensschädigungen, Korruptionssachverhalten und sonstigen Compliance-Verstößen (*Fraud and Misconduct*).

Mit diesen und vielen hier nicht genannten Schwächen wird sich das Risk Management in der Zukunft auseinandersetzen müssen. Aus der Perspektive des wertorientierten Managements kommt dem Risikomanagement ein ähnlich hoher Stellenwert zu wie dem Kostenmanagement oder dem Vertriebsmanagement.

Ein funktionierendes und effizientes Risikomanagement sowie eine gelebte Risiko- und Kontrollkultur entwickeln sich zunehmend zu wesentlichen Erfolgsfaktoren für Unternehmen aller Branchen. Nur diejenigen Unternehmen, die ihre Risiken effizient steuern und kontrollieren sowie dabei auch ihre Chancen erkennen und nutzen, werden langfristig erfolgreich sein und ihren Unternehmenswert steigern. Um bei zunehmenden Risiken wirtschaftlich erfolgreich zu sein, wird eine adäquate Informationsversorgung der Entscheidungsträger immer wichtiger.

Von dem legendären chinesischen Philosophen Laozi, der im 6. Jahrhundert v.Chr. gelebt haben soll, können auch Risikomanager sowie Vorstände/Geschäftsführer lernen:

> *„Befasse dich mit den Dingen, bevor sie geschehen;*
> *bringe sie in Ordnung, bevor sie durcheinander sind.*
> *Denn die schwierigen Dinge auf der Welt fangen stets einfach an,*
> *und die großen Dinge fangen stets klein an."*

Strategische Komponenten im Fraud Management

Peter Zawilla

1 Querschnittsaufgabe „Fraud Prevention & Fraud Management" und die erforderliche Expertise

Die Bekämpfung von sowie die Vermeidung von Schäden aus wirtschaftskriminellen Handlungen (Fraud) als ein Teil des operationellen Risikos ist ein wichtiger Bestandteil des Risikomanagements innerhalb eines Unternehmens.[1]

Dabei beginnt die Bekämpfung von Fraud nicht erst „nach der Tat", d.h. wenn der hieraus resultierende Schaden bereits realisiert und bestenfalls durch geeignete Maßnahmen minimiert werden kann, sondern sinnvollerweise „vor der Tat", also bevor ein Schaden entsteht.[2]

Dies bedeutet, dass der Prävention ein besonderes Augenmerk zu schenken ist. Um aber „vor die Tat" zu kommen, muss bei allen Mitarbeitern ein entsprechend ausgeprägtes Bewusstsein für die Risiken und Gefährdungen vorhanden sein, die durch potenzielle interne und externe Täter entstehen.

Demzufolge stellt Fraud Prevention & Fraud Management innerhalb eines Unternehmens eine Querschnittsaufgabe dar, in die neben den Organmitgliedern nahezu alle Bereiche, Organisationseinheiten sowie jeder einzelne Mitarbeiter in allen Konzerngesellschaften eingebunden sind und die ihren Beitrag zur Verhinderung von materiellen Schäden, Reputationsschäden oder sonstigen Schäden für das Unternehmen zu leisten haben. Insbesondere auch die Mitarbeiter mit direktem Kontakt zu Kunden, Lieferanten oder Geschäftspartnern sind daher entsprechend zu sensibilisieren, dass sie Auffälligkeiten oder Unregelmäßigkeiten im Geschäftsgebaren ihrer unmittelbaren Ansprechpartner möglichst frühzeitig bemerken bzw. erkennen und anschließend nach fest vereinbarten Melde- und Informationswegen an die zuständigen Stellen im Unternehmen weiterleiten.

In diesem Beitrag werden – aufbauend auf dem im Einführungsbeitrag bereits skizzierten „Fraud-PDCA-Zyklus" (Plan, Do, Check, Act) – die wesentlichen Bestandteile eines ganzheitlichen, prozessualen Ansatzes näher erläutert sowie verschiedene Rahmenbedingungen beschrieben, die für ein effektives und effizientes Fraud Prevention & Fraud Management unabdingbar sind. Abgerundet wird der Beitrag durch die Darstellung der Bedeutung und Notwendigkeit eines funktionierenden Schnittstellen- sowie Kommunikations- und Informationsmanagements sowie einen Überblick über fraud-spezifische Regelwerke.

---

[1] Vgl. hierzu den Beitrag von Romeike zu Risikomanagement im Fraud-Kontext.
[2] Vgl. hierzu den Beitrag von Stephan zu Asset-Tracing/Schadenrückgewinnung.

1.1 Wesentlich beteiligte Organisationseinheiten

Ausgehend von der Tatsache, dass Fraud Prevention & Fraud Management innerhalb eines Unternehmens eine Querschnittsaufgabe darstellt, gibt das nachstehende Schaubild einen Überblick über die wesentlichen beteiligten Organisationseinheiten/Funktionen.

Abbildung 1: Beteiligte Organisationseinheiten/Funktionen eines umfassenden Fraud Prevention & Fraud Managements

Über die im Schaubild dargestellten Organisationseinheiten/Funktionen sind selbstverständlich auch noch weitere Stellen in das Fraud Prevention & Fraud Management innerhalb eines Unternehmens einzubinden, wie z.B. die Bereiche Informationstechnologie (IT), Rechnungswesen und Controlling sowie die Verwaltung.

Angesichts der aus der Vielzahl der involvierten Organisationseinheiten zwangsläufig resultierenden zahlreichen Schnittstellen ist es notwendig, klare (Primär-)Zuständigkeiten zu benennen, eindeutige Schnittstellenregelungen und Kompetenzen festzulegen sowie Kommunikations-/Informationswege und Berichtspflichten zu fixieren (z.B. in einer so genannten Fraud-Prevention-Policy). Diese werden in den weiteren Abschnitten dieses Beitrages noch vertiefend dargestellt. Daneben sollte insbesondere auch auf Geschäftsleitungsebene eine entsprechende Zuständigkeit festgelegt sein.

1.2 Notwendige Expertise

Um Fraud Prevention & Fraud Management professionell betreiben zu können, sind eine Vielzahl unterschiedlicher Kenntnisse und Fähigkeiten notwendig, die in der nachstehenden Tabelle als „Checkliste Wissenspool" aufgeführt sind. Diese orientiert sich an den im vorangegangenen Beitrag „Ganzheitliches Fraud Management und Schlüsselfaktor Mensch" beschriebenen beiden wesentlichen Faktoren/Aspekten, dem „Schlüsselfaktor Mensch" sowie dem ganzheitlichen, integrierten Ansatz für Fraud Prevention & Fraud Management; die Tabelle ist auch entsprechend dem Fraud-PDCA-Zyklus gegliedert. Hierdurch werden gleichzeitig auch die Inhalte sowohl des einjährigen, praxisorientierten Zertifikatsstudienganges zum Certified Fraud Manager (CFM) als auch dieses Fachbuches abgebildet.

Tabelle 1: „Checkliste Wissenspool" notwendiger Kenntnisse und Fähigkeiten für Fraud Prevention & Fraud Management in Unternehmen

Notwendige Kenntnisse/Fähigkeiten	vorhanden	optimierbar	fehlend
Schlüsselfaktor Mensch			
Täterpsychologie			
Profiling			
Workplace Violence			
Social Engineering und Bedrohungsmanagement			
Unterwanderung/Beeinflussung des Unternehmens mit kritischem Gedankengut			
Verhandlungs- und Präsentationstechniken			
Self-Marketing			
Rechtliche Grundlagen			
Grundlagen Fraud Management			
Arbeitsrecht			
Datenschutz und Mitarbeiterkontrolle			
Planung eines Fraud-Management-Systems			
Einführung in das Fraud- und Risikomanagement			
Strategische Komponenten			
Gefährdungsanalyse			
Daten- und Informationssicherheit			
Wirtschaftsspionage			
Fraud im internationalen Umfeld			

Notwendige Kenntnisse/Fähigkeiten	vorhanden	optimierbar	fehlend
Unterstützende Werkzeuge/Tools für das Fraud Management			
Durchführung von Fraud-Präventionsmaßnahmen			
Fraud-Präventionsmaßnahmen			
Prävention im Personalmanagement			
Korruptionsprävention			
Grundlagen Geldwäscheprävention			
Identifikation und Aufdeckung von Fraud-Fällen			
Hinweisgebersysteme			
Analyse anonymer Hinweise			
Datenanalyse			
Fälschungserkennung			
Produkt- und Markenpiraterie			
Bilanzmanipulationen – Financial Forensic			
Management von Fraud-Fällen			
Vorgehensweise bei Sonderuntersuchungen			
Umgang mit Ermittlungsbehörden			
Ermittlungsmethoden und -analytik			
IT-Forensik			
Spezifische Internetrecherche			
Befragungstechniken			
Krisenmanagement			
Krisenkommunikation			
Strafverteidigung in Unternehmen			
Asset-Tracing/Schadenrückgewinnung			
Kontrolle und Bewertung des Fraud-Management-Systems			
Leistungsindikatoren für das Fraud Management			
Analyse und Bewertung eines Fraud-Management-Systems			

Da es bisher insbesondere in Deutschland noch kein etabliertes Berufsbild eines Fraud-Prevention-Managers gibt, ist die Zahl umfassend ausgebildeter Fachkräfte, die die beschriebene Expertise sowie die notwendigen Fähigkeiten mitbringen, derzeit auch noch sehr begrenzt. Es gibt im Prinzip auch noch keinen etablierten Markt für derartiges

Fachpersonal, welches die in den folgenden Abschnitten dieses Beitrages dargestellten Herausforderungen eines ganzheitlichen, integrierten Fraud Prevention & Fraud Managements in den Unternehmen bewältigen bzw. vollumfänglich umsetzen kann.

2 Implementierung eines ganzheitlichen, integrierten Fraud Prevention & Fraud Managements

2.1 Leitlinien und wesentliche Voraussetzungen

Ein ganzheitliches und integriertes Fraud Prevention & Fraud Management sollte sowohl ein elementarer Bestandteil des Risikomanagements sein als auch in den sonstigen internen Kontrollverfahren ausreichend eingebettet werden (siehe auch die grafischen Darstellungen in Abschnitt 2.4). Ein entsprechendes Regelwerk allein schafft allerdings noch kein Wertebewusstsein. Wesentliche übergreifende Erfolgsfaktoren sind gelebte und praktizierte Corporate Governance[3] sowie Compliance bzw. Unternehmensethik. Dies bedeutet, dass Fraud Prevention & Fraud Management in sehr starkem Maße – wie bereits im Einführungskapitel ausführlich dargestellt – eine verhaltensbezogene und damit den „Schlüsselfaktor Mensch" in den Mittelpunkt stellende Komponente beinhaltet.

Die vorgenannten Faktoren müssen durch entsprechende aufbau- und ablauforganisatorische Regelungen flankiert sowie durch entsprechende Kontrollmaßnahmen, die auch mitarbeiterbezogene Sicherungsmaßnahmen umfassen, überwacht werden. Dabei hängt der Erfolg aller Maßnahmen innerhalb eines Unternehmens insbesondere davon ab, dass auch die vorhandene Unternehmenskultur/-philosophie sowie alle weiteren unternehmensspezifischen Faktoren entsprechende Berücksichtigung finden.[4]

Ausgehend hiervon sind die wesentlichen Voraussetzungen bzw. die Basis für erfolgreiches und nachhaltiges Fraud Prevention & Fraud Management neben der Vorbildfunktion der Geschäftsleitung sowie aller Führungskräfte (Einzelheiten siehe Abschnitt 2.3)

---

[3] „Corporate Governance" umfasst die Gesamtheit aller internationalen und nationalen Werte und Grundsätze für eine gute und verantwortungsvolle Unternehmensführung; konkrete Regelungen und Vorschriften sind im „Deutschen Corporate Governance Kodex" in der aktuellen Fassung vom 26.05.2010 dargestellt.

[4] Vgl. Jung, C., 2005, Präventionskonzept zum Schutz vor Wirtschaftskriminalität – Prävention beginnt auf der Chefetage, S. 47 f.

ein Unternehmensleitbild sowie ein Verhaltenskodex (Code of Ethics), die ein uneinge-schränktes Bekenntnis für ethisch-moralisch einwandfreies Verhalten und Geschäfts-gebaren des Unternehmens sowie für Corporate Social Responsibility (CSR)[5] beinhalten.

Einhergehend mit der Vorbildfunktion ist auch die von der Geschäftsleitung ausgehende bzw. durch sie anzuweisende konsequente Sanktionierung von Fehlverhalten von großer Bedeutung.[6] Dies sollte – unter Berücksichtigung von Reputationsaspekten – völlig unge-achtet des Ansehens, der Hierarchiestufe sowie der Arbeits-/Vertriebsleistung des betroffenen Mitarbeiters erfolgen, insbesondere im Hinblick auf die hierdurch zu erzie-lende „abschreckende" Wirkung und die damit verbundene Anhebung der Hemm-schwelle.

Ergänzend hierzu sind im Rahmen der zu erstellenden unternehmensspezifischen Gefährdungsanalyse alle wesentlichen fraud-gefährdeten Bereiche und Prozesse inner-halb des Konzerns zu identifizieren, zu bewerten und angemessene Sicherungs- und Präventionsmaßnahmen zu initiieren sowie zu implementieren.

Zur Umsetzung aller (Präventions-)Maßnahmen sowie für den professionellen Umgang mit und die effektive Bearbeitung von auftretenden Delikt-/Schadensfällen sollten die verantwortlichen Stellen innerhalb des Unternehmens sowohl mit den notwendigen Kompetenzen als auch den erforderlichen Kapazitäten ausgestattet sein (Einzelheiten siehe Abschnitte 4 und 5).

2.2 Wesentliche Zielsetzungen

Wesentliches Ziel eines ganzheitlichen, integrierten Fraud Prevention & Fraud Manage-ments ist es, innerhalb des Unternehmens Rahmenbedingungen zu schaffen und Maß-nahmen zu entwickeln sowie diese zu implementieren, damit die Motivation und der Anreiz, die Gelegenheiten sowie die eigene Rechtfertigung der Mitarbeiter und externen Täter für unredliches Handeln nachhaltig reduziert werden. Dabei geht es darum, die Wertekultur des Unternehmens zu stärken und die Aufdeckungswahrscheinlichkeit für deliktische Handlungen von Mitarbeitern und/oder externen Tätern sowie insgesamt die

---

[5] „Corporate Social Responsibility" umschreibt den freiwilligen Beitrag der Unternehmen zu einer nachhaltigen Entwicklung, der über die gesetzlichen Forderungen (Compliance) hinaus-geht. Es steht für verantwortliches unternehmerisches Handeln in der eigentlichen Geschäfts-tätigkeit (Markt), über ökologisch relevante Aspekte (Umwelt) bis hin zu den Beziehungen mit Mitarbeitern (Arbeitsplatz) und dem Austausch mit den relevanten Anspruchsgruppen wie z. B. den Anteilseignern, vgl. Kommission der europäischen Gemeinschaften, 2001, Grün-buch Europäische Rahmenbedingungen für die soziale Verantwortung der Unternehmen.

[6] Vgl. auch den Beitrag von Grieger-Langer zu Prävention im Personalmanagement.

Transparenz zu steigern, um hierdurch die Hemmschwelle für das Unternehmen schädigendes Verhalten zu erhöhen. Dies zeigt auch das nachstehende Fraud-Präventionsmodell, welches als „erweitertes Fraud-Dreieck" anzusehen ist.

Abbildung 2: Fraud-Präventionsmodell als erweitertes Fraud-Dreieck

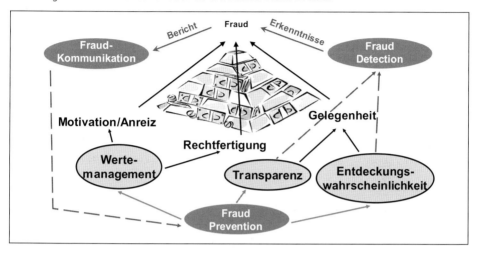

Angelehnt an das für die Geldwäscheprävention geltende Know-Your-Customer-Prinzip sollte dabei – im Einklang mit den geltenden gesetzlichen Bestimmungen – die Umsetzung des Know-Your-Employee-Prinzips, des Know-Your-Colleague-Prinzips sowie des Know-Your-Business-Partner-Prinzips angestrebt werden.

Ausgehend hiervon können die Prozessziele und Anforderungen für ein (konzern-/gruppen-)weites System zu Fraud Prevention & Fraud Management innerhalb eines Unternehmens (einschließlich Tochtergesellschaften) beispielhaft wie nachfolgend dargestellt definiert werden.

Tabelle 2: Beispielhafte Darstellung der Ziele und Anforderungen eines Fraud Prevention & Fraud Managements

Ziele und Anforderungen Fraud Prevention & Fraud Management	
1.)	Alle gesetzlichen und aufsichtsrechtlichen Anforderungen sind eingehalten bzw. umgesetzt.[a]
2.)	Das Bedrohungspotenzial durch Wirtschaftskriminalität innerhalb des Unternehmens (bzw. Konzerns) und seiner Tochtergesellschaften ist minimiert.
3.)	Alle Mitarbeiter des Unternehmens verfügen über die erforderliche Sensibilität und ein angemessenes Bewusstsein für den Umgang mit Bedrohungspotenzialen durch wirtschaftskriminelle Handlungen.
4.)	Die Aufdeckung und Bearbeitung von eingetretenen Deliktfällen bzw. Schadensereignissen erfolgt unverzüglich, umfassend und nachhaltig.
5.)	Aus aufgedeckten Delikt-/Schadensfällen und aus wirtschaftskriminellen Handlungen identifiziertem Bedrohungspotenzial werden zeitnah wirksame Maßnahmen zur Vorbeugung und Risikominimierung eingeleitet.
6.)	Eine regelmäßige und umfassende Kommunikation sowie Berichterstattung sind durch ein entsprechendes Managementinformationssystem sichergestellt.
7.)	Die unternehmensspezifische Gefährdungsanalyse erfüllt die definierten Anforderungen und wird regelmäßig aktualisiert (nur für Kreditinstitute aufsichtsrechtlich verpflichtend).
[a]	Vgl. hierzu den Beitrag von Kühn zu den rechtlichen Grundlagen im Fraud Management.

Ergänzende Zielsetzungen können zudem die weitestgehende Bündelung auch der operativen Tätigkeiten sowohl für die Prävention als auch für die Bearbeitung von Delikt-/Schadensfällen und damit einhergehend die Minimierung von Schnittstellen sowie die (schrittweise) Angleichung bzw. Vereinheitlichung bereits vorhandener Regelungen innerhalb des Unternehmens sein.

Selbstverständlich sind alle Maßnahmen so zu gestalten, dass diese im Rahmen der Jahresabschlussprüfung durch den Wirtschaftsprüfer (sowie im Finanzdienstleistungssektor durch die Bundesanstalt für Finanzdienstleistungsaufsicht (BaFin)) nachvollziehbar überprüft und testiert werden können.

2.3 Besondere Verantwortung und Vorbildfunktion der Geschäftsleitung

Erfolgreiches und wirksames Fraud Prevention & Fraud Management hängt im entscheidenden Maße und in mehrfacher Hinsicht von der Grundeinstellung der Organe eines Unternehmens und seiner einzelnen Mitglieder ab. Die Geschäftsleitung – unterstützt und zugleich überwacht durch das Aufsichtsorgan – muss sich aktiv mit der Thematik auseinandersetzen und das Bewusstsein haben bzw. schnellstmöglich entwickeln, dass wirtschaftskriminelles Handeln ein ernsthaftes Risiko sowie eine permanente Bedrohung nicht nur für andere, sondern auch für das eigene Unternehmen darstellt. Hieraus muss das Selbstverständnis erwachsen, dass der Schutz und die Prävention vor Fraud – unabhängig von ggf. verschärften rechtlichen Auflagen seitens des Gesetzgebers sowie branchenspezifisch von Aufsichtsbehörden (z. B. für den Bankensektor die BaFin) und verstärkten Prüfungshandlungen der Wirtschaftsprüfer im Rahmen der Erstellung bzw. Prüfung des Jahresabschlusses[7] – im ureigenen Unternehmensinteresse liegen. Dabei ist von besonderer Bedeutung, dass bei allen Gewinnmaximierungsabsichten und dem mit der – teilweise extremen – Vertriebsorientierung einhergehenden Bestreben nach Ertragssteigerung und (gleichzeitiger) Kostenminimierung das zwingend notwendige Augenmaß sowie der Blick für die Einhaltung rechtlicher Auflagen und anerkannter ethischer Grundsätze gewahrt bleiben. Dies ist unabdingbare Voraussetzung für eine angemessene Balance zwischen sinnvollem Wachstumsstreben und notwendigem Risikomanagement, auch hinsichtlich des Schutzes vor sowie der Vermeidung von operationellen Risiken.

Darüber hinaus haben alle Organmitglieder und Verantwortungsträger eine uneingeschränkte Vorbildfunktion hinsichtlich eines ethisch-moralisch einwandfreien Verhaltens und Geschäftsgebarens, die sie glaubwürdig vorleben und ausfüllen müssen.[8] Mitarbeiter halten sich im Großen und Ganzen an Regeln und Vorgaben, die von der Geschäftsleitung bzw. den Führungskräften glaubwürdig und überzeugend vorgelebt werden. Sobald allerdings das gelebte Verhalten vom gesprochenen Wort abweicht, ändern sich die Einstellung und das Verhalten auf allen Hierarchiestufen und damit steigt einhergehend auch das Risiko für unredliches Handeln. Eine „Selbstbedienungsmentalität" des Managements („Wenn Gutsverwalter zu Gutsherren werden") bedingt unweigerlich die Gefahr einer „Nachahmungsmentalität".[9] Schafft es das Management dagegen, eine leistungs- und erfolgsorientierte Unternehmenskultur mit ambitionierten, aber angemessenen Vertriebs- oder Ertragszielen für alle Mitarbeiter transparent und somit glaubwürdig zu machen und dies vorzuleben, orientieren sich die Mitarbeiter auch mehr an übergeordneten Werten und handeln verstärkt im Unternehmensinteresse (Corporate Identity), weil sie darauf vertrauen, in angemessenem Maße selbst am Unternehmenserfolg zu partizipieren.[10]

---

[7] Vgl. IDW Prüfungsstandard, 2010, Zur Aufdeckung von Unregelmäßigkeiten im Rahmen der Abschlussprüfung (IDW PS 210), Stand 09.09.2010.

[8] Vgl. von Pierer, H./Homann, K./Lübbe-Wolff, G., 2003, Zwischen Profit und Moral, S. 30 ff.

[9] In der Praxis begründen bzw. rechtfertigen Mitarbeiter ihre unredlichen Handlungen immer wieder mit Aussagen wie z.B. „Ich habe mir nur das genommen, was mir zusteht" oder „Die da oben machen das doch genau so".

[10] Vgl. Jung, C., 2005, Präventionskonzept zum Schutz vor Wirtschaftskriminalität – Prävention beginnt auf der Chefetage, S. 47 f.

Zahlreiche Beispiele der letzten Zeit sowie aktuell laufende (Straf-)Verfahren verdeutlichen, dass gerade auch Vorstandsmitglieder und leitende Mitarbeiter von Unternehmen dieser Vorbildfunktion bzw. ihren Pflichten offensichtlich nicht im ausreichenden Maße gerecht werden und sogar teilweise selbst in unredliches bzw. strafrechtlich relevantes Handeln – entweder im „wohlgemeinten Interesse" für das Unternehmen oder aus persönlichen Motiven – involviert sind und sich hierdurch angreifbar machen.

Der Gesetzgeber hat in den letzten Jahren u. a. durch geänderte aufsichtsrechtliche Rahmenbedingungen die Verantwortlichkeiten und Pflichten von Vorstandsmitgliedern präzisiert, so dass diese vermehrt strafrechtlichen Verantwortlichkeiten und zivilrechtlichen Haftungsrisiken ausgesetzt sind.[11] Hinzu kommt, dass seitens der Unternehmen eine verstärkte Tendenz bei der Geltendmachung entsprechender Haftungsansprüche zu beobachten ist.

2.4 Darstellung des Fraud-Überwachungsrahmens eines Unternehmens

Die innerhalb eines Unternehmens implementierten Kontrollverfahren dienen grundsätzlich auch dem Schutz gegen wirtschaftskriminelle Handlungen. Diese internen Kontrollverfahren bestehen i. d. R. aus dem Internen Kontrollsystem (IKS) sowie der Internen Revision,[12] daneben sind selbstverständlich auch alle Führungskräfte gehalten, im Rahmen ihrer Führungsverantwortung ihren Aufsichts- und Kontrollpflichten nachzukommen, die u. a. darin bestehen, die Einhaltung der innerhalb des Unternehmens bestehenden Arbeits- und Kontrollprozesse zu überwachen.

Der Fraud-Überwachungsrahmen insgesamt für alle geschäftlichen und sonstigen Aktivitäten des Unternehmens besteht neben den vorgenannten internen Kontrollverfahren mit seinen verschiedenen Komponenten, mit denen auch die gesetzlichen Auflagen erfüllt werden, aus unterschiedlichen – teilweise branchenspezifischen – externen Prüfungen sowie aus der (Mit-)Kontrolle durch Kunden und Dienstleister.

---

[11] Vgl. Blümler, P., 2006, Zunehmende Risiken für Bankvorstände, S. 530 ff.
[12] Vgl. zur Rolle der Internen Revision den Beitrag von Helfer zu Fraud Management aus dem Blickwinkel der Internen Revision.

Abbildung 3: Darstellung des Fraud-Überwachungsrahmens eines Unternehmens

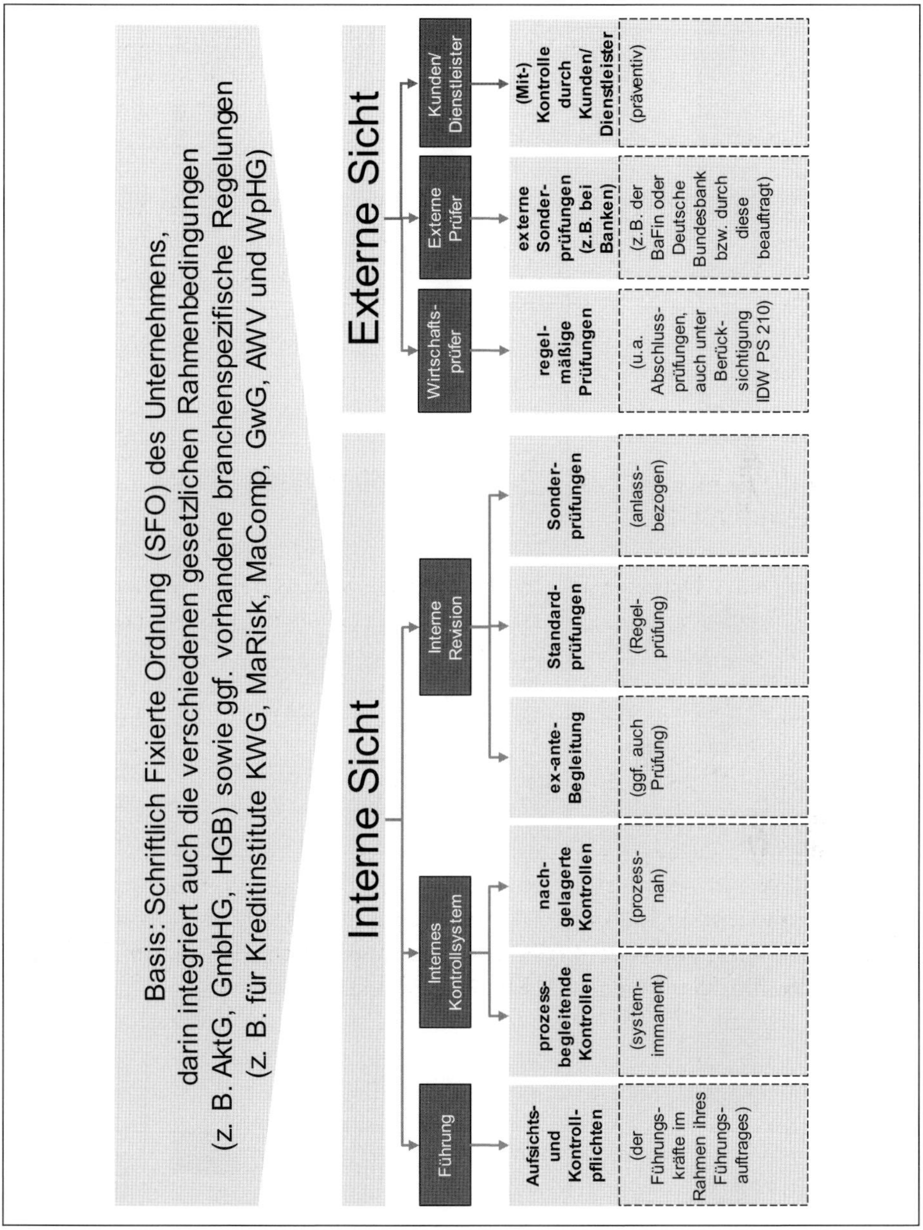

Basis: Schriftlich Fixierte Ordnung (SFO) des Unternehmens, darin integriert auch die verschiedenen gesetzlichen Rahmenbedingungen (z. B. AktG, GmbHG, HGB) sowie ggf. vorhandene branchenspezifische Regelungen (z. B. für Kreditinstitute KWG, MaRisk, MaComp, GwG, AWV und WpHG)

Interne Sicht

Führung
- Aufsichts- und Kontrollpflichten
  - (der Führungskräfte im Rahmen ihres Führungsauftrages)

Internes Kontrollsystem
- prozessbegleitende Kontrollen
  - (systemimmanent)
- nachgelagerte Kontrollen
  - (prozessnah)

Interne Revision
- ex-ante-Begleitung
  - (ggf. auch Prüfung)
- Standardprüfungen
  - (Regelprüfung)
- Sonderprüfungen
  - (anlassbezogen)

Externe Sicht

Wirtschaftsprüfer
- regelmäßige Prüfungen
  - (u.a. Abschlussprüfungen, auch unter Berücksichtigung IDW PS 210)

Externe Prüfer
- externe Sonderprüfungen (z.B. bei Banken)
  - (z.B. der BaFin oder Deutsche Bundesbank bzw. durch diese beauftragt)

Kunden/Dienstleister
- (Mit-)Kontrolle durch Kunden/Dienstleister
  - (präventiv)

Die nachstehende Abbildung veranschaulicht die Gestaltungs- und Einflussmöglichkeiten, die ein Unternehmen auf die einzelnen Bestandteile seines Fraud-Überwachungsrahmens hat.

Abbildung 4: Gestaltungsmöglichkeiten versus Wirkungsgrad eines Fraud-Überwachungsrahmens

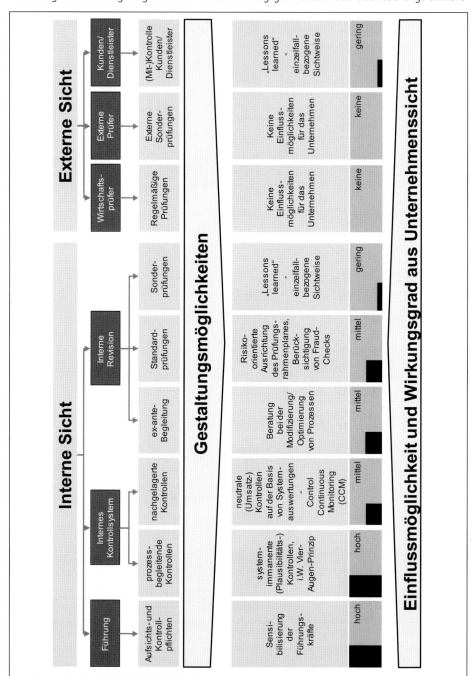

Die Ausrichtung der Internen Revision ist nicht primär auf die Prävention und Aufdeckung von Fraud ausgerichtet, sondern auf die Prüfung der Funktionsfähigkeit und Wirksamkeit des IKS im Besonderen sowie des Risikomanagements eines Unternehmens im Allgemeinen. Gleichwohl sind Prävention und Aufdeckung von Fraud ein bedeutender Bestandteil der risikoorientierten Prüfungsplanung und -durchführung. Zudem überwiegen in der Praxis noch die Ex-post-Maßnahmen in Form von Prüfungen. Diese sind der Einführung bzw. Veränderung von Geschäftsprozessen nachgelagert. In Abhängigkeit vom Prüfungsintervall und dem gewählten Prüfungsumfang kann dies bedeuten, dass Geschäftsvorfälle in Stichproben erst nach Jahren näher geprüft werden. Bei einer derartigen Vorgehensweise der Internen Revision erfolgt eine zeitnahe Aufdeckung von möglichen Fraud-Fällen eher zufällig denn systematisiert. Sonderuntersuchungen wiederum werden i.d.R. anlassbezogen und damit „nach der Tat" durchgeführt, allerdings kann man aus diesen Prüfungen oftmals wertvolle Erkenntnisse auf Mängel bzw. Schwachstellen in Geschäfts- und Kontrollprozessen ziehen, die dann durch entsprechende Maßnahmen abgestellt werden und damit zu einer zukunftsorientierten Verbesserung des IKS beitragen können.[13] Die Interne Revision kann ihren Wirkungsgrad mithin nur steigern, wenn es ihr gelingt, durch eine Erhöhung von Ex-ante-Maßnahmen (z.B. durch Projektbegleitung und Beratung in den Bereichen operationelles Risikomanagement und die Erstellung einer Gefährdungsanalyse) stärker präventiv an Verbesserungen des IKS und des Risikomanagements des Unternehmens mitzuwirken.[14]

Da das Verhalten und die (Prüfungs-)Qualität von externen Prüfern bzw. von Kunden und Geschäftspartnern nur sehr begrenzt steuerbar sind, sind die diesbezüglichen Einflussmöglichkeiten für ein Unternehmen gering. Dies bedeutet aber gleichzeitig auch, dass ein Unternehmen sich nicht zu sehr auf die Kontrolle seitens Dritter verlassen sollte, da mit der in den letzten Jahren zu beobachtenden zunehmenden Ver- bzw. Auslagerung von bisher internen Kontrollprozessen – insbesondere auf die Kundenmitkontrolle – entsprechende Risiken verbunden sind.

2.5 Wesentliche Bestandteile eines ganzheitlichen, integrierten Fraud Prevention & Fraud Managements

Die nachstehende Abbildung veranschaulicht die wesentlichen Bestandteile eines ganzheitlichen, integrierten Fraud Prevention & Fraud Managements in einem Unternehmen. Sie berücksichtigt dabei die im Einführungsbeitrag „Ganzheitliches Fraud Management

---

[13] Vgl. zu den Zielen von Sonderuntersuchungen auch den Beitrag von Zawilla zur Vorgehensweise bei Sonderuntersuchungen.

[14] Vgl. zur Rolle der Internen Revision den Beitrag von Helfer zu Fraud Management aus dem Blickwinkel der Internen Revision.

und der Schlüsselfaktor Mensch" sowie die in den vorangegangenen Abschnitten dieses Beitrages dargestellten Ansätze, Rahmenbedingungen und Zielsetzungen.

Abbildung 5: Wesentliche Bestandteile eines ganzheitlichen, integrierten Fraud Prevention & Fraud Managements

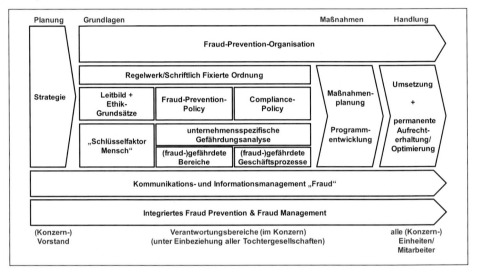

Ausgangspunkt ist die Festlegung einer von der Geschäftsleitung verabschiedeten Fraud Prevention & Fraud Management-Strategie, aufbauend auf dieser sind dann alle nachfolgenden Einzelaspekte – eingebunden in den bereits dargestellten ganzheitlichen Fraud-PDCA-Ansatz – umzusetzen bzw. zu implementieren. Die konkrete Umsetzung sowie zahlreiche mögliche Einzelmaßnahmen sind in Abschnitt 3 näher dargestellt.

2.6 Programm zur Sensibilisierung und Stärkung der Integrität von Mitarbeitern

Neben den diversen aufbau- und ablauforganisatorischen Maßnahmen sind die kontinuierliche Mitarbeitersensibilisierung (Bewusstseinsbildung) sowie ein regelmäßiges Führungskräftetraining entscheidende Faktoren für ein nachhaltiges Fraud Prevention & Fraud Management. Hierdurch wird auch der besonderen Rolle des Schlüsselfaktors Mensch entsprechend Rechnung getragen.[15]

---

[15] Vgl. hier ausführlich die Beiträge von Jackmuth/de Lamboy/Zawilla zu ganzheitlichem Fraud Management und dem Schlüsselfaktor Mensch, von Koch zu Profiling und Workplace Violence sowie von Grieger-Langer zu Prävention im Personalmanagement.

Die nachfolgende Abbildung veranschaulicht die einzelnen Bausteine eines „Programms zur Sensibilisierung und Stärkung der Integrität der Mitarbeiter", die sich am „Lebenszyklus eines Mitarbeiters" von seiner Einstellung bis zu seinem Austritt aus dem Unternehmen orientieren und individuell auf die einzelnen Phasen seiner betrieblichen Karriereentwicklung innerhalb des Unternehmens ausgerichtet sind.[16]

Abbildung 6: Programm zur Sensibilisierung und Stärkung der Integrität der Mitarbeiter

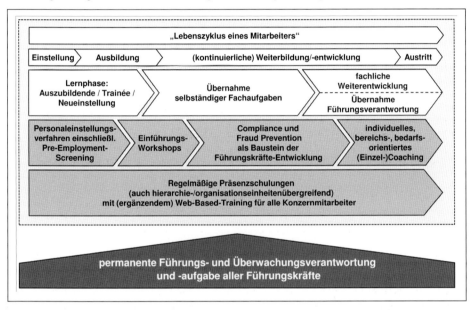

Die einzelnen Bausteine sind sinnvollerweise in ein Schulungskonzept einzubinden bzw. zusammen zu fassen. Als kurzfristig durchführbare (Auftakt-)Veranstaltung(en) bzw. Erstschulung(en) für dann sukzessive zu erarbeitenden und umzusetzenden einzelnen Maßnahmen des dargestellten Programms können bereichs- oder fachbezogene – zwei- bis dreistündige – Sensibilisierungs-Workshops dienen, die jeweils aus einem allgemeinen sowie einem zielgruppenorientiert eher fachspezifisch ausgerichteten Teil bestehen und in denen auch das zuvor erarbeitete Fraud-Prevention-&-Fraud-Management-Gesamtkonzept des Unternehmens vorgestellt werden kann. Weitere konkrete (hierarchieübergreifende) Einzelmaßnahmen sind zudem beispielsweise ein für alle zugängliches Web-Based-Training „Fraud Prevention" sowie ein „Ratgeber zur Fraud-Prävention".

---

[16] Grundlage hierfür bilden ein Unternehmensleitbild einschließlich dem Führungsleitbild bzw. der Führungsgrundsätze, ein Verhaltenskodex sowie Compliance-Anweisungen/-Grundsätze.

3 Umsetzung eines ganzheitlichen, prozessualen Ansatzes (PDCA-Modell)

Zu Beginn dieses Buches wurde im Beitrag „Ganzheitliches Fraud Management und der Schlüsselfaktor Mensch" bereits der nachstehend noch einmal abgebildete ganzheitliche, prozessuale Ansatz eines Fraud Prevention & Fraud Managements vorgestellt.

Abbildung 7: Ganzheitliches Fraud-Prevention-&-Fraud-Management-System gemäß PDCA-Modell

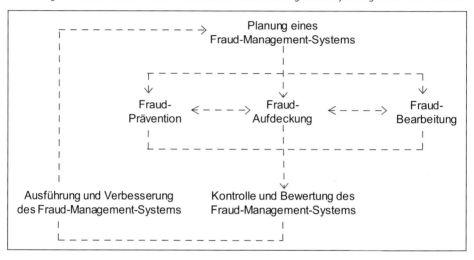

Die einzelnen Prozessschritte und deren konkrete Inhalte werden in den nachfolgenden Abschnitten näher dargestellt. Detaillierte Ausführungen zu den Inhalten sind wiederum den jeweiligen Beiträgen der verschiedenen Autoren zu entnehmen.

3.1 Planung eines Fraud-Management-Systems

Unter dem Begriff werden alle Aktivitäten verstanden, die sich mit der Planung von (Einzel-)Maßnahmen befassen, um ein wirkungsvolles (Präventions-)System gegen Fraud zu implementieren. Dieser Planungsprozess definiert im Sinne des PDCA-Zyklusses alle Aktivitäten, die sich mit der Verhinderung und Aufdeckung von wirtschaftskriminellen Handlungen sowie den daraus abgeleiteten Optimierungsaktivitäten für das System der Bank befassen.

Mögliche Einzelmaßnahmen des Planungsprozesses können u.a. sein:

- Fraud-Prevention-Policy erstellen;

- Leitlinien entwickeln;

- Fraud-Bedrohungspotenzial ermitteln;

- Gefährdungsanalyse durchführen;[17]

- Maßnahmen/Aktivitäten planen;

- Bedarf für IT-Programme/Tools zur Fraud-Prävention, Fraud-Aufdeckung und Fraud-Bearbeitung ermitteln;[18]

- Aufgaben- und Verantwortlichkeiten festlegen (vgl. Abschnitt 5);

- Stellenbeschreibung für den Fraud-(Prevention-)Manager/-Beauftragten erstellen (vgl. Abschnitt 5.4);

- Zeitplan festlegen und benötigte Mitarbeiterkapazitäten ermitteln;

- Schadensfallmanagementleitfaden entwickeln und aktualisieren;[19]

- Informations- und Kommunikationskonzept „Fraud" entwickeln;

- Fraud-(Incident)-Reporting festlegen.

3.2 Fraud-Prävention

Unter der Durchführung von Fraud-Prävention sind alle Maßnahmen zu verstehen, welche sich mit der Verhinderung von wirtschaftskriminellen Handlungen durch zeitlich „vor der Tat" erfolgende Aktivitäten befassen (z.B. mit der Bewusstseinsbildung durch Schulung und Sensibilisierung der Mitarbeiter, vgl. hierzu Abschnitt 2.6). Dies kann in der Praxis in verschiedenen Stufen erfolgen, zu denen beispielsweise die Erstellung eines „Ratgebers zur Fraud-Prävention" (z.B. in Form eines Merkblattes) oder die Schulung mittels eines Web-Based-Trainings gehören.

---

[17] Vgl. hierzu ausführlich den Beitrag von Jackmuth/Zawilla zur Gefährdungsanalyse.

[18] Vgl. hierzu ausführlich die Beiträge von Jackmuth zu unterstützenden Werkzeugen/Tools für das Fraud Management sowie zu Datenanalytik.

[19] Vgl. hierzu den Beitrag von Zawilla zur Vorgehensweise bei Sonderuntersuchungen.

Mögliche Einzelmaßnahmen können u.a. sein:[20]

- Präventionsprogramm (weiter-)entwickeln bzw. aktualisieren;

- Notfallkonzept aktualisieren;

- Präventionsmaßnahmen festlegen;

- Präventionsvorkehrungen treffen;

- Beschwerdemanagement zentralisieren sowie Reklamationsbearbeitung sensibilisieren;

- Versicherungsschutz prüfen bzw. Versicherungsbedarf feststellen;

- „Penetrationstests" für Fraud durchführen;

- Schulungs- und Sensibilisierungsmaßnahmen durchführen (z.B. Schulungen, Web-Based-Trainings, Ratgeber/Merkblätter);[21]

- Kommunikation über erfolgte Präventionsmaßnahmen durchführen.

3.3 Fraud-Aufdeckung

Dieser Prozessschritt stellt sicher, dass wirtschaftskriminelle Handlungen und Unregelmäßigkeiten möglichst zeitnah identifiziert und aufgedeckt werden. Durch Implementierung von Aktivitäten und Maßnahmen, welche sich von der Identifikation einer generellen Ebene (unternehmensspezifische Gefährdungsanalyse[22]) bis zur Einzelgeschäftsvorfallebene (Datenanalyse auffälliger Geschäftsvorgänge[23]) durchziehen, soll die Aufdeckungsquote insgesamt erhöht sowie ein möglichst frühzeitiger Aufdeckungszeitpunkt erreicht werden.

---

[20] Vgl. hierzu ausführlich insbesondere die Beiträge von Wachter zu Fraud-Präventionsmaßnahmen, Grieger-Langer zu Prävention im Personalmanagement sowie Pauthner/Lehmacher zu Korruptionsprävention.

[21] Vgl. hierzu auch Abschnitt 2.6.

[22] Vgl. hierzu ausführlich den Beitrag von Jackmuth/Zawilla zur Gefährdungsanalyse.

[23] Vgl. hierzu ausführlich den Beitrag von Jackmuth zu Datenanalytik.

Mögliche Einzelmaßnahmen können u.a. sein:

- laufende Risiko- und Gefährdungsanalyse durchführen;

- Prozesse/Handlungsfelder mit Bedrohungspotenzial analysieren;

- Fraud-Detection-Programm(e) aktualisieren;[24]

- Muster-/Standardanalysen festlegen;

- Datenbestände scannen;

- IT-Forensik-Maßnahmen durchführen;[25]

- (auffällige) Sachverhalte prüfen und aufklären;

- Meldungen/Informationen erstellen;

- Konsequenzen und Maßnahmen ableiten;

- Kommunikation und Informationsweitergabe von identifizierten bzw. möglichen Fraud-Fällen sicherstellen.

3.4 Fraud-Bearbeitung

Im auftretenden potenziellen Delikt-/Schadensfall muss eine professionelle Bearbeitung der Fälle sichergestellt werden. Hierzu gehören u.a. die sorgfältige Prüfung und Bewertung des Vorganges aus den verschiedenen gesetzlichen Sichten (insbesondere Straf-, Zivil- und Arbeitsrecht) sowie ggf. in aufsichtsrechtlicher Hinsicht, die gerichtsverwertbare Sicherung von Beweismitteln und die Einleitung sowie Umsetzung von (Sofort-)Maßnahmen bis hin zu (Rückgewinnungs-)Maßnahmen, um den bereits entstandenen oder auch erst drohenden Schaden zu minimieren.[26]

---

[24] Vgl. hierzu ausführlich den Beitrag von Jackmuth zu unterstützenden Werkzeugen/Tools für das Fraud Management.

[25] Vgl. hierzu ausführlich den Beitrag von Becker zu IT-Forensik.

[26] Zur konkreten Vorgehensweise vgl. hierzu ausführlich insbesondere den Beitrag von Zawilla zur Vorgehensweise bei Sonderuntersuchungen.

Mögliche Einzelmaßnahmen können u.a. sein:

- Umgang mit anonymen Hinweisen;[27]

- Prüfungen/Ermittlungen durchführen;[28]

- Sachverhalte aufklären, Beweise und Unterlagen/Informationen gerichtsverwertbar sichern;

- Befragungen involvierter Personen durchführen;[29]

- Maßnahmen nach Ermittlung bzw. Überführung des Täters einleiten und umsetzen;

- Krisenmanagement und -kommunikation durchführen;

- (Ad-hoc-)Berichterstattung erstellen;

- Information an und Zusammenarbeit mit den Ermittlungsbehörden entscheiden;

- Schadenrückgewinnung (Asset Tracing) betreiben;[30]

- (Warn-)Meldungen/Informationen erstellen;

- angemessene Fraud-Kommunikation intern und extern durchführen.

3.5 Kontrolle und Bewertung eines Fraud-Management-Systems

Die Summe der Aktivitäten zur Vermeidung von Fraud zu Lasten des Unternehmens ist einem ständigen Monitoringprozess zu unterwerfen, damit eine Aussage darüber getroffen werden kann, ob die implementierten Maßnahmen wirksam und ausreichend – beispielsweise auch zur Einhaltung der gesetzlichen Pflichten und Regularien – sind.[31]

---

[27] Vgl. hierzu ausführlich den Beitrag von Buchert zu Hinweisgebersystemen.
[28] Vgl. hierzu ausführlich die Beiträge von Becker zu IT-Forensik sowie von Jackmuth zu Datenanalytik.
[29] Vgl. hierzu ausführlich den Beitrag von Wilmer zu Befragungstechniken.
[30] Vgl. hierzu ausführlich den Beitrag von Stephan zu Asset Tracing/Schadenrückgewinnung.
[31] Zur konkreten Vorgehensweise vgl. hierzu ausführlich die Beiträge von Schulze Heuling zur Analyse und Bewertung eines Fraud-Management-Systems sowie von de Lamboy zu Leistungsindikatoren für das Fraud Management.

Mögliche Einzelmaßnahmen können u.a. sein:

- Monitoring durchführen;

- Wirksamkeit von Fraud Prevention überprüfen (auch konzernweit);

- Identifizierte und aufgeklärte Fraud-Fälle auf Verbesserungsmaßnahmen prüfen;

- Bewertung der Wirksamkeit vorhandener Fraud-Prevention-Maßnahmen bei neu auftretenden unredlichen/manipulativen/betrügerischen Vorgehensweisen;

- (neue) Szenarien/Muster erarbeiten und kommunizieren sowie entsprechende mögliche Indizien/Warnhinweise (Red Flags) ableiten;

- Verbesserungsmaßnahmen ableiten und umsetzen bzw. ggf. beauftragen;

- Umsetzung der Verbesserungsmaßnahmen überwachen;

- Wirksamkeit umgesetzter Verbesserungsmaßnahmen überprüfen.

4 Aufbau und Bestandteile einer Fraud-Management-Organisation

Die Schaffung angemessener aufbauorganisatorischer Rahmenbedingungen für die Erfüllung/Bewältigung der zahlreichen – teilweise komplexen und beim Eintreten eines Fraud-Falles auch teilweise sehr zeitkritischen – Aufgaben und Herausforderungen ist ein wichtiger und grundlegender Baustein für ein erfolgreiches, aber auch effizientes Fraud Prevention & Fraud Management.

Hierzu gehört auch, dass eine entsprechende Zuständigkeit bzw. Ressortverantwortung bei einem Mitglied der Geschäftsleitung – vorzugsweise dem Vorstandsvorsitzenden oder dem Risikovorstand – vorhanden und kommuniziert ist. Zudem ist der institutionalisierten engen Zusammenarbeit sowie dem regelmäßigen Informations-/Erfahrungsaustausch zwischen den zuständigen Stellen innerhalb des Unternehmens und den entsprechend zu benennenden und einzuweisenden Fraud-Beauftragten in den einzelnen Tochtergesellschaften eines Unternehmens große Bedeutung beizumessen.

Das nachstehende Schaubild zeigt beispielhaft die wesentlichen aufbauorganisatorischen Bestandteile einer Fraud-Management-Organisation, wobei hierfür eine angemessene sowohl quantitative als auch qualitative Personalausstattung notwendig und zu gewährleisten ist.

Abbildung 8: Beispiel einer Fraud-Management-Organisation

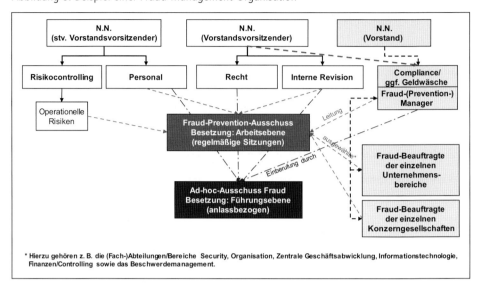

Insbesondere für Unternehmen mit einer entsprechenden Größenordnung wird die Bündelung aller Aufgaben in einer Stelle/Funktion „Fraud-(Prevention-)Manager" empfohlen, wobei sich die Aufgabenstellungen aus dem zuvor dargestellten ganzheitlichen Ansatz des Fraud-Prevention-&-Fraud-Management-Systems ableiten lassen (Einzelheiten siehe Abschnitt 3 sowie Abschnitt 5). Dabei ist bei der Besetzung dieser Stelle/ Funktion darauf zu achten, dass die auszuwählende Person über die erforderliche fachspezifische sowie über die nachstehende im Abschnitt 5.1 näher beschriebene persönliche Qualifikation verfügt oder diese entsprechend zeitnah ausgebildet bzw. vermittelt wird.

Die Bündelung der Aufgaben zur Prävention bzw. Abwehr wirtschaftskrimineller Handlungen durch die Installierung eines Fraud-(Prevention-)Managers/Beauftragten bzw. – bei größeren Unternehmen – einer entsprechenden Fraud-Management-Organisationseinheit sowie dessen hierarchische/disziplinarische Anbindung innerhalb eines Unternehmens spielt sowohl für die Außenwirkung – und damit auch für die „Durchschlagskraft" eines Fraud-(Prevention-)Managers – als auch zur Dokumentation der Bedeutung der Gesamtthematik eine signifikante Bedeutung. Ausgehend hiervon sollte die hierarchische/disziplinarische Anbindung entweder direkt an die Geschäftsleitung (bei einem Leitungsgremium direkt an den Vorsitzenden bzw. Sprecher) oder mindestens an einen Vertreter der unmittelbar nachgeordneten Führungsebene erfolgen. Dabei ist im letzten Fall – auch aufgrund der Notwendigkeit der Unabhängigkeit und der schnellen Handlungsfähigkeit – eine direkte Berichtslinie für den Fraud-(Prevention-)Manager an die Geschäftsleitung sowie gegebenenfalls auch an das Aufsichtsorgan sicherzustellen.

4.1 Fraud-Beauftragte in den einzelnen Unternehmensbereichen sowie Tochtergesellschaften

In Abschnitt 1 wurde bereits dargelegt, dass Fraud Prevention & Fraud Management eine Querschnittsaufgabe und -verantwortung ist, in die nahezu alle Organisationseinheiten sowie auch alle Konzerngesellschaften unmittelbar einzubinden sind. Um diesem Grundansatz Rechnung zu tragen, bedarf es in jeder Organisationseinheit und in jeder Tochtergesellschaft zumindest eines Fraud-Beauftragten, der innerhalb der Einheit als Ansprechpartner sowie für die Geschäftsleitung und den Fraud(-Prävention-)Manager als Multiplikator für die Umsetzung von (Präventions-)Maßnahmen fungiert.

Allerdings ist es ähnlich wie bei der Ernennung eines Fraud(-Prävention-)Managers (Einzelheiten siehe Abschnitt 5) nicht damit getan, einen Mitarbeiter mit dieser Beauftragtenfunktion einfach nur zu beauftragen, sondern es bedarf vielmehr einer fundierten Einweisung – in größeren Organisationseinheiten bzw. Tochtergesellschaften gegebenenfalls sogar einer (Kurz-)Ausbildung –, damit dieser seine ihm mit der Ernennung übertragenen Aufgaben und Pflichten auch verantwortungsbewusst und effektiv nachkommen kann. Hierzu gehören neben Informations- sowie Meldepflichten auch notwendige Kompetenzen und Weisungsrechte. Daneben sind alle Fraud-Beauftragten auch Mitglieder des Fraud-Prevention-Ausschusses, um sich auch institutionalisiert mit den anderen Fraud-Beauftragten und Bestandteilen der Fraud-Prevention-Organisation regelmäßig austauschen zu können (siehe nachstehender Abschnitt 4.2). Die Fraud-Beauftragten können beispielsweise auch den Fraud Manager in unternehmensübergreifenden lokalen oder regionalen Arbeitskreisen und Gremien vertreten, um so notwendige Kontakte zu knüpfen und Informationen zu generieren, sowie auch die Kontakte zu den örtlichen Ermittlungsbehörden pflegen.

4.2 Fraud-Prevention-Ausschuss

Da die Verhinderung von wirtschaftskriminellen Handlungen sowie der Schutz des Unternehmens eine Querschnittsaufgabe darstellen (vgl. Abschnitt 1), ist die Bildung eines „Fraud-Prevention-Ausschusses" auf Arbeitsebene unter Vorsitz des Fraud-(Prevention-)Managers sinnvoll. Dieser Ausschuss trifft sich regelmäßig (z.B. quartalsweise) und hat neben dem Erfahrungsaustausch das wesentliche Ziel der Weiterentwicklung aller vorhandenen Maßnahmen zur Fraud-Prävention, Fraud-Aufdeckung und Fraud-Bearbeitung auf der Basis aktueller Entwicklungen bzw. Erkenntnisse (Einzelheiten zur beispielhaften Zusammensetzung siehe vorstehende Abbildung 8).

4.3 Ad-hoc-Ausschuss Fraud

Für den Fall des Eintretens eines komplexeren Fraud-Falles sollte ein Ad-hoc-Ausschuss Fraud bestehen, der ausschließlich anlassbezogen bzw. bedarfsorientiert zusammentritt und ein professionelles Management des Delikt-/Schadensfalles sicherstellt sowie alle notwendigen (Sofort-)Maßnahmen initiiert, koordiniert und gegebenenfalls auch selbst durchführt oder anweist. Ausgehend hiervon ist der Ad-hoc-Ausschuss Fraud auf Leitungsebene zu besetzen und besteht neben dem Fraud-(Prevention-)Manager aus dem Leiter der Internen Revision, dem Leiter Personalmanagement sowie einem (externen) Rechtsexperten. Basis für die Tätigkeit dieses Ausschusses bildet eine zu erstellende „Geschäftsordnung für den Ad-hoc-Ausschuss Fraud", durch die u.a. sicherzustellen ist, dass der Ausschuss im Krisenfall über die notwendigen Kompetenzen, Befugnisse und Durchgriffsrechte verfügt.

5 Fraud-(Prevention-)Manager – Rolle und Aufgaben

5.1 Expertise und Persönlichkeitsprofil

In den vorangegangenen Abschnitten dieses Beitrages wurden sowohl die unterschiedlichen als auch die vielfältigen Aufgaben und Anforderungen im Rahmen eines ganzheitlichen, integrierten Fraud Prevention & Fraud Managements sowie die Notwendigkeit der Implementierung eines Fraud-(Prevention-)Managers aufgezeigt.

Bei der Besetzung der Position bzw. Funktion eines Fraud-(Prevention-)Managers ist neben der Realisierung verschiedener aufbau- und ablauforganisatorischer Rahmenbedingungen darauf zu achten, dass die ausgewählten bzw. auszuwählenden Personen über das notwendige spezifische Fachwissen, die Erfahrung sowie ein entsprechendes Persönlichkeitsprofil verfügen. Die Rekrutierung von Mitarbeitern, die das entsprechende Anforderungsprofil erfüllen (vgl. hierzu auch Abschnitt 1.2), gestaltet sich für Unternehmen bisher ausgesprochen schwierig. Dies liegt insbesondere auch darin begründet, dass es bisher (insbesondere in Deutschland) noch kein eigenständiges Berufsbild sowie – mit Ausnahme des von den Herausgebern initiierten seit 2010 angebotenen Zertifikatsstudienganges Certified Fraud Manager (CFM) sowie ergänzender Spezialisierungsmodule[32] sowie dem vom Insti-

---

[32] Neben dem einjährigen Zertifikatsstudiengang zum Certified Fraud Manager (CFM) werden zudem verschiedene branchenspezifische Ergänzungsmodule angeboten (z.B. den „Fraud Expert Finance" für die Finanzbranche, den „Fraud Expert Telecommunication" für die Telekommunikationsbranche sowie den „Fraud Expert Healthcare" für das Gesundheitswesen).

tute Risk & Fraud Management der Steinbeis-Hochschule-Berlin angebotenen gleichnamigen MBA-Studienganges – auch keine entsprechende standardisierte und vollumfängliche (Berufs-)Ausbildung für einen Fraud-(Prevention-)Manager gibt.

Vor diesem Hintergrund haben die Unternehmen bisher für diese Tätigkeiten i.d.R. entweder erfahrene Mitarbeiter/Führungskräfte aus der Internen Revision oder ehemalige Mitarbeiter von Strafverfolgungsbehörden eingesetzt. Diese haben sich dann – ausgehend von ihrer Qualifikation – in die Thematik eingearbeitet und sukzessive breiteres Fachwissen und Erfahrungen auf- bzw. ausgebaut.

Die Bedeutung der Funktion eines Fraud-(Prevention-)Managers innerhalb des Unternehmens sowie dessen Erfolg hängen neben dessen hierarchischer Anbindung wesentlich von der fachlichen Expertise und der Persönlichkeit der die Funktion ausübenden Person ab. Ein Fraud-(Prevention-)Manager sollte daher insbesondere über folgende persönliche Expertise und Erfahrungen verfügen (vgl. hierzu auch Abschnitt 1.2 zur insgesamt notwendigen Expertise für Fraud Prevention & Fraud Management):

- Führungserfahrung, z.B. durch die Leitung von Projekten, Arbeitsgruppen oder Revisionsprüfungen (insbesondere Entscheidungsfreude, Durchsetzungsvermögen, Konfliktbereitschaft, aber auch Integrationsvermögen zur Führung interdisziplinärer Teams);

- Krisenmanagementerfahrung;

- Prüfungs-/Revisionserfahrung;

- die Fähigkeit zum „vernetzten Denken";

- schnelle Auffassungsgabe und pragmatische Lösungsorientierung;

- Ausdauer und hohe Belastbarkeit;

- Flexibilität und Instinkt;

- Bereitschaft zum permanenten Netzwerkmanagement;

- eine mindestens psychologische Grundausbildung (insbesondere für schwierige/atypische Gesprächssituationen) sowie Lebenserfahrung;

- sehr gute schriftliche und mündliche Ausdrucksfähigkeit sowie ausgeprägte rhetorische Fähigkeiten;

- fundierte Prozesskenntnisse und Prozessanalyseerfahrung;

- Risikosensibilität;

- juristisches Fachwissen (zumindest ein ausgeprägtes Basiswissen und Grundverständnis);

- technisches Grundverständnis und (Grund-)Kenntnisse im Umgang mit IT-Systemen und Analysesystemen/-tools.

Es ist wahrscheinlich nahezu unmöglich, die vorgenannten Fähigkeiten auf nur eine bzw. wenige Personen zu bündeln, weil sich manche der benötigten Fähigkeiten nahezu zwangsläufig fast ausschließen. Besteht eine Fraud-Management-Einheit in einem Unternehmen aus mehreren Mitarbeitern, empfiehlt es sich, ein Team zusammenzustellen, welches aus Personen mit sehr unterschiedlichen Fähigkeiten und Persönlichkeitsprofilen besteht, wobei alle Mitarbeiter außerordentlich teamfähig, flexibel und belastbar sein müssen sowie in ihren jeweiligen Spezialgebieten über große Erfahrung verfügen sollten.

Da insbesondere für die Bearbeitung von Fraud-Fällen oftmals sehr spezifisches/individuelles Fachwissen erforderlich ist, empfiehlt es sich zudem, einzelfallbezogen und bedarfsorientiert weitere Personen hinzuzuziehen (intern oder gegebenenfalls auch extern), die für den speziellen Fraud-Fall benötigte, über die Fähigkeiten des Kernteams hinausgehende Expertise und Erfahrung einbringen (z.B. Fachanwälte für bestimmte Rechtsgebiete sowie Fraud-Ermittlungs- oder IT-Forensik-Spezialisten).

5.2 Zuständigkeiten

Die Zuständigkeiten für Fraud Prevention & Fraud Management sind innerhalb der Unternehmen – sofern überhaupt eine systematische und konkrete Zuordnung von Verantwortlichkeiten erfolgt – sehr unterschiedlich und uneinheitlich geregelt. Sie verteilen sich von der Federführung her i.d.R. auf die in der Abbildung 8 dargestellten Organisationseinheiten, wobei oftmals eine klare und v.a. einvernehmliche Abgrenzung fehlt.

In kleineren und mittelständischen Unternehmen kommt hinzu, dass teilweise weder die entsprechenden Mitarbeiterkapazitäten noch die notwendigen Fachkenntnisse und Erfahrungen insbesondere im Umgang mit auftretenden Fraud-Fällen vorhanden sind.[33]

Ungeachtet der Größe eines Unternehmens ist es allerdings – wie für alle anderen, in einem Unternehmen zu regelnden Fachthemen auch – unabdingbar, klare und eindeutige Zuständigkeiten für Fraud Prevention & Fraud Management festzulegen, um notwen-

---

[33] Vgl. hierzu Zawilla, P., 2010, Fraud Prevention in kleineren und mittleren Unternehmen – Möglichkeiten und Grenzen, S. 287 ff.

dige Aktivitäten und (Präventions-)Maßnahmen auch ergreifen und forcieren zu können sowie um bei einem auftretenden Fraud-Fall kurzfristig handlungsfähig zu sein.[34] Die erforderliche Ausstattung mit Kompetenzen/Befugnissen sowie die Notwendigkeit eines professionellen Schnittstellen- sowie Kommunikations- und Informationsmanagements werden in den nachfolgenden Abschnitten konkretisiert.

5.3 Kompetenzen und Befugnisse

Neben der Zuweisung und Bündelung der entsprechenden Zuständigkeiten für Fraud Prevention & Fraud Management ist es gleichzeitig unabdingbar, der damit befassten Organisationseinheit bzw. dem Fraud-(Prevention-)Manager auch die notwendigen (Entscheidungs-)Kompetenzen einzuräumen. Dies gilt sowohl innerhalb des Unternehmens als auch auf Konzernebene sowie in der Darstellung des Unternehmens nach außen.

Zur effektiven Umsetzung der in der Stellenbeschreibung im Abschnitt 5.4. genannten Tätigkeiten sowie zur Gewährleistung der Durchschlagskraft des Fraud-Prevention-Managers sind für diesen folgende (konzernweite) Kompetenzen und Befugnisse zwingend erforderlich:

- uneingeschränkte Einsichtnahme- und Informationsrechte (diese umfassen ausdrücklich auch personen- bzw. mitarbeiterbezogene Daten, zu denen Personalakten, Mailaccounts, die persönlichen IT-Laufwerke, Dienst-/Firmenhandys und -laptops oder weitere technische Geräte sowie sonstige, im Unternehmen verfügbare personenbezogene Daten gehören), diese können u.a. auch durch Einräumung entsprechender Systemberechtigungen gewährleistet werden;[35]

- fachliches Weisungsrecht (u.a. für die Einführung neuer Prozesse oder für die Veröffentlichung von Warnmitteilungen sowie ein Vetorecht, z.B. bei der beabsichtigten Abschaffung von Kontrollprozessen), hierzu gehören auch Delegierungsrechte, z.B. von Tätigkeiten im Zusammenhang mit der Erstellung einer Gefährdungsanalyse oder der Durchführung von Sonderuntersuchungen;

- Mitwirkungs-/Mitspracherechte (z.B. bei der Entscheidung über Personalmaßnahmen, die Erstattung von Strafanzeigen oder die Fortführung bzw. Beendigung von Geschäftsbeziehungen zu Kunden oder Geschäftspartnern);

---

[34] Vgl. hierzu auch den Beitrag von Zawilla zur Vorgehensweise bei Sonderuntersuchungen.
[35] Für die zu beachtenden Persönlichkeitsrechte und Datenschutzbestimmungen vgl. den Beitrag von Christ/Müller zu Datenschutz und Mitarbeiterkontrolle.

- Entscheidungsrechte (z.B. in der Funktion als Ansprechpartner für die Strafverfolgungsbehörden);

- Prüfrechte (in Abstimmung mit der Internen Revision);

- direkte Berichtslinien zum Vorstand sowie die Möglichkeit der Direktansprache an alle Vorstandsmitglieder;

- Durchgriffsrechte auf alle Konzerngesellschaften;

- Budgetverantwortung, z.B. für Aus-/Fortbildung, IT-Systeme sowie Beratungsleistungen im Rahmen des zuvor im Budgetierungsprozess festgelegten Umfangs, aber auch innerhalb eines einzelfallbezogenen, kurzfristig zu genehmigenden Sonderbudgets (nicht selten müssen im Rahmen von Sonderuntersuchungen zur Wahrung bestimmter Ermittlungsmöglichkeiten kurzfristig Budget-/Investitionsentscheidungen getroffen werden, die nicht durch formell länger dauernde Genehmigungsprozesse behindert oder eingeschränkt werden sollten).

Neben dem uneingeschränkten Informationsrecht sind für alle Stellen und Mitarbeiter innerhalb des Unternehmens bei auftretenden bzw. festgestellten Auffälligkeiten, Unregelmäßigkeiten sowie Beschwerden/Reklamationen mit einem möglichen deliktischen Hintergrund unverzügliche Melde- und Informationspflichten an die für Fraud Prevention & Fraud Management zuständige Stelle zu institutionalisieren.

5.4 Musterinhalte der Stellenbeschreibung eines Fraud-(Prevention-)Managers

Die nachfolgend dargestellten Aufgabenbündel stellen die wesentlichen Tätigkeitsfelder eines Fraud-(Prevention-)Managers dar, wobei wesentliche Voraussetzungen für eine erfolgreiche Aufgabenwahrnehmung – wie bereits näher erläutert – eine entsprechende hierarchische Anbindung und Berichtslinie des Fraud-(Prevention-)Managers sowie dessen Ausstattung mit den erforderlichen Kompetenzen, Befugnissen und Weisungsrechten sind:

- effiziente, kostenorientierte Steuerung und Koordination aller Aktivitäten/Aufgaben zur Abwehr und Bearbeitung von Fraud (wirtschaftskriminellen Handlungen) mit (konzernweiter) Zuständigkeit für das Unternehmen (einschließlich ihrer Tochtergesellschaften) auf Basis einer (zuvor erarbeiteten) integrierten Fraud Prevention & Fraud Management-Strategie;

- fachliche und organisatorische Verantwortung für die Umsetzung der rechtlichen Vorschriften zur Verhinderung von Wirtschaftskriminalität (Fraud) sowie zur Prävention im Unternehmen (einschließlich der Verantwortlichkeit für interne Projekte und Workshops zur Fraud-Prävention sowie zur Umsetzung neuer/modifizierter Fraud-Vorschriften);

- Durchführung, Erstellung sowie ständige Aktualisierung der unternehmensspezifischen Gefährdungsanalyse „Wirtschaftskriminalität"; Entwicklung und Umsetzung geeigneter Maßnahmen zur Prävention;

- Erstellung eines Jahresberichtes (sowie ggf. auch einer unterjährigen Berichterstattung) über alle Aktivitäten sowie über die Schadensentwicklung innerhalb des Unternehmens und ausgehend von den Erkenntnissen das Aufzeigen von Handlungsbedarf, um sicherzustellen, dass das Unternehmen über angemessene Sicherungssysteme gegen strafbare Handlungen verfügt (für Kreditinstitute bereits seit einigen Jahren gesetzliche Pflicht);

- Erstellung und Pflege eines (abteilungs- bzw. organisationseinheitenübergreifenden) Schadenfallmanagementleitfadens zur Optimierung der Vorgehensweise bei Schadens-/Deliktfällen, in denen insbesondere die (Primär-)Zuständigkeiten, Kommunikationswege, Informationsbeschaffung sowie Schnittstellen zwischen allen involvierten Stellen innerhalb des Unternehmens geregelt werden (einschließlich Tochtergesellschaften und ausgelagerte Tätigkeiten), damit eine zeitnahe, effiziente und alle Aspekte berücksichtigende Bearbeitung derartiger Fälle sichergestellt ist;

- Entwicklung EDV-gestützter Research-Systeme zur Prävention vor wirtschaftskriminellen Handlungen entsprechend der unternehmensspezifischen Gefährdungsanalyse, ständige Weiterentwicklung und Anpassung der eingesetzten Systeme an neue (aufsichts-)rechtliche Vorschriften und Markterfordernissen für die Durchführung von unternehmensinternen Research-Maßnahmen;

- Durchführung regelmäßiger Schulungs- und Sensibilisierungsmaßnahmen für alle Mitarbeiter (insbesondere für die Führungskräfte) zur möglichst frühzeitigen Erkennung auffälliger Geschäftsvorfälle/Volumensausweitungen bzw. zur Verhinderung von Schadensfällen und Entwicklung eines angemessenen Risikobewusstseins auch für die Thematik Wirtschaftskriminalität (Fraud); permanente Pflege und Aktualisierung der Schulungsunterlagen sowie ggf. der Inhalte eines Web-Based-Trainings „Fraud Prevention";

- regelmäßiger Presse-Research: Auswertung aktueller Fälle, Warnmeldungen und Presseartikel auf Betrugsrelevanz, ggf. Information der Vertriebsmitarbeiter, Änderung von Richtlinien/Arbeitsanweisungen bzw. Beauftragung der entsprechenden Mitarbeiter der (Fach-)Abteilungen/Bereiche zur Änderung ihrer Abläufe/Prozesse, permanente Beobachtung des Marktes hinsichtlich neuer (System-)Entwicklungen;

- Veröffentlichung aktueller Informationen, Warnhinweise und Entwicklungen zum Thema „Wirtschaftskriminalität";

- Erstellung und Pflege der Geschäftsordnung für den – ggf. auch erst noch zu bildenden – Ad-hoc-Ausschuss Fraud;

- Vorbereitung und (fachliche) Leitung der mindestens quartalsweise stattfindenden Treffen des Fraud-Prevention-Ausschusses innerhalb des Unternehmens bzw. Konzerns;

- zentraler Ansprechpartner für die Strafverfolgungsbehörden, den Vorstand sowie alle (Fach-)Abteilungen/Bereiche in allen wirtschaftskriminellen Angelegenheiten des Unternehmens;

- Zusammenarbeit und Kontaktpflege zur Internen (Konzern-)Revision, zu den Bereichen Compliance und (IT-)Security sowie zu allen weiteren Kontrolleinheiten innerhalb des Unternehmens;

- Kontaktherstellung/-pflege zu den Fraud-(Prevention-)Managern/Beauftragten anderer (branchengleicher/-ähnlicher) Unternehmen für einen unternehmensübergreifenden Erfahrungsaustausch;

- Vertretung des Unternehmens in unternehmensübergreifenden Arbeitskreisen bzw. Fachgremien (z.B. innerhalb des Berufsverbandes bzw. international, national, regional oder lokal).

6 Schnittstellenmanagement

Das Management der aus den dargestellten diversifizierten Zuständigkeiten zwangsläufig resultierenden zahlreichen Schnittstellen bei der effektiven Umsetzung der Querschnittsaufgabe Fraud Prevention & Fraud Management stellt erfahrungsgemäß in allen Unternehmen sowohl eine große Herausforderung als auch mögliche Fehlerquellen bzw. -ursachen dar. Daher sollte die Regelung aller Schnittstellen mit besonderer Sorgfalt erfolgen und selbstverständlich auch konsequent und verlässlich eingehalten werden. Fehlende Abstimmung, aber auch nicht vorhersehbarer persönlicher Aktionismus oder Übereifer einzelner handelnder Personen sind nahezu immer kontraproduktiv und führen in aller Regel zu negativen Auswirkungen. Sinnvolle und abgestimmte Schnittstellenregelungen, die auch persönlichen Fähigkeiten von Mitarbeitern Rechnung tragen und beispielsweise mittels einer entsprechenden Matrix[36] einer Checkliste dokumentiert werden können, stellen dagegen eine unverzichtbare Basis und ein wesentliches Element eines effektiven Fraud Prevention & Fraud Managements und insbesondere eines Delikt-/Schadensfallmanagements dar.

---

[36] Vgl. zur Regelung von Schnittstellen und Zuständigkeiten bei der Behandlung von Fraud-Fällen den Beitrag von Zawilla zur Vorgehensweise bei Sonderuntersuchungen.

Eine große Rolle im Rahmen des Schnittstellenmanagements spielt dabei auch der effiziente Umgang mit eingehenden Informationen. Wie die nachstehende Abbildung veranschaulicht, gibt es eine Vielzahl von Eingangskanälen für Hinweise und Informationen auf Unregelmäßigkeiten oder einen Delikt-/Schadensfall:

Abbildung 9: Übersicht über wesentliche Eingangskanäle für Informationen/Hinweise auf Unregelmäßigkeiten oder einen Delikt-/Schadensfall

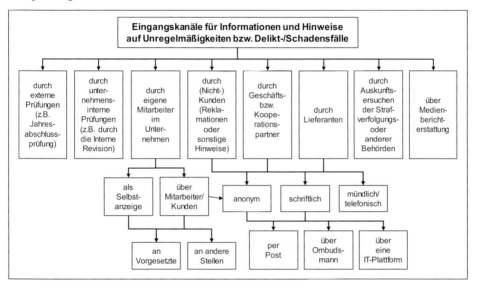

Weitere Informationsquellen können u. a. Warnhinweise diverser Stellen (z.B. branchenspezifische Verbände und Interessenvertretungen, Verbraucherschutzverbände, Aufsichts- und Ermittlungsbehörden), Presse-/Internetinformationen oder bilaterale Gespräche auf Veranstaltungen sein.

Da diese Hinweise und Informationen in unterschiedlicher Form und Qualität sowie gleichzeitig auch an verschiedenen Stellen innerhalb eines Unternehmens eingehen, müssen diese institutionalisiert und zeitnah an für eine fundierte Bewertung und weitere Bearbeitung ausgebildete Verantwortungsträger weitergeleitet werden. Damit diese möglichst reibungslos erfolgt, bedarf es wiederum eines professionellen Kommunikations- und Informationsmanagements.

7 Kommunikations- und Informationsmanagement

Das Kommunikations- und Informationsmanagement Fraud bildet einen sehr wichtigen Baustein für die effiziente Abwehr bzw. Vermeidung von wirtschaftskriminellen Handlungen sowie auch bei der oftmals zeitkritischen Reaktion und Bearbeitung von Delikt-/ Schadensfällen und stellt demzufolge auch einen wesentlichen Bestandteil eines ganzheitlichen, integrierten Fraud Prevention & Fraud Managements dar. Nur wenn es gelingt, alle relevanten sowohl bereits vorhandenen oder neu eingehenden (häufig auch zeitkritischen) Informationen zunächst als solche überhaupt zu erkennen und diese dann zeitnah, schnell und strukturiert an die jeweiligen zuständigen Stellen innerhalb des Unternehmens zu transportieren bzw. weiterzuleiten, sind überhaupt die Voraussetzungen für eine effiziente und effektive Bearbeitung in einer akzeptablen und oftmals notwendigen Reaktionszeit geschaffen. Dies stellt bei der Vielzahl der zuvor bereits beschriebenen Schnittstellen eine große Herausforderung dar und sollte daher konzeptionell geplant sowie anschließend strukturiert umgesetzt werden.

Bei der Erstellung eines konzernweiten Kommunikations- und Informationskonzeptes ist insbesondere folgenden Aspekten Beachtung zu schenken:

- Standardisierte und klare Berichtslinien sowie Eskalationsmechanismen sind verbindlich festzulegen und innerhalb des Unternehmens transparent zu kommunizieren.

- Alle eingehenden Hinweise auf Unregelmäßigkeiten, dolose Handlungen sowie Schadensfälle mit einem möglichen Anfangsverdacht sind sowohl den hierfür zuständigen Organisationseinheiten unverzüglich zu melden (ggf. auch gleichzeitig an verschiedene Organisationseinheiten oder ggf. unter Zwischenschaltung einer hierfür eingerichteten Evidenzstelle). Daneben sind alle erkennbaren „schwerwiegenden Mängel" sowie „bemerkenswerte Schäden" wie bereits bisher unverändert auch der Internen Revision anzuzeigen.

- Zur Sicherstellung eines unverzüglichen Meldeprozesses sind entsprechende (technische) Voraussetzungen zu schaffen.

- Alle eingehenden externen Warnmitteilungen, -meldungen bzw. -hinweise sind ebenfalls unverzüglich der hierfür benannten Organisationseinheit zuzuleiten.

- Durch die zuständige Stelle – z.B. den Fraud-(Prevention-)Manager – ist sicherzustellen, dass nach sorgfältiger Sichtung, Prüfung und Beurteilung der eingegangenen Informationen und Hinweise zeitnah über die weitere Vorgehensweise und ggf. Einschaltung bzw. Information weiterer Stellen innerhalb des Unternehmens (bzw. des Konzerns) entschieden wird und gegebenenfalls entsprechend notwendige (Sofort-)Maßnahmen getroffen, initiiert oder angewiesen werden.

- Die für Fraud Prevention & Fraud Management verantwortliche Stelle gibt Hinweise/ Impulse (und erteilt gegebenenfalls auch Weisungen, vgl. hierzu Abschnitt 5.3) für mögliche notwendige Veränderungen/Anpassungen in den Prozessabläufen sowie im IKS.

- Eine zentrale Stelle wie z.B. der Fraud-(Prevention-)Manager erstellt bzw. veranlasst anlassbezogen eigene unternehmensinterne Warnmitteilungen, die in geeigneter Form zielgruppenorientiert innerhalb des Unternehmens veröffentlicht werden (daneben können allgemeine Hinweise für alle Mitarbeiter z.B. in einem quartalsweise erscheinenden „Newsletter Wirtschaftskriminalität" weitergegeben werden, der auch gemeinsam mit anderen Organisationseinheiten wie beispielsweise Compliance oder Security gestaltet werden kann).

- Ergänzend zu den vorgenannten anlassbezogenen bzw. auch zielgruppenbezogenen Aktivitäten und Warnmitteilungen erfolgen bewusstseinsbildende Maßnahmen, z.B. die Erarbeitung und Veröffentlichung eines „Ratgebers zur Fraud Prevention", für alle Mitarbeiter mit allgemeinen (Warn-)Hinweisen zur Vermeidung von wirtschaftskriminellen Handlungen zum Schaden des Unternehmens.

8 Hierarchische Einordnung und Erstellung von fraudspezifischen Regelwerken

Die so genannte Schriftlich Fixierte Ordnung (SFO) bzw. das Regelwerk bildet die verbindliche und für alle Mitarbeiter einheitliche Grundlage für alle Arbeitsabläufe und Geschäftsprozesse innerhalb eines Unternehmens. Folgende Abbildung gibt einen Überblick über die wesentlichen Regelwerke im Zusammenhang mit Fraud Prevention & Fraud Management und deren „hierarchische" Einordnung in die SFO.

Abbildung 10: „Hierarchische" Einordnung der Regelwerke für Fraud Prevention & Fraud Management

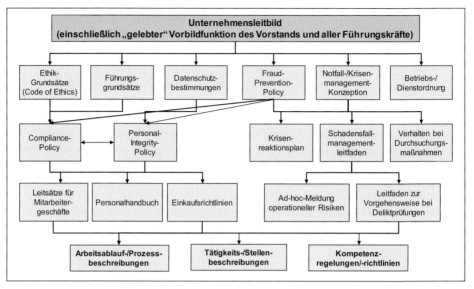

Es ist sinnvoll, einzelne der dargestellten Regelwerke insbesondere zur Bearbeitung von Delikt-/Schadensfällen nur einem begrenzten und zu definierenden Mitarbeiter-/Personenkreis zugänglich zu machen, die unmittelbar mit der Bearbeitung von Delikt-/Schadensfällen beauftragt sind. Zudem sollten bei der erstmaligen Erstellung zusätzlicher Regelwerke die gegebenenfalls in verschiedenen Arbeitsanweisungen bzw. Richtlinien des Unternehmens bereits vorhandenen Vorschriften, Regelungen und Arbeitsablaufbeschreibungen berücksichtigt und soweit wie möglich gebündelt werden.

Ergänzend zu den dargestellten fraud-spezifischen Bestandteilen der SFO wird empfohlen, allgemeine Aspekte für (insbesondere qualitative) Kontroll- und Prüfungstätigkeiten in einer übergreifenden „Richtlinie zur ordnungsgemäßen Wahrnehmung/Durchführung von Kontrolltätigkeiten" zusammenzufassen. In dieser Organisationsanweisung wird u.a. grundsätzlich beschrieben, wie Kontrolltätigkeiten im Rahmen des Vier-Augen-Prinzips durchzuführen sind, was bei der Mit-/Zweitunterschrift unter für das Unternehmen verbindlichen Schriftstücken zu beachten/prüfen ist und wie eine Legitimationsprüfung konkret durchzuführen und zu dokumentieren ist.

9 Fazit

Bei der Gestaltung eines ganzheitlichen, integrierten Fraud Prevention & Fraud Managements sind eine Vielzahl von Einzelaspekten unterschiedlichster Art zu berücksichtigen, zu regeln bzw. einzubinden. Wesentliche Bedeutung hat hierbei das klare und eindeutige Bekenntnis der Geschäftsleitung („Tone from the Top"), konsequent gegen wirtschaftskriminelles Handeln zu Lasten des Unternehmens vorzugehen und sich dagegen auch wirksam zu schützen. Hierzu gehören auch permanente Maßnahmen zur Sensibilisierung aller Mitarbeiter, da Fraud Prevention & Fraud Management eine Querschnittsaufgabe darstellt, in die alle Mitarbeiter eingebunden werden müssen.

Neben der entsprechenden Expertise und einem der Komplexität der Thematik angemessenen Persönlichkeit der für Fraud Prevention & Fraud Management innerhalb des Unternehmens primär zuständigen Stellen sind ein professionelles Schnittstellen- sowie ein hiermit einhergehendes Kommunikations- und Informationsmanagement weitere wichtige Bestandteile. Nur durch die Verzahnung aller Einzelmaßnahmen kann den vielfältigen Fraud-Risiken, denen ein Unternehmen von innen und außen permanent ausgesetzt ist, wirksam und vor allem präventiv begegnet werden.

Erstellung einer unternehmensspezifischen Gefährdungsanalyse

Hans-Willi Jackmuth/Peter Zawilla

1 Gefährdungsanalyse für Fraud-Risiken

Die Identifizierung, Klassifizierung und die Bewertung von Risiken sowie die anschließende Ableitung und Umsetzung von Maßnahmen zur Risikominimierung hat in ihrer gesamten Entwicklung eine immer bedeutendere Rolle erhalten. In der Unterteilung der verschiedenen Risikoarten gehört Fraud durch Mitarbeiter und/oder externe Täter zu den operationellen Risiken eines Unternehmens. Somit ist die Bekämpfung wirtschaftskrimineller Handlungen zu Lasten des Unternehmens ein wesentlicher Bestandteil eines wirksamen Risikomanagements.[1]

Um vorhandenen Risiken aber wirksam begegnen und unternehmensspezifisch angemessene Maßnahmen gegen diese ergreifen zu können, bedarf es einer vorherigen detaillierten Analyse, an welchen Stellen, durch wen sowie auf welche Weise das Unternehmen durch unredliches Handeln geschädigt werden kann, sei es durch eine direkte und auch unmittelbar messbare Schädigung oder durch eine indirekte, (zunächst) nicht konkret messbare Schädigung, z.B. in Form eines Reputationsverlustes.

Ausgehend hiervon sollte jedes Unternehmen über eine entsprechende unternehmensspezifische Risiko- und Gefährdungsanalyse für wirtschaftskriminelles Handeln (Fraud) verfügen. Sie bildet demzufolge auch das zentrale Element für die Entwicklung geeigneter Präventionsmaßnahmen[2] im Rahmen eines ganzheitlichen, integrierten Fraud Prevention & Fraud Managements.[3] Ohne eine vorherige substantielle Analyse besteht die Gefahr, dass die vorhandenen Risiken entweder gar nicht bekannt sind oder wahrgenommen, aber unterschätzt werden, sofern in diesen Bereichen noch kein Delikt-/Schadensfall angefallen ist. Dies wiederum bedeutet in der Konsequenz auch, dass die implementierten Präventionsmaßnahmen gegebenenfalls nicht, aber auf jeden Fall nicht vollständig strukturiert sowie auf alle unternehmensspezifischen Gefährdungspotenziale ausgerichtet sind und letztlich auch nicht sein können.

In der Praxis ist dagegen festzustellen, dass insgesamt nur wenige Unternehmen über eine strukturierte (unternehmens-)spezifische Gefährdungsanalyse für Fraud-Risiken verfügen. Dies hängt auch damit zusammen, dass mit Ausnahme der Finanzdienstleistungsbranche[4] kaum formelle Verpflichtungen für Unternehmen bestehen, eine entsprechende Gefährdungsanalyse vorzunehmen.

---

[1] Vgl. hierzu den Beitrag von Romeike zu Risikomanagement im Fraud-Kontext.

[2] Vgl. hierzu den Beitrag von Wachter zu Fraud-Präventionsmaßnahmen.

[3] Vgl. hierzu den Beitrag von Zawilla zu strategische Komponenten im Fraud Management.

[4] Rundschreiben 8/2005 (GW) vom 24.03.2005 der Bundesanstalt für Finanzdienstleistungsaufsicht (BaFin) zu den Pflichten zur Erstellung einer institutsspezifischen Gefährdungsanalyse zur Verhinderung von Geldwäsche, Terrorismusfinanzierung und Betrug zu Lasten der Institute; zu den Inhalten siehe Abschnitt 2.

In diesem Beitrag werden zunächst die Rahmenbedingungen für die Erstellung einer unternehmensinternen Gefährdungsanalyse aufgezeigt. Anschließend wird ein praxiserprobtes Phasenmodell für die Erstellung einer Gefährdungsanalyse einschließlich praktischer Umsetzungsempfehlungen beschrieben.

2 Rechtliche Grundlagen und Anforderungen an die Erstellung einer Gefährdungsanalyse

Neben der aufgezeigten grundsätzlichen Notwendigkeit für die Erstellung einer Gefährdungsanalyse zur Erfüllung der Anforderungen an ein funktionierendes Risikomanagement bestehen lediglich für Kreditinstitute seit 2005 konkrete formelle, in diesem Fall aufsichtsrechtliche Pflichten zur Erstellung einer unternehmensspezifischen Gefährdungsanalyse. In diesen Regelungen werden die Anforderungen an eine Gefährdungsanalyse wie nachfolgend dargestellt beschrieben:[5]

1. Ziel der unternehmensspezifischen Gefährdungsanalyse ist es, die spezifischen Risiken zum Schaden des Unternehmens durch unredliches Handeln

   - zu erfassen,
   - zu identifizieren,
   - zu kategorisieren,
   - zu gewichten sowie
   - darauf aufbauend geeignete Fraud-Präventionsmaßnahmen zu ergreifen.

2. Vollständige Bestandsaufnahme und Erfassung der unternehmensspezifischen Situation anhand der Geschäftsstruktur, insbesondere der

   - Kundenstruktur,

   - Geschäftsbereiche und -abläufe,

   - Produkte (einschließlich Volumen und Struktur des nationalen und internationalen Zahlungsverkehrs),

   - Vertriebswege und

   - Organisationsstruktur des Unternehmens.

---

[5] Siehe Rundschreiben 8/2005 (GW) vom 24.03.2005 der Bundesanstalt für Finanzdienstleistungsaufsicht (BaFin) zu den Pflichten zur Erstellung einer institutsspezifischen Gefährdungsanalyse zur Verhinderung von Geldwäsche, Terrorismusfinanzierung und Betrug zu Lasten der Institute.

3. Erfassung und Identifizierung der

- kunden-,
- produkt- und
- transaktionsbezogenen Risiken.

4. Kategorisierung und ggf. zusätzliche Gewichtung/Bewertung der identifizierten Risiken, also zunächst Einteilung in Risikogruppen und anschließende Bewertung.

5. Entwicklung geeigneter Parameter für die erforderlichen Research-Maßnahmen (v.a. für EDV-Research-Systeme) aufgrund des Ergebnisses der unternehmensinternen Risikoanalyse gemäß folgender beispielhafter Fragestellungen:

- Decken die bereits bestehenden Systeme die identifizierten Risiken ab?
- Sind gegebenenfalls Optimierungen vorzunehmen?
- Sind gegebenenfalls zusätzliche Maßnahmen erforderlich?

6. Überprüfung und Weiterentwicklung der bisher getroffenen Präventionsmaßnahmen nach Maßgabe des Ergebnisses der Analyse. Je höher das Risikopotenzial, umso sorgfältiger ist bei der Umsetzung der einzelnen Präventionsmaßnahmen und bei der Staffelung der Kompetenzen vorzugehen.

7. Die Gefährdungsanalyse ist gruppen-/konzernweit anzufertigen und hat sich auf alle der Gruppe bzw. dem Konzern zugehörigen Unternehmen im In- und Ausland zu erstrecken.

8. Die Gefährdungsanalyse ist

- für die interne und externe Revision (insbesondere Abschlussprüfer) nachvollziehbar schriftlich zu fixieren,

- mindestens einmal jährlich dem Vorstand vorzulegen,

- regelmäßig – mindestens einmal im Jahr – einer Überprüfung zu unterziehen und – soweit erforderlich – zu aktualisieren (Dokumente sind dabei nicht zu überschreiben, sondern die einzelnen Versionen müssen fixiert werden).

Weitere gesetzliche Regelungen verpflichten Kreditinstitute „über ein angemessenes Risikomanagement sowie über Verfahren und Grundsätze zu verfügen, die der Verhinderung von Geldwäsche, Terrorismusfinanzierung oder sonstiger strafbarer Handlungen, die zu einer Gefährdung des Vermögens des Instituts führen können, dienen. Sie haben dafür angemessene geschäfts- und kundenbezogene Sicherungssysteme zu schaffen und zu aktualisieren sowie Kontrollen durchzuführen."[6]

---

[6] § 25c Kreditwesengesetz (KWG).

Wenngleich die vorgenannten Regelungen aus dem Rundschreiben der Bundesanstalt für Finanzdienstleistungsaufsicht (BaFin) nur für den Bankensektor bindend sind, so lassen sich diese Ziele und Anforderungen ausnahmslos branchenübergreifend ausdehnen.[7]

3 Wesentliche Einflussfaktoren

Die Komplexität einer Gefährdungsanalyse entsteht dadurch, dass eine Vielzahl unterschiedlichster Einflussfaktoren und Rahmenbedingungen zu berücksichtigen sind, deren gegenseitige Abhängigkeiten die nachfolgende Abbildung zeigt.

Abbildung 1: Wesentliche Einflussfaktoren einer Gefährdungsanalyse

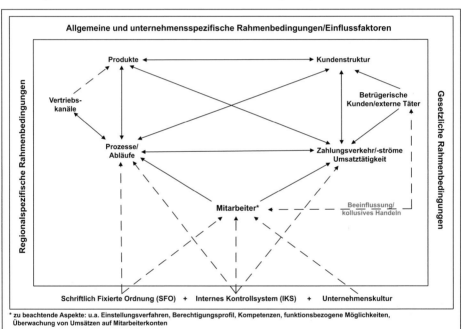

Hinter den einzelnen Einflussfaktoren steht teilweise eine Reihe von unterschiedlichen Aspekten, die jeweils unter Berücksichtigung ihrer Relevanz für das Unternehmen entsprechend einzubeziehen und zu bewerten sind.

---

[7]   Vgl. hierzu auch Änderungen in den §§ 80c bis f Versicherungsaufsichtsgesetz (VAG) im Rahmen des Gesetzes zur Umsetzung der Zweiten E-Geld-Richtlinie, in Kraft seit 08.03.2011.

4 Wesentliche Ziele und praktischer Nutzen einer umfassenden unternehmensspezifischen Gefährdungsanalyse

Die wesentlichen Ziele und der praktische Nutzen einer unternehmensspezifischen Gefährdungsanalyse als unerlässliche Voraussetzung für die notwendige Implementierung geeigneter Fraud-Präventionsmaßnahmen im Rahmen des ganzheitlichen, integrierten Fraud Prevention & Fraud Managements sind folgende Gesichtspunkte:

- Die Risiko- und Gefährdungsanalyse bildet – wie bereits in Abschnitt 1 beschrieben – die Basis für alle nachfolgenden Maßnahmen und Aktivitäten zur Verhinderung von wirtschaftskriminellen Handlungen zu Lasten des Unternehmens. Nur wenn ein Unternehmen seine spezifischen Risiken und Gefährdungspotenziale erkennt, ist es in der Lage, ausgehend hiervon geeignete Präventionsmaßnahmen zu implementieren und sich somit effizient und effektiv gegen wirtschaftskriminelle Handlungen zu schützen.

- Die Durchführung und Erstellung einer unternehmensspezifischen Risiko- und Gefährdungsanalyse zur Verhinderung von wirtschafskriminellen Handlungen durch Mitarbeiter und/oder Externe sollte ein fester Bestandteil des Risikomanagements eines Unternehmens sein.

- Die Durchsetzbarkeit des aus den Erkenntnissen der Gefährdungsanalyse abzuleitenden erforderlichen – u.U. auch personellen oder ablauf-/aufbauorganisatorischen – Handlungsbedarfs hängt im Wesentlichen von der Transparenz, Praxisorientierung und Akzeptanz der Ergebnisse dieser Analyse sowohl bei der Geschäftsleitung als auch bei allen Führungskräften innerhalb des Unternehmens ab.

- Die methodische Vorgehensweise sowie die Ergebnisdokumentation der Gefährdungsanalyse ist so zu gestalten, dass die jeweilige Risikoeinschätzung der einzelnen Prozesse mit vertretbarem Aufwand periodisch (d.h. einmal im Jahr) überprüft und aktualisiert sowie gegebenenfalls ergänzt werden kann. Hierdurch kann der zukünftige zeitliche Aufwand für die turnusmäßig vorzunehmende Überprüfung erheblich reduziert werden.

- Ein weiteres anzustrebendes Ziel sowie ein Zusatznutzen aus der Sicht der Internen Revision ist, dass die Ergebnisse aus der Gefährdungsanalyse gleichzeitig auch in die bereits vorhandene risikoorientierte Prüfungsplanung sowie Prüfungsvorgehensweise einfließen und diese dadurch weiter optimiert werden können.[8]

---

[8] Vgl. zur Rolle der Internen Revision den Beitrag von Helfer zu Fraud Management aus dem Blickwinkel der Internen Revision.

5 Allgemeine Grundsätze und Hinweise zur grundsätzlichen Vorgehensweise

Neben den dargestellten Zielen und Anforderungen sind folgende weitere allgemeine Grundsätze sowie Hinweise für die Erstellung einer unternehmensspezifischen Gefährdungsanalyse zu berücksichtigen:

- Es gibt keinen Königsweg für die Erstellung einer Gefährdungsanalyse (kein One-size-fits-all-Prinzip).

- Die anzuwendenden Verfahren, die Methodik und der Inhalt der Gefährdungsanalyse sind immer von den Besonderheiten des jeweiligen Unternehmens abhängig und müssen diese entsprechend berücksichtigen.

- Aufgrund der Größe des Unternehmens und der daraus resultierenden Komplexität der Gefährdungsanalyse empfiehlt sich in den meisten Fällen eine projekthafte Vorgehensweise, einschließlich der Bildung eines Lenkungsausschusses (insbesondere bei der erstmaligen Erstellung).

- Sowohl bei der erstmaligen Erstellung der Gefährdungsanalyse durch ein Projektteam als auch bei der regelmäßigen Aktualisierung ist die Einbindung der an verschiedenen Stellen im Unternehmen bereits vorhandenen (Teil-)Expertise hilfreich. Hierzu gehören insbesondere die Organisationseinheiten (oder einzelne Funktionen hieraus), die für Compliance, Datenschutz, Fraud Management, Sicherheit sowie das Beschwerdemanagement zuständig sind.

- Die Interne Revision führt eine Ex-ante-Begleitung durch, da hier in aller Regel ein allgemeiner Überblick über bestehende bzw. mögliche Gefährdungspotenziale sowie auch das Fachwissen hinsichtlich wirtschaftskrimineller Handlungen durch Mitarbeiter des Unternehmens gebündelt ist (allerdings ist eine direkte und aktive Projektbeteiligung aufgrund der zu wahrenden Neutralität der Internen Revision zu vermeiden).[9]

- Insbesondere die erstmalige Erstellung einer alle erforderlichen Aspekte umfassenden unternehmensspezifischen Gefährdungsanalyse sollte in einzelne Phasen aufgeteilt werden, wobei die einzelnen Phasen teilweise parallel bearbeitet werden können. Die konkrete Vorgehensweise wird im folgenden Abschnitt betrachtet.

---

[9] Vgl. zur Rolle der Internen Revision den Beitrag von Helfer zu Fraud Management aus dem Blickwinkel der Internen Revision.

6 Phasenmodell für die Erstellung einer Gefährdungsanalyse und praktische Umsetzungsempfehlungen

Ausgehend von den in den beiden vorangegangenen Abschnitten dargestellten Zielen sowie für Anforderungen an eine unternehmensspezifische Gefährdungsanalyse wurde das in der nachstehenden Abbildung dargestellte praxiserprobte Phasenmodell entwickelt.[10]

Abbildung 2: Phasenmodell für die Erstellung einer institutsspezifischen Gefährdungsanalyse

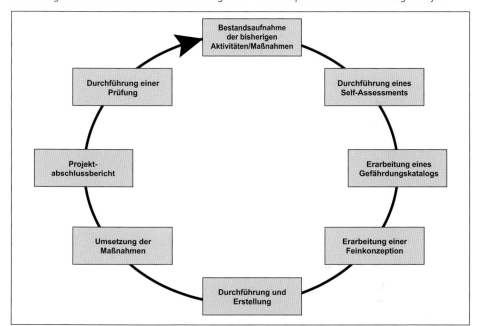

Die Darstellung erfolgt bewusst in Form eines Regelkreises, um deutlich zu machen, dass nach der erstmaligen Gefährdungsanalyse eine regelmäßige Evaluierung bzw. Überprüfung der Ergebnisse notwendig ist, um aktuellen Entwicklungen sowohl innerhalb des Unternehmens als auch bei den Fraud-Gefährdungspotenzialen Rechnung zu tragen (vgl. hierzu auch Abschnitt 7).

---

[10] Das dargestellte Modell wurde von den beiden Autoren dieses Beitrages entwickelt.

Die Inhalte der Gefährdungsanalyse orientieren sich dabei inhaltlich an der Ursache-Wirkungskette im Fraud-Umfeld. Ausgehend von den äußeren Bedingungen wie z.B. den politischen, rechtlichen und gesellschaftlichen Rahmenbedingungen sowie der allgemeinen und branchenspezifischen Bedrohungslage, die im einzelnen Unternehmen nicht wesentlich veränderbar sind, kann eine Geschäftsleitung sehr intensiv Einfluss auf die Unternehmenskultur nehmen. Die Instrumente reichen von „Tone from the top" über allgemeine Handlungsempfehlungen (Code of Conduct) bis hin zu internen Vorgaben und Richtlinien als Personalführungsinstrumente. Diese können unmittelbar (Definition der Aufbauorganisation) als auch mittelbar (Umsetzbarkeit der Zielvereinbarungen) die Organisation und die Kultur des Unternehmens beeinflussen. Gleiches gilt für die Szenarien der operativen Umsetzung. Neben der Qualität in beispielsweise Produkterstellungsprozessen haben seit jeher die Prozessqualität im Sinne der Fehleranfälligkeit (siehe auch Ansätze des Qualitätsmanagements wie Kaizen[11] oder Six Sigma[12]) und die Qualität des Internen Kontrollsystems Einfluss auf die Fraud-Anfälligkeit im Unternehmen. Die „gelebte" und „erlebte" Unternehmenskultur wirkt im Schlüsselfaktor Mensch auf Aspekte der Fraud-Pyramide,[13] beginnend mit „Motivation/Anreiz" und sich daraus psychologisch ableitenden Rechtfertigungsszenarien. Die Frage der fehlerhaften Umsetzung beispielsweise des Internen Kontrollsystems führt im Extremfall zu einer Gelegenheit für den Täter.

---

[11] Japanische Methode des Qualitätsmanagement (Kai = Veränderung, Wandel; Zen = zum Besseren) – auch kontinuierlicher Verbesserungsprozess (KVP).

[12] Analyse, Überwachung, Messung und Verbesserung von Prozessen mit statistischen Mitteln – Ziel ist dabei die Fehlerrate auf six sigma, d.h. statistisch auf 3,4 Fälle pro Million Fehleroptionen zu begrenzen.

[13] Vgl. den Beitrag von Zawilla zu strategischen Komponenten im Fraud Management.

Abbildung 3: Analyse der Ursache-Wirkungskette mit Methodenmix im Rahmen einer Gefährdungsanalyse

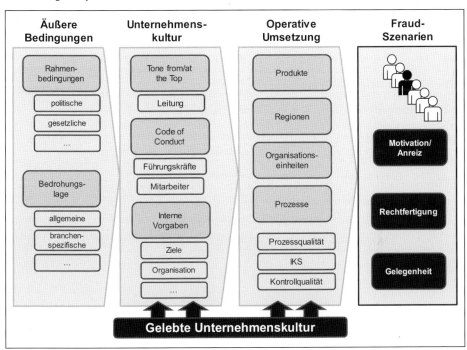

Die einzelnen Phasen und deren konkrete Inhalte werden in den nachfolgenden Abschnitten näher dargestellt.

6.1 Phase 1: Bestandsaufnahme der bisherigen Maßnahmen zum Fraud Management

Wesentliches Ziel der Bestandsaufnahme ist es, einen allgemeinen Überblick darüber zu erhalten, wie sich das Unternehmen gegen wirtschaftskriminelle Handlungen aufgestellt hat und wer im Unternehmen bereits in diese Themenkomplexe eingebunden ist. Ausgehend hiervon kann ggf. auch noch zusätzliches Fachwissen für das Projektteam gewonnen werden.

Die Bestandsaufnahme der bisherigen Aktivitäten/Maßnahmen des Unternehmens zur Bekämpfung von Fraud sollte durch das Projektteam, ersatzweise durch die Interne Revision, auf der Basis einer zuvor erarbeiteten Konzeption zur konkreten Vorgehensweise erfolgen.

Im Rahmen der Bestandsaufnahme sollten u.a. die vorhandenen Regelungen sowie der Ist-Zustand für folgende Aspekte aufgenommen werden:

- Zuständigkeiten und Regelungen für die Bearbeitung von Delikt-/Schadensfällen;

- Melde-/Informationswege für Schadens-/Deliktfälle bzw. Auffälligkeiten;

- Einbindung der Thematik „wirtschaftskriminelle Handlungen" in die Schriftlich Fixierte Ordnung (SFO) des Unternehmens;

- Vorhandensein von Statistiken und Auswertungen über Delikt-/Schadensfälle;

- systematische und explizite Berücksichtigung des Aspektes möglicher wirtschaftskrimineller Handlungen im Rahmen des Beschwerdemanagementprozesses.

Zur Bestandsaufnahme gehört auch die Zusammenstellung und Bündelung aller relevanten (konzern-)internen sowie externen Informationen und Daten, die für die Erstellung und Durchführung einer unternehmensinternen und praxisorientierten Gefährdungsanalyse „Fraud" erforderlich sind. Dies umfasst insbesondere Informationen zu den in der Abbildung 1 dargestellten unternehmensinternen sowie externen wesentlichen Einflussfaktoren.

6.2 Phase 2: Durchführung von Self-Assessments zur Erhebung von Fraud-Risiken

Die Durchführung eines Self-Assessments (Selbsteinschätzung) in allen Organisationseinheiten zur Identifizierung von Gefährdungs- und Risikopotenzialen durch Fraud zu Lasten des Unternehmens innerhalb der jeweiligen Organisationseinheit dient auch dazu, das Verständnis sowie die Akzeptanz für das Thema Fraud im Allgemeinen sowie für die Notwendigkeit einer Gefährdungsanalyse im Besonderen zu steigern.

Der für das Self-Assessment zunächst zu erstellende Erhebungs- bzw. Fragebogen sollte an die Führungskräfte der ersten Führungsebene aller betroffenen Organisationseinheiten gerichtet werden, wobei für dessen Bearbeitung die Hinzuziehung der nachgeordneten Führungsebenen sinnvoll ist.

Der Fragenbogen selbst sollte sowohl allgemeine Fragen zur Einschätzung des Gefährdungspotenzials des Unternehmens in Bezug auf wirtschaftskriminelle Handlungen im Allgemeinen als auch für die jeweilige Organisationseinheit bzw. Geschäftssparte im Speziellen enthalten. Hierzu gehören auch Fragen zur Einschätzung der Risikosensibilität der Mitarbeiter und zur Sensibilität der Führungskräfte hinsichtlich möglicher auffälliger Verhaltensveränderungen der jeweils zugeordneten Mitarbeiter sowie nach zusätzlich gewünschten Kontrollmechanismen.

Nachstehend sind beispielhaft einige mögliche Fragestellungen für ein Self-Assessment aufgeführt:

- Welche Prozesse in Ihrem Verantwortungsbereich sind nach Ihrer Einschätzung (besonders) für betrügerische Handlungen/Manipulationen anfällig/gefährdet? Welche Fraud-Muster sind Ihnen bekannt bzw. für Sie vorstellbar?

- Welche Möglichkeiten haben Sie bzw. welche konkreten Maßnahmen führen Sie im Rahmen Ihrer Führungsverantwortung durch, um betrügerische Handlungen in Ihrem Verantwortungsbereich zu vermeiden bzw. zu identifizieren (z.B. Prüfung bestimmter Geschäftsvorfälle/Sachverhalte anhand individuell erstellter Auswertungen, Stichprobenprüfungen, Zweitunterschrift etc.)?

- Sind die Mitarbeiter des Unternehmens insgesamt und die Mitarbeiter Ihres Verantwortungsbereiches im Speziellen für wirtschaftskriminelle Handlungen (ausreichend) sensibilisiert und wie stellen Sie eine (ausreichende) Sensibilisierung in Ihrem Verantwortungsbereich sicher? Welche Maßnahmen sollten (zusätzlich) erfolgen?

- Welchen Stellenwert haben nach Ihrer Wahrnehmung die Themen „wirtschaftskriminelle Handlungen" im Unternehmen im Allgemeinen bzw. bei der Geschäftsleitung im Besonderen?

Abbildung 4: Umsetzung eines Fraud-(Self-)Assessment-Tools auf Basis von MS Excel®

Assessment

Status

Frage	Antwort	Punkte
Unternehmensumfeld		
Wie schätzen Sie das Wettbewerbsumfeld Ihres Unternehmens ein?	stabil	3
Wie ist der Absatzmarkt Ihres Unternehmens strukturiert?	absolut stabil	2
Wie ist der Beschaffungsmarkt Ihres Unternehmens strukturiert?	instabil	5
Wie schätzen Sie die wirtschaftliche Situation (Erlöse, Kapitalstruktur etc.) Ihres Unternehmens ein?	extrem schwierig	6
Gibt es derzeit kritische Risikofaktoren wie z.b. eine mögliche feindliche Übernahme, Börsenkursentwicklung etc.	durchschnittlich	4
Gibt es derzeit neue gesetzliche Bestimmungen, die Auswirkungen auf die operative Tätigkeit haben?	extrem schwierig	6
Finden oder fanden in letzter Zeit große Umstrukturierungen (z.B. durch Fusionen) in Ihrem Unternehmen statt?	absolut stabil	2
Gibt es für das Unternehmen ungewöhnliche Geschäftseinheiten?	exzellent	1
Liegen wichtige Betriebseinheiten im Ausland und basieren damit auf anderen rechtlichen Grundlagen?	durchschnittlich	4
Ist das Unternehmen in Ländern aktiv, die ein hohes Korruptionsrisiko aufweisen?	stabil	3
Unterliegt das Unternehmen einem hohen Erfolgsdruck gegenüber Investoren/Gläubigern?	instabil	5

Bitte benutzen Sie das dropdown-Feld:

Nach erfolgter Auswertung der Ergebnisse aus dem Self-Assessment sind ergänzende Gespräche mit den zuständigen Führungskräften sinnvoll, um auffällige Ergebnisse zu hinterfragen und die sich ergebenden Abweichungen besser einschätzen zu können.

Bei der erstmaligen Erstellung einer umfassenden Gefährdungsanalyse empfiehlt es sich, Gespräche mit den Führungskräften zu führen, um hierdurch gleichzeitig einen direkten Eindruck über das Maß der Sensibilität für Fraud-Aspekte innerhalb des gesamten

Unternehmens zu generieren. Insgesamt zeigt die Erfahrung, dass die Qualität der Resultate – und damit der Mehrwert aus strukturierten Gesprächen – bei derartigen Sensibilisierungsgesprächen immer deutlich höher ist als bei einer ausschließlichen Fragebogenerhebung.

6.3 Phase 3: Erarbeitung eines Kataloges fraud-gefährdeter (Teil-)Prozesse

Die Erarbeitung eines Kataloges, in dem alle (Teil-)Prozesse und Bereiche innerhalb des Unternehmens erfasst werden, die potenziell für wirtschaftskriminelle Handlungen durch Mitarbeiter und/oder Externe betroffen sein könnten, ist eine wesentliche Voraussetzung für die Erstellung einer praxisorientierten und strukturierten Gefährdungsanalyse.

Nur wenn die wesentlichen, immer wiederkehrenden Fraud- und Manipulationsmuster bekannt sind, können die Gefährdungspotenziale für die (Teil-)Prozesse, die im Unternehmen davon betroffen sein könnten, unter Berücksichtigung der bestehenden SFO sowie der vorhandenen Kontrollmechanismen bewertet und möglicher Handlungsbedarf bzw. Optimierungsmöglichkeiten aufgezeigt werden.

Im Gegensatz zu weiteren, v.a. in der englischsprachigen Literatur bevorzugten Modellen sollten nicht ausschließlich die Möglichkeiten fraudulenten Handelns in den Prozessen analysiert werden. Ausgehen sollte eine derartige Gefährdungsanalyse immer von typischen Manipulations- und Betrugsmustern. Die potenziellen Täter (insbesondere Mitarbeiter) werden zwar Prozessschwächen als Gelegenheit erkennen, grundsätzlich sich aber nicht an den Prozessen des Unternehmens ausrichten.

Damit ist für eine fraudtechnische Betrachtung die Frage nach den entsprechend aufgetretenen Vorgehensmustern (Modi Operandi), im Zweifel auch bei Mitbewerbern oder anderen branchenfremden Unternehmen, deutlich wichtiger und zielführender als eine ausschließlich prozessanalytische Sicht. Die prozessuale Sicht kann also lediglich einen Baustein der Gefährdungsanalyse darstellen.

Sofern innerhalb des Unternehmens entsprechende Erfahrungswerte bzw. Fachwissen über Fraud-Fälle nicht bzw. nicht im ausreichenden Maße vorhanden sind, sollte zumindest auf entsprechende Fachliteratur zurückgegriffen werden. Hierzu gehören beispielsweise die jährlich erscheinenden Bundeslagebilder „Wirtschaftskriminalität" sowie „Korruption" des Bundeskriminalamtes (BKA), die Jahresberichte der Financial Intelligence Unit (FIU) Deutschland,[14] die ebenfalls jährlich neu erscheinenden Berichte über aktuelle Geldwäschetypologien der Financial Action Task Force (FATF),[15] die Lagebilder/Lagedarstellungen zu den Finanzermittlungen der Landeskriminalämter (LKA) der einzelnen Bundesländer,[16] internationale Erhebungen[17] sowie Fachbücher, in denen auch Praxisfälle für Unregelmäßigkeiten dargestellt werden.[18]

Die katalogisierten Betrugs- und Manipulationsmuster sollten jeweils um Risikobewertungen (sowohl für die Eintrittswahrscheinlichkeit als auch für die mögliche Schadenshöhe pro Einzelfall) ergänzt werden; diese fließen später auch in die im Rahmen der Gefährdungsanalyse zu erstellende Risikomatrix ein.

6.4 Phase 4: Erarbeitung einer Feinkonzeption zur Durchführung der Gefährdungsanalyse

Die Erarbeitung einer Feinkonzeption zur Erstellung und Durchführung einer unternehmensinternen und praxisorientierten Gefährdungsanalyse zur Identifizierung von Fraud-Risiko- und Gefährdungspotenzialen erfolgt durch die Projektleitung. Sie dient in erster Linie dazu, bereits im Vorfeld die genaue Vorgehensweise/Methodik für die Gefährdungsanalyse festzulegen und auch eine Form der Berichterstattung zu erarbeiten, die der Komplexität der Gesamtthematik sowie den zuvor zu erfragenden Wünschen/Vorstellungen der (internen) Berichtsempfänger ausreichend Rechnung trägt.

In Rahmen der Feinkonzeption werden u.a. festgelegt bzw. erarbeitet:

- das Anforderungsverzeichnis mit allen für die Durchführung der Gefährdungsanalyse benötigten Unterlagen (u.a. Organigramme, Richtlinien, Arbeitsanweisungen);

- die genauen Zuständigkeiten der Projektmitglieder;

---

[14] Diese Statistiken sind im Internet unter www.bka.de unter „Berichte und Statistiken" abrufbar.

[15] Die Berichte sind im Internet z.B. unter www.anti-geldwaesche.de unter „FATF" in deutscher Übersetzung abrufbar.

[16] Diese Jahresberichte sind teilweise auf den Internet-Seiten der einzelnen Landeskriminalämter abrufbar.

[17] Vgl. hierzu den „Report to the Nations on Occupational Fraud and Abuse", der regelmäßig von der Association of Certified Fraud Examiners" herausgegeben wird (www.acfe.org).

[18] Praxisbeispiele für (typische) Fraud-Fälle siehe z.B. Wells, J./Kopetzky, M., 2006, Handbuch Wirtschaftskriminalität in Unternehmen; sowie Wells, J., 2007, Fraud Casebook – Lessons from the Bad Side of Business; sowie für deliktische Handlungen in Kreditinstituten Kaup, A./Schäfer-Band, U./Zawilla, P., 2005, Unregelmäßigkeiten im Kreditgeschäft; sowie Zawilla, P., 2008, Neue Manipulationspraktiken in modernen Vertriebskanälen, S. 502-509.

- die genaue Bedarfsermittlung und eine Zeitplanung, wann und wie lange die ggf. nur temporär benötigten Projektmitglieder zur Verfügung stehen müssen;

- zeitliche Meilensteine für Phase 5 des Projektes, in der die eigentliche Gefährdungsanalyse durchgeführt und erstellt wird;

- die Bewertungsskala für die Risikomatrix.

6.5 Phase 5: Durchführung und Erstellung der Gefährdungsanalyse

Die eigentliche Durchführung und Erstellung einer unternehmensspezifischen Gefährdungsanalyse einschließlich der Bewertung der Angemessenheit der vorhandenen Sicherungssysteme sowie des Aufzeigens ggf. vorhandenen Handlungsbedarfs auf der Basis der in Phase 4 erarbeiteten Feinkonzeption bildet das Herzstück des Phasenmodells. Im Folgenden werden Möglichkeiten sowie Methoden zur qualitativen und quantitativen Erhebung und Bewertung von Fraud-Mustern (Modi Operandi) bzw. Fraud-Gefährdungspotenzialen skizziert sowie Hinweise zur Berichterstattung gegeben, die auch der Zielsetzung Rechnung tragen, dass die Ergebnisse aus der Gefährdungsanalyse periodisch überprüfbar sind.

6.5.1 Qualitative Prozessanalysen

Die Frage der qualitativen Bewertung ist eng gekoppelt mit einer möglichen Sicht auf das Unternehmen oder die Konzerneinheiten. Liegen die Prozesse zumindest auf einer Metaebene ausreichend strukturiert vor, wird die Prozesslandkarte als erstes Medium der Voranalyse dienen können. Sofern derartige Systeme lediglich rudimentär vorhanden oder erst in der Entstehung sind, wird eine aufbauorganisatorische Sicht zu einer Vorselektion herangezogen. Das finale Ergebnis wird sich – auch in „Prozesshäusern" – immer als ein Mix aus beiden Modellen darstellen.

In der ersten Phase geht es ausschließlich darum, irrelevante – d. h. weniger fraudgefährdete – Prozesse und Bereiche verlässlich aus der weiteren Analyse auszuschließen. Erfahrungsgemäß ist das Fraud-Potenzial beispielsweise in einzelnen Stabsabteilungen oder lokalen Organisationseinheiten ohne eigene Entscheidungskompetenzen geringer.

Die Detailanalyse nach Ausschluss einzelner Prozesse kann mittels standardisierbarer Matrizen erfolgen. Dabei werden die fraudspezifischen Risiken in den einzelnen Prozessen auf Basis von Indikatoren bewertet.

Die angewandte Methodik ähnelt dabei den einschlägig in der Literatur beschriebenen Nutzwertanalysen, in der Feinausprägung auch den (operationellen) Risikoidentifikations- oder auch Revisionsplanungssystemen. Das Vorgehen soll dabei die Transparenz der Entscheidung sicherstellen. Dabei werden im Rahmen der Projektarbeit alle Einstufungskriterien und Argumente durchdiskutiert, auch um zu einem einheitlichen Verständnis der Kriterien und in der Folge zu einer gemeinsamen Einschätzung von Risiken zu gelangen. Daher werden „spontane Bauchentscheidungen" zur Fraud-Anfälligkeit von (Teil-)Prozessen vermieden.

Unterschiede zur klassischen Risikoanalyse ergeben sich in der Anwendung von Risikoindikatoren, die sich bei der Gefährdungsanalyse auf fraudtypische Aspekte und Sichtweisen konzentrieren.

Beispielhaft ist der Indikator „Geldnähe der Prozesse" zu nennen. In der Analyse ist von Wichtigkeit, wie schnell interne oder externe Personen im Rahmen der Prozessabwicklung an Geld oder geldähnliche Zahlungs- oder Warenströme[19] gelangen können. Um eine einheitliche Kommunikationsbasis zu schaffen, reicht es nicht aus, im Rahmen von Einschätzungen lediglich eine Kennziffernmethodik (z.B. mit Buchstaben von A bis C oder Zahlen von 1 bis 6) den im (Self-)Assessment-Prozess involvierten Fachbereichen aufzugeben. Vielmehr sollte sowohl eine ausführliche Beschreibung der ausgewählten Risikoindikatoren als auch eine prägnante Zusammenfassung der Score-Werte direkt an der „Eingabezelle" in den entsprechenden Tools erfolgen, mit denen der Befragungsprozess technisch unterstützt wird.

Die Score-Werte sind in dem in Abbildung 4 dargestellten Beispiel kalibrierbar und sollten nach Branche und Unternehmen individuell eingestellt werden; insbesondere sind die Gewichtungen der einzelnen Faktoren jeweils dem Unternehmen individuell anzupassen und zu testen. Weitere (aus einer bekannten Menge von ca. 20 einsetzbaren) Indikatoren könnten beispielsweise die Qualität des IKS, der Ausbildungsstand des eingesetzten Personals oder der Automatisierungsgrad von Prozessen sein.

---

[19]   Das Risiko bei Waren liegt beispielsweise im Verkauf über Internetplattformen.

Abbildung 5: Beispiel einer standardisierten Antwortmöglichkeit auf Basis von MS Excel®

Prozess	Teilprozess	Geldnähe der Prozesse	
Einkauf	Material	Es werden erhebliche Geldmittel bewegt	6
Einkauf	Dienstleistungen	durchschnittliche Menge, eher hoch	4
Einkauf	Wenige Geldmittel im Prozess / durchschnittliche Menge, eher niedrig / durchschnittliche Menge, eher hoch		4
Einkauf	Es werden überdurchschnittlich Geldmittel bewe / Es werden erhebliche Geldmittel bewegt / Frage kann ich nicht beantworten / Bitte beantworten Sie die Frage 01		2

Inwieweit die Skalierung anschließend mit Gewichtungsfaktoren versehen wird, ist sicherlich eine Frage der Umsetzung im Projekt. Einerseits bieten derartige Skalierungen nochmals die Möglichkeit der Feinjustierung der Ergebnisse (Beispiel: Faktor 1 fließt mit 15% mehr Gewichtung in das Endergebnis ein als Faktor 2, dieser aber mit 5% mehr als Faktor 3). Andererseits sollte man nicht verkennen, dass derartige Systeme ohnehin immer die subjektive Einschätzung sowie persönliche Erfahrung und somit auch in einem gewissen Umfang das Bauchgefühl des die Bewertung Vornehmenden abbilden, so dass ggf. notwendige oder sinnvolle Gewichtungen durchaus auch bereits in die Punktebewertung mit einfließen können. Es ist unbedingt zu vermeiden, eine gefühlte Scheingenauigkeit und ein pseudo-mathematisch-messbares Verfahren zu erzeugen. Derartige Instrumente sind auf der einen Seite immer bewusst unscharf, auf der anderen Seite sollen sie aber auch bewusst und gewollt die Bauchmeinung für Dritte dokumentieren (z.B. für Abschlussprüfer oder Aufsichtsbehörden). Wesentlich ist, die gewählte Methode bzw. Vorgehensweise sorgfältig und für Dritte nachvollziehbar zu beschreiben und diese auch konstant anzuwenden.

Ebenso wird häufig diskutiert, in welcher Tiefe die Antwortmöglichkeiten vorliegen sollen. Eine gerade Zahl zwingt grundsätzlich zu einer Bewertung abseits der Mitte, eine A-B-C-Analyse ist sicherlich nicht tiefgehend genug, fünf Indikatoren wurden im Rahmen von Risikomanagement in der Vergangenheit häufig eingesetzt. Das in der vorstehenden Abbildung 5 dargestellte Beispiel setzt daher bewusst auf insgesamt sechs Antwortmöglichkeiten auf, wenngleich die Beschreibung von vier Antwortmöglichkeiten häufig von der Wortwahl her leichter umsetzbar ist.

Im weiteren Projektfortschritt muss die Frage gestellt werden, auf welchen Ebenen eine derartige Analyse durchgeführt wird. Eine direkte Sicht auf 200-300 Teilprozesse ist ebenso wenig hilfreich wie ein Kurzcheck über eine Metaprozessebene. Insofern wird es vom jeweiligen Unternehmen abhängen, inwieweit qualitative Risikoanalyseinstrumente mit den weiteren Methoden (quantitative Analysen und Analysen auf Basis von Vorgehensmustern) sinnvoll ergänzt werden können und müssen. Ein sinnvoller Umgang mit dem Instrument der Gefährdungsanalyse setzt auf ein mehrstufiges Vorgehen im Rahmen einer mehrjährigen Planung, um die fraudgefährdeten Bereiche immer tiefer analytisch zu durchleuchten und transparent zu machen. Im Rahmen von Jahr 1 könnten so beispielsweise eine Grobanalyse auf Basis von 60-80 (vorselektierten) Teilprozessen der ersten und zweiten Ebene stehen, ergänzt um eine tiefergehende Analyse der fünf als hochgradig fraudgefährdet identifizierten (Teil-)Prozesse.

Ziel muss es sein, analog einer mehrjährigen Planung der Internen Revision, eine permanente Einschätzung über die Fraud-Gefährdungspotenziale der einzelnen Teilprozesse zu erhalten und diese Einschätzung immer wieder neuen, zusätzlichen oder veränderten Vorgehensmustern anzupassen. Die Ergebnisse der Gefährdungsanalyse sind entsprechend auch in der Prüfungsplanung der Revision zu würdigen.

6.5.2 Qualitative Analysen der Fraud-Awareness (Führungsqualität)

Inwieweit der „Tone from the Top" im Unternehmen auch tatsächlich umgesetzt wird, lässt sich nur schwer messen. Indikatoren für die allgemeine Stimmungslage sind sicherlich personalwirtschaftliche Instrumente, welche die Qualität des Arbeitgebers messen sollen.[20]

Ähnliche Methoden der Fragebogentechnik kann man sich bei der Bewertung der „gefühlten" Führungskultur zu Nutze machen. Ausgehend von dem Thema „Motivation/Anreiz" der Fraud-Pyramide ist natürlich die Qualität der Führung ein nicht zu unterschätzender Aspekt der Fraud-Prävention. Von daher dienen Instrumente wie die Matrix im nachstehend dargestellten Excel-Sheet zur Befragung von Führungskräften einer Messung derartiger Führungskulturen.

---

[20] Vgl. Auffassung des Institutes Great Place to Work: „Die Arbeit des Instituts folgt der grundsätzlichen Erkenntnis, dass eine attraktive Arbeitsplatzkultur das Engagement der Beschäftigten und damit den Unternehmenserfolg nachhaltig fördern. Zudem haben attraktive Arbeitgeber auf dem Personalmarkt größere Chancen und können Mitarbeiter mit Schlüsselqualifikationen besser an sich binden." (www.greatplacetowork.de, Abruf 23.06.2011).

Abbildung 6: Matrix zur Messung der Fraud-Awareness (Führungsqualität) in operativen Bereichen

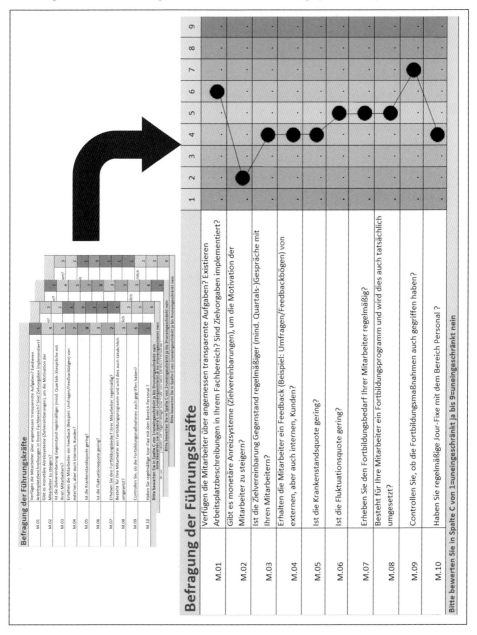

Der Einsatz ist allerdings nicht ganz unproblematisch, von daher ist hier Fingerspitzengefühl insbesondere bei der Vorstellung durch das Top-Management erforderlich. Gleiches gilt allerdings auch bei der Rückspiegelung der Ergebnisse an die erste Führungsebene. Es bedarf an der Stelle unbedingt einer Aggregation, um die Vertraulichkeit der Ergebnisse sicherzustellen. Inwieweit die Ergebnisse neutral genug erhoben werden können, bleibt sicherlich dem Kommunikationsgeschick des Projektteams überlassen. Vertrauensvolle Einzelgespräche auf Augenhöhe sind der Grundstein zur Basis des Erfolges.

6.5.3 Qualitative unstrukturierte Analysen (Expertenschätzung)

Gute Erfolge erzielt man auch mit unstrukturierten Interviews oder unstrukturierten Fraud-Risk-Workshops, welche unter dem Leitsatz durchgeführt werden, die Möglichkeiten von wirtschaftskriminellen Handlungen in dem jeweiligen operativen Bereich vollständig zu durchdringen. Die reine Anwendung dieser Methode alleine ist sicherlich nicht ausreichend. Der Erfolg eines derartigen Vorgehens – z.B. in Form eines Brainstorming im Rahmen eines Fraud-Risk-Workshops – hängt bei der Methode sehr stark vom Fachwissen und der Kreativität der beteiligten Personen ab, um in einem derartigen Brainstorming Erfolge zu erzielen. Im Wesentlichen sollen die Befragten (Führungskräfte) von einem erfahrenen Moderator mit entsprechenden Fachkenntnissen dahin „gelenkt" werden, sich mögliche Fraud-Szenarien innerhalb ihres Verantwortungsbereiches vorzustellen.

Die Methode kann noch verknüpft werden mit der Expertenmeinung des Interviewers, der – bei einer übergreifenden Teil- oder Gesamtprojektsicht – durchaus in der Lage ist, die einzelnen operativen Bereiche mit einem Ranking oder Score-Wert zu versehen.

Die Ergebnisse sollten in einer Struktur analog Mind-Mapping dokumentiert werden und als Basis für weitergehende Analyse dienen können.

Abbildung 7: Ergebnisdokumentation eines Fraud-Risk-Workshops mit Führungskräften mittels Mind-Mapping

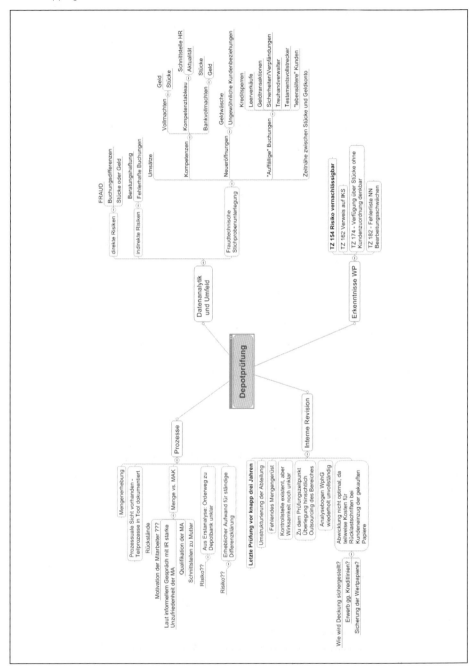

6.5.4 Quantitative Analysen

Im Rahmen von quantitativen Analysen ist die operative Auswertung von Unternehmensdaten das adäquate Mittel. Es gilt abzuschätzen, inwieweit eine Sichtung des Datenmaterials bereits bei der Ersterstellung der Gefährdungsanalyse sinnvoll ist. Im Normalfall dürften in den Unternehmen bisher kaum fraudspezifische Analysen erstellt worden sein. Auch die regelmäßig in Kreditinstituten vorhandenen Schadensfalldatenbanken bilden häufig nur unzureichend die bisher eingetretenen Schäden ab. Insbesondere in Unternehmen, in denen aufgrund der Größenstruktur und der Anzahl der Mitarbeiter immer wieder mit Schäden gerechnet werden muss, sind die Informationen darüber nicht – wie eigentlich sinnvoll und notwendig – in der für operationelle Risiken zuständigen Organisationseinheit gebündelt, sondern häufig verstreut in unterschiedlichen Fachbereichen vorhanden. In die Thematik „wirtschaftskrimineller Handlungen" insbesondere durch eigene Mitarbeiter wurde in der Vergangenheit oftmals nur ein sehr kleiner Kreis von Mitarbeitern bzw. Führungskräften eingebunden. Dies hatte zur Folge, dass im Rahmen der Ersterstellung der Gefährdungsanalyse zunächst einmal ein Gesamtüberblick herzustellen war und einzelne Verantwortungsträger im Rahmen dieses Prozesses erstmals von Sachverhalten Kenntnis erhielten.

Grundsätzlich gelten für datentechnische Analysen die gleichen Regeln wie im späteren Verlauf des PDCA-Zyklus (Plan-Do-Check-Act) bei der Datenanalytik von Prozessen.[21] An dieser Stelle wird die Informationstechnologie dazu benutzt, die im Rahmen der qualitativen Analyse festgestellten Risikoeinschätzungen in gewisser Weise qualitätszusichern. Es geht dabei darum, die gewonnenen Erkenntnisse durch Zählungen und Messungen der Teilprozesse auch auf die vollständige Erfassung der Teilprozesse in der qualitativen Analyse zu testen. Dabei werden (monetäre) Werte – wie die Geldmengen, Anzahl der durchgelaufenen Stücke, Aufträge, Produkte etc. – erhoben, um eine Verifizierung der qualitativen Teilprozessmengen zu erreichen. Die gewonnenen Erkenntnisse von IT-Architektur bis Datenbanken, von Ansprechpartner der IT bis zu den jeweiligen Befindlichkeiten dieser Mitarbeiter (beispielsweise mit der Herausgabe von Datenzugängen) bilden eine sinnvolle Grundlage, um die kontinuierliche Überwachung gegen Wirtschaftskriminalität[22] sicherzustellen.

6.5.5 Analyse auf Basis konkreter Fraud-Muster

Ein wesentlich tiefergehender Ansatz ist es, derartige Analysen anhand von Sammlungen der Vorgehensmuster (Modi Operandi) der Täter durchzuführen. Es ist dabei nicht von

---

[21] Vgl. den Beitrag von Jackmuth zu Datenanalytik.

[22] Vgl. hierzu ausführlich den Beitrag von Jackmuth zu Datenanalytik, speziell: CCM – Control Continuous Monitoring.

Belang, in welchen Prozessen die Taten letztendlich angewandt worden sind, sondern das Ziel ist, die Vorgehensmuster hinsichtlich ihres Auftretens in der eigenen Organisation zu bewerten bzw. ggf. auch zu testen.

Ein derartiges Vorgehen setzt voraus, dass im Rahmen der Analyse genügende Fraud-Fälle und Muster zur Verfügung stehen, um diese gegen die Organisation und das IKS zu testen. Im Rahmen von Brainstormingprozessen werden derartige Fälle mit den Projekt-beteiligten erarbeitet sowie die Möglichkeiten bewertet, wie und in welchem Umfang diese auch in der eigenen Unternehmensorganisation auftreten können.

Dabei sind Detailkenntnisse der jeweiligen Branche und der speziellen Produkte uner-lässlich. Im Weiteren können diese Fälle – soweit die operativen Prozesse durch IT unter-stützt sind – gut in ein kontinuierliches Fraud-Testing im Rahmen von Datenanalytik überführt werden, sofern die entsprechenden Teilprozesse und bearbeitenden Organisa-tionseinheiten im eigenen Unternehmen identifiziert werden können. An die Grenzen stoßen derartige weiterführende Systeme immer im Fall der kollusiven Handlungen von Mitarbeitern und Externen.

Als Beispiel sind nachstehend branchenneutral und auf abstrakter Ebene zwei (typische) Fraud-Muster genannt:

- Absprachen mit Externen (z.B. Lieferanten/Dienstleistern/Kunden): Absprachen eines Mitarbeiters mit Lieferanten, Dienstleistern oder Kunden (z.B. Firmenauswahl bei Baumaßnahmen bzw. Projekten) führen zur Vorteilsnahme (z.B. Provision) des Mitarbeiters und zu Verlusten für das Unternehmen, da ein günstigeres Angebot nicht angenommen und eine Dienstleistung oder ein Produkt zu teuer eingekauft wird.

- Diebstahl von vertraulichen Daten durch Mitarbeiter: Ein Mitarbeiter oder Externer verschafft sich Datenabzüge von vertraulichen Daten (z.B. auch im Zusammenhang mit Projektarbeit) und gibt diese an Dritte weiter. Dadurch wird der Datenschutz nicht eingehalten oder das Unternehmen kann wichtige Geschäfte mit den geplanten Kosten nicht mehr durchführen, bzw. wird von Mitbewerbern unterboten. Das Unternehmen muss Bußgelder/Schadensersatz zahlen oder hat deutlich höhere Kos-ten zu tragen.

Derartige Fraud-Muster können z.B. in einer Matrix strukturiert dargestellt und bewer-tet werden (vgl. Abbildung 8). Einhergehend hiermit werden dabei auch die betroffenen Prozesse und die Kontrollmechanismen erfasst und ebenfalls bewertet, so dass letztlich für jedes Fraud-Muster als Ergebnis steht, ob die im Unternehmen vorhandenen Pro-zesse und Sicherungssysteme einen angemessenen Schutz gegen den betrachteten kon-kreten Fraud-Fall bieten oder ob Handlungsbedarf zur Verbesserung des Schutzes besteht.

Abbildung 8: Beispiel einer Risikomatrix auf der Ebene konkreter Fraud-Muster

Sach-/Fachgebiet und Beschreibung des Betrugsmusters und/oder des betrugs- gefährdeten (Teil-)Prozesses	Ein- tritts wahr- schein- lichkeit	Potenzielle Schadens- höhe je Einzelfall in Euro	Bewertung des Gefähr- dungs- potenzials	Betrof- fene Arbeits- abläufe	Vorhan- dene Siche- rungs- maßnah- men und Kontroll- mecha- nismen	Angemes- senheit Siche- rungs- system	Hand- lungs- bedarf
Einkauf							
Autobetrieb							

6.5.6 Berichterstattung

Bei der Erstellung der Gefährdungsanalyse müssen alle bereits erwähnten bzw. dargestellten Einflussfaktoren berücksichtigt und in angemessener Form abgebildet werden.
Zudem ist die gewählte Vorgehensweise für die Bewertung der Fraud-Risiken dezidiert
zu beschreiben. Hierzu eignet sich eine Aufteilung in einen allgemeinen Teil und einen
prozessspezifischen Teil.

Durch die gewählte Vorgehensweise und Darstellungsform muss auch eine vergleichsweise effiziente periodische Überprüfbarkeit auf Einzelprozessebene sichergestellt werden (idealerweise sollten lediglich Veränderungen zum Vorjahr identifiziert und angepasst bzw. bei Vorliegen neuer Erkenntnisse punktuelle Modifikationen in der
Bewertung vorzunehmen sein). Daneben muss die Dokumentation der Fortschreibung
der Gefährdungsanalyse lückenlos nachvollziehbar sein.

Allgemeiner Teil

Im allgemeinen Teil werden die grundsätzlichen (u.a. das geographische und infrastrukturelle Umfeld) und unternehmensspezifischen (u.a. Größe, Rechtsform, Geschäfts-
gebiet, Kunden- und Produktstruktur) Rahmenbedingungen und Besonderheiten strukturiert dargestellt und analysiert sowie die daraus resultierende standortspezifische
Gefährdungslage erarbeitet.

Informationen über die allgemeinen Rahmenbedingungen können insbesondere auch den jährlich neu erscheinenden Lagebildern des BKA bzw. der einzelnen LKAs sowie der FIU und der FATF entnommen werden.[23]

Ergänzend hierzu empfiehlt sich auch ein entsprechender und regelmäßiger Erfahrungsaustausch mit Vertretern anderer Unternehmen (regional-)spezifisch, branchenspezifisch sowie branchenübergreifend mit den jeweiligen Ermittlungsbehörden.

Prozessspezifischer Teil

Für den prozessspezifischen Teil eignet sich eine Matrix-/Tabellendarstellung auf der Basis eines zuvor festgelegten Risiko-Scoring-Modells. Dabei wird auf der Grundlage des zuvor im Rahmen des erstellten Kataloges von Fraud- bzw. Manipulationsmustern erarbeiteten Gefährdungspotenzials für jedes Fraud-Muster die Bewertung der Angemessenheit der vorhandenen Sicherungssysteme auf Einzelprozessebene vorgenommen.

Dabei wird die Angemessenheit – unter Berücksichtigung der zuvor erfolgten Einstufung des Gefährdungspotenzials, der aktuellen Arbeitsabläufe und der Qualität des vorhandenen Internen Kontrollsystems (IKS) – in die Kategorien

„angemessen" bzw. „nicht angemessen"

eingestuft. Gegebenenfalls kann auch noch eine dritte Kategorie

„angemessen mit Einschränkungen"

hinzugenommen werden. Wird die Angemessenheit des Sicherungssystems für einen Einzelprozess mit „nicht angemessen" (bzw. mit „angemessen mit Einschränkungen") bewertet, sind gegebenenfalls (zusätzliche) Sicherungsmaßnahmen erforderlich, die jeweils als „Handlungsbedarf" zu konkretisieren sind.

Die schriftliche Darstellung der Gefährdungsanalyse insgesamt sollte aus einer wenige Seiten umfassenden Managementzusammenfassung (einschließlich des Aufzeigens von grundsätzlichen/übergreifenden Handlungsbedarf) sowie den verschiedenen Detailanlagen bestehen, zu denen u.a. auch die beschriebene Risikomatrix gehört. Beispielhaft könnte eine Grobstruktur einer schriftlichen Gefährdungsanalyse wie in Abbildung 9 dargestellt aussehen.

---

[23] Vgl. Abschnitt 6.3.

Abbildung 9: Grobstruktur einer schriftlichen Gefährdungsanalyse

Hauptbericht (Managementzusammenfassung)	
Inhaltsverzeichnis der Anlagen	
Anlage I:	Ausgangslage, rechtliche Rahmenbedingungen, Vorgehensweise, wesentliche Ergebnisse, wesentliche Handlungsempfehlungen
Anlage II:	Allgemeiner Teil (Darstellung der allgemeinen und unternehmensspezifischen Rahmenbedingungen)
Anlage III:	Prozessspezifischer Teil (Darstellung des Gefährdungspotenzials auf Einzelprozessebene)
Anlage IV:	Graphische Darstellung der wesentlichen Einflussfaktoren einer Gefährdungsanalyse
Anlage V:	Graphische Darstellung des Fraud-Überwachungsrahmens eines Unternehmens

6.6   Phase 6: Umsetzung des verabschiedeten Handlungsbedarfs

Nach der Fertigstellung der Gefährdungsanalyse und der Vorlage bei der Geschäftsleitung ist über die Umsetzung des dort aufgezeigten Handlungsbedarfs zu entscheiden.

Die Implementierung von gegebenenfalls erforderlichen (zusätzlichen) Sicherungsmaßnahmen bzw. Kontrollmechanismen kann dabei an verschiedenen Stellen des unternehmensinternen Überwachungssystems, welches sich aus verschiedenen Komponenten zusammensetzt (Internes Kontrollsystem, Interne Revision, Überwachungsverantwortung der Führungskräfte[24]) und mit dem u.a. auch die einschlägigen gesetzlichen bzw. branchenspezifischen Auflagen (z.B. §§ 25a bzw. 25c Kreditwesengesetz (KWG) für Kreditinstitute) erfüllt werden, sinnvoll sein.

Die Umsetzung der von der Geschäftsleitung verabschiedeten Maßnahmen sollte zumindest durch das Projektteam noch koordiniert und begleitet werden.

Beispiele für einen möglichen Handlungsbedarf können sein:

- Bündelung aller Aktivitäten zur Verhinderung von Fraud und Implementierung eines Fraud-(Prevention-)Managers.

---

[24] Vgl. hierzu auch den Beitrag von Zawilla zu strategischen Komponenten im Fraud Management.

- Implementierung von zusätzlichen regelmäßigen, neutralen und zeitnahen nachgelagerten Kontrollen hinsichtlich der Recht- und Ordnungsmäßigkeit bestimmter Geschäftsvorfälle und von Buchungen/Transaktionen, die einen Vermögensabfluss für das Unternehmen bedingen und die bisher keiner bzw. nur einer unzureichenden Kontrolle unterliegen; dabei gegebenenfalls Bündelung dieser Prüfungstätigkeiten in einer neutralen Kontrollstelle bzw. beim Fraud-(Prevention-)Manager.

- Optimierung der Auswertungskriterien für den systemseitigen Research von auffälligen Geschäftsvorfällen, wie z.B.: doppelte Zahlungen, abweichende Zahlungen, auffällige Gutschriften, Absichern der Installation von Scheinkreditoren etc.

- Analyse der Prozesse auf (zusätzlich) zu installierende Kontrollen im Rahmen der Umsetzung des Gesetzes zur Modernisierung des Bilanzrechts (Bilanzrechtsmodernisierungsgesetz (BilMoG)); Beschreibung der Kontrollen, welche insbesondere im Einkaufsprozess die Möglichkeiten von betrügerischen Handlungen vermindern sollen, z.B. „Gutschriften künftig nur im System SAP® und ausschließlich im Vier-Augen-Prinzip vornehmen".

- Erstellung eines abteilungsübergreifenden Schadenfallmanagementleitfadens zur Optimierung der Vorgehensweise bei Schadens-/Deliktfällen, in dem insbesondere die (Primär-)Zuständigkeiten, Kommunikationswege, Informationsbeschaffung sowie Schnittstellen zwischen allen involvierten Stellen im Unternehmen geregelt werden, damit eine zeitnahe, effiziente und alle Aspekte berücksichtigende Bearbeitung derartiger Fälle sichergestellt ist.[25]

- Nachhaltige Sensibilisierung aller Mitarbeiter und insbesondere der Führungskräfte für (risiko-)auffällige Geschäftsvorfälle/Volumenausweitungen und Weiterentwicklung eines angemessenen Risikobewusstseins.

- Konsequente Vorgehensweise gegen unredliche bzw. auffällige Mitarbeiter, insbesondere auch im Hinblick auf die präventive/abschreckende (Signal-)Wirkung eines geradlinigen Handelns der Geschäftsleitung.

- Verbesserung/Optimierung des Einstellungsprozesses für neu in das Unternehmen eintretende Mitarbeiter.

6.7 Phase 7: Erstellung eines Projektabschlussberichtes

Nach Abschluss aller Projekttätigkeiten ist es sinnvoll, dass die Projektleitung über die erstellte Gefährdungsanalyse hinaus einen Projektabschlussbericht anfertigt.

---

[25] Vgl. hierzu ausführlich den Beitrag von Zawilla zur Vorgehensweise bei Sonderuntersuchungen.

Der Projektabschlussbericht erfolgt auf der Basis des während des Projektes permanent durchgeführten Projektcontrollings und sollte insbesondere Aussagen über die methodische Vorgehensweise, den benötigten Aufwand an Mitarbeiterkapazitäten sowie einen Ausblick über mögliche Optimierungspotenziale in der Vorgehensweise für die jährlich vorzunehmende Überprüfung der Ergebnisse der Gefährdungsanalyse beinhalten. Hierdurch können wichtige Erkenntnisse festgehalten werden, die bei der zukünftigen Durchführung von Risiko- und Gefährdungsanalyse sowohl in fachlicher als auch in methodischer Hinsicht zu berücksichtigen sind, um die Effizienz in der Vorgehensweise zu steigern und die Qualität insgesamt zu optimieren.

6.8 Phase 8: Durchführung einer Prüfung „Angemessenheit der Sicherungssysteme gegen Fraud"

Nach Abschluss aller Maßnahmen und Umsetzung des Handlungsbedarfs ist es sinnvoll, dass die Interne Revision im Rahmen einer Prüfung die Angemessenheit und Wirksamkeit der implementierten Sicherungssysteme zur Verhinderung von wirtschaftskriminellen Handlungen zeitnah bewertet, d.h. innerhalb der nächsten zwölf Monate nach Projektabschluss. Eine entsprechende Prüfung sollte auch bereits in der Revisionsjahresplanung für das entsprechende Jahr als Standardprüfung berücksichtigt werden.

Gleichzeitig ist die Prüfung auch ein Baustein im Fraud-PDCA-Zyklus und stellt innerhalb des Regelkreises einen Teil der Phase „Kontrolle und Bewertung des Fraud-Management-Systems" dar, mit der sichergestellt wird, dass das implementierte Fraud Prevention & Fraud Management-System regelmäßig überprüft, evaluiert und optimiert wird.[26]

Für Finanzdienstleistungsinstitute ist eine Prüfung durch die Interne Revision auch vor dem Hintergrund sinnvoll, als dass davon auszugehen ist, dass die Abschlussprüfer spätestens im Rahmen der Prüfung des Jahresabschlusses ebenfalls eine Einschätzung/ Bewertung der Angemessenheit der Sicherungssysteme zur Umsetzung des § 25c KWG vornehmen und in diesem Zusammenhang auch die Qualität der institutsinternen Gefährdungsanalyse prüfen werden.[27]

---

[26] Vgl. hierzu ausführlich die Beiträge von Jackmuth/de Lamboy/Zawilla zum ganzheitlichen Fraud Management und der Schlüsselfaktor Mensch sowie von Zawilla zu strategischen Komponenten im Fraud Management.

[27] Vgl. Art. 14 des Gesetzes zur Umsetzung der Zweiten E-Geld-Richtlinie – Anlage 6 zur PrüfbV.

7 Regelmäßige Überwachung – Vom Projekt zum Regelkreis

In Anlehnung an den Fraud-PDCA-Zyklus[28] ist es unabdingbar, dass die Erstellung einer Gefährdungsanalyse keine Einmalaktion bleibt. Es ist vielmehr – wie bereits mehrfach erwähnt – notwendig, die Gefährdungsanalyse regelmäßig zu evaluieren und ihre Ergebnisse zu überprüfen, damit in der Gefährdungsanalyse auch jeweils die aktuellen Fraud-Gefährdungspotenziale abgebildet werden, selbst wenn sich die Fraud-Risiken im Ganzen nicht signifikant verändern, sowie (zeitnah) notwendige Anpassungen der Fraud-Präventionsmaßnahmen vorgenommen werden können.

Die Methoden sollten verschiedene Ansätze beinhalten, auch wenn letztendlich der Faktor „Schätzung" (d.h. Expertenwissen und Erfahrung) nicht durch ausgefeilte Kennzahlensysteme ausgeblendet werden kann. Die einzusetzenden Methoden werden sich dann optimieren lassen, wenn das Unternehmen das Thema „Fraud" insgesamt als zu bewältigendes Risiko akzeptiert. Dies kann durch Methoden erreicht werden, die immer weiter in die Tiefe der Prozessanalytik vorstoßen, durch Ansätze, die bekannte Fraud-Muster gegen die Organisation testen, aber auch durch eine Sensibilisierung der Führungskräfte in Form von Assessments.

Der (optimale) Schutz der Vermögenswerte des Unternehmens sowie deren Kunden bzw. Partner kann durch eine verbesserte Transparenz und Risikosensibilität gegenüber auftretenden Fraud-Fällen und damit einem Übergang zur ganz bewussten Steuerung des Fraud-Risikos durch Sensibilisierung mittels präventiver Komponenten auch im Rahmen der Gefährdungsanalyse erreicht werden. Die wiederkehrende, regelmäßige Auseinandersetzung mit Gefährdungspotenzialen darf allerdings nicht zu einem Abstumpfen im Sinne von wiederkehrenden Fraud-Risk-Assessments mit gleichen Ergebnissen führen, sondern sollte genutzt werden, alle Mitarbeiter (und insbesondere die Führungskräfte) so zu sensibilisieren, dass die Gelegenheiten für Taten möglichst minimiert werden.

Es ist als selbstverständlich anzusehen, dass sich Veränderungen im Unternehmen (z.B. Positionierung/Strategie, Aufnahme neuer Unternehmen/Produkte/Dienstleistungen, neue Kundengruppen/Zielmärkte, organisatorische Änderungen bei den in die Leistungs-/Produktbearbeitung involvierten Bereichen/Abteilungen, Änderungen in der IT-Umgebung/Berechtigungen) sofort in der Gefährdungsanalyse niederschlagen sollten.

---

[28] Vgl. hierzu ausführlich die Beiträge von Jackmuth/de Lamboy/Zawilla zum ganzheitlichen Fraud Management und der Schlüsselfaktor Mensch sowie von Zawilla zu strategischen Komponenten im Fraud Management.

Alle diese Maßnahmen dienen selbstverständlich dazu, vom Zeitpunkt her möglichst „vor die Tat" zu kommen, um so intensiv präventiv zu wirken.

8 Fazit

Die Bekämpfung wirtschaftskrimineller Handlungen zu Lasten des Unternehmens ist ein wesentlicher Bestandteil eines wirksamen Risikomanagements eines Unternehmens. Eine unternehmensspezifische Gefährdungsanalyse zur Identifizierung und Bewertung von Fraud-Risiken bildet die wesentliche Grundlage für die Implementierung geeigneter und angemessener Fraud-Präventionsmaßnahmen.

Die (erstmalige) Erstellung einer alle Aspekte umfassenden unternehmensspezifischen Gefährdungsanalyse stellt eine komplexe Herausforderung dar, die am sinnvollsten durch Bündelung des methodischen und fachspezifischen Know-how in einem Projekt zu bewältigen ist.

Durch Einbindung verschiedener Stellen innerhalb des Unternehmens erhöht sich gleichzeitig auch die Akzeptanz für die Ergebnisse aus der Gefährdungsanalyse und den daraus gegebenenfalls resultierenden Handlungsbedarf.

Einführung in die Informationssicherheit

Timo Kob

1 Informationssicherheit und deren Schnittstellen im Unternehmen

1.1 Schnittstellen der verschiedenen Sicherheitsdisziplinen

Synchron zur ansteigenden Bedeutung der Informationssicherheit für Unternehmen steigt auch die Komplexität der hiermit verbundenen Aufgaben und Schnittstellen innerhalb des Unternehmens. Verstärkt wird diese Komplexität noch durch diverse Teildisziplinen und direkt angrenzende Themen.

Dieser Beitrag versucht eine Abgrenzung und definiert die zugehörigen Aufgaben. Zusätzlich wird beschrieben, wie sich die Sicherheit in ein unternehmensweites internes Kontrollsystem einbettet und wie unter dem Schlagwort Governance, Risk & Compliance (GRC) ein neues Gesamtbild entsteht.

Heutzutage wird in Unternehmen das Thema Sicherheit aus verschiedenen Blickwinkeln heraus betrachtet. Was im Englischen durch die Begriffe „Safety" und „Security" noch begrifflich zu trennen ist, wird im Deutschen unter der Überschrift „Sicherheit" oft miteinander vermischt. Es lohnt daher, am Anfang einige Begrifflichkeiten von einander zu trennen:

Seit den 1970er und 80er Jahren des letzten Jahrhunderts hat sich mit der steigenden Bedeutung der IT im Unternehmen das Thema IT-Sicherheit herauskristallisiert. Hierunter versteht man den Schutz elektronisch verarbeiteter Daten und der entsprechenden IT-Systeme zumindest in Bezug auf die Sicherheitskernziele Vertraulichkeit, Verfügbarkeit und Integrität. Teilweise werden auch erweiterte Sicherheitsziele wie Authentizität und Verbindlichkeit definiert, die sich meist aber durch die Maßnahmen zum Schutz der Kernziele miterreichen lassen.

Als problematisch hat sich hier die Einschränkung auf elektronisch verarbeitete Daten erwiesen, da der Schutz z.B. von auf Papier dokumentierten Informationen oder dem Wissen in den Köpfen der Mitarbeiter ausgeklammert wird. Aus diesem Grund hat sich in den letzten Jahren der Begriff der Informationssicherheit eingebürgert, der den Schutz aller Informationen unabhängig von der Speicherungs- und Verarbeitungsart umfasst.

Eine ähnliche Entwicklung hat sich bei der eng verwandten Disziplin des Notfallmanagements respektive der Kontinuitätsplanung ergeben. Früher wurde hierunter in erster Linie IT-Notfallmanagement verstanden, was durchaus als Teildisziplin der IT-Sicherheit (Abdeckung auf das Sicherheitsziel Verfügbarkeit) verstanden werden konnte.

So wie zuvor beschrieben die Information anstelle des IT-Systems in den Vordergrund getreten ist, ergab sich eine Verschiebung von der IT zum eigentlich zu schützenden Prozess. Auch begrifflich spiegelt sich dies in der Bezeichnung Business Continuity Management (BCM) wider. Da hier alle Auslöser eines Verfügbarkeitsausfalls – meist subsumiert in den Rubriken Personal, Infrastrukturen, IT und Dienstleister – betrachtet werden, wurde in vielen Fällen aus der Teildisziplin eine eigene Verantwortlichkeit, die aber im Bereich IT weiterhin eine starke Überschneidung hat.

Beiden Disziplinen gemein ist eine Schnittstelle zum Thema Gebäudesicherheit, da zumindest der Schutz der technischen Komponenten beherbergenden Räume (Zugangsschutz, Brandschutz etc.) auch in den Verantwortungsbereich der IT-Sicherheit – und erst recht der anderen o.g. Ausprägungen – fällt.

Auch zur personellen Sicherheit entwickeln sich verstärkt Schnittstellen. Stand hier bislang in erster Linie die persönliche Unversehrtheit der Mitarbeiter – in erster Linie der durch Position oder z.B. Arbeitsort exponierten Personen – im Mittelpunkt, gewinnt durch die gesteigerten Bedürfnisse des Know-how- und Informationsschutzes[1] hier auch die Informationssicherheit an Bedeutung. International agierende Konzerne binden so in Sicherheitsschulungen für reisende Mitarbeiter neben Themen des persönlichen Schutzes auch verstärkt Themen der Informationssicherheit ein. Dies beinhaltet u.a. Themen wie den Einsatz von IT in anderen Ländern oder wie in anderen Ländern Informationsabschöpfung statt findet.

Auch bezüglich des letzten hier zu nennenden Aspektes wachsen die Themen der Sicherheit weiter zusammen: Das BCM kümmert sich nicht nur um die Verhinderung von Ausfällen, sondern auch um das Management von eingetretenen Notfällen. Dies kann je nach Relevanz des Ausfalls bis zum Krisenmanagement inkl. Krisenstabsarbeit mit Vorstandseinbindung führen.[2] Betrachtet werden aus diesem Blickwinkel aber nur Verfügbarkeitsvorfälle, so dass sich in Unternehmen – wenn sie denn überhaupt diese Themen behandeln – oft Parallelstrukturen für Krisenmanagement gebildet haben, die auch für Themen wie Erpressungen, Entführungen, allgemeinen wirtschaftlichen oder die Reputation betreffende Krisensituationen zuständig sind. Immer stärker werden daher die Bestrebungen, alle diese Themen zu bündeln und als Corporate Security koordiniert zu steuern.

---

[1] Vgl. den Beitrag von Claaßen zu Wirtschaftsschutz gegen Wirtschaftsspionage.
[2] Vgl. auch den Beitrag von Bédé zu Krisenmanagement.

1.2 Abgrenzung zu anderen Disziplinen

Abzugrenzen hiervon sind die Arbeitssicherheit. Plakativ ausgedrückt kümmert sich die Arbeitssicherheit darum, dass ein Notausgang von innen nach außen nutzbar ist, während sich die oben beschriebenen Disziplinen um die Nicht-Nutzbarkeit von außen nach innen kümmern.

Ebenfalls nicht Bestandteil dieser Sicherheitsdisziplinen ist der Datenschutz, der gerade mit der IT-Sicherheit oft vermischt wird. Der Datenschutz kümmert sich ausschließlich um die Verhinderung des Missbrauchs personenbezogener Daten. Somit ist der Betrachtungsgegenstand signifikant eingeschränkt und in zentralen Punkten gesetzlich vorgegeben und nicht nur Eigeninteresse des Unternehmens. Durch diese Einschränkung fallen aber aus Unternehmenssicht besonders schützenswerte Informationen wie Patente, Unternehmenszahlen etc. nicht in das Tätigkeitsfeld des Datenschutzes. Entscheidender als diese unterschiedliche Abgrenzung des Betrachtungsgegenstandes sind aber die entstehenden Zielkonflikte, die dazu führen, dass diese Aufgaben im Unternehmen separiert betrachtet werden sollten. Der Datenschutz hat die Zielstellung, die Menge der personenbezogenen Daten zu reduzieren, die Informationssicherheit hat das Ziel, Missbrauch zu verhindern und wo nötig – ggf. in Zusammenarbeit mit dem Fraud Management – aufzuklären. Dieser Aufklärungsanspruch bedingt aber den Wunsch, z.B. möglichst viele Protokollierungen über Datenzugriffe etc. zu speichern, was den Zielen des Datenschutzbeauftragten diametral entgegenstehen kann.

2 Standardisierungen und Best Practices

Im Laufe der Zeit haben sich diverse nationale und internationale Standards für die Informationssicherheit ausgeprägt. International von zentraler Bedeutung ist der Standard ISO 27001, in Deutschland besitzt zusätzlich – und teilweise auch im deutschsprachigen Ausland – der IT-Grundschutz des Bundesamtes für Sicherheit in der Informationstechnik (BSI) eine hohe Praxisrelevanz.

Der Standard ISO 27001 spezifiziert die Anforderungen an ein Information-Security-Management-System (ISMS) über den gesamten Lebenszyklus von der Etablierung bis zur Optimierung. Eine Zertifizierung der eigenen Organisation nach diesem Standard ist möglich. Ergänzend hierzu gibt es weitere Standards wie den ISO 27002, der einen Leitfaden zur Umsetzung der im ISO 27001 genannten Anforderungen enthält oder den ISO 27005, der das Thema IS-Risikomanagement behandelt. Eine Zertifizierung ist nach beiden Standards nicht möglich, da es sich um Vorschläge und nicht um normative Vorgaben handelt. Insgesamt sind rund 30 Standards in der ISO-2700x-Familie geplant, die u.a. Konkretisierungen für spezifische Branchen und Technologien behandeln.

Allen Standards dieser Familie ist gemein, dass nicht konkrete Maßnahmen zur Absicherung einer bestimmten technischen Plattform vorgeschlagen werden, sondern ein organisatorischer Rahmen vorgegeben wird, innerhalb dessen technische Lösungen individuell geschaffen werden.

Historisch einen anderen Weg beschritt der IT-Grundschutz des BSI. 1994 ursprünglich als Hilfsmittel für Behörden zur konkreten Absicherung von technischen Systemen begonnen, wurde im Lauf der Jahre nicht nur der Adressatenkreis auch auf die Privatwirtschaft ausgedehnt, sondern auch der Inhalt immer umfassender. War zunächst der Fokus ausschließlich auf konkrete technische Maßnahmen gelegt worden, so ist seit einer Neuausrichtung 2005 auch eine vollständige Abdeckung des Managementrahmens enthalten.

Der IT-Grundschutz besteht aktuell aus vier Standards:

- BSI 100-1: Dieser Standard beschreibt die Anforderungen an ein Managementsystem, er ist inhaltlich kompatibel zum ISO 27001.

- BSI 100-2: Dieser Standard beschreibt das spezielle Vorgehensmodell des IT-Grundschutzes.

- BSI 100-3: Hier wird eine Methode der Risikoanalyse und des Risikomanagements beschrieben (vergleichbar aber nicht inhaltsgleich mit dem ISO 27005).

- BSI 100-4: Der jüngste Standard des BSI beschreibt ein Business-Continuity-Management-System.

Zusätzlich zu den Standards existieren die Grundschutzkataloge, die konkrete Hilfestellungen für technische Systeme geben. Diese werden jährlich ergänzt und aktualisiert.

Eine Grundschutzzertifizierung umfasst im Gegensatz zur ISO-27001-Zertifizierung also nicht nur das Managementsystem, sondern auch die detaillierte Umsetzung der Grundschutzkataloge.

Dieser größere Aufwand und der geringere internationale Bekanntheitsgrad führen dazu, dass viele Häuser sich eher auf den ISO 27001 verpflichten und die Grundschutzkataloge als optionale Hilfsmittel einsetzen. Es ist aber darauf hinzuweisen, dass die Aussagekraft eines Grundschutzzertifikats dementsprechend höher ist.

Zentraler Unterschied in der Vorgehensweise beider Standards ist der Umgang mit der Risikoanalyse. Während ISO 27001 zwingend eine Risikoanalyse verlangt, wird beim Grundschutz von der pauschalisierten Gefährdung ausgegangen, sprich die in den Katalogen genannten Maßnahmen sind unabhängig von einer bestimmten Risikolage umzusetzen. Wird für ein System ein hoher Schutzbedarf festgestellt, so ist dann eine Risiko-analyse durchzuführen, um ggf. weitergehende Maßnahmen zu ergänzen. Plakativ ausgedrückt ist also der Aufwand **vor** der Umsetzung der ersten Maßnahme bei ISO 27001 höher, dafür ist die Anzahl der umzusetzenden Maßnahmen meist niedriger respektive individueller steuerbar.

Eine grundsätzliche Aussage, welcher Standard besser geeignet ist, ist außer allgemeinen Kriterien (Internationalität vs. Akzeptanz bei deutschen Behörden) pauschal nicht mög-lich. Auch bei einer Entscheidung für den ISO 27001 ist der Rückgriff auf die Grund-schutzkataloge sinnvoll. Den unterschiedlichen Detaillierungsgrad zeigen zwei Zahlen deutlich auf: gut 100 Seiten der ISO 27001 stehen rund 4.500 Seiten auf Seiten des IT-Grundschutzes gegenüber.

Durch die Veröffentlichung von Kompatibilitätstabellen (Mappings) ist es aber sehr gut möglich, einerseits bei Fokussierung auf einen Standard eine Aussage über den Umset-zungsgrad gemäß des anderen Standards zu erhalten und andererseits konkretisierende Maßnahmen aus dem IT-Grundschutz zu den Anforderungen des ISO 27001 zu identi-fizieren.

Herzstück beider Standards ist die Orientierung am Qualitätszirkel von William Edwards Dehming (Plan-Do-Check-Act-Modell), den viele Unternehmen bereits vom Qualitätsmanagement nach ISO 9001 kennen.[3]

3 Zentrale Aufgaben des Sicherheitsmanagements

3.1 Sicherheitsvorgaben gestalten

Vor der Umsetzung von Sicherheitsmaßnahmen ist die Schaffung eines innerbetriebli-chen Regelungswerkes erforderlich. Analog zum typischen Rechtsrahmen existieren hier im Normalfall verschiedene Dokumentebenen, die sich in Bezug auf Konkretisierung und Lebensdauer voneinander abgrenzen. An erster Stelle steht die so genannte Informa-tion Security Policy (ISP),[4] die die grundsätzliche Bedeutung des Themas Sicherheit für das Unternehmen definiert. Es ist, um beim Vergleich mit juristischen Rechtsrahmen zu

---

[3] Dieser PDCA-Zirkel wird auch im Rahmen dieses Buches genutzt, um die Fraud-Manage-ment-Organisation darzustellen. Vgl. auch den Beitrag von Jackmuth/de Lamboy/Zawilla zu ganzheitlichem Fraud Management und dem Schlüsselfaktor Mensch.

[4] Teilweise sind auch andere Begriffe wie Sicherheitsleitlinie üblich.

verbleiben, die „Verfassung" für das Thema Security. Hier ist in erster Linie die Verantwortung des Top-Managements für das Thema zu regeln.[5]

Weiter konkretisiert wird die ISP in den Security Policies (vulgo den „Gesetzen"), welche die Vorgaben der ISP für die einzelnen Aspekte – aber nicht Technologien – konkretisieren. Hierzu gehören etwa die Definition von Vertraulichkeitsstufen, der Aufbau des Security-Managements, der Umgang mit E-Mail und Internet etc.

3.2 Entwicklung und Pflege der Sicherheitskonzepte

Konkrete technische Umsetzungen dieser Gesetze – analog zu Verordnungen im juristischen Kontext – werden meist in einer dritten Ebene, den Sicherheitskonzepten[6] definiert. Dieser höchste Konkretisierungsgrad in den Konzepten bedingt umgekehrt auch die geringste Lebensdauer, da dieser von Technologiezyklen bestimmt wird.

3.3 Konzeption und Umsetzung von Maßnahmen

Je nach Struktur des Information-Security-Managements erstellt es entweder nur die Vorgaben oder verantwortet auch die Umsetzung. Alternativ liegt die Umsetzung im IT-Bereich.

3.4 Schutzbedarfsfeststellung

Voraussetzung für eine effektive und effiziente Sicherung ist die Schutzbedarfsfeststellung. Idealerweise auf Basis der Geschäftsprozesse und der verarbeiteten Informationen wird der jeweilige Schutzbedarf in Bezug auf Vertraulichkeit, Verfügbarkeit und Integrität ermittelt und dieser dann auf Anwendungen, Systeme, Standorte etc. weitervererbt. Wird dies stringent durchgeführt, lässt sich an jeder Komponente des Hauses nicht nur feststellen, welchen Schutzbedarf sie hat, sprich welche Sicherungsmaßnahmen erforderlich sind, sondern auch, von wo dieser Schutzbedarf stammt. Die Schutzbedarfsfeststellung sorgt also nicht nur dafür, den wirksamsten Mitteleinsatz aufzuzeigen, sondern schafft auch eine enorme Transparenz der Zusammenhänge im Unternehmen und zeigt ggf. Widersprüche auf.

---

[5] Zur entsprechenden Fraud Management Policy, vgl. auch den Beitrag von Zawilla zu strategischen Komponenten.

[6] Auch hier gibt es unternehmensspezifisch andere Begriffe.

3.5 IT-Risikomanagement

Während die Schutzbedarfsanalyse das Thema Eintrittswahrscheinlichkeit ausklammert, wird diese im IT-Risikomanagement und den hier durchgeführten Analysen mitbetrachtet. Die Schutzbedarfsfeststellung ist somit auch eine Art Filter für das Risikomanagement, um hier die meist zeitaufwändigen Risikoanalysen konzentriert auf die schutzwürdigsten Assets zu konzentrieren. Das IT-Risikomanagement bildet auch die Schnittstelle zum Operations-Risk-Management und ist somit eine der wichtigsten Anbindungen zum „Rest" des Unternehmens. Neben der Durchführung der Risikoanalysen steht das Risikomonitoring im Zentrum der Tätigkeiten.

3.6 Monitoring und Security-Incident-Management

Neben der Schaffung neuer Sicherheitsmaßnahmen steht der Betrieb der bestehenden Maßnahmen im Fokus. Ein wichtiger Bestandteil ist das Monitoring. Dies beinhaltet sowohl die eigentlichen Sicherheitslösungen als auch sicherheitsrelevante Aspekte anderer Komponenten. So können etwa ungewöhnliche Veränderungen bei Antwortzeiten, Speicherbedarf oder ungewöhnliche Zugriffszeiten ebenfalls Hinweise auf Sicherheitsvorfälle sein. An diesem Punkt erfolgt die Übergabe an das Security-Incident-Management sowie ggf. auch an den Fraud Manager. Das Security-Incident-Management umfasst neben den Sofortreaktionen v.a. auch die Computer-Forensik, die die digitalen Spuren eines Vorfalls auswertet, um Tathergang und Täter zu ermitteln.[7] Hier besteht die engste Schnittstelle zwischen Security und Fraud Management. Wichtig ist aber, dass Computer-Forensik nicht erst nach einem Vorfall beginnt, sondern im Vorfeld, da nur bei entsprechender Vorbereitung z.B. die unbeabsichtigte Vernichtung von Spuren verhindert werden kann.

3.7 Auditierung

Auch wenn das Security-Management nicht die Aufgaben der Revision übernehmen kann und soll, so besteht doch ein wesentlicher Anteil der Aufgaben in der Auditierung. Dies umfasst die Prüfung der Korrektheit der Umsetzung technischer Vorgaben, des sicherheitsrelevanten Verhaltens der Mitarbeiter als auch die gebotene Qualität der Sicherheit von Dienstleistern.

---

[7] Vgl. auch den Beitrag von Becker zu IT-Forensik.

3.8 Reporting

Die Verantwortung für die Sicherheit liegt bei der Unternehmensleitung und ist nicht delegierbar. Die Umsetzung hingegen ist an das Information-Security-Management delegiert. Um dieser Trennung von Verantwortung und Umsetzung gerecht zu werden, bedarf es eines regelmäßigen Reportings des Security-Managements an den Vorstand. Information Security als Bestandteil des unternehmensweiten Risikomanagements beinhaltet recht wenige obligatorische Punkte, die eine Unternehmensleitung nicht sehenden Auges modifizieren oder negieren kann, in dem eine Risikoübernahme getätigt wird. Wichtig ist hier der Einschub „sehenden Auges", dies kann nur durch ein entsprechendes Reporting erreicht werden.

3.9 Schulung und Sensibilisierung

Oft vernachlässigt, aber von gleicher Relevanz wie der technische Schutz von Systemen ist die Schulung und Sensibilisierung von Mitarbeitern. Die zuvor erwähnten Richtlinien wenden sich zwar ebenfalls in Teilen an Mitarbeiter, stellen aber keine ausreichende Basis dar. Die üblichen flankierenden Maßnahmen reichen von Schulungsveranstaltungen über Beiträge in Mitarbeiterzeitungen bis hin zu aufwändigen Kampagnen mit Video- und Multimedia-Einsatz.

4 Informationssicherheit und interne Kontrollsysteme

Diverse Gesetze und Regularien verlangen von Unternehmen den Aufbau eines Internen Kontrollsystems (IKS). Dies kann man als Chance betrachten, die Informationssicherheit tiefer im Unternehmen zu verankern und mit anderen Disziplinen zu verbinden. Auch hierfür existieren Standards und Best Practices, spätestens seit Sarbanes-Oxley ist hier das Committee of Sponsoring Organizations of the Treadway Commission (COSO) als führend zu nennen, für IT-Aspekte ist CObIT (Control Objectives for Information and Related Technology) der Quasi-Standard. Hier werden die typischen generellen Ziele eines IKS definiert. Die vier zentralen Blickwinkel beinhalten, obwohl viel genereller auf das Gesamtunternehmen gerichtet, explizite Anforderungen an die Informationssicherheit und deren klassischen Sicherheitsziele:

- Regeleinhaltung (branchenspezifische Anforderungen, z.B. für Banken, Pharmabranche etc. oder Datenschutzaspekte);

- Vermögenssicherung (Vertraulichkeitsanforderungen für schützenwürdige Informationen);

- Funktionsfähigkeit und Wirtschaftlichkeit von Geschäftsprozessen (Verfügbarkeit von IT-Systemen als Basis der Geschäftsprozesse);

- Zuverlässigkeit von Informationen (Integritätsanforderungen).

Größere Anpassungsaufwände entstehen hier auf fachlicher Ebene größtenteils nur für Unternehmen, die ihre IT-Sicherheit immer noch stark technologieorientiert betrachten. Hier kann der Paradigmenwechsel hin zu einer geschäftsprozessorientierten Betrachtungsweise (und der hieraus abzuleitenden Schutzbedarfsfeststellung etc.) zu teilweise zeitaufwändigen Prozessschritten führen. Auch hierzu ist zu sagen, dass dieser Paradigmenwechsel sich nicht nur aus einer Anbindung an ein IKS ergibt, sondern sich durch die Evolution der IT-Sicherheit zur Informationssicherheit ergibt.

4.1 Blick nach innen

Die Integration in ein IKS zwingt Informationssicherheitsbeauftragte häufig zu einer Erweiterung der Blickrichtung bezüglich der potenziellen Angreifer. Auch wenn es seit Jahren eine Binsenweisheit ist, dass die anteilsmäßig größere Gefahr von Innentätern denn von außen droht, ist es immer noch an der Tagesordnung, dass der schweifende Blick nach potenziellen Angreifern – und somit auch die resultierenden Maßnahmen – eher über die Unternehmensgrenzen hinaus denn nach innen geht. Gerade durch die steigenden Anforderungen durch ein IKS aber auch durch die Verknüpfung mit Themen wie Fraud Management und (IT-)Governance entsteht hier der Zwang, auch die internen Schwachstellen verstärkt zu betrachten. Meist verläuft dieser Prozess in mehreren Phasen bzw. Reifegraden:

- Phase 1: IT-fokussierte Betrachtung der IT-Security;

- Phase 2: Informationssicherheit als direkter Mittler zwischen den Anforderungen der Fachbereiche und der IT;

- Phase 3: Synchronisation mit anderen „Befragern" der Fachbereiche (wie etwa Risk Management);

- Phase 4: Mehrstufige Kommunikationsketten: z.B. Governance, Compliance und Fraud Management definieren mit den Fachbereichen Anforderungen, die zusätzlich zu den direkten Fachbereichsanforderungen von der Informationssicherheit in konkrete IT-Anforderungen umzuwandeln sind.

Die meisten Unternehmen befinden sich heute bei der Umsetzung der Phase 2, sprich es kann begonnen werden, von „Informationssicherheit" statt „IT-Sicherheit" zu sprechen, das Vorgehen ist aber noch nicht im Haus synchronisiert. Der Schritt zu Phase 3 ist zwar von den Schnittstellen her je nach Unternehmensstruktur ggf. komplex, die Umsetzung aber meist eher unproblematisch.

Die nun in den ersten Häusern anstehende Phase 4 führt zu neuen Betrachtungsweisen für die Sicherheit. Im Idealfall gibt es die in der Aufzählung genannten „Mittler" wie etwa den Governance- oder Fraud Manager, die ihre Anforderungen aus dem Geschäft und den jeweiligen Regulatorien definieren und via Informationssicherheit mit der IT synchronisieren. Problematisch wird es, wenn es diese dedizierten Rollen nicht gibt (und geben soll) und im schlimmsten Fall auch diese Aufgaben, wie etwa die Wertung, Interpretation und Auswahl von nichttechnischen Gesetzesanforderungen und somit Anforderungen an das IKS, auf den Schultern der in der Realität meist doch eher technisch orientierten Informationssicherheitsbeauftragten landen. Diese – oft aus Kostengründen scheinbar erzwungene – Lösung führt quasi zwangsläufig zum Scheitern, da die Aufwände und die fachlichen Anforderungen unterschätzt werden. Aufgabe – allein schon aus Eigeninteresse – des Sicherheitsbeauftragten in dieser Phase ist es also, hier auf klaren Abgrenzungen und ggf. der Schaffung von den o.g. Mittlern zu bestehen, um mangelnde Qualität und Überlastung zu vermeiden.

Hier gilt es zu verdeutlichen, dass ein Security-Manager weder Fraud Manager noch Compliance- noch Governance-Manager sein kann – und hierfür unterdessen auch eigene Zertifizierungen und Ausbildungen existieren – und sich seine Tätigkeit auf die Zulieferung von Ergebnissen respektive die Aufnahme von spezifischen Anforderungen beziehen kann. Hier ist also im Management für eine Aufmerksamkeit bezüglich der Unterschiede zu sorgen, die negativen Konsequenzen von Entscheidungen mit ungenügenden Kenntnissen über die Aufgaben verschiedener Rollen sind immer noch in vielen Häusern in der Rollendopplung Datenschutz und IT-Sicherheit zu betrachten.

4.2   Vom Inselarchipel zum Kontinent „GRC"

Ist diese Aufgabe bestanden, so besteht die größte Herausforderung bei der Ausrichtung der IT- bzw. Informationssicherheit hin zu einer sinnvollen Unterstützung und Integration in ein IKS in der Integration der verschiedenen Prozesse und Organisationseinheiten der anderen relevanten Teilaspekte.

Als Zielbild kann hier der oft als Modethema verkannte Ansatz des integrierten Governance, Risk & Compliance-Managements (GRC) dienen. In der folgenden Grafik ist ein simplifiziertes GRC-System skizziert.

Abbildung 1: Beispielhaftes GRC-System

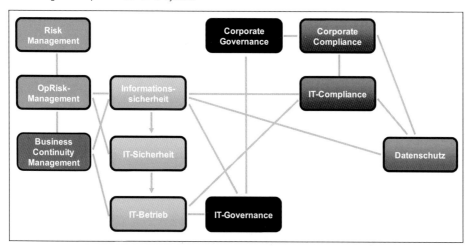

In der Praxis hat es sich hierzu bewährt, gemeinsam mit dem Wirtschaftsprüfer die Anforderungen an das IKS zu definieren und unabhängig davon, ob alle Aufgaben im Hause eigenständig etabliert sind, an diesem groben Schaubild die Aufgabenverteilung und Kommunikationswege abzubilden. Je nach Unternehmensspezifika kann und sollte dieses „Ökosystem" auch noch um weitere Aspekte wie Fraud Management oder Qualitätsmanagement ergänzt werden.[8]

Hieraus kristallisieren sich neu zu etablierende oder ggf. im Umfang zu erweiternde Schnittstellen heraus. Auch hier sollten die Sorgen, wegen ggf. neuer Herausforderungen seitens des Informationssicherheitsmanagers, aber nicht zu groß werden. In der Praxis ist ein Großteil der sich hieraus ergebenden neuen Fragestellungen bei vorher sorgsamer und prozessorientierter Zusammenarbeit mit den Fachbereichen ohnehin bereits behandelt und muss nur aus einem neuen Blickwinkel beantwortet werden.

Dies soll an einem Beispiel verdeutlicht werden. Wurde bisher in einer prozessorientierten Schutzbedarfsfeststellung ein hoher Schutzbedarf bezüglich der Integrität für die Bilanzdaten festgelegt, so ist die Frage des Compliance-Managers nach Erfüllung des „Radierverbotes" gemäß den Grundsätzen ordnungsgemäßer Buchführung (GoB) durch die sich aus dem hohen Schutzbedarf ergebenden integritätssichernden Maßnahmen bereits beantwortet.

---

[8] Vgl. auch den Beitrag von Zawilla zu strategischen Aspekten im Fraud Management.

Ziel sollte es sein, die unterschiedlichen Anforderungen aus Regulatorien, Standards etc. in ein eigenes Compliance Control Set umzusetzen. Auch wenn die Standards und Regulatorien jeweils unterschiedliche Blickwinkel besitzen, so können doch meist Fragestellungen verschiedener Werke durch eine gemeinsame Antwort (sprich Control) beantwortet werden, was Mehraufwände einsparen hilft.

5 Fazit

Dem ersten Paradigmenwechsel des Security-Managements vom „technischen Umsetzer" hin zum „Mittler zwischen Anforderer und Dienstleister", der das Thema Informationssicherheit zu einer gleichmäßig technisch und organisatorisch geprägten Aufgabe weiterentwickelte, folgt nun bereits der zweite große Change. Das neue Rollenprofil des „Integrators und Übersetzers multipler Anforderungen" entfernt sich immer weiter von den technischen Wurzeln und wird immer mehr zu einer strategischen Aufgabe. Vorteil dieser Entwicklung ist, dass Sicherheit hierdurch sich immer mehr aus der „Verhinderer"-Ecke herausbewegt und echte Mehrwerte zu schaffen hilft. Gerade steigende Compliance-Anforderungen spielen hier der Sicherheit in die Karten und lassen die Aufmerksamkeit und Akzeptanz in der Unternehmensleitung steigen. Dies wird aber nur ein langfristiger Effekt sein, wenn es dem Sicherheitsverantwortlichen gelingt, konsequent die Berührungspunkte zu anderen Themen und den hier durch ihn zu bietenden Mehrwert respektive Synergiepotenziale aufzuzeigen.

Wirtschaftsschutz gegen Wirtschaftsspionage und Know-how-Verlust am Beispiel des niedersächsischen Verfassungsschutzes

Uwe Claaßen

1 Der Verfassungsschutz am Beispiel der Behörde in Niedersachsen
1.1 Aufgaben und Strukturen des Verfassungsschutzes im Allgemeinen
1.2 Wirtschaftsschutz im Besonderen
   1.2.1 Definition Wirtschaftsspionage im Kontext von Wirtschaftskriminalität und in Abgrenzung zu anderen Deliktsformen
   1.2.2 Studien zur Wirtschaftskriminalität
   1.2.3 Ausspähungshandlungen und Methoden der Informationsbeschaffung
   1.2.3.1 Auswertung offener Quellen
   1.2.3.2 Gefährdungen auf Geschäftsreisen
   1.2.3.3 Gesprächsabschöpfung
   1.2.3.4 Teilnahme am Wirtschaftsleben
   1.2.3.5 Nutzung von Informationstechnik

2 Akteure im Bereich der Wirtschaftsspionage
2.1 Strukturen der jeweiligen Nachrichtendienste
   2.1.1 Russische Föderation
   2.1.2 China
   2.1.3 Westliche Dienste
2.2 Fallbeispiele
   2.2.1 Allgemeine Beispiele
   2.2.2 Der Tupperdosen-Fall
   2.2.3 Rolle des Innentäters oder die „Quelle im Objekt"

3 Handlungsempfehlungen für Unternehmen

4 Beratungs- und Hilfsangebot

1 Der Verfassungsschutz am Beispiel der Behörde in Niedersachsen

1.1 Aufgaben und Strukturen des Verfassungsschutzes im Allgemeinen

Wenn sich die folgende Abhandlung im Wesentlichen um das Thema Wirtschaftsspionage ranken wird, sollte der geneigte Leser seine Assoziationen zu „James Bond – Geheimagent 007" zurückstellen und sich unvoreingenommen und sachlich mit den dargestellten Inhalten auseinandersetzen. Insbesondere der verantwortliche Mitarbeiter in einem Anti-Fraud-Management-System könnte dabei den Verfassungsschutz – wahrscheinlich in einer erstmaligen Betrachtung – als einen wertvollen Netzwerk- und Ansprechpartner kennenlernen, der eigentlich wenig Übereinstimmung mit dem landläufigen Schlapphut-Image dieser Behörde aufweist.

Als einer von drei Nachrichtendiensten in Deutschland befasst sich der Verfassungsschutz in seinen Hauptaufgabengebieten mit der Inlandsaufklärung zu verfassungsfeindlichen und sicherheitsgefährdenden Bestrebungen, also der Beobachtung des politischen Extremismus und Terrorismus, sowie mit Spionageabwehr. Neben dem Verfassungsschutz agieren der Bundesnachrichtendienst (BND) mit Auslandsaufklärung und der Militärische Abschirmdienst (MAD) mit Aufklärung innerhalb der Bundeswehr.

Alle drei Nachrichtendienste haben gemein, dass sie über keine Zwangsbefugnisse verfügen, also keinerlei polizeiliche Eingriffsrechte haben. Damit wird dem verfassungsrechtlich verankerten Trennungsgebot von Polizei und Nachrichtendiensten entsprochen. Für den Verfassungsschutz ergibt sich damit eine ideale Rolle für die Kontakte mit Wirtschaftsunternehmen. Durch das fehlende Legalitätsprinzip müssen Kenntnisse über strafbare Handlungen nicht unbedingt an die Strafverfolgungsbehörden weitergeleitet werden.

Abbildung 1: Nachrichtendienste in der Bundesrepublik Deutschland

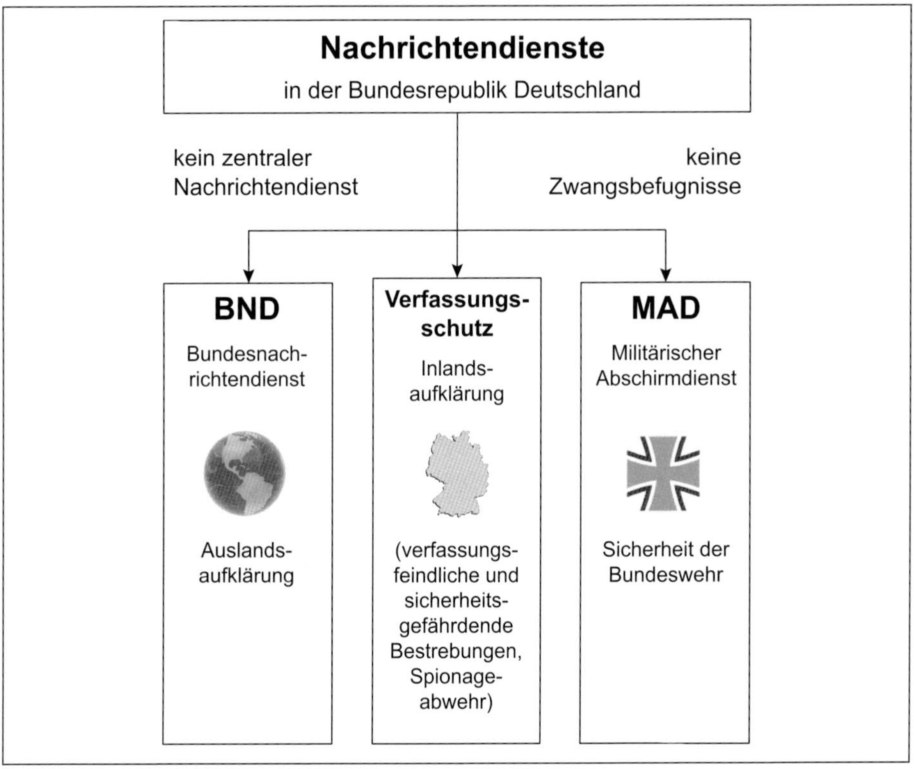

Es gibt in jedem Bundesland eine Verfassungsschutzbehörde sowie das Bundesamt für Verfassungsschutz (BfV) mit Sitz in Köln. Die Struktur dieser Behörden ergibt sich weitgehend aus ihrer Aufgabenstellung. Dabei gehört die Hälfte der Landesbehörden für Verfassungsschutz als Abteilungen ihren Innenministerien an – wie z.B. in Niedersachsen – die andere Hälfte sind eigenständige Landesämter für Verfassungsschutz.

Die Beobachtung des politischen Extremismus und Terrorismus sowie die Spionageabwehr wird als Frühwarnsystem des demokratischen Staates bezeichnet und mit Hilfe von nachrichtendienstlichen Mitteln, wie z.B. Observation und V-Person-Führung[1] durchgeführt. Die rechtlichen Grundlagen dafür sind im Wesentlichen in den jeweiligen Verfassungsschutzgesetzen dargelegt; in Niedersachsen sind die Hauptaufgaben im § 3 Niedersächsisches Verfassungsschutzgesetz (NVerfSchG) geregelt.

---

[1] V-Personen bezeichnet Verbindungs- oder Vertrauens-Personen, die als ständige Informanten eines Nachrichtendienstes, des Zolls oder der Polizei arbeiten.

Um einen guten Überblick über die Aufgaben, Befugnisse und Tätigkeiten der Verfassungsschutzbehörden zu bekommen, sind als Lektüre die jeweiligen Verfassungsschutzberichte des Bundes und der Länder zu empfehlen.[2]

1.2 Wirtschaftsschutz im Besonderen

„Unsere Industrie hat viel zu bieten – zu verlieren allerdings auch!"

Etwa seit dem Ende des vergangenen Jahrhunderts befindet sich das Thema Wirtschaftsspionage verstärkt in der öffentlichen Diskussion. Dies ist in erster Linie darauf zurückzuführen, dass mit dem Ende des Kalten Krieges und dem politischen Wandel in Europa auch eine Neuorientierung in der Wahrnehmung nachrichtendienstlicher Bedrohung gegeben war. Nachdem sich in den vorangegangenen Jahrzehnten Spionageschwerpunkte in der Politik, dem Militär und der Wissenschaft ausmachen ließen, waren nunmehr Anhaltspunkte zu erkennen, die auf verstärkte Spionageaktivitäten in Richtung der Wirtschaft Deutschlands hindeuteten. Der hohe Standard in den Bereichen Forschung und Technologie sowie die Leistungskraft der deutschen Wirtschaft verbunden mit einer wirtschaftlichen und politischen Brückenfunktion in Europa haben die Begehrlichkeiten fremder Nachrichtendienste an dem Know-how der deutschen Wirtschaft geweckt.

In gleichem Zuge konnte der Verfassungsschutz in Niedersachsen feststellen, dass die Unternehmen der niedersächsischen Wirtschaft – und hier besonders die kleinen und mittelständischen – kaum Sensibilität für das Thema Wirtschaftsspionage und Know-how-Verlust entwickelten. Während größere Unternehmen i.d.R. über funktionierende Sicherheitsstrukturen verfügten, herrschten bei kleinen und mittelständischen Firmen in dieser Hinsicht häufig unzureichende Bedingungen. Mit diesem Phänomen ging einher, dass bundesweit die Erkenntnislage der Sicherheitsbehörden zu den einschlägigen Deliktformen nicht befriedigend war.

In Kenntnis und Konsequenz dieser Lage wurden im Herbst 1999 die Grundlagen für die Einrichtung eines eigenständigen Arbeitsbereiches Wirtschaftsschutz beim niedersächsischen Verfassungsschutz geschaffen, der mit den Aufgaben des Geheimschutzes in der Wirtschaft[3] verknüpft worden ist. Durch eine entsprechende organisatorische Anbin-

---

[2] Der niedersächsische Bericht ist im Internet unter der Adresse www.verfassungsschutz.niedersachsen.de zu finden.

[3] Der Geheimschutz in der Wirtschaft umfasst sämtliche Maßnahmen, die Unternehmen bei der Bearbeitung amtlicher Verschlusssachen zu deren Schutz und Geheimhaltung im Zusammenhang mit staatlichen Aufträgen beachten müssen.

dung ist gewährleistet, dass die methodischen Erkenntnisse der Spionageabwehr für die Arbeit des Wirtschaftsschutzes genutzt werden können.

Der Wirtschaftsschutz hat das Ziel, mit den Unternehmen in Niedersachsen ein Vertrauensverhältnis zu pflegen und zwischen Wirtschaft und Verfassungsschutz einen Dialog zu führen. Dieser gegenseitige Informationsaustausch soll bewirken, dass

- in der Wirtschaft eine Sensibilität für Gefährdungen durch Wirtschaftsspionage und Konkurrenzausspähung besteht,

- die Wirtschaft den Verfassungsschutz als kompetenten Ansprechpartner für Sicherheitsfragen und -vorfälle ansieht,

- sich durch ein erhöhtes Hinweisaufkommen die Erkenntnislage des Verfassungsschutzes verbessert,

- Sicherheitsmaßnahmen in den Unternehmen initiiert werden,

- durch Prävention Schäden durch Wirtschaftsspionage und Konkurrenzausspähung reduziert werden.

Bei den Maßnahmen des Wirtschaftsschutzes ist klar definiert, dass letztlich die Unternehmen für ihre Sicherheit selbst verantwortlich sind und der Verfassungsschutz keine Interessenkollision mit der privaten Sicherheitswirtschaft anstrebt. Der Staat kann grundsätzlich der Wirtschaft nicht vorschreiben, wie sie sich zu schützen hat.

Der Wirtschaftsschutz sieht seine Daseinsberechtigung auch nach über zehn Jahren weiter als gegeben an und seine Aufgabenstellung als wichtigen Faktor bei der Bewältigung der Themen Unternehmenssicherheit und Informationsschutz. Einerseits müssen Wirtschaftsunternehmen fortlaufend über ihre Gefährdung durch Spionage und drohendem Know-how-Verlust aufgeklärt werden, andererseits brauchen die Firmen vertrauenswürdige Ansprechpartner, wenn sie Sicherheitsvorfälle zu verzeichnen haben, die sie alleine nicht bewältigen können.

Dass eine große Lücke zwischen den bekannten Wirtschaftsspionagefällen und den wahrscheinlichen Fallzahlen klafft, liegt vorwiegend an der mangelnden Kooperations- und Mitteilungsbereitschaft der Unternehmen mit bzw. gegenüber den Sicherheitsbehörden, weil sie Imageverluste befürchten, wenn solche Fälle der Öffentlichkeit bekannt würden.

Zudem hat so mancher Geschäftsführer erst während oder nach der Beratung durch den Wirtschaftsschutz Geschehnisse aus der Vergangenheit in den Zusammenhang mit Ausspähungsaktivitäten durch unberechtigte Dritte oder Verfehlungen von Mitarbeitern bringen können. Demzufolge kann unterstellt werden, dass ein großer Teil der genannten

Dunkelziffer aus Fällen besteht, die einem Unternehmen gar nicht zur Kenntnis gelangen, weil sie überhaupt nicht bemerkt werden. Dem Wirtschaftsschutz gelingt es zunehmend, dieses Dilemma zu überwinden, d. h. zwischen der Wirtschaft und diesem Arbeitsbereich der Verfassungsschutzbehörde bestehen vertrauensvolle Kontakte.

Unabhängig von den Maßnahmen, die im Bereich der geheimschutzbetreuten Unternehmen getroffen werden, richten sich die Wirtschaftsschutzmaßnahmen des niedersächsischen Verfassungsschutzes auf innovative und technologieorientierte Unternehmen, wobei die Zielgruppe hauptsächlich im Bereich des Mittelstandes angesiedelt ist, zumal auch hier die Ideen, die Entwicklungen, das Wissen und die Produkte aus diesem Wirtschaftsbereich mit die tragenden Säulen unserer Volkswirtschaft und damit interessante Zielobjekte für fremde Nachrichtendienste sind.

Eine bedeutungsvolle Aufgabe für den Wirtschaftsschutz ist die Mitwirkung in der Sicherheitspartnerschaft gegen Wirtschaftskriminalität in Niedersachsen, die am 06.11.2000 begründet wurde und mit den Vertragspartnern Niedersächsischer Industrie- und Handelskammertag, Niedersächsische IHK-Arbeitsgemeinschaft Hannover-Braunschweig, Verband für Sicherheit in der Wirtschaft Niedersachsen e. V., Vereinigung der Handwerkskammern Niedersachsen und dem Land Niedersachsen fortbesteht.

Um die Kontakte zur niedersächsischen Wirtschaft nachhaltig zu gestalten, veranstaltet der Wirtschaftsschutz so genannte Sicherheitstagungen. Diese Tagungen dienen als Informations- und Kommunikationsforen und vermitteln den Unternehmen aktuelle Lagebilder zur Wirtschaftsspionage und zum politischen Extremismus sowie Informationen zur IT-Sicherheit und anderen sicherheitsrelevanten Themen.

Als weitere Bausteine der Zusammenarbeit zwischen dem Wirtschaftsschutz und der niedersächsischen Wirtschaft zählen Messebesuche, aber auch die Präsenz auf einem Gemeinschaftsstand von Bund und Ländern auf der alle zwei Jahre stattfindenden Sicherheitsmesse „Security" in Essen.

Darüber hinaus versendet der Wirtschaftsschutz in unregelmäßigen Abständen mehrmals im Jahr an seine betreuten Unternehmen elektronische Newsletter mit aktuellen Informationen zu sicherheitsrelevanten Themen. Mit Publikationen, die als Flyer oder über die Homepage des niedersächsischen Verfassungsschutzes zu erhalten sind, wird das umfangreiche Informationsangebot für die Unternehmen abgerundet.

1.2.1 Definition Wirtschaftsspionage im Kontext von Wirtschaftskriminalität und in Abgrenzung zu anderen Deliktsformen

Während der Verfassungsschutz aus Gründen der Zuständigkeit eine begriffliche Differenzierung zwischen Wirtschaftsspionage und Konkurrenzausspähung vornehmen muss, ist es für Unternehmen im Grunde nicht von vordringlicher Bedeutung, wer für eine Ausspähungshandlung ursächlich verantwortlich ist. Hier ist relevant, welcher Schaden entstanden ist und wie er hätte verhindert werden können.

Wirtschaftsspionage ist die staatlich gelenkte oder gestützte, von fremden Nachrichtendiensten ausgehende Ausforschung von Wirtschaftsunternehmen und Betrieben. I.d.R. ist der § 99 Strafgesetzbuch (StGB) – Geheimdienstliche Agententätigkeit – tangiert.

Beispiel: Ein deutscher Ingenieur von Eurocopter verrät Details über das Hubschrauberprojekt an einen russischen SWR-Offizier.[4]

Konkurrenzausspähung oder auch Industriespionage bezeichnet die Ausforschung von konkurrierenden Unternehmen gegeneinander. Hier ist i.d.R. § 17 Gesetz über den unlauteren Wettbewerb (UWG) – Verrat von Betriebsgeheimnissen – berührt.

Beispiel: Ein Mitarbeiter eines Unternehmens verkauft Projektdaten an einen lokalen Wettbewerber.

Bei der Zusammenarbeit mit Sicherheitsbehörden in derartigen Fallbearbeitungen sind für Wirtschaftsspionage sowohl Polizei als auch Verfassungsschutz zuständig. Bei der Konkurrenzausspähung ist nur die Polizei zuständig. Der Verfassungsschutz kann nur dann Ermittlungen durchführen, wenn konkrete Anhaltspunkte für einen Verdacht nachrichtendienstlicher Aktivitäten gegeben sind.

1.2.2 Studien zur Wirtschaftskriminalität

Studien renommierter Wirtschaftsprüfungsgesellschaften, Universitäten oder Dienstleistungsunternehmen, die sich mit Wirtschaftskriminalität im Allgemeinen beschäftigen, bestätigen eine hohe Betroffenheit der Firmen auch im Bereich der Deliktform Industriespionage, wobei hiermit häufig sowohl die nachrichtendienstlichen Ausspähungsaktivitäten fremder Staaten als auch die Konkurrenzausspähung gemeint sind.

---

[4] SWR ist der russische Auslandnachrichtendienst Sluschba Wneschnei Raswedki.

Für die Sicherheitsbehörden haben diese Studien eine besondere Relevanz, da sie mitunter ein deutlicheres Bild der Betroffenheit in den untersuchten Deliktsbereichen abgeben können, als es die polizeiliche Kriminalstatistik angesichts einer hohen Dunkelziffer leisten kann.

Da die Studien i.d.R. auf Aussagen von Unternehmern basieren, die anonym befragt worden sind, kann den Firmen somit in der Prävention der „Spiegel vor das Gesicht" gehalten und damit der Wiedererkennungswert erhöht werden.

In den Grundaussagen sind die Studien weitgehend deckungsgleich und lauten verkürzt wie folgt:

1. Die Unternehmen sind etwa zu 50 % von Wirtschaftskriminalität betroffen, wobei die Industrie bei der (Wirtschafts-)Spionage einen bemerkenswerten Anteil hat.

2. Etwa die Hälfte der Täter sind eigene Mitarbeiter.

3. Es entstehen erhebliche Schäden – teilweise in Millionenhöhe – für die einzelnen Unternehmen.

Im Übrigen kursieren in der Öffentlichkeit Schadenssummen von 20-50 Mrd. EUR pro Jahr durch Wirtschaftsspionage und Konkurrenzausspähung für die gesamte deutsche Volkswirtschaft. Belegbar sind diese Zahlen allerdings nicht.

1.2.3 Ausspähungshandlungen und Methoden der Informationsbeschaffung

Zu den nachstehenden Problemstellungen werden in Abschnitt 3 dieses Beitrags Handlungsempfehlungen und Lösungsvorschläge beschrieben.

1.2.3.1 Auswertung offener Quellen

Ein wesentlicher Bestandteil nachrichtendienstlicher, aber auch professioneller krimineller Ausspähung ist die Auswertung offener Quellen. Es werden Zahlen in der Fachwelt genannt, die diesem Sektor etwa 80 % der gesamten Informationsbeschaffung zumessen.

Wenn die Möglichkeiten in diesem Bereich betrachtet werden, so sind diese Zahlen nicht unrealistisch; allein das Internet stellt ein Eldorado für professionelle Angreifer dar. Ist eine Zielperson oder ein Zielobjekt im Visier derartiger Interessenten, kann das Internet einen erheblichen Fundus an Informationen liefern, um einen Angriff auf Unternehmen vorzubereiten oder zu begleiten. In diesem Zusammenhang sind auch soziale Netzwerke wie Facebook, Xing oder StudiVZ zu nennen. Aber auch Diplomarbeiten, Forschungsberichte und Handbücher sind heutzutage öffentlich zugänglich und bieten exzellente Zugänge zu Firmen-Know-how und innovativen Projekten.

1.2.3.2 Gefährdungen auf Geschäftsreisen

Die Aufenthalte von Geschäftsreisenden im Ausland wecken Begehrlichkeiten der dortigen Nachrichtendienste, die in ihren Ländern den „Heimvorteil" zu nutzen wissen. Zunächst harmlos erscheinende Situationen werden für Einschüchterungs- und Erpressungsversuche missbraucht. Erschwerend kommt hinzu, dass bei Reisenden häufig Unkenntnis über geltende Gesetze, Befugnisse und kulturelle Spielregen herrscht. Allerdings begünstigen auch Blauäugigkeit und Naivität die Spionageaktivitäten im Ausland.

In bestimmten Ländern muss sich der Geschäftsreisende darüber im Klaren sein, dass er sich nicht in einem demokratischen Rechtsstaat befindet, sondern teilweise umfassende Rechte für dortige Nachrichtendienste bestehen, z.B. bei der Überwachung von Hotels und/oder Informations- und Kommunikationstechnologien.

1.2.3.3 Gesprächsabschöpfung

Das gekonnt oder gezielt geführte Gespräch bietet Nachrichtendienstangehörigen, Agenten oder anderen professionellen Angreifern ebenfalls die Möglichkeit der völlig unverfänglichen Informationsgewinnung. Ob an der Hotelbar, auf Messen, Symposien oder bei anderen Gesprächsgelegenheiten hat so mancher Gesprächspartner über Betriebsgeheimnisse oder andere wichtige Interna geplaudert, ohne es selbst wirklich zu merken oder gar zu wollen.[5] Aber manchmal muss gar kein Aufwand geleistet werden, bspw. wenn ein Angreifer nur einfach zuhört, wenn Geschäftleute bei Zugfahrten am Mobiltelefon sensible Informationen freizügig und lautstark dem ganzen Zugabteil mitteilen.

1.2.3.4 Teilnahme am Wirtschaftsleben

Die Wirtschaftsabläufe in global ausgerichteten Handelsstrukturen weisen Gesetzmäßigkeiten und Mechanismen auf, die ungewollte Informationsabflüsse begünstigen. Diese Umstände werden von Angreifern ausgenutzt. Ob das Joint Venture mit einem ausländischem Unternehmen, die internationale Firmenfusion oder sogar der komplette Firmenaufkauf: i.d.R. ist mit solchen Aktionen auch der Zuwachs an Know-how verbunden, das möglicherweise für die Weiterentwicklung des neu beteiligten Unternehmens gefehlt hat. In abgeschwächter Form kann eine derartige Know-how-Beschaffung auch nur durch die Bekundung eines Geschäftsinteresses oder die Aufforderung zu einer Angebotsabgabe stattfinden.

---

[5] Vgl. auch Beitrag von Bédé zu Social Engineering.

1.2.3.5   Nutzung von Informationstechnik

Ein großes Einfallstor für nachrichtendienstliche oder kriminelle Ausspähungsaktionen sind die Informations- und Kommunikationssysteme in den Unternehmen, die vor unbefugtem Eindringen nur unzureichend geschützt sind. Unverschlüsselte Verbindungen über Telefon, Telefax, Mobiltelefon oder E-Mail sind problemlos abhörbar. Elektronische EDV-Systeme oder Speichermedien sind offen wie ein Scheunentor. Die „Schwachstelle Mensch" ist dabei nicht selten die Ursache für einen ungewollten Informationsabfluss.[6] Gerade in kleinen und mittelständischen Unternehmen hat die IT-Sicherheit nur einen nachrangigen Stellenwert.

Für Sicherheitsbehörden werden Ermittlungen in Schadensfällen dadurch erschwert, dass elektronische Aufklärung durch externe Angreifer i.d.R. kaum oder keine Spuren hinterlässt.

2   Akteure im Bereich der Wirtschaftsspionage

Die meisten Erkenntnisse über Akteure im Bereich der Wirtschaftsspionage liegen den Verfassungsschutzbehörden zu den Ländern Russland und China vor, auf die im Folgenden deshalb auch näher eingegangen wird. Es ist jedoch eine Tatsache, dass die meisten Länder dieser Welt über leistungsfähige Nachrichtendienste verfügen, die sehr wahrscheinlich ebenfalls Wirtschaftsspionageinteressen verfolgen. Somit hat es keinen Sinn, als Unternehmen seine Sicherheitsmaßnahmen nur auf bestimmte Länder auszurichten. Der Ansatz für die Realisierung einer vernünftigen Sicherheitsstruktur sollte besonders bei global operierenden Firmen in der grundsätzlichen Errichtung eines Schutzwalls bestehen, der weltweit höchsten Sicherheitsanforderungen genügen kann.

2.1   Strukturen der jeweiligen Nachrichtendienste

2.1.1   Russische Föderation

Die Nachrichtendienste in der russischen Föderation genießen seit jeher eine starke Position in der dortigen Gesellschaft, wobei der dortige Inlandsnachrichtendienst FSB, insbesondere während der Präsidentschaft Putins, eine Machtfülle erhalten hat, die vergleichbar ist mit den Zeiten des ehemaligen KGB.

---

[6] Vgl. auch den Beitrag von Kob zu Informationssicherheit.

Dabei sind die dortigen Dienste sogar gesetzlich verpflichtet, Wirtschaftsspionage zu betreiben und damit die wirtschaftliche Entwicklung und den wissenschaftlich-technischen Fortschritt des Landes voranzutreiben (Bundesgesetz Nr. 5 der Russischen Föderation, Über die Auslandsaufklärung, vom 10.01.1996, § 5). Das kann bis zur Unterstützung einzelner Unternehmen führen.

In nachstehender Tabelle sind die wesentlichen Dienste im Einzelnen aufgeführt, die zusammen über mehrere hunderttausend Mitarbeiter verfügen.

Der Fernmeldeaufklärungsdienst FAPSI ist mittlerweile dem FSB unterstellt. Der Auslandsaufklärungsdienst SWR nutzt weltweit zu Spionagezwecken die diplomatischen Tarndienstposten der russischen Auslandsvertretungen, so auch in Deutschland.

Tabelle 1: Nachrichtendienste der russischen Föderation

Name	Aufgaben	Hauptamtliche Mitarbeiter
SWR	Ziviler Auslandsnachrichtendienst, insbesondere Wirtschafts- und Technologiespionage	ca. 13.000
GRU	Militärischer Auslandsnachrichtendienst; auch Informationssammlung aus Wissenschaft und Technik	ca. 12.000
FSB	Zivile und militärische Abwehr, Aufklärung und Gegenspionage, Aktivitäten auch im Wirtschaftsbereich	ca. 100.000
FAPSI	Abwehr- und Aufklärungsaufgaben insbesondere im Bereich der elektronischen Kommunikationsmittel schlechthin	ca. 80.000-120.000
FSO	Sicherheitsdienst für Funktionsträger und Einrichtungen des Staates	ca. 40.000
Verwaltung Aufklärung Grenztruppen (FPS)	Abwehr im Grenzbereich, Aufklärungsaufgaben in der jeweiligen in- und ausländischen Grenzregion	Verwaltung ca. 4.000 Grenztruppen (FPS) über 120.000

2.1.2 China

Neben dem zivilen Inlands- und Aufklärungsnachrichtendienst MSS verfügt China noch über einen militärischen Dienst (MID) und ein Department für elektronische (Fernmelde-)Aufklärung mit insgesamt etwa 1 Mio. Mitarbeitern. Die chinesische Aufklärung zeichnet sich durch eine sehr offensive Vorgehensweise aus und greift vornehmlich auf chinesische Landsleute zurück. So sind Auslandschinesen, ob Praktikanten, Studenten oder wissenschaftliche Mitarbeiter im Fokus der eigenen Dienste und werden bevorzugt zu Spionagezwecken eingesetzt. Mit großer Sorge werden in jüngster Zeit nicht nur in Deutschland chinesische Internetattacken beobachtet, die Schadsoftware enthalten und sowohl zur Spionage als auch zur Sabotage genutzt werden können.

2.1.3 Westliche Dienste

Zurzeit gibt es auf Seiten des Verfassungsschutzes keine Erkenntnisse, dass westliche Dienste in Deutschland flächendeckende Aufklärung bzw. gezielte Wirtschaftsspionage betreiben. Aber auch westliche Länder verfügen über schlagkräftige Nachrichtendienste, und es gibt Anhaltspunkte für einzelne Aktivitäten ohne Abstimmung mit deutschen Sicherheitsbehörden. Bemerkenswert sind darüber hinaus die Existenz einer École de guerre économique, einer Schule für Wirtschaftskrieg in Frankreich und die Möglichkeiten elektronischer Fernmeldeaufklärung, z.B. mittels des satellitengestützten Aufklärungssystems Echelon, unter Beteiligung der Länder USA, Großbritannien, Kanada, Australien und Neuseeland. Die Verfassungsschutzbehörden haben in jedem Falle ein wachsames Auge für entsprechende Aktivitäten und gehen jedem Verdachtshinweis nach.

2.2 Fallbeispiele

2.2.1 Allgemeine Beispiele

Dem niedersächsischen Verfassungsschutz ist in den letzten Jahren eine Vielzahl von Sachverhalten mitgeteilt worden, die allesamt einen Know-how-Verlust bei den Unternehmen zu verzeichnen hatten. Im Rahmen der Beweisführung konnte aber nicht die Frage beantwortet werden, ob jeweils Fälle der Wirtschaftsspionage bzw. Konkurrenzausspähung vorlagen.

An dieser Stelle soll ein Fall geschildert werden, der in diesem Zusammenhang exemplarische Wirkung aufweist:

Unbekannte Täter waren in einem niedersächsischen Hochtechnologieunternehmen über die Außenfassade des Firmengebäudes in einen Büroraum des 2. Obergeschosses geklettert und haben dort zwei Rechner gestohlen. Einer dieser Rechner hat nach Angaben des Geschäftsführers im Original Konstruktionspläne über eine Neuentwicklung des Unternehmens enthalten; auf der Festplatte des anderen Rechners hat sich die Sicherungskopie dieser Konstruktionspläne befunden. Es hat sich bei der Neuentwicklung um eine Maschine gehandelt, die auf dem Weltmarkt bahnbrechenden Charakter gehabt hätte. Zwei Konstrukteure waren zwei Jahre zuvor ausschließlich mit diesem Projekt beschäftigt, das kurz vor dem Abschluss stand.

Der durch diesen Diebstahl entstandene Schaden war – abgesehen von dem materiellen Umfang – nicht zu beziffern. In jedem Fall hätte das Unternehmen mit diesen Plänen sehr viel Geld verdienen können.

Bei diesem Diebstahl konnte von einem gezielten Vorgehen gesprochen werden, da in sämtlichen Büroräumen – auch im Erdgeschoss – ebenfalls Rechner und Monitore von nicht unerheblichem Wert standen. Somit hätten Diebe, die es nur auf die Hardware abgesehen hätten, sich nicht in das 2. Obergeschoss „bemühen" müssen; sie hätten sich auch im Erdgeschoss bedienen können. Die Inhalte der Festplatten der gestohlenen Rechner sind in den Händen von Insidern von großem Wert. Größter Konkurrent für das Unternehmen ist auf dem Weltmarkt die Russische Föderation. Der Geschäftsführer würde nicht ausschließen wollen, dass von dort der Einbruchsdiebstahl lanciert wurde und eventuell auch staatlich gelenkt war. Aber auch andere konkurrierende Unternehmen kommen als Auftraggeber für diese zielgerichtete Informationsbeschaffung in Frage. Die Detailkenntnisse der Täter sprachen in jedem Fall dafür, dass Informationen von innen, also von Mitarbeitern weitergegeben worden sind.

Einige andere Fälle haben chinesische Bezüge, waren aber in nachrichtendienstlicher Hinsicht ebenfalls nicht beweiskräftig recherchierbar. Hier eine Kurzdarstellung der Sachverhalte:

- Chinesische Praktikanten und Wissenschaftler entwickelten ungewöhnlich starkes Interesse an Produkten und Arbeitsabläufen. Teilweise kann von gezielten Informationsbeschaffungsmaßnahmen gesprochen werden, da in unzulässiger Weise elektronische Daten kopiert wurden;

- ein niedersächsischer Unternehmer aus der Pipelineindustrie stellte nach einem Joint Venture in China fest, dass seine Produkte kopiert und nachgebaut wurden;

- ein chinesischer Delegationsteilnehmer wurde bei dem Versuch ertappt, im Empfangsbereich der besuchten Firma einen USB-Stick in den dortigen Rechner zu stecken;

- ein Wissenschaftler aus dem Forschungsbereich eines niedersächsischen Rüstungsunternehmens, eine Kapazität auf seinem Gebiet, unterhielt eigenständige Kontakte nach China, teilweise ohne Wissen der Geschäftsleitung. Seine Geschäftsreisen wurden durch chinesische Geschäftspartner finanziert. Bei seinen wissenschaftlichen Kontakten will er die chinesische Seite abgeschöpft haben und nicht umgekehrt.

2.2.2 Der Tupperdosen-Fall

Dieser Ausspähungsfall bei einem niedersächsischen Unternehmen geschah mittels WLAN in professioneller Weise. Die Firma entwickelt Geräte, die im Bereich der Energieversorgung eingesetzt werden. Bei Bauarbeiten auf dem Gelände des mittelständischen

Unternehmens (700 Mitarbeiter) wurde ein W-LAN-Router gefunden, der mit dem Firmennetz verbunden und dazu geeignet war, Daten im Netz der Firma auszuspionieren. Das Unternehmen bezeichnet sich in seiner Branche als Marktführer und hat neben der Niederlassung in Niedersachsen seinen Hauptsitz in einem anderen EU-Land und weitere Standorte in anderen Ländern. Größter Konkurrent ist ein US-amerikanisches Unternehmen. Nennenswerte Konkurrenz gibt es noch in Japan mit ca. 10 % Marktanteil.

An einem Samstag wurde bei Erdarbeiten auf dem Firmengelände anlässlich einer Gebäudeerweiterung eine Tupperdose gefunden, die mit einem ca. 15 cm tief verlegten Kabel im Erdreich verbunden war. Der Finder hat unwissentlich dessen, was er gefunden hat, seinen Fund in der Nähe der Baustelle abgelegt. Am darauffolgenden Montagmorgen hat er den Fund in der Firma gemeldet. Zu diesem Zeitpunkt war die Tupperdose allerdings spurlos verschwunden. Das Kabel war mit einem im Empfangsbereich des Hauptgebäudes versteckten Switch verbunden, der wiederum eine Verbindung zu einer Netzwerksteckdose hatte. Die Tupperdose war mit einer dem Finder nicht bekannten technischen Einheit gefüllt, hatte eine Antenne und enthielt ein Akkupack. Aufgrund der Beschreibung der technischen Einrichtung und der Verbindung zum Netzwerk muss davon ausgegangen werden, dass es sich um einen W-LAN-Router gehandelt hat. Dieser W-LAN-Router war dazu geeignet, mittels Funkverbindung, aber aus der näheren Umgebung, auf das Firmennetzwerk zuzugreifen.

Der im Gebäude befindliche Switch war nicht von der Firma installiert worden. Dieses Gerät wurde von der Polizei sichergestellt. Allerdings handelt es sich um ein billiges Massenprodukt, so dass über die Seriennummer keine Erkenntnisse erzielt werden konnten. Durch Auswertung der *log files* konnten ebenfalls keine Erkenntnisse gewonnen werden, die den tatsächlichen Zugriff auf das Firmennetzwerk belegen. Es hätten aber entsprechend qualifizierte Hacker von *log files* unbemerkt im Netzwerk agiert haben können.

Des Weiteren wurde festgestellt, dass mit einer im Laufe des Jahres 2004 verschwundenen Gebäudezutrittskarte und einem im gleichen Zuge verschwundenen Schlüssel im Januar 2005 insgesamt viermal unberechtigt das Gebäude betreten wurde. Erst daraufhin wurde die Zutrittskarte deaktiviert und die Schließanlage ausgetauscht.

Das Unternehmen ist mit den anderen Standorten weltweit auf unterschiedlichste Weise vernetzt, so dass nicht nur Daten aus dem örtlichen Unternehmen ausgespäht worden sein könnten.

Nach den bisherigen Ermittlungen sind über den W-LAN-Router die technischen Voraussetzungen für einen Datenabfluss geschaffen worden. Eine Art Trojaner könnte in die Firmen-EDV implantiert worden sein, der dann bewirkt hat, dass jeglicher Datenverkehr in „verborgene" Postfächer geleitet wurde und diese Postfächer per E-Mail an einen weiteren Adressaten gelangten. Unter diesen Adressaten – und hier schließt sich der Kreis – waren auch IP-Adressen des entsprechenden chinesischen Industriezweigs.

Für weitere Ermittlungen wurde das Bundesamt für Sicherheit in der Informationstechnik (BSI) eingeschaltet. Das mehrere Terrabyte umfassende Firmennetzwerk machte jedoch einen beweiskräftigen Nachweis eines nachrichtendienstlichen Zusammenhangs unmöglich.

Auch die nachfolgenden Fälle sind typisch für die Betroffenheit von Unternehmen:

- erschreckend häufig Diebstähle von Speichermedien (Notebooks, USB-Sticks, Festplatten und Mobiltelefone) mit teilweise sehr sensiblem Firmenwissen (Verluste durch simples Liegenlassen dieser Gegenstände nicht einbezogen);

- offensichtlich gezielter Einbruch in ein Unternehmen und dabei Diebstahl von Knowhow zu modernster Niedrigenergietechnologie;

- Bewerbungen von Personen (auch Praktikanten) für sensible Unternehmensbereiche mit auffälliger Vita und teilweise nachrichtendienstlichem Anfangsverdacht;

- verdächtige Ansprachen von Geschäftsreisenden im Ausland mit offensichtlichem Interesse am Firmen-Know-how des Betroffenen;

- illegales Verwenden von Firmenwissen durch eigene Mitarbeiter für andere Unternehmen.

2.2.3 Rolle des Innentäters oder die „Quelle im Objekt"

Innentäter sind konspirativ auftretende Agenten im Zielobjekt und stellen die größte Gefahr für die Sicherheitsinteressen eines Unternehmens dar.[7] Die eigenen Mitarbeiter sind in Anbetracht ihrer legalen Zugangsmöglichkeiten und ihres Insider-Wissens über innerbetriebliche Schwachstellen in der Lage, mehr Vertrauliches zu verraten, als extern operierende Agenten fremder Nachrichtendienste je herausfinden könnten. Nachrichtendienste werden daher auch in Zukunft große Anstrengungen unternehmen, hochqualifizierte Fachleute für ihre Zwecke anzuwerben. Der zunehmende Wertewandel in der Gesellschaft – verbunden mit der Aufgabe des arbeitnehmerischen Loyalitätsgedankens – verleitet Unternehmensangehörige in weitaus stärkerem Maße als früher, sich von einem fremden Nachrichtendienst als Wirtschaftsspion anwerben zu lassen.

---

[7] Vgl. auch den Beitrag von Bédé zu Social Engineering.

Ein wichtiger Beitrag für die Informationssicherheit und den Know-how-Schutz in den Unternehmen ist daher die Zuverlässigkeit der Mitarbeiter. Die Bereitschaft, in dieser Hinsicht Verantwortung zu übernehmen, sollte bei allen Mitarbeitern gefördert werden. Die setzt eine entsprechende Personalpolitik bei der Einstellung wie bei der Personalführung voraus. Gerade in den sensiblen Bereichen der Unternehmen, dort wo die „Herzstücke" angesiedelt sind, müssen Sicherheitsaspekte zum Tragen kommen. Dies hat eine besondere Relevanz bei der Personalauswahl von zukünftigen Mitarbeitern in solchen Bereichen.[8]

Hier kommt es in erster Linie auf die Echtheit, Lückenlosigkeit und Schlüssigkeit der Bewerbungsunterlagen sowie den persönlichen Eindruck des Bewerbers an. Auch die wirtschaftliche Situation kann eine Rolle spielen. Moderne Erkenntnisse der Personaldiagnostik sollten bei der Personalakquisition Anwendung finden und dabei alle Möglichkeiten der Informationsbeschaffung ausgeschöpft werden. Im Zweifel sollte auch der Kontakt zu einer Sicherheitsbehörde aufgenommen werden, besonders wenn Anhaltspunkte für einen nachrichtendienstlich beeinflussten Lebenslauf oder sonstige Auffälligkeiten zu erkennen sind. Die Besetzung von Stellen in sicherheitskritischen Arbeitsbereichen sollte niemals ohne Beteiligung des Sicherheitsverantwortlichen erfolgen.

Präventiven Charakter hat es auch, wenn das Unternehmen durch entsprechende Passagen in Arbeitsverträgen und Betriebsvereinbarungen Sanktionen und haftungsrechtliche Bestimmungen bei unbefugter Nutzung sensibler Daten vereinbart, die Rückgabe betrieblicher Unterlagen beim Ausscheiden regelt und Geheimhaltungsklauseln von vornherein auf die Zeit nach dem Ende des Arbeitsverhältnisses ausdehnt.

Das Bewusstsein um den Menschen als Schwachstelle muss auch in der Unternehmensleitung vorhanden sein. Mitarbeiter dürfen nicht als Produktionsmittel gesehen werden. Die Art und Weise, wie Managemententscheidungen den Mitarbeitern vermittelt werden, ist entscheidend für deren innere Beziehung zum Unternehmen. Kann dabei ein Vertrauensverhältnis geschaffen werden, ist die elementare Voraussetzung für ein wirksames Informationsschutzkonzept erreicht.[9] Unterstützt wird dieses Vorgehen in jedem Fall durch die Sensibilisierung und Schulung der Mitarbeiter für Sicherheitsbelange im Unternehmen. Wichtig ist zudem, dass sich alle Mitarbeiter mit dem Sicherheitskonzept identifizieren und das firmeneigene Know-how als wichtigen Bestandteil eines gesicherten Arbeitsplatzes erkennen.

---

[8] Vgl. auch den Beitrag von Grieger-Langer zu Prävention im Personalmanagement.

[9] Vgl. auch des Beitrag von Jackmuth/de Lamboy/Zawilla zu ganzheitliches Fraud Management und der Schlüsselfaktor Mensch.

Folgende Merkmale können bei Mitarbeitern in sicherheitsmäßiger Hinsicht als auffällig gelten:[10]

- Frustration, Unzufriedenheit am Arbeitsplatz/im Beruf,

- besondere Neugier, auffälliger Arbeitseifer, nicht gerechtfertigtes Interesse an Unterlagen und Berechtigungen,

- Überqualifikation,

- Besitz/Nutzung von Spionagehilfsmitteln wie private Film-, Foto- und Textaufzeichnungsgeräte,

- auffällige und nicht plausible Verbesserung der finanziellen Situation, aufwändiger Lebensstil, Anzeichen für Bestechlichkeit,

- Anzeichen für Alkoholsucht, Drogenabhängigkeit oder Spielsucht,

- nicht eindeutig geklärter beruflicher Werdegang,

- abnehmende oder fehlende Identifizierung mit dem Unternehmen oder dessen Zielen,

- Auffälligkeiten im persönlichen Umfeld,

- dubiose Kontakte zu Vertretungen ausländischer Staaten oder Konkurrenzunternehmen,

- persönliche Verbindungen, Reisen, und Aufenthalte in Staaten mit besonderen Sicherheitsrisiken.

3 Handlungsempfehlungen für Unternehmen

Nach Auffassung des Verfassungsschutzes ist die wichtigste Maßnahme zum Schutz vor Wirtschaftsspionage und Konkurrenzausspähung, dass sich in den Unternehmen ein Sicherheitsbewusstsein bis hin zu einer Sicherheitsphilosophie entwickelt und von der Geschäftsführung getragen und vorgelebt wird. Dabei sollte nicht darauf gewartet werden, „bis das Kind in den Brunnen gefallen ist". Der Informationsschutz muss als unabdingbarer Bestandteil des unternehmerischen Handelns manifestiert sein. Bei aller notwendigen individuellen Betrachtung eines Unternehmens mit seinen spezifischen Problemstellungen lässt sich folgender nicht abschließender Maßnahmenkatalog als Handlungsempfehlung skizzieren:[11]

---

[10] Vgl. auch Beitrag von Zawilla zu Vorgehensweise bei Sonderuntersuchungen.

[11] Vgl. auch die Beiträge von Bédé zu Social Engineering und Kob zu Informationssicherheit.

- ganzheitliches Sicherheitskonzept, das alle Mitarbeiter- und Geschäftsbereiche erfasst sowie technische Maßnahmen berücksichtigt,

- Risiko- und Schwachstellenanalyse/Informationsinventur,

- Mitarbeiterschulungen und Sensibilisierungen der Kooperationspartner,

- Sicherheitsaspekte bei Personalgewinnung und Personalmanagement, auch bei der Beschäftigung von Praktikanten,

- Arbeitsverträge mit Wettbewerbsverboten und Geheimhaltungsklauseln,

- Sicherheitsanweisung speziell für Geschäftsreisen ins Ausland,

- Bestellung eines Sicherheitsverantwortlichen,

- konsequente Verfolgung und Aufarbeitung von Auffälligkeiten,

- umfassender Schutz der Informations- und Kommunikationssysteme,

- Vorsorge bei Netz- und Administratorausfällen,

- Sicherheitsaspekte bei Outsourcing/Arbeit mit Fremdfirmen,

- Regelung von Kontrollen und Sanktionen,

- Aufarbeitung von Sicherheitsvorfällen aus der Vergangenheit.

Sicherheitsmaßnahmen sollten einem ständigen Prozess unterliegen und vom Netzwerkgedanken getragen sein. Deshalb ist es notwendig, rechtzeitig und vertrauensvoll mit Spezialisten zusammenzuarbeiten, zu denen u.a. auch Sicherheitsbehörden gehören.

4 Beratungs- und Hilfsangebot

Etwa die Hälfte der Verfassungsschutzbehörden der Länder und das BfV verfügen über personell so starke Fachbereiche Wirtschaftsschutz, dass sie in intensiver Weise mit den Unternehmen zusammenarbeiten können. So auch der Wirtschaftsschutz in Niedersachsen, der sich den Schutz der niedersächsischen Wirtschaft vor Know-how-Verlusten und insbesondere die Aufklärung und Abwehr von Wirtschaftsspionage zum Ziel gesetzt hat. Das Dienstleitungsangebot besteht in kostenlosen Beratungen und Vorträgen sowie in der Hilfestellung und Zusammenarbeit bei Sicherheitsvorfällen. Dabei ist mittlerweile Erfahrung mit rund 600 betreuten Unternehmen in Niedersachsen vorhanden. Der Verfassungsschutz ist keine Strafverfolgungsbehörde und Hinweise werden absolut vertraulich bearbeitet.

Marken- und Produktpiraterie aus Sicht eines global tätigen Mittelständlers der Elektroindustrie

Sylke Roth

1 Einleitung

„Nicht überall, wo Sennheiser draufsteht, ist auch Sennheiser drin." Diese Erkenntnis musste so manches Mal Kunden mitgeteilt werden, die meist online ein Schnäppchen zu erwerben meinten. Letztlich hatten sie aber eine qualitativ schlechte Kopie erworben und waren somit Markenpiraten aufgesessen.

Das Phänomen der Marken- und Produktpiraterie betrifft längst nicht mehr nur die Branche der Luxusgüter wie Designerkleidung, Sonnenbrillen, Parfums, Uhren und Handtaschen, sondern zieht sich mittlerweile durch nahezu alle Branchen und betrifft auch Firmen, die gar keine Geschäftsbeziehungen zum Land haben, aus dem die Fälschungen kommen.

Die am 14.07.2011 veröffentlichte Statistik der Europäischen Kommission für 2010 zeigt, dass sich die Zahl mit ca. 80.000 der Beschlagnahmefälle gegenüber 2009 beinahe verdoppelt hat.[1]

Abbildung 1: Beschlagnahmefälle aufgrund Schutzrechtsverletzungen in der EU

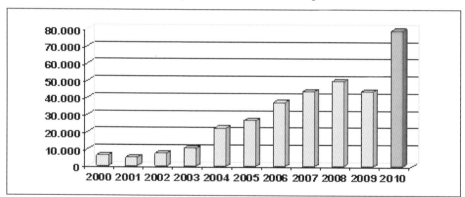

Die Zollverwaltung hat im Jahr 2010 an den Außengrenzen der EU mehr als 103 Mio. Waren wegen Verdachts auf Schutzrechtsverletzungen beschlagnahmt. Ein großer Teil betrifft Tabakwaren und bei ca. 15% der Waren handelt es sich um Haushaltsprodukte, darunter auch Elektroartikel. Gegenüber dem Vorjahr haben Beschlagnahmungen von Postsendungen um das Dreifache zugenommen. 85% dieser vom Zoll beschlagnahmten Waren stammen aus China. Bei bestimmten Produktgruppen nahmen andere Länder die Spitzenposition ein wie etwa Thailand bei Kleidung.

---

[1] http://ec.europa.eu/taxation_customs/customs/customs_controls/counterfeit_piracy/statistics/index_en.htm, abgerufen am 08.08.2011.

Der lokale Einzelhandelswert der beschlagnahmten Waren wurde von der EU-Kommission 2010 mit 1.110.052.401 EUR bewertet.[2]

Neben gefälschten Arzneimitteln, die den Kunden in Lebensgefahr bringen können, sind auch andere Produkte, die vorgeben, von einem Originalhersteller mit bekanntem Markennamen zu stammen, geeignet, die Gesundheit und das Leben des Kunden zu beeinträchtigen. Der Kettensägenhersteller Andreas Stihl AG & Co. KG, dessen Produkte in China sowohl mit als auch ohne Markennamen nachgeahmt werden, berichtete, dass einige Kopien den sogenannten Kettenschutz, der vom hiesigen Gesetzgeber vorgeschrieben ist, nicht enthalten, so dass mit lebensgefährlichen Verletzungen bei Gebrauch der Fälschungen zu rechnen ist.[3]

Auch erfolgreiche Produkte der Elektroindustrie werden kopiert. Dies betrifft nicht nur Endprodukte bekannter Markenhersteller, sondern auch z.B. Produkte wie elektronische Schaltungen, die im Innern eines bekannten Produkts enthalten sind. General Electric (GE) weist z.B. darauf hin, dass vermeintliche von GE stammende Produkte gefälscht sein können.[4]

Der hannoversche Unternehmer Eginhard Vietz, der Rohrbiegemaschinen, Vakuumrohrhebegeräte und Prüftechnik für den Ölpipelinebau herstellt, hat vor einigen Jahren sehr offen darüber berichtet, dass der damalige chinesische Joint Venture-Partner seine gesamte Fabrik einige Kilometer entfernt aufgebaut hat, und zwar war alles exakt kopiert worden – nur die Farbe der Fabrik war eine andere. Der chinesische Betriebsleiter, den er selbst eingestellt hatte, hat samt Laptop, auf dem Baupläne zu finden waren, das Weite gesucht. Der Betriebsleiter war von den Behörden nach seiner Festnahme rasch wieder auf freien Fuß gesetzt worden.

Vietz hatte geglaubt, gut gegen Kopierer gewappnet zu sein, weil er bereits sehr früh in China Kontakte geknüpft hatte und die Geschäftspartner persönlich kannte. Durch seinen Bericht – auch über den TV-Sender Phoenix – wollte er erreichen, dass andere Mittelständler aus seiner Erfahrung lernen. Wenn er heute Maschinen nach China liefert, dann nur solche, die die aktuelle von Vietz entwickelte Laserschweißtechnik nicht enthalten. Nur einige Einzelkomponenten und Kataloge werden noch in China hergestellt.[5]

---

[2] „Report on EU customs enforcement of intellectual property rights", http://ec.europa.eu/taxation_customs/customs/customs_controls/counterfeit_piracy/statistics/index_en.htm, abgerufen am 09.10.2011.

[3] http://www.stihl.de/stihl-warnt-vor-gefaelschten-saegen.aspx, abgerufen am 01.08.2011.

[4] http://www.geindustrial.com/CWC/counterfeit_electrical_products, abgerufen am 01.08.2011.

[5] Reppesgaard, L., 2008, In China aufs Kreuz gelegt – und daraus gelernt.

Sogar ganze Ladenkonzepte werden mittlerweile gefälscht. Chinesische Behörden schlossen zwei Shops in der südwestchinesischen Stadt Kunming, die sich „Apple Store" nannten und das gesamte Shop-Konzept von Apple ohne die Einwilligung des Markenherstellers detailgetreu kopiert hatten.[6] Über die Tatsache, ob dort auch gefälschte Apple-Produkte verkauft wurden, herrscht in der Presse keine Einigkeit und Apple hat diesbezüglich keine Stellungnahme abgegeben.

Der schwedische Möbelhauskonzern Ikea will gegen den chinesischen Möbelhändler 11 Furniture in Kunming vorgehen; denn dort kann man Medienberichten zufolge eine exakte Kopie einer Filiale des schwedischen Möbelkonzerns Ikea finden inklusive blaugelber Ausstattung, der Bleistifte, Taschen und des Schnellrestaurants.[7] Zu Verwechslungen bei Kunden, die aufgrund desselben „Look and Feel" nicht wissen, ob sie sich gerade im westlichen Original oder in der Kopie befinden, kann es durchaus kommen; denn die Original-Ikea-Filialen heißen in China Yi-Jia-Jiaju und die Kopien heißen Shi Yi Jia Ju.[8]

2 Begriffsklärung

Marken- und Produktpiraterie klingt eher nach Seefahrerromantik, als nach der meist dahinter stehenden organisierten Kriminalität. Bislang hat die EU-Kommission jedoch noch keine bessere Übersetzung des englischen Begriffs Counterfeiting ins Deutsche vorgeschlagen. Man versteht darunter die illegale Reproduktion bzw. Imitation von Erzeugnissen. Diese ist illegal, wenn sie gewerbliche Schutzrechte verletzt.

Nicht illegal ist etwa das Nachahmen, wenn eingetragene Designrechte (Geschmacksmuster) nicht identisch nachgeahmt werden und in wichtigen Details abweichen. Selbst eine identische Kopie kann ohne Geschmacksmusterschutz legal sein, wenn diese keinen Verstoß gegen das deutsche Gesetz gegen den unlauteren Wettbewerb (UWG) darstellt. Sobald jedoch das Erzeugnis in seiner typischen Form und Erscheinung (Trade Dress) aus Sicht von Außenstehenden darauf hindeutet, dass es vom Originalhersteller stammt, ist dieses Erzeugnis in einigen Ländern – wie etwa dem anglo-amerikanischen Rechtsraum und in Europa – auch dann ohne eingetragene Schutzrechte geschützt, wenn der Hersteller nachweisen kann, dass die Produkte als solche des Herstellers wahrgenommen werden. Dies kann aber aufwändig sein.

---

[6] O.V., 2011a, Behörden schließen gefälschte Apple-Stores.
[7] O.V., 2011b, Ikea geht gegen Kopie in China vor.
[8] Sommer, S., 2011, Ikea ächzt unter Chinas Klon-Kriegern.

Erste Voraussetzung für einen wirksamen Schutz gegen Marken- und Produktpiraterie ist also die Registrierung der Schutzrechte (Marken, Patente, Gebrauchs- und Geschmacksmuster) in den wichtigsten Märkten.

2.1 Markenpiraterie

Als Markenpiraterie wird das Nachahmen eines Produkts inklusive des Kopierens des Markennamens oder eines zum Verwechseln ähnlichen Markennamens bezeichnet. Die Sennheiser-Kopie sieht also nicht nur aus wie das Original, sondern trägt auch den Markennamen „Sennheiser".

2.2 Produktpiraterie

Als Produktpiraterie wird das Kopieren des Aussehens oder der Patente eines Produkts bezeichnet, wobei der Markenname des Originals nicht verwendet wird.

2.3 Plagiat

Als Plagiat bezeichnet man urheberrechtliche oder geschmacksmuster-rechtliche, also Nachahmungen des Designs betreffende Nachahmungen. Die Aktion Plagiarius e.V. in Solingen definiert die 1:1-Nachahmung, die unter eigener (anderer) Marke verkauft wird, als Plagiat.[9] Die Nachahmung eines Produkts dient der wirtschaftlichen Ausbeutung, wobei eine Nachahmung auch mit kleineren Änderungen in Betracht kommen kann.

Ein Plagiat zeichnet sich durch das Ausbeuten einer Idee eines Anderen aus – typischerweise beim Kopieren von Bildern, Musik, Filmen oder Computersoftware.

2.4 Counterfeiting

Im anglo-amerikanischen Sprachraum wird der Begriff „Counterfeiting" für alle in den Abschnitten 2.1-2.3 beschriebenen Fälle benutzt, jedoch vorrangig für Fälle der Markenpiraterie.

---

[9] http://www.plagiarius.de/d_index_sicherheit.html, abgerufen am 07.08.2011.

3 Ursachen

Warum müssen sich immer mehr – auch mittelständische Unternehmen – mit dem Phänomen Marken- und Produktpiraterie auseinandersetzen? Die Zunahme des Phänomens hat mehrere Ursachen.

Erst einmal ist festzustellen, dass sehr viele Kunden weltweit an „Schnäppchen" interessiert und auch bereit sind, Fälschungen zu kaufen. Eine große Nachfrage sorgt auch für den Nachschub von gefälschten Markenprodukten auf dem Markt.

Da immer mehr mittelständische Unternehmen in der exportorientierten deutschen Wirtschaft ihre Absatzmärkte außerhalb der EU haben und auch viele ihrer Zulieferer aus Fernost stammen, werden deren Produkte bzw. Teile ihrer Leistungen auch dort bekannt. Aufgrund des Preisdrucks und der Angebotslage kommt kein europäischer Hersteller an Zulieferartikeln aus Fernost herum.

Das Herstellen von Fälschungen ist im Gegensatz zum Entwickeln, Vermarkten und Verkaufen eines erfolgreichen Produkts sehr viel einfacher und billiger. Die Investitionen in das Aufbauen einer Marke, die Entwicklungskosten, die Vermarktungskosten, die Investitionen in ein Vertriebsnetz – all das entfällt bei der Marken- und Produktpiraterie, zumal nur erfolgreiche Produkte gefälscht werden.

Aufgrund der hohen Gewinnmargen, die oft höher sind als im Bereich des Rauschgifthandels[10] und aufgrund der immer noch geringeren Rechtsverfolgung im Vergleich zum Rauschgifthandel ist die Marken- und Produktpiraterie immer öfter Teil der Organisierten Kriminalität mit ihren ausgeklügelten Vertriebswegen und ausreichend Kapital.

3.1 Schattenseiten der Globalisierung

3.1.1 Internetvertrieb

Neben vielen anderen Lebensbereichen hat das Internet auch Vertriebswege von Produkten entscheidend verändert. Den Fachhandel in der Nachbarschaft gibt es immer weniger. Internethändler können mit einer Homepage in ansprechendem Design den Eindruck erwecken, ein seriöser Händler zu sein.

---

[10] So u.a. Alexander Dröge, Leiter Recht beim Markenverband am 26.02.2010; http://www.markenverband.de/presse/pm/PM Zugriff am 07.08.2011.

Originalhersteller selbst wiederum kommen meist nicht darum herum, gewisse Formen des Online-Handels in ihr Vertriebskonzept zu integrieren. Je vielschichtiger ein Vertriebskonzept ist, desto leichter haben es Fälscher, diese Intransparenz für ihre Zwecke zu nutzen.

3.1.2 Lieferanten

Kaum ein Originalhersteller kommt heute wegen des Preisdrucks und der Angebotslage ohne Lieferanten in Fernost aus. Batterien werden inzwischen nahezu ausschließlich in Asien gefertigt.

Um Know-how-Abfluss zu reduzieren, kann nur angeraten werden, lückenlose Lieferantenaudits durchzuführen, die vorher nicht angekündigt werden. In die Lieferantenverträge sollten ferner Klauseln integriert werden, die illegale Produktion (sogenannte Nachtschichten) neben der legalen Produktion von Originalteilen mit Vertragsstrafe belegen und arbeitsrechtliche Maßnahmen vom Lieferanten in einem Fall von illegaler Produktion oder ungewolltem Know-how-Abfluss einfordern.

3.1.3 Geschäftsreisen

Die Mitarbeiter von global tätigen Mittelständlern sind oft in Ländern unterwegs, die Marken- und Produktpiraterie betreiben. Sie sollten daher geschult werden und nur Reiselaptops mitführen. Für die jeweilige Geschäftsreise benötigte Dateien sollten auf einen USB-Stick gespeichert sein, der immer am Körper getragen werden sollte.

3.1.4 Fluktuation von chinesischem Personal

Anders als das Personal von europäischen Firmen ist die Fluktuation von chinesischem Personal, das von einem europäischen Hersteller eingestellt wird, höher. Es wird allgemein festgestellt, dass chinesische Mitarbeiter häufiger geneigt sind, den Arbeitsplatz zu wechseln, wenn ein anderer Hersteller mehr Gehalt zahlt.

3.1.5 Öffentlich verfügbare Informationen für Fälscher

Westliche Unternehmen geben oft relativ viel öffentlich preis, wie etwa elektronische Bedienungsanleitungen zum Herunterladen etc. Dies macht es Fälschern leicht, an diese Informationen für ihre Fälschungen zu kommen.

3.2 Spezifische Ursachen in China

3.2.1 Rechtssystem

Nach der Kulturrevolution in den 1970er Jahren gab es in China kein Rechtsprechungssystem und keinen gewerblichen Rechtsschutz. Erst vor 30 Jahren ist ein Gerichtssystem geschaffen worden, wobei Richter Mitglieder der kommunistischen Partei sein müssen und nur zu 20% ausgebildete Juristen sind. Dieses Rechtssystem entspricht daher nur sehr bedingt unserem Standard und begünstigt eine unzureichende Rechtsdurchsetzung gemäß Gesetz.

Bis Oktober 2008 hat China allerdings 298 separate Einheiten für gewerblichen Rechtsschutz eingerichtet und 84 spezialisierte Kammern in Zivilgerichten. Zu diesem Zeitpunkt hat es 2.126 auf gewerblichen Rechtsschutz spezialisierte Richter gegeben.

Mittlere Gerichte sind erstinstanzlich für Marken- und Produktpiraterie zuständig.[11] Zumindest in größeren Städten ist die Ausbildung der Richter inzwischen besser geworden, so dass die Qualität der Gerichte nach wie vor vom Standort abhängt.

Zhipei Jiang, der frühere Vorsitzende der Kammer für gewerblichen Rechtsschutz beim Obersten Volksgerichtshof sagt, dass China noch einen langen Weg zu gehen hat, bevor das Rechtssystem im gewerblichen Rechtsschutz internationale Standards erfüllt. Marken- und Produktpiraterie sei in China aufgrund des Rechtssystems, der Kultur und nationaler Gefühle ein komplexes Problem. Wie seinerzeit in Korea und Japan sei Marken- und Produktpiraterie kein moralisches Thema, sondern entstehe durch Armut. Sobald die Chinesen in naher Zukunft wohlhabender seien, werde das Problem besser werden.[12]

3.2.2 Ökonomie

Die chinesische Regierung hat das Ziel, der Bevölkerung so schnell wie möglich Konsumgüter zur Verfügung stellen zu können. Die Marken- und Produktpiraterie, die dazu beitrug, war lange Zeit unverzichtbar, um dieses Ziel zu erreichen. Es zeichnet sich ab, dass sich dies in Zukunft ändern könnte. Andererseits sind Fälle bekannt geworden, wonach das chinesische Militär die Fabriken der Fälscher geschützt hat.

---

[11] http://www.markenpiraterie-apm.de/files/chinaknowhow_alles_1.pdf, Stand: 05/2007, abgerufen 09.08.2011.

[12] Zhipei Jiang, früherer Vorsitzender Richter des Obersten Volksgerichtshofs, Kammer für gewerblichen Rechtsschutz, im Interview mit WIPR – World Intellectual Property Review Mai/Juni 2011, S. 18.

Da Schmuggel wegen intensiver Verfolgung, hoher Strafen und sinkender Zollsätze viel weniger attraktiv geworden ist, sieht die Aktion Plagiarius diese Tatsache als weitere Ursache für die Zunahme von Marken- und Produktpiraterie in Südostasien.[13]

Auch die Konsumenten in Europa tragen dazu bei, dass sich Unternehmen zunehmend mit dem Phänomen auseinandersetzen müssen; denn oftmals kaufen Europäer „Schnäppchen" im Internet – immer öfter auch direkt beim chinesischen Fälscher. Dass das vermeintliche Schnäppchen wegen schlechter Qualität und Sicherheitsmängeln keines ist, wird dabei meist außer Acht gelassen.[14]

Mit dem Beitritt Chinas zur Welthandelsorganisation WTO am 11.12.2001 nach 15 Jahren Verhandlungsphase[15] hat sich China verpflichtet, internationale Standards zum Schutz geistigen Eigentums zu wahren. Markeninhaber klagen indes, dass die Rechtsdurchsetzung vor Gericht oftmals nur unzureichend funktioniere.

3.2.3 Kultur

Folgendes Sprichwort wird Konfuzius zugeschrieben: „Der Mensch hat dreierlei Wege klug zu handeln: erstens durch Nachdenken, das ist der edelste, zweitens durch Nachahmung, das ist der leichteste, und drittens durch Erfahrung, das ist der bitterste". Nachahmen hat in China eine kulturelle Tradition: Es ist ein Ziel, das Vorbild oder den Meister zunächst perfekt zu imitieren, bevor Innovationen hervorgebracht werden. Schon das Erlernen der Schriftzeichen ist damit verbunden, die Zeichen genau zu imitieren, um sie zu verinnerlichen.[16] Allerdings besagt die Lehre von Konfuzius auch, dass man andere Menschen nicht schädigen oder ausnutzen darf.

3.2.4 Politik

Landesämter für Verfassungsschutz, die deutsche Wirtschaftsunternehmen beraten, weisen darauf hin, dass chinesische Geheimdienste Hunderttausende von Mitarbeitern haben, die z.B. als Praktikanten, Diplomanden oder Wissenschaftler innovative deutsche Unternehmen ausforschen. Die Informationsträger sehen es entweder als ihre vaterländische Aufgabe an, die chinesische Wirtschaft zu stärken oder sie geben internes Firmenwissen wegen der Aussicht auf eine spätere gute Ausgangsposition in China weiter. Es

---

[13] http://plagiarius.de/d_index_china.html, abgerufen 09.08.2011.

[14] Vgl. auch http://plagiarius.de/d_index_china.html, abgerufen 09.08.2011.

[15] Accession of the Peoples' Republic of China, Decision of 10.11.2001, World Trade Organization, WT/L/432, 23.11.2001.

[16] Ernst & Young, 2008, Piraten des 21. Jahrhunderts, S. 20.

wird auch sogenanntes Social Engineering zur Wissensabschöpfung eingesetzt.[17] Dies bedeutet, dass Wissensträger bewusst etwa auf Seminaren, auf Flughäfen oder bei geschäftlichen Treffen auf eine Art in Gespräche verwickelt werden, dass sie gar nicht merken, dass sie ausgefragt werden. Ferner werden Besuche von chinesischen Delegationen bei deutschen Firmen für diesen Zweck gezielt eingesetzt und chinesische Hacker greifen Firmennetzwerke an.[18]

4 Konsequenzen

Marken- und Produktpiraterie hat nicht nur Konsequenzen für den Kunden, der ggf. unsichere Geräte erwirbt, die ihn schädigen können, sondern auch für den Originalhersteller. Dieser ist mit Umsatzeinbußen konfrontiert, 42% der befragten VDMA (Verband Deutscher Maschinen- und Anlagenbau e. V.)-Mitglieder schätzten ihren Umsatzverlust durch Marken- und Produktpiraterie auf mehr als 5% des jährlichen Umsatzes.[19] Kunden, die glauben, das Original erworben zu haben und eine meist qualitativ schlechte Kopie in Händen halten, tragen zu einem Imageschaden beim Originalhersteller bei. Der Wert der sorgfältig und langjährig aufgebauten Marke nimmt Schaden.

Bekannte Markeninhaber haben Ressourcen u. a. für die Entwicklung und das Marketing aufgewendet. Diese Investitionen ersparen sich die Markenpiraten, die auf den Erfolg einer Marke aufsetzen und sich deren Image zunutze machen. Ferner könnten Kunden den Originalhersteller mit Gewährleistungs- und Produkthaftungsansprüchen konfrontieren, die dieser dann aufwändig entkräften muss.

Gesamtwirtschaftlich sind jährlich in Deutschland 70.000 Arbeitsplätze betroffen, die wegfallen oder gar nicht erst geschaffen werden. In 2008 hätte Marken- und Produktpiraterie Umsatzeinbußen bei deutschen Unternehmen in Höhe von 25 Mrd. EUR verursacht.[20] Laut OECD (Organisation for Economic Cooperation and Development) in ihrem Bericht „Magnitude Counterfeiting and Piracy of Tangible Products"[21] vom

---

[17] Vgl. auch den Beitrag von Bédé zu Social Engineering.

[18] Bundesamt für Verfassungsschutz, 2007, Spionageabwehr – Bedrohung der deutschen Wirtschaft durch chinesische Wirtschaftsspionage; vgl. auch den Beitrag von Claaßen zu Wirtschaftsspionage.

[19] www.vdma.org/wps/portal/Home/de/Branchen/K/KUG/Presse_neu/kug_A_20100519_ PNProduktpiraterie vom 17.05.2010.

[20] Bundesministerium der Justiz, www.bmj.de/DE/Buerger/digitaleWelt/reformUrheberrecht/ _doc/Produktpiraterie_doc.html?nn=1463554, abgerufen 09.08.2011.

[21] OECD, 2009, Magnitude Counterfeiting and Piracy of Tangible Products.

November 2009 waren 2007 1,95% des Welthandels von Fälschungen betroffen. Laut anderer Quellen seien 7-10% des Welthandels von Fälschungen betroffen.[22]

5 Erfahrungen von Sennheiser

Fälscher von Originalprodukten verbessern ihr Wissen über die erfolgreichen Original-produkte, je länger diese im Markt verfügbar sind. Verpackungen solcher „optimierten" Fälschungen werden oft so gut nachgeahmt, dass sie auf den ersten Blick kaum vom Original zu unterscheiden sind.

Setzt der Originalhersteller Sicherheitstechnologie wie etwa Hologramme ein, muss damit gerechnet werden, dass auch diese nach gewisser Zeit kopiert werden, so dass ein „Hase und Igel"-Effekt eintritt.

Wie viele andere Hersteller auch unternimmt Sennheiser Razzien in China, um die Marken- und Produktpiraten zu finden und ihr Handeln zu stoppen.

Festgestellt haben wir im Laufe der Jahre, dass die Zahl der gefundenen Fälschungen in Fabriken und bei Großhändlern abgenommen hat. Vor Jahren war es noch möglich, Fäl-schungen in großer Zahl an einem Ort zu finden. Mittlerweile findet man zwar Bestell-bücher mit hohen Bestellvolumina, aber nicht mehr so viele fertig produzierte Produkte. Die Fälscher unterhalten mehr dezentrale Lager. Die Fälscher wissen auch, dass es für die Markenverletzung entscheidend ist, den Ort zu finden, wo das Logo und der Name auf-gebracht werden. Dieser Ort ist oft besonders schwer zu finden.

Während es früher möglich war, auch ausländische Ermittler in den Fabriken zu platzie-ren, ist dies heute fast unmöglich geworden, weil die Marken- und Produktpiraten Ar-beiter aus der Region bevorzugen.

Die Fälscher lernten ferner, dass es legal ist, Fälschungen herzustellen, die zwar dem Original ähnlich sehen, aber ausreichenden Abstand zum Design des Originals haben, so dass keine Verletzung von Designrechten vorliegt.

---

[22] Plagiarius, die sich auf die Europäische Kommission berufen: http://plagiarius.de/ presse_16.thml, abgerufen am 09.08.2011.

Abbildung 2: Beschlagnahmte Sennheiser-Produkte während einer Razzia in Enping, Guangdong, China

Sennheiser hat eine Kleinstadt in der Provinz Guangdong ausgemacht, Enping, die vom Produzieren gefälschter Markenmikrofone und anderen Audio-Elektro-Artikeln lebt. In solchen Kleinstädten mit „Monokultur" ist die Zusammenarbeit von Politik und Polizei oft besonders intensiv, was das Durchführen von Razzien schwieriger macht.

Abbildung 3: Fabrikhalle während einer Razzia im Oktober 2010 in Enping, Guangdong, China

6 Vorgehen auf Messen

Auch auf Messen sind Marken- und Produktpiraten zu finden. Sennheiser hat auf der Prolight and Sound/Musikmesse in Franfurt am Main – seit Jahren erfolgreich Aktionen gegen Fälscher durchgeführt. Es konnte erreicht werden, dass viele Nachahmungen gar nicht mehr zu finden sind. Einige Stände mussten während der Messe geräumt und geschlossen werden.

Um Aktionen auf der Messe erfolgreich durchführen zu können, ist es notwendig, Vorbereitungen zu treffen und strukturiert vorzugehen.

- Vor dem Start

  - Stabsstelle für Kampf gegen Fälschungen kontaktieren, falls das Auftauchen von Fälschungen auf spezieller Messe erwartet wird

  - im Internet die Messeseite nach Ausstellern und verdächtigen Produkten durchforsten (auch Websites der „Kandidaten" ansehen)

- Rechtsabteilung fragen, ob Schutzrechte wie Marken, Patente und Geschmacksmuster im Ausstellerland registriert sind

- Rechtsabteilung fragen nach:

  - Unterstützung eines lokalen Markenanwalts

  - Unterstützung von Sicherheitspersonal der Messe, dem lokalen Zoll und Messe-Gerichtsvollziehern

- Während der Messe

  - Beweise sammeln (Produktkataloge, Visitenkarten, Produktfotos, Internetcheck)

  - Stabsstelle/Rechtsabteilung bitten um die Kontaktaufnahme mit dem Zoll/der Zollfahndung

  - Fälscher können auf ihrem Stand mit einer sog. Verpflichtungs- und Unterlassungserklärung konfrontiert werden, die durch den Gerichtsvollzieher zugestellt wird

Nachbereitet wird die Messe durch die Rechtsabteilung, indem die rechtlichen Maßnahmen zu Ende geführt und die Korrespondenz mit Messegerichtsvollzieher und Zoll fortgesetzt wird.

Der Zentralverband der ZVEI – Zentralverband Elektrotechnik- und Elektroindustrie e. V. bietet für Unternehmen der Branche einen Messeservice an, der Herstellern hilft, auf einer Messe gegen Marken- und Produktpiraten vorzugehen.[23]

7 eBay VeRO-Programm

eBay als eine der bekanntesten und größten Online-Verkaufsplattformen bietet Rechteinhabern ein Programm an, um Auktionen von Fälschungen bzw. die Anbieter möglichst schnell sperren zu können.

eBay gibt an, dass über 10.000 Rechteinhaber weltweit an diesem Programm teilnehmen. Da rechtliches Vorgehen gegen eBay direkt aufgrund der derzeitigen Rechtsprechung in Europa noch nicht sehr erfolgversprechend ist, ist anzuraten, an diesem Programm teilzunehmen.

---

[23] http://www.zvei.org/de/wirtschaft_recht_maerkte/recht/gewerblicher_rechtsschutz_urheberrecht/produktpiraterie_auf_messen/, abgerufen 09.08.2011.

Inwiefern sich das am 12.07.2011 veröffentlichte Urteil des Europäischen Gerichtshofes (EuGH)[24] zum Fall L'Oréal gegen eBay positiv auf die nationale Rechtsprechung auswirken wird, bleibt abzuwarten. L'Oréal hat ein selektives Vertriebssystem und griff die aktive Rolle von eBay beim Verkauf von L'Oréal-Fälschungen an. Der EuGH hatte festgestellt, dass eBay zumindest dann gegen Fälschungen von Markeninhabern vorgehen muss, wenn es aktiv hilft, die Werbung des Anbieters zu optimieren oder über Google-Ad-Words Werbung für Fälschungen schaltet.

VeRO steht für das internationale Programm „Verified Right Owners" – VeRI ist die deutsche Übersetzung (verifizierte Rechteinhaber).

Zwar hat ein damaliger Vorstandsvorsitzender von eBay Deutschland auf dem Syndikusanwaltstag des Deutschen Anwaltvereins 2008 angekündigt, dass eBay einen automatischen Filter einrichten werde, der das automatische Herausfiltern von eindeutig illegalen Angeboten vorsieht. Leider hat eBay dies bis heute noch nicht umgesetzt.

Registrieren für das VeRO-Programm kann man sich bei eBay International in der Schweiz. Auf China erstreckt sich das Programm nicht aufgrund besonderer Anforderungen nach chinesischem Recht. In China sollte man andere Online-Plattformen wie www.taobao.cn und www.aliexpress.com regelmäßig überwachen.

eBay sperrt nach Mitteilung durch den Rechteinhaber die Auktionen bzw. den Verkäufer und informiert den Rechteinhaber darüber per E-Mail. Der Rechteinhaber ist gezwungen, eBay regelmäßig zu überwachen, da der Anbieter seine Kennung ändern kann. Hilfreich können Hinweise über dieselbe Bankverbindung des Anbieters sein, um das Sperren des Accounts schnell zu erreichen.

8 Zusammenarbeit mit dem Zoll

8.1 Deutschland

Die Grenzbeschlagnahme ist ein sehr effektives und für den Schutzrechtsinhaber relativ kostensparendes Modell, den Fälschungen Einhalt zu gebieten.

---

[24] AZ C-324/09.

Die Art. 51-60 des TRIPS-Übereinkommens[25] über handelsbezogene Aspekte der Rechte des geistigen Eigentums regeln, dass die Zollämter der WTO-Mitglieder mit den Rechteinhabern in Bezug auf die Beschlagnahme von Fälschungen kooperieren sollen.

Laut der Zentralstelle für gewerblichen Rechtsschutz (ZGR), die in Deutschland für die Durchführung der Grenzbeschlagnahme durch den Zoll zuständig ist, haben 2008 nur 30% der deutschen Markeninhaber mit mehr als 500 Mitarbeitern einen Grenzbeschlagnahmeantrag gestellt.[26] Einsehen kann man die Liste der Rechteinhaber, die einen Grenzbeschlagnahmeantrag beim deutschen Zoll gestellt haben unter: www.zoll.de/e0_downloads/f0_dont_show/liste_antragsteller.pdf.

Die ZGR gewährleistet, dass der Zoll verdächtige Produkte beim Import nach Europa sicherstellt. Den Grenzbeschlagnahmeantrag kann der Markeninhaber auf weitere wichtige EU-Märkte ausweiten.

Nach der Registrierung der relevanten Marken benachrichtigt der Zoll den Markeninhaber, der auch ein Fälschungsmuster zur Prüfung erhalten kann. Innerhalb von zehn Werktagen muss der Markeninhaber dem Zoll mitgeteilt haben, ob die beschlagnahmten Güter zerstört werden sollen. Er muss ferner die Kostenübernahme für die Vernichtung erklären. Handelt es sich um illegale Importware, muss vom Importeur das Einverständnis zur Vernichtung vorliegen. Zur Vermeidung der Wiederholungsgefahr ist eine sogenannte strafbewehrte Unterlassungs- und Verpflichtungserklärung des Importeurs einzuholen. Der Importeur kann auf Übernahme der Vernichtungskosten, der Anwaltskosten und des Schadensersatzes verklagt werden. Die Staatsanwaltschaften und die Zollfahndungsämter sollten bei wichtigen Fällen eingeschaltet werden.

Der Zoll benötigt möglichst einfache Erklärungen, wie er Fälschungen von Markeninhabern erkennen kann – etwa die korrekte und nicht korrekte Art der Einfuhr. An Produktmerkmalen und Lesegeräten ist die ZGR laut ihrem Leiter Klaus Hoffmeister nicht interessiert, weil große Unternehmen eine große Menge von Produkten herstellen und der einzelne Zollbeamte diese Produkte inklusive der echten und gefälschten Merkmale nicht alle kennen kann. Auch Lesegeräte lehnt der Zoll ab, da es viele verschiedene Produktsicherheitstechnologien mit den entsprechend unterschiedlichen Lesegeräten dazu am Markt gibt. Den einzelnen Zöllner mit all diesen Lesegeräten auszustatten, ist

---

[25] Agreement on Trade Related Aspects of Intellectual Property, veröffentlicht im Bundesgesetzblatt 1994 II, S. 1730.

[26] Klaus Hoffmeister, Leiter der Zentralstelle Gewerblicher Rechtsschutz (ZGR) anlässlich seines Vortrages in Solingen am 28.10.2010; Hoffmeister, K., 2010, Entwicklungen im Bereich Produkt- und Markenpiraterie aus Sicht des Zolls.

schier unzumutbar. Zollschulungen, die auch zusammen mit anderen Markeninhabern stattfinden, tragen dazu bei, dass Marke und Produkte des Herstellers bei den Zollbeamten bekannter werden.

8.2 Nicht-EU-Staaten

8.2.1 China

Der chinesische Zoll arbeitet insofern sehr effektiv, als er auch Warensendungen von Fälschungen stoppt, die bestimmt waren, das Land China zu verlassen. Die Daten der Versender in China und die der Besteller in anderen Teilen der Welt sind für den Markeninhaber daher sehr wertvoll. Oft bekommt man diese Daten allerdings nur, wenn man direkt zur Zollstelle fährt und sie dort einsieht. Der chinesische Zoll verlangt allerdings vorab die Übernahme eines sogenannten Bonds (Zahlung einer Sicherheitsleistung), bevor er tätig wird.

In China (wie auch in Ungarn, Mexiko und Peru) können die Zollbehörden nach eigenem Ermessen auch anordnen, dass die beschlagnahmten Waren für wohltätige Zwecke zur Verfügung gestellt werden,[27] weshalb eine Nachkontrolle der Vernichtung angeraten ist.

8.2.2 USA

In den USA unterscheidet sich das Grenzbeschlagnahmeverfahren (*border protection*) von dem in der EU insofern, als das Prozedere für den Markeninhaber weniger aufwändig ist. Der US-Zöllner beschlagnahmt verdächtige Waren. Wenn der Importeur nicht innerhalb von 30 Tagen gegen die Beschlagnahme einen Widerspruch einreicht, werden die Waren zerstört, ohne dass der Markeninhaber weiter tätig werden muss. Auch hier – wie in der EU – gilt, dass der Markeninhaber schadensersatzpflichtig ist, sollte ein Originalprodukt zerstört worden sein.

8.2.3 Korea

In Korea erweist sich ein Grenzbeschlagnahmeantrag als sehr effektiv, da regelmäßig größere Mengen von Fälschungen beschlagnahmt und zerstört werden. Seit dem 08.09.2010 hat das KIPO (Korean Industrial Property Office) vom Gesetzgeber polizeiliche Befugnisse erhalten, so dass der Markeninhaber auf die für ihn kostenfreie Ermittlungskompe-

---

[27] AIPPI (Association Internationale pour la Protection de la propriété), 2009, Grenzbeschlagnahme und andere Eingriffsmöglichkeiten der Zollbehörden gegen Verletzer.

tenz der Behörde zurückgreifen kann. In Seoul, Busan und Deajeon gibt es Büros und spezielle Aktionen zusammen mit den Staatsanwaltschaften, die sich auf größere Händler und Einkaufszentren konzentrieren, die mit Fälschungen handeln.[28] KIPO setzt sich ferner aktiv für die Aufklärung von Schülern ein, insbesondere in Bezug auf den Erwerb von Fälschungen und die Konsequenzen.

8.2.4   Indien

In Indien gibt es das Werkzeug der Grenzbeschlagnahme seit 2007. Es zeichnet sich ab, dass Grenzbeschlagnahmen dort immer effektiver werden. Gerichte in Indien sehen sogar bei Zollbeamten eine gewisse Mitverantwortung, dass es Marken- und Produktpiraterie im Land gibt, wenn die Waren nicht an der Grenze gestoppt werden, weil Indien durch Fälschungen nicht nur ein Imageproblem hat, sondern auch Einbußen an Steuern, da Fälscher keine Steuern zahlen würden.[29]

8.2.5   Russland

Der russische Zoll bietet das System der Grenzbeschlagnahme ebenfalls an. Möglich sind lediglich Maßnahmen gegen raubkopierte Urheberrechte und gefälschte Markenware. Der Zoll wird nur gegen Leistung einer Sicherheit tätig.[30] Ebenso wie in der EU räumt der Zoll dem Rechteinhaber grundsätzlich zehn Werktage ein, bevor er die beschlagnahmte Ware dem Importeur zukommen lässt. Der Zoll hat das Recht, den Fall vor Verwaltungsgerichte zu bringen. Der Rechteinhaber wird lediglich hinzugezogen, ist jedoch nicht Partei des Rechtsstreits.

8.2.6   Malaysia

In Malaysia gibt es noch kein Grenzbeschlagnahmesystem. Die Intellectual Property Corporation of Malaysia, Perbadanan Harta Intelek Malaysia (My-IPO) stellt fest, dass das Bewusstsein von geistigem Eigentum in Malaysia noch nicht sehr entwickelt ist und bestätigt, das TRIPS-Abkommen[31] sei eingehalten, indem an den Grenzen die Möglichkeit einer Beschlagnahme bestehe.[32]

---

[28] KIPO, 2010, Anticounterfeiting Activites of KIPO.

[29] Salhotra, A., 2011, Tackling Counterfeiters in India, S. 38.

[30] AIPPI, 2009, Grenzbeschlagnahme und andere Eingriffsmöglichkeiten der Zollbehörden gegen Verletzer.

[31] Agreement on Trade Related Aspects of Intellectual Propery Rights, veröffentlicht im BGBl 1994 II, S. 1730.

[32] http://myipo.gov.my/images/stories/booklet/1ipprotection.pdf, abgerufen am 07.08.2011.

Gemäß lokalem Gesetz (Ins. Act A1078, Ziffer 70D) ist es jedoch erforderlich, dass der Rechteinhaber den Behörden vorab mitteilt, in welcher Form (Container, Pakete) und wann die gefälschte Ware Malaysia erreichen soll und dass er dem Import widerspricht.[33] Diese vorherige Ankündigung dürfte für den Rechteinhaber fast immer unmöglich sein.

8.2.7 Mexiko

In Mexiko gibt es keine offizielle Datenbank des Zolls, sondern nur eine informelle Datensammlung, in der vergangene Zollaktivitäten zusammengestellt sind. Es wird erwartet, dass der Zoll bald mit Hilfe des Mexican Institute of Industrial Property mit einer offiziellen Datenbank von Rechteinhabern arbeiten wird, die es dem Zoll ermöglichen wird, den Rechteinhaber direkt und kurzfristig zu kontaktieren und die gesetzlichen Fristen einzuhalten. Der Zoll kann derzeit die beschlagnahmte Ware allerdings nur zerstören, wenn der Rechteinhaber die Staatsanwaltschaft eingeschaltet oder Zivilgerichte bemüht hat.[34]

8.2.8 Weltzollorganisation

Vom 05.-12.10.2010 haben die Weltzollorganisation (World Customs Organisation, WCO) und Interpol im Rahmen ihrer erklärten „Internet Week of Action" unter Beteiligung von 44 Mitgliedsländern 11.000 gefälschte Arzneimittel beschlagnahmt, 297 Websites gestoppt und Ermittlungen gegen 87 Personen aufgenommen.[35] Damit wurde bewiesen, dass eine Zusammenarbeit mehrerer Organisationen und Behörden auf internationaler und operativer Ebene sehr effektiv sein kann.

Die WCO baut seit 2010 eine Datenbank für Zöllner weltweit auf, in die Markeninhaber Informationen über Produkte und Lieferwege einstellen können und die als gemeinsame Plattform für Zollbeamte, Rechteinhaber und Dritte gedacht ist. Einblick in diese Datenbank, genannt IPM (Interface Public Members) können derzeit erst wenige Zöllner vor allem aus den Pilotländern in Afrika und Südamerika nehmen und Informationen der Rechteinhaber in ihrer Landessprache abrufen. Die WCO will das Projekt in den nächsten 18 Monaten auf andere Länder in mehreren Phasen ausrollen. Teilnehmen werden mehrere europäische Länder und China. Die USA, Russland und Indien nehmen jedoch nicht am Projekt teil.

---

[33] http://www.asean.org/20534-malaysiapdf, abgerufen am 07.08.2011.
[34] Amaro, J., 2011, Fighting the Counterfeiters – The Mexican Solution, S. 27.
[35] Paun, C., 2011, Global Public Partnerships against Intellectual Property Crimes.

Teilnehmende Rechteinhaber zahlen je nach Umsatz für eine Mindestteilnahme von zwei Jahren am IPM-System 4.640 bis 14.500 EUR zur Finanzierung der IPM-Plattform.

9 Zusammenarbeit mit anderen Markeninhabern und Kommunikation

9.1 Gemeinsames Problem

Da es sich um ein globales Thema handelt, das branchenübergreifend alle bekannten Markeninhaber und innovativen Firmen betrifft, ist es wichtig, dass die Markeninhaber sich zum Thema Marken- und Produktpiraterie austauschen und sich gemeinsam an europäische Verbände, Politiker, chinesische Institutionen und Verbraucher wenden.

Sennheiser ist zusammen mit Automobil-, Pharma-, Sportartikel-, Kosmetik-, Tabak-, Elektroherstellern und weiteren Herstellern Mitglied im branchenübergreifenden Aktionskreis Wirtschaft gegen Produkt- und Markenpiraterie e. V. (APM) in Berlin.[36] Vom Deutschen Industrie- und Handelskammertag (DIHK) und vom Markenverband 1997 gegründet ist der Verband auf 75 Mitglieder angewachsen (Stand: April 2011). Der APM unterhält ausgezeichnete Kontakte zu Zoll- und Polizeibehörden. Er hat zur Unterstützung der Ermittlungsarbeit einen Leitfaden für Polizei und Staatsanwaltschaft herausgegeben, der wegen der großen Nachfrage mittlerweile in der 4. Auflage erschienen ist. Dr. Rüdiger Stihl, Vorsitzender des APM, betont, dass die Verbraucher, die Fälschungen kaufen, die Nachfrage in den Industrieländern schaffen. Daher hat der APM die Wanderausstellung „Schöner Schein – Dunkler Schatten" in großen Einkaufspassagen und auf Flughäfen initiiert, die den Verbrauchern die Folgen der Marken- und Produktpiraterie plastisch vor Augen führt.

Laut Studie von Ernst & Young aus 2009 kauft mehr als jeder vierte Westeuropäer Fälschungen, wobei 60% aller Käufer von Produktkopien dies ganz bewusst tun. Kaufanreiz ist der günstige Preis. 90% der Verbraucher sehen ihr Ansehen bei Freunden und Verwandten durch den Kauf der Fälschung nicht gefährdet, sondern sehen es als Kavaliersdelikt an.[37]

---

[36] www.markenpiraterie-apm.de.
[37] Ernst & Young, 2008, Piraten des 21. Jahrhunderts.

Ferner leitet APM die gesammelten Erfahrungen der Mitglieder an die relevanten Stellen im In- und Ausland weiter, gibt Stellungnahmen ab wie etwa zur Vorlagefrage an den EuGH im Verfahren C-495/09 (Nokia) zu Transitfällen, zum Entwurf des Anti Counterfeiting Trade Agreements (ACTA) sowie zum neuen Entwurf der Durchsetzungsrichtlinie (KOM (2010) 779) und regt Verbesserungen der rechtlichen Rahmenbedingungen an. Dabei kommen dem Verband die Vernetzung mit den Initiatorenverbänden und damit Kontakte zu den deutschen Regierungsstellen sowie den EU-Behörden zugute. Auch Gespräche mit chinesischen Politikern und Behörden finden statt, um aktuelle Fälle und Erfahrungen anzusprechen.

Sennheiser arbeitet ferner mit seinen Wettbewerbern und anderen Unternehmen der Elektroindustrie zusammen, wenn es darum geht, gemeinsam Razzien in China durchzuführen; denn meist werden auch die gefälschten Produkte der Wettbewerber gefunden.

Da die chinesischen Fabriken der Fälscher dezentral organisiert sind und deren Vertrieb meist weltweit über Websites und E-Mail-Werbung organisiert ist, ist ein gemeinsames Vorgehen der Originalhersteller aufgrund der oft notwendigen längeren Ermittlungsdauer, hoher Kosten für die Razzien und umfangreicher Koordination der die Razzia ausführenden Behörden erforderlich, um Ermittlungserfolge erzielen und anschließend rechtliche Maßnahmen ergreifen zu können.

9.2 Verschweigen oder Kommunizieren?

Aus der sogenannten fischerAppelt-Studie[38] von April 2009, die Befragungsergebnisse von 800 deutschen Unternehmen zum Thema Kommunikation über Marken- und Produktpiraterie zusammenfasst, geht hervor, dass 75% der Firmen von Marken- und Produktpiraterie betroffen sind. In 90% der Fälle beschränkt sich das Vorgehen lediglich auf juristische Maßnahmen. Erstaunlich sei, dass Plagiate nur bei der Minderheit der befragten Unternehmen ein Kommunikationsthema seien. Nur bei ca. 49% der befragten Unternehmen stünde das Thema illegale Produktkopien auf der Agenda der Unternehmenskommunikation. Das Thema würde oft mit der Begründung verschwiegen, Plagiaten keine Bühne geben zu wollen oder Kommunikation über positive Themen nicht gefährden zu wollen.

„Entscheidend ist, dass sich Unternehmen des Themas aktiv annehmen und offen damit umgehen, (…). Vielmehr sollte mittels PR- und Öffentlichkeitsarbeit vor allem die Einzigartigkeit von Produkten kommuniziert und so in Politik und Gesellschaft ein neues

---

[38] fischerAppelt, 2009, Plagiate – eine Bedrohung der deutschen Wirtschaft.

Bewusstsein für Originalität und Markenwerte geschaffen werden.(…) Plagiate gefährden den Innovationsmotor und damit den Wettbewerbsvorteil Deutschlands. Deshalb muss offen und offensiv über diese Thematik kommuniziert werden."[39]

Laut der fischerAppelt-Studie handeln 57% der befragten Firmen reaktiv bei konkreten Vorfällen, ohne eine kontinuierliche Strategie fest im Unternehmensablauf zu etablieren.

10 Interdisziplinäre Aufgabenteilung

Gemäß Ernst & Young-Studie[40] von 2008 ist Markenschutz Chefsache. Befragt wurden 27 Konsumgüterhersteller. 77% der befragten Unternehmen siedeln die Entscheidungen in Sachen Markenschutz in der Chefetage an und bei den verbleibenden 23% übt die Geschäftsleitung eine unterstützende Funktion aus. Bei 58% der befragten Unternehmen ist die Rechtsabteilung operativ für das Thema Marken- und Produktpiraterie verantwortlich. Abteilungen wie Marketing, Supply Chain, Entwicklung und Marketing sind bei etwa einem Drittel der befragten Unternehmen in den Prozess eingebunden.

Entscheidend ist, dass das Unternehmen die Bekämpfung der Marken- und Produktpiraterie als interdisziplinäre Aufgabe versteht. Präventive Maßnahmen wie Track and Trace-Systeme sowie Produktsicherheitstechnologie können helfen, Fälschungen und Lieferwege schneller zu erkennen. Es reicht nicht aus, sich allein auf die Rechtsdurchsetzung (*enforcement*) zu konzentrieren und der Rechtsabteilung einen Link zuzusenden, der ggf. auf Fälschungen hinweist. Das rechtliche Vorgehen gegen Importeure und Hersteller von Fälschungen im Klagewege, auch in Zusammenarbeit mit Staatsanwaltschaft und Polizei, ist zweifelsohne ein sehr wichtiger Teil des Anti-Counterfeiting im Unternehmen. Enforcement ist allerdings nur ein Element eines unternehmensweiten Konzepts.

Zusammen in einem funktionsübergreifenden Team sollte das von Marken- und Produktpiraterie betroffene Unternehmen die Strategie des Unternehmens abstimmen und darauf aufbauend sollten alle relevanten Funktionen wie etwa Vertrieb, Einkauf, Supply Chain, Rechtsabteilung, Service, Produktmanagement, Qualitätsmanagement und Entwicklung die Abläufe des Prozesses und die Verantwortlichkeiten festlegen.

---

[39] Christian Pott, Standortleiter fischerAppelt Kommunikation in, fischerAppelt, 2009, Plagiate – eine Bedrohung der deutschen Wirtschaft, S. 3; S. 23.
[40] Ernst & Young, 2008, Piraten des 21. Jahrhunderts.

Daten der Importeure sowie der Exporteure von Fälschungen sowie ein aktueller Über-blick über abweichende Produktmerkmale sollten in einer internen Datenbank zentral erfasst werden. Nachdem die Wertschöpfungskette im Unternehmen in Bezug auf Mar-ken- und Produktpiraterie analysiert worden ist, sollten Vertriebskonzept, Lieferanten-auswahl und Logistik genau unter die Lupe genommen werden.

11 Fazit

Marken- und Produktpiraterie-Bekämpfung mag dem Wettlauf von „Hase und Igel" im besagten Märchen gleichen. Das Anti-Counterfeiting-Konzept im Unternehmen ist dann jedoch besonders effektiv, wenn die beschriebene interdisziplinäre Zusammenarbeit stattfindet und wenn mehrere betroffene Unternehmen sich in einem Verband oder Verein organisieren, Lobbying betreiben sowie einen Erfahrungsaustausch etablieren.

Fraud im internationalen Umfeld am Beispiel der Telekommunikationsbranche

Clemens Anderlitschka/Dieter Zeller

1 Internationaler Fraud als Herausforderung

Internationale Flug- und Reisewege führen heutzutage regelmäßig bis in die entlegensten Winkel der Erde, nationalstaatliche Grenzen verschwimmen zusehends, da gemeinsame Wirtschaftregionen den grenzüberschreitenden Verkehr und Handel erleichtern, wie z.B. in der Europäischen Union (EU). Auch die Telekommunikationswelt, die schon seit den Zeiten von Telegrafenämtern international abgestimmt organisiert werden musste, um weltweite Verbindungen zu ermöglichen, hat in den letzten einenhalb Jahrzehnten eine rasante und tiefgreifende Änderung erfahren.

Während die klassischen Telefonnetze in dieser Zeit digitalisiert und auch mobile Anwendungen möglich wurden, hat parallel dazu das Internet als Computertechnologie auch entfernte Ecken der Welt erobert. Mit ISDN, DSL und Internet wird den Nutzern u.a. die Möglichkeit geboten, an beliebigen Standorten weltweit unter derselben Adresse mit allen Diensten, wie von zu Hause aus, agieren zu können. Auch der Empfänger einer E-Mail weiß sofort, wer ihn kontaktiert, allerdings nicht mehr, von welchem Ort aus dies geschieht.

Natürlich bestand auch schon vor den Zeiten von ISDN und Internet die Möglichkeit, internationale Telekommunikationsverbindungen aufzubauen und Nachrichten auszutauschen, z.B. in Form von Sprache, Telefax, Telex etc. Allerdings war die Voraussetzung dafür immer ein physikalischer Anschluss an einem Telekommunikationsnetz, ausgestattet mit der zum genutzten Dienst passenden Hardware, um einen Kommunikationspartner zu erreichen. Die neuen digitalen Technologien haben dies entscheidend vereinfacht und beschleunigt, so dass z.B. ein Telefax nicht mehr an einem Faxgerät empfangen werden muss, sondern dem Empfänger per E-Mail zugestellt wird und über jedes internetfähige Endgerät abgerufen werden kann. So können Informationen weltweit, rund um die Uhr und nahezu in Echtzeit untereinander ausgetauscht werden, ohne dass der Empfänger direkt an seinem eigenen Anschluss verfügbar sein muss.

Analog zu dieser immer stärkeren Vernetzung und Internationalisierung des weltweiten Telekommunikationsmarktes zeigt sich in den letzten Jahren auch im Bereich des Telekommunikationsmissbrauchs eine stetige Tendenz zu diversifizierten Missbrauchsszenarien, die über mehrere Länder hinweg organisiert und ausgeführt werden. Wie die Bekämpfung rein national ausgeführter Fraud-Fälle schon gezeigt hat, besteht bereits in der Erkennung oftmals das Problem, dass verschiedene Netzbetreiber zusammenwirken müssen, um ein Szenario wirkungsvoll sowie schnell erkennen und abstellen zu können. Kommt die Zusammenarbeit mit Behörden, z.B. bei der Strafverfolgung hinzu, zeigen sich schnell die nationalen „Grenzen" wie z.B. Zuständigkeit von Behörden, gesetzliche

Grundlagen für Ermittlungen, Datenschutz[1] und andere, die schnelle Erfolge in der Missbrauchsbearbeitung schwierig machen. Sobald Gelder oder Tatbeteiligte ins Ausland verbracht werden, ist die Rückführung sowie straf- oder zivilrechtliche Behandlung extrem erschwert oder gar unmöglich.[2]

In den ersten Jahren nach der Liberalisierung des Telekommunikationsmarktes in Deutschland ab 1998 hatten viele Netzbetreiber mit dem Missbrauch von Servicerufnummern „0190" oder anderer Shared-Cost-Rufnummern zu kämpfen. Für diese Rufnummern wurden Auszahlungen an den Anbieter der Rufnummer geleistet, bevor aus der Endkundenabrechnung heraus klar war, ob die Anrufer die Verbindungen auch bezahlt hatten. Über mit Schadsoftware infizierte Computer wurden Internet-Dialer gestartet, die Verbindungen zu teuren Servicerufnummern aufbauten, was vielen Computerbesitzern erst auffiel, wenn ihnen ihre monatliche Telefonrechnung zuging. Schon diese Szenarien waren international organisiert. So wurden die erwirtschafteten Auszahlungen umgehend ins Ausland transferiert oder die Vertragspartner der Telekommunikationsunternehmen hatten ihren Sitz und ihre Konten direkt im Ausland. Wie diese Fälle gezeigt haben, reichte selbst ein Firmensitz im europäischen Ausland, um der Strafverfolgung zu entgehen. Letztendlich konnte man dieser Art von Fraud nur durch Zwangstrennung nach 60 Minuten, Einführung des so genannten Offline-Billing[3] oder gar durch Verbot von Rufnummerngruppen durch die Bundesnetzagentur bewältigen.

Aber auch vor dem digitalen Zeitalter, als die Fernmeldenetze in den Ländern noch hoheitlich organisiert und weltweite Verbindungen relativ teuer waren, gab es schon international organisierte Fraud-Szenarien, beispielsweise Callshop-Fraud. Dazu wurde von einem Callshop aus ein Mittelsmann angerufen und die gewünschte Zielrufnummer durchgegeben. Der Mittelsmann hat dann über einen weiteren Anschluss die Verbindung aufgebaut und im einfachsten Fall einfach die beiden Telefonhörer miteinander gekoppelt. Ziel der Täter war es, möglichst viele Verbindungen aufzubauen, ohne den Anschlussanbieter zu bezahlen. Die Mittelsmänner hatten ihr Domizil oft in unauffälligen Hinterhäusern und konnten diese quasi über Nacht aufgeben, ohne Spuren zu hinterlassen. Auch die Einnahmen der Callshops wurden, so wie in den heutigen Callshop-

---

[1] Vgl. hierzu den Beitrag von Christ/Müller zu Datenschutz und Mitarbeiterkontrollen.

[2] Vgl. hierzu den Beitrag von Stephan zu Asset Tracing.

[3] Offline-Billing: wird in Deutschland zur Abrechnung bestimmter hochpreisiger Mehrwertdienste eingesetzt. Dabei ermöglicht der Anschlussanbieter dem Kunden die Herstellung der Verbindung, abgerechnet wird diese aber durch den Anbieter des Dienstes. Damit geht auch das Forderungsausfallrisiko auf den Diensteanbieter über.

Szenarien immer noch üblich, schnellstmöglich in bar abgeholt und mittels internationaler Moneytransfer-Organisationen (z.B. Western Union[4]) oder per Hawala[5]-Prinzip ins Ausland verbracht.

Somit stellte und stellt die Fraud-Bekämpfung im internationalen Umfeld an die Mitarbeiter, die mit Bearbeitung solcher Fälle befasst sind, besondere Anforderungen.

Zum einen geht es dabei um Kenntnisse neuester Technologien und Netztopologien, bei denen Telekommunikationsdienste nicht mehr nur im eigenen Netz oder der eigenen Domain, sondern auch in fremden, mitunter ausländischen Netzen oder Domains erbracht werden. Neben dem Wissen um die technischen Abläufe ist es insbesondere nötig, auch die kommerziellen Ströme des Geldes zu erkennen, um Missbrauch mittels Präventionsmaßnahmen unattraktiv zu machen. Die besondere Problematik besteht dabei u.a. in internationalen Festlegungen, z.B. der Internationalen Fernmeldeunion (ITU), auf Basis dessen keine Zahlungseinbehalte im Interconnection-Verhältnis für bereits terminierte Minuten möglich sind. Hier gibt es momentan lediglich erste bilaterale Vereinbarungen, die es im Falle von Missbrauch, z.B. ausländischer Added Value Services, erlauben, Zahlungseinbehalte vorzunehmen. Dazu muss aber der Missbrauch fundiert belegt und auch bei den Strafverfolgungsbehörden zur Anzeige gebracht worden sein. Sobald die Ermittlungen jedoch ohne Erfolg eingestellt werden, ist i.d.R. die Zahlung der einbehaltenen Gelder fällig. Grenzüberschreitende Ermittlungen sind für die zuständigen Behörden schwierig, sehr aufwendig und stark abhängig von der Unterstützung der angefragten Behörden in anderen Staaten. Aufgrund dieser Herausforderungen müssen Ermittlungen häufig eingestellt werden oder führen im Ausland nicht zu dem erhofften Erfolg.

Der Weg der Missbrauchsbekämpfung über behördliche Ermittlungen und anschließende zivil- oder strafrechtliche Verfolgung kann also immer nur ein hilfsweises Instrument sein, um möglichst alle Möglichkeiten zu nutzen, die einem Netzbetreiber offenstehen.

Viel wichtiger als die Kenntnis des Rechtsweges ist daher die genaue Kenntnis der sehr komplexen internationalen Frauds Szenarien. Dazu kommen neben sprachlichen und rechtlichen Belangen u.U. auch zwischenstaatliche Herausforderungen auf die mit der Bearbeitung betrauten Mitarbeiter zu. Die zunehmende Vernetzung der Märkte und Telekommunikationsdienste zeigt sich am deutlichsten im Lösungs- und Systemgeschäft,

---

[4] Western Union: ermöglicht weltweiten Bargeldtransfer, ohne dass Sender oder Empfänger über ein Bankkonto verfügen müssen.

[5] Hawala: informelles Überweisungssystem aus dem Vorderen und Mittleren Orient, bei dem der unbare Geldtransfer zwischen Mittelsmännern auf Vertrauensbasis ohne schriftliche Aufzeichnungen erfolgt.

wo multinational operierenden Konzernen so genannte Seamless Services[6] angeboten werden, die dem Kunden gegenüber unabhängig vom momentanen Standort weltweit in der gleichen Art und Weise erbracht werden. Schon bei dem Aufsetzen und Abrechnen solcher Dienste sind die Bedingungen verschiedener Jurisdiktionen zu beachten, wobei dem Kunden gegenüber weitestgehend dieselben Nutzungsbedingungen und -möglichkeiten geboten werden sollen. Aber auch im Segment der Privatkunden werden verstärkt Dienste angeboten, die länderübergreifend gleichartig funktionieren sollen oder bei deren Erbringung Netz- und Dienstelemente in verschiedenen Ländern auch außerhalb der EU eine Rolle spielen. Diese Komplexität wirkt sich auch auf die Verfolgung der Missbrauchsfälle aus und erfordert ständiges Anpassen von Methoden zur Erkennung, Bekämpfung und Prävention gegen Fraud.

Die Konvergenz der Dienste muss dabei genauso verstanden und berücksichtigt werden wie die Bedingungen und die Rechtslage zur Durchführung von grenzüberschreitenden Ermittlungen in unterschiedlichen Rechtssystemen.

Wie oben angedeutet, sind die grenzüberschreitenden Ermittlungen durch Strafverfolgungsbehörden nicht immer von Erfolg gekrönt oder verzögern sich auf unbestimmte Zeit. Daher müssen sich Telekommunikationsanbieter in besonderem Maße untereinander selbst organisieren, um mit den Entwicklungen bei den verschiedenen Fraud-Szenarien Schritt halten zu können. Der Beachtung des jeweiligen rechtlichen Rahmens in den verschiedenen Ländern kommt dabei besondere Bedeutung zu, um als Unternehmen jederzeit im Einklang mit den bestehenden Gesetzen zu agieren. Jede andere Vorgehensweise kann dazu führen, das eigene Unternehmen zu diskreditieren, eine Strafverfolgung zu vereiteln oder sich gar selbst Ermittlungen wegen Verstoßes gegen Compliance-Auflagen ausgesetzt zu sehen. Gerade die führenden Unternehmen in der Telekommunikation (TK) unterliegen hier einer besonderen Beobachtung, zum einen aufgrund der normalerweise vorhandenen Börsennotierung und daraus resultierender Compliance- und Berichtspflichten und zum anderen aufgrund der jeweils international ähnlichen Spezialgesetzgebung zur Telekommunikation, insbesondere bezüglich Geheimhaltung, Datenschutz und Fernmeldegeheimnis,[7] aber auch beispielsweise bezüglich kartellrechtlicher Implikationen. All dies sollte Berücksichtigung finden, wenn TK-Unternehmen sich im Bereich der Fraud-Bekämpfung abstimmen und zusammenarbeiten.

Die Mitgliedschaft und aktive Mitarbeit in nationalen und internationalen Organisationen gegen Telekommunikationsmissbrauch erleichtert den Unternehmen die Bekämpfung der kriminellen Strukturen und eröffnet Möglichkeiten, wie man neue Szenarien

---

[6] Seamless Services: Telekommunikationsdienste, die in verschiedenen Netzen oder Ländern aus Sicht des Nutzers scheinbar ohne Grenzen wie am Heimatstandort funktionieren.

[7] Vgl. hierzu den Beitrag von Christ/Müller zu Datenschutz und Mitarbeiterkontrollen.

und Fälle schnell erkennt und gemeinsam Präventionsmaßnahmen etabliert. Stellvertretend sind hier European Telecommunications Network Operator (ETNO)[8] für den
europäischen Raum sowie Forum for International Irregular Network Access (FIINA),[9]
Global System for Mobile Communications (GSMA)[10] und Communications Fraud
Control Association (CFCA)[11] für den weltweiten Austausch genannt.

- CFCA[12] wurde im Februar 1985 durch eine Gruppe von Kommunikationssicherheits-
  fachleuten verschiedener Long Distanz Carrier aus der Idee einer gemeinsamen Organisation zur Verhinderung von TK-Betrug geboren. Gründungsmitglieder waren
  AT&T, ITT, MCI, Network One, Satellite Business Systems und Sprint.[13] Im Laufe
  der Jahre wurde die Organisation um Mitgliedschaftskategorien erweitert, um den
  Anforderungen der neuen Technologien Rechnung zu tragen. So wurden z.B. weitere
  Netzbetreiber, Anbieter von private branch exchange (PBX), private automatic branch exchange (PABX), Internet Service Provider (ISP), Kabel- und Satellitenbetreiber,
  Unternehmensberater, Operatordiensteanbieter, Fraud-Erkennungssystementwick-
  ler, Ermittler sowie Vertreter von verschiedenen Strafvollzugsbehörden Mitglieder
  der Communications Fraud Control Association (CFCA).

  CFCA bietet eine Zertifizierung zum Certified Communication Security Professional
  (CCSP) an. Eine neue Aktivität von CFCA ist der Aufbau einer CFCA Online University. Eine Fraud Alert Library und das Information Sharing Forum bieten den
  Mitgliedern „up-to-the-minute"-Informationen über die aktuellsten Missbrauchsfälle
  und die sich daraus entwickelnden Untersuchungen. CFCA besteht derzeit aus etwa
  200 Mitgliedern weltweit.

- ETNO[14] wurde im Mai 1992 gegründet. Der Primärzweck ist die Herstellung eines
  Dialogs und Informationsaustausches zwischen seinen Mitgliedsfirmen und anderer
  europäischer Organisationen. So tragen sie zur Entwicklung der Politik bei, die ein
  leistungsfähiges und angemessenes ordnungspolitisches Handelsumfeld für den europäischen Telekommunikationsmarkt herstellt. Des Weiteren bietet sie eine Schnittstelle zu Institutionen wie die European Telecommunications Standards Institute (ETSI)
  oder die ITU.

---

[8] European Telecommunications Network Operators Association.
[9] Forum for International Irregular Network Access.
[10] Global System for Mobile Communications.
[11] Communications Fraud Control Association.
[12] Quelle: http://www.cfca.org/about.php, Abruf am 19.10.2011.
[13] Bei den genannten Firmen handelt es sich um Telekommunikationsgesellschaften.
[14] Quelle: http://www.etno.be/Default.aspx?tabid=1089, Abruf am 19.10.2011.

- FIINA[15] ist eine Organisation von internationalen Netzbetreibern, die sich seit 1987 der Bekämpfung des Telekommunikationsmissbrauchs verschrieben haben. Sie wollen damit einen wesentlichen Beitrag zum Schutz ihrer Dienstleistungen und Kunden sowie gegen das Eindringen und den Missbrauch ihrer Services leisten. Die Aktivitäten der FIINA können in fünf Tätigkeitsfeldern zusammengefasst werden:

  - Bewusstseinsförderung,

  - Förderung von optimalen Präventionsverfahren,

  - Praktische Bearbeitung von Vorfällen und Bedrohungen,

  - Netzwerk von Experten auf dem Gebiet Fraud-Erkennung, Fraud-Bekämpfung und Fraud-Prävention,

  - Standardisierung und Interoperabilität.

- GSMA[16] (früher Groupe Spécial Mobile) Association bündelt in 219 Ländern die Interessen von fast 800 Mobilfunk Operatoren sowie von mehr als 200 Firmen in weiteren Umfeld des Mobilfunk. Die GSMA betreibt auch eine eigene Working Group für Fraud und Security im Mobile-Umfeld.

Insgesamt handelt es sich bei den vorgenannten Initiativen und Plattformen um Organisationen, die momentan nur die Telekommunikationsbranche im Fokus ihrer Themengebiete und Aktivitäten betrachten. Noch fehlt es an branchenübergreifenden Organisationsformen, um z.B. Missbrauch zu bekämpfen der lediglich unter Nutzung von Telekommunikationsdiensten geschieht, aber nicht den Netzbetreiber an sich, sondern z.B. den Waren-, Dienste- oder Inhalteanbieter aus einer anderen Branche schädigt. Schaut man sich exemplarisch Fälle aus dem Online-Handel an, wo mit falscher Identität und gestohlenen Kreditkartendaten Waren über onlinegestützte TK-Dienste bestellt und anschließend anonym über Packstationen ausgeliefert werden, so wird einigermaßen greifbar, wie viele verschiedene Gewerke aus unterschiedlichen Branchen an einem einzigen Fall beteiligt sein können und gegebenenfalls in eine Sonderermittlung eingebunden werden müssen.

Zudem muss berücksichtigt werden, wie die Fraud-Erkennung, -Aufarbeitung und -Prävention in global agierenden Unternehmen über verschiedene Unternehmensteile organisiert sein kann, um auch intern eine sinnvolle Vernetzung zu gewährleisten.

---

[15] Quelle: http://paris.fiina2011.pagesperso-orange.fr/About.html, Abruf am 19.10.2011.
[16] Quelle: http://www.gsm.org/about-us/index.htm, Abruf am 19.10.2011.

2 Telekommunikations-Fraud – weltweite Bedrohung für alle Unternehmen

Alle Schäden, die Telekommunikationsunternehmen durch Missbrauch erleiden, müssen an der ein oder anderen Stelle auch wieder ausgeglichen werden.

Wie nachstehend noch gezeigt wird, gibt es recht gute Schätzungen bezüglich der jährlichen Umsatzverluste von TK-Unternehmen durch Fraud. Eine direkte Folge dieser nicht realisierten Umsätze sind verminderte Steuereinnahmen des Staates, welche gegebenenfalls durch Erhöhung anderer Steuern wieder kompensiert werden müssen.

Umsatzausfälle entstehen natürlich nur, weil zuvor eine Dienstleistung erbracht wurde. Die Kosten für diese Dienstleistungen tragen zunächst die betroffenen Telekommunikationsunternehmen und in einigen Fällen auch die betroffenen Kunden, beispielsweise im Falle von Hacking von Telefonnebenstellenanlagen. Diese Kosten müssen zum einen in Form höherer Preise an die Kunden weitergegeben werden, zum anderen wirken sie sich negativ auf bilanzierte Erträge aus, was wiederum steuermindernde Einflüsse haben kann. Hohe Kosten in Unternehmen führen i.d.R. auch zu Personalabbau, was in der Folge wieder den Staat respektive die Allgemeinheit belastet.

In manchen Fällen sind die Fraud-Schäden so hoch, dass TK-Unternehmen oder auch betroffene Kunden in die Insolvenz gehen. Im Falle von TK-Unternehmen ergeben sich hier eventuell Auswirkungen auf den gesamten Kundenstamm, der sich bei Abwicklung des TK-Unternehmens einen neuen TK-Anbieter suchen muss, was oftmals mit Installations- und weiteren Migrationskosten verbunden ist.

Missbräuchlich genutzte Dienste belasten die TK-Netze mit unnötigem und erhöhtem Kommunikationsaufkommen, was – sofern es nicht entdeckt wird – zu Investitionen zur Erhöhung der Netzkapazitäten führt. Diese Investitionen fehlen anschließend an anderer Stelle, etwa beim Netzausbau oder bei der Entwicklung neuer, innovativer Dienste.

Aber auch bei Entdeckung von Fraud hat der abgewickelte Verkehr zunächst eine andere Nutzung der Netzkapazitäten und den zugehörigen Umsatz und somit auch den nötigen Gewinn für neue Investitionen verhindert. Weiterhin kann durch Fraud die Reputation eines Unternehmens nachhaltig geschädigt werden, ein schlechtes Image im Bereich Sicherheit wirkt sich in der Telekommunikationsbranche natürlich umgehend negativ im Vertrieb aus, wenn es z.B. um Angebote für den Netzbetrieb von Geschäftskunden oder Behörden geht, die zuverlässig, hochverfügbar und entsprechend sicher sein müssen.

Durch Fraud verursachte Schäden haben also Auswirkungen in vielen Bereichen der Wertschöpfungskette und wirken sich nicht nur negativ in der Telekommunikationsbranche aus.

Viele Telekommunikationsdienste sind weltweit zugänglich und laufen in Echtzeit ab, die Dienstleistungen werden unmittelbar konsumiert. Daraus folgt häufig, dass die Täter nicht mehr am Ort des Schadens präsent sind und der Schaden unmittelbar entsteht. Stehen dem Fraudster entsprechende Bandbreiten und Automatisierungstechniken zur Verfügung, so können viele gleichzeitige Verbindungen oder Kommunikationsbeziehungen aufgebaut und genutzt werden. Dementsprechend steigert sich auch das Auflaufen von uneinbringlichen Umsätzen und auch der Kosten mit allen oben beschriebenen Auswirkungen.

3 Schadensbetrachtung durch Fraud aus Sicht der Telekommunikationsbranche

Es wurden einige Studien erstellt, welche die Schäden durch Fraud analysieren. So gibt es eine z.B. eine Erhebung der Universität Halle-Wittenberg, die sich besonderes mit der Analyse von Fraud-Schäden im Hell-/Dunkelfeld beschäftigt. Die Betrachtung des Fraud-Potenzials und der daraus resultierenden Schäden ist eine wesentliche Voraussetzung, um das Bewusstsein im Management für Fraud zu schärfen.

In Deutschland findet zurzeit keine zentrale Erfassung von Schäden durch Fraud statt. Es werden in der Polizeilichen Kriminalstatistik des Bundeskriminalamtes (BKA) lediglich die verschiedenen Deliktformen und deren Häufigkeit erfasst. Diese Zahlen beruhen ausschließlich auf Daten der zur Anzeige gebrachten Straftaten. Die Straftaten im Dunkelfeld sind nicht erfasst, da sie nicht bekannt werden. Hierzu zählen auch Straftaten, deren Höhe nicht zur Anzeige führt bzw. die Fälle, die auf andere Art und Weise reguliert werden.

In den USA werden seit Jahren Befragungen in der Telekommunikationsbranche durchgeführt. Der „Fraud Loss Survey" wird von der CFCA alle drei Jahre durchgeführt. Den Telekommunikationsunternehmen werden speziell ausgerichtete Fragen u.a. zu Fraud-Szenarien gestellt. Die Fragen beziehen sich auch auf die strukturellen Daten des jeweiligen befragten Unternehmens. Die Fragen sind so angelegt, um aus der Befragung auch entsprechende Querschnittsinformationen entstehen zu lassen. Diese Informationen lassen Rückschlüsse zu, wie viel Aufwand für die Fraud-Bekämpfung im Verhältnis zum Schaden investiert wurde. Solche Zahlen sind notwendig, um ein Benchmarking für die Telekommunikationsindustrie zu erstellen. Die Studie ist für Deutschland nicht repräsentativ, da lediglich ein deutsches TK-Unternehmen an der Befragung teilnimmt. Die ermittelten Zahlen sind aber dennoch ein verlässlicher Anhaltspunkt für die verschiedenen Fraud-Szenarien und deren Gewichtung in der Fraud-Landkarte.

Tabelle 1: Geschätzte, weltweite Telekommunikationsumsätze und Fraud-Verluste

	2005	2008	2011	% Variance 2008-2011
Estimated Global Telecom Revenues	$1.2T (USD)	$1.7T (USD)	$2.1T (USD)	+26%
Estimated Range of Global Fraud Loss	$60.3B (USD)	$60.1B (USD)	$40.1B (USD)	-33%
% Loss	5.11%	3.54%	1.88%	-1.66%

Quelle: CFCA Fraud Loss Survey 2011.[17]

Der tatsächliche Gesamtschaden in 2008 beläuft sich gemäß der vorgenannten Untersuchung auf rund 76 Mrd. USD, das sind ca. 4,5% des Gesamtumsatzes der Telekommunikationsbranche weltweit der nach den Untersuchungen der Insight Research Corporation für 2008 bei ca. 1,7 Bio. USD liegt.[18]

---

[17] Die Verminderung der Fraud-Verluste um 1,66 Prozentpunkte ergibt sich, da das weltweite Umsatzwachstum stärker ausgefallen ist, als der weltweite Anstieg des Missbrauchs.

[18] Quelle: http://www.insight-corp.com/reports/review08.asp, Executive Summary Report, Abruf am 14.10.2011.

Abbildung 1: Vorherrschende Fraud-Szenarien (weltweit)

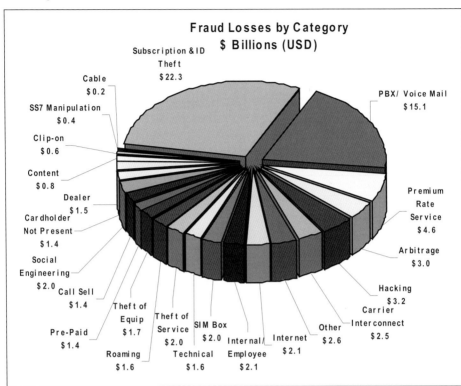

Quelle: CFCA Fraud Loss Survey 2009.

Auch in Deutschland werden Untersuchungen in diesem Kriminalitätsumfeld durchgeführt. Das Bundeskriminalamt (BKA) führt diese Untersuchungen im so genannten „Bundeslagebild" zusammen. Aus dem Bundeslagebild und seinen Statistiken lässt sich eine jährliche Steigerung für die unterschiedlichsten Deliktarten erkennen. Dabei steigen neue Deliktformen schneller gegenüber den eher klassischen Deliktformen. In der folgenden Darstellung aus dem Bundeslagebild 2010 des BKA zu Cybercrime ist dies nachvollziehbar aufgezeigt:

Tabelle 2: Polizeiliche Kriminalstatistik 2010 des BKA zu Cybercrime

Straftaten (-Gruppen)	2010	2009	Veränderung -absolut-	Veränderung -in%-
Computerbetrug	27.292	22.963	4.329	18,9
Betrug mit Zugangsberechtigungen zu Kommunikationsdiensten	7.993	7.205	788	10,9
Datenfälschung, Täuschung im Rechtsverkehr bei Datenverarbeitung	6.840	6.319	521	8,3
Datenveränderung/Computersabotage	2.524	2.276	248	10,9
Ausspähen/Abfangen von Daten	15.190	11.491	3.699	32,2
Cybercrime im engeren Sinne	59.839	50.254	9.585	19,1

Quelle: Bundeskriminalamt – Cybercrime (Informations- und Kommunikations-Kriminalität), Bundeslagebild 2010.

Dazu ist anzumerken, dass die meisten klassischen Telekommunikations-Fraud-Szenarien als Computerbetrug zur Anzeige gebracht werden. Die restlichen Kategorien beziehen sich jedoch auf Tatbestände, wie sie hauptsächlich in Computernetzen anzutreffen sind. Telekommunikationsunternehmen können hier in allen Bereichen betroffen sein, da die meisten Unternehmen neben klassischen Telekommunikationsdiensten wie Sprachvermittlung natürlich auch Datennetze in verschiedensten Ausprägungen zur Verfügung stellen. Auch und gerade bei „Voice over Internet Protocol" (VoIP)[19] wachsen Telefonnetze und Computernetze zusammen und vereinen dabei auch die Bedrohungen aus beiden Welten.

4 Strukturen und Szenarien

Eine Trennung zwischen Fraud-Szenarien in der Telekommunikationsbranche und anderen Branchen lässt sich oft nicht ziehen. Die Handlungen im Fraud-Umfeld sind ähnlich oder sogar die Gleichen. Ein Beispiel ist hierfür der Identitätsdiebstahl. Dieser wird in vielen Bereichen genutzt, um dolose Handlungen durchzuführen.

---

[19] VoIP: Ermöglicht weltweite Sprach- und Videoverbindungen zwischen Nutzern über das Internet, dazu wurden Prozeduren zum Verbindungsauf- und -abbau sowie Dienstmerkmale ähnlich dem ISDN-Protokoll definiert.

Immer häufiger wird eine Identität gestohlen und mit anderen Informationen angereichert. Es werden z.B. Kundendaten von einer Online-Plattform gestohlen und mit Kreditkartendaten verknüpft. Kreditkartendaten sind für die Täter auf vielfältige Weise verfügbar, sie stammen z.B. aus firmeninternen Quellen, die Zugang zu diesen Daten haben, werden von Trojaner-infizierten Rechnern an die Fraudster kopiert oder bei Datendiebstählen aus schlecht gesicherten Firmennetzen erbeutet, um nur einige Wege zu nennen. Die „Underground Economy" betreibt eigene Handelsplattformen, auf denen gültige Kreditkartendaten inklusive Kartenprüfnummer zum Kauf angeboten werden. Diese so angereicherten Daten werden z.B. für den Einkauf in Online-Shops genutzt.

Identitätsdiebstahl wird heute auf verschiedenste Art und Weise betrieben und zu verschiedenen Zwecken missbraucht. Es beginnt beim reinen Hacking von z.B. Online-Accounts, bei dem der Login-Name evtl. bekannt oder einfach zu erraten ist. Zugang erhält man anschließend leicht, in dem häufig vorkommende Passwörter automatisiert durchprobiert werden. Social Engineering[20] ist heutzutage ebenso weit verbreitet. Hierbei werden beispielsweise aus öffentlich zugänglichen Quellen, wie sozialen Netzwerken, Informationen über Opfer gesammelt, deren Identität später in Fraud-Fällen Verwendung findet. Interessant sind hier Name, Geburtsdatum, Wohnort, Bankdaten und andere persönliche Informationen, die anschließend zum Subskriptions-Betrug genutzt werden.[21]

Aufwendiger gestaltet sich dann das Fälschen oder Verfälschen von Ausweispapieren,[22] um anschließend mit einer gefälschten Identität Kreditkarten- oder Mobilfunkverträge oder alle sonstigen Geschäfte abzuschließen, bei denen die Identität des Auftraggebers gegebenenfalls überprüft wird.

Die Daten, die sich in verschiedenen Händen, in verschiedenen Ländern und auf unterschiedlichen Servern befinden, werden international gehandelt und für die unterschiedlichsten strafbaren Handlungen genutzt.

An einem Beispiel kann man die Vorgehensweise deutlich machen. Ein Kunde verfügt bei einem Telekommunikationsunternehmen über einen Telefonanschluss. Dieser Anschluss ist über das Internet administrierbar, der Kunde kann alle Einstellungen selbst vornehmen und modifizieren. So kann der Kunde z.B. Anrufumleitungen einstellen, Sperren veranlassen und aufheben (bspw. eine gesetzte Auslands- oder 0900-Sperre), Passwörter

---

[20] Vgl. hierzu ausführlich den Beitrag von Bédé zu Social Enginering – Ein besonderer Aspekt des Informationsschutzes.

[21] Einzelheiten siehe nachstehend Abschnitt 4.1 „Generische Fraud-Szenarien".

[22] Vgl. hierzu ausführlich den Beitrag von Hessel/Heuser zu Erkennen von ge – und verfälschten Ausweisdokumenten.

für E-Mail-Postfächer einrichten und ähnliche Gefahr bringende Veränderungen initiieren. Sollte ein solcher Account „gehackt" werden, so ergeben sich vielfältige Möglichkeiten, betrügerische Handlungen durchzuführen. Hierunter fallen z.b. das Führen von „kostenlosen" Auslandstelefonaten, Verbindungen zu hochpreisigen Rufnummern, um Auszahlungen zu generieren, oder das Abhören von Mailboxnachrichten zur illegalen Erlangung von Informationen.

Im internationalen Zusammenhang sind bei den Tätern zwei Hauptmotive auszumachen. Zum einen das künstliche Generieren von Verbindungen und damit Umsätzen, um über die angerufene Zielrufnummer eine Auszahlung zu erhalten (z.B. über International Revenue Share Fraud oder Short Stop Fraud). Zum anderen das Erschleichen von Leistungen beispielsweise über PBX Hacking oder Call-by-Call Fraud, um echte Verbindungen, die in Call Shops oder über Calling-Card-Plattformen eingehen, kostenlos mit einem beliebigen Zielanschluss eingehen zu können.[23]

International Revenue Share Fraud oder Short Stop Fraud dient dabei nicht immer der Gewinnerzielungsabsicht, sie eignen sich jeweils auch zur Geldwäsche, wenn der Anrufer seine Verbindungen oder seinen Telefonanschluss als Selbstzahler in bar zahlt und für die Auszahlungen eine belegbare Abrechnung erhält.[24]

Fraud-Szenarien, die ihren Ursprung in Call-Shop- oder Calling-Card-Verkehr haben, können auch mit anderen Straftaten wie z.B. Umsatzsteuerbetrug einhergehen, da die verkauften Telefonminuten oder -karten i.d.R. nicht mit Belegen erfasst werden.

Im Folgenden sind einige generische Fraud-Szenarien beschrieben, die bei Missbrauch verschiedener Telekommunikationsprodukte auch im internationalen Zusammenhang Anwendung finden.

4.1 Generische Fraud-Szenarien

Die generischen Szenarien stehen nicht im Zusammenhang mit einer einzelnen Technologie oder Vorgehensweise, sie beschreiben eher die Absicht eines Fraudsters, die er durch Anwendung der spezifischen Szenarien (siehe nachstehend) erreichen will.

---

[23] Einzelheiten zu den genannten Szenarien siehe nachstehend im Abschnitt 4.2 „Spezifische Szenarien".

[24] Vgl. auch den Beitrag von Hardenberg zu Geldwäscheprävention.

Artificial Inflation of Traffic (AIT) liegt immer dann vor, wenn zwar massenhaft erfolgreiche Verbindungen aufgebaut werden, aber eigentlich keine echte Nutzung der Sprachkanäle erfolgt. In diesem Szenario geht es rein um den Aufbau vieler erfolgreicher Verbindungen. I.d.R. werden Zielrufnummern angerufen, auf die eine umsatzanteilige Auszahlung erfolgt. Sofern sich der Umsatz an der Haltedauer bemisst, wird eine möglichst lange Haltedauer angestrebt. Bei einer Rufnummer mit einem festen Tarif pro Anruf hingegen wird rein auf den Erfolg des Verbindungsaufbaus mit möglichst kurz bemessener Haltedauer abgezielt. Dies wird auch als Hyper Short Duration bezeichnet, da sich aus der extrem kurzen Haltedauer ggf. weitere Kostenvorteile für den Anrufer ergeben. Der AIT-Fraud wird normalerweise mittels automatisierter Anwahl, z.B. über eigene Computer, spezielle Wählgeräte, modifizierte Telefone oder über Schadprogramme auf infizierten Rechnern (z.B. Auto-Dialer) durchgeführt. Da der Kundenschutz in Bezug auf illegale Anwählprogramme in Deutschland sehr stark verbessert wurde, z.B. mittels Inkassoverboten,[25] ist die Nutzung von Auto-Dialern sehr stark zurückgegangen.

Wholesale Fraud liegt vor, wenn Großkunden Dienste mit der Absicht beziehen, die Rechnung nicht zu bezahlen (vgl. nachstehend zu „No Intention to Pay"). I.d.R. werden verschiedene Taktiken angewandt, wie Rechnungseinsprüche und Vertragsdispute, Tarif- oder Qualitätsdispute oder verzögerte oder ausbleibende Zahlungen. Großkunden im Wholesale-Bereich beziehen i.d.R. Leistungen, um sie an Distributoren oder Reseller weiterzuverkaufen. Bezieht statt der Großkunde ein Wiederverkäufer die Dienste, wird von Reseller Fraud gesprochen.

Arbitrage Fraud wird nicht immer als Missbrauch klassifiziert, da dieses Szenario i.d.R. möglich ist, ohne Vertragsbedingungen zu brechen. Bei Arbitrage Fraud wird ein Preisunterschied zwischen zwei Leistungen genutzt. Für den Verursacher, z.B. kann eine Verbindung 15 Cent pro Minute kosten, aber die internationale Verbindung, die für den Zugang zu einem Dienst verwendet wird, wird mit 23 Cent pro Minute basierend auf einem Interconnection-Vertrag abgerechnet. Aus diesem Preisunterschied (franz.: Arbitrage) entsteht einem der beteiligten Netzbetreiber ein wirtschaftlicher Schaden. Lohnenswert für den Verursacher wird das Szenario, wenn ein Teil oder der gesamte Preisunterschied an ihn zur Auszahlung gelangt (vgl. Revenue Share Fraud, International Revenue Share Fraud). Die Ausnutzung in großem Ausmaß wird offensichtlich durch hohe Volumina von Verbindungen zu wenigen Zielrufnummern, die ggf. nur geringen Umsatz pro Ursprungsrufnummer und Minute erzeugen. Jedoch machen hohe Volumina diese Art des Umsatzes durchaus profitabel. Arbitrage Fraud kommt maßgeblich in zwei Ausprägungen vor, im Intercarrier-Bereich als Interconnection-Arbitrage und im Endkundenbereich als Call-by-Call-Arbitrage.

---

[25] Inkassoverbote werden durch die Bundesnetzagentur geregelt.

Bei Call Selling Fraud werden von einem Zwischenhändler Anrufe an einen Endkunden verkauft, die dieser auch tätigt, welche dem Netzbetreiber nicht bezahlt werden. I.d.R. werden Anrufe über ein Bargeldgeschäft möglich gemacht. Die Betreiber sind normalerweise gut organisiert und nutzen einen festen Netzzugang oder mobile Handsets. Die Zielgruppe sind ethnische Gruppen im Ausland, die in ihre Heimat telefonieren wollen. Das Ziel des Fraudsters ist es, innerhalb kürzester Zeit möglichst viele Verbindungen abzuwickeln, um maximalen Umsatz zu erzielen, bevor der Dienst wegen Fraud vom Netzbetreiber gesperrt wird. Der Fraudster macht Profit mit dem generierten Umsatz seiner „Kunden", während der Netzbetreiber die erhobenen Entgelte nicht beitreiben kann. Call Selling wird ermöglicht durch eine Kombination von Fraud-Typen: z.B. Subscription-Fraud und PBX Hacking.

Durch Subscription-Fraud können End- oder Geschäftskunden Leistungen erlangen, in dem sie falsche Details wie Bankverbindung, Adresse etc. angeben. Oft handelt es sich um mehrere missbräuchliche Aufschaltungen von Telefonanschlüssen oder Mobilfunkkarten. Die Absicht besteht darin, den Dienst zu nutzen, ohne zu bezahlen (vgl. nachstehend zu „No Intention to Pay"). Subskriptionsmissbrauch äußert sich in verschiedenen Formen:

- Echtnamenmissbrauch: Der Fraudster gibt echte Kundendaten für den neuen Service an. Dies umfasst gestohlene Identitätsdaten oder gestohlene Kreditkarteninformationen. Das Opfer kann den Täter kennen (Social Engineering).

- Falschnamenmissbrauch: Der Fraudster gibt komplett falsche Kundendetails an, wenn sich die Gelegenheit bietet. Der Fraud wird möglich, wenn der Betreiber nur einen geringfügigen oder keinen Identitäts- oder Kreditcheck durchführt.

- Missbrauch bei Anschlussübernahme: Dieser Missbrauch tritt auf, wenn der Fraudster den Betreiber bittet, bei Anschlussübernahme die Rechnungsadresse zu ändern. Dieser Missbrauch wird ermöglicht, wenn nur eine unzureichende Kundenprüfung stattfindet.

Durch die Verschleierung der wahren Identität wird in solchen Fällen die Ermittlung und Strafverfolgung erheblich erschwert.

No Intention to Pay (NITP) kann typischerweise bei allen Szenarien vorkommen, in denen der Kunde eine kostenpflichtige Telekommunikationsdienstleistung bezieht, mit der Absicht, die erbrachte Leistung nicht zu bezahlen.

Bei NITP lassen sich zwei Varianten beobachten. Zum einen gibt es Szenarien, die darauf abzielen, möglichst direkt zu Beginn der Leistungsabnahme hohe Umsätze zu erzielen, bevor die erste Rechnungsstellung respektive deren Fälligkeit erfolgt. Hierbei werden bevorzugt Endkundenprodukte bezogen.

Zum anderen versuchen Fraudster zunächst eine gute und vertrauensvolle Geschäftsbeziehung aufzubauen. Dies wird erreicht durch Umsätze, die im Rahmen des Geplanten liegen und sich im Lauf der Geschäftsbeziehung immer weiter steigern. Rechnungszahlungen werden zu Beginn regelmäßig und in voller Höhe vorgenommen. Im Laufe der Leistungsbeziehung werden technische Probleme oder Tarifunstimmigkeiten ins Feld geführt, um Zahlungen zu verzögern oder zeitweise ganz einzustellen. Auch vorgebliche Liquiditätsengpässe aufgrund von angeblich getätigten Investitionen oder angeblich ausbleibende Zahlungen von Endkunden eines Resellers werden als Begründung genutzt, um den Lieferanten zur weiteren Leistungserbringung zu veranlassen, ohne an ihn das fällige Entgelt zu entrichten.

Während der Klärung der Zahlungsschwierigkeiten und weiterer Zahlungsmodalitäten läuft der Verkehr unverändert weiter oder erhöht sich sogar. Kurz vor dem Abtauchen des Fraudsters wird der Verkehr massiv erhöht, um möglichst viel Marge aus dem Geschäft herauszuholen.

Netzbetreiber bzw. deren Vertriebsmitarbeiter neigen aufgrund des Vertriebs- und Umsatzdruckes dazu, lange von einer Abschaltung der Leitungen abzusehen, immerhin könnte es sich ja um einen wachstumsträchtigen Kunden handeln, den man nicht verlieren möchte. Der Fraudster kann währenddessen die ausstehenden Beträge immer weiter erhöhen und hat damit immer mehr Druckmittel gegen den Lieferanten in der Hand mit dem Argument, eine Leistungseinstellung zöge die sofortige Insolvenz des Kunden nach sich, was wiederum zur sofortigen Uneinbringlichkeit der bereits aufgelaufenen Forderungen führen würde. Diese Argumentation ist i.d.R. nur vorgeschoben, da die Geschäftsmodelle des Kunden oft auf einem Bargeldgeschäft basieren, wie z.B. bei Callshops üblich. Der Kunde hat also seine Umsätze in aller Regel bereits gesichert, während der Netzbetreiber auf fällige Zahlungen wartet. Auch vereinbarte Zahlungspläne bzw. Ratenzahlungsmodelle werden zur weiteren Verzögerung genutzt, da zunächst Zahlungen geleistet werden, sie im Laufe der Zeit aber verzögert werden oder wieder ganz ausbleiben.

Technischer Missbrauch besteht, wenn Teile des Netzes, der Vermittlungsplattform, des internationalen Gateways oder der Billing-Plattform derart um- oder fehlkonfiguriert werden, dass Dienste ohne oder mit reduzierten Kosten zugänglich sind.

4.2 Spezifische Szenarien

Call-by-Call-Fraud

Für dieses Szenario verwenden Fraudster entweder neue Telefonanschlüsse, mit neu zugeteilten Rufnummern, für die noch keine Nutzungshistorie vorliegt, oder übernehmen bestehende Anschlüsse, die bisher eine gute Zahlungshistorie aufweisen.

Abbildung 2: Typische Anordnung technischer Komponenten beim Call-by-Call-Fraud

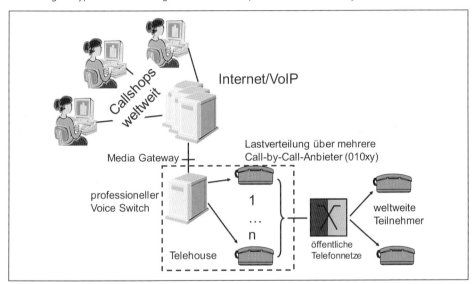

Unmittelbar nach Installation der Anschlüsse wird weltweit verteilter, massenhafter Verkehr generiert, der oftmals von Callshops oder über Calling-Card-Plattformen eingesammelt wird, um dann die Verbindungen über das Call-by-Call-Verfahren (Verbindungsaufbau mit fallweiser Vorwahl von 010xy) endgültig herzustellen. Da in Deutschland über 100 Vorwahlen für Call-by-Call zur Verfügung stehen, können die Umsätze pro genutztem Anschluss und pro genutztem Call-by-Call-Anbieter recht niedrig ausfallen und die Wahrnehmungsschwelle des Fraud-Monitorings unterlaufen. Der Verkehr läuft bei Entdeckung in einem Fraud-Management-System bis zur Sperrung der Anschlüsse oder im schlechtesten Fall bis zum ersten Rechnungslauf des Teilnehmernetzbetreibers. Sofort nach Aufdeckung des Falles werden die genutzten Geschäftsräume oder Installationsadressen der Anschlüsse aufgegeben, beteiligte Personen sind nicht mehr erreichbar. Ziel des Szenarios ist die massenhafte, geschäftsmäßige Terminierung von nationalen und internationalen Telefonverbindungen, ohne die auflaufenden Rechnungsbeträge zu zahlen (vgl. „No Intention To Pay").

Anhand dieses Szenarios lässt sich auch gut erkennen, wie wichtig enge Beziehungen der Fraud-Abteilungen verschiedener Netzbetreiber untereinander sind, da ein solches Szenario eventuell erst deutlich wird, wenn die Erkenntnisse mehrerer Anbieter einfließen.

PBX Hacking (Weiterschaltungs-/Voicemail-Missbrauch): Nebenstellenanlagen (PBX) bieten die Möglichkeit der Anrufweiterschaltung. Damit können Verbindungen ferngesteuert über die PBX aufgebaut, aber nicht dem Anrufer, sondern dem Besitzer der PBX in Rechnung gestellt werden. Dies kann als Alternative zu Calling Cards oder Mobiltelefonen genutzt werden. Der Anrufer wählt eine Zugangsnummer, gewöhnlich über einen Zugang per Tollfree[26]-Nummer oder seine eigene Nebenstellennummer, und wird zur Eingabe einer PIN aufgefordert. Wird eine gültige PIN eingegeben, erhält der Anrufer einen zweiten Wählton von der PBX und kann abgehende Gespräche führen. Das Ziel des Fraudsters ist es, Zugangsnummern und PINs zu erhalten, um auf Kosten des Anlagenbesitzers Verbindungen aufzubauen. Oft werden diese Verbindungen zu ausländischen Zielen oder Premium-Rate-Diensten[27] aufgebaut.

Bei vielen Anlagen bietet das Voicemail-System die Möglichkeit, eine Anrufweiterschaltung zu nutzen. Diese kann dazu verwendet werden, ausgewählte ankommende Anrufe automatisch zu einem externen Ziel weiterzuleiten. Zusätzlich können manche Anlagen dem Anrufer einen erneuten Wählton für weitere, selbstgewählte Verbindungen anbieten, was zu ähnlichen Fraud-Szenarien führt wie beim Weiterschaltungsmissbrauch. Darüber hinaus kann der Fraudster den eigentlichen Besitzer von seinem eigenen Voicemail-System durch Vergabe eines neuen Passworts aussperren. Da Telefonnummern i.d.R. weltweit erreichbar sind, können die Angriffe auf eine Nebenstellenanlage von international verteilten Standorten aus erfolgen, was eine Aufklärung und Strafverfolgung extrem erschwert.

Für Short Stop Traffic lassen Fraudster gezielt Rufnummern oder Rufnummerngassen, von denen bekannt ist, dass sie im eigentlichen Zielland nicht verwendet werden, in einem Transitnetz schalten. Der Transit-Netzbetreiber sammelt den ankommenden Verkehr weltweit ein, vermittelt diesen aber nicht bis ins Zielland, sondern führt ihn im eigenen Netz beispielsweise auf eine Ansage- oder Gewinnspielplattform mit dem Ziel, den Anrufer vom Beenden der Verbindung abzuhalten. In Verbindung mit Artificial Inflation of

---

[26] Tollfree: Kostenfreie Diensterufnummer, auch: Freephone.

[27] Premium Rate Dienste: I.d.R. hochpreisige Telekommunikationsdienste, die über spezielle Rufnummern respektive Vorwahlen (z.B. 0900) erbracht werden. Neben der Telefonverbindung wird eine weitere Dienstleistung angeboten, daher auch als Mehrwertdienst bezeichnet.

Traffic[28] wird u.U. sogar auf die Ansage verzichtet, da ja kein echter Anrufer die Rufnummer gewählt hat. Fraudster und Transit-Netzbetreiber teilen sich dabei die Einnahmen aus den internationalen Interconnection-Entgelten.

Bei PRS Fraud werden Nummern des Premium-Rate-Dienstes (PRS) häufig oder exzessiv angerufen mit dem Ziel, Umsatz und somit Auszahlungen für die Premium-Rate-Rufnummer zu generieren, während für den Anruf weniger als die Auszahlungssumme (Arbitrage) oder gar nichts (Missbrauch) bezahlt wird. Hier zahlt der Serviceprovider an den Kunden aus und kann selbst nur einen Teil oder keine der Anruferkosten einnehmen. Auch wenn ein Netzbetreiber keinen eigenen Premium-Rate-Dienst anbietet, kann er von PRS-Fraud betroffen sein, da Anrufe von seinem Netz zu PRS-Nummern anderer Serviceprovider gehen können. Werden in diesem Szenario ausländische Premium-Rate-Servicenummern oder andere hochpreisige, ausländische Zielrufnummern verwendet, spricht man von International Revenue Share Fraud.

5 Maßnahmen gegen Fraud[29]

Die von der CFCA veröffentlichte Zahl der weltweiten Umsatzverluste durch Telekommunikationsmissbrauch sollte an sich schon genügend Motivation sein, eine Organisation zur Missbrauchsbekämpfung im eigenen Unternehmen aufzubauen, dennoch ist die eigene Erkenntnis, Schäden solcher Art selbst erleiden zu können, wichtig, um Fraud Management als integralen Bestandteil von Unternehmensabläufen anzusehen.

Daher ist neben der Fraud-Erkennung, der Fraud-Bekämpfung und der Fraud-Prävention an sich die Darstellung der erlittenen und vermiedenen Schäden eine notwendige Aufgabe im Unternehmen, um die Wichtigkeit und den Stellenwert des Fraud Managements immer wieder in den Fokus zu rücken.[30]

Ohne dediziertes Fraud Management im Unternehmen werden Umsatzverluste durch Fraud i.d.R. nicht erkannt oder einfach als Forderungsausfälle gebucht, ähnlich wie Insolvenzen von Kunden. Gegen Forderungsausfälle durch Insolvenz lassen sich eventuell noch Versicherungen abschließen, während dies im Falle von Fraud nicht möglich ist.

---

[28] Siehe Abschnitt 4.1 „Generische Fraud-Szenarien".

[29] Vgl. hierzu ausführlich die Beiträge von Zawilla zu strategischen Komponenten im Fraud Management sowie von Wachter zu Präventionsmaßnahmen gegen Mitarbeiterkriminalität.

[30] Vgl. hierzu auch den Beitrag von de Lamboy zu Leistungsindikatoren für das Fraud Management.

Bei näherem Hinsehen kann sich aber auch die ein oder andere vermeintlich plausible Rechnungseinwendung als Fraud-Fall herausstellen. Während z.B. die Buchhaltung noch mit dem Kunden über die möglichen (Teil-)Zahlungen diskutiert, ist die Forderung schon längst uneinbringlich, da der Schädiger eventuell vom Ausland aus agiert hat oder die Firma keine substantiellen Werte besitzt, die schadenmindernd gepfändet werden könnten. In der Telekommunikation können Rechnungseinwendungen von Fraudstern als taktisches Mittel eingesetzt werden, um Zeit zu gewinnen, da durch den gesetzlich verankerten Kundenschutz die Beweislast bei unklarer Rechnungshöhe zunächst auf den Anbieter des Dienstes übergeht. Unklar heißt in diesem Zusammenhang auch „stark erhöht gegenüber den Vormonaten". Bis zur Klärung der Einwendung muss ein Kunde zunächst nur den durchschnittlichen Rechnungsbetrag der letzten sechs Monate entrichten.

Neben dem reinen Fraud Management,[31] deren Phasen in den nächsten Abschnitten beschrieben werden, ist also die Ermittlung und Kommunikation der erlittenen Schäden von großer Bedeutung, u.a. um diese Schäden buchhalterisch korrekt verbuchen zu können oder auch gesetzliche oder selbst erstellte Anforderungen zu erfüllen.

Legt man normale Zahlungsmodalitäten zugrunde, also z.B. Zahlung auf Rechnung mit einem Zahlungsziel von 14 Tagen, so ergibt die Risikobetrachtung ohne Fraud Management, dass Schäden erst nach Rechnungsstellung und ausbleibendem Zahlungseingang als solche zu erkennen sind. Bis zum Erreichen des Zahlungszieles würde kein Monitoring stattfinden und somit könnte auch kein rechtzeitiger Alarm ausgelöst werden. Bei Telekommunikationsdiensten, die nutzungsbasiert abgerechnet werden – klassische Sprachtelefonie beispielsweise – ergibt sich somit das Risiko nicht nur aus dem in Rechnung gestellten Umsatz, sondern auch aus dem Umsatz, der während der 14 Tage bis zum Erreichen des Zahlungsziels weiterläuft. Die folgende Abbildung verdeutlicht diesen Zusammenhang:

---

[31] Vgl. hierzu ausführlich den Beitrag von Zawilla zu strategischen Komponenten im Fraud Management.

Abbildung 3: Zusammenhang zwischen realem und vermiedenem Schaden durch Fraud Management

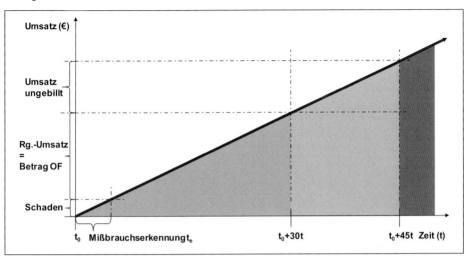

Die vordringlichste Aufgabe von Missbrauchserkennungssystemen[32] ist also das schnelle und zuverlässige Erkennen von möglichem Missbrauch, um schnellstmöglich weitere Untersuchungen zur Vervollständigung des Fallbildes anstoßen zu können. Außer bei reinem High-Usage Monitoring, wo bei Erreichen einer definierten Umsatzschwelle möglicherweise automatische Sperren ausgeführt werden, können klassische Fraud-Management-Systeme nur einen Ansatz im Sinne des begründeten Anfangsverdachts zur Einleitung von Deliktprüfungen bieten.

Reseller- respektive Wholesale-Fraud-Szenarien, bei denen möglichst viel Telekommunikationsverkehr abgewickelt werden soll, bevor Rechnungen endgültig nicht mehr bezahlt werden, basieren häufig auf längerfristigen Geschäftsbeziehungen, bei denen schon ein gewisses Maß an Vertrauen aufgebaut wurde. Dadurch werden Entscheidungen, einen umsatz- und wachstumsträchtigen Kunden vom Netz zu trennen, erheblich erschwert, auch wenn deutliche Hinweise auf Fraud vorliegen sollten. Missbrauchserkennungssysteme müssen also nicht nur Einzelfälle, sondern auch Unregelmäßigkeiten bei ansonsten unauffälligen Kunden erkennen können. Da der Handel mit Telekommunikationsminuten ein extrem volatiles Geschäft darstellt, bei dem Preisunterschiede von 0,1 oder 0,01 Cent zu sofort verändertem Routing der Verbindungen führen, stellen Unregelmäßigkeiten im abgewickelten Verkehr quasi die Regel dar. Umso schwerer ist die Erkennung von Missbrauch, wie Abbildung 4 verdeutlichen soll:

---

[32] Vgl. hierzu die Beiträge von Jackmuth zu Datenanalytik sowie zu unterstützenden Werkzeugen des Fraud Managers.

Abbildung 4: Umsatzfalle „Fraud"

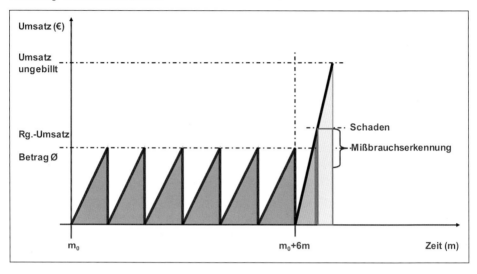

Eine der wichtigsten Maßnahmen gegen Fraud ist demzufolge die Bewusstmachung der Fraud-Schäden und daraus folgend die Einführung des operativen Fraud Managements an sich. Da Täter immer den Weg des geringsten Widerstandes suchen werden, werden sie versuchen, Leistungen von Firmen zu beziehen, deren Fraud Management schlechter als das von anderen Unternehmen ist.

Zielgerichtetes Fraud Management wird sich jedoch nicht nur auf die Entdeckung und Bekämpfung der Fälle beschränken, sondern schon im Bereich der Prävention ansetzen und bestimmte Sicherheitsmerkmale in die Produkte hinein designen.

Die Motivation von Firmen, im eigenen Hause ein Fraud Management einzuführen, wurde bereits im Einführungsbeitrag „Ganzheitliches Fraud Management und der Schlüsselfaktor Mensch" ausführlich beschrieben. Dort sind auch die grundsätzlichen Tätergruppen, mit denen man in Ermittlungsfällen zu tun hat, skizziert. Die Planung zur Ablauforganisation eines Fraud Managements sowie zur Einführung eines Fraud-Management-Systems geschieht dabei möglichst anhand des im Beitrag „Strategische Komponenten im Fraud Management" beschriebenen Plan-Do-Check-Act-Modells (PDCA).

In den folgenden Abschnitten soll etwas spezifischer auf die Situation von Telekommunikationsunternehmen bei der Durchführung des Fraud Managements eingegangen werden. Der Betrachtungsschwerpunkt liegt dabei auf Prävention, Erkennung und Bearbeitung von Missbrauch klassischer Telekommunikationsdienste, wie Sprach- und Mehrwertdienste.

Bei Online-Diensten sowie in Daten und IP-Netzen müssen sehr stark computerorientierte Erkennungsansätze wie Intrusion Detection gewählt werden. Ausgehend von erkanntem Fraud in diesen Datennetzen können in der konkreten Fallermittlung die Untersuchungs- und Beweissicherungsansätze, wie sie im Beitrag „Computer-Forensik"[33] dargestellt sind, hervorragend angewendet werden.

5.1 Fraud-Prävention[34]

Bei der Fraud-Prävention geht es um alle Ansätze, die helfen, Fraud bereits im Vorfeld zu vermeiden oder frühzeitiger als bisher zu erkennen. Präventive Vorgehensweisen sind tiefergehend in einem weiteren Beitrag[35] beschrieben.

Telekommunikationsnetze und deren Elemente bilden quasi den Rohstoff und die Halbzeuge, aus denen Telekommunikationsprodukte entstehen. Sofern es sich nicht um Hardware, sondern um die angebotene Dienstleistung handelt, müssen bereits im Produktdesign (Security as a Service) mögliche Präventionsansätze realisiert werden, da eine genutzte Dienstleistung – die Telefonminute – nicht zurückgeholt werden kann.

Für Hardwarelieferungen können die gleichen Präventionsansätze, wie sie in anderen Warenwirtschaftskreisläufen genutzt werden, genügend Handlungsempfehlungen liefern.

Da jedem Produktdesign andere Schwachstellen innewohnen, die von Tätern ausgenutzt werden können, beginnt also die Prävention bereits in der Produktdesign- und Markteinführungsphase. Dabei sollten neben den technischen Features eines Produktes auch die kommerziellen Bedingungen unter die Lupe genommen werden. In größeren Unternehmen werden dazu Prüfpunkte vorab festgelegt und alle neuen Produkte oder Änderungen bestehender Produkte daran gemessen. Nur wenn die vorgegebenen Prüfbedingen erfüllt wurden, sollte ein Produkt für die Vermarktung freigegeben werden. Bei einer solchen Aufstellung dient die Sicherheit und auch der Datenschutz als Begleiter für neue Produkte oder Services und behindert nicht deren Einführung. Die Implementierung einer solchen Vorgehensweise verhindert in Zukunft teure Anpassungen von Produkten und Services, falls diese fraudanfällig sind.

---

[33] Vgl. hierzu den Beitrag von Becker zu Computer-Forensik.

[34] Vgl. hierzu ausführlich die Beiträge von Zawilla zu strategischen Komponenten im Fraud Management sowie von Wachter zu Präventionsmaßnahmen gegen Mitarbeiterkriminalität.

[35] Vgl. heirzu ausführlich den Beitrag von Jackmuth zu unterstützenden Werkzeugen des Fraud Managers.

Themengebiete, die vom Fraud Management begutachtet werden sollten, können sein:

- Für welche Nutzung ist das Produkt vorgesehen, welche Einschränkungen gelten (z.B. Flatrate-Tarife, die nicht für Business-Anwendungen freigegeben sind)?

- Sind ausländische Ziele oder Sonderrufnummern uneingeschränkt erreichbar?

- Welche Leistungsmerkmale enthält das Produkt, sind diese z.B. vom Ausland aus nutzbar (z.B. Anrufweiterschaltungen, Dreierkonferenzen)?

- Welche Einstellungen kann der Nutzer selbst beeinflussen, wie authentifiziert er sich dafür (z.B. über Online-Portale, nur über Passwort und Login oder weitere Abfragen)?

- Welche Zahlungsmodalitäten sind vorgesehen (Prepaid, Aufladekonto, Postpaid)?

- Welche Sperrmöglichkeiten existieren (technisch sowie rechtlich)?

Das Fraud Management hat dabei die Aufgabe, Schwachstellen im Produktdesign als mögliche Angriffspunkte für Fraudster zu erkennen und abstellen zu lassen. Eine genaue Kenntnis der Produkte ermöglicht dem Fraud Management darüber hinaus, die eigenen Systeme und Prozesse auf die Erkennung und Aufarbeitung möglicher Fraud-Fälle vorzubereiten.

In der Telekommunikation werden zur Fraud-Erkennung i.d.R. Systeme eingesetzt, die Verkehrsdaten aller Telekommunikationsverbindungen überprüfen und bei Abweichungen von vorgegebenen Regeln Alarme produzieren, die einen Ansatz für weitere Untersuchungen bieten.

Für eine zielgerichtete Fraud-Erkennung im laufenden Betrieb ist es hilfreich, wenn Nutzungsprofile mit dem Produktmanagement abgestimmt werden, z.B. das erwartete Verkehrsaufkommen eines Anschlusses im Tagesverlauf, die dann im Fraud-Management-System hinterlegt werden. Abweichungen von diesen Profilen müssen dann zu Alarmen führen, die ein Fraud-Analyst näher untersuchen kann.

Die Erstellung der Profile kann zunächst anhand von Kategorien, z.B. Kundensegmente wie Retail/Corporate/Wholesale, erfolgen, um globale Regeln für jede dieser Kategorien festzulegen. Pro Kategorie und Produkt können dann abweichende oder verschärfende Regeln festgelegt werden. Wichtig ist eine solche Unterscheidung, um bei ähnlichen Verkehrsmustern treffsichere Entscheidungen zu fällen. Telefoniert ein Retail-, also ein Privatkundenanschluss, rund um die Uhr zu ausländischen Zielrufnummern, so dürfte es sich mit ziemlicher Sicherheit um einen Fraud-Fall handeln, während das gleiche Verkehrsmuster für einen Corporate-, also Geschäftskundenanschluss, ambivalent aussähe und für einen Wholesale-, also einen Wiederverkäuferanschluss, mit ziemlicher Sicherheit normal wäre.

Im Weiteren ist es wichtig, die zu überwachenden Verkehrsdaten festzulegen sowie für die turnusmäßige Anlieferung an das Fraud-Monitoring-System zu sorgen. Da breitbandige Telekommunikationsanschlüsse sehr viele parallele Verbindungen gleichzeitig ermöglichen, kann innerhalb einer kurzen Zeit ein relativ hoher Schaden entstehen. Eine Datenanlieferung in kurzen Zyklen ist also daher ratsam. Betrachtet man sich den Abrechnungsprozess in der Telekommunikation, der aus Metering (Messen der Verbindungen), Mediation & Billing (produktweises Aufteilen der Verkehrsdaten & Bepreisung der Verbindungen) und Charging (Abrechnen der Verbindungen) besteht, so steht man beim Design der Datenanlieferung vor der Entscheidung, ob man die Daten direkt nach dem Metering, also sehr schnell bereitstellen möchte, um Verdachtsfälle möglichst frühzeitig erkennen zu können, oder ob man den Durchlauf bei Mediation & Billing abwartet, um den generierten Umsatz in die Montoring-Regeln und Alarme mit einfließen zu lassen. Dies kann einen großen Verlust an Aufdeckungsgeschwindigkeit bedeuten, ermöglicht aber eine bessere Einschätzung der Lage.

Vor der Produktfreigabe müssen hinreichende Testläufe durchgeführt werden, um die Wirksamkeit des Systems und der Regeln zu überprüfen. Dabei sollte auch die erhebliche zu prüfende Datenmenge berücksichtigt werden. Ein Datenverlust aufgrund zu geringer Kapazitäten würde zu erheblichem Risiko führen.

Aber auch innerhalb eines Produktlebenszyklusses sollten die Präventionsmaßnahmen regelmäßig überprüft und angepasst werden. Dazu können so genannte Health Checks dienen, die in Zusammenarbeit mit dem Qualitätsmanagement durchgeführt werden. In einem Health Check kann die gesamte Kette von der Lieferung über Betrieb und Wartung bis hin zur Abrechnung auf Schwachstellen überprüft werden. Festgestellte Schwachpunkte können dann entweder zielgerichtet beseitigt oder beim Fraud-Monitoring berücksichtigt werden. Auch das aktuelle, normale Nutzungsverhalten sollte regelmäßig ermittelt werden, um die Monitoring-Regeln anpassen zu können.

Sofern einem Produkt neue Features hinzugefügt wurden, können diese Änderungen im Rahmen des Health Checks zu weiteren Erkenntnissen führen, die das Fraud-Monitoring und damit die Fraud-Erkennung verbessern.

Eine regelmäßige Überprüfung und Anpassung der Risikoziele muss ebenso durchgeführt werden, um den sich ständig ändernden Trends gerade bei internationalem Fraud entgegnen zu können. Wichtig ist hierbei die Kenntnis von Risikoländern, aber auch von einzelnen Risikozielen wie ausländischen Rufnummern, die für International Revenue Share Fraud verwendet werden.

Das Produkt-Management respektive die Marketingabteilung sollte es darüber hinaus nicht versäumen, spezielle Marketing-Aktionen gegenüber dem Fraud Management anzukündigen, da hierdurch entweder Potenzial für Missbrauch entsteht oder aber massenhaft Alarme aufgrund von sprunghaft geändertem Nutzerverhalten generiert werden, was aber eventuell nur dem gewünschten Erfolg der Aktion zuzusprechen ist.

Sofern ein Fraud-Management-System über die Fähigkeit verfügt, sollten auch Profile von einzelnen Nutzern turnusmäßig neu justiert werden. Anhand der normalen, täglichen Nutzung eines Kunden können Nutzungsprofile erzeugt werden, die dazu führen keinen Alarm auszulösen, wenn der Kunde regelmäßig und gewollt Abweichungen vom Standardnutzungsprofil dieses Produktes zeigt.

Die Fraud-Prävention hört bei der bestmöglichen Vorbereitung der eigenen Prozesse und Systeme nicht auf, sondern muss auch als Querschnittsaufgabe mit anderen Prozessen zusammenwirken.

Ein Ansatz dabei ist das ständige Schaffen eines Risikobewusstseins im Unternehmen, insbesondere bei Vertriebseinheiten und allen anderen Funktionen, die in die Kundenakquise eingebunden sind. Jedem sollte dabei klar sein, welche Risiken es gibt, welche Faktoren ein Risiko erhöhen und daher vermieden werden sollten oder wohin man sich in unklaren Situationen wenden kann.

Weiterhin kann das Fraud Management eng in die Bonitäts- und Identitätsfeststellungsprozesse eingebunden sein und wichtige Hintergrundanalysen oder neueste Erkenntnisse von betrügerischem Vorgehen in diesen Bereichen liefern. Auch die Buchhaltung sollte regelmäßig in Kontakt mit dem Fraud Management stehen, um z.B. anhand auffällig hoher Rechnungen, unklaren oder unbegründeten Rechnungseinwendungen oder Rechnungsrückläufern eine Deliktermittlung einzuleiten. Auch das gemeinsame Monitoring von Spät- oder Nichtzahlern oder anderen Zahlungsauffälligkeiten kann wertvolle Ermittlungsansätze liefern.

Wie eine Deliktermittlung idealerweise ablaufen sollte, ist in einem weiteren Beitrag[36] hinreichend dargestellt und umfasst von der Fraud-Aufdeckung respektive Erkennung

---

[36] Vgl. hierzu ausführlich den Beitrag von Zawilla zu Vorgehensweise bei Sonderuntersuchungen.

über die Fallbearbeitung bis hin zu den Schlussfolgerungen und Präventionsmaßnahmen den gesamten Zyklus des Fraud Managements.

5.2 Fraud-Aufdeckung[37]

Wie im vorigen Abschnitt beschrieben wird im operativen Fraud Management bei Telekommunikationsunternehmen i.d.R. der Telekommunikationsverkehr automatisiert überprüft und anhand zuvor definierter Regeln bewertet. Im ersten Schritt der Fraud-Aufdeckung müssen aus den generierten Alarmen, diejenigen – nach den für das Unternehmen geltenden Regeln – herausgefiltert werden, die einen begründeten Anfangsverdacht für weitere Untersuchungen bieten.

In der Fallanalyse werden die auffälligen Verkehrsdaten und gegebenenfalls weitere Daten beispielsweise zum verwendeten Dienst, zum Nutzer und dessen Bonität und Zahlungshistorie zusammengezogen, um eine umfassende Bewertung des Anfangsverdachtes vorzunehmen.

Die verletzten Monitoring-Regeln oder die Abweichungen zum vorgegebenen Produktprofil oder falls vorhanden zum bisherigen Nutzungsprofil des Kunden müssen ebenfalls in die Bewertung einfließen, um dann die nötigen Maßnahmen veranlassen zu können. Weitere Informationen zur Bewertung des Falles oder des Kunden können unter Nutzung der Kommunikationswege der oben genannten nationalen oder internationalen Organisationen gegen Telekommunikationsmissbrauch eingeholt werden, hilfreich ist natürlich auch ein persönliches Netzwerk der Fraud-Abteilungen der TK-Unternehmen untereinander.

In jedem Fall sollte eine Kontaktaufnahme mit dem Kunden versucht werden, um Hintergründe zu dem Fall zu erfahren. Im Falle von PBX Hacking z.B. ist die Einbindung des Kunden wichtig, um Änderungen der Sicherheitseinstellungen direkt an seiner Anlage empfehlen zu können.

Auch wenn eine Sperre des Anschlusses oder Dienstes unumgänglich ist, sollte der Kunde und auch der eigene Kundendienst rechtzeitig informiert werden, damit der Kunde von der Sperrung nicht überrascht wird und der Kundendienst wiederum die Sperre nicht einfach auf Kundenwunsch aufhebt. Zum einen kann sonst der Angriff unmittelbar fortgesetzt oder gar erst später wieder aufgenommen werden, wenn der

---

[37] Vgl. hierzu die Beiträge von Zawilla zu strategischen Komponenten im Fraud Management sowie zu Vorgehensweise bei Sonderuntersuchungen, von Becker zu Computer-Forensik sowie von Jackmuth zu Datenanalytik im Fraud Management.

Anschluss ohne weitere Absicherung wieder in Betrieb geht, zum anderen kann es sich bei dem betroffenen Kunden auch um den Fraudster selbst handeln. Eine Sperrankündigung hat auch TK-rechtliche und vertragliche Gründe, die zu beachten sind. Da Telekommunikation zur gesetzlich verankerten Grundversorgung der Bevölkerung gehört, sind Sperren von Telefonanschlüssen ohne Vorankündigung nur bei Gefahr im Verzuge respektive Störung der Netzintegrität zulässig. Auch wenn der kontaktierte Kunde selbst – oder ein Innentäter, der beim Kunden kontaktiert wird – der Fraudster sein sollte, so muss er doch in jedem Fall auf Basis des Telekommunikationsgesetzes und ggf. weiterer Gesetze und auf Basis seines Vertrages behandelt werden.

Bereits während der Fallanalyse sollten Erkenntnisse und sichergestellte Dokumente wie Beweise behandelt und dokumentiert werden. Eine saubere Falldokumentation und Beweissicherung sind von großer Bedeutung für den weiteren Fortgang, sei es für die Strafermittlung oder für eigene, weiterführende Ermittlungen oder Präventionsmaßnahmen.

Da das Fraud Management eine Querschnittsaufgabe darstellt, sind nicht nur eigene Ermittlungsergebnisse von Wichtigkeit, sondern es sollten auch Informationen aus anderen Geschäftsprozessen zur Fallbewertung herangezogen werden. Auch ohne konkrete Alarmmeldung aus dem Fraud-Management-System sollte ein regelmäßiger Austausch mit anderen Abteilungen stattfinden, aus dem sich eventuell Ansätze für Fallermittlungen ableiten lassen. Dabei kann das Zahlungsverhalten eines Kunden oder die Analyse von Rechnungseinwendungen konkrete Hinweise auf einen Anfangsverdacht liefern. Insbesondere zur Beurteilung von so genannten „High Spendern[38]" lassen sich hier wertvolle Hinweise gewinnen. Eine Übersicht der möglichst zu beteiligenden Abteilungen und Prozesse und deren regelmäßige Einbindung in Fallermittlungen gibt der Beitrag „Strategische Komponenten im Fraud Management".

5.3   Fraud-Aufarbeitung[39]

Wie bereits weiter oben angedeutet, dient die Aufarbeitung von Fraud-Fällen u.a. der Rückkoppelung von Erkenntnissen in die Prävention. Die Auswertung der Ermittlungsergebnisse von Fraud-Fällen wie auch von ausqualifizierten Verdachtsfällen können zur Verbesserung der Monitoring-Regeln herangezogen werden. So könnten für einen Kunden, der regelmäßig in als Risiko klassifizierte Zielländer telefoniert, beispielsweise nur

---

[38]   High Spender: Kunden mit außergewöhnlich hohen Umsätzen, es handelt sich nicht per se um Missbrauch.

[39]   Vgl. hierzu ausführlich die Beiträge von Zawilla zu strategischen Komponenten im Fraud Management sowie zur Vorgehensweise bei Sonderuntersuchungen.

noch Alarme ab einem definierten Verkehrsaufkommen erzeugt werden. Oder wenn wie im Falle von 0190er-Rufnummern eine ganze Rufnummerngasse von der Bundesnetzagentur aus dem Verkehr gezogen und durch eine andere Gasse (z. B. 0900) ersetzt wird, so muss dies ins Fraud-Management-System einfließen.

Eine gewisse Marktbeobachtung und Kenntnis regulatorischer Vorgaben und Änderung derselben, insbesondere im Bereich der Nummerierung weltweit, sind also weitere Einflussgrößen für Präventionsmaßnahmen, aber diese sind ebenso wichtig sowohl für die Fraud-Erkennung als auch für die Fraud-Ermittlung.

Die Rückkoppelung muss aber auch andere Abteilungen und Prozesse erreichen, wie u. a. den Vertrieb, die Bonitäts- und Identitätsprüfung, die Finanzabteilung aber auch die Liefer- und Entstörungsprozesse sowie alle Prozesse, die direkten Kundenkontakt abbilden. Dies alles und auch regelmäßige Informationen an die gesamte Belegschaft dienen der Schaffung eines Risikobewusstseins, um alle strategischen Komponenten des Fraud Managements immer wieder zu sensibilisieren und einzubinden.[40]

Erkenntnisse aus Fraud-Fällen und Best Practises in der Prävention sollten auch brancheninternen zwischen TK-Unternehmen geteilt werden, sei es über die Plattformen der Organisationen gegen TK-Missbrauch oder über das eigene Netzwerk zwischen den Fraud-Abteilungen. Der Austausch über organisierte Plattformen bietet i. d. R. den Vorteil der besseren Reichweite und der gemeinsamen Dokumentation von Erkenntnissen, was wiederum in einer gemeinsamen Fachsprache und damit schnellerer Verständigung der Experten untereinander münden kann.

Natürlich muss vor all dem über die nötigen Maßnahmen entschieden und diese durchgeführt werden, müssen Beweise gerichtsverwertbar gesichert und eine entsprechende Dokumentation erstellt werden, um gegebenenfalls bis hin zu einer zivil- und strafrechtlichen Verfolgung des Falles bestmöglich gerüstet zu sein.[41]

Fallrelevante Verbindungs- und Abrechnungsdaten unterliegen ebenso wie alle Verbindungsdaten dem Fernmeldegeheimnis und müssen speziell gesichert werden, damit sie nicht im Rahmen der gesetzlichen Vorgaben zur Löschung von Verbindungs- und Abrechnungsdaten vor Ende der Ermittlungen gelöscht werden. Ebenso sollten die Verbindungs- und Abrechnungsdaten für die Strafverfolgung nur im Zuge des gesetzlich

---

[40] Vgl. hierzu ausführlich den Beitrage von Zawilla zu strategischen Komponenten im Fraud Management.
[41] Vgl. hierzu ausführlich den Beitrag von Zawilla zu Vorgehensweise bei Sonderuntersuchungen.

zulässigen Auskunftsersuchens zur Verfügung gestellt werden. Diese Daten dürfen auch intern nicht ohne weiteres zugänglich gemacht werden, sondern dürfen nur von Personen, die aufgrund ihrer Rolle in den Ermittlungen diese Daten benötigen, gehandhabt werden. Eine Aufnahme dieser Daten in den Abschlussbericht ist somit nicht geboten, stattdessen sollte hierfür eine anonymisierte Darstellung der Verbindungen ausreichen.

6 Fazit

Telekommunikationsunternehmen sind von Fraud in mehrfacher Hinsicht betroffen. Auf der einen Seite stehen die Angebote der TK-Unternehmen zur Disposition von Tätern, die diese Dienste unentgeltlich oder zum Nachteil des TK-Unternehmens nutzen wollen. Auf der anderen Seite werden alle möglichen Geschäftsmodelle unter Nutzung der Telekommunikationsdienste angeboten. Auch diese Geschäftsmodelle können über den Weg der Telekommunikation von Tätern kompromittiert und ausgebeutet werden. Dabei wird der Vorteil der weltweit flächendeckenden und kostengünstigen Verfügbarkeit von Telekommunikationsdiensten und deren einfache Handhabung zu ihrem größten Nachteil.

Fraud Management aus dem Blickwinkel der Internen Revision

Michael Helfer

1 Aufgabenabgrenzung der Internen Revision

1.1 Fraud Prevention, Detection und Auditing

Das Fraud-Risiko in Unternehmen wies in den letzten Jahren eine zunehmende Tendenz auf.[1] Insbesondere seit dem Ausbruch der Finanzmarktkrise ist eine deutliche Zunahme des internen und externen Betrugs zu verzeichnen.[2] Es ist zu konstatieren, dass die Krise einen signifikanten Einfluss auf die Integrität verschiedenster Interessengruppen hat.[3] Die für die betrügerischen Handlungen relevanten Delikte ergeben sich diesbezüglich aus dem Vortatenkatalog des § 261 des Strafgesetzbuches (StGB).[4]

Vor dem Hintergrund eines angemessenen Risikomanagements sind daher Systeme und Verfahren zur Vorbeugung (Prevention), Aufdeckung (Detection) und Prüfung (Auditing) von Fraud zu implementieren.

- Fraud Prevention umfasst im Wesentlichen die Teilbereiche Unternehmens- und Wertekultur, Geschäftsstrategie, Leitbild, Verhaltenskodex und internes Kontrollsystem,

- Fraud Detection umfasst die Identifizierung von Risiken für betrügerische Handlungen im Unternehmen, beispielsweise durch computergestütztes Monitoring auffälliger Geschäftsvorfälle.[5]

- Fraud Auditing umfasst die Analyse von risikobehafteten Organisationseinheiten, Tochtergesellschaften und Unternehmensprozessen auf Fraud-Risiken. Schwerpunkte sind dabei die Aufklärung von eingetretenen dolosen Handlungen im Unternehmen und die strukturierte Prüfung interner Kontrollen sowie fraud-gefährdeter Geschäftsvorfälle. Weitere Aufgaben bestehen in der Beratung der Fachbereiche sowie der Schadenermittlung. Ergänzend kann Hilfestellung bei der Rückführung von Vermögenswerten geleistet werden. Ferner gehört gemäß dem Berufsstandard 2110 des Institute of Internal Auditing (IIA) das Fördern ethisch angemessener Normen und Werte in der Organisation dazu. Diese Aufgaben werden regelmäßig durch die Interne Revision eines Unternehmens wahrgenommen.

---

[1] Eine umfassende Darstellung anhand von Beispielen von 127 öffentlichen US-Firmen bietet COSO, 2010, Fraudulent Financial Reporting 1998-2007.

[2] Vertiefende Darstellungen in Brühwiler, B./Romeike, F., 2010, Praxisleitfaden Risikomanagement, S. 23-36.

[3] Vgl. PwC, 2009, Studie Wirtschaftskriminalität.

[4] Vgl. den Beitrag von Kühn zu den juristischen Grundlagen des Fraud Managements.

[5] Vgl. den Beitrag von Jackmuth zu Datenanalytik.

Vor dem Hintergrund vergleichbarer Aufgabenstellungen im Unternehmen, wie z.B. Compliance, Risikomanagement etc., ist eine eindeutige Aufgabenabgrenzung über entsprechende Geschäftsverteilungspläne, Organigramme und Stellenbeschreibungen erforderlich.[6]

1.2 Rollenverständnis der Internen Revision

Im Folgenden sollen Aufgaben und Funktionen der Internen Revision und deren organisatorische Einordnung im Unternehmen näher beleuchtet werden, um mögliche Gemeinsamkeiten aber auch Abgrenzungen zu anderen Organisationseinheiten aufzeigen zu können. Die Rolle der Internen Revision hat sich insbesondere mit Einführung des Gesetzes zur Kontrolle und Transparenz im Unternehmensbereich (KonTraG) vom 02.05.1998 stark gewandelt. In den neunziger Jahren war die Tätigkeit der Internen Revision noch stark geprägt von der *ex-post*-Überprüfung einzelner Geschäftsvorfälle. Mit Beginn des neuen Jahrtausends wandelte sich diese Tätigkeit sukzessive in Richtung einer Überprüfung der Unternehmensprozesse bei gleichzeitiger Reduzierung der Einzelfallprüfungen. Auch ein zunehmender Kostendruck hat dazu geführt, dass sich die Interne Revision hinsichtlich ihrer Aufgabenstellung in Frage gestellt hat bzw. in Frage stellen musste. Die Unternehmensleitungen fordern heutzutage einen Beitrag zur Steigerung der Unternehmensleistung ein. Die Revision soll einen Mehrwert für das Unternehmen erbringen.[7]

Hierzu wird in den IIA-Standards zur Internen Revision ausgeführt: „Die Interne Revision erbringt unabhängige und objektive Prüfungs- und Beratungsdienstleistungen, welche darauf ausgerichtet sind, Mehrwerte zu schaffen und die Geschäftsprozesse zu verbessern. Sie unterstützt die Organisation bei der Erreichung ihrer Ziele, indem sie mit einem systematischen und zielgerichteten Ansatz die Effektivität des Risikomanagements, der Kontrollen und der Führungs- und Überwachungsprozesse bewertet und diese verbessern hilft.[8]"

---

[6] Vgl. den Beitrag von Jackmuth/Pauthner/Zawilla zu Compliance Management und Fraud Management.

[7] Vgl. IIA Audit Executive Center, 2010, Emerging Trends in Fraud Risk.

[8] Vgl. IIA, 2009, Internationale Standards für die berufliche Praxis der Internen Revision, S. 5.

Um diesen Anspruch mit Leben zu füllen, muss die Interne Revision sich selbst ein Leitbild geben und ihre eigene – an der Unternehmensstrategie orientierte – Revisionsstrategie definieren.[9] Diese sollte sich insbesondere aus folgenden Bestandteilen zusammensetzen:

- gesetzliche und andere externe Anforderungen,

- interne Anforderungen (z.B. durch Qualitätsmanagement oder das Aufsichtsorgan),

- geschäftsstrategische Ausrichtung des Unternehmens,

- Risikoappetit/Risikopolitik der Unternehmensleitung,

- Zustand des Internen Kontrollsystems (IKS) und des Risikomanagementsystems (RMS),

- Selbstverständnis der Internen Revision.

1.3 Abgrenzung zu anderen Bereichen

Die komplexen Unternehmensprozesse und Gefährdungspotenziale eines Unternehmens erfordern zudem ein konzertiertes Zusammenarbeiten aller verantwortlichen Bereiche. Daher muss vor dem Hintergrund zahlreicher Aufgabenüberschneidungen in den einzelnen Themenstellungen im Unternehmen (Abbildung 1) eine eindeutige Festlegung der Aufgaben, Kompetenzen, Verantwortlichkeiten, Kontrollen und Kommunikationswege erfolgen.

---

[9] Vgl. Barsch, R., 2008, Erarbeitung/Anpassungen Revisionsstrategie, S. 135-153.

Abbildung 1: Aufgabenabgrenzung der internen Unternehmenseinheiten

Einheit \ Aufgabe	Identifikation und -beurteilung von Risiken	Überprüfung der Wirksamkeit von IKS und RMS	Vorschlagen von Verbesserungen	Umsetzen von Risikomaßnahmen	Durchführen einer Maßnahmenverfolgung	Bericht erstatten an die Unternehmensleitung
Fraud	✓	✓	✓	✓	✓	✓
Organisation	✓		✓		✓	✓
Internes Kontrollsystem (IKS)	✓	✓	✓	✓		
Qualitätsmanagement (QM)	✓	✓	✓		✓	✓
Risikomanagement (RMS)	✓	✓	✓		✓	✓
Compliance	✓	✓	✓		✓	✓
Interne Revision	✓	✓	✓		✓	✓

Diese Vorgehensweise bedingt aber auch, sich mit dem eigenen Rollenverhalten auseinanderzusetzen. Dazu gehört auch, eben keine operativen Aufgaben (Implementierung von Prozessen, Festlegung von Kontrollen, Schulung von Mitarbeitern, regelmäßige Kontrolle von Geschäftsvorgängen etc.) wahrzunehmen. In zahlreichen Unternehmen ist zu beobachten, dass die Interne Revision neben ihren originären Aufgaben zahlreiche weitere Tätigkeiten wahrnimmt, die nicht in ihren Zuständigkeitsbereich fallen (z.B. Bearbeitung staatsanwaltlicher Ermittlungen, Durchführung des Beschwerdemanagements, Freigabe von Arbeitsanweisungen, Projektleitungen, Schreiben von Arbeitsanweisungen, Erstellung von Risikomanagement- und Controlling-Reports etc.). Interne Revisoren dürfen keine Geschäftsprozesse beurteilen, für die sie zuvor verantwortlich waren bzw. an denen sie verantwortlich mitgewirkt haben.[10] Insofern würde eine spätere Prüfung von eigenverantwortlich eingeführten Prozessen materiell zu Problemen führen, da möglicherweise die Objektivität[11] eingeschränkt sein kann und ggf. auch „blinde Flecken"[12] entstanden sind, die dazu führen können, dass Risiken nicht erkannt bzw. richtig eingeschätzt werden. Es ist jedoch möglich bzw. zumeist sogar erwünscht, dass Interne Revisoren Beratungsleistungen für Geschäftsprozesse erbringen können, für die sie früher Verantwortung getragen haben.[13]

Die Interne Revision muss daher darauf achten, dass sie grundsätzlich nur entsprechend ihrer Rolle tätig wird (und somit nicht Aufgaben der Fachbereiche beziehungsweise der Steuerungsbereiche wahrnimmt). Eine klare Abgrenzung und Aufgabenverteilung der übergeordneten Themen mit den zentralen Steuerungs- bzw. Stabsbereichen (Risikomanagement, Controlling, Rechnungswesen, Organisation, Qualitätsmanagement, Compliance, Fraud etc.) ist erforderlich, um sicherzustellen, dass die Kontroll- und Reporting-Aufgaben angemessen durchgeführt werden.[14] Dies gilt insbesondere beim übergeordneten Fraud-Thema.

1.4 Modellorganisation – die drei Verteidigungslinien

Um Doppelarbeiten zu vermeiden (Effizienz) und eine angemessene Handlungssicherheit zu bewirken (Effektivität), eignet sich im Kontext des Fraud-Themas eine Organisation entsprechend dem Modell der drei Verteidigungslinien. In der ersten Verteidigungslinie befinden sich die Organisationseinheiten, die für die Implementierung des IKS zuständig sind. Dabei handelt es sich regelmäßig um so genannte Front-Office-Einheiten, die – entsprechend sensibilisiert und geschult – „Augen und Ohren" des Unternehmens bezüglich des Fraud-Risikos darstellen.

---

[10] IIA, 2009, Standard 1130.A1.

[11] IIA, 2009, Standard 1120.

[12] Blinder Fleck: Sachverhalte, Verhaltensweisen, Zusammenhänge etc., die von einer Person (z.B. Interner Revisor) nicht wahrgenommen werden, aber Dritten sehr wohl bekannt sind.

[13] IIA, 2009, Standard 1130.

[14] Weiterführende Diskussionsansätze in Schmelter, H., 1998, Die neue Rolle der Internen Revision, S. 58-64.

Beispiel: Im Rahmen einer Kontoeröffnung in einer Bank muss grundsätzlich eine Legitimationsprüfung unter Vorlage entsprechender Ausweisdokumente erfolgen. Die diesbezüglich verantwortlichen Bankmitarbeiter müssen aktuelle Betrugsmuster und Vorgehensweisen kennen und ein Kontrollbewusstsein haben, welches sicherstellt, dass entsprechende Kontrollhandlungen auch tatsächlich im materiellen Sinne durchgeführt werden.

In der zweiten Verteidigungslinie erfolgen regelmäßige Überwachungsmaßnahmen und Kontrollen bezüglich der Angemessenheit des IKS in der ersten Verteidigungslinie. Diese wird wahrgenommen durch die zentralen Steuerungs- und Stabsbereiche, welche bezogen auf ihre fachliche Zuständigkeit eine zentrale Überwachungsverantwortung für das IKS haben. Des Weiteren sind Veränderungen der Rahmenbedingungen zu erfassen und auf ihr Gefährdungspotenzial hin zu analysieren. Weitere denkbare Aufgaben bestehen in der Schulung und Sensibilisierung der Mitarbeiter in der ersten Verteidigungslinie.

Die dritte Verteidigungslinie besteht aus der Internen Revision mit der Zuständigkeit für die Durchführung von Prüfungen (Abbildung 2).

Abbildung 2: Drei Verteidigungslinien

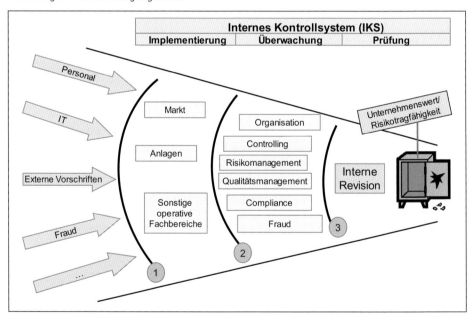

Die Interne Revision hat ihren Wandel hin zu einer strategisch operierenden Einheit für das unternehmensweite Risikomanagement dabei noch nicht vollständig abgeschlossen. Daher sollte sie sich von ihrem klassischen Rollenverhalten lösen und sich im Sinne einer starken Risikoorientierung in die Entscheidungsgremien und -prozesse aktiver als bisher einbringen und eine aktive Rolle im Risikomanagement wahrnehmen. Dazu gehört, entsprechend der Prüfungsverantwortung in der dritten Verteidigungslinie, die implementierten IKS-Bestandteile – inkl. der Überwachungsfunktionen – einer risikoorientierten Prüfung zu unterziehen. Ferner sollte sich die Interne Revision stärker im Rahmen von *ex-ante*-Handlungen engagieren. Hier ist die Begleitung von Neuprodukteinführungen, Projekten, Unternehmensauslagerungen, Hard- und Softwareänderungen sowie der Erstellung einer Gefährdungsanalyse zu nennen. Gleichwohl entbindet eine stärkere *ex-ante*-Tätigkeit nicht von risikoorientierten, zeitnahen *ex-post*-Prüfungshandlungen.

Insgesamt ist sicherzustellen, dass bezogen auf die Verbindlichkeit der Definition der Internen Revision das Rollenverständnis in der Geschäftsordnung der Internen Revision berücksichtigt sein muss. Der Leiter der Internen Revision sollte zudem die Definition der Internen Revision mit der Unternehmensleitung und dem Überwachungsorgan besprechen.[15]

2 Fraud Management im Planungsprozess der Internen Revision

2.1 Prüfungsplanung der Internen Revision

Die Interne Revision muss die Möglichkeit des Auftretens doloser Handlungen und die Vorgehensweise der Organisation bei der Steuerung des Risikos doloser Handlungen beurteilen.[16] Dieses sowie weitere Prüffelder werden in einem Prüfungsuniversum festgehalten und hinsichtlich der Risikokriterien und entsprechend der Unternehmensziele priorisiert.[17] Verantwortlich für die Prüfungsplanung ist der Leiter der Internen Revision. Er legt in der Planung die Prioritäten nach Risikokriterien und entsprechend der Unternehmensziele fest.[18] Der Leiter der Internen Revision berücksichtigt dabei das Risikomanagementkonzept der Organisation, einschließlich der vom Management festgesetzten Risikoakzeptanzniveaus für die verschiedenen Aktivitäten und Teile der Organisation. Wenn ein solches Konzept nicht existiert, bewertet der Leiter der Internen Revision nach Rücksprache mit der Unternehmensleitung und dem Überwachungsorgan die Risiken nach eigenem Ermessen. Grundlage des Planungsprozesses ist ein umfassen-

---

[15] Vgl. IIA, 2009, Standard 1010.
[16] Vgl. IIA, 2009, Standard 2120.A2.
[17] Vgl. IIA, 2009, Standard 2010.
[18] Vgl. IIA, 2009, Standard 2010.

des Audit Universe, in dem alle Aktivitäten und Prozesse abgebildet werden. Das Prüfungsuniversum sollte mindestens jährlich auf Aktualität und Vollständigkeit überprüft werden.[19]

Der Prüfungsplanungsprozess der Internen Revision ist zweistufig auszugestalten:

- Stufe 1: Risikoanalyse auf Unternehmensebene;

- Stufe 2: Risikoanalyse auf Prozessebene (ggf. inkl. Organisationseinheiten).

Im Rahmen einer umfassenden Risikoanalyse muss eine Würdigung des Fehlerrisikos, bestehend aus den inhärenten Risiken und den Kontrollrisiken, erfolgen.[20] Die inhärenten Risiken stellen dabei die Anfälligkeit für das Auftreten von wesentlichen Risiken (z.B. Fraud) dar. Ein bestehendes IKS wird hier zunächst nicht berücksichtigt.

2.2   Inhärente Fraud-Risiken

Durch die Würdigung der inhärenten Risiken soll erkannt werden, welche Arten von Fehlern aus den festgestellten inhärenten Risiken resultieren und wie hoch die Wahrscheinlichkeit solcher Fehler unter Berücksichtigung des IKS ist. Hinsichtlich der inhärenten Fraud-Risiken sind im Wesentlichen folgende Faktoren zu betrachten, die ggf. auch Indizien für Unregelmäßigkeiten und Fehler sein können:

- Geschäftsstrategie/Risikostrategie inkl. Unternehmensleitbild und Unternehmensplanung;

- Integrität oder Kompetenz der Unternehmensleitung (z.B. Beherrschung der Unternehmensleitung durch eine oder wenige Personen, ohne dass ein wirksames Aufsichtsorgan vorhanden ist);

- risikoreiche bzw. neue Geschäfte/Märkte;

- Vermögens-, Finanz- und Ertragslage;

- Ausgestaltung des Risikomanagements/IKS;

- Marktumfeld (Marktstellung, Konjunktur, Konkurrenz etc.);

- Änderungen von Gesetzen und aufsichtsrechtlichen Bestimmungen;

---

[19]   Weiterführende Darstellungen in Scherf, C., 2007, Erstellung eines risikoorientierten Prüfungsuniversums nach COSO II, S. 151-207.

[20]   Vgl. IDW, 2009, Prüfungsstandard 261 Feststellung und Beurteilung von Fehlerrisiken.

- undurchsichtige Organisationsstrukturen;

- aggressive Ausnutzung von Wahlrechten und Beurteilungsspielräumen durch das Management;

- fehlende Bereitschaft zur Verbesserung des internen Kontrollsystems;

- fehlende Bereitschaft der Unternehmensleitung, unterjährig bekannt gewordene Fehler in der Buchhaltung zeitnah zu korrigieren;

- häufiger Personalwechsel in Führungspositionen;

- dauerhafte personelle Unterbesetzung der Buchhaltungsabteilung;

- kritische Unternehmenssituationen (z.B. schrumpfende, stagnierende oder auch zu stark expandierende Geschäftstätigkeit, unzureichende Risikotragfähigkeit, ungünstige Ergebnisentwicklung, risikoreiche Ertragsquellen oder steigender Anteil der nicht betrieblichen Erträge; Kompensierung von Ergebnisminderungen im operativen Geschäft durch Sondermaßnahmen);

- ungewöhnliche Geschäfte (z.B. Geschäfte mit wesentlichen Gewinnauswirkungen am Jahresende);

- komplizierte Geschäfte oder ungewöhnliche Bilanzierung von Geschäften;

- Geschäfte mit nahe stehenden Personen;

- im Verhältnis zur erhaltenen Leistung überhöhte Ausgaben für Vermittlungsprovisionen und für Rechts- oder Unternehmensberatung;

- Schwierigkeiten bei der Erlangung von Prüfungsnachweisen (z.B. mangelhafte Buchung oder Dokumentation von Geschäftsvorfällen, hohe Zahl von Differenzen zwischen den Ergebnissen der Buchführung und den Bestätigungen Dritter);

- schwer prüfbare Buchführungssysteme;

- ausweichende oder schwer nachvollziehbare Auskünfte des Managements zu Anfragen des Abschlussprüfers;

- hohe ergebnisabhängige Vergütungen für Mitarbeiter in leitender Funktion;

- unangemessen kurze Zeit zur Erstellung des Abschlusses;

- starker Druck auf das Management, die eigenen (eventuell bereits veröffentlichten) Ergebniserwartungen oder die Erwartungen Dritter wie Analysten oder institutionelle Investoren zu erfüllen.

Im Idealfall kann eine bereits durch den Fraud-Beauftragten (sofern vorhanden) erstellte Gefährdungsanalyse herangezogen werden.[21] Dabei ist durch eine Plausibilisierung sicherzustellen, dass eine hinreichende Verlässlichkeit der dargestellten Annahmen und Analysen besteht.

2.3 Kontrollrisiko im Fraud-Kontext

Das Kontrollrisiko besteht darin, dass wesentliche Fehler durch das IKS nicht verhindert, aufgedeckt und korrigiert werden. Bezüglich der Fraud-Kontrollrisiken ist das Augenmerk auf folgende Aspekte zu legen:

- Kontrollumfeld (Bedeutung von Integrität, Werteverständnis),

- Kontrollbewusstsein,

- Organisationsstruktur (klare Darstellung von Aufgaben, Kompetenzen und Verantwortlichkeiten, Kontrollen und Kommunikationswegen im Sinne einer Funktionstrennung), dargestellt durch Geschäftspläne, Organigramme und Stellenbeschreibungen,

- Prozessabläufe,

- Mitarbeiter (Qualifikation, Loyalität, Fluktuation),

- risikobegrenzende Maßnahmen (Risikoappetit, Richtlinien, Instrumente),

- Managementinformationssystem,

- Rechnungswesen (Grad der Automatisierung),

- Schriftlich Fixierte Ordnung (SFO) bestehend aus Richtlinien, Rahmenbedingungen sowie einer Dokumentation der Arbeitsabläufe.

Ziel der Risikoanalyse ist, festzustellen, ob das Unternehmen durch die Einrichtung eines wirksamen internen Kontrollsystems auf die möglichen bzw. festgestellten inhärenten Fraud-Risiken angemessene Kontrollverfahren implementiert hat.[22] Dabei ist auch zu würdigen, inwieweit das IKS durch eine adäquate Aufbauorganisation, verbunden mit angemessenen Funktionstrennungen und Kontrollen unterstützt und gestärkt wird. Ein wirksames und effizientes IKS basiert letztlich auf einem systematischen Vorgehen, welches ein kritisches, regelmäßiges Hinterfragen einschließt:

---

[21] Vgl. den Beitrag von Jackmuth/Zawilla zur Fraud-Gefährdungsanalyse.

[22] Weiterführende Darstellungen in Peemöller, V./Kregel, J., 2010, Grundlagen der Internen Revision, S. 185-218.

- Sind alle wesentlichen Fraud-Risiken aus den operativen Geschäftsprozessen bekannt?

- Existieren Maßnahmen, welche die wesentlichen Fraud-Risiken auf ein für das Unternehmen tragbares Niveau reduzieren?

- Erhalten die Organe die Sicherheit, dass das IKS tatsächlich wirksam und effizient betrieben wird?

- Erlauben die Organisation und die Unternehmenskultur eine kontinuierliche Verbesserung von Prozessen und Kontrollen?

Sofern auch nur eine Frage mit „Nein" beantwortet wird, ist Handlungsbedarf erforderlich.

2.4   Risikoanalyse auf Unternehmensebene (Stufe 1)

Mit der Risikoanalyse auf Unternehmensebene (Stufe 1) erfolgt eine Erhebung endogener und exogener Faktoren (z.B. Gesetzesänderungen, Strategien, Markt). Im Regelfall werden entsprechende Analysen bereits im Strategieprozess des Unternehmens erstellt bzw. käuflich erworben, so dass die Interne Revision darauf zurückgreifen kann. Ziel ist es dabei, Risiken für das Unternehmen zu erkennen und zu analysieren, für welche Prüffelder diese eine Relevanz haben.

Beispiel: Die Erweiterung von Standorten im osteuropäischen Ausland kann – neben den erhofften Geschäfschancen – auch unerwünschte Risiken wie z.B. Korruption mit sich bringen. Wird eine derartige Gefährdung für möglich gehalten, so ist zu überlegen, ob das interne Kontrollsystem im Beschaffungsprozess angemessen ist. Selbstverständlich sind auch übergeordnete Fragestellungen zu überprüfen (z.B. aktuelles Werteverständnis, wahrgenommene Integrität, Aktualität des Code of Conduct etc.).

2.5   Risikoanalyse auf Prüffeldebene (Stufe 2)

In der Stufe 2 erfolgt dann eine Risikoanalyse auf Prüffeldebene durch eine Einschätzung der Prüffelder (Prozesse und Aktivitäten) mit dem Schwerpunkt IKS. Diese Bewertung der Prüffelder hat auf der Grundlage eines systematischen Verfahrens zu erfolgen.[23] Die Kriterien der Risikobeurteilung sollten dabei im Wesentlichen das aktuelle Risikoprofil des Unternehmens abbilden. In jedem Fall ist das Fraud-Risiko als Bestandteil der inhärenten Risiken zu würdigen.

---

[23]   Vgl. IIA, 2009, Standard 2010.A1.

Um eine angemessene Beurteilung zu bewirken, sollte sich die Risikoanalyse auf die Schlüsselkontrollen[24] in den Prozessen fokussieren. Eine Schlüsselkontrolle im Beschaffungsprozess wäre z. B. die Trennung der Funktionen „Feststellung der Richtigkeit einer Rechnung" und „Bezahlung einer Rechnung".

Auf der Basis der Ergebnisse der Risikoanalyse erfolgt eine Ableitung der Prüfungshandlungen (Prüfungsstrategie). Diesbezüglich muss die Interne Revision bei der Festlegung der Prüfungsziele die Wahrscheinlichkeit berücksichtigen, dass wesentliche Fehler, dolose Handlungen, Regelverstöße sowie sonstige Risikopotenziale vorliegen und Vorschriften nicht eingehalten werden.[25]

Das zentrale Ziel der Internen Revision sollte es sein, der Unternehmensleitung ständig einen fundierten Überblick über den Zustand des IKS/RMS zu verschaffen. Das Fraud-Thema sollte dabei ausdrücklich beschrieben werden:

- Einschätzung des inhärenten Fraud-Risikos;

- Einschätzung des Fraud-Kontrollrisikos;

- Erstellung der Fraud-Prüfungsstrategie;

- zusammengefasste Darstellung der Prüfungsergebnisse zu Fraud-Themen;

- Gesamtaussage zum IKS/RMS bezüglich Fraud.

Ergänzend empfiehlt es sich, vor der endgültigen Festlegung der Prüfungsplanung mit den jeweils verantwortlichen Führungskräften darüber zu sprechen, wie sie selbst die Fraud-Risiken bezogen auf das Unternehmen und in den jeweiligen Prüffeldern mit Schwerpunkt auf den Schlüsselkontrollen einschätzen.

Eine derartige Vorgehensweise unterstützt zudem den Abschlussprüfer. Der Abschlussprüfer muss jährlich zum Prüfungsbeginn der Jahresabschlussprüfung das Aufsichtsorgan sowie die Interne Revision nach ihren Kenntnissen über bestehende, vermutete oder behauptete Verstöße befragen.[26]

---

[24] Schlüsselkontrollen sind bedeutende Kontrollen im Geschäftsprozess, die sicherstellen, sofern funktionsfähig und wirksam, dass die wesentlichen Geschäftsziele erreicht werden; vgl. auch Vorhies, J., 2004, Key Controls.

[25] Vgl. IIA, 2009, Standard 2210.A2.

[26] Vgl. IDW, 2010, PS 210 - Aufdeckung von Unregelmäßigkeiten im Rahmen der Abschlussprüfung.

3 Prüfung der relevanten Prozesse sowie des Fraud-Management-Systems

3.1 Erstellung einer Prüfungsstrategie

Als Ergebnis der Jahresplanung ist für das Prüffeld Fraud eine dokumentierte Prüfungsstrategie zu erstellen. Diese sollte folgende Kernpunkte beinhalten:

- Management Summary;
- Inhalte des Prüffeldes (Produkte, Schnittstellen zu anderen Prüffeldern/Prozessen, involvierte Organisationseinheiten, Transaktionsvolumina);
- wesentliche Veränderungen bzw. eingetretene Risiken im Prüffeld;
- zusammengefasste Erkenntnisse aus der Gefährdungsanalyse;
- Darstellung der Schlüsselkontrollen;
- Prüfungen der letzten drei Jahre;
- Ergebnisse der Risikoanalyse;
- Prüfungsplanung für das Folgejahr.

3.2 Prüfung des Fraud-Risikos in relevanten Prüffeldern

In den Prüffeldern, wo ein inhärentes Fraud-Risiko mit einem unangemessenen bzw. zu hohem Kontrollrisiko identifiziert wurde, sind auf der Basis der Prüfungsstrategie insbesondere die Schlüsselkontrollen zu prüfen. Dabei ist zunächst zu prüfen, ob der implementierte Soll-Prozess den externen und ggf. internen Vorgaben entspricht (Aufbauprüfung als Teil einer Systemprüfung). Ferner ist durch Funktionstests zu verifizieren, ob der Soll-Prozess auch tatsächlich umgesetzt wird (Funktionsprüfung als Teil einer Systemprüfung). Der Umfang der durchzuführenden aussagebezogenen Prüfungshandlungen bestimmt sich dabei anhand der Höhe des festgestellten Fehlerrisikos.

Tabelle 1: Umfang der Prüfungshandlungen nach festgestelltem Fehlerrisiko

Fehlerrisiko	Umfang der aussagebezogenen Prüfungshandlungen
gering	grundsätzlich geringer Prüfungsumfang (ausgenommen sind bewusst gesetzte Prüfungsschwerpunkte)
mittel	mittlerer Prüfungsumfang
hoch	umfassende Prüfungshandlungen

Die aussagebezogenen Prüfungshandlungen erfolgen mittels analytischer Prüfungshandlungen oder auf der Basis von Einzelfallprüfungen.

Analytische Prüfungshandlungen umfassen beispielsweise Vergleiche der zu beurteilenden Daten mit Informationen aus Vorperioden (innerbetrieblicher Vergleich), vom Unternehmen erwarteten Ergebnissen (Ergebnisvorschaurechnungen, Einhaltung von Budgets, Erwartungen über die künftige Geschäftsentwicklung) oder branchenspezifischen Kennzahlen (Vergleich mit Durchschnittswerten oder Benchmarks). Je nach Ergebnis der analytischen Prüfungshandlung muss im weiteren Verlauf durch die Interne Revision entschieden werden, ob zur Gewinnung einer angemessenen Prüfungssicherheit gegebenenfalls eine Einzelfallprüfung erforderlich ist. Die Grenzen der analytischen Prüfungshandlungen liegen v.a. auf der Zuverlässigkeit der zugrunde liegenden Daten. Sie könnten durch falsche Vergleichsdaten, manipulierte Daten, Fehler bei der Datenerfassung beeinträchtigt werden. Die Einschränkungen und Probleme der analytischen Prüfungshandlungen machen deutlich, dass dies zur abschließenden Beurteilung kritischer Prüffelder nicht ausreicht. I.d.R. werden daher Systemprüfungen, analytische Prüfungshandlungen und Einzelfallprüfungen miteinander kombiniert, um einen optimalen Wirkungsgrad im Hinblick auf das Prüfungsziel zu erreichen.

Einzelfallprüfungen sind insbesondere dann erforderlich, wenn die den analytischen Prüfungshandlungen zugrunde liegenden Daten nicht hinreichend verlässlich sind bzw. im Rahmen von analytischen Prüfungshandlungen aufgetretene Auffälligkeiten nicht hinreichend geklärt werden können. Die Durchführung einer Einzelfallprüfung kann wie folgt dargestellt werden:

- Einsichtnahme in Unterlagen des Unternehmens bzw. Inaugenscheinnahme von materiellen Vermögensgegenständen,

- Beobachtung von Verfahren oder einzelnen Maßnahmen (beispielsweise Inventur),

- Befragungen von sachkundigen unternehmensinternen und unternehmensexternen Personen zur Einholung prüfungsrelevanter Auskünfte,

- Bestätigungen auf Befragungen von Dritten zu in der Rechnungslegung enthaltenen Informationen (beispielsweise Saldenbestätigungen über bestehende Forderungen oder Verbindlichkeiten oder Bankbestätigungen),

- Berechnungen (beispielsweise Nachprüfung der in Originalbelegen und buchhalterischen Aufzeichnungen enthaltenen Berechnungen oder Durchführung eigener Berechnungen) sowie

- Belegprüfungen.

Immer wieder steht die Interne Revision vor der Frage, wie der Spagat zwischen Zeitbudget und Prüfungsgenauigkeit zu meistern ist. Häufig bleibt in diesem Zusammenhang auch die Frage, ob die richtige Prüfungsauswahl getroffen wurde und möglicherweise am Fraud-Risiko entlang geprüft wurde. Entscheidend für den Erfolg einer Prüfung sind somit Umfang und Aussagekraft der Prüfungshandlungen.[27]

Oft wird in der Prüfungspraxis festgestellt, dass ein dem Grunde nach funktionsfähiges und angemessenes IKS vorliegt, jedoch in der Umsetzung mitunter erhebliche Fehler festzustellen sind. Hierbei kann es sich um normale Arbeitsfehler handeln oder aber auch um das bewusste Nichtbeachten von Arbeitsanweisungen aus Vorsatz oder grober Fahrlässigkeit. Sichtbar gegenüber der Internen Revision wird zunächst nur das Ergebnis des Verhaltens der Mitarbeiter. Im Rahmen einer Ursachenanalyse wären durch die Interne Revision die diesbezüglichen Gründe zu analysieren.[28]

3.3 Prüfung des Fraud-Management-Systems

Die Interne Revision muss entsprechend der unternehmensspezifischen Gegebenheit festlegen, ob das Fraud-Thema ein Prüffeld darstellen soll bzw. ob es als Bestandteil eines übergeordneten Prüffelds betrachtet werden soll (z.B. als Teil des Prüffelds Risikomanagement).

Besteht im Unternehmen noch kein Fraud-Management-System[29] bzw. ist geplant, ein derartiges System einzuführen, so kann die Interne Revision dieses Projekt *ex ante* prüfen.[30] Je nach Rollenverständnis und Akzeptanz im Unternehmen kann bzw. sollte dabei auch eine Beratung der Verantwortungsträger erfolgen.

---

[27] Vgl. Hofmann, R., 2005, Prüfungs-Handbuch, S. 342.

[28] Hinsichtlich der Vorgehensweise bei anlassbezogenen Sonderprüfungen vgl. den Beitrag von Zawilla; vgl. auch Zawilla, P., 2005, Indizien für Mitarbeiterverfehlungen/Schadensfälle, S. 253-302.

[29] Vgl. den Beitrag von Romeike zur Einführung in das Fraud- und Risikomanagement.

[30] Vgl. DIIR, 2008, Standard Nr. 4 - Standard zur Prüfung von Projekten.

Ist im Unternehmen bereits ein Fraud-Management-System vorhanden, so sind entsprechend der Einschätzung des Fehlerrisikos angemessene *ex-post*-Prüfungshandlungen vorzunehmen.

Im Folgenden werden die zu prüfenden Schlüsselkontrollen eines Fraud-Management-Systems dargestellt:

1. Erfolgt eine regelmäßige Risikoeinschätzung (Gefährdungsanalyse) bezüglich des Fraud-Risikos (in zeitlich angemessenen Abständen)?

2. Ist das Fraud-Risiko entsprechend der unternehmensspezifischen Bedeutung angemessen im Risikomanagementsystem integriert?

3. Existiert ein angemessenes Kontrollbewusstsein bzw. eine angemessene Kontrollkultur?

4. Besteht eine klare Abgrenzung der Aufgaben, Kompetenzen, Verantwortlichkeiten, Kontrollen und Kommunikationswege (IKS)?

5. Ist eine angemessene schriftlich fixierte Ordnung vorhanden?

6. Sind die zugewiesenen sachlichen (insbesondere IT) und personellen Mittel (qualitativ und quantitativ) angemessen?

7. Ist ein Code of Conduct (inkl. Annahme von Geschenken) vorhanden?

8. Existiert ein Hinweisgebersystem?

9. Besteht ein angemessener Versicherungsschutz (z.B. Vertrauensschadenversicherung)?

10. Erfolgen regelmäßige Datenanalysen (Monitoring auffälliger Geschäftsvorfälle)?

11. Erfolgt eine regelmäßige Sensibilisierung aller Mitarbeiter inkl. der Unternehmensleitung?

12. Werden regelmäßige Schulungen durchgeführt?

13. Ist eine institutionalisierte Kommunikation an das Aufsichtsorgan vorgesehen?

Entsprechend der Einschätzung der Prüfungsergebnisse sind ggf. auch tiefer gehende Fragestellungen zu prüfen bzw. analytische Prüfungshandlungen vorzunehmen.

3.4 Berichterstattung und Maßnahmenverfolgung

Auch in der Berichterstattung der Internen Revision sollte die prozessorientierte Betrachtung[31] sowie die Ausrichtung auf die Schlüsselkontrollen zum Ausdruck kommen, um die Gremien (Unternehmensleitung und Aufsichtsorgan bzw. Prüfungsausschuss) zielgerichtet bezüglich eines möglichen Handlungsbedarfs im internen Kontrollsystem und im Risikomanagementsystem zu informieren. Gleichsam stellt diese Vorgehensweise eine hochwertige Unterstützung der Unternehmensleitung hinsichtlich der Umsetzung der Anforderungen an eine ordnungsgemäße Geschäftsorganisation sicher.[32]

Durch einen systematischen Prozess ist ferner sicherzustellen, dass erkannte Schwachstellen aufgrund von Fraud-Risiken in einem zeitlichen angemessenen Zeitraum abgestellt werden.[33]

4 Fazit und Ausblick

Der entscheidende Erfolgsfaktor für eine wirksame Fraud Prevention, Fraud Detection und ein wirksames Fraud Auditing ist ein konzertiertes Zusammenwirken aller relevanten Unternehmensfunktionen. Grundlage dafür sind implementierte Prozesse, die geeignet sind, Fraud-Risiken zu identifizieren, mit klarer Zuordnung der jeweiligen Aufgaben, Kompetenzen, Verantwortlichkeiten, Kontrollen und Kommunikationswege. Eine entsprechend der drei Verteidigungslinien installierte Modellorganisation unterstützt dies in besonderer Weise. Die Interne Revision hat bei entsprechender Rollenausprägung den Blick für das Ganze und kann gezielt auf die Verbesserung systemischer Schwachstellen hinwirken.[34]

Zudem besitzt die Interne Revision durch ihre Unabhängigkeit[35] eine Sonderrolle insbesondere bei der Aufklärung von unternehmensinternem Fraud. Die Vergangenheit hat gezeigt, dass gerade bei Management-Fraud die Gefahr der Vertuschung besteht. Durch unabhängige Berichtskompetenzen bis hin zum Aufsichtsorgan kann die Interne Revision somit einen wertvollen Beitrag zu einem angemessenen Fraud Management als Teil der Corporate Governance leisten.

---

[31] Vertiefende Ausführungen in Helfer, M./Ullrich, W., 2010, Interne Kontrollsysteme in Banken und Sparkassen, S. 411-424.

[32] Vgl. IIA, 2009, Standard 2400.

[33] Vgl. IIA, 2009, Standard 2500.

[34] Vgl. IIA, 2009, Standard 2120: „Die Interne Revision muss die Funktionsfähigkeit der Risikomanagementprozesse beurteilen und zu deren Verbesserung beitragen".

[35] Vgl. IIA, 2009, Standard 1100.

Vergleich von Compliance Management und Fraud Management

Hans-Willi Jackmuth/Jürgen Pauthner/Peter Zawilla

1 Einleitung

Compliance bedeutet schlicht regelkonformes Verhalten – nicht nur im Hinblick auf (Straf-)Gesetze wie Betrug und Begleitdelikte, sondern in Bezug auf sämtliche akzeptierten unternehmensinternen und -externen Regeln, Standards und Abmachungen. Der Anwendungsbereich des Compliance Managements erschließt sich damit auf den ersten Blick als weit gesteckt und Compliance beschäftigt sich demnach auch mit Fraud, zumindest aus Sicht des übergeordneten Code of Conduct.

Mit Blick auf einen ganzheitlichen Ansatz sind dabei folgende Fragestellungen zu stellen und zu beantworten:

- Sind Compliance-Regelungen vorhanden und sind diese geeignet, eine sinnvolle Prävention gegen fraudulentes Handeln zu ermöglichen?

- Sind gesetzliche Vorgaben hinsichtlich Fraud Management umzusetzen?

- Inwieweit deckt das Compliance Management gleichzeitig den Aufgaben- und Tätigkeitsbereich des Fraud Managements ab und macht das Fraud Management damit mindestens teilweise redundant?

- Oder ist in seinem Bereich allein das Fraud Management im Hinblick auf Methoden und Verfahren kompetent, die das Compliance Management selbst nicht zu leisten vermag?

- Welche Funktionen und Methodenkompetenz hat in diesem Zusammenhang die Interne Revision?[1]

Aus der Perspektive sowohl des Fraud Managements als auch des Compliance Managements bestehen tatsächlich eine Reihe von Ähnlichkeiten, Parallelitäten und Überschneidungsbereiche im Hinblick auf Aufgaben, Stellung, Methoden, Tätigkeitsgebiete und neuere Entwicklungen. Angesichts zeitgemäßer ganzheitlicher Fraud-Management-Systeme[2] und in Anbetracht erheblich gewachsener Anforderungen an beide Fachbereiche ist aber die nur auf einem einzigen Kriterium beruhende Unterscheidung, Fraud Management sei eher reaktiv, Compliance Management eher präventiv ausgerichtet, längst nicht mehr ausreichend.

---

[1] Vgl. hierzu den Beitrag von Helfer zu Fraud Management aus dem Blickwinkel der Internen Revision.

[2] Vgl. hierzu den Beitrag von Zawilla zu strategischen Komponenten im Fraud Management.

In der Praxis stellt sich damit die Frage der Abgrenzung und Schnittstellen der Aufgaben und Tätigkeitsbereiche des Fraud Managements von denen des Compliance Managements mindestens in denjenigen Unternehmen, in denen aufbau- und ablauforganisatorisch getrennte Beauftragte oder Fachbereiche für beide Gebiete vorhanden sind oder in denen Compliance-Aufgaben z.B. von der Rechtsabteilung mit übernommen werden. Hier geht es v.a. auch um möglichst effektive und effiziente Zusammenarbeit zwischen Fraud Managern und Compliance Managern. Besteht im Unternehmen hingegen keine ausdrückliche oder eine nur schwach ausgeprägte Zuweisung der Compliance-Aufgaben zu einer Abteilung, stellt sich für den Fraud Manager die Frage, ob und welche Aspekte des Compliance Managements er in seinen eigenen Aufgabenkreis integrieren kann und sollte (bzw. gegebenenfalls auch umgekehrt).

Als Hilfestellung zur Beantwortung dieser Abgrenzungs-, Kooperations- und Integrationsfragen werden im Folgenden die grundsätzlichen Aufgaben und Tätigkeitsbereiche des Compliance Managements mit denen des Fraud Managements verglichen, teilweise voneinander abgegrenzt und durch Hinweise zur Zusammenarbeit beider Bereiche ergänzt. Weil die Aufgaben des Fraud Managements im Rahmen dieses Buches bereits ausführlich erörtert werden, beschränken sich die Ausführungen im Folgenden insoweit auf die Benennung von Grundsätzen, soweit dies für die Herstellung von Vergleichen und Abgrenzungen erforderlich ist.

Bei der Anwendung der Abgrenzungshinweise in der Praxis sind gewisse Einschränkungen zu beachten. Zunächst können die Erläuterungen zu einzelnen Aspekten angesichts deren Vielzahl und des zur Verfügung stehenden Rahmens nicht sonderlich vertieft erfolgen. Zudem lassen sich detaillierte Lösungen zu den genannten Fragen nur anhand der konkreten Verhältnisse im einzelnen Unternehmen formulieren. Und schließlich sind sowohl das Compliance Management als auch das Fraud Management an sich zwar so alt wie die Wirtschafts- und Rechtsgeschichte, als Organisationsform im Unternehmen jedoch noch relativ junge Tätigkeitsfelder, die zudem einer dynamischen Entwicklung unterliegen, sodass Definitionen und Festlegungen aktuell ebenso vielfältig wie wandelbar sind.

2 Vergleichende Charakterisierung

2.1 Legaldefinition und organisatorische Sichtweise

Auf der Suche nach einer Legaldefinition des Compliance Managements gibt es in den verschiedenen Gesetzen nur wenige Anlaufstellen. Aufgrund der Vielgestaltigkeit der Anforderungen und Anwendungszusammenhänge von Compliance Management hält sich der Gesetzgeber wohlweislich zurück. Eine Ausnahme ist der vielzitierte § 33 Abs. 1 S. 2 Nr. 1 Wertpapierhandelsgesetz (WpHG) für Wertpapierdienstleistungsunternehmen. Diese müssen danach „angemessene Grundsätze aufstellen, Mittel vorhalten und Verfahren einrichten, die darauf ausgerichtet sind, sicherzustellen, dass das Wertpapierdienstleistungsunternehmen selbst und seine Mitarbeiter den Verpflichtungen dieses Gesetzes nachkommen, wobei insbesondere eine dauerhafte und wirksame Compliance-Funktion einzurichten ist, die ihre Aufgaben unabhängig wahrnehmen kann."

Daneben hat die Bundesanstalt für Finanzdienstleistungsaufsicht (BaFin) im Rahmen der Umsetzung zu § 25c Kreditwesengesetz (KWG) definiert, das eine „Zentrale Stelle" zu bestimmen ist, die sämtliche Maßnahmen zur Verhinderung von Geldwäsche, Terrorismusfinanzierung sowie sonstigen strafbaren Handlungen koordiniert und für ein risikominimierendes Gesamtkonzept sorgt (§ 25c Abs. 1 S. 1 i.V.m. Abs. 9 S. 1 KWG). Die Verantwortung kann insoweit von einem Leiter der übergeordneten Einheit (z.B. dem Chief Compliance Officer) wahrgenommen werden, der zugleich als Geldwäschebeauftragter und damit als „Zentrale Stelle" auch für das Fraud Management fungiert.

Insoweit wird seitens der BaFin unterstellt, dass organisatorisch eine übergeordnete Funktion eines Chief Compliance Officers (erforderlich aus Sicht der Wertpapieraufsicht) vorhanden ist. In den Banken wird aktuell aufsichtsrechtlich darüber hinaus diskutiert, inwieweit die Funktion „Leiter Rechtsabteilung" die Funktion eines Chief Compliance Officers wahrnehmen darf. Hintergrund der Trennung der beiden Funktionen ist eine mögliche Interessenkollision, da die Rechtsabteilung die Position der Bank in Gerichtsverfahren, Compliance aber ggf. die Position der Kunden vertreten soll. Diese Diskussion ist final noch nicht entschieden, ist aber aus der Sichtweise einer Wertpapieraufsicht grundsätzlich nachvollziehbar.

Die entscheidende Frage muss daneben allerdings – insbesondere für kleinere und mittelgroße (regulierte) Finanzdienstleister – die Frage nach dem Aufwand derartiger Funktionen und Systeme sein. Vor diesem Hintergrund stellt sich auch die Frage, in welchem organisatorischen Rahmen die Vorgaben umgesetzt werden. Formal kann dabei zwischen zwei Modellen unterschieden werden:

Abbildung 1: Modell zum Aufbau eines Compliance-Management-Framework (autonome Organisationsform)

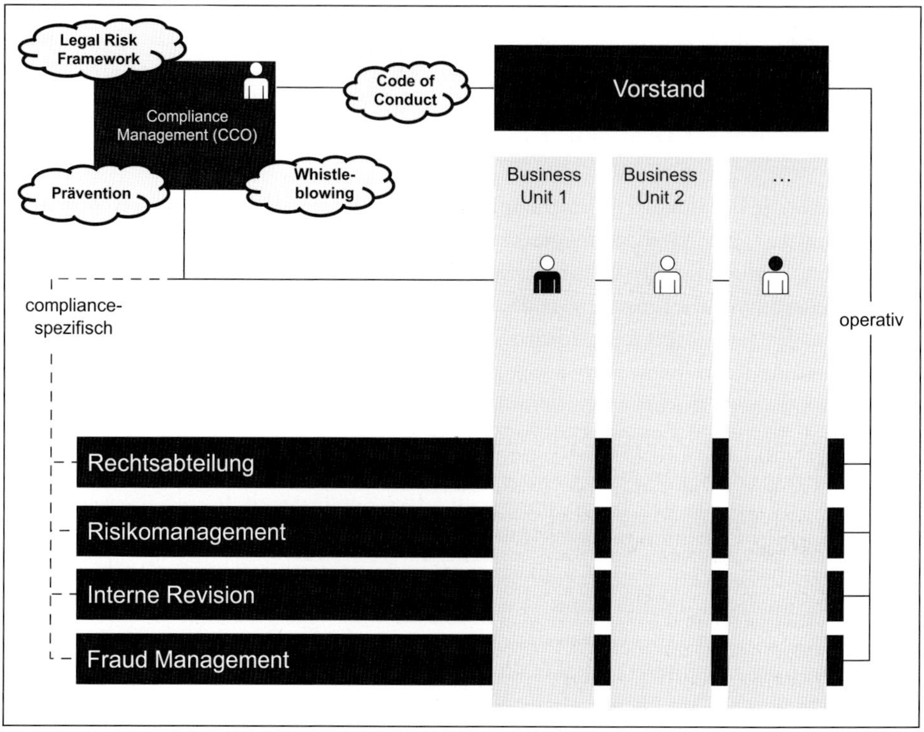

Das Modell einer starken, auch mit entsprechenden Mitarbeiterkapazitäten besetzten Compliance-Funktion bietet den Vorteil, eine Beratungs- und Überwachungsfunktion seitens der Auftraggeber in einer Hand zu sehen. Es entfallen hier Abstimm- und Regelungsbedarf für compliance-spezifische Schnittstellen. Von der Ausprägung her ist eine derartige Organisationsform allerdings nur dann effektiv, wenn die Mitarbeiter neben juristischen Kenntnissen über entsprechende Praxiserfahrung aus dem operativen Geschäft verfügen. Eine rein juristische Besetzung wird ggf. nicht die notwendige Akzeptanz und damit die Durchschlagskraft im Unternehmen erzielen. Praktiker sind gefragt, die die Probleme vor Ort in den dezentralen Einheiten kennen und unterstützend aus Compliance-Sicht angemessene Vorgaben über Frameworks setzen und praxisnah beraten können.

Abbildung 2: Modell zum Aufbau eines Compliance-Management-Framework (dezentrale Organisationsform)

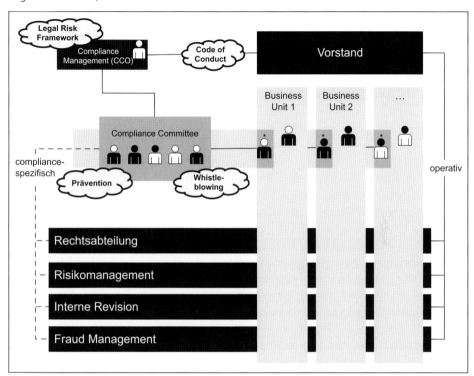

Die Vorteile einer Matrixfunktion oder einer dezentralen Aufbauorganisation sind genau in dieser Praxisnähe zu sehen, wenngleich hier über entsprechende Compliance Committees und Unterstützung von Stabs- und operativen Funktionen (zusätzliche) Schnittstellen entstehen. In diesem Fall hängt es stark davon ab, inwieweit die Funktion des Chief Compliance Officers eine treibende Rolle einnimmt und dadurch die mit der Umsetzung von Compliance beauftragten Mitarbeiter motiviert. Letztendlich ist Compliance nicht eine Frage eines gesetzlichen Auftrags, sondern eine Frage einer gelebten Unternehmenskultur. Dies kann nur gelingen, wenn der „Tone from the Top", die Kultur des Top-Managements entsprechende Wertvorstellungen klar kommuniziert. „Früher haben wir gesagt, Gesetze müssen eingehalten werden. Heute bin ich Compliance-Manager", so das offene Wort eines Kollegen.

Dass die Grenzen zwischen den Funktionen derzeit fließend sind, zeigt sich zuletzt in einer leicht konträren Sichtweise der Finanzdienstleister. Während die Bankenseite, auch in ihrer Legalsicht, unverändert stark von dem ursprünglichen Wertpapier-Compliance-

Ansatz geprägt wurde, gilt gleiches für die Versicherer natürlich nicht. Zur Betrachtung der Situation dort kann v.a. Dingen die aktuelle Sicht aus Solvency II herangezogen werden.[3]

> *„Die Mitgliedstaaten schreiben allen Versicherungs- und Rückversicherungsunternehmen vor, über ein wirksames Governance-System zu verfügen, das ein solides und vorsichtiges Management des Geschäfts gewährleistet. Dieses System umfasst zumindest eine angemessene transparente Organisationsstruktur mit einer klaren Zuweisung und angemessenen Trennung der Zuständigkeiten und ein wirksames System zur Gewährleistung der Übermittlung von Informationen. [...] Das Governance-System unterliegt einer regelmäßigen internen Überprüfung. "*

Damit ist auch die Rolle der Internen Revision an dieser Stelle in der einleitenden Präambel zu den Art. 42-49 klar definiert.[4] Hinsichtlich der Compliance-Funktion stellt der Art. 46 vorrangig auf Interne Kontrollen ab:

> *„(1) Die Versicherungs- und Rückversicherungsunternehmen verfügen über ein wirksames internes Kontrollsystem. Dieses System umfasst zumindest Verwaltungs- und Rechnungslegungsverfahren, einen internen Kontrollrahmen, angemessene Melderegelungen auf allen Unternehmensebenen und eine Funktion der Überwachung der Einhaltung der Anforderungen (‚Compliance-Funktion‘).*

> *(2) Zur Compliance-Funktion zählt auch die Beratung des Verwaltungs-, Management- oder Aufsichtsorgans in Bezug auf die Einhaltung der in Übereinstimmung mit dieser Richtlinie erlassenen Rechts- und Verwaltungsvorschriften. Sie umfasst ebenfalls eine Beurteilung der möglichen Auswirkung von Änderungen des Rechtsumfelds auf die Tätigkeit des betreffenden Unternehmens sowie die Identifizierung und Beurteilung des mit der Nicht-Einhaltung der rechtlichen Vorgaben verbundenen Risikos (‚Compliance-Risiko‘). "*

Somit ist der Compliance-Rahmen – unabhängig von den Vorgaben, welche sich aus den anderen aufsichtsrechtlichen Vorschriften ergeben[5] – auf die Funktion der Überwachung

---

[3] Vgl. Richtlinie des Europäischen Parlaments und des Rates betreffend die Aufnahme und Ausübung der Versicherungs- und der Rückversicherungstätigkeit (Solvabilität II) vom 25.11.2009.

[4] Vgl. ebenda Art. 47 zur Rolle der Internen Revision.

[5] Vgl. hierzu beispielsweise auch § 64a Versicherungsaufsichtsgesetz (VAG) oder die Mindestanforderungen an das Risikomanagement (VA) aus Sicht der Internen Revision verknüpft mit den berufsständischen Vorgaben des IIA/DIIR.

der Einhaltung von Anforderungen an das Interne Kontrollsystem und die Einhaltung der Rechts- und Verwaltungsvorschriften konzentriert.

Die Ausgestaltung der Schnittstellen und die genaue Abgrenzung der Aufgabenportfolien sind auch auf der Versicherungsseite noch in der Diskussion. Momentan werden auch von Seiten der Wirtschaftsprüfer die verschiedensten Modelle diskutiert, wobei Ansätze eines Unternehmens so weit gehen, die Interne Revision als Teil der Compliance-Funktion auch aufbauorganisatorisch zu definieren. Dies dürfte aber aus Sicht des Gedankens einer vollständigen Unabhängigkeit der Einheit kaum gelingen.

Eine Legaldefinition des Fraud Managements fand sich lange Zeit nicht. Auch in den Auslegungs- und Anwendungshinweisen zu § 25c KWG durch den Zentralen Kreditausschuss (ZKA) für den Bankensektor findet sich keine klare Vorgabe, wie eine derartige Stelle/Funktion beispielsweise aufbauorganisatorisch letztendlich einzurichten ist. Dagegen sind Pflichten zur Verhinderung von Fraud (i.S.d. § 25c KWG als „sonstige strafbare Handlungen" bezeichnet) erstmals klar definiert:

„Primäre Aufgaben der Zentralen Stelle in Bezug auf die sonstigen strafbaren Handlungen i.S.v. § 25c Abs. 1 Satz 1 KWG sind:

- Definition und Aktualisierung von internen Grundsätzen (Zuständigkeiten, Pflichten, Verantwortlichkeiten und Prozesse im Institut)

- Fortlaufende Entwicklung geeigneter Strategien zur Verhinderung des Missbrauchs von neuen Produkten und Technologien, die die Anonymität von Geschäftsbeziehungen und Transaktionen begünstigen können

- Schaffung und Fortentwicklung einer institutsspezifischen Gefährdungsanalyse zu ‚sonstigen strafbaren Handlungen' i.S.v. § 25c Abs. 1 Satz 1 KWG mit einer Identifizierung aller aus solchen (internen und externen) strafbaren Handlungen resultierenden möglichen Risiken

- Sicherstellung, dass die jeweiligen Gefährdungsanalysen in Bezug auf Geldwäsche, Terrorismusfinanzierung und ‚sonstige strafbaren Handlungen' i.S.v. § 25c Abs. 1 Satz 1 KWG aufeinander abgestimmt sind

- Ausrichtung sämtlicher weiterer Handlungsschritte (insbesondere allgemeine und konkrete Sicherungsmaßnahmen), Monitoring- und Kontrollmaßnahmen anhand dieser Gefährdungsanalyse

- Gefährdungsbasierte Überprüfung der Wirksamkeit der bereits in den Prozessen der Institute verankerten Kontrollen und prozessimmanenten Kontrollsysteme (die Zuständigkeit der Internen Revision bleibt unberührt)

- Schaffung klarer und einheitlicher Berichtswege und -pflichten, u.a. an folgende Adressaten:

  - Vorstand/Geschäftsleitung

  - Andere Geschäftsbereiche (z.B. zuständiger Bereich für operationelle Risiken, Interne Revision, etc.)

- Kontakt zu Strafverfolgungsbehörden sowie mit der BaFin hinsichtlich Sachverhalten, die mit ‚sonstigen strafbaren Handlungen' i.S.v. § 25c Abs. 1 Satz 1 KWG im Zusammenhang stehen.

Insbesondere bei der Erfüllung ihrer Kontrollaufgaben kann sich die Zentrale Stelle auch anderer Bereiche bedienen."[6]

Wenngleich diese Vorgaben nicht unmittelbar auf andere Branchen übertragbar sind, so sind doch die wesentlichen Kernelemente für die Implementierung und Aufgabenbeschreibung einer Einheit „Fraud Management" problemlos ableitbar.

Ebenso wie das Compliance Management ist das Fraud Management letztlich Ergebnis der Pflicht der Unternehmensleitung und des Aufsichtsrats, bei Verdacht von Rechts- und Regelverstößen Sachverhaltsaufklärungen und risikominierende sowie sanktionierende Maßnahmen in die Wege zu leiten.[7]

2.2 Grundfunktion

Bei der Ausrichtung der Compliance-Funktion lassen sich folgende Grundaspekte identifizieren:

- Risikoerfassung durch Risikoidentifikation, -analyse und -bewertung;

- Risikosteuerung auf der Makroebene mittels Konzeption und Umsetzung von risikosteuernden Maßnahmen, Prozessen und Instrumenten, einschließlich der (Mit-)Gestaltung interner Regularien sowie der Konzeption und Durchführung von Compliance-Schulungsmaßnahmen;

---

[6] Vgl. ZKA-Auslegungs- und Anwendungshinweise zu § 25c KWG („sonstige strafbare Handlungen") Stand: 01.06.2011, die mit Rundschreiben 7/2011 (GW) der Bundesanstalt für Finanzdienstleistungsaufsicht (BaFin) vom 16.06.2011 ausdrücklich zur BaFin-Verwaltungspraxis erklärt wurden.

[7] Andernfalls ist der Unternehmensleitung ein Berufen auf die so genannte Business Judgement Rule des § 3 Abs. 1 S. 2 AktG verwehrt, die in der GmbH entsprechend gilt.

- Risikosteuerung auf der Mikroebene durch Entwicklung und Beratung zu Lösungen im Einzelfall, was die beratende Begleitung geschäftlicher Vorgänge einschließt;

- Kontrollfunktion über eine durch das Compliance Office in definierten Abständen selbst durchgeführte Prüfungshandlungen (neben der Internen Revision), ob ausgewählte Unternehmensbereiche den jeweils relevanten Regelerfordernissen entsprechen;

- Präventionsfunktion mittels eines umfassenden Katalogs präventiver Aktivitäten wie Schulungen, Kompetenzmanagement oder internen Regularien;

- Reaktionsfunktion im Rahmen von Compliance-Verstößen; hierzu gehören auch Reaktionspläne und vorbereitende Krisenmanagementpläne, die verschiedene Szenarien festgestellter Compliance-Verstöße abdecken sowie als Standardelement die Entwicklung und Umsetzung disziplinarischer Sanktionen gemeinsam mit dem Linienmanagement und der Rechts- und Personalabteilung;

- Integrationsfunktion durch Ausübung einer Schnittstellenfunktion einer ganzen Reihe von Wissens-, Kompetenz- und Funktionsfeldern, die das Compliance Management teilweise integrieren muss. Neben Recht, operationalem Risikomanagement, IKS und Revision sind dies beispielsweise auch Prozessmanagement, Führung, Organisationsentwicklung und -psychologie, internationales und interkulturelles Management, Change Management, Personalmanagement, Kommunikations- und strategisches Management;

- Koordinationsfunktion, mittels derer die funktionale Seite der Integrationsfunktion abgedeckt wird. Compliance-Verantwortliche können im Unternehmen nur unter der Bedingung effektiv und effizient agieren, dass sie mit den operativen Geschäftsbereichen und den anderen Fachbereichen, wie etwa Recht, Interne Revision, Controlling, Personal – und eben dem Fraud Manager – sinnvoll zusammenarbeiten. Im Bereich der Aufgabenstellungen des Compliance Managements muss das Compliance Office dabei eine koordinierende und integrierende Funktion und Rolle übernehmen, wie sie etwa in Compliance Committees häufig umgesetzt wird.

Das Fraud Management ist im Vergleich zum Compliance Management stärker auf fraudspezifischen Themen spezialisiert. Im Rahmen der Umsetzung einer Fraud-Management-Strategie[8] und einer Umsetzung eines Qualitätsmanagements i.S.d. Plan-Do-Check-Act-Modells (PDCA)[9] wird jedoch in Zukunft die Herausforderung darin bestehen, ähnlich vollumfänglich die Aufgabe mit allen Funktionen des oben dargestellten Compliance Managements zu übernehmen. Keinesfalls darf Fraud Management auf eine

---

[8] Vgl. hierzu ausführlich den Beitrag von Zawilla zu strategischen Komponenten im Fraud Management.

[9] Vgl. hierzu den Beitrag von Schulze Heuling zur Analyse und Bewertung des Fraud-Management-Systems.

Funktion der Reaktion und damit der Aufdeckung von Fraud-Fällen reduziert werden. Um effizient für die Unternehmen Mehrwerte zu schaffen, bedarf es eines ganzheitlichen Ansatzes, der lediglich in dem Thema Fokussierung auf Fraud enger als Compliance Management gefasst ist.

Das Compliance Management deckt ebenfalls alle genannten Funktionen ab, wirkt jedoch vergleichsweise stärker im Rahmen der Risikosteuerung auf der Makroebene, durch Framework- und Normengestaltung und sowie im Bereich unternehmensweiter Planung und Umsetzung von Maßnahmen im Kontext der Präventionsfunktion außerhalb der fraudspezifischen Aspekte.

2.3   Grundsätzliche Ziele

Bei der Zieldefinition besteht hinsichtlich der beiden Aufgabengebiete von Compliance und Fraud Management keine wesentliche Abweichung – beide Funktionen sollen im Rahmen ihres Wirkens in das Unternehmen hinein risikomindernd agieren, um Schaden gleich welcher Art vom Unternehmen fernzuhalten. Dabei wirkt das Compliance Management durch die stärkere Vorgabe des juristischen Regelwerkes, durch Schaffung von unternehmensweiten Compliance-Regelwerken, durch Schaffung von Awareness bei dem Mitarbeiter, welche zum guten Ton eines Unternehmens gehört. Dabei geht die Tendenz von Compliance eher auf die Einhaltung von Regelwerken, wobei strafbare Handlungen aus Sicht des Unternehmens die härteste Form von Regelverstößen darstellen. Daneben gibt es aber auch Regelwerke außerhalb der Strafbarkeit, welche i.S.d. innerbetrieblichen Regelwerkes als „gute Compliance" verstanden werden.

Erfolgreiches Fraud Management setzt am „Schlüsselfaktor Mensch" an,[10] den es zu sensibilisieren gilt, u.a. gegen Handlungsweisen, die als strafbare Handlungen eingestuft werden. Hier sind die Grenzen zwar auch fließend, liegen aber zum großen Teil fest. Ein Beispiel für derartige Handlungen bietet der „Fall Siemens". Was Ende der 90er Jahre des letzten Jahrhunderts noch als „N.A. – Nützliche Aufwendungen" und als steuerlicher Aufwand Berücksichtigung fand, sofern nur die Zahlung im Ausland erbracht wurde, ist heute auch international als Korruption geächtet.

Im Weiteren gehören zu der Managementaufgabe des Fraud Managers natürlich auch neben den direkt wirkenden Präventionsmechanismen – wie Web-Based-Trainings und Mitarbeiterpräsenzschulungen – Komponenten, die Fraud-Fälle durch (daten-)analytische Methoden i.S. einer Risikominimierung frühzeitig aufdecken.

---

[10]   Vgl. hierzu ausführlich die Ausführungen von Jackmuth/de Lamboy/Zawilla zum ganzheitlichen Fraud Management und dem Schlüsselfaktor Mensch.

U.a. lassen sich daher folgende Ziele beiden Funktionen aus den jeweiligen Blickwinkeln zuordnen:

- Sicherung und Erschließen strategischer und operativer Optionen für das Unternehmen;

- Steuerungsfunktion und -kapazitäten des Managements;

- unternehmensinterner und externer Wettbewerb;

- Reputationsschutz;

- Beratung;

- Informationsvermittlung;

- Innovationsförderung;

- Qualitätssicherung;

- Frühwarnfunktion;

- Risikomanagement;

- Schadensprävention;

- Haftungsschutz;

- Effektivitätssteigerung;

- Effizienzsteigerung.

2.4 Disziplinarische Unabhängigkeit

Weitgehende disziplinarische Unabhängigkeit und möglichst direkte Unterstellung der Unternehmensleitung ist eine funktionsnotwendige Grundlage der Tätigkeit von Compliance-Verantwortlichen. Praktisch relevant wird dies spätestens, wenn Verdachtsfälle unlauteren Handelns in den oberen Führungsebenen des Unternehmens lokalisierbar werden. Für Wertpapierdienstleistungsunternehmen ist dieses Unabhängigkeitsprinzip in § 33 Abs. 1 Nr. 1 WpHG ausdrücklich vorgesehen. Danach darf die Compliance-Funktion nicht in Einheiten angesiedelt sein oder von diesen abhängig sein, deren Tätigkeit sie überwacht. Dieser Grundsatz zur Wirksamkeit der Compliance-Funktion lässt sich auf andere Branchen und Unternehmensarten übertragen.

Das Erfordernis einer unabhängigen Stellung gilt für das Fraud Management in der Praxis gleichermaßen, wenngleich es nicht – wie im Falle des Compliance Management zumindest für den Kapitalmarkt – außerhalb der Banken gesetzlich normiert ist. Für die Banken gilt seit der Einführung des § 25c KWG und den entsprechenden ZKA-Auslegungs- und Anwendungshinweisen die bereits dargestellte Sichtweise einer „Zentralen Stelle".

437

Den gleichen Anforderungen entspricht die Umsetzung in der Praxis. Dabei ist festzustellen, dass die disziplinarisch unabhängige Stellung von Compliance Managern zumindest im Hinblick auf die (arbeits-)vertraglichen Grundlagen deutlicher geregelt ist.

2.5 Konzeptionelle Aufgaben

Konzeptionelle Aufgaben des Compliance Managements beziehen sich u.a. auf folgende Felder:

- Auswahl und Integration der relevanten Instrumente und Verfahren des operationalen Risikomanagements;

- Koordination relevanter Aktivitäten

  1. auf Unternehmensebene zwischen Muttergesellschaft und Standorten, Geschäftsbereichen und relevanten Dritten,

  2. vertikal über Führungs- und Hierarchieebenen,

  3. fachbereichsübergreifend, beispielsweise im Hinblick auf die Interne Revision, das Controlling, sowie die Rechts- und die Personalabteilung;

- auf Anforderung Mitwirken an der Compliance-(Risiko-)Management-Strategie und der entsprechenden Umsetzungsregelungen der Unternehmensleitung;

- Definition einer Compliance-Management-Strategie und -Umsetzungsplanung auf der Ebene des Compliance Office; Einbindung in die Geschäftsstrategie und Compliance-Management-Strategie der Unternehmensleitung;

- Frühwarnelemente innerhalb des unternehmensweiten Compliance-Systems;

- internes Compliance-Netzwerk;

- Compliance-Kompetenzmanagement;

- System unternehmensinterner Regularien;

- einzelne interne Regularien wie z.B. der Code of Conduct;

- Compliance-Internet- sowie Intranet-Auftritt;

- internes und externes Compliance-Kommunikationskonzept;

- Ombudsmannsystem bzw. System zum Umgang mit Hinweisen (Whistleblowing);[11]

---

[11] Vgl. hierzu den Beitrag von Buchert zu Hinweisgebersystemen.

- Compliance (Management-)Dokumentationssystem;

- Reaktionsstrategie der Unternehmensleitung und relevanter Fachabteilungen;

- Krisenkommunikationsplanung;

- einzelne Verfahren und Instrumente, wie etwa zur Due-Diligence-Prüfung von Geschäftspartnern oder bestimmter Bewerber oder zu gestaffelten Genehmigungsverfahren im Rahmen von potenziell korruptionsrelevanten Marketingmaßnahmen;

- Konzeption eines Systems kontinuierlicher Compliance-Schulungsmaßnahmen als zentralem Bestandteil des Compliance Managements;

- einzelne Schulungskonzepte;

- Konzeption compliancespezifischer strategischer kollaborativer Aktivitäten (Collective Action) gemeinsam mit anderen Unternehmen.[12]

Die konzeptionellen Aufgaben stellen eine zentrale Funktion des Compliance Managements im Rahmen seiner präventiven Aufgaben dar. Das Fraud Management ist in dieser Hinsicht – zumindest tendenziell – vergleichsweise weniger stark ausgerichtet, wenngleich ein ganzheitliches, integriertes Fraud-Management-System wesentliche Inhalte eines Compliance-Systems abbildet.[13]

2.6 Beratungsfunktion

Im Compliance Management besteht eine vergleichsweise starke Ausprägung der Beratungsfunktion. Der Compliance-Verantwortliche muss darauf hinwirken, dass Prozesse, Verhalten der Unternehmensangehörigen sowie die Leistungen und Produkte des Unternehmens im Einklang mit rechtlichen Erfordernissen, Standards und internen Normen sind. Dabei müssen den Unternehmensangehörigen jederzeit erreichbare, konkrete Hilfestellungen bei der Frage geleistet werden, welche Verhaltens- und Entscheidungsalternativen im Einzelfall zu wählen sind oder wie bei potenziellen Interessenkonflikten verfahren werden sollte. Praktisch umgesetzt wird dies durch die als interne Dienstleistung für die Mitarbeiter kontinuierlich nutzbare Auskunftsfunktion des Compliance Offices, die in größeren Unternehmen auch durch Compliance Helpdesks und elektronische Auskunftsplattformen im Rahmen des Compliance-Intranetauftritts organisiert ist.

---

[12] Vgl. auch den Beitrag von Pauthner/Lehmacher zu Korruptionsprävention.
[13] Vgl. hierzu den Beitrag von Zawilla zu strategischen Komponenten im Fraud Management.

Typischerweise ist das Compliance Office zudem in gestaffelte Genehmigungsverfahren fest eingebunden, die für bestimmte Arten von Geschäften oder auch für Akquise- und Werbemaßnahmen gelten, wie etwa bei Einladungen, Reisen, Werbegeschenken oder Sponsoring.

Auch der Fraud Manager berät die Unternehmensleitung sowie andere Fachabteilungen und die operativen Einheiten des Unternehmens – beispielsweise zu Einzelfragen der Prävention von Delikten. Im Vergleich zum Compliance Office ist jedoch die für alle Mitarbeiter verfügbare und erforderliche kontinuierliche Beratungsfunktion für einzelne geschäftliche Aktivitäten, wie sie beispielsweise im Rahmen des Compliance Helpdesk erfolgt, schwächer ausgeprägt. Dies hängt momentan noch damit zusammen, dass sich die Funktion des Fraud Managers in den meisten Unternehmen noch nicht etabliert hat. Ab einer bestimmten Unternehmensgröße werden die Unternehmen aber nicht umhinkommen, sich sehr dezidiert mit allen Themen auseinanderzusetzen, die vielleicht in der Vergangenheit als „unliebsam" und als „das kommt bei uns doch nicht vor" klassifiziert wurden. Demzufolge wird auch eine Erhöhung des so genannten Hellfeldes, also eine Sichtbarmachung der aufgetretenen, bisher nicht erkannter Delik-/Schadensfälle zu einer signifikanten Änderung der Einschätzung des Fraud Managements führen. Die Unternehmensleitungen sind explizit aufgefordert, sich hier durch ein professionelles Management sowohl der Präventions- als auch der Schadenseite Mehrwerte für das Unternehmen zu schaffen. Unabhängig davon sollte es zu einer guten Unternehmens-Governance gehören, fraudulente ggf. reputationsschädigende Handlungen frühzeitig und proaktiv zu vermeiden.

2.7   Risikomanagementfunktion

Eine weitere Grundfunktion von Compliance ist das operationale bzw. operationelle[14] Risikomanagement – also Risikomanagement, das sich mit Verhalten von Unternehmensangehörigen und externen natürlichen oder juristischen Personen sowie mit risikobezogenen Verfahren und Abläufen im Unternehmen beschäftigt. Der Basler Ausschuss für Bankenaufsicht definiert das operationelle Risiko als „die Gefahr von Verlusten, die in Folge der Unangemessenheit oder des Versagens von internen Verfahren, Menschen und Systemen oder in Folge von externen Ereignissen eintreten. Diese Definition schließt Rechtsrisiken ein, beinhaltet aber nicht strategische Risiken oder Reputationsrisiken."[15]

---

[14] Beide Begriffe werden teilweise nicht einheitlich verwendet, vgl. hierzu den Beitrag von Romeike zu Risikomanagement im Fraud-Kontext.

[15] Vgl. Definition des operationellen Risikos in: Internationale Konvergenz der Eigenkapitalmessung und der Eigenkapitalanforderungen, Basler Ausschuss für Bankenaufsicht, Basel, 2004.

Die klassischen Schritte des operationalen Risikomanagements wie Risikoidentifikation, -analyse und -bewertung bilden die Grundlage des Compliance Managements, auf der sämtliche präventiven und reaktiven Maßnahmen zur Risikosteuerung fußen. Die Verantwortlichkeit für Risiken und ihre Bewältigung lastet dabei nicht alleine auf den Compliance-Verantwortlichen. Haftungsrechtlich und prozessbezogen verantwortlich sind vielmehr auch – und teilweise primär – die dem Risiko nächsten und/oder vertraglich verantwortlichen Personen auf Mitarbeiterebene oder in der Geschäftsleitung.[16] Gleichwohl sollten das Urteil des Bundesgerichtshofs (BGH) zur Haftung und Garantenstellung des Compliance Officers[17] und die Ableitungen für die Praxis natürlich stets genau im Auge behalten werden.

Im Hinblick auf die Lokalisierung bzw. den Ursprung von Compliance-Risiken lassen sich mehrere Ebenen und Felder unterscheiden, insbesondere:

- Exogene Perspektive: Unternehmensextern lassen sich Risikofelder ausmachen, wie beispielsweise Veränderungen der rechtlichen Anforderungen, der relevanten politischen Rahmenbedingungen, des gesellschaftlichen Umfelds, der öffentlichen Meinung oder auch besondere kulturelle und soziale Faktoren im Auslandsgeschäft.

- Strategieebene: Compliance-Management-Strategie und -Umsetzungsplanung der Unternehmensleitung; ebenso die Risikostrategie und Umsetzungsplanung in Bezug auf operationale Risiken, ferner Unternehmens-, Wettbewerbs- und Geschäftsstrategien.

- Geschäftsebene: Hierzu zählen die wirtschaftlichen Verhältnisse und Aussichten des Unternehmens wie die Kapitalausstattung, Renditen, Gesamtergebnis, realisierbare Unternehmenspotenziale sowie die jeweiligen Wettbewerbs- und Marktaussichten.

- Organisationsebene: Neben der eigentlichen Aufbauorganisation können hierzu (alternativ zur Prozessebene) beispielsweise auch prozessorientierte Risikobereiche gerechnet werden, wie Aufgabenzuweisungen, Pflichtenkreise, eine hohe Personalfluktuation, fehlende oder falsche Anreizsysteme, ungenügende Unternehmenskultur, fehlerhaft konzipierte interne Regularien oder Qualifikation und Loyalität der Mitarbeiter.

- Prozessebene: Hier kommt grundsätzlich jegliche Art von internen Prozessen und Abläufen im Zusammenhang mit der Geschäftstätigkeit des Unternehmens in Betracht. Aus Sicht des Compliance Managements ist dies grundsätzlich richtig. Gleichfalls fehlen momentan Ressourcen, aber auch Know-how, welches die Interne Revision in den Unternehmen gerade bei der Prüfung der Kontrollpunkte in den

---

[16] Vgl. Früh, A., 2010, Legal/Compliance – Abgrenzung oder Annäherung, S. 122, m.w.N.
[17] BGH, Urteil v. 17.07.2009 – 5 StR 394/08, NJW 2009, S. 3173.

vergangenen Jahrzehnten erworben hat.[18] Gerade aus Sicht des „Control Testing",
also der Beurteilung, inwieweit Kontrollen sowohl vom Design her als auch von der
operativen Umsetzung den gewünschten Erfolg zeigen, sollte ein Compliance Management auf die Professionalität einer Internen Revision setzen. Aus Effizienzgrün-
den müssen Schnittstellen auch hier klar definiert werden, insbesondere um aufwendige Doppelprüfungen zu vermeiden.[19]

Das Fraud Management wendet Instrumente und Verfahren des operativen Risikomanagements gleichermaßen an – in der Praxis intensiv im Rahmen der Gefährdungsanalyse, wo Methoden und Modelle stark adaptiert werden.[20]

Das interne Regulariensystem wird dabei sicher nicht aus compliancespezifischer Sichtweise ganzheitlich betrachtet, sondern eher mit dem spezifischeren Optimierungsansatz
i.S.v. Präventionskonzepten oder nach aufgedeckten Delikt-/Schadensfällen.

2.8 Kontrollfunktion

Die Integration des Compliance-Management-Systems nicht nur mit dem Risiko-
management-, sondern auch mit dem Internen Kontrollsystem des Unternehmens[21] ist
eine zentrale Aufgabe des Compliance Managements. Es gilt, das Risikomanagement in
allen Facetten nach am Markt verfügbaren Modellen zu betrachten. Dabei sollte die
Integration von international üblichen Modellen, wie das Enterprise Risk Management
nach COSO II[22] heutzutage zum guten Ton der Unternehmen gehören. Aber die aktuelle
Diskussion um Interne Kontrollsysteme aus dem Blickwinkel des Bilanzrechtsmoderni-
sierungsgesetzes (BilMoG)[23] zeigt, dass ein systematischer Ansatz für interne Kontrollen
in vielen Unternehmen noch nicht tägliche Realität ist.

Dabei hat der Gesetzgeber in § 107 Abs. 3 S. 2 Aktiengesetz (AktG) eigentlich aus Sicht
des Risikomanagements und der Internen Revision Selbstverständlichkeiten dokumentiert, die in Fachkreisen seit den 90er Jahren des letzten Jahrhunderts gefordert werden.

---

[18] Vgl. hierzu den Beitrag von Helfer zu Fraud Management aus dem Blickwinkel der Internen
      Revision.
[19] Vgl. zur Kontrollfunktion Abschnitt 2.8.
[20] Vgl. ausführlich den Beitrag von Jackmuth/Zawilla zur Erstellung einer unternehmens-
      spezifischen Gefährdungsanalyse.
[21] Vgl. hierzu Beitrag von Helfer zu Fraud Management aus dem Blickwinkel der Internen
      Revision.
[22] Vgl. Modelle zu COSO, downloadbar über www.coso.org.
[23] Vgl. Gesetz zur Modernisierung des Bilanzrechts (BilMoG).

Dies wird insbesondere auch aus der Gesetzesbegründung klar,[24] mit der eine stärkere Überwachung durch den Aufsichtsrat im Sinne der 8. EU-Richtlinie gefordert wird:

> *Im Hinblick auf die sorgfältige Wahrnehmung der Überwachungsaufgabe liegt es im Interesse des Aufsichtsrats, den Vorstand zu veranlassen, stringente Kontrollsysteme und Informationsabläufe zu installieren, um mögliche Defizite im internen Risikomanagement zu minimieren und somit eigene Sorgfaltspflichtverletzungen auszuschließen. Die vorstehenden Überlegungen gelten entsprechend auch bezüglich der Überwachung des IKS und der internen Revision. Die Überwachung des Rechnungslegungsprozesses dürfte in der Regel mit der Überwachung des IKS und des internen Risikomanagementsystems einhergehen.*

Mit Blick auf die bereits dargestellte Versicherungssicht auf die Compliance-Funktion[25] bedarf es einer konsequenten Aufgabenanalyse und einer Strategie der Vermeidung von Doppelarbeiten. Wenn der IKS-Beauftragte, vergleichbar mit dem häufig so genannten „SOx-Champion"[26], als Teil der Compliance-Funktion verstanden wird, ist dies sicher genauso legitim, wie die Funktion im Rahmen eines operationellen Risikomanagements dort anzusiedeln.

Für das Fraud Management gilt die Kontrollfunktion nur in der Weise, dass im Rahmen von Präventions- und Aufdeckungsmandaten unternehmenspolitisch sinnvolle Kontrollen mit Augenmaß eingeführt, auf die Wirksamkeit getestet und ggf. korrigiert werden sollen.

2.9 Aufdeckungsfokus

Sowohl Fraud als auch Compliance Management beschäftigen sich mit dem Risiko der Nichteinhaltung gesetzlicher Regeln im Bereich des Wirtschaftsstrafrechts. Compliance Management deckt darüber hinaus, wie eingangs angedeutet, einen erheblich weiteren Bereich rechtlicher Regeln ab, beispielsweise im Wettbewerbsrecht, Umweltrecht, Arbeitsrecht oder im Datenschutzrecht. Für Finanzdienstleistungsunternehmen geht es bereits alleine nach den Vorschriften des WpHG u.a. um Insiderüberwachung, Überwachung von Marktmanipulationen, von Mitarbeitergeschäften, von kundenschützenden Regelungen sowie von Finanzanalysen. Zusätzlich sind der Bereich Geldwäsche und

---

[24] Vgl. Gesetzesbegründung (BT Drucksache 16/10067), downloadbar unter www.bundestag.de.

[25] Vgl. Abschnitt 2.1.

[26] Person in den Unternehmen, welche für die Einhaltung der Pflichten nach dem amerikanischen Sarbanes-Oxley-Act verantwortlich sind.

zahlreiche weitere relevante Delikte in den Fokus zu nehmen. Der Anwendungsbereich des Compliance Managements ist dementsprechend so breit wie er im Grunde nur sein kann: Letztlich geht es um die Beachtung aller relevanten Rechtsbestimmungen, unternehmensinterner Regularien sowie die vom Unternehmen akzeptierten externen Standards.

Die Bandbreite der durch das Compliance Management ins Auge gefassten Regelverstöße und damit seiner Tätigkeits- und Aufgabenfelder ist somit im Vergleich zum Fraud Management erheblich weiter. Man kann dies allerdings mit einer „Vogelperspektive" vergleichen – Compliance regelt den Rahmen, in Einzelfällen auch mit tiefer fachlicher Kompetenz, ist aber im Operativen weiter von deliktischen Handlungen weg. Hier sind häufig in- oder externe Spezialistenteams gefragt, die den in Rede stehenden Sachverhalt vollständig transparent machen.[27] Im Hinblick auf die Zusammenarbeit mit dem Compliance Management liefert das Fraud Management mit seinen spezialisierten Kompetenzen nicht nur eine sehr tiefe und fachspezifische Sicht, sondern auch ein ganzheitliches Konzept von der Planung bis zur Kennzahlenüberwachung im Sinne des PDCA-Modells.[28]

2.10 Vorteile für das Unternehmen

Compliance Management zielt auf die Prävention und Reduktion von Haftungsrisiken für das Unternehmen, seine Leitung und die Mitarbeiter. Zudem dient es der nachhaltigen Sicherung des Bestands des Unternehmens. Letzteres gilt auch im Hinblick auf die Verhinderung existenz-bedrohender Krisen im Sinne des Kontroll- und Transparenzgesetzes (KonTraG).[29] Hier hat sich die Situation der Schadensfolgen von Compliance-Verstößen in den letzten Jahren dramatisch verändert. So sind die Unternehmensbußgelder beispielsweise für Korruptionsdelikte- und Kartellrechtsverstöße insbesondere in Deutschland, den USA und Großbritannien im letzten Jahrzehnt um mehrere 100% gestiegen. Daneben entfalten Gesetze mit exterritorialer Wirkung wie der US FCPA und der UK Bribery Act vermehrt Relevanz für deutsche Unternehmen.

---

[27] Vgl. ausführlich den Beitrag von Zawilla zu Vorgehensweise bei Sonderuntersuchungen.

[28] Vgl. hierzu den Beitrag von Jackmuth/de Lamboy/Zawilla zum ganzheitlichen Fraud Management und der Schlüsselfaktor Mensch sowie von Zawilla zu strategischen Komponenten im Fraud Management.

[29] Gesetz zur Kontrolle und Transparenz im Unternehmensbereich, in Kraft getreten am 01.05.1998, das unter anderem § 91 AktG modifizierte und eine Pflicht des Vorstands implementierte, geeignete Maßnahmen zu treffen, insbesondere ein Überwachungssystem einzurichten, um den Fortbestand der Gesellschaft gefährdende Entwicklungen früh zu erkennen.

Compliance Management sichert dem Unternehmen neben der Verhinderung direkter Schadensfolgen v.a. auch essentielle wettbewerbsrelevante strategische und operative Erfordernisse. Beispielsweise sind nach dem Bekanntwerden von Korruptionsproblemen in einem Unternehmen dessen Geschäftspartner i.d.R. aufgrund ihrer Codes of Conduct (selbst-)gehalten, die Geschäftsbeziehungen mit dem Unternehmen bis auf Weiteres abzubrechen. Dies führte in der Praxis immer häufiger zu durchaus ernsten und schnell eskalierenden Problemen durch das Wegbrechen von Zulieferern oder Geschäftspartnern – beispielsweise im Rahmen von Joint Ventures oder strategischen Partnerschaften – und nicht zuletzt von Kunden. Neben den wachsenden Bußgeldern haben sich diese Wirkungen zu den eigentlichen Faktoren entwickelt, anhand derer sich mangelnde Compliance zu einem essentiellen – und potenziell durchaus schnell bestandsbedrohenden – wirtschaftlichen Risiko entwickelt hat. Wirksames Compliance Management beugt diesen Risiken vor und sichert damit den Bestand der zentralen strategischen und operativen Erfolgsfaktoren und Existenzgrundlagen des Unternehmens.

Daneben wirkt Compliance Management auch auf eine Stärkung der Wettbewerbsposition und der strategischen Optionen des Unternehmens hin – beispielsweise durch überzeugende Darstellung des Unternehmens am Kapitalmarkt, die Stärkung des Vertrauens von Geschäftspartnern und Kunden – und nicht zuletzt durch das Gewinnen und Halten so genannter High Potentials und High Performers, die nach diversen Studien besonderen Wert auf gute Compliance und eine entsprechende Kultur des Unternehmens ihrer Wahl legen. Auf gutem Compliance Management beruhende Geschäftsbeziehungen sind grundsätzlich stabiler, nachhaltiger und mittelfristig auch ertragreicher. Langfristig werden nur Unternehmen mit gutem Compliance Management in ihren Märkten Bestand haben können.

Die genannten Wirkungen auf das Unternehmen bestehen für die Aktivitäten des Fraud Managements grundsätzlich in gleicher Weise. Die Aktivitäten des Compliance Managements sind allerdings meist gerade im Bereich der präventiven Maßnahmen unternehmensintern und extern stärker wahrnehmbar, beispielsweise durch externe Compliance-Kommunikation auf der Website des Unternehmens sowie die interne Kommunikation u.a. über das Compliance-Intranet, durch Schulungsmaßnahmen oder durch die permanente interne Helpdesk-Funktion.

Das Fraud Management ist momentan in der „Startposition". Nur die wenigsten Unternehmen verfügen bereits über entsprechende spezialisierte Organisationseinheiten, v.a. Dingen aber damit einhergehend über Ressourcen im weitesten Sinn. Solange von Seiten der Unternehmensleitungen die Notwendigkeit von präventiven Konzepten bis hin zu einer Früherkennung[30] durch Softwaretools in einem kontinuierlichen Prozess[31] und anschließender professioneller Aufdeckungsarbeit negiert wird, kann ein wirksames Fraud Management nicht existieren. Fraud Management wird allerdings diesen Beitrag leisten, auch i.S. einer Wirtschaftlichkeit, wenn die Unternehmensleitung bereit ist, diesen präventiven Maßnahmen letztlich Nachdruck und Glaubwürdigkeit zu verleihen und somit zu sämtlichen der oben genannten positiven Wirkungen für das Unternehmen maßgeblich beizutragen.

2.11 Sachverhaltsaufklärung

Sachverhalte, die auf Rechts- oder Regelverstöße überprüft werden müssen, sind Teil der täglichen Arbeit des Compliance Office. Denn ohne hinreichend geklärte Sachverhalte sind effektive Risiko- bzw. Gefährdungsanalysen oder Reaktionen auf potenzielle Compliance-Verstöße unmöglich, ebenso wie die Einschätzung ihrer potenziellen Konsequenzen. Zudem ist ohne Sachverhaltsaufklärung die kontinuierliche Verbesserung des Compliance-Systems erheblich erschwert, weil dessen mögliche Schwachstellen nicht klar zutage treten. Präventionsmaßnahmen sind dadurch erheblich weniger wirksam. Daneben hat ein Untätigbleiben des Unternehmens angesichts potenzieller Rechtsverstöße von Mitarbeitern nachhaltig schädliche Wirkung auf die Unternehmens- bzw. Compliance-Kultur und indiziert erhöhte Risiken durch weitere Compliance-Verstöße. Nicht zuletzt besteht nach dem BGH für den Compliance Officer die arbeitsvertragliche Verpflichtung und strafrechtlich relevante Garantenpflicht, Rechtsverstöße aufzudecken, aufzuklären und zu verhindern, sofern er sich nicht der drohenden Haftung aus Beihilfe zur Haupttat des straffälligen Mitarbeiters aussetzen will.[32]

Maßnahmen zur Überprüfung und Aufklärung von Sachverhalten werden ab einem gewissen Schwierigkeitsgrad in den meisten Unternehmen nicht durch Angehörige des Compliance Office ausgeführt. Vielmehr wird meist auf die Dienste der Internen Revision, der Security-Abteilung, externer Wirtschaftsprüfungsgesellschaften oder spezialisierter Dienstleistungsunternehmen zurückgegriffen und natürlich zuallererst – soweit im Unternehmen vorhanden – auf den Fraud Manager, der für die Aufgabe der Sachverhaltsaufklärung besonders prädestiniert ist.

Nach einer Studie wird in großen Unternehmen die Sachverhaltsaufklärung im Kontext potenzieller Fälle von Wirtschaftskriminalität in über 90% der Fälle durch die Interne

---

[30] Vgl. ausführlich den Beitrag von Zawilla zu strategischen Komponenten im Fraud Management.

[31] Vgl. hierzu den Beitrag von Jackmuth zu Datenanalytik im Fraud Management.

[32] BGH, Entscheidung vom 17.07.2009, BB 2009, S. 2263 m.w.N.

Revision durchgeführt, wohingegen kleine und mittlere Unternehmen häufiger externe Dienstleistungsunternehmen einsetzen.[33] Diese Vergangenheitsbetrachtung ist faktisch richtig. In größeren Unternehmen kann man aber bereits heute einen entsprechenden Professionalisierungstrend erkennen. In der Bankenbranche fordert der Gesetzgeber seit mindestens 2005 eigentlich wesentlich mehr. Allerdings hat erst die Neufassung des § 25c KWG den Druck auf die Institute erhöht, sich intensiv mit dem Thema „sonstige strafbare Handlungen" auseinanderzusetzen. Der geforderte Implementierungstermin 31.03.2012 hat deutliche Wirkung auf die Aktivitäten, wird aber auch branchenübergreifend wahrgenommen. Die Versicherer werden über kurz oder lang ähnliche Systeme implementieren müssen, sofern diese nicht bereits vorhanden sind. Andere nicht regulierte Branchen werden folgen (müssen), sofern sie die Notwendigkeit entweder vorab oder nach einem (nennenswerten) Delikt-/Schadensfall erkennen.

Für den Fraud Manager ergibt sich bei der Sachverhaltsaufklärung aufgrund seiner Spezialisierung die Möglichkeit der besonders effektiven internen Erledigung dieser Aufgabe oder einzelfallbezogen, bei Erfordernis entsprechender Prüfungen, auch die Notwendigkeit der Zusammenarbeit mit der Internen Revision.[34]

Die Rolle des Compliance Office bei komplexeren Sachverhaltsaufklärungen beschränkt sich hingegen in den meisten Fällen auf die gemeinsame Planung und Koordination der Aufklärungsaktivitäten und – soweit erforderlich – die Mitwirkung daran. Um bei all den Facetten des Compliance Managements eine ausreichende Durchschlagskraft zu entfalten, benötigen die Unternehmen eine stringente Koordination im Delikt-/Schadensfall. Dies kann z.B. mit den Mitteln eines „Ad-hoc-Ausschusses Fraud" und einem „Fraud-Prevention-Ausschuss" erfolgen.[35]

Für das Fraud Management besteht bei der Sachverhaltsaufklärung und Ableitung von Fehlerquellen und Verbesserungspotenzialen des präventiven Compliance Managements eine zentrale Kooperationsmöglichkeit und -notwendigkeit im Hinblick auf das Compliance Office.

2.12 Erforderliche Kenntnisse

Wirksames Compliance und Fraud Management erfordert u.a. Kenntnisse in den folgenden Bereichen: Recht, Aufbauorganisation, Ablauforganisation, Qualitätsmanagement,

---

[33] Studie PWC, 2007, Wirtschaftskriminalität 2007, Sicherheitslage der deutschen Wirtschaft, S. 50.
[34] Vgl. hierzu die Beiträge von Helfer zu Fraud Management aus dem Blickwinkel der Internen Revision sowie von Zawilla zur Durchführung von Sonderuntersuchungen.
[35] Vgl. hierzu den Beitrag von Zawilla zu strategischen Komponenten im Fraud Management.

Prozessmanagement, Projektmanagement, internationales und interkulturelles Management, Change Management, Personalführung, Organisationsentwicklung und -psychologie, Kommunikationsmanagement, operationales Risikomanagement, interne Kontrollsysteme und Corporate Governance.

Die genannten Wissens- und Kompetenzfelder sind teilweise auch für das Fraud Management relevant, das andererseits eine ganze Reihe weiterer Wissensbereiche – insbesondere mit tiefer gehenden Kenntnissen – erfordert.[36] Weil sich ihre Aufgaben und Ziele ergänzen, können Compliance und Fraud Management folglich auch im Hinblick auf die erforderlichen Kompetenz- und Wissensfelder voneinander profitieren.

2.13 Neuere Entwicklungen

Als Trends, denen das Compliance Management in jüngerer Zeit ausgesetzt ist, lassen sich u.a. ausmachen:

- Zuwachs an Internationalität: einerseits durch immer weiter international verflochtene Wirtschaftsprozesse, andererseits aufgrund der Folge immer zahlreicherer Gesetze mit Auslandswirkung oder – wie der UK Bribery Act oder der US-amerikanische FCPA – mit exterritorialer Wirkung auf die Unternehmensaktivitäten in Zweit- und Drittstaaten.

- Zuwachs an Governance-Erfordernissen: beispielsweise verkörpert durch das BilMoG, das in § 107 Abs. 3 S. 2 AktG die Überwachungspflichten des Aufsichtsrats im Hinblick auf die Wirksamkeit des internen Kontroll-, Risikomanagement- und Revisionssystems verschärft. Auch nach Ziffer 5.3.2 des Deutschen Corporate Governance Kodex ist der Aufsichtsrat gehalten, einen Prüfungsausschuss einzurichten, der sich auch mit dem Compliance Management des Unternehmens befasst.

- Zuwachs an Operationalisierungserfordernissen: Gewachsen sind in den letzten Jahren ferner die Anforderungen an Unternehmen, Gesetzesverstöße beispielsweise im Bereich des Kartellrechts oder der Bestechungsdelikte mit operativen Methoden, also mit einer angemessenen Compliance Organisation, zu verhindern und interne Rechtsverstöße zu identifizieren bzw. mit eigenen Mitteln so weit wie möglich aufzuklären.

- Zunehmende Schadensfolgen von Compliance-Verstößen für Unternehmen.[37]

---

[36] Vgl. hierzu den Beitrag von Zawilla zu strategischen Komponenten im Fraud Management.
[37] Vgl. hierzu Abschnitt 2.10.

Das Fraud Management besteht aktuell in den Unternehmen bisher nur in seltenen Fällen und muss sich ggf. auch hinsichtlich der Aufgaben, der Organisationsstruktur und der Schnittstellen noch positionieren. Dezidierte Hinweise mit ausstrahlender Wirkung finden sich in den bereits zitierten ZKA-Auslegungs- und Anweisungshinweisen für den Bankensektor, welche bereits einen guten Überblick über die Positionierung im Unternehmen geben.[38] Es unterliegt den genannten Trends in gleicher Weise wie das Compliance Management und kann seine Kernkompetenzen insbesondere im Bereich der Operationalisierungserfordernisse den übrigen beteiligten Fachbereichen wirksam zur Verfügung stellen.

2.14 Zwischenergebnis

Die angewandten Vergleichskritierien führen zu folgendem Bild:

Tabelle 1: Vergleichskriterien Compliance Management und Fraud Management

Vergleichskriterium	Compliance Management	Fraud Management
Rechtliche Grundlage	grundsätzlich gleich	
Grundfunktion	weitgehend gleich	
Grundsätzliche Ziele	weitgehend gleich	
Vertragliche Stellung	formal unabhängiger	tendenziell weniger
Konzeptionelle Aufgaben	etwas stärker	etwas schwächer
Beratungsfunktion	intensiv	
Risikomanagementfunktion	etwas systemorientierter im Compliance Management, ansonsten im Wesentlichen gleich	
Kontrollfunktion	gleich	
Deliktsfokus	weiter	enger
Sachverhaltsaufklärung	wenig spezialisiert	spezialisiert
Erforderliche Kenntnisse	teils eigene Schwerpunkte, gegenseitig ergänzend	
Neuere Entwicklungen	gleiche Relevanz	

---

[38] Vgl. ZKA-Auslegungs- und Anwendungshinweise zu § 25c KWG („sonstige strafbare Handlungen") Stand: 01.06.2011.

3 Zusammenarbeit der Funktionen und Fazit

Wie der vorangehende Vergleich zeigt, hat das Compliance Management zunächst v.a. einen erheblich breiteren Fokus auf zahlreiche (rechtliche) Regelungen, die über die strafrechtlichen Regelungen weit hinausgehen. Fraud ist eines der materiellrechtlich denkbaren Anwendungsfelder des Compliance Managements, wenngleich es nach den Schadensstatistiken kontinuierlich auf den vordersten Plätzen vertreten ist. Das Compliance Office hat eine unternehmensweite Gesamtperspektive und kann damit insbesondere den Rahmen compliancekonformen Handelns im Unternehmen insgesamt vorgeben. Es muss bei der Konzeption präventiver Maßnahmen gleichzeitig stets die jeweiligen Implikationen für andere Compliance-Anwendungsfelder im Auge behalten.

Das Fraud Management ist in seinem spezifischeren Blickwinkel auf deliktisches Verhalten erheblich spezialisierter als das Compliance Management und kann seine Kompetenzen folglich im präventiven Bereich, bei der Sachverhaltsaufklärung, bei weiteren fraudspezifischen reaktiven Maßnahmen und auch i.S. eines ganzheitlichen Fraud-Management-Systems wirksam einsetzen.

Die Organisation der Zusammenarbeit in der Unternehmenspraxis ist eine Aufgabenstellung für beide Bereiche, die nur unternehmensspezifisch im Rahmen eines wirkungsvollen Schnittstellenmanagements gelöst werden kann. Compliance Management und Fraud Management weisen im Fraud-Deliktsbereich, wie festgestellt, prinzipiell ein hohes Maß an Gemeinsamkeiten auf. In professionell aufgestellten Fraud-Management-Einheiten lösen diese vollständig die Ermittlungsthemen des Compliance Managements. Von dieser Umsetzung sind wir in der Unternehmenslandschaft aber heute noch weit entfernt. Dieser Sichtweise gehört aber die Zukunft, sofern die Unternehmensleitungen den Mehrwert für sich erkennen.

Neben der Wirksamkeit gilt es somit, Wirtschaftlichkeitsfragen im Abstimmungsprozess zwischen den beiden Funktionen, aber auch weiteren Beteiligten, im Auge zu behalten. Dies kann beispielsweise durch Bündelung oder auch aktive Verteilung einzelner Aktivitäten erfolgen, die zur Verringerung negativer Kosteneffekte aufgrund von Redundanzen führen. Das Compliance Management profitiert von der Spezialisierung des Fraud Managements insgesamt – und umgekehrt. Als Antwort auf die eingangs gestellten Fragen lässt sich somit durchaus sagen, dass das Fraud Management der „große kleine Bruder" des Compliance Managements ist.

IV
Fraud-Prävention

Präventionsmaßnahmen gegen Mitarbeiterkriminalität

Mark Wachter

1 Einleitung

Für die didaktische Annäherung an die Thematik der Kriminalprävention in einem Industrieunternehmen soll der Einfachheit halber zunächst ein alltägliches Beispiel aus dem öffentlichen Bereich dienen: Nämlich der Fall der Entschärfung von geschwindigkeitsbedingten Unfallschwerpunkten im Straßenverkehr, somit also der Unfallprävention. Auch hier gibt es dem Grundsatz nach – wie in allen Fällen der Prävention – zwei verschiedene Handlungskalküle oder Einwirkungsmöglichkeiten. Auf der einen Seite die tatsächliche Verhinderung der unerwünschten Handlung, demnach im konkreten Fall die Verhinderung des schnellen Fahrens durch bauliche Maßnahmen, wie beispielsweise Kurven, Kreisverkehre, Aufpflasterungen oder Ampelanlagen mit einer Schaltung für „grüne Welle"; andererseits die Einflussnahme auf die Handlungsentscheidung oder Motivation des Verkehrsteilnehmers hin zu einer sorgfältigeren Fahrweise durch zusätzliche Verkehrsregeln, wie Überholverbote und Geschwindigkeitsbeschränkungen und dem Einsatz entsprechender Verkehrsüberwachungsmaßnahmen (polizeiliche Video- und Radarkontrollen). Die zuletzt genannten Maßnahmen können jedoch nur dann eine nachhaltige Wirkung entfalten, wenn neben regelmäßigen Kontrollen auch Sanktionen in den Fällen von Zuwiderhandlungen zu erwarten sind. Dieser Aspekt ist von besonderer und allgemein gültiger Bedeutung, da eine präventive Wirkung nur erzielt werden kann, wenn Verstöße gegen den erlaubten Handlungsrahmen erkannt und geahndet werden und die verhängten Sanktionen notfalls auch mit Zwangsmitteln von den Ordnungsbehörden durchgesetzt werden können.

Ähnliches gilt für die Belange der Unternehmen. Es bedarf der Entwicklung besonderer Maßnahmen und der Einrichtung entsprechend autorisierter Instanzen für deren Durchsetzung. Aber warum werden diese Ideen und Präventionsansätze auch in Industrieunternehmen diskutiert und somit in Organisationen, deren unternehmerischer Zweck die Gewinnerzielung ist? Neben den regulatorischen Vorgaben wie beispielsweise dem Bilanzrechtsmodernisierungsgesetz (BilMoG) oder dem Aktiengesetz (AktG) haben sicherlich die Unternehmensskandale der jüngeren Vergangenheit (Siemens, Volkswagen, MAN etc.) zu einem stärkeren Bewusstsein jener Risiken und Kosten geführt, die als Resultat wirtschaftskrimineller Handlungen anzusehen sind.[1] Darüber hinaus müssen die unternehmerischen Bemühungen hinsichtlich einer strafrechtlichen Compliance als integrales Element einer guten Corporate Governance verstanden werden.

---

[1] Die Kosten aus wirtschaftskriminellen Handlungen für das Unternehmen sind mannigfaltig. Neben den unmittelbaren Aufwendungen für die Sachverhaltsaufklärung sind Rechtsberatungs- und Gerichtskosten sowie Schadensersatzleistungen zu erwähnen. Das Unternehmen kann darüber hinaus einen Reputationsverlust erleiden und somit aus der Sicht anderer Marktteilnehmer (Geschäftspartner und potenzielle Arbeitnehmer) an Attraktivität verlieren.

Bevor sich die Unternehmensleitung (oder die durch sie beauftragte Stelle) mit der Aus-gestaltung von Präventionsmaßnahmen gegen Kriminalität im Unternehmen auseinan-dersetzt, sollte zunächst diskutiert werden, welche Tathandlungen man *de facto* unter Fraud[2] versteht und konsequenterweise auch verhindern möchte. Je nach Branche des Unternehmens oder den unternehmensspezifischen Geschäftsmodellen sind hierbei ganz individuelle Betrugsrisiken oder Fallkonstellationen möglich. Dies führt z.B. bei Ver-sicherungsunternehmen sicherlich zu stärkeren Bemühungen mit einer Fokussierung auf den Kunden als möglichen Täter oder Tatbeteiligten. In Unternehmen hingegen, deren Vertriebsprodukte aufgrund ihres Wertes im bevorzugten Interesse krimineller Gruppie-rungen stehen, dürfte die Brand Protection (Markenschutz) sowie der physische Schutz auf dem Lager-, Transport- und Vertriebsweg die höchste Priorität bei der Kriminal-prävention einnehmen.

In den folgenden Ausführungen zu Präventionsmaßnahmen gegen Mitarbeiterkriminali-tät bleiben branchen- oder produktspezifische Eigenheiten jedoch unberücksichtigt. Die Beschreibung der Maßnahmen sind von allgemein gültiger Natur und richten sich vor-dergründig gegen Untreue- und Korruptionshandlungen durch Führungskräfte (Top-Management-Fraud) sowie um wirtschaftskriminelle Handlungen in den Bereichen Ein-kauf (Procurement) und Vertrieb (Marketing & Sales), da dort die jeweiligen Geschäfts-prozesse einen unmittelbaren pekuniären Bezug haben und daher besonders risiko-behaftet sind. Hierbei wird zunächst die Verantwortung der Geschäftsleitung oder des Vorstandes sowie die strategische Bedeutung der Verhaltens- und Antikorruptionsricht-linien beleuchtet. Im Anschluss daran werden – mit der Fortbildung der Mitarbeiter, den Maßnahmen und Aufgaben einer Internen Revision sowie dem Einsatz von Hinweis-gebersystemen – die aus Sicht des Verfassers wichtigsten operativen Bausteine zur vor-beugenden Bekämpfung von Kriminalität im Unternehmen diskutiert.

2 Präventionsgrundlagen

Eine vernünftige Prävention von Korruption, Betrug und Untreue in Unternehmen ist nur unter der Bedingung möglich, dass sich die Unternehmensleitung bzw. die Geschäftsführung dem Ziel verpflichtet, unternehmerische Ziele mit dem Anspruch auf Integrität in Einklang zu bringen. So steht einerseits auf der Seite des angestrebten unter-nehmerischen Erfolges die Forderung nach einem starken und nachhaltigen ökonomi-

---

[2] Die wörtliche Übersetzung dieses Begriffes aus der englischen Sprache lautet Betrug. Im Sprachgebrauch werden unter dieser Begrifflichkeit jene absichtlichen Handlungen erfasst, die gegen das Vermögen oder Vermögensinteresse eines Dritten (natürliche/juristische Per-sonen) gerichtet sind. Neben Betrug, Untreue oder Unterschlagung fallen hierunter demnach beispielsweise auch Diebstahl und der Verrat von Betriebs- und Geschäftsgeheimnissen.

schen Wachstum, das Anbieten erstklassiger Produkte und Dienstleistungen, dauerhafte Vorteile für Shareholder und andere Stakeholder sowie eine gründliche Abwägung zwischen Risikofreude und Risikomanagement; andererseits erfordert Integrität des unternehmerischen Handelns hier eine strikte – auch mentale – Befolgung formaler Regeln, die freiwillige Einhaltung globaler ethischer Standards und eine Verpflichtung der Mitarbeiter auf Werte wie Fairness, Zuverlässigkeit und Vertrauenswürdigkeit.[3]

Dass es bei der Beachtung dieser – zumindest vordergründig betrachtet – unterschiedlichen Interessen immer wieder zu Problemen kommen wird, ist offenkundig. Umso mehr liegt es einerseits in der Verantwortung des Vorstandsvorsitzenden/Geschäftsführers, den Mitarbeitern die gewünschten Verhaltensweisen durch entsprechende Maßnahmen zu vermitteln, andererseits aber auch die genannten Werte anhand des eigenen Verhaltens in Erfüllung der seiner Stellung immanenten Vorbildfunktion vorzuleben (Wertemanagement).

Die Einführung eines Wertemanagements (auch Wertemanagementsystem), welches Lösungswege aus dem vermeintlichen Dilemma zwischen kommerziellen Erfolgen und ethischen Verhaltensweisen zu beschreiben versucht, kann nur durch die glaubhafte Stigmatisierung wirtschaftskrimineller Handlungen und deren konsequenter Ahndung einen hohen präventiven Charakter entfalten. Das Wertemanagement ist daher als Grundlage eines effizienten Präventionskonzeptes bei der Bekämpfung von Mitarbeiterkriminalität anzusehen[4], dient aber gleichzeitig auch dazu, die bei den Mitarbeitern verständlicherweise bestehenden Unsicherheiten im geschäftlichen Verkehr zu bereinigen und führt damit wiederum zu mehr Handlungssicherheit, was letztlich den Unternehmenszielen zu Gute kommt.

Im Rahmen des Wertemanagements hat das Unternehmen zunächst eine Grundhaltung (Prinzipien) für die Art und Weise der Umsetzung des Anspruchs auf Integrität im geschäftlichen Verkehr, wie beispielsweise einen Wertekatalog mit den Schwerpunkten „Kundenorientierung", „Qualität" und „ethischer Standards", festzulegen. Darauf aufbauend wird mit einem Verhaltenskodex (auch Code of Conduct, Code of Ethics oder Ehrenkodex) die Unternehmenskultur grundlegend und verbindlich umschrieben. Jener Kodex ist sowohl den Mitarbeitern als auch den übrigen Stakeholdern (z.B. Kunden, Lieferanten und Anteilseignern) – am Besten auf Grundlage eines speziellen Kommunikationskonzeptes – zu präsentieren. Anschließend erfolgt von Seiten des Unternehmens eine detaillierte Beschreibung der gewünschten Verhaltensweisen anhand von Richtlinien, Prozessbeschreibungen und Policies etc.

---

[3] Vgl. Heinemann, B., 2009, S. 81 ff.
[4] Vgl. Hofmann, S., 2008, S. 388 ff.

2.1 Bedeutung von Unternehmensrichtlinien und Policies

Im Idealfall gibt es für alle wesentlichen Geschäftsabläufe im Unternehmen eine Handlungsrichtlinie oder Prozessbeschreibung. Bei der Prävention von Mitarbeiterkriminalität haben die Richtlinie zur Korruptionsvermeidung (Antikorruptionsrichtlinie zur Vermeidung von Situationen, die die Integrität des Verhaltens in Frage stellen können)[5] als Ergänzung zum Code of Conduct, die Richtlinie bzgl. Genehmigungskompetenzen (Catalogue of Competences) sowie die Beschaffungsrichtlinien (Procurement Guidelines) einen besonderen Stellenwert. Wünschenswerterweise wäre hier auch eine Richtlinie für das Anti-Fraud-Management (inklusive Whistleblowing) zu nennen, die neben den entsprechenden innerbetrieblichen Zuständigkeiten auch die Reaktions- und Sanktionsmaßnahmen in den Fällen von Zuwiderhandlungen gegen die Unternehmensrichtlinien festlegt.

Das Wertemanagementsystem aus Wertekatalog, Code of Conduct und Unternehmensrichtlinien soll den Mitarbeitern ihren Handlungsrahmen verständlich machen. Ziel dieses Wertemanagements ist es, dass von dem Unternehmen und seinen Mitarbeitern die vom Gesetzgeber vorgegebenen Grenzen der (Straf-)Gesetze beachtet werden (Compliance).

Darüber hinaus sind die Geschäftsvorfälle und Handlungen der Mitarbeiter durch die im Unternehmen installierten Kontrollmechanismen, wie z.B. die Interne Revision, speziell auf die Einhaltung dieser Normen zu prüfen (Internal Audit). Werden Fehlverhalten oder ein Abweichen vom vorgegebenen und erwarteten Handlungsrahmen festgestellt, können Sanktionen (personalrechtliche Maßnahmen) anhand der im Einzelfall verletzten innerbetrieblichen schriftlichen Vorgaben begründet werden. Dies stellt einen ersten – und zugleich entscheidenden – Faktor im Rahmen eines wirksamen Präventionskonzeptes gegen Mitarbeiterkriminalität dar. Denn ohne die adäquate Ausgestaltung der Policies werden Unternehmen bei Streitfällen oft einer schlechteren Rechtsposition ausgesetzt sein und somit häufig bereits aus Kostengründen (Kosten eines Vergleichs, Kosten des Rechtsstreits), v.a. aber aus Gründen des Reputationsschutzes bestrebt sein, einen Kompromiss zu suchen.

Letzterer Aspekt dürfte dabei eine besondere Rolle spielen, zumal gerade in jüngster Vergangenheit jedem Interessierten aus der Presse entsprechende Fälle bekannt sein dürften, in denen der Name eines Unternehmens im Zusammenhang mit wirtschaftskriminellen Handlungen von Mitarbeitern erwähnt wird und damit zwangsläufig auch der gute Ruf eines solchen Unternehmens Schaden nimmt. Eine verstärkte Kompromissbereitschaft

---

[5] Regelt u.a. die folgenden Problemfelder: Umgang mit Amtsträgern, Vergabe und Annahme von Geschenken, Trennung zwischen geschäftlichen und privaten Aufwendungen, Interessenkonflikte, Zahlungen an Vertreter/Agenten/Berater.

der Unternehmensführung läuft aber der Idee einer wirksamen Kriminalprävention entgegen, da der Täter – aus Ermangelung einer geeigneten Reaktion als Folge seiner Tat – nicht mit der entsprechenden Ernsthaftigkeit abgeschreckt werden kann, so dass eine konsequente Anwendung der Policies und entsprechender Sanktionen durch die Unternehmensführung unabdingbar ist.

2.2 Fortbildungsmaßnahmen und Fraud-Awareness-Trainings

Ein funktionierendes Wertemanagementsystem als grundlegende Voraussetzung für eine effiziente Prävention gegen Mitarbeiterdelinquenz erfordert neben den gerade beschriebenen Richtlinien und Vorgaben der Unternehmensleitung auch die entsprechende Schulung der Belegschaft. Dies hat verschiedene Gründe: Oftmals werden Unternehmensrichtlinien von Juristen verfasst und enthalten demgemäß oft juristische Fachtermini, welche der Mitarbeiter – i.d.R. juristischer Laie – nicht zu verstehen in der Lage ist, so dass eine vollständige Umsetzung des geforderten Verhaltens nicht gewährleistet ist.

Darüber hinaus können die vorgegebenen Normen nicht jeden Lebenssachverhalt oder Geschäftsvorfall in einer *ex-ante*-Betrachtung erfassen. Schwierigkeiten können sich in diesem Zusammenhang allein bereits aus dem Umstand ergeben, dass das Unternehmen Geschäftsbeziehungen mit einem neuen Geschäftspartner aus einem anderen Kulturkreis begründet, in welchem bis *dato* nicht bekannte soziale Gepflogenheiten bestehen. Würde man nur annähernd versuchen, alle sich möglicherweise im Geschäftsverkehr ergebenden Situationen zu erfassen, würde dies verstärkt zur Unverständlichkeit des Regelwerks führen und letztlich den Mitarbeiter schlichtweg überfordern. Somit müssen die Mitarbeiter dazu befähigt werden, die Richtlinien zutreffend zu interpretieren, um sie im Einzelfall richtig anwenden zu können und ein ethisches Bewusstsein dahingehend zu entwickeln, was im Rahmen diese Wertesystems möglich ist bzw. was gegen die Regeln verstößt.

Die Möglichkeiten dieser Mitarbeiterschulungen sind vielfältig. Mittlerweile gehören Workshops zum Code of Conduct sowie web-basierte Trainings zu verschiedenen Compliance-Themen (Kartell- bzw. Wettbewerbsrecht, Anti-Korruption, Insiderhandel) zu dem Standardrepertoire der großen deutschen Aktiengesellschaften.

Wichtig hierbei ist, dass in jedem Unternehmen auch ein geschulter Ansprechpartner für die Belegschaft existiert, an welchen sich ein Mitarbeiter bei Zweifelsfragen direkt und unverzüglich wenden kann.

In einem weiteren Schritt sollte mit der Durchführung von Fraud-Awareness-Trainings dem jeweiligen Adressatenkreis das Risiko wirtschaftskrimineller Handlungen für das Unternehmen vermittelt werden. Hierbei geht es in erster Linie um die Vorstellung der individuellen fraud-spezifischen Problemfelder in dem betreffenden Unternehmen. Gleichzeitig können die oftmals bestehenden Berührungsängste und Vorbehalte gegenüber dieser zumeist als unangenehm empfundenen Thematik „Kriminalität im Unternehmen" bei den Mitarbeitern abgebaut werden. Darüber hinaus sollte die Haltung der Unternehmensspitze gegenüber wirtschaftskrimineller Handlungen vermittelt sowie über typische Verhaltensweisen und Handlungsmuster informiert werden.

Eine weitere Schulungskomponente wäre die Vermittlung kriminologischer Elemente wie die Ursachen von Fraud, Indizien für das Vorliegen möglicher Unregelmäßigkeiten sowie das Aufzeigen von Reaktions- und Eskalationsmöglichkeiten bei verdächtigen Feststellungen.

Die Entwicklung der verschiedenen Fraud-Awareness-Trainings muss an dem jeweiligen Adressatenkreis orientiert sein. So muss den Führungskräften vermittelt werden, in welcher Vorbildfunktion zu Integritätsfragestellungen sie sich bewegen und welche Bedeutung eine konsequente Verfolgung von Missständen in ihren Bereichen hat. Darüber hinaus sollte den Führungskräften die Tatbegehungsweisen (*modi operandi*) der vergangenen Fälle von wirtschaftskriminellen Handlungen bekannt sein. Dies würde die betreffenden Personen befähigen, zukünftige Tathandlungen möglicherweise bereits im Ansatz zu erkennen und – in einem weiteren Schritt – dazu befähigen, eine Verbesserung des Kontrollumfeldes im eigenen Bereich herbeizuführen.

Die Mitarbeiter der Einkaufsabteilung können im Rahmen von Fraud-Awareness-Trainings über die speziellen Szenarien der Bestechung im geschäftlichen Verkehr und ihrer strafrechtlichen Relevanz aufgeklärt werden. Hierbei wäre u. a. darüber zu informieren, dass die besonderen Gefahren bereits in den zumeist strafrechtlich noch nicht relevanten Anbahnungs- oder Anfütterungsversuchen von Seiten der Lieferanten zu sehen sind. Da oftmals die Gewährung kleinerer und somit scheinbar unverfänglicher Vorteile (Geschenke, Geld oder sonstige Gefälligkeiten) dazu dienen können, eine spätere moralische oder auf das schlechte Gewissen abzielende Abhängigkeit zum Entscheidungsträger aufzubauen, ist bereits in diesem Stadium ein gewisses Gefährdungspotenzial zu erkennen und der Mitarbeiter entsprechend zu sensibilisieren.

Im Sinne einer guten Fraud-Prävention sollte auch den Mitarbeitern der Internen Revision eine besondere Fraud-Awareness-Schulung angeboten werden. Einerseits kann die Revision im Rahmen ihrer Prüfungstätigkeit den Willen und die Maßgaben der Unternehmensleitung in die geprüften Einheiten (als Multiplikator) transportieren, andererseits werden die speziellen Prüfungshandlungen der Revision auch von den geprüften Mitarbeitern beobachtet und erkannt, so dass für unerwünschte Verhaltensweisen eine erhöhte Gefahr der Entdeckung besteht.

Den Revisoren sollte dabei besonders die Bedeutung der fehlenden Transparenz und Nachvollziehbarkeit von Rechnungen sowie ihrer zu Grunde liegenden geschäftlichen Veranlassung als Indiz für mögliche wirtschaftskriminelle Handlungen deutlich gemacht werden. Daneben sollten im Rahmen von Schulungsmaßnahmen auch die kriminologischen Aspekte, wie etwa Motive und häufige Vorgehensweisen von Wirtschaftsstraftätern, zum besseren Verständnis Beachtung finden.

3 Bedeutung der Internen Revision

Der Internen Revision kommt bei der vorbeugenden Bekämpfung von Wirtschaftskriminalität im Unternehmen die wichtigste Stelle zu. Allein schon die reguläre und traditionelle Revisionsarbeit hat eine enorme Bedeutung, da diese Schwachstellen und Fehler im Internen Kontrollsystem (IKS) erkennt und zu deren Behebung beiträgt. So erkennt die Interne Revision im Rahmen ihrer Prüfungstätigkeiten, dass möglicherweise die in der Realität durchgeführten Geschäftsabläufe nicht mit denen in den Prozessbeschreibungen definierten Vorgaben übereinstimmen. Ferner ist es Aufgabe der Internen Revision zu prüfen, ob das IKS wirkt und inwieweit die verschiedenen betrieblichen Abteilungen die IKS bezogenen Vorgaben umsetzen und die Kontrollmaßnahmen auch tatsächlich eingerichtet wurden. Grundlegende organisatorische Maßnahmen als Teil des IKS zur Prävention von Mitarbeiterkriminalität sind hier v.a.:

- die Ablaufbeschreibungen sämtlicher Geschäftsprozesse,

- die Unternehmensrichtlinien,

- Funktionstrennungen und die Einhaltung des Vier-Augen-Prinzips,

- automatisierte Kontrollen in den EDV-Systemen,

- physische Zutrittskontrollen,

- Berechtigungskonzepte,

- die transparente Dokumentation von Entscheidungen und anderer Geschäftsvorgänge sowie

- verschiedene Maßnahmen der Controlling-Abteilung.

Somit wird der Internen Revision bereits aufgrund ihrer Aufgabenstellung eine große Verantwortung bei der Fraud-Prävention beigemessen. Bei einer stärkeren Fokussierung der Revisionsarbeit auf die Elemente der Betrugsabwehr kann die Interne Revision hier sogar zum wichtigsten Akteur im Unternehmen avancieren.

Durch ein funktionierendes IKS und der gleichzeitigen Erhöhung der Kontrolldichte werden die tatsächlichen Begehungsmöglichkeiten von Fraud stark reduziert. Darüber hinaus kann die Belegschaft (und somit auch die potenziellen Delinquenten) die Qualität und Entschlossenheit der Revisionsarbeit erkennen.

Eine Erhöhung der Entdeckungswahrscheinlichkeit kann wiederum zu einer reduzierten Eintrittswahrscheinlichkeit bzw. einer geringeren Häufigkeit wirtschaftskrimineller Handlungen führen und somit auch präventive Wirkung entfalten.

Im Folgenden werden die verschiedenen Methoden und Möglichkeiten der Internen Revision vorgestellt. Auf die Skills der Revisionsmitarbeiter wird hierbei nicht gesondert eingegangen. Jedoch möchte der Autor nicht unerwähnt lassen, dass gewisse kriminalistische Fähigkeiten und Kenntnisse den Revisionsmitarbeiter in die Lage versetzen, die Vorgehensweise des Täters nachvollziehen und fraud-relevante Potenziale entdecken zu können. Gleichzeitig sind entsprechend sensibilisierte Revisoren auch in der Lage, bei (Sonder-)Prüfungen die erforderlichen, der Sachaufklärung einer möglichen wirtschaftskrimineller Handlung dienenden – u.U. aber auch unbequemen – Fragen zu stellen.

3.1 Besondere Prüfungsschwerpunkte der Internen Revision

Bei einer professionelle Festlegung besonderer Prüfungsschwerpunkte ist darauf zu achten, dass eine individuelle Risikobewertung des Unternehmens vorgenommen wird und die Ergebnisse mit der Unternehmensleitung entsprechend abgestimmt werden. Ein von der Revision eigenmächtig geändertes Prüfverhalten wird das Ziel der **Fraud Prevention** verfehlen und kann das Betriebsklima sowie die Unternehmenskultur negativ beeinflussen.

Grundsätzlich sollten bei der Prävention von Untreue, Betrug und Korruption und der Auswahl besonderer Prüfungsschwerpunkte folgende Geschäftsprozesse im Mittelpunkt der Betrachtung stehen:

- Einkauf/Einkaufsorganisation;
- Vertrieb/Vertriebsorganisation;
- Sponsoringmaßnahmen;
- Beratungsleistungen/Beraterverträge;
- Gehaltszahlungen (und Gehaltsnebenleistungen);
- Reisekosten und Bewirtungen;
- Mergers & Acquisitions.

Bei den Prüfungshandlungen sollte stets ein besonderes Augenmerk auf die betreffenden schriftlichen Rahmenbedingungen (Policies und Verträge) und auf die Einhaltung bzw. Realisierung der dort jeweils vereinbarten Rechte und Pflichten gelegt werden. Darüber hinaus sollten diese Prüfschritte mit der geprüften Einheit diskutiert werden, um für diese Risiken entsprechend zu sensibilisieren und den gewünschten kriminalpräventiven Effekt gewährleisten zu können.

3.2 Besondere Prüfungsansätze der Internen Revision

Neben dem bereits im Abschnitt 3.1. erwähnten Erfordernis, dass die Unternehmensleitung entsprechende Initiativen der Internen Revision voll unterstützt, ist bei den besonderen Prüfungsansätzen auch die Beachtung des Datenschutzrechtes sowie der Arbeitnehmerrechte (Betriebsrat) erforderlich.

Als besondere Prüfungsansätze kommen damit u.a. folgende Maßnahmen in Frage:

- Red-flag Audits: Die geprüften Einheiten werden auf ihr Kontrollumfeld sowie auf prozess- und personenbezogene Frühwarnindikatoren für wirtschaftskriminelle Handlungen analysiert, z.B. Vertragsbeziehungen mit Firmen, die von nahestehenden Personen geführt werden.

- Ad-hoc Audits: Die Revision erscheint ohne Prüfungsankündigung bei der geprüften Einheit und kann sofort auf sämtliche Unterlagen zugreifen bzw. Mitarbeiter befragen. Diese Form des Audits erscheint aufgrund des Überraschungseffektes besonders erfolgreich. Unter dem Aspekt der Prävention müssen die Mitarbeiter jederzeit mit einer solchen Prüfung und damit im Falle wirtschaftskrimineller Handlungen mit deren Aufdeckung rechnen.

- Fraud Audits: Prüfung von Verdachtsfällen und die operative Einbindung in die Fallbearbeitung bei Whistleblowing.[6] Hier geht es i.d.R. um einen konkreten Prüfungsanlass, ob Verstöße gegen das Wertesystem oder andere Regeln/Gesetze festzustellen sind.

---

[6] Vgl. Bauer, M., 2010, S. 86.

4 Bedeutung von Hinweisgebersystemen und Whistleblowing

Unter dem Begriff Whistleblowing versteht man das Bekanntmachen eines Missstandes zur Wahrung der Vermögensinteressen des Unternehmens sowie eines Verdachts einer Zuwiderhandlung gegen bestehende Vorgaben oder Gesetze.

Hinweise sollten sich dabei auf jene Sachverhalte beschränken, die ein rechtswidriges oder illegales Verhalten gegen Strafgesetze oder Unternehmensrichtlinien darstellen und innerhalb der Kontrollmöglichkeiten des Unternehmens liegen. Wie in allen Fällen der Kontrollkriminalität[7] werden auch im Bereich der Mitarbeiterdelinquenz die meisten Unregelmäßigkeiten anhand von Hinweisen[8] aufgedeckt. Somit gehört deren Bearbeitung zu den elementaren Bestandteilen der Fraud Detection. Da ein professionelles Set-up von Hinweisgebersystemen auch aus Sicht des potenziellen Täters zu einer enormen Erhöhung der Entdeckungswahrscheinlichkeit seiner Tat führen wird, kommt diesem Instrument eine besondere Bedeutung im Rahmen der Kriminalprävention zu. Hierbei besteht neben der Bereitstellung entsprechender Systeme[9] auch die Möglichkeit, einen externen Rechtsanwalt als Ombudsmann zu installieren. In der Praxis sind die Informationskanäle für Hinweise breit gefächert. So informieren Hinweisgeber entweder schriftlich (E-Mail, Brief, Fax) oder telefonisch über ihre Beobachtungen. Teilweise geben sie ihre Identität preis, bleiben anonym oder nutzen ein Pseudonym. Darüber hinaus werden Verdachtsfälle auch aus der Presse oder durch Behörden, z.B. Feststellungen von Finanzbehörden etwa anlässlich einer Betriebsprüfung oder Ermittlungsverfahren von Strafverfolgungsbehörden in anderen Angelegenheiten, bekannt. Auch Beschwerden und Mitteilungen von Lieferanten und anderen Geschäftspartnern sollte eine besondere Beachtung geschenkt werden. Da viele Stellen im Unternehmen als möglicher Hinweisadressat in Betracht kommen[10] ist es wichtig, dass die Zuständigkeiten für solchen Vorgänge feststehen und zur sachgerechten Bearbeitung eine Weiterleitung der Hinweise an die zuständige Stelle erfolgt.

---

[7] Kontrollkriminalität: Da der Geschädigte nichts von der Tat bemerkt, kommt es grundsätzlich zu keiner Anzeigenerstattung, d.h. eine Straftat bleibt oftmals unentdeckt. Dies führt zu einem großen Dunkelfeld in dem Deliktsbereich Wirtschaftskriminalität. Eine Entdeckung der Tat erfolgt hier zumeist durch Kontroll- und Ermittlungtätigkeiten bzw. aufgrund von Hinweisgebern. Andere Formen von Kontrollkriminalität sind beispielsweise Drogendelikte, Steuerhinterziehung oder illegale Einwanderung.

[8] Vgl. KPMG, 2010, S. 25.

[9] E-Mail, Anrufbeantworter, Hotline etc.

[10] Geschäftsleitung, Personalabteilung, Rechtsabteilung, Compliance, Fraud Management, Interne Revision, Security, Kommunikationsabteilung und Sonstige.

Vor dem Hintergrund der kriminalpräventiven Bedeutung des Hinweisgebermanagements ist in diesem Zusammenhang die Frage über die Entscheidung der Strafanzeigenerstattung von herausragender Bedeutung.

4.1 Einbindung von Strafverfolgungsbehörden

Viele Kriminalisten und Compliance-Verantwortliche vertreten die so genannte Nulltoleranzstrategie und befürworten eine konsequente Ahndung und eine grundsätzliche Strafanzeigenerstattung.

In jedem Fall eines Hinweises bereits frühzeitig Strafanzeige bei Polizei oder Staatsanwaltschaft zu stellen, dürfte jedoch in der Unternehmenspraxis ein nicht zu realisierendes Unterfangen darstellen. Zu vielschichtig können die Motive eines Hinweisgebers sein und damit zu einer unsachlichen Belastung eines – zumeist bis *dato* unbescholtenen – Mitarbeiters führen. Die Folgen einer verfrühten und nicht hinreichend gerechtfertigten Benachrichtigung der Strafverfolgungsbehörden liegen nicht im Interesse der Beteiligten, weder des betroffenen Mitarbeiters und schon gar nicht im Interesse des auf seine Reputation angewiesenen Unternehmens.

Vielmehr sollte bei Eingang und späteren Bearbeitung eines Hinweises eine vorgeschaltete Einzelfallprüfung erfolgen, welche es einerseits gewährleistet, haltlose, aus persönlichen Gründen motivierte Beschuldigungen von Sachverhalten zu unterscheiden, welche Indizien für einen Regelverstoß, insbesondere eines Anfangsverdachtsverdachts einer Straftat begründen, wobei letztlich selbstverständlich die entscheidende Prüfung des strafrechtlichen Anfangsverdachts den zuständigen Strafverfolgungsbehörden obliegt.

Andererseits kann in Einzelfällen die frühzeitige Information der Strafverfolgungsbehörden über vorliegende Hinweise durchaus im Interesse des Unternehmens liegen, insbesondere, wenn – unterstellt der mitgeteilte Sachverhalt bestätigt sich – möglicherweise ein größerer Vermögensschaden droht.

Unter Berücksichtigung dieser Erwägungen sollten bei der Prüfung von Hinweisen und bei der Entscheidung der Frage, ob Strafanzeige erstattet werden soll, u. a. folgende Parameter berücksichtigt werden:

1. Die Erstattung einer Strafanzeige kann die Rechtsposition des Unternehmens im Zivilgerichtsverfahren, beispielsweise zur Geltendmachung von Schadensersatzansprüchen oder bei arbeitsrechtlichen Streitigkeiten, verbessern.

2. Im Rahmen von Kooperationsmöglichkeiten mit den Strafverfolgungsbehörden kann das Unternehmen u.U. von den Ermittlungsergebnissen und den Erkenntnissen aus strafprozessualen Maßnahmen[11] profitieren.

3. Eine Strafanzeige kann zwar zurückgezogen werden, allerdings wirkt sich dies auf das einmal eingeleitete Ermittlungsverfahren durch die Strafverfolgungsbehörden bei Offizialdelikten, wie z.B. Untreue, Betrug, nicht aus. Sogar bei Vorliegen eines Antragsdelikts und einem zurückgezogenen Strafantrag des Geschädigten könnte die Staatsanwaltschaft ein besonderes öffentliches Interesse erkennen und trotz der Rücknahme des Strafantrags die Ermittlungen weiterführen.

4. Der Fortgang des strafrechtlichen Ermittlungsverfahrens hängt von den behördlichen Abläufen und somit auch von folgenden Einflussfaktoren ab, auf welche das Unternehmen kaum mehr einwirken kann:

- Geschwindigkeit der strafrechtlichen Ermittlungen (u.a. abhängig von den behördlichen Ressourcen, z.B. ausgebildete Fachkräfte, Frage ob Ermittlungshandlungen im Ausland – Rechtshilfe – notwendig sind, Einholung von Sachverständigengutachten anstehen, etc.),

- örtliche und sachliche Zuständigkeiten können sich ändern und führen zu wechselnden Ansprechpartnern bei den Strafverfolgungsbehörden,

- Prozessökonomie und Urteilsabsprachen bei Gericht dienen der Beschleunigung des Strafverfahrens, können aber durch Beschränkung des Prozessstoffes (etwa bei Einstellung bzgl. bestimmter beanzeigter Straftaten) gerade den Interessen des Unternehmens zuwiderlaufen,

- gesetzliche Verjährungsfristen – bei den meisten Vermögensdelikten i.d.R. fünf Jahre – führen dazu, dass das strafrechtliche Ermittlungsverfahren in solchen Fällen eingestellt werden muss.

5. Durch die Strafanzeige und das Ermittlungsverfahren, insbesondere aber durch eine öffentliche Hauptverhandlung nach Anklageerhebung, können unternehmensinterne Daten in die Öffentlichkeit gelangen.

6. Schlagzeilen und die Preisgabe von Interna in der Öffentlichkeit stellen immer ein gewisses Reputationsrisiko dar. Der Name des Unternehmens wird zumindest für eine gewisse Zeit in Zusammenhang mit Straftaten gebracht.

---

[11] Wie z.B. Vernehmungen von Zeugen und Beschuldigten, Sicherstellung/Beschlagnahme von Beweismitteln.

7. Die Erstattung von Strafanzeigen durch das Unternehmen kann aber durchaus auch als Ausdruck glaubwürdiger Bemühungen im Rahmen des Compliance- bzw. Wertemanagementsystems gewertet werden und dient damit der Steigerung des Ansehens im Wirtschaftsleben.

4.2 Rahmenbedingungen für ein funktionstüchtiges Hinweisgebersystem

In diesem Zusammenhang muss zunächst festgehalten werden, dass die Einführung eines Hinweisgebersystems nicht für jedes Unternehmen in Betracht kommt. Insbesondere kleinere Betriebe mit einem sehr offenen kommunikativen Umgang oder einer Kultur der unmittelbaren Konfliktbewältigung benötigen i.d.R. keine gesonderte Stelle für die Entgegennahme und Bearbeitung von Whistleblower-Informationen. Bei größeren Unternehmen – mit ausgeprägten hierarchischen Strukturen und aufgrund der höheren Mitarbeiterzahl begründeten Anonymität – ist dies anders zu beurteilen. Zudem können sich große Konzerne beispielsweise bei Korruptionsfällen vor Gericht der Gefahr aussetzen, dass im Falle der Abwesenheit einer Whistleblower-Hotline ihre Compliance-Management-Systeme als unzureichend oder nicht effektiv bewertet werden. Dies kann u.U. sogar zur Begründung einer Aufsichtspflichtverletzung des Vorstandes und somit zu hohen Bußgeldzahlungen führen.[12]

Um die gewünschte präventive Wirkung eines Hinweisgebersystems erzielen zu können, ist auch hier zunächst die Unterstützung der Unternehmensleitung erforderlich. Das klare Bekenntnis, dass man entsprechenden Hinweisen nachgehen wird und hierbei neben der Sachverhaltsaufklärung den Schutz des Informationsgebers garantieren wird, ist dabei die oberste Prämisse.

Daneben ist ebenso zu beachten, dass bei der Einführung eines entsprechenden Systems eine möglichst konkrete Beschreibung erfolgt, welche Art von Informationen man aus dem Kreis der Mitarbeiter erwartet. So können beispielsweise die Hinweise auf jene beschränkt werden, die einen unmittelbaren Bezug auf die Rechnungslegung des Unternehmens haben könnten. Somit wäre eine Meldung von rein zwischenmenschlichen Streitfällen[13] über dieses Meldesystem nicht erwünscht.

---

[12] Aufgrund mangelnder Compliance-Strukturen begründete die Münchner Staatsanwaltschaft 2009 eine Aufsichtspflichtverletzung des Vorstandes der Lkw-Tochter der MAN AG und verhängte ein Bußgeld in Höhe von 75,3 Mio. EUR (Quelle: Financial Times Deutschland vom 11.12.2009, S. 4).

[13] Wie beispielsweise die Belästigung am Arbeitsplatz (Mobbing etc.).

Darüber hinaus ist es wichtig, dass eine gute Erreichbarkeit und Verfügbarkeit der Hotline gewährleistet ist, beispielsweise durch die Bereithaltung verschiedener Kommunikationskanäle (Intranet an prominenter Stelle verlinkt, Telefonhotline etc.) rund um die Uhr, auch außerhalb der typischen Dienstzeiten.

Beim Eingang von Hinweisen muss die bearbeitende Stelle unabhängig von Weisungsbefugnissen arbeiten können, insbesondere um bei gewünschter Anonymität des Hinweisgebers diese auch garantieren zu können. Da sich Hinweisgeber nicht selten in einer psychischen Ausnahmesituation befinden, ist es wichtig, dass vom Unternehmen ein schnelles Feedback über den Eingang des Hinweises und ggf. über die nächsten Schritte erfolgt. Dies gilt umso mehr, wenn sich der Hinweisgeber im hierarchischen Aufbau des Unternehmens in einem Abhängigkeitsverhältnis zum Beanzeigten befindet. Hier können bereits frühzeitig seitens der Unternehmensleitung zum Schutz des Hinweisgebers arbeitsrechtliche Entscheidungen, z.B. eine Umsetzung in eine andere Abteilung, anstehen.

5 Fazit

Im Rahmen dieses Beitrages wurden mit der Bedeutung der Unternehmensrichtlinien, der Fortbildung der Belegschaft sowie dem Einsatz von Fraud Management, Internal Audit und Hinweisgebersystemen die zentralen Elemente einer unternehmerischen Prävention gegen Mitarbeiterkriminalität erörtert. Die nicht minder wichtigen Pre-Employment-Maßnahmen, wie z.B. die Einbindung psychologischer Expertise bei der Personaleinstellung sowie die Prüfung von Bewerbungsunterlagen auf Echtheit und Plausibilität, sollten in diesem Zusammenhang nicht unerwähnt bleiben.[14]

Die beste Prävention gegen Wirtschaftskriminalität bleibt jedoch eine Unternehmenskultur, welche Transparenz, Integrität, Glaubwürdigkeit, Vertrauen und intrinsische Motivation unterstützt.[15]

---

[14] Vgl. auch den Beitrag von Grieger-Langer zu Prävention im Personalmanagement.
[15] Vgl. Zehnder, M., 2010, S. 133.

Prävention im Personalmanagement

Suzanne Grieger-Langer

1 Notwendigkeit der Prävention im Personalmanagement

Im 21. Jahrhundert gehört Betrug zu den Wachstumsbranchen.[1] Personen, Unternehmen und Staaten können von drei Arten von Fraud befallen werden:

- Retaliation: Die sprichwörtliche Retourkutsche, bei der sich jemand für ein empfundenes Unrecht rächt. Retaliation stellt eine emotional motivierte Selbstjustiz dar, die häufig von monogam[2] angelegten Betrügern durchgeführt wird. Sie zeugt von massiven Versäumnissen in der Unternehmenskultur. Hier sind Unternehmen und Unternehmensvertreter ihrer Fürsorgepflicht nicht gerecht geworden und der Betroffene nimmt die Angelegenheit nun selbst in die Hand. Versäumte, verdrängte und vernachlässigte Probleme kommen hierbei häufig in verstärkter Form zurück.[3]

- *Minima moralis*: Ist der Betrug aus Gelegenheit. Der monogame Betrüger, der sich gern verführen lässt. Es handelt sich um eine von zwei Seiten angelegte Problematik: Auf Seiten des Täters mangelt es an ausreichend intervenierendem schlechten Gewissen und Unrechtsbewusstsein. Auf Seiten des Unternehmens mangelt es an Kontrolle und Schutz für diesbezüglich verführbare Mitarbeiter. Es gilt, das Unternehmen vor Charakteren mit *minima moralis* zu schützen und gleichzeitig diese Mitarbeiter vor sich selbst.

- *Dolus directus*: Der Betrug aus Vorsatz – hier wird der Betrug mit Bedacht, wie bei einem Schachspiel, strategisch geplant und pragmatisch ausgeführt. Diese kaltblütigen Schachspieler stellen wohl die größte Gefahr für ein Unternehmen dar und lassen sich in erster Linie den Psychopathen, Narzissten oder Machavellisten zuordnen[4] – sie sind der typische Hopper. Es ist wichtig, Unternehmen und Mitarbeiter vor diesen Betrügern zu schützen.

Doch bevor der Fraudster in den eigenen Reihen agieren kann, wurde er hereingelassen. Aus diesem Grund behandelt der vorliegende Beitrag im Folgenden, wie dies präventiv vermieden werden kann. Diese Ausführungen stehen dabei unter folgenden Prämissen:

1. Für die Fraud-Prävention bedarf es keiner „Raketentechnik", sondern nur der drei Ks der Führung: Klarheit, Kompetenz und Konsequenz.[5] Werden diese drei Ks der

---

[1] Vgl. Bannenberg, B./Rössner, D., 2005, Kriminalität in Deutschland.

[2] Monogamer Fraud meint einen Betrüger, der im Unternehmen bleiben will. Im Unterschied dazu der Hopper, der nur für kurze Zeit (zwei bis maximal drei Jahre) ins Unternehmen kommt, um maximal abzuschöpfen.

[3] Vgl. auch den Beitrag von Wachter zu Fraud-Präventionsmaßnahmen.

[4] Vgl. Dammann, G., 2007, Narzissten, Egomanen, Psychopathen in der Führungsetage.

[5] Vgl. Grieger-Langer, S., 2009, Die 7 Säulen der Macht.

Führung beachtet, empfiehlt sich, diese mit Wachsamkeit und Fleiß zu unterfüttern. Damit wird der wichtigste Grundstein für Fraud-Prävention in Ihrem Unternehmen gelegt.

2. Es gibt keinen 100 %-igen Schutz – wer dies verspricht handelt grob fahrlässig.

2 Verteidigungslinien im Personalmanagement

2.1 Schutzmaßnahmen nach außen – strukturierter Einstellungsprozess

Der Fraudster steht vor den Unternehmenstoren und maskiert sich als Freund, zumindest als freundlicher Bewerber. Um einen Fraudster zu demaskieren, gestaltet sich das Bewerbungsverfahren wie ein Hürdenlauf, den es für jeden Bewerber zu bewältigen gilt. Für die Unternehmensvertreter besteht die Aufgabe darin, diesen Eingangshindernisparcours so gewissenhaft wie möglich zu gestalten, denn neben der Leistungsfähigkeit gilt es auch, die Silhouette[6] zu prüfen. Was im Volksmund lautet: „Vertrauen ist gut, Kontrolle ist besser!", bedeutet für die Fraud-Prävention: „Vertrauen ist unverantwortlich und Kontrolle nicht nur kriegsgewinnend, sondern kriegsvermeidend!" Dabei gilt, dass je näher ein Fraudster an Sie und Ihr Unternehmen herankommen kann, desto gefährlicher wird er. Er ist dann in der Lage, sein Eindrucksmanagement[7] einzusetzen und wird Sie durch *lovebombing*[8] schwächen. Um dies zu unterbinden, sollten im Personalmanagement eines Unternehmens Verteidigungslinien eingezogen werden.

Hinweis: Die ersten und damit äußersten und für den Fraudster im Sinne seiner Reichweite zu Ihnen entferntesten Verteidigungslinien sind die entscheidenden.

---

[6] Die so genannte Silhouette ist die Gesamtheit der Fassade, von der adretten Frisur, über die vorzeigbare Ehefrau, bis zum perfekten Lebenslauf.

[7] Eindrucksmanagement ist die Kunst einen guten Eindruck zu hinterlassen, durchaus auch bei und im Besonderen zur Kaschierung von Substanzmangel. Genauer: der Fraudster konzentriert sich darauf, dass Sie einen guten Eindruck von seinen angeblichen Kompetenzen bekommen, ohne diese tatsächlich anzuwenden. Sie erhalten einen gefühlten Eindruck von Kompetenz, aber keinen faktischen Beweis.

[8] Sie werden mit Nettigkeiten „erschlagen". Je subtiler dies geschieht, desto effektiver ist es! Dieses Zuschütten mit Aufmerksamkeiten und Zuwendung soll Sie menschlich verpflichten und Ihre Wachsamkeit lähmen. Wer eng umarmt wird, kann sich auch nicht mehr frei bewegen – und das Beste daran ist, dass man es von sich aus auch gar nicht mehr will. Vgl. auch Grieger-Langer, S., 2011, Die Tricks der Trickser.

2.1.1 Erfordernis der Klarheit bei der Erstellung einer Stellenbeschreibung

Soll eine Stelle (neu) besetzt werden, ist es die Aufgabe des zuständigen Managers, eine dezidierte Stellenbeschreibung aufgrund des Unternehmensbedarfs zu liefern. Grundelemente einer Stellenbeschreibung sind:

- Titel;

- Angabe der Rolle, die erfüllt werden soll;

- Liste der Aufgaben oder Verantwortlichkeiten;

- Liste mit den grundlegenden Kenntnissen, Fertigkeiten, Fähigkeiten und Einstellungen, die für eine gute Leistung erforderlich sind;

- Aufstellung der Ziele und der entsprechenden Messstandards.

Bei der Listenerstellung der Kenntnisse, Fertigkeiten und Fähigkeiten hat sich eine Kategorisierung in Muss-, Soll- und Kann-Kriterien bewährt. Die Ausarbeitung einer Stellenbeschreibung ist ein mühsamer Prozess. Gleichwohl ermöglicht erst diese verantwortungsvolle Vorarbeit, unqualifizierte Bewerber effektiv auszuschließen. Unternehmen, die keine Stellenbeschreibungen für ihre Mitarbeiter haben, sparen sich zwar vorweg Arbeit, im Nachhinein aber müssen sie ständig nachbessern, etwa durch Zeitaufwand für Konfliktlösungen, Motivationsversuche etc.

Hinweis: Die beste Prävention gegen Manipulationen sind klare Absprachen und Verträge.[9] Diese erste Verteidigungslinie ist das Fundament Ihrer Schutzmaßnahmen!

2.1.2 Interne Prüfung der Stellenbeschreibung

Auf Grundlage der Stellenbeschreibung erfolgt die offizielle Beantragung zur Einstellung eines neuen Mitarbeiters. An diesem Punkt kommen weitere Personen mit ins Spiel, denn jeder zusätzliche wache Geist erhöht die Sicherheit. Neben administrativen Entscheidungen und der Budgetüberprüfung bedarf es der Zustimmung weiterer Entscheider. Deren Aufgabe besteht im Wesentlichen darin, zu prüfen, ob der zuständige Manager klar und kompetent in seiner Stellenbeschreibung ist.

Sollte dies nicht in allen Details der Fall sein, gilt es, konsequent auf Optimierung zu bestehen, bevor eine Zustimmung zum nächsten Schritt erfolgt. Auf Grundlage der Stellenbeschreibung wird eine Stellenausschreibung formuliert.

---

[9] Vgl. Grieger-Langer, S., 2011, Die Tricks der Trickser.

2.1.3 Interne Ausschreibung der Stelle zur Nutzung der unternehmenseigenen Kompetenzen

Die Vakanz wird zuerst intern ausgeschrieben, denn ein bekannter Freund ist immer besser als ein unbekannter Feind. Dass man die internen Kandidaten natürlich nicht nur in ihren Stärken, sondern auch in ihren Schwächen kennt, wirkt sich für dieses betriebsinterne Potenzial leider oft negativ aus. Diesem Problem begegnen Sie bestmöglich mit einer gut strukturierten Beförderungsplanung (vgl. Abschnitt 2.2).

2.1.4 Externe Ausschreibung

Sofern Sie aus guten Gründen nicht intern besetzen, wird die Stellenausschreibung nun öffentlich zugänglich gemacht. Dies wird beispielsweise über Online-Portale, Zeitungsinserate oder auch Headhunter (vgl. Abschnitt 3) umgesetzt. Headhunter und Personalberater sollten explizit zu der Qualität der Ausschreibung konsultiert werden, auch wenn die Gefahr groß ist, dass diese zu höflich sind, um dem Auftraggeber ehrlich auch negative Punkte rückzumelden.

> **Hinweis:** *Bei der Ausschreibung gilt, dass je präziser Sie bestellen, desto eindeutiger trifft es Ihren Wunsch. Es ist durchaus möglich, dass Sie noch gar nicht beim ersten Schritt bei der Ausschreibung, sondern noch davor anfangen müssen: Wo wollen Sie mit Ihrem Unternehmen hin? In welcher Qualität wollen Sie was leisten? Wer und was passen zu diesem Konzept?*

Wenn Sie Klarheit darüber haben, was Sie wollen, erkennen Sie im Gespräch mit Entscheidungshelfern wie Personalberatern sehr schnell, ob der Anbieter kompetent ist oder nicht.

2.1.5 Filter 1: Sichtung der Bewerbungsunterlagen

Nun müssen die eingegangenen Lebensläufe gesichtet und laut Aktenlage (Lebenslauf und Referenzen) die wenigen Kandidaten herausgefiltert werden, die tatsächlich geeignet erscheinen. Es hat sich als hilfreich erwiesen, die Kandidaten in folgende Kategorien einzuteilen: überqualifiziert, qualifiziert, nur teilweise qualifiziert und nicht qualifiziert. Im Idealfall wird dem zuständigen Manager eine kleine Zahl vielversprechender Lebensläufe vorgelegt. Typischerweise kommen nicht mehr als vier bis fünf Kandidaten in die engere Wahl. Ausnahme sind hier Branchen mit starkem Wachstum.

2.1.6   Filter 2: Überprüfung der Lebensläufe

Der schwache Punkt im Kandidaten-Screening ist der Lebenslauf selbst. Kandidaten neigen dazu, ihre Lebensläufe kreativ zu gestalten. Qualifikationen werden übertrieben oder gar gefälscht. So manches ist nicht nur frisiert, sondern schlichtweg phantasiert. Der Lebenslauf muss daher akribisch überprüft werden. Diese Überprüfung sollte bereits vor dem Einstellungsgespräch stattfinden.

Sofern Bewerber ihren Lebenslauf speziell auf die jeweilige Bewerbung zuschneiden, um optimal vorzuweisen, wie gut sie zur Ausschreibung passen, so ist dies nicht verwerflich, sondern löblich und vernünftig. Voraussetzung dabei sollte sein, dass die genannten Qualifikationen und Erfahrungen tatsächlich vorhanden sind. Fraudster dagegen überschreiten regelmäßig die Grenze zwischen positiver Selbstvermarktung und dreistem Lügen. Erfahrungsgemäß finden sich die meisten Lügen bei den Punkten:

- Hintergrunderfahrung und Ausbildung,

- Unternehmen, die es gar nicht gibt,

- Beförderungen, die aus der Luft gegriffen sind,

- Verantwortungen, die man ihnen nie anvertraute,

- klangvollere Titel und höhere Positionen, als sie der Wahrheit entsprechen,

- Auszeichnungen und Preise, die sie nie erhalten haben,

- Empfehlungsschreiben, die sie sich selbst ausstellten,

- gefälschte Diplome und Zulassungen (beispielsweise eine Approbation als Arzt),[10]

- Lebenslauf , der mit falschen Dienstjahren unterfüttert wird, und

- Vertuschung von Lücken, die man nicht erklären kann und will.

Die Täuschungen derer, die sich selbst mit der Lizenz zum Lügen ausstatten, lassen sich nur aufdecken, wenn wirklich jedem Detail des Lebenslaufs nachgegangen wird. Die Überprüfung kostet viel Zeit, sie zu unterlassen, kann allerdings weitaus mehr kosten.

Geprüft werden grundsätzlich die Einzelangaben wie auch die Gesamtplausibilität des Lebenslaufes. Dazu gehören alle Angaben in den vorgelegten Bewerbungsunterlagen. Mindestens zu prüfen sind die Ausbildung und die Zulassungen. Prüfen Sie an der

---

[10] Postel, G., 2003, Doktorspiele – Geständnisse eines Hochstaplers.

Hochschule die Art des Abschlusses, das Jahr und das Studienfach. Wichtig sind auch Kopien von Abschlussarbeiten wie Diplom, Dissertation oder auch weiteren Publikationen. Diese sollten Sie von Ihrem eigenen oder externen Fachpersonal beurteilen lassen.

Hinweis: Wer eine Abschlussarbeit selbst geschrieben hat, hat viel Energie hineingesteckt. Auch 20-30 Jahre später kann man spontan darüber berichten. Wer bei Nachfragen über seine Bachelor-, Diplomarbeit oder gar Dissertation ins Stottern kommt und erst einmal Nachdenken muss, der hat sie mit großer Wahrscheinlichkeit gar nicht oder zumindest nicht selbst geschrieben.

2.1.7   Filter 3: erstes Bewerbungsgespräch per Telefon

Relevante Kandidaten, welche den vorigen Filtern standhalten konnten, werden nun zu einem ersten Bewerbungsgespräch eingeladen. Es hat sich als sinnvoll erwiesen, den ersten Kontakt am Telefon zu gestalten. Das spart allen Beteiligten einen erheblichen Zeit- und Kostenaufwand. Das telefonische Bewerbungsgespräch dient dazu, den Kandidaten etwas persönlicher kennen zu lernen, mehr Details zusammenzutragen und seine Motivation durch offene Fragen abzutasten.[11]

Hinweis: Hier beginnt die verbale Manipulation der Eindrucksmanager. Für den Unternehmensvertreter gilt, dass dieser am Telefon sehr professionell sein muss: Für das Unternehmen müssen viele Informationen herausgefunden werden, und gleichzeitig darf kaum etwas erzählt werden. Pfiffige Kandidaten bekommen sonst zu schnell einen Eindruck, wonach das Unternehmen sucht, und werden es schaffen, sich ganz wunderbar in das Förmchen der Erwartungen zu biegen.

Zur optimalen Nutzung des Telefongesprächs sollte es aufgezeichnet und dem zuständigen Manager sowie weiteren Fachleuten aus der Personalabteilung vorgespielt werden. Um das Telefongespräch aufzeichnen zu dürfen, wird die Zustimmung des Bewerbers benötigt. Sollte diese nicht erteilt werden, gilt es Konsequenz zu beweisen und den Kandidaten aus dem weiteren Verfahren auszuschließen.

2.1.8   Filter 4: Analyse des Bewerbungsgespräches per Telefon

Das aufgezeichnete Telefongespräch wird von Entscheidern und Fachleuten aus der Personalabteilung analysiert, um zu entscheiden, ob der Kandidat das weitere Verfahren durchlaufen soll. Ist dies der Fall, werden aus dieser Gesprächsanalyse Listen mit Follow-up-Fragen erstellt, um das kommende zweite persönliche Bewerbungsgespräch vorzubereiten.

---

[11] Vgl. auch den Beitrag von Wilmer zu Befragungstechniken.

Hinweis: Erfahrungsgemäß werden Eindrucksmanager im direkten Kontakt über-
zeugen. Beim Abhören der Bänder entdeckt man erst Unmengen von blumigen
Ausdrücken, Widersprüchen, Ungereimtheiten, Lügen und Verdrehungen. Werden
ausschließlich kleine Unstimmigkeiten gefunden, sind diese häufig auf Stress
zurückzuführen und sollten nicht überbewertet werden. Gleichwohl gilt es, diese
genau zu notieren und im späteren Gespräch zu klären.

2.1.9 Filter 5: das zweite Bewerbungsgespräch – persönlich

Wer beim telefonischen Bewerbungsgespräch einen guten Eindruck macht und die nachfolgende Analyse besteht, wird zum persönlichen Gespräch eingeladen. Auf Unternehmensseite sollten folgende Personen im Beobachtergremium vertreten sein:

- der zuständige Manager,

- mindestens eine weitere Person aus der betreffenden Abteilung, die über Fachkenntnisse verfügt,

- mehrere erfahrene Mitarbeiter der Personalabteilung und

- optional ein externer Personalberater (vgl. Abschnitt 3).

Eindrucksmanager, besonders Psychopathen, arbeiten mit einer 1:1-Manipulation. Je
größer das Beobachterboard ist, desto weniger kann dies gelingen und man profitiert
vom Eindrucksdrittelphänomen.[12] Alle haben ein gemeinsames Ziel: in kurzer Zeit möglichst viel über den Bewerber in Erfahrung zu bringen. Die Hauptaufgabe kommt dem
zuständen Manager zu, die weiteren Personen unterstützen ihn darin, eine Entscheidung
treffen zu können. Das persönliche Einstellungsgespräch ist die wichtigste Quelle für
Antworten auf Fragen, es stellt einen der Schlüsselpunkte beim Auswahlprozess dar. Es
kommt darauf an, die versteckte Agenda der Fraudster zu erkennen und zu durchkreu-
zen, denn ein unstrukturiertes, eher spontanes Gespräch steht im Widerspruch zu allem,
was man über Eindrucksmanager weiß.

Hinweis: Die Hauptfehlerquelle auf Unternehmensseite ist die mangelnde Vorbe-
reitung aus Selbstüberschätzung und Risikounterschätzung. Über diese und weitere
Nachlässigkeiten freuen sich in erster Linie Psychopathen und andere Eindrucks-
manager, denn dadurch gewinnen sie viel Kontrolle über den Gesprächsprozess.

---

[12] Babiak, P./Hare, R., 2007, Menschenschinder oder Manager – Psychopathen bei der Arbeit;
Hare, R., 2005, Gewissenlos – die Psychopathen unter uns.

Es ist sehr wichtig, dass sich alle beteiligten Personen ausreichend auf das Gespräch mit den entsprechenden Fragen vorbereiten. Dazu gehört, dass möglichst alle, mindestens aber die Entscheider in den für solche Situationen notwendigen Techniken geschult sind, wie Verhandlungstechniken, Interview- und Gesprächstechniken, besondere Techniken für Einstellungsgespräche.[13]

Es sollten Fragen vorbereitet werden, mit denen der Bewerber gezwungen wird, über seine einstudierten Antworten hinauszugehen. Es kostet Zeit und Mühe, geeignete Fragen zu finden. Zudem erfordert es Erfahrung, das Gespräch so zu führen, dass die Antworten des Kandidaten richtig interpretiert werden. Eine Frageliste könnte von den Personalverantwortlichen vorbereitet werden. Sofern die Stellenbeschreibung gut gelungen ist (vgl. Abschnitt 2.1.1), sollte es nicht schwer sein, Fragen zur Verantwortlichkeit, Kompetenz, Standards etc. zu formulieren. Ergeben sich aus der Stellenbeschreibung keine sinnvollen und konkreten Fragen, sollte die Stellenbeschreibung geprüft und angepasst werden. Diese Fragen werden an alle im Beobachtergremium ausgeteilt. Anhand dieser Fragen sollte ein Auswertungsbogen strukturiert werden, in den die Beobachter ihre Eindrücke schnell notieren können. So geht kein Aspekt verloren – auch nach einer ganzen Reihe von Bewerbern nicht.

Folgende Fragen sollten geklärt werden:[14]

- Verfügt der Bewerber über die notwendigen Fertigkeiten, damit die Arbeit erledigt wird?

- Passt er in die Abteilung und in das Team?

- Kann der zuständige Vorgesetzte ihn managen?

- Zeigt er Ehrlichkeit, Integrität und eine gute Arbeitsmoral?

- Was motiviert ihn?

- Empfindet man persönlich Sympathie für ihn? Wird er mit anderen auskommen?

- Wird er sich auf seine Aufgaben konzentrieren und dranbleiben, bis alles erledigt ist?

- Werden seine Leistungen gut genug sein, um dem Unternehmen zu weiterem Erfolg zu verhelfen?

---

[13] Vgl. die Beiträge von Möhrle, Torner und Wilmer.
[14] Babiak, P./Hare, R., 2007, Menschenschinder oder Manager – Psychopathen bei der Arbeit.

Hinweis: Die Gesprächführung darf nicht aus der Hand gegeben werden! Es ist typisch für Eindrucksmanager, dass sie es schaffen, die Kontrolle über das Gespräch zu erlangen. Sie geben nur selten Antworten auf direkte Fragen, bringen aber Themen auf, die für den Gesprächspartner interessant sind. Schnell sind die Rollen vertauscht und das planvolle Vorgehen ruiniert.

Exkurs zum Einstellungsgespräch

Nach der so genannten Eröffnung, in welcher der Kandidat ankommt und das Eis gebrochen wird, geht es bereits mit der ersten Sondierung zum eigentlichen Bewerbungsgespräch über. Hier stellt das Beobachterboard allgemeine Fragen zum Hintergrund des Bewerbers: Erfahrungen, Fachkenntnisse und Ausbildung. Es bietet sich an, den Kandidaten aufzufordern, seinen beruflichen Werdegang zu erläutern. Nach dieser vermeintlich offenen Herangehensweise, wird der Kandidat mit detaillierten (vorbereiteten) Fragen enger eingekreist. Die Interviewer achten bei den Antworten auf drei Ebenen:

- direkte Antworten auf die Fragen,
- Eindruck,
- welche Kompetenzen, Motivationen und Werte lassen sich aus den direkten Antworten ablesen.

Hinweis: Viele Unternehmensvertreter machen den Fehler, sich nur auf die direkten Antworten und Eindrücke zu konzentrieren und der Kompetenz, den Motiven und beruflichen Werten des Kandidaten nicht nachzuspüren. Hier wird versucht, Zeit zu sparen, mit dem Effekt, hinterher mehr Mühe zu haben.

Tabelle 1: Checkliste für das persönliche Bewerbungsgespräch

Direkte Antworten	Eindrücke	Kompetenzabfrage
• Was hat der Kandidat bei seiner Arbeit tatsächlich gemacht? • Hatte er eine Haupt- oder Nebenrolle? • Wie groß war sein Einfluss auf das Ergebnis der Projekte? • Wie ist er mit Problemen umgegangen, die auftraten?	• Kann sich der Bewerber gut präsentieren? • Nimmt er seine Karriere und die freie Stelle ernst? • Ist er ein sympathischer Mensch? • Ist er intelligent? • Hat er sich auf das Gespräch vorbereitet? • Gibt er ehrliche Informationen?	• Kann der Kandidat im direkten Gespräch auch unter Stress gut kommunizieren? • Konzentriert er sich auf die Fragen oder redet er drauflos? • Hat er bisher bei seinen Karriereschritten gutes Urteilsvermögen gezeigt? • Ist er mit seinen Aufgaben gewachsen und hat er im Laufe der Zeit mehr Verantwortung übernommen, oder hat er immer nur dasselbe gemacht? • Hat er Führungsqualitäten, Integrität, die Fähigkeit zu effektiver Kommunikation und zu Teamarbeit, Überzeugungskraft gezeigt?

Die angebotenen Kompetenzen sollten auf Breite und Tiefe geprüft werden. Viele Eindrucksmanager sind besonders gut im Slang-Dropping. Sie feuern beeindruckende Salven an Fachtermini ab. Dies kann durch einen Experten im Beobachtergremium überprüft werden. Oder der Gesprächleiter fragt beim Kandidaten detailliert nach und lässt sich Begriffe definieren.

> *Hinweis: Wenn der Kandidat an dieser Stelle aggressiv wird und sich verbittet, wie ein Pennäler ausgefragt zu werden, liegt es an dem Gesprächsleiter, Konsequenz zu beweisen und den Kandidaten an dieser Stelle von dem Verfahren auszuschließen. Wenn der Kandidat bei der Kompetenzprüfung geschickt das Thema wechselt und eine so glaubhaft modifizierte Geschichte präsentiert, dass selbst jemand, der weiß, dass der Betreffende lügt, von Zweifeln befallen wird, so ist dies die höchste Alarmstufe und der Kontakt sollte sofort beendet werden.*

Nicht selten liefert der Kandidat im Gespräch weitere oder zum Gesamtbild nicht stimmig erscheinende Informationen. In der Follow-up-Phase beschäftigen sich die Unternehmensvertreter mit Einzelheiten, die nicht passen bzw. sich widersprechen. Bei seriösen Kandidaten mag dies ein Ergebnis übereilter Antworten sein. Zu prüfen ist, ob dies auf innere Entstellungen, Übertreibung oder reine Erfindung zurückzuführen ist. In dieser zweiten Fragephase wird noch weiter in Vergangenheit und Person des Bewerbers gedrungen, um Informationen zu erhalten, Unstimmigkeiten zu klären und wahre Motive zu ergründen. Es kann schon reichen, den Kandidaten auf Widersprüche hinzuweisen und um Aufklärung zu bitten. Bisweilen werden allerdings systematische Nachforschung und schärfere Fragen erforderlich sein.

Sofern der Kandidat für die vakante Stelle weiterhin als relevant eingeschätzt wird, werden ihm nun kurz Informationen über die Stelle und das Unternehmen gegeben. Dies ist nur fair, denn auch der Kandidat soll die erweiterte Chance haben zu prüfen, ob die Stelle seinen Vorstellungen entspricht.

> *Hinweis: So mancher Unternehmensvertreter verliert sich in der Schilderung der Arbeit und seiner Abteilung, so dass keine Zeit mehr für anschließende Fragen bleibt. Einem Eindrucksmanager ist das nur Recht, weil sich ihm so Vorabdetails bieten, auf die er reagieren kann, und es kürzt die Überprüfung seiner Person. Darum gehört dieser Punkt an das Ende des Gesprächs und auf keinen Fall an den Anfang!*

Spätestens nach dieser Phase wird das Gespräch so beendet, dass niemand sein Gesicht verliert. Bewerber erkundigen sich gern, wie die nächsten Schritte im Einstellungsprozess aussehen, selbstverständlich steht ihnen eine situativ angemessene Antwort zu.

Grundregeln Einstellungs- (und Mitarbeiter-)gespräche

Ihr Ziel ist es, Fakten zusammenzutragen und diese zu überprüfen, um eine Entscheidung treffen zu können. Damit dies auch im Direktkontakt mit Eindrucksmanagern gelingt, sind folgende Maßnahmen unerlässlich:

- Der Gesprächsplan sollte strikt eingehalten werden! Eindrucksmanager versuchen aus einem professionellen Gespräch eine freundschaftliche Unterhaltung zu machen. Das Gespräch sollte wie geplant ablaufen und die Zeit genutzt werden, um möglichst viele Informationen über den Kandidaten zu gewinnen.

- Zu dem Gespräch sollten immer die Originaldokumente des Bewerbers, wie Zeugnisse oder Zertifikate, verlangt werden!

- Arbeitsproben sollten verlangt werden, um sich einen realistischen Eindruck von Qualität und Stil der Arbeitsleistung machen zu können. Arbeitsproben können Berichte, Präsentationen und Projekte beinhalten. Vertrauliche Informationen dürfen dabei geschwärzt sein. Wo dies möglich ist, sollten mehrere Arbeitsproben geliefert werden. Dabei sollte der Stil verglichen werden, um zu überprüfen, ob tatsächlich alles aus einer Feder stammt oder sich der Bewerber mit fremden Federn geschmückt hat. Ein Experte sollte prüfen, ob die vorgelegten Arbeitsproben Substanz haben. Hat ein

Kandidat seine Arbeitsproben vergessen, oder eine andere Begründung, diese nicht vorzulegen, sollte Konsequenz bewiesen und der Kandidat aus dem Verfahren ausgeschlossen werden.

- Nur tatsächlich erreichte Ergebnisse dürfen als verwertbar in die Entscheidung einfließen. Es zählt nichts, was angeblich geplant ist, nur noch eine Unterschrift braucht, kurz vor dem Abschluss steht etc. Je verschwommener berichtet wird, desto konsequenter sollte der Ausschluss des Kandidaten sein.

- Immer alles doppelt prüfen! Nichts, was nicht von neutraler dritter Seite bestätigt wurde, gilt als erbrachte Leistung oder Tatsache.

- Details klären! Präsentiert sich der Bewerber nicht von selbst ausreichend, sollte er so lange gefragt werden, bis alle relevanten Details geklärt sind. Es sollte v.a. geklärt werden, wie groß der Einfluss des Bewerbers auf die dargestellten Projekte tatsächlich war, beispielsweise hinsichtlich Entscheidungsgewalt und Handlungsfreiheit.

- Gefühle sollten beachtet werden! Psychopathen sind u.a. deshalb so glaubwürdig und machen einen so guten Eindruck, weil sie kaum von sozialer Angst und Unbehagen beeinträchtigt sind. Diese Coolness ist kein Ausdruck von Selbstbewusstsein oder Durchsetzungskraft, sondern von Gefühlskälte. Auffällig dabei ist, dass sie häufig in kleinen Randdetails unpassende emotionale Äußerungen abgeben: Scheußliches in beiläufigem Ton, narzisstische Wut bei Nachfragen, das Fehlen jeglicher emotionaler Komponente, übertrieben positive Art. Solche Brüche in der Silhouette sind von großer Wichtigkeit! Entscheidender Punkt, auf den geachtet werden muss, ist, ob die Gefühle zur erzählten Geschichte passen. Einen weiteren Indikator stellt die erlebte Wirkung der präsentierten Gefühle dar. Hier muss Intuition und Menschenkenntnis der Beobachter entscheiden.

- Vor, während und nach dem Gespräch sollten ausführliche Notizen angefertigt werden – möglichst in einem vorstrukturierten Beobachterbogen, der auf Grundlage der Stellenbeschreibung und den Auswertungen von Lebenslauf und erstem telefonischen Bewerbungsgespräch erstellt wurde. Während des Gespräches sollten die Notizen immer wieder durchgegangen werden, um Follow-up-Fragen zu formulieren.

- Entscheidungen sollten nicht allein getroffen werden. Zu einem gut strukturierten Einstellungsprozess gehört die Absprache mit allen Beteiligten. Optimal werden die unterschiedlichen Einschätzungen in einem gemeinsamen Meeting zusammengetragen. Das Feedback untergeordneter und statusniedriger Mitarbeiter kann hier von unschätzbarem Wert sein, denn Psychopathen und Narzissten behandeln diese weitaus eher nach ihrer tatsächlichen inneren Einstellung als die für sie relevanten Personen (in erster Linie Manager und Informationsknotenpunkte, wie Sekretärinnen, IT-ler ...).

- Selbsterkenntnis: Eindrucksmanager wollen sich einschmeicheln, Vertrauen gewinnen und starke Beziehungen zu Entscheidern aufbauen, um sie als Förderer zu missbrauchen. Dabei tasten sie die Psyche des Gesprächspartners ab, um sich dann wie ein Bergsteiger an dessen Ecken und Kanten entlang zu hangeln. Der Gesprächsleiter kann die Kontrolle über das Gespräch nur in der Hand behalten, wenn er sich seiner Stärken, Schwächen, Vorurteile und Eigenheiten bewusst ist. Je besser sich die Schwächen und empfindlichen Punkte bewusst gemacht werden, desto besser ist man gegen die Beeinflussung eines Eindrucksmanagers gewappnet.

- Es ist schwierig, Lügner zu entlarven! Die meisten Entscheider sind überzeugt, Lügner erkennen zu können, wenngleich dies häufig eine grobe Selbstüberschätzung ist. Sie glauben, wenn sie den Bewerber unter Druck setzen, kann erkannt werden, ob dieser lügt. Auf diese Weise können allerdings ausschließlich Amateure entlarvt werden, aber keinesfalls ein professioneller Lügner. Dieser wird unter Druck erst richtig warm und freut sich, eine reale Herausforderung zu bekommen. Daher sollte der bereits genannte Punkt beachtet werden, dass nur das zählt, was auch bewiesen werden kann.

2.1.10 Filter 6: Besprechung der beteiligten Interviewer

In einem abschließenden Meeting aller Beteiligten, mindestens aller Interviewer, werden die Qualifikationen und Vorzüge des Kandidaten erörtert. Es wird verglichen, welche Stärken und Schwächen die Einzelnen wahrgenommen haben. Wie ausgeführt, versuchen besonders Psychopathen eine 1:1-Beziehung aufzubauen, indem sie sich schnell auf die Bedürfnisse der einzelnen Interviewer einstellen. Je größer der Personenkreis, desto schwieriger für den Eindrucksmanager, sich nicht hinter die Fassade des „idealen Kandidaten" blicken zu lassen. Mit jeder Person, die im Verfahren beteiligt ist, ergeben sich mehr Perspektiven, lassen sich mehr Diskrepanzen entdecken.

Dabei sollte genau auf das Statusverhalten des Kandidaten geachtet werden. Besonders Psychopathen und Narzissten behandeln Personen entsprechend der Relevanz für ihre Karriere sehr unterschiedlich: Geringe Relevanz zeigt sich häufig in einem herablassenden bis verächtlichen Habitus, oder sie flirten und zeigen Anspruchsdenken; hohe Relevanz dagegen zeigt sich in zu ehrgeizigen Karrierezielen und Erwartungen, Tollkühnheit, Prahlerei und sogar abschätzigen Äußerungen über Personen aus der Niederrelevanzkategorie.

Es sollten alle Personen, die mit dem Bewerber gesprochen haben, um einen Tisch versammelt werden. Dabei können Diskrepanzen, entscheidende Widersprüche und vielleicht sogar falsche Behauptungen aufgedeckt werden. Wie beschrieben sind die Rückmeldungen der eher untergeordneten Mitarbeiter hierbei von besonderem Wert.

Hinweis: Auch der Pförtner kann zum Verhalten des Kandidaten befragt werden. Oder es kann eine Wartesituation inszeniert werden, in der beispielsweise eine bewusst unbeholfene Auszubildende einen Kaffee anbieten soll. Diese Rückmeldungen können im wahrsten Sinne des Wortes Gold wert sein.

2.1.11 Filter 7: zweite Überprüfung der Angaben

Sofern dies noch nicht im Rahmen der Überprüfung der Lebensläufe vollzogen wurde, sollten spätestens zu diesem Zeitpunkt alle Angaben genauestens überprüft werden.

Hinweis: Die Überprüfung der Angaben sollte von jemandem erfolgen, der mindestens neutral, bestmöglich aber leicht kritisch ist und wirklich akribisch zu Werke geht.

Überprüfung der Angaben

Bei der Überprüfung der Angaben sollte mit den früheren Arbeitgebern begonnen werden. Derzeitige Arbeitgeber werden typischerweise nicht direkt kontaktiert, da die Bewerber verständlicherweise verschweigen, dass sie sich anderweitig umsehen. Dennoch gibt es viele Möglichkeiten, legal zu prüfen, ob jemand tatsächlich aktuell beschäftigt ist und auch in der angegebenen Position. Hier bietet das Internet nützliche Informationen, oder man bittet über die Telefonzentrale bzw. den Empfang des Unternehmens um einen Rückruf des Kandidaten; dort wird man aufgeklärt, ob der Kandidat dort arbeitet, wo er es vorgibt zu tun. Bei Referenzbefragungen von früheren Arbeitgebern lassen sich folgende zentrale Daten bestätigen: Titel, Gehalt, Dauer der Beschäftigung, Art der Tätigkeit und der Aufgaben. Es kann auch gefragt werden, ob der frühere Arbeitgeber den Bewerber noch einmal einstellen würde. Durch diese Referenzbefragungen werden selten neue Informationen generiert, dennoch sollte es eine Pflichtübung sein, hier sauber zu recherchieren. Auf Unstimmigkeiten sollte immer konsequent reagiert werden.

Überprüfung der Referenzen

Die meisten Bewerber nennen Referenzen. Es ist zu erwarten, dass diese Personen positive Informationen geben werden. Doch das sollte nicht davon abhalten, auf diese Weise mehr über den Kandidaten herauszufinden. Es kommt hierbei auf die richtigen Fragen an! Für jede Referenz sollte eine Liste mit Fragen vorbereitet werden, durch die sich bekannte Informationen bestätigen lassen und vielleicht auch neue gewonnen werden können. Vereinzelt stellt sich sogar heraus, dass es diese Referenzpersonen gar nicht oder nicht in dem angegebenen Unternehmen gibt. Wie beschrieben sollte nichts geglaubt werden, was nicht von mindestens einer weiteren unabhängigen Seite bestätigt worden ist.

Hinweis: Frühere Vorgesetzte können wertvolle Informationen aus erster Hand liefern: über die Qualifikationen, die Arbeitsmoral, Gewissenhaftigkeit und Genauigkeit, über die Fähigkeit, mit anderen auszukommen, die Vorgehensweise bei Problemlösung und Entscheidungsfindung. Dabei sollte auch nachgefragt werden, wie sich der Kandidat in Situationen bewährt hat, über die er ausführlich im Bewerbungsgespräch berichtet hat. Hier bietet sich die Chance, zwei Darstellungen direkt zu vergleichen.

Leitfragen bei der Überprüfung der Referenzen sollten sein:

- Wie hat der Kandidat beim Projektmanagement und bei der Erledigung seiner Aufgaben abgeschnitten?

- Wo liegen seine (persönlichen und professionellen) Stärken?

- Welche Schwächen hat er, wo besteht Entwicklungsbedarf?

- Welche Managementmethode hat ihm gegenüber am besten funktioniert? (Diese Frage ist besonders wichtig.)

- Ist der Bewerber ein guter Teamarbeiter?

- Wie hat er seine Kollegen und v.a. seine Untergebenen behandelt?

- Fühlen sich andere in seiner Gegenwart wohl, vertrauen sie ihm?

- Kam es zu Schwierigkeiten mit Kollegen, Untergebenen oder anderen Managern? Wie ist der Kandidat damit fertig geworden?

- Wurden während des Beschäftigungsverhältnisses Änderungen im Verhalten festgestellt?

- Hat der Bewerber den Vorgesetzten oder andere irgendwann überrascht oder enttäuscht?

- Gab es Vertrauensprobleme?

- Würden Sie den Kandidaten (wieder) einstellen?

Hinweis: Auch das soziale Netzwerk sollte genutzt werden, um an weitere Informationen bezüglich des Bewerbers zu kommen. In den meisten Branchen kennt man sich.

Überprüfung des Hintergrundes

Vorstrafen, Kreditauskünfte, Ausbildung, Zulassungen und Zeugnisse, auch an den Führerschein sollte gedacht werden. Diese Informationen werden genutzt, um bereits Bekanntes zu bestätigen und eventuelle Anlässe zur Beunruhigung aufzudecken.

Hinweis: Viele Unternehmen nutzen auch schon im Bewerbungsverfahren einige Filter des strukturierten Beförderungsprozesses: Assessment-Center und psychologische Evaluation – mit gutem Erfolg.

2.2 Schutzmaßnahmen nach innen – strukturierter Beförderungsprozess

Eine methodische gut strukturierte Beförderungsplanung sorgt für konstanten Führungsnachwuchs und ist damit eine echte Alternative zur Einstellung externer Bewerber. Ziel ist die Entdeckung und Förderung von internem Experten- und Führungspotenzial. Beobachtungen und Beurteilungen verschiedener Quellen über einen längeren Zeitraum hinweg sind die Entscheidungsgrundlage. Diese Methodentriangulation soll sicherstellen, dass möglichst alle Aspekte des Verhaltens mehrmals überprüft werden. Ziel ist es, die systematische Manipulation von Betrügern zu durchschauen oder mindestens maximal zu stören.

Hinweis: Besonders schwierig wird es für Fraudster, wenn für die einzelnen Positionen jeweils mehrere Kandidaten im Sinne eines Talentpools aufgebaut werden. Zudem ist dies die beste Prophylaxe gegen das so genannte Kronprinzensyndrom.[15]

2.2.1 Filter 8: Probezeit

Fehler bei der Einstellung können verheerende Auswirkungen auf das Unternehmen haben. Die Probezeit ist daher von entscheidender Bedeutung und sie sollte daher als solche genutzt werden. Die Probezeit ist zwar kein Härtetest, auf keinen Fall aber eine Schonzeit. Hier braucht es Kompetenz in der Beobachtung und Konsequenz in der Umsetzung, denn ein Kandidat wird erfahrungsgemäß nicht besser, sondern schlechter.

---

[15] Wann immer nur ein Aspirant für eine Position aufgebaut wird, besteht die Gefahr des Kronprinzensyndroms. Eine Beförderung ist dann eher eine Frage des Erbrechtes als der Kompetenz.

Hinweis: Wenn man sich nicht sicher ist, ob man jemanden behalten soll, bedeutet dies häufig, dass man sich vor der Entscheidung scheut, jemanden frei zu setzen. Auch hier gilt, wieder Konsequenz zu beweisen. Für die kurze Zeit der Probezeit sollten bei dem Probemitarbeiter auch die folgenden Filter angewendet werden.

2.2.2 Filter 9: Leistungsbeurteilungen

Wer sich für eine Beförderungsplanung qualifizieren möchte, muss im Rahmen von Leistungsbeurteilungen, Erfolgsberichten und positiven Interaktionen auffallen. Da genau dies die Stärke der Eindrucksmanager ist, kann dem nur mit regelmäßigen, gut strukturierten und dezidierten Standortbestimmungsabfragen im Verfahren von 360°-Beurteilungen begegnet werden. Hierbei wird der Betreffende anhand eines vorgegebenen Einschätzungsbogens in relevanten Kriterien wie Kommunikation, Konfliktfähigkeit, Kritikfähigkeit, Verantwortungsbereitschaft von allen Seiten eingeschätzt. Wichtig ist hier wieder die gute Vorarbeit der Personalabteilung. Ein Leistungsbeurteilungsbogen bedeutet keineswegs, ein paar Schlagwörter mit Smileys und viel Platz für Anmerkungen zu versehen. Ein Leistungsbeurteilungsbogen hat fest definierte, klar voneinander abgegrenzte Kriterien, die auch in der Benotung definiert sind. Wünschenswert sind zudem vertrauliche Berichte von Kollegen, derzeitigen und früheren Vorgesetzten und Untergebenen des Kandidaten. Dabei werden üblicherweise Fragen zu seiner Leistung, seinen Einstellungen und den für das Unternehmen wichtigen Kompetenzen gestellt.

Zusätzlich sollte das Managementteam jeden Kandidaten genau beobachten, möglichst oft mit ihm interagieren und sich immer wieder bei den Mitarbeitern um ehrliche Angaben bemühen. Wichtige Informanten sind Vorgesetzte, Prüfer und Untergebene, die den Kandidaten unmittelbar erlebt haben. Auch in eine wirklich gut vorbereitete Planung kann die eine oder andere Fehlinformation gelangen, doch durch die große Zahl der Quellen und den Vergleich ihrer Wahrnehmung müssen Diskrepanzen auffallen, die als Warnzeichen zu betrachten sind und Anlass zu weiteren Überprüfungen und Beurteilungen geben.

2.2.3 Filter 10: Assessment-Center

Ein Assessment-Center gehört zu einem ernst zu nehmenden Beförderungsprozess. Es ist eine strukturierte Veranstaltung, in der das Verhalten der Teilnehmer in simulierten Arbeitsumfeldern und -situationen geprüft wird. In einem Assessment-Center werden häufig verschiedene Arten von Tests, Interviews und Performance-Prüfungen zusammengestellt. Es ist dieser Mix, der zunehmend verlässliche Ergebnisse liefert.[16] Während

---

[16] Vgl. Sünderhauf, K./Stumpf, S./Höft, S., 2010, Assessment-Center.

die Teilnehmer sich in den vorgegebenen Führungs- und Organisationsanforderungen bewähren, werden sie von Personalverantwortlichen und Fachleuten beobachtet. Dabei erhalten die Kandidaten auch ein Feedback zu ihrer Performance sowie Optimierungsvorschläge. Der zuständige Manager sollte eine Zusammenfassung erhalten, wie auch Empfehlungen bezüglich Potenzial und Aufstiegsrelevanz.

Hinweis: Assessment-Center sind gut und werden immer besser. Doch für die Fraud-Prävention sind sie nur dürftig in ihrer Aussagekraft. Denn besonders die Eindrucksmanager profitieren von der Chance sich zu präsentieren. Um der keimfreien Laborsituation, in der sich der Eindrucksmanager perfekt entfalten kann, entgegen zu wirken, wurde der voranstehende Filter – die 360°-Beurteilung – eingesetzt.

2.2.4 Filter 11: psychologische Evaluation

Eine weitere Möglichkeit der Informationsgewinnung und Fraud-Identifikation sind psychologische Beurteilungen. Da hierfür erhebliches Fachwissen erforderlich ist, ist es ratsam, externe Experten zu beauftragen (siehe Abschnitt 3).

Die hier gewonnenen Informationen können helfen, abgelieferte Leistung und beobachtetes Verhalten genauer zu verstehen, die Potenzialoptimierung des Kandidaten zu gestalten oder sich von dem Mitarbeiter zu trennen. Selbstverständlich erhält der Kandidat den umfassenden Bericht, der zuständige Manager bzw. das Unternehmen oft nur eine Zusammenfassung.

Hinweis: In diesem Verfahren werden Tests und Interviews typischerweise überschätzt. Erschwerend kommt hinzu, dass nicht immer kompetente Beurteiler beauftragt werden – bezüglich der erweiterten Kompetenzanforderung in der Fraud-Prävention sogar noch seltener. Um dies zu verhindern, sollte darauf geachtet werden, dass der Bewerter nachweislich kompetent in der Leistungsbeurteilung, der Nosologie[17], Tätertypologie und der Fraud-Erkennung ist. Dieser muss einen Poser von einem Performer unterscheiden können.

---

[17] Nosologie bezeichnet die Lehre der Erscheinungsformen psychischer Krankheiten und Störungen.

2.2.5 Filter 12: Mentoring

Es hat sich als sehr ergiebig erwiesen, Mitarbeitern, denen man Führungspotenzial zutraut, einen persönlichen Mentor zur Seite zu stellen. Mentor und Mitarbeiter entwerfen gemeinsam einen Entwicklungsplan, in dem den Herausforderungen des Kandidaten mit individuellen Optimierungsmöglichkeiten begegnet wird. Grundlage dessen sind die Beurteilungen aller vorherigen Bewertungsverfahren. Der Mentor ist Ansprechpartner, Begleiter und nicht selten Coach. Der Mitarbeiter berichtet an den Mentor. Dieser ist für die Investition des Unternehmens in den Betreffenden verantwortlich und berichtet an die Beförderungsprozessplanung.

Hinweis: Der Archetypus des Mentors meint einen klugen, wohlwollenden Berater des jungen Kandidaten. Dies bedeutet, dass seine Aufgabe nicht vorrangig im Aussortieren, sondern im Integrieren besteht.

2.2.6 Filter 13: Kandidatenaustausch

Um das Potenzial eines Kandidaten unter verschiedenen Rahmenbedingungen zu prüfen, weiteres Potenzial zu entdecken und hinter die Fassade der Eindrucksmanager zu blicken, ist der Austausch in verschiedene Abteilungen sinnvoll. Weiterer Vorteil dabei ist, dass der Kandidat Unternehmen und Prozesse auf einer breiteren Basis kennen lernt. Viele Unternehmen schicken ihre Kandidaten auch ins Ausland, damit sie Kulturen, Sprachen und Branchenverhältnisse noch besser kennen lernen.

Hinweis: Für Fraudster bietet diese Wanderung durch die Abteilungen allerdings auch eine Chance, Social Engineering[18] und weitere Machenschaften zu betreiben.

Ein gut strukturierter Beförderungsprozess stützt sich auf Beurteilungen verschiedenster Quellen über einen längeren Zeitraum. Dies soll die mehrmalige Überprüfung möglichst aller Verhaltensaspekte sicherstellen. Doch trotz aller Planung und aller Kompetenz haben Fraudster genug Zeit, durch Löcher zu schlüpfen, sich einen Stamm von Förderern und Anhängern aufzubauen, die sich für sie einsetzen werden. Ein weiteres Problem sind die falschen Informationen, die Fraudster gezielt verbreiten, um sich selbst in vorteilhaftes Licht zu rücken und Konkurrenten in Verruf zu bringen. Es bestehen weitere Möglichkeiten der Unterstützung, welche im Folgenden vorgestellt werden.

---

[18] Vgl. auch den Beitrag von Bédé zu Social Engineering.

3 Zusätzliche Unterstützung

3.1 Entscheidungsvorbereiter

Externe Unterstützer können die unternehmensinterne Kompetenz ausweiten, den Schutz verstärken und ein zusätzliches Sicherheitsnetz liefern. Doch dabei ist zu beachten, dass der Berater, der mit der Betrugsprophylaxe beauftragt werden soll, sich auf den ersten Blick häufig nicht wesentlich von Betrügern selbst unterscheidet: beide Gruppen versprechen besondere Leistungen und beide wollen i.d.R. Geld damit verdienen. Als Schnittmenge bildet sich dementsprechend der betrügerische Berater.[19]

Erschwerend kommt hinzu, dass die Berufsbezeichnungen Headhunter, Personalberater, Personaldiagnostiker, Profiler etc. nicht geschützt sind. Jeder darf sich so nennen. Daraus ergibt sich eine kaum überschaubare Kompetenzdiversität. Dies gilt ebenso für die angebotene Methodenvielfalt: So findet man das Kartenlegen wie auch die Laborarbeit zur Potenzialdiagnostik. Und fast alle behaupten, sie könnten Ihnen zuverlässige Informationen bieten. Um zu eruieren, welchem Berater vertraut werden kann und wer hält, was er verspricht, muss konsequenterweise der Berater für den Auswahlprozess ebenso durchleuchtet werden wie der Bewerber. Damit stellt sich automatisch die Frage, ob Sie für sich alleine nicht besser dran wären. Diese Frage beantwortet sich aus dem Bedrohungspotenzial der Bewerber bzw. Ihrer Attraktivität als Wirtschaftsunternehmen. Dies bedeutet, dass je attraktiver das Unternehmen für Betrüger ist, desto sinnvoller ist die Einbeziehung externer Berater und deren Möglichkeiten.

Hinweis: Berater mit Erfahrung sind mehr wert als junge, (über-)engagierte mit glänzendem Gepräge. Dabei ist zu prüfen, wie belastbar die Methoden im Einsatz sind und wer damit nachweisbar erfolgreich war.

3.2 Personalberater

Personalberater, oder auch Headhunter, spezialisieren sich auf die Entdeckung von Talenten. Dank eines großen Datenpools sowie Erfahrung in der Talenterkennung und -vermittlung sollte es einem Berater gelingen, Kandidaten zu finden, deren Profile ausgezeichnet zu den Anforderungen des Auftraggebers passen. Ein Headhunter wird durchaus auch wechselwillige Kandidaten, die noch bei anderen Arbeitgebern arbeiten, ansprechen.

---

[19] Vgl. Leif, T., 2008, Beraten und verkauft.

Hinweis: Je präziser Ihre Vorgaben sind, desto besser kann der Headhunter arbeiten. Es gilt das Erfordernis der Klarheit bei der Erstellung einer Stellenbeschreibung (siehe Abschnitt 2.1.1). Fraudster können allerdings auch Personalberater hinters Licht führen.

3.3 Personaldiagnostiker

Viele Personalberater haben den Wert einer guten Personaldiagnostik erkannt. Nun ist zu unterscheiden, wer Personaldiagnostik quasi nebenher macht, um seine Kandidaten besser einschätzen und vermitteln zu können, und wer tatsächlich auf Personaldiagnostik spezialisiert ist. Hier bekommen Sie sehr unterschiedliche Einschätzungen vorgelegt. Notfalls kann jeder alles. In der Personaldiagnostik befinden wir uns in erster Linie im Reich der professionellen Interviewer und Tester.

3.3.1 Interview

Das Interview gab es immer schon und wird es auch immer geben. Die große Gefahr des Interviews besteht darin, der Schauspielkunst des Kandidaten zu erliegen. Der große Vorteil besteht darin, die Chemie zu überprüfen. Dreh- und Angelpunkt ist die Kompetenz des Interviewers. Reine Menschenkenntnis reicht hier nicht aus, denn es geht ja eben darum, die zu identifizieren, die sich besser verkaufen, als sie sind. Ein erfahrener Interviewer wird also niemals unvorbereitet in ein Kandidateninterview gehen. Dazu muss er sich viele Informationen holen – in erster Linie das, was dem Auftraggeber wichtig ist zu erfahren und zu vermeiden. Auch hier sei wieder auf Abschnitt 2.1.1 der Erfordernis der Klarheit bei der Erstellung einer Stellenbeschreibung verwiesen.

Hinweis: Noch immer glauben Interviewer an den Sinn des Stressinterviews. Für die Fraud-Prävention ist dies grober Unfug, denn unter Druck wird der Berufslügner erst richtig wachsam.[20] Er freut sich über die offenkundige Warnung und weiß seine Geheimnisse zu wahren. Der Interviewer hat es nur geschafft, ihn für das Kommende vorzubereiten.[21] Ein professioneller Lügner macht Fehler, wenn er sich sicher fühlt! Lullen Sie ihn ein, präsentieren Sie sich dümmer als Sie sind und es wird sehr interessant sein, was Sie alles erfahren werden.

---

[20] Bender, R./Nack, A., 1995, Tatsachenfeststellung vor Gericht; vgl. auch Wendler, A./ Hoffmann, H., 2009, Technik und Taktik der Befragung im Gerichtsverfahren.

[21] Hermanutz, M. el al., 2008, Polizeiliche Vernehmung und Glaubhaftigkeit.

3.3.2 Test

Psychologen und Personalverantwortliche stützen sich gern auf psychologische Tests und ähnliche Instrumente, bei denen der Kandidat Fragen zu seiner Persönlichkeit, seinen Einstellungen und Gewohnheiten beantwortet. In den meisten Tests sind Kontrollen eingebaut, durch die Täuschungen entdeckt werden sollen, doch jeder halbwegs intelligente Mensch ist in der Lage, diese Kontrolle zu überlisten. Personalverantwortliche, die Testergebnisse unbesehen glauben oder sich bei ihren Entscheidungen zu sehr auf sie verlassen, handeln unverantwortlich.

Ein Test ist im Sektor der Potenzialerkennung und im Besonderen für die Betrugspräventition kein Gütekriterium. Im Gegenteil sind die einfache Überlistung und der geringe Fokus die ganz große Problematik dieser Methode. Selbst qualifizierte Eignungsdiagnostiker kommen in der Anwendung von Tests häufig zu Fehleinschätzungen.[22]

Die Berechtigung eines Tests liegt in der Möglichkeit, eine gewisse Masse an Kandidaten kostengünstig vorzusortieren. Dies sortiert Fraudster und Low Performer zwar nicht grundsätzlich aus, wohl aber die eher Unfähigen unter ihnen. Die Beliebtheit der Tests ergibt sich aus der Möglichkeit für den Laien, sich mit einer gewissen Semiprofessionalität zu schmücken, doch er bleibt weit hinter den wünschenswerten Möglichkeiten zurück.[23]

3.3.3 Probleme bei der Personaldiagnostik

Die Überlistbarkeit oder genauer die leichte Möglichkeit der Täuschung ist das große Problem der Tests und Interviews. Und genau darauf – auf das Täuschen – sind Eindrucksmanager spezialisiert. Zudem findet im Rahmen der Bewerbungsverfahren seit Jahren ganz legitim ein gegenseitiges Hochrüsten statt. Der Bewerber geht ins Coaching, um den Test und das Interview besser zu bestehen. Die Unternehmen verbessern die Tests und die Interviews. Dies ist der falsche Ansatz, denn man versucht lediglich, das wettstreitende System zu verfeinern. Mit dem Hochrüsten kommen beide Seiten nicht weiter. Wer einen wahren Vorteil in der Bewerberauswahl und Betrugsprophylaxe will, muss ein neues System finden. Ein solches System ist ein System, in das der potenzielle Täuscher kaum noch eingreifen kann. Es ist beispielsweise das System des (verdeckten) Profiling.

---

[22] Westhoff, K./Hellfritsch, L./Hornke, L., 2005, Grundwissen für die berufsbezogene Eignungsbeurteilung.

[23] Sünderhauf, K. et al., 2010, Assessment-Center.

3.4 Profiler

Der Profiler wird typischerweise in die Kriminalistik sortiert. Hier in Deutschland heißt er Fallanalytiker. Und während der Fallanalytiker von einem Fall, sprich aus den Resultaten einer Tat, auf den Täter schließen soll und damit eher soziologisch arbeitet, soll der (Wirtschafts-)Profiler vom Kandidaten (dem Täter *in spe*) auf seine zukünftigen Taten schließen und arbeitet damit rein psychologisch. Ziel des kriminalistischen wie auch des Wirtschaftsprofilers ist die Gewinnung möglichst vieler unverfälschter Informationen zur Person, zur Sache, zu Handlungsabläufen oder zu Orten. Nach der akribischen Datensuche (vorhandene Unterlagen, Web, Background-Research etc.), folgt die gewissenhafte Analyse des vorliegenden Materials – dies ist Laborarbeit. Der Profiler sucht nach Daten. In der Kriminalistik sucht man beispielsweise nach Speichelproben und kann dann eine DNA vollständig rekonstruieren. Im Wirtschaftsprofiling sucht der Profiler auch nach Daten, die der Kandidat an seinen „Tatorten" hinterlassen hat, analysiert diese, gleicht Ergebnisse ab und kann dann eine Charakterrekonstruktion liefern.

Typischerweise werden im Bereich des Einstellungsprozesses, der Verhandlungsoptimierung und der Fraud-Prävention Profile verdeckt ermittelt. Dies bedeutet, dass der Kandidat nicht weiß, dass über ihn ein Profil erstellt wird. Dies soll sicherstellen, dass der Kandidat weder auf den Prozess der Datenerhebung, noch auf die Analyse und Generierung seines Charakterprofils Einfluss nehmen kann. Diese Hintergrundanalyse ist theoretisch zwar die sicherste Form der Personaldiagnostik, aber auch die anspruchsvollste. Dies gelingt nur mit einer breit gefächerten Methodentriangulation und kann definitiv nicht von einer einzelnen Person abgedeckt werden.

Zu überprüfen ist, über welche Erfahrungen, Kompetenzen und Methoden der Anbieter verfügt. Wie groß ist sein Team? Mit wie vielen Methoden arbeitet das Team? Sind diese für die Potenzialerkennung und die Fraud-Prävention ergiebig? Ziel ist es, relevante Aussagen über das Basisverhalten einer Person machen zu können. Dazu gehören beispielsweise auch Informationen über Loyalität, den Umgang mit Geld, Rechtschaffenheit etc.

Hinweis: So mancher Fraudster präsentiert typunkonformes Verhalten. Das mag die Folge schlechten Einflusses sein, aufgrund dessen er irgendwann einmal grundsätzlich falsch abgebogen und auf die schiefe Bahn geraten ist. Aus diesem Grund benötigt man neben dem Ursprungscode auch detailreiche Information über tatsächlich geliefertes Verhalten. Daraus ergibt sich die biographische Situation: in welchem Umfang ist das angelegte Potenzial tatsächlich verfügbar?

Der für das Basisverhalten verantwortliche Ursprungscode des Charakters ist ernst zu nehmen. Natürlich kann man gegen seine Charakterveranlagung antrainieren und bewusst gegensteuern. Doch es ist wie das Gegensteuern in einem Fahrzeug mit defektem

Rad. Je voller der Wagen (je größer die Belastung der Person) und je höher die Geschwindigkeit (je mehr Ziele gefordert werden), desto mehr Kraft braucht es, um den Wagen in der Spur zu halten. Sobald einen die Kräfte verlassen oder allein schon durch eine kleine Unaufmerksamkeit kommt man vom Pfad der Tugend ab.

4 Schwachstellen und Fehlerquellen

Unachtsamkeit, Unvermögen und Ungläubigkeit von Führungskräften und Personalverantwortlichen spielen Fraudstern immer wieder in die Hände. Hier sind nochmals im Überblick alle bereits vorgestellten Schwachstellen und Fehlerquellen aufgelistet:

1. Mangel an Klarheit:

   - was exakt gesucht wird,

   - was exakt zu vermeiden ist,

   - wie man so etwas macht;

2. Mangel an Kompetenz:

   - Überschätzung der eigenen Kompetenz gepaart mit Unterschätzung des Risikos,

   - Mangel an Verantwortung,

   - Mangel an Erfahrung,

   - Mangel an Informiertheit (sowohl Einstellungs- und Beförderungsverfahren als auch Fraud, Tätertypologie),

   - Selbstüberschätzung,

   - ungeschulte Entscheider und Entscheidungshelfer,

   - unangemessene Verfahren,

   - einsame Entscheidungen;

3. Mangel an Konsequenz:

   - Nachlässigkeit in der Vorbereitung,

   - Nachlässigkeit in der Durchführung von Sanktionen,

   - Nachlässigkeit in der Überprüfung der vorgelegten Daten,

   - laxe Umsetzung des Bewerbungs- und Beförderungsprozesses,

   - keine Methodentriangulation, weil mühsam und teuer.

5 Gütekriterien für die Kandidatenbeurteilung

Der beste Garant dafür, alles Notwendige getan zu haben, ist der multimethodische Ansatz. Er kombiniert Elemente der quantitativen und qualitativen Analyse. Sie kombinieren also viele und gehaltvolle Informationen aus den verschiedensten Quellen mit Hilfe verschiedener Methoden (Methoden- und Datentriangulation). Die Kombination der verschiedenen Datenerhebungs- und Analyseverfahren soll sicherstellen, dass die Schwäche des einen Ansatzes durch die Stärke des anderen aufgehoben wird. Den Kandidaten von so vielen Perspektiven beleuchtet zu sehen, sollte Ihre Entscheidungsfähigkeit erhöhen.

> *Hinweis: Problematisch wäre hier die Heimwerkermentalität nach dem Motto „was nicht passt, wird passend gemacht!" Dieses Problem lösen Sie mit dem gleichen Verfahren. Die Regel lautet: eine Methode – ein Beurteiler. Selbst angeblich perfekte Systeme – wie z. B. die Weltraumfahrt – setzen nie auf Vollkommenheit. Sie funktionieren nur deshalb, weil alle Systeme mehrfach vorhanden sind – man rechnet grundsätzlich mit der Unvollkommenheit jeder Einzelfunktion.*

Je psychologisch geschulter, je intelligenter und je pragmatischer veranlagt der Kandidat ist, über den Klarheit gewonnen werden soll, desto wasserdichter sollte das Verfahren sein, mit dem er analysiert wird, um zu tragfähigen Ergebnissen zu kommen.

6 Fazit

Für potenzielle Fraudster außerhalb und innerhalb der unternehmenseigenen Reihen gilt die gleiche Vorgehensweise. Zwischen Kandidaten und Unternehmen, zwischen Mitarbeitern und Schlüsselpositionen werden Hürden aufgestellt. Dies verlangt in erster Linie Klarheit über das, was das Unternehmen benötigt, die Kompetenz, diese Qualifikationen wie auch gefährliche Komponenten zu erkennen, und die Konsequenz, nach diesen Erkenntnissen zu handeln. Dazu lassen sich viele Verfahren, Methoden und auch Externe einsetzen.

Als Faustregel gilt: Je attraktiver das Unternehmen als Wirt ist, potenziert um die Entschlossenheit und Überzeugungskraft des Fraudsters, desto wasserdichter muss das Aussortierungsverfahren angelegt sein. Gleichwohl existiert kein 100 %-iger Schutz.

Mit jeder Verteidigungslinie, die Ihnen fehlt, schwächt sich Ihre Abwehr, erhöht sich das Risiko und steigen die Chancen der Betrüger. Besonders die äußersten Verteidigungslinien sind wichtig, denn besonders Psychopathen nutzen die 1:1-Manipulation – diese Chance sollte man ihnen gar nicht erst geben. Mit jedem Schritt den ein Psychopath näher an die Entscheider herankommt, erhöht sich das Risiko für das Unternehmen überproportional.

Korruptionsprävention – Rahmenbedingungen, Umsetzung und Sicht der Unternehmensleitung

Jürgen Pauthner/Wolfgang Lehmacher

1 Einleitung

Die Bedeutung des Themas Korruption für deutsche und ausländische Unternehmen bedarf angesichts der anhaltenden Medienberichterstattung keiner näheren Erläuterung mehr. Haftungs- und Schadensrisiken für Unternehmen und Unternehmensangehörige haben über die vergangenen Jahrzehnte zugenommen – mit zuletzt rasch ansteigender Tendenz. Ursächlich zu dieser Entwicklung beigetragen hatten u. a. gestiegene und veränderte Governance-Erfordernisse und Stakeholder-Interessen infolge eines stetigen Anwachsens der Komplexität, Geschwindigkeit, Verflechtung und Internationalisierung des Wirtschaftens.

Der Beitrag befasst sich mit dem Thema Compliance als Teil des Fraud Managements aus zwei Perspektiven: einerseits der des Compliance Officers, der mit dem Fraud Manager in der Unternehmenspraxis Hand in Hand arbeitet, andererseits aus dem Blickwinkel des Vorstandsmitglieds, das sich im Rahmen der internationalen Expansion eines Unternehmens auf beide verlassen können muss.

2 Korruptionsprävention aus der Sicht des Compliance Officers und des Fraud Managers

2.1 Rahmenbedingungen und Relevanz

Die Strafbarkeit von Korruptionsdelikten wurde in Deutschland bereits seit 1974 fortwährend verschärft, einhergehend mit verstärkter Aufmerksamkeit der Legislative.[1] Dabei handelte es sich um einen kontinuierlichen Prozess,[2] der sich infolge der inter-

---

[1] So identifiziert die Bundesregierung die Bekämpfung der Korruption als zentrale gesellschaftspolitische Aufgabe, vgl. Gesetzentwurf der Bundesregierung, Entwurf eines Zweiten Gesetzes zur Bekämpfung der Korruption vom 19.09.2006, BMJ Referat II A4, Begründung S. 12. Der Bund hat ferner Richtlinien zur Korruptionsprävention in der Bundesverwaltung formuliert, abrufbar unter www.bmi.bund.de.

[2] Zu Strafbarkeitsverschärfungen der letzten Jahre vgl. zum Beispiel Greeve, G., 2010, Korruptionsbekämpfung, S. 567 ff.

nationalisierten Wirtschaft nicht auf Deutschland beschränkte, sondern in unterschiedlichen Ausprägungen und Geschwindigkeiten in den meisten Rechtsordnungen ablief.[3]

Für international agierende deutsche Unternehmen ergab sich daraus eine vierfache Wirkung:

- Die deutsche Strafbarkeit für Korruptionsdelikte im Inland wurde verschärft, gleichzeitig nahm die Intensität der Strafverfolgung zu.[4]

- Die Strafbarkeit von Auslandskorruption nach deutschem Recht wurde eingeführt bzw. verschärft.[5]

- Die Strafbarkeitsrisiken für Handeln im Ausland nahmen in den wichtigsten ausländischen Rechtsordnungen zu.[6]

---

[3] Dem entsprechend wurden internationale Abkommen zur Korruptionsprävention geschlossen wie das OECD-Übereinkommen über die Bekämpfung der Bestechung ausländischer Geschäftsträger im Internationalen Geschäftsbereich v. 17.12.1997 und das EU-Bestechungsübereinkommen vom 26.05.1997, die beide zu verschärfter Strafbarkeit der Auslandsbestechung in Deutschland führten. Die Folge war in Deutschland u.a. das EUBestG vom 10.09.1998 sowie das am 15.02.1999 in Kraft getretene IntBestG, die beide im Zusammenspiel zur umfassenden Strafbarkeit der Auslandsbestechung führten. Am 11.12.2003 trat die Bundesrepublik schließlich der von der Generalversammlung der UN angenommenen Konvention gegen Korruption bei, mit der ein umfassendes weltweites Regelwerk gegen Korruption geschaffen werden sollte, das auch Regelungen zur Korruptionsprävention und zur internationalen Zusammenarbeit enthält.

[4] Als Trends bei der Strafverfolgung erfolgen zunehmend genauere und geschultere Prüfungen bestehender Compliance-Managementsysteme und des Verhaltens der Beteiligten durch die Staatsanwaltschaften; Urteile kritisieren zudem „Paper Compliance"-Konzepte in Unternehmen, die im Wesentlichen aus ineffektiven, nicht aktiv umgesetzten Konzepten bestehen.

[5] Bestes Beispiel ist die Einführung der Strafbarkeit der Auslandskorruption in Deutschland und in der EU, vgl. Fn. 5 und 7 sowie Greeve, G., 2010, Korruptionsbekämpfung, S. 567 ff.

[6] Von den zehn höchsten jemals an die US-amerikanische Security Exchange Commission (SEC) bezahlten Strafsummen aus Korruptionsfällen nach dem US-Korruptionsgesetz (FCPA) stammten am Ende des Jahres 2010 acht von zehn aus demselben Jahr. Insgesamt lag Siemens mit einer Strafe von 800 Mio. USD 2008 an der Spitze des Rankings der korruptionsbezogenen Unternehmensbußen in den USA. Daimler ist 2010 mit einer Geldstrafe von 185 Mio. USD an sechster Stelle platziert (abrufbar unter www.fcpablog.com); danach sind es zunehmend nicht-amerikanische Firmen, gegen die hohe Strafen verhängt werden. Daneben kam es bei der FCPA in den letzten sechs Jahren zu einer Verzehnfachung der Ermittlungsfälle, die begleitet wurde von einem beständigen Zuwachs an Ermittlungsressourcen. Zudem war eine kontinuierliche Zunahme der formellen und informellen Zusammenarbeit mit ausländischen Ermittlungsbehörden zu verzeichnen.

- Ausländische Gesetze entfalten mitunter exterritoriale Wirkung und mithin Relevanz für das Handeln deutscher Unternehmen auch in Drittstaaten.[7]

Entsprechend verstärkten sich die Aktivitäten der staatlichen Verfolgungsbehörden, und die Höhe verhängter Bußgelder nahm im Inland wie im Ausland zu. In Deutschland wurden in den letzten Jahren bundesweit verstärkt Schwerpunktstaatsanwaltschaften und spezialisierte Koordinierungs- und Ermittlungsgruppen eingerichtet. Die in Korruptionsfällen verhängten Bußgelder oder erzielten Einigungssummen stiegen in dreistellige Millionenhöhen für einzelne Verfahren.

In den USA werden die Ermittlungs- und Verfolgungskapazitäten der Securities and Exchange Commission (SEC) seit Jahren kontinuierlich und mit großer Geschwindigkeit ausgebaut. Die Gesamtsumme der Bußgelder betrug allein 2010 insgesamt 1,5 Mrd. USD. Die Tatsache, dass acht der zehn höchsten Strafen gegen ausländische Unternehmen verhängt wurden, zeigt, dass europäische Unternehmen ihre Compliance in Bezug auf die Antikorruptionsgesetze der USA noch weiter verbessern sollten. In Großbritannien wenden Staatsanwaltschaften in den letzten Jahren verstärkt öffentlichkeitswirksame Ermittlungsmethoden an, und die Höhe der verhängten Bußgelder stieg innerhalb weniger Jahre um mehrere 100%. Der voraussichtlich 2011 in Kraft tretende UK Bribery Act lässt dort eine weitere Entwicklung in diese Richtung erwarten.

Parallel zu dieser Entwicklung wuchs die Bedeutung der Aktivitäten nichtstaatlicher Organisationen[8] im Hinblick auf ihre Öffentlichkeitswirkung und aufgestellten Standards zur Korruptionsprävention. Die genannten Tendenzen und die anhaltende Berichterstattung der Medien verstärkten sich gegenseitig. In der Folge entwickelte sich Korruption zu einem der prominentesten operationalen Unternehmensrisiken im Hinblick auf Schadenshöhen und -häufigkeiten.[9] Unternehmen reagierten mit zunehmenden Bemühungen

---

[7] Beispiele sind der UK Bribery Act und der US-amerikanische Foreign Corrupt Practices Act (FCPA), der unter anderem für Unternehmen gilt, deren Anteile zum Handel an US-amerikanischen Börsen zugelassen sind. Danach kann ein deutsches Unternehmen für in Drittstaaten begangene Korruptionshandlungen in den USA haftbar sein und sich in der Folge drakonischen Sanktionen ausgesetzt sehen. Vgl. zum FCPA Cohen, J./Holland, M., 2008, Fünf Punkte, die ausländische Unternehmen über den FCPA wissen sollten, S. 7.

[8] Vgl. z.B. Transparency International, www.transparency.de oder PACI anti-corruption initiative des World Economic Form (abrufbar unter www.weforum.org). In Deutschland haben unter anderem folgende Organisationen Empfehlungen formuliert: Internationale Handelskammer (ICC), „Verhaltensrichtlinien zur Bekämpfung der Korruption im Geschäftsverkehr" (abrufbar unter www.icc-deutschland de); Bundesverband der Industrie (BDI) mit der „Empfehlung für die gewerbliche Wirtschaft zur Bekämpfung der Korruption in Deutschland"; Hauptverband der Bauindustrie, „Leitfaden zur Beschränkung wettbewerbsbeschränkender Absprachen und korruptiver Verhaltensweisen.

[9] Vgl. Pauthner, J./Stephan, H., 2010, Compliance-Managementsysteme, S. 6379.

im Hinblick auf Korruptionsprävention, die sich u. a. in den Funktions- und Organisationsbereichen des operationalen Risikomanagements, des Internen Kontrollsystems (IKS), des Compliance Managements und des Fraud Managements auswirkten.[10]

Bereits behördliche Ermittlungen aufgrund eines Korruptionsverdachts haben für Unternehmen beträchtliche Konsequenzen. Geschäftsabläufe werden durch Beschlagnahme oder gar Verhaftungen beeinträchtigt. Noch wichtiger ist meist, dass durch das Bekanntwerden behördlicher Ermittlungen unmittelbare materielle und immaterielle Einbußen entstehen. Schnell und stark beeinträchtigt ist meist die Zusammenarbeit mit Auftraggebern und Geschäftspartnern. Diese Auswirkung tritt auch aufgrund eigener formaler Handlungsverpflichtungen im Hinblick auf Korruptionsprävention ein, z.B. infolge freiwillig übernommener Pflichten im Rahmen interner Regularien zum Umgang mit Korruption. Diese Wirkung führt in deutschen Unternehmen vermehrt zu vorab unterschätzten krisenhaften Entwicklungen und entsprechenden wirtschaftlichen Folgen.

Für den Fraud Manager lassen sich die skizzierten Rahmenbedingungen auf eine Kernfrage reduzieren: Wie lassen sich rechtliche Anforderungen, Standards und Erwartungen der Unternehmensleitung zur Korruptionsprävention effektiv und zudem effizient umsetzen in Bezug auf tatsächliche präventive Wirkung sowie auf die Sorgfaltspflichten des Fraud Managers und der Unternehmensleitung?

Wie sich im Nachfolgenden zeigen wird, sind formalisierte Mindeststandards und Handlungsempfehlungen als Antwort auf diese Frage in der Praxis schwer zu formulieren.[11] Die Anforderungen sind vielmehr im Einzelfall abzuleiten aus vielfältigen individuellen Parametern des Unternehmens wie Branche, Größe, Produktportfolio, internationalem Aktionsradius, Art und Vielzahl der geschäftlichen Aktivitäten sowie nicht zuletzt den vorangegangenen Bestrebungen des Unternehmens im Hinblick auf Korruptionsprävention.

---

[10] Beinahe alle deutschen Großunternehmen wie Siemens, die Deutsche Bahn oder Allianz haben mit umfangreichen Programmen zur Korruptionsprävention auf die Situation reagiert. Die Frage der Effektivität und Effizienz einzelner Maßnahmen im Zusammenspiel ist dabei im Einzelfall in Abhängigkeit von unterschiedlichen Standpunkten zu diskutieren.

[11] So auch Hauschka, C./Greeve, G., 2007, Compliance in der Korruptionsprävention, S. 165-173. Die Autoren konstatieren, dass sich auch die internationale Korruptionsbekämpfungsorganisation Transparency International mit der Formulierung konkreter, formalisierter Handlungsempfehlungen zur Korruptionsprävention schwer tut. Sie plädieren gleichwohl für die Entwicklung einer Best Practice in Unternehmen, welche nach ihrer Meinung Rechtssicherheit über verbindliche und von Seiten der Verfolgungsbehörden anerkannte Präventionsgrundsätze entfalten könnte.

Als Hilfestellung zur Lösung der genannten Kernfrage bietet der Beitrag einen notwendigerweise stark komprimierten Überblick über die wesentlichen Elemente und Instrumente der Korruptionsprävention im Rahmen des Corporate-Compliance-Managements.

2.2 Präventionspflichten und Sanktionen gegen Unternehmen

Die „klassischen" Korruptionsdelikte im Zusammenhang mit Amtsträgern (§§ 331 ff. Strafgesetzbuch (StGB))[12] bestimmten lange Zeit die öffentliche Diskussion und auch die individuelle Wahrnehmung von Korruption. Angesichts der bekannten Schadensfälle in Unternehmen ist jedoch der Schluss gerechtfertigt, dass der so genannten Wirtschaftskorruption (§§ 299 f. StGB) zwischen privaten natürlichen oder juristischen Personen mindestens gleichrangige Bedeutung zukommt.[13]

Der erwähnten Verschärfung der Korruptionsstrafbarkeit entspricht auch die Entwicklung dieser Vorschriften. Mit den §§ 299 und 300 StGB wurde durch das Korruptionsbekämpfungsgesetz vom 13.08.1997 § 12 des Gesetzes gegen den unlauteren Wettbewerb (UWG) in das Strafgesetzbuch überführt. Zudem wurde § 298 StGB gegen wettbewerbsbeschränkende Absprachen bei Ausschreibungen neu eingeführt. Hierdurch trat insgesamt eine deutliche Verschärfung der Korruptionsstrafbarkeit ein. So ist § 298 StGB als abstraktes Gefährdungsdelikt gefasst und macht bereits das Abgeben eines Angebots im Rahmen einer wettbewerbsbeschränkenden Absprache strafbar, ohne dass es auf den Eintritt eines Erfolgs oder auf einen Vermögensschaden ankommt, wie beispielsweise beim Betrugstatbestand nach § 263 StGB. Im Zuge der Gesetzesreform wurde zudem die Drittzuwendung ausdrücklich in die Strafbarkeit einbezogen und die korruptionsbezogenen Amtsstraftaten in der Strafandrohung verschärft.

---

[12] Zur Erörterung der Tatbestandsmerkmale der Korruptionsdelikte des StGB vgl. den Beitrag von Glinder zu kommunaler Prävention und Bekämpfung von Korruption.

[13] Dieser Schluss ergibt sich auch aus dem Bundeslagebild Korruption 2009 des Bundeskriminalamts. Weitere Korruptionstatbestände sind die Straftaten gegen Betriebsverfassungsorgane (§ 119 Abs. 1 Betr.VG, vgl. hierzu auch Schlösser, J., 2007, Zur Strafbarkeit des Betriebsrates, S. 562-565), die Wähler- und Abgeordnetenbestechung (108b, e StGB), Vorteilsannahme und -gewährung in der Hauptversammlung (§ 405 Abs. 3 Nr. 6 und Nr. 7 AktG) bzw. in der Generalversammlung (§ 152 Abs. 1 Nr. 1f. GenG).

Häufige Umfelddelikte der Korruption, auf die im vorliegenden Rahmen nicht näher eingegangen wird, sind beispielsweise Untreue, Betrug, Steuerhinterziehung[14] oder auch Geldwäsche.[15]

Der Inhaber eines Betriebs ist im Hinblick auf Korruptionsdelikte originär zur Aufsicht verpflichtet und wird nach § 130 Ordnungswidrigkeitengesetz (OWiG) belangt, selbst wenn er nicht unmittelbar an Korruptionshandlungen beteiligt war, aber betriebliche Aufsichtspflichten verletzt hat.[16] Gleiches gilt gemäß § 30 OWiG auch im Hinblick auf Aufsichts- und Kontrollpflichten der gesetzlichen Vertreter des Betriebsinhabers, wie Vorstandsmitglieder einer AG oder die geschäftsführenden Gesellschafter einer GmbH, OHG oder KG. Grundsätzlich besteht die Pflicht, Korruptionshandlungen im Unternehmen zu verhindern bzw. zu unterbinden.[17]

Bereits das Unterlassen erforderlicher Aufsichtsmaßnahmen im Unternehmen kann die Verletzung der Aufsichtspflicht begründen. Das gleiche gilt, wenn erforderliche zumutbare und geeignete Aufsichtsmaßnahmen lückenhaft oder nicht hinreichend umgesetzt sind. Grundlage ist das Erfordernis eines durch den Vorstand veranlassten effektiven Frühwarnsystems und Risikomanagements als Mindestrahmen (§ 91 Abs. 1 Aktiengesetz (AktG)), die Pflicht zur Führung der erforderlichen Handelsbücher (§ 91 Abs. 2 AktG) und der dabei geltende Sorgfaltspflichtenrahmen des ordentlichen und gewissenhaften

---

[14] Zum Status und der Entwicklung des im Hinblick auf Korruption relevanten Steuerrechts in Deutschland und anderen Ländern vgl. Lembeck, U., 2007, Steuerrecht und Korruptionseindämmung, S. 237-288. Ab dem 01.01.1999 galten rechtswidrige Zuwendungen an Angestellte eines geschäftlichen Betriebs sowie an in- und ausländische Amtsträger nicht mehr als steuerlich abzugsfähige Betriebsausgaben. Werden Zuwendungen als illegale Bestechung gewertet, so entsteht durch die dadurch nicht mehr gegebene steuerliche Abzugsfähigkeit der Tatbestand der Steuerhinterziehung. Dabei kommt es nicht auf ein Verschulden des Zuwendendens oder auf eine tatsächliche Ahndung an. Es genügt vielmehr bereits die Feststellung einer rechtswidrigen Bestechungshandlung oder Vorteilsgewährung. Staatsanwaltschaft, Gerichte und Finanzbehörden unterrichten sich dabei gemäß § 4 Abs. 5 Ziff. 10 EStG gegenseitig über den Verdacht entsprechender Straftaten und Ordnungswidrigkeiten. In diesem Zusammenhang lösen auch Zuwendungen, die wahrheitsgemäß als nicht abzugsfähige Betriebsausgaben verbucht wurden, eine Mitteilung der Finanzbehörden an die Staatsanwaltschaft aus. Ebenso begründen mitunter private Zuwendungen, die das betriebliche Ergebnis beeinflussen, einen Verdacht, vgl. Greeve, G., 2010, Korruptionsbekämpfung, S. 570 sowie S. 580 f.

[15] Vgl. hierzu Greeve, G., 2010, Korruptionsbekämpfung, S. 582. Zu Sanktionen und Maßnahmen insgesamt vgl. Möhrenschlager, M., 2007, Der strafrechtliche Schutz gegen Korruption, S. 482 ff.

[16] Von § 130 OWiG wird erfasst, wer als Inhaber eines Betriebs oder Unternehmens vorsätzlich oder fahrlässig diejenigen Aufsichtsmaßnahmen unterlässt, die erforderlich sind, um strafbewehrte Zuwiderhandlungen gegen Pflichten zu verhindern, die den Unternehmensinhaber selbst treffen und die durch gehörige Aufsicht hätten verhindert oder erschwert werden können.

[17] Greeve, G., 2010, Korruptionsbekämpfung, S. 583.

Geschäftsleiters (§ 93 AktG). Für börsennotierte Finanzdienstleistungsunternehmen verlangt § 33 Wertpapierhandelsgesetz (WpHG) zudem ausdrücklich eine bestimmte Organisation im Sinne angemessener interner Kontrollverfahren.

Weitere relevante Normen im Hinblick auf Umfang und Qualität der Sorgfaltspflichten der Unternehmensleitung ergeben sich durch zahlreiche Regelungen zu Informations- und Publizitätspflichten insbesondere börsennotierter Unternehmen, durch spezialgesetzliche Bestimmungen zu compliance-relevanten Pflichten der Unternehmen und auch durch Organisationspflichten aus dem Deutschen-Corporate-Governance-Kodex. Kernpunkt zur Vermeidung von Haftung und sonstiger unerwünschter wirtschaftlicher Folgen ist: Art und Umfang rechtlich geforderter, wirtschaftlich erforderlicher, gebotener und angemessener Präventionsbemühungen des Unternehmens können nur unter der zwingenden Voraussetzung einer sorgfältigen Analyse der Korruptionsrisiken des jeweiligen Unternehmens bestimmt werden. In diese fließen eine Vielzahl von unternehmensindividuellen Aspekten ein, wie Branche, Größe, Unternehmensstruktur, Internationalität, Geschäftsmodelle, Kooperationsformen, geschäftliche Aktivitäten, Produktportfolio, relevante Auslandsmärkte, Geschäftspartner, Zulieferer, Zusammensetzung der Belegschaft, kulturelle Diversität, bestehende Aufbauorganisation, relevante Prozesse und zahlreiche weitere Faktoren mit Einfluss auf Korruptionsrisiken des Unternehmens.

Verstöße gegen die Aufsichts- und Kontrollpflicht nach § 130 OWiG im Hinblick auf Korruptions- und Begleitdelikte können Unternehmensgeldbußen nach § 30 OWiG zur Folge haben, die in meist erheblicher Höhe unmittelbar gegen die juristische Person verhängt werden.[18] Wer von mehreren vertretungsberechtigten Personen die Zuwiderhandlung gegen die Aufsichts- und Kontrollpflicht begangen hat, ist dabei unerheblich. Eine relevante Pflichtverletzung liegt beispielsweise vor, wenn im Unternehmen Bestechungshandlungen festgestellt wurden und nicht irgendein Mitglied des Vorstands hinreichend reagiert.

Wegen des Umfangs und der Komplexität werden Aufsichts- und Kontrollpflichten regelmäßig von den Unternehmensinhabern, Geschäftsführern oder Vorständen auf weitere Personen im Unternehmen wie Compliance Officer, Fraud Manager, Interne Revisoren oder Syndizi delegiert. Dies führt dazu, dass sich die Verantwortung der Geschäftsleitung regelmäßig auf die Plicht zu Aufsichtsmaßnahmen reduziert, die hinreichend, zumutbar und angemessen im Hinblick auf die Verhinderung von Korruption

---

[18] Die in § 30 OWiG genannten Leitungspersonen bilden dabei lediglich Akteure einer Anknüpfungstat, deren haftungsbegründender Tatbestand feststehen muss.

im Unternehmen sind.[19] Unabhängig von dieser Delegation besteht jedoch stets die generelle Pflicht zu notwendigen Aufsichtsmaßnahmen der juristischen Person, vertreten durch ihre Organe bzw. Geschäftsführung. Eine Pflichtverletzung kann dabei in einem Handeln im Sinne nicht hinreichender Umsetzung von Compliance-Maßnahmen oder in einem Unterlassen der Anordnung erforderlicher, geeigneter und zumutbarer Maßnahmen bestehen. Entsprechende Haftung der Leitungspersonen zu vermeiden, ist ein Ziel von Compliance-Programmen und der Compliance-Organisation im Unternehmen. Zu bedenken ist dabei stets, dass die Aufsichtspflicht von den oben angedeuteten zahlreichen individuellen Aspekten des Unternehmens im Hinblick auf Korruptionsrisiken sowie von den Umständen des Einzelfalls abhängt.

Neben den Unternehmensgeldbußen ist eine weitere Korruptionsfolge, der in den letzten Jahren verstärkte Bedeutung zukommt, die Gewinnabschöpfung im Unternehmen.[20] Dabei handelt es sich um ein Abziehen des Vermögensvorteils, der als Tatentgelt oder als illegitimer Gewinn in das Vermögen des Täters, Teilnehmers oder eines Dritten gelangt ist.[21] Der Vermögensvorteil umfasst mittelbare Tatvorteile, Nutzungen und Surrogate[22] – und damit beispielsweise auch Spekulationsgewinne von Bestechungsgeldern oder durch Bestechung erlangte Gewinnchancen. Die Abschöpfung bezieht sich auf alle Vorteile aus sämtlichen Phasen der Verwirklichung eines Korruptionstatbestands sowie auf alle Vermögenswerte, die nicht direkt auf der Tatbestandsverwirklichung beruhen, die aber als mittelbare Gegenleistung für das Korruptionsdelikt gewährt werden.[23] Dabei können

---

[19] Dabei darf die leitungsbefugte Person grundsätzlich auf die Erfüllung der delegierten Aufgaben vertrauen, solange kein Anlass zu Zweifeln besteht. Daneben trifft die vertretungsberechtigten Personen aber stets die Pflicht zu Aufsichtsmaßnahmen, deren Verletzung zu einer Ordnungswidrigkeit nach § 130 OWiG führen kann. Gleichwohl folgert die herrschende Meinung aus § 130 OWiG keine mittelbare grundsätzliche Verpflichtung zur Einrichtung einer Compliance-Organisation, vgl. eine solche Pflicht bejahend Schneider, U., 2003, Compliance als Aufgabe der Unternehmensleitung, S. 645 sowie ablehnend Hauschka, C., 2004, Compliance als Beispiel der Korruptionsbekämpfung, S. 877 f. Die Erforderlichkeit, Qualität und Umfang einer Compliance-Organisation hängt vielmehr von den genannten unternehmensindividuellen Kriterien ab. Eine abweichende Beurteilung wäre weder unter Effektivitäts- noch unter Effizienzgesichtspunkten zu rechtfertigen.

[20] Nach Greeve, G., 2010, Korruptionsbekämpfung, S. 585 haben die verstärkten Bemühungen der Behörden inzwischen in jüngerer Vergangenheit zu einer enormen Vielzahl der Sicherstellung der infolge von Korruptionsstraftaten erlangen Gewinne geführt. Dabei genießt seitens der Verfolgungsbehörden die bereits mit der Einleitung des Ermittlungsverfahrens einsetzende Vermögensabschöpfung höchste Priorität.

[21] Die Gewinnabschöpfung richtet sich nach den Vorschriften des Verfalls (§§ 73, 73a, 73d StGB und § 29a OWiG). Damit können dem Täter Vermögensvorteile aus der Tat entzogen werden.

[22] Diese können nach § 73 Abs. 2 StGB ebenfalls dem Verfall und damit der Gewinnabschöpfung unterworfen werden.

[23] Beispielsweise können erlangte Boni oder Gratifikationen für auf Korruptionshandlungen beruhende Geschäfte umfasst sein.

Gegenleistungen, Aufwendungen oder zur Begehung der Korruptionsdelikte erforderliche Kosten nicht abgezogen werden.[24] Vielmehr kann nach diesem so genannten Bruttoprinzip der gesamte Bruttoerlös einschließlich der in Korruptionsvorgänge investierten Gelder ohne Abzug von Kosten eingezogen werden.[25] Die Brutto-Abschöpfung dient nach dem Bundesgerichtshof (BGH) der Prävention gewinnorientierter Korruptionsstraftaten. Würde nämlich nur der Reingewinn eingezogen, wären Korruptionsstraftaten für Unternehmen vergleichsweise risikolos und der Zweck der Korruptionsprävention nicht erreicht.

Wurden also durch Unternehmensangehörige Korruptionsdelikte begangen, unterliegt das Unternehmen der Gewinnabschöpfung, die selbst nicht dem Schuldgrundsatz im Hinblick auf die juristische Person und ihre Vertreter unterliegt.[26] Eingezogen werden können Finanz- und Vermögenswerte, bestimmte Gegenstände oder entsprechende Geldbeträge (§§ 73 Abs. 2 S. 2, 73a Abs. 1 S. 1 StGB).

Eintragungen im Gewerbezentralregister nach §§ 149 ff. Gewerbeordnung (GewO) und mitunter eine Gewerbeuntersagung oder Betriebsschließung wegen Unzuverlässigkeit nach § 35 GewO sind weitere mögliche Folgen von Korruptionsdelikten im Unternehmen. Ferner kommt ein Berufsverbot nach §§ 61 Nr. 6, 70 StGB in Betracht, dessen Umfang dem Maßregelzweck sowie dem Verhältnismäßigkeitsgebot des § 62 StGB unterliegt.

Der Ausschluss von öffentlichen Aufträgen der öffentlichen Hand hat sich in den letzten Jahren zu einer immer bedeutsameren Sanktionsvariante von Korruptionsdelikten entwickelt, die gemeinhin als zulässig erachtet wird. Er erfolgt durch gesetzliche Regelung oder schlichte verwaltungsinterne Weisung und ist mittlerweile nicht mehr auf einzelne

---

[24] BGHSt 47, S. 369 ff., 372.

[25] Als erlangt im Sinne der für die Gewinnabschöpfung geltenden Verfallsvorschriften der §§ 73 Abs. 1 S. 1, Abs. 3, 73a StGB gilt der gesamte wirtschaftliche Wert eines Auftrags im Zeitpunkt des Vertragsschlusses. Eingeschlossen sind also der kalkulierte Gewinn und mögliche weitere Vorteile, die nach § 73b StGB geschätzt werden. Sogar bei einem Verlustgeschäft oder einem nicht einkalkulierten Gewinn kann dennoch eine Gewinnabschöpfung in Betracht kommen, wenn Auftragserlangung für den Auftraggeber einen über den Gewinn hinausgehenden wirtschaftlichen Wert hat, BGHSt 50, S. 299. Dabei kann es sich beispielsweise um Chancen der Erlangung weiterer Aufträge, vermehrter werthaltiger Reputationsgewinn aus einem Prestigeprojekt, eine Verbesserung der Marktposition oder die bessere Auslastung von Kapazitäten handeln.

[26] Nach dem BGH und dem Bundesverfassungsgericht ist die Gewinnabschöpfung bzw. der Verfall keine Strafe, sondern eine Maßnahme eigener Art und gilt daher verschuldensunabhängig und auch für juristische Personen, vgl. BGH 14.09.2004 – 1 StR 202/04 – Verfallsanordnung gegen Drittbegünstigte; BVerfG, 14.01. 2004 - 2 BvR 564/95: Verfassungsmäßigkeit des erweiterten Verfalls.

Vergabestellen begrenzt, sondern überregional und über das Vergabeverfahren hinaus ausgerichtet. Dementsprechend haben diverse Bundesländer Korruptionsregister eingerichtet.[27]

Zivilrechtliche Schadensersatzansprüche zwischen den an einem korruptionsbehafteten Vertrag Beteiligten spielen nach der Rechtsprechung des BGH insbesondere bei wettbewerbswidrigen Absprachen im Rahmen der Privatkorruption eine wichtige Rolle.[28] Dies gilt ungeachtet der Schwierigkeit, Korruptionsdelikte nachzuweisen und Schadenshöhen zu beziffern.[29] Ansprüche lassen sich v.a. begründen über § 823 Abs. 1 Bürgerliches Gesetzbuch (BGB) bei Verletzung der aufgeführten Rechte sowie über § 823 Abs. 2 S. 1 BGB bei Verletzung eines Schutzgesetzes.[30]

2.3   Korruptionsprävention als Wettbewerbsfaktor

Die Tatsache, dass in der Praxis verschiedene Umsetzungsgrade der Korruptionsprävention bestehen, ist teilweise der Vielzahl unterschiedlicher unternehmensindividueller Anforderungen geschuldet, an denen sich die Bemühungen aufgrund der gesetzlichen Erfordernisse ausrichten müssen. Ein reaktiv ausgerichtetes Betreiben entsprechender Programme unter der Maxime des geringsten denkbaren Aufwands ist nur dann wirtschaftlich sinnvoll, wenn dieser Aufwand proportional zu den individuell definierten Risikokosten bemessen ist.

Hinzu betrachtet werden muss allerdings die Tatsache, dass sich in den letzten Jahren die herrschende, rein regel- und risikoorientierte Sichtweise auf das Thema Korruptionsprävention immer stärker zu einem Chancen-bezogenen Ansatz als klarem Wettbewerbsvorteil entwickelt hat, der von immer mehr Unternehmen erfolgreich umgesetzt wird.

---

[27] Zum Ausschluss von öffentlichen Aufträgen, rechtlichen Grundlagen, Korruptionsregister in den Ländern und Tendenzen zu einer bundesweiten Vereinheitlichung vgl. Greeve, G., 2010, Korruptionsbekämpfung, S. 588-597.

[28] BGHSt 38, S. 186, 194.

[29] Diese Schwierigkeiten werden häufig durch Vertragsklauseln umgangen, nach denen bei durch einen Bieter festgestellten unzulässigen Wettbewerbsbeschränkungen für den Fall nicht bezifferbaren Schadens ein pauschalierter Schadensersatz zu leisten ist. Dabei gilt eine Pauschale von 3% nach der herrschenden Meinung als angemessen, BGH MDR 1996, S. 792 f. Das Vergabehandbuch für den öffentlichen Auftraggeber bei Durchführung von Bauleistungen (VHB) pauschaliert gar einen Schadensersatz in Höhe von 15% der Auftragssumme, vgl. Greeve, G., 2010, Korruptionsbekämpfung, S. 598 f.

[30] Schutzgesetze im Korruptionskontext sind beispielsweise Betrug, Unterschlagung und Privatbestechung (§§ 263, 266, 298 StGB), § 826 BGB bei vorsätzlicher sittenwidriger Schädigung, aber auch Kartellverbote gemäß § 1 GWB.

Vorreiter in Deutschland war ursprünglich die Siemens AG mit einem umfassenden Compliance-Management-Turnaround, an dessen Ende positive Wirkungen auf Performance und Unternehmenswert sowie mannigfache strategische und operative Wettbewerbsvorteile zutage traten.[31] Korruptionsprävention wurde spätestens ab diesem Zeitpunkt auch in Deutschland zum festen Bestandteil des wettbewerbsorientierten strategischen und operativen Managements.

2.4 Compliance Management im Bereich der Korruptionsprävention

2.4.1 Analyse und Management von Korruptionsrisiken

Präventionsmaßnahmen zur Vermeidung von Korruption sind aufgrund der oben angesprochenen Pflichten der Unternehmensleitung in jedem Unternehmen zwingend erforderlich. Welche Maßnahmen in welcher Intensität und in welchem Umfang zu treffen sind, hängt von den oben genannten unternehmensindividuellen Aspekten ab und kann nur im Einzelfall entschieden werden.[32] Im Kern geht es um zumutbare, geeignete und durchführbare Maßnahmen im Rahmen des Fraud Managements. Springender Punkt dabei ist, dass die Individualisierung der unternehmensbezogenen Pflichten den Anknüpfungspunkt der strafrechtlichen Haftung bildet. Stets erforderlich ist die unternehmensspezifische Analyse der Korruptionsrisiken in den verschiedenen Arbeitsbereichen des Unternehmens im Rahmen der Aufbau- und Ablauforganisation. Erforderliche, wirksame und angemessene Maßnahmen zur Korruptionsprävention richten sich danach schlicht nach der Vielfalt sowie der wirtschaftlichen und rechtlichen Bedeutung der identifizierten Risiken.

Für die konkrete Umsetzung der rechtlichen Pflichten des Fraud Managements bei der Korruptionsprävention sind der Rechtsprechung keine ausreichenden und generischen Hinweise zu entnehmen. Beurteilt werden lediglich Einzelfälle im Hinblick auf die jeweils erforderlichen spezifischen Anforderungen.[33] Hervorzuheben ist deshalb, dass im Hinblick auf die Vorbeugung von Haftungsrisiken großes Gewicht auf die Analyse der Korruptionsrisiken und auf das präzise auf sie zugeschnittene übrige Risikomanagement zu legen ist.[34] Im Folgenden wird deshalb ein Überblick über die Grundsätze des Managements von Korruptionsrisiken gegeben.

---

[31] Vgl. Siemens Geschäftsbericht 2010.

[32] Vgl. Greeve, G., 2010, Korruptionsbekämpfung S. 601; Hauschka, C./Greeve, G., 2007, Compliance in der Korruptionsprävention, S. 166.

[33] Vgl. Hauschka, C./Greeve, G., 2007, Compliance in der Korruptionsprävention, S. 166.

[34] Vgl. auch den Beitrag von Jackmuth/Zawilla zur Gefährdungsanalyse.

Als operative – also verhaltensgebundene Risiken – sind Korruptionsrisiken in der Praxis meist am besten im Rahmen von Risikoworkshops mit Unternehmensangehörigen, spezifischen internen Befragungen und Interviews sowie auf der Grundlage von Dokumentenanalysen, z.B. bestehender interner Regularien und Prozessdefinitionen, zu erfassen. Dabei angewandte progressive Verfahren gehen von der Risikoursache aus und berücksichtigen die Wirkungskette vom Entstehen des Korruptionsrisikos bis hin zur Auswirkung auf die Compliance-Ziele des Unternehmens. Potenzielle Risiken werden im Hinblick auf ein bestimmtes Compliance-Ziel aufgelistet und in Bezug auf ihre Auswirkung bewertet. Dadurch lassen sich verschiedene Ursachen mit gleichgerichteter Auswirkung zwar gut erfassen. Von Nachteil ist jedoch, dass zwischen verschiedenen Ursachen und Auswirkungen wenig differenziert wird, was die Gefahr in sich birgt, dass schwache Einzelursachen für Risiken übersehen werden, die sich zu gravierenden Auswirkungen summieren können.[35]

Deshalb definieren sich so genannte retrograde Verfahren durch die Erfassung von Korruptionsrisiken im Hinblick auf gesetzte Ziele und bewerten deren Gefährdung in einzelnen Unternehmensbereichen, Abteilungen, Funktionen, Aktivitäten oder Prozessen. Die Betrachtungsobjekte werden anschließend im Hinblick auf ihre Risikopotenziale bewertet.

Für beide genannten Gruppen von Verfahren bestehen bei der Analyse von Interviews und Dokumenten vielfältige Ausprägungen der Untersuchungsstrategie und ihrer Umsetzung. Natürlich soll die Risikoanalyse in der Unternehmenspraxis keine empirisch wissenschaftliche Dimension annehmen. Vielmehr kommt es dabei v.a. auf die konkrete im Einzelfall wirksame Anwendung der beiden skizzierten grundsätzlichen Vorgehensweisen progressiver und retrograder Verfahren an.

Bei der Erfassung von Korruptionsrisiken können einige aus dem operativen Risikomanagement bekannte Instrumente verwendet werden. Beispiele sind Indizien-Fehler- oder Zielsetzungs-Checklisten, Flow-Chart-Analysen, Fehlerbaumanalysen, Fehlermöglichkeits- und -einflussanalysen oder Szenariotechniken.[36]

Der Kanon der festgestellten Korruptionsrisiken lässt sich meist am übersichtlichsten in einer Risikomatrix mit den Dimensionen Eintrittswahrscheinlichkeit bzw. -häufigkeit auf der Abszisse und den Schadensauswirkungen auf der Ordinate darstellen. Bei übersicht-

---

[35] Zur Erfassung von Compliance-Risiken vgl. Pauthner, J./Stephan, H., 2010, Compliance-Managementsysteme für Unternehmensrisiken, S. 666 ff.

[36] Vgl. Übersicht zu Instrumenten der Erfassung von Kriminalitätsrisiken bei Pauthner, J./Stephan, H., 2010, Compliance-Managementsysteme für Unternehmensrisiken, S. 668 f.; vgl. auch den Beitrag von Romeike zu Risikomanagement.

licher Zahl möglicher Risiken, Ursachen und Auswirkungen lassen sich die einzelnen Korruptionsrisiken dabei noch in wenige Häufigkeits- und Schadenskategorien mit Bandbreiten von beispielsweise „nie" bis „fast immer" bzw. „ohne Wirkung" bis „bestandsgefährdend" einordnen. Die Übersichtlichkeit geht jedoch bereits in kleineren Unternehmen mit gewisser Komplexität der Aktivitäten schnell verloren. Soweit es dann nicht nur um die optisch eingängige Darstellung der Top-Risiken, sondern um einen breiteren Katalog von Korruptionsrisiken geht, ist deshalb an alternative Darstellungsformen beispielsweise durch Tabellen zu denken.

Jenseits der Übersichtlichkeit der Matrix-Darstellung geht es in der Praxis der Korruptionsprävention um eine Abstufung der Korruptionsrisiken im Hinblick auf die Wichtigkeit und Dringlichkeit der jedem Risiko zugeordneten Präventionsmaßnahmen. Damit geht es um die Gewinnung wichtiger Informationen in Bezug auf rechtlich und wirtschaftlich wirksame Qualität, Umfang und Reihenfolge der Umsetzung. Eine Objektivierung und Systematisierung der Bewertung der Risiken ist deshalb im Hinblick auf die – mitunter haftungsbegründende – Umsetzung der Korruptionsprävention notwendig.

Allerdings stellt eine streng objektive Bewertung von Korruptionsrisiken im Sinne einer Quantifizierung der Dimensionen „Wahrscheinlichkeit" und „Auswirkung" jedes einzelnen Risikos bei Korruptionsrisiken, wie bei den übrigen operativen Risiken, ein kaum zu bewältigendes Problem dar. Denn sowohl Entstehungsursachen wie auch Auswirkungen sind insoweit in der Unternehmenspraxis kaum quantitativ zu erfassen.[37] Am meisten Objektivität gewährleisten in diesem Zusammenhang zahlengebende Verfahren, bei denen letztlich auf der Grundlage unternehmensinterner Konventionen bestimmte inhaltliche Ausprägungen eines Risikomerkmals auf der Ursachen- und Auswirkungsseite in Zahlenwerte übertragen werden. Hierdurch wird es möglich, Ursachen und Auswirkungen aller Korruptionsrisiken insgesamt einheitlich und proportional zu staffeln oder nach einzelnen Prozessen, Funktionen, Unternehmensteilen usw. zu gruppieren. Die gewählte Staffelung oder Gruppierung bildet danach die Grundlage der Reihenfolge der Gewichtung der Präventionsmaßnahmen.

Das Ziel einer umfassenden Identifikation von Korruptionsrisiken liegt in jedem Fall darin, die Ursachen, Strukturen und Abhängigkeiten der Gefahrenpotenziale transparent zu machen und ihre Wirkung möglichst objektiv zu differenzieren.[38] Dabei kann der

---

[37] Beispiele sind die Risikokultur des Unternehmens und ihre Auswirkung auf eine Vielzahl unterschiedlicher Mitarbeiter mit unterschiedlichen Funktionen in inhomogenen Kontexten oder auch der durch bestimmte Korruptionsrisiken drohende immaterielle Schaden für das Unternehmen und seiner materiellen Auswirkungen, beispielsweise eines Reputationsschadens.

[38] Vgl. Pauthner, J./Stephan, H., 2010, Compliance-Managementsysteme für Unternehmensrisiken, S. 667.

Umfang und Grad von Korruptionsrisiken eines Unternehmens unter den Aspekten Vorhersehbarkeit, Schadenshöhe und Eintrittswahrscheinlichkeit bzw. Häufigkeit definiert werden, die sich in Bezug auf das Risikoausmaß sowohl wechselseitig bedingen wie auch beeinflussen. Von zentraler Bedeutung ist es dabei gerade im Bereich der Korruptionsrisiken, auch immaterielle Bezüge z.B. im Hinblick auf Unternehmensreputation, Mitarbeiterzufriedenheit oder Unternehmenskultur mit einzubeziehen. Nicht zuletzt gilt es natürlich, das quantifizierende Verfahren und dessen Ergebnisse praxisnah, pragmatisch und einfach zu halten und dabei nicht in ein quasi-wissenschaftliches empirisches Quantifizierungsprojekt abzugleiten.

Die Definition eines unternehmensindividuellen Katalogs von Maßnahmen der Korruptionsprävention setzt ferner eine klare Festlegung der Risiken voraus, die das Unternehmen noch zu tolerieren bereit ist. Die Beurteilung der Schadensauswirkung ist dabei auch abhängig von der Risikopolitik des Unternehmens und den entsprechend beeinflussten strategischen und operativen Zielen. Grundlage der Beurteilung ist die aufgrund der Risikopolitik der Unternehmensleitung formulierte Risikostrategie und die darin definierte Risikoakzeptanz im Hinblick auf die spezifischen Unternehmensziele und Werttreiber. Sie kann für einzelne Bereiche des Unternehmens unterschiedlich ausfallen, so dass für diese jeweils individuelle Korrekturfaktoren für die Risikoerfassung und -bewertung einzuführen sind.

Durch die Festlegung der beschriebenen Kennzahlen für Korruptionsrisiken kann deren auf ihre Relevanz für das Unternehmen bezogene Einordnung nach Prioritäten erfolgen. Sie bildet die Grundlage der Steuerung der Korruptionsrisiken im Rahmen des Fraud-Management-Programms. Auf diese Weise lassen sich die Maßnahmen in zeitlich gestaffelte Schritte gliedern, nach Qualität und Quantität differenzieren sowie unter Wesentlichkeitsgesichtspunkten in ihrer Gesamtzahl begrenzen.

An die Korruptionsrisikoanalyse schließt sich die Analyse und Bewertung der für Korruptionsprävention relevanten, bereits vorhandenen Teile des Fraud-Management-Systems des Unternehmens an. Diese werden nach ihrem Bezug zu den festgestellten Korruptionsrisiken gegliedert und ihrerseits mit Zahlenwerten belegt, die die Einschätzung ihrer Wirksamkeit in Bezug auf die Risiken ausdrücken. Schließlich können zwischen den jeweiligen Risiko- und den Maßnahmenwerten Differenzen gebildet werden. Die Höhe der Differenz repräsentiert dabei den „Gap" zwischen der Ausprägung eines spezifischen Korruptionsrisikos und den ihm zugeordneten Werkzeugen. Sie drückt somit den Handlungsbedarf im Hinblick auf spezifische risikomindernde Maßnahmen aus. Schließlich lassen sich die Gap-Werte wiederum nach verschiedenen Kriterien gruppieren oder staffeln, sodass sich ein effektiver Überarbeitungsplan des Fraud-Management-Programms im Hinblick auf Korruptionsrisiken ableiten lässt.

Nach der periodischen Anpassung oder Überarbeitung des Programms zur Korruptionsprävention kommen als Mittel der kontinuierlichen Erfassung im Geschäftsbetrieb durch die für Korruptionsprävention verantwortlichen Stellen Checklisten in Betracht. Diese sollten sowohl ereignisspezifisch als auch risikospezifisch ausgerichtet sein und auch getroffene Präventionsmaßnahmen, Prozesskontrollen, Werte aus Ereignisdatenbanken früherer Korruptionsfälle im Unternehmens sowie Key Performance Indicators des Fraud Managements enthalten.[39] Für jeden der zuvor im Rahmen der Risikoanalyse als relevant erachteten Unternehmensbereich oder Prozess sollten dabei individuelle Checklisten eingeführt werden, die im Rahmen des kontinuierlichen Risikomanagementkreislaufs aktuell gehalten werden. Insoweit empfehlen sich aus Effektivitäts-, Effizienz- und nicht zuletzt aus Haftungserwägungen heraus eine regelmäßige Neubeurteilung sowohl der Korruptionsrisiken als auch der entsprechenden Wirksamkeit des Programms zur Korruptionsprävention. Dabei bieten sich pragmatische Zwischen-Assessments in kürzeren Abständen im Zusammenspiel mit periodischen Risiko- und Umsetzungs-Audits an. An diesen sollte die für Korruptionsprävention beteiligte Stelle in jedem Falle zentral beteiligt sein.

Wichtig dabei ist, sorgfältig definierte Risikoindikatoren und Grenzdefinitionen für wahrgenommene Korruptionsrisiken zu etablieren, die über festgelegte Berichtswege und Eskalationskriterien an die verantwortlichen Führungskräfte oder Mitglieder der Unternehmensleitung weitergegeben werden. Aufgrund der meist zahlreichen Korruptionsrisiken werden dabei sinnvoll abgegrenzte Betrachtungsbereiche definiert, um die Informationsmenge übersichtlich zu halten.

Neben dem Melden überschrittener Risikogrenzwerte besteht das Erfordernis des kontinuierlichen Reportings festgestellter Änderungen von Korruptionsrisiken sowie sich abzeichnender genereller Änderungstrends, um frühzeitiges präventives Management zu ermöglichen. Eine wichtige Rolle spielen in diesem Zusammenhang auch Frühaufklärungs- und Früherkennungssysteme.[40] Als Grundlage für wirksame und wirtschaftliche Gegenmaßnahmen kommt dem Reporting besondere Bedeutung zu. Dies gilt insbesondere im Hinblick auf Korruptionsrisiken, denen noch keine exakte Risikodefinition und Akzeptanzgrenzwerte zugeordnet werden können.

---

[39] Beispiele für eine einfache Checkliste vgl. Pauthner, J./Stephan, H., 2010, Compliance-Managementsysteme für Unternehmensrisiken, S. 671 f.; Beispiele für Fragen zur Aufdeckung von Korruption aus Sicht der Betriebsprüfer finden sich bei Hauschka, C./Greeve, G., 2007, Compliance in der Korruptionsprävention, S. 169. Für Beispiele zu Performance-Indikatoren im Fraud Management vgl. den Beitrag von de Lamboy.

[40] Vgl. hierzu Pauthner, J./Stephan, H., 2010, Compliance-Managementsysteme für Unternehmensrisiken, S. 682 f.

Die regelmäßige Neubeurteilung der Korruptionsrisiken und der entsprechenden Teile des Fraud-Management-Programms sind eingebettet in den Risikomanagementkreislauf aus Vorgaben der Unternehmensleitung, Risikoanalyse, Benchmarks, Gap-Analyse, der Entwicklung Gap- und risikospezifischer Maßnahmen, Implementierungs- und Umsetzungsplanung, gefolgt von kontinuierlicher Überwachung der Risikosituation und des Compliance-Systems mit periodischen Assessments, Audits und entsprechender Anpassung und Ergänzung.[41]

In einem korruptionsspezifischen Risikoportfolio des Unternehmens lassen sich schließlich die Ergebnisse der Risikomatrix und der anderen Risikoerfassungsinstrumente und -verfahren, bestehende Maßnahmen der Korruptionsprävention und die festgestellten Veränderungen der Risiken für die Berichterstattung zusammenfassen. Ein Risikobericht beinhaltet in der Praxis Informationen zur Art des Risikos, Eintrittswahrscheinlichkeit und Schadensausmaß, zu tangierten Werttreibern und Unternehmenszielen, zu den erforderlichen Compliance-Maßnahmen, Risikoindikatoren (Definition, Status, Grenzwerte, Trendentwicklung) sowie zum Umgang mit dem verbleibenden Risiko nach Durchführung spezifischer Gegenmaßnahmen.

2.4.2 Integration des Fraud Managements

Bei der Analyse von Korruptionsrisiken wie bei der Konzeption und Umsetzung von Programmen zur Korruptionsprävention kommt es zu einem komplexen Zusammenspiel aus Einflüssen und Beiträgen des unternehmensweiten Compliance-Management-Systems, des Internen Kontrollsystems, unternehmensweiter Risikomanagement- und Frühwarnsysteme, des Managements rechtlicher Vorgänge, des strategischem Managements sowie verschiedener Disziplinen des operativen Managements, wie beispielsweise Prozessmanagement, Führung oder Change Management.

Zugleich erfordert effektives Compliance Management auch im Hinblick auf Korruptionsprävention die wirksame und wirtschaftliche Zusammenarbeit verschiedener Fachstellen. Typischerweise sind dies Compliance Office, Rechtsabteilung, Revision, Controlling, Risikomanagement, Personalabteilung und nicht zuletzt Fraud Manager. Modi und Prozesse der Zusammenarbeit und Pflichtenverteilung sind dabei ebenso wie die haftungsbegründenden Kriterien von den Verhältnissen des individuellen Unternehmens abhängig.[42]

---

[41] Näher zu den einzelnen Phasen des Compliance-Managementkreislaufs vgl. Pauthner, J./Stephan, H., 2010, Compliance-Managementsysteme für Unternehmensrisiken, S. 685 f.

[42] Zur Abgrenzung des Fraud Managements von der Internen Revision vgl. den Beitrag von Helfer und zur Abgrenzung von Compliance Management vgl. den Beitrag von Jackmuth/Pauthner/Zawilla.

Im Hinblick auf dauerhafte Effektivität und Effizienz des Fraud Managements ist schließlich auch im Bereich der Korruptionsprävention die Integration der Compliance-Maßnahmen in den gesamten Managementprozess ausschlaggebend.

Im strategischen Management sollten im Hinblick auf das korruptionsspezifische Fraud-Management-Programm strategische Zielplanung mit Unternehmenspolitik, Unternehmensleitbild und strategischer Zielformulierung einbezogen werden. Fraud-spezifische strategische Umwelt-, Unternehmensanalysen und Prognosen münden dabei in Aspekte der Unternehmens- und Geschäftsbereichsstrategien sowie in funktionale Strategien. Schließlich wird effektives Fraud Management[43] in die Planung, Realisation und Kontrolle der Strategieimplementierung integriert.

Im operativen Management[44] ist der Kernpunkt die möglichst enge Integration der Maßnahmen der Korruptionsprävention in die Geschäftsprozesse. Darüber hinaus geht es zentral um die Aktivierung des mittleren und unteren Managements als Multiplikator der Bemühungen der Geschäftsleitung sowie um die bereits angedeutete Integration „klassischer" Managementdisziplinen wie Change Management, Wissens- und Kompetenzmanagement, Personalentwicklung, Krisenmanagement und Führung in Programmen zur Korruptionsprävention – über die Gestaltung des Prozessmanagements und der Aufbauorganisation hinaus.

Grundlage aller Bemühungen der Korruptionsprävention ist, wie im übrigen Fraud Management, die dauerhafte Integration ins Unternehmen, die über eine stabil implementierte Compliance-Kultur und entsprechende intrinsische Motivation der Mitarbeiter zu einer „Selbsttragung" durch die Unternehmensangehörigen führt. Interaktive, nach den konkreten betrieblichen Interessen verschiedener interner Ziel- und Bedarfsgruppen ausgerichtete Trainings zur Korruptionsprävention sowie systematische und kontinuierliche interne und externe Managementkommunikation sind insoweit wichtige Voraussetzungen.

---

[43] Vgl. dazu den Beitrag von Zawilla zu strategische Komponenten.

[44] Die hergebrachte Unterscheidung zwischen operativem und strategischem Management ist spätestens seit der Etablierung einer Vielzahl von Pflichten im Rahmen der Corporate Governance obsolet geworden, durch die zahlreiche „klassisch operative" Disziplinen wie operatives Risikomanagement oder rechtliche Compliance starke strategische Teilkomponenten erlangt haben.

2.4.3   Wirkung von Standards zur Korruptionsprävention

Die Bedeutung der eben erläuterten Grundsätze zur Erfassung und zum Management von Korruptionsrisiken fußt auf den in hohem Maße unternehmensindividuell definierten rechtlichen und praktischen Erfordernissen. Damit einher gehen die Schwierigkeiten des Gesetzgebers, der Rechtsprechung und nichtstaatlicher Organisationen, allgemeingültige, generische Standards zur Zusammensetzung entsprechender Programme in Unternehmen zu formulieren.

So nachvollziehbar der Ruf nach Standards und Kategorisierungen und so lobenswert entsprechende Ansätze sein mögen,[45] so zweifelhaft erscheint es, ob sie der nahezu unendlichen Vielfalt von Kombinationen individueller Unternehmensmerkmale gerecht werden, von deren korruptionsspezifischer Erfassung die Haftung der Leitungsorgane und anderer Unternehmensangehöriger im Rahmen der Korruptionsprävention abhängt. Mit einfachen Mindeststandards, die für alle Unternehmen unabhängig ihrer Merkmale gelten, wäre wenig gedient, weil sie mangels „trennscharfem" Erfassen unternehmensindividueller Risiken allein jedenfalls nicht geeignet sind, Haftungsfällen und ihren direkten und indirekten wirtschaftlichen Auswirkungen vorzubeugen. Zudem ergeben sich durch eine pauschale Zuordnung von Standardmaßnahmen für Korruptionspräventionsprogramme anhand weniger qualitativer und quantitativer Unternehmensmerkmale erhebliche Nachteile im Hinblick auf die Wirtschaftlichkeit des Fraud Managements.

Schließlich bedingen Standards im Bereich der Korruptionsprävention beinahe zwingend eine falsche Sicherheit des Unternehmens im Hinblick auf die Einschätzung, dass das Veranlasste ausreichend ist. Effektiver Schutz vor Haftung wie vor kostspieligen Schadensfällen durch Korruption wird dadurch freilich nicht gewährleistet. Dies gilt umso mehr, als die rechtlichen Voraussetzungen im In- und Ausland und auch die Rechtsanwendung durch die Gerichte Änderungen unterliegen. Es bleibt deshalb dabei, dass wirksame Maßnahmen des Compliance Managements zwingend auf das Risikoprofil und zahlreiche weitere hochindividuelle Merkmale des Unternehmens zugeschnitten werden müssen. Folge wäre andernfalls ein Neuentstehen einer Kultur der „Paper-Compliance", welche Korruptionsrisiken nicht wirksam reduziert.

Standards im Bereich der Korruptionsprävention sind daher mit Vorsicht zu genießen. Es ist und bleibt Aufgabe des einzelnen Unternehmens, eine sorgfältige und kontinuierliche Analyse der eigenen Korruptionsrisiken durchzuführen und ein mit der Risikoanalyse

---

[45]   Vgl. beispielsweise Hauschka, C./Greeve, G., 2007, Compliance in der Korruptionsprävention mit ihrem Vorschlag eines abgestuften Ansatzes zur Organisation der Korruptionsprävention.

eng verzahntes effektives operatives und strategisches Risikomanagement durch eine individuelle Zusammenstellung von Maßnahmen umzusetzen. Im folgenden Abschnitt wird daher bewusst auf eine Differenzierung, Kategorisierung oder bestimmte Reihenfolge möglicher Korruptionspräventionsmaßnahmen verzichtet.

2.4.4 Maßnahmen zur Korruptionsprävention

Als Teil des Risikomanagements bietet das Fraud Management eine Reihe von Grundsätzen, Werkzeugen und Prozessen zur Korruptionsprävention an, die nachfolgend im Überblick ohne jeden Anspruch auf Vollständigkeit dargestellt werden. Zu diesem Zweck ist bewusst das Format einer Listung statt einer Kategorisierung gewählt, um zu verdeutlichen, dass das Unternehmen eine individuelle Mischung und Gewichtung pflichtgemäßer und wirksamer Maßnahmen aus dem Gesamtkatalog zur Korruptionsprävention auswählen muss. Dafür spricht im Übrigen auch die Komplexität der Korruptionsprävention in Kombination mit der Höhe der damit verbundenen wirtschaftlichen Risiken. Es ist somit zwingend geboten, sich im Rahmen der Auswahl der Mittel mit allen potenziell zur Verfügung stehenden Möglichkeiten zu befassen und daraus die eigene individuell effektive und effiziente Mischung zusammenzustellen.

- Unternehmensspezifische Risikoanalyse und darauf basierendes operatives Risikomanagement als wichtige Grundvoraussetzung der Korruptionsprävention für alle Unternehmen;

- hinreichend detaillierte Dokumentation der Aufbau- und Ablauforganisation;

- Einbindung der Bemühungen der Korruptionsprävention in das unternehmensweite Fraud-Management-System und Koordination mit weiteren fokussierten Compliance-Programmen, beispielsweise aus dem Bereich des Kartellrechts oder der Produktsicherheit;

- eindeutige Grundhaltung und Kommunikation im Sinne authentischen „Commitments" der Unternehmensleitung; nachdrückliche Klarstellung, dass Korruption für das Unternehmen kein wünschenswertes Mittel der Geschäftsentwicklung ist;

- vielfältige Maßnahmen zur Förderung einer entsprechenden Unternehmenskultur, die Eigenmotivation und Selbsttragung der Unternehmensangehörigen als im Vergleich zu hoher Kontrolldichte effektiveres Steuerungsinstrument begreift;

- sorgfältige Dokumentation der Bemühungen im Rahmen der Korruptionsprävention zur Vorbeugung für potenzielle Haftungsfälle;

- Umsetzung grundlegender kaufmännischer und buchhalterischer Prinzipien wie Quittungs- und Nachweispflicht für Zahlungsvorgänge jeglicher Art, Prüfung von Zahlungsvorgängen durch eine weitgehend unabhängige Stelle im Unternehmen; Trennung risikoreicher Funktionen wie Rechnungsprüfung und Zahlungsfreigabe,

Zahlungsanträge und Genehmigung, Warenlager und Lager, betriebliche und private Geschäfte usw.; grundsätzliche Trennung von Handlungs- und Überwachungsfunktionen; Job Rotation in kritischen Funktionen;[46]

- klare Definition der Handlungsmacht sowie Regelung von Nebentätigkeiten, Spenden, Sponsoring, Beratertätigkeiten oder die Eröffnung von Firmenkonten bei Kreditinstituten im Rahmen von Arbeitsverträgen und den damit verbundenen Vollmachten;[47]

- Berechtigung zur Eröffnung von Firmenkonten sowie zur Entscheidung über größere Summen im Rahmen von Spenden und Sponsoring sollten bei der Geschäftsleitung verbleiben;

- typische Korruptionsformen wie Gewährung und Erhalt von Geschenken, Bewirtungen, Nebentätigkeiten, Nutzung von betrieblichem Inventar oder die private Inanspruchnahme von Geschäftspartnern müssen ebenfalls in Arbeitsverträgen oder in verbindlichen betrieblichen Anweisungen eindeutig geregelt werden;

- laufende oder regelmäßige Kontrollen und Stichproben[48] im Rahmen der Überwachung der Einhaltung der Erfordernisse der Korruptionsprävention auch im Rahmen des IKS und der Internen Revision; Dokumentation der Kontrollen;

- Organisationsplan mit verbindlicher Verteilung wesentlicher Prozesse, Aufgaben und Handlungsvollmachten;

- eindeutige Aufgabenzuweisung der Aufgabe der Korruptionsprävention innerhalb eines mehrköpfigen Leitungsgremiums;

- präventives Krisenmanagement, Krisenpläne mit klar zugewiesenen, automatisierten Abläufen und eindeutigen Eskalationskriterien insbesondere auf die Einbindung der Rechtsabteilung und der Geschäftsleitung; kontinuierliche Ansprechbarkeit der Geschäftsleitung im Hinblick auf die Erfordernisse der Korruptionsprävention auch im Kontext reaktiver Szenarien;[49]

- planvolle Einbindung der internen Richtlinien zur Korruptionsprävention in das unternehmensweite System interner Compliance-Regularien mit (von oben nach unten) Unternehmenswerten, Code of Ethics, unternehmensweite Leitlinien, unternehmensweite Richtlinien, lokale Anweisungen und Antikorruptionsregularien;

---

[46] Vgl. auch den Beitrag von Kopetzky zu Financial Forensic.

[47] Vgl. auch den Beitrag von Glinder zu Korruptionsprävention im öffentlichen Sektor.

[48] Sofern Stichproben zu konkreten Verdachtsmomenten führen, besteht für das Unternehmen die Rechtspflicht zum Einschreiten.

[49] Vgl. auch den Beitrag von Bédé zu Krisenmanagement.

- schriftliche Verpflichtung von Mitarbeitern zu rechtstreuem Verhalten;

- angemessene Weitergabe erforderlicher Rechtskenntnisse sowie insbesondere des zielgruppengerechten und praxisbezogenen Anwendungs- und Umsetzungswissens durch geeignete Trainingsprogramme und regelmäßige Auffrischungen; Prüfung und Dokumentation des Lernfortschritts im Rahmen der Trainings zur Korruptionsprävention; umfassendes Konzept zu Schulungen, Wissens- und Kompetenzmanagement im Bereich des Managements der Korruptionsprävention;

- grundsätzliche Vermeidung von Abhängigkeiten gegenüber externen Stellen oder anderen Unternehmen, beispielsweise im Rahmen eines auf wenige große Behördenkunden reduzierten Kundenstamms oder durch strategische und operative Partnerschaften mit anderen Unternehmen, durch die die Fortführung des eigenen Geschäftsmodells bedingt ist;

- besondere Sorgfalt bei der Personalauswahl[50] für korruptionsgefährdete Bereiche sowie klare Vorgaben in Arbeitsverträgen und Stellenbeschreibung im Hinblick auf die Pflichten bei der Korruptionsprävention;

- zur Korruptionsprävention wirksame Verfahren der Angebotseinholung sowie der Abgabe von Angeboten; detaillierte Regelung des Prozesses der Auftragsvergabe;

- Organisation und interne Kommunikation einer weitgehend unabhängigen internen Anlaufstelle für Fragen, Inhalte und Informationen im Zusammenhang mit der Korruptionsprävention. Diese Aufgabe kann ein Compliance Officer, Antikorruptionsbeauftragter oder ein Fraud Manager übernehmen;

- Aufstellung eines internen oder externen Ombudsmanns zur Meldung von Hinweisen über mögliche Korruptionsdelikte im Unternehmen oder auch Installation eines so genannten Whistleblowing-Systems (letztere Variante wird sich, soweit grundsätzlich befürwortet, i.d.R. nur für große Unternehmen empfehlen);[51]

- Integration der Controlling-Abteilung und der Internen Revision in die Bemühungen zur Korruptionsprävention;

- besondere Berücksichtigung der oftmals sehr schwer kalkulierbaren Korruptionsrisiken des Auslandsgeschäfts und erforderlichenfalls Hinzuziehung international erfahrener spezialisierter Berater;

- Sensibilisierung der Unternehmensangehörigen in regelmäßigen Abständen, Ermutigung intrinsischer Motivation im Sinne einer selbsttragenden aktiven Haltung gegenüber Korruption;

---

[50] Vgl. auch den Beitrag von Grieger-Langer zu Prävention im Personalmanagement.

[51] Vgl. auch den Beitrag von Buchert zu Hinweisgebersystemen.

- klar kommunizierte Haltung des Unternehmens zur Korruption im Sinne einer so genannten Zero Tolerance Policy, die in der Praxis gleichwohl im arbeitsrechtlich Machbaren ihre Grenzen findet;

- systematische und bei Bedarf teilautomatisierte Due-Diligence-Prüfung von Geschäftspartnern, Lieferantenbewertung, Lieferanten-Monitoring und Lieferantendatenanalyse, Lieferanten-Audit, Erstreckung der Integritätsstandards auf Lieferanten, spezifische Gestaltung der vertraglichen Grundlagen der Lieferantenbeziehungen;

- Einführung eines nach Risikoklassen gestaffelten Genehmigungsverfahrens für unter Korruptionsgesichtspunkten unklare Geschäftsvorfälle;

- breit verfügbare Einschätzungsmöglichkeiten der Unternehmensangehörigen in Bezug auf das eigene Verhalten, beispielsweise durch Einsatz pragmatisch gestalteter und von allen relevanten Unternehmensangehörigen nutzbarer elektronischer Korruptionsrisiken-Scorecards;

- kontinuierlich nutzbare übersichtliche Zusammenfassungen der wichtigsten korruptionsbezogenen Entscheidungs- und Verhaltensregeln z.B. in Form von kleinformatigen Faltplänen oder von haltbaren Übersichtskarten im Postkartenformat;

- kollaborative Bemühungen bei der Korruptionsprävention gemeinsam mit anderen Unternehmen, beispielsweise im Rahmen eines Integritätspakts (Zusammenarbeit mit einer Nichtregierungsorganisation), Compliance-Pakts (Zusammenarbeit mit Wettbewerbern) oder langfristigen Initiativen (zusammen mit anderen Unternehmen, Behörden, Regierungen oder gesellschaftlich engagierten Organisationen);

- klare und wirksame interne Verhaltensrichtlinien im Hinblick auf Korruptionsprävention im Code of Conduct, einer Ethik- oder Antikorruptionsrichtlinie oder einer Betriebsanweisung, welche u.a. klare Verhaltensanweisungen für risikobehaftete Situationen sowie einen klar definierten Prozess bei Feststellung von Anzeichen für mögliche Korruptionsdelikte enthalten;[52]

- gut kommunizierte und dokumentierte interne Geschäftsanweisungen bei Veränderungen der Erfordernisse im Hinblick auf die unternehmensinternen Maßnahmen der Korruptionsprävention;

---

[52] Zu Grundsätzen, Problemfällen und Fallstricken bei der Abfassung interner Regularien vgl. Pauthner, J./Stephan, H., 2010, Compliance-Managementsysteme für Unternehmensrisiken, S. 662-665; sowie sehr umfassend, Talaulicar, T., 2006, Unternehmenskodizes.

- klare Richtlinien für die Durchführung von Prüfungen der Korruptionsrisiken und der Maßnahmen zur Korruptionsprävention für die Interne Revision und das Controlling;[53] erforderlichenfalls Beschäftigung externer Fachleute für die Prüfung der Antikorruptionsbemühungen;

- Identifikation der unternehmensspezifischen Risikofelder der Korruption, wie Geschenke und Einladungen, Sponsoring, Lobbyismus oder Interessenkonflikte einzelner Beschäftigter oder auch Berater;

- vorbeugendes Krisenmanagement für den Fall des Auftretens von Korruptionsfällen, einschließlich praktikabler Krisenreaktionspläne mit klaren Verfahren und Maßnahmen beispielsweise zur internen und externen Kommunikation, professionellen Sachverhaltsklärung[54] und Ursachenforschung, erforderlichenfalls unter Zuhilfenahme externer Spezialisten, ferner zur Beteiligung interner Funktionen und Stellen sowie zur Übertragung der Erkenntnisse aus aufgeklärten Korruptionsfällen in das Fraud-Management-Programm und nicht zuletzt nachfolgende Schulungen durch erfahrene Trainer in der Korruptionsprävention;

- strafbewehrte Ethikklauseln in Verträgen mit Kunden und Geschäftspartnern;

- Einführung eines Ampel-Kodex zur Korruptionsprävention;[55]

- Vorhandensein einer Compliance-Einheit mit spezifischer fachlicher Ausbildung und fortlaufend gesicherten Qualifikationsmaßnahmen im Rahmen des Kompetenzmanagements und nachweisbarer Vermittlung kontinuierlich aktualisierter Fach- und Rechtskenntnisse.

---

[53] Hauschka, C./Greeve, G., 2007, Compliance in der Korruptionsprävention, S. 171, weisen zu Recht auf die Notwendigkeit der Maßnahmen der Prüfungsvorbereitung und des Ablaufs der Prüfung hin, wie Analyse der Prüfobjekte, Prüfungsplanung und -ankündigung, Prüfungsrichtung und -medhode, Umfang der Prüfung, Einsatz von Spezialisten, Fragebögen und Checklisten, Einbeziehung von Fachliteratur, Analyse von Systemmängeln, Umsetzungskontrolle, Dokumentation und anderen. Detaillierter zu Prüfungen der Maßnahmen zur Korruptionsprävention ferner Klinger, M./Klinger, O., 2000, Das interne Kontrollsystem im Unternehmen.

[54] Beispielsweise durch schnelle und kontinuierliche Aufklärung von Verdachtsfällen, vertrauliche und vollständige Aufklärung des Sachverhalts ohne Außerachtlassung von Bagatellfällen, kontinuierliche juristische Begleitung der Sachverhaltsaufklärung, regelmäßige Einbindung eines Ombudsmanns in die Sachverhaltsaufklärung, transparente Entscheidung über zu ergreifende Maßnahmen, planvolle Zusammenarbeit mit Ermittlungsbehörden, Strafanzeige bei bestehendem Tatverdacht sowie interne und externe Berichterstattung über die Aufklärung von Verdachtsfällen und tatsächlichen Korruptionssachverhalten.

[55] Vgl. hierzu Jakob, A., 2010, Praxisorientierte Anwendung des „Ampel-Kodex", S. 61 ff. sowie Bannenberg, B./Dierlamm, A., 2010, Korruption, S. 226-236.

Im Hinblick auf Kontrollen ist die Zusammenarbeit mit der Internen Revision und, soweit vorhanden, mit dem Compliance Office ratsam. Insoweit sollte beispielsweise geachtet werden auf

- Due-Diligence-Assessment-Prozess und kontinuierliche Kontrollen der Aktivitäten von Vertriebsagenten;

- Überwachung der Erfüllung von Mitzeichnungspflichten bei kritischen Vorgängen;

- systematische Erfassung des Bestands an Lieferanten, Bietern oder Auftragnehmern;

- Kontrollen der eindeutigen und unveränderlichen Datierung des Schriftverkehrs;

- systematische Kontrollen des Prozesses bei öffentlichen Ausschreibungen; Prüfung von Ausschreibungen, die wiederholt vom selben Zulieferer knapp gewonnen werden;

- regelmäßige Prüfung der Vollständigkeit wichtiger Vertragsunterlagen, Verifizierung klar definierter Leistungsinhalte beziehungsweise genaue Leistungsbeschreibungen in Verträgen sowie regelmäßige stichprobenartige Dokumentenvergleiche im Hinblick auf Angebots- und Rechnungssummen bzw. von Dokumenten zur ursprünglichen Planung und tatsächlichen Ausführung; Sicherstellen des standardmäßigen Einholens von Vergleichsangeboten;

- Vermeidung zu großer Aufgabenkonzentration auf eine Person, um Interessenkonflikten vorzubeugen;

- Erfassung von Bestellungen ohne Bedarfsmeldungen, Preisvergleichs- und Auswahlverfahren oder ohne Angebot;

- kontinuierliche Prüfung von Geschäftspartnern im Hinblick auf ungewöhnlich hohe Vergütung, unübliche Zahlungsmodalitäten oder ungenügende Dokumentation;

- kritisches Augenmerk auf Beschäftigungs- und sonstige Vertragsverhältnisse von in Verwandschaftsbeziehungen stehenden Unternehmensangehörigen und Dritten;

- Kontrollen und Dokumentation hinsichtlich der Nutzung von Firmeneigentum.

3 Compliance und Korruptionsprävention aus der Sicht der Unternehmensleitung

3.1 Interkulturelle Dimensionen

In einer immer globaler werdenden Welt sind Unternehmen gezwungen, sich den erweiterten Compliance-Anforderungen anzupassen. International tätige Unternehmen und somit auch internationales Compliance Management sehen sich – verglichen mit rein national agierenden Gesellschaften – einer deutlich höheren Komplexität ausgesetzt. Diese resultiert auch aus den kulturellen und landesspezifischen Unterschieden.

Im Rahmen unternehmensweiter Korruptionsbekämpfung sollten sich Fraud Manager auch der Komplexität bewusst sein, die aus interkulturellen Unterschieden und Gemeinsamkeiten resultieren. Unternehmen stehen im internationalen Geschäft Führungskräften, Mitarbeitern und Kunden unterschiedlicher Kulturen, Nationalitäten und Rechtssystemen gegenüber. Zudem beinträchtigen unterschiedliche Sprachen und Denkkonzepte sowie die Distanzen und Zeitunterschiede zwischen den einzelnen Einheiten die Verständigung und Zusammenarbeit und damit auch die Steuerung eines internationalen Unternehmens. Dies stellt besondere Anforderungen an das Management und auch an die Korruptionsprävention im internationalen Geschäft. Ausgangspunkt des erfolgreichen Compliance Managements im international tätigen Unternehmen ist ein möglichst einheitliches Verständnis der Werte.

Das Festsetzen von akzeptierten, praktikablen und damit durchsetzbaren Standards sowie die Definition von Präventionsmaßnahmen und das Einrichten und Besetzen von Kontrollorganen bedürfen in vielen Kulturen der sorgfältigen Abstimmung mit einer Reihe von Stakeholdern. Das Identifizieren der Stakeholder und finalen Entscheider sowie die Wahl des geeigneten Entscheidungsprozesses bedarf der Unterstützung von Mitarbeitern und Experten vor Ort. Der Modus Operandi für die spätere Zusammenarbeit im Rahmen der Korruptionsprävention sollte Teil der Entscheidungsvorlage sein und klar im Vorfeld abgesprochen werden. Je mehr Einheiten und je mehr unterschiedliche Kulturen beteiligt sind, desto komplexer und daher auch langwieriger gestaltet sich der Abstimmungsprozess. Dies gilt nicht nur in der Phase der Einführung eines Compliance Managements, sondern auch in der täglichen Arbeit des Fraud-Verantwortlichen im internationalen Kontext.

Ein kulturübergreifendes Compliance-Systems erfordert einen universal gefassten Compliance-Managementrahmen mit lokalen Anpassungen. Dies reflektiert auch die Vielschichtigkeit und Vielfalt der unterschiedlichen Kulturen und der Stakeholder, die auf lokaler, regionaler und globaler Ebene angesiedelt sind. Zudem ergeben sich klare Orientierungslinien, die das Compliance-System auf der Makroebene überschaubar und steuerbar und auf der Mikroebene verständlich halten. Dies erfordert vom Fraud-Verantwortlichen die Fähigkeit, auf der Makroebene ein Korsett aus starren Leitregeln zu definieren und einzuführen, das im Laufe der Zeit verfeinert werden kann. Auf der Mikroebene sollte ein offener Ansatz praktiziert werden, um flexibel auf lokale und spezielle Gegebenheiten eingehen zu können. Beispielsweise kann eine Grundregel auf der Makroebene das Zero-Tolerance-Prinzip sein, an welchem sich die lokalen Diskussionen orientieren können und sich Auffassungen kristallisieren. Eine weitere Grundregel kann das Vier-Augen-Prinzip sein. Die Einfachheit des Ansatzes auf der Makroebene bestimmt die Übersichtlichkeit und damit die Effizienz der Umsetzung des Konzeptes auf der Mikroebene. So können im Interesse der Gesichtswahrung der Hauptverantwortlichen beispielsweise in Asien Berichtslinien lokaler Fraud Manager oder die Besetzung der Aufsichtsgremien u.U. leicht abweichend von der gängigen Unternehmenspraxis geregelt werden. Oder die japanische Konsenskultur kann erfordern, Entscheidungs- und Kommunikationsprozesse entsprechend umfangreicher zu gestalten.

Die Schulung des Fraud Managers im Hinblick auf die Unterschiede und die Gemeinsamkeiten sowie auf den Umgang mit verschiedenen Kulturen ist nicht nur empfehlenswert, sondern notwendig. Sie ersetzt jedoch nicht die Anleitung und die Unterstützung durch lokale Mitarbeiter und externe Experten vor Ort. Die Schulung dient lediglich dem Zweck, die Zusammenarbeit mit Mitarbeitern und Experten vor Ort generell sowie den Umgang mit speziellen Kulturen grundsätzlich zu ermöglichen und zu fördern und ein Grundverständnis der Unterschiede zwischen den Denk- und Arbeitsweisen sowie den Wertesystemen zu erhalten.

Erfolgreiches Arbeiten im internationalen Kontext erfordert vom Fraud Manager – über die Kenntnis der internationalen Konventionen im Bereich Compliance hinaus – eine Haltung, die durch Anerkennung und Respekt geprägt ist sowie eine Bereitschaft, durch eine offene und lösungsorientiere Haltung sowie durch Beharrungsvermögen eine dokumentierte Vereinbarung über die Verfahrensweise oder die bestmögliche Annäherung der Positionen zu erzielen. Im Gegenzug kann der Fraud-Verantwortliche die Vereinbarung auf das gemeinsam Erarbeitete einfordern. Diese respektvolle und gleichzeitig einschließende und zielführende Vorgehensweise ist nicht nur entscheidend für den Erfolg eines Compliance-Management-Konzeptes im internationalen Umfeld, sondern für den Erfolg eines internationalen Unternehmens schlechthin.

3.2 Betriebs- und volkswirtschaftliche Konsequenzen

Korruption richtet großen volkswirtschaftlichen Schaden an und kann für jedes Unternehmen verheerende Folgen haben. Sie gefährdet nämlich die Profitabilität und Wettbewerbsfähigkeit eines Unternehmens und kann bestandsgefährdend sein.

Korruption beeinträchtigt den Wohlstand einer Nation, indem das wirtschaftliche Wachstum sowie seine Attraktivität für Direktinvestitionen vermindert werden.[56] Im Umkehrschluss können Volkswirtschaften durch Compliance-Sicherung aber auch Vorteile und erhebliche Erfolge erzielen. So haben Singapur und Dubai ihre Wettbewerbsfähigkeit zum großen Teil ihrer Politik im Hinblick auf Korruptionsbekämpfung und Compliance-Sicherung zu verdanken. Das gleiche gilt für Unternehmen: Firmen, die – wie Siemens – noch vor einiger Zeit in Skandale verwickelt waren, haben teilweise durch Compliance-Standards neue Maßstäbe gesetzt und sind gestärkt und im globalen Umfeld besser aufgestellt aus der misslichen Situation herausgetreten.

Die negativen Konsequenzen der Korruption auf Unternehmensebene resultieren zum einen aus den direkten Auswirkungen auf das Finanzergebnis, beispielsweise durch die erfolgswirksamen zuwendungsbedingten Kosten, zum anderen durch drohende Geldstrafen und einen Imageschaden im Falle eines Skandals. Darüber hinaus können erhebliche Einschränkungen des Geschäftsbetriebes durch hoheitliche Eingriffe, wie Durchsuchungen, Beschlagnahme, Festnahme oder gar Stilllegung, hinzunehmen sein.

Compliance-Defizite haben auch mögliche Verluste von Kunden und Lieferanten zur Folge, die beispielsweise aufgrund der eigenen internen Compliance-Richtlinien nicht mehr autorisiert sind, mit dem korruptionsbelasteten Unternehmen zusammenzuarbeiten. Sie können auch Auswirkungen auf die Struktur und Qualität der Mitarbeiter haben. So kann die Attraktivität des Unternehmens für Kandidaten stark abnehmen. Verantwortliches Führen bedeutet auch, dass ein Unternehmen die ökonomischen, sozialen und kulturellen Erfordernisse der internen und externen Stakeholder in ausreichendem Maße respektiert und in seinen Aussagen und Handlungen berücksichtigt.

Compliance-Fähigkeit entspricht Leistungsfähigkeit, denn Regelentsprechung ist eine Leistung. Damit hat Korruption einen direkten negativen und Compliance einen direkten positiven Einfluss auf die Leistungsfähigkeit eines Unternehmens. Wird weiterhin angenommen, dass in einer durch moderne Medien und Internet mehr und mehr transparenten Welt die Wahrung der Geschäftsintegrität eine immer wichtigere Rolle spielt, kann zudem behauptet werden, dass Korruption negativ und Compliance positiv auf die Wettbewerbsfähigkeit eines Unternehmens wirkt. Folglich setzt Korruption die Leistungs- und Wettbewerbsfähigkeit eines Unternehmens aufs Spiel, wohingegen Compliance diese fördert.

---

[56] Bannenberg, B./Schaupensteiner, W., 2004, Korruption in Deutschland.

Compliance Management im Allgemeinen und die Position des Fraud Managers im Besonderen können somit durch ihre Arbeit positiv auf Leistungstreiber des Unternehmens einwirken, indem sie zuvorderst ein machbares Höchstmaß an Compliance sicherstellen und Compliance als Wettbewerbsfaktor berücksichtigen.

3.3 Kritische Erfolgsfaktoren aus Sicht der Unternehmensleitung

Wirksames und effizientes Compliance Management erfordert die Konzentration auf einige kritische Erfolgsfaktoren, die in diesem Zusammenhang ausgemacht werden können.

Erfolgreiche Korruptionsprävention steht und fällt mit dem so genannten Tone-from-the-Top. Ohne den Appell und die Vorbildfunktion des obersten Unternehmenslenkers sowie der obersten Führungsebenen kann ein hohes Maß an Compliance schwerlich erreicht werden. Besonders bei der Einführung des Compliance Managements ist die Selbstverpflichtung der obersten Führungsebene ausschlaggebend. Diese Selbstbindung ist Voraussetzung für den Erfolg und somit unbedingt bereits im ersten Schritt bei der Einführung sicherzustellen. Die Vorgehensweise zur Erreichung dieser Selbstbindung ist vom Chief Executive Officer (CEO) selbst festzulegen. Wort und Tat müssen in der Folge in der Realität übereinstimmen, damit die Glaubwürdigkeit der Führungsebene von den internen sowie den externen Stakeholdern nicht in Frage gestellt wird. Das vorbildhafte Verhalten von Führungskräften und Entscheidungsträgern ist mithin ein erster kritischer Erfolgsfaktor.

Sobald das Compliance Management eingeführt ist, sind Kennzahlen – wie die Anzahl der gemeldeten Unregelmäßigkeiten durch die Beteiligten, die aufgedeckten Fraud-Fälle, die durchgeführten Schulungsstunden und Anzahl der Audits – sowie regelmäßige Analysen, Ergebnisbesprechungen und die kontinuierliche Verbesserung der Präventionsmaßnahmen entscheidend für den nachhaltigen Erfolg. So wichtig jedoch die Kontinuität im Streben nach Compliance auch ist, entscheidend für nachhaltiges und effizientes Compliance Management ist die Integration von Compliance ins Wertesystem des Unternehmens. Angesichts der Bedeutung von Compliance für die Leistungs- und Wettbewerbsfähigkeit und somit den Erfolg des Unternehmens ist diese Forderung nicht nur gerechtfertigt, sondern für die Glaubwürdigkeit und erfolgreiche Umsetzung des Compliance-Konzepts notwendig.

Weiterer kritischer Erfolgsfaktor ist ein klares, eindeutiges und einfaches Rahmenwerk aus Regeln auf der Makroebene mit ausreichend Flexibilität auf der Mikroebene. In einer immer komplexer werdenden Welt ist es erforderlich, möglichst einfache Konzepte einzuführen, damit die Mitarbeiter in der Lage sind, bei erhöhter Umfeldkomplexität den internen Vorgaben Folge zu leisten. Die Selbstbindung der Führungsebene sowie der widerspruchsfreie und kultursensible Compliance-Rahmen sind von oben nach unten strukturiert umzusetzen. Dabei sollten die Unternehmensleitung und die Fraud-Verantwortlichen durch einen offenen und flexiblen Ansatz auf der Mikroebene das gemeinsame Erarbeiten von praktikablen speziellen sowie lokalen Lösungen und somit die Vereinbarung auf die finalen Konzepte und Maßnahmen nicht nur ermöglichen, sondern vorleben und fördern.

Im Prozess der ständigen Verbesserung des Compliance Managements ist entscheidend, dass die Fortschritte und erzielten Erfolge in der Korruptionsbekämpfung genutzt werden, um die Einsicht in die Notwendigkeit von Compliance zu festigen und das Vertrauen in die eigene Compliance-Fähigkeit zu stärken. Dies wird primär erreicht, indem Compliance ein ständiges Thema im Alltag eines Unternehmens und Korruptionsprävention ständiger Agendapunkt bei Sitzungen und Besprechungen wird. Erfolge und Misserfolge in der Korruptionsbekämpfung sollten analysiert und verstanden sowie Maßnahmen gemeinsam abgeleitet und umgesetzt werden. Nur durch die konkrete Auseinandersetzung mit dem Thema Korruption können Standards, Prozesse und Strukturen kontinuierlich verbessert werden. Dies kann dadurch erreicht werden, dass Compliance in die Managementprozesse integriert wird. Diese Vorgehensweise ergänzt anschaulich die Gesamtverantwortlichkeit der Unternehmensleitung, indem die Kernbereiche des Managements, d.h. Leadership, Strategie, Governance und Kommunikation, für jeden sicht- und wahrnehmbar um die Dimensionen Risikomanagement und Compliance erweitert werden.

Abbildung 1: Compliance im Managementprozess

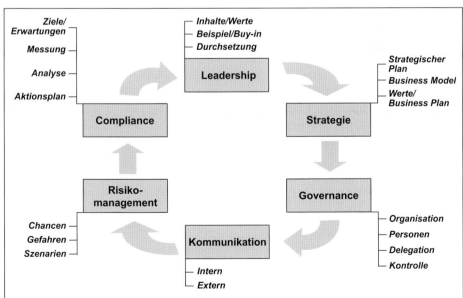

Die Unterstützung der Compliance-Initiative durch die Instrumente der internen und externen Kommunikation ist ein weiterer wichtiger Faktor. Das Aufgreifen des Themas in der externen Kommunikation unterstützt die Glaubwürdigkeit. Durch die interne Kommunikation von Maßnahmen und Erfolgsbeispielen werden Bewusstsein und Verständnis in Bezug auf Compliance Management auf allen Ebenen des Unternehmens gesteigert. Das Einbeziehen und Auszeichnen von Compliance-Best-Practices im Rahmen interner Unternehmenswettbewerbe unterstreicht die Bedeutung von Compliance für den Unternehmenserfolg und die Unternehmensleitung. Zur Schaffung einer Compliance-Kultur, ausgehend von der Selbstverpflichtung der Unternehmensleitung sowie der Aufnahme von Compliance als Wert in das Wertesystem des Unternehmens, ist die kontinuierliche Nutzung der Kommunikation unabdingbar.

Compliance kann nur durch Menschen sichergestellt werden. Die Einstellung der Mitarbeiter spielt somit die entscheidende Rolle. Bei der Einstellung, v.a. in sensiblen Bereichen, sollte daher eine Prüfung der Kandidaten im Hinblick auf ihre Compliance-Fähigkeit erfolgen.[57] Nachfragen bei früheren Arbeitgebern liefern ebenfalls Ansatzpunkte. Regelmäßige Trainings sorgen dafür, dass ethische Grundeinstellungen gefestigt und durch konkrete Instrumente, wie beispielsweise Entscheidungshilfen (z.B. zulässige/ unzulässige Listen) und anschauliche Verhaltensbeispiele und -empfehlungen, unterstützt werden.

Compliance ist für Unternehmen allerdings nicht nur ein Wert, sondern auch wirtschaftliches Ziel. Anreize zur Motivation und Belohnung für Zielerreichungen bestimmen in vielen Unternehmen die Prioritätensetzung. Daher ist es unumgänglich, die Compliance-Dimension durch entsprechende Berücksichtigung bei der Zielfestsetzung und in den Beurteilungs- und Anreizsystemen ausreichend zu betonen.

Die Wirkungsfähigkeit und Effizienz des Compliance Managements wird durch die Qualität der Unternehmensprozesse insgesamt sowie durch das Berichtswesen, einschließlich der unterstützenden Systeme, bestimmt. Datenanalyse[58] gewinnt in einer immer stärker digitalisierten Welt zunehmend an Bedeutung. Die Qualität der Aufsichtsfunktionen und Gremien bestimmt, ob Abweichungen richtig interpretiert und Entscheidungen angemessen und zeitgerecht getroffen werden. Sporadische Audits liefern zusätzliche Information zum Verständnis und zur Interpretation von Unregelmäßigkeiten, wobei regelmäßige Audits hilfreiche Instrumente bei der institutionalisierten Kontrolle sind.[59]

---

[57] Vgl. den Beitrag von Grieger-Langer zu Prävention im Personalmanagement.
[58] Vgl. hierzu den Beitrag von Jackmuth zu Datenanalyse.
[59] Vgl. hierzu den Beitrag von Helfer zu Fraud Management aus dem Blickwinkel der Internen Revision.

Schließlich ist die Integration der Fraud Manager in das Gesamtunternehmen ein kritischer Erfolgsfaktor. Vom Compliance Management ist zu fordern, sich trotz seiner (unabhängigen) Aufsichts- und Kontrollfunktion weitgehend in das Unternehmen zu integrieren und in allen Bereichen, zusammen mit den Verantwortlichen, Analysen durchzuführen und im Bedarfsfall entsprechende präventive und reaktive Maßnahmen zu erarbeiten und deren Umsetzung sicherzustellen. Dabei sollte zunächst eine Konzentration auf die kritischen Erfolgsfaktoren erfolgen.

3.4 Internationale Standards und Best Practices

Ein Unternehmen kann Maßstäbe setzen und damit zum Vorreiter in seiner Branche werden. Durch neue Compliance-Standards kann ein Unternehmen u. U. die Regeln des Wettbewerbs zu seinem Vorteil teilweise verändern. In einer Welt mit unterschiedlichen Entwicklungsstufen und Wertesystemen einzelner Länder und Regionen benötigt ein international tätiges Unternehmen eine Vielzahl von Informationen sowie allgemein anerkannte Referenzen, um lokalen Anforderungen zu entsprechen, ohne dabei die Kohärenz des Vorgehens zu verlieren. Dazu werden branchenübergreifend Best Practices benötigt, um kostengünstig und schnell die Compliance-Herausforderungen im Streben nach Wettbewerbsvorteilen bewältigen zu können.

Institutionen wie Transparency International, die Weltbank und die Vereinten Nationen stellen Informationen im Bereich der Korruptionsprävention zur Verfügung und fungieren zugleich als Plattformen, die Zugang zu und Kollaboration mit anderen Unternehmen ermöglichen. So verpflichtet der United Nations Global Compact (UNGC), eine Unterorganisation der Vereinten Nationen, Unternehmen weltweit zum nachhaltigen und verantwortungsvollen Handeln und Führen. Der Verhaltenskodex des UNGC ist in zehn Prinzipien niedergelegt, die sich in die vier Bereiche Menschenrechte, Arbeitsstandards, Umwelt und Anti-Korruption gliedern. Der UNGC fordert von den Unterzeichnern über die Verpflichtung hinaus keine weiteren Eingangsvoraussetzungen. Mit der Zeichnung des UNGC verpflichten sich Unternehmen, den Compact-Prinzipien in einem kontinuierlichen Prozess besser zu entsprechen. Im Gegenzug können die Unternehmen UNGC-Materialen nutzen und an Veranstaltungen mit anderen Unterzeichnern teilnehmen.

Abbildung 2: Zehn Prinzipien des United Nations Global Compact

Menschenrechte
Prinzip 1: Unternehmen sollen die erklärten Menschenrechte beachten;
Prinzip 2: keine Komplizenschaft in Menschenrechtsmissachtung.

Arbeitsstandards
Prinzip 3: Unternehmen sollen aktiv Arbeitnehmervertretungen unterstützen;
Prinzip 4: Abschaffung von Zwangsarbeit;
Prinzip 5: aktive Abschaffung von Kinderarbeit; und
Prinzip 6: Abschaffung von Diskriminierung und Anstellung und Beruf.

Umwelt
Prinzip 7: Unternehmen sollen sich vorsorglich in Bezug auf Umweltschäden verhalten;
Prinzip 8: Initiativen zur Erhöhung der Umweltverantwortung fördern; und
Prinzip 9: Entwicklung und Verbreitung von umweltfreundlicher Technologie ermutigen.

Antikorruption
Prinzip 10: Unternehmen sollen gegen alle Form der Korruption vorgehen.

Der erste Schritt nach der Unterzeichnung ist eine Bestandsaufnahme der Ist-Situation und der Abgleich mit den UNGC-Prinzipien. Diese Lückenanalyse ermöglicht die Ableitung erforderlicher Aktionen sowie die Festlegung konkreter Maßnahmen für das jeweilige Geschäftsjahr. Der UNGC fordert von den Unternehmen jährlich einen Fortschrittsbericht, der ausgewertet und u. U. kommentiert wird. Sollte ein Unternehmen die Auflagen nicht erfüllen oder über längere Zeit hin keine Fortschritte melden können, droht der Ausschluss vom Compact.

Ziel ist demnach nicht die Formierung einer von Anfang an harmonischen Gruppe von Mitgliedern mit einem hohen Grad an Compliance, sondern das gemeinsame und stetige Arbeiten von sich selbst verpflichtenden Unternehmen auf die gemeinsamen Prinzipien hin. Die Unterzeichner der UNGC bilden eine Gemeinschaft von Gleichgesinnten, die einem gemeinsamen Standard und einem einheitlichen Prozess verpflichtet sind. Dies könnte bei entsprechender Verbreitung auch der Ausgangspunkt für einen globalen Compliance-Standard sein.

Im Austausch mit Institutionen wie dem UNGC und den durch sie zusammengeführten Unternehmen sowie mittels Analyse der eigenen Tätigkeit in den verschiedenen Einheiten lassen sich Standards und Best Practices identifizieren. Diese wirken nicht nur positiv auf die Geschäftstätigkeit eines einzelnen Unternehmens, sondern können zudem einen positiven Einfluss auf das Zusammenwirken verschiedener Unternehmen und damit auf die Leistungsfähigkeit einer ganzen Wertschöpfungskette ausüben. Dies kann Kunden und Lieferanten zur Erzielung eines Wettbewerbsvorteils und Wettbewerber zur Verbesserung der Rahmenbedingungen einer Branche einbeziehen. So können sich die Hauptakteure einer Branche zusammenschließen und beispielsweise durch gemeinsame Positionen und abgestimmte Vorgehensweisen darauf hinwirken, selbst behördliche Verfahren, wie beispielsweise die Umsetzung der Zollabfertigung, zu verbessern.

Das Fraud Management kann bei der Identifizierung und Nutzung von Best Practices sowie der Wahl von Institutionen und Plattformen der Unternehmensleitung beratend und unterstützend zur Seite stehen, indem praktikable Vorschläge erarbeitet und unterbreitet werden. Zudem kann der Fraud Manager in der Zusammenarbeit mit den selektierten Institutionen sowie mit anderen Unternehmen eine koordinierende Rolle übernehmen.

3.5 Anwendungsfälle

3.5.1 Umgang mit Entscheidungsträgern

Das Verhalten der Führungskräfte und Entscheidungsträger ist, wie oben skizziert, ein kritischer Erfolgsfaktor. Entscheidungsträger sind Vorbilder. Entscheidungsträgern muss daher bewusst sein, dass demonstrierte Selbstbindung – in Gestalt von Einsicht an die Notwendigkeit und der kontinuierlichen Unterstützung des Compliance Managements – nicht nur Voraussetzung für die Abwendung von Schaden, sondern vielmehr entscheidend für die Leistungs- und Wettbewerbsfähigkeit und somit den Erfolg des Unternehmens ist. Dieses Bewusstsein sicherzustellen, ist Aufgabe der Unternehmensleitung.

Im Zuge des Einstellungsverfahrens, nicht nur von Entscheidungsträgern, sollte deren Sichtweise in Bezug auf Compliance erfragt werden und das Bild durch das Einholen von Referenzen gefestigt werden. Entscheidungsträger auf allen Ebenen treffen Entscheidungen über Standards, Steuerungs- und Kontrollmechanismen sowie Regelabweichungen. Sie sollten im Hinblick auf ihre Rolle als Vorbild und entscheidender Faktor im Compliance Management sowie auf die Compliance-Inhalte angemessen geschult werden. Compliance Management sollte fester Bestandteil des Trainingsprogramms für alle Entscheidungsträger sein.

Entscheidungsträger sollten ferner aufgefordert sein, sich regelmäßig in Meetings sowie durch die interne und externe Kommunikation zur Bedeutung der Compliance sowie den erzielten Entwicklungen zu äußern. Die Entwicklungen können anhand der Compliance-Kennzahlen abgelesen und besprochen werden. Indem sich Entscheidungsträger regelmäßig öffentlich zum Thema Compliance bekennen, verstärken sich Selbstverpflichtung und Glaubwürdigkeit, und zudem werden sie zu Säulen der Compliance-Kultur und zu Botschaftern des Compliance-Gedankens. Schließlich sollten Compliance-Ziele, wie wertekonformes Verhalten und das Umsetzen von Empfehlungen in Revisionsberichten, in die Bewertungs- und Anreizsysteme einfließen. Damit wird Compliance Management zum Inhalt des Jahresgespräches und somit entscheidend für die weitere Karriereentwicklung. Verfehlungen durch Entscheidungsträger gefährden die Integrität und Leistungskultur eines Unternehmens und müssen zeitnah und angemessen geahndet werden.

Grundsätzlich ist der Fraud Manager für Aspekte der Korruptionsprävention eine wichtige Anlauf- und Beratungsstelle, auch und besonders für Entscheidungsträger. Im Fraud-Fall berät er die Unternehmensleitung in Bezug auf die jeweils angemessene Reaktion. Daneben kann er darauf hinwirken, dass das Thema Compliance nicht von der Agenda genommen wird und in der internen und externen Kommunikation gebührende Beachtung findet.

3.5.2 Falsche Rechnungen

Falsche Rechnungen sind ein Instrument der Korruption, da Mittel abgezweigt und schwarze Kassen, z.B. mittels fingierter Beraterrechnungen, angelegt werden können. Die Vermeidung von falschen Rechnungen beginnt mit Transparenz im Sinne klar definierter Auswahl- und Kontrollprozesse von Geschäftspartnern und dem Vier-Augen-Prinzip. Lieferanten, Berater und andere Serviceanbieter, sollten strukturiert und auf Basis objektiver Kriterien, d.h. anhand von Leistungsstandards, wie z.B. Qualität und Lieferbereitschaft sowie des Preises, ausgewählt und durch jährliche Audits überprüft werden. Zudem ist festzulegen, wer im Unternehmen autorisiert ist, Angebote einzuholen und Aufträge zu vergeben, sowie bis zu welchem Betrag und bis zu welcher Laufzeit dies jeweils gelten sollte. Darüber hinaus ist festzulegen, wer im Unternehmen Rechnungen prüfen und abzeichnen darf, und schließlich, wer befugt ist, Zahlungen freizugeben und Schecks zu unterzeichnen.

Regelmäßige Inventuren und Leistungsprüfungen stellen sicher, dass die Höhe der Rechnung gerechtfertigt und die Leistungen tatsächlich erbracht bzw. die Waren tatsächlich geliefert wurden. Trendanalysen zur Identifizierung von drastischen Kostensprüngen oder schleichenden kontinuierlichen Kostenerhöhungen sowie externe und interne Benchmarks zum Vergleich von Kostenkategorien gleicher Leistungen oder Produkte können Hinweise dafür liefern, ob die Leistungen und Waren zu marktüblichen oder erhöhten Konditionen eingekauft wurden. Zudem können durch detaillierte Analysen Anhaltspunkte über Fehlentwicklungen erkannt und damit mögliches korruptives Verhalten identifiziert werden. Auch insoweit sei noch einmal auf das große Potenzial von Datenanalysen hingewiesen.[60]

Werden falsche Rechnungen gefunden, muss ermittelt und final entschieden werden, ob es sich um Fehler bei der Rechnungserstellung oder tatsächlich um Fraud handelt. Der Fraud-Verantwortliche sollte an der Gestaltung und Genehmigung der Prozeduren und Prozesse zur Vermeidung falscher Rechnungen beteiligt sein und bei Fraud-Verdacht in die Ermittlungen und die Entscheidungsfindung miteinbezogen werden.

3.5.3 Lizenzen und Zollabfertigung

Behördliche Genehmigungsprozesse und Verfahren, wie z.B. die Erteilung, Verlängerung oder Erneuerung von Lizenzen sowie die Zollabfertigungsverfahren, sind anfällig für Ermöglichungs- und/oder Beschleunigungszahlungen. Das Zero-Toleranz-Prinzip und der Ausschluss der Möglichkeit schwarzer Kassen können beispielsweise das Risiko der Korruption in diesem Bereich verringern. Ist das Geschäft eines Unternehmens abhängig von Lizenzen oder Zollabfertigung, kann sich in manchen Fällen die Frage nach der Fähigkeit stellen, Geschäfte zu betreiben. Das Zero-Toleranz-Prinzip kann bedingen, dass die Unternehmenstätigkeit in einem bestimmten Land eingeschränkt oder sogar ausgeschlossen sein kann. Dieser Tatbestand kann bei globalen und hochvernetzten Geschäften mitunter durchaus negative Auswirkungen auf das Gesamtgeschäft haben.

In diesem Fall ist die Aufgabe des Unternehmens und des Fraud-Verantwortlichen die Auflösung des Gefangenendilemmas, d.h. die Vermeidung eines Wettbewerbsnachteils durch Geschäftsintegrität. Das Zero-Toleranz-Prinzip erfordert die Verweigerung und den Rückzug unter Inkaufnahme der negativen Auswirkungen. Inwieweit dies mit der Firmenpolitik vereinbar und mit dem Wohl der Unternehmung sowie den Mitarbeitern verantwortbar ist, muss von der Unternehmensleitung abgewogen werden. Da kriminelle Kreise beteiligt sein können, ist u.U. um die Gesundheit oder gar das Leben der Beteiligten zu fürchten.

Zusätzlich zur Problematik der Ermöglichungs- und Beschleunigungszahlungen laufen in einigen Ländern hoheitliche Prozesse zur Erlangung, Verlängerung oder Erneuerung von Lizenzen generell sehr schleppend ab. Dies kann zur Folge haben, dass Unternehmen teilweise ohne gültige Lizenzen Geschäfte betreiben, wenn sie den Betrieb nicht zeitweise einstellen möchten. Da in einzelnen Ländern dieser Sachverhalt i.d.R. öffentlich bekannt ist und die Behörden die Fortführung des Geschäftes nicht ahnden, kann

---

[60] Vgl. hierzu auch den Beitrag von Jackmuth zu Datenanalyse.

diese Situation als „nicht rechtswidrig und dennoch nicht compliant" bezeichnet und u. U. toleriert werden. Das Interesse aller Stakeholder ist es, auf eine Normalisierung der Situation und auf klar definierte Prozesse und Fristen hinzuwirken. Externe Kollaboration innerhalb der Branche kann hier zu positiven Ergebnissen führen.

In jedem Fall ist der Rat und die Unterstützung des Fraud-Verantwortlichen ein wertvoller Beitrag zur Entscheidungsfindung über das angemessene Verhalten gegenüber Behörden in bestimmten Ländern und im Bestreben nach Verbesserung von behördlichen Verfahren und Genehmigungsprozessen.

3.5.4   Joint Ventures und Subunternehmen

Bei Partnerschaften erweitert sich die Verantwortung über die eigenen Unternehmensgrenzen hinaus auf das Verhalten und die Leistung der beauftragten Partnerunternehmen. Dies bezieht sich auch auf Kunden-/Lieferantenbeziehungen, wie beim Einsatz von Subunternehmen zur Erbringung von Leistungen im Auftrag und Namen des Unternehmens. Bei Partnerschaften mit Kapitalverflechtungen, so genannte Joint Ventures, erstreckt sich die Verantwortung sogar auf die Entscheidungs- oder Mitentscheidungsgewalt des anderen Unternehmens. Um in diesen Fällen Compliance sicherzustellen, ist unbedingtes Erfordernis, dass die ethischen Grundeinstellungen der beiden Unternehmen weitgehend übereinstimmen. Dies ermöglicht die Abstimmung der Prozeduren, Prozesse und Strukturen. Die Kompatibilität im Bereich der Compliance ist in allen Phasen einer Partnerschaft sicherzustellen.

V. a. in der Vorbereitungs- und Anbahnungsphase einer Partnerschaft, d. h. bereits bei Markt- und Partner-Screening, sowie während der Vorgespräche ist besondere Sorgfalt und Konzentration auf die Compliance-Fähigkeit der potenziellen Partner zu legen. Nicht Dealmaking, sondern rigoroses Screening ist entscheidend für den Erfolg von Partnerschaften. Klare Strategien und Ziele sind hierbei Voraussetzung für zielführende Gespräche bei der Partnerwahl. Sicherzustellen ist, dass die Kulturen der möglichen Partnerunternehmen verstanden und Visionen, Werte und Führungsprinzipien kompatibel sind.

In der sich anschließenden Phase der detaillierten Partner-Scans sollte besonders bei Joint Ventures nach der Vorselektion eine angemessene Due Diligence erfolgen. Standortbesuche und operative Tests helfen, über potenzielle Synergien hinaus Inkompatibilitäten sowie Konfliktpotenziale frühzeitig zu erkennen. Die Entscheidung über die Partnerschaft sollte erst erfolgen, wenn ausreichende Kompatibilität sichergestellt erscheint.

Partner, die sich auch während der Verhandlungs- und Kontrahierungsphase in erster Linie auf die gemeinsamen Ziele, die Kooperationsvoraussetzungen und die notwendigen Anpassungen und weniger auf den besten Deal konzentrieren, bestätigen die Einschätzung und Fähigkeit, auch in schwierigen Compliance-Fragen die richtigen Prioritäten zu setzen. In den Verträgen sollten die Compliance-Grundsätze und die Kernmaßnahmen zur Compliance-Sicherung verankert werden.

Sind die Verträge unterzeichnet und ist das Closing abgeschlossen, beginnt die Umsetzung des Vereinbarten und die gemeinsame Entwicklung des Geschäftes. Nach Zeiten intensiver Kommunikation während der Vertragsverhandlungen ist besonders im Sinne der Compliance die Dialogintensität aufrechtzuerhalten und in einer stärker operativ ausgerichteten Art und Weise fortzusetzten.

Im Zuge der Implementierung spielen klassische Instrumente der Unternehmenssteuerung die wesentliche Rolle, in welche das Compliance Management eingearbeitet werden sollte. Hauptanliegen bei der Entwicklung einer Partnerschaft ist das Streben nach operativer Exzellenz, welche zusammen mit der nötigen Vorausschau die Nachhaltigkeit der Partnerschaft sicherstellt. Compliance kann ein wesentlicher Treiber zur Erzielung dieser operativen Exzellenz sein.

Partnerschaften können lange währen, aber auch nach einiger Zeit auseinandergehen. Die Chance einer möglichst reibungslosen Trennung kann durch die Aufnahme entsprechender Regularien im Vertrag erhöht werden. Diese sollten sich auch auf die Sicherstellung der Compliance im Trennungsfalle erstrecken.

In allen Phasen einer Partnerschaft – Vorbereitung und Partner-Screening, Anbahnung, Verhandlung und Kontrahierung sowie Umsetzung/Entwicklung und Trennung – ist auf Compliance besonders zu achten. Daher sollte auch in jeder Phase auf das Wissen und die Erfahrung des Fraud-Verantwortlichen zurückgegriffen werden, sei es durch aktive Befragung oder beispielsweise die Erarbeitung von Standardrichtlinien für Subunternehmen. Der Fraud-Verantwortliche sollte sich deshalb mit den Gegebenheiten der jeweiligen Geschäftsbeziehung sowie bei Verträgen im Ausland mit der jeweilige Landessituation vertraut machen.

3.6 Externe Zusammenarbeit zur Korruptionsprävention

Unternehmen agieren bei ihrer Geschäftstätigkeit nicht isoliert, sondern zusammen mit externen Stakeholdern in ihrem Umfeld, was die Unternehmenskultur beeinflusst. Daher hat das Unternehmen in aller Regel ein großes Interesse, ein möglichst korruptionsfreies Umfeld zu schaffen. Ein Weg dorthin ist die externe Zusammenarbeit.

Zur nutzenbringenden Schaffung eines Umfeldes mit verringerten Korruptionsrisiken sollten Unternehmen v.a. innerhalb, aber auch jenseits der Grenzen ihres geschäftlichen Umfelds im Bereich der Korruptionsprävention nach Möglichkeit zusammenarbeiten. Dies kann einerseits über die Abstimmung von Maßnahmen, beispielsweise mit Lieferanten und Kunden, oder auch durch die Mitgliedschaft in die Korruption bekämpfenden Organisation erfolgen. Diese Organisationen bieten Informationen und Standards und fördern die Zusammenarbeit zwischen den Mitgliedern.

Im Bereich der Korruptionsbekämpfung und Korruptionsprävention engagiert sich neben der bereits beschriebenen UNGC beispielsweise die Partnership Against Corruption Initiative (PACI). Sie entstammt einer Arbeitsgruppe, die von Mitgliedern des World Economic Forums in Zusammenarbeit mit Transparency International und dem Basel Institute on Governance konstituiert wurde. Ursprünglich für den Engineering-&-Construction-Sektor eingerichtet, wurde die Initiative bald auf alle Industrien erweitert. In der Folge wurde im Jahr 2004 die World Economic Forum Partnering Against Corruption Initiative (PACI) offiziell konstituiert, um die Entwicklung zu beschleunigen und eine Plattform für sich engagierende Unternehmen bereitzustellen. Alle Mitglieder verpflichten sich auf die Anwendung einer Zero-Toleranz-Politik gegenüber Bestechung und die Entwicklung eines effizienten Programms sowie die Schaffung interner Systeme und Kontrollen zur Einführung und Sicherstellung dieser Politik.

Unternehmen erhalten durch PACI Zugang zu einer Plattform, die es erlaubt, sich innerhalb der eigenen Branche oder darüber hinaus mit Mitgliedsunternehmen aus anderen Branchen über Best Practices im Bereich Compliance auszutauschen, um zum einen durch gemeinsame Initiativen Verbesserungen des operativen Umfeldes zu erzielen, und zum anderen durch noch nicht bekannte Best Practices aus Unternehmen anderer Branchen Wettbewerbsvorteile zu generieren.

Die PACI kooperiert bei der Korruptionsbekämpfung mit dem UNGC und erweitert dadurch seinen Wirkungskreis über seine eigenen Unterzeichner hinaus. Der Fraud-Verantwortliche kann bei der Strategie zur Erzeugung eines korruptionsreduzierten Umfeldes sowie bei der Auswahl der für das Unternehmen geeigneten Institutionen und Partnerschaften behilflich sein. Darüber hinaus kann der Fraud-Verantwortliche die übergeordnete Koordination im Bereich der externen Kollaboration wahrnehmen.

3.7 Holistisches wertorientiertes Compliance Management

Abschließend und zusammenfassend stellt sich die Frage nach der bevorzugten Form des Compliance Managements. Die Erläuterungen zu der Wirkung von Standards und Best Practices, die Auflistung kritischer Erfolgsfaktoren der Korruptionsprävention sowie die Anwendungsfälle aus der Praxis bestätigen die zentrale Bedeutung von Compliance für den Unternehmenserfolg. Dies impliziert die Notwendigkeit eines holistischen Ansatzes. Compliance Management sollte als ein integriertes Instrument der Unternehmenssteuerung und ein Wettbewerbsfaktor für das Unternehmen aufgefasst werden.

Die Unternehmensleitung benötigt einen wirkungsvollen, praktikablen, kostengünstigen und zum Unternehmenserfolg beitragenden Ansatz der Korruptionsprävention und Sicherstellung von Compliance. Sie benötigt ein Compliance Management, das nicht nur Risiken durch präventive Maßnahmen minimiert und bestenfalls ausschließt, sondern die Leistungsfähigkeit des Unternehmens erhöht und reale Wettbewerbsvorteile durch neue Standards im Bereich Compliance schafft. Ein derartiges Compliance Management trägt Mitverantwortung an der Wertsicherung und Wertsteigerung des Unternehmens und gewinnt dadurch interne Akzeptanz und die notwendige Unterstützung. Diese erst ermöglicht ein wirksames und kostengünstiges Compliance Management sowie die Schaffung einer umfassenden Compliance-Kultur.

Die Praxis hat erwiesen, dass sich Unternehmen durch gute Compliance, insbesondere im Bereich der Korruptionsprävention, loyale Kunden, leistungsfähige Mitarbeiter und zuverlässige Lieferanten sichern können. Damit müssen die Ansätze des regelorientierten und des werteorientierten Compliance Management auf den Unternehmenswert orientiert und um einen ganzheitlich in die Unternehmenssteuerung integrierten wertorientierten Ansatz erweitert werden. Ziel ist ein holistisches wertorientiertes Compliance Management.

Das holistische wertorientierte Compliance Management ist auf Wertsicherung und Wertsteigerung ausgerichtet und fokussiert somit die Fraud-Verantwortlichen auf die Kerninteressen des Unternehmens und das Ergebnis ihrer eigenen Arbeit. Holistisches wertorientiertes Compliance Management verzichtet nicht auf Regeln, Prozesse und Organisationsstrukturen und nicht auf die formelle Verpflichtung der Mitarbeiter zur Einhaltung der externen und internen Regeln. Damit ist das regelorientierte Compliance Management im Konzept eines holistischen wertorientierten Compliance Managements mit eingeschlossen.

Das holistische wertorientierte Compliance Management setzt aber im Sinne von Wirkungssteigerung und Kostensenkung, wie das werteorientierte Compliance Management, zusätzlich auf eine Compliance-Kultur, basierend auf Selbstbindung und Selbststeuerung mittels formaler und informaler Regeln. Es zielt darüber hinaus auch auf die Steigerung der Leistungs- und Wettbewerbsfähigkeit eines Unternehmens durch marktorientiertes Compliance Management ab.

Wertsteigerung erfolgt durch Geschäftsintegrität. Dies ist kein neuer, sondern ein überaus traditioneller Ansatz im Geschäftsleben. Das Compliance Management stellt allerdings einen neuen Rahmen zur Verfügung sowie Instrumente, um Integrität in modernen Unternehmen definierbar und Compliance darstellbar zu machen.

Das holistische wertorientierte Compliance Management fußt auf der Hypothese, dass sich die Wirtschaft zunehmend auf internationale Standards stützt und noch vermehrt stützen wird, um Geschäfte im größeren Ausmaß auf globaler Ebene überhaupt kosteneffizient und mit akzeptablem Risiko durchführen zu können. Zu diesen Standards gehören auch ethische Normen, die mehr und mehr Bedeutung im Geschäftsleben erhalten werden. Erfolg wird daher zunehmend davon abhängen, ob ein Unternehmen sich selbst dauerhaft an die internationalen Standards binden kann.

In einem holistischen wertorientierten Compliance Management werden die internen Stakeholder durch die Instrumente der Unternehmenssteuerung auf Compliance zur Wertsicherung und Wertsteigerung ausgerichtet. Compliance Management wird somit im Rahmenwerk der Unternehmenssteuerung – bestehend aus Strategie, Governance und Kommunikation – nachhaltig verankert. Diese Ausrichtung der internen Stakeholder stellt nicht nur Compliance sowie Leistungs- und Wettbewerbsfähigkeit sicher, sondern zeichnet ebenfalls das erstrebenswerte kohärente Bild gegenüber den externen Stakeholdern.

Abbildung 3: Nutzen der Steuerungsinstrumente

Unternehmen, die ein holistisches wertorientiertes Compliance Management einführen und praktizieren möchten, benötigen eine entsprechend eingestellte und ausgerichtete Compliance-Funktion. Dies setzt v.a. voraus, dass Fraud-Verantwortliche jenseits ihrer Aufsichts-, Gestaltungs- und Beratungsfunktion über ganzheitliches Unternehmensverständnis und integratives Denken verfügen und grenzenlos konstruktives Handeln praktizieren.[61] Sind die Bereitschaft und die Unterstützung der Unternehmensleitung sowie die persönlichen Voraussetzungen des Fraud-Verantwortlichen gegeben, ist das Compliance Management nicht nur in der Lage, sondern aufgefordert, seinen Beitrag zur Unternehmenssteuerung zu leisten sowie seine Mitverantwortung am Unternehmenserfolg zu tragen.

4 Fazit

Die Erkenntnis der hohen Relevanz der Korruptionsprävention als einer der zentralen Bestandteile des Compliance Managements ist spätestens angesichts kontinuierlich und mit zunehmender Geschwindigkeit gestiegener wirtschaftlicher und rechtlicher Risiken in den Unternehmen angekommen. Das Management von Korruptionsrisiken stellt daher auch den Fraud Manager vor wichtige Aufgaben. Dies gilt insbesondere in internationalen Unternehmen. Die unter Rechts-, Effektivitäts- und Effizienzgesichtspunkten erforderlichen Bemühungen zur Korruptionsprävention im Rahmen unternehmensweiter Fraud-Management-Programme sind dabei abhängig von den Merkmalen des einzelnen Unternehmens. Dennoch bestehen eine Vielzahl grundlegender Erfordernisse, die in allen Unternehmen umgesetzt sein müssen. Grundlage des letztlich implementierten Maßnahmenmix bildet stets eine sorgfältige Risikoanalyse und Einbindung der Korruptionsprävention in das übrige Compliance- und Risikomanagement sowie in die geschäftlichen Prozesse. Gleichzeitig eröffnet sich damit die Perspektive vom werte- zum wertgetriebenen Management von Korruptionsrisiken im Sinne geschäftlicher Chancen im Wettbewerb.

---

[61] Vgl. hierzu die Ausführungen zur erforderlichen Exportise eines Fraud Managers im Beitrag von Zawilla zu strategische Komponenten.

Kommunale Prävention und Bekämpfung von Korruption – Praxis und rechtliche Grundlagen

Peter Glinder

1 Problembewusstsein

Laut einer aktuellen Studie von PricewaterhouseCoopers (PwC) in Zusammenarbeit mit der Martin-Luther-Universität Halle-Wittenberg belaufen sich die direkten finanziellen Schäden aus Kriminaldelikten für die öffentliche Verwaltung in Deutschland (Bund, Länder, Kommunen) nach einer vorsichtigen Schätzung auf mindestens 2 Mrd. EUR jährlich.[1] So beeindruckend allein diese Zahl ist, sind in einer Gesamtbetrachtung die einhergehenden volkswirtschaftlichen Schäden durch Marktverzerrungen, Fehlallokationen und Investitionshemmnisse sowie der Vertrauensverlust der Bürger in die Demokratie, den Rechtsstaat und eine objektive, neutrale, dem Gemeinwohl dienende öffentliche Verwaltung als nicht minder gewichtig anzusehen. Im Extremfall stehen die Integrität und der Bestand des Staates auf dem Spiel, so wie das in besonders korrupten Ländern zu beobachten ist. „Bekanntlich sind in vielen Ländern Entscheidungen durch Korruption, Ineffizienz und Intransparenz für die Investoren schwer berechenbar. Deshalb gilt mehr denn je, uns durch „good governance" diesen Wettbewerbsvorteil zu erhalten."[2]

Nach der PwC-Studie scheint die Kriminalitätsbelastung in der öffentlichen Verwaltung insgesamt niedriger zu sein als in der Privatwirtschaft. Wird jedoch nach den einzelnen Gebietskörperschaften unterschieden, weisen Kommunalverwaltungen im Gegensatz zu Bund- und Länderbehörden die höchste Kriminalitätsbelastung aus. Dies dürfte darin begründet liegen, dass Bürger und Unternehmen viele öffentliche Leistungen – unabhängig von der tatsächlichen Kostenträgerschaft – v.a. von Kommunalverwaltungen gestellt bekommen und die kommunale Ebene für einen Großteil der öffentlichen Investitionen verantwortlich ist. Die persönlich und räumlich enge Interaktion zwischen Kommunalpolitik, Kommunalverwaltung, Bürgern, Unternehmen, Vereinen und Lokalmedien ist der Nährboden korruptiver Handlungen. Im Gemeinderat sitzt nicht nur der mündige Bürger, sondern in gleicher Person auch der Grundstücksbesitzer, Bauherr, Unternehmer, Vereinsvorstand etc., die alle auch konkrete eigennützige Interessen gegenüber der Kommune haben.

Nach dem Bundeslagebild des Bundeskriminalamts (BKA) zur Korruption im Jahr 2009 lag die allgemeine öffentliche Verwaltung mit 48 % aller polizeilich bekannt gewordener Fälle knapp vor der Wirtschaft mit 46 %.[3] Das BKA geht jedoch davon aus, dass in der Wirtschaft die Dunkelziffer besonders hoch ist, da dort die Anzeigebereitschaft wegen des befürchteten Imageverlustes und der damit verbundenen Geschäftseinbußen geringer

---

[1] Vgl. PwC, 2010, Kriminalität im öffentlichen Sektor, S. 20 f. Der genannte Betrag umfasst die entdeckten Fälle, die Verdachtsfälle und die geschätzten unentdeckten Fälle.

[2] Schuster, W., 2010, Kommunalpolitik in Zeiten der Globalisierung, S. 7.

[3] Vgl. Bundeskriminalamt, 2009, Bundeslagebild Korruption, S. 9. Die restlichen 6 % verteilen sich auf die Bereiche Politik und Strafverfolgungs-/Justizbehörden.

ist. Während die Anzeigequote in der Wirtschaft bei etwa 50 % liegt, beträgt der entsprechende Wert in der öffentlichen Verwaltung 80 %.[4] Das Bundeslagebild spiegelt also nicht die wahre Relation der Kriminalitätsbelastung wider. Außerdem dürfte der niedrige Wert polizeilich bekannt gewordener Korruptionsfälle in der Politik (1 %) seine Ursache in dem viel zu eng gefassten Tatbestand der Abgeordnetenbestechung nach § 108 e Strafgesetzbuch (StGB) haben (strafbar ist nur der direkte Stimmenkauf bzw. -verkauf), der somit in der Rechtswirklichkeit faktisch keine Rolle spielt.

Die PwC-Studie bescheinigt den Kommunen, dass sie die Bekämpfung von Korruption ganz oben auf ihrer Agenda stehen haben. Dies ist sicherlich einer in den vergangenen Jahren im privaten wie im öffentlichen Bereich zunehmend kritischeren Einstellung dem Phänomen „Korruption" gegenüber geschuldet. Wo zuvor Gleichgültigkeit, Wegschauen oder sogar eine gewisse Akzeptanz vorherrschten, tritt nun das klare Bewusstsein in den Vordergrund, dass Korruption kein Bagatell-Delikt ist, sondern schwerwiegende, wenn nicht sogar existenzielle Folgen haben kann. Dies gilt nicht nur für Unternehmen, sondern auch für die öffentliche Verwaltung, die in einer offenen, demokratischen Informationsgesellschaft auf ihre Reputation achten muss. Ausdruck dieses gesellschaftlichen Werte- und Einstellungswandels ist auch, dass der Bundesgesetzgeber die Strafbarkeit von korruptem Verhalten insbesondere durch das Korruptionsbekämpfungsgesetz vom 13.08.1997[5] ausgeweitet hat. Allerdings hat er hierbei den Tatbestand der Abgeordnetenbestechung nicht verschärft. Das deutsche Recht ist allein aus diesem Grund nicht in Übereinstimmung mit der weitergehenden UN-Konvention gegen Korruption, die deshalb von Deutschland bisher nicht ratifiziert wurde. Dies spricht nicht gerade dafür, dass die Bekämpfung der politischen Korruption – also der Beeinflussung der Rechtsetzung durch korruptive Handlungen – seitens der Bundesparlamentarier wirklich gewollt ist.[6]

Trotz des erhöhten Problembewusstseins sieht die PwC-Studie Defizite bei den behördlichen Kontroll- und Präventionsmaßnahmen, insbesondere bei den Kommunalverwaltungen, was sich negativ auf das dortige Entdeckungsrisiko von Kriminaldelikten auswirkt. Die Entdeckung von Kriminaldelikten erfolgt in den Behörden zu über 70 % zufallsbedingt (v.a. durch interne und externe Hinweise), der Rest kontrollbedingt durch Ermittlungen der Strafverfolgungsbehörden, durch Prüfungen der Rechnungshöfe, Rechnungsprüfungsämter bzw. Innenrevisionen sowie durch andere Kontrollen. In der Wirtschaft ist das Bild allerdings ähnlich.[7]

---

[4] Vgl. PwC, 2010, Kriminalität im öffentlichen Sektor, S. 32.
[5] BGBl I, S. 2038.
[6] Transparency International Deutschland, 2008, Eckpunkte zur Anpassung des § 108 e StGB.
[7] Vgl. PwC, 2010, Kriminalität im öffentlichen Sektor, S. 36 ff.

Ein Grund dafür ist sicherlich auch das fehlende Bewusstsein in den Kommunalverwaltungen, überhaupt ein Kontrolldefizit zu haben; denn schließlich existieren ja – im Unterschied zur Wirtschaft – lang bewährte, z.T. bereits seit dem 19. Jahrhundert bestehende, detaillierte gesetzliche Vorschriften, nach denen klassische Kontrollmechanismen (z.B. Funktionstrennung, Mehr-Augen-Prinzip) von den Kommunen anzuwenden sind.[8] Das Problem besteht aber zum einen in ihrer wirksamen konkreten Anwendung bzw. Ausgestaltung, insbesondere vor dem Hintergrund zunehmender rechtlicher und technischer Komplexität der Handlungen, Transaktionen und Systeme. Entscheidend für die Wirksamkeit von Kontrollen ist die Entdeckungswahrscheinlichkeit krimineller Delikte. Auf die Entdeckung muss eine zügige und angemessene Sanktionierung erfolgen. Zum anderen bedarf es über diese rechtlichen Vorschriften hinaus zusätzlicher Präventionsmaßnahmen. Korruptionsprävention muss auch gelebt werden; sie muss im Einklang mit der Wertehaltung der politischen Mandatsträger und der Verwaltungsführung stehen (Vorbildfunktion). Die notwendige Glaubwürdigkeit lässt sich nur herstellen, wenn die proklamierten Grundeinstellungen und geforderten Verhaltensweisen auch mit der Arbeitswirklichkeit übereinstimmen. Nicht übereinstimmende Verhaltensweisen müssen sichtbar als nicht sozialadäquat im Sinne einer sozialen Sanktion „geächtet" werden.

Ein gutes System zur Prävention und Bekämpfung von Korruption zeichnet sich somit durch ein hohes Entdeckungsrisiko, eine zügige und angemessene rechtliche wie soziale Sanktionierung aufgedeckten Fehlverhaltens sowie eine gelebte und glaubwürdige Wertehaltung in der Behörde aus.

Abbildung 1: Systemfaktoren der Korruptionsprävention und -bekämpfung

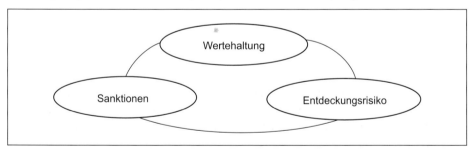

---

[8] Kontrollvorschriften enthielt bereits die Preußische Städteordnung vom 19.11.1808 (vgl. Deutscher Städtetag, 1957, Die Preußische Städteordnung von 1808).

2 Korruptionsbegriff in der öffentlichen Verwaltung

Bund und zahlreiche Bundesländer haben Verwaltungsvorschriften bzw. Richtlinien zur Korruptionsprävention und -bekämpfung für ihre Behörden erlassen, die den Kommunen zur entsprechenden Anwendung empfohlen wurden.[9] Lediglich Nordrhein-Westfalen hat ein Korruptionsbekämpfungsgesetz beschlossen, dass auch für die Kommunen verbindlich ist.[10] In all diesen Regelungen werden mehr oder weniger explizit drei unterschiedlich eng umrissene Korruptionsbegriffe verwendet: strafrechtlich, juristisch und sozialwissenschaftlich-normativ (auch als kriminologisch bezeichnet).[11]

Abbildung 2: Korruptionsbegriffe als Teilmengen

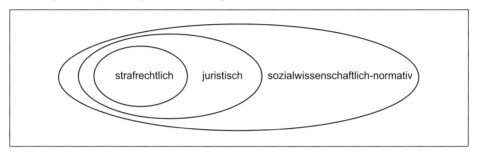

Einen strafrechtlichen Tatbestand „Korruption" gibt es in Deutschland nicht. Er wird vielmehr von verschiedenen Bestechungsdelikten (Korruption im engeren strafrechtlichen Sinn) und Begleitdelikten (Korruption im weiteren strafrechtlichen Sinn) umrissen (siehe Abbildung 3).

---

[9] Z.B. Verwaltungsvorschrift Korruptionsverhütung und -bekämpfung Baden-Württemberg vom 19.12.2005, Gemeinsames Amtsblatt (GABl) 2006, S. 125.

[10] Gesetz- und Verordnungsblatt (GV) NRW 2005, S. 8.

[11] Die Bezeichnung „kriminologisch" geht auf eine Forschungsgruppe des Bundeskriminalamtes zurück, vgl. Bundeskriminalamt, 2009, Bundeslagebild Korruption, S. 4.

Abbildung 3: Strafrechtliche Korruptionsdelikte

Bestechungsdelikte	
Vorteilsnehmer → Abgeordnete, Gemeinderäte	§ 108e StGB (Abgeordnetenbestechung)
Vorteilsnehmer → Angestellte und Beauftragte in der Wirtschaft	§§ 299, 300 StGB (Bestechlichkeit und Bestechung im geschäftlichen Verkehr)
Vorteilsnehmer → Amtsträger und ihnen Gleichgestellte	§§ 331, 333 StGB (Vorteilsannahme, Vorteilsgewährung)
	§§ 332, 334, 335, 336 StGB (Bestechlichkeit und Bestechung im Amt)
Begleitdelikte	

- Verletzung von Privatgeheimnissen (§ 203 StGB),
- Verwertung fremder Geheimnise (§ 204 StGB),
- Unterschlagung (§ 246 StGB),
- Strafvereitelung im Amt (§ 258a StGB),
- Betrug (§ 263 StGB),
- Subventionsbetrug (§ 264 StGB),
- Untreue (§ 266 StGB),
- Urkundenfälschung (§ 267 StGB),
- wettbewerbsbeschränkende Absprachen bei Ausschreibungen (§ 298 StGB),
- Rechtsbeugung (§ 336 StGB),
- Falschbeurkundung im Amt (§ 348 StGB),
- Verletzung des Dienstgeheimnisses und einer besonderen Geheimhaltungspflicht (§ 353b StGB),
- Verleitung eines Untergebenen zu einer Straftat (§ 357 StGB),
- Verrat von Geschäfts- und Betriebsgeheimnissen (§ 17 Gesetz gegen den unlauteren Wettbewerb (UWG)).

Von besonderer Bedeutung sind in der öffentlichen Verwaltung Straftaten im Amt (Amtsdelikte). Sie setzen die Amtsträgereigenschaft voraus (§ 11 Abs. 1 Nr. 2-4 StGB). Dabei wirkt sich die Amtsträgereigenschaft bei bestimmten Bestechungsdelikten straf-barkeitsbegründend aus. Mandatsträger in Volksvertretungen, wie Abgeordnete und Gemeinderäte, gelten nicht als Amtsträger, was sie strafrechtlich mit dem lediglich laxen Tatbestand der Abgeordnetenbestechung – wie bereits oben dargestellt – zulasten einer wirksamen Bekämpfung der politischen Korruption bevorteilt.[12] Bestechungsdelikte, bei denen Personen in ihrer Eigenschaft als Amtsträger oder Volksvertreter beteiligt sind, werden von der Staatsanwaltschaft als Offizialdelikte von Amts wegen verfolgt, während Bestechung in der Wirtschaft bzw. im geschäftlichen Verkehr – sofern kein besonderes öffentliches Interesse gegeben ist – nur auf Antrag strafrechtlich verfolgt wird (§ 301 StGB). In der Praxis nivelliert sich dieser Unterschied jedoch etwas dadurch, dass das Strafrecht keine grundsätzliche Anzeigepflicht kennt, aber die Strafverfolgungsbehörden bei Bestechungsdelikten häufig erst durch die Anzeige der betroffenen Behörde oder eines betroffenen Bürgers oder über Berichte in den Medien Kenntnis vom Verdacht einer solchen Straftat erhalten.[13] Naturgemäß geht die Initiative, an die Strafverfolgungsbehörden heranzutreten, seltener von den Tätern (Vorteilsgeber und Vorteilsnehmer) eines Bestechungsdeliktes aus. Bestechung und Bestechlichkeit von Amtsträgern ist mit höheren Maximalstrafen belegt als solche im geschäftlichen Verkehr.

Begleitdelikte sind grundsätzlich Offizialdelikte und nur dann Antragsdelikte, wenn es sich um geringwertige Sachen bzw. geringwertige Vermögensvorteile handelt und ein besonderes öffentliches Interesse an Strafverfolgung fehlt (§ 248a StGB u.a.). Die Ausnahme von dieser Regel stellt die Verletzung von Geheimnissen und Geheimhaltungspflichten dar (§§ 203, 204, 353b StGB, § 17 UWG), die – sofern kein besonderes öffentliches Interesse gegeben ist – nur auf Antrag verfolgt wird. Die Amtsträgereigenschaft ist bei bestimmten Begleitdelikten strafbarkeitsbegründend.

Der weiter gefasste juristische Korruptionsbegriff stellt auf den Verstoß gegen Rechtsnormen insgesamt ab, umfasst also auch nicht strafrechtlich bewährte Normenverstöße, z.B. Dienstrecht, Ordnungswidrigkeiten. Was nicht rechtlich untersagt ist, fällt hingegen nicht unter den juristischen Korruptionsbegriff. Korruption im sozialwissenschaftlichnormativen Sinn – nach der auch vom BKA und von Transparency International gebrauchten Definition – ist der Missbrauch anvertrauter Macht (politisches Mandat, öffentliches Amt, Funktion in der Wirtschaft) zum privaten Nutzen oder Vorteil (für einen selbst oder einen anderen), wobei Missbrauch (als Schaden für die Allgemeinheit, eine Behörde oder ein Unternehmen) nicht nur rechtlich relevante Sachverhalte abdeckt,

---

[12] Gemeinderäte gelten als Amtsträger, wenn sie mit konkreten Verwaltungsaufgaben betraut werden, die über ihre Mandatstätigkeit in der kommunalen Volksvertretung und den zugehörigen Ausschüssen hinausgehen.

[13] Außerhalb des Bereichs, der den Amtsträgern der Strafverfolgung zugewiesen ist (§ 258a StGB), besteht keine allgemeine Pflicht, ihnen bekannt gewordene Straftaten anzuzeigen. Vgl. Meyer-Goßner, L., 2008, Strafprozessordnung, Rn. 6 zu § 158 StPO.

sondern auch ethische und soziale Normen bzw. Werte. Vorteil dieser sozialwissen-schaftlich-normativen Sichtweise ist es, dass sie auch Verhaltensweisen als korrupt charakterisiert, bei denen es der Gesetzgeber – bewusst oder unbewusst – „versäumt" hat, die sanktionierenden Normen zu erlassen.[14]

In der kommunalen Prävention und Bekämpfung von Korruption steht der juristische Korruptionsbegriff im Fokus, ist doch die öffentliche Verwaltung der Rechtsstaatlichkeit verpflichtet. Dies bedeutet aber nicht, dass über gesetzliche Normen hinausgehende ethische und soziale Gesichtspunkte grundsätzlich außen vor bleiben sollen oder müssen. Sobald solche Gegenstand einer Dienstanweisung bzw. eines verbindlichen Verhaltens-kodexes werden, sind sie zumindest dienstrechtlich, also wiederum juristisch relevant. Allerdings darf die Kommune bei solchen Regelungen nicht gegen geltendes Recht ver-stoßen, was den Spielraum stark einengt. So führt z. B. eine sinnvolle Selbstverpflichtung von Gemeinderäten durch einen beschlossenen Ehrenkodex nicht zur Strafbarkeit als Amtsträger.

3 Tatbestandsmerkmale der strafrechtlichen Bestechungs-delikte[15]

Bestechungsdelikte zeichnen sich dadurch aus, dass Vorteilsnehmer und Vorteilsgeber eine Unrechtsvereinbarung schließen (wollen) und somit jeweils als Täter (Straftatbetei-ligte) in Betracht kommen. Die (angestrebte) Unrechtsvereinbarung besteht aus einem Vorteil für den Vorteilsnehmer oder einen dritten Vorteilsempfänger, dem eine Gegen-leistung für ein bestimmtes Handeln oder lediglich die allgemeine Dienstausübung des Vorteilsnehmers gegenübersteht. Der Vorteilsnehmer agiert hierbei als Mandatsträger einer Volksvertretung, als Angestellter/Beauftragter eines Geschäftsbetriebes oder als Amtsträger einer Behörde bzw. Stelle, die Aufgaben der öffentlichen Verwaltung wahr-nimmt. Der Geschäftsbetrieb und die Behörde bzw. Stelle, die Aufgaben der öffentlichen Verwaltung wahrnimmt, kann selbst Nutznießer (Vorteilsempfänger) oder Geschädigter sein. Gleiches gilt für Dritte. Die Betroffenheit als Nutznießer oder Geschädigter ist, sofern sie sich nicht selbst strafbar gemacht haben, eventuell zivilrechtlich im Hinblick auf Herausgabe-, Schadensersatz- und Beseitigungsansprüche relevant. Volkswirtschaft-liche und gesellschaftliche Schäden aus Bestechungsdelikten sind schon allein wegen der nicht feststellbaren Kausalität und fehlenden Messbarkeit nicht schadensersatzfähig.

---

[14] Vgl. Arnim, H./Heiny, R./Ittner, S., 2006, Korruption, S. 2 ff., S. 13 ff., S. 16.

[15] Zu den Tatbestandsmerkmalen der Begleitdelikte siehe den Beitrag von Kühn zu rechtlichen Grundlagen des Fraud Managements.

Abbildung 4: Grundmuster der Bestechungsdelikte

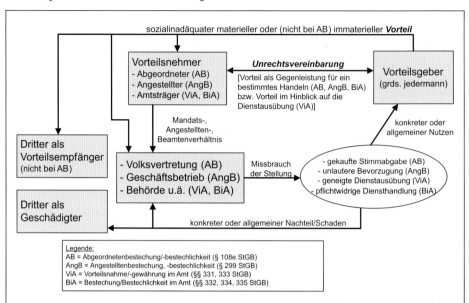

Bei den Bestechungsdelikten wird nach der Eigenschaft des Vorteilsnehmers unterschieden in:

- Abgeordneten-, Angestellten- und Amtsträger*bestechung* bzw.

- Abgeordneten-, Angestellten- und Amtsträger*bestechlichkeit*.

Geschütztes Rechtsgut bei den Abgeordneten- und Amtsträgerdelikten ist v.a. das öffentliche Vertrauen in die Unkäuflichkeit der Mandats- und Amtsträger und damit die staatliche Funktionsfähigkeit, hingegen bei den Angestelltendelikten das Allgemeininteresse an einem funktionierenden, d.h. freien und unlauteren Wettbewerb. Im Folgenden werden die Tatbestandsmerkmale der einzelnen Bestechungsdelikte kurz skizziert.

3.1 Abgeordnetenbestechung (§ 108 e StGB)[16]

Vorteilsnehmer ist ein Mandatsträger in einer Volksvertretung, die in Urwahl durch das Volk gewählt wird. Dazu gehört auch der Gemeinderat (§§ 24, 26 Gemeindeordnung Baden-Württemberg (GemO BW)) einschließlich seiner Ausschüsse. Nur soweit Gemeinderatsmitglieder konkrete Verwaltungsaufgaben wahrnehmen (z.B. Bestellung in den Aufsichtsrat einer städtischen Beteiligungsgesellschaft, die keine Volksvertretung im Sinne des § 108 e StGB ist), können sie auch als Amtsträger strafbar werden; anderenfalls handelt es sich bei § 108 e StGB um eine abschließende Sonderregelung, die die Anwendbarkeit der Bestechungsstraftatbestände der §§ 331-336 StGB ausschließt.[17]

Durch eine Unrechtsvereinbarung wird eine Mandatsträgerstimme ge- bzw. verkauft. Täter können demnach Vorteilsgeber (jedermann) und Vorteilsnehmer (Mandatsträger) sein. Dabei muss eine unmittelbare materielle Gegenleistung (Geldzuwendungen, geldwerte Vorteile, Sachwerte) an den Mandatsträger für seine künftige, konkrete Stimmabgabe vereinbart sein. Dieses sehr enge Tatbestandsmerkmal, das den Mandatsträger gegenüber dem Amtsträger deutlich privilegiert, erfüllen nicht:

- das „Anfüttern" von Mandatsträgern und die „Klimapflege" zu ihnen durch Vorteilsgewährung (Spenden, Geschenke etc.), mit dem Ziel, deren allgemeines Wohlwollen zu erlangen, ohne dass eine konkrete Stimmabgabe vereinbart wird; darunter fallen alle für Mandatsträger sozialadäquate und politisch übliche Verhaltensweisen, auch Anstellungs-, Beratungs- und Mitgliedschaftsverhältnisse;

- eine nachträgliche Vorteilsgewährung zur „Belohnung" einer konkreten Stimmabgabe, soweit sie nicht im Voraus vereinbart wurde;

- die immaterielle Vorteilsgewährung, z.B. Verzicht auf eine Strafanzeige, positive Medienberichterstattung, Gewährung von Geschlechtsverkehr, Verschaffung einer Auszeichnung, Förderung des beruflichen Fortkommens;

- die Vorteilsgewährung an Dritte, anstelle des Mandatsträgers.

Bereits der Versuch des Stimmenkaufs bzw. -verkaufs ist strafbar. Erforderlich ist zumindest der bedingte Vorsatz (§ 15 StGB).[18] Die Verjährungsfrist für die Tatverfolgung beträgt fünf Jahre (§ 78 Abs. 3 Nr. 4 StGB).

---

[16] Vgl. Lackner, K./Kühl, K., 2011, Strafgesetzbuch – Kommentar, Kommentierung zu § 108 e StGB; vgl. Heintschel-Heinegg, B., 2010, Strafgesetzbuch – Kommentar, Kommentierung zu § 108 e StGB.

[17] Vgl. BGH vom 09.05.2006 – 5 StR 453/05.

[18] Bedingter Vorsatz = wenn der Täter den Taterfolg als Folge seines Handelns ernsthaft für möglich hält und ihn zugleich billigend in Kauf nimmt und sich damit abfindet.

3.2 Bestechlichkeit und Bestechung im geschäftlichen Verkehr (Angestelltenbestechung, -bestechlichkeit (§§ 299, 300 StGB))[19]

Vorteilsnehmer ist ein Angestellter oder Beauftragter eines geschäftlichen Betriebs. Angestellte im Sinne der §§ 299, 300 StGB sind alle Personen, die in einem Dienst-, Werks- oder Auftragsverhältnis zum Geschäftsinhaber und seinen Weisungen oder die seines Beauftragten unterworfen sind. Auch Vorstände einer Aktiengesellschaft und Geschäftsführer einer GmbH fallen unter diesen weiten Angestelltenbegriff. Nicht erfasst von beiden Paragraphen sind als Vorteilsnehmer Amtsträger, Richter und für den öffentlichen Dienst besonders Verpflichtete nach § 11 Abs. 1 Nr. 2-5 StGB, der Geschäftsinhaber sowie alle Angestellten, die keine Einflussmöglichkeiten auf Beschaffungsentscheidungen besitzen. Beauftragte sind alle, die als Nicht-Geschäftsinhaber und Nicht-Angestellter befugt sind, für den Betrieb Beschaffungsentscheidungen zu treffen oder darauf Einfluss zu nehmen, z.B. auch durch Vermittlung von Lieferanten. Geschäftlicher Betrieb ist jede auf gewisse Dauer betriebene, auf Leistungsaustausch ausgerichtete wirtschaftliche Tätigkeit, in der eine Teilnahme am Wettbewerb zum Ausdruck kommt, ohne dass eine Gewinnerzielungsabsicht erforderlich ist, so dass unter diesen Begriff auch freiberufliche Tätigkeiten sowie erwerbswirtschaftlich handelnde öffentliche (privat- oder öffentlich-rechtliche) Unternehmen fallen, sofern keine Amtsträgereigenschaft des Vorteilsnehmers gegeben ist. Vorteilsgeber kann jedermann sein.

Vorteilsnehmer und Vorteilsgeber müssen im geschäftlichen Verkehr handeln, wozu jede Tätigkeit zählt, die einem erwerbswirtschaftlichen Zweck unter Teilnahme am Wettbewerb dient und nicht rein privater, betriebsinterner oder hoheitlicher Natur ist.

Es muss ein Vorteil für den Vorteilsnehmer oder einen Dritten als Vorteilsempfänger vorliegen,[20] auf den der Vorteilsnehmer oder der Dritte keinen Anspruch haben und der ihre wirtschaftliche, rechtliche oder persönliche Lage objektiv messbar verbessert. Vorteile können materieller (Geldzuwendungen, geldwerte Vorteile, Sachwerte) und – falls eine gewisse Erheblichkeit gegeben ist – immaterieller Natur sein. Der Stellung des Angestellten oder Beauftragten entsprechende sozialadäquate Vorteile erfüllen hingegen nicht den Tatbestand der §§ 299, 300 StGB. Vorteile sind sozialadäquat, wenn sie so gering

---

[19] Vgl. Lackner, K./Kühl, K., 2011, Strafgesetzbuch – Kommentar, Kommentierung zu §§ 299, 300 StGB; vgl. Heintschel-Heinegg, B., 2010, Strafgesetzbuch – Kommentar, Kommentierung zu §§ 299, 300 StGB.

[20] Vorteilsempfänger kann auch der Betrieb sein, der den Angestellten beschäftigt.

sind, dass sie bei vernünftiger Betrachtungsweise nicht den Eindruck erwecken können, dass die Annahme der Zuwendung zu Verpflichtungen des Nehmers gegenüber dem Geber führt.

Die (angestrebte) Unrechtsvereinbarung entsteht durch Fordern (unabhängig vom Erfolg des Forderns), Sichversprechenlassen oder Annehmen (Bestechlichkeit (§ 299 Abs. 1 StGB)) bzw. durch Anbieten, Versprechen oder Gewährung (Bestechung (§ 299 Abs. 2 StGB)) eines Vorteils als Gegenleistung für eine unlautere Bevorzugung bei Beschaffungen im inländischen und ausländischen Wettbewerb. Im Wettbewerb heißt, dass der Vorteilsgeber aus Sicht des Geschäftsbetriebs im Konkurrenzverhältnis zu Mitbewerbern stehen muss (keine Monopolstellung). Eine Bevorzugung ist unlauter, wenn sie nach Treu und Glauben gegen die Regeln des Wettbewerbs verstößt. Die Einwilligung des Geschäftsherrn in die Vorteilsannahme ändert nichts an der Unlauterkeit der Bevorzugung. Die Bevorzugung muss sich zwar nicht auf ein einzelnes konkretes Geschäft beziehen, doch sie darf nicht losgelöst von Beschaffungsvorgängen in Form der Erhaltung eines allgemeinen Wohlwollens erfolgen. Die Beschaffung muss sich auf den Bezug von Waren oder gewerblichen Leistungen beziehen, wozu auch die Einstellung von Personal gehört. Umstritten ist, ob Leistungen der freien Berufe, die nicht Gewerbe im Sinne der Gewerbeordnung sind, darunter fallen. Für die Tatvollendung ist es unerheblich, ob die Unrechtsvereinbarung tatsächlich zustande kommt (das Fordern und Anbieten zur Anstrebung einer Unrechtsvereinbarung reicht aus) oder die Bevorzugung tatsächlich erfolgt.

Erforderlich ist zumindest der bedingte Vorsatz (§ 15 StGB). Strafverschärfende, besonders schwere Fälle der Bestechlichkeit und Bestechung im geschäftlichen Verkehr (§ 300 StGB) liegen i.d.R. vor, wenn sich die Tat auf einen Vorteil großen Ausmaßes bezieht oder die Taten gewerbs- oder bandenmäßig begangen werden. Die Verjährungsfrist für die Tatverfolgung beträgt in den Fällen der §§ 299, 300 StGB fünf Jahre (§ 78 Abs. 3 Nr. 4 StGB).

3.3 Vorteilsannahme und Vorteilsgewährung im Amt (Amtsträgerbestechung, -bestechlichkeit (§§ 331, 333 StGB))[21]

Vorteilsnehmer ist ein Amtsträger oder ein für den öffentlichen Dienst besonders Verpflichteter (§ 11 Abs. 1 Nr. 2-4 StGB), der eine dieser Eigenschaften zum Tatzeitpunkt besitzen muss. Amtsträger sind Beamte, Richter, Minister und Staatssekretäre. Öffentlich

---

[21] Vgl. Lackner, K./Kühl, K., 2011, Strafgesetzbuch – Kommentar, Kommentierung zu §§ 331, 333 StGB; vgl. Heintschel-Heinegg, B., 2010, Strafgesetzbuch – Kommentar, Kommentierung zu §§ 331, 333 StGB.

Beschäftigte sind nur Amtsträger, wenn sie Aufgaben der öffentlichen Verwaltung wahrnehmen. Zu den Aufgaben der öffentlichen Verwaltung gehören die Eingriffsverwaltung, Leistungsverwaltung und Daseinsvorsorge einschließlich der für diese Bereiche erforderlichen Beschaffungstätigkeit.[22] Dabei ist es unerheblich, ob sie in öffentlich-rechtlicher oder privatrechtlicher Organisationsform wahrgenommen werden. Privatrechtliche organisierte gemischt-wirtschaftliche Unternehmen scheiden aber als eine Amtsträgereigenschaft begründend aus, wenn ein beteiligter Privater wesentliche Entscheidungen mitbestimmen kann. Unabhängig davon gilt der Grundsatz: Wird das privatrechtlich strukturierte öffentliche Unternehmen nicht als Teil der Staatsverwaltung angesehen, weil eine Erfüllung öffentlicher Aufgaben nicht mehr deutlich wird, verliert sich vor dem Hintergrund des durch die Amtsdelikte verfolgten Strafzwecks auch im Korruptionsfalle das Bedürfnis nach einer Ahndung gemäß §§ 331 ff. StGB.[23] Rein erwerbswirtschaftliche Betätigung eines marktwirtschaftlich, im Wettbewerb agierenden öffentlichen Unternehmens jenseits der Daseinsvorsorge oder Bedarfsdeckung der öffentlichen Verwaltungstätigkeit begründet demnach keine Amtsträgereigenschaft des Beschäftigten. Abgeordnete und Gemeinderatsmitglieder sind nur Amtsträger, wenn sie konkrete Verwaltungsaufgaben wahrnehmen (z.B. Bestellung in den Aufsichtsrat einer städtischen Beteiligungsgesellschaft, die keine Volksvertretung im Sinne des § 108 e StGB ist). Ein für den öffentlichen Dienst zur Ausführung öffentlicher Aufgaben (siehe zur Abgrenzung die vorherigen Ausführungen) besonders Verpflichteter ist eine Person, die, ohne selbst Amtsträger zu sein, nach § 1 Abs. 1 Nr. 1, 2 Verpflichtungsgesetz (VerpflG) förmlich verpflichtet wurde. Die Verpflichtung wird mündlich vorgenommen. Dabei ist auf die strafrechtlichen Folgen einer Pflichtverletzung hinzuweisen. Die Niederschrift der Verpflichtung ist vom Verpflichteten mit zu unterzeichnen (§ 1 Abs. 2 und 3 VerpflG). Mit der förmlichen Verpflichtung wird die Person strafrechtlich den Amtsträgern gleichgestellt.

Während der Vorteilsnehmer ein Amtsträger oder Gleichgestellter sein muss, kann Vorteilsgeber jedermann (auch ein anderer Amtsträger) sein.

Zum erlangten Vorteil des Vorteilsnehmers oder für einen Dritten gelten grundsätzlich die obigen Erläuterungen zum Straftatbestand der Bestechlichkeit und Bestechung im geschäftlichen Verkehr entsprechend.

Die (angestrebte) Unrechtsvereinbarung entsteht durch Fordern (unabhängig vom Erfolg des Forderns), Sichversprechenlassen oder Annehmen (Vorteilsannahme (§ 331 StGB)) bzw. durch Anbieten, Versprechen oder Gewährung (Vorteilsgewährung (§ 333 StGB))

---

[22] Vgl. Laufhütte, H./Rissing-van-Saan, R./Tiedemann, K., 2009, Strafgesetzbuch – Leipziger Kommentar, Rn. 8-12 zu § 11 StGB.

[23] BGH vom 18.04.2007 – 5 StR 506/06.

eines Vorteils für die Dienstausübung (§ 331 Abs. 1 StGB). Dienstausübung ist jede allgemeine dienstliche Tätigkeit des Amtsträgers oder Gleichgestellten, soweit sie zu seiner Obliegenheit gehört. Es muss keine konkrete Diensthandlung sein,[24] doch der Vorteil muss zumindest im Hinblick auf die Dienstausübung gewährt worden sein, so dass das allgemeine Wohlwollen und die Geneigtheit des Vorteilsnehmers zugunsten des Vorteilsgebers – also im Sinne der Klimapflege und des Anfütterns – erreicht werden soll. Es genügt der Anschein der Käuflichkeit. Ausreichend ist die stillschweigende konkludente Übereinkunft. Unerheblich ist es, ob es tatsächlich zur Dienstausübung gekommen ist. Erfolgt die Vorteilsgewährung allerdings nicht tätigkeitsbezogen für die Dienstausübung, sondern statusbezogen im Zusammenhang mit Repräsentationsaufgaben des Amtes im sozialadäquaten Ausmaß, ist der Tatbestand der §§ 331, 333 StGB nicht erfüllt. Die Abgrenzung ist jedoch im Einzelfall schwierig vorzunehmen. Eine Dienstausübung kann auch im Unterlassen bestehen (§ 336 StGB).

Die Vorteilsannahme bzw. -gewährung für eine Dienstausübung ist nicht strafbar, wenn die dienstrechtlich zuständige Behörde sie vorher oder auf unverzügliche Anzeige des Empfängers genehmigt (§ 331 Abs. 3, § 333 Abs. 3 StGB). Dieser Rechtfertigungsgrund ist notwendig, da – im Gegensatz zu den anderen Bestechungsdelikten, für die eine Gegenleistung des Vorteilsnehmers in Form einer konkretisierten Handlung erforderlich ist – jede Vorteilsannahme bzw. -gewährung, sofern sie im Zusammenhang mit der Dienstausübung des Amtsträgers bzw. Gleichgestellten steht und nicht sozialadäquat ist, das sehr weit gefasste Tatbestandsmerkmal der §§ 331, 333 StGB erfüllt. Dies führt dort zu Problemen, wo die Beteiligung Privater bei öffentlichen Aufgaben staatlicherseits erwünscht ist: v.a. Spenden und Sponsoring zugunsten bestimmter öffentlicher Einrichtungen sowie Drittmittel für Forschungszwecke von Hochschulen, Krankenhäusern u.a. Die Genehmigung soll hier Abhilfe schaffen. Ihre Voraussetzungen richten sich nach dem öffentlichen Dienstrecht. Hierbei muss die genehmigende Behörde innerhalb ihrer sachlichen und örtlichen Zuständigkeit und innerhalb ihrer materiellen Befugnis handeln:

- So dürfen Beamte und Beschäftigte des öffentlichen Dienstes keine Belohnungen, Geschenke und sonstigen Vorteile für sich oder eine Dritte Person in Bezug auf ihr Amt bzw. ihre Tätigkeit fordern, sich versprechen lassen oder annehmen, ohne dass der Dienstherr dem zustimmt.[25] Häufig hat der Dienstherr durch Dienstanweisung o.ä. allgemeine Bagatellgrenzen für aus seiner Sicht sozialadäquate Vorteilsannahmen erlassen.

---

[24] Deshalb spricht man hier auch von einer „gelockerten Unrechtsvereinbarung".

[25] Vgl. § 42 Abs. 1 Beamtenstatusgesetz (BeamtStG); § 3 Abs. 2 Tarifvertrag für den öffentlichen Dienst Verwaltung für den Bereich Verwaltung (TVöD-V) i.d.F. vom 01.01.2010.

- Nebentätigkeiten sind für öffentliche Beschäftigte anzeigepflichtig, für Beamte darüber hinaus teilweise genehmigungspflichtig. Der Dienstherr kann eine anzeigepflichtige Nebentätigkeit untersagen oder eine erforderliche Genehmigung versagen.[26]

- Die Gemeinde darf zur Erfüllung ihrer Aufgaben Spenden oder ähnliche Zuwendungen – einschließlich solcher aus so genanntem unechten Sponsoring[27] – einwerben und annehmen, wobei über die Annahme der Gemeinderat zu entscheiden hat (§ 78 Abs. 4 GemO BW). Damit soll die notwendige öffentliche Transparenz der Zuwendungsgeber/Zuwendungsnehmer-Beziehung und des Verfahrens hergestellt werden, um den Anschein einer Beeinflussung zu vermeiden. Spenden u. ä. sind daher für öffentliche Aufgaben i. d. R. nur ergänzend und bei restriktivem Einsatz zulässig, in der Eingriffsverwaltung und den sonstigen korruptionsgefährdeten Bereichen grundsätzlich unzulässig.[28] Typische öffentliche Bereiche für Spenden u. ä. sind: Kultur, Sport, Gesundheit, Umweltschutz, Bildung, Wissenschaft und Wirtschaftsförderung.

Bei der Entscheidung über die Genehmigung hat der Dienstherr bzw. Gemeinderat neben den dienstrechtlichen auch die strafrechtlichen Vorschriften zu beachten. Die Genehmigung muss in Übereinstimmung mit den Grundsätzen der Unparteilichkeit, Uneigennützigkeit, Vertrauenswürdigkeit und Sachlichkeit des öffentlichen Dienstes stehen.[29] Eine Genehmigung ist auf jeden Fall zu versagen, wenn der Vorteil vom Amtsträger selbst gefordert wurde[30] oder eine pflichtwidrige Diensthandlung als Gegenleistung damit verbunden ist, weil damit der Tatbestand des § 332 StGB erfüllt ist. In allen anderen Fällen fehlt die Genehmigungsfähigkeit, wenn der Anschein der Käuflichkeit von Amtsträgern entstehen bzw. nicht ausgeräumt werden kann. Rechtswidrigen Gemeinderatsbeschlüssen muss der Bürgermeister gemäß § 43 Abs. 2 GemO BW widersprechen. Bei einer dennoch pflichtwidrig erteilten Genehmigung oder einem nicht ausgesprochenen Widerspruch besteht für den behördlichen Genehmigenden die Gefahr, dass er sich damit selbst der Tatbeihilfe strafbar macht. Gerichte und Strafverfolgungsbehörden sind bei ihrer Einschätzung der Rechtmäßigkeit der Vorteilsannahme ohnehin nicht an die Entscheidung des Dienstherrn bzw. des Gemeinderats gebunden.

---

[26] Vgl. § 62 Landesbeamtengesetz Baden-Württemberg vom 09.11.2010 (LBG BW); § 3 Abs. 3 TVöD-V.

[27] Beim so genannten unechten Sponsoring steht der Leistung des Sponsors keine adäquate Gegenleistung des Empfängers gegenüber, bspw. in Form von Werbung und Öffentlichkeitswirksamkeit, so dass es sich um eine versteckte Spende handelt.

[28] Vgl. z. B. Allgemeine Rahmenbedingungen für Sponsoringleistungen im Bereich der Stadtverwaltung Köln (Sponsoringrichtlinie) vom 09.11.2010.

[29] §§ 33, 34, 42 BeamtStG, § 3 TVöD-V, §§ 331, 332, 335, 336 StGB.

[30] Eine Ausnahme besteht bei erlaubter Einwerbung von Spenden und Drittmitteln.

Für Richter und Vorteilsgeber ist es strafverschärfend, wenn als Gegenleistung für den erhaltenen Vorteil anstelle der allgemeinen Dienstausübung eine bestimmte richterliche Handlung tritt, die aber nicht in allen Einzelheiten genau bestimmt sein muss (§ 331 Abs. 2, § 333 Abs. 2 StGB). Dieses Tatmerkmal ist nicht genehmigungsfähig nach § 331 Abs. 3, § 333 Abs. 3 StGB. Erforderlich ist zumindest der bedingte Vorsatz (§ 15 StGB). Die Verjährungsfrist für die Tatverfolgung beträgt in den Fällen der §§ 331, 333 StGB fünf Jahre (§ 78 Abs. 3 Nr. 4 StGB).

3.4 Bestechlichkeit und Bestechung im Amt (Amtsträger-bestechung, -bestechlichkeit (§§ 332, 334, 335 StGB))[31]

Vorteilsnehmer ist beim Tatbestand der §§ 332, 334 StGB ein Amtsträger oder ein für den öffentlichen Dienst besonders Verpflichteter.[32] Nach dem EU-Bestechungsgesetz (EUBestG) werden in Bezug auf die Straftatbestände der Bestechung und Bestechlichkeit ausländische Amtsträger eines EU-Mitgliedsstaates inländischen Amtsträgern gleichgestellt. Diese Gleichstellung gilt nach dem Gesetz zur Bekämpfung internationaler Bestechung (IntBestG) sogar weltweit, allerdings nur in Bezug auf den Straftatbestand der Bestechung, nicht jedoch bei der Vorteilsgewährung. Soweit EUBestG bzw. IntBestG zur Geltung kommen, können einige Tatbestandsmerkmale der §§ 332, 334 StGB nur modifiziert Anwendung finden.[33]

Die angestrebte Unrechtsvereinbarung entsteht durch Fordern (unabhängig vom Erfolg des Forderns), Sichversprechenlassen oder Annehmen (Bestechlichkeit (§ 332 StGB)) bzw. durch Anbieten, Versprechen oder Gewährung (Bestechung (§ 334 StGB)) eines Vorteils als Gegenleistung für eine vergangene oder zukünftige pflichtwidrige Diensthandlung. Im Gegensatz zur Dienstausübung geht es hier um eine oder mehrere bestimmte Diensthandlungen des Amtsträgers, die gesetzeswidrig sind oder gegen Dienstvorschriften bzw. Einzelanordnungen verstoßen. Pflichtwidrig ist es auch, wenn bei Ermessensspielräumen durch den Vorteil ein Einfluss auf die Ermessensentscheidung ausgeübt wird. Der Straftatbestand wird bereits erfüllt, wenn der Vorteilsnehmer sich bereit zeigt, eine pflichtwidrige Diensthandlung zu begehen, bzw. der Vorteilsgeber versucht, sie zu erhalten, ohne dass die Diensthandlung ausgeführt wird. Eine Diensthandlung kann auch im Unterlassen bestehen (§ 336 StGB).

---

[31] Vgl. Lackner, K./Kühl, K., 2011, Strafgesetzbuch – Kommentar, Kommentierung zu §§ 332, 334, 335 StGB; vgl. Heintschel-Heinegg, B. 2010, Strafgesetzbuch – Kommentar, Kommentierung zu §§ 332, 334, 335 StGB.

[32] Zum Vorteilsnehmer, Vorteilsgeber und erlangten Vorteil vgl. obige Erläuterung zum Straftatbestand der Vorteilsannahme bzw. -gewährung in Abschnitt 3.3.

[33] Vgl. Heintschel-Heinegg, B., 2010, Strafgesetzbuch – Kommentar, Rn. 55 ff. zu § 331 StGB.

Die Bestechung und Bestechlichkeit von Richtern ist strafverschärfend (§§ 332 Abs. 2, 334 Abs. 2 StGB). Darüber hinaus liegen strafverschärfende besonders schwere Fälle der Bestechlichkeit und Bestechung im Amt (§ 335 StGB) i.d.R. vor, wenn sich die Tat auf einen Vorteil großen Ausmaßes oder fortgesetzte Vorteile bezieht oder die Taten gewerbs- oder bandenmäßig begangen werden.

Erforderlich für die Verwirklichung der Straftatbestände der §§ 332, 334, 335 StGB ist zumindest der bedingte Vorsatz (§ 15 StGB). Strafbar im Hinblick auf Korruptionsdelikte sind auch Anstiftung (§ 26 StGB) und Beihilfe (§ 27 StGB) sowie Strafvereitelung (§ 258 Abs. 1 StGB).

Die Verjährungsfrist für die Tatverfolgung beträgt in den Fällen der §§ 332 Abs. 1, 334 StGB fünf Jahre (§ 78 Abs. 3 Nr. 4 StGB), in den Fällen der §§ 332 Abs. 2, 335 StGB zehn Jahre (§ 78 Abs. 3 Nr. 3 StGB).

Für den Amtsträger wirkt es strafmildernd, wenn sich der Dienstherr Organisationsverschulden (Aufsichtsverschulden) wegen systematischer Mängel in der Dienstaufsicht zurechnen lassen muss.[34] Der Dienstherr muss also für ein angemessenes internes Kontrollsystem sorgen.[35]

4 Dienstrechtliche Maßnahmen

Die dienstrechtlichen Maßnahmen gegen kommunale Mitarbeiter unterscheiden sich nach der Art des Rechtsverhältnisses:

- bei Beamten richten sie sich nach dem öffentlich-rechtlichen Beamtenrecht,

- bei Beschäftigten nach dem privatrechtlichen Arbeits- und Tarifvertragsrecht.

---

[34] Der Tatbestand des Organisationsverschuldens findet sich in § 130 des Gesetzes über Ordnungswidrigkeiten (OWiG), wobei der Täterkreis nur Vertreter privater oder öffentlicher Unternehmen im Sinne des § 30 OWiG umfasst. In der öffentlichen Verwaltung kann persönlich zuordenbares Organisationsverschulden als Pflichtverletzung über das öffentliche Dienstrecht geahndet werden.

[35] Mängel in der Dienstaufsicht, die aufgrund von Pflichtverletzungen einzelner Personen entstehen und nicht systembedingt sind, wirken hingegen nicht strafmildernd.

Liegen bei einem Beamten tatsächliche Anhaltspunkte vor, die den Verdacht eines Dienstvergehens rechtfertigen, muss der Dienstvorgesetzte als zuständige Disziplinarbehörde das Disziplinarverfahren einleiten (§ 8 Abs. 1 Landesdisziplinargesetz Baden-Württemberg (LDG BW)).[36] Dies gilt i. d. R. auch, wenn bereits ein sachgleiches Strafverfahren anhängig ist. In diesem Fall kann das Disziplinarverfahren ausgesetzt werden, es sei denn, es gibt keine Zweifel am Sachverhalt (§ 13 Abs. 1 LDG BW). Die tatsächlichen Feststellungen eines rechtskräftigen Urteils im Straf- oder Bußgeldverfahren sind jedoch im sachgleichen Disziplinarverfahren bindend (§ 14 Abs. 1 LDG BW).[37]

Wird das Disziplinarverfahren nicht ausgesetzt, hat der Dienstvorgesetzte oder ein von ihm bestimmter Ermittlungsführer die belastenden, die entlastenden und die weiteren für die Bemessung der Disziplinarmaßnahme bedeutsamen Umstände zu ermitteln (§ 12 LDG BW). Dabei sind in entsprechender Anwendung strafprozessordnungsrechtlicher Bestimmungen Zeugen – und dazu gehören auch Externe – zur Aussage und Sachverständige zur Erstattung von Gutachten verpflichtet (§ 16 LDG BW); für Beschäftigte des öffentlichen Dienstes ist eine Aussagegenehmigung des Dienstherrn erforderlich (§ 37 BeamtStG, § 3 Abs. 1 TVöD-V).[38] Auch für die Herausgabe von Beweisgegenständen, Beschlagnahmen und Durchsuchungen gelten die entsprechenden Regelungen der Strafprozessordnung, wobei Beschlagnahmen und Durchsuchungen vom Verwaltungsgericht auf Antrag des Bürgermeisters angeordnet werden müssen (§ 17 LDG BW).[39] Auf sein Ersuchen leistet der Polizeivollzugsdienst Vollzugshilfe. Zu Beweismitteln gehören alle Gegenstände, die eine potenzielle Beweisbedeutung haben.[40]

Gleichzeitig mit oder nach der Einleitung des Disziplinarverfahrens kann der Dienstvorgesetzte als Disziplinarbehörde den Beamten vorläufig des Dienstes unter Einbehaltung bis zu 50 % der monatlichen Bezüge entheben, wenn er voraussichtlich aus dem Beamtenverhältnis entfernt wird oder anderenfalls der Dienstbetrieb oder die Ermittlungen wesentlich beeinträchtigt würden und die Enthebung im Hinblick auf die Bedeutung der

---

[36] Bund und andere Länder haben eigene Disziplinargesetze erlassen. Dort gibt es gegenüber dem baden-württembergischen Recht zum Teil leicht abweichende Bestimmungen.

[37] Sollte ein solches Urteil erst nach Ausspruch der Disziplinarmaßnahme rechtskräftig werden und weichen die dortigen wesentlichen Feststellungen von denen der Disziplinarmaßnahme ab, kann die Disziplinarmaßnahme aufgehoben werden und ein neues Disziplinarverfahren eingeleitet werden (§ 40 Abs. 2 LDG BW).

[38] Nach § 16 Abs. 2 S. 2 LDB BW gilt die Aussagegenehmigung für die eigenen Beschäftigten des Dienstherrn des beschuldigten Beamten als erteilt.

[39] Bei Gefahr im Verzug kann der Oberbürgermeister selbst die Anordnungen treffen.

[40] Vgl. Meyer-Goßner, L., 2008, Strafprozessordnung, Rn. 6 zu § 94.

Sache und die zu erwartende Disziplinarmaßnahme verhältnismäßig ist (§ 22 Abs. 1 und 2 LDG BW).[41] Unabhängig davon kann dem Beamten auch nach § 39 LBG BW aus zwingenden dienstlichen Gründen die Führung der Dienstgeschäfte vorübergehend verboten werden, allerdings hier ohne die Einbehaltung von Bezügen.[42]

Disziplinarmaßnahmen sind Verweis, Geldbuße, Kürzung der Bezüge, Zurückstufung und Entfernung aus dem Beamtenverhältnis. Sie sind nach Schwere des Dienstvergehens unter Berücksichtigung des Persönlichkeitsbildes des Beamten und unter Beachtung des Verhältnismäßigkeitsprinzips zu bemessen (§§ 25 ff. LDG BW). Das Disziplinarrecht ist nicht auf Strafe ausgerichtet, sondern auf Erhaltung und Sicherung der Funktionsfähigkeit und des Ansehens des öffentlichen Dienstes. Es hat seine Begründung in der fehlenden Kündbarkeit von Beamten. Entsprechend ist die Interessenabwägung zwischen den Belangen des Dienstherrn und denen des Beamten vorzunehmen. Zu den Belangen gehören grundsätzlich solche, die auch in die Prüfung einer arbeitsrechtlichen Kündigung Eingang finden.[43]

Unabhängig von einem laufenden Disziplinarverfahren verliert ein Beamter kraft Gesetzes seine Beamtenrechte (Bezüge, Versorgung) bzw. sein Beamtenverhältnis endet, wenn er wegen Bestechlichkeit (§§ 332, 335 StGB) im Hauptamt zu einer Freiheitsstrafe von mindestens sechs Monaten oder wegen anderer Korruptionsdelikte zu einer Freiheitsstrafe von mindestens einem Jahr verurteilt wird (§ 24 Abs. 1 BeamtStG). Damit endet zugleich auch ein eingeleitetes Disziplinarverfahren.

Korruptionsdelikte, die von Beschäftigten begangen werden, stellen regelmäßig eine schwerwiegende Pflichtverletzung und damit einen wichtigen Grund für eine verhaltensbedingte außerordentliche oder ordentliche Kündigung ohne vorherige Abmahnung dar.[44] Die Kündigung ist jedoch nur rechtmäßig, wenn im Rahmen der noch vorzuneh-

---

[41] Das bedeutet im Klartext, dass der vorläufig dienstenthobene Beamte weiterhin vom Staat – wenn auch reduziert – alimentiert wird. Der Beamte darf durch die teilweise Einbehaltung der Dienstbezüge nicht in eine wirtschaftliche Existenzbedrohung geraten (vgl. Schütz, E./ Schmiemann, K., 2009, Disziplinarrecht des Bundes und der Länder, Rn. 20 f. § 38 Bundesdisziplinargesetz). Nach eventueller Entlassung/Beendigung des Beamtenverhältnisses muss der Beamte die in dieser Zeit erhaltenen reduzierten Bezüge nicht zurückzahlen.

[42] Bund und die anderen Länder haben in ihren Beamtengesetzen vergleichbare Regelungen.

[43] Vgl. die Aufzählung von Bemessungsgrundsätzen in: Ebert, F., 2005, Das aktuelle Disziplinarrecht, S. 131 ff.; vgl. auch Schütz, E./Schmiemann, K., 2009, Disziplinarrecht des Bundes und der Länder – Kommentar, Kommentierung zu § 13 Bundesdisziplinargesetz. Die jeweiligen Ausführungen beziehen sich auf das Bundesdisziplinargesetz, sind aber auch auf das baden-württembergische Recht übertragbar.

[44] Gemäß § 34 Abs. 2 TVöD-V können Beschäftigte des Tarifgebiets West, die das 40. Lebensjahr vollendet haben, nach einer Beschäftigungszeit von mehr als 15 Jahren durch den Arbeitgeber nur aus einem wichtigen Grund, d.h. nur außerordentlich, gekündigt werden.

menden einzelfallbezogenen Interessenabwägung die Belange des Dienstherrn die des Beschäftigten überwiegen. In die Interessenabwägung sind u. a. folgende Belange aufzunehmen: Funktionsfähigkeit und Ansehen der Behörde, Störungsgrad des Vertrauensverhältnisses, Wiederholungsgefahr, Dauer der Behördenzugehörigkeit, soziale Aspekte in der Person des Beschäftigten, wie Alter, Unterhaltspflichten, Schwerbehinderung etc., Schwere der Tat, Höhe des Schadens und auch organisatorisches Mitverschulden des Dienstherrn. Je nach Falllage haben die einzelnen Belange unterschiedliches Gewicht.

Für Beschäftigte hingegen, die eine besondere Aufsichts-, Vertrauens- bzw. Garantenstellung innehaben, kann sogar eine einmalige, verhältnismäßig geringfügige Deliktsbegehung eine verhaltensbedingte außerordentliche Kündigung rechtfertigen. Dies gilt ebenso für die Annahme von Geld im Zusammenhang mit einem Bestechungsdelikt und für die Veruntreuung von dienstlich anvertrauten Kassengeldern. Nur in Ausnahmefällen kann bei solch besonders schwerwiegenden Pflichtverletzungen die erforderliche Interessenabwägung einer außerordentlichen Kündigung im Wege stehen.[45] Gleiches gilt im beamtenrechtlichen Disziplinarverfahren, wo in solchen Fällen regelmäßig auf Entfernung aus dem Beamtenverhältnis entschieden wird.[46]

Eine Verdachtskündigung des Beschäftigten, die bereits zeitlich vor dem Erweis der vorgeworfenen Pflichtverletzung erfolgen kann, ist rechtmäßig, wenn sich starke Verdachtsmomente auf objektive Tatsachen gründen und die Verdachtsmomente geeignet sind, das für die Fortsetzung des Arbeitsverhältnisses erforderliche Vertrauen zu zerstören, und der Arbeitgeber alle zumutbaren Anstrengungen zur Aufklärung des Sachverhalts unternommen, insbesondere dem Arbeitnehmer Gelegenheit zur Stellungnahme gegeben hat.[47] Kommt nach der Interessenabwägung eine Kündigung nicht in Betracht, kann zumindest eine Abmahnung angezeigt sein.[48]

Sowohl im beamtenrechtlichen Disziplinarrecht als auch im Arbeitsrecht stellt die gebotene einzelfallbezogene Interessensabwägung eine große Rechtsunsicherheit dar. Sie führt in Anbetracht der auf beiden Seiten bestehenden gewichtigen Interessen nicht selten zur Auseinandersetzung vor Verwaltungs- bzw. Arbeitsgerichten.

---

[45] Vgl. Adam, R. et al., 2010, Tarifrecht der Beschäftigten im öffentlichen Dienst, Rn. 280, 283, 320, 322 zu § 34 TVöD-V.

[46] Vgl. Schütz, E./Schmiemann, K., 2009, Disziplinarrecht des Bundes und der Länder – Kommentar, Rn. 189, 210 zu § 13 Bundesdisziplinargesetz.

[47] BAG vom 25.11.2010 – 2 AZR 801/09; BAG vom 26.09.2002 – 2 AZR 424/01. Vgl. auch Maschmann, F., 2007, Vermeidung von Korruptionsrisiken aus Unternehmenssicht, S. 159 ff.

[48] Vgl. auch den Beitrag von Röck zum Arbeitsrecht.

Soweit Beamte nicht entlassen werden bzw. Beschäftigten nicht gekündigt wird, obwohl sie ein Korruptionsdelikt begangen oder vermeintlich begangen haben, ist noch zu prüfen, ob und inwieweit auf der Grundlage des Direktionsrechts des Dienstherrn eine Umsetzung auf einen anderen Dienstposten oder die Zuweisung anderer Aufgaben zur Erhaltung der Funktionsfähigkeit und zum Schutz der Behörde geboten ist. Bei dienstrechtlichen Maßnahmen sind die Beteiligungsrechte des Personalrats nach den §§ 75 Landespersonalvertretungsgesetz Baden-Württemberg (LPVG BW) zu wahren.[49]

5 Schadensersatz, Herausgabeanspruch, Folgenbeseitigung

Für Schadensersatzansprüche der Gemeinde gilt gemäß § 48 BeamtStG, dass Beamte im beamtenrechtlichen Sinn, die vorsätzlich oder grob fahrlässig die ihnen obliegenden Pflichten verletzen, dem Dienstherrn den daraus entstehenden Schaden zu ersetzen haben. Dies gilt auch für Beschäftigte des öffentlichen Dienstes (§ 280 Abs. 1, § 823 Abs. 2 Bürgerliches Gesetzbuch (BGB) i.V.m. § 3 Abs. 6 TvÖD-V). Bei Bestechungsdelikten, die im Fiskalbereich der Kommune zu Verträgen führen sollten oder geführt haben, können zudem gegen den Vorteilsgeber vorvertragliche (§ 311 Abs. 2, § 241 Abs. 2, § 280 Abs. 1 BGB) oder vertragliche Schadensersatzansprüche (§ 280 Abs. 1 BGB) geltend gemacht werden. Hat der Vorteilsgeber für ein Unternehmen gehandelt, ist auch dieses entsprechend schadensersatzpflichtig (§ 276 BGB).[50] Des Weiteren besteht gegen den Vorteilsgeber ein Schadensersatzanspruch aus unerlaubter Handlung nach den §§ 823 ff. BGB.

Soweit der Kommune ein Mitverschulden an der Entstehung des Schadens zukommt, weil sie Sorgfaltspflichten verletzt hat, insbesondere in Fällen systematischer Mängel ihres internen Kontrollsystems, kann dies zu einer Minderung ihres Schadensersatzanspruches führen (§ 254 BGB).

Einige Kommunen haben Eigenschaden- oder Vertrauensschadenversicherungen für Vermögensschäden abgeschlossen, die i.d.R. bei Nachweis eines rechtsbeständigen Schadensersatzanspruches aus unerlaubten Handlungen auch ohne Strafanzeige den Schaden bis zur versicherten Summe – nach Abzug einer eventuellen Eigenbeteiligung – ersetzen.

---

[49] Bund und die anderen Länder haben in ihren Personalvertretungsgesetzen vergleichbare Regelungen.

[50] Vgl. Ax, T./Schneider, M./Scheffen, J., 2010, Rechtshandbuch Korruptionsbekämpfung, S. 118 f.

Neben Schadensersatzansprüchen hat der Dienstherr gegen den Beamten außerdem einen Anspruch auf Herausgabe von Bestechungszuwendungen und von sonstigem pflichtwidrig Erlangtem, soweit nicht im Strafverfahren der Verfall nach §§ 73 ff. StGB angeordnet worden ist (§ 42 BeamtStG). Da die Tarifverträge für den Öffentlichen Dienst keine Vorschriften zur Herausgabe einer ungerechtfertigten Bereicherung enthalten, gelten hier für die Kommunalbeschäftigten die Regelungen der §§ 812 ff. BGB.

Beim Geltendmachen von Schadensersatz von geschädigter dritter Seite ist zu unterscheiden, ob das dem Korruptionsdelikt zugrunde liegende Handeln, das für den Schaden ursächlich ist, dem hoheitlichen oder fiskalischen (privatrechtlichen) Bereich zuzuordnen ist. Ist hoheitliches Handeln schadensursächlich, haftet gemäß § 839 Abs. 1 BGB i.V.m. Art. 34 Grundgesetz (GG) die Kommune, in deren Dienst der Beamte oder Beschäftigte steht, selbst für den Schaden (Amtshaftung). Sie kann jedoch Rückgriff gegen den Amtsträger nehmen (Art. 34 S. 2 und 3 GG). Bei Handeln im hoheitlichen Bereich sind die Regelungen nach § 839 BGB und Art 34 GG abschließend, d.h. ein Schadensersatzanspruch aus den §§ 823 ff. BGB besteht nicht. Ist fiskalisches Handeln schadensursächlich, können vom geschädigten Dritten wegen unerlaubter Handlung gegen einen Beamten, im beamtenrechtlichen Sinne, nach § 839 BGB, gegen einen Beschäftigten nach §§ 823 ff. BGB und gegen die Gemeinde nach §§ 823 ff. i.V.m. §§ 31, 89 BGB Schadensersatzansprüche geltend gemacht werden.[51]

Ansprüche der durch die Korruptionshandlung Geschädigten – Gemeinde und Dritte – auf Schadensersatz und Herausgabe können bereits in einem Strafprozess geltend gemacht werden (§ 403 Strafprozessordnung (StPO)). Das Strafgericht entscheidet dann auch über die zivilrechtlichen Ansprüche, die ansonsten in einem gesonderten zivilrechtlichen Verfahren geltend gemacht werden müssten.

Des Weiteren ist zu prüfen, ob und inwieweit die Folgen aus rechtswidrigem schlichten Verwaltungshandeln, rechtswidrigen hoheitlichen Rechtsakten oder rechtswidrig zustande gekommenen fiskalischen Rechtsgeschäften, wo sich die Rechtswidrigkeit jeweils kausal aus dem Korruptionsdelikt ergibt, beseitigt werden können (Folgenbeseitigung i.w.S.): Rechtswidrige Verwaltungsakte können gemäß § 48 Landesverwaltungsverfahrensgesetz Baden-Württemberg (LVwVfG BW) oder vorrangigen Spezialgesetzen auch nach Unanfechtbarkeit selbst ohne Antrag des Betroffenen von der Behörde zurückgenommen werden.[52] Ein geschädigter Dritter kann zudem einen öffentlich-rechtlichen Anspruch auf Folgenbeseitigung gegen die Kommune geltend machen, wenn

---

[51] Vgl. Palandt, O., 2008, Bürgerliches Gesetzbuch – Kommentar, Rn. 1, 3, 11 ff. zu § 839.

[52] Bund und die anderen Länder haben in ihren Verwaltungsverfahrensgesetzen vergleichbare Regelungen.

rechtswidriges hoheitliches Handeln[53] einen noch andauernden rechtswidrigen Zustand geschaffen hat, sofern die Folgenbeseitigung von der Kommune rechtlich und tatsächlich möglich und zumutbar ist. Der Folgenbeseitigungsanspruch ist auf die Wiederherstellung des Zustandes vor dem rechtswidrigen hoheitlichen Handeln gerichtet und betrifft nur die unmittelbaren Folgen. Die Wiederherstellung erfolgt i.d.R. durch Erlass eines Verwaltungsaktes oder schlicht hoheitliches Handeln.[54] Gegebenenfalls kommen für den Dritten andere verwaltungsrechtliche Rechtsbehelfe infrage.

Im fiskalischen Bereich geht es um Verträge, die im Zusammenhang mit Bestechung geschlossen wurden. Solche Verträge sind nur wegen Sittenwidrigkeit nach § 138 BGB nichtig, wenn eine Bestechungsvereinbarung kausal zu einer für die Kommune nachteiligen Ausgestaltung des Vertrages geführt hat.[55] Soweit Verträge hiernach nicht nichtig sind, kommen wegen arglistiger Täuschung eventuell die Anfechtung nach §§ 142, 143 BGB, die (außerordentliche) Kündigung (z.B. für Bauverträge gemäß § 8 Abs. 4 Vergabe- und Vertragsordnung für Bauleistungen – Teil B (VOB/B)) oder ein Rücktritt vom Vertrag (§ 346 BGB) in Betracht. Jeweilige Folge ist die Rückabwicklung der Verträge.

6 Korruptionsgefährdete Bereiche

In der öffentlichen Verwaltung, insbesondere jedoch in der Kommunalverwaltung, die im besonders engen Kontakt mit Bürgern und Unternehmen agiert, sind folgende Bereiche besonders korruptionsgefährdet:

- Ausschreibung, Vergabe und Abrechnung von Aufträgen;

- Verhandlung und Abschluss von sonstigen Verträgen;

- Erteilung von Genehmigungen, Erlaubnissen, Konzessionen, Auflagen, Geboten, Verboten und Duldungen;

- Festsetzung und Erhebung von Abgaben und Entgelten;

- Forderungsmanagement, Entscheidung über Niederschlagung und Erlass von Forderungen;

---

[53] Schlichtes Verwaltungshandeln oder ein noch nicht bestandskräftiger Verwaltungsakt.

[54] Zum Folgenbeseitigungsanspruch siehe Schulze, C., 2008, Das Recht der öffentlichen Ersatzleistungen, S. 133 ff.

[55] Zur Nichtigkeit von Verträgen im Zusammenhang mit Schmiergeldabreden vgl. Maschmann, F., 2007, Vermeidung von Korruptionsrisiken aus Unternehmenssicht, S. 168 f.; vgl. auch Ax, T./Schneider, M./Scheffen, J., 2010, Rechtshandbuch Korruptionsbekämpfung, S. 104 ff.

- Gewährung von Fördermitteln, Zuschüssen und Sozialleistungen;

- Durchführung von Kontroll- und Aufsichtstätigkeiten;

- Regional- und Bauleitplanung;

- Bearbeitung von Vorgängen mit vertraulichen Informationen, die für Dritte von besonderer Bedeutung sein können;

- Bewirtschaftung, Anordnung und Zahlung von Haushaltsmitteln;

- Vermögensverwaltung.

Ein weiteres Risikopotenzial im Hinblick auf politische Korruption liegt beim Gemeinderat, der sowohl Rechtsetzungs- als auch Exekutivorgan der Kommune ist. Gemäß § 24 Abs. 1 GemO BW legt der Gemeinderat die Grundsätze für die Verwaltung der Gemeinde fest und entscheidet über alle Angelegenheiten der Gemeinde, sofern nicht der Bürgermeister kraft Gesetzes u. a. bei Geschäften der laufenden Verwaltung (durch Festlegung von Wertgrenzen in der Hauptsatzung), bei Wahrnehmung übertragener staatlicher Aufgaben sowie bei der Leitung und inneren Organisation der Gemeindeverwaltung zuständig ist oder ihm der Gemeinderat bestimmte Angelegenheiten überlässt. Der Gemeinderat überwacht die Ausführung seiner Beschlüsse und sorgt beim Auftreten von Missständen in der Gemeindeverwaltung für deren Beseitigung durch den Bürgermeister. Als Kollegialorgan kann zwar der Gemeinderat nur als Ganzes, nicht hingegen das einzelne Gemeinderatsmitglied entscheiden; dennoch kann ein einzelnes Gemeinderatsmitglied durchaus andere in ihrer Entscheidung beeinflussen oder aufgrund seiner geschätzten Fachkenntnis Mehrheiten „organisieren". Besonders korruptionsgefährdet sind Gemeinderatsmitglieder bei Beschlüssen über Bausatzungen, Fiskalgeschäfte, Bau- und sonstigen Investitionsvorhaben sowie bei Entscheidungen im Rahmen von Baugenehmigungs- und Baulandumlegungsverfahren, da diese i. d. R. nicht unerhebliche wirtschaftliche Interessen Dritter berühren.

7 Kommunale Präventionsmaßnahmen

Die anzuwendenden Maßnahmen zur kommunalen Prävention und Bekämpfung von Korruption finden sich zum einen in den Verwaltungsvorschriften und Richtlinien des Bundes und der Länder zur Korruptionsprävention und -bekämpfung (deren Anwendung den Kommunen lediglich empfohlen wird) bzw. dem nordrhein-westfälischem Korruptionsbekämpfungsgesetz, zum anderen v. a. im Vergaberecht, in den Gemeindeordnungen, im Gemeindehaushalts- und -kassenrecht sowie im öffentlichen Dienst- und Arbeitsrecht.

Die Korruptionsprävention[56] umfasst sowohl Maßnahmen der reinen Vorbeugung als auch solche zur Aufdeckung doloser Handlungen. Letztere haben aber durch ihre Abschreckungsfunktion zugleich auch vorbeugenden Charakter. Die einzelnen präventiven Maßnahmen werden im Folgenden beschrieben.[57]

7.1 Antikorruptionsbeauftragter, Ombudsmann

Jede Kommune sollte eine Stelle bzw. Organisationseinheit als zentralen Ansprechpartner für die Korruptionsprävention und -bekämpfung einrichten (Antikorruptionsbeauftragter).[58] Dieser fungiert als Anlaufstelle für – auch anonyme – Hinweise von Bürgern und Bediensteten in Fällen von (vermuteter) Korruption. Hierzu kann eine gesonderte Telefon-Hotline und/oder E-Mail-Adresse eingerichtet werden. Außerdem obliegen dem Antikorruptionsbeauftragten in Zusammenarbeit mit den anderen städtischen Stellen die Erarbeitung von Maßnahmen zur Korruptionsprävention und deren regelmäßige Überprüfung auf Effektivität. Schließlich wirkt er bei Verdachtsfällen auf Korruption bei den internen Ermittlungen mit und macht Vorschläge für das weitere Vorgehen.

Bei der Aufgabenwahrnehmung sollte der zentrale Ansprechpartner weisungsunabhängig sein und direkt dem Bürgermeister unterstehen. Diese besondere Stellung garantiert § 109 Abs. 2 GemO BW dem örtlichen Rechnungsprüfungsamt, weshalb es für die Übernahme der Aufgabe eines Antikorruptionsbeauftragten am besten geeignet sein dürfte. Allerdings ist jeder städtische Bedienstete auch bei Weisungsunabhängigkeit – somit also selbst der Antikorruptionsbeauftragte – dienstrechtlich verpflichtet, konkrete Verdachtsfälle auf Korruption dem Bürgermeister zu melden, was auch die Meldung des Hinweisgebers umfasst. Dies könnte auf potenzielle Hinweisgeber abschreckend wirken. Hier kann ein verwaltungsexterner Ombudsmann oder Vertrauensanwalt Abhilfe schaffen, der ein Zeugnisverweigerungsrecht hat (§ 53 StPO).[59] Er kann dem Hinweisgeber daher auf Wunsch Vertraulichkeit zusichern. Außerdem ist der Dienstherr nicht verpflichtet, die von einem Vertrauensanwalt oder durch ein elektronisches System zur

---

[56] Zu Korruptionsprävention in Unternehmen siehe auch den Beitrag von Pauthner/Lehmacher.

[57] Vgl. zu Maßnahmen der Korruptionsprävention u.a. Verwaltungsvorschrift Korruptionsverhütung und -bekämpfung Baden Württemberg, Verwaltungsvorschrift zur Vermeidung und Bekämpfung der Korruption in der öffentlichen Verwaltung der Freien Hansestadt Bremen vom 16.01.2001, Verwaltungsvorschrift zur Bekämpfung von Korruption in der Landesverwaltung Niedersachsen vom 14.06.2001, Verwaltungsvorschrift zur Vermeidung und Bekämpfung der Korruption Sachsen-Anhalt vom 30.06.2010.

[58] Vgl. auch den Beitrag von Buchert zu Hinweisgebersystemen.

[59] Das Innenministerium Baden-Württemberg hat seit dem 01.09.2009 einen Vertrauensanwalt bestellt.

Kommunikation mit anonymen Hinweisgebern zur Kenntnis gelangte Identität der Hinweisgeber offen zu legen (§ 57 Abs. 2 LBG BW). Ein solcher Ombudsmann oder eingerichtetes elektronisches Hinweisgebersystem ersetzt aber nicht den Antikorruptionsbeauftragten der Behörde.

7.2 Risikoanalyse

Die besonders korruptionsgefährdeten Arbeitsplätze und Prozesse sind zu ermitteln und einer Risikoanalyse zu unterziehen.[60] Dabei wird die Ist-Situation der derzeitigen Aufbau- und Ablauforganisation und der damit verbundenen Risiken sowie der vorhandenen Kontrollmechanismen – unabhängig vom Arbeitsplatzinhaber – der gewünschten Soll-Situation gegenübergestellt. So lassen sich organisatorische Schwachstellen im Hinblick auf mögliche Korruption aufdecken und die erforderlichen Verbesserungsmaßnahmen ableiten. Bei Prozessen eignet sich die grafische Darstellung besonders gut.[61]

Die Risikoanalyse lässt sich auch ausweiten im Hinblick auf Schwachstellen, die in der Person des Arbeitsplatzinhabers liegen. Dabei sind allerdings Aspekte des Datenschutz-, Dienst- und Personalvertretungsrechts zu berücksichtigen, erst recht, sobald Erkenntnisse der Analyse schriftlich niedergelegt werden. Solche Aspekte sind u.a. der Schutz und die Vertraulichkeit der Personalaktendaten (§§ 83 ff. LBG BW), die Pflicht zur Anhörung des Bediensteten zu für ihn nachteiligen Bewertungen (§ 87 Abs. 4 LBG BW) und die Beteiligung der Personalvertretung (§ 79 LPVG BW).

Sowohl die Ermittlung der besonders korruptionsgefährdeten Arbeitsplätze und Prozesse als auch ihre Risikoanalyse ist in regelmäßigen Abständen (maximal fünf Jahre) zu wiederholen bzw. zusammen mit aufbau- und ablauforganisatorischen Änderungen vorzunehmen. Die Risikoanalyse eines Arbeitsplatzes sollte selbstverständlich keinesfalls alleine vom Stelleninhaber vorgenommen werden.

Abbildung 5: Risikoanalyse Arbeitsplatz

Arbeitsplatz:_____		Stellenbeschreibung Nr._____	
Nr.	Tätigkeit	Risiken (auch Risikograd)	Maßnahmen (Vorbeugung, Kontrolle)

---

[60] Vgl. den Beitrag von Jackmuth/Zawilla zu Gefährdungsanalyse.

[61] Siehe als Beispiel zum Vorgehen bei einer Risikoanalyse Anlage 2 zur Verwaltungsvorschrift zur Bekämpfung von Korruption in der Landesverwaltung Niedersachsen vom 14.06.2001.

Abbildung 6: Risikoanalyse Prozess

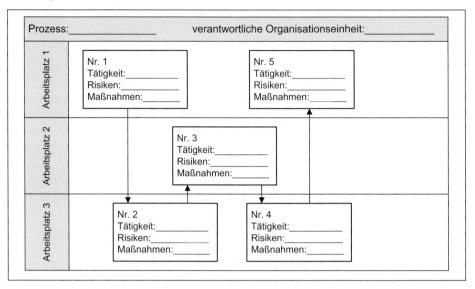

7.3 Einhaltung korruptionshemmender Vorschriften

Zu den korruptionshemmenden Vorschriften zählen u. a.:

- grundsätzliches Verbot der Annahme von Belohnungen, Geschenken und sonstigen Vorteilen mit Zustimmungsvorbehalt für Ausnahmen (§ 42 BeamtStG, § 3 Abs. 2 TVöD-V);

- Anzeige- und teilweise Genehmigungspflicht von Nebentätigkeiten mit Verbots- bzw. Versagungsvorbehalt (§§ 62, 63 LBG BW , § 3 Abs. 3 TVöD);

- Genehmigungsvorbehalt des Gemeinderats bei Spenden u.ä. Zuwendungen (§ 78 Abs. 4 GemO);

- Hinderungsgründe für den Eintritt in oder die Mitwirkung im Gemeinderat, zur Wählbarkeit als Bürgermeister oder zur Bestellung als Beigeordneter (§§ 18, 29, 46, 51 GemO BW);

- Hinderungsgründe zur Bestellung als Kassenbediensteter oder Prüfer (§§ 93 Abs. 3, 109 Abs. 5 GemO BW);

- Regelungen zur Funktionstrennung bzw. zum Mehr-Augen-Prinzip:

  - Trennung der Tätigkeitsbereiche Informationstechnologie, fachliche Sachbearbeitung und Kassenaufgaben (§ 35 Abs. 6 Gemeindehaushaltsverordnung Baden-Württemberg (GemHVO BW)),

  - Trennung von Buchführung und Zahlungsverkehr (§ 5 Abs. 3 Gemeindekassenverordnung Baden-Württemberg (GemKVO BW)),

  - Trennung von der Befugnis zur Kassenanordnung und den Kassenaufgaben, Trennung von der Befugnis zur Kassenanordnung und der sachlichen und rechnerischen Feststellung (§ 7 Abs. 2 GemKVO BW),

  - bei Beschaffungen Trennung von Vorbereitung, Durchführung des Vergabeverfahrens, Abnahme und Abrechnung (Nr. 3.1.2 Abs. 3 VwV Korruptionsverhütung und -bekämpfung BW);

- Verpflichtung zur Quittierung von Barzahlungen (§§ 14, 17 GemKVO BW);

- Einhaltung der Grundsätze ordnungsmäßiger DV-gestützter Buchführungssysteme (§ 35 Abs. 5 GemHVO BW);

- Einhaltung der diversen vergaberechtlichen Vorschriften.

7.4 Sensibilisierung, Aufklärung, Vorbildfunktion

Alle Bediensteten, insbesondere aber diejenigen aus den besonders korruptionsgefährdeten Bereichen, sind bei Dienstantritt und dann in regelmäßigen Dienstbesprechungen, Fortbildungen und anderen Veranstaltungen über die Formen von Korruption bzw. über die wesentlichen Korruptionsdelikte zu unterrichten sowie über die möglichen rechtlichen straf-, dienst- und zivilrechtlichen Folgen aufzuklären. Hierbei ist auch das vom Dienstherrn von seinen Bediensteten geforderte Verhalten gegen Korruption darzulegen, das in einem Verhaltenskodex schriftlich niedergelegt werden sollte. Solche Verhaltensgrundsätze sind v.a. die Abwehr jeglicher Korruptionsversuche und die Unterstützung der Vorgesetzten bei der Entdeckung doloser Handlungen. Natürlich muss die geforderte Wertehaltung auch von der Führungsebene vorgelebt und aktiv eingefordert werden. Erforderliche Sanktionen sind als Ausdruck unmissverständlichen Willens des Dienstherrn zu korruptionsfreien Zuständen unverzüglich durchzuführen. Die Verwaltungskultur muss im Hinblick auf Korruption auf allen Ebenen das Prinzip der Null-Toleranz leben.

Die allgemeinen gesetzlichen und städtischen Vorschriften und Dienstanweisungen zur Korruptionsprävention und -bekämpfung einschließlich des Verhaltenskodex sind den

Bediensteten regelmäßig wiederkehrend (jährlich) gegen Empfangsbekenntnis auszuhändigen.

7.5 Auswahl und Rotation des Personals

Schon bei der Auswahl von Personal sollte bei besonders korruptionsgefährdeten Bereichen verstärkt auf die persönliche Geeignetheit der Bewerber für den Arbeitsplatz geachtet werden.[62] Um das Risiko zu verringern, dass korruptionsbegünstigende Verbindungen entstehen und dolose Handlungen unentdeckt bleiben, sollte spätestens alle fünf Jahre eine Personalrotation stattfinden. Wo das aufgrund geringer Personalkapazitäten nicht möglich ist, muss besonders intensiv kontrolliert werden.

7.6 Ehrenkodex für Mandatsträger

Da eine mittelbare Vorteilsgewährung an Gemeinderäte nicht strafbar ist (§ 108e StGB) und Anstellungsverhältnisse, Beraterverträge und sonstige geschäftliche Verbindungen zu privaten Unternehmen sowie Beteiligungen an diesen grundsätzlich keine Hindernisgründe zur Wahl als Gemeinderatsmitglied darstellen (§ 29 GemO BW), sollte ein Ehrenkodex als freiwillige Selbstverpflichtung der Gemeinderäte beschlossen werden. Damit „verpflichten" sie sich rechtlich unverbindlich, entsprechende Interessenkonflikte durch Angabe ihrer persönlichen und wirtschaftlichen Verhältnisse offenzulegen und sie veröffentlichen zu lassen sowie bestimmte angebotene Vorteile nicht anzunehmen. Einzig in Nordrhein-Westfalen besteht eine rechtliche Pflicht zur Offenlegung und Veröffentlichung (§ 17 Korruptionsbekämpfungsgesetz), deren Nichtbefolgen allerdings weder strafbewehrt ist noch eine Ordnungswidrigkeit darstellt.

7.7 Förmliche Verpflichtung von Nicht-Amtsträgern

Dritte, die mit öffentlichen Aufgaben betraut (insbesondere im Beschaffungsvorgang) oder als öffentliche Sachverständige bestellt werden, sollen gemäß dem Verpflichtungsgesetz förmlich verpflichtet werden. Damit werden sie strafrechtlich den Amtsträgern gleichgestellt (§ 11 Abs. 1 Nr. 4 StGB). Die Verpflichtung des Dritten wird vom zuständigen Behördenmitarbeiter mündlich vorgenommen. Dabei ist auf die strafrechtlichen Folgen einer Pflichtverletzung hinzuweisen. Über die Verpflichtung wird eine Nieder-

---

[62] Vgl. auch den Beitrag von Grieger-Langer zu Prävention im Personalmanagement.

schrift aufgenommen, die der Verpflichtete mit unterzeichnet (§ 1 Abs. 2-4 VerpflG). In der Praxis verwenden die Behörden Vordrucke für die Niederschrift.

7.8 Wettbewerbsausschluss und Auftragssperre

Bewerber um öffentliche Aufträge können vom Wettbewerb bzw. Vergabeverfahren ausgeschlossen werden, wenn sie nachweislich eine schwere Verfehlung begangen haben, die ihre Zuverlässigkeit als Bewerber in Frage stellt (§ 16 VOB/A, § 6 VOL/A, § 4 VOF). Solche schweren Verfehlungen sind Bestechungsdelikte sowie Begleitdelikte, wenn sie im oder in Bezug auf den Geschäftsverkehr begangen worden sind.[63] „Die schwere Verfehlung muss den für die Führung des Unternehmens verantwortlichen Personen anzulasten sein",[64] entweder weil sie sie selbst begangen haben oder aufgrund ihnen anzulastendes Organisationsverschulden. Eine rechtskräftige Verurteilung ist nicht erforderlich, sie muss allerdings nachweislich sein, da anderenfalls Schadensersatzansprüche des Ausgeschlossenen drohen. „Wegen der damit einhergehenden Unsicherheiten und Schwierigkeiten wird in der Praxis ein außerhalb eines zumindest staatsanwaltlichen Ermittlungsverfahrens zu führender Nachweis kaum vorkommen."[65] Die Behörde hat in jedem Einzelfall eine negative Prognose bezüglich der Zuverlässigkeit des Bewerbers für den Auftrag aufzustellen und zu dokumentieren. Dies gilt auch, wenn ein Bewerber trotz erheblicher Zweifel an seiner Zuverlässigkeit nicht ausgeschlossen werden soll. Ein Nicht-Ausschluss trotz nachweislich schwerer Verfehlung kommt in Betracht, wenn der Bewerber oder Bieter unverzüglich durch geeignete Maßnahmen Vorsorge gegen die Wiederholung schwerer Verfehlungen getroffen hat.[66]

Neben dem Ausschluss für einen konkreten ausgeschriebenen Auftrag kann die Behörde das betroffene Unternehmen auch bis zur Wiederherstellung der Zuverlässigkeit für zukünftige Aufträge sperren (Auftragssperre), wenn dies verhältnismäßig ist.

Ein ausgeschlossener Bewerber kann ebenso wenig als Nachunternehmer oder in einer Arbeitsgemeinschaft an Aufträgen teilhaben.[67]

---

[63] Nummer 3.3.2 der VwV Korruptionsverhütung und -bekämpfung BW.

[64] Vygen, K./Kratzenberg, R., 2010, VOB Teile A und B Kommentar, RdNr. 45 zu § 16 VOB/A. „Im Regelfall ist bei juristischen Personen und Personengesellschaften auf die in § 30 Abs. 1 OWiG genannten verantwortlichen Personen abzustellen, wobei entscheidend immer die tatsächlichen Verhältnisse sind, also die Funktion, die die betreffende Person ungeachtet einer etwaig fehlenden formal-juristischen Bestellung in Wirklichkeit innehat."

[65] Vygen, K./Kratzenberg, R., 2010, VOB Teile A und B Kommentar, RdNr. 54 zu § 16 VOB/A.

[66] Nummer 3.3.3 Abs. 4 der VwV Korruptionsverhütung und -bekämpfung BW.

[67] Nummer 3.3.3 Abs. 3 der VwV Korruptionsverhütung und -bekämpfung BW.

7.9 Prozessintegrierte Kontrollen

Zur Abschreckung und Aufdeckung doloser Handlungen bedarf es eines effektiven Internen Kontrollsystems (IKS), bestehend aus prozessintegrierten und prozessunabhängigen Kontrollen.[68] Prozessintegriert sind:

- Kontrollen durch den Vorgesetzten: Der Vorgesetzte hat manuelle Vorgangskontrollen in ausreichender Anzahl, Dichte und Tiefe durchzuführen und bei seinen Bediensteten auf Anzeichen von Korruption zu achten. Solche Anzeichen (Indikatoren) können u.a. sein: aufwendiger Lebensstil, kritische Nebentätigkeiten, privater Umgang mit Auftragnehmern, vermeintliche Unabkömmlichkeit vom Arbeitsplatz, wiederholte Bevorzugung bestimmter Bieter;[69]

- technische Kontrollen, z.B. Plausibilitätskontrollen und Freigabeprozeduren der Software.

7.10 Prozessunabhängige Kontrollen

Sie sind ebenfalls Teil des internen Kontrollsystems und erfolgen bei Kommunen durch die Rechts- und Fachaufsichtsbehörden sowie durch die örtlichen und überörtlichen Prüfungseinrichtungen. Von den genannten Behörden dürfte jedoch die örtliche Prüfungseinrichtung, das Rechnungsprüfungsamt der Kommune, für die Antikorruptionskontrolle am Wichtigsten sein. Es ist Teil der Kommune und daher mit deren Verwaltungsabläufen vertraut, jedoch bei der Erfüllung der ihm zugewiesenen Prüfungsaufgaben unabhängig und an Weisungen nicht gebunden (§ 109 Abs. 2 GemO BW).[70] Aufgabe des Rechnungsprüfungsamtes ist u.a. die Prüfung des gesamten Verwaltungshandelns der Gemeinde mit finanziellem Bezug auf Ordnungsmäßigkeit, d.h. auf Übereinstimmung mit den rechtlichen Vorschriften, Dienstanweisungen und Verträgen.[71] Dies beinhaltet auch die Prüfung auf dolose Handlungen bzw. Korruptionsdelikte.

---

[68] Vgl. auch den Beitrag von Schulze Heuling zur prozessualen Umsetzung eines Fraud-Management-Systems.

[69] Ein Katalog von Indikatoren findet sich in Nummer 4.1.1 der VwV Korruptionsverhütung und -bekämpfung BW.

[70] In den anderen Bundesländern gibt es vergleichbare Regelungen. Dort heißen die Rechnungsprüfungsämter zum Teil Revisionsämter.

[71] Zum kommunalen Prüfungswesen und den Aufgaben der örtlichen Rechnungsprüfung vgl. Glinder, P./Friedl, E., 2011, Gemeindehaushaltsrecht Baden-Württemberg, S. 319-347.

Zur Durchführung dieser Aufgabe hat der Prüfer ein umfassendes Informations- und Auskunftsrecht gegenüber den geprüften Stellen (§ 14 Abs. 2 Gemeindeprüfungsordnung Baden-Württemberg (GemPrO BW)), damit keine prüffreien Räume entstehen. Dieses Recht bezieht sich auch auf elektronische Daten und Verfahren, auf die er ein Zugriffsrecht hat. Grenzen des Auskunfts- und Zugriffsrechts ergeben sich aus der Erforderlichkeit für den Prüfungszweck, dem Grundsatz der Wirtschaftlichkeit und – sofern Grundrechte betroffen sind – dem Verhältnismäßigkeitsgrundsatz. Häufig verweigern geprüfte Stellen mit Verweis auf den Datenschutz die Herausgabe prüfungserforderlicher personenbezogener Daten und Beschäftigtendaten, insbesondere wenn kein konkreter Anfangsverdacht auf Rechtswidrigkeit bzw. Fehlverhalten vorliegt. Hierzu hat der Landesbeauftragte für den Datenschutz klargestellt, dass die Rechnungsprüfung gemäß § 15 Abs. 3 Landesdatenschutzgesetz Baden-Württemberg (LDSG BW) datenschutzrechtlich privilegiert ist und aufgrund ihrer unabhängigen Stellung in den vorgenannten Grenzen grundsätzlich selbst darüber entscheidet, wann und wie die Kontrollen vorzunehmen sind – auch ohne konkreten Anfangsverdacht. „Denn zum Wesen der Rechnungsprüfung gehört denknotwendig die Erhellung von Sachverhalten, die zu Beginn der Prüfung nicht bzw. nicht vollständig bekannt sind."[72]

Da das immense Datenvolumen heutzutage allein manuell nicht mehr revisionstauglich geprüft werden kann, muss sich auch die kommunale Rechnungsprüfung der Möglichkeiten elektronischer Datenanalyse bedienen.[73] Sie hilft bei der Identifizierung auffälliger Muster in Massendaten, z.B. des Rechnungswesens.[74] Weil die Unabhängigkeit und die Aufgaben des örtlichen Rechnungsprüfungsamtes gesetzlich festgelegt sind, hat die Personalvertretung beim Einsatz von Datenanalysesoftware durch die Rechnungsprüfung kein Mitbestimmungsrecht nach § 79 LPVG.[75]

8 Behördeninternes Vorgehen bei Verdachtsfällen

Das Vorgehen bei Verdachtsfällen auf Korruption wird im Folgenden am Beispiel der Landeshauptstadt Stuttgart dargestellt. Abbildung 7 zeigt den behördeninternen Prozess, so wie er durch Dienstanweisungen, Zuständigkeitsregeln und Verfahrensbeschreibungen im Qualitätsmanagement-Handbuch des städtischen Rechnungsprüfungsamtes festgelegt ist.

---

[72] Vgl. Landtag von Baden-Württemberg, Drucksache 14/4675 vom 23.06.2009.
[73] Vgl. auch den Beitrag von Jackmuth zu Datenanalyse.
[74] Vgl. auch den Beitrag von Kopetzy zu Financial Forensic.
[75] VGH BW vom 12.12.2000 – PL 15 S 518/00. Der Gerichtsbeschluss bezieht sich auf den Fall eines Betriebsarztes, der vergleichbar mit dem Rechnungsprüfungsamt gesetzlich unabhängig und weisungsfrei ist.

Abbildung 7: Stadtinterner Prozess bei Verdachtsfällen auf Korruption am Beispiel der Landeshauptstadt Stuttgart

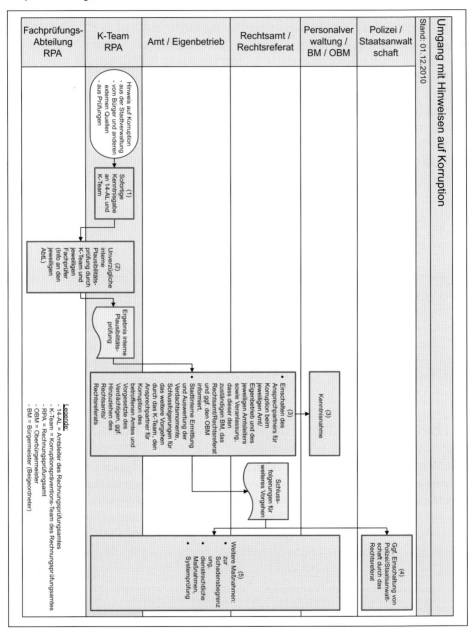

Quelle: Rechnungsprüfungsamt der Landeshauptstadt Stuttgart, Qualitätsmanagement-Handbuch

8.1   Erkenntnisquellen

Auslöser des Prozesses sind Hinweise bzw. Verdachtsmomente auf mögliche Korruptionsfälle in der Stadtverwaltung, wobei der juristische Korruptionsbegriff zugrunde gelegt wird. Solche Hinweise kommen i.d.R. aus drei Quellen:

- verwaltungsinterne Hinweise,
- externe Hinweise,
- Erkenntnisse aus Prüfungen.

8.1.1   Verwaltungsinterne Hinweise

Alle Mitarbeiter der Stadtverwaltung sind aufgrund ihrer Treuepflicht grundsätzlich gehalten, ihnen bekannt gewordene Verdachtsfälle von Korruption sofort ihrem Vorgesetzten oder, wenn dieser selbst der Verdächtige ist, dem nächst höheren Vorgesetzten zu melden. Dies gilt insbesondere dann, wenn durch die rechtzeitige Meldung der Schaden aus der unerlaubten Handlung noch zu verhindern ist oder noch weiterer Schaden verhindert werden kann.[76] Unterlassen sie dies, begehen sie eine Dienstpflichtverletzung.

Außerdem machen sie sich strafrechtlich der Beihilfe durch Unterlassen schuldig, wenn ihnen konkret die Aufgabe und damit die Garantenstellung durch Gesetz, Vertrag, Geschäftsverteilung bzw. Aufgabenzuordnung übertragen wurde, durch Kontroll- und Überwachungspflichten Korruptionsstraftaten aufzudecken (§§ 27, 13 StGB). Die Garantenpflicht beschränkt sich nicht nur auf die Verhinderung von Straftaten gegen die Kommune als juristische Person, sondern kann auch Rechtsverstöße von städtischen Mitarbeitern gegen Dritte umfassen, wie Bürger, Unternehmen, andere juristische Personen des öffentlichen Rechts. Solche Rechtsverstöße können z.B. durch fehlerhafte Abrechnungen bei Gebühren und Kostenerstattungen oder Unterlassen von erforderlichen Maßnahmen zur Gefahrenabwehr entstehen.[77] Diese Pflichtverletzungen können auch zivilrechtliche Schadensersatzansprüche des betroffenen Dritten oder im Fall von auf die Kommune übergeleiteten Amtshaftungsansprüchen (§ 839 Abs. 1 BGB i.V.m. § 34 GG) ein Regressanspruch der Kommune gegen den Mitarbeiter nach sich ziehen.

Dienstrechtlich zulässig ist es, wenn sich Mitarbeiter bei Verdachtsmomenten auf Bestechungsdelikte nach §§ 331-336 StGB parallel mit der Information des Dienstherrn auch direkt an die Strafverfolgungsbehörden wenden (§ 37 Abs. 2 Nr. 3 BeamtStG, für

---

[76]   Vgl. BGH vom 05.05.2004 – 4 StR 49/04 und LAG Berlin vom 09.01.1989 – 9 Sa 93/88.

[77]   Vgl. u.a. BGH, Urteil vom 17.07.2009 – 5 StR 394/08; BGH, Beschluss vom 15.07.1986 – 4 StR 301/86; Lackner, K./Kühl, K., 2011, Strafgesetzbuch, Rn. 6 ff. zu § 13 und Rn. 5 zu § 27 StGB; Wybitul, T., 2009, Strafbarkeitsrisiken für Compliance-Verantwortliche, S. 2590-2593.

Beschäftigte dürfte § 3 Abs. 1 TVöD einschlägig sein). Im Übrigen stellt es jedoch grundsätzlich eine Dienstpflichtverletzung dar, wenn städtische Mitarbeiter ihnen bekannt gewordene Verdachtsfälle auf Korruption direkt bei den Strafverfolgungsbehörden anzeigen, ohne vorher den Dienstherrn zu unterrichten und ihm Gelegenheit zu geben, die gebotenen Maßnahmen zu ergreifen. Erst, wenn der Dienstherr letzteres nicht tut oder sich der Mitarbeiter durch Nichtanzeige selbst einer Strafverfolgung aussetzen würde, darf der Mitarbeiter Anzeige erstatten. Ein Dienstvergehen liegt immer vor, wenn sich der Mitarbeiter ohne Genehmigung an die Medien wendet.[78]

Wer hingegen wider besseres Wissen einen Mitarbeiter wegen eines nicht begangenen Korruptionsdelikts bzw. einer nicht begangenen Dienstpflichtverletzung anzeigt oder entsprechende öffentliche Behauptungen aufstellt, kann sich einer falschen Verdächtigung (§ 164 StGB) oder der Verleumdung (§ 187 StGB) schuldig machen.

8.1.2 Externe Hinweise

Solche Hinweise kommen von Bürgern und Unternehmen sowie von Strafverfolgungsbehörden oder aus Medienberichten.

8.1.3 Erkenntnisse aus Prüfungen

Örtliche Prüfung (Rechnungsprüfungsamt) und überörtliche Prüfung (Gemeindeprüfungsanstalt) können Hinweise auf Korruptionsdelikte liefern. Alle Prüfer sind angehalten, bei Prüfungshandlungen auf entsprechende Anzeichen zu achten. Auch hier gilt, dass Prüfer bei Nichtweitergabe von ihnen bekannt gewordenen Verdachtsfällen eine Dienstpflichtverletzung begehen und bei Verletzung ihrer übertragenen Garantenstellung ebenso strafrechtlich wegen Beihilfe durch Unterlassen und zivilrechtlich mit Schadensersatzansprüchen zur Verantwortung herangezogen werden können.

Laut Dienstanweisung sind alle Verdachtsfälle von Korruption von den Leitungen der einzelnen Ämter und Eigenbetriebe unverzüglich dem Rechnungsprüfungsamt als stadtintern zuständige Stelle für Prävention und Aufdeckung von Korruption mitzuteilen bzw. weiterzuleiten, falls das Rechnungsprüfungsamt nicht selbst Hinweisgeber bzw. direkt Hinweisempfänger ist. Da nicht selten Bürger, Unternehmer und Verwaltungsmitarbeiter befürchten, wegen einer Verdachtsmeldung möglichen Repressionen ausgesetzt zu sein, erfolgen Hinweise in der Praxis auch anonym direkt an das Rechnungsprüfungsamt.

---

[78] Vgl. Adam, R. et al., 2010, Tarifrecht der Beschäftigten im öffentlichen Dienst, Rn. 29 der allgemeinen Vorbemerkungen zum TVöD. Vgl. auch Maschmann, F., 2007, Vermeidung von Korruptionsrisiken aus Unternehmenssicht, S. 142-150.

8.2 Stadtinterne Ermittlungen

Im Rechnungsprüfungsamt sind nach Hinweiseingang sofort die Amtsleitung sowie das Korruptionspräventionsteam (K-Team) zu informieren. Letzteres besteht aus verwaltungsrechtlichen und bautechnischen Prüfern, wobei ggf. weitere Fachprüfer hinzuzuziehen sind. Das K-Team nimmt eine zügige (überschlägige) Plausibilitätsprüfung des Hinweises vor, u.a. anhand der Fragen:

- Wird Insiderwissen preisgegeben?

- Sind die Aussagen in sich schlüssig?

- Sind die benannten Personen/Objekte existent?

- Lässt die Organisationsstruktur den geschilderten Handlungsablauf möglicherweise zu?

Gerade bei anonymen Hinweisen ist auch auf die Möglichkeit einer beabsichtigten Denunziation zu achten.

Ist der eingegangene Hinweis unter keinen Umständen plausibel, endet der Aktenvorgang mit einem entsprechenden Vermerk. Andernfalls werden die nach Dienstanweisung und Zuständigkeitsregeln für das weitere stadtinterne Ermittlungsverfahren verantwortlichen Stellen eingeschaltet, sofern sie nicht bereits zuvor als Hinweisempfänger Kenntnis erlangt haben oder aus ermittlungstechnischen Gründen ausscheiden: Dies sind die Leitung des betroffenen Amtes bzw. Eigenbetriebes, der dortige Ansprechpartner für Korruption und das städtische Rechtsreferat bzw. Rechtsamt. Darüber hinaus sind die für die Personalverwaltung zuständige Stelle, der für das Amt bzw. den Eigenbetrieb zuständige Beigeordnete (Bürgermeister) und – in schwerwiegenden oder sensiblen Verdachtsfällen – auch der Oberbürgermeister zu informieren.

Stadtinternen Ermittlungen stehen grundsätzlich keine strafprozessualen Schranken entgegen.[79] Sie sind demnach zulässig und geradezu erforderlich, um dienstrechtliche Maßnahmen ergreifen sowie zivilrechtliche Ansprüche geltend machen zu können. Für die stadtinternen Ermittlungen sind „die für Jedermann statuierten gesetzlichen Ge- und Verbote zu beachten."[80] Sonderrechte, wie sie die Strafverfolgungsbehörden in Anspruch nehmen können, bestehen nicht. D.h., stadtinterne Ermittlungen haben sich auf die straf-, dienst- und zivilrechtlich zulässigen Handlungen zu beschränken. Insbesondere sind das

---

[79] Vgl. Salvenmoser, S./Schreier, H., 2008, Private Ermittlungen, S. 1237, Rn. 32.

[80] Salvenmoser, S./Schreier, H., 2008, Private Ermittlungen, S. 1238, Rn. 36.

allgemeine Persönlichkeitsrecht des Betroffenen, das Brief-, Post- und Telekommunikationsgeheimnis, die datenschutzrechtlichen Vorschriften und der Verhältnismäßigkeitsgrundsatz zu beachten, wobei gilt: „Je dringender der Tatverdacht gegen einen bestimmten Mitarbeiter ist, desto einschneidender darf eine Maßnahme des Arbeitgebers sein."[81] Überschreitet der städtische Mitarbeiter als stadtinterner Ermittler dabei die Grenze des rechtlich Erlaubten, macht er sich gegebenenfalls strafbar und/oder der unerlaubten und somit schadensersatzpflichtigen Handlung schuldig.

In der Praxis erfolgen behördeninterne Ermittlungen i.d.R. – je nach Falllage – durch die folgenden Maßnahmen, die auch gleichzeitig Quellen für neue Hinweise darstellen.[82]

8.2.1   Befragungen

Grundsätzlich besteht seitens des verdächtigen Beschäftigten nur dann eine vorprozessuale Auskunftspflicht zu möglichen Kündigungsgründen, soweit eine solche gesetzlich, tarif- oder arbeitsvertraglich begründet ist.[83] Gleiches dürfte grundsätzlich auch für Beamte außerhalb eines Disziplinarverfahrens gelten. So besteht im Beamtenrecht und öffentlichen Tarifrecht – wie weiter oben bereits angeführt – eine umfassende Treuepflicht des Mitarbeiters (als Betroffener oder Zeuge), die auch eine Pflicht zur Meldung von Korruptionsdelikten an den Vorgesetzten beinhaltet. Faktisch hat somit der verdächtige Mitarbeiter bei Korruptionsdelikten gegenüber dem Dienstherrn eine dienstrechtliche Auskunftspflicht, deren Nichtnachkommen eine eigenständige Pflichtverletzung darstellt (explizit sind sogar angebotene Vorteile und Nebentätigkeiten dem Dienstherrn anzuzeigen (§§ 40, 42 BeamtStG, § 3 Abs. 2 und 3 TVöD-V)). Die Auskunft kann aber vom beschuldigten Mitarbeiter nicht erzwungen werden. Im Strafverfahren steht dem Beschuldigten nach §§ 136 Abs. 1, 163a Abs. 3 StPO frei, sich nicht zu äußern; gleiches gilt gemäß § 11 Abs. 2 LDG BW auch im Disziplinarverfahren. Zwar gelten diese Vorschriften außerhalb straf- und disziplinarrechtlicher Vernehmungen nicht, doch könnte statt dessen der rechtsstaatliche Grundsatz greifen, dass niemand gezwungen werden darf, sich selbst zu belasten, mit der Folge, dass der betroffene Mitarbeiter in diesem Fall doch ein Aussageverweigerungsrecht hat oder/und ein straf- und zivilrechtliches Beweisverwertungsverbot besteht (hier besteht noch Rechtsunsicherheit).[84] Vergleich-

---

[81]   Salvenmoser, S./Schreier, H., 2008, Private Ermittlungen, S. 1242, Rn. 52.

[82]   Vgl. auch den Beitrag von Zawilla zur Vorgehensweise bei Sonderuntersuchungen.

[83]   BAG vom 07.09.1995 – 8 AZR 828/93 und Maschmann, F., 2007, Vermeidung von Korruptionsrisiken aus Unternehmenssicht, S. 117, Rn. 64 ff.

[84]   Vgl. BGH vom 13.05.1996 – GSSt 1/96; vgl. Wastl, U./Litzka, P./Pusch, M., 2009, SEC-Ermittlungen in Deutschland, S. 68-74; vgl. Klengel, J./Müller, C.A., Kommentar zum Beschluss des LG Hamburg vom 15.10.2010 (608 QS 18/10), in: Betriebsberater 16/2011 vom 18.04.2011.

bares dürfte für die dienstrechtliche Auskunftspflicht von Mitarbeitern als Zeugen im Rahmen der stadtinternen Ermittlungen gelten (nur im Straf- und Disziplinarverfahren sind hier §§ 51-55 StPO, § 16 LDG BW direkt anwendbar). Sollen Mitarbeiter einer anderen Behörden befragt werden, darf dies nur mit Genehmigung des anderen Dienstherrn erfolgen, die jedoch nur in besonderen Fällen zu verweigern ist (§ 37 Abs. 3 BeamtStG, § 3 Abs. 1 TVöD-V). Befragungen von privaten Externen und entsprechende Auskunftsersuchen können hingegen nur auf freiwilliger Basis erfolgen.

8.2.2 Inaugenscheinnahme und Sicherstellung

Wichtige Maßnahmen im Rahmen der stadtinternen Ermittlungen sind grundsätzlich die Inaugenscheinnahme des Büros bzw. der Arbeitsräume des Tatverdächtigen (sofern es sich um städtische Räumlichkeiten handelt) und die Sicherstellung dienstlicher, nicht privater Schriftstücke, Dokumente und sonstiger Beweisgegenstände, sofern das ohne Verletzung des Briefgeheimnisses möglich ist (§ 202 StGB). Dagegen können vom Mitarbeiter verschlossene Schränke und Schreibtischschubladen ggf. nicht mehr zum dienstlichen Gewahrsamsbereich gehören, sondern dem Briefgeheimnis unterliegen, wenn dort private Schriftstücke lagern.

8.2.3 Einsichtnahme in dienstliche Dateien und dienstliche E-Mails

Ermittlungstechnisch erforderlich ist auch häufig die Einsichtnahme in dienstliche Dateien und dienstliche E-Mails des Tatverdächtigen, sofern das ohne Verletzung des Datengeheimnisses möglich ist (§ 202a StGB).[85] Hat der Dienstherr die private E-Mail-Nutzung untersagt, dürfen alle E-Mails, die nicht explizit als privat, persönlich u.ä. gekennzeichnet und in entsprechenden Ordnern abgelegt sind, einer Inhaltskontrolle unterzogen werden. Erlaubt der Dienstherr jedoch die private E-Mail-Nutzung, ist er Anbieter nach dem Telekommunikationsgesetz (TKG) und zur Wahrung des Fernmeldegeheimnisses nach § 88 TKG verpflichtet (eine Verletzung ist strafbar nach § 206 StGB), d.h. die Geheimhaltungspflicht erstreckt sich auf den gesamten E-Mail-Verkehr. Damit ist eine Inhaltskontrolle unabhängig von der Qualifikation einer E-Mail als privat oder dienstlich grundsätzlich nicht mehr erlaubt (§§ 88 ff. TKG), es sei denn, es besteht ein konkreter Verdacht auf ein Verbrechen oder schweres Vergehen und die Kontrolle ist verhältnismäßig.[86] Besonders schwere Fälle der Bestechlichkeit und Bestechung (§ 335 StGB) sind Verbrechen (§ 12 Abs. 1 StGB), alle anderen Korruptionsdelikte Vergehen (§ 12 Abs. 2 StGB). Ob es sich um schwere Vergehen handelt, ist jeweils im Einzelfall zu

---

[85] Vgl. auch den Beitrag von Christ zu Datenschutz.
[86] Vgl. Salvenmoser, S./Schreier, H., 2008, Private Ermittlungen, S. 1251 ff., Rn. 93 ff., vgl. Joussen, E., 2010, Sicher handeln bei Korruptionsverdacht, S. 118 ff., Rn. 260 ff.

prüfen. Als Anhaltspunkte für die Schwere können neben dem Höchstmaß der nach dem StGB vorgesehenen Strafe u.a. herangezogen werden: Ausmaß der Pflichtwidrigkeit bzw. Tat, Art der Ausführung sowie Dauer und Auswirkungen der Tat (sinngemäß § 46 Abs. 2 und § 335 Abs. 2 StGB). In vielen Fällen dürfte mit dieser nach dem TKG erforderlichen Verhältnismäßigkeitsprüfung jedoch ein gehöriges Maß an Rechtsunsicherheit einhergehen.

8.2.4 Zusammenstellung erfasster Verbindungsdaten

Hilfreich für die Ermittlungen, wenn auch allein regelmäßig nicht ausreichend, ist bereits die bloße Zusammenstellung erfasster Verbindungsdaten dienstlicher E-Mails und Telefonate des Tatverdächtigen (u.a. Datum, Uhrzeit, Zieladresse bzw. -nummer). Durch die Erfassung solcher Verbindungsdaten aus dienstlichem Anlass (generelle Mitarbeiterkontrolle) wird weder das Fernmeldegeheimnis des telefonierenden Mitarbeiters noch das des Angerufenen/Anrufenden verletzt.[87] Verbindungsdaten von Mitarbeitern in besonderen Vertrauensstellungen oder zur Geheimhaltung verpflichteter Stellen (z.B. Personalräte) können jedoch einem besonderen Schutz unterliegen. Die technische Einrichtung der Erfassung bzw. Aufzeichnung von Verbindungsdaten unterliegt der Mitbestimmung des Personalrats (§ 79 Abs. 3 Nr. 12 LPVG BW).

8.2.5 Durchsicht und Prüfung der sichergestellten Dokumente

Die sichergestellten Dokumente sowie der vom Tatverdächtigen bearbeiteten Aktenvorgänge sind auf Hinweise, die den Tatverdacht konkretisieren oder entkräften, durchzusehen bzw. zu prüfen. Gleiches gilt für die Daten des Rechnungswesens (u.a. Buchungsvorgänge, Kreditoren, Debitoren, zahlungsbegründende Unterlagen). Dabei werden ggf. auch Programme zur Analyse von Massendaten verwendet. Der Einsatz solcher Programme bei der Verarbeitung personenbezogener Daten durch das örtliche Rechnungsprüfungsamt unterliegt nicht der Mitbestimmung des Personalrats nach § 79 Abs. 3 Nr. 14 LPVG BW, denn für das Rechnungsprüfungsamt besteht eine gesetzlich garantierte fachliche Unabhängigkeit und Weisungsungebundenheit (§ 109 Abs. 2 GemO BW).[88] Für andere, nicht unabhängige städtische Stellen ergibt sich demgegenüber aber ein Mitbestimmungsrecht des Personalrats.

---

[87] BAG vom 27.05.1986 – 1 ABR 48/84.

[88] VGH BW vom 12.12.2000 – PL 15 S 518/00. Der Gerichtsbeschluss bezieht sich auf den Fall eines Betriebsarztes, der vergleichbar mit dem Rechnungsprüfungsamt gesetzlich unabhängig und weisungsfrei ist.

8.2.6   Feststellung des Schadensumfangs

Die stadtinternen Ermittlungen abschließend ist der Schadensumfang vorläufig fest-zustellen: u.a. Schadenshöhe, involvierte Mitarbeiter und Externe, betroffene Ämter und Externe, betroffene Rechtsakte bzw. Rechtsgeschäfte (Verwaltungsakte, Verträge etc.).

8.2.7   Ermittlungsrahmen

Bei den Ermittlungshandlungen geht es auch immer um personenbezogene Daten, also über persönliche oder sachliche Verhältnisse einer bestimmten oder bestimmbaren natür-lichen Person (§ 3 Abs. 1 LDSG BW). Sofern nicht Bundes- oder Spezialgesetze vor-gehen, gelten für die Gemeinden die landesdatenschutzrechtlichen Bestimmungen (§ 2 Abs. 1 LDSG BW). Diese stehen aber den obigen Ermittlungshandlungen nicht ent-gegen. § 13 Abs. 1, 3 und § 15 Abs. 3 LDSG BW erlauben die Erhebung und Nutzung solcher Daten für Zwecke der Mitarbeiterkontrolle und Rechnungsprüfung (gesetzliche Privilegierung dieser Zwecke), falls erforderlich und verhältnismäßig auch ohne Kenntnis des betroffenen Mitarbeiters. Erforderlichkeit und Verhältnismäßigkeit sind bei konkre-ten Verdachtsfällen auf Korruptionsdelikte in aller Regel gegeben. Soweit der Dienstherr durch Zulassung privater Nutzung selbst Anbieter von Telekommunikationsleistungen ist, verdrängen die wesentlich enger gefassten datenschutzrechtlichen Bestimmungen der §§ 88 TKG jedoch die landesdatenschutzrechtlichen Bestimmungen, was grundsätzlich – wie oben ausgeführt – nur noch in Einzelfällen Inhaltskontrollen von E-Mails zulässt.

Bei den genannten Ermittlungshandlungen ist stets zu berücksichtigen, dass der Tatver-dächtige hierdurch nicht gewarnt wird bzw. er die Möglichkeit erhält, Beweismittel zu vernichten und eine ggf. unerlaubt erlangte Bereicherung „verschwinden" zu lassen. Um den angerichteten Schaden zu begrenzen, ist es wichtig, dem vermeintlichen Täter keine Gelegenheit zu geben, seine korruptiven Handlungen fortzuführen, zu verschleiern oder mögliche Schadensersatz- und Herausgabeansprüche gegen sich ins Leere laufen zu lassen. Erteilte Vollmachten und Systemberechtigungen sind sofort zu widerrufen bzw. zu entziehen. Andererseits ist immer auch auf Hinweise zu achten, die zu Gunsten des Tatverdächtigen sprechen. Abhören von Telefongesprächen, versteckte Videoüberwa-chungen, Personenobservationen, heimliche Tonbandaufnahmen u.ä. sind im Regelfall strafrechtlich bedenklich (§§ 201, 201a StGB) oder nur in besonderen Ausnahmefällen (z.B. offene Videoüberwachung in besonders gefährdeten Bereichen) zulässig und sollten den Strafverfolgungsbehörden überlassen bleiben. Nur in dem Fall, dass bereits ein Dis-ziplinarverfahren gegen einen Beamten eingeleitet worden ist, sind die Sicherstellung und die verwaltungsgerichtlich angeordnete Beschlagnahme von Beweismitteln, die sich im Gewahrsam des Beamten befinden, ggf. zusammen mit einer Durchsuchung nichtdienst-licher Räume durch den Dienstvorgesetzten als zuständige Disziplinarbehörde zulässig. In allen anderen Fällen ist das nur den Strafverfolgungsbehörden erlaubt.

In bestimmten Fällen können zudem rechtswidrig erlangte Beweismittel vor dem Verwaltungs-, Arbeits- und Zivilgericht dem Verwertungsverbot unterliegen. Ist eine Beweismittelerlangung nur deshalb rechtswidrig, weil eine erforderliche Beteiligung des Personalrats unterblieb, ist i.d.R. nicht von einem Beweisverwertungsverbot auszugehen. Im Strafprozessrecht gibt es grundsätzlich – mit einigen Ausnahmen wie z.B. § 100d Abs. 5 S. 2, § 136a Abs. 3 S. 2 StPO – kein Verwertungsverbot.[89]

Zur Vermeidung nachteiliger straf-, ordnungs-, dienst- und zivilrechtlicher oder prozessualer Konsequenzen ist es dringend geboten, dass alle Ermittlungshandlungen seitens der Behörde ausreichend dokumentiert werden:[90] Wer hat was, wann, wo und warum mit welchem Ergebnis veranlasst oder durchgeführt. Dabei sollten – zumindest in Zweifelsfällen – auch die rechtlichen Grundlagen und erforderlichen Verhältnismäßigkeitsüberlegungen mit vermerkt werden.

8.2.8 Weiteres Vorgehen

Auf Grundlage der Ergebnisse der stadtinternen Ermittlungen wird von den jeweils zuständigen Stellen über das weitere Vorgehen entschieden. Das Rechtsreferat entscheidet nach der städtischen Zuständigkeitsordnung über die Stellung von Strafanzeigen und Strafanträgen bzw. über die Unterrichtung der Strafverfolgungsbehörden. Nach Nr. 4.3 Abs. 2 und 3 der VwV Korruptionsverhütung und -bekämpfung Baden-Württemberg, die den Kommunen zur Anwendung empfohlen ist, sind bei einem Verdacht auf Vorliegen eines Bestechungsdeliktes die Strafverfolgungsbehörden zu unterrichten, bei Begleitdelikten sollen sie nach pflichtgemäßem Ermessen unterrichtet werden, wobei im Zweifel die Unterrichtung im öffentlichen Interesse liegt.[91]

Der Gemeinderat, der Oberbürgermeister, das Personalamt und das betroffene Fachamt entscheiden jeweils gemäß der Festlegungen in der städtischen Hauptsatzung und der städtischen Zuständigkeitsordnung über dienstrechtliche Maßnahmen sowie über die

---

[89] Zur Frage des Beweisverwertungsverbots im Straf-, Arbeits- und Zivilrecht vgl. Salvenmoser, S./Schreier, H., 2008, Private Ermittlungen, S. 1243-1247, Rn. 60-72. Im verwaltungsverfahrensrechtlichen Schrifttum wird im Ergebnis weithin übereinstimmend angenommen, dass auf rechtswidrige Weise erlangte Erkenntnisse – sofern die Rechtswidrigkeit der Ermittlung auf einer Verletzung individueller Rechte und nicht bloß auf einem Verstoß gegen Normen beruht, die allein öffentliche (z.B. Geheimhaltungs-)Interessen schützen – grundsätzlich nicht (unmittelbar) zu Lasten des betroffenen Bürgers verwendet werden dürfen (OVG Hamburg Beschluss vom 21.03.2007 – 3 Bs 396/05, Rn. 60).

[90] Die Pflicht zur Schriftlichkeit ergibt sich obendrein aus dem Grundsatz der Schriftlichkeit öffentlicher Verwaltung, aber auch aus Anforderungen des Qualitätsmanagements.

[91] In Nordrhein-Westfalen besteht für die Kommunen eine unmittelbare Pflicht zur Anzeige von Verdachtsfällen beim Landeskriminalamt (§ 12 Korruptionsbekämpfungsgesetz NRW).

Geltendmachung von Schadensersatz und Herausgabeansprüchen von Bestechungszu-wendungen. Ergibt sich bereits zu Beginn oder im Verlauf des stadtinternen Ermittlungs-verfahrens, dass die Verdachtsmomente stichhaltig sind, ist mit den Schlussfolgerungen für das weitere Vorgehen und mit der Unterrichtung des Oberbürgermeisters nicht bis zum Abschluss der internen Ermittlungen zu warten. Auch bei der Entscheidung über das weitere nichtstrafrechtliche Vorgehen sind von den Verantwortlichen, sofern ihnen pflichtgemäßes Ermessen eingeräumt ist, das besondere gemeindliche sowie das sonstige öffentliche Interesse zu beachten. Dazu gehören u. a. die Sicherstellung einer uneigennüt-zigen und gemeinwohlorientierten Amtsausübung (§ 33 Abs. 1 BeamtStG) bzw. einer gewissenhaften und ordnungsgemäßen Leistungserfüllung (§ 3 Abs. 1.1 TvÖD-V) sowie die gemeindehaushaltsrechtlichen Pflichten, das Vermögen der Gemeinde zu erhalten und zustehende Forderungen vollständig zu erfassen, geltend zu machen und rechtzeitig einzuziehen (§ 91 Abs. 2 GemO BW, § 26 GemHVO BW). Nicht zuletzt steht aber auch die Reputation der Gemeinde, obendrein ein wichtiger Standortfaktor bei der kommu-nalen Wirtschaftsentwicklung, auf dem Spiel.

Schließlich ist das bestehende System zur Korruptionsprävention (internes Kontrollsys-tem, weitere Prävenstionsmaßnahmen, Wertesystem) zu überprüfen bzw. einer System-kritik zu unterziehen, um sich daraus ergebene erforderliche Verbesserungsmaßnahmen zu definieren und schnellst möglichst umzusetzen.

Abbildung 8: Drei Maßnahmenbereiche bei einem Korruptionsfall

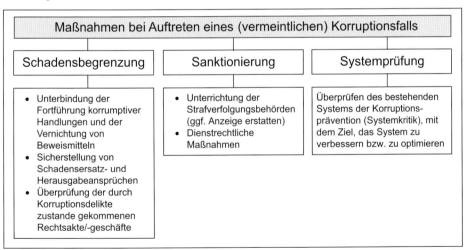

9 Fazit

„Keine Festung ist so stark, dass Geld sie nicht einnehmen kann". Dieser Ausspruch des römischen Politikers und Philosophen Cicero ist sicherlich von der Tendenz her pessimistisch. Er bedeutet im Kern jedoch, dass es faktisch kein absolut sicheres Kontroll- und Präventionssystem gegen Korruption geben kann, da ein solches die totale Kontrolle menschlichen Verhaltens bedingen würde. Es kann daher „nur" darum gehen, das System permanent zu verbessern. Dies gilt natürlich auch für die Kommunen. Wie der Beitrag gezeigt hat, agiert die kommunale Korruptionsprävention und -bekämpfung in einem rechtlich äußerst vielschichtigen und komplexen Rahmen. Um so wichtiger ist es, dass anerkannte Standards für die kommunale Antikorruptionsarbeit vorhanden sind, sich die Akteure regelmäßig fortbilden und ein kollegialer Fachaustausch stattfindet. Im allgemeinen Bewusstsein muss dem Antikorruptionsziel gleiches Gewicht zukommen wie dem Daten- und Persönlichkeitsschutz. Zumindest darf letzterer keine Ausrede für unzureichende Antikorruptionsarbeit sein.

Geldwäscheprävention

Alexander Freiherr von Hardenberg

1 Einleitung

In dem Beitrag wird ein kurzer Überblick vermittelt, welche Bedeutung der Kampf gegen Geldwäsche, Terrorismusfinanzierung und Finanzkriminalität für Banken, aber auch für Industrieunternehmen gewonnen hat.

Der Compliance-Bereich in Unternehmen ist mit der Herausforderung konfrontiert, einzelne Themenbereiche und daraus abzuleitende Risiken zu identifizieren, zu ermitteln, in welcher Form diese auf das eigene Unternehmen zutreffen, entsprechende Gegenmaßnahmen zu definieren, die sich aus dem Anforderungskatalog ableiten, sowie diese dann in dem Unternehmen zu implementieren. Aktuelle Ereignisse zeigen, dass Unternehmen bei Verstößen gegen Compliance-Anforderungen mit Reputationsverlusten oder empfindlichen Geldbußen rechnen müssen. Der Compliance-Bereich allein kann hier aber keine flächendeckende Überwachung gewährleisten. Die Bekämpfung der Geldwäsche, Terrorismusfinanzierung und Finanzkriminalität muss Bestandteil der Firmenkultur sein. Der Schlüssel für gute Compliance ist, Strukturen zu schaffen und die Sensibilität für dieses Thema auf einem hohen Niveau zu halten. Aber gute Richtlinien allein sind noch kein Garant für regelkonformes Verhalten. Es kommt auf die systematische Verankerung im Unternehmensalltag an.

Unter dem Begriff Geldwäsche versteht man das Einschleusen von Geldern aus illegalen Quellen und Aktivitäten in den legalen Finanzkreislauf. Einer Legende nach soll der Begriff Geldwäsche auf Al Capone zurückzuführen sein, der Gelder aus seinen kriminellen Aktivitäten in Waschsalons investiert bzw. dort „gewaschen" hat. Ziel der Geldwäsche ist es, die kriminelle Herkunft von Geldern zu verschleiern, was i.d.R in drei Phasen geschieht:

1. die Einschleusung der Werte in die offiziellen Finanzkreislauf (Placement);

2. die Verschleierung der tatsächlichen Herkunft der Werte (Layering);

3. die Integration in den normalen Finanzkreislauf (Integration).

Nach der „Wäsche" des Geldes kann dieses so genutzt werden, als stammte es aus einer legalen Geschäftstätigkeit.

Ziel der Unternehmen bei der Geldwäschebekämpfung ist es daher, durch geeignete und angemessene Sicherungsmaßnahmen den Versuch der Geldwäscher rechtzeitig zu erkennen und bei Verdacht eine entsprechende Meldung an die Behörden abzugeben.

Nach dem neuen Geldwäscheoptimierungsgesetz werden auch die Industrieunternehmen eine stärkere Mitwirkungspflicht bei der Bekämpfung der Geldwäsche und Terrorismusfinanzierung erhalten. Der Umfang dieser Pflichten und die daraus resultierenden Maßnahmen für die Corporates sind noch nicht abschließend zu erfassen. Sicherlich wird es für sie einen erheblichen Aufwand bedeuten. Schon immer spielten die Corporates eine wichtige Rolle in den Bemühungen der Kriminellen, die Herkunft von Geldern aus illegalen Quellen zu verschleiern, sei es durch den Kauf von hochwertigen Waren, Aktivitäten im Außenhandel oder der direkten Beteiligung an Unternehmen. Daher ist es im ureigenen Interesse der Unternehmen, auch ihre Kunden und Geschäftspartner zu kennen und entsprechend sensibilisiert zu sein, wenn es Anhaltspunkte auf Geldwäsche oder Terrorismusfinanzierung gibt bzw. Gelder mit dubioser Herkunft ins Spiel kommen. Neben den nicht unerheblichen Haftungsrisiken des Managements kann es auch zu strafrechtlichen Konsequenzen kommen – von der verlorenen Reputation im Markt ganz zu schweigen.

Der vorliegende Beitrag gibt einen kurzen Einblick in die Thematik der Geldwäscheprävention. Hierzu zählen auch Hinweise zur Geldwäschegefährdungsanalyse[1] sowie entsprechende Sicherungsmaßnahmen, die aus den Risiken abgeleitet werden können.

2 Entwicklung der geldwäschespezifischen regulatorischen Vorgaben

Geldwäsche ist ein internationales Geschäft und fügt den Volkswirtschaften hohe Schäden zu. Der Internationale Währungsfond (IWF) hat 1999 geschätzt, dass mutmaßlich 2% bis 5% des weltweiten Bruttoinlandsprodukts aus illegalen Quellen stammen. Sie würden einen dreistelligen Milliardenbetrag in US-Dollar ausmachen.

Bereits in den 1970er Jahren beschäftigte sich in Europa eine Arbeitsgruppe[2] mit der Frage, wie mit der Drogenkriminalität und dem Aufspüren dieser Straftaten sowie der Beschlagnahme der Gewinne der Straftaten umgegangen werden sollte. Die Arbeit dieser Gruppe war auch Grundlage für die Empfehlung des Europarates zu Maßnahmen gegen die Übertragung und gegen das Verheimlichen von Vermögenswerten mit kriminellem Ursprung vom 27.06.1980.

---

[1] Zur Durchführung einer Gefährdungsanalyse vgl. (auch) den Beitrag von Jackmuth/Zawilla.

[2] Pompidou-Arbeitsgruppe: sie wurde 1971 auf Initiative des französischen Präsidenten Georges Pompidou gegründet.

Viel bewirkt hat diese Empfehlung bei den Mitgliedsstaaten nicht, da sie keinen verpflichtenden Charakter hatte. Erst das Übereinkommen der Vereinten Nationen gegen
den unerlaubten Verkehr mit Sucht- und psychotropen Stoffen vom 20.12.1988, die so
genannte Vienna Convention, ging wesentlich weiter. Die erste verbindliche Definition
von Geldwäsche wurde aufgestellt.

1989 wurde dann auf dem Weltwirtschaftsgipfel in Paris eine Aktionsgruppe „finanzielle
Maßnahmen gegen die Wäsche von Drogengeldern durch Banken" eingesetzt. Diese
Financial Action Task Force (FATF) veröffentlichte am 19.04.1990 ihre ersten 40 Empfehlungen. Diese verstehen sich als *„minimal standard in the fight against money laundering"* und bilden zusammen mit den Empfehlungen der Wiener Konvention die Grundlage für die erste EG-Richtlinie zur Verhinderung der Nutzung des Finanzsystems zum
Zwecke der Geldwäsche. Diese EG-Richtlinie trat am 10.06.1991 in Kraft.

Die Regierungen der EG verpflichteten sich, die Bestimmungen der Wiener Konvention
sowie die Richtlinie des Europarats bis spätestens zum 01.01.1993 in nationales Recht
umzusetzen.

Am 22.09.1992 wurde der Straftatbestand der Geldwäsche mit dem „Gesetz zur Bekämpfung des illegalen Rauschgifthandels und anderer Erscheinungsformen der Organisierten
Kriminalität" als neuer § 261 in das deutsche Strafgesetzbuch (StGB) aufgenommen.

In den letzten Jahren wurden sowohl die Empfehlungen der FATF als auch die Richtlinien der EU überarbeitet. Die derzeitige Version des Geldwäschegesetzes wurde mit
Wirkung vom 21.08.2008, das Deutsche Geldwäschegesetz (GwG), das Kreditwesengesetz (KWG) und das Versicherungsaufsichtsgesetz (VAG) im Rahmen der Umsetzung
der 3. EG-Geldwäsche-Richtlinie (2005/60 EG, vom 26.10.2005), geändert.

Nach der letzten Untersuchung der FATF in Deutschland wurden Defizite bei der
Bekämpfung der Geldwäsche und Terrorismusfinanzierung festgestellt und im Bericht
vom 19.02.2010 veröffentlicht. Um diese Defizite zu beheben, wurde das „Gesetz zur
Optimierung der Geldwäscheprävention" verabschiedet. Für die Banken gibt es keine
grundlegenden Änderungen, da die Defizite in Deutschland hauptsächlich außerhalb des
Bankensektors gesehen werden. Hier geht es überwiegend um die Beaufsichtigung von
Unternehmen wie Immobilienmaklern, Versicherungsvermittlern, Juwelieren, Spiel-
banken, Finanzinstituten sowie Personen, die mit gewerblichen Gütern handeln.

3 Risikobasierter Ansatz und Analyse der Gefährdung

Um ein Unternehmen davor zu schützen, zur Geldwäsche, Terrorismusfinanzierung oder Finanzkriminalität missbraucht zu werden, ist es erforderlich, den gezielten Einsatz von Ressourcen und Aktivitäten sowie geeigneter Sicherungsmaßnahmen im Verhältnis zum tatsächlich vorhandenen Risiko zu setzen.

Die Risikoanalyse in Bezug auf das potenzielle Geldwäsche-, Terrorismusfinanzierungs- und Finanzkriminalitätsrisiko ist die Grundlage für einen rechtlich und regulatorisch vorgesehenen risikoorientierten Ansatz. Insgesamt kann die Risikoanalyse fünf Schritte umfassen:[3]

1. Transparenz über die Struktur, Geschäftsmodell, Aufbau- und Ablauforganisation des eigenen Unternehmens;

2. Identifizierung des potenziellen inhärenten Risikos;

3. Aufsetzen von risikobasierten und angemessenen Sicherungsmaßnahmen;

4. Bewertung der risikobasierten und angemessenen Sicherungsmaßnahmen;

5. Qualitätssicherungsprozess.

Zu 1: Um alle potenziellen Risiken identifizieren zu können, ist es erforderlich, einen abschließenden Überblick über das Unternehmen zu bekommen. Nur so erkennt man, wo ein Risiko entstehen kann und wie man mit geeigneten Maßnahmen dieses Risiko minimiert oder gegebenenfalls ausschaltet.

Zu 2: Bei der Betrachtung der Risikodimensionen, die als Anhaltspunkte für ein erhöhtes Risiko herangezogen werden können – wobei ein einzelner Anhaltspunkt nicht automatisch zu einer Qualifizierung als erhöhtes Risiko führt – müssen folgende Risikodimensionen betrachtet werden. Diese Auflistung ist natürlich nicht abschließend, sondern richtet sich auch nach den Ergebnissen aus dem ersten Schritt der Analyse.

Risikodimension Kunde

Das potenzielle Risiko, das sich aus einer Kundenbeziehung ergibt, wird durch unterschiedliche Risikokategorien beeinflusst. Diese Kategorien in ihrer Gesamtheit beeinflussen die Risikoeinstufung (z.B. „Hoch", „Mittel", „Niedrig"), die einem Kunden

---

[3] Für die fraud-spezifische Risikoanalyse vgl. auch den Beitrag von Jackmuth/Zawilla.

zugeordnet werden und die dann Einfluss auf die Sicherungsmaßnahmen haben. Die wichtigsten Risikokategorien sind:

- Länderrisiken: Hierbei unterscheidet man zwischen dem Wohnsitz einer Person bzw. Sitzland eines Unternehmens und der Nationalität einer Person. Das Länderrisiko ergibt sich aus einer Vielzahl von Bewertungen, die von unterschiedlichen Quellen veröffentlich werden. Zu den Quellen, die herangezogen werden können, zählen u.a. die FATF, Transparancy International (TI), die Organisation für wirtschaftliche Zusammenarbeit und Entwicklung (OECD), das Federal Bureau of Investigation (FBI), das Bundeskriminalamt (BKA) und die Drug Enforcement Administration (DEA).

- Industrie: Bei der Bewertung, welches potenzielle Risiko sich aus einzelnen Industrien ergibt, können einzelne Risikoindizien herangezogen werden, die auf höheres Risiko hinweisen. Hierzu können u.a. zählen:

  - Industrien, die häufig in Korruptionsfälle verwickelt waren,

  - Industrien, die mit organisierter Kriminalität in Verbindung gebracht werden,

  - Rotlichtindustrie,

  - Glückspielindustrie,

  - Industrie mit hohem Bargeldanteil.

- Rechtsform: Die Rechtsform kann Einfluss auf ein potenzielles Risiko haben, wenn es sich um eine Rechtsform handelt, die für Kriminelle interessant sein kann, da die Firma u.a.

  - schnell gegründet werden kann,

  - schnell geschlossen werden kann,

  - keine Registereintragung erfolgen muss,

  - keine oder geringe Transparenz gegeben ist,

  - keine Publikationspflichten gegeben sind,

  - der finanzielle Einsatz gering ist.

- PEP-Status (politisch exponierte Person): Der PEP-Status führt immer zu einem höheren Risiko, da es sich hier um eine klare rechtliche und regulatorische Anforderung handelt.

Risikodimension Produkt

Bei der Bewertung des potenziellen Risikos, das von einem Produkt ausgeht, ist zu überlegen, in welcher Form das Produkt interessant für einen Geldwäscher, Terroristen oder sonstigen Kriminellen ist. I.d.R. ist dies immer der Fall, wenn u.a.

- Bargeld in der Finanzkreislauf eingebracht werden kann;
- Bargeld aus dem Finanzkreislauf herausgezogen werden kann;
- Werte schnell verschoben werden können;
- direkter Kontakt mit dem Institut weitgehend vermieden werden kann;
- die Herkunft der Werte verschleiert werden kann;
- der tatsächliche Eigentümer der Werte nicht in Erscheinung treten muss.

Risikodimension Transaktion

Bei der Analyse der Risiken, die sich aus Transaktionen ergeben, sollte die Art und Weise der Durchführung betrachtet werden. Beurteilungskriterien können hierbei u.a. sein:

- Grenzüberschreitung;
- Betrag und Häufigkeit der Transaktion;
- Übereinstimmung der Transaktion mit dem Kundenprofil;
- Transaktionen ohne erkennbaren wirtschaftlichen Zweck;
- Aufsplittung von Transaktionen (Smurfing);
- Vollständigkeit der Daten im Sinne der EG-Verordnung Nr. 1781/2006.

Basierend auf den einzelnen Risikodimensionen kann dann im Risikoprofil aufgezeigt werden, wo in dem untersuchten Unternehmen die potenzielle Gefahr zum Missbrauch durch Geldwäsche, Terrorismusfinanzierung oder sonstige kriminelle Handlungen besteht. Es wird auch aufgezeigt, welche Kundensegmente einem hohen, mittleren oder niedrigem Risiko zugeordnet werden müssen.

Zu 3: In der dritte Phase der Risikoanalyse liegt der Focus auf der Ableitung der Sicherungsmaßnahmen von den erkannten Risiken, um zielgerichtet diese entsprechend zu minimieren oder soweit möglich auszuschließen. Entscheidend ist hier, dass die Ableitung für interne und externe Prüfer sowie auch für die Aufsichtsbehörden nachvollziehbar dokumentiert ist. Wichtig ist es v.a. darzustellen, wie bei einem risikoorientierten Ansatz die quantitativen und qualitativen Grenzen gezogen sind und wie diese Einfluss auf die Kundensegmente mit einem hohen, mittleren oder niedrigen Risiko haben.

Zu 4: Durch regelmäßige Untersuchungen der Effizienz der einzelnen Maßnahmen muss sichergestellt werden, ob diese auch den gewünschten Effekt haben und entsprechend greifen. Dieses kann durch Stichproben erfolgen oder durch die Analyse der Ergebnisse einzelner Maßnahmen. Beispiele hierfür können sein:

- Kontrollen im Rahmen des Kundenannahmeprozesses;

- Auswertungen aus EDV-gestützten Systemen;

- Auswertung des Meldeverhaltens der Mitarbeiter, um Rückschlüsse aus der Qualität der Schulung zu bekommen;

- Auswertung der Geldwäscheverdachtsmeldungen;

- eingetretene Schäden aus Betrugsfällen.

Am Ende dieser Untersuchung wird das Risikoprofil aufgezeigt, dass das Restrisiko nach den Sicherungsmaßnahmen darstellt. Bei der Bewertung dieses Restrisikos muss entschieden werden, ob weitere Maßnahmen, Ressourcen oder Investitionen erforderlich sind, um das Risiko, zur Geldwäsche, Terrorismusfinanzierung oder Finanzkriminalität missbraucht zu werden, weiter zu senken, oder ob unter Abwägung der Wahrscheinlichkeit und des risikobasierten Ansatzes die Maßnahmen ausreichend sind.

Zu 5: Am Ende stellt sich die Frage: „Sind wir wirklich so gut wie wir denken?" Die Gefährdungsanalyse ist ein wichtiger Baustein in dem Risikomanagement eines Unternehmens/Institutes. Dadurch gibt es viele Schnittstellen zu den anderen Bereichen, die sich mit der Thematik „Risikomanagement" auseinandersetzen, mit den Bereichen die im Zuge der Sicherungsmaßnahmen eingebunden sind und mit dem letztendlich verantwortlichen Management. Hier wird auch deutlich, dass die Gefährdungsanalyse einen erheblichen Nutzen für das Geschäft hat. Sie

- unterstützt die Geschäftsbereiche bei der Planung und Entwicklung der geschäftlichen Aktivitäten in Bezug auf Einhaltung von rechtlichen und regulatorischen Vorgaben;

- fördert ein besseres Verständnis der diversen Risiken in Bezug auf die angebotenen Produkte und Dienstleistungen, die betreuten Kunden und der geographischen Regionen, in denen das Unternehmen operiert;

- etabliert einen robusten Compliance-Risiko-Management-Prozess[4]

- verbessert die Identifizierung von Veränderungen im Compliance-Risikoprofil des Unternehmens auf fortlaufender Basis.

Neben einem Feedback aus den einzelnen internen Bereichen werden sich auch interne und gegebenenfalls externe Prüfer mit der Risikoanalyse befassen und ein entsprechendes Votum zur Qualität abgeben. Soweit es sich um ein Unternehmen handelt, dass dem Anwendungsbereich des GwG unterliegt, wird sich auch die entsprechende Aufsicht mit der Qualität der Risikoanalyse befassen und ein Feedback geben. So kann bei der regelmäßigen Überarbeitung die Qualität weiter verbessert werden.

4 Sicherungsmaßnahmen

Als Antwort auf die erkannten inhärenten Risiken, zur Geldwäsche, Terrorismusfinanzierung oder Finanzkriminalität missbraucht zu werden, sind entsprechende risikobasierte und angemessene Sicherungsmaßnahmen zu definieren und umzusetzen. Die wichtigsten Maßnahmen sind u.a.:

- eine einheitlicher Kundenannahmeprozess mit klaren Parametern in Bezug auf Know your Customer (KYC), Mindestanforderungen, Dokumentationspflichten, Genehmigungs- und Eskalationsprozessen sowie Risikoeinstufungen;

- fortlaufende Überwachung der Transaktionen und des Kundenverhaltens;

- Verwendung angemessener EDV-Systeme;

- zielgruppenorientierte Schulungen;

- klare Verdachtsmeldeprozesse;

- Einbindung bei der Entwicklung neuer Produkte;

- klares Regelwerk (z.B. Richtlinien, Verfahren und Kontrollen), in denen festgelegt ist, wie die Risiken in Bezug auf Geldwäsche, Terrorismusfinanzierung und Finanzkriminalität gesteuert und minimiert werden.

---

[4] Für einen übergreifenden Überblick des Risikomanagementprozesses vgl. den Beitrag von Romeike.

Wichtig bei allen Maßnahmen ist eine prüfungssichere Dokumentation. Im Bereich Compliance ist jede Maßnahme zu dokumentieren, damit bearbeitete Fälle, Auswertungsergebnisse, Maßnahmen gegen Verstöße sowie Schulungsteilnahmen nachgewiesen werden können. Eine prüfungssichere Dokumentation ist ebenfalls in Haftungsfragen bedeutsam, da mit ihrer Hilfe das Vorhalten angemessener Sicherungssysteme durch das Unternehmen nachgewiesen werden kann.

Damit stellt die Dokumentation bei Auftreten von Compliance-Vorfällen ein effektives Mittel dar, Strafzahlungen des Unternehmens oder auch Haftstrafen von verantwortlichen Mitarbeitern/Management abwenden zu können.

5 Fazit

Die Anforderungen in Hinblick auf die Geldwäschebekämpfung haben sich über die Jahre hinweg stetig erweitert und erstrecken sich mittlerweile über eine Vielzahl von Themen, die u.a. Finanzsanktionen, KYC, Terrorismusfinanzierung, PEP und verstärkt auch das Thema der Betrugsbekämpfung umfassen. Viele offene Fragenkomplexe erschweren die operative Umsetzung. Auch wenn die Entwicklung der Industriestandards innerhalb des Zentralen Kreditausschusses (ZKA) durch die kreditwirtschaftlichen Spitzenverbände helfen, Klarheit in die rechtlichen Anforderungen zu bringen, muss jedes Institut für sich, basierend auf die eigene Risikoanalyse, den richtigen Ansatz finden.

Die Veröffentlichung des „Gesetzes zur Optimierung der Geldwäscheprävention" zeigt, dass die Unternehmen noch lange nicht am Ende der Bemühungen sind.

In den nächsten Jahren wird nicht nur eine Evaluierung und Änderung der dritten EU-Geldwäscherichtlinie erwartet, an der die EU-Kommission derzeit arbeitet, sondern auch eine Überarbeitung der 40+9-Empfehlungen der FATF. Weitere Themen, wie die Verhinderung der Proliferationsfinanzierung und Erweiterung des Vortatenkataloges werden die Komplexität der Aufgaben erhöhen.

V
Fraud-Aufdeckung

Hinweisgebersysteme – Insbesondere der externe Ombudsmann als Instrument zur Bekämpfung von Wirtschaftskriminalität

Rainer Buchert

1 Das Ombudsmann-System

Nachdem erkannt worden ist, dass bei der Bekämpfung von Korruption und ihrer Begleitdelikte Hinweisgebersysteme eine zentrale Rolle spielen, haben Unternehmen – auch vor dem Hintergrund rechtlicher Rahmenbedingungen – verschiedene Modelle und Lösungsansätze gewählt. Dabei hat sich der externe Ombudsmann besonders bewährt. Mehrere DAX-Unternehmen, aber auch andere nicht börsennotierte Firmen bis hin zu mittelständischen Unternehmen haben Ombudsleute berufen oder befinden sich in einem entsprechenden Entscheidungsprozess. Das Ombudsmann-Modell wird verstärkt nachgefragt, seit die Siemens-Affäre die deutsche Wirtschaft tief erschüttert hat.

Obwohl der aus dem Schwedischen stammende Begriff des Ombudsmanns in Deutschland nicht immer sofort richtig eingeordnet wird, hat er sich bei der Bekämpfung von Korruption und anderen wirtschaftskriminellen Handlungen durchgesetzt. Funktional wird er mitunter noch verwechselt mit der gleichnamigen Einrichtung bei Behörden und Institutionen, wo Ombudsleute als Schlichter oder Schiedsrichter fungieren. Im Gegensatz dazu ist der Ombudsmann zur Bekämpfung von Korruption und anderen wirtschaftskriminellen Handlungen ausschließlich Ansprechpartner für Hinweisgeber, die einen entsprechenden Verdacht auf schwere Unregelmäßigkeiten melden wollen.

Ausgelöst durch einen schweren Korruptionsfall hat erstmals die Deutsche Bahn AG im Jahre 2000 zwei Ombudsleute berufen und in diesem Zusammenhang eine professionelle Compliance-Organisation entwickelt. Volkswagen folgte diesem Beispiel rund sechs Jahre später. Die Pionierleistung des Autobauers besteht darin, erstmals ein Ombudsmann-System installiert zu haben, das vom ersten Tage an auch international ausgerichtet war und den Gesamtkonzern mit allen Marken weltweit abdeckt.

Zentraler Punkt bei der Arbeit eines Ombudsmanns ist die Garantie, dass er Hinweise auf Korruption vertraulich entgegennimmt und die Identität der Hinweisgeber zu schützen vermag. Denn diese fürchten – leider nicht unberechtigt – Repressalien, die von Mobbing über Versetzungen in minderwertige Positionen bis zur Kündigung reichen. Hinzu kommt die Befürchtung, als Denunziant und „Nestbeschmutzer" angesehen und bei Bekanntwerden entsprechend abgestempelt zu werden. Dass beides bei sachlich begründeten Hinweisen nicht zutrifft, ändert nichts an der subjektiv so empfundenen Situation.

Hinweisgeber benötigen sowohl absolute Vertraulichkeit als auch Schutz. Der von einem Unternehmen berufene Ombudsmann sollte daher ein externer Anwalt sein, weil nur er einer beruflichen Verschwiegenheitspflicht[1] unterliegt und ein Zeugnisverweigerungs-

---

[1] § 43a Abs. 2 BRAO, § 203 StGB.

recht[2] hat. Letzteres ist v.a. bei Syndikusanwälten oder Justitiaren nicht der Fall, weil sie nicht janusköpfig sowohl weisungsgebundene Angestellte und zugleich freie Anwälte sein und nach Belieben in verschiedene Rollen schlüpfen können.[3] Ebensowenig können andere Personen im Unternehmen, wie z.B. Compliance-Beauftragte oder außenstehende Personen, ohne das Privileg eines beruflichen Zeugnisverweigerungsrechts Hinweisgeber schützen. Denn im Falle staatsanwaltschaftlicher Ermittlungen sind sie in der Rolle von Zeugen und zu wahrheitsgemäßen Angaben verpflichtet, die ggf. erzwungen werden können.

Abgesehen von der intellektuellen Erfassung dieser Gegebenheiten haben potenzielle Hinweisgeber ein sicheres Gespür dafür, wo sie geschützt sind oder sich in Gefahr begeben, enttarnt zu werden. Daher verdienen auch die meisten für Hinweise eingerichteten Hotlines diesen Namen nicht. Sie werden eher selten in Anspruch genommen, weil man allen Beteuerungen, Hinweise könnten vertraulich gegeben werden, keinen Glauben schenkt. Für Hinweisgeber ist auch oft völlig unklar, wo diese Hotlines aufgeschaltet sind. Auch ihre Dienste als Anlaufstelle anbietende Call-Center stellen i.d.R. keine akzeptable Lösung dar, weil sie weder dem Schutzerfordernis der Hinweisgeber, noch den fachlichen Aufgabenstellungen ausreichend Rechnung tragen.

Unternehmen, die es mit der Korruptionsbekämpfung ernst meinen, haben daher externe Anwälte als Ombudsleute berufen oder internetbasierte Hinweisgebersysteme installiert. Das bekannteste und erfolgreichste ist das Business Keeper Monitoring System (BKMS). Einige Unternehmen betreiben beide Systeme parallel. In diesem Zusammenhang ist darauf hinzuweisen, dass BKMS problemlos auch die Einbindung eines Ombudsmanns ermöglicht.

2 Datenschutz contra Anonymität?

Unternehmen, die Hinweisgebersysteme einrichten wollen und dabei amerikanisches Recht und europäische Vorschriften zu beachten haben, scheinen auf den ersten Blick in einem Dilemma zu sein. Der amerikanische Sarbanes Oxley Act von 2002 (SOX) verpflichtet alle Unternehmen, die an einer US-amerikanischen Börse notiert sind oder von denen sonstige Wertpapiere dort gehandelt werden, vertrauliche Meldewege einzurichten. Hinweise von Mitarbeitern müssen auf Wunsch anonym behandelt werden.[4]

---

[2] § 53 Abs. 1 Ziff. 3 StPO.

[3] U.a. Rogall, K., 2010, Systematischer Kommentar zur StPO, § 85.

[4] SOX Section 301 (4): „Each audit committee shall establish procedures for (B) the confidential, anonymous submission by employees of the issuer of concerns regarding questionable accounting or auditing matters."

Während die Amerikaner damit v. a. Missstände aufdecken und ihre Wirtschaft schützen wollen, sehen europäische Datenschützer die Eröffnung solcher Meldewege offensichtlich eher als Anreiz für böswillige Denunzianten. Entsprechend zurückhaltend haben sie sich dazu geäußert. Die Gruppe für den Schutz natürlicher Personen bei der Verarbeitung personenbezogener Daten (Artikel-29-Datenschutzgruppe) hat 2006 in einer Stellungnahme[5] Leitlinien zur Umsetzung interner Verfahren zur Meldung von Missständen festgelegt. Wegen der Verarbeitung personenbezogener Daten pocht sie auf die Einhaltung der EU-Datenschutzregelungen. Das hier nicht weiter zu vertiefende Problem ist, dass diese Vorschriften von Land zu Land unterschiedlich sind.[6]

Es ist hervorzuheben, dass die Leitlinien Verfahren zur Meldung von Missständen bei schweren Delikten für zulässig halten. Die Gruppe setzt sich insbesondere mit der Frage auseinander, ob es möglich sein soll, solche Meldungen anonym abzugeben. Sie ist generell der Auffassung, dass ausschließlich mit Namen versehene Meldungen durch ein Hinweisgebersystem übermittelt werden sollten.[7] Nur so könne dem Grundsatz Rechnung getragen werden, dass personenbezogene Daten nach Treu und Glauben erhoben werden sollten. Verfahren zur Meldung von Missständen sollten daher so aufgebaut sein, dass sie anonyme Meldungen als normale Art der Beschwerde nicht unterstützen. Insbesondere sollten Unternehmen nicht darauf hinweisen, dass das Verfahren anonyme Meldungen ermöglicht. Soweit es dennoch anonyme Meldungen gibt, müssten diese die „Ausnahme von der Regel" bleiben und besonders vorsichtig bearbeitet werden.

Auch wenn diesen Leitlinien die rechtliche Verbindlichkeit fehlt, so stellen sie doch eine Orientierung dar und sollten entsprechende Beachtung finden. Entsprechende Vorschriften sollten daher in einen Ombudsmann-Vertrag einfließen oder in einer besonderen datenschutzrechtlichen Vereinbarung festgehalten werden. Hervorzuheben ist, dass das Institut des Ombudsmanns den datenschutzrechtlichen Forderungen (und den Vorschriften des Bundesdatenschutzgesetzes (BDSG)) in vollem Umfange gerecht wird. V. a. zielt es gerade darauf ab, dass Hinweisgeber unter Offenlegung ihrer Identität den Hinweis geben können. Dort, wo Ombudsleute eingesetzt sind, gehen anonyme Meldungen erfahrungsgemäß stark zurück und sind nur noch eine *quantité negliable*. Sie sollten aber – weil sie erfahrungsgemäß überwiegend zutreffend sind – nicht völlig unbeachtet bleiben, sondern mit besonderer Behutsamkeit bearbeitet werden.

---

[5] Stellungnahme 1/2006 zur Anwendung der EU-Datenschutzvorschriften auf interne Verfahren zur Meldung mutmaßlicher Missstände in den Bereichen Rechnungslegung, interne Rechnungslegungskontrollen, Fragen der Wirtschaftsprüfung, Bekämpfung von Korruption, Banken- und Finanzkriminalität.

[6] Details zum Datenschutz in Deutschland finden sich im Beitrag von Christ.

[7] Ziff. IV 1. und 2. der Stellungnahme vom 01.02.2006.

3 Zusammenarbeit mit Hinweisgeber und Unternehmen

Der Ombudsmann wird auf üblichen Kommunikationswegen von dem Hinweisgeber angesprochen. Dabei dominiert ein Erstkontakt per Telefon oder E-Mail. Wichtig ist, dass der Hinweisgeber einen raschen Kontakt zu dem Ombudsmann herstellen und persönlich mit ihm sprechen kann. Denn er will seine Geschichte weder der Sekretärin erzählen, noch will er sich auf Anrufe zu späteren Zeitpunkten oder einen Rückruf vertrösten lassen, nachdem er allen Mut zusammengenommen und die Rufnummer des Ombudsmanns gewählt hat.

Nach einer ersten Orientierung am Telefon oder durch den Austausch von E-Mails sollte grundsätzlich ein persönliches Gespräch geführt werden, das in der Kanzlei des Anwalts oder an einem vom Hinweisgeber bestimmten Ort stattfinden kann. Auf das persönliche Gespräch sollte nur in erkennbaren Bagatellfällen verzichtet werden, weil es zur qualifizierten Arbeit eines Ombudsmanns gehört, neben der Schlüssigkeit des Hinweises die Glaubwürdigkeit des Hinweisgebers zu prüfen und eine entsprechende Erstbewertung abzugeben.

Die Notwendigkeit für den Hinweisgeber, sich grundsätzlich diesem persönlichen Gespräch zu unterziehen, unterscheidet den Ombudsmann grundlegend von niederschwelligen internetbasierten Hinweisgebersystemen. Der Ombudsmann stellt damit eine wichtige Filterfunktion dar, die geeignet ist, Denunzierungen und verleumderische Anschuldigungen nachhaltig zu verhindern. Der Verfasser hat bei der Bearbeitung von über 600 Compliance-Fällen mit einem persönlichen Kontakt mit den Hinweisgebern – abgesehen von einigen wenigen Grenzfällen und querulatorischen Meldungen – keinen Fall erlebt, der eindeutig denunziatorischer Art gewesen wäre.

Der Ombudsmann hat die ihm geschilderten Sachverhalte zu dokumentieren. Er nimmt eine erste Schlüssigkeitsprüfung, v.a. aber eine Bewertung zur Glaubwürdigkeit des Hinweisgebers vor. Diese Einschätzung sollte auch Eingang in seinen Bericht an das Unternehmen finden. Nachforschungen oder Ermittlungen sind jedoch grundsätzlich nicht Aufgabe des Ombudsmanns.

Oftmals bleibt es nicht bei einem einzigen Gespräch mit dem Hinweisgeber. Nachdem der Ombudsmann dem beauftragenden Unternehmen berichtet hat, kommen nicht selten ergänzende Fragen, die an den Hinweisgeber herangetragen und mit ihm erörtert werden können. Dieser Dialog führt – ähnlich wie bei einer zweiten polizeilichen Zeugenvernehmung – i.d.R. zu weiteren Informationen. Auch dies ist ein besonderer Vorzug des Ombudsmann-Systems.

Als Ansprechpartner für den Ombudsmann im Unternehmen kann der Compliance-Officer oder ein berufener Antikorruptionsbeauftragter fungieren. Bewährt hat sich daneben ein Lenkungs- oder Steuergremium, das schlank gestaltet sein sollte. Es wird empfohlen, es mit den Leitern der Bereiche Sicherheit, Revision und Recht zu besetzen. Dieser Lenkungskreis sollte mit umfassenden Vollmachten ausgestattet sein, also z.B. autark über die Frage entscheiden, wie interne Ermittlungen geführt werden, wann ein Fall abgeschlossen wird und welche Sanktionen verhängt werden. Die Linienvorgesetzten sollten in diese Entscheidungen grundsätzlich nicht eingebunden und die Geschäftsleitung nur in begründeten Einzelfällen unterrichtet werden. Der Lenkungskreis sollte sich eine Geschäftsordnung geben und seine Arbeit als Regelprozess beschreiben, um eine stets gleiche Verfahrensweise zu verankern.

Auf der Basis der gewonnen Erkenntnisse können seitens des Unternehmens interne Ermittlungen durchgeführt und – abhängig von den Ergebnissen – arbeitsrechtliche Maßnahmen ergriffen, Regressforderungen erhoben oder Strafanzeigen erstattet werden. In Einzelfällen kann es erforderlich werden, private Ermittler zu beauftragen. Diese müssen sorgfältig ausgewählt und mit klaren rechtlichen Vorgaben versehen werden.

Zu einer vertrauensvollen Zusammenarbeit mit dem Unternehmen gehört, sich regelmäßig über Compliance-Hinweise auszutauschen und auch solche Fälle zu besprechen, mit denen die Revision oder die Konzernsicherheit befasst sind. Auch bestimmte Abläufe oder Verfahren – beispielsweise das Ideenmanagement des Unternehmens – sollten dem Ombudsmann offen gelegt werden. Dieser kann mit solchen Einblicken Hinweise besser bewerten, einordnen und seiner Aufgabenstellung optimal gerecht werden.[8]

4 Kompliziertes Zusammenspiel

Nach dem Selbstverständnis des Verfassers schließt es das Ombudsmann-Mandat ein, den Auftraggeber umfassend zu beraten. Der Bedarf dafür ist sehr unterschiedlich und abhängig von den Unternehmensstrukturen und den dort vorhandenen Ressourcen. Firmen mit einer Organisationseinheit für Unternehmenssicherheit haben im Allgemeinen ein gutes Ermittlungspotenzial. Auch Revisionsabteilungen können Compliance-Ermittlungen führen, wenn die Mitarbeiter entsprechend ausgebildet sind. Denn die Vorgehensweise bei Revision und Ermittlungen ist – bei gleicher Zielrichtung – eine jeweils völlig andere. Allerdings kann eine Revision im Einzelfall ein gutes Mittel sein, um unter diesem Vorwand Compliance-Ermittlungen zu führen.

---

[8] Zur Einbindung des Ombudsmanns in das Unternehmen siehe Joussen, E., 2010, Sicher Handeln bei Korruptionsverdacht, S. 35.

Vielfach fehlt gänzlich die Erfahrung im Umgang mit strafrechtlichen Compliance-Fällen. Dies gilt umso mehr, als es oftmals ein kompliziertes Zusammenspiel zwischen dem kriminalistischen Aufklärungsbedürfnis, arbeitsrechtlichen Erfordernissen, Regressgesichtspunkten und strafrechtlichen Überlegungen zu beachten gilt. Viele Unternehmen scheuen insbesondere die Zusammenarbeit mit der Polizei und der Staatsanwaltschaft, die jedoch nach einer Strafanzeige besonders wichtig ist. Auch wenn grundsätzlich keine Pflicht zur Strafanzeige besteht, sollte die Einschaltung der Ermittlungsbehörden bei jedem Anfangsverdacht von Korruptionsdelikten oder wirtschaftskriminellen Handlungen jedoch die Regel sein, weil das Unternehmen nur so eine glaubwürdige Null-Toleranz-Philosophie demonstrieren kann. Außerdem können oftmals nur auf diesem Wege Beweise für spätere Schadensersatzansprüche erlangt werden. Soweit auf diese verzichtet wird, obwohl sie möglich wären und durchsetzbar erscheinen, setzen sich die Verantwortlichen der Gefahr aus, selbst wegen Untreue strafrechtlich belangt zu werden.

Bei alledem ist zu berücksichtigen, dass interne Ermittlungen unterschiedlich zu führen sind, je nach dem ob zivilrechtliche oder strafrechtliche Gesichtspunkte im Focus stehen. Schließlich haben z.B. arbeitsrechtliche Verfahren eine ganz andere zeitliche Dynamik als etwa ein strafrechtliches Ermittlungsverfahren, in dem die Staatsanwaltschaft möglicherweise das Unternehmen auffordert, wegen bevorstehender strafprozessualer Maßnahmen „die Füße still zu halten". Alle diese Fragen setzen eine umfassende anwaltliche Beratung voraus, die der mit dem Fall vertraute Ombudsmann anbieten und im Bedarfsfall kompetent leisten muss.

In diesem Zusammenhang wird deutlich, dass der Ombudsmann Anwalt des Unternehmens ist und bleibt, das ihn mandatiert hat. Es entsteht kein Mandat zu dem Hinweisgeber, der sich ihm anvertraut. Vielmehr ist das Auftragsverhältnis ein Vertrag mit Schutzwirkung für Dritte, nämlich für die Hinweisgeber. Dies sollte sich aus dem Vertragswerk auch eindeutig ergeben, um die Gefahr von Interessenkonflikten vollständig auszuschließen. Sie bestehen grundsätzlich nicht, weil die Interessenlage von Unternehmen und Hinweisgeber identisch ist. Der Hinweisgeber möchte auf Missstände oder den Verdacht von Straftaten hinweisen, das Unternehmen möchte diese Hinweise erlangen, um ihnen nachgehen und Schaden von sich abwenden zu können. Soweit in wenigen Einzelfällen Hinweisgeber dem Ombudsmann letztlich keine Freigabe zur Weitergabe erteilen, weil sie die Gefahr sehen, aufgrund konkreter Umstände möglicherweise enttarnt zu werden, ist dies dem Funktionieren des Gesamtsystems geschuldet und muss von den Unternehmen uneingeschränkt akzeptiert werden.

Die oft gestellte Frage, wie es denn möglich sei, erfolgreich Strafverfahren durchzuführen, wenn der Hinweisgeber nicht offen gelegt und als Zeuge nicht zur Verfügung steht, lässt sich wie folgt beantworten: In strafrechtlich relevanten Fällen werden regelmäßig ausreichende Sachbeweise gesichert, die die Aussagen des Hinweisgebers entbehrlich machen. Außerdem stehen viele Hinweisgeber in einem späteren Strafprozess doch als Zeuge zur Verfügung. Sie wollen zunächst nur nicht offen das Verfahren in Gang setzen. Dies hat seine Gründe. Zum einen sieht der Hinweisgeber oftmals nur einen Ausschnitt des Geschehens und das auch oft nur aus der „Froschperspektive", was eine sichere Bewertung erschwert. Zum anderen befürchtet er rechtliche Konsequenzen, wenn sich sein Hinweis nicht bewahrheitet oder wenn ungeachtet der tatsächlichen Gegebenheiten die Ermittlungen erfolglos sind. Hintergrund ist also der unzureichende Schutz von Hinweisgebern nach dem deutschen Rechtssystem. Die Arbeitsgerichte in Deutschland werten Strafanzeigen gegen den eigenen Arbeitgeber oder Kollegen i.d.R. als Kündigungsgrund und schützen vorrangig das Interesse des Arbeitgebers, dass vertrauliche Vorgänge, darunter auch Gesetzesverstöße, nicht ohne Weiteres nach außen dringen.[9]

5 Erfolge und ihre Gründe

Die Erfolge von Ombudsmann-Systemen sind beeindruckend. Sie können am Beispiel großer Unternehmen mit entsprechendem Hinweisaufkommen besonders gut aufgezeigt werden. Nach der Installation von Compliance-Systemen und der Berufung von Ombudsleuten hat sich die Zahl der Hinweise auf verdächtige Sachverhalte deutlich erhöht, z.T. sogar verdoppelt. Aus Erfahrung wissen wir auch, dass rund drei Viertel der Hinweisgeber ihren Hinweis nicht gegeben hätte, wenn sie keinen Ombudsmann als Ansprechpartner gehabt hätten. Auch der realisierte Schadensersatz, den die meisten Firmen ungern öffentlich beziffern, kann sich sehen lassen. Er übersteigt die Kosten für die Ombudsleute jedenfalls um ein Vielfaches.

Das Angebot, auf diesem Wege vertrauliche Hinweise geben zu können, wird durchweg gut angenommen. Dies gilt insbesondere auch im internationalen Bereich. Dabei hat sich gezeigt, dass es grundsätzlich nicht erforderlich ist, in jedem Land, in dem das betreffende Unternehmen Geschäftstätigkeiten entfaltet, einen Ombudsmann zu installieren. Die deutschen Ombudsleute werden aus dem Ausland überwiegend per E-Mail kontaktiert. Die Volkswagen AG hat eine Informationshotline eingerichtet, bei der Anrufer in sieben verschiedenen Sprachen Hinweise erhalten, wie sie mit ihren Ombudsleuten kommunizieren können. Diese sind in deutsch und englisch unmittelbar ansprechbar; man kann ihnen aber auch eine E-Mail oder ein Fax in einer Fremdsprache übermitteln. Durch kurzfristige Übersetzungen und die Einschaltung sprachkundiger Kollegen kann i.d.R. ein rascher und unmittelbarer Dialog mit dem Hinweisgeber erfolgen. Der zunächst erschwerte persönliche Kontakt muss durch Reisen hergestellt werden. Diese erfolgen

---

[9] Bundesarbeitsgericht 2 AZR 235/02.

regelmäßig erst nach Abklärung des Hinweises nach seiner Bedeutung über telefonische Kontakte. Im Einzelfall können dazu auch Anwälte im Heimatland des Hinweisgebers eingesetzt werden.

Dass sich primär das Ombudsmann-Modell als Hinweisgebersystem durchgesetzt hat, hat eine Reihe von Gründen. Grundlegend ist zunächst die kriminalistisch-kriminologische Grundstruktur der Korruptionsdelikte, die nicht von einer klassischen Täter-Opfer-Struktur, sondern durch zwei Täter geprägt wird, die ein Band der Heimlichkeit verbindet. Hinweise auf ihre Machenschaften – gleiches gilt für kartellrechtliche Verstöße und z.T. auch für andere wirtschaftskriminelle Handlungen – erlangt man daher ganz überwiegend nur durch Insider oder Personen mit einer gewissen Nähebeziehung. Diese potenziellen Hinweisgeber haben aber in besonderer Weise Angst vor Repressalien. Für sie ist es von z.T. existenzieller Bedeutung, dass sie sich einem Menschen anvertrauen können, der sie durch seine Verschwiegenheitspflicht und ein berufliches Zeugnisverweigerungsrecht absolut schützt. Im Gegensatz zur Maschine – PC und Internet – spielt dabei auch eine Rolle, dass viele Hinweisgeber durch das Wissen um wirtschaftskriminelle Handlungen in ihrem Umfeld psychisch sehr belastet sind und es für sie sehr wichtig ist, darüber sprechen zu können. Sie erwarten in vielen Fällen auch eine persönliche Beratung, wie ihr Wissen zu bewerten ist und wie sie damit umgehen sollen. Auch die Sorge, sich selbst strafbar zu machen, spielt oft eine Rolle. Es findet regelmäßig eine menschliche Interaktion mit dem Ombudsmann statt, die internetbasierte Systeme nicht leisten können. Auch die Möglichkeit, einige Zeit im persönlichen Dialog zu bleiben und zu gegebener Zeit eine Rückmeldung zu dem Hinweis zu erhalten, wird geschätzt.

Das Unternehmen profitiert in der Beratung von den Erfahrungen des Ombudsmanns, v.a. wenn dieser mehrere Firmen aus unterschiedlichen Branchen betreut.

Auch aus arbeitsrechtlicher Sicht bietet der Ombudsmann Vorteile. Ein Mitarbeiter eines Unternehmens darf nämlich nicht ohne weiteres Hinweise auf Unregelmäßigkeiten nach außen tragen, weder zur Staatsanwaltschaft noch an die Presse. Solche Anzeigen von Arbeitnehmern kollidieren regelmäßig mit der arbeitsvertraglichen Verschwiegenheitspflicht. Sie ist – ungeachtet spezieller gesetzlicher oder vertraglicher Regelungen – eine Nebenpflicht, die sich aus dem Gebot zur Rücksichtnahme auf die Interessen des Arbeitgebers ergibt.[10] Die ältere Rechtsprechung hat dies sehr restriktiv zum Nachteil eines Hinweisgebers gesehen und z.B. aus diesem Grund erfolgte Kündigungen grundsätzlich als berechtigt angesehen. Trotz einer Lockerung von dieser Pflicht zur Rücksichtnahme

---

[10] § 242 Abs. 2 BGB.

geht ein Arbeitnehmer heute noch ein hohes Risiko ein, wenn er – ohne den Versuch vorheriger interner Abhilfe – Hinweise auf Korruption oder andere Unregelmäßigkeiten nach außen trägt.[11] Intern nach Abhilfe zu suchen, setzt aber eine Offenbarung des Wissens voraus und ist zugleich oft riskant, v.a. wenn unklar ist, ob und inwieweit Vorgesetzte in die Unregelmäßigkeiten verwickelt sind. Der externe Ombudsmann ist insoweit ein Rettungsanker. Seine Inanspruchnahme ist arbeitsrechtlich unproblematisch, weil er eigens dafür installiert wurde. Aus Sicht des Unternehmens wird für einen Mitarbeiter gewissermaßen die Hürde erhöht, trotz des Ombudsmann-Angebots solche Hinweise an die Medien zu geben oder direkt bei der Polizei oder der Staatsanwaltschaft zur Anzeige zu bringen. Dadurch erhöhen sich die Chancen, dass das Unternehmen zuerst von dem Verdacht erfährt und den Sachverhalt – einschließlich einer damit gegebenenfalls verbundenen Öffentlichkeitsarbeit – kontrollieren kann.

6 Besonderes Anforderungsprofil

Bei der Schaffung eines professionellen Antikorruptionssystems mit einem Ombudsmann als zentralem Baustein spielen auch betriebswirtschaftliche Überlegungen eine Rolle. Der Ombudsmann ist eine relativ kostengünstige Lösung. Seine Honoraransprüche entstehen erst bei konkretem Tätigwerden, also der Beanspruchung des Ombudsmanns durch Hinweisgeber und die dadurch ausgelösten Vorgänge.

In welchem Umfang ein Unternehmen mit Hinweisen zu rechnen hat, ist schwer vorhersehbar. Maßgeblich wird dies durch die Zahl der Mitarbeiter, die innere Struktur, das Betriebsklima, die Unternehmenskultur, die Geschäftsfelder und regionale Gegebenheiten beeinflusst. Weiterhin wird das Hinweisaufkommen entscheidend durch die Art und Weise bestimmt, wie das Antikorruptionssystem und die Institution des Ombudsmanns intern und extern kommuniziert werden. Dabei muss die Aufgabe des Ombudsmanns klar umrissen und deutlich gemacht werden, dass er weder Beschwerdestelle noch Kummerkasten ist. Kommunikative Fehler bei der Implementierung können sonst dazu führen, dass er mit Beschwerden allgemeiner Art, arbeitsrechtlichen Problemen und Hinweisen auf Ordnungswidrigkeiten im Unternehmen überhäuft wird.

Wer einen externen Ombudsmann berufen will, muss in besonderer Weise auf das fachliche und persönliche Anforderungsprofil achten.[12] Unter dem Gesichtspunkt eines beruflichen Zeugnisverweigerungsrechts kommt nur ein freier Rechtsanwalt, ggf. auch

---

[11] Einen Überblick dazu gibt Dölling, D., 2007, Handbuch der Korruptionsprävention, S. 145 ff.

[12] Näher zur Auswahl eines Ombudsmanns auch Joussen, E., 2010, Sicher Handeln bei Korruptionsverdacht, S. 27.

ein Wirtschaftsprüfer in Betracht. Der Kandidat sollte über eine langjährige berufliche Erfahrung verfügen. Unabdingbar sind gute Kenntnisse im Strafrecht und im Strafprozessrecht sowie im allgemeinen Zivilrecht und dem Arbeitsrecht. Der Ombudsmann sollte hinreichende Erfahrung in der Zusammenarbeit mit der Polizei und der Staatsanwaltschaft haben. Betriebswirtschaftliche und psychologische Grundkenntnisse sind ebenso unverzichtbar. Ein Ombudsmann wird nur erfolgreich sein, wenn er bei ausreichender Lebenserfahrung hohe soziale Kompetenz erworben hat und zu Hinweisgebern wie auch den Unternehmensverantwortlichen Vertrauen aufbauen kann. Er sollte von dem einzelnen Unternehmen unabhängig sein, was nur gegeben ist, wenn er auch andere anwaltliche Mandate hat und seine wesentlichen Einkünfte nicht aus einem Ombudsmann-Auftrag generiert. Die sorgfältige Auswahl ist nicht zuletzt deshalb von Bedeutung, weil im Interesse der Sache eine langfristige Zusammenarbeit anzustreben ist, die von Kontinuität geprägt sein sollte.

Die Berufung eines Ombudsmanns setzt ein professionelles Antikorruptionssystem voraus, dessen Aufbau ohne fachkundige Hilfe kaum gelingen wird.[13] Zwischen der Entscheidung für einen Ombudsmann, seiner Berufung und dem Roll-out, der Unterrichtung der Mitarbeiter, ist genügend Zeit einzuplanen. Nach bisherigen Erfahrungen sind wenigstens vier bis fünf Monate, meistens aber deutlich mehr Zeit erforderlich. Regelmäßig muss im Unternehmen noch Überzeugungsarbeit geleistet werden. Dies beginnt bei den leitenden Mitarbeitern, die die Unternehmensentscheidung aus Überzeugung mittragen müssen, und endet bei der gesamten Belegschaft, der das Compliance-System und sein Nutzen nahegebracht werden muss. Soweit möglich sollte der Ombudsmann Gelegenheit erhalten, sich auf verschiedenen Managementebenen vorzustellen und über seine Arbeit zu referieren.

Mit der Berufung eines Ombudsmanns sollte verdeutlicht werden, dass die Vorgesetzten bei der Bekämpfung von schwerwiegenden Missständen und Straftaten aus ihrer Verantwortung nicht entlassen werden. Der Ombudsmann soll keine Meldewege ersetzen, sondern neben den betrieblichen Ansprechpartnern nur ein weiteres Angebot darstellen, vertrauliche Hinweise zu geben. Es sollte klargestellt werden, dass es dabei nicht um banale Regelwidrigkeiten geht, sondern schwerwiegende Missstände im Fokus stehen, wie Verdachtsmomente auf Korruption, kartellrechtliche Verstöße oder andere wirtschaftskriminelle Handlungen. Dringend abzuraten ist von einer Verpflichtung der Mitarbeiter, im Verdachtsfall Meldungen abzugeben. Dagegen ist eine Meldeverpflichtung für Fälle sinnvoll, in denen ein Mitarbeiter einem Bestechungsversuch ausgesetzt war.

---

[13] Vgl auch die Beiträge von Pauthner/Lehmacher sowie Glinder zu Korruptionsprävention.

Die Berufung eines Ombudsmanns unterliegt zwar nicht der Mitbestimmung. Dennoch empfiehlt sich die frühzeitige Einbindung des Betriebsrats. Außerdem sind sonstige Anti-Korruptionsmaßnahmen, die das Gesamtsystem ausmachen, regelmäßig mitbestimmungspflichtig,[14] weil sie darauf gerichtet sind, die vorgegebene Ordnung des Betriebs zu gewährleisten und aufrecht zu erhalten.

Nach der Berufung des Ombudsmanns muss das Unternehmen nachhaltig für das Ombudsmann-System werben und Mitarbeiter wie Geschäftspartner ermutigen, den Ombudsmann im Bedarfsfall anzusprechen. Zur Innenwerbung wie auch zur Glaubwürdigkeit gehört es, die Ergebnisse der Compliance-Arbeit zu gegebener Zeit darzustellen. Diese Transparenz stärkt das unverzichtbare Vertrauen in das System, ermutigt potenzielle Hinweisgeber und ist ein wesentlicher Beitrag generalpräventiver Art. Zugleich unterstreicht es die Glaubwürdigkeit der unternehmensinternen Anstrengungen, die sonst leicht dem Verdacht ausgesetzt sein können, rein alibistisch oder nur vordergründig aktionistisch zu sein.

7 Fazit

Die Möglichkeiten eines Hinweisgebersystems werden in Deutschland leider noch zu wenig genutzt. Angesichts der hohen Haftungsrisiken, die Vorstände und Geschäftsführer eingehen, wenn sie keine oder unzureichende Maßnahmen gegen Korruption und andere Formen der Wirtschaftskriminalität ergreifen, ist dies mehr als verwunderlich. Die guten Erfolge von Ombudsleuten sprechen für sich. V.a. sind sie ein wirksames Instrument zur Vermeidung von Korruption und sonstigen dolosen Handlungen. Und darauf sollte es in erster Linie ankommen.

---

[14] Beteiligungsrechte des Betriebsrats können sich aus §§ 87 Abs. 1 Nr. 1 u. 6, 94 u. 99 BetrVG ergeben; vgl. auch den Beitrag von Röck zu Personalrecht.

Analyse anonymer Hinweise

Justine Glaz-Ocik/Everhard von Groote

1 Ziele der Analyse von anonymen Hinweisen

Oft sind anonyme Hinweise der Startpunkt von Betrugs- und Korruptionsermittlungen. Die häufigsten Formen anonymer Kommunikation sind Schreiben oder Telefonanrufe. Bei den schriftlichen anonymen Hinweisen wird der früher übliche Brief mehr und mehr von E-Mails verdrängt. Dieser Beitrag befasst sich mit den Mitteln, solche Hinweise zu analysieren und so einer genaueren Bewertung zugänglich zu machen.

Der Eingang einer anonymen Beschuldigung stellt die mit der Bearbeitung solcher Anschuldigungen betrauten Personen vor eine Reihe von Fragen, deren Antworten wesentlichen Einfluss auf zu treffende Entscheidungen haben werden. Die Analyse anonymer Hinweise soll dazu beitragen, diese Fragen zu beantworten. So wird man sich fragen, wie hoch der Wahrheitsgehalt der Beschuldigung sein mag. Diese Frage wiederum lässt sich besser beantworten, wenn man die Motivation des Schreibers genauer versteht. Ebenfalls von Interesse ist es, wie der Hinweisgeber zu den in der Beschuldigung genannten Personen emotional steht.[1]

Gelegentlich stellen sich noch weitere Fragen. So kann es vorkommen, dass die Ermittler gern mit dem Hinweisgeber in Kontakt treten möchten, um weitere Fragen adressieren zu können. Dies ist bei anonymen Mails über die Antwortfunktion möglich, ebenso bei vielen Whistleblower-Systemen. Je besser man den Hinweisgeber mit seiner Motivation und seiner Persönlichkeit versteht, desto besser kann man die Kommunikation auch mit einer anonym bleibenden Person gestalten. In anderen Fällen ist es erforderlich, den Hinweisgeber aus der Anonymität zu ziehen und zu personifizieren. Dies kann z.B. dann geboten sein, wenn die Hinweise verleumderisch oder substanzlos sowie dazu geeignet sind, den Betriebsfrieden nachhaltig zu stören. In diesem Fall ist zu klären, wer sich hinter dem Hinweisgeber verbirgt.

Schriftliche Hinweise, die als Brief, Fax oder E-Mail eingehen, sind weniger flüchtig und können daher leichter analysiert werden. Hier können zwei verschiedene Analyserichtungen unterschieden werden:

- Die psychologische Analyse setzt sich mit der Persönlichkeit des Autors und seinen Beziehungen zu anderen erwähnten Personen auseinander. Diese Analyse kann dazu beitragen, die Motivation des Autors genauer zu verstehen. Weiterhin kann sie helfen, den Kreis der möglichen Autoren einzuengen und für eine linguistische Analyse in Frage kommende Personen zu identifizieren.

---

[1] Vgl. auch den Beitrag von Buchert zu Hinweisgebersystemen.

- Die linguistische Analyse sucht nach individuellen Sprachmustern des Hinweisgebers und kann entscheidende Hinweise geben, wenn die Fragestellung besteht, den Autor zu identifizieren. Hier sind v.a. Analysen hilfreich, bei denen der anonyme Hinweis mit anderen Schriftstücken der in Frage kommenden Person verglichen wird.

Mündlich gegebene anonyme Hinweise zu analysieren, stellt den Ermittler vor eine besondere Herausforderung. Meist wird der Hinweis als anonymer Anruf eingehen. Das gesprochene Wort ist flüchtig, und so ist es im Nachhinein schwierig, genau zu rekapitulieren, was der Hinweisgeber wie gesagt hat. Eine möglichst exakte Rekonstruktion des Anrufs ist für die Analyse aber von entscheidender Bedeutung. Das Mittel der Wahl zur Rekonstruktion des Anrufs ist das Kognitive Interview.[2] Diese besondere Befragungstechnik ermöglicht es dem Ermittler, möglichst viele Details des Anrufs kennen zu lernen. Im Kognitiven Interview wird die Person, die den Anruf entgegengenommen hat, in einer speziellen Weise dazu befragt. Die Technik ist wissenschaftlich gut erforscht und sehr gut geeignet, mit kooperativen Gesprächspartnern eine möglichst gute Erinnerung wiederherzustellen.

Im Folgenden werden die psychologische und die linguistische Analyse sowie das Kognitive Interview als Hilfsmittel zur Analyse anonymer Hinweise erläutert.

2 Analyse schriftlicher Hinweise

Die Analyse schriftlicher Nachrichten fußt auf zwei Säulen. Zum einen auf einer Betrachtung der äußeren Form eines schriftlichen Hinweises und zum anderen auf der Analyse des Schreibens selbst, wozu dessen Inhalt sowie Hinweise auf die Motivation und die Eigenschaften des Verfassers zählen. In beiden Fällen bedient sich die Untersuchung der Generierung von Hypothesen, um mehr über den Wahrheitsgehalt des anonymen Hinweises und somit über den Verfasser selbst zu erfahren.

Zu Beginn einer Untersuchung werden Hypothesen, die zunächst noch unbewiesene Annahmen darstellen, zu den interessierenden Punkten explizit ausformuliert. Je genauer eine Hypothese beschrieben ist, desto eindeutiger kann sie im späteren Verlauf verifiziert oder falsifiziert werden. Ist eine Annahme zu ungenau formuliert, wird es sich als äußerst schwierig gestalten, entsprechende Belege für oder gegen diese zu finden. Die Untersuchung folgt einem strikten Schema, nach dem alle vorhandenen Hinweise systematisch betrachtet werden. Jeder vorhandene Hinweis wird herangezogen und geprüft. Damit soll vermieden werden, dass unbewiesene Annahmen ohne entsprechende Prüfung als

---

[2] Vgl. auch den Beitrag von Wilmer zu Befragungstechniken.

wahr deklariert werden. So wird nach Merkmalen gesucht, die sowohl für als auch gegen die formulierte Hypothese sprechen. An Hand der so gesammelten Merkmale, kann daraufhin entschieden werden, ob die Hypothese beibehalten oder verworfen wird. Diese recht mühselig erscheinende Methode erweist sich in der Praxis als ein fruchtbares Mittel zur Auswertung anonym verfasster Texte. Das Hilfreiche dabei ist, dass die sehr genaue Vorgehensweise den Analysten dazu zwingt, kritisch seine eigene Hypothese zu betrachten.

2.1   Zur Analyse der Form

Bei der Untersuchung der Form von schriftlichen Nachrichten kommt es dem Ermittler zu Gute, wenn er mit einer grundlegend neugierigen Haltung daran geht, Nachrichten zu analysieren. Es gilt bei der Betrachtung des Materials zu hinterfragen, ob Besonderheiten auffallen. Bei einer anonymen Nachricht, die postalisch zugestellt wurde, kann der Briefumschlag eine Quelle von Informationen darstellen, die zur Überprüfung von Hypothesen herangezogen werden können. Die Adresszeile bietet bereits die erste Möglichkeit, Hypothesen zu generieren und möglicherweise den Kreis der Personen einzugrenzen, aus dem die Nachricht stammen könnte. Falls die Angaben zum Adressat Informationen enthalten, die der allgemeinen Öffentlichkeit vorenthalten sind, wie beispielsweise der Name eines Mitarbeiters oder die genaue Bezeichnung einer Abteilung, kann eine Annahme darüber entstehen, dass der Verfasser im Unternehmensumfeld zu suchen sein könnte. Ähnliche Schlussfolgerungen gelten für elektronisch versendete Nachrichten. Falls das Postfach, an welches die Nachricht versendet wurde, nicht öffentlich bekannt ist, kann davon ausgegangen werden, dass die fragliche Person über gewisses Insiderwissen verfügt.

Auch die Fragen nach der Art der Frankierung eines Briefs sowie dem Poststempel, können u. U. nähere Informationen über den Verfasser beinhalten und so über seine Handlungen sowie seinen Lebensraum Aufschluss geben.

Fehlen auf dem Umschlag Angaben zum Absender, kann dies als Hinweis dafür gedeutet werden, dass die fragliche Person anonym bleiben möchte. Ist der Absender hingegen aufgeführt, können mehrere Hypothesen abgeleitet werden. Zum einen wäre es möglich, dass es sich bei dem Absender tatsächlich um den Verfasser der Nachricht handelt, andererseits wäre zu überprüfen, ob es sich nicht um einen Alias-Absender handelt. Im Verlauf der weiteren Analyse können solche Annahmen überprüft und entsprechend der dominierenden Hypothese angenommen bzw. verworfen werden.

Zur äußeren Form des Schreibens zählt bei Briefen auch die Wahl des Briefpapiers. Auch hier kann der Ermittler kritisch hinterfragen, ob das gewählte Papier Besonderheiten aufweist. Darüber können Drucke, Prägungen oder die Papierart selbst Auskunft geben. Auch der Briefaufbau beinhaltet Informationen, die Rückschlüsse auf den Verfasser ermöglichen. Ein unauffälliger Briefaufbau beinhaltet eine Grußformel, die Nachricht selbst und eine Verabschiedung. Sind Abweichungen davon gegeben, stellt dies ein auffälliges Merkmal dar, welches allerdings im Gesamtkontext der Nachricht zu betrachten wäre. Hat der Autor ein Post Skriptum verfasst, können Hypothesen dahingehend verfasst werden, welchen Zweck dieses erfüllen sollte. Es kann sich dabei um einen Nachtrag handeln oder damit zusammenhängen, dass der Autor beabsichtigt, der verfassten Aussage am Ende des Briefes eine besondere Gewichtung zu verleihen.

Ein weiterer Aspekt, der an dieser Stelle erwähnt werden sollte, ist die Einschätzung des Planungsgrades des Schreibens. Hypothesen können dahingehend formuliert werden, ob das Verfassen des anonymen Hinweises spontan oder geplant stattgefunden hat. In Abhängigkeit von der Gesamterscheinung des Schreibens bis hin zur Wahl des Schreibmittels, welches von einem Kugelschreiber bis hin zu einem Textverarbeitungsprogramm variiert, kann alles zur Generierung von Hypothesen herangezogen werden. Auch die Frage, wie ordentlich das Schreiben auf die analysierende Person wirkt, ermöglicht Annahmen über die Schreibsituation.

2.2 Psychologische Analyse eines anonymen Hinweises

Eines von Paul Watzlawicks aufgestellten Axiomen bezüglich der zwischenmenschlichen Kommunikation lautet, dass man nicht nicht miteinander kommunizieren kann.[3] Äquivalent zu dieser Feststellung ist auch das gesamte menschliche Verhalten zu verstehen, denn der Mensch kann niemals existieren, ohne Verhalten zu zeigen. So ist auch ein anonymer Hinweis nicht nur Kommunikationsmittel und Träger von Informationen, sondern zeugt auch vom Verhalten seines Verfassers. Dem Schreiben und Versenden eines anonymen Hinweises liegt in jedem Fall eine bewusste und zugleich handlungsleitende Entscheidung zu Grunde.

Motive für das Verfassen eines anonymen Schreibens, um unerkannt kritische Informationen weiterzugeben, können individuell verschieden sein. Die am häufigsten angetroffenen Gründe hierfür sind, dass eine Person in das Geschehen nicht hineingezogen werden möchte, um unangenehmen Situationen wie beispielsweise Befragungen aus dem Weg zu gehen oder um möglichen drohenden sozialen Sanktionen im beruflichen Alltag

---

[3] Watzlawick, P./Beavin, J./Jackson, D., 1969, Menschliche Kommunikation – Formen, Störungen, Paradoxien.

entgegenzuwirken. Immer wieder erleben Ermittler, dass es sich bei anonymen Hinweisgebern auch um Mitwisser oder Mittäter handelt, die bei Offenbarung negative Konsequenzen befürchten und aus diesem Grund die Anonymität bevorzugen. Des Weiteren kann es vorkommen, dass es sich bei den anonymen Anschuldigungen um Verleumdungen handelt, die darauf abzielen, bestimmte Person bewusst zu schädigen.

Die psychologische Analyse eröffnet die Möglichkeit, mehr über den Autor eines anonymen Schreibens zu erfahren und so auch Hypothesen über seine Beweggründe zu generieren. Besonders hinsichtlich der Bewertung, ob es sich bei dem beschriebenen Sachverhalt um eine tatsächlich stattfindende Straftat handelt oder ob viel mehr verleumderische Behauptungen aufgestellt werden, unterstützt die psychologische Analyse den Ermittler in der Entscheidungsfindung. Damit der Ermittler an dieser Stelle die richtigen Konsequenzen zu ziehen vermag, muss er mehr über den Verfasser und dessen Intentionen erfahren.

2.3 Analyse des Inhalts

Kommunikationspsychologische Modelle, die zum Verständnis zwischenmenschlicher Interaktion beitragen, erweisen sich als hilfreiche Instrumentarien, Kommunikation zu verstehen und systematisch zu untersuchen. Basierend auf der Annahme, dass jede schriftliche oder mündliche Nachricht insgesamt vier Ebenen der Kommunikation beinhaltet, entwickelte Friedemann Schulz von Thun in den 1970er Jahren das Kommunikationsquadrat.[4] Laut Schulz von Thun enthält jede Nachricht vier Botschaften an den Empfänger:

- Sachaussage,

- Appell,

- Beziehungsaussage,

- Selbstoffenbarung.

Die Sachinformation beinhaltet den reinen Inhalt der Botschaft, d.h. bei einem anonymen Schreiben kann es sich dabei um die Darstellung eines gewissen Sachverhalts handeln, z.B. Informationen über deliktische Vorgänge im Unternehmen oder die Benennung von Akteuren. Um diese Botschaft zu erkennen, reicht es aus, wenn der Ermittler sich fragt, was der Inhalt des anonymen Schreibens ist. Des Weiteren kann die Frage nach

---

[4] Schulz von Thun, F., 1981, Miteinander Reden – Störungen und Klärungen.

der Logik der Argumentation helfen, den Sachverhalt explizit darzustellen, unabhängig von weiteren Informationen im Schreiben, die mit der reinen inhaltlichen Aussage nicht im Zusammenhang stehen.

Als zweiter Aspekt einer Nachricht wird der Appell verstanden. Der Absender eines anonymen Hinweises verfolgt ein bestimmtes Ziel, möglicherweise konkretes Verhalten bei anderen Personen auszulösen. Hierzu würde die Aufforderung zur Einleitung einer internen Ermittlung zählen. Appelle können offen oder verdeckt geäußert werden: offen, indem beispielsweise der Verfasser eine Aufklärung der Vergehen fordert oder verdeckt, wenn dieser mit seiner Nachricht eine ganz bestimmte Wirkung beim Empfänger erzeugen möchte, ohne seine Intention beim Namen zu nennen. Das Erkennen, wozu der Verfasser eines anonymen Hinweises den Empfänger veranlassen möchte, ermöglicht es, den Appell in der Botschaft zu entdecken. Ausgehend davon können an dieser Stelle Hypothesen über das Motiv des Verfassers generiert werden.

In jeder Form der Kommunikation schwingt eine Botschaft mit, wie der Sender seine Beziehung zum Empfänger empfindet und welche Einstellung er zu dieser Person hat. Nicht anders stellt es sich auch bei anonymen Hinweisen dar. Auf dieser Ebene beschreibt der Verfasser, wie er seine Beziehung zu dem Empfänger und gleichzeitig zu dem Beschuldigten definiert.

Der vierte und letzte Aspekt beschreibt die Selbstoffenbarung. Auf dieser Ebene gibt der Verfasser in der Nachricht persönliche Informationen über sich preis. Der Aspekt der Selbstoffenbarung enthält zwei Komponenten: zum einen die gewollte Selbstdarstellung, d. h. der Verfasser möchte auf eine ganz bestimmte Art wahrgenommen werden und beschreibt sich dementsprechend. Auf der anderen Seite gibt der Verfasser auch ungewollt Details über sich zu erkennen, die für den Ermittler zur Ergründung der Motive sehr hilfreich sind.

Die beiden zu Letzt genannten Ebenen Botschaft (Beziehungsaussagen) und Selbstoffenbarung spielen für die psychologische Analyse von anonymen Hinweisen eine entscheidende Rolle und stehen somit im Fokus der Betrachtung eines Schreibens. Durch diese beiden Botschaften der Nachricht gewährt der Autor dem Leser einen Einblick in seine Wahrnehmungswelt. Zum einen ermöglicht er Einblick in seine private Realität und seine Definitionen von Beziehungen, v.a. in Bezug auf jene Person, der die Beschuldigung gilt. Zum anderen teilt der Autor auch mit, wie er sich selbst sieht. Mit Hilfe der Analyse der beiden Ebenen können Hypothesen zu den tatsächlichen Beweggründen, eine anonyme Beschuldigung zu verfassen, formuliert werden. Der emotionale Zustand, in dem sich der Verfasser zum Zeitpunkt des Schreibens befindet, zählt ebenfalls zur Ebene der Selbstoffenbarung. Die Analyse der Form, beispielsweise zum Schreibmittel, dem Papier und dem Planungsgrad des Schreibens, kann u.U. die Hypothesenprüfung bereichern und Hinweise auf den emotionalen Zustand des Verfassers bieten.

3 Linguistische Analyse – Feststellung von Autoren-merkmalen

Eine linguistische Analyse anonymer Hinweisschreiben kann maßgeblich dabei helfen, Strukturen hinter der Nachricht zu erkennen; sie lässt somit die Bildung weiterer Annahmen über den Verfasser zu. Nachdem mittels der psychologischen Analyse der in Frage kommende Personenkreis eingegrenzt wurde, kann die linguistische Analyse dabei helfen, den möglichen Verfasser zu identifizieren.

Sprache stellt letztendlich ein System von Zeichen dar, welche durch Bedeutung und grammatikalische Regeln zu Aussagen miteinander verknüpft werden. Der Verfasser eines Schreibens wendet Sprache an, um in erster Linie Informationen zu übermitteln. Dabei ist sich dieser über das zugrundeliegende System und die Regelmäßigkeiten der Sprache nicht zwangsläufig bewusst und kann diese aus dem Grund nur schwerlich kontrollieren.[5] Die dadurch unbewusst einfließenden wiederkehrenden Muster im Gebrauch von Worten und deren grammatikalischer Verknüpfung erlauben es dem Linguisten, Annahmen über bestimmte Merkmale und Eigenschaften des Verfassers zu bilden. So unterliegt auf der einen Seite zwar die Nutzung von Semantik und Syntax bestimmten Regeln, auf der anderen Seite ist der Gebrauch von Sprache ebenfalls durch biografische, regionale oder auch situative Gegebenheiten bestimmt. Diese spezifischen und individuellen Muster äußern sich im gesprochenen Wort, sind aber auch in schriftlichen Nachrichten erkennbar.

Nach Christa Dern liegt das Ziel einer linguistischen Textanalyse darin, eben diese Besonderheiten im sprachlichen Verhalten des Autors herauszuarbeiten, um so Rückschlüsse auf den Verfasser und die Textproduktionssituation zu erhalten. Eine eindeutige Identifizierung des Autors alleine aufgrund einer Analyse von sprachlichen Strukturen ist allerdings nicht möglich. Ferner können Aussagen dahingehend getroffen werden, ob es sich beispielsweise bei dem Autor um einen Muttersprachler handelt. Ebenso sind Angaben zum Bildungsgrad, zur beruflichen Tätigkeit, zur Sicherheit im Umgang mit geschriebener Sprache sowie zur Altersgruppe und regionale Zugehörigkeit des Autors möglich. Sprache verfügt zwar über ein festes Regelwerk, ist zugleich aber auch flexibel und durch kulturelle und soziale Einflüsse formbar.

---

[5] Dern, C., 2009, Autorenerkennung – Theorie und Praxis der linguistischen Tatschreiben-analyse.

Bei einer Textanalyse handelt es sich um eine Kategorisierung der Auffälligkeiten, die nicht hypothesengeleitet, sondern durch eine strukturierte Analyse gegebener sprachlicher Muster erfolgt.[6] Für eine fundierte und aussagestarke Textanalyse ist nicht nur das Wissen um die Struktur der Sprache nötig, sondern auch die Kenntnisse der Veränderbarkeit der Sprache unter bestimmten Bedingungen.

3.1 Fehleranalyse

Das strikte System einer Sprache besteht aus einzelnen Zeichen, die an Hand von Regeln zu größeren Strukturen zusammengesetzt werden. Abweichungen von diesen werden als Fehler anerkannt. Mit Hilfe einer linguistischen Fehleranalyse können diese von der Norm abweichenden Muster aufgedeckt werden. Fehlerquellen in einem geschriebenen Text können orthographischer, morphologischer und syntaktischer Natur sein. Zudem können auch stilistische Fehler auftreten, die sich dadurch ausdrücken, dass die Nutzung der Sprache nicht den Normen der gegebenen Situation entspricht. Beispielsweise wählt die Person die falsche Anrede, benutzt bei einem nichtprivaten Treffen umgangssprachliche Formulierungen oder wählt anstatt der Höflichkeitsform Sie das Du als Personalpronomen.

3.2 Textvergleiche

Besteht eine Vermutung, wer der Verfasser eines anonymen Schreibens sein könnte, kann mit Hilfe von Textvergleichen die Annahme über die Autorenschaft untermauert oder bei mangelnder Übereinstimmung von Sprachmustern verworfen werden. Bei einem Textvergleich werden Schreiben der in Frage kommenden Person mit dem anonymen Hinweis verglichen, um eine gewünschte oder gar in manchen Fällen notwendige Klärung der Autorenschaft herbeizuführen. Christa Dern gibt allerdings zu bedenken, dass eine zweifelsfreie Identifikation des Autors an Hand von Textvergleichen nicht möglich ist. Diese Methode ist v.a. dazu gedacht, den Identifikationsprozess des Autors eines anonymen Schreibens zu unterstützen, allerdings niemals um alleine basierend auf den Ergebnissen einer solchen Analyse eine Person zu überführen.

---

[6] Dern, C., 2009, Autorenerkennung – Theorie und Praxis der linguistischen Tatschreibenanalyse.

4 Kognitives Interview

Mündliche Hinweise haben im Vergleich zu schriftlich gegebenen Nachrichten den Vorteil, dass aufgrund der Sprache viele Details über die Person bekannt werden, die nicht zwangsläufig einem Brief oder einer E-Mail entnommen werden können. So z.B. kann alleine die Stimme wesentliche Merkmale verraten, wie beispielsweise das Geschlecht oder die Herkunft der Person, welche über einen möglichen Akzent oder Dialekt bestimmt werden kann. Aber auch Sprachfluss, Sprechtempo, Lautstärke und Stimmlage können wesentliche Anhaltspunkte für Aussagen über den Stressfaktor oder das psychische Wohlbefinden einer Person sein.

Im Fall eines telefonisch gegebenen anonymen Hinweises können diese Merkmale nicht festgehalten werden, da die Person, welche den Anruf entgegen nimmt, sich zumeist unvorbereitet in die Gesprächssituation begibt. Wie eingangs bereits erwähnt, ist im Fall eines mündlich gegebenen Hinweises der Ermittler im Wesentlichen auf das Gedächtnis der Person angewiesen, die mit dem Hinweisgeber gesprochen hatte. Zur Unterstützung der Gedächtnisleistung eignet sich das Kognitive Interview als Befragungstechnik besonders gut.[7]

Ursprünglich wurde diese Interviewtechnik entwickelt, um Zeugen von Gewaltverbrechen zu befragen und dabei möglichst viele Informationen zu gewinnen. Die in den achtziger Jahren von den US-amerikanischen Wissenschaftlern Fisher und Geiselman entwickelte Befragungsmethode ist mittlerweile in Deutschland sowie im gesamten angloamerikanischen Sprachraum ein weit verbreitetes Instrument zur Befragung von Zeugen geworden.[8] Diese Methode ist wissenschaftlich untersucht, und unzählige Studien belegen, dass das Kognitive Interview die Erinnerungsleitung von Zeugen im Gegensatz zu anderen Befragungstechniken steigert.[9] In den neunziger Jahren wurde das Kognitive Interview durch seine Begründer weiterentwickelt und wird seit dem in der erweiterten Form eingesetzt. Die aktuelle Version unterscheidet sich von der ursprünglichen dahingehend, dass das Interview nun einer vorgegebenen Struktur folgt, die durch das wiederholte Auffordern des Zeugen, alle Details einer Situation zu berichten, sowie durch die Nutzung verschiedener kognitiver Techniken zur Steigerung der Abrufleistung beiträgt.

---

[7] Eine detaillierte Darstellung des Kognitiven Interviews findet sich auch in dem Beitrag von Wilmer zu Befragungstechniken.

[8] Milne, R./Bull, R., 2003, Psychologie der Vernehmung.

[9] Siehe u.a. Geiselman, R. et al., 1986, Enhancement of eyewitness memory with the cognitive interview; Memon, A. et al., 1997, Isolating the effects of the Cognitive Interview techniques; Gwyer, P./Clifford, B./Dritschel, B., 1998, The effects of the cognitive interview on recall, recognition and the confidence-accuracy relation; Finger, K./Pezdek, K., 1999, The Effect of the cognitive interview on face identification accurancy-release from verbal overshadowing.

Im Vordergrund des Geschehens steht der Zeuge, der bei dieser Methode als Hauptakteur agiert. Der Interviewer hingegen verhält sich zurückhaltend und versucht, die Person darin zu ermutigen, Erinnerungen frei zu äußern. Im Folgenden wird der Ablauf des Kognitiven Interviews an Hand von sieben Phasen grob skizziert, um das spezifische Vorgehen bei dieser Methode zu verdeutlichen.[10]

- Phase 1: Zu Beginn des Interviews gilt es, eine angenehme Atmosphäre zwischen dem Befragten und dem Ermittler zu schaffen. Dies geschieht, indem der Interviewer ein entspanntes Gespräch initiiert, welches inhaltlich nicht mit der zu untersuchenden Thematik im Zusammenhang steht. Ziel ist es, eine möglichst entspannte und angstfreie Gesprächssituation zu schaffen und somit die Beziehung zwischen dem Interviewer und der befragten Person zu stärken.

- Phase 2: Wesentlich ist es, dass die Person im nächsten Schritt über den Ablauf des Interviews informiert wird und die Erwartungen klar dargestellt werden. Auch dies dient dem Zweck, der Person Befürchtungen zu nehmen und gleichzeitig die Kontrolle der Situation an den Zeugen zu übertragen. Bei der Erklärung des Interviewverlaufs betont der Interviewer, dass alle Erinnerungen, die im Zusammenhang mit dem kritischen Ereignis stehen, von Interesse sind, auch wenn diese dem Zeugen als bruchstückhaft oder unwichtig erscheinen.

- Phase 3: Bei der Rekonstruktion des Kontextes wird die Person angewiesen, sich detailliert an die Merkmale der kritischen Situation zu erinnern. Hierzu zählen die äußeren Merkmale der Umgebung als auch die Gefühle und Gedanken des Zeugen in der kritischen Situation. Darauffolgend kann der Zeuge beginnen, frei über die Erinnerungen zu berichten, ohne dass der Interviewer die Person unterbricht.

- Phase 4: Bei der sich anschließenden Befragung kann der Interviewer die interessierenden Fragen stellen und unklare Darstellungen der Situation thematisieren. Hierzu können auch psychologische Techniken wie beispielsweise das Aufrufen mentaler Bilder angewendet werden, um die Erinnerungsleistung der Person zu fördern.

- Phase 5: Der Zeuge wird ermutigt, sich erneut an das Ereignis zu erinnern, wobei unterschiedliche Strategien eingesetzt werden können, welche der befragten Person helfen, neue Informationen abzurufen. Dazu zählt die Methode des Perspektivenwechsels. Hierbei wird der Zeuge gebeten, die Situation aus der Perspektive einer dritten Person zu erzählen. Ziel ist es, verschiedene Abrufprozesse zu variieren, damit Erinnerungen über andere Zugangswege erschlossen werden können.

---

[10] Eine detailliere Übersicht zu den Themen Zeugenbefragung und Kognitives Interview findet sich u.a. in Milne, R./Bull, R., 2003, Psychologie der Vernehmung.

- Phase 6: Zusammenfassend stellt der Ermittler die erhaltenen Informationen dar und erlaubt dem Interviewpartner, die Genauigkeit der eigenen Erinnerungen zu überprüfen und gegebenenfalls einen neuen Abruf von Erinnerungen einzuleiten.

- Phase 7: In der Abschlussphase wird das Gespräch wieder auf ein neutrales Thema gelenkt, um einen angenehmen Abschluss der Gesprächssituation zu ermöglichen.

Das Verfahren hat sich zu einer beliebten Befragungsmethode auch außerhalb des polizeilichen Kontexts entwickelt. Mit entsprechender Übung seitens des Interviewers dauert die Anwendung dieser Technik nicht wesentlich länger als andere Interviewverfahren. Die Untersuchung von Geiselman et al. zeigt vielmehr, dass mit Hilfe des Kognitiven Interviews in derselben Zeitspanne mehr Fragen dem Zeugen gestellt werden können, als dies bei gewöhnlichen Befragungen der Fall ist.[11] Die einzige Einschränkung in der Durchführung des Kognitiven Interviews besteht darin, dass diese Technik ausschließlich mit Personen durchgeführt werden kann, die sich kooperativ zeigen und bereitwillig einer Befragung zustimmen.[12]

5 Fazit

So verschieden die vorgestellten Verfahren auch sind, sie verfolgen alle das Ziel, ein tiefergehendes Verständnis für ein anonymes Hinweisschreiben zu schaffen: zum einen über den Verfasser der Nachricht selbst, aber auch in Bezug auf den Wahrheitsgehalt des Schreibens. Das Ziel ist es hierbei, auf Zusammenhänge und Strukturen aufmerksam zu werden, um mehr über den Verfasser und seine Intentionen zu erfahren. In Bezug auf die Analyse anonymer Schreiben stehen sich die Verfahren nicht konkurrierend gegenüber, sondern ergänzen sich gegenseitig.

Deutlich tritt bei den Analysen von Hinweisschreiben hervor, dass ein Merkmal alleine keinerlei Aussagekraft besitzt. Vielmehr bildet das Zusammenspiel einzelner Merkmale und Auffälligkeiten ein Muster, das der Ermittler zu interpretieren versuchen kann. Es ist der Gesamtkontext eines Schreibens, welcher einen tieferen Blick auf den Sachverhalt ermöglicht und Aufschluss über handlungsleitende Motive des Verfassers gibt.

---

[11] Geiselman, R. et al., 1986, Enhancement of eyewitness memory with the cognitive interview.

[12] Fischer, R./Geiselman, R./Amador, M., 1989, Field Test of the cognitive interview, S. 722-727.

Datenanalytik im Fraud Management – Von der Ad-Hoc-Analyse zu prozessorientiertem Data-Mining

Hans-Willi Jackmuth

1 Strategische Überlegungen bei Einsatz von Datenanalyseverfahren/-Software

Die Strategie beim Einsatz von datenanalytischen Verfahren ist geprägt durch die Erreichung einer Reduktion der Analysekomplexität aufgrund der in den Unternehmen vorliegenden „Massendaten". Daneben gilt es, den richtigen – mehr oder weniger regelmäßigen – Werkzeugeinsatz und die vernünftige Methodenauswahl zu planen. Natürlich sind die Ermittlungen und die Anwendung von Analysetechniken in einer datenschutzrechtlich kompatiblen Form durchzuführen.[1] Dieser Artikel beschränkt sich auf die Sichtweise einer Analyse betriebswirtschaftlicher Daten, das Thema IT-Forensik wird im vorliegenden Buch besonders betrachtet.[2]

In den Unternehmen werden heutzutage diverse Enterprise-Ressource-Planning-Systeme (ERP) sowie sonstige Datenbanken mit Informationen beschickt. Dies hat eine steigende Komplexität zur Folge, die in der Welt der Business-Intelligence-Spezialisten (BI) aufgelöst wird, um Informationen über Zusammenhänge in den Unternehmen im Hinblick auf Entscheidungen, sei es operativ oder strategisch, zu gewinnen.

Eine derart strategische Sichtweise auf die Datenhaltung und -gewinnung zur Fraud-Analytik gehört auch zu den Aufgaben des Fraud Managements. Dabei muss es das Ziel sein, möglichst zeitnah „an die Tat" zu kommen, um Schäden frühzeitig zu erkennen und dadurch das Schadenspotenzial zu begrenzen. Erkenntnisse aus Fraud-Fällen zeigen, dass die Schadenhöhe im Zeitverlauf häufig exponentiell verläuft.

---

[1] Vgl. hierzu den Beitrag von Christ zu Datenschutz.
[2] Vgl. hierzu den Beitrag von Becker zu IT-Forensik.

Abbildung 1: Typische Schadenskurve eines Fraud-Falles

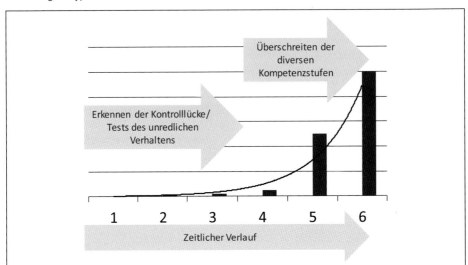

Die Reduktion der Komplexität ist alleine bei Betrachtung der verschiedenen Datenströme in den unterschiedlichen IT-Systemen von Nöten. Wesentlich ist hier, an die Quelldaten – in möglichst unaggregierter, unbearbeiteter Form – zu gelangen, da im Fraud-Fall immer damit gerechnet werden muss, dass Buchungen in den Systemen manipuliert sein können. Daneben sind die Methoden so auszuwählen, dass bereits erkannte Fraud-Muster auf allen Analyseebenen systematisch überwacht und neuartige Fraud-Muster zeitnah in die Datenanalytik, ggf. aber auch in die Auswahl der zu untersuchenden Systeme, einbezogen werden. Eine automatisierte Meldung (Alert) an die operativen Systeme, mindestens aber an den Fraud Manager, sollte selbstverständlich sein. Die Schwierigkeiten liegen dort meist nicht in dem Ausweis zu prüfender Fälle, sondern in der Eindämmung der Flut von Fällen, die *false positiv* sind, also Merkmale tragen, die sie verdächtig erscheinen lassen, bei Nachprüfung aber erklärbar sind.

Die erforderlichen Werkzeuge – sowohl für *ad-hoc*-Einmalanalysen, als auch für permanente Überwachung – stehen zur Verfügung, werden aber teilweise in den Unternehmen nur unzureichend eingesetzt. Die Argumentationskette verweist in diesen Fällen häufig auf das Thema Datenschutz und die zu überwindenden Hürden, wenngleich die eigentlichen Ursachen eher in der Psychologie der Unternehmensleitung („Bei uns gab und gibt es keine Fraud-Fälle") und damit in der Akzeptanz des Themas Fraud in der Organisation zu suchen sind. Die Branche der Banken sei hier ausdrücklich ausgenommen.[3] Dennoch stellt sich die Frage, in welcher Form und in welcher Tiefe derartige Systeme heute bereits konsequent zur Fraud-Erkennung genutzt werden.

In Zukunft werden Systeme zum Einsatz kommen, die mittels bekannter Methoden, aber auch verstärkt mittels Data-Mining und so genannter künstlicher Intelligenz, die Datenströme für die menschliche Auffassungsgabe visualisiert aufbereiten und somit verstärkt die Lesbarkeit von Anomalien fördern. Die dahinter liegenden Prozesse folgen allerdings einem Standardregelkreis.

1.1 Datenanalyse als Bestandteil des PDCA-Modells

Die prozessuale Vorgehensweise im Fraud Management wurde bereits an anderer Stelle hinreichend erläutert.[4] Übertragen auf das Thema Datenanalytik kann man sich den darunter liegenden Prozessen sicherlich aus verschiedensten Sichten nähern. Der Leitfaden des Bundesamts für Sicherheit in der Informationstechnik (BSI) stützt sich an dieser Stelle auf internationale Modelle wie den Control Objectives for Information and Related Technology (CObIT) und der Information Technology Infrastructure Library (ITIL).[5] Die definierten Anforderungen sowie die darunter liegende Modellierung sollten für die Datenanalytik im betriebswirtschaftlichen Fraud-Umfeld ebenfalls Standard sein. Die Ergebnisse müssen – nicht zuletzt gerichtsfest – akzeptiert werden. Dazu bedarf es der Glaubwürdigkeit der eingesetzten Methoden, der Wiederholbarkeit der Analysen und der Integrität der Daten. Gerade die Datenintegrität verlangt bei betriebswirtschaftlichen Daten eine separate Speicherung der Analysedaten, um jederzeit nachvollziehbare Ergebnisse zu erzeugen. Erzeugte Beweisspuren sollen zu den Ereignissen nachvollziehbare Fakten schaffen. Diese müssen (nach Prüfung der Zulässigkeit) ggf. unter Ergänzung von personenbezogenen Daten auch eindeutig dem Täter zuzuordnen sein. Daher sind alle Schritte gerichtsverwertbar zu dokumentieren. Dies leisten die analytischen Softwaretools aber als On-Board-Dokumentation mehr oder minder problemlos.[6]

---

[3] Vgl. § 25c Abs. 2 KWG: „Kreditinstitute haben angemessene Datenverarbeitungssysteme zu betreiben und zu aktualisieren, mittels derer sie in der Lage sind, Geschäftsbeziehungen und einzelne Transaktionen im Zahlungsverkehr zu erkennen, die auf Grund des öffentlich und im Kreditinstitut verfügbaren Erfahrungswissens über […] [sonstige strafbare Handlungen] als zweifelhaft oder ungewöhnlich anzusehen sind. […] Die Kreditinstitute dürfen personenbezogene Daten erheben, verarbeiten und nutzen, soweit dies zur Erfüllung dieser Pflicht erforderlich ist […]".

[4] Vgl. hierzu Zawilla zu strategischen Komponenten im Fraud Management sowie Schulze Heuling zu Analyse und Bewertung des Fraud-Management-Systems.

[5] Vgl. im Folgenden BSI, 2010, Leitfaden IT-Forensik, S. 16-23.

[6] Vgl. Logfiles in ACL oder Idea bzw. Protokoll in RayQ.

Mit Blick auf die berufsständischen Standards der Internen Revision ist die Forderung erkennbar, analytische Prüfungsverfahren als „effizientes und hilfreiches Mittel zur Beurteilung und Bewertung der während einer Prüfung gesammelten Informationen" anzuwenden.[7] Danach sind derartige Verfahren beim „Identifizieren [...] potentieller Unregelmäßigkeiten oder illegaler Handlungen sowie anderer unüblicher oder einmalig auftretender Transaktionen oder Ereignisse hilfreich."

Von Seiten des Berufsverbandes der IT-Revision, der Information Systems Audit and Control Association (ISACA), wird seit mehr als einem Jahrzehnt das Konzept des Control Continuous Monitoring (CCM) gefordert. Die Vorgehensweise erlaubt, die Performance von einem oder mehreren Prozessen, Systemen oder Datentypen zu überwachen. In vielerlei Hinsicht ist die kontinuierliche Überwachung der Systeme ähnlich den Management Information Systemen. Derartige Systeme wurden entworfen, um Benutzer mit zusammengefassten Informationen über die Transaktionen im Unternehmen, z.B. tägliche Umsatzzahlen, Auftragseingänge und Sendungen, zu versorgen.[8] Im Sinne der forensischen Überwachung liegt hier ein prozessuales Vorgehen zugrunde, welches in Abschnitt 1.3.1 weiter beschrieben wird.

1.2 Voraussetzungen beim Einsatz von datenanalytischen Methoden

1.2.1 Fokus auf betriebswirtschaftliche Analysen

Die Blickweise der im Folgenden vorgestellten Methoden und Werkzeuge richtet sich auf die Betriebswirtschaft. Aus fraud-spezifischer Sicht ist dies eine klare und konsequente Ausrichtung auf die Geldströme (*follow the money*), die nicht erst seit Watergate und dem investigativen Journalismus als Top-Sichtweise in Ermittlerkreisen gesehen wird. Wirtschaftskriminell veranlagte Täter beabsichtigen i.d.R., das kriminelle Handeln in „Geld umzusetzen". Nicht immer haben die Fraud Manager in den Unternehmen Zugriff auf die tatsächlichen Zahlungsströme. Von daher ist eine Zusammenarbeit mit der Staatsanwaltschaft (Einleitung von Finanzermittlungen)[9] gerade bei den Themen rund um Geldflüsse ggf. unabdingbar.

---

[7] Vgl. IIA, 2010, Practice Advisories (PA) 2320-1.

[8] Vgl. ISACA Standards Board, Continuous Auditing: Is It Fantasy or Reality?, in: Information Systems Control Journal, Volume 5, 2002 (Abruf vom 01.02.2011).

[9] Vgl. den Beitrag von Kühn zu juristischen Grundlagen für das Fraud Management.

Trotz der heute eingesetzten IT-Systeme reichen an manchen Stellen die zur Verfügung stehenden Informationen nicht für eine maschinelle Prüfung auf Auffälligkeiten aus. Insbesondere wenn Daten in Dokumentenscans von Dokumentenmanagementsystemen (DMS) „verborgen" sind, kann es hier zu deutlichem Analysemehraufwand kommen.[10] Die Frage, ob derartige Daten dann mittels anderweitiger Methoden bearbeitet werden können, hängt sicherlich von der Nutzenanalyse im jeweiligen Unternehmen ab. Neben einer manuellen Erfassung kann in gewissem Umfang der Einsatz von OCRA-Scannern (mittels automatisierter Datenaufbereitung durch Mustererkennung) Abhilfe schaffen.

1.2.2 Datenschutz

Jede Form der Datenanalyse – sei es aus ermittlungstaktischen Gründen, sei es aus Präventionsgründen – bedarf eines compliance-konformen Verhaltens. Dazu zählt insbesondere die Auseinandersetzung mit den Datenschutzvorgaben des Gesetzgebers.[11] Nicht zuletzt die Unternehmensleitung befindet sich in einem unlösbaren Spannungsverhältnis: einerseits dem Eigentumsschutz des Unternehmen, andererseits der Einhaltung des (Arbeitnehmer-)Datenschutzes verpflichtet. Die Sichtweise in Deutschland unterscheidet sich dabei drastisch von der Sicht der Schweden – gefühlt dem EU-Land mit dem geringsten Datenschutz. „Einmal im Jahr werden in schwedischen Zeitungen Listen über die reichsten Bewohner und die reichsten Politiker des Landes veröffentlicht. Anders als entsprechende internationale Rankings beruhen die Angaben auf offiziellen Daten und beinhalten in der Regel keine Schätzungen."[12]

Der andere Umgang in Deutschland mit dem Thema Datenschutz aber auch die sich nur langsam abbauende Distanz zum Whistleblowing, hängen nicht zuletzt mit der Geschichte zusammen. Anders als im internationalen Anwendungsgebrauch sind allerdings Analysen, wie sie im Fall der Deutschen Bahn bekannt wurden (Abgleich von Zahlungsausgang mit Personalkonten) nicht mehr bedenkenlos erlaubt. Für die praktische Arbeit

---

[10] Beispielhaft seien hier von Versicherungsnehmern eingereichte Rechnungen in der privaten Krankenversicherung genannt.

[11] Vgl. hierzu den Beitrag von Christ zum Thema Datenschutz.

[12] Siehe insbesondere den Auszug aus den Printmedien:„Das so genannte Öffentlichkeitsprinzip macht es möglich: „Die Allgemeinheit und die Massenmedien – Zeitungen, Radio und Fernsehen – sollen Einblick in die Arbeit des Staates und der Kommunen haben", heißt es im Justizministerium. Es dürfen also neben Akten auch personenbezogene Daten eingesehen werden, die von öffentlichen Stellen – den Steuerbehörden oder dem öffentlichen Schuldenregister etwa – bearbeitet werden." Vgl. Bomsdorf, C., 2008, Der gläserne Schwede ist kein Bürgerschreck.

sind die Anonymisierung[13] und Pseudonymisierung[14] Verfahren, die in der Ermittlungspraxis – jedoch mit dem Mehraufwand der Verschlüsselung – angewandt werden können.[15]

Aus Sicht des Datenanalytikers führt dies allerdings dazu, dass die aktuell bestehende Hysterie um einsetzbare Methoden und Techniken in Verbindung mit dem Datenschutz einen Rückgang derartiger Analysen in den Unternehmen bewirkt. Dabei benötigen die Unternehmen klare Vorstellungen, wie Analysen sinnvoll mit erträglichem Aufwand durchzuführen sind. Eine Unterstellung des Generalverdachtes (der alle Mitarbeiter einschließt, selbst die Zugbegleiterin in den neuen Bundesländern) ist sicherlich ebenso wenig hilfreich, wie eine Entkräftung des Generalverdachtes (eine Liaison der Zugbegleiterin mit einem Einkäufer kann fraudulente Geldflüsse über das Bankkonto der an sich unverdächtigen Dame ermöglichen). Bei allem Verständnis für Datenschutz ist die Rückkehr zu einer Normalität, in der „schwarze Schafe" von „weißen" getrennt werden können, dringend notwendig. Überraschend ist bei der vorherrschenden Sensibilität der Umstand, dass mit verschiedenen Bonusprogrammen Userzahlen im zweistelligen Millionenbereich[16] erzielt werden und in der Bevölkerung bei der Abgabe ihrer personenbezogenen Kaufprofile kaum Berührungsängste bestehen.

1.2.3 Gerichtsverwertbarkeit

Ebenso wie das Thema Datenschutz ist auch frühzeitig bei der Analyse von Daten auf eine gerichtsverwertbare Dokumentation Wert zu legen. Dazu sind beispielsweise beim Download von Datenbeständen die genauen Analysezeiträume, betroffenen Merkmale, Einschränkungen auf Feldebene in einer Form zu dokumentieren, die dies in einem Verfahren später nachvollziehbar und reproduzierbar machen. Darüber hinaus sind die Daten ggf. redundant zu sichern, um später den jeweiligen Stand auch nachweisen zu können.

---

[13] Siehe § 3 Abs. 6 BDSG: Anonymisieren ist das Verändern personenbezogener Daten derart, dass die Einzelangaben über persönliche oder sachliche Verhältnisse nicht mehr oder nur mit einem unverhältnismäßig großen Aufwand an Zeit, Kosten und Arbeitskraft einer bestimmten oder bestimmbaren natürlichen Person zugeordnet werden können.

[14] Siehe § 3 Abs. 6a BDSG: Pseudonymisieren ist das Ersetzen des Namens und anderer Identifikationsmerkmale durch ein Kennzeichen zu dem Zweck, die Bestimmung des Betroffenen auszuschließen oder wesentlich zu erschweren.

[15] DIIR/GDD, 2011, Datenauswertungen und personenbezogene Datenanalyse.

[16] „Einer Untersuchung der GfK zufolge verfügen 61 Prozent der deutschen Haushalte über eine Payback- und 42 Prozent über eine Happy-Digits-Karte." Redwitz, F., 2008, Payback und Happy Digits bekommen Konkurrenz.

1.3   Datenanalysemodelle

1.3.1   Modellierung mittels PDCA-Modell

Derartige Prüfungen im Fraud-Fall setzen voraus, dass das Ereignis bereits eingetreten ist. Wie kann also der präventive Ansatz, die Arbeit am Schlüsselfaktor Mensch, mit technischen Datenanalysen unterstützt werden? Dies entspricht nicht der *ad-hoc*-Analyse im Fraud-Fall, sondern des Einsatzes von Tools zur kontinuierlichen Überwachung analog dem bereits aufgegriffenen CCM.

Es gilt hierbei ein System zu planen (Plan), welches quasi im Rahmen einer datentechnischen Gefährdungsanalyse die betroffenen Systeme und Datenfelder bestimmt. Dazu ist es erforderlich, dass die Geschäftsprozesse und Kontrollen[17] bekannt sind und so die entsprechenden Datentöpfe bestimmt werden können. Im Idealfall liegen eine einheitliche Datenschnittstelle und eine logische Datenbank für weitere Analysen vor. Zumindest aber muss der Fraud Manager über alle Informationen verfügen, um in der Krise die richtigen Datentöpfe und Systeme lokalisieren zu können.

Im ersten Schritt starten die Unternehmen häufig damit, bekannte Methoden (Filterung von Datensätzen nach gewissen Mustern) im Sinne des operativen *doings* einzusetzen. Daneben werden Systeme aufgebaut, die bei Auftreten einer bestimmten Konstellation den operativen Systemen einen Alarm geben.[18]

Die vorliegenden IT-Erkennungssysteme verfügen aber teilweise über Komponenten, welche die eigenen Methoden (also so genannte Expertenregeln) auf die Probe stellen können. Es kann mittels weiterer eher fuzzylogischer Analysen gecheckt (Check) werden, ob das vorhandene Expertenwissen ausreicht, alle Muster zu erkennen. Dazu bedienen sich die Tools Prognosen, Anomalien und insbesondere neuronaler Netze zur Identifikation von eventuell strafbaren Handlungen. Ansätze gehen auch davon aus, dass ein Recall des aktuellen Datensatzes (Beispiel: Kunde verlangt in der Bank einen Teilzahlungskredit) mit der Methodik der neuronalen Netze kombiniert wird.[19]

---

[17] Vgl. hierzu auch den Beitrag von Jackmuth zu Datenanalyse-Werkzeuge.

[18] Als Beispiel sollen kritische Informationen von Auskunfteien im Handelsgeschäft oder Auffälligkeiten in der Schadenbearbeitung in Versicherungen dienen.

[19] Testing des Datensatzes noch während der Anwesenheit in der Filiale, ob der Kunde im neuronalen Netz zu einer bekannten Fraud-Anomalie sortiert werden würde. Als Ergebnis würde ein Fraud-Verdacht und Kreditablehnung herauskommen.

Die Ergebnisse lassen sich dann im Sinne von „*act = Lessons learned*" in weitere Expertenregeln umsetzen. Trotz der Attraktivität dieses Ansatzes ist letztendlich die Fähigkeit der Fraud Manager entscheidend, neue Muster auf kreative Art und Weise antizipieren zu können. Nur so kann dem Ideenreichtum der Wirtschaftskriminellen Einhalt geboten werden, die bereits implementierten Analysen und Kontrollen zu umgehen.

Abbildung 2: PDCA-Modell Datenanalytik

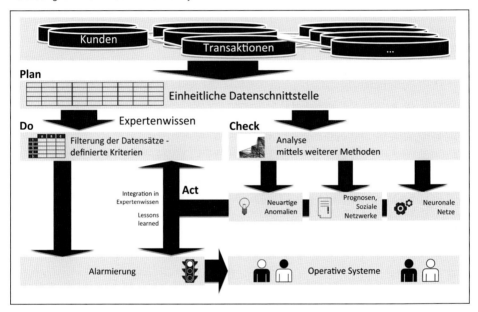

1.3.2 Data-Mining-Zyklus als Industriestandard

In der Theorie bezeichnet das Knowledge Discovery in Databases (KDD) den Gesamtprozess des Data-Mining inklusive der vorbereitenden Tätigkeiten und der anschließenden Bewertung der Ergebnisse. Das Data-Mining selbst umfasste ursprünglich nur den reinen Prozess der Anwendung von mathematischen Verfahren zur Musteranalyse als Teil des KDD. Im heutigen Sprachgebrauch in den Unternehmen wird allerdings der ganze Analyseprozess darunter verstanden.[20]

---

[20] Vgl. Alpar, P./Niederreichholz, J., 2000, Data Mining im praktischen Einsatz, S. 9.

Gefördert durch die Europäische Union (EU) wurde das Projekt „Cross Industry Standard Process for Data-Mining – Crisp-DM" Anfang des neuen Jahrtausends ins Leben gerufen. Aufbauend auf Erfahrungen wurde in rund 300 Unternehmen ein Standard entwickelt, der sich an dem Lebenszyklus eines derartigen Analyseprojektes orientiert. Dabei werden folgende sechs Phasen[21] unterschieden:

1. Business Understanding: Die erste Phase konzentriert sich auf das Verständnis der Projektziele und den Anforderungen aus betriebswirtschaftlicher Sicht (z.B. Ressourcen, Restriktionen etc.), mittels dieses Wissens eine Data-Mining-Problembeschreibung und einen vorläufigen Plan zu erarbeiten, um die Projektziele zu erreichen.

2. Data Understanding: Die Data-Understanding-Phase beginnt mit einer ersten Datenerhebung, um relevante und verfügbare Daten auszuwählen. Ziel ist es, mit den Daten vertraut zu werden, Datenqualitätsprobleme zu identifizieren, erste Einblicke in die Daten zu erhalten oder bereits interessante Teilmengen zu erkennen, um Hypothesen für versteckte Informationen zu bilden.

3. Data Preparation: Die Data-Preparation-Phase umfasst sämtliche Aktivitäten, um den endgültigen Datenbestand (Daten, die in Modellierungs-Tool(s) eingespielt werden) aus den ursprünglichen Rohdaten aufzubauen. Die Aufgaben der Datenvorbereitung, die Tabellen-, Datensatz- und Merkmalsauswahl sowie die Umwandlung und Bereinigung der Daten für die Modellierungswerkzeuge einschließen, können dabei unbegrenzt und in nicht vorgeschriebener Reihenfolge ausgeführt werden.

4. Modellierung: In dieser Phase werden verschiedene Modellierungstechniken ausgewählt und angewandt sowie ihre Parameter auf optimale Werte kalibriert. Typischerweise gibt es verschiedene Techniken für das gleiche Data-Mining-Problem. Einige Techniken haben spezielle Anforderungen an die Form der Daten. Daher ist es oft notwendig, erneut an der Data-Preparation-Phase anzusetzen.

5. Evaluation: In dieser Phase des Projektes existiert(en) bereits ein (oder mehrere) Modell(e), die möglicherweise über eine hohe Qualität aus Perspektive der Datenanalyse verfügen. Vor der Implementierung des endgültigen Modells ist es wichtig, das Modell genauer zu beurteilen und die ausgeführten Schritte bei der Modellierung zu überprüfen, um sicher zu gehen, dass das erarbeitete Modell die Projektziele tatsächlich erreicht. Ein wesentliches Ziel ist es, festzustellen, ob geschäftliche Auffälligkeiten existieren, die nicht hinlänglich geprüft wurden. Am Ende dieser Phase sollte eine Entscheidung über die Verwendung der Data-Mining-Ergebnisse erreicht werden.

---

[21] Vgl. http://www.crisp-dm.org/Process/index.htm (Abruf 12.01.2011).

6. Deployment: Mit der Erstellung des Modells endet i.d.R. nicht das Projekt. Selbst wenn es der Zweck des Modells ist, den spezifischen Kenntnisstand über die Daten zu erhöhen, müssen die gewonnenen Erkenntnisse organisiert und in einer Weise aufbereitet werden, dass der Auftraggeber sie nutzen kann. Je nach Anforderung kann die Phase Deployment aus einer simplen Generierung eines Berichts bestehen oder sehr komplex sein, wie beispielsweise die Implementierung eines wiederholbaren Data-Mining-Prozesses. In vielen Fällen wird es der Kunde und nicht der Datenanalytiker sein, der die Produktivschritte ausführen wird. Daher ist es für den Kunden umso wichtiger, die notwendigen durchzuführenden Aktionen vollumfänglich zu verstehen, um die erstellten Modelle adäquat einsetzen zu können.

2 Leistungsumfang moderner Tools

Als vor 25 Jahren Windows seinen erfolgreichen Marktauftritt feierte, ahnten selbst die Computerfreaks die Entwicklung des Internets nicht voraus.[22] Unternehmen nutzten überdimensional große Rechner und Administratoren waren Verfechter ihrer eigens programmierten Kommandozeilen. In dieser Welt muss die damalige Idee der Firma ACL als revolutionär betrachtet werden. Deren Neuentwicklung bestand in einer Audit Command Language für alle Maschinen, auf denen sich Auditoren bewegten, egal ob Großrechner oder Personal Computer – von der bekannten Standard Query Language (SQL) waren die Nutzer noch weit entfernt.

Computeruser, die bereits zu Beginn der 1990er Jahre mit ACL gearbeitet haben, ist die Kommandozeilenorientierung bekannt, die heute noch im Tool genutzt werden kann. Die Batch-Verarbeitung konnte mittels hart codierter, an Programmiersprachen erinnernde Befehle gestartet werden. Damit bestand die erste Möglichkeit, in einer einheitlichen Methodik über alle Maschinen hinweg – einzig begrenzt durch Arbeitsspeicher und Medien (die erste Diskettengeneration im 3,5"-Format hatte 0,7 MB) – Analysen zu betreiben.

Diese Szenarien sind heute kaum noch vorstellbar – Speicher ist preiswert verfügbar, die Maschinen lassen auch im Revisions-Office fast unbegrenzte Analysen zu. Selbst in Großunternehmen sind Datenanalysen, wenngleich auch auf separaten Maschinen und teilweise mit Laufzeiten im Bereich von Stunden und Tagen, in jeder Form darstellbar.

---

[22] TCP/IP war damals erst drei Jahre alt und die Maus eher das Standardwerkzeug der Apple-Maschinen.

Gegebenenfalls ist ein Rückgriff auf externe Dienstleister notwendig, sofern aufgrund der Anforderungen an komplexe Systeme spaltenbasierte Datenbanken zum Einsatz kommen müssen, die für High-Tech-Anforderungen entwickelt wurden.

Fraglich ist allerdings, warum die Analysetechnologien von Fraud-Ermittlern nicht vermehrt genutzt werden und warum selbst in modernen Unternehmen Kollegen so wenig IT-Affinität an den Tag legen. Bei allen Potenzialen, die die Softwarehersteller auf Basis von leicht zu erlernenden Oberflächen aufzeigen, sind die Tools nicht *out-of-the-box* verwendbar. Die Werkzeuge werden zwar vermehrt mit Inhalt und vorkonfigurierten Abfrageszenarien vertrieben, dennoch kann ohne ein Grundverständnis der Begriffe Tabellen, Datenformate, Primärschlüssel und Normalisierung keine sinnvolle Datenanalyse erfolgen. Eine professionelle Datenanalyse benötigt in den Unternehmen eine Professionalisierungsstrategie und eine permanente Auseinandersetzung über Personen, welche als Key-User definiert sind. Ein Kauf von Software allein löst jedenfalls nicht die Aufgaben.

Trotz der Verfügbarkeit von High-Tech-Produkten kann die Nutzung des altbewährten DOS-Betriebssystems hilfreich sein. Dies hat der Autor selbst im Jahre 2010 bewiesen, indem er die DOS-Oberfläche nutzte, um ein spezielles Problem in einem Fraud-Projekt schnell und effizient zu lösen. Folgendes Szenario lag bei einem Finanzdienstleister vor:

Die eigenentwickelte Softwareumgebung eines Mandanten soll nach Auffälligkeiten an der Zahlungsausgangsschnittstelle untersucht werden. Über diese Schnittstelle bilden Datensätze die Zahlungsausgänge und damit den Geldfluss in Richtung Zentralinstitut ab. Die Datensätze werden in einem bestimmten Rhythmus erzeugt (z.B. Minutentaktung) und in jeweils eigenständige Dateien nach dem Schema „Ausgang_JJJJ_MM_TT_ hh_mm_ss.txt" weggeschrieben. Sobald ca. 100 Dateien auf dem zu analysierenden Server vorgehalten werden, ist eine Logik notwendig, um die Dateien zusammenzuführen. Über eine Makroprogrammierung können diese in Analysetools eingelesen werden. Eine schnellere Lösung sind DOS-Befehle und zwar in diesem konkreten Fall der interne DOS-Befehl „copy". Dieser hält die zu schreibende Datei offen und fügt die einzulesenden Dateien (mit Parameternutzung von Platzhaltern und Wildcards) in einem Verzeichnis konsequent an diese Datei an.

Dieses etwas abstrus anmutende Beispiel soll zeigen, dass eine Strategie und ein datentechnisches Verständnis unabdingbar sind, um für selektierte Daten die adäquaten Tools zu wählen.

Abbildung 3: Grundmaske einer Tabelle in ACL®

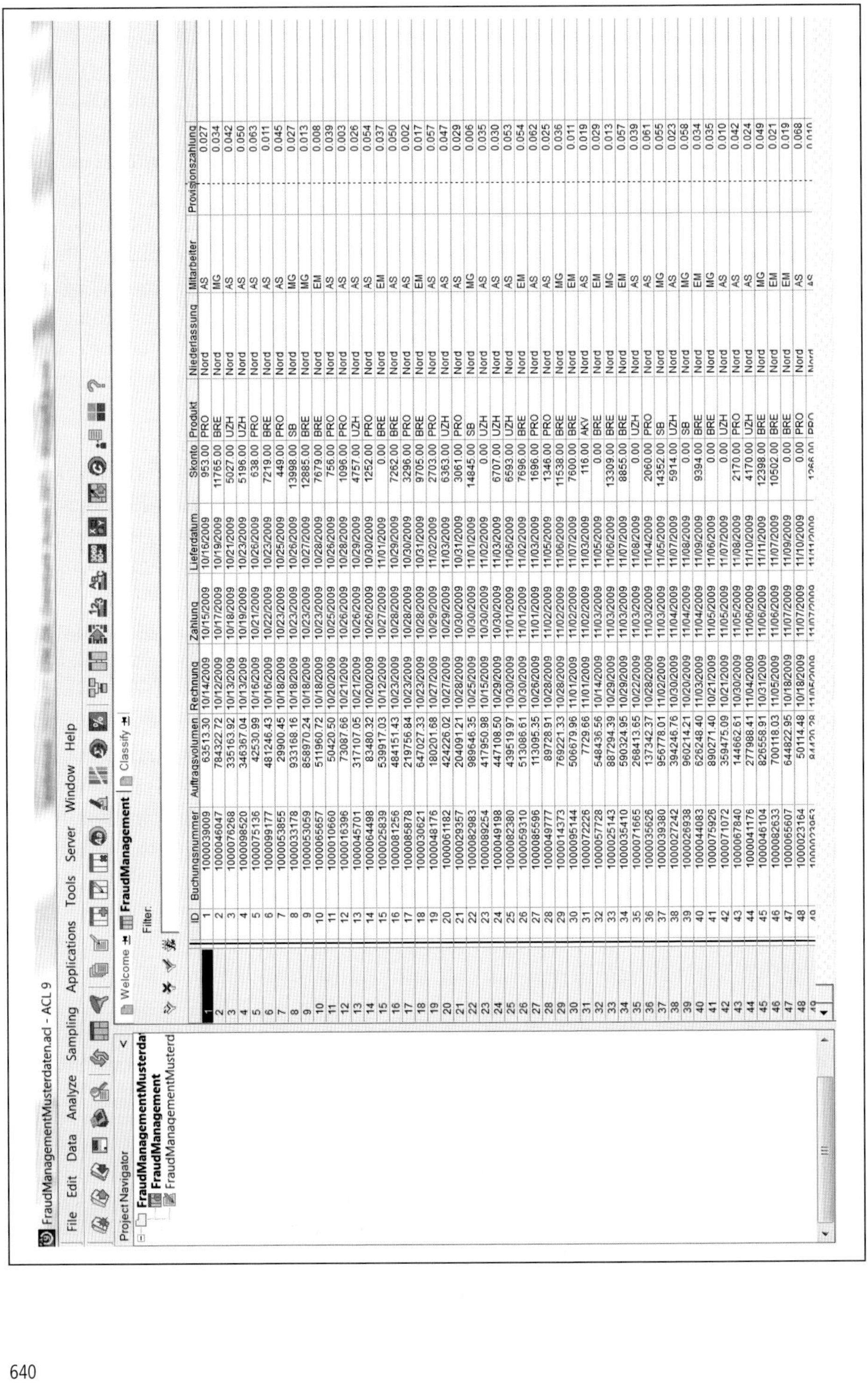

2.1 Verständnis der Prozesse und Daten/-felder

Unternehmensdaten haben mittlerweile eine Komplexität erreicht, die den Unternehmen eine aktuelle Prozessdokumentation erschwert. Ausgehend von dieser Situation muss aber der Fraud Manager die definierten Prozesse verstehen, um ggf. Schlupflöcher und Lücken im Internen Kontrollsystem zu erkennen. Genauso müssen die darunter liegenden Datenströme bekannt und lokalisiert sein, um über optimale Analysemöglichkeiten zu verfügen.[23]

Im Rahmen der Vorbereitung müssen Informationen über Daten aus den häufig weitverzweigten Systemen erhoben werden. Dabei sollten die Daten grundsätzlich an der Quelle und nicht aus nachgeordneten aggregierten Systemen gezogen werden. Häufig wird sich eine Diskussion anschließen, aus welchem System welches produktive Feld für die Analytik am besten geeignet erscheint.

Die Bearbeitung der Daten ist – mit gewissen performance-abhängigen Einschränkungen – heute problemlos unabhängig vom Datenvolumen möglich. Daher sollte die Analyse kompletter Grundgesamtheiten dem Fraud Manager die Sicherheit geben, einen Blick auf möglichst alle ggf. betroffenen Daten zu erhalten. Im Rahmen der Data Preparation muss eventuell durch „Säubern" und „Normalisieren"[24] der Daten die Sicherstellung von Konsistenz und genauen Ergebnissen gewährleistet werden. Zusätzlich muss dazu im Zusammenspiel mit der Abbildung der Geschäftsprozesse in den Datenbanken eine Kontrolle der Tabellen auf Konsistenz, Fehlerlosigkeit und Richtigkeit erfolgen, also die Datenintegrität gewährleistet werden.

Um Trends in den Daten festzustellen, Ausnahmen vom Normalverhalten abzuleiten oder potenzielle Problembereiche hervorzuheben, bedarf es Tools, die in der Lage sind, Daten aus den verschiedenen Systemen, ggf. mit unterschiedlichen Datentypen und -deklarationen, lesen und analysieren zu können.

---

[23] Vgl. den Beitrag von Jackmuth zu Datenanalyse-Werkzeuge, hier speziell zu Process-Mining.

[24] Säubern bedeutet in diesem Zusammenhang das Erkennen und Ausschließen nicht brauchbarer Informationen, das Normalisieren überführt die Datenbank in Tabellen, die keine Redundanzen mehr enthalten.

2.2 Modellierung und Standardmethoden

Die Tools müssen in der Lage sein, eine Differenzierung zwischen (ungewollten) Fehlern und potenziell deliktischen Handlungen vorzunehmen. Eine vollautomatisierte Täterüberführung einschließlich einer Strafanzeige wäre wünschenswert, ist aber utopisch. Bei der Arbeit mit den Werkzeugen geht es darum, den hochkreativen Tätern Methoden gegenüberzustellen, die eine zeitnahe Erkennung von Mustern, Trends, Anomalien und Lücken in den Daten erlauben. Die Schwierigkeit besteht darin, die eigenen Ansätze und Methoden permanent auf den Prüfstand zu stellen und die Werkzeuge interaktiv einzusetzen. Eine natürliche Beschränkung ist in der Abbildung des fraudulenten Verhaltens in den Daten zu sehen. Z.B. sind korruptive Zahlungsbeträge ggf. als Entnahmen über eine „schwarze Kasse" in den Unternehmensdaten abgebildet. Eine Übergabe von Bargeld findet aber unter Ausschluss jeglicher Buchungsmaschine und der Öffentlichkeit statt.

Auch bei der Analyse von Buchungstexten existieren inhärente Grenzen. Unabhängig davon, ob die fraudulenten Datensätze überhaupt Informationen zum Buchungstext tragen, ist beispielsweise der Begriff „Zahlung aus Beratervertrag vom …" nur unter gewissen Voraussetzungen als Indikator einzustufen. Gleichfalls können Zahlungen dem ursprünglichen Grunde nach korrekt sein, die erbrachte Höhe oder Stückzahl hingegen auffällig erscheinen. Es sind also Methoden notwendig, die die Daten in der Analyse „sprechend" machen und intelligente Suchroutinen abbilden. Darüber hinaus ist ein gewisses Maß an Erfahrung und Durchhaltevermögen während des Analysevorganges zu fordern. Werkzeuge allein helfen hier nicht – sie sind nur funktionierende Mittel zur Zielerreichung.

2.2.1 Feld-Statistik

Als wesentliches Einstiegsszenario dient der Überblick über die Inhalte der einzelnen Datenfelder. Sofern das Analysewerkzeug dies nicht ohnehin als Standardfunktionalität anbietet, sollten die einzelnen Felder hinsichtlich der Inhalte geprüft werden. Neben der Sicht, welche Inhalte überhaupt in den Feldern der Tabelle stehen, bieten die Werkzeuge teilweise Funktionen „auf einen Blick" an – Minimum, Median, Durchschnitt, Maximum, Anzahl der Datensätze mit Inhalt etc.

2.2.2   Summenverteilung, Schichtung, Altersanalyse

Die Tools erlauben Sichtweisen, so dass ausgehend von speziellen Informationen eines Feldes Summen je Feldinhalt erzeugt werden können. Immer auf der Suche nach fraudulenten Auffälligkeiten sind summenmäßige Vergleiche zwischen den Daten aus verschiedenen Regionen, Organisationseinheiten oder Datenerfassern ebenso möglich wie eine Aufteilung nach Buchungsdaten. Bei der Schichtung von Daten können Cluster gebildet werden, die sich beispielsweise an Kompetenzgrenzen orientieren, um Überschreitungen zu analysieren. Ebenso gehören Altersanalysen zur Standardanalytik.[25]

Abbildung 4: Beispielergebnis einer „SUMMARIZE"-Analyse mittels ACL®

Command: SUMMARIZE ON Mitarbeiter SUBTOTAL Auftragsvolumen Provisionszahlung Skonto TO SCREEN PRESORT
Table: FraudManagement

Mitarbeiter	Auftragsvolumen	Provisionszahlung	Skonto	Count
AS	117,047,988.92	16.417	927,996.00	467
EM	144,554,062.44	8.160	1,113,044.00	233
GW	3,657,785.85	0.080	54,867.00	3
MG	207,507,444.92	8.379	1,537,453.00	237
Totals	472,767,282.13	33.036	3,633,360.00	940

4 records produced

2.2.3   Regression

Die Regressionsanalyse hat zum Ziel, Zusammenhänge quantitativ zu beschreiben oder variable Werte zu prognostizieren. Im Rahmen der Fraud-Erkennung können Ausreißer grafisch analysiert werden. Typisches Anwendungsszenario ist ein Zeitreihenvergleich von Ergebnisdaten einzelner Einheiten oder Geschäftszweigen.[26]

---

[25] Beispielsweise sind Forderungen überfällig, die aber nicht gemahnt werden, da ein fiktiver Sachverhalt zugrunde liegt.

[26] Vgl. Regressionsanalyse – simples Tool mit starker Aussagekraft, Hintergundinformationen und Tool in MS-Excel®, downloadbar über http://www.addresults.de/ideen-tools-und-methoden-fuer-die-praxis.

2.2.4 Textähnlichkeit

Hilfreich bei der Datenanalytik, insbesondere im internationalen Kontext, sind Module zur Textähnlichkeitsanalyse. Diese dienen im Rahmen einer Fuzzy-Logik dazu, beispielsweise Datenfelder zu ermitteln, die eine hohe Übereinstimmung mit vorhandenen Datenfeldern aufweisen. Typisches Anwendungsgebiet sind Kundenstammdaten mit Informationen aus beispielsweise chinesischen oder arabischen Sprachräumen, um Ähnlichkeiten der Übereinstimmungen (meist in Prozent) anzuzeigen. Ein weiteres Einsatzszenario ist die Analyse von Tabellen mit unstrukturierten Daten in Memo-Feldern (beispielsweise E-Mail-Verkehr), um auffällige Begriffe zu finden und mit einer Treffergenauigkeit zu klassifizieren.

2.2.5 Kreuztabellen/OLAP-Würfel

Tools wie Kreuz- oder Pivot-Tabellen stellen mittels Aggregierung Datenfelder verdichtet in Abhängigkeit von Datenfeldern dar, die zumindest zweidimensional aufbereitet werden. Bei der OLAP-Aufbereitung (Online Analytical Processing) werden die Daten als Elemente eines mehrdimensionalen Würfels angeordnet. Die Verfahren verbindet eine Drilldown-Funktion, so dass eine jederzeitige Analyse der Einzeldatensätze gewährleistet ist. Diese Verfahren werden zum analytischen Verständnis der Zusammenhänge der Datensätze eingesetzt.

Abbildung 5: Pivot-Tabellen in Caseware IDEA®

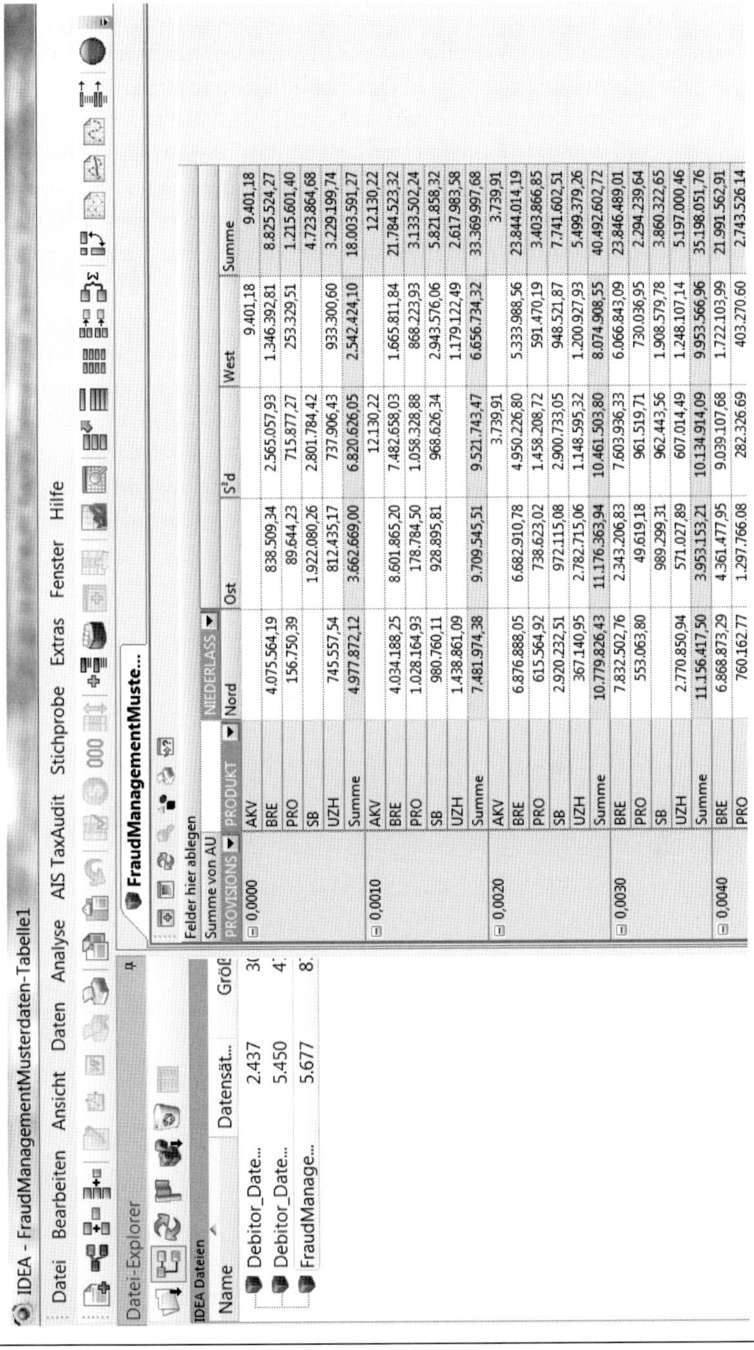

2.2.6   Benford

Frank Benford, amerikanischer Physiker, hat 1938 eine aus dem 19. Jahrhundert bekannte Gesetzmäßigkeit in der Verteilung von Ziffern erneut beschrieben. Der Erklärung nach folgen Ziffernverteilungen gewissen Gesetzmäßigkeiten, insbesondere wenn es sich um willkürlich erzeugte Daten im betriebswirtschaftlichen Bereich handelt. Die Praxis macht sich die Logik zunutze, indem beispielsweise Zahlungsausgänge nach dieser Formel ausgewertet werden. Dieses so genannte Benford's Law ist in der Fachsprache auch als Newcomb-Benford-Law bekannt (NBL), um den Bezug zu seinem Erstentdecker, dem amerikanischen Professor für Mathematik und Astronomie Simon Newcomb, aufzuzeigen.

Eine führende Ziffer 1-9 ist demnach in einem Datenstrang nicht gleichverteilt (durchschnittlicher Anteil je Ziffer wären in solch einem Fall 11,1%), sondern tritt in einem logarithmischen Verhalten auf (Anteil der Ziffer 1 ca. 30,1% bis Anteil der Ziffer 9 ca. 4,6%).[27] Sofern betrügerische Zahlungsausgänge erfolgen, wird der Defraudant diese Verfügungen immer in der Nähe seiner Zahlungskompetenz ausführen,[28] um möglichst schnell die maximalen Beträge „abgreifen" zu können. Eine natürliche Verteilung der Ziffern wird somit unterbrochen und ist grafisch darstellbar.

---

[27] Vgl. Benford, F., 1938, The Law of Anomalous Numbers, S. 554.

[28] Beispiel: Bei einer Zahlungskompetenz von 5.000 EUR werden die Verfügungen erfahrungsgemäß sehr stark im Bereich zwischen 4.900 EUR und 5.000 EUR auftreten.

Abbildung 6: Benford's Law – Anwendung auf eine führende Ziffer

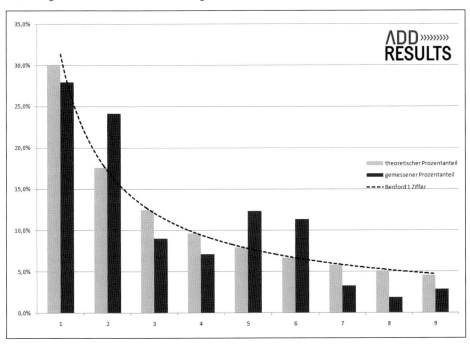

Im Rahmen des Verfahrens können somit die Echtdaten den Erwartungsdaten gegenüber gesetzt werden, um Anomalien zu entdecken.[29] Dabei muss nicht jede Abweichung von Benford's Law zwangsläufig eine Datenmanipulation darstellen. Neben nicht vollständig erfüllten Eingangsvoraussetzungen[30] können u.a. auch unternehmensspezifische Ereignisse Verzerrungen in der Verteilung hervorrufen.[31] Ein schlüssiger Beweis für einen Zusammenhang in Unternehmensdaten konnte bislang nicht erbracht werden.[32] Unabdingbar ist daher eine objektive Grundhaltung bei der Bewertung von Abweichungen.

---

[29] Vgl. Tool in MS-Excel® – downloadbar unter http://www.addresults.de/ideen-tools-und-methoden-fuer-die-praxis.

[30] Vgl. vertiefend dazu Mochty, L., 2002, Die Aufdeckung von Manipulationen im Rechnungswesen, S. 734 sowie Freidank, C./Kusch, A, 2008, Das Benfordsche Gesetz, S. 100-103.

[31] Vgl. zur Thematik der Abweichungsursachen Rafeld, H./Then Berg, F., 2007, Digitale Ziffernanalyse in deutschen Rechnungslegungsdaten, S. 29; Sosna, C., 2004, Statistische Ziffernanalyse, S. 250; Quick, R./Wolz, M., 2003, Benford's Law in deutschen Rechnungslegungsdaten, S. 209.

[32] Vgl. Watrin, C./Ullmann, R., 2009, Ziffernanalyse in der steuerlichen Betriebsprüfung, S. 104.

2.2.7 Kennzeichnung von Auffälligkeiten

Datenanalytik erfolgt grundsätzlich ohne datenverändernde Komponenten. In der Praxis bewähren sich jedoch Verfahren, die zusätzlich zu den physischen Daten Auffälligkeitsmerkmale an den Tabellen ergänzen. Im einfachsten Fall liegen die Daten in einer flachstrukturierten Datei vor – d.h. alle Merkmale stehen in der gleichen Tabelle und sind somit „denormalisiert". Diese Art der Darstellung ist zwar performance-intensiv, hat aber den Vorteil, alle Daten „auf einen Blick" zur Verfügung zu haben.

Man ergänzt nun diese Daten um Spalten, in die Auffälligkeiten im Sinne von „ja/nein" im Rahmen der Analyse geschrieben werden. Diese könnten bei einer Lieferantenbetrachtung in der Analyse beispielsweise nach Änderungen von Bankverbindungsdaten, von runden Beträgen, von einmaligen Transaktionen, manuellen Buchungen etc. ausgewertet werden. Anschließend wird die Treffermenge entweder durch Anzahl (Aggregation der Treffer je Buchungssatz) oder über ein komplexeres Verfahren (Gewichtung der Treffer nach vermuteter Fraud-Relevanz) sortiert. Im optimalen Fall sind die Expertenregeln so kalibriert, dass fraudrelevante Buchungsvorgänge direkt erkannt werden.

2.3 Auswahl der Analyseinstrumente

Im Rahmen der Primärdatenbanken oder -systeme von betriebswirtschaftlichen Systemen liegen häufig Werkzeuge vor, mittels derer fraudulente Vorgänge analysiert werden können. Dies können einerseits On-Board-Werkzeuge des Systems[33] andererseits Standardwerkzeuge auf der darunter liegenden Datenbank (SQL-Abfragen) sein. Zusätzlich kommen Office-Werkzeuge wie MS-Excel® oder MS-Access® in Betracht.

Eine Analyse kann beispielsweise klassischerweise auf Feiertagsbuchungen durch Mitarbeiter (nicht technische User) ausgerichtet sein. In Office-Tools können u.a. mittels des Ostersonntags die Feiertagsdaten bestimmt werden. Daraus lassen sich alle anderen Feiertage ableiten.

Die Berechnung basiert in MS-Excel® auf folgender Formel:

```
=DM((TAG(MINUTE(2000/38)/2+55)&".4."&2000)/7;)*7-WENN(JAHR(1)=1904;5;6)
```

---

[33] Im Falle von SAP® beispielsweise Data Browser, Quick Viewer, Queries oder Analysewerkzeuge mit Downloadfunktionalität auf den lokalen Rechner über das Audit Info System (AIS).

Das Jahr 2000 wurde hier als Basisjahr gewählt und muss ggf. angepasst werden.[34]

Daneben existieren in den Systemen vorkonfigurierte Reports zur Fraud-Analytik. In SAP® steht beispielsweise ein Report für Feiertagsbuchungen zur direkten Analyse zur Verfügung.

Abbildung 7: Feiertagsbuchungen in SAP®

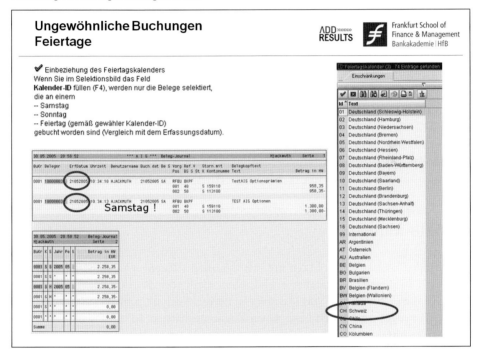

Bei der strategischen Entscheidung, welche Methode und welches Tool angewandt werden, sollte man sich von folgenden Überlegungen leiten lassen:

• Welche Methode kann mit welchem Know-how angewandt werden?

• Ist die Methode beweissicher und wiederholbar?

• Benötigt das Unternehmen diese Methode wiederkehrend?

---

[34] Vgl. Tool in MS-Excel® – downloadbar unter http://www.addresults.de/ideen-tools-und-methoden-fuer-die-praxis.

2.4 Ad-hoc-Analysen vs. CCM

Die bisher dargestellten Analysemethoden lassen sich im Rahmen von Fraud-Detection als Ad-hoc-Analysemethoden einsetzen. Im Sinne der Schadensbegrenzung ist es erforderlich, ggf. auftretende Fraud-Fälle frühzeitig zu erkennen. Aus diesem Grund kann die gesamte Systematik auch in einen Standardprozess des Fraud Managements eingebettet werden. Dabei wird im Rahmen des CCM das strategische Ziel verfolgt, Kontrolldefizite festzustellen und Fraud-Fälle zeitnah zu erkennen. Bereits bestehende Control-Testing-Aktivitäten (im Rahmen der Überwachung des Internen Kontrollsystems) zur Einhaltung betrieblicher oder regulativer Standards haben strategisch einen fast gleichen Ansatz, sind allerdings auf Fehler in den Prozessen ausgerichtet.

Im optimalen Fall werden durch voreingestellte und automatisierte Analyseverfahren regelmäßige und häufige Prüfungen sowie die Überwachung automatisiert. Dazu kann die Datenanalyse in Geschäftsabläufe eingebettet werden, auch um über „Ampelschaltungen" Rückmeldungen in die operativen Prozesse zu geben. Zusätzlich kann im Rahmen der Automatisierung analytischer Tests eine sofortige Mitteilung der Ergebnisse per beliebigen Kommunikationsweg (E-Mail/SMS-Alert) an den Fraud Manager erfolgen.

3 Data-Mining

Data-Mining lässt sich übersetzen mit den Begriffen „Datengewinnung" oder „Daten schürfen". In diesem Wortszenario sind schon die beiden Begrifflichkeiten vereint – einerseits die „Gewinnung" von Daten im Sinne von Analytik, andererseits das „Schürfen" nach neuen Ergebnissen bzw. neuen Zusammenhängen. In der Praxis kann diese Sichtweise abstrakt auf zwei Denkweisen zurückgeführt werden. Während die bisher vorgestellten Methoden eher einem regelbasierten Ansatz folgten, dient Data-Mining nicht dazu, bereits bekannte Hypothesen zu überprüfen, sondern völlig neue Dinge zu entdecken, die sich in den Tiefen des „Bergwerkes" Datenbank verborgen haben. Usama Fayyad, einer der Väter der Methodik, beschrieb dies wie folgt: „Data-Mining ist die nicht triviale Entdeckung gültiger, neuer, potentiell nützlicher und verständlicher Muster in großen Datenbeständen."[35]

---

[35] Vgl. Fayyad, U./Piatetsky-Shapiro, G./Smyth, P., 1996, From data mining to knowledge discovery, S. 6. Das Zitat in Originalsprache lautet: „Knowledge Discovery in Databases describes the non-trivial process of identifying valid, novel, potentially useful, and ultimately understandable patterns in data."

Damit sollen Methoden systematisch auf einen großen Datenbestand mit dem Ziel der Mustererkennung angewandt werden, um verborgene Regeln aufzuspüren, Muster und Strukturen zu erkennen, Abweichungen und statistische Auffälligkeiten nachzuweisen.

3.1 Begriffe in der Welt des Data-Minings

3.1.1 Klassisches Data-Mining

Die Frage, inwieweit heutige Produkte über künstliche Intelligenz durch „Maschinelles Lernen" verfügen, ist schwierig zu beantworten. Fest steht aber, dass Computer die Fähigkeit aufweisen, bekannte Muster automatisch in neuen Daten wiederzufinden, währenddessen einem Menschen diese Zusammenhänge vielleicht verborgen bleiben. Das klassische Data-Mining geht davon aus, auch ohne Expertenregeln neuartige Zusammenhänge, Muster und Strukturen in strukturierten Datenbeständen zu entdecken.

3.1.2 Text-Mining

Eine Mustersuche in unstrukturierten Datenbeständen ist durchaus erfolgversprechend. In aktuellen Projekten wurden Datenbanken mit etwa 50 GB nach Auffälligkeiten analysiert. Die eigentliche Aufgabe besteht dabei in einer sinnvollen Aufbereitungslogik der Daten, um die indexierte Volltextsuche unter sehr performanten Bedingungen durchführen zu können. Einfach gestaltete Anwendungen treten dabei im heutigen Alltag auf – beispielsweise gehört die Volltextsuche in E-Mail-Clients dazu. Hinter der Suche nach Stichworten wie beispielsweise Kick-Back, Beratervertrag, Honorar verbirgt sich dann ggf. eine fraudspezifische Sichtweise.

3.1.3 Weitere Funktionalitäten

Bei der Analyse von Internetseiten und dem Navigationsverhalten der Benutzer im Web ist die Rede von Web- und Multimedia-Mining. Dazu gehören beispielsweise Klickpfad-Analysen genauso wie das Web-Usage-Mining, die Personalisierung von Internetpräsenzen unter Erstellung von Zugriffsprofilen. Interessante Produkte sind auch Tools, welche orientiert am Tippverhalten der User („Schreiben Sie diesen Satz") Zugänge zu IT-Systemen freigeben – Passwörter gehören dann der Vergangenheit an. Alle diese Trends sollten durch den Fraud Manager beobachtet werden, insbesondere um im Fraud-Fall die eingesetzten Methoden im Unternehmen und die Auswirkungen auf die Tat abschätzen zu können.

Nachfolgend sollen einige Beispiele aufzeigen, wie Data-Mining-Technologie in den operativen Einheiten, aber auch durch das Fraud Management mit unterschiedlicher Sichtweise genutzt werden kann.

Tabelle 1: Nutzungsbeispiele für Data-Mining

Thema/Branche	Operativ	Fraud Management
Banken/Versicherungen	<ul><li>Risikoanalyse, -modelle</li><li>Kreditwürdigkeit</li><li>Schadensdatenbanken</li></ul>	Überwachung derartiger Prozesse
Marketing	<ul><li>Kundensegmentierung (in Bezug auf ähnliches Kaufverhalten bzw. Interessen, gezielte Werbemaßnahmen)</li><li>Aufspüren von Änderungen im Verhalten von Kunden oder Kundengruppen</li><li>Kampagnenmanagement</li></ul>	Budgetabweichungen durch Kick-Backs
Kunden	Management von Kundenbeziehungen (Customer-Relationship-Management)	Aufspüren von Beziehungen zwischen Kunden (Abnehmer/Lieferant/Vermittler etc.)
Handel	Warenkorbanalyse zur Absatzoptimierung	Analyse von Kassenstornos; Retouren; Preisauffälligkeiten
Krankenversicherung	Kostenoptimierung durch Bündelung von Verschreibungsgruppen	Arzneimittelbetrug

3.1.4 Hürden beim Einsatz von Data-Mining

Die Schwierigkeiten beim Einsatz derartiger Technologien liegen sicherlich in einem ersten Schritt in dem Verständnis der Daten. In den Projekten ist immer wieder festzustellen, dass Daten nur unzureichend erfasst wurden, die Bedeutung der einzelnen Datenfelder weder der Fachabteilung noch dem IT-Bereich hinreichend bekannt ist („historisch gewachsen"), die Daten aus verschiedenen Systemen in unterschiedlichen Strukturen und Tabellen vorliegen oder Daten in Programmen zur Laufzeit berechnet werden (Beispiel: Kontensalden aus Monatsendsaldo plus Bewegungsdaten) und somit mühsam nachgebildet werden müssen.

Die Frage der Definition, welche Felder im operativen Betrieb die unbedingt notwendigen Pflichtfelder darstellen, wird in den Unternehmen sehr unterschiedlich gehandhabt. Die Bandbreite geht von einem gewissen Pragmatismus bis hin zu der Thematik „lieber ein Feld mehr als ein Feld zu wenig". Ob die dann in die Felder einzutragenden Werte vernünftig ausgeprägt (*customized*) wurden, kann ein weiteres Problem darstellen.

Daneben werden in den Häusern teilweise die Felder in viel zu hoher Stückzahl den erfassenden Mitarbeitern als „Kann"-Felder abgenötigt. Dies führt bei dem zu unterstellenden Prozessdruck in den operativen Prozessen dazu, dass derartige Datenfelder mit einer Quote unterhalb von 10% gefüllt werden und somit für die erweiterte Analyse den meisten Methoden nicht zur Verfügung stehen.

Daneben sind insbesondere bei Massendaten Hard- und Softwarequalitäten gefordert, welche – wie beispielsweise Windows in 32-bit-Umgebungen auf aktuellen Laptops ab 2 GB Datengröße – nicht zu Speicherverwaltungsproblemen führen. Die entsprechenden Produkte für den Endanwender bieten jedenfalls bereits auf modernen Laptops, erst recht auf speziellen Servern, i.d.R. Methoden und Algorithmen, die das Thema Softwarequalität und -fehler nicht vollständig ausschließen, aber eher als beherrschbar erscheinen lassen.

Probleme sind sicherlich in der Aussagekraft und in der Interpretation der Ergebnisse zu sehen. Warum gehört ein Fall, der mit weichen Methoden („Neuronale Netze") analysiert wurde, in die Auswahl und wie unterscheidet er sich von dem gleichfalls aufgeführten weiteren Fall? Datentechnisch fällt eine Begründung leichter, als die Korrelationen zwischen den Ergebnissen zu erklären, ohne sie auf Anhieb selbstständig zu erkennen.

Häufig ist auch die Frage „Welche Fraud-Muster können aus den Datenströmen abgeleitet werden?" nicht einfach zu beantworten. Die genaue Analyse komplexer Auffälligkeiten ist gerade bei schwacher Datenqualität äußerst zeitintensiv. Insbesondere in Detektion-Mandaten ist dieser Umstand als nachteilig zu erachten, da sich ein Unternehmen eine vollständige Analyse aufgrund der zeitkritischen Komponente kaum erlauben kann. Folglich entsteht das Dilemma, in der limitierten Zeit nicht die erwarteten Ergebnisse bzw. Ergebnisse erst mit einer Überschreitung des Zeitlimits liefern zu können. Es ist selbstverständlich, dass eine große Sensibilität aus Datenschutzgründen zu wahren ist, sobald personenbezogene Individualdaten in die Untersuchung einfließen.[36]

Und nicht zuletzt spielt auch der Schlüsselfaktor Mensch eine Rolle – an dieser Stelle allerdings aus einem anderen Blickwinkel: Zur Überwachung der Daten ist ein Verständnis für Geschäftsprozesse sowie für die komplexen Methoden absolute Notwendigkeit.

---

[36] Als Reaktion auf die vergangenen Datenschutzskandale wurde der neue § 32 Bundesdatenschutzgesetz (BDSG) eingeführt, der eine Rahmenregelung für den Arbeitnehmerdatenschutz schaffen und damit gleichzeitig der gestiegenen Sensibilität für das Thema gerecht werden sollte.

3.2 Methoden

3.2.1 Clusteranalyse

Im Rahmen der Clusteranalyse wird die Gruppierung in den Daten mit dem Ziel untersucht, Datensätze mit einer homogenen Struktur zu lokalisieren. Derartige Gruppen von Objekten ähnlicher Daten können hierarchisch betrachtet weitere Untergruppen enthalten. Die eigentliche Clusteranalyse sucht neue Zusammenhänge bzw. neue Gruppen in den Daten. Aufgrund der zu Beginn der Clusterung nicht vorliegenden Information, welche Gruppen in den Daten zu finden sind, wird dieses Verfahren als „uninformiertes Verfahren" deklariert.

Die eigentliche Clusterbildung erfolgt durch Variablenauswahl, Bestimmung der Ähnlichkeit (Proximität) und der eigentlichen Bildung der Cluster, wobei in den Tools meist mehrere Verfahren kombiniert werden: Finden von Ausreißern, mathematische Bestimmung der Clusteranzahl, Bestimmung der Clusterzusammensetzung.

3.2.2 Klassifikationsverfahren

Eine der Clusteranalyse ähnliche Methode ist die Klassifikation. Hier wird dem Ansatz gefolgt, Datensätze, deren Gruppenzugehörigkeit (Klasse und Kategorie) bekannt ist, der entsprechenden Gruppe nach den auftretenden Merkmalen zuzuordnen. Häufig werden hierzu Entscheidungsbäume aufgebaut, die ein Abbild von aufeinanderfolgenden, hierarchischen Entscheidungen sind. Dadurch ergibt sich eine Baumstruktur, aus der ggf. auch Regeln für die Zuordnung von neu eintreffenden Datensätzen abgeleitet werden können. Ein praxisbezogener Einsatz ist die Zuordnung von Daten im ersten Schritt nach Größenklassen der Forderungen, anschließender Zuordnung nach Laufzeiten, ggf. weitere Untergliederung nach Ländern/Branchen etc. Alle derartigen Informationen werden in Entscheidungsbäumen abgebildet. In der Regel wird dieses Verfahren intuitiv, beispielsweise durch Standard-Filterfunktionen in MS-Excel®, genutzt.

Abbildung 8: Klassifikation mittels Flowchart-ähnlicher Technologie in RayQ

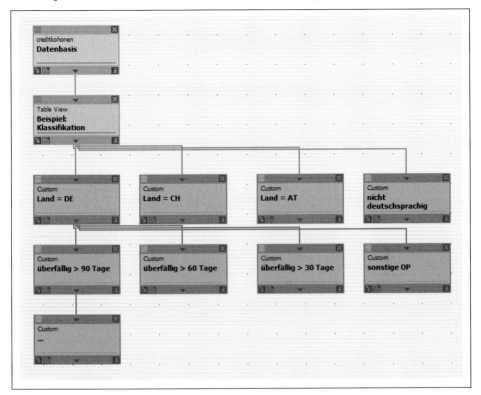

3.2.3 Weitere Verfahren

Die weiteren Verfahren sollen hier nur der Vollständigkeit halber aufgezählt werden:

- Die Regressionsanalyse beschreibt die Identifikation von Beziehungen zwischen einer abhängigen und einer oder mehrerer unabhängigen Variablen. In der Praxis ist das Verfahren sehr gut zum Vergleich von Unternehmenseinheiten (operative Umsatz-/ Kostenstrukturen) einsetzbar. Auffälligkeiten aus Fraud-Gründen werden aufgrund der Ausreißer bei der grafischen Visualisierung alleine schon in Standard-Tools präsent.[37]

---

[37] Vgl. weiter führendes Tool in MS-Excel® mit theoretischen Hintergründen unter http:// www.addresults.de/regressionsanalyse-simples-tool-mit-starker-aussagekraft.

- Die Diskriminanzanalyse dient der Unterscheidung von zwei oder mehreren Objekten, welche mit mehreren Merkmalen (auch Variablen) beschrieben werden. Dabei kann sie Objekte auf signifikante Unterscheidungen ihrer Merkmale prüfen und dafür geeignete oder ungeeignete Merkmale benennen.

- Mittels der Assoziationsanalyse kann man Abhängigkeiten zwischen Attributen oder einzelnen Attributsausprägungen innerhalb eines Datenbestandes entdecken, die durch Regeln der Form „Wenn X vorkommt, tritt auch Y auf" beschrieben werden (Beispiel: Wenn Kunden einen PC und ein CD-Rom-Laufwerk kaufen, werden sie wahrscheinlich auch CD-Rohlinge erwerben).

3.3 Predictive Data-Mining

Durch die Verallgemeinerung der Betrugsmerkmale[38] kann eine Prognose für weiter eintretende Muster abgeleitet werden. Es muss also eine Analyse der Geschäftsvorfälle zu der Erkenntnis führen, dass diese Fallkonstellation mit einer hohen Wahrscheinlichkeit einen Betrug darstellt. Dafür werden allerdings Datenmengen benötigt, die eine Verallgemeinerung ermöglichen, um regelbasiert Vorhersagemuster zu definieren. Dies kann in der Modellierung durch Regression, Entscheidungsbäume oder Neuronale Netze erfolgen. Ein nennenswerter Vorteil der mathematischen Methoden liegt darin, die Verlässlichkeit der Analysen formal berechnen zu können.

3.4 Ungewöhnliche Daten

Die Fragestellung, welche Daten im Unternehmen als ungewöhnlich einzuschätzen sind, ist stark von Expertenwissen abhängig. Es müssen Fallkonstellationen definiert werden, die sich entweder an Fraud-Cases im eigenen Unternehmen oder im Umfeld orientieren, um mittels Assoziationen Auffälligkeiten zu entdecken. Ähnliches gilt auch für Werte, die in Bezug auf eine Vergleichsgruppe ungewöhnlich sind. Hierzu können auf Basis von Benchmarks Vergleichsgruppen definiert werden, wobei allerdings die Erhebung derartiger Daten-Benchmarks nicht trivial ist. Eine andere Sichtweise besteht in der Datenanalyse und Aufbereitung der Ergebnisse für eine grafische Darstellung.

---

[38] Beispiel Versicherung: Zwei Pkws mit kurz vorher abgeschlossenen Policen stoßen nachts in einem Gewerbegebiet mit einem Bagatellschaden zusammen.

Abbildung 9: Scatter zur Visualisierung von Datenzusammenhängen eines Kreditportfolios

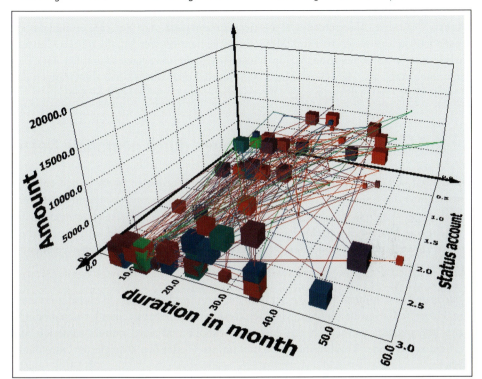

3.5 Ungeklärte Beziehungen

Bei einer Suche nach Auffälligkeiten kann auf Daten in „einzelnen" Tabellen zurückgegriffen werden, um scheinbar voneinander unabhängige Datensätze zu erkennen, insbesondere bei identischen Werten in bestimmten Feldern (Beispiel: Name, Anschrift). Parallel dazu kann jedoch das Auftreten eines Geschäftspartners in verschiedenen Rollen betrachtet werden.

Diese Betrachtung ist einfach, wenn der gleiche Kundenstammsatz in verschiedenen Rollen (Lieferant, Kunde, Vermittler etc.) auftritt und ggf. auch in dieser Form im betriebswirtschaftlichen System abgelegt ist (Rollenkonzept). Datenanalytisch ist das Thema durchaus komplexer. In den Unternehmen ist eines der Probleme die Anlage von mehrfachen Stammsätzen für den gleichen Kreditor bereits in den operativen Abläufen. Es gibt einige spezialisierte Dienstleister, die hier Hilfestellung unter dem Thema Dublettensuche oder Doppelzahlungen anbieten.

Viel spezieller wird der Fall, wenn im Rahmen fraudulenten Verhaltens bewusst Datensätze abgelegt werden, die nur teilweise ähnliche Daten aufweisen: Gleiche Anschrift bei fiktiven Personen, unterschiedliche Firmenschreibweisen zur Verschleierung etc. Es muss somit im optimalen Fall eine Methode implementiert werden, die mittels Clusteranalyse mit einer hohen Anzahl von Clustern für die jeweiligen Variablen derartige Zusammenhänge aufzeigt. Gerade bei Großunternehmen werden hier die Grenzen der Modelle (SQL-Datenabfragen oder Queranalysen über Links) schnell erreicht.

4 Aufdeckung doloser Handlungen durch neuronale Netze

Die derzeit bekannten und in Tools eingebundenen neuronalen Netze gehen auf eine Entwicklung des finnischen Mathematikers Teuvo Kohonen zurück, der im Jahre 1995 mittels Algorithmen sensorische Karten nachbildete. Sensorische Karten übernehmen die Aufgabe, die Distanzen verschiedener Körperreize zu ermitteln und im menschlichen Gehirn zu verorten. Dies findet bereits in einer frühkindlichen Phase durch permanentes Training statt.

Neuronale Netze können vom Typ her nach der Art ihrer Lernfähigkeit klassifiziert werden. Dabei ist eine grobe Einteilung in überwachtes und unüberwachtes Lernen möglich. Beim überwachten Lernen ist die Ausgabe bekannt und wird mittels zahlreich zur Verfügung stehender Trainingsbeispiele und immer wieder neu korrigierter Durchläufe erreicht.

Beim unüberwachten Lernen ist die Ausgabe hingegen nicht zwangsläufig bekannt, so dass das Netz auf eigenständiges, d.h. selbstorganisierendes Lernen angewiesen ist. Ziel ist die „Kartierung eines Eingaberaums", wobei jedem Neuron ein spezieller Teil zugewiesen wird. Benachbarte Neuronen sind dabei durch ähnliche Eingabewerte charakterisiert. Selbstorganisierende Karten wie auch der Großteil der unterschiedlichen Kohonen-Netze sind im Bereich des unüberwachten Lernens einzuordnen.[39]

Der Vorteil der Nutzung neuronaler Netze in der Datenanalyse liegt in folgendem Sachverhalt: Eine Vielzahl verschiedener Kriterien, die einen Zustand mittels Daten beschreiben, kann angelernt werden. Damit lassen sich Effekte beobachten, die vielleicht nur in der Wechselwirkung von fünf oder sieben Dimensionen in den Daten zu Tage treten.

---

[39] Vgl. Einführung in neuronale Netze, http://www.math.uni-muenster.de/SoftComputing/lehre/material/wwwnnscript/strfx/Kohonen.html (Abruf 13.01.2011).

In der Anfangseuphorie der Nutzung dieses herausragenden Verfahrens wurde und wird leider immer noch eine Menge Humbug getrieben. Denn genauso wenig wie Menschen lebensfähig wären, wenn sie nur und ausschließlich über funktionierende sensorische Karten verfügen würden, nutzen neuronale Netze nichts, wenn sie nicht in einen Analyseaufbau integriert sind und für den Anwender handhabbar werden.

An dieser Stelle soll ein einfaches Beispiel die Funktionsweise dieses Verfahrens im Fraud Management illustrieren:

Die Bestellvorgänge in einem Unternehmen sollen mit der Zielrichtung untersucht werden, auffällige Rabattierungen durch Mitarbeiter zu identifizieren. Mehrere Mitarbeiter verkaufen unterschiedliche Produkte in unterschiedlichen Mengen zu verschiedenen Konditionen an verschiedene Kunden. Diese Situation kann in den meisten Unternehmen als Standard betrachtet werden.

Für den Anfang ist eine einfache Liste mit Verkaufsvorgängen ausreichend, in der alle wesentlichen Informationen über die Bestellvorgänge enthalten sind. Diese Ebene der Daten sollte immer am Anfang einer Analyse (Data Preparation) stehen, so dass später ein Rückgriff auf den einzelnen Geschäftsvorfall möglich ist. Im nächsten Schritt werden die Daten in einer Aggregation für die weitere Analyse vorbereitet. Die Datenverdichtung erfolgt in diesem Beispiel auf den einzelnen Kunden.

Um unterschiedliche Dateninhalte objektiv vergleichen zu können, muss eine Logik geschaffen werden, die beispielsweise Eurowerte und Verkaufsstückzahlen mit einer einheitlichen Methodik aufbereitet. Daher werden bei der Data Preparation die einzelnen Spalten auf einen einheitlichen Wertebereich zwischen 0 und 1 transformiert (der Wert 0 steht dabei für den kleinsten, der Wert 1 für den höchsten Ausgangswert), wobei die Zwischenwerte die Verteilung in den Daten widerspiegeln. So ist eine Vergleichbarkeit der Werte untereinander gewährleistet.

Diese Werte werden anschließend in das neuronale Netz überführt, um in den Daten nach Zusammenhängen und Auffälligkeiten zu suchen. Die nachfolgende Grafik repräsentiert diese anschaulich.

Abbildung 10: Softwarebeispiel RayQ

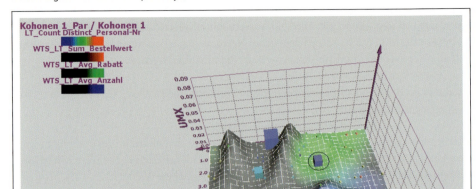

Die Software operiert mit dem RGB-Farbraum und stellt Informationen über Farben zur Verfügung. Die Würfelfarbe bildet den Datenbereich der Anzahl von Bestellungen beim gleichen Kundenbetreuer ab. Über weitere Farben (Blau/Rot/Grün) auf den Flächen werden Hypothesen einer Analyse abgetragen. Hier besteht auch die Chance, im Sinne des spielerischen Umgangs mit verschiedenen Hypothesen (Einfärbung der Flächen) einen Mehrwert an Erkenntnis zu gewinnen.

Im Beispiel wurden auf der Ebene folgende Hypothesen eingefärbt:

- Blau: Je blauer, desto mehr unterschiedliche Kundenbetreuer bedienen die Kunden.

- Rot: Je roter, desto größer die Anzahl der bestellten Stücke.

- Grün: Je grüner, desto höher der eingeräumte Rabatt für die Kundenbestellungen.

Als Ergebnis des Trainings repräsentiert die Software die Kunden als Würfel in einer Landschaft. Große Würfel sind mehrere Kunden, kleine Würfel einzelne Kunden. Die Landschaft hat die Aufgabe, ähnliche Daten nahe beieinander und unähnliche räumlich distanziert zu verorten. Die Ähnlichkeit bestimmt sich hierbei aus allen angelernten Faktoren.

Mischfarben in derartigen Grafiken, wie Violett oder Türkis, ergeben sich aus der Überlagerung der Eigenschaften. Mit einer durchgezogenen Linie umrandet, ist eine in der Software grün eingefärbte Fläche mit einem großen blauen Würfel erkennbar, der zumindest einen fraudulenten Hintergrund haben könnte:

Der blaue Würfel weist Umsätze bei immer dem gleichen Kundenbetreuer auf. Durch die grüne Einfärbung der Fläche wird die Vergabe von hohen Rabatten dokumentiert. Ein Anfangsverdacht ist ursächlich für die Überprüfung dieser Geschäftsvorfälle. Möglicherweise ist der Rabatt beim Kundenbetreuer erkauft oder es liegen Kick-Backs vor.

Durch einen Mausklick auf die suspekten Würfel können innerhalb des Programms alle dazugehörigen Einzeldatensätze angezeigt und aus den Daten herausgefiltert werden, um sie einer Einzeluntersuchung zuzuführen.

Das „Abfallprodukt" der Analyse wird durch den gestrichelt markierten Bereich gekennzeichnet. Der rot eingefärbte Würfel auf einer violett (Mischfarbe rot/blau) eingefärbten Fläche weist auf die Top-Besteller des Unternehmens hin, die allerdings im Verhältnis kleine bis keine Rabatte eingeräumt bekommen, was für das Unternehmen mittelfristig ebenfalls einen großen Schaden verursachen kann.

Das Beispiel wurde aus Illustrationszwecken bewusst einfach gehalten. In der Auswahl der beschreibenden Datendimensionen ist es jedoch nicht limitiert. Wichtig ist es, mittels neuronaler Netze ein multidimensionales Analyseverfahren an der Hand zu haben. Es erlaubt die Suche nach verborgenen Zusammenhängen in den Daten, da der Anwender weitestgehend frei von Hypothesen mehrere Zusammenhänge gleichzeitig untersuchen kann.

Die grafische Repräsentation des Netzes ist eine Mensch-Maschine-Schnittstelle. Um die Bedeutung der Grafik vollständig erfassen zu können, ist ein gewisser Wissensstand in diesem Themenkomplex zwingend notwendig. Das Netz als solches wird nicht die Frage nach dem „Warum" beantworten können. Diese Aufgabe wird stets dem Anwender durch Interaktion mit dem Graphen überlassen.

Aber als „Auffälligkeitssuchmaschine" zum neuen Erkenntnisgewinn sind derartige Tools deutlich besser geeignet, anstatt ausschließlich über Zahlenwerke Muster in den Daten zu suchen.

Im operativen Einsatz ist es möglich, derartige Technologien zum Backtesting zu verwenden. Wurden Fraud-Fälle als solche im neuronalen Netz identifiziert, kann ein neuer Datensatz darauf getestet werden, ob er in der gleichen Region räumlich verortet wurde und damit ein potenzielles Fraud-Risiko darstellt.

Diese Art von Anwendung dient insbesondere dazu, neue Fälle auf Auffälligkeiten mit unterschiedlichsten Ausprägungen zu testen: Unterstützung des maschinellen Kreditantragsverfahrens in Banken (in Echtzeit Rückmeldung mittels Ampelsteuerung an den Vertriebsmitarbeiter) oder in Versicherungen (Rückmeldung bei der Regulierung von Schäden an den entsprechenden Sachbearbeiter). Hier sind vielfältige Anwendungsszenarien im Sinne von CCM denkbar.

5 Fazit

Datenanalytik ist aus der modernen Welt der Fraud-Prävention und -Erkennung nicht mehr weg zu denken. Wie im Beitrag aufgeführt, stehen Methoden und Werkzeuge heute für nahezu jeden Zweck im betrieblichen Alltag zur Verfügung. Die einzusetzenden Werkzeuge verlangen aber ein ausgeprägtes Bewusstsein für den gesamten Fraud-Management-Prozess, um mit den richtigen Methoden das adäquate Werkzeug einzusetzen. Den immer komplexer werdenden Systemen muss auf Seiten des Fraud Managements mit kreativen Methoden in der Aufdeckung gegenüber getreten werden. Neuronale Netze gehören heute schon standardmäßig dazu – einem Einsatz dieser Methode in der prozessualen Früherkennung gegen Fraud gehört die Zukunft.

Erkennen von ge- und verfälschten Ausweisdokumenten[1]

Peter Hessel/Andreas Heuser

1 Einleitung

2 Grundbegriffe
2.1 Sicherheits- oder Wertpapier
2.2 Wasserzeichen

3 Druckverfahren und Schutzmechanismen
3.1 Hochdruck/Buchdruck
3.2 Flachdruck/Offsetdruck
3.3 Stichtiefdruck/Kippeffekt
3.4 Siebdruck
3.5 Irisdruck
3.6 Kopierverfahren
3.7 Digitaldruck
3.8 Guillochen
3.9 Schutzmusterdruck oder Untergrunddruck
3.10 Mikrodruck
3.11 Sicherheitsfäden
3.12 Melierfasern und Planchetten
3.13 Hologramm und Kinegram®
3.14 Perforation
3.15 Foliensicherung
3.16 Heftfaden
3.17 Durchsichtregister

---

[1] Ein ähnlich gestalteter Artikel befindet sich auch in dem Fachbuch „Fraud-Management in Kreditinstituten" (siehe auch entsprechender Hinweis am Ende des Buches), da die Inhalte sowohl branchenübergreifend wie auch branchenspezifisch gleichartig zu betrachten sind.

1 Einleitung

Urkunden, wie z.B. Reisepässe, Identitätskarten, Führerscheine, Banknoten, Kreditkarten, Steuerbanderolen, ja selbst Briefmarken und Vieles mehr, werden zum Schutz gegen Fälschungen oder Verfälschung mit besonderen Sicherungselementen ausgestattet.[2]

Dem Fälscher sind die echten Ausgangsstoffe und Produktionsverfahren nicht zugänglich und auch oftmals nicht bekannt. Außerdem sind die Ausgangsstoffe im freien Handel zumeist nicht verfügbar bzw. diese werden nicht für die Allgemeinheit zum Verkauf angeboten.

Der Fälscher muss daher, um eine unechte falsche Urkunde oder ein Falsifikat herzustellen, diese Sicherheitselemente imitieren bzw. nachahmen. Die Erkennung der Fälschungsmerkmale erfolgt aber nur, wenn man sich zu einer Kontrolle der vorgelegten Dokumente entscheidet, dem entweder eine Verdachtsschöpfung oder ein Kontrolldruck voransteht.

Je nach Ausstattung und Implementierung der Sicherheitselemente, der Wertigkeit des Sicherungselementes, der Verfügbarkeit von Ausgangsmaterialien, dem Geschick und der technischen Ausstattung, wird dem Fälscher dies mehr oder weniger gut gelingen. Nur selten wird sein Nachahmungs- oder Manipulationsprodukt in allen Einzelheiten dem Original gleichen.

Um eine Urkundenfälschung oder -verfälschung erkennen zu können, muss man daher in der Lage sein, die Sicherheitsmerkmale in einer Urkunde auf deren Vorhandensein und Echtheit zu prüfen. Weiterhin muss man auch Merkmale von Manipulationen und deren Spuren in der Urkunde auf deren Vorhandensein beurteilen, bewerten und letztlich zu einem Entschluss kommen.

In diesem Beitrag soll ein Einblick in den Themenbereich des Erkennens von ge- und verfälschten Urkunden und Dokumenten gegeben werden. Hierbei sollen Grundbegriffe zum Themengebiet erklärt werden und darüber hinaus auch ein Interesse am Thema geweckt werden. Dies dient letztlich der Ausstattung des Fraud Managers mit dem Handwerkszeug, um Sensibilisierungsschulungen in besonders betroffenen Bereichen durchführen zu können.

---

[2] Ein besonderer Dank geht an die Bundesdruckerei in Berlin, die Bundespolizei und verschiedene konsularische Vertretungen in der Bundesrepublik Deutschland, die Musterpässe und Banknoten für die Bilddarstellung zur Verfügung gestellt haben. Eine Vervielfältigung ist nur mit ausdrücklicher Genehmigung der Hessischen Polizeiakademie in Wiesbaden, Fachbereich 2 – Kriminalitätsbekämpfung, gestattet.

Denn zu welchem Zweck dienen Urkunden und Dokumente überhaupt? Sie dienen der Legitimation von Personen, mit der vielleicht ein Vertrag geschlossen werden soll oder mit der ein Rechtsgeschäft eingegangen werden soll. Die unterschiedlichsten Formen der gesellschaftlichen Verbindungen (z.B. Vertragsformulare, Anträge) zu Personen führen Sie immer wieder dazu, dass die Frage nach Legitimationspapieren gestellt wird. Dies sind i.d.R. Reisepässe oder Identitätskarten. Häufig wird es sich hierbei um einen deutschen Reisepass oder einen Personalausweis handeln. Im Zuge des Schengener Abkommens und einem grenzlosem Europa werden aber auch häufiger ausländische Urkunden und Dokumente vorgelegt. Um diese beurteilen und bewerten zu können, soll dieser Beitrag als Nachschlagewerk und Hilfe dienlich sein.

2 Grundbegriffe

2.1 Sicherheits- oder Wertpapier

Bei Sicherheits- oder Wertpapier handelt es sich um Papier, welches aufgrund seiner besonderen stofflichen Zusammensetzung ganz spezielle Eigenschaften aufweist und im Handel nicht erhältlich ist, wie z.B. Urkunden- oder Banknotenpapier. Da es aus hochwertigen Grundstoffen (z.B. Baumwolle) hergestellt wird, enthält es zumeist keine optischen Aufheller, d.h. es leuchtet bei Betrachtung unter ultraviolettem Licht **nicht** hell auf. Das Industriepapier hat als Inhaltsstoff diese optischen Aufheller und leuchtet unter ultraviolettem Licht hell auf. Entsprechend gilt der Spruch der Dokumentenprüfer: „Hell ist schlecht, dunkel ist gut", wie auch der nachfolgenden Tabelle entnommen werden kann.

Tabelle 1: Fälschungserkennung unter UV-Licht

Papier unter UV-Licht „dunkel"	Papier unter UV-Licht „hell"
Dokumentenpapier/Wertpapier	Industriepapier mit optischen Aufhellern
ECHT	FALSCH

Diese Sicherheitsmerkmale sollten mit dem dafür vorgesehenen Prüfmittel überprüft werden. Folgende Prüfmittel sollten dabei zur Grundausstattung eines Fraud Managers zählen:

- UV-Lampe 365nm Wellenlänge, mindestens 4 Watt;
- Fadenzähler (Lupe) mindestens 8-facher Vergrößerung.

2.2 Wasserzeichen

Einen Mindestsicherheitsstandard in Reisepässen und vergleichbaren Dokumenten stellt das Wasserzeichen dar, welches durch seine industrielle Herstellung das am schwierigsten nachzuahmende Sicherheitsmerkmal im Papier darstellt.

Folgende Arten von Wasserzeichen werden unterschieden:

- einstufige Wasserzeichen, hier Reisepass Polen;
- doppelstufige Wasserzeichen, hier Reisepass Bulgarien;
- Relief- oder Portraitwasserzeichen (mehrstufige Wasserzeichen), hier Reisepass Belgien.

Folgende Arten von Wasserzeichen werden unterschieden:

Abbildung 1: Arten von Wasserzeichen

Einstufige Wasserzeichen, hier Reisepass Polen	Doppelstufige Wasserzeichen, hier Reisepass Bulgarien	Relief- oder Portraitwasserzeichen (mehrstufige Wasserzeichen), hier Reisepass Belgien

All diese Arten von Wasserzeichen werden bereits bei der Papierherstellung erzeugt und keinesfalls nachträglich aufgedruckt. Es handelt sich ausschließlich um eine Faserverschiebung, die sich als Verdickung und Verdünnung im Papier darstellt und am besten im Durchlicht zu prüfen ist. Die dünnen Bereiche des Papiers enthalten weniger Fasern und die dicken Bereiche enthalten mehr Fasern. Dies zeigt sich in der unterschiedlichen Lichtdurchlässigkeit und lässt somit die Erscheinungsform des Wasserzeichens entstehen.

I.d.R. werden bei neueren Reisedokumenten Relief- oder Portraitwasserzeichen verwendet. Diese zeichnen sich durch ihren dreidimensionalen Effekt, der Detailgenauigkeit im Portrait und der unterschiedlichen Graustufen aus. D.h. bei der Kontrolle, dass man diese deutlichst im Durchlicht erkennen muss.

Demgegenüber stehen die gefälschten bzw. nachgeahmten Wasserzeichen, die häufig durch Aufdrucken auf das Papier (Druckträger) und Prägungen im Papierstoff vorgetäuscht werden. Weiterhin ist es eine gängige Methode, Wasserzeichen durch Aussparen der Wasserzeichenvorlage in nachträglich eingefärbtes Papier einzusetzen. Daher gelten für echte Wasserzeichen folgende Grundsätze:

- Wasserzeichen wirken durch die Faserverschiebung unscharf;
- nach einem dunklen Bereich kommt ein heller Bereich im Papier;
- Wasserzeichen sind meist fühlbar und wirken plastisch;
- Wasserzeichen sind nicht kopierbar;
- Wasserzeichen zeigen unter UV-Licht i.d.R. keine Fluoreszenz.[3]

3 Druckverfahren und Schutzmechanismen

3.1 Hochdruck/Buchdruck

Bei dem Hochdruck handelt es sich um ein Druckverfahren, bei dem die druckenden Teile – wie bei einem Stempel – erhaben sind, also hochstehende Teile drucken. Beim Aufdruck auf das Papier wird die Druckfarbe an den Rändern der Druckform nach außen gedrückt und es entstehen die so genannten Quetschränder.

Zum Erkennen der Quetschränder sollte man mit einem Fadenzähler (kleine Lupe bis 10-facher Vergrößerung) und einer separaten Lichtquelle (z.B. Taschenlampe) arbeiten.

Die individuellen Formularnummern in Ausweisdokumenten werden oft in diesem Verfahren gedruckt.

---

[3] Eine Ausnahme stellt NEO-BOND-Papier dar mit einer wasserzeichenähnlichen Sicherung. Diese Sicherung kann unter UV-Licht leicht leuchten (anderes Integrationsverfahren) – z.B. alter Fahrzeugschein Deutschland.

Abbildung 2: Hochdruckform und Formularnummer

Hochdruckform für Textdruck	Formularnummer im Reisepass Polen
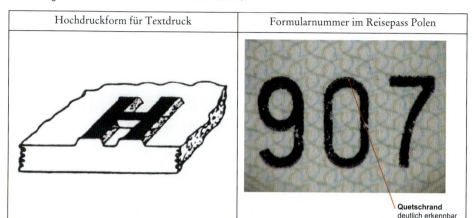	

3.2 Flachdruck/Offsetdruck

Dies sind Druckverfahren, bei dem die druckenden und nicht druckenden Stellen auf einer Ebene liegen. Es handelt sich oft um einen Flächendruck. Erkennungsmerkmale sind der gleichmäßige, samtfarbene Farbauftrag. Im Flachdruck gibt es weder Quetschränder oder Durchdruckspuren noch einen Sägezahneffekt an den Rändern.

Abbildung 3: Flachdruck; Textdruckform

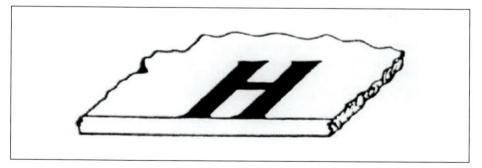

3.3 Stichtiefdruck/Kippeffekt

Der Stichtiefdruck zählt zu den traditionellen Drucktechniken bei hochwertigen Sicherheitsprodukten. In diesem Druckverfahren liegen die farbführenden Teile der Druckplatte vertieft. Der fühlbare, reliefartige Charakter der gedruckten Elemente entsteht dadurch, dass sich die sehr pastöse Farbe erhaben auf dem Bedruckstoff befindet. Stichtiefdruckelemente befinden sich oft auf den Deckeleinbandinnenseiten von Reisepässen, auf Banknoten und enthalten in größeren Flächen auch latent verborgene Kippbilder.

Abbildung 4: Stichtiefdruck und Kippeffekt

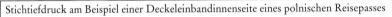
Stichtiefdruck am Beispiel einer Deckeleinbandinnenseite eines polnischen Reisepasses

Kippeffekt am Beispiel Deckeleinbandinnenseite eines polnischen Reisepasses.

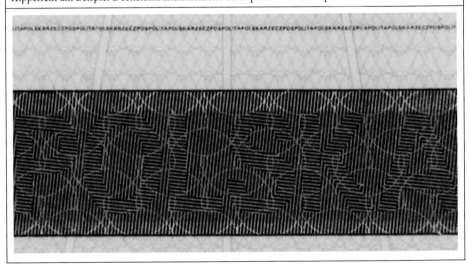

Durch den Kippeffekt in der unteren Abbildungshälfte, tritt der Schriftzug „POLSKA" in Erscheinung, wenn man den Reisepass in Augenhöhe in einem flachen Winkel (kleiner als 45°) gekippt gegen das Licht (Schräglicht) hält. Je nach Betrachtungsrichtung wird das Merkmal entweder hell oder dunkel sichtbar.

Dieses Merkmal basiert auf einem optischen Effekt, der durch rechtwinklig zueinander verlaufende Linienstrukturen der erhabenen Farbe im Stichtiefdruck entsteht. Die zusätzliche Unterlegung einer metallisierten Folie lässt dieses Merkmal noch deutlicher erscheinen.

3.4 Siebdruck

Beim Siebdruck wird die Druckfarbe mit Hilfe eines so genannten Rakels durch ein Sieb gedrückt. Dadurch entstehen die für den Siebdruck charakteristischen ausgefransten Ränder. Der Siebdruck ist für die Herstellung von echten Dokumenten und Banknoten ein unübliches Verfahren und ist deshalb als Fälschungsverdacht einzustufen. Eingesetzt wird der Siebdruck hauptsächlich in der Erstellung von Aufklebern, Schildern, Folien etc., also in Industrie und Massenherstellung. Eine Ausnahme bildet aufgrund der Inhaltsstoffe die OVI-Farbe (optisch variable Farbe), welche im Siebdruckverfahren bei Banknoten und Dokumenten aufgebracht wird.

Abbildung 5: OVI-Farbe im Siebdruck am Beispiel eines Musterpasses der Bundesdruckerei

Farbumschlag von „bräunlich" auf „grünlich".

3.5   Irisdruck

Der Irisdruck, oder auch Irisverlauf, ist eine Art des Offsetdrucks. Es handelt sich um einen Farbdruck, bei dem verschiedene Farben fließend, vergleichbar einem Regenbogen ineinander übergehen (Regenbogeneffekt). Beim Produktionsprozess wird die Druck-platte gleichzeitig mit unterschiedlichen Farben eingefärbt. Mittels aufwändiger Druck- und Farbmischtechnik wird ein präziser, kaum erkennbarer Farbübergang erzeugt.

Abbildung 6: Beispiel Iriseinfärbung in einem Passdokument

3.6   Kopierverfahren

Bei Kopierverfahren wird ein elektrostatisches Ladungsbild mittels Toner durch Hitze und Druck auf Papier fixiert. Erkennungsmerkmal ist der meist rasterartige Bildaufbau. Die Rasterung kann diagonal, wellenförmig oder waage- bzw. senkrecht ausgeführt sein.

Mit einer Lupe sind Tonerteilchen v.a. durch ihre „Streuung" an den Schriftzeichen-rändern deutlich zu erkennen. Dies kann anhand von einfachen Schwarz-Weiß-Kopien des Arbeitsplatzes ausprobiert werden, indem diese mit der Lupe untersucht werden. Die Tonerpartikel sind deutlich zu sehen. Das Kopieren ist ein sehr unsauberes „Druck"-Verfahren.

Abbildung 7: Echtes vs. kopiertes Schriftzeichen

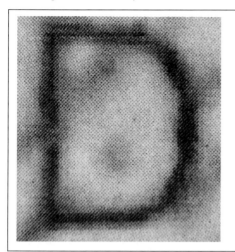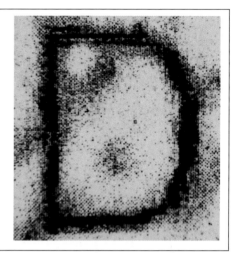

Beachte: *Die vorgenannten Kopiermerkmale können ein Hinweis auf eine Total-fälschung[4] sein. Das elektrofotografische Verfahren ist keine übliche Herstellungsart für Sicherheitsdokumente (z. B. Reisepässe). Teilweise werden jedoch auch echte Dokumente (z. B. rumänische ID-Card oder bulgarischer Reisepass) mittels Laser-drucker hergestellt oder ausgestellt (personalisiert), die nach dem gleichen Prinzip wie ein Kopierer (Tonerverfahren) arbeiten.*

3.7   Digitaldruck

Eine besondere Form der Drucktechniken stellt der Digitaldruck dar. Er wird heute sehr häufig von Druckereien benutzt, um kleine Stückzahlen anzufertigen, da sich bei kleinen Auflagen meist der Aufwand nicht lohnt, eine Flachdruck-Offsetdruckmaschine ein-zurichten und Druckplatten herzustellen. Vorteil ist, dass der Kunde seine Ausdrucke sofort mitnehmen kann, wenn er der Druckerei das zu erstellende Dokument elektro-nisch vorlegt.

---

[4] Vgl. Abschnitt 4.

Das Druckbild wird direkt von einem Computer in eine Druckmaschine übertragen, ohne dass eine Druckplatte benutzt wird. Meist erfolgt dies elektrofotografisch, aber auch andere Verfahren sind möglich (z. B. Tintenstrahldrucker). Der Digitaldruck überzeugt durch hohe Bildqualität und hohe Farbtreue. Ein Vergleich über PRADO[5] mit der im der Original verwendeten Lichtbildintegration ist zwingend zur Dokumentenprüfung notwendig.

Durch den Computer werden ringförmige Kreise erzeugt, welche mit einem Fadenzähler deutlich zu erkennen sind, wie der nachstehenden Abbildung entnommen werden kann.

Abbildung 8: Ringförmige Kreise durch Digitaldruck

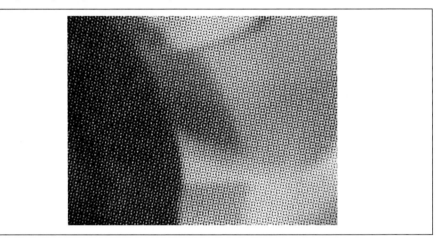

3.8 Guillochen

Guillochen sind ein feines Zierlinienmuster, die aus verschlungenen, ununterbrochenen, nach geometrischer Gesetzmäßigkeit aufgebauten Linien bestehen und oft in einer blumenartigen Form dargestellt werden. Guillochen sind in folgenden Arten gebräuchlich:

- Positiv: Guillochen (Fläche ungedruckt, Linien gedruckt);

- Negativ: Guillochen (Fläche gedruckt, Linie ungedruckt bzw. ausgespart).

---

[5] Öffentliches Online-Register echter Identitäts- und Reisedokumente (The Council of the European Union – Public Register of Authentic Identity and Travel Documents Online). Vgl. http://www.consilium.europa.eu/prado/DE/homeindex.html.

Abbildung 9: Einfarbige und mehrfarbig verarbeitete Guillochen

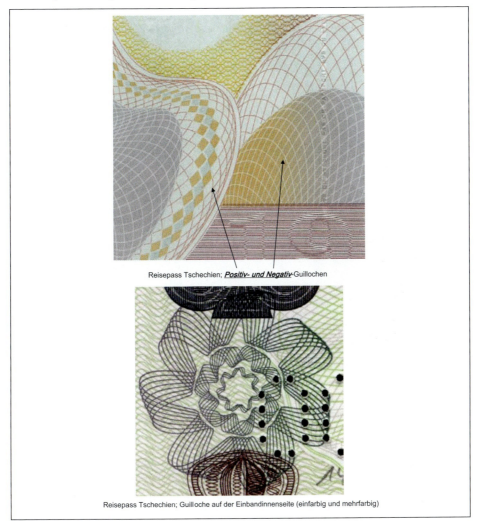

Reisepass Tschechien; *Positiv- und Negativ-*Guillochen

Reisepass Tschechien; Guilloche auf der Einbandinnenseite (einfarbig und mehrfarbig)

Guillochen-Motive dienen oft als Sicherungselement gegen chemische und mechanische Rasuren der personengebundenen Eintragungen in Reisepässen und Personalausweisen oder Urkunden allgemein.

3.9 Schutzmusterdruck oder Untergrunddruck

Bei dem Schutzmusterdruck handelt es sich um ein meist farbiges Druckbild auf Passeiten, bestehend aus unterschiedlichen feinen Zierlinien, Guillochen, Motiven und Endlosschriften zur Erschwerung von Manipulationen.

Abbildung 10: Schutzmusterdruck

3.10 Mikrodruck

Mit Hilfe des Mikrodrucks werden winzige, kaum mit dem Auge erkennbare Buchstaben zusammengesetzte Linien oder Symbole erstellt. In Urkunden werden diese zusammengesetzten Linien oft als Schreibhilfslinien „getarnt". Die damit gebildeten Worte sind nur mit der Lupe bzw. dem Fadenzähler lesbar.

Abbildung 11: Musterpass Bundesdruckerei; Mikrodruck als Untergrunddruck

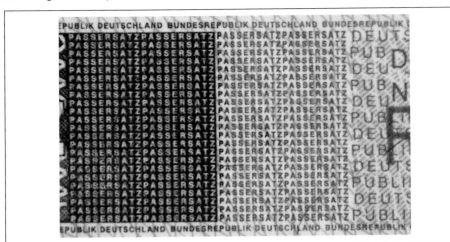

3.11 Sicherheitsfäden

Sicherheitsfäden sind bei der Papierherstellung in das Papier eingebrachte Streifen, die häufig aus Polyester oder anderen Kunststoffen bestehen. Es gibt eine große Bandbreite von Sicherheitsfäden, wie metallbeschichtete, gefärbte, UV-Licht-reaktive und mikrobedruckte Filmstreifen (Hologrammfäden).

Abbildung 12: Sicherheitsfäden

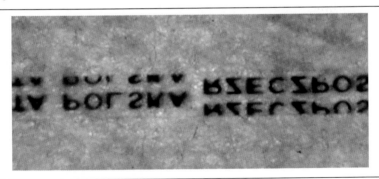

3.12 Melierfasern und Planchetten

Melierfasern sind sichtbare farbige Fasern, die bei der Papierherstellung unter die Papiermasse (Suspension) gemischt werden und sich an willkürlichen Stellen mehr oder weniger dicht im Papier befinden. Planchetten sind Blättchen in runder oder mehreckiger Form, die vollflächig oder innerhalb eines definierten Streifens ins Papier eingebracht werden.

Aufgrund ihrer Farbe heben sie sich deutlich vom Papier ab und sind damit mit bloßem Auge sichtbar. Sie liegen in unterschiedlichen Papierebenen und können auch UV-Licht-reaktiv sein (fluoreszierende Fasern). Mittlerweile werden auch mehrfarbige fluoreszierende Melierfasern genutzt.

In der nachfolgenden Abbildung sind Melierfasern und Planchetten eines Passersatzdokumentes unter UV-Licht erkennbar. Ebenso lässt sich ein UV-Licht-reaktiver Schutzmusteraufdruck, erkennen. Es handelt sich bei dem Dokument um ein Wertpapier, da das Papier unter der UV-Bestrahlung dunkel bleibt.

Abbildung 13: Passersatzdokument Deutschland unter UV-Licht 365 nm

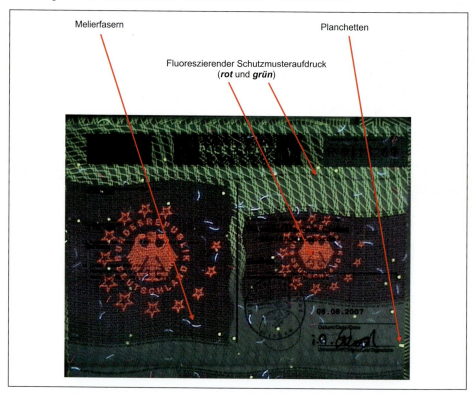

3.13 Hologramm und Kinegram®

Der begriff Hologramm wird von seiner griechischen Herkunft[6] her- bzw. abgeleitet. Hologramme und Kinegrame gehören zu den so genannten optisch variablen Elementen (Optically Variable Devices (OVD)), die zum Schutz gegen Fälschungsversuche durch Farbkopierer, Farbscanner oder andere Fälschungsmethoden eingesetzt werden.

Hologramme enthalten Bilder, die sich je nach Betrachtungswinkel farblich oder in der Tiefenwirkung verändern. Kinegrame sind synthetisch im Computer erzeugte Motive, deren Elemente sich bei Dreh- oder Kippbewegungen bzw. unterschiedlichen Betrachtungs- und Beleuchtungsverhältnissen spezifisch verändern.

Unter hohem Druck und einer Temperatur von ca. 160°C wird das Hologramm als eine sehr dünne, auch gold- oder silberfarbige Folie, auf das **Trägermaterial** aufgebracht. Bei Hologrammen wird im Gegensatz zu Kinegramen ein authentisches (dreidimensionales) Motiv als Vorlage benutzt. Ein Hologramm ist im Grunde ein einmaliges Erzeugnis.

Abbildung 14: Hologramm und Kinegramm

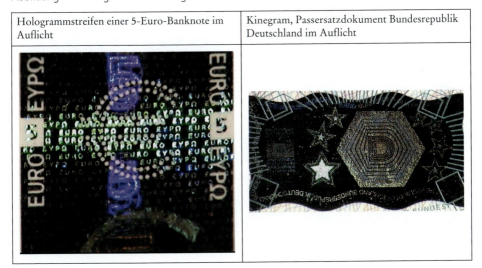

Hologrammstreifen einer 5-Euro-Banknote im Auflicht	Kinegram, Passersatzdokument Bundesrepublik Deutschland im Auflicht

---

[6] „holos" = ganz, völlig/„grafos" = Botschafter.

3.14 Perforation

Die Perforation (lateinisch Durchbohrung) oder auch Lochung, Furchbohrung oder Einstanzung eines Dokumentes wird durchgeführt, um z.B. beim Papier ein leichteres Trennen zu ermöglichen. In Urkunden wird die Perforation zur Darstellung von Zahlen oder Motiven (meist Formular- und Seriennummern) eingesetzt. Hierzu werden derzeit zwei technisch unterschiedliche Verfahren angewandt, die Nadelperforation und die Laserperforation.

Die Nadelperforation weist eine gleichmäßige, matrixartige Formation von kreisrunden und gleich großen Perforationslöchern auf, die immer aus einer Richtung geführt werden. Diese sind auch an den fühlbaren Auswürfen auf der Rückseite erkennbar. Laserperforationen sind an den Verbrennungsspuren und den konisch kleiner werdenden Lochdurchmessern erkennbar. Ein Beispiel einer Laserperforation kann der folgenden Abbildung entnommen werden, in der die leichten Brandspuren deutlich erkennbar sind.

Abbildung 15: Musterpass der Bundesdruckerei mit Laserperforation

3.15 Foliensicherung

Folien dienen zur Sicherung des Lichtbildes und der Persönlichkeitsdaten. Man unterscheidet grundsätzlich Folien, die durch Druck (Kaltlaminat) und/oder Hitze (Heißlaminat) zum Schutz des Untergrundes in Dokumenten aufgebracht werden. Folien können nachfolgende Sicherungen enthalten und sind nur sinnvoll, wenn sie beim Ablösen durch den Fälscher zur Zerstörung der Folie führen.

- Aufgedruckte Farbmotive auf der Folienunterseite;

- UV-Licht-reaktive Zeichen und Schriften;

- retroreflektierende Merkmale (3M-Merkmale);

- eingenähte Folien;

- Sollbruchstellen;

- iridisierende Aufdrucke;

- OVI-Aufdrucke;

- verschlüsselte Aufdrucke;

- Folienprägung,

- Lasergravuren,

- holografische Folien;

- kinematische Folien.

3.16 Heftfaden

Heftfäden dienen der Zusammenfügung von einzelnen Seiten zu einem Buch, Heft oder einer Broschüre. Sie sind meist mittig im Dokument zu finden. Der Heftfaden kann aus unterschiedlichen Materialien bestehen, farbig gewickelt und auch fluoreszierend sein. Im Bereich des Dokumentenwesens sind zu unterscheiden:

- Fadenbindung:

  - Rücken(-stich-)bindung,

  - Seiten(-stich-)bindung;

- Plastikverschweißung;

- Klammerung (Drahtheftung).

3.17 Durchsichtregister

Durchsichtregister sind Figuren oder Teilmotive, die auf Vorder- und Rückseite eines Druckträgers an scheinbar wahllosen Stellen aufgedruckt sind, aber exakt zusammenfallen bzw. sich ergänzen, wenn sie im Durchlicht betrachtet werden. Beispielsweise ist der Buchstabe „E" im deutschen EU-Führerschein in Kartenformat solch ein Durchsichtregister.

Abbildung 16: Durchsichtregister

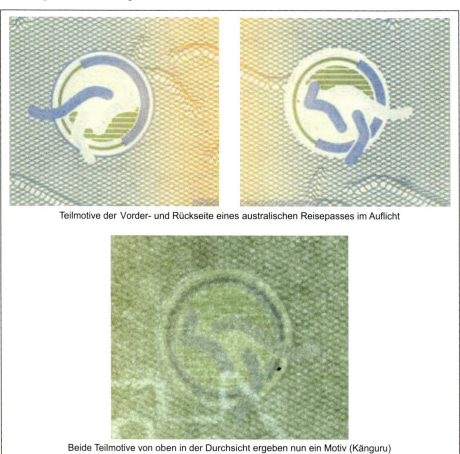

Teilmotive der Vorder- und Rückseite eines australischen Reisepasses im Auflicht

Beide Teilmotive von oben in der Durchsicht ergeben nun ein Motiv (Känguru)

Eine meist schlechte Passgenauigkeit in Fälschungen führt im Durchlicht zu einer unscharfen Darstellung.

4 Arten von Dokumentenmissbrauch

4.1 Fälschung

Die Fälschung ist der Oberbegriff für alle Totalfälschungen, Verfälschungen oder fälschlich ausgestellte Urkunden; häufig wird der Begriff auch als Synonym für „Totalfälschung" gebraucht.

4.1.1 Totalfälschung

Beim gesamten Dokument handelt es sich um eine Fälschung.

4.1.2 Verfälschung

In einem echten Dokument werden Veränderungen vorgenommen. Verfälschungen können z. B. erfolgen durch:

- mechanische Rasuren;
- chemische Rasuren;
- Hinzufügen oder Überschreiben von Daten;
- Austausch von Schriftzeichen;
- Überkleben/Abdecken;
- Entfernen von kompletten Seiten;
- Austausch oder Verändern von Lichtbildern (integriert oder herkömmlich eingebrachten Bildern des Inhabers).

4.1.3 Fälschlich ausgestellte Urkunde

Hierbei handelt es sich um ein echtes Dokument, das als Blanko-Vordruck entwendet und von nicht autorisierter Stelle ausgefüllt worden ist, also beispielsweise vom Fälscher ausgestellt wurde.

4.2 Phantasiedokument

Phantasiedokumente oder auch Pseudodokumente bzw. fingierte Dokumente sind nach Aussehen und Inhalt einem echten Dokument nachempfunden, jedoch nicht von einer rechtlich anerkannten existenten Behörde bzw. Institution eines völkerrechtlich anerkannten Staates oder einer Organisation ausgestellt und daher rechtlich ungültig.

Während Pseudodokumente frei erfundene Staats- oder Organisationsbezeichnungen tragen, handelt es sich bei einem fingierten Dokument zwar um ein solches mit der Bezeichnung eines existierenden Staates bzw. einer existierenden Organisation, es entspricht jedoch keinem existierenden Musterdokument. Häufig werden derartige Fingierungen auch als Totalfälschungen bezeichnet. Bei dem in der folgenden Abbildung dargestellten Dokument handelt es sich um ein Phantasiedokument der nicht existenten World Service Authority.

Abbildung 17: Phantasiedokument

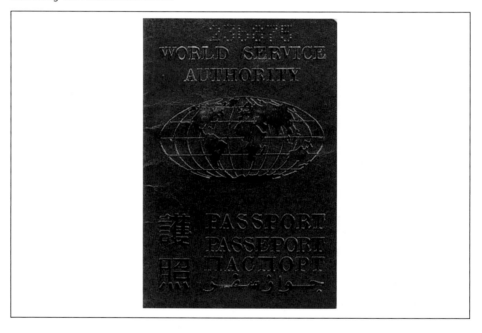

4.3 Ausweismissbrauch

Beim Ausweismissbrauch „benutzt" der Delinquent einen „echten" Ausweis, weil die abgebildete Person im Ausweis dem Delinquenten sehr ähnlich sieht. Das benutzte Dokument bleibt also völlig unverändert in Originalzustand. Der Ausweismissbrauch darf auf keinen Fall unterschätzt werden. Je besser ein Dokument gegen Total- oder Verfälschung abgesichert ist, desto größer ist die Wahrscheinlichkeit einer missbräuchlichen Benutzung.

Da der Ausweismissbrauch naturgemäß – aufgrund fehlender Manipulationen am Dokument selbst – nicht am Ausweis festgestellt werden kann, ist das entscheidende Kriterium bei der Personenüberprüfung, ähnlich wie bei der Lichtbildauswechslung, die elementare Ausweisprüfung. Bei der elementaren Ausweisprüfung sollten folgende Punkte kontrolliert werden:

- stimmt das Lichtbild mit dem Ausweisbenutzer überein;

- stimmt die Unterschrift überein;

- spricht der Benutzer die Sprache des Ausweisstaates (Sprachtest);

- besitzt die Person weitere Ausweise auf den gleichen Namen;

- ist das Dokument im Inpol/SIS ausgeschrieben;

- stimmen die Prüfziffern (sofern vorhanden);

- stimmt die Personenbeschreibung (Alter, Geschlecht, Größe u.s.w.), hierbei auch auf mögliche Verfälschungen im Dokument achten.

Bei dem Vergleich zwischen Person und Lichtbild sollten folgende Punkte beachtet werden:

- Besonderheiten: Muttermale und Narben im Gesicht;

- Ohren: Ohrform, Abstehungsgrad der Ohren, das äußere sichtbare Ohr ändert sich nicht im Laufe des Erwachsenenlebens, der Außenrand des Ohres (äußere Ohrleiste), die so genannte Helix, ist individuell sehr verschieden;

- Augen: Augenbrauen, Oberlidraum, Form der Lidspalten, der Augenabstand ändern sich nicht im Laufe des Erwachsenenlebens;

- Nase: Nasenflügel, Nasenrücken;

- Mund: Höhe und Form der Lippen, Einschnitte an der Oberlippe;

- Kopf: Kopfform, Form und Höhe des Kinns, der Schädel wächst ab ca. dem 14. Lebensjahr nicht mehr.

Bei Männern ist der Adamsapfel oft ausgeprägt. Bei Frauen ändert sich der Haaransatz i.d.R. nicht.

V.a. der Vergleich der Ohren führt häufig zu einem eindeutigen Ergebnis der Übereinstimmung oder Nichtübereinstimmung von Person und Lichtbild!

5 Checkliste zur Missbrauchsentdeckung

1. Vergleich von Lichtbild im Dokument und des Vorzeigers;
2. Einsatz einer UV-Lampe;
3. Schrifttest – in der MaschinenLesbarenZone;
4. Prüfziffernberechnung in der MaschinenLesbarenZone;
5. Wasserzeichen prüfen;
6. Druckbild der Formularnummer überprüfen;
7. elementare Ausweisprüfung durchführen;
8. PRADO-Internet nutzen;
9. Unterschriftenvergleich.

Die dargestellte Checkliste wird im Folgenden vorgestellt und die einzelnen Punkte erarbeitet.

Vergleich von Lichtbild im Dokument und des Vorzeigers

Nur durch regelmäßiges Training ist dem Phänomen des Ausweismissbrauchs entgegen zu wirken. Hierzu ist es auch erforderlich, die Wahrnehmungsfähigkeit jedes Einzelnen zu testen. Am einfachsten ist dies mit spielerischen Mitteln möglich. Entscheiden Sie selbst:

Abbildung 18: Identische Person oder unterschiedliche Personen?

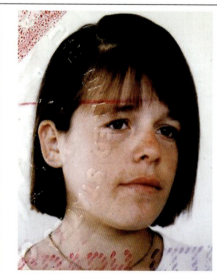
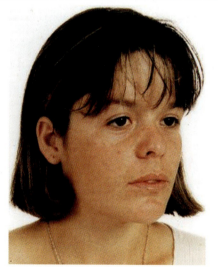

Lichtbild aus vorgelegtem Reisepass   Darstellung der Reisepassvorzeigerin

Im vorliegenden Fall handelt es sich um unterschiedliche Personen. Wer hätte das gedacht! Schauen Sie mal genau hin. Jetzt haben Sie bestimmt auch das unterschiedliche rechte Ohr festgestellt.

Aber die Ähnlichkeit auf den ersten Blick ist verblüffend. Wahrscheinlich hätte die rechte weibliche Person mit dem ihr fremden echten Reisepass (links) ihr Ziel erreicht, wenn der Kontrolleur nicht geschult worden wäre. Gezieltes Training sorgt dafür, dass man sensibler mit den Dokumenten und deren Nutzer umgeht. Verhaltensweisen bei Verdachtschöpfung müssen dann ebenfalls dargestellt werden.

Einsatz einer UV-Lampe

Unterscheidung von Wertpapier und Industriepapier wird mit dem Hilfsmittel der UV-Lampe festgestellt: „Hell ist schlecht, und Dunkel ist gut!"

Schrift-Test – in der MaschinenLesbareZone

Die maschinenlesbare Zone in Reisepässen und Identitätskarten wird nach dem so genannten ICAO-Standard (International Civil Aviation Organization) in die Dokumente bei der Personalisierung eingebracht.

Der ICAO-Standard für maschinenlesbare Reisedokumente ist im ICAO-Dokument 9303 festgeschrieben. Nach dem ICAO-Standard sind die Personendatenseiten in Reisedokumenten in verschiedene Zonen aufgeteilt, und zwar in die Sichtzone mit der Dokumentenbezeichnung, dem Lichtbild und den Personendaten sowie die maschinenlesbare Zone mit der maschinenlesbaren Schriftart OCR-B.[7] Größenabhängig sind drei Standardformate vorgegeben. Aus nahe liegenden Gründen wird hier auf die Formate und die Bilddarstellung der Schriftzeichen verzichtet, um dem Fälscher und Betrüger nicht noch ein Forum zu bieten.

Prüfziffernberechnung in der MaschinenLesbarenZone

Die Prüfziffern in der maschinenlesbaren Zone sind nach einem speziellen mathematischen Schlüssel zu berechnen. Ist die mathematische Verschlüsselung korrekt, so lässt dies auf eine autorisierte Ausstellung durch die Behörde schließen. Ist die mathematische Verschlüsselung falsch, so ergibt sich ein Anhaltspunkt für den Verdacht eines Fälschungs-

---

[7] OCR-B = Optically Character Recognition – Typ B.

delikts. Auch hier bitten die Autoren um Verständnis dafür, dass auf die Darstellung und Erklärung der mathematischen Verschlüsselung (Prüfziffernberechnung) an dieser Stelle verzichtet wurde.

Wasserzeichen prüfen

Zur Erkennung von Wasserzeichen ist eine Lichtquelle erforderlich. Mitunter müssen die Wasserzeichen richtig eingestuft werden und es werden weitere Hilfsmittel benötigt. Wichtig ist die Unterscheidung zwischen einem „echten" Wasserzeichen und einem „nachgeahmten" Wasserzeichen, welches für die elementare Ausweisprüfung mittels einfacher Durchlichtprüfung nachweislich ist. Details zu Wasserzeichen wurde bereits im Abschnitt 2.2 behandelt.

Druckbild der Formularnummer überprüfen

Die verschiedenen Druckbilder müssen unterschieden werden. Wichtig ist dies insbesondere bei der Integration von Lichtbildern des Ausweisinhabers.

Elementare Ausweisprüfung durchführen

Bei sich entwickelnder Verdachtsschöpfung ist die Abarbeitung der elementaren Ausweisprüfung einer der wichtigsten Bausteine, um den Gesamtsachverhalt zu „erhellen". Details hierzu finden sich in Abschnitt 4.3.

Kritische Fragen stellen

Um missbräuchlich genutzte Dokumente zu entdecken, sollten an den Vorzeigenden auch Fragen zu folgenden Themen gestellt werden:

- besitzt die Person weitere Ausweise auf den gleichen Namen;

- spricht der Benutzer die Sprache des Ausweisstaates (wenn möglich einen Sprachtest durchführen);

- sind die Altersangaben plausibel (Vergleich Geburtsdatum, Ausstellungsdatum und mit dem scheinbaren Alter des vermeintlichen Inhaberlichtbildes);

- stimmen Geschlecht und Größenangaben (falls vorhanden);

- auf mögliche Verfälschungen im Dokument achten;

- seien Sie kreativ.

PRADO-Internet nutzen

Bei der Prüfung der Sicherheitsmerkmale von Dokumenten wird sich auf das Prüfen durch FÜHLEN, SEHEN, KIPPEN fokussiert.

Dabei sollte beachtet werden, dass die Informationen über europäische Reise- und Identitätsdokumente in dieser Datenbank noch nicht vollständig sind; viele Dokumente und Versionen von Dokumenten fehlen noch.

Unterschriftenvergleich anstreben

Hier geht es nicht darum, die Unterschrift des Inhabers mit der abgeforderten Unterschrift einer kriminaltechnischen Bewertung zuzuführen, sondern lediglich auf Plausibilität zu überprüfen. Im Dokument wurde unter dem Namen HESSEL unterschrieben, die geleistete bzw. abgeforderte Unterschrift ist lesbar mit dem Namen HEUSER zu identifizieren.

Hier liegt ein Anfangsverdacht für ein Urkundsdelikt, Betrug oder sonstige Straftat vor. I.d.R. wissen die Nutzer von „echten" Ausweisdokumenten im Rahmen des Ausweismissbrauchs nicht mehr, wie sie laut Dokument heißen. Unter Kontrolldruck greift man oftmals in der Not auf seinen richtigen Namen zurück. Das dieser nicht identisch mit dem vorgelegten Ausweisdokument sein kann, liegt auf der Hand.

6 Fazit

Das Fälschen von Dokumenten und der Dokumentenmissbrauch ist mittlerweile ein globales Kriminalitätsphänomen, das nur durch viele aufeinander abgestimmte Maßnahmen zwischen Polizei und zivilen Institutionen wirksam bekämpft werden kann.

Einstiegsdelikt für viele polizeilich relevante Straftaten und als Vorbereitungshandlung für die zur Planung und Durchführung anstehenden Straftaten – an erster Stelle kann man hier sämtliche Formen des Betruges nennen – ist und bleibt das Fälschen von Urkunden und Dokumenten. Aus diesem Gesichtspunkt heraus, muss es Ziel eines jeden Fraud Managers sein, in seinem Unternehmen folgende Bekämpfungsmaßnahmen in Verbindung mit dem Dokumentenmissbrauch einzuleiten und zu intensivieren:

- Überprüfung der Mindestsicherheitsstandards der vorgelegten Dokumente;

- konsequente Einhaltung der Checkliste „Elementare Ausweisprüfung";

- Intensivierung und Sensibilisierung der eigenen Mitarbeiter im Bereich der Dokumentensicherheit;

- Einschalten der örtlich zuständigen Polizeibehörden im Verdachtsfall;

- Informationsaustausch unter Nutzung sämtlicher digitaler Medien und Netzwerke unter Berücksichtigung des Datenschutzes;

- Kontaktpflege und permanenter Austausch auf nationaler und internationaler Ebene;

- Einbeziehung von neuen Ausweislesegeräten zur Erkennung von echten oder ge-/verfälschten Dokumenten innerhalb der Europäischen Union (siehe neuer Personalausweis mit der Funktion „eID" Ausweisfunktion und QES (Qualifizierte Elektronische Signatur))

Es wird viel Arbeit notwendig sein, um Mitarbeiter davon zu überzeugen, in diesen Bereich besonders sensibel zu sein. Aber denken Sie daran: Wer am Anfang schon sagt, dass man dagegen nichts machen kann, der kann sein Geld gleich der organisierten Kriminalität überweisen.

Financial Forensic

Matthias Kopetzky

1 Financial Forensic und Fraud Management

Für Fraud als Tatbeschreibung gibt es eine Vielzahl verschiedener Definitionen in der Literatur.[1] Dabei geht es meistens um die Elemente „Täuschung", „Absicht zu täuschen", „tatächlich eingetretenen oder drohenden Schaden" und „Opfer" (Personen, Unternehmen).[2]

Die Darstellung oder auch unterlassene Darstellung (Verheimlichen) von fraudulenten Handlungen passiert im wirtschaftlichen Kontext regelmäßig im Rechnungswesen der Unternehmen bzw. Institutionen. Daher führt auch der Weg der Aufdeckung meist über die Analyse des Rechnungswesens im weitesten Sinn.

Der Begriff Forensic entstammt seinem Ursprung nach dem lateinischen Forum, was soviel wie Marktplatz bedeutet. In der Zeit der römischen Republik wurden Gerichtsverfahren öffentlich an eben diesen Plätzen abgehalten. Die dort vorgelegten Beweise und Argumente hatten von daher „forensische" Qualität.

Eine ganz grundlegende Definition von Financial Forensic bezieht sich auf die Brückenfunktion zwischen Recht und verschiedenen Fachbereichen, für welche finanzielles Fachwissen notwendig ist: Betriebs- und Volkswirtschaft allgemein, Rechnungswesen, Finanzierung und Kostenrechnung.[3]

Der Begriff Financial Forensic beschreibt die Tätigkeit von Ermittlern – im weitesten Sinn – zur Aufdeckung von Malversationen[4] im Bereich von Finanzdaten jeglicher Art. Dies beginnt bei Finanzdaten direkt aus Unternehmen (Mikrosicht) bis hin zu Finanzdaten als Marktdaten (Makrosicht).

Ermittler sind dabei all die Personen, welche sich mit der Analyse von Finanzdaten mit dem Ziel befassen, Fehlentwicklungen und Fehlverhalten mit einem gegen Gesetze und Unternehmensrichtlinien verstoßenden Hintergrund zu erkennen und aufzuklären. Dabei geht es in erster Linie noch nicht so sehr um Täter[5] und darum, deren Motive zu finden, sondern es geht vorerst primär um den Sachverhalt selbst und dessen verständliche und nachvollziehbare Darstellung.

---

[1] Vgl. den Beitrag von Jackmuth/de Lamboy/Zawilla zu Einführung in Fraud Management.
[2] Boyd, J./Edwards, S., 1995, Introduction to fraud, corruption and ethics, S. 2.
[3] Vgl. Rezaee, Z./Riley, R., 2009, Financial Statement Fraud, S. 73 f.
[4] Entstammt der lateinischen Wortfolge *male versari* und kann sehr allgemein mit „schlechtem Verhalten" übersetzt werden.
[5] Bei der Verwendung des Wortes Täter sind grundsätzlich beide Geschlechter gemeint.

Eine engere Definition ist Forensic Accounting. Dabei befassen sich die Forensiker insbesondere mit dem Rechnungswesen von Unternehmen und Institutionen. Dies ist *de facto* eine sehr alte Disziplin, nachweisbar zurückgehend bis zu den alten Ägyptern, wo die forensischen Buchprüfer die „Augen und Ohren" des Königs darstellten.[6]

Einer der ersten bekannten Forensic Accountants war Charles Snell, der den Auftrag erhielt, 1721 die Bücher der berühmt-berüchtigten South Sea Company zu überprüfen. Am Beginn des Berufsstandes der Wirtschaftsprüfer stand somit einer der ersten großen Wirtschaftskriminalfälle der Neuzeit.[7]

Heute ist die Financial Forensic[8] ein weites Gebiet geworden, bevölkert von Vertretern verschiedenster Berufsgruppen. War das Feld ursprünglich – und in weiten Bereichen noch heute – eine klare Domäne der Wirtschaftsprüfer bzw. deren spezialisierten Abteilungen, so rekrutieren sich nunmehr die Fachleute aus den verschiedensten Bereichen, beginnend von spezialisierten Unternehmensberatern über Bankfachleute, Aufsichtsbehörden hin zu Internen Revisionen. Aber auch die Steuerbehörden sind *de facto* mit die ältesten Vertreter der Financial Forensic.

2 Financial Auditing vs. Fraud Auditing

Nicht zu verwechseln oder beliebig zu vertauschen sind die Termini Financial Auditing, also die reguläre Wirtschaftsprüfung, und das so genannte Fraud Auditing. Im Rahmen der Wirtschaftsprüfung wird die möglichst getreue Darstellung der Vermögens-, Finanz- und Ertragslage gemessen an gesetzlichen und sonstigen regulativen Vorgaben überprüft. Das Testat der Wirtschaftsprüfer verspricht eine Darstellung der Finanzdaten ohne materiell relevante Fehler.

Im Bereich Fraud Auditing geht es hingegen um die gezielte Aufdeckung durch Hinweise und Signale bereits indizierter Fraud-Fälle oder das Auffinden von Fraud-Fällen ohne konkrete Verdachtslage, beispielsweise im Rahmen von Due-Diligence-Prozessen.

---

[6] Singleton, T./Singleton, A./Bologna, J., 2006, Fraud auditing and forensic accounting, S. 35.

[7] Singleton, T./Singleton, A./Bologna, J., 2006, Fraud auditing and forensic accounting, S. 37.

[8] Vgl. Pedneault, S., 2009, Fraud 101 – Techniques and Strategies for Understanding Fraud, S. 135.

Die unterschiedliche Herangehensweise einmal im Rahmen der regulären Prüfung und im anderen Fall im Rahmen eines Fraud Audits kann an folgender Tabelle abgelesen werden:

Tabelle 1: Unterscheidungsmerkmale reguläres Audit vs. Fraud Audit

Merkmal	Audit	Fraud Audit
Suche	Passiv, zufallsgebunden	Aktiv, thesenorientiert
Fokussierung	Fraud ist Nebenaspekt	Fraud steht im Zentrum
Erwartung	Fraud **kann** gefunden werden	Fraud **soll** gefunden werden
Aussage zu Fraud-Existenz-Wahrscheinlichkeit	Keine gesicherte Aussage möglich	Aussagen über Fraud-Existenz ist möglich, evtl. auch quantifizierbar

Für die Durchführung eines Fraud Audits sind zwar viele Fähigkeiten, Kenntnisse und Erfahrungen eines Wirtschaftsprüfers, Steuerberaters oder Buchhalters nützlich, ja eigentlich Voraussetzung. Trotzdem ist die Herangehensweise sehr unterschiedlich und es werden noch eine Reihe von Zusatzfähigkeiten benötigt.

Der „reguläre" Auditor sucht nach

- Fehlern,
- Versäumnissen,
- übertriebenen Behauptungen,
- Falschdarstellungen.

Der Fraud Auditor hingegen ist konzentriert auf

- Ausnahmen,
- Merkwürdigkeiten,
- Kuriosa,
- Abweichungen,
- Muster,
- „verdächtige" Dinge.

3 Zielsetzungen und Grundlagen des Rechnungswesens

Die Grundfragen des Rechnungswesens sind letztlich folgende:

- Wie finanzstark ist ein Unternehmen zu einem bestimmten Zeitpunkt (Bilanz)?

- Hat ein Unternehmen im Verlauf einer Rechnungsperiode einen Gewinn oder einen Verlust erzielt (Gewinn- und Verlustrechnung)?

- Kommt das Unternehmen mit seinen Zahlungsmitteln aus?

- Was kostet die im Unternehmen erstellte Leistung?

Jegliche forensischen Überlegungen im Bereich der Finanzberichterstattung haben sich letztlich an diesen Grundfragen zu orientieren und die Auswirkungen von Tathandlungen auf diese Grundfragen zu evaluieren. Auch oder gerade weil in manchen Bereichen des Rechnungswesens die Komplexität auf den ersten und oft auch zweiten Blick überwältigend erscheint, kann man trotzdem immer und überall dem Grundsatz huldigen: *„Follow the money"*. Final geht es immer um die Frage, wohin – meist bare – Vermögenswerte geflossen sind, mögen auch umfangreiche Konstrukte buchhalterischer Natur hier anfänglich den Blick verstellen.

3.1 Funktionen des Rechnungswesens

Um forensische Ansätze im Bereich der Finanzdaten überhaupt verstehen zu können, ist es notwendig, die grundlegenden Funktionen des Rechnungswesens im Unternehmen zu kennen und zu verstehen. Tatschemata verbunden mit der (Ver-)Fälschung von Finanzdaten knüpfen durchweg an der Missachtung einer oder mehrerer dieser Funktionen des Rechnungswesens an.

Folgende Funktionen erfüllt das Rechnungswesen im Unternehmen:[9]

- Dokumentationsfunktion;
- Informationsfunktion;
- Kontrollfunktion;
- Dispositionsfunktion.

Im Bereich aller vier genannten Funktionen setzen Täter ihre Handlungen an und in eben dieser Bandbreite müssen Financial Forensiker ihrerseits mit der Spurensuche beginnen.

---

[9] Vgl. Jung, H., 2006, Allgemeine Betriebswirtschaftslehre, S. 1029 f.

3.1.1 Dokumentationsfunktion

Die Dokumentationsfunktion besagt, dass es Aufgabe des Rechnungswesens ist, alle Geschäftsvorgänge transparent und nachvollziehbar aufzuzeichnen. Sämtliche Geschäftsfälle, welche Erfolg (Gewinn- und Verlustrechnung) und Vermögen (Bilanz) und daraus auch abgeleitet die finanzielle Lage (Liquidität) direkt beeinflussen, müssen letztlich innerhalb des Rechnungswesens entsprechend aufgezeichnet werden. Dies erfolgt über den Beleg, getreu dem Grundsatz „keine Buchung ohne Beleg", und wird sowohl chronologisch (Journal) als auch sachlich (Hauptbuch) geordnet.

Bereits in der nicht ordnungsgemäß eingehaltenen Dokumentationsfunktion nehmen viele Tatschemata ihren Ausgang. Fehlende Belege oder falsche Belege führen bereits zu fraudulenten Abweichungen einer geordneten Buchführung. Gleiches gilt für die Zuordnung der Geschäftsfälle abweichend vom vorgesehenen Ordnungsgerüst (Kontenrahmen) oder in unrichtiger zeitlicher Aufnahme von Geschäftsfällen (z.B. die Verbuchung von Umsätzen, welche tatsächlich erst im Folgejahr zu realisieren gewesen wären).

Hinweis: Finden sich im Rechnungswesen vereinzelt Fälle, in denen Probleme mit falschen oder fehlenden Belegen oder Buchungen bekannt wurden, ist diesen Fällen nach einem systematisch angesetzten Stichprobenverfahren bis ins letzte Detail auf den Grund zu gehen. Der Zufall könnte hier einen wertvollen Tipp gegeben haben. Kommt es allerdings in bestimmten Bereichen gehäuft zu solchen Problemen, ist der Bereich einer Vollprüfung zu unterziehen, entweder über Hinweis durch die Wirtschaftsprüfung im Rahmen des nächsten Jahresabschlusses oder durch die Interne Revision. Eine große Häufung von Dokumentationsproblemen ist i.d.R. eher ein Hinweis auf grundsätzliche organisatorische Fehlfunktionen, da Täter i.d.R. bemüht sind, gerade nicht durch Fehler aufzufallen. Es kann sich aber auch um ein „abgereiftes" Betrugssystem handeln, über welches der oder die Täter die Kontrolle verloren haben.

3.1.2 Informationsfunktion

Die geordnete Dokumentation ist Voraussetzung für die nächste Grundfunktion, die Informationsfunktion. Diese wird v.a. aus gesetzlichen Vorkehrungen, der so genannten Rechnungslegung in regelmäßigen – üblicherweise jährlichen – Rhythmen abgeleitet. Faktisch alle Stakeholder des Unternehmens verwenden die dem Rechnungswesen entstammende Finanzberichterstattung als erste und wesentlichste Informationsbasis über das Unternehmen. Die Informationsfunktion dient etwa den Steuerbehörden zur Festsetzung von Abgaben, Gläubigern zur Evaluierung der Bonität und den Unternehmenseignern zur Bestimmung möglicher Ausschüttungen (Renditen). Aufsichtsbehörden bedienen sich der Finanzberichterstattung, um die Einhaltung bestimmter, beispielsweise an Kennzahlen orientierter Vorgaben laufend zu kontrollieren und zu überwachen.

Die Testierung von Jahresabschlüssen und anderen Teilen der Finanzberichterstattung durch Wirtschaftsprüfer soll eben genau die Akkuranz der Informationsfunktion nach außen sicherstellen.

Im Bereich der Financial Forensic ist häufig die (falsche) Information eine Zielsetzung von Tätern, um ihre Ziele zu erreichen. Die Fälschung von Finanzdaten hat daher insbesondere eine – häufig beabsichtigte – Störung der Informationsfunktion zur Folge.

Beispielsweise hatte die exzessive Verschiebung von Schulden in so genannte SPVs (Special Purpose Vehicles) im Fall Enron das Ziel, diese Schulden nicht in der Finanzberichterstattung von Enron zeigen zu müssen und dadurch ein geschöntes Bild der tatsächlichen Vermögens-, Finanz- und Ertragslage zu vermitteln.

Hinweis: Ziel des Rechnungswesens ist es, Information über den tatsächlichen Zustand des Unternehmens – insgesamt und im Detail – zu geben. Täter beabsichtigen meist das genaue Gegenteil, nämlich die größtmögliche Einschränkung dieser Informationsfunktion bis hin zur glatten Desinformation durch Falschdarstellungen. Im Einzelfall bedeuten also z. B. nur vage und nichtssagende Angaben auf einer Rechnung für angebliche Beratungsleistungen keine „Kleinigkeit", sondern solche absichtlich herbeigeführten Unklarheiten stellen die Basisbausteine für darauf aufbauende kriminelle Schemata dar. Die nachdrückliche Forderung nach Klarheit und – wo notwendig – auch Aufklärung im Einzelfall ist daher nicht „kleinliches" Bestehen auf Unwesentlichkeiten, sondern erst die Herstellung eines insgesamt ordnungsgemäßen und v.a. gesetzmäßigen Zustandes.

3.1.3 Kontrollfunktion

Die dritte Funktion des Rechnungswesens liegt in der Kontrolle wesentlicher Vorgänge im Unternehmen. Es geht um die begleitende Beobachtung von Rentabilität, dem wirtschaftlichen Einsatz der Mittel und – was letztlich am wesentlichsten ist – der Aufrechterhaltung der Liquidität. Letztere ist die Grundvoraussetzung für ein kontinuierliches Weiterwirtschaften im Unternehmen.

Neben dem Management selbst sind es auch spezialisierte Abteilungen, welche auf Basis des Rechnungswesens diese Kontrollfunktion laufend ausüben. Zu denken ist hierbei an die Bereiche Controlling, Interne Revision und Compliance.

Die Tathandlungen von Tätern beziehen sich im Rahmen der Fälschung von Finanzdaten häufig auch nicht nur auf eine Störung der Informationsfunktion, sondern meist mit derselben Intensität auch auf eine Störung der Kontrollfunktion.

Beispielsweise wäre durch die Einschleusung einer Scheinrechnung eines tatsächlich nicht existenten Kunden zur Vortäuschung von Umsätzen der Grundzweck – eben die Erhöhung von Umsätzen durch Scheinumsätze – vorerst erreicht. Die Informationsfunktion wäre damit bereits erfolgreich torpediert. Um der Gefahr der Entdeckung zu entgehen, beginnen Täter nun häufig mit einer Serie sich an die Ersttat anschließender Folgetaten, um die Verschleierung des Scheinumsatzes erfolgreich fortzusetzen und eventuell, ohne entdeckt zu werden, sogar für immer zu manifestieren. Es ist für die Täter ungleich schwieriger, die das Rechnungswesen für ihre Kontrolltätigkeiten nutzenden Einheiten auf Dauer zu täuschen, als die lediglich auf die Informationsfunktion aufbauende breite Öffentlichkeit. Da Rechnungen von Scheinkunden üblicherweise nicht bezahlt werden und somit nach einiger Zeit auffallen müssten, kann der Täter nun damit beginnen, solche Rechnungen mit anderen, jüngeren und daher hinsichtlich des Zahlungsziels weniger auffälligen neuen Scheinrechnungen oder gar echten Rechnungen zu „ersetzen". Dies dient – wie schon gesagt – der Behinderung der Kontrollmöglichkeiten und damit der Kontrollfunktion.

Hinweis: Kontrollen können entweder als reguläre Funktion im Prozess eingebaut sein oder aber zufallsgetragen durch eine Instanz wie die Interne Revision durchgeführt werden. Werden nunmehr Fälle offenkundig, welche – aus noch unbekannten Ursachen – nicht von der einen oder anderen Kontrollart erfasst waren, obwohl dies im normalen Lauf der Dinge hätte passieren müssen (z.B. fehlt die zweite Unterschrift), so kann dies ein wertvoller Hinweis auf ein laufendes Tatschema sein und der Täter hier bereits eine absichtliche Umgehung dieser Kontrollen bewerkstelligt haben.

3.1.4 Dispositionsfunktion

Erst ein lückenloses und im Wesentlichen fehlerfreies Rechnungswesen ermöglicht die korrekte Steuerung von Unternehmen. Es ist letztlich das Rechnungswesen und dessen Ergebnisse, welche als Basis für weitere unternehmerische Entscheidungen dient. Die Anschaffung einer neuen Maschine hängt eben wesentlich von den finanziellen Möglichkeiten (Kreditfähigkeit, Liquidität etc.) ab, und diese sind aus dem Rechnungswesen ersichtlich.

Auf Basis des Rechnungswesens erfolgen auch die weiteren Planungen im Unternehmen, teilweise unter Fortschreibung erkannter Trends (z.B. im Umsatz) und teilweise mit bewussten Veränderungen in der Geschäftspolitik, weil eben aus dem Rechnungswesen Veränderungsbedarf abgelesen werden konnte (z.B. mangelhafte Rentabilität).

Gerade auch in der Dispositionsfunktion kann – motivisch gesehen – der eigentliche Antrieb von Tätern erkannt werden. Beispielsweise können Täter dazu übergehen, in den regulären Gang des Rechnungswesens im Unternehmen fraudulent einzugreifen, um unternehmerischen Handlungsspielraum zu erhalten. Absehbare Schwierigkeiten in der Finanzierung notwendig gewordener Investitionen infolge – auf Basis der Echtdaten – gesunkener Bonitätseinschätzungen durch Kreditgeber können einen wesentlichen Antrieb zur Fälschung von Finanzdaten darstellen.

Hinweis: In der aktiven Disposition (z. B. Überweisung auf Basis einer potenziellen Scheinrechnung) liegt das eigentliche Ziel von Tätern. Die nachfolgenden Handlungen auf Basis falscher Vorinformationen geben wichtige Hinweise auf die Täter, sowohl über die dadurch Handelnden (müssen aber nicht immer die Täter sein) wie auch die „Begünstigten".

3.2 Grundsätze ordnungsgemäßer Buchführung aus forensischer Sicht

Gesetzlich gibt es eine Reihe von Bestimmungen, vornehmlich im Handelsgesetzbuch (HGB)[10], welche sich mit Vorgaben des Gesetzgebers hinsichtlich der Qualität der Buchführung und Bilanzierung und damit der Finanzberichterstattung insgesamt auseinandersetzen.

Wenn auch für den Nicht-Juristen manche Bestimmungen nicht immer in der vollen Deutlichkeit zu Tage treten, so haben sich in der Praxis die darauf fußenden Grundsätze ordnungsgemäßer Buchführung/Bilanzierung (GoB) entwickelt. Diese stellen den gültigen Rahmen für ordnungsgemäße Vorgehensweisen im Rechnungswesen dar.

Für den Financial Forensiker bietet dieses Rahmengerüst aber auch eine hervorragende Checkliste zur Suche nach der berühmten „Nadel im Heuhaufen", etwa im Rahmen eines Fraud Audits. Jeder dieser im Folgenden beschriebenen Grundsätze bietet auch einen praktischen Einstieg in die Untersuchung des Rechnungswesens auf Hinweise zu fraudulenten Handlungen.

Ein gut geführtes Rechnungswesen, und davon abgeleitet vertrauenswürdige Berichte, zeichnen sich durch die lückenlose Beachtung der GoB aus. Ein Abweichen davon wird auch entsprechend kommuniziert, wo dies fakultativ möglich ist. Eingehaltene GoB sind auch Gegenstand der Untersuchungen durch die Wirtschaftsprüfer, gerade im Zuge der jüngsten Entwicklungen, wo die Prüfung des Einzelbelegs zunehmend in den Hintergrund tritt und die Prüfung funktionierender Systeme enorm an Bedeutung gewonnen hat. Zu solchen Systemen gehören auch die GoB.

---

[10] Handelsgesetzbuch in Deutschland, Unternehmensgesetzbuch in Österreich.

3.2.1 Kodifizierte Grundsätze

Der Großteil der GoB kann mehr oder minder direkt aus entsprechenden gesetzlichen Bestimmungen des HGB abgelesen werden. Vieles wurde auch durch entsprechende langjährige Judikatur und Lehre entsprechend interpretiert und weiterentwickelt.

Das Ausmaß der Beachtung und die Akribie der Einhaltung der GoB kann dem Financial Forensiker bereits ein gutes Globalbild über die grundsätzliche Fraud-Wahrscheinlichkeit im Untersuchungsobjekt vermitteln. Die Erfahrung hat gezeigt, dass die Neigung zu fraudulenten Handlungen im Bereich des Rechnungswesens sehr oft auch mit einer mehr als großzügigen Auslegung der GoB bis hin zu deren partieller Negation einhergeht.

Das gilt – aus Sicht des Forensikers – im Übrigen auch für solche Fälle, wo die Ausnutzung und Auslegung der GoB bis an die äußerste, vielleicht noch vertretbare Grenze ausgereizt wird. Zwar wurde – u.U. noch – kein Gesetz verletzt, doch zeigt die Bereitschaft, ans legale Limit zu gehen, dem Forensiker zumindest ein mögliches Risikogebiet bei handelnden Personen und der Unternehmenskultur auf.

3.2.1.1 Klarheit und Übersichtlichkeit (§ 243 Abs. 2 HGB)

Wesentlich am Grundsatz der Klarheit und Übersichtlichkeit ist die Nachvollziehbarkeit der Einträge ins Rechnungswesen für Dritte. Es genügt also nicht, wenn der Buchhalter oder Bilanzierer oder der für einen Abschluss sonst Verantwortliche (z.B. Finanzvorstand) das eigene Rechenwerk überprüft. Auch einem sachverständigen Dritten muss es in angemessener Zeit möglich sein, sich in einem diesen Grundsatz entsprechenden Rechnungswesen zurecht zu finden und dieses zu verstehen. Die Klarheit ist also der Antipode zur Verschleierung.[11]

Aus forensischer Sicht ergeben sich diesen Grundsätzen folgend schon klare Ermittlungs- und Untersuchungsansätze. Malversationen wollen verborgen bleiben. Daher findet sich in Fällen von manipulierten Finanzdaten sehr häufig auch das Postulat der Klarheit und Übersichtlichkeit nicht erfüllt. Dies ist nicht zufällig, sondern für Täter oft Programm – eben zur Verschleierung von Tathandlungen. Problemen krimineller Natur im Bereich der Finanzdaten gehen fast immer scheinbar wachsende Komplexität und Intransparenz voraus. Dies trifft auf die ausgelagerten Schulden in SPVs anlässlich der Bilanzskandale Anfang des Jahrtausends ebenso zu (Enron, World-Com, Möbel Schieder

---

[11] Vgl. Gabele, E./Mayer, H., 2003, Buchführung, S. 14 f.

...) wie auf die geplatzte Finanzblase Ende 2008, in der danach Viele eingestanden, die komplexen Investmentprodukte (Credit Default Swaps (CDS) und sonstige Derivate) nicht mehr verstanden zu haben.

Mangelnde Klarheit und Übersichtlichkeit sollte für den einschlägig ausgebildeten Forensiker daher ein deutliches Warnsignal sein, den wahren Gründen für die Komplexität auf den Grund zu gehen.

> *Fallbeispiel: Im Zuge der Überprüfung einer Auslandsbeteiligung im Bereich des Transportswesens, der dortige Geschäftsführer war gleichzeitig Minderheitsgesellschafter, ergab eine Durchsicht der Konten naturgemäß auch eine Reihe von Lastkraftwagen (LKW), wobei für jeden LKW ein eigenes Konto geführt worden ist. Dies ist an sich sehr transparent. Die Konten waren teilweise mit LKW+Kennzeichen benannt, andere mit der Fahrzeugtype, oder es gab auch ein Konto mit der Bezeichnung „L-Fahrzeug". Alle Konten waren in der Gruppe „Fuhrpark" zusammengefasst. Im Zuge einer forensischen Überprüfung wegen anderer Verdachtsfälle wurden auch die LKW überprüft, eigentlich mit der Zielsetzung, nachzusehen, ob auch tatsächlich alle vorhanden sind. Das „L-Fahrzeug" stellte sich dabei als das private Kleinflugzeug des Geschäftsführers („L(uft)-Fahrzeug") heraus, dessen Anschaffung und Betrieb auf Unternehmenskosten erfolgten.*

3.2.1.2   Fristgerechte Erstellung (§ 243 Abs. 3 HGB)

Die fristgerechte Erstellung des Rechnungswesens und damit die rechtzeitige Präsentation von Finanzdaten ist einerseits ein Grundsatz und andererseits – aus forensischer Sicht, aber nicht nur der – ein weicher Alarm.

Wirklich konkret gesetzlich ausformuliert ist dieser Grundsatz v.a. für Kapitalgesellschaften und diesen gleichzuhaltenden Rechtsformen. Doch wird in der Praxis der adäquate Zeitraum auch bei anderen Unternehmensformen ähnlich gesehen. An dieser Stelle sei auf die Jahresabschlussaufstellungspflichten des § 264 HGB verwiesen.[12]

Zeitliche Verzögerungen in der Erstellung des Rechnungswesens und der Präsentation von Finanzdaten mögen vielfache Ursachen haben. Und um Ursachennennungen sind Täter in diesem Bereich kaum verlegen. Tatsächlich ist aber aus forensischer Sicht die Frage aufzuwerfen, was tatsächlich der tiefere Grund für Fristversäumnisse sein könnte. Täter, welche bereits über mehrere Perioden mit der Manipulation von Finanzdaten

---

[12]   Vgl. Bähr, G./Fischer-Winkelmann, W./List, S., 2006, Buchführung und Jahresabschluss, S. 212 f.

befasst sind, finden hierfür immer auch für sie komplexere und schwierigere Bedingungen vor. Damit kann es aber auch immer länger dauern, ein wiederum für Dritte „schlüssiges" Konvolut von Finanzinformationen und Finanzreportings zu bewerkstelligen.

Oft sind es auch sehr profane Diskussionen mit Wirtschaftsprüfern, welche bestimmte bilanzielle Fragen in der bisherigen Form nicht mehr mittragen können oder wollen. Auch wirtschaftliche Probleme sind häufige Ursachen. Die Missachtung des Grundsatzes der fristgerechten Erstellung ist also aus forensischer Sicht ebenfalls ein weicher Alarmfaktor und ein eher später Indikator.

Fallbeispiel: Die Verschiebung wichtiger Termine für Präsentationen oder Veröffentlichungen von Jahresabschlüssen oder Quartalsabschlüssen ist bereits als sehr später Indikator für möglicherweise bevorstehende Insolvenzen anzusehen. So hat z. B. die Video-Kette „Blockbuster" Bilanzpressekonferenzen und die Präsentation für die Ergebnisse des 2. Quartals 2010 im August 2010 abgesagt. Mitte September musste das Unternehmen Insolvenz anmelden. Aber auch Verzögerungen im eigenen Unternehmensbereich, z. B. bei Auslandstöchtern, sind detailliert zu hinterfragen, da die vorgeschobenen Argumente oft nur Mittel zur Vertuschung der tatsächlichen Ursachen sind.

3.2.1.3 Vollständigkeit (§ 246 Abs. 1 HGB)

Das Prinzip der Vollständigkeit ist ein leicht verständliches. Ausnahmslos alle verbuchungsfähigen Geschäftsfälle einer Periode (Wirtschaftsjahr) müssen in den Finanzdaten erfasst sein. Dies schließt aber etwa die Erfassung fiktiver Geschäftsfälle gleichzeitig aus.[13]

Aus forensischer Sicht ist dieser Grundsatz einer der ganz wesentlichen. Die Manipulation von Finanzdaten besteht sehr häufig in der Weglassung von Geschäftsfällen oder der Hinzufügung fiktiver Geschäftsfälle. Die vollständige Erfassung heißt, dass alle, ausnahmslos alle, aber darüber hinaus keine fiktiven Geschäftsfälle vorkommen dürfen.

Die Verletzung dieses Grundsatzes zählt für den Forensic Accountant zu den sehr unmittelbaren, harten Warnhinweisen und ist ein echter Alarmfaktor. Denn selbst wenn sich keine wirtschaftskriminellen Machenschaften erweisen lassen sollten, so sind v.a. Lücken im Rechnungswesen (Geschäftsfälle wurden nicht gebucht bzw. „vergessen") und Buchungen ohne erkennbar realen Hintergrund (eines echten Geschäftsfalles) allemal ausreichend Grund für Untersuchungen.

---

[13] Vgl. Schöttler, J./Spulak, R., 2003, Technik des betrieblichen Rechnungswesens, S. 20.

Fallbeispiel: In einem Tochterunternehmen eines Baustoffzulieferers kam es zu einem leichten Umsatzrückgang. Vom Geschäftsführer wurde dies mit der allgemein ungünstigen Wirtschaftslage und Branchenentwicklung begründet, welche tatsächlich auch gegeben war. Da es aber gleichzeitig auch zu einer signifikanten Verschlechterung der Margen kam, wurde eine Untersuchung angestrengt. Ergebnis war, dass der Geschäftsführer begonnen hat, Teile seiner Geschäfte im so genannten Barter-Verfahren[14] abzuwickeln, d. h. ein gewisser Prozentsatz von Geschäften mit bestimmten Kunden wurde – ohne dies über die Bücher darzustellen – mit Barter-Geschäften durchgeführt. In den Büchern wurde aber nur jener Teil der Geschäfte dargestellt, die nach wie vor in Geld erfolgten – daher auch der rückläufige Umsatz. Die so erwirtschafteten Guthaben im Barter-Bereich verwendete der Geschäftsführer für seinen eigenen Hausbau.

3.2.1.4 Bruttoausweis (§ 246 Abs. 2 HGB)

Der Grundsatz des Bruttoausweises unterstützt die Forderung nach Klarheit und Übersichtlichkeit im Rechnungswesen. Es wird auch vom gesetzlich normierten Saldierungsverbot gesprochen.[15]

An sich bedeutet Saldierung eine Form von Verkürzung. Dies kann dann zu erheblichen Informationsverlusten führen, wenn diese Saldierungen nach außen hin nicht als solche erkennbar waren.

Forensisch gesehen sind daher aufgedeckte Saldierungen u. U. bereits ein erster roter Faden zu einem Täter und verborgenen Zusammenhängen, die bisher so nicht erkennbar waren. Beispielsweise wäre es gegen diesen Grundsatz, Umsatzerlöse bereits vermindert um Provisionen einzubuchen. Damit wird den Adressaten der Finanzdaten (beispielsweise durch den Jahresabschluss) die Möglichkeit genommen, die wahre Natur eines Geschäftes zu erkennen. Die Frage, ob Provisionen überhaupt und wenn ja, in welcher Höhe angemessen oder gar zulässig seien, umgeht der Täter durch eine solche verbotene, saldierte Darstellung. Die Fragen können gar nicht erst gestellt werden, weil das Problem gar nicht zu erkennen ist.

Fallbeispiel: Der Geschäftsführer einer Auslandstochter veranlagte – entgegen entsprechenden Bestimmungen – Überschussliquidität in Derivaten. Sich daraus ergebende Nachschussverpflichtungen (Margin Calls) ließ er in dem mit sehr vielen Datensätzen belegten Wareneinsatzkonto verbuchen, um so die Verluste aus seinen

---

[14] Barter (engl. Tausch) bezeichnet Warentauschgeschäfte ohne Transfer von Zahlungsmitteln.

[15] Vgl. Bähr, G./Fischer-Winkelmann, W./List, S., 2006, Buchführung und Jahresabschluss, S. 213 f.

Spekulationsgeschäften zu verschleiern. Dabei kam auch zu Tage, dass frühere Gewinne nicht den Weg in die Bücher dieses Tochterunternehmens, sondern auf seine privaten Konten fanden.

3.2.1.5 Bilanzidentität (§ 252 Abs. 1 HGB)

Die scheinbare Binsenweisheit, dass die Schlussbilanz des Vorjahres der Eröffnungsbilanz des Folgejahres entsprechen muss und somit die Kontinuität der Bilanzpositionen gewahrt wird, wird für Täter v.a. bei länger andauernden Schemata auch zum Problem.

Gerade in Fällen, wo sehr unterschiedliche Stakeholder mit teilweise divergierenden Interessenslagen vom Täter mit Finanzdaten und Finanzreportings (meist in Form von Jahresabschlüssen) versorgt werden, lohnt es für den Forensiker häufig, diese einer vergleichenden Untersuchung zu unterziehen. Selbst wenn augenscheinliche Eckpunkte, wie Bilanzsummen, Jahresergebnis etc. auf den ersten Blick identisch erscheinen, so kann es doch innerhalb der Bilanzpositionen zu teils erheblichen, jedenfalls aber wesentlichen Veränderungen von veröffentlichten Finanzdaten an verschiedene Adressaten kommen.

Zu beachten ist dabei nur, dass es tatsächlich schon Positionen geben kann, die zu scheinbaren Brüchen in der Bilanzidentität führen können. So erfolgt etwa die Darstellung von Bankkonten abhängig von ihren Ständen zum Bilanzstichtag entweder im Pool der liquiden Mittel (Aktiva) oder für den Fall eines negativen Bankstandes auf der Passivseite der Bilanz.

3.2.1.6 Unternehmensfortführung (§ 252 Abs. 1 HGB)

Das Prinzip der Unternehmensfortführung sagt aus, dass die Marktwerte von Anlagegütern im Wesentlichen unberücksichtigt bleiben.[16] Anders bei einer Liquidation oder insolvenzrechtlichen Betrachtungen (Zerschlagungswerte), wo unter teils erheblichen Wertverlusten der aktuell für den Vermögensgegenstand am Markt erzielbare Preis angesetzt wird. In dem Fall kämen aber auch so genannte stille Reserven zum Ansatz, beispielsweise der zwischenzeitlich vielleicht über Jahre gestiegene Preis einer Immobilie, welche noch immer mit ihrem ursprünglichen Kaufpreis in den Büchern steht.

---

[16] Vgl. Altendorfer, O./Hilmer, L., 2006, Medienmanagement, S. 25.

Für Financial Forensic hat dieses Prinzip nur mittelbare Bedeutung, da sich darin oftmals eine Motivlage des Täters begründet, welcher beispielsweise zum Mittel der Bilanzfälschung greift, weil sonst die Aufrechterhaltung des Going-Concern-Prinzips (Unternehmensfortführung) u.U. wegen Überschuldung nicht mehr aufrecht erhalten werden könnte.

3.2.1.7 Maßgeblichkeit des Abschlussstichtages (§ 252 Abs. 1 HGB)

Der Abschlussstichtag ist zentrales Element aller Bewertungsfragen. Es ist die klare Trennwand zwischen dem vergangenen Wirtschaftsjahr und dem Folgenden mit allen Konsequenzen, welche sich daraus z.B. in der korrekten Zurechnung von Umsätzen, Aufwänden und anderen Positionen der Bilanz sowie der Gewinn- und Verlustrechung ergeben.

Aus forensischer Sicht hat daher die Beachtung des Abschlussstichtages zentrale Bedeutung, weil sich viele Tatschemata auch oder sogar v.a. um die nicht gesetzeskonforme Ausrichtung am Abschlussstichtag drehen. Werden Prüfer oder Sonderermittler daher Fakten mit der Umgehung des Abschlussstichtages gewahr, z.B. im Zuge nicht periodengerecht verbuchter Umsätze, so können hier bereits sehr konkrete Spuren zu Tathandlungen gegeben sein. Für den Forensiker sind v.a. die Buchungen rund um den Abschlussstichtag und genau am Abschlussstichtag daher von großem Interesse.

Den Abschlussstichtag mit seinen buchhalterischen und bilanziellen Konsequenzen zu ignorieren, rüttelt an den Grundfesten der Validität jeder Finanzberichterstattung.

Fallbeispiel: Ein IT-Unternehmen besicherte seinen Kontokorrentkredit mit offenen Kundenforderungen (Zessionskredit). Vier Wochen vor dem Bilanzstichtag wurden sämtliche Forderungen (mit Zustimmung des Kundenbetreuers der Bank) an ein Factoringunternehmen verkauft und der Verkaufserlös zur Abdeckung des Zessionskredites verwendet. Nur drei Wochen nach dem Bilanzstichtag wurden wiederum alle Forderungen vom Faktor an das IT-Unternehmen rücktransferiert und auch der Zessionskredit bei der Bank wieder geöffnet. Dieser Vorgang wiederholte sich faktisch identisch auch im Folgejahr. Im Ergebnis stellt sich bei der nachfolgenden Insolvenz des IT-Unternehmens heraus, dass die Forderungen allesamt gefälscht und nicht werthaltig waren. Vermutlich sollten diese vor der Überprüfung durch den Wirtschaftsprüfer fern gehalten werden, welcher auf diese Weise zum Bilanzstichtag keine Kundenforderungen vorgefunden hat und daher (in diesem Bereich) auch nichts zu prüfen hatte. Dies ist auch gelungen, weil sich der Wirtschaftsprüfer scheinbar keine Gedanken über das seltsame Verschwinden und Wiederauftauchen vor und nach dem Bilanzstichtag gemacht hat.

3.2.1.8   Periodenabgrenzung (§ 252 Abs. 1 HGB)

Bei diesem Prinzip geht es um die richtige, periodengerechte Erfassung der Erträge (Umsätze) und Aufwendungen. Davon unabhängig ist der Zeitpunkt der Zahlung. Die Periodenabgrenzung führt daher bilanziell zu einem Auseinanderklaffen zwischen Unternehmensergebnis und Cashflow. Dies ist eine natürliche Angelegenheit und eben diesem Prinzip geschuldet.

Aus forensischer Sicht kann – v.a. im Periodenvergleich – eine Veränderung dieser Relation u.U. auch ein Gefühl dafür vermitteln, wie stark ein Jahresabschluss durch bilanzpolitische Maßnahmen abweichend von den Zahlungsströmen beeinflusst ist.[17]

Fallbeispiel: Gerade in schlechten Wirtschaftsjahren oder vor Ereignissen, für welche gute Ergebnisse von wesentlicher Bedeutung sind (z. B. Börsengänge), ist die Versuchung für die Verantwortlichen besonders hoch, durch Manipulationen im Bereich der periodengerechten Abgrenzung die Ergebnisse des maßgeblichen Jahres zu Lasten künftiger Wirtschaftsjahre „aufzufetten". Die Aktivierung von Erhaltungsaufwendungen bei World-Com hat dazu geführt, dass tatsächlich in der Gegenwart ergebnisbelastend anzusetzende Aufwendungen im Instandhaltungsbereich erst in der (fernen) Zukunft durch Abschreibungen erfolgen sollten. Damit kam es zu scheinbar herausragenden wirtschaftlichen Ergebnissen von World-Com, welche aber überwiegend nur Vorgriffe auf die Zukunft dargestellt haben. Der Chief Executive Officer (CEO) von World-Com, Bernie Ebbers, wurde am 13.07.2005 zu 25 Jahren Haft verurteilt. Die Fälschungen bei World-Com sollen sich zuletzt auf rd. 9 Mrd. USD belaufen haben.[18]

3.2.1.9   Einzelbewertung (§ 252 Abs. 1 HGB)

Der Grundsatz der Einzelbewertung besagt, dass Vermögensgegenstände und Schulden zum Bilanzstichtag einzeln zu bewerten sind. In nur wenigen Einzelfällen ist ein Abweichen von diesem Prinzip denkbar, wenn es hierdurch zu keinen Einschränkungen in der Transparenz der Vermögens-, Finanz- und Ertragslage kommt. Beispiele hierfür wären etwa Verbrauchsfolgeverfahren oder Festwertverfahren im Bereich der Inventur.[19]

---

[17] Vgl. Grötschel, T., 2010, Bilanzpolitik – Theoretische und empirische Grundlagen, S. 5 f.

[18] Vgl. Falk, M., 2009, Der Fall WorldCom aus unternehmensethischer Perspektive, S. 9.

[19] Vgl. Schöttler, J./Spulak, R., 2003, Technik des betrieblichen Rechnungswesens, S. 81.

Tatschemata im Bereich des Rechnungswesens haben sehr oft mit Fragen der Bewertung zu tun. Aus forensischer Betrachtung ist daher das Zustandekommen von im Zuge der Einzelbewertung angenommenen Bilanzansätzen von entscheidender Bedeutung. Bilanzen von Bauunternehmen etwa haben als eine der forensisch gesehen kritischsten Positionen die so genannten „Halbfertigen", das sind all die Bauwerke, welche noch in Bau sind, aber noch nicht abgerechnet werden konnten. Für Außenstehende ist der Nachvollzug des Zustandekommens dieser Werte im Bereich der „Halbfertigen" von eminenter Bedeutung, da hier oft in großem Stil über Gewinn oder Verlust, jedenfalls aber über wesentlichen Einfluss auf die Vermögens-, Finanz- und Ertragslage verhandelt wird.

Fragen der Bewertung sind aus forensischem Blickwinkel auch mit die schwierigsten in der Beweisführung, weil im Unterschied zu Fällen, wo etwa mit „simplen" Scheinrechnungen oder nicht bilanzierten Verbindlichkeiten operiert wird, es bei Bewertungsfragen einen sehr fließenden Übergang von „zulässig", „gerade noch zulässig" und „nicht mehr zulässig" gibt.

Der Forensiker muss daher im Einzelfall oft weite Wege gehen, um Bilanzpositionen letztlich falsifizieren zu können. So ist der Wert eines in der Bilanz dargestellten Grundstücks im Idealfall durch ein Gutachten abgesichert. Somit muss letztlich das Zustandekommen des Gutachtens und dessen Qualität falsifiziert werden, um final auch der Bilanzposition effektiv den falschen Wert nachweisen zu können.

> **Hinweis:** *Gutachten sind an sich eine vorgesehene und taugliche Möglichkeit für Bilanzverantwortliche die eigenen Bewertungen von Positionen (z. B. Liegenschaften) zu untermauern und abzusichern. Eine exzessive Verwendung von Gutachten für sehr „aggressive" Bilanzpraktiken (Beibehaltung hoher Werte bzw. Aufwertungen, z. B. im Rahmen von Umgründungen) sollte aber Skepsis erzeugen. Eine Analyse nicht nur der Gutachten, sondern auch der Gutachter kann hier Einschätzungen zur Validität der Gutachten bringen.*

3.2.1.10 Bewertungsstetigkeit (§ 252 Abs. 1 HGB)

Das Prinzip der Bewertungsstetigkeit hängt eng mit der Einzelbewertung zusammen. Es genügt nämlich nicht nur, Positionen des Jahresabschlusses einzeln zu bewerten, sondern es muss entsprechend auch die Bewertungsstetigkeit beachtet werden. Das Prinzip besagt im Wesentlichen, dass über die Bilanzperioden hinweg eine einmal gewählte Bewertungsmethodik nach Möglichkeit beibehalten werden soll. Ein Abweichen wäre grundsätzlich möglich, wenn dies einerseits auch entsprechend begründet werden kann und natürlich dem Bilanzleser auch ausreichend klar kommuniziert wird. Rein aus der zahlenmäßigen Veränderung der Position im Jahresabschluss, z.B. des Sachanlagevermögens, lässt sich nämlich noch nicht ersehen, ob diese durch Veränderungen in der Bewertung oder durch Zu- und Abgänge hervorgerufen worden ist.

Unabhängig von der Diskussion über die Wertigkeit dieses Grundsatzes[20] ist er doch aus forensischer Sicht von großem Interesse. Dies hat damit zu tun, dass ein Abgehen von bisher genutzten Bewertungsmethoden ein erhebliches Feld an Motivlagen eröffnet, da Änderungen in diesem Bereich nicht zufällig oder durch Versehen zustande kommen können, sondern als inhärente Willensbekundung des für das Rechnungswesen Verantwortlichen zu interpretieren sind.

Gerade in Tatschemata, wo andere Tathandlungen (z.B. Entzug von Vermögen in welcher Form auch immer) durch bilanzpolitische Maßnahmen verschleiert werden sollen, sind Änderungen in Bewertungsmethoden ein recht häufig angewendetes Mittel. Selbst wo eine Durchbrechung des Grundsatzes der Bewertungsstetigkeit formal auf gesetzlicher Grundlage erfolgt, ist für den Forensiker im Sinne von Red Flags möglicherweise einiges zu gewinnen. In diesem Zusammenhang sind auch alle Formen von Umgründungen anzuführen, welche – ebenfalls legal – Neubewertungen von Bilanzpositionen möglich machen, auch über Anschaffungspreise hinaus.

Änderungen in der Bewertungsmethodik sind daher forensisch immer kritisch zu betrachten und als potenzielle Red Flags zu bewerten.

Hinweis: Umgründungen (verbunden mit der sonst nur schwer möglichen Aufwertung über den Anschaffungswert hinaus) sind v.a. bei krisenhafter Bilanzentwicklung ein Instrument, um bestehende Verlustsituationen in ihrem Ausmaß zu verschleiern. Sollten sich dahinter Bilanzmanipulationen als Ursache verbergen, so sind diese i.d.R. bereits in der Vergangenheit passiert und müssen nun in den Folgen bilanziell „verdaut" werden. Aufwertungen in einem Bereich können dazu dienen, z.B. Ausbuchung von Scheinforderungen aus Scheinrechnungen in anderen Bereichen in ihrer bilanziell negativen Auswirkung auszugleichen und damit zu verschleiern.

3.2.1.11   Vorsichtsprinzip (§ 252 Abs. 1 HGB)

Das GoB-Prinzip der Vorsicht darf als eines der grundlegendsten angesehen werden. Es kommt in zwei Ausprägungen vor, dem Realisationsprinzip und dem Imparitätsprinzip. Zwar messen die unterschiedlichen Regelwerke zum Rechnungswesen (HGB, International Financial Reporting Standards (IFRS), United States Generally Accepted Accounting Principles (US-GAAP) etc.) unterschiedliche Intensität in der Anwendung auf, doch kommt das Vorsichtsprinzip letztlich in allen Systemen vor.[21]

---

[20]   Vgl. Rümmele, J., 1991, Die Bedeutung der Bewertungsstetigkeit für die Bilanzierung, S. 128 ff.

[21]   Vgl. Bähr, G./Fischer-Winkelmann, W./List, S., 2006, Buchführung und Jahresabschluss, S. 311 f.

Dies folgt dem Grundsatz, dass sich der Unternehmer in seiner Bilanz nicht reicher darstellen darf, als er tatsächlich ist. Dies ist in erster Linie zum Schutz der Gläubiger, hat aber auch Auswirkungen auf die Anteilseigner.

Forensisch gesehen geht es bei Tatschemata, welche die Missachtung der Bilanzvorsicht zum Thema haben, häufig nicht um die primären Tatziele, sich z.B. bestimmtes Vermögen anzueignen, sondern um die Verschleierung bereits gesetzter Tathandlungen im Zeitablauf.

Dient das Rechnungswesen, insbesondere der Jahresabschluss, aber als Nachweis z.B. im Bereich der Bonifikationen oder der Erlangung von Fremdmitteln, wird die Tathandlung zum zentralen Element. V.a. bei Tatschemata, welche auch aus Drucksituationen in einer Krise heraus entstehen, spielen Abweichungen vom Vorsichtsprinzip eine große Rolle. Im Vorsichtsprinzip geht es letztlich um zwei Untergruppen.

Realisationsprinzip

Das Realisationsprinzip besagt, dass Umsätze erst dann als solche verbucht und damit realisiert erachtet werden dürfen, wenn der Risikoübergang tatsächlich statt gefunden hat. Wird also im Dezember schon eine Rechnung für eine noch zuliefernde Maschine geschrieben, diese aber physisch erst im Februar des Folgejahres tatsächlich aufgestellt, so kann dieser Umsatz tatsächlich erst im Folgejahr realisiert werden, da üblicherweise auch der so genannte Gefahrenübergang erst zu diesem Zeitpunkt erfolgt sein dürfte.

In forensischer Sicht können durch Missachtung des Realisationsprinzips Verfälschungen in zwei Richtungen passieren. Beispielsweise wird versucht, Umsätze, die tatsächlich erst der Folgeperiode zuzurechnen sind, vorzuziehen und damit das laufende Wirtschaftsjahr zu verbessern. Oder es werden Umsätze, die eigentlich schon zu verbuchen gewesen wären, in die Folgeperiode verschoben.

Die großen Bilanzskandale der vergangenen Dekaden spielten sich in erheblichem Maße genau auf diesem Terrain ab. World-Com vermied es, Aufwendungen zu realisieren und begann, diese stattdessen als „Investitionen" zu aktivieren.[22]

---

[22] Vgl. Kuhn, J./Sutton, S., 2006, Learning from WorldCom – Implications for Fraud Detection through Continuous Assurance, S. 63 f.

Fallbeispiel: Einer großen Buchhandelskette wurde von der Betreibergesellschaft eines neuen innerstädtischen Kaufhauses anlässlich des Einzugs ein großzügiger Mietzinszuschuss als Gegenleistung für eigene Anfangsinvestitionen dergestalt gewährt, als über die nächsten zehn Jahre nur der reduzierte Mietzins zu zahlen war. Die vor dem Börsengang stehende Buchhandelskette war bereits in bilanziellen Nöten und verbuchte diesen Zuschuss in voller Höhe bereits im ersten Jahr, obwohl ihr jährlich nur ein Zehntel zugestanden wäre. Das Ergebnis wurde dadurch um mehrere Millionen Euro zu hoch ausgewiesen.

Imparitätsprinzip

Das Imparitätsprinzip, als die zweite Ausprägung des Vorsichtsprinzips, beinhaltet die unterschiedliche Behandlung von Vermögen und Schulden. Im Bereich des Vermögens wird nach dem so genannten Niederswertprinzip vorgegangen, im Bereich der Schulden nach dem Höchstwertpinzip. Gleiches gilt für die Behandlung von Erträgen und Aufwendungen. Es sollen also Risiken so weit vorhersehbar schon im Jahr der Entstehung des Risikos betraglich und ergebnisrelevant berücksichtigt werden.[23]

Der Financial Forensiker hat daher darauf zu achten, ob in zu prüfenden Rechenwerken dem Prinzip der Risikoantizipation auch entsprechend Rechnung getragen wurde. Behauptungen über Risikoübergänge und Risikoentwicklungen sind daher bis auf den Beleg hin auf ihre Nachvollziehbarkeit und damit auch Verifizierbarkeit zu kontrollieren. Sehr viele Tatschemata im Bereich der Finanzdaten beinhalten auch Verstöße gegen das Imparitätsprinzip.

3.2.1.12 Bewertung zu Anschaffungskosten (§ 253 Abs. 1 HGB)

Die Anschaffungskosten stellen im Bereich des Vermögens die Obergrenze der Bewertung dar. In weiterer Folge reduziert sich diese Obergrenze entweder durch die laufende Abnutzung (planmäßige Abschreibungen) oder durch sonstige unerwartete Wertreduktionen (außerplanmäßige Abschreibungen) laufend. Man spricht dabei von fortgeführten Anschaffungskosten.[24]

In forensischer Hinsicht bieten die Anschaffungskosten in mehrfacher Art interessante Prüffelder. Zum einen gilt es nachzuvollziehen, ob die Wertansätze in den Finanzdaten grundsätzlich in der Realität auch in dieser Form abgebildet werden – dem unteren Limit

---

[23] Vgl. Schöttler, J./ Spulak, R., 2003, Technik des betrieblichen Rechnungswesens, S. 21 f.

[24] Vgl. Heno, R., 2006, Jahresabschluss nach Handelsrecht, Steuerrecht und internationalen Standards (IFRS), S. 166.

entsprechend. Zum anderen dürfen die Anschaffungswerte – i.d.R. – nicht überschritten sein. Innerhalb dieser Bandbreiten kann es allerdings in Ausnahmefällen auch zu Aufwertungen kommen. Auch wenn im Bereich des Anlagevermögens das so genannte gemilderte Niederstwertprinzip zulässig ist, welches besagt, dass nur dann abzuwerten ist, wenn die Wertminderung voraussichtlich dauerhaft ist, entbindet dies den Financial Forensiker nicht, gerade die darunter liegenden Annahmen genauestens in Augenschein zu nehmen und zu prüfen.

3.2.2 Nicht kodifizierte Grundsätze

3.2.2.1 Wirtschaftliche Betrachtungsweise

Das wichtige Prinzip der wirtschaftlichen Betrachtungsweise besagt, dass Sachverhalte nicht nach ihrem formalen oder rechtlichen Anschein, sondern der tatsächlichen wirtschaftlichen Lage und Auswirkung zu beurteilen sind. Der Regelungszweck von Gesetzen muss unter Anwendung des Prinzips der wirtschaftlichen Betrachtungsweise auf den Einzelsachverhalt ausgelegt werden. Auch der Europäische Gerichtshof (EuGH) hat in gewissem Umfang die wirtschaftliche Betrachtungsweise der rein formalen den Vorzug gegeben.[25]

Für den Financial Forensiker stellt die wirtschaftliche Betrachtungsweise den Schlüssel zum Verständnis von Fraud-Schemata dar. Dies wird auch durch den bewährten Prüfungsgrundsatz in Sonderuntersuchungen[26] versinnbildlicht: *„Follow the money!"*[27]

Entscheidend ist somit nicht der sichtbare Anschein, sondern der dahinterliegende wirtschaftliche Zweck von dargestellten Geschäftsfällen im Rechnungswesen. Oftmals ist der eigentliche wirtschaftliche Gehalt aber gar nicht erkennbar. Sichtbar sind nur ein oder mehrere Geschäftsfälle, welche zwar formal ihre Ordnung zu haben scheinen, jedoch in ihrer Gesamtheit im Lichte der allgemeinen wirtschaftlichen Erfahrung des forensischen Prüfers keinen Sinn ergeben. Transaktionen, die aus prüferischer Sicht nicht nachvollziehbar erscheinen, insbesondere hinsichtlich ihres wirtschaftlichen Gehalts, sollten jedenfalls solange als Red Flags behandelt werden, solange eine zufriedenstellende Erklärung nicht gefunden wurde.

---

[25] Vgl. Reifschneider, C., 2007, Informationeller Anlegerschutz, S. 55.

[26] Vgl. Kopetzky, M., 2010, Standard „Sonderuntersuchung", S. 211; vgl. auch den Beitrag von Zawilla zum Vorgehen bei Sonderuntersuchungen.

[27] Vgl. Caron, Z., 2009, Computer Fraud Casebook – The Bytes that Bite.

3.2.2.2 Nichtbilanzierung schwebender Geschäfte

Hinsichtlich des nicht explizit kodifizierten Grundsatzes der „Nichtbilanzierung von schwebenden Geschäften" ist u.a. auf das Realisationsprinzip in Verbindung mit dem Vorsichtsprinzip zu verweisen.[28] Es soll also (noch) nichts ins Rechenwerk aufgenommen werden, was noch nicht wenigstens soweit umgesetzt ist, dass eine Vertragserfüllung als gegeben angesehen werden kann, also der Risikoübergang erfolgt.

Spannend aus forensischer Sicht ist v.a. die Vorziehung noch gar nicht als realisierbar anzusehender Geschäfte, was v.a. in solchen Tatschemata zu erwarten ist und vorkommt, wo es gilt, wirtschaftliche Schieflagen mit Hilfe geschönter Finanzdaten zu kaschieren. Die Vorziehung etwa von Umsätzen bringt aber für die Täter ein veritables Problem mit sich, dass nämlich diese Umsätze dann in der Folgeperiode nicht mehr zur Verfügung stehen. Vorziehungen erfolgen – zumindest der Behauptung der Täter zufolge – meist in der Hoffnung, dass die Folgeperiode wirtschaftlich soviel erfolgreicher wird, dass diese nun fehlenden Umsätze „wettgemacht" werden können. Dies wird jedoch im Regelfall nicht gelingen. Dadurch wird der Täter gezwungen, in Folgejahren mindestens die Manipulation auf dem Niveau des ersten Jahres erneut durchzuführen.

Ex post betrachtet bedeutet dies häufig den Einstieg in eine Vielzahl von Finanzdatenmanipulationen, oftmals nur begangen, um eine ursprüngliche Manipulation dauerhaft zu verschleiern. Damit einhergehend ist oft zu beobachten, dass Täter zunehmend alle Hemmungen verlieren und zu immer gravierenderen Mitteln greifen, um ihre Verschleierungsziele noch erreichen zu können.

> *Fallbeispiel: Die Übernahme von Haftungen z. B. in Form von Bürgschaften wäre an sich im Jahresabschluss anzugeben. Ein Vorstand der X AG gab eine Vielzahl solcher Haftungszusagen für einen Kunden ab, um diesem die Aufnahme weiterer Kreditmittel und die Bezahlung seiner Verbindlichkeiten an die X AG zu ermöglichen. Als dann trotzdem die Insolvenz beim Kunden eintrat, wurden die Haftungen schlagend und die tatsächliche Uneinbringlichkeit der Forderungen bei diesem Kunden evident. Das Versäumnis, diese Haftungen auch „unterm Strich" im Jahresabschluss der X AG zu zeigen, führte zu Falschdarstellungen z. B. durch deswegen unterlassene Rückstellungen.*

---

[28] Vgl. Schlienkamp, C., 2007, Bilanzen leicht verständlich, S. 37 f.

4 Dolose Aktivitäten und Tatschemata

Ausgehend von den GoB als Basis einer ordnungsgemäßen Finanzberichterstattung auf gesichertem Datenfundament lassen sich im Hinblick auf die Tatschemata mehrere Gruppen unterteilen:[29]

- fiktive Einnahmen;

- nicht ausgewiesene Verbindlichkeiten und Aufwendungen;

- falsche oder ungenügende Erläuterungen und Offenlegungen;

- falsche Bewertungen von Vermögensgegenständen;

- falsche Periodenzuordnung.

Die Bedeutung der einzelnen Tatschemata wurde in Studien untersucht. Eine der umfangreichsten Untersuchungen ist jene der Association of Certified Fraud Examiners (ACFE) mit ihrem „Report to the Nations on Occupational Fraud and Abuse".

Abbildung 1: Arten von Bilanzbetrug nach Hauptkategorien und Häufigkeiten[30]

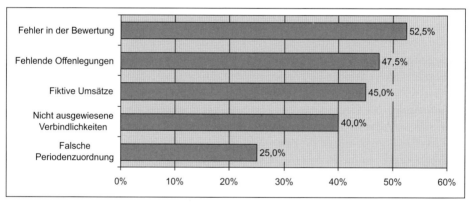

Mehrfachnennungen verschiedener Kategorien beim selben Fall waren in der Untersuchung, bei der aktive Fraud Examiners um eine Analyse eines Falles ihrer Praxis gebeten wurden, möglich. Praktisch findet sich bei Fällen in der Realität meist nicht nur eine einzige Kategorie (z.B. falsche Bewertungen), sondern kommt oft ein ganzes Bündel von

---

[29] Vgl. Wells, J./Kopetzky, M., 2006, Handbuch Wirtschaftskriminalität in Unternehmen, S. 325.

[30] Vgl. Wells, J./Kopetzky, M., 2006, Handbuch Wirtschaftskriminalität in Unternehmen, S. 325.

Manipulationsebenen seitens des Täters zum Einsatz. Sind die ersten vier Hauptschemata noch relativ gleich verteilt, so sieht die Verteilung bei einer Betrachtung der sich daraus ergebenden Schäden schon wesentlich uneinheitlicher aus.

Abbildung 2: Schadenshöhe nach Art der Fälschung von Finanzdaten[31]

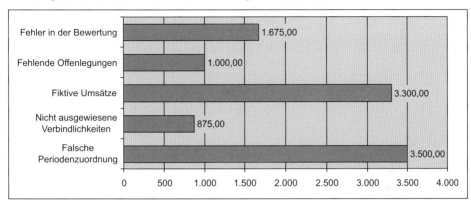

Daraus wird die sehr unterschiedliche Risikoverteilung der einzelnen Schematatypen sehr deutlich ersichtlich.

Die forensisch gesehen massivsten Fälschungshebel können mit der Einführung fiktiver Umsätze und der falschen Zuordnung von Geschäftsfällen zwischen den Perioden erreicht werden. Ausgehend von einer risikoorientierten Prüfsicht ist damit für Financial Forensiker im Rahmen von Fraud Audits der Schwerpunkt der Prüftätigkeit relativ klar ersichtlich.

5 Fazit

Abschließend kann folgendes festgehalten werden. Die GoB können aus forensischer Sicht eine sehr taugliche Ausgangsbasis für Überlegungen zu möglichen Tatschemata in vorliegenden Rechenwerken bilden. Täter im Bereich der Finanzdaten halten sich nicht an Regeln bzw. versuchen diese bewusst zu umgehen, um sich mit der sich daraus ergebenden Falschdarstellung einen direkten oder indirekten Vorteil zu verschaffen.

---

[31] Vgl. Wells, J./Kopetzky, M., 2006, Handbuch Wirtschaftskriminalität in Unternehmen, S. 326.

Der Financial Forensiker kann über die Abarbeitung der GoB im Einzelfall – fast in Art einer Checkliste – eine sinnvolle und zielgerichtete Überprüfung im Detail und hinsichtlich des Gesamtdatenbestandes durchführen. Dabei wird er auf Basis der bekannten Häufigkeiten von vorkommenden Tatschemata Schwerpunkte setzen, abhängig von der Art des Unternehmens und den möglichen Begehungsformen im konkreten Fall. Wenngleich Untersuchungen rein quantitativ zumindest in vier der fünf Hauptgruppen an Tatschemata kaum Häufungsunterschiede ausgemacht haben, so ist aus Sicht des Schadensrisikos ein klarer Schwerpunkt bei fiktiven Umsätzen und falschen Periodenzuordnungen gegeben.

VI
Fraud-Bearbeitung

Vorgehensweise bei Sonderuntersuchungen – Strukturiertes Delikt- und Schadensfallmanagement

Peter Zawilla

1 Notwendigkeit eines strukturierten Vorgehens

Die professionelle Bearbeitung mit aufgetretenen bzw. bekannt gewordenen Fraud-Fällen von eigenen Mitarbeitern eines Unternehmens und/oder Externen bildet neben der Fraud-Prävention sowie der Fraud-Aufdeckung die dritte wesentliche Säule eines ganzheitlichen, integrierten Fraud Managements nach dem PDCA-Modell (Plan, Do, Check, Act).[1]

Insbesondere kleinere und mittelständische Unternehmen verfügen i.d.R. über vergleichsweise wenig eigene Erfahrungen im Umgang mit dolosen Handlungen und Unregelmäßigkeiten, die von eigenen Mitarbeitern und/oder externen Tätern verursacht wurden.[2] Dies liegt zumeist in einer in der Vergangenheit bisher nur geringen Anzahl bekannt gewordener bzw. aufgedeckter Fälle im eigenen Unternehmen begründet. Hierdurch wird eine „gefühlte Sicherheit" erzeugt und die vorhandenen Risiken z.T. erheblich unterschätzt. Dies hat u.a. zur Konsequenz, dass in vielen Unternehmen bisher weder angemessene aufbau- und ablauforganisatorische Rahmenbedingungen zur Verhinderung bzw. Aufdeckung von Fraud implementiert wurden, noch entsprechende ausreichende Regelungen für die Behandlung von bekannt werdenden Fraud-Fällen vorhanden sind.

Dieser Beitrag gibt einen Überblick über die – unabhängig von der Unternehmensgröße – grundsätzliche professionelle Vorgehensweise bei Bekanntwerden von Unregelmäßigkeiten oder Delikt-/Schadensfällen (Fraud-Bearbeitung), über die zahlreichen Einzelkomponenten sowie über die internen und externen Schnittstellen bei einer unternehmensinternen Sonderuntersuchung bzw. Deliktprüfung[3] (Delikt-/Schadensfallmanagement).

Bei Auftreten von Unregelmäßigkeiten bzw. nennenswerten Schadensfällen werden i.d.R. im Rahmen des Schadensfallmanagements unternehmensinterne Sonderprüfungen oder Ermittlungen eingeleitet. Diese werden zumeist von der Internen Revision, teilweise auch von den Bereichen Compliance, Security oder – sofern vorhanden – einer eigenständigen Organisationseinheit für Fraud Management des betroffenen Unternehmens bzw. zumindest unter ihrer Federführung vorgenommen. Die genaue Vorgehensweise hängt davon ab, wie die entsprechenden Zuständigkeiten im Unternehmen geregelt sind.[4] Son-

---

[1] Vgl. den Beitrag von Zawilla zu strategischen Komponenten im Fraud Management; vgl. auch den Beitrag von Schulze Heuling zur prozessualen Umsetzung eines Fraud-Management-Systems.

[2] Zur besseren Lesbarkeit wird im Folgenden für „Mitarbeiter und/oder externe Täter" ausschließlich der Ausdruck „Täter" verwendet.

[3] Zur besseren Lesbarkeit wird im Folgenden für „Sonderuntersuchung bzw. Deliktprüfung" ausschließlich der Ausdruck „Sonderuntersuchung" verwendet.

[4] Vgl. den Beitrag von Zawilla zu Strategische Komponenten im Fraud Management.

deruntersuchungen gehören für die Interne Revision zu den außerplanmäßigen Prüfungen, die diese aufgrund besonderer Vorkommnisse bzw. aufgrund von Aufträgen der Geschäftsleitung durchführt.

Materielle Verluste aufgrund von Schadensfällen durch wirtschaftskriminelles Handeln, Missmanagement oder Bearbeitungsfehler können im Einzelfall ein Ausmaß erreichen, das für ein Unternehmen eine ernsthafte Bedrohung darstellen kann. Neben den unmittelbaren wirtschaftlichen Auswirkungen erleiden die geschädigten Unternehmen zudem – aufgrund der meist unvermeidlichen Publizität dieser Vorkommnisse – oftmals einen massiven Vertrauensverlust und eine deutliche Beeinträchtigung ihrer Reputation.

Schadensfälle sollten daher jeweils als Krisenfall verstanden und entsprechend behandelt werden. Ausgehend hiervon sollten Delikt- und Schadensfälle damit grundsätzlich in das Notfall- und Krisenmanagement eines Unternehmens aufgenommen werden.[5] Elementarer Bestandteil eines professionellen und dokumentierten Krisenmanagementkonzeptes sollte entsprechend ein Schadensfallmanagementleitfaden sein, der Regelungen zur Vorgehensweise bei Sonderuntersuchungen enthält. Schadensfälle sind nicht planbar – planbar ist dagegen die Reaktion auf derartige Ereignisse.

Im Folgenden werden zunächst allgemeine Rahmenbedingungen für unternehmensinterne Sonderuntersuchungen, wie rechtliche Vorgaben, Ausgangssituationen sowie organisatorische Aspekte aufgegriffen. Anschließend wird ein strukturierter Reaktionsplan vorgestellt sowie dessen einzelne Phasen detailliert beschrieben. Der beschriebene Reaktionsplan hat sich in vielen Fällen praktisch bewährt und stammt aus eigenen Erfahrungen.

2 Allgemeine Rahmenbedingungen für unternehmens-interne Sonderuntersuchungen

2.1 Rechtliche Rahmenbedingungen zur unternehmensinternen Behandlung von Fraud-Fällen

Eine professionelle sowie vollständige Aufdeckung, Aufklärung und Aufarbeitung von bekannt werdenden Unregelmäßigkeiten sollte schon allein im ureigenen Interesse einer Geschäftsleitung eines Unternehmens sowie deren Anteilseigner liegen; zudem bestehen

---

[5] Vgl. den Beitrag von Bédé zu Krisenmanagement.

für die Geschäftsleitung auch grundsätzliche Pflichten, sich einen Überblick über alle relevanten Sachverhalte im Unternehmen zu verschaffen.[6] Aus der Aufarbeitung heraus gilt es, Erkenntnisse zu gewinnen und entsprechende Maßnahmen abzuleiten, so dass derartige Fälle in der Zukunft vermieden werden können sowie hieraus auch immer eine Optimierung bzw. Weiterentwicklung des Internen Kontrollsystems (IKS) resultieren kann und sollte.

Aus den gesetzlichen Regelungen lässt sich dies auch von bestehenden Sorgfaltspflichten und Verantwortlichkeiten der Geschäftsleitung ableiten, die in den jeweiligen Gesetzen für die einzelnen Unternehmensrechtsformen festgelegt sind.[7]

Darüber hinaus bestehen für einzelne Wirtschaftszweige bzw. Branchen – z.B. für den Finanzdienstleistungssektor[8] – noch erweiterte bzw. detaillierte gesetzliche bzw. aufsichtsrechtliche Vorgaben zum Umgang mit betrügerischen Handlungen sowie Geldwäsche und Terrorismusfinanzierung.[9] Zudem müssen Kreditinstitute im Rahmen ihres Risikomanagements eine Gefährdungsanalyse zur Verhinderung von Geldwäsche und Terrorismusfinanzierung sowie von betrügerischen Handlungen erstellen.[10]

Berufsstandspezifisch wurden ebenfalls für den Finanzdienstleistungssektor seitens der zuständigen Aufsichtsbehörde, der Bundesanstalt für Finanzdienstleistungsaufsicht (BaFin), in den Mindestanforderungen an das Risikomanagement (MaRisk) für die

---

[6] Vgl. hierzu auch Minoggio, I., 2011, Interne Ermittlungen im Unternehmen, S. 1063 ff.

[7] Vgl. insbesondere § 91 Abs. 2 sowie § 93 Aktiengesetz (AktG), § 43 GmbHG-Gesetz (GmbHG) sowie § 34 Genossenschaftsgesetz (GenG).

[8] Vgl. § 25c Kreditwesengesetz (KWG) „Interne Sicherungsmaßnahmen", dessen Inhalte mit der Verabschiedung des „Gesetzes zur Umsetzung der Zweiten E-Geld-Richtlinie" durch den Deutschen Bundestag am 02.12.2010 nochmals erweitert bzw. konkretisiert wurden.

[9] Gemäß dem „Gesetz über das Aufspüren von Gewinnen aus schweren Straftaten – Geldwäschegesetz (GwG)" sind bestimmte Unternehmen und Personen verpflichtet, angemessene geschäfts- und kundenbezogene Sicherungssysteme und Kontrollen zur Verhinderung von Geldwäsche und der Finanzierung terroristischer Vereinigungen zu entwickeln und Sachverhalte, die auf eine Vortat gemäß § 261 Strafgesetzbuch (StGB) hindeuten, anzuzeigen. Mit der Neufassung dieses Gesetzes im Rahmen der Umsetzung der 3. EU-Geldwäscherichtlinie wurde der Kreis der Unternehmen und Personen, die hierzu gesetzlich verpflichtet sind, nochmals erweitert.

[10] Einzelheiten siehe BaFin-Rundschreiben 8/2005 vom 24.03.2005 „Institutsinterne Implementierung angemessener Risikomanagementsysteme zur Verhinderung der Geldwäsche, Terrorismusfinanzierung und Betrug zu Lasten der Institute gemäß §§ 25a Abs. 1 Satz 3 Nr. 6, Abs. 1a KWG, 14 Abs. 2 Nr. 2 GwG", vgl. auch den Beitrag von Jackmuth/Zawilla zur Erstellung einer Gefährdungsanalyse.

Interne Revision von Kreditinstituten aufsichtsrechtliche Rahmenbedingungen für die Durchführung von Sonderprüfungen festgelegt.[11]

Für die Interne Revision von Unternehmen im Allgemeinen hat international das Institute of Internal Auditors (IIA) bzw. national das Deutsche Institut für Interne Revision e. V. (DIIR) Standards für die Qualifikation von Internen Revisoren sowie für die Durchführung revisorischer Tätigkeiten aufgestellt, in denen an verschiedenen Stellen auch auf die Thematik „Fraud" explizit eingegangen wird.[12] Zudem wurde von Kopetzky auf Basis der IIA-Standards ein Vorschlag zur Strukturierung einer Sonderuntersuchung als vorbereitende Maßnahme der Internen Revision auf den „Ernstfall" erarbeitet.[13]

Daneben hat das Institut der Wirtschaftsprüfer (IDW) in ihrem IDW-Prüfungsstandard 210 „Zur Aufdeckung von Unregelmäßigkeiten im Rahmen der Abschlussprüfung" ebenfalls das Thema „Fraud-Aufdeckung" thematisiert.[14]

2.2 Unterschiedliche Ausgangssituationen für Sonderuntersuchungen – Praxisfälle

Die nachstehenden Praxisbeispiele vermitteln einen Eindruck, wie unterschiedlich die Ausgangssituationen sowie der (zeitliche) Handlungsspielraum im Rahmen der daraufhin unternehmensintern jeweils eingeleiteten Sonderuntersuchungen sein können:

- Staatsanwaltschaft und Ermittlungsbehörden führen an einem Freitagmorgen aufgrund eines konkreten Korruptionsverdachts ohne jede Vorankündigung an verschiedenen Standorten eines Unternehmens gleichzeitig Durchsuchungsmaßnahmen durch und beschlagnahmen zahlreiche – teilweise für die Beurteilung des Sachverhaltes notwendige, aber nicht redundant vorliegende – Unterlagen.

- Die neue Geschäftsleitung eines Unternehmens beurlaubt kurz nach ihrer Berufung einen langjährig leitenden Angestellten des Unternehmens (stellvertretendes Vorstandsmitglied) aufgrund offensichtlicher Mängel in dessen Arbeitsqualität. Anschließend beauftragt die Geschäftsleitung die Interne Revision damit (unterstützt durch externe Spezialisten), den Verantwortungsbereich dieses Mitarbeiters intensiv im Hin-

---

[11] Vgl. BaFin-Rundschreiben 11/2010 vom 15.12.2010: „Es muss sichergestellt sein, dass kurzfristig notwendige Sonderprüfungen, z.B. anlässlich deutlich gewordener Mängel oder bestimmter Informationsbedürfnisse, jederzeit durchgeführt werden können."

[12] IIA-Standards in ihrer jeweils aktuellen Fassung, deutscher Text in der Fassung des DIIR.

[13] Vgl. Kopetzky, M., 2010, Standard „Sonderuntersuchung", S. 211-221.

[14] Vgl. IDW PS 210 „Zur Aufdeckung von Unregelmäßigkeiten im Rahmen der Abschlussprüfung" in der Fassung vom 09.09.2010.

blick auf mögliche Auffälligkeiten sowie Unregelmäßigkeiten zu prüfen, um mögliche Ansatzpunkte für eine außerordentliche Kündigung des Mitarbeiters zu ermitteln.

- Ein seit mehreren Jahren als Buchhalter und zuletzt als Geschäftsführer tätiger Mitarbeiter eines kleineren Unternehmens im Großhandel verlässt morgens den Firmensitz, ohne dass er an diesem sowie am darauffolgenden Tag hierhin oder zu seiner Familie nach Hause zurückkehrt. Seine Ehefrau gibt daraufhin bei der Polizei eine Vermisstenanzeige nach ihrem Mann auf. Zwei Tage später wird der verstörte Mann von einer Polizeistreife in seinem Auto sitzend aufgefunden. Bereits unmittelbar nach dem Fernbleiben des Mitarbeiters werden in dem Unternehmen zunehmend Unregelmäßigkeiten und Auffälligkeiten bekannt.

- Die Interne Revision eines Kreditinstitutes erhält am Donnerstagmittag erste Informationen über Auffälligkeiten bei insgesamt sieben Kreditengagements aus einer Geschäftsstelle. Diese Kundenverbindungen hat die regional zuständige Kontrollabteilung im Rahmen ihrer täglichen Umsatzprüfung bei Postretouren aufgegriffen. Dabei fielen zahlreiche Umbuchungen (Kreditratenzahlungen) zu Gunsten anderer Kundenverbindungen auf, für die die gleiche Postadresse angegeben war. Die Anschrift der Kunden war deckungsgleich mit der Anschrift der Baufirma des Ehemannes der für diese Kundenverbindungen zuständigen Bankmitarbeiterin. Die in den nächsten Stunden eingeleiteten weiteren Recherchen ergaben zusätzliche Auffälligkeiten bei zahlreichen weiteren Kreditengagements, so dass der dringende Verdacht bestand, dass es sich bei allen Kundenverbindungen um fiktive Personen und fingierte Kredite handelt.

  Ausgehend hiervon und da nicht ausgeschlossen werden konnte, dass in den nächsten Tagen mögliche weitere fingierte Kundenverbindungen/Kredite von der verantwortlichen Kundenbetreuerin ausgereicht werden und damit dem Kreditinstitut zusätzliche Schäden entstehen,[15] entschieden die Verantwortlichen in der Internen Revision, die Mitarbeiterin bereits am nächsten Morgen vor Ort in der Geschäftsstelle mit den Sachverhalten zu konfrontieren. In diesem Gespräch war die Mitarbeiterin bereits nach kurzer Zeit geständig und übergab anschließend auch den zwischenzeitlich eingeschalteten Ermittlungsbehörden von sich aus die bei sich zu Hause verwahrten Unterlagen zu den zahlreichen fingierten Kreditengagements. Die weitere bankinterne Aufarbeitung des Falles erfolgte dann im Nachhinein.

- In einem Kreditinstitut wurden innerhalb weniger Tage mehrere Fälle von beleghaftem Überweisungsbetrug bekannt, bei denen aufgrund der Umstände und der Auswahl der geschädigten Kunden davon ausgegangen werden musste, dass es zumindest einen Mitarbeiter als (Mit-)Täter gibt. Die Interne Revision des Kreditinstitutes nahm daraufhin – parallel zu den aufgrund von Strafanzeigen der geschädigten Kunden ein-

---

[15] Im Sprachgebrauch der Staatsanwaltschaft wird eine solche Situation als „Gefahr im Verzug" bezeichnet.

geschalteten Ermittlungsbehörden – ihre Untersuchungen auf, ohne zunächst einen Tatverdacht gegen einen konkreten Mitarbeiter ermitteln zu können. Während der wochenlangen, verdeckt und diskret durchgeführten Prüfungshandlungen wurden seitens der Täter zahlreiche weitere Fälle von Überweisungsbetrug durchgeführt.

Nach rund drei Monaten erhärteten sich die Verdachtsmomente gegen einen Mitarbeiter, der dann zu einem bestimmten Zeitpunkt – in Abstimmung mit den im Nebenraum wartenden Ermittlungsbehörden – mit dem Sachverhalt konfrontiert wurde. Der zunächst nicht geständige Mitarbeiter wurde im Anschluss an das Gespräch in Untersuchungshaft genommen. Die bankinternen Untersuchungen wurden daraufhin nach Erstellung eines Abschlussberichtes abgeschlossen, da nach der Festnahme des Bankmitarbeiters auch keine weiteren, diesem Komplex zuzuordnenden Betrugsfälle auftraten (der Bankmitarbeiter war letztlich erst nach mehreren Monaten in Untersuchungshaft geständig).

2.3 „Goldene Regeln" für die Durchführung von Sonderuntersuchungen

Die im vorangegangenen Abschnitt 2.2 beispielhaft dargestellten, sehr unterschiedlichen Ausgangssituationen bzw. Fallgestaltungen verdeutlichen bereits, dass es keinen allgemein anwendbaren Standard für die Durchführung von Sonderprüfungen gibt. Allerdings gibt es einige grundsätzliche Regeln und Voraussetzungen, die bei Sonderuntersuchungen und bei der Auswahl der Mitarbeiter, die bei derartigen Prüfungen eingesetzt werden, generell und unbedingt zu beachten sind:

- Das wesentliche Merkmal von Sonderfällen ist, dass sich kein Fall wie der andere darstellt. Jede Sonderuntersuchung gestaltet sich unterschiedlich, wodurch neue bzw. spezielle Aspekte zu berücksichtigen sind. Daher sind bei jeder Sonderuntersuchung Prüfungsinhalt und Prüfungsumfang individuell festzulegen und gegebenenfalls auch im Prüfungsverlauf zu modifizieren bzw. zu erweitern. Ausgehend von bekannten und bewährten Prüfungsansätzen kommt es darauf an, sich immer wieder neuen und teilweise bisher unbekannten Prüfungsansätzen zu nähern.

- Für jede Sonderuntersuchung sind neben dem entsprechenden Fachwissen und der professionellen Erledigung von Routineprüfungstätigkeiten auch größtmögliche Flexibilität, vernetztes Denken, emotionale Intelligenz, Kreativität sowie Intuition, Instinkt und Erfahrung zwingend erforderlich und unerlässlich. Diese Faktoren bilden die Basis dafür, zum geeigneten Zeitpunkt die richtigen, notwendigen und angemessenen Entscheidungen zu treffen, wann welche Maßnahmen zu ergreifen sind.

- Die Neutralität der die Sonderuntersuchung durchführenden Personen sowie die Distanz zu den in den Fraud-Fall involvierten Mitarbeitern müssen bei jeder Sonderprüfung zwingend gewährleistet sein.

- Die Prüfungshandlungen im Rahmen von Sonderunterprüfungen sind nicht nur darauf ausgerichtet, belastende Tatsachen gegen Mitarbeiter des Unternehmens bzw. externe Täter zu finden, sondern im gleichen Maße auch – nicht schuldhaft involvierte – Personen zu entlasten.

- Bei jeder Sonderuntersuchung ist von Beginn an eine detaillierte, lückenlose und gerichtsverwertbare Dokumentation sowohl aller erhaltenen Informationen als auch der durchgeführten/initiierten Maßnahmen, Aktivitäten und Prüfungshandlungen anzufertigen und zu gewährleisten. Diese muss auch für neutrale fachkundige Dritte plausibel, transparent und nachvollziehbar sein. Dabei gilt die Grundregel: Formalismus ist kein Selbstzweck, sondern zwingend notwendig![16]

- Im Rahmen von Sonderuntersuchungen ist die enge und konstruktive Zusammenarbeit aller involvierten Stellen innerhalb eines Unternehmens ein weiterer wesentlicher Erfolgsfaktor (vgl. Abschnitt 2.5). Daneben kann einzelfallbezogen auch die Zusammenarbeit mit den staatlichen Ermittlungsbehörden wie Kriminalpolizei, Landeskriminalamt oder Staatsanwaltschaft erforderlich und sinnvoll sein.[17]

Ergänzend ist auszuführen, dass Sonderuntersuchungen immer aufgrund besonderer Vorkommnisse und häufig auch personenbezogen durchgeführt werden. Daher gilt es im besonderen Maße, Vertraulichkeit und Diskretion zu wahren, einhergehend mit einer insgesamt professionellen, behutsamen aber dennoch konsequenten Vorgehensweise. Fehler bei Sonderuntersuchungen bzw. im Krisenmanagement im Allgemeinen können nicht nur zu materiellen Folgen, sondern v.a. auch zu immateriellen Schäden für ein Unternehmen beispielsweise in Form eines Reputationsverlustes führen.

2.4 Zielsetzung einer Sonderuntersuchung

Die Zielsetzung einer Sonderuntersuchung besteht v.a. darin, präzise

- den Sachverhalt mit allen Hintergründen sowie der konkreten Vorgehensweise unter Beachtung und Einhaltung aller gesetzlichen Bestimmungen und Anforderungen zu ermitteln, einschließlich des materiellen Ausmaßes und der Höhe des voraussichtlichen Schadens,

- die eingeleiteten Maßnahmen – u.a. zur Prozessoptimierung und zur Schadensminimierung/-rückgewinnung – zu prüfen, zu bewerten sowie gegebenenfalls auch zu begleiten/unterstützen,

---

[16] Für Details siehe Abschnitt 4.4 (hier insbesondere 4.4.3) sowie zur Berichterstattung Abschnitt 4.7.

[17] Vgl. auch Abschnitt 4.2.2 sowie auch den Beitrag von Kühn zu Juristische Grundlagen im Fraud Management.

- Schwachstellen im IKS des Unternehmens sowie Fehlverhalten der beteiligten Mitarbeiter und Führungskräfte aufzuzeigen und ausgehend hiervon Maßnahmen zur Optimierung von Arbeitsabläufen bzw. -prozessen sowie des IKS zu erarbeiten.

Hierfür werden in aller Regel auch gezielt das persönliche Umfeld und – soweit möglich und rechtlich zulässig – die wirtschaftlichen Verhältnisse der involvierten Personen untersucht. Bei derartigen personenbezogenen Prüfungshandlungen – wie auch bei allen anderen Prüfungshandlungen – ist allerdings stets darauf zu achten, dass diese rechts- bzw. compliancekonform erfolgen. Insbesondere national wurden die rechtlichen Rahmenbedingungen (insbesondere das Bundesdatenschutzgesetz (BDSG)) für die Prüfung, Analyse und Auswertung von Personendaten angesichts einiger namhafter bekannt gewordener Fälle in großen Unternehmen, bei denen dies nicht rechtskonform vorgenommen wurden, in den letzten Jahren z.T. erheblich verschärft und damit die Prüfungsmöglichkeiten deutlich eingeschränkt.[18] Alle wesentlichen Prüfungsergebnisse werden in einem Prüfungsbericht für die Geschäftsleitung zusammengefasst (Einzelheiten siehe Abschnitt 4.7).

Mögliche konkrete Anlässe für die Einleitung einer Sonderuntersuchung können dabei z.B. das Bekanntwerden bzw. Erkennen folgender Sachverhalte sein:

- größere (Kassen-/Waren-)Bestandsdifferenzen;
- Verlust von Vermögenswerten/Waren in nennenswerter Größenordnung;
- Unterschlagung, Diebstahl, Betrug, Veruntreuung (durch Mitarbeiter, Kunden bzw. Dritten);
- Korruption/persönliche Vorteilsnahmen durch Mitarbeiter;
- Schädigung von Kunden durch Bearbeitungs-/Beratungsfehler oder Vorsatz;
- Verschleierung von Sachverhalten mit Schadenscharakter oder Risikopotenzial;
- Diebstahl von Firmendaten, Verrat von Geschäftsgeheimnissen, Produktpiraterie;
- Bilanzmanipulationen;
- Insiderhandel;
- Geldwäsche.

2.5 Aufbau- und ablauforganisatorische Aspekte

Für die Bearbeitung von auftretenden Unregelmäßigkeiten bzw. Fraud-Fällen sind eine Vielzahl von Einzelaspekten unterschiedlicher Art zu berücksichtigen und zu beachten. Vor diesem Hintergrund sind im Rahmen von Sonderuntersuchungen die Expertise und damit Einbindung mehrerer Stellen innerhalb eines Unternehmens sinnvoll und erfor-

---

[18] Vgl. auch die Beiträge von Christ/Müller zu Datenschutz sowie von Jackmuth zu Datenanalytik im Fraud Management.

derlich, wobei die Federführung für die Prüfungsdurchführung klar festgelegt sein sollte. Die nachstehende Abbildung veranschaulicht, welche Organisationseinheiten/Fachbereiche – neben den betroffenen Organisationseinheiten – in eine Sonderprüfung eingebunden sein können.

Abbildung 1: Beteiligte Organisationseinheiten/Funktionen beim Auftreten von Fraud-Fällen

Über die in Abbildung 1 dargestellten Organisationseinheiten hinaus kann einzelfallbezogen auch noch die Einbindung weiterer Bereiche – wie z.B. im Rahmen der Informations-/Datenbeschaffung – notwendig sein. Hier sind v.a. die Bereiche Informationstechnologie (IT), Rechnungswesen und Controlling zu nennen.

Neben den internen Stellen ist gegebenenfalls und bedarfsorientiert auch noch spezielles Fachwissen externer Spezialisten für die Bearbeitung von Fraud-Fällen hinzuzuziehen, wie z.B. Fachanwälte für bestimmte Rechtsgebiete sowie Fraud- oder IT-Forensik-Spezialisten. Die sich aus den unterschiedlichen Zuständigkeiten zwangsläufig ergebenden zahlreichen Schnittstellen sollten in einem Schadensfallmanagementleitfaden als Bestandteil der Schriftlich Fixierten Ordnung (SFO) eines Unternehmens verbindlich festgelegt werden. Hierzu gehören ebenso Regelungen zu den Zuständigkeiten, Kompetenzen, Kommunikationswegen (u.a. Informations-, Melde- und Berichtspflichten) sowie zur Informations- und Datenbeschaffung (insbesondere auch von mitarbeiter-/personenbezogenen Informationen). Dadurch kann eine zeitnahe, effiziente und alle Aspekte berücksichtigende Bearbeitung derartiger Fälle sichergestellt werden.

Die für alle Beteiligten erforderliche transparente Festlegung der Zuständigkeiten für die einzelnen Prozessschritte einer Sonderuntersuchung kann beispielsweise in Form der nachstehenden Matrix erfolgen.

Abbildung 2: Muster einer Übersicht der Verantwortlichkeiten für die Bearbeitung von Fraud-Fällen

	mögliche beteiligte/involvierte Stellen												
Bedeutung der Abkürzungen für die einzelnen Zuständigkeiten: *B = Betroffener* *V = Verantwortlicher* *K = konsultiert* *I = informiert* ** = teilweise involviert*	Geschäftsleitung/Vorstand	Interne Revision	Compliance	Fraud Manager	Rechtsabteilung	Personalabteilung	Risikomanager	betroffene Organisationseinheiten	Betriebs-/Personalrat	alle Mitarbeiter	externe Rechtsanwaltskanzlei	externe Fraud-Spezialisten	Täter
Phase/Bezeichnung des Einzelprozesses													
1.) Eingang, Weiterleitung und Beurteilung erster Information													
Möglicher Eingangskanal													
Whistleblower-Hotline wird durch Mitarbeiter/ Externe über Verdacht informiert, Unternehmen erhält anonyme Information													
Weitergabe der Information an zuständige Stelle(n) im Unternehmen													
Erstbewertung vorhandener Informationen													
Einleitung von (Sofort-)Maßnahmen • Einzug von Schlüsseln zu Gebäuden, Räumlichkeiten und Wertgelassen • Austausch von Schlössern und Veränderung von Öffnungsgeheimnissen • …													
…													
2.) Entscheidung über weitere Vorgehensweise sowie Information an beteiligte Stellen													
…													
3.) Prüfungsvorbereitung – Beschaffung aller relevanten Informationen													
…													

Die Regelung der Zuständigkeiten für die Bearbeitung von Delikt-/Schadensfällen stellt für die Unternehmen angesichts der in diesem Beitrag aufgezeigten Vielfältigkeit und oftmals auch Komplexität derartiger Fälle sowohl eine große Herausforderung als auch ein zwingendes Erfordernis dar. Gleichzeitig müssen sowohl alle eingehenden fallbezogenen Informationen als auch alle gewonnenen Erkenntnisse und (Ermittlungs-)Ergebnisse sinnvoll gebündelt werden, um angemessen auf Neuentwicklungen reagieren und die richtigen Entscheidungen treffen zu können.

Ausgehend hiervon ist es zweckmäßig, die Koordination und Steuerung derartiger Fälle in die Hand eines mit entsprechenden Kompetenzen sowie der notwendigen spezifischen Expertise ausgestatteten Entscheidungsträgers zu legen (z. B. eines so genannten Fraud-Managers).[19] Insbesondere bei größeren Unternehmen empfiehlt sich zudem die Bildung eines mehrköpfigen Gremiums (z. B. eines Ad-hoc-Ausschusses Fraud). Einem solchen Gremium sollten neben dem Fraud-Manager die Leiter der Internen Revision, der Rechtsabteilung sowie gegebenenfalls auch der Personalabteilung angehören, gegebenenfalls sogar auch ein Mitglied der Geschäftsleitung.

Anlass- und einzelfallbezogen kann zudem für die Bearbeitung komplexer und komplizierter Fälle die Bildung eines oft als Task Force bezeichneten Ermittlungsteams notwendig und sinnvoll sein. Die Besetzung einer Task Force ist i. d. R. bedarfsorientiert und somit sehr unterschiedlich und heterogen, wobei die Leitung aufgrund ihres Erfahrungspotenzials i. d. R. durch ein Mitglied des Ad-hoc-Ausschusses Fraud wahrgenommen werden sollte. Die vom Fraud-Manager bzw. dem Ad-hoc-Ausschuss Fraud getroffenen Entscheidungen sind dann von den unterschiedlichen Organisationseinheiten konsequent umzusetzen und die Umsetzungsqualität bzw. die Ergebnisse sind entsprechend nachzuhalten.

3 Reaktionsplan – ein Vorgehensmodell bei Auftreten von Unregelmäßigkeiten oder Schadensfällen

Die Ausgangssituationen bzw. Fallgestaltungen beim Auftreten von Unregelmäßigkeiten bzw. Delikt-/Schadensfällen sind – wie bereits erwähnt – sowohl inhaltlich als auch von ihrer Komplexität her sehr unterschiedlich. Ausgehend hiervon ist zwar die Erstellung eines detaillierten Masterplans für die Behandlung derartiger – in aller Regel unangekündigt eintretender – Ereignisse nicht möglich, allerdings gibt es eine Vielzahl sinnvoller Vorbereitungsmöglichkeiten sowie bewährter Vorgehensweisen, um auf auftretende Fälle/Konstellationen möglichst effizient, professionell, koordiniert sowie angemessen zu reagieren.

Bei dem nachstehend dargestellten Vorgehensmodell handelt es sich ausdrücklich um einen allgemeinen Prozessablaufplan, der von Fall zu Fall individuell anzuwenden, zu erweitern oder auch zu verändern ist, um den spezifischen Gegebenheiten des Einzelfalles Rechnung zu tragen. Ausgehend hiervon können die Ausführungen in Abschnitt 4 zu den einzelnen Phasen einer Sonderuntersuchung auch nur zusätzliche allgemeine Hinweise und Prüfungsansätze sein, die bei einer strukturierten und professionellen Durchführung einer Sonderprüfung mindestens zu bedenken bzw. zu beachten sind.

---

[19] Vgl. hierzu den Beitrag von Zawilla zu Strategische Komponenten im Fraud Management.

Abbildung 3: Vorgehensmodell beim Auftreten von Unregelmäßigkeiten bzw. Schadensfällen

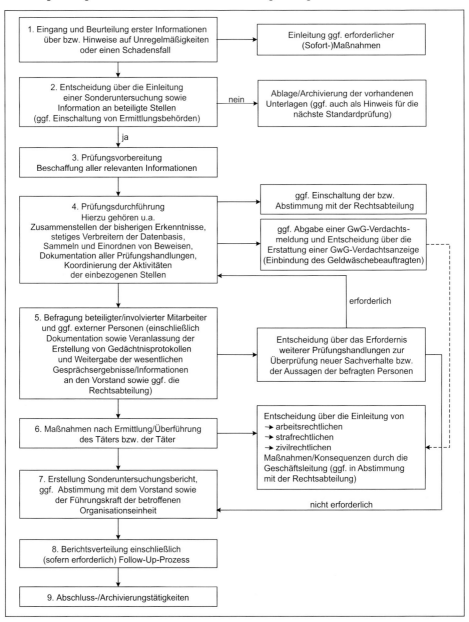

4 Erläuterungen zu den einzelnen Phasen einer Sonderuntersuchung

4.1 Eingang erster Informationen über bzw. Hinweise auf Unregelmäßigkeiten sowie Einleitung erforderlicher Sofortmaßnahmen

Erste Informationen oder Hinweise über mögliche Unregelmäßigkeiten bzw. einen Schadensfall gehen nicht immer direkt bei der Geschäftsleitung oder bei der Internen Revision, sondern oftmals auch bei anderen Stellen in einem Unternehmen ein.[20] Diese Informationen oder Hinweise können auf verschiedene Weise und mit unterschiedlicher Motivation an das Unternehmen herangetragen bzw. innerhalb des Unternehmens bekannt werden und zu Beginn auch noch sehr unstrukturiert und lückenhaft sein.

Ausgehend von den vielfältigen Informationseingangskanälen und der nahezu zwangsläufig damit verbundenen sehr unterschiedlichen Qualität der Informationen ist es von besonderer Bedeutung, die vorliegenden Fakten möglichst zeitnah bei der innerhalb des Unternehmens vorgesehenen Organisationseinheit zu sammeln, zu bewerten sowie zu dokumentieren. Wichtig ist hierbei eine schriftliche und chronologische Niederlegung der bisherigen Erkenntnisse. Dies dient als Basis für die Einleitung angemessener (Sofort-)Maßnahmen, sofern diese notwendig erscheinen (vgl. Abschnitt 4.1.2), bzw. als Vorlage für die Geschäftsleitung oder für eine andere hierzu autorisierte Führungskraft des Unternehmens zur Entscheidung über die weitere Vorgehensweise. Zur Sicherstellung eines reibungslosen und schnellen Informationsflusses sowie von effizienten Entscheidungswegen ist es unabdingbar, bereits in der Aufbau- und Ablauforganisation eines Unternehmens entsprechende Verantwortlichkeiten sowie Meldepflichten und Informationswege verbindlich festzulegen und diese auch zu kommunizieren.

Bei der Erstbeurteilung der anfangs i.d.R. selten vollständigen Fakten-/Sachlage sind Erfahrung und Instinkt die wichtigsten Faktoren. Die Prüfung der Seriosität sowie der Authentizität der jeweiligen Informationsquelle sind dabei ebenso notwendig wie die kritische Würdigung der erhaltenen/vorhandenen Informationen und die Vermeidung voreiliger Schlussfolgerungen, Dramatisierungen oder Bagatellisierungen. Es gilt, Fakten zu sammeln und diese sachlich zu bewerten statt Vermutungen zu äußern oder zu spekulieren. Dabei sind v.a. die Gefahren einer „selektiven Wahrnehmung"[21] – insbesondere auch beim Erhalt anonymer Hinweise – unbedingt zu vermeiden.

---

[20] Vgl. hierzu den Beitrag von Zawilla zu Strategische Komponenten im Fraud Management.

[21] Die „selektive Wahrnehmung" ist ein psychologisches Phänomen, bei dem nur bestimmte Aspekte der Umwelt wahrgenommen und andere ausgeblendet werden.

4.1.1 Quellen für Hinweise auf Unregelmäßigkeiten oder einen Schadensfall

Als Quellen für Hinweise auf Unregelmäßigkeiten oder einen Schadensfall kommen dabei insbesondere in Betracht:[22]

- Mitarbeiterhinweise (z.B. bei Auffälligkeiten, die durch Vorgesetzte bzw. bei Abwesenheitsvertretungen aufgedeckt werden);

- Kundenreklamationen (direkt an Vorgesetzte, Geschäftsleitung, Interne Revision, Compliance, Fraud Management, Beschwerdemanagement, Ombudsmann);

- Hinweise von Lieferanten und Geschäftspartnern;

- anonyme Hinweise (fernmündlich, schriftlich oder durch Whistle-Blowing);

- Hinweise aufgrund festgestellter Bearbeitungsfehler (z.B. Stornierungen);

- turnusmäßige Prüfungen (z.B. der Internen Revision oder des externen Abschlussprüfers);

- Auskunftsersuchen der Strafverfolgungs- oder anderer Behörden;

- (Selbst-)Anzeigen/Mitteilungen durch Mitarbeiter, Vermittler oder Kunden;

- Informationen oder Hinweise durch Presseberichterstattung oder Medienvertreter.

4.1.2 Einleitung von (Sofort-)Maßnahmen

Die Einleitung von (Sofort-)Maßnahmen ist einerseits mit dem notwendigen Augenmaß[23] und unter Berücksichtigung rechtlicher Gegebenheiten, andererseits aber auch mit der erforderlichen Konsequenz zur Wahrung der Interessen des Unternehmens sowie zur Sicherung gegebenenfalls noch vorhandener Vermögenswerte vorzunehmen. Mögliche erste Maßnahmen können dabei sein:

- personelle Ad-hoc-Maßnahmen, hierzu gehören insbesondere die Beurlaubung oder Freistellung eines Mitarbeiters (i.d.R. nach vorheriger Sachverhaltskonfrontation), wobei die Durchführung von – das Arbeitsverhältnis eines Mitarbeiters unmittelbar betreffenden – personellen Maßnahmen gemeinsam mit einem autorisierten Vertreter der Personalabteilung erfolgen sollte;[24]

---

[22] Vgl. auch den Beitrag von Zawilla zu Strategische Komponenten im Fraud Management.

[23] Beachtung des Grundsatzes der Verhältnismäßigkeit, zumal einzelne Maßnahmen auch eine Öffentlichkeitswirkung sowohl innerhalb als auch außerhalb des Unternehmens haben können.

[24] Vgl. auch den Beitrag von Röck zum Arbeitsrecht.

- Erteilung eines Hausverbotes für den beurlaubten Mitarbeiter, einhergehend mit der Sperrung des Firmenausweises sowie von Zutrittsberechtigungen bzw. dem Entzug von Dienst-, Arbeitszeit- und Zutrittsberechtigungsausweisen sowie gegebenenfalls der Benachrichtigung des Personals in Empfangsbereichen des Unternehmens;

- Entzug von Kompetenzen und Genehmigungsbefugnissen, Zeichnungsberechtigungen oder Vollmachten;

- Einzug von Sicherungs-/Kontrollstempeln, Dispositions- oder EDV-Stempeln, Siegeln etc.;

- Entzug von Schlüsseln zu Gebäuden, Räumlichkeiten, Wertgelassen sowie Postschließfächern des Unternehmens (gegebenenfalls auch einhergehend mit dem Austausch von Schlössern);

- Änderung der dem Täter bekannten Öffnungsgeheimnisse für Wertgelasse und Räumlichkeiten (gegebenenfalls auch von Stichzahlenvereinbarungen);

- Einzug von Dienstfahrzeug, Laptop, Firmenhandy und sonstigen seitens des Unternehmens zur Verfügung gestellten elektronischen Geräten wie z.B. elektronische Fahrtenbücher;

- Sicherstellung von Informationen auf Festplatten und in Netzwerkverzeichnissen (u.a. persönliche Ordner bzw. Laufwerke, Mailaccount) sowie von sonstigen elektronischen Speichermedien (insbesondere Disketten, CD-Roms, USB-/Memory Sticks); sofern dieses noch ohne Wissen des möglichen Täters erfolgen soll oder kann, können gegebenenfalls zunächst nur Sicherungskopien der auf den entsprechenden elektronischen Speichermedien vorhandenen Datenbestände erstellt werden;

- Sperrung bzw. Veranlassung einer Änderung von elektronischen Benutzerberechtigungen des Täters (unter bestimmten Umständen auch bei Mitarbeitern aus dem unmittelbaren Arbeitsumfeld des Täters);

- (diskrete) Anforderung bzw. Sicherstellung von Beweismaterial (z.B. Buchungsbelege und Kundenakten); Originalunterlagen sind dabei für eventuelle spätere kriminaltechnische Untersuchungen auf Fingerabdrücke bzw. für die Erstellung von graphologischen Gutachten besonders zu behandeln (vgl. Abschnitt 4.4.3);

- frühzeitige bzw. zeitnahe Sicherstellung des Aufzeichnungsmaterials von Raumüberwachungskameras (diese haben oftmals sehr kurze Aufbewahrungs- bzw. Speicherzeiten!);

- Sicherstellung von Telefonverbindungsdaten (begrenzte Speicherungszeiten!) sowie von Aufzeichnungsbändern gegebenenfalls vorhandener Telefonmitschnitte (diese existieren in aller Regel nur für ausgewählte Arbeitsplätze innerhalb eines Unternehmens, z.B. im Handelsbereich eines Kreditinstitutes);

- Einleitung besonderer fachspezifischer Maßnahmen bei Programmierern, Administratoren etc.

Unter bestimmten Umständen ist zur Umsetzung verschiedener vorgenannter Maßnahmen auch die Durchsuchung des Arbeitsplatzes einzelner Mitarbeiter bzw. einer gesamten Organisationseinheit/Abteilung oder Geschäftsstelle erforderlich. Dies sollte ebenfalls in enger Abstimmung mit der Personalabteilung bzw. auch der Rechtsabteilung und im Beisein zumindest der zuständigen Führungskraft und gegebenenfalls auch der betroffenen Mitarbeiter bzw. der Arbeitnehmervertretung erfolgen.

Zudem kann in bestimmten Fällen auch die Herausgabe einer Warnmitteilung an andere Stellen des Unternehmens oder der Versand einer Kundeninformation sowie von Saldenmitteilungen/-bestätigungen an Kunden zweckmäßig bzw. notwendig sein.

4.2 Entscheidung über die Einleitung einer Sonderuntersuchung sowie Information an beteiligte Stellen

4.2.1 Entscheidung über die Einleitung einer Sonderuntersuchung

Nicht bei jedem Anfangsverdacht oder (Erst-)Hinweis auf Auffälligkeiten bzw. Unregelmäßigkeiten ist letztlich die Durchführung einer (formellen) Sonderuntersuchung erforderlich. Die Entscheidung über die Einleitung einer Sonderprüfung, mit der gleichzeitig auch entsprechende Dokumentations- und Berichterstattungserfordernisse/-pflichten begründet werden, trifft entweder die Geschäftsleitung selbst oder aber die von der Geschäftsleitung hierzu autorisierten Stellen innerhalb des Unternehmens (z.B. der Leiter der Internen Revision, der Leiter Compliance oder auch der Fraud Manager, in einigen Unternehmen werden derartige Entscheidungen auch einem mehrere Funktionsträger umfassenden Fraud (Prevention) Committee übertragen).[25] Wichtig ist, dass die Einleitung erforderlicher Sofortmaßnahmen zeitnah, konsequent und in angemessenem Umfang erfolgt.

Über die Entscheidung zur Durchführung einer Sonderuntersuchung sind die hierfür erforderlichen und mittelbar beteiligten Stellen im Unternehmen zeitnah – sowie gegebenenfalls einzelfallbezogen auch die Arbeitnehmervertretung – zu informieren. Hierzu können neben der Geschäftsleitung beispielsweise der Leiter der Personalabteilung, der Leiter der Rechtsabteilung sowie der Leiter der Organisationseinheit gehören, in der die

---

[25] Vgl. auch den Beitrag von Zawilla zu Strategische Komponenten im Fraud Management.

Sonderuntersuchung durchgeführt wird und/oder in welcher der mutmaßliche betrügerische Täter aktuell tätig ist. Hierbei ist darauf zu achten, dass nur die notwendigsten Informationen an die jeweiligen Stellen herausgegeben werden. Eine restriktive Informationspolitik ist erforderlich, damit beteiligte oder betroffene Mitarbeiter auf keinen Fall und auch nicht unabsichtlich vorgewarnt werden. Sofern bereits zu diesem Zeitpunkt absehbar ist, dass es sich um einen Schadensfall handelt, der durch eine vorhandene Vertrauensschaden-/Vermögensschutzversicherung[26] oder eine Vermögens(eigen)schaden-Haftpflichtversicherung[27] abgedeckt ist, ist gegebenenfalls auch der Versicherer bereits zu einem frühen Zeitpunkt über den möglichen Versicherungsfall zu benachrichtigen. Zu diesem Zeitpunkt erfolgt allerdings die Benachrichtigung zunächst noch ohne Detailinformationen.

Führen die vorliegenden Informationen und Hinweise nicht zu weiteren Aktivitäten, sind die vorhandenen Unterlagen dennoch zu archivieren und aufzubewahren, da sie vielleicht bei Bekanntwerden weiterer Informationen zu einem späteren Zeitpunkt noch von Bedeutung sein können und benötigt werden.

4.2.2 Einschaltung von bzw. Zusammenarbeit mit Ermittlungsbehörden

Bei nahezu jedem aufgedeckten Fraud-Fall mit strafrechtlich relevantem Verhalten von Tätern stellt sich für ein Unternehmen die Frage, ob und zu welchem Zeitpunkt die Einschaltung von sowie eine (proaktive) Zusammenarbeit mit den Ermittlungsbehörden gewünscht ist bzw. sinnvoll oder sogar notwendig erscheint. Bei der Beantwortung dieser letztlich nicht pauschal zu beantwortenden Fragestellung sind insbesondere folgende Aspekte zu beachten bzw. abzuwägen:[28]

---

[26] Die Vertrauensschaden-/Vermögensschutzversicherung schützt ein Unternehmen gegen Vermögensschäden, die diesem insbesondere die eigenen Mitarbeiter unmittelbar durch vorsätzliche Handlungen zufügen, die nach den gesetzlichen Bestimmungen über unerlaubte Handlungen zum Schadensersatz verpflichten. Der Versicherungsschutz umfasst beispielsweise die Delikte Betrug, Untreue, Unterschlagung, Computerbetrug und Diebstahl.

[27] Die Vermögens(eigen)schaden-Haftpflichtversicherung ist eine so genannte Fehlerversicherung. Gegenstand der Versicherung sind reine Vermögensschäden, d.h. Schäden, die weder Personen- noch Sachschäden sind oder sich aus solchen herleiten. Derartige Schäden entstehen beispielsweise, wenn ein Mitarbeiter eines Unternehmens bei der Ausübung von einer versicherten Tätigkeit ohne erkennbaren oder nachweisbaren Vorsatz Fehler macht, die für das Unternehmen zu einem materiellen Verlust oder einer an den Kunden zu zahlenden Schadensersatzleistung führen.

[28] Für die zu berücksichtigen rechtlichen Rahmenbedingungen zur Zusammenarbeit mit Ermittlungsbehörden vgl. den Beitrag von Kühn zu den juristischen Grundlagen im Fraud Management. Vgl. auch Minoggio, I., 2011, Interne Ermittlungen in Unternehmen, S. 1083 ff.

- Die – auch zeitnahe – proaktive Einschaltung der Ermittlungsbehörden kann insbesondere dann sinnvoll sein, wenn bereits von dritter Seite (z.B. durch Kunden) die Erstattung einer (Straf-)Anzeige, eine Klageerhebung oder die Information an die Medien angekündigt bzw. angedroht wird.

- Ermittlungsbehörden haben als einzige Instanz zeitnahe Möglichkeiten zur Vermögenssicherung bzw. Vermögensabschöpfung sowie zur Arrestierung von Vermögenswerten.

- Die Einschaltung der Ermittlungsbehörden ist grundsätzlich nur im Zusammenhang mit der Erstattung einer Anzeige möglich.

- Es empfiehlt sich, grundsätzlich und bereits vor Auftreten konkreter Fälle einen informellen Kontakt zu den zuständigen Ermittlungsbehörden (Referate im Landeskriminalamt (LKA), örtliche Polizeidienststellen, zuständige Schwerpunktstaatsanwaltschaft) aufzubauen und zu pflegen.

- Die Einschaltung der Ermittlungsbehörden bietet sich vom Zeitpunkt her grundsätzlich zu Beginn eines Falles/Verfahrens an, um ergänzend zu den unternehmensinternen Untersuchungen gegebenenfalls in Zusammenarbeit mit den Ermittlungsbehörden an Informationen außerhalb des Unternehmens zu gelangen.

- Durch eine proaktive Zusammenarbeit mit den Ermittlungsbehörden kann in aller Regel die Gefahr von – gegebenenfalls auch öffentlichkeitswirksamen – Durchsuchungs- und Beschlagnahmemaßnahmen signifikant reduziert werden.[29]

- Eine konsequente nicht nur arbeitsrechtliche Verfolgung von strafrechtlich relevantem Verhalten von Mitarbeitern, Kunden oder Dritten ist wesentlicher Bestandteil eines funktionierenden Fraud Managements und dient zudem der Erhöhung der Hemmschwelle.

- Mögliche Vorbehalte gegen die Einschaltung der Ermittlungsbehörden können insbesondere im Schutz des Unternehmens begründet sein, z.B. zur Vermeidung einer Diskussion um mögliche Organisationsmängel im Unternehmen im Rahmen einer öffentlichen Gerichtsverhandlung. Zudem bedeutet die Einschaltung der Ermittlungsbehörden u.a. auch, dass diese die Federführung bei den Ermittlungen übernehmen und das betroffene Unternehmen – wenn überhaupt – nur noch eingeschränkte Einflussmöglichkeiten auf den Fortgang des Verfahrens besitzt.

---

[29] Vgl. hierzu den Beitrag von Minoggio zu Strafverteidigung im Unternehmen.

4.3 Prüfungsvorbereitung – Beschaffung aller relevanten Informationen

Die möglichst umfassende und vollständige Informationsbeschaffung hat im Rahmen einer Sonderuntersuchung herausragende Bedeutung. Jede Information kann am Ende das fehlende Detail sein, um das Ausmaß, die Hintergründe und/oder das Motiv für Unregelmäßigkeiten zu erkennen sowie den Täter zu identifizieren bzw. zu überführen.

Im Gegensatz zu einer Standardprüfung einer Internen Revision besteht allerdings bei einer anlassbedingt eingeleiteten Sonderuntersuchung – unabhängig davon, durch welche verantwortliche Stelle im Unternehmen diese durchgeführt wird – selten die Möglichkeit für eine längere und strukturierte Prüfungsvorbereitung. Daher ist es besonders wichtig, sich im Vorfeld grundsätzliche Gedanken darüber zu machen, welche Informationen/ Daten bei einer Sonderuntersuchung i.d.R. benötigt werden, um trotz gegebenenfalls bestehenden Zeitdrucks schnell und planvoll vorgehen zu können. Hierzu gehören insbesondere folgende Quellen/Möglichkeiten für den Erhalt aufklärender Informationen:

- Kundenakten (u.a. Verträge, Schriftverkehr, allgemeine Betreuungsdokumentation, Reklamationen);

- Personalakten/-unterlagen der involvierten oder beteiligten Mitarbeiter (u.a. wegen Leistungsbeurteilungen, Abwesenheitszeiten, früherer Tätigkeiten sowie wegen beantragter/genehmigter Nebentätigkeiten und/oder Mandatsausübungen);

- unternehmenseigene EDV-Datenbestände (u.a. Datenbanken für Kreditoren/Debitoren oder Kunden, Umsätze, Beschwerden oder Vermittler, Warndateien, Kunden-/ Mitarbeiterkonten);

- (diskrete) Befragung von Vorgesetzten und Kollegen;

- Auskunfteien (z.B. Bürgel, Creditreform, D&B Deutschland, Schufa);

- öffentliche Register (z.B. Bundesanzeiger, Handelsregister, Unternehmensregister, Grundbuch);

- Pressemitteilungen und Publikationen;

- Nutzung neuer Medien (z.B. Software-Datenbanken, Online-Datenbanken im Internet, Social Media);

- Internet-Verkaufsplattformen (z.B. Ebay, Feininger).

Gerade das Internet bietet zahlreiche und vielfältige Möglichkeiten der – sowohl kostenfreien als auch kostenpflichtigen – Informationsbeschaffung und zudem den Vorteil, dass diese Aktivitäten von dem für die Prüfung verantwortlichen Prüfungsteam ohne Einbindung anderer Stellen im Unternehmen vorgenommen werden können. Dabei ist es aufgrund der Vielzahl der Möglichkeiten der Informationsgenerierung im Internet (u.a. über Suchmaschinen) sinnvoll, eine Übersicht über nützliche Internet-Adressen für die Ermittlungstätigkeit aufzubauen und diese permanent zu pflegen und zu erweitern.

Darüber hinaus können auch frühere Berichte über Standard- bzw. Sonderprüfungen der Internen Revision oder anderer (Kontroll-)Instanzen eines Unternehmens wertvolle Hinweise über frühere Auffälligkeiten, Schwachstellen oder Schadensfälle bzw. über die grundsätzliche Arbeitsqualität in der Organisationseinheit liefern, in der die für die Sonderuntersuchung Anlass gebenden Unregelmäßigkeiten/Auffälligkeiten aufgetreten sind bzw. der Fraud-Fall entstanden ist.

Zur Sicherstellung einer möglichst effizienten Vorgehensweise sowie zur Gewährleistung eines strukturierten Prüfungsverlaufs empfiehlt sich bei sich abzeichnenden komplexeren Sonderprüfungen – auch trotz möglichen Zeitdrucks – die vorherige Erstellung einer auf den Einzelfall und seinen spezifischen Bedürfnissen ausgerichteten Prüfungskonzeption, welche die wesentlichen Rahmenbedingungen für die Sonderprüfung festlegt (u.a. Ausgangslage, Prüfungsumfang/-ansätze, einbezogene Organisationseinheiten, absehbare Beschränkungen für die Prüfungshandlungen, Verantwortlichkeiten/Prüfungsteam). Diese Prüfungskonzeption ist gegebenenfalls auch der Geschäftsleitung zur Abstimmung und Genehmigung vorzulegen.

4.4 Prüfungsdurchführung

Die aus der fallspezifischen sowie aus der generellen Informationsbeschaffung zur Verfügung stehenden Informationen sind auf Auffälligkeiten (siehe Abschnitt 4.4.1) hin zu prüfen. Dabei ist es häufig erforderlich, die Prüfungshandlungen neben der detaillierten Untersuchung der bereits bekannten Sachverhalte auch auf weitere Sachgebiete bzw. Personen (Kunden/Nichtkunden und Mitarbeiter) innerhalb bzw. teilweise auch außerhalb der von der Sonderuntersuchung betroffenen organisatorischen Einheit auszudehnen, um das vollständige Ausmaß der dolosen Handlungen festzustellen und einzugrenzen.

Die sorgfältige und detaillierte Analyse des Verhaltens, des Umfeldes sowie – sofern möglich – der wirtschaftlichen Verhältnisse (Konto- und Depotumsätze, Vermögenshintergrund) von im Rahmen der Sonderprüfung auffällig gewordenen Kunden/Nichtkunden, Vermittlern sowie Mitarbeitern des Unternehmens bildet i.d.R. den Schwerpunkt der Prüfungshandlungen im Rahmen einer Sonderuntersuchung. Darüber hinaus kann gegebenenfalls eine nähere und systematische Analyse des gesamten Kunden- bzw. Lieferantenbestandes der betroffenen Organisationseinheiten unter vielfältigen und individuell auszuwählenden Gesichtspunkten erforderlich sein (vgl. Abschnitt 4.4.2).[30]

Bei jeder Sonderuntersuchung ist – wie bereits erwähnt – eine sorgfältige, strukturierte und lückenlose Dokumentation aller Prüfungshandlungen und -umfänge, die für jede Sonderprüfung individuell festzulegen sind, sowie aller Prüfungsergebnisse unbedingt erforderlich. Diese wird gegebenenfalls als Beweismittel bei gerichtlichen Auseinandersetzungen verwendet bzw. benötigt (vgl. Abschnitt 4.4.3). Dabei bietet sich für eine strukturierte Dokumentation z.B. die Erstellung einer detaillierten Chronologie der für den Sachverhalt wesentlichen Ereignisse sowie einer Aufstellung mit den Daten aller im Rahmen der Sonderuntersuchung bekannt gewordenen involvierten Personen, Firmen und Mitarbeiter an. Diese sind jeweils auch während des gesamten Prüfungsverlaufes permanent zu aktualisieren. Für die strukturierte Prüfung von Kundenakten empfiehlt sich zudem der Einsatz von Checklisten.

Bei der Prüfung von Unregelmäßigkeiten und Schadensfällen sind immer auch rechtliche Gegebenheiten zu berücksichtigen, so dass fallweise jeweils die Abstimmung von Prüfungshandlungen oder Maßnahmen mit der Rechtsabteilung erforderlich werden kann. Die Dokumentation der Prüfungshandlungen ist grundsätzlich so zu gestalten, dass diese auch im Rahmen einer juristischen Auseinandersetzung verwertbar ist und bei einer möglichen Akteneinsicht durch einen gegnerischen Anwalt keine für das Unternehmen nachteiligen Folgen entstehen.

4.4.1 Indizien für Delikt- oder Schadensfälle

Jeder Täter ist grundsätzlich bestrebt, so unauffällig wie möglich zu agieren, damit seine unredlichen Handlungen unentdeckt bleiben. Dabei versuchen Täter vielfach, ihre betrügerischen Handlungen und Manipulationen durch weitere Manipulationen zu verschleiern. Dennoch zeigt die Praxis, dass letztlich jeder Täter Fehler macht, Auffälligkeiten verursacht oder in irgendeiner Form von seinen sonst üblichen Vorgehens- oder Verhaltensweisen abweicht. Diese Abweichungen und Unplausibilitäten sind im Rahmen einer Sonderuntersuchung möglichst umfassend zu identifizieren, aufzudecken und entsprechend zu bewerten.

---

[30] Vgl. auch den Beitrag von Jackmuth zu Datenanalytik im Fraud Management.

Die nachstehenden möglichen Indizien geben i.d.R. insbesondere dann Hinweise für Unregelmäßigkeiten und Manipulationen, wenn sie in Kombination mit anderen – sowohl sachlichen als auch verhaltensbezogenen – Indizien auftreten. In jedem Fall ist es im Rahmen der Prüfungshandlungen erforderlich, diesen Indizien nachzugehen sowie die Recht- und Ordnungsmäßigkeit der dahinter liegenden Grundgeschäfte sorgfältig zu prüfen.

Sach- bzw. engagementbezogene Indizien

- Überdurchschnittliche Neugeschäftsentwicklungen;

- hohe Stornoquoten;

- fehlende bzw. unvollständige (Kunden-/Buchungs-)Unterlagen;

- Auffälligkeiten bei der Postversandadresse, Unterdrückung des Postversandes (zum Ausschluss der Kundenmitkontrolle) oder Postretouren;

- Unplausibilitäten bei vorhandenen Unterlagen (z.B. bei Vertragswerken, Rechnungen, Schadens- oder Leistungsnachweisen von vermeintlichen oder nicht existenten Versicherungsnehmern);

- (atypische) Häufungen bestimmter Buchungen auf internen (Aufwands-)Konten (z.B. knapp unterhalb festgelegter Frei- oder Genehmigungskompetenzgrenzen);

- Auffälligkeiten in der Zahlungsart von Versicherungsleistungen (z.B. Scheckzahlungen oder – gesplittete – Zahlungen in das Ausland);

- (auffällig bzw. vergleichsweise ungewöhnlich) hohe Bezugskosten für bestimmte Artikel/Produkte/Dienstleistungen (gegebenenfalls Hinweis auf fingierte oder Scheinrechnungen);

- Auffälligkeiten in den Personalunterlagen von Mitarbeitern.

Mitarbeiterverhaltensbezogene Indizien

- Ungewöhnliches Urlaubsverhalten (keine langen Urlaubsphasen und damit Vertretungszeiten); grundsätzliche Anwesenheit über das Monatsende hinweg;

- lange Arbeitszeiten, Arbeiten bzw. zumindest Anwesenheit auch an Wochenenden;

- freiwillige Übernahme von zusätzlichen administrativen Aufgaben/Tätigkeiten weit über das eigene Aufgabengebiet hinaus;

- kostenintensive Hobbys; Kauf-/Konsumrausch;

- sicht- bzw. erkennbare Persönlichkeitsveränderungen (z.B. durch Trennung vom Lebenspartner) und/oder Veränderungen des Lebensstandards (z.B. Anschaffung von wertvollen Statussymbolen);

- auffällige und enge persönliche Verbindungen zwischen Mitarbeitern und Kunden, Lieferanten oder Vermittlern/Beratern.

Indizien im Verhalten von Kunden, Lieferanten und Vermittlern

- Offene oder subtile Beeinflussung des Verhandlungspartners, Kundenbetreuers bzw. Entscheidungsträgers;

- auffallend selbstbewusstes und kompetent wirkendes Auftreten;

- auffallend positiv dargestellte (vorgetäuschte) Lebens- oder Geschäftssituation;

- Erzeugung von – objektiv nicht notwendigem – Zeitdruck (z.B. für einen Vertragsabschluss);

- auffallend proaktives Verhalten (z.B. die Bereitschaft, bestimmte Unterlagen zur Verfügung zu stellen);

- Abschotten von Kunden durch einen Vermittler;

- undurchsichtige bzw. intransparente Strukturen bzw. Zuständigkeiten bei den Geschäftspartnern.

4.4.2 Systematische Datenanalyse zur Aufdeckung von Unregelmäßigkeiten

Im Rahmen einer Sonderuntersuchung ist es nahezu immer erforderlich, systematisch komplexe und vielfältige Datenmengen (sowohl Kundenstamm- bzw. Kontodaten als auch Transaktionsdaten) zu analysieren bzw. zu prüfen, um das gesamte Ausmaß der dolosen Handlungen sowie des entstandenen Schadens möglichst vollständig aufzudecken und festzustellen. Die Qualität von Auswertungen hängt dabei im Wesentlichen davon ab, welche Daten überhaupt systemseitig zur Verfügung stehen und in welchem Maße die Daten aus den verschiedenen, im Unternehmen eingesetzten IT-Systemen miteinander verknüpft werden können. Dabei empfiehlt sich i.d.R. der Einsatz einer hierfür ausgerichteten Auswertungs- bzw. Analyse-Software, daneben ist v.a. auch die richtige Auswahl von geeigneten Parametern und Indikatoren für Manipulationen und betrügerische Handlungen von entscheidender Bedeutung, wofür erfahrungsgemäß entsprechendes Experten- und Prozesswissen zwingend notwendig ist. Bei allen Auswertungen – insbesondere im Zusammenhang mit Mitarbeitern – sind zudem die bestehenden Datenschutzbestimmungen sowie mögliche Mitbestimmungsrechte des Betriebsrates zu berücksichtigen.

Neben der Möglichkeit der Entwicklung eigener Auswertungstools/EDV-Programme stehen am Markt unterschiedliche Formen von Auswertungssoftware zur Verfügung.[31]

4.4.3 Gerichtsverwertbare Sicherung von Beweismitteln

Bei der gerichtsverwertbaren Sicherung von Beweismitteln sowie Dokumentation/ Berichterstattung von Ermittlungsergebnissen ist folgenden wesentlichen Aspekten besondere Beachtung zu schenken:

- Es muss gewährleistet sein, dass Beweismittel zugriffssicher und witterungsunabhängig verwahrt werden.

- Insbesondere Originalbelege sind möglichst zeitnah und vollständig sicherzustellen und so zu behandeln, dass die Möglichkeiten der kriminaltechnischen Untersuchungsmethoden gewahrt bleiben (z.B. durch Verpacken der Belege in Klarsichthüllen/ -tüten).

- Bei sichergestellten Unterlagen (insbesondere bei Originalen) ist darauf zu achten, keine Kennzeichnungen über Fundort o.ä. direkt auf den Unterlagen vorzunehmen, sondern dies z.B. auf selbst angefertigten Kopien der Unterlagen bzw. auf Klebezetteln zu dokumentieren.

- Für alle Unterlagen/Daten sind der genaue Fundort sowie das Datum der Sicherstellung zu dokumentieren und Kopien von Beweisdokumenten sind als solche zu kennzeichnen.

- Bei der Vervielfältigung von Unterlagen ist unbedingt darauf zu achten, dass auch bedruckte Rückseiten sowie die Seitenränder (insbesondere Telefax-Steuerzeilen) vollständig und leserlich kopiert werden.

- Bei bestimmten Unterlagen und Aufzeichnungen ist gegebenenfalls eine kurzfristige Verlängerung von Aufbewahrungsfristen zu veranlassen. Dies gilt insbesondere für Videoaufzeichnungen von (Lobby-/Raum-)Überwachungskameras sowie von (Telefon-)Gesprächsmitschnitten, da diese erfahrungsgemäß einer kurzen Aufbewahrungsfrist unterliegen und danach gelöscht bzw. überspielt werden.

- Die Sicherung und Analyse von Informationen aus technischen Geräten (Computer, Laptop, Handy etc.) ist ausschließlich mit entsprechendem Know-how und gegebenenfalls professioneller Unterstützung vorzunehmen und zu dokumentieren.[32]

---

[31] Vgl. auch den Beitrag von Jackmuth zu Datenanalytik im Fraud Management.
[32] Vgl. auch den Beitrag von Becker zu IT-Forensik.

- Bei der Durchsuchung von Arbeitsplätzen (vgl. auch Abschnitt 4.1.2) ist eine detaillierte Dokumentation (Protokollierung) der vorgefundenen Unterlagen sowie der sichergestellten und zur weiteren Bearbeitung/Prüfung mitgenommenen Unterlagen und Gegenstände vorzunehmen.

- Nach Einschaltung der Ermittlungsbehörden sind alle eigenen Sicherstellungs- bzw. Durchsuchungsmaßnahmen eng mit den zuständigen Behörden abzustimmen.

4.5 Befragung beteiligter oder involvierter Mitarbeiter und gegebenenfalls externer Personen

Die Befragungen von beteiligten oder betroffenen Personen als potenzielle Täter oder Zeugen im Rahmen einer Sonderuntersuchung sind von außerordentlicher Bedeutung und stellen i.d.R. eine der wichtigsten Informationsquellen dar. Dabei sind alle relevanten rechtlichen Rahmenbedingungen und Voraussetzungen für derartige Befragungen zu berücksichtigen und einzuhalten. Gegebenenfalls ist auch die Hinzuziehung eines Juristen in Erwägung zu ziehen. Eine ganz wesentliche Voraussetzung für eine erfolgreiche Befragung, die eine außergewöhnliche sowie für alle Gesprächsteilnehmer psychisch sehr belastende und anstrengende Gesprächssituation darstellt, bildet immer eine optimale und professionelle Gesprächsvorbereitung, u.a. durch eine detaillierte und strukturierte Sachverhaltsermittlung und Faktensammlung, die in den vorangegangenen Abschnitten bereits behandelt wurden.

Jede Befragung sollte immer durch mindestens zwei Personen gemeinsam durchgeführt werden. Gegebenenfalls ist auch die Teilnahme eines Verantwortungsträgers bzw. eines Vertreters aus der Personalabteilung sowie eines Arbeitnehmervertreters sinnvoll. Daneben ist der Zeitpunkt für eine Befragung unter Abwägung aller Aspekte sorgfältig auszuwählen. Weitere wesentliche zu beachtende Aspekte sind:[33]

- Strukturierung der Befragung (z.B. Erstellung eines detaillierten Fragenkataloges);

- Gesprächstaktik und Variation der Gesprächstaktik;

- Wahl und Ausgestaltung von dem Anlass angemessenen Befragungsräumlichkeiten, Sitzordnung während der Befragung;

- Persönlichkeitsprofil, Aussehen, Auftreten der die Befragung durchführenden Mitarbeiter;

---

[33] Die eigentliche Durchführung sowie die psychologischen Aspekte von Befragungen werden im Beitrag von Wilmer zu Befragungstechniken näher beschrieben.

- Nutzung von Überraschungseffekten (nur bei der Befragung von potenziellen Tätern sinnvoll);

- Einsatz eines Gesprächsaufzeichnungsgerätes.

Nach einer Befragung – insbesondere auch von potenziellen Tätern, bei denen eine derartige ungewöhnliche Befragungssituation teilweise erhebliche emotionale Reaktionen auslösen kann – ist im Rahmen der Fürsorgepflicht des Unternehmens soweit wie möglich sicherzustellen, dass der Befragte sicher und wohlbehalten an seinen Arbeitsplatz zurückkehrt bzw. bei einer am Ende einer Befragung gegebenenfalls ausgesprochenen Beurlaubung oder Freistellung sicher nach Hause kommt, begleitet wird bzw. in die Obhut einer ihm vertrauten Person übergeben wird.

Von jeder Befragung ist ein detailliertes Gesprächsprotokoll anzufertigen und dieses gegebenenfalls jeweils mit allen an der Befragung beteiligten Vertretern des Unternehmens (eigene Mitarbeiter, externe Berater bzw. Juristen, gegebenenfalls auch Arbeitnehmervertreter) abzustimmen. In manchen Fällen kann es auch sinnvoll sein, das Gesprächsprotokoll auch mit dem Befragten selbst abzustimmen. Dabei gilt der Grundsatz: Je höher der Detaillierungsgrad eines Gesprächsprotokolls ist, desto verwertbarer ist dieses für die gegebenenfalls weiteren erforderlichen rechtlichen Schritte gegen den/die Täter, sowohl vor Gericht als auch im Rahmen der Einleitung von arbeitsrechtlichen Maßnahmen gegen Mitarbeiter (vgl. Abschnitt 4.6.1). Ausgehend hiervon empfiehlt sich die Erstellung eines Verlaufsprotokolls und gegebenenfalls auch eine Aufzeichnung des Gespräches, letztere bedarf allerdings der Zustimmung des Befragten.

4.6 Maßnahmen nach Ermittlung bzw. Überführung des Täters

Nachdem gegebenenfalls bereits beim Eingang erster Informationen über mögliche Unregelmäßigkeiten bzw. Schadensfälle einzelne Sofortmaßnahmen eingeleitet wurden, sind oftmals nach der Befragung des mutmaßlichen Täters und anderer involvierter Personen – insbesondere nach einem Geständnis des Täters – weitere Maßnahmen sinnvoll und erforderlich. Hierzu kann – unter Beachtung der rechtlichen Rahmenbedingungen und wie bereits unter den Sofortmaßnahmen beschrieben – auch die Durchsuchung des Arbeitsplatzes des Täters zur Sicherstellung von relevanten Unterlagen sowie Informationen gehören.

Daneben ist insbesondere unter Wahrung vorhandener Fristen zeitnah über arbeits-, straf- oder zivilrechtliche Konsequenzen für die Täter – aber auch gegebenenfalls für weitere involvierte Mitarbeiter – zur Regulierung und Minimierung des entstandenen Schadens zu entscheiden.

4.6.1 Personelle bzw. arbeitsrechtliche Maßnahmen

Neben den bereits beschriebenen Sofortmaßnahmen sind gegebenenfalls folgende zusätzliche bzw. ergänzende personelle bzw. arbeitsrechtliche Maßnahmen einzuleiten bzw. durchzuführen, wobei bei allen Maßnahmen die arbeitsrechtlich vorhandenen Fristen sowie die Informations- und Mitbestimmungsrechte der Arbeitnehmervertretung zu berücksichtigen sind. Bestimmte personelle Maßnahmen sind durch die Arbeitnehmervertretung zustimmungsbedürftig; gegebenenfalls hat diese aber ein über das Informationsrecht hinaus gehendes vorheriges Anhörungsrecht:[34]

- Anhörung (weiterer) betroffener oder involvierter Mitarbeiter;

- Einholung einer möglichst detaillierten schriftlichen Stellungnahme aller betroffenen Mitarbeiter zum Sachverhalt;

- (schriftliche) Verwarnung, Verweis, Ermahnung, Abmahnung der Betroffenen;

- gehaltliche Zurückstufung, Kürzung der leistungsabhängigen Gehaltskomponente;

- gegebenenfalls Überprüfung der Kürzungsmöglichkeit der Ansprüche im Rahmen einer betrieblichen Altersvorsorge;

- Entzug gegebenenfalls vorhandener Nebentätigkeitsgenehmigungen;

- Versetzung;

- (vorläufige) Beurlaubung unter gleichzeitiger Entbindung des Mitarbeiters von seinen Aufgaben und Erteilung von Hausverbot;

- Einleitung der (außerordentlichen) Kündigung des Arbeitsverhältnisses (bei außerordentlichen Kündigungen insbesondere Beachtung der Zwei-Wochen-Frist[35] sowie der dreitägigen Anhörungsfrist für die Arbeitnehmervertretung nach § 102 Betriebsverfassungsgesetz (BetrVG));

- Entscheidung, ob bei einer Kündigung ein Zeugnis oder nur eine Arbeitsbescheinigung ausgestellt werden soll.

---

[34] Vgl. § 99 Betriebsverfassungsgesetz (BetrVG) sowie den Beitrag von Röck zum Arbeitsrecht.
[35] Vgl. §§ 622 ff. Bürgerliches Gesetzbuch (BGB).

Zudem ist sicherzustellen, dass

- ein beurlaubter Mitarbeiter nicht mehr unbeaufsichtigt handeln und an seinen Arbeitsplatz gelangen kann;

- Mitarbeiter insbesondere nach einer (oftmals intensiven und emotionalen) Befragung betreut bzw. gegebenenfalls nach Hause begleitet werden (im Rahmen der Wahrnehmung der Fürsorgepflicht des Arbeitgebers, vgl. hierzu auch Abschnitt 4.5);

- in besonderen Fällen ein Familienangehöriger unterrichtet wird.

4.6.2 Einleitung strafrechtlicher Schritte gegen den bzw. die Täter

Ebenfalls von großer Bedeutung ist die Entscheidung über strafrechtliche Schritte gegen den oder die Täter, sofern diese nicht bereits zu Beginn des Falles unmittelbar eingeleitet wurden. In diesen Entscheidungsprozess, der vom Grundsatz her einem Null-Toleranz-Prinzip folgen sollte, sollte neben einer juristischen Beratung aufgrund der möglicherweise damit verbundenen Öffentlichkeitswirkung auch immer die Geschäftsleitung einbezogen werden.[36] Begründen die im Rahmen der Sonderuntersuchung geprüften Finanztransaktionen den Verdacht, dass sie der Geldwäsche gemäß § 261 Strafgesetzbuch (StGB) dienten, ist für Unternehmen/Institutionen, die den Regelungen des Geldwäschegesetzes (GwG) unterliegen, auch die Erstattung einer Verdachtsanzeige gemäß § 11 GwG bei den zuständigen Strafverfolgungsbehörden in Erwägung zu ziehen und über diese zu entscheiden. Zudem kann in einigen Branchen unter bestimmten Umständen eine Meldung an die zuständige Aufsichtsbehörde erforderlich werden.[37]

4.6.3 Maßnahmen zur Schadensregulierung/-minimierung

Neben den arbeits- und strafrechtlichen Maßnahmen sollten bei jedem Fraud-Fall auch konsequent alle praktikablen und wirtschaftlich sinnvollen Schritte zur Schadensregulierung bzw. -rückgewinnung getroffen werden. Erfahrungsgemäß ist eine strafrechtliche Verurteilung in aller Regel für die Herleitung und Durchsetzung von zivilrechtlichen Schadensersatzansprüchen gegen den oder die Täter hilfreich. Die Federführung für die Aktivitäten zum Schadensausgleich/-regulierung sollte unternehmensintern ebenfalls klar geregelt sein, diese müssen auch nicht unbedingt beim Fraud Manager oder bei der Internen Revision liegen.

---

[36] Einzelheiten über die dabei zu beachtenden Aspekte vgl. Abschnitt 4.2.1 sowie die Beiträge von Möhrle zu Fraud Management und Kommunikation und Kühn zu den juristischen Grundlagen im Fraud Management.

[37] Z.B. müssen Kreditinstitute eine entsprechende Meldung bei der BaFin erstatten, wenn sie einen Kapitalanlagebetrug oder das Betreiben unerlaubter Bankgeschäfte feststellen.

Mögliche Maßnahmen zur Schadensregulierung bzw. zum Schadensausgleich sind:

- Sofortmaßnahmen:
  - Abgabe eines notariellen Schuldanerkenntnisses bzw. eines notariellen Anerkenntnisses der Schadenersatzpflicht durch den/die Täter, was eine kurzfristige Zwangsvollstreckung in gegebenenfalls noch vorhandene Vermögenswerte ermöglicht,
  - Veranlassung der Arrestierung von Vermögenswerten bei Kreditinstituten (sofern Kontoverbindungen bekannt sind),
  - Berücksichtigung bilanzieller Aspekte (z.B. Bildung einer Wertberichtigung bzw. einer Rückstellung);
- Schadensausgleich durch den oder die Täter:
  - Abschluss einer Vereinbarung über die Modalitäten der Rückzahlung des entstandenen Schadens,
  - Abtretung des pfändbaren Teiles der Lohn- und Gehaltsansprüche beim jeweiligen (neuen) Arbeitgeber,
  - Stellung von Sicherheiten als Gegenwert für den entstandenen Schaden (z.B. Eintragung von Sicherungshypotheken bei vorhandenem Grundbesitz);
- Schadensausgleich durch unbeteiligte Familienangehörige oder begünstigte Dritte:
  - direkte Begleichung des entstandenen Schadens durch Familienangehörige oder durch (begünstigte) Dritte (gegebenenfalls auch durch eine Kreditaufnahme),
  - Bürgschaftsübernahme oder Stellung anderer (werthaltiger) Sicherheiten bei einer Kreditaufnahme der Täter zur Rückführung des entstandenen Schadens;
- Schadensregulierung gegenüber betroffenen/geschädigten Dritten:[38]
  - Berechnung des jeweils entstandenen Schadens unter Berücksichtigung aller vorhandener Einflussfaktoren,[39]
  - zeitnahe Vergütung der den Kunden entstandenen Schäden zu Lasten der entsprechenden Aufwandskonten des Unternehmens für Schadensersatzleistungen,

---

[38] Z.B. bei der Unterschlagung von Vermögenswerten von Bankkunden.
[39] Sofern z.B. Vermögenswerte unterschlagen oder veruntreut wurden, sind dabei gegebenenfalls – auch aus früheren Jahren – entgangene Zinserträge bei Geldanlagen bzw. zu viel berechnete Zinsaufwendungen bei Krediten bzw. Kursgewinne/-verluste aus Wertpapiergeschäften zu berücksichtigen.

- gegebenenfalls Einholung einer – vom Unternehmen zuvor erstellten – schriftlichen Erklärung der betroffenen Kunden, dass mit der Zahlung der Schadensersatzleistung alle Ansprüche aus den zu diesem Zeitpunkt bekannten Schäden befriedigt sind;

- Schadensregulierung durch eine abgeschlossene Vertrauensschadenversicherung: zeitnahe Information und Geltendmachung der Ansprüche gegenüber der Versicherung unter Beachtung der vertraglich vereinbarten Versicherungsbedingungen;

- Schadensregulierung ohne Aussicht auf Schadensausgleich:

  - Bildung einer Wertberichtigung bzw. einer Rückstellung und gegebenenfalls Ausbuchung des entstandenes Schadens über die entsprechenden Aufwandskonten,

  - Überwachung der weiteren Entwicklung und Einleitung entsprechender Maßnahmen, sofern sich an den Vermögensverhältnissen des Täters bzw. der Täter etwas ändert.

Zur Einleitung bestimmter Maßnahmen wie beispielsweise die Einleitung von so genannten Vermögensabschöpfungen[40] ist die Einschaltung der Ermittlungsbehörden notwendig. Für die Durchführung von in einigen Staaten aufgrund der länderspezifischen Gesetzgebung möglichen Schadensrückgewinnungsmaßnahmen ist die Hinzuziehung von hierauf entsprechend spezialisierten (international tätigen) Anwaltssozietäten sinnvoll.[41]

4.7 Erstellung eines Sonderuntersuchungsberichtes

Die gezielte Berichterstattung über eine Sonderuntersuchung ist mindestens genauso wichtig wie deren professionelle Durchführung. Der Sonderuntersuchungsbericht gibt nicht direkt in die Untersuchung involvierten Personen einen umfassenden Überblick über die Vorkommnisse. Er enthält ausschließlich die festgestellten Fakten, einschließlich einer fundierten Bewertung, und keine Mutmaßungen. Außerdem ist stets zu berücksichtigen, dass Sonderuntersuchungsberichte gegebenenfalls auch externen Berichtsempfängern zur Verfügung gestellt werden soll bzw. müssen. So kann dieser z.B. bei einem sich eventuell an den Betrugsfall anschließenden Strafprozess von den Ermittlungsbehörden eingefordert werden. Wie bereits erwähnt, bietet dies unter Umständen den Anwälten der Täter die Möglichkeit, im Rahmen der Einsichtnahme in die Ermittlungsakten der Ermittlungsbehörden auch Kenntnis von unternehmensinternen Prüfungsergebnissen zu

---

[40] Vgl. §§ 73 bis 76a StGB sowie §§ 111b bis 111i Strafprozessordnung (StPO).
[41] Vgl. hierzu den Beitrag von Stephan zu Asset Tracing/Schadenrückgewinnung.

erhalten. Auf diesem Weg könnten Außenstehende von den im Rahmen der Sonderuntersuchung gegebenenfalls festgestellten und im Sonderuntersuchungsbericht dokumentierten Prozessschwächen Kenntnis erlangen.

Im Rahmen einer Sonderuntersuchung gilt – insbesondere bei noch laufenden Ermittlungen – der Grundsatz:

„So wenig Informationen wie möglich, aber so viel wie nötig." [42]

Bei größeren und komplexeren Sonderprüfungen empfiehlt es sich, zunächst lediglich eine mündliche oder gegebenenfalls auch schriftliche Vorabinformation an den zuvor festgelegten Empfängerkreis über die vorliegenden ersten Erkenntnisse zu geben. Dauert die Sonderuntersuchung über einen längeren Zeitraum, empfiehlt sich zudem, dem Empfängerkreis bis zur Erstellung des Abschlussberichtes – entweder in regelmäßigen Abständen oder anlässlich wesentlicher neuer Ermittlungsergebnisse – auf Basis bereits gesicherter Erkenntnisse einen aktualisierten Zwischenstand zu den Untersuchungen zu geben. Dies kann ebenfalls entweder mündlich oder in Form eines kurzen schriftlichen Zwischenberichtes erfolgen.

4.7.1 Ziele und Funktion eines Sonderuntersuchungsberichtes

Die Ziele eines Sonderuntersuchungsberichtes orientieren sich zunächst an der im Abschnitt 2.4 dargestellten Zielsetzung für eine Sonderuntersuchung. Demzufolge gilt es, Gegenstand, Art und Umfang der Sonderuntersuchung sowie die Prüfungsergebnisse und sonstige Erkenntnisse umfassend und detailliert darzustellen. Dabei ist auch zu berücksichtigen, dass dies gerichtsverwertbar zu erfolgen hat und die Inhalte demzufolge auch einer externen Überprüfung standhalten müssen.

Hiervon ausgehend erfüllt der Sonderuntersuchungsbericht folgende wesentliche Funktionen:

- Informationsfunktion: Dem Leser wird ein vollständiger Einblick in die Ereignisse ermöglicht.

- Unterstützungsfunktion: Der Empfängerkreis erhält durch die Berichtsinhalte eine hilfreiche Entscheidungsgrundlage für weitere zu entscheidende Maßnahmen und Konsequenzen.

---

[42] Vgl. Kaup, A., 2005, Sonderuntersuchungsbericht, S. 477.

- Nachweisfunktion: Die Berichterstattung muss eine jederzeitige Nachvollziehbarkeit aller relevanten Ereignisse, (Prüfungs-)Handlungen und Ergebnisse/Erkenntnisse bieten. Damit besteht gleichzeitig die Möglichkeit, z.B. zukünftige (Präventions-)Maßnahmen an internen Versäumnissen respektive Mängeln im Führungsverhalten auszurichten. Auch für den Sonderprüfer ist die Nachweisfunktion wichtig. Er hat sein Prüfungsergebnis ausführlich dargestellt und damit den Nachweis erbracht, seine Pflicht ordnungsgemäß erfüllt zu haben. Dies ist insbesondere für seine Entlastung bei eventuellen Haftungsfragen relevant.

4.7.2 Struktur und Inhalte eines Sonderuntersuchungsberichtes

Grundvoraussetzung für einen ordnungsgemäßen Abschlussbericht einer Sonderuntersuchung ist eine qualitativ hochwertige Aufarbeitung und Darstellung der Ereignisse. Dies schließt die Einhaltung aller formalen wie auch materiellen Kriterien ein.

Zum notwendigen Formalismus gehören ein einheitliches Layout (harmonische und ausgewogene Gestaltung von Text, Grafiken und Tabellen) und eine Stilistik, die von einem prägnanten und klaren Satzbau geprägt ist.

Der Abschlussbericht sollte alle berichtsrelevanten Detailinformationen enthalten und einem pyramidalen Aufbau folgen; dies bedeutet, dass der Detaillierungsgrad der Inhalte von hinten nach vorne im Bericht sowie in seinen Anlagen zunimmt und üblicherweise in einer, nur wenige Seiten umfassenden Managementzusammenfassung mündet. Insgesamt empfiehlt sich eine Darstellung in der nachfolgenden Berichtsstruktur:[43]

- kurze Zusammenfassung als Managementinformation;

- Detailschilderung aller Sachverhalte, Vorgehensweisen und Feststellungen;

- Verstöße gegen interne Richtlinien und gesetzliche Vorschriften;

- Darstellung von systembedingten Schwachstellen, internen Versäumnissen sowie von Mängeln im (Führungs-)Verhalten;

- erforderliche und eingeleitete Maßnahmen;

- erklärende Anlagen (z.B. Chronologien, graphische Darstellungen).

Sinnvoll ist es, schon zu Beginn der Prüfung die Struktur des Abschlussberichtes zumindest gedanklich zu entwickeln. Diese sollte dann bereits auch in gegebenenfalls zu erstellenden Zwischen- oder Teilberichten zur Anwendung kommen. Damit wird der

---

[43] Einzelheiten siehe Kaup, A., 2005, Sonderuntersuchungsbericht, S. 477.

Berichtsempfänger frühzeitig mit einer Struktur vertraut gemacht, die er dann im Regelfall auch im Abschlussbericht wiederfindet. Dieses vorausschauende Vorgehen dient durch die jeweils wiederkehrenden Elemente einer besseren Orientierung und demzufolge einem besseren Verständnis.

Weiterhin ist es von zentraler Bedeutung, eindeutige Formulierungen und eine klare Sprache zu verwenden. Um ein grundlegendes Verständnis zu gewährleisten, sollte auf nicht alltägliche Begrifflichkeiten und auf in der Fachsprache bekannte Abkürzungen bzw. Fachtermini ebenso verzichtet werden wie auf unternehmensspezifische Terminologien und Kürzel. Entscheidend ist, dass ein sachkundiger (externer) Berichtsempfänger ohne (unternehmens-)spezifische Fachkenntnisse den Bericht ohne Weiteres versteht. Nur auf diese Weise können Missverständnisse vermieden werden.

In Bezug auf die materiellen Voraussetzungen ist zu gewährleisten, dass alle Aussagen gerichtsverwertbar sind. Damit sind zwar hohe Anforderungen an eine Dokumentation zu erfüllen, diese sind aber insbesondere durch die hohe Sensibilität bei dieser Thematik unabdingbar. Vorteilhaft ist eine akribische Aufarbeitung in jedem Fall für die Ermittlungsbehörden, da die durch die Sonderprüfer durchgeführten Arbeiten bereits eine sehr wertvolle Basis für das weitere Vorgehen darstellen können und sollen.

Weiterhin ist darauf zu achten, dass das Prüfgebiet von den Prüfern selbst vollständig durchdrungen und infolgedessen verständlich für den Empfängerkreis dargestellt wird. Nur mit Hilfe einer kritischen Grunddistanz bei der anschließenden Qualitätssicherung kann objektiv und sachlich bewertet werden, ob die Verständlichkeit für einen Dritten überhaupt gegeben ist.

Dazu gehört auch, dass alle Gründe, die zu einer bestimmten Schlussfolgerung bzw. zu einem bestimmten Ergebnis führen, plausibel dargestellt werden. Ein Empfänger muss beim Lesen aufgrund der Argumentationskette zu ein und derselben Entscheidung wie der Prüfer gelangen bzw. diese zumindest nachvollziehen können.

Ein weiteres Kriterium ist die Wesentlichkeit der Aussagen. Diese müssen den Ist-Zustand widerspiegeln, indem sie Sachverhalte eindeutig und problemorientiert darlegen und dabei gleichzeitig für eine ausreichende und angemessene Information an die Adressaten sorgen.

Grundsätzlich sollten sich Inhalt und Umfang am Empfängerkreis ausrichten. Beide Elemente einschließlich der Form sind Merkmale für die Bewertung der Qualität eines Sonderuntersuchungsberichtes, der auch die „Visitenkarte" eines Prüfers darstellt.

4.7.3 Beachtenswertes bei der Erstellung eines Sonderuntersuchungsberichtes

Auch wenn eine objektive Berichterstattung vom Prüfer verlangt, alle Sachverhalte unabhängig, vorurteilsfrei sowie sachgerecht zu bewerten, bleibt es ihm unbenommen, taktische Gestaltungsmittel anzuwenden. Dies bedeutet, dass er über gewisse Gestaltungsspielräume bei der Berichtsdarstellung verfügt.

Sinnvoll ist dies insbesondere bei der Beschreibung kritischer Themen. Da keine grundsätzliche Vorgabe bzgl. der Darstellungsform existiert, bleibt es im Ermessen des Berichterstatters, durch die Gestaltung der Struktur – z.B. durch die Länge bzw. den Detaillierungsgrad und die Platzierung einzelner Aussagen und Feststellungen – bestimmte Berichtsinhalte besonderes zu akzentuieren. Das Nutzen von Gestaltungsspielräumen umfasst dabei allerdings definitiv nicht eine bewusste Auslassung wesentlicher und (kritischer) Ergebnisfeststellungen.

Nicht zuletzt auch vor dem Hintergrund der bereits erwähnten Möglichkeit, dass ein Rechtsbeistand der Gegenseite Zugriff auf den Sonderuntersuchungsbericht nehmen könnte, sollten die Aussagen im Bericht mit Bedacht gewählt und sorgfältig mit den damit verbundenen Konsequenzen abgewogen werden. Zu denken ist hierbei an Ereignisse, die erst durch einen aktuellen Fall offenbar werden, keine direkte Verbindung zum Fall aufweisen und damit an dieser Stelle nicht einschlägig sind. Die Darstellung eines solchen Nebenschauplatzes könnte die Gegenseite jedoch auf eventuell schon länger bestehende Risikobereiche aufmerksam machen und wertvolle Argumente für den eigenen Mandanten liefern (z.B. könnten mögliche Prozess- und/oder Kontrollschwächen als Rechtfertigung für deliktisches Handeln ausgelegt werden).

4.7.4 Berichtsempfänger

Aufgrund der i.d.R. besonderen Vertraulichkeit (und zuweilen auch der Brisanz) der Ermittlungsergebnisse sollte sowohl der unternehmensinterne als auch der externe Empfängerkreis sehr restriktiv ausgewählt werden. Dieser richtet sich nach den jeweiligen Organisationsstrukturen eines Unternehmens und kann von Fall zu Fall unterschiedlich sein. Zu den möglichen internen Berichtsempfängern zählen dabei auch Mitglieder des Aufsichtsorgans bzw. der Gesellschafter, wobei die einzelnen Vertreter bei anderen Unternehmen oder Institutionen beschäftigt bzw. für diese tätig sein können, sowie der den Jahresabschlussbericht des Unternehmens erstellende Wirtschaftsprüfer.

Mögliche externe Berichtsempfänger können neben den bereits erwähnten Ermittlungsbehörden u.a. die Versicherungsgesellschaft sein, bei der das Unternehmen eine Vertrauensschaden-/Vermögensschutzversicherung oder eine Vermögens(eigen)schaden-Haftpflichtversicherung abgeschlossen hat (siehe auch Abschnitt 4.2). Bei Finanzdienstleistungsunternehmen sind derartige Sonderuntersuchungsberichte gegebenenfalls auch der Aufsichtsbehörde BaFin und/oder der Deutschen Bundesbank sowie bei öffentlich-rechtlichen Unternehmen/Institutionen politischen Gremien zur Verfügung zu stellen.

4.8 Berichtsverteilung und gegebenenfalls Follow-Up-Prozess

Die Berichtsverteilung an den restriktiv ausgewählten Empfängerkreis sollte aus Sicherheitsgründen ausschließlich papierhaft erfolgen. Bei besonders sensiblen Berichtsinhalten empfiehlt es sich zudem, jedes Berichtsexemplar individuell zu kennzeichnen, für jeden Berichtsempfänger ein im Original unterzeichnetes Berichtsexemplar zu erstellen und jedem Berichtsempfänger sein Berichtsexemplar persönlich zu übergeben.

Im Verlauf einer Sonderuntersuchung festgestellte System- oder Prozessschwächen sollten i.d.R. bereits am Ende der Prüfung abgestellt sein. Handelt es sich hierbei um besonders zeitintensive Maßnahmen, deren Umsetzung bis zur Abschlussberichterstattung noch nicht abgeschlossen ist (wie z.B. erforderliche Änderungen in den EDV-Systemen des Unternehmens, die einen größeren Programmieraufwand erforderlich machen), ist die vollständige Umsetzung dieser Maßnahmen und damit der Mängelbeseitigung entsprechend zu überwachen. Dies ist bei Prüfungen der Internen Revision eine im Rahmen ihres auch bei Standardrevisionsprüfungen durchzuführenden Follow-Up-Prozesses übliche Vorgehensweise.[44]

4.9 Abschluss-/Archivierungsarbeiten

Nach Abschluss einer Sonderuntersuchung sind alle papierhaft vorliegenden Unterlagen sowie alle elektronisch zur Verfügung stehenden Informationen unter Sicherstellung der gesetzlichen und unternehmensintern festgelegten Aufbewahrungsfristen zu archivieren und zugriffssicher sowie mit einem zuvor ebenfalls festzulegenden Sicherheitsstandard aufzubewahren. Bezüglich der Form und Struktur der Archivierung sowie dem Inhalt aller aufzubewahrenden Unterlagen ist grundsätzlich der Möglichkeit ausreichend Rechnung zu tragen, dass die Unterlagen seitens der Behörden im Rahmen eines Ermittlungsverfahrens angefordert werden können oder sogar durch einen behördlichen Beschlag-

---

[44] MaRisk", Abschnitt BT 2.5: „Die Interne Revision hat die fristgerechte Beseitigung der bei der Prüfung festgestellten Mängel zu überwachen. Gegebenenfalls ist hierzu eine Nachschauprüfung anzusetzen. Werden die wesentlichen Mängel nicht in einer angemessenen Zeit beseitigt, so hat der Leiter der Internen Revision darüber zunächst den fachlich zuständigen Geschäftsleiter schriftlich zu informieren. Erfolgt die Mängelbeseitigung nicht, so ist die Geschäftsleitung spätestens im Rahmen des nächsten Gesamtberichts schriftlich über die noch nicht beseitigten Mängel zu unterrichten."

nahme- und Durchsuchungsbeschluss herausgegeben werden müssen (vgl. hierzu Abschnitt 4.4, insbesondere 4.4.3). Hierdurch besteht – wie bereits erwähnt – für die Anwälte der Täter bzw. der gegnerischen Partei u.U. die Gelegenheit, im Rahmen der Akteneinsichtnahme auch an Informationen über Ermittlungsergebnisse des Unternehmens sowie unternehmensinterne Abläufe/Regelungen oder Mängel zu gelangen.

5 Fazit

Bereits ein einziger Fraud-Fall kann nicht nur erhebliche materielle Schäden verursachen, sondern sich auch aufgrund der Öffentlichkeitswirkung und der damit verbundenen möglichen Auswirkungen auf die Reputation zu einer handfesten Krise für ein betroffenes Unternehmen ausweiten.

Vor diesem Hintergrund ist es für Unternehmen sinnvoll und notwendig, die Behandlung von Unregelmäßigkeiten und Schadensfällen als Bestandteil ihres Notfall- und Krisenmanagementkonzeptes zu betrachten. Dazu gehört auch, die Vorgehensweise bei derartigen Fällen in einem organisationseinheitenübergreifenden Schadensfallmanagementleitfaden festzulegen, in dem u.a. die Zuständigkeiten, Kompetenzen, Kommunikationswege, Informationsbeschaffung sowie Schnittstellen zwischen allen involvierten Organisationseinheiten innerhalb eines Unternehmens geregelt sind, damit eine zeitnahe, effiziente und alle Aspekte berücksichtigendes Schadensfallmanagement sichergestellt ist.

Unternehmensinterne Sonderuntersuchungen, die nach dem Auftreten von Fraud-Fällen eingeleitet und je nach spezifischer Festlegung von unterschiedlichen Stellen innerhalb des betroffenen Unternehmens vorgenommen werden, können sehr unterschiedliche Ausgangssituationen haben und bedingen demzufolge auch individuelle Vorgehensweisen und höchstmögliche Flexibilität bei der Durchführung derartiger Sonderprüfungen. Das beschriebene Vorgehensmodell beim Auftreten von Fraud-Fällen bildet dabei eine fundierte Basis für die strukturierte und professionelle Durchführung einer Sonderuntersuchung. Ausgehend hiervon sind jeweils den Gegebenheiten des Einzelfalles Rechnung zu tragen und der dargestellte Prozessablaufplan von Fall zu Fall individuell anzuwenden, zu erweitern oder auch zu verändern.

Die Erkenntnisse aus Sonderuntersuchungen – insbesondere aufgezeigte Schwächen im IKS, unzureichendes Führungsverhalten sowie fehlende Sensibilität von Mitarbeitern für auffällige Geschäftsvorfälle – sind zudem unternehmensintern weiter zu behandeln und als Ausgangspunkt für eine kontinuierliche Verbesserung der Sicherungsmaßnahmen sowie der (Führungs-)Kultur eines Unternehmens zu nehmen.

Unterstützende Werkzeuge des Fraud Managers: Von der Prozessanalyse zur Ermittlungsdokumentation – Ein Rundumblick

Hans-Willi Jackmuth

1 Werkzeugarten

Bei der strategischen Betrachtung von Werkzeugen lassen sich diese in drei Klassen unterteilen:

- datenanalytische Werkzeuge inkl. IT-Forensik;

- Software in der Nutzung der operativen Abteilungen der Unternehmen;

- unterstützende Werkzeuge zur Prävention, Aufklärung und Dokumentation.

Die genannten Klassen sind sicherlich nicht überschneidungsfrei und manches erscheint auch alltäglich. Aus diesem Grund sollen im folgenden Beitrag nicht die herstellerspezifischen Eigenheiten herausgearbeitet, sondern ein abstrakter Überblick über die zu nutzende Software gegeben werden. Neben den textuell erwähnten Produkten sind jeweils weitere Produkte anderer Hersteller auf dem Markt. Dieser Beitrag stellt insofern keine Empfehlungsliste dar, sondern soll anhand von einzelnen Beispielen Funktionalitäten verdeutlichen.

Neben der Frage des Nutzens von Software an sich, ist auch immer wieder die Frage nach der alltäglichen Auseinandersetzung und der Nutzungsintensität der Werkzeuge zu stellen. Der Einsatz eines Office-Paketes des Marktführers kann zu Dokumentationszwecken (Notizen aus Interviews – Textverarbeitung) sicherlich permanent erfolgen. Theoretisch kann auf Basis dieses Paketes aber auch die komplexe Erstellung einer Datenbank zur automatisierten Auswertung von Datenströmen programmiert werden. Dazu ist jedoch ein Bekenntnis zum Einsatz der Datenbank, intensives Training und eine regelmäßige Anwendung der erworbenen Fähigkeiten von Nöten.

Bei der strategischen Betrachtung muss somit immer die Frage erlaubt sein, welcher Aufwand für Ausbildung und Schulung, aber auch für die Erstellung von Skripten und Makros zur Individualisierung sinnvoll erscheint und investiert werden soll. Ebenso muss entschieden werden, ob ein allgemein verfügbares Paket ausreicht oder eine Eigenentwicklung erstellt wird. Von der Programmierung eines Textverarbeitungsprogramms ist heutzutage abzuraten, eine Entwicklung für spezielle Anwendungen des Fraud Managers hingegen kann durchaus sinnvoll und mehrwertstiftend sein.

Wie müsste aber eine derartige Software gestaltet sein? Die Anforderungen sind relativ einfach und klar zu benennen: Das benötigte Analysewerkzeug soll die Zusammenhänge sowohl in Daten als auch in Prozessen automatisch erkennen, diese mit den durchgeführten Manipulationen dokumentieren, den Täter überführen, Strafanzeige erstatten und diese vollelektronisch an die Staatsanwaltschaft übermitteln. Man wird sich die Frage nach dem Sinn dieses Satzes stellen, aber mit Hilfe einer gewissen Distanz zu Themen und Angeboten der Hersteller ist der individuelle Bedarf am besten erkennbar.

Die Frage der Softwarelösungen ist eng mit der Frage des Fraud-Prozesses verknüpft. Folgt man dem bereits dokumentierten PDCA-Modell[1] (Plan, Do Check, Act), lässt sich die Tätigkeit des Fraud Managers in den einzelnen Phasen unterschiedlichen Software-kategorien zuordnen:

Planung eines Fraud-Management-Systems

Im Rahmen der Kapazitätsplanung benötigt der Fraud Manager „normale" Projektsteuerungswerkzeuge. Dies trifft genauso auf die Teilprojekte Prävention als auch auf die Aufdeckungsarbeit in der konkreten Fallbearbeitung zu. Einziger Unterschied dürfte – aus der Praxis heraus – das nicht planbare Budget im Rahmen von Ermittlungen sein. Eine Auseinandersetzung mit der Planung macht deutlich, dass jede Angabe bezüglich benötigter Arbeitstage eher illusorisch ist. Die Festlegung von Aufgaben und Verantwortlichkeiten, also die Beschreibung der Prozesse, Aktivitäten und Funktionen der eigenen Arbeit sollte für den Fraud Manager eine Selbstverständlichkeit sein und im optimalen Fall beim Aufbau der Einheit erfolgen.

Fraud-Prävention

Die Maßnahmen zur Durchführung von Prävention sind einerseits durch Sensibilisierung mittels Workshops und Meetings, andererseits durch den Einsatz von Werkzeugen geprägt. An dieser Stelle können Werkzeuge zur Durchführung von Self-Assessments (elektronische Fragebögen oder Intranetplattformen) ebenso Unterstützung leisten, wie moderne Lernformen im Sinne von Web-Based-Trainings (WBT). Zu einer der präventiven Komponenten gehört ebenso eine Dokumentation der im Unternehmen ablaufenden Prozesse wie auch ein gut dokumentiertes Internes Kontrollsystem (IKS). Dies kann auch über einen integrierten Ansatz, eine so genannte GRC-Plattform (Governance, Risk and Compliance) erfolgen.

Fraud-Aufdeckung

Werkzeuge zur Analytik von betrieblichen[2] aber auch von IT-forensischen Daten[3] stehen bei der permanenten Beobachtung der Transaktionen und Prozesse im Vordergrund. Man versucht mit Methoden einer zeitnahen Aufdeckung – möglichst frühzeitig – auf-

---

[1] Vgl. den Beitrag von Schulze Heuling zu prozessualer Umsetzung eines Fraud-Management-Systems.
[2] Vgl. den Beitrag von Jackmuth zu Datenanalytik.
[3] Vgl. den Beitrag von Becker zu IT-Forensik.

tretende Schäden zu erkennen und die Steigerung des Schadensvolumens zu verhindern. Daneben gibt es aber einen Strauß von Werkzeugen, der analytisch die operativen Abteilungen in der Arbeit unterstützt: Analysewerkzeuge, die auf Anti-Money-Laundering (AML, Geldwäsche) oder Prozessanalyse spezialisiert sind; Software, die Zugriffsrechte überwacht und prüft; elektronische Nachschlagewerke, die Auskunft über die Echtheit von Ausweisen geben.

Fraud-Bearbeitung

Beim Management der Fraud-Fälle kann spezielle Ermittlungssoftware eingesetzt werden, welche die ablaufenden Ermittlungsschritte protokolliert, Zusammenhänge in den Daten und Interviews aufzeigt oder klassischerweise Datenanalytik/IT-Forensik betreibt. Die Frage, die insbesondere bei dem Umgang mit datenanalytischen oder forensischen Werkzeugen immer wieder auftritt, ist die Frage der Nutzungsintensität dieser Tools.

„Schrankware" ist ein Begriff, der kaum der Erläuterung bedarf, aber in der Praxis leider immer wieder anzutreffen ist: Die einschlägigen Softwarehersteller kämpfen seit Jahren damit, dass ihre Tools auch genutzt werden. In den Revisionsabteilungen herrschte vielfach die Meinung, dass der Erwerb eines Standardanalysewerkzeuges Arbeit abnimmt – dies ist genau der falsche Denkansatz, da die Arbeit mit dem Erwerb erst richtig beginnt. Es gilt, das spezifische Fachwissen der Revisoren und Ermittler in Abfragen zu pressen, Analysemodelle auf bekannten Fraud-Cases aufzubauen und dies im optimalen Fall zu automatisieren. Sofern sich Fraud-Cases komplexerer Natur im Unternehmen nur „alle paar Jahre" ereignen, was als komfortable Situation betrachtet werden kann, sollte dies zu zwei Erkenntnissen führen:

- Vielleicht ist das so genannte Hellfeld nicht groß genug und das Unternehmen muss gezielter nach Auffälligkeiten suchen.

- Es wird kein Strauß von Analyseprodukten benötigt, die im Fraud-Fall zuerst einmal neu erlernt werden müssen.

Das Business der Wirtschaftskriminalität ist auf Seiten der Täter sehr expansiv – daher ist damit zu rechnen, dass jedes Unternehmen über kurz oder lang betroffen sein wird. Umso wichtiger ist es deshalb, die Fraud-Analytiker im Umgang mit den favorisierten Werkzeugen regelmäßig zu schulen und das Wissen tagesaktuell zu halten. Gerade bei den Spezialwerkzeugen zahlt sich die Routine aus. Die Frage, die man sich allerdings strategisch stellen muss, ist die datentechnische Versorgung an den Schnittstellen. Nicht jeder kaufmännisch und IT-technisch ausgebildete Fraud-Analytiker ist auch gleichzeitig ein guter „legaler Hacker" oder IT-Forensiker. An dieser Stelle ist es sinnvoll, dass ein Fraud Manager sich auf seine Kernkompetenzen des Managements konzentriert und diese Tätigkeiten (ggf. externen) Spezialisten überlässt.

Kontrolle und Bewertung des Fraud-Management-Systems

Die im Qualitätsmanagement des Fraud Managers definierten Key-Performance-Indikatoren und somit eine Messung der Zielerreichung können mit einer Standard-Tabellenkalkulation ermittelt werden. Allerdings bedürfen die dargestellten Zahlenansätze vorab einer sorgfältigen Extraktion aus verschiedenen Datenbanken des Unternehmens.[4]

2 Werkzeuge im Unternehmen

2.1 Steuerung der Kontrollen (GRC) aus Sicht des Fraud Managers

Transparenz, Umsetzung von Strategien, Vermeidung von Risiken und Optimierung aller Chancen gehören heutzutage zu einer guten Unternehmenskultur. Share- und Stakeholderkonzepte setzen genau an diesen Punkten an. In der Vergangenheit wurden die Themen allzu häufig singulär betrachtet. Mittlerweile bildet sich eine Sichtweise heraus, welche die GRC-Themen als komplexen, integrierten Ansatz – im optimalen Falle bereits unter Einbindung der Fraud-Management-Organisation, versteht.

In Ermangelung einer gefestigten Definition ist der Begriff wie folgt zu verstehen:

> *„GRC ist ein integrierter, ganzheitlicher Ansatz zu einer optimalen Unternehmensführung (Governance), ausgewogenem Risikomanagement (Risk) und der strikten Einhaltung von externen und internen Regeln (Compliance), der sicherstellt, dass eine Organisation entsprechend ihren selbstauferlegten Regeln, mit einem von ihr definierten Risikoappetit und in Übereinstimmung mit externen Bestimmungen handelt – durch die konsequente Ausrichtung von Strategie, Prozessen, Technik und Menschen –, um dadurch Synergien für das Unternehmen zu heben und die Leistung zu steigern."*[5]

Aus dem Blickwinkel des Fraud Managers sind die Themen im Sinne eines Präventionsansatzes als wichtig einzustufen. Ein gut dokumentiertes, aber v.a. Dingen in den Fachabteilungen gelebtes Internes Kontrollsystem (IKS) sollte durch die Implementierung von fraudverhindernden, ggf. auch aufdeckenden Kontrollen den Fraud Manager in seiner Arbeit unterstützen.

---

[4] Vgl. den Beitrag von de Lamboy zu Leistungsindikatoren für das Fraud Management.

[5] Vgl. http://www.addresults.de/governance-risk-compliance (Abruf vom 13.12.2010).

Dazu ist ein Verständnis der Prozesse im Unternehmen unabdingbar. Die letzten Jahre waren vermehrt in den Unternehmen von dem Aufschrei geprägt, möglichst Dokumentationsauswüchse zu vermeiden, wie sie seinerzeit bei den Projekten um den Sarbanes-Oxley-Act (SOX) entstanden. Damit war aber auch in den Unternehmen eine abwehrende Haltung gegenüber jeglicher Art der Dokumentation von Internen Kontrollsystemen zu verspüren. Unternehmen, die gezwungenermaßen (SOX-Reglementierung) oder aber freiwillig, derartige Projekte angegangen sind, haben aber ihre Prozesslandschaft (Prozesse beinhalten Risiken, die über Kontrollen abgefedert werden können) besser verstanden. Dies trifft besonders dann zu, wenn „[...] die Lehre, die wir aus den unlängst geschehenen Unternehmenszusammenbrüchen ziehen können, [...] die Bedeutung der Unternehmenskultur ist, und was wir ‚tone from the top' nennen."[6] Letztendlich für den Gesamtunternehmenserfolg entscheidend ist die Identifikation der Führungskräfte mit dem Thema „gelebte und gewollte" Unternehmensrisiko- und Kontrollkultur.[7]

2.2 Dokumentation von Prozessen und IKS-Analyse

Die Frage, in welcher Form und in welcher Tiefe eigene zu kontrollierende Prozesse zu beschreiben sind, stellt sich nicht erst seit dem Sarbanes-Oxley-Act. „Wer das Kontrollwesen einer Unternehmung organisieren will, wird, wie bei jeder organisatorischen Arbeit, gut tun, sich den Verlauf des Geschäftsganges in seinen Einzelheiten zunächst durch eine Zeichnung zu veranschaulichen."[8] Die in diesem Werk aus dem Jahre 1922 dargestellten handschriftlichen Zeichnungen der Geldbewegungen wurden zwischenzeitlich durch Prozessmodellierungswerkzeuge ersetzt. All diesen Werkzeugen ist gemein, dass sie den Prozess zur Verständnisgrundlage modellieren und in erheblichem Umfang Zusatzfunktionen bis zur Prozesskostensteuerung zur Verfügung stellen.

Im optimalen Fall kann in einzelnen Branchen (hier sind insbesondere die Finanzdienstleistungen zu nennen) nach einer sehr granularen Modellierung die Programmierarbeit direkt aufgenommen werden. Aber häufig fehlte in diesen Modellen in der Vergangenheit der Umgang mit Kontrollpunkten. „Erfahrungen der Internen Revision zeigen aber, dass die Kontrollkulturen in den operativen Fachabteilungen der Versicherer sehr unterschiedlich ausgeprägt sind. Im Extremfall werden bei der Prozessmodellierung die Kontrollpunkte schlichtweg vergessen oder als nicht notwendiges Beiwerk verstanden."[9]

---

[6] Vgl. Rede von Commissioner Paul S. Atkins, U.S. Securities and Exchange Commission, an der Universität zu Köln (Januar 2003), http://www.sec.gov/news/speech/spch020503psag.htm (Abruf vom 03.03.2011).

[7] Vgl. dazu auch alle COSO-Modelle unter http://www.coso.org.

[8] Leitner, F., 1922, Die Kontrolle, S. 12.

[9] Jackmuth, H.-W., 2011, Prozessmanagement aus Risiko und Revisionssicht, S. 147.

Zusätzlich bietet die hohe Komplexität der in der Unternehmensrealität ablaufenden Geschäftsprozesse häufig eine Möglichkeit, Fraud-Manipulationen zu ermöglichen oder zumindest zu begünstigen. Eine Verfolgung der Prozesse mittels eines „Laufzettels" (bei der papierhaften Bearbeitung war dies ein übliches Analyseinstrument) kann heute aufgrund der vielfältigen elektronischen Schnittstellen nicht sichergestellt werden. Demzufolge ist es für den Fraud Manager unabdingbar, sich Informationen über die im Unternehmen ablaufenden Prozesse zu verschaffen.

Dabei ist das Thema IKS ein Baustein, wobei im Rahmen der Gefährdungsanalyse[10] der Schwerpunkt auf dem Testen der entsprechenden Fraud-Fälle gegen das IKS liegen sollte. Es ist nicht die Frage entscheidend, wie der Täter den Ablauf gestaltet – der Täter hält sich weder an Prozesse noch an das IKS, um seine spezifischen Vorteile im Unternehmen zu suchen. Die Information über das IKS zählt aber zu den wesentlichen Quellen eines Fraud Managers, allerdings nur, um die Abläufe zu verstehen und die Manipulationsmuster in den bekannten Fraud-Cases zu testen.

Abbildung 1: BWise® – Steuerung eines Internen Kontrollsystems

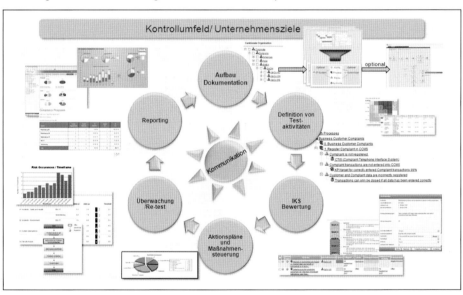

---

[10] Vgl. den Beitrag von Jackmuth/Zawilla zu Gefährdungsanalyse.

Moderne Systeme bieten – neben der grafischen Prozessdarstellung – Möglichkeiten, die Kontrollen im Prozess darzustellen. Die Logik von Risiko-Kontroll-Matrizen gehört für derartige Produkte sicherlich zum Standard. Dabei werden die in einem Prozess auftretenden Risiken dokumentiert, ggf. mit einer Kontrollhandlung belegt und regelmäßig *„monitored"*.

„Aufgrund der Masse an möglichen Kontrollen sollte der Fokus auf so genannte Schlüsselkontrollen gelegt werden. Schlüsselkontrollen sind diejenigen Kontrollen, die im Prozess aufgrund ihres Umfangs maßgeblich die Kontrollziele abdecken. Ziel muss es sein, die wesentlichen Kontrollen von den *Nice-to-have*-Kontrollen zu unterscheiden."[11]

Abbildung 2: Ausriss einer Risiko-Kontroll-Matrix – Musterhafte Beschreibung eines Kontrollschrittes

Risiko GoB						Kontrolle	Kontrollart	Kontrollbeschreibung	Von der Kontrolle sichergestellte Grundsätze ordnungsgemäßer Buchführung						Schlüsselkontrolle	
Vollständig	Vorhanden	Recht	Bewertung	Darstellung	Vermögen				Vollständig	Vorhanden	Recht	Bewertung	Darstellung	Vermögen	ja	nein
X	X	X	X			Konto 88.888.888 muss Saldo 0 zeigen	Abstimmung gegen SAP-Ledger	Monatliche Kontrolle, nachdem Werte verbucht wurden	X	X	X	X	X		X	

Aktuelle Software stellt die ganzheitlichen Ansätze aller Unternehmensanforderungen auf einer einheitlichen Plattform dar. Dabei verschmelzen die Blickwinkel des Boards und der speziellen Organisationseinheiten, die sich mit den Themen Governance, Risk und Compliance befassen. Auftretende Probleme in der Einhaltung von Compliance-Regeln und in der Implementierung oder dem Lebenszyklus von Kontrollen, bieten dem Fraud Manager eine wertvolle Informationsplattform.

---

[11] Jackmuth, H.-W., 2011, Prozessmanagement aus Risiko- und Revisionssicht, S. 147.

Abbildung 3: BWise GRC-Solution-Plattform[12]

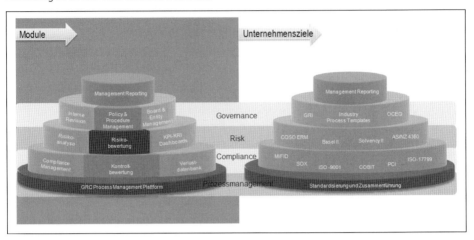

In den Unternehmen wird zunehmend an den Themen rund um die Automatisierung von Transaktionskontrollen in Enterprise-Ressource-Planning-Systemen (ERP), das so genannte Continuous Control Monitoring (CCM), gearbeitet. Obwohl die technologischen Ansätze bereits mehr als ein Jahrzehnt alt sind, haben diese jetzt mittels moderner Business-Intelligence-Plattformen (BI) und ausgelöst durch IKS-Projekte einen neuen Stellenwert erlangt.

Aus Sicht des Fraud Managers stehen dabei im Vordergrund Verknüpfungen aus abstrakt erhobenen Fraud-Risiken und Kontrollen direkt und kontinuierlich mit den operativen Daten, um Risiken und Kontrollen in Echtzeit und permanent überwachen zu können. Dieser Weg wird aktuell sowohl von den Herstellern der GRC-Plattformen als auch von den typischen Datenanalyselieferanten beschritten. Obwohl diese Vorgehensweise den Königsweg für die Überwachung von Kontrollaktivitäten darstellt, ist der Aufwand einer CCM-Implementierung nicht zu unterschätzen und eher für Großunternehmen interessant.

Auf jeden Fall sollte das IKS-Tool neben der Einbindung von ERP-Kontrollen auch das Erfassen von nicht automatisierbaren Risiken und Kontrollen unterstützen, da im Schlüsselfaktor Mensch nicht selten das größte Gefahrenpotenzial für die Unternehmen liegt.

---

[12] Vgl. http://www.bwise-grc.de/losungen/grc-plattform (Abruf vom 03.03.2011).

2.3   Analyse von Prozessen mittels Process Mining

2.3.1   Klassische Prozessanalyse

Am Ende von Detection-Mandaten wird immer wieder die Frage gestellt, wie es trotz der dokumentierten Kontrollen zu einem „so späten" Zeitpunkt und häufig erst unter Zuhilfenahme des „Kommissars Zufall" oder eines Whistleblowers zur Analyse der Tat kommen konnte. Aus revisorischer Sicht, aber auch aus Sicht des Abschlussprüfers, hängt die geringe Aufdeckungsquote im operativen Business[13] mit den unterschiedlichen Blickwinkeln zusammen. Die Revision soll in erster Linie Prozesse optimieren und Mehrwerte schaffen,[14] der Abschlussprüfer eine ordnungsgemäße Bilanzierung sicherstellen. Für eine Prozessbetrachtung „nur" unter Fraud-Gesichtspunkten verbleibt in beiden Fällen außerhalb von Sonderuntersuchungen schlichtweg keine Zeit.

Schwierig wird es allerdings schon bei der Methodenbetrachtung der Prozessanalyse. Wie effizient und regelkonform die Prozesse des Unternehmens ablaufen, ist nicht so leicht zu erkennen. Bildet die Realität die Prozesse so ab, wie es in den Prozesseinführungs- und -reorganisationsprojekten definiert wurde und wie es interne und externe Vorgaben und Compliance erfordern? Und ist die Performance zufriedenstellend? Um diese Fragen in einem Audit beantworten zu können, reichen die normalen Mittel und Methoden in der Internen Revision nicht aus. Die häufig gestellte Frage nach der Prozessrealität, jenseits der gezeichneten Charts, wird seitens der Fachabteilungen sicherlich häufig nach bestem Wissen beantwortet.

Die klassische und heute noch übliche Form der Prozessrevision besteht aus Stichproben, Walkthroughs sowie der Befragung und Beobachtung der prozessbeteiligten Personen durch die Revision. Diese Form der Prozessprüfung ist zeit- und kostenaufwendig. Zudem spiegeln die Ergebnisse häufig nur einen subjektiv geprägten Ausschnitt der Realität wider.

2.3.2   Funktionsweise des Process Mining

Die heutige Geschäftswelt ist ohne IT zur Digitalisierung der Prozesse nicht mehr funktionsfähig. Eine grundlegende Eigenschaft moderner IT-Systeme ist die Ereignisprotokollierung in so genannten Logfiles. Alle Aktivitäten des Systems und der Benutzer hinterlassen auswertbare digitale Spuren. Eine Analyse dieser Daten erlaubt aber auch einen

---

[13]   Schätzungsweise werden ca. 7% der Fraud-Fälle jeweils durch Revisions- oder Wirtschaftsprüferhandlungen im Anfangsverdacht erkannt.

[14]   Vgl. IIA/DIIR, 2007.

umfassenden Einblick in die tatsächlichen Geschäftsabläufe im Unternehmen. Sofern gewünscht und datenschutzrechtlich zugelassen, bieten sich auch Auswertungsmöglichkeiten in sozialen Netzen.

Im Gegensatz zur klassischen Analyse von Prozessen benötigt Process Mining die Logfiles der Systeme, die verwendet werden, um die Prozesse zu bearbeiten. Ein solches Logfile enthält – neben vielen weiteren Daten – Informationen darüber, wer (User), wann (Zeitstempel), was (Prozessschritt), bei welchem Geschäftsvorfall (Vorgangsnummer) ausgeführt hat.

Die entsprechend kombinierten, aufbereiteten und ausgewerteten Daten geben Auskunft über jeden einzelnen Geschäftsvorfall (Ablauf, involvierte Personen, Durchlauf- und Bearbeitungszeiten usw.) und ermöglichen es, auch im Rahmen der Fraud-Detection die vollständigen Prozesse zu rekonstruieren. Aus Sicht der Ermittlungen sind dabei insbesondere Prozesse von Bedeutung, bei denen die Kontrollschritte nicht durchlaufen und somit die Vier-Augen-/Funktionstrennungsprinzipien durchbrochen wurden.

Abbildung 4: Umgehung durch Nichtausführung von definierten Prozesskontrollen[15]

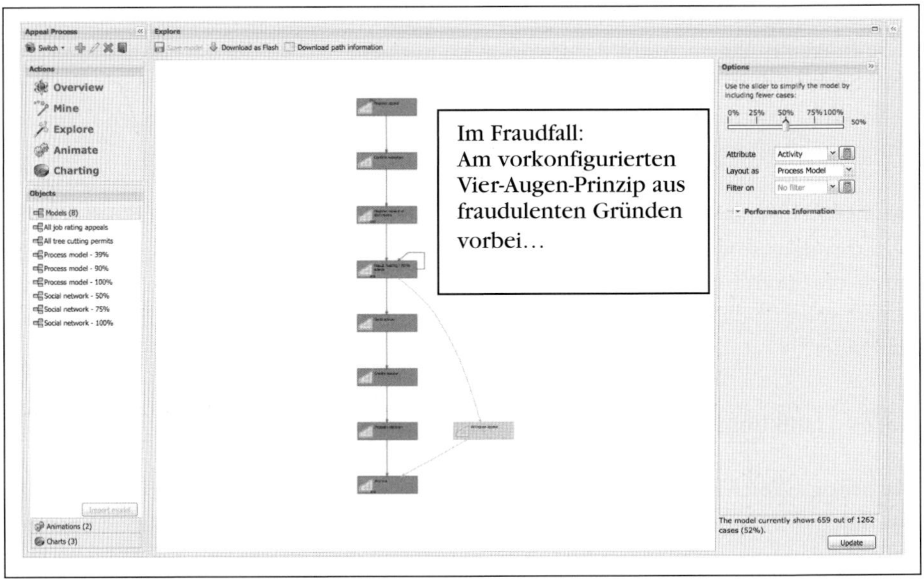

---

[15] Vgl. www.addProcessmining.de (Abruf vom 03.03.2011).

Von entscheidender Bedeutung ist dabei die Frage der Datenqualität. Erfahrungen zeigen, dass selbst Host-Systeme aus den 1980er Jahren i.d.R. über aussagekräftige Logfiles verfügen.

Für die Unternehmen ist der hier geschilderte Umgang mit tatsächlichen Prozessdaten neu und innovativ. Durch die technische Flexibilität ist Process Mining für die Analyse beliebiger Prozesse geeignet und an keine Branche oder Sparte gebunden. Voraussetzung ist lediglich ein Logfile mit den entsprechenden Daten.

Sind die Daten eines Logfiles einmal richtig aufbereitet und analysiert, so ist die Wiederholung mit aktuellen Daten jederzeit mit relativ geringem Aufwand möglich. Die Daten werden in diesem Fall vollautomatisch in definierten Zeitabständen aus den relevanten Systemen überspielt, analysiert und die Ergebnisse im gewünschten Format präsentiert. Besonders wichtige Prozesse können in einem Prozessportal oder -cockpit laufend überwacht werden und bilden damit die ideale Grundlage für einen kontinuierlichen Revisions- und Fraud-Analytikprozess im Unternehmen.

2.4 Risikomanagement-Tools

Risikomanagement-Tools bieten der Unternehmensleitung Methoden bei der strategischen und operativen Erfassung aller Unternehmensrisiken, also auch aus fraudulenten Handlungen. Je nach Branche sind die Methoden mehr oder weniger stark ausgeprägt. Insbesondere die Banken müssen Schadensfall-Datenbanken vorhalten, in der jeder Schaden, insbesondere aus operationellen Risiken, zu dokumentieren ist. Von daher kann die abstrakte Denkweise eines Risikomanagers „auf der Suche" nach Risiken und ggf. allen Störungen in operativen Prozessen, die zu einem Schaden für das Unternehmen führen können, dem Fraud Manager bei der Umsetzung von Präventionsmaßnahmen nützlich sein.

Von daher sind auch alle Werkzeuge und vertraulichen Informationen, die sich aus dem Blickwinkel des Risikomanagers ergeben, bei der Analyse von bestimmten Fraud-Risiken und -Konstellationen hilfreich. Mittlerweile sind die Werkzeuge am Markt recht vielfältig, insbesondere auch als GRC-Tools.[16]

---

[16] Vgl. auch Abschnitt 2.1 und den Beitrag von Romeike zu Risikomanagement. Einen Anbieterüberblick bietet beispielsweise die Seite http://www.risknet.de/marktplatz/loesungsanbieter (Abruf vom 03.03.2011).

2.5 Compliance-/AML-Tools

In den Banken haben sich Softwarelösungen aus den Geldwäschemodulen entwickelt, welche neben der Funktionalität, Verdachtsmomente auf Geldwäsche zu überwachen, zunehmend auch Fraud-Komponenten beinhalten. Dies sind meist Speziallösungen, die häufig einen regelbasierten Ansatz abbilden.[17]

Als Beispiel sei die Produktlandschaft der Firma Tonbeller vorgestellt, deren Lösung „Siron Compliance Solutions®" vorwiegend Banken und Finanzdienstleister unterstützt, die gesetzlichen Anforderungen im Kontext Gefährdungsanalyse, Geldwäschebekämpfung, Betrugserkennung, Terrorismusfinanzierung und Embargoüberwachung sowie Compliance effektiv und anforderungskonform zu erfüllen.[18] Dabei sind die Themen rund um Anti Money Laundering (AML) mit spezieller Überwachung der politisch exponierten Personen (PEPs) länger im Tool abgebildet als die spezielle Fraud-Technologie. Aber mittels des Zugriffes auf die Datenbanken, welche bereits für Geldwäsche benötigt werden, bieten sich natürlich in den Banken hervorragende Möglichkeiten zumindest die regelbasierten Ansätze mit den Tools abzubilden – und v.a. Dingen ohne zusätzlichen Implementierungsaufwand für Datenbank-Konnektivität. Dies trifft beispielsweise auch auf die Lösung Smaragd/FPD der Firma Cellent Finance Solutions AG wie auch auf die Lösung Actimize der Firma Actimize Inc. zu.

Eine weitere Lösung ist „kdprevent™ AML & Compliance platform" der Firma Impaq. Auch hier sind in diesem Rahmen Lösungen entstanden, die sich ausgehend von Geldwäsche aktuell mit der Implementierung von Fraud-Prävention befassen. Als Beispiel für Zusatzfunktionen in derartigen Tools ist eine Visualisierung von Datenströmen zu nennen, um die Geldbewegungen A nach B nachzuvollziehen und optisch aufzubereiten. Dies kann natürlich nur mit den Daten erfolgen, die physikalisch auch im Einzugsbereich der Bank liegen.

2.6 Spezielle Überwachung von Funktionstrennungen

Viele Unternehmen sind heute Anwender der Unternehmenssoftware SAP®. Gerade in modernen ERP-Systemen, die über eine komplexe Implementierung im optimalen Fall die gesamte Prozesskette im Unternehmen abbilden, sind Funktionstrennungsaspekte nicht trivial. Aus der Unternehmenspraxis heraus zeigt sich auch, dass dem Thema in den

---

[17] Vgl. zur Abgrenzung den Beitrag von Jackmuth zu Datenanalytik, Abschnitt 3.
[18] Vgl. http://www.tonbeller.de/Produkte_und_Leistungen/Siron_Financial_Solutions/?n=10 (Abruf vom 03.03.2011).

operativen Fachabteilungen nicht genügend Bedeutung beigemessen wird. Aussagen, wie: „Die Interne Revision ist für das IKS verantwortlich!" oder „Berechtigungen werden in der IT administriert!" zeigen, dass sich Führungskräfte im Einzelfall der Risiken, die ihren ureigensten Einflussbereich betreffen, gar nicht bewusst sind. Die in Umfragen regelmäßig anzutreffende Auffassung, dass Fraud-Fälle grundsätzlich nur in Konkurrenzunternehmen, nie im eigenen Unternehmen auftreten, ist in der Realität so nicht zu bestätigen. Wie intensiv muss sich ein Fraud Manager mit den Themen um Berechtigungen auseinandersetzen? Es gilt, die Gelegenheiten und die Schlupflöcher für fraudulente Handlungen möglichst zu schließen. Der übliche Klassiker herrscht allerdings auch hier vor: Erhält ein Mitarbeiter gleichzeitig eine Buchungs- und Freigabekompetenz und verfügt er über die Möglichkeit, Stammdaten auf Bankseite zu beeinflussen, ist der Weg zum Fraud-Fall deutlich kürzer als bei einer ordnungsgemäßen Funktionstrennung. Probleme bietet an dieser Stelle nur die Komplexität des Berechtigungskonzeptes auf SAP®-Seite.

Aufgrund der im System vorhandenen Vorschlagswerte und komplexen Abhängigkeiten bedarf es einer permanenten Schulung der das System einrichtenden, aber auch überwachenden Mitarbeiter. Zahlenmaterial zu den Möglichkeiten befindet sich in der Dokumentation des Systems – aus einem aktuellen Mandantensystem einige Zahlen:

- Anlieferung der SAP® von ca. 21.000 Zeilen zu vorkonfigurierten 1.650 Rollen (im Unternehmen übersetzbar mit (Teil-)Arbeitsplatzschablonen);

- nach Einrichtung von ca. 350 Usern mittels ca. 700 Rollen existieren Informationen in 36.500 Zeilen Zugriffsdokumentation, die unter gewissen logischen Kriterien UND/ODER den Usern Zugänge zum System gewährt.

Diese Daten stammen aus einem sehr überschaubaren System, verdeutlichen aber die Komplexität. Mit Blick auf das Beispiel gibt es für den fraudulenten User andere Alternativen, sobald ihm für eine Funktionstrennung Buchungskompetenzen entzogen werden: Nutzung der Belegvorerfassung, Anlage eines Dauerauftrages mit einmaliger Zahlung in „ausreichender Höhe", Buchungen in Vormodulen wie Materialwirtschaft (MM) und Vertrieb (SD) etc.

Das Ergebnis dieses Einblickes in die SAP®-Berechtigungswelt kann aus Sicht des Fraud Managers schnell umrissen werden:

- Das Unternehmen benötigt interne oder externe Fachkompetenz, um die Lücken zu schließen.

- Eine Softwareunterstützung ist hilfreich.

Lösungsanbieter für derartige Spezialthemen sind nicht zahlreich zu finden. Am Markt durchgesetzt haben sich Speziallösungen wie checkaud®[19] oder CSI®.[20] Es lohnt sich allerdings auch ein Blick in die Welt der Datenanalysewerkzeuge, die ebenfalls derartige Funktionalitäten beinhalten und ggf. schon im Unternehmen als Lizenz vorliegen.

Sicher kann man das Problem auf andere operative Systeme übertragen: Berechtigungen der Single-Sign-On-Produkte, Windows-Active-Directory, RACF-Zugangssysteme. Aus Sicht der Erkenntnis *„Follow the money"* ist aber gerade ein Blick in die operativen, Zahlungsströme auslösenden Systeme zu priorisieren.

Abbildung 5: Prüfungsschritt des Moduls SoD-Risk TaxAudit/Idea der Firma audicon[21]

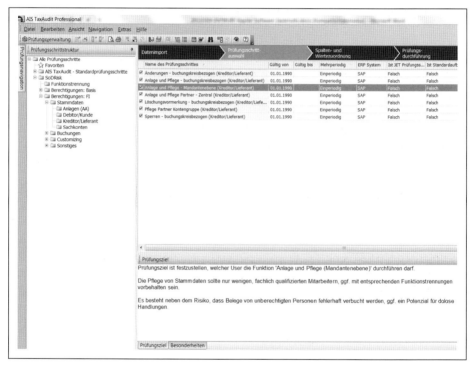

---

[19] Vgl. http://www.check-aud.de.

[20] Vgl. http://www.csi-tools.com.

[21] Vgl. http://www.audicon.net.

2.7 Weitere Software

„Volkssport Versicherungsbetrug" titelte der „Spiegel" in seiner Ausgabe 10/1984 – die Schweizer Zeitung „20Minuten" im Juli 2010. Der Gesamtverband Deutscher Versicherer (GDV) schätzt den die Versicherungsgesellschaften treffenden Schaden höher ein als bei allen anderen Branchen, für die international derzeit 5-7% als stabile Größe genannt werden. Treffen die Zahlen von ca. 10% der Prämieneinnahmen für deliktische Handlungen zu, so steht hier ein doloses Potenzial zwischen 5 und 6 Mrd. EUR pro Jahr auf dem Prüfstand.[22]

In den Versicherungen stehen daher in den Schadenprozess integrierte Tool-Lösungen zur Verfügung, um eine Aussteuerung und besondere Behandlung von auffälligen Schäden separiert abzuarbeiten. Derartige Softwarelösungen sind unzweifelhaft unterstützend für den Fraud Manager bei der Prävention und der Schadenabwehr zu sehen. Auch in anderen Branchen stehen Lösungen zur Verfügung, die ähnliche Aufgaben erfüllen. Eine genaue Kenntnis der IT-Landkarte ist somit für das Management der unterstützenden Tools von Nöten.

Ebenso kann man diese Lösungen in anderen Branchen finden: Business-Intelligence-Systeme, welche die Analyse durch Sammlung, Aggregation, Auswertung und Aufbereitung von Unternehmensdaten unterstützen, können im Rahmen des Fraud Managements wertvolle Hilfe leisten. Dazu sind Daten aus Warenwirtschaftssystemen (Diebstahl, Gutschriften, Inventurverluste, Rabatte) ebenso geeignet wie Daten mit Zahlungsverkehrsströmen (unberechtigte Kontoverfügungen, Zahlungsmanipulationen).

3 Spezifische Werkzeuge im direkten Umfeld des Fraud Managers

3.1 Erkennung und Analytik

Derartige Werkzeuge bilden das Herzstück der „Werkzeuge" eines Fraud Managers. Aufgrund der Komplexität ist dieser speziellen Softwarekategorie, von einfachen Methoden bis hin zu Data-Mining und neuronalen Netzen, ein eigener Beitrag gewidmet.[23]

---

[22] Prämieneinnahmen aller Versicherer 2009: 54,7 Mrd. EUR, Quelle GDV.
[23] Vgl. den Beitrag von Jackmuth zu Datenanalytik.

3.2 Präventionskomponenten

Wesentliches Merkmal einer aktiven Fraud-Management-Organisation ist der Umgang mit Prävention. Das Bestreben muss sein, „vor die Tat" zu kommen, also die Tat bereits zu verhindern. Dazu werden oftmals die Mittel der Kontrolle und der Werkzeug-gestützten Überwachung in der Literatur genannt. Wirksame Präventionsarbeit setzt allerdings sehr viel intensiver in der Schulung und Ausbildung der Mitarbeiter an. Es muss gelingen, den Menschen als „Schlüsselfaktor" gegen wirtschaftskriminelle Taten zu immunisieren.[24]

Aus Sicht des Fraud-Triangle[25] kann daher an den verschiedenen Stellschrauben im Rahmen von Prävention angesetzt werden:

- Das Gelegenheitspotenzial sollte durch eine aktive Steuerung des IKS gegen Fraud, aber auch durch zeitnahe geeignete Überwachungswerkzeuge (Erhöhung der Machbarkeitsschwelle) vermindert werden.

- Die Motivationslage und der Grad der Rechtfertigung sind über ein aktives Wertemanagement im Unternehmen beeinflussbar.

Hinsichtlich der einsetzbaren Instrumente im Rahmen des Wertemanagements sind die Methoden auf der einen Seite in der aktiven Gestaltung eines Kataloges von Regelwerken zu sehen, insbesondere in den verschiedenen zusammenwirkenden Policies.[26] Auf der anderen Seite stehen neben Präsenzveranstaltungen in Form von Fraud-Workshops und Risikosensibilisierungsgesprächen technische Lösungen zur Verfügung, die mittels Internet/Intranet Self-Assessments (fragenbasierte Umfrage-Tools) oder interaktive, multimediale Web-based-Trainings anbieten.

3.2.1 Web-Based-Trainings

Interaktives Lernen empfiehlt sich u.a., wenn in kurzer Zeit Mitarbeiter zusätzlich zu den bereits eingesetzten Methoden sensibilisiert oder mit neuem Know-how ausgestattet werden sollen. Für einen Schulungserfolg sind dabei verschiedene Komponenten notwendig:

- modernes, interaktives Lernen, ggf. mit Verweisen auf die im Unternehmen bestehenden Dokumente;

---

[24] Vgl. zur Fraud-Pyramide den Einführungsbeitrag dieses Buches sowie zur erweiterten Fraud-Präventionspyramide den Beitrag von Zawilla zu Strategische Komponenten.

[25] Vgl. Wells, J., 1997, Occupational Fraud and Abuse, S. 11.

[26] Vgl. den Beitrag von Zawilla zu Strategische Komponenten.

- praxisgerechte Fallszenarien, um den Mitarbeiter am Arbeitsplatz mit auftretenden Cases zu schulen und zu sensibilisieren („Das könnte in dieser Form auch uns passieren!");

- unterstützend können Chats und moderierte Foren eingesetzt werden.

Wichtig ist dabei, die Trainings einerseits mit einer Zertifizierung zu versehen (das Thema Lernkontrolle verhindert ein „mechanisches Durchklicken" durch eine Softwareanwendung) und andererseits derartige Lernmodule in regelmäßigen Abständen zu wiederholen. Intensive Erfahrungen mit derartigen Produkten hat beispielsweise die Bankbranche, wo derartige Lernprogramme zur Schulung von Geldwäsche- und Compliance-Themen nach Wertpapierhandelsgesetz (WpHG) seit Jahren erfolgreich eingesetzt werden.

Im Rahmen von WBTs zur Betrugsprävention sind beispielsweise Produkte der Firmen Digital Spirits, Helpmaster, Bank-Verlag oder auch efiport am Markt. Bei einem Einsatz derartiger WBTs empfiehlt sich (ab einer gewissen Teilnehmeranzahl) eine strikte Kalibrierung an die Produktlandschaft aber auch an das Branding des Unternehmens, um hier eine optimale Lernumgebung zu schaffen.

Abbildung 6: Ausschnitt WBT efiport AG

3.2.2 Prüfung von Dokumenten

Eine weitere Spezialanwendung sind die Produktgruppen, welche einen Dokumentenvergleich von Legitimationspapieren und/oder Bargeld entweder durch den End-User (webbasiertes Vergleichs-Tool) oder durch einen voll elektronischen Prozess ermöglichen.[27]

Den spezialisierten Softwareanbietern steht dezidiertes Know-how zur Fälschungserkennung[28] zur Verfügung. Aktuelle, weltweite Ausweisdokumente werden permanent in die Datenbank mit Spezialmerkmalen gescannt und eingestellt, um Anwendern über einen Vergleich am Point-of-Sale (PoS) eine direkte Erkennung der Fälschung zu ermöglichen.

Abbildung 7: Webbasiertes Frontend zum Abruf von Informationen zu Personendokumenten idenTT

---

[27] Vgl. http://www.identt.info (Abruf vom 03.03.2011).

[28] Vgl. den Beitrag von Hessel/Heuser zu Fälschungserkennung.

In der konsequenten Weiterentwicklung ermöglicht beispielsweise die Lösung IDENTT SCAN eine Ausweisprüfung mit einem Passlesegerät, einer Art Hochleistungsscanner, das in das Unternehmensnetzwerk integriert ist. Im Bedarfsfall (Pass kann nicht zweifelsfrei erkannt werden) werden die Daten an einen Support von ausgebildeten Mitarbeitern geleitet (in-/extern), um hier eine Entscheidung durch Spezialisten treffen zu lassen.

Für den Mitarbeiter im Vertrieb kann der Einsatz derartiger Technologie aufgrund der wegfallenden Erfassungstätigkeit der Ausweisdaten positive Effekte ergeben. Der Fraud Manager schaltet auf diese Art das Risikopotenzial der Erbringung von Dienstleistungen auf Basis gefälschter Ausweise aus und leistet somit einen Beitrag zur Prävention.[29]

3.2.3 Whistleblowing per Internet

Die Business Keeper AG hat eine Kommunikationsplattform in Form des „Business Keeper Monitoring System (BKMS) System" entwickelt, um Wirtschaftskriminalität zu bekämpfen. Neben dem Kommissar Zufall spielen Hinweise von integeren Mitarbeitern die zweithäufigste Rolle bei der Erkennung eines Anfangsverdachtes. Dies zu kanalisieren und zu professionalisieren ist die Aufgabe einer solchen Lösung.[30]

Whistleblowing als eine der Aufdeckungsmethoden sollte in Form von Hinweisgebersystemen eine entsprechende technische Plattform erhalten, um einerseits die Anonymität der Hinweisgeber zu garantieren, andererseits aber auch eine Kommunikation der Ergebnisse, der Hinweise oder auch bei Rückfragen an den Hinweisgeber zu ermöglichen. Dazu müssen die Verschlüsselungs- und Anonymisierungstechnologien dem Whistleblower ein ausreichendes Gefühl der Sicherheit des Informationsschutzes vermitteln.

Alleine die Einrichtung eines solchen Systems kann als ein Baustein der Prävention gewertet werden. Studien weisen nach, dass Unternehmen ohne ein solches System häufiger von Wirtschaftskriminalität betroffen sind als Unternehmen, welche diese zusätzliche Möglichkeit für Informanten geschaffen haben.[31]

---

[29] Vgl. auch den Beitrag von Hessel/Heuser zu Fälschungserkennung.
[30] Vgl. die Beiträge von Buchert zu Hinweisgebersystemen sowie Wachter zu Fraud-Präventionsmaßnahmen.
[31] Vgl. als Beispiel LKA Niedersachsen – https://www.bkms-system.net/bkwebanon/report/clientInfo?cin=lka149ni&language=ger (Abruf 03.03.2011).

3.2.4   Sonstige Software

Im Umfeld von e-commerce werden mehr denn je individuelle Softwareprodukte eingesetzt, die insbesondere am PoS auch im internationalen Umgang Betrug bekämpfen
sollen. Inwieweit Täter in den Systemen eine präventive Komponente sehen, wird nicht
ermittelbar sein. Fest steht in diesem Hase-Igel-Spiel allerdings, dass eine permanente
Verbesserung der regelbasierten Systeme die Erkennungsquote der im Hintergrund stattfindenden elektronischen Online-Zahlungsabwicklung erhöht und damit für die Händler vor Ort die bestmögliche Betrugserkennung gewährleistet.

Für derartige Systeme ist es wichtig, das Verhältnis des erkannten Betrugs zu abgelehnten
regulären Transaktionen zu optimieren und so genannte False-Positive-Meldungen auszuschließen. Insbesondere Kreditkarten- oder Online-Zahlungssysteme sind darauf angewiesen, aus den bisher abgewickelten Transaktionen einen Ansatz zu errechnen, der die nächste
auftretende Aktion des Kunden mit einer möglichst hohen Genauigkeit bewertet.

Dazu sind Datenströme zu überwachen, die verhaltensbezogen die Transaktionen auswerten. Branchenspezifische betrugsrelevante Parameter können bei Fluggesellschaften
beispielsweise die Flugstrecke, die Zahlungsart, die Flugklasse oder Vorausbuchungs-
fristen sein – bei Internetshops die Art der zu erwerbenden Gegenstände, die Einordnung
in das Preisgefüge bereits abgewickelter Transaktionen, die Häufigkeit der Einkäufe etc.

3.3   Dokumentation

3.3.1   Chronologie

Im Rahmen von Fraud-Detektion muss gewährleistet werden, dass zum Zeitpunkt der
Übergabe des Berichtes an die Ermittlungsorgane eine gerichtsfeste Dokumentation vorliegt. Dazu dürfen die kopierten Dokumente keine Bearbeitungsvermerke tragen sowie
in elektronischer Form durchsuchbar gestaltet werden. Daneben stellt die chronologische Darstellung aller Vorgänge einen Standard dar, der für die weitere Bearbeitung der
Ermittlungsbehörden dringend anzuraten ist.[32]

Hinsichtlich der Analyse der Dokumente während der Aufarbeitung des Szenarios ist ein
schneller Zugriff auf be- oder entlastende Textpassagen von Nöten. Ebenso ist eine
Querreferenzierung (Dokument A steht aus diesem Grund in Zusammenhang mit

---

[32]   Vgl. den Beitrag von Zawilla zu Sonderuntersuchungen.

Dokument B) durchaus hilfreich. Sofern man über keine Möglichkeit verfügt, professionelle Ermittlungssoftware einzusetzen, empfiehlt sich ein Blick in die Möglichkeiten von Standardsoftware. In Projekten bewährt haben sich ein frühzeitiger Dokumentenscan sowie eine Referenzierung in Excel. Mit Hilfe dieser Logik können insbesondere auch Abweichungen in Dokumenten aus mehreren Quellen vom gleichen Datum (Schreiben lag in Akte von Mitarbeiter A in dieser Form, in Akte B in jener Form) erkannt werden.

In aktuellen Projekten gestalten die Herausgeber die Excel-Struktur so, dass jederzeit eine Verlinkung auf die Dokumente, die in einer individuellen Windows-Ordnerstruktur abgelegt sind, erfolgen kann.

Der von Rechner zu Rechner unterschiedliche Zugriffspfad sollte in einem vorgeschalteten Tabellenblatt als solcher definiert werden, um Ermittlungsbehörden schnell und einfach die Anpassung an ihre IT-Systeme zu ermöglichen. Aus diesem Grund empfiehlt es sich ebenso, bei Ermittlungsergebnissen ausschließlich auf Standardsoftware zurückzugreifen und etwaige erstellte eher ungewöhnliche Dokumententypen (Visio, Mindmap etc.) vorab in ein PDF-Dokument zu konvertieren.

Abbildung 8: Beispiel einer Dokumentation, wobei die einzelnen Inhalte verlinkt sind[33]

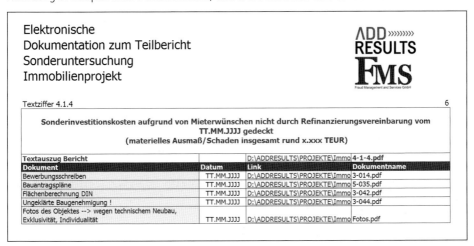

Ein gleichartiges Verfahren erreicht man durch elektronische Verweise in PDF-Dokumenten eines Abschlussberichtes, wobei diese PDFs als Dokumentenmappe angelegt werden sollten, um eine spätere Beisortierung von nachträglichen Dokumenten zu

---

[33] In MS Excel® =HYPERLINK(VERKETTEN(Zugriffspfad; Ordnername; Dokumentenname).

ermöglichen. Wichtig erscheint in diesem Zusammenhang eine Aufbereitung in der Form, die es (dritten) Ermittlern möglich macht, schnell und präzise die Ermittlungsergebnisse nachvollziehen zu können.

3.3.2 Mindmapping als „pseudoforensische" Dokumentation

Komplexe Zusammenhänge können durch eine Visualisierung deutlich entzerrt werden. Insbesondere bei einer Personenrecherche im Internet fallen häufig Zusammenhänge an, die gut genutzt und gebraucht werden könnten, deren Struktur aber nur erschwert abbildbar ist. Professionelle Ermittlungs-Tools können derartige Querverweise abbilden.

Abbildung 9: Übersicht Personenrecherche in mindmap

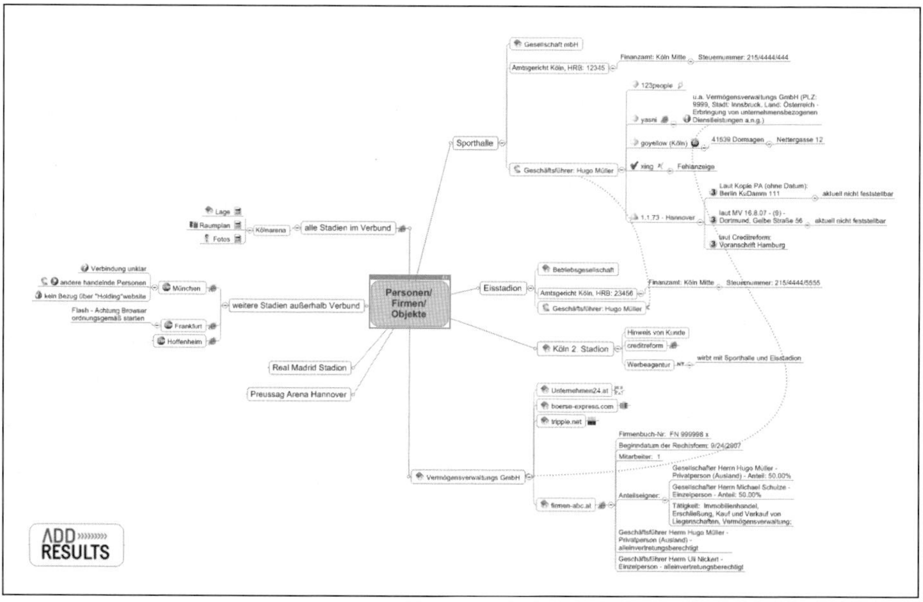

In der Praxis lohnt sich für kleine Projekte aber durchaus einmal ein Blick auf das Mindmapping-Verfahren. Die anhand eines Screenshots gezeigten Informationen lassen sich bequem Schritt für Schritt erzeugen, ergänzen und v.a. Dingen mit den Quellen direkt verlinken. Zusätzlich können Kommentare angebracht werden. Es empfiehlt sich in einem ersten Schritt ein Test dieser Tools, ob eine ähnliche Vorgehensweise implementierbar erscheint.

Abbildung 10: Ausriss von Details in mindmap

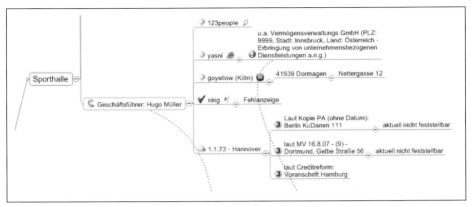

3.3.3 Ermittlungssoftware

Der professionellere Ansatz als Mindmapping bedient sich eines Produktes, das sich als Weltmarktführer für Visualisierungssoftware im Polizei- und Ermittlungsumfeld darstellt. Bei den Softwarekomponenten geht es ebenfalls verstärkt darum, Tatabläufe zu visualisieren, Zahlungsströme grafisch darzustellen und neue Abhängigkeiten aus vorliegenden Tatdaten zu erkennen.

Mit „Analyst's Notebook"[34] werden große Mengen komplexer Informationen aus unterschiedlichen Quellen in ein strukturiertes Bild überführt – damit werden Verbindungen sichtbar und es erschließen sich Zusammenhänge, die bisher verborgen waren." Dazu stehen grafische Auswertungen zur Verfügung, die Pfade und Verbindungen zwischen den Tatereignissen sichtbar machen. Damit können auch Cluster und Gruppen aufgespürt und nach Zusammenhängen interaktiv gesucht werden.[35]

---

[34] Vgl. http://www.rola.ch/index.php/de/produkte/i2-produkte/analyst-notebook (Abruf 04.03.2011).

[35] Weiterführende Informationen unter http://www.i2group.com.

Abbildung 11: Musteranalyse von Ereignissen zu Einbruchdiebstählen

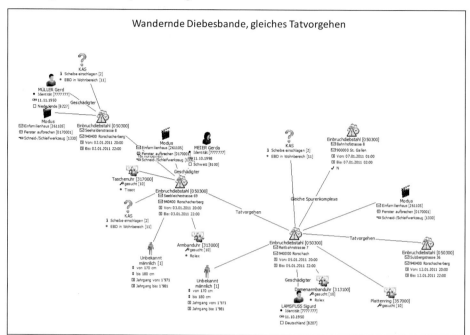

Die Technologie ist mit ihren Möglichkeiten so umfangreich, dass sich eine Produktpräsentation nach weiteren Recherchen auf der Webseite für den interessierten Anwender lohnt.

Abbildung 12: Beispiel illegaler Geldtransfer

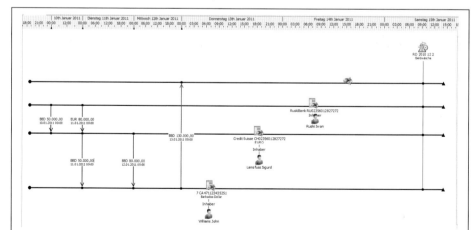

Weitere Produkte werden beispielsweise durch die Firma rola Security Solutions GmbH angeboten, um Zusammenhänge zwischen Personen und Tatorten, zwischen Konto-bewegungen und Bestandsdaten, generell zwischen Daten und Informationen verschie-denster Strukturen und Arten sichtbar zu machen.

Abbildung 13: Beispiel Analyse von Informationen, von Personen ausgehend

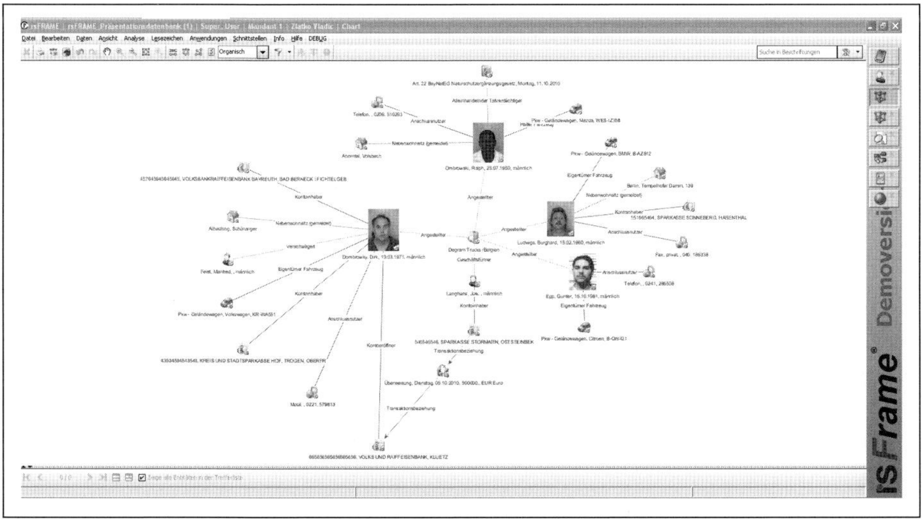

3.4 Nutzen weiterer Werkzeuge

Die bereits dargestellte Technologie des Mindmapping kann auch dazu verwendet wer-den, Fraud-Fälle kreativ zu lösen. Von der Darstellung des Anfangsverdachtes bis hin zu Vermutungen, die im Sinne der Entlastung des Beschuldigten abgearbeitet und somit aus-geschlossen wurden, besteht die Möglichkeit, kreative Gedanken abzulegen, zu struktu-rieren und ggf. zu analysieren.

Zur Projektsteuerung lassen sich bei größeren Projekten durchaus Projektmanagement-werkzeuge einsetzen. Werkzeuge zur Abwicklung von klassischen Revisionsprojekten, ggf. noch auf Checklistenbasis, sind nur bedingt zur Abwicklung von Fraud-Fällen geeignet.

4 Fazit

Im Beitrag wurde ausführlich dargelegt, dass die Werkzeuge aus verschiedenen Perspektiven für den Fraud Manager interessant sein können. Einerseits bieten sie eine optimale Unterstützung bei der Umsetzung der täglichen Arbeit, andererseits lassen sich mit ihrer Hilfe meist über Schnittstellen wertvolle Informationen an verschiedensten Stellen im Unternehmen lokalisieren. Aufgabe des Fraud Managers ist eine permanente Überprüfung und Optimierung der Informationsquellen, die ggfs. auch präventive Komponenten beinhalten, aus fraudspezifischer Sicht. Daneben sind Methoden wie das Process Mining auf dem Weg in die Unternehmen, die eine innovative Sicht auf Einzelkomponenten zulassen. Alle diese Informationen muss der moderne Fraud-Spezialist „managen".

Befragungstechniken

Rüdiger Wilmer

1 Befragungsstandards

Die Aufklärung von dolosen Handlungen ist ohne eine Befragung von Tatverdächtigen, Zeugen oder auch Hinweisgebern nicht denkbar. In diesem Beitrag werden einige psychologische Aspekte von Befragungen hervorgehoben, die es erleichtern sollen, von dem Gesprächspartner ein Maximum an relevanten Informationen zu erhalten.

Bis Anfang der 1980er Jahre gab es keine fundierten und dokumentierten Standards, wie die Befragung von Tatverdächtigen und auch Zeugen optimal durchgeführt werden kann. Jeder hatte mehr oder weniger seine eigenen Faustregeln, wie eine Befragung aufgebaut wird, was funktioniert, um die Gesprächsbereitschaft zu fördern, und wie man schließlich auch schwierige Gesprächspartner „knackt". Als hinreichende Voraussetzung für die Durchführung eines guten Interviews wurde gesehen, dass der Befrager der jeweiligen Sprache mächtig sein sollte und über gesunden Menschenverstand sowie über eine gewisse Portion an Erfahrung verfügen sollte.

Dies änderte sich, als 1986 das Buch „Criminal Interrogation and Confessions" erschien.[1] Es enthält eine Ansammlung von Techniken, die geeignet sein sollen, einen Schuldigen zu einem Geständnis zu bewegen und zu erkennen, ob eine Aussage wahr oder frei erfunden ist. Es handelt sich dabei um ein sehr strukturiertes Vorgehen, bei dem u.a. die Reaktion des Befragten auf bestimmte Fragen analysiert wird. Diese, unter dem Namen „The-Reid-Technique" bekannte Vernehmungstechnik steht als Beispiel für eher konfrontative Befragungstechniken und ist nicht nur in den USA sehr populär geworden. Die Firma John E. Reid & Associates Inc.,[2] die dieses Verfahren weltweit vermarktet, schulte eine Zeit lang Beamte der bayerischen Polizei und versuchte in den Revisionsabteilungen deutscher Unternehmen Fuß zu fassen – mit mäßigem Erfolg. Die Bayern haben sich mittlerweile von dem Verfahren distanziert, da es sehr manipulativ ist und z.T. auch Techniken empfiehlt, die nach der Strafprozessordnung (StPO) in Deutschland verboten sind. Als Beispiel sei hier die Täuschung genannt, die nach § 136a StPO grundsätzlich eine verbotene Vernehmungsmethode darstellt. So ist, wie allerdings auch in deutschen Krimis immer wieder zu sehen und zu hören, eine Äußerung wie: „Ihr Mittäter hat sowieso schon alles gestanden!" eine verbotene Vernehmungsmethode, wenn es denn nicht stimmt, das besagter Mittäter bereits gestanden hat. Es kann natürlich argumentiert werden, dass sich die StPO nicht auf Befragungen in Wirtschaftsunternehmen beziehe und man sich folglich als Betrugsbeauftragter eines solchen nicht daran halten müsse. Dies mag unter juristischen Gesichtspunkten korrekt sein. Sollte es allerdings in einem

---

[1] Vgl. Inbau, F./Reid, J./Buckley J., 1986, Criminal Interrogation and Confessions.
[2] www.reid.com.

Verdachtsfall zu einer späteren Gerichtsverhandlung kommen, dürfte es im Sinne der Glaubwürdigkeit des Unternehmens bzw. seiner Vertreter vor Gericht sicherlich förderlich sein, wenn keine verbotenen Vernehmungsmethoden eingesetzt wurden.

Das Problematische an konfrontativen Vernehmungstechniken ist, dass sie immer mehr mit falschen Geständnissen in Zusammenhang gebracht werden. Um dieses Phänomen zu verstehen, sei der Fall der amerikanischen Börsenmaklerin Trisha Meili erwähnt, die im April 1989 beim Joggen im Central Park brutal überfallen und vergewaltigt wurde.[3] Die ermittelnden Beamten standen unter extremem Erfolgsdruck und hatten kurz nach der Tat fünf Teenager im Alter von 14 bis 16 Jahren verhaftet. Im Laufe der Vernehmungen legten alle ein Geständnis ab, wovon vier sogar auf Video aufgezeichnet wurden. Zwar widerriefen alle Angeklagten wenig später ihre Geständnisse. Sie gaben an, dass sie die Tat nur zugegeben hatten, um weitere Vernehmungen zu vermeiden. Dessen ungeachtet überzeugten die Videoaufnahmen der Geständnisse die Staatsanwaltschaft und die Geschworenen. Die Jugendlichen wurden zu langen Haftstrafen verurteilt. 13 Jahre später wies eine DNA-Analyse eindeutig nach, dass ein gewisser Matias Reyes der alleinige Täter war. Die Jugendlichen wurden im Dezember 2002 frei gelassen, nachdem sie jahrelang unschuldig inhaftiert gewesen sind.

Aus Objektivität sei erwähnt, dass die Begründer der eher konfrontativen Techniken, deren prominentester Vertreter der genannte John E. Reid ist, ursprünglich einen menschlicheren und faireren Umgang mit Tatverdächtigen angestrebt haben. Denn bis in die 30er Jahre des vergangenen Jahrhunderts war es in den USA nicht unüblich, bei einer Vernehmung auch körperliche Gewalt einzusetzen.

Den konfrontativen Befragungstechniken stehen solche gegenüber, die als oberstes Ziel die Informationsgewinnung haben. Ein Beispiel ist das kognitive Interview, welches ursprünglich entwickelt wurde, um von Zeugen ein Maximum an richtigen Informationen zu erhalten. Das Verfahren ist untrennbar mit den Namen Fisher und Geiselmann verbunden, die in den 1980er und 1990er Jahren polizeiliche Vernehmungen analysierten.[4] Hintergrund war, dass in vielen Gerichtsprozessen während der Verhandlung neue Aussagen und Fakten von Zeugen genannt wurden, obwohl diese schon mehrfach von der Polizei befragt wurden. Nachdem die beiden Wissenschaftler hunderte von Tonbandaufnahmen von realen polizeilichen Vernehmungen analysiert hatten, fielen ihnen einige typische Muster auf. So stellten sich die Vernehmungsbeamten kurz vor und baten die Zeugen dann um einen Bericht der Ereignisse. Wie man heute durch unzählige

---

[3] Kassin, S./Gudjonsson, G., 2007, Falsche Geständnisse, S. 14-19.
[4] Fisher, R./Geiselman, R./Raymond, D., 1987, Critical Analysis of police interviewing techniques, S. 177-185; Fisher, R./Geiselman, R., 1992, Memory Enhancing Techniques for Investigative Interviewing.

Studien weiß, ist dieser so genannte freie Bericht eine hervorragende Möglichkeit, ein Maximum an Informationen zu erhalten. Was Fisher und Geiselman allerdings feststellten war, dass dieser Freie Bericht im Schnitt gerade einmal 7,5 Sekunden dauerte und so gut wie nie ohne Unterbrechungen durch den vernehmenden Beamten beendet werden konnte. Anschließend wurden in einer typischen Befragung 26 geschlossene und drei offene Fragen gestellt.[5] Durch diese Befragungsstruktur wird es dem Befragten unmöglich gemacht, seine Erinnerungsleistung zu intensivieren.

In den Untersuchungen bildete sich eine Struktur heraus, wodurch eine kognitive Befragung in unterschiedliche typische Phasen eingeteilt werden kann. Die Phasen auf Basis des Kognitiven Interviews[6] (Vorbereitung, Gesprächseröffnung und Einstieg, Freier Bericht, Befragungsteil und Abschluss der Befragung) werden im Folgenden detaillierter beschrieben.

2 Interviewphasen

2.1 Befragungen als Beziehungsarbeit

Das Ziel einer Befragung ist in erster Linie, von dem Gesprächspartner möglichst viele wahre Informationen zu erhalten; dazu zählt gegebenenfalls auch das wahre Geständnis eines Tatverdächtigen.

Es werden im Folgenden noch detailliert Mechanismen erklärt, die dazu beitragen, die Aussagebereitschaft zu erhöhen. Die innere Einstellung des Interviewers entscheidet über den Erfolg. Die Interviewsituation ist für den Befrager in den meisten Fällen normaler Arbeitsalltag. Für den Gesprächspartner, sei es ein Hinweisgeber, ein Zeuge oder ein Tatverdächtiger, ist es jedoch eine Ausnahmesituation. So kann man dem Kommunikationswissenschaftler Jo Reichertz, der sich sehr intensiv mit polizeilichen Vernehmungen beschäftigt hat, nur zustimmen, wenn er feststellt: „Verhören ist Beziehungsarbeit!"[7]

Man sollte sich vergegenwärtigen, dass kein Mitarbeiter gerne mit einem Revisor, einem Mitarbeiter der Abteilung für Korruptionsbekämpfung oder einem internen Ermittler spricht. Dies liegt in der Natur der Sache. Daher sollten alle Bemühungen des Inter-

---

[5] Vgl. Milne, R./Bull, R., 2003, Psychologie der Vernehmung, S. 13.
[6] Vgl. Köhnken, G./Milne, R./Memon, A./Bull, R., 1999, The Cognitive Interview, S. 3-27.
[7] Reichertz, J., 2010, Verhören ist Beziehungsarbeit, S. 18.

viewers darauf gerichtet sein, nicht als Funktionsträger, sondern als Mensch von seinem Gegenüber wahrgenommen zu werden. Das beste Interview (mit sehr wenigen Ausnahmen) findet zwischen zwei Menschen statt, die auf Augenhöhe miteinander sprechen. Was nicht heißt, dass die Befragung zu einem unverbindlichen Pläuschchen verkommt, wie es von einigen gerne missverstanden wird. Die aktive und lenkende Gesprächsrolle muss stets bei dem Interviewer bleiben, aber verbindlich freundlich und nicht hart.

Dieses zu berücksichtigen ist v.a. deshalb so wichtig, weil man bei dolosen Handlungen in Unternehmen auf weitere Informationen – auch von einem Tatverdächtigen – angewiesen ist. Wenn der Interviewer alle Beweise vorliegen hat, um den entsprechenden Fall an die Rechtsabteilung oder direkt an die Staatsanwaltschaft zu geben, muss keine gute Befragung mehr durchgeführt werden. Die Praxis sieht aber meistens so aus, dass eben nicht hinreichend Beweise vorhanden sind.

Nehmen wir ein Beispiel aus dem Handel. Dort kommt es nicht selten vor, dass lediglich ein einziges Delikt (wie beispielsweise eine Kassenmanipulation) zweifelsfrei nachgewiesen werden kann. Aus der Kriminologie ist hinlänglich bekannt, dass es extrem unwahrscheinlich ist, einen Mitarbeiter beim ersten Mal zu erwischen. Das Ziel der Befragung besteht also darin, auf Basis dieses einen Beweises herauszufinden, seit wann der Mitarbeiter das Unternehmen schädigt, um die Schadenshöhe ermitteln zu können. Dies wird nur in einer guten Gesprächsatmosphäre gelingen.

2.2 Vorbereitung von Interviews

2.2.1 Umgang mit Beweisen und Schutzbehauptungen

Jeder, der schon einmal einen Tatverdächtigen mit Beweisstücken konfrontiert hat, kennt das Phänomen der Schutzbehauptungen. Bei einer Unterschrift wird behauptet: „Die ist nicht von mir!", bei einer Videoaufnahme, die ganz offensichtlich den Verdächtigen zeigt: „Das bin ich gar nicht!", bei manipulierten Belegen, zu denen nur der Verdächtige Zugang hatte: „Da muss sich irgendwer Zugang verschafft haben!"

Wenn man eine Vermutung hat – und die Erfahrung ist ein guter Lehrmeister –, welche Schutzbehauptung jemand verwenden wird, ist es manchmal möglich, mit einem kleinen psychologischen Trick, die Verwendung der Schutzbehauptung durch den Verdächtigen zu erschweren. Nehmen wir an, man führt das Gespräch mit dem Verdächtigen in erster Linie auf der Basis einer vertrauenswürdigen Zeugenaussage. Nehmen wir weiterhin an, dass dieser Hinweisgeber damit einverstanden ist, wenn sein Name in der Befragung genannt wird. Spätestens, wenn der Name dann in der Befragung fällt, lautet die klassische Schutzbehauptung eines Tatverdächtigen: „Der hatte schon immer was gegen mich und will mich jetzt anschwärzen!" Zu Beginn des Interviews macht es daher Sinn, mit dem Tatverdächtigen zuerst über das Klima innerhalb der Abteilung zu sprechen. Wenn er sagt, dass die Atmosphäre ganz hervorragend sei und man sich sehr gut innerhalb des Teams verstehe, wird es ihm psychologisch nahezu unmöglich gemacht, die Schutzbehauptung noch zu verwenden.

Nehmen wir das andere Beispiel der manipulierten Belege, zu denen aber nur der Verdächtige Zugang hatte. In diesem Fall ist es sinnvoll, am Anfang des Interviews eine längere Phase über die Aufbewahrung der Belege einzuschieben. Je mehr der Verdächtige von sich aus erzählt, dass nur er Zugang zu den Belegen hat, desto schwerer wird es ihm später fallen, die Schutzbehauptung „Da muss sich irgendwer Zugang verschafft haben!" zu verwenden.

Skurrile Ausmaße können Schutzbehauptungen bei Videobeweisen annehmen. In einem Einzelhandelsunternehmen wurde in Abstimmung mit dem Betriebsrat für drei Tage über einer Kasse eine Überwachungskamera installiert. Die Auswertung der drei Tage zeigt eindeutig eine Situation, in der die verdächtige Kassiererin eine Manipulation begeht. Mit diesem eindeutigen Beweis ist der Revisor in die Befragung besagter Dame gegangen. Die eine Manipulation war ja besiegelt, jetzt ging es „nur noch" darum, herauszubekommen, seit wann und in welchem Umfang die Kassiererin die Manipulation begangen hat, um den Schaden hochzurechnen. Im Laufe der Befragung wird die Kassiererin mit den Vorwürfen konfrontiert, die aber alle abgestritten werden. Siegessicher schaltet der Revisor daraufhin den Monitor ein und zeigt den besagten Filmausschnitt. Daraufhin sagt die Kassiererin lediglich: „Das bin ich nicht!" Obwohl die Aufnahme eindeutig war, ist mit einer solchen Äußerung die vorbereitete Gesprächsstrategie zunächst hinfällig. Wenn über diese eine Tat keine Einigung erzielt werden kann, wird es nicht möglich sein, herauszufinden, wie häufig diese Manipulationen begangen wurden. Dieses Dilemma kann vermieden werden, indem der Film nicht an der Stelle gestartet wird, an der die Manipulation begangen wird, sondern einige Minuten vorher – an einer Stelle also, die für den Tatverdächtigen nicht belastend ist. Wenn die Aufnahme dann an die Stelle kommt, die die Manipulation zeigt, ist es psychologisch nicht mehr möglich zu sagen, „Das bin ich nicht!".

Grundsätzlich sollten Beweise, über die man verfügt, erst spät in eine Befragung eingebracht werden.[8] Wenn der Tatverdächtige fordert „Dann zeigen Sie mir doch Ihre Beweise!" ist es wichtig, nicht sofort diesem Wunsch nachzukommen. Dadurch würde man die aktive Gesprächsrolle verlieren. In so einer Situation kann das Geforderte einfach ignoriert werden, mit der Aussage „Später!" knapp beantwortet oder auch die

---

[8] Vgl. Hartwig, M./Granhag, P./Strömwall, L./Kronkvist, O., 2006, Strategic use of evidence during police interviews, S. 603-619.

folgende Variante versucht werden: „Wir wollen Ihnen noch die Chance geben, zu zeigen, dass Sie kooperativ sind. Das wird auch von einem Gericht gewürdigt. Wenn wir die Beweise zeigen, haben wir keine Möglichkeit mehr, das zu sagen!"

2.2.2 Die SE3R-Methode

Komplexere Fälle, bei denen viele Dokumente ausgewertet und verschiedene Aussagen eingeholt werden müssen, werden schnell unübersichtlich. Hier kann überlegt werden, ein Verfahren einzusetzen, das als SE3R-Methode bekannt ist.[9] Die Abkürzung steht für die fünf Phasen, die sich bewährt haben, um auch umfangreichere Dokumente zu verarbeiten:

1. Skim: Zunächst wird der Text nur überflogen, um die wichtigsten Punkte zu erfassen.

2. Extract: Der Text wird jetzt in normaler Geschwindigkeit gelesen. Die Ereignisse werden dabei chronologisch auf einem Zeitstrahl eingetragen. Je nach Situation kann es dabei sinnvoll sein, auch die Länge der Ereignisse festzuhalten. Aussagen der befragten Personen können in Kästchen entlang des Zeitstrahls angeordnet werden.

3. Read: Der Text wird nochmals in normaler Geschwindigkeit gelesen. Dabei wird überprüft, ob alle Ereignisse und Aussagen auf dem Zeitstrahl vorhanden sind.

4. Review: In dieser Phase wird nur noch mit dem Zeitstrahl gearbeitet. Es wird analysiert, ob es Widersprüche gibt und noch Lücken vorhanden sind, die durch Ermittlungen oder weitere Befragungen gefüllt werden müssen.

5. Recall: In der letzten Phase versucht man, sich die zeitliche Abfolge und die entsprechenden Aussagen zu merken. Als Basis dafür dient wiederum nur der Zeitstrahl.

2.3 Gesprächseröffnung und Gesprächseinstieg

Das Ziel der ersten Interviewphase besteht v.a. darin, die Aussagebereitschaft des Interviewpartners positiv zu beeinflussen. Ein kooperativer Zeuge hat selbstverständlich eine andere Aussagebereitschaft als ein Mitarbeiter, der verdächtigt wird, dolose Handlungen begangen zu haben. Dennoch unterschätzen die meisten Interviewer, welchen starken Einfluss sie als Interviewer auf die Aussagebereitschaft haben. Grundsätzlich muss eine möglichst positive Arbeitsbeziehung zu dem Gegenüber hergestellt werden.[10] Unter die-

---

[9] Vgl. Milne, R./Bull, R., 2003, Psychologie der Vernehmung, S. 70-72.

[10] Vgl. Hartwig, M./Granhag, P./Vrij, A., 2005, Police interrogation from a social psychology perspective, S. 379-399.

sem Gesichtspunkt gilt es, den Einstieg und die ersten Minuten eines Interviews zu gestalten. Was zu Beginn versäumt oder falsch gemacht wurde, kann kaum korrigiert werden. Ein kurzer Blick auf die Uhr zu Beginn reicht, um verhängnisvolle Signale zu senden. Ein kooperativer Zeuge wird dieses Signal sehr wohl aufnehmen und dieses als Aufforderung verstehen, nur das Wesentliche zu erzählen, da der Interviewer nicht viel Zeit hat. Fataler ist dieses Signal, wenn der Interviewpartner ein Tatverdächtiger ist. Für ihn bedeutet dieses Signal eine massive Entlastung, weil er nun davon ausgehen kann, das Gespräch „aussitzen" zu können. Es sollte also gerade in der Anfangsphase eines Interviews alles unterlassen werden, was auf Zeitnot schließen lässt.

Auch die Körpersprache sollte zu Beginn bewusst und teilweise auch kontrolliert eingesetzt werden. Sich zu Beginn als Interviewer mit vor der Brust gekreuzten Armen hinzusetzen, mag eine durchaus angenehme Körperhaltung sein. Es ist auch falsch, dass diese Körperhaltung grundsätzlich Ablehnung bedeutet. Entscheidend ist aber nicht, wie der Interviewer sich mit einem bestimmten nichtsprachlichen Signal fühlt, sondern wie dieses bei dem Gesprächspartner ankommt, wie das Signal also interpretiert werden kann. I.d.R. werden verschränkte Arme durchaus als Verschlossenheit oder Ablehnung interpretiert. Die Körperhaltung sollte also eine offene, dem Gegenüber zugewandte sein. Allerdings auch nicht frontal zugewandt, sondern leicht versetzt.

Auch die Anzahl der befragenden Personen hat einen dramatischen Einfluss auf die Aussagebereitschaft. So berichtete der Revisionsleiter eines großen deutschen Konzerns dem Autor, dass 90 % aller Verdachtsfälle von dolosen Handlungen in dem Unternehmen vor dem Arbeitsgericht verhandelt würden. Als der Revisionsleiter das Prozedere bei einem Anfangsverdacht in dem Unternehmen berichtete, erklärt sich diese hohe Prozentzahl. Sobald ein Verdacht gegen einen Mitarbeiter im Raum steht, wird sehr schnell das Gespräch mit ihm gesucht. Bei diesem Gespräch sind i.d.R. anwesend: der Verdächtige, die direkte Führungskraft des Verdächtigen, ein Mitarbeiter der Personalabteilung, ein Jurist aus der Rechtsabteilung, ein Mitarbeiter der Revision und meistens ein Vertreter des Betriebsrates. In einer solchen Gesprächsatmosphäre, die eher einem Tribunal gleicht, sagt natürlich jeder Verdächtige: „Ohne meinen Anwalt sage ich gar nichts!" Für eine Befragung unter psychologischen Gesichtspunkten wäre es optimal, wenn nur ein Interviewer mit dem Verdächtigen spricht. Aus anderen Gründen (Dokumentation des Gesprächs, Zeugen, Eigensicherung etc.) wird man in der Praxis das Gespräch auf Seiten der Ermittler zu zweit führen. Dies bedeutet aber nicht, dass beide Fragen stellen. Alleine durch die Sitzposition muss deutlich werden, dass einer in erster Linie das Gespräch führt. Die zweite Person sollte sich auf jeden Fall zurückhalten. Bei Bedarf kann diese zweite Person noch Fragen stellen, wenn der erste Frager seinen Interviewteil beendet hat. Wenn beide wechselseitig, zu gleichen Teilen das Interview führen, wird es in der Praxis immer so sein, dass einer mit seinen Fragen gerade ein bestimmtes

Ziel verfolgt, vielleicht auch aus taktischen Gründen gerade eine Gesprächspause einsetzt und die zweite Person dies nutzt, um ihre Fragen zu stellen. Das Interviewerpaar muss sehr erfahren und extrem gut eingespielt sein, damit sie sich nicht gegenseitig in ihrer Gesprächsstrategie behindern.

Ein weiterer Punkt, der gerade zu Beginn berücksichtigt werden muss, sind die ersten Fragen, die gestellt werden. Mit den ersten Fragen wird dem Gegenüber signalisiert, wie das weitere Interview ablaufen wird. Der Befragte wird sich, ob bewusst oder auch unbewusst, darauf einstellen. Kurze geschlossene Fragen am Anfang signalisieren dem kooperativen Zeugen: „Ich stelle kurze knappe Fragen und will von Dir kurze knappe Antworten!" Diese wird der Interviewer dann auch im weiteren Gesprächsverlauf erhalten. Dem weniger kooperativen Tatverdächtigen liefern solche Fragen meist mehr Informationen, als die Antworten dem Fragenden Informationen bringen. Sie sind für ihn entlastend und setzen vielmehr den Interviewer unter Druck, durch weitere schnell formulierte geschlossene Fragen das Gespräch am Laufen zu halten. Daher sollten die ersten Fragen gut überlegte offene Fragen sein. Der Gesprächspartner wird allerdings sehr schnell registrieren, ob hinter diesen Fragen aufrichtiges Interesse steckt oder ob eine Checkliste abgearbeitet wird. Daher ist es sinnvoll, bereits zu Beginn des Interviews aktives Zuhören zu praktizieren. Damit ist gemeint, dass dem Befragten sowohl sprachlich als auch nichtsprachlich signalisiert wird, dass ihm zugehört wird. Dies kann beispielsweise über ein gelegentliches Kopfnicken oder auch durch Äußerungen wie „hmm" oder „ja" erfolgen.

Zur Einstiegsphase gehört auch das Herstellen von Transparenz. Hierunter ist zum einen das Vorstellen der eigenen Person und Abteilung zu verstehen, aber auch der Anlass der Befragung. Im Einzelfall mögen taktische Überlegungen es dienlich erscheinen lassen, hier nicht alles zu nennen. Grundsätzlich sollten dem Befragten und somit auch einem Tatverdächtigen so weit wie möglich der Anlass und der Hintergrund der Befragung erläutert werden. Eine Befragung damit zu beginnen, dass sich der Interviewer nur Klarheit über einige Prozesse verschaffen will, obwohl der Befragte ein Tatverdächtiger ist, wird von diesem meistens schnell erkannt und hat dann entsprechende Auswirkungen auf die Gesprächsatmosphäre und die Aussagebereitschaft. Eine Möglichkeit, den Anlass eines solchen Gesprächs zu benennen, könnte daher lauten, dass man einige Unregelmäßigkeiten aufklären will oder Hinweisen nachgehe, die überprüft werden müssen. Nachfragen des Interviewten wie „Was für Unregelmäßigkeiten?" oder „Welche Hinweise meinen Sie?" sollten mit einem freundlichen, aber unbedingt verbindlichen Verweis „Dazu kommen wir später!" beantwortet werden.

Am Ende der Einstiegsphase können selbstverständlich auch bereits erste inhaltliche Punkte geklärt werden.

2.4 Freier Bericht

2.4.1 Befragung von Zeugen oder Hinweisgeber

Innerhalb einer Zeugenvernehmung ist der Freie Bericht die wichtigste Interviewphase, die in den meisten Fällen während einer Befragung nur einmal durchlaufen wird. Bei einer Befragung von Verdächtigen kann der Freie Bericht als Befragungsinstrument an verschiedenen Stellen des Interviews sinnvoll eingesetzt werden.

In jedem Fall beginnt der Freie Bericht mit einer offenen, aber konkret formulierten Frage zu einem Ereignis oder einem Prozess. Der Interviewpartner erhält jetzt Gelegenheit, sich zu diesem Sachverhalt ohne Unterbrechung zu äußern.

Geht es um die Erinnerung an ein Ereignis oder einen bestimmten Ablauf, hat es sich bewährt, eine kleine Phase vorzuschalten. Aus der Gedächtnisforschung ist bekannt, dass die Erinnerung an ein Ereignis nicht isoliert abgespeichert wird. Wird jemand beispielsweise Zeuge eines Verkehrsunfalls, so wird dieser Unfall in einem komplexen Gesamtbild abgespeichert. Dazu gehören Faktoren, wie sich etwa der Zeuge in dem Moment, als der Unfall geschehen ist, gefühlt hat, welche Geräusche er wahrgenommen hat, in welche Richtung er geschaut hat, wie die Straße ausgesehen hat, wie das Wetter war und vieles mehr. Es fällt den meisten Menschen daher auch viel einfacher, sich an ein Ereignis zu erinnern, wenn sie an dem Ort sind, wo das Ereignis ursprünglich stattgefunden hat. Dies kann auch mental geschehen. Dazu wird die befragte Person aufgefordert, sich noch einmal in die Situation hineinzuversetzen, sich ein Bild der gesamten Situation innerlich vorzustellen. Hierzu werden von dem Interviewer gezielte Fragen zu der Situation gestellt, die von dem Befragten aber nicht beantwortet werden sollen. Um bei dem obigen Beispiel des Verkehrsunfalls zu bleiben, könnten solche Fragen etwa lauten: „Können Sie sich noch erinnern, wo Sie gestanden haben, als der Unfall geschehen ist? – Pause – Welche Geräusche haben Sie wahrgenommen? – Pause – Wie waren die Wetterverhältnisse?" Nun ist es notwendig, dem Befragten ausreichend Zeit zu lassen, das mentale Bild aufzubauen.

Nachdem der Wahrnehmungskontext reaktiviert wurde, wird der Befragte aufgefordert, alles Erinnerte zu erzählen. Diese Schilderung darf auf keinen Fall unterbrochen werden. Auch wenn der Befragte mit seinem Redefluss stockt und eine längere Gesprächspause entsteht, ist es notwendig zu schweigen. Wie man in entsprechenden Trainings immer wieder beobachten kann, ist es auch für erfahrene Interviewer sehr schwer, diese Pausen zuzulassen und zu ertragen. Aber es lohnt sich – diese Geduld kann mehr Informationen erbringen als jede Frage. Es werden von dem Befragten mit hoher Wahrscheinlichkeit noch weitere Details genannt, weil durch diese Pausen das mentale Bild der Erinnerung immer deutlicher wird. Auch wenn die befragte Person signalisiert, dass sie sich wirklich nicht an mehr erinnern kann, sollte sie noch einmal ermuntert werden, weiter nachzudenken.

2.4.2 Befragung von Tatverdächtigen

Bei der Befragung eines Verdächtigen wird man i.d.R. den Wahrnehmungskontext nicht reaktivieren. Bei ihm kann meist unterstellt werden, dass er sich sehr wohl an das Ereignis (die Tat) erinnern kann, aber nicht darüber sprechen will. Aber auch dabei ist es entscheidend, den Freien Bericht einzusetzen und Pausen auszuhalten. Am Beispiel eines Bewerbungsgespräches soll das Vorgehen verdeutlicht werden. Irgendwann im Gespräch wird dem Stellenbewerber die berühmt-berüchtigte Frage gestellt: „Berichten Sie mir doch bitte von Ihren Schwächen!" Je nachdem, wie viele Bewerbungsratgeber der Interviewpartner gelesen hat, kommt eine Antwort wie „Ich bin sehr ungeduldig!" Der erfahrene Personaler lässt sich anschließend an konkreten Beispielen verdeutlichen, wie sich diese Ungeduld im Berufsalltag äußert. Die Frage, die sich der Personaler aber stellen sollte, ist die, ob er überhaupt eine valide Antwort auf seine Frage erhalten hat. Das Einzige, was der Personaler in Erfahrung gebracht hat ist, dass der Stellenbewerber sich auf das Gespräch vorbereitet hat. In jedem Bewerbungsratgeber steht, dass diese Frage irgendwann im Laufe des Gespräches kommen wird. Das, was als Erstes geantwortet wird, ist das, was sich der Befragte vorher zurecht gelegt hat, um einen guten Eindruck zu machen. Jetzt gilt es, weiter am Ball zu bleiben, beispielsweise über die Aufforderung von einer weiteren Schwäche zu berichten. Wenn daraufhin nicht direkt geantwortet wird, sondern der Stellenbewerber wirklich nachdenkt und erst nach einer längeren Pause redet, kann davon ausgegangen werden, dass dieses wirklich ein Punkt ist, der etwas mit der Person zu tun hat. Anders formuliert: das Erste, was jemand auf eine entscheidende Frage antwortet, ist nicht das Spannendste. Hier ist der Interviewer gefragt. Er muss deutlich machen, dass er noch mehr hören will. Einer der besten Möglichkeiten dies zu erreichen, geht über Schweigen.

Gleiches gilt bei der Befragung eines Verdächtigen. Wenn der Interviewer eine wichtige offene Frage stellt und damit den Freien Bericht einleitet, ist es hilfreich, sich zu vergegenwärtigen, dass das Erste was der Verdächtige antwortet, nicht unbedingt das Relevanteste ist. Jetzt müssen Gesprächspausen – auch lange – eingesetzt und ausgehalten werden. Wenn der Befragte abschweift, oder nicht auf die Frage antwortet, kann er natürlich unterbrochen werden. Dann wird die zuvor gestellte Frage wiederholt und der Freie Bericht beginnt erneut. Dies ist aus Gründen des Gesprächsmanagements notwendig, um zu verdeutlichen, dass der Frager die aktive Gesprächsrolle hat.

In der Praxis ist es häufig so, dass der Gesprächspartner nicht viel redet, obwohl alle Faktoren, die einen positiven Einfluss auf die Aussagebereitschaft haben, berücksichtigt wurden. Hier gibt es einige Formulierungen, die die Blockade auflösen können. Dabei ist es wichtig, nach dem der entsprechende Satz gesagt wurde, unbedingt eine Gesprächspause einzusetzen und auszuhalten.

- „Ich habe den Eindruck, dass Sie überhaupt nicht darüber reden wollen. Gut, lassen Sie uns das Interview zur Seite legen und darüber sprechen, wie es Ihnen geht."

- „Fühlen Sie sich unfair behandelt?"

- „Haben Sie das Gefühl, dass Ihnen etwas unterstellt wird, mit dem Sie gar nichts zu tun haben?"

Wenn auch dadurch das Gespräch nicht wieder in Gang kommt, gibt es eine letzte Möglichkeit.[11] Man legt dem Gesprächspartner ein leeres Blatt und einen Kugelschreiber mit den Worten hin: „Schreiben Sie hier verdeckt eine Zahl zwischen eins und einer Million. Wenn ich diese Zahl richtig rate, wären Sie bereit, weiter mit mir zu reden?" Es gehört allerdings schon ein wenig Mut dazu, dieses Vorgehen einzusetzen.

2.5 Befragungsteil

Nach dem Freien Bericht werden immer noch Fragen offen sein. Daher folgt der Befragungsteil. Hier ist es sinnvoll, trichterförmig zu fragen, d.h. zunächst allgemeinere, offene Fragen zu noch strittigen Punkten des Ereignisses zu stellen. Wenn die fraglichen Informationen noch nicht genannt werden, können spezifischere, detailliertere Fragen gestellt werden. Fragen sind ein sehr mächtiges Instrument, deren Wirkung deutlich unterschätzt wird.

Besonders gefährlich für den Befragungsprozess sind suggestive Fragen. Legendär sind hier die Arbeiten der amerikanischen Psychologin Elisabeth Loftus.[12] In einem der wohl bekanntesten Experimente wurde Beobachtern ein vorher gefilmter Auffahrunfall gezeigt. Nachdem die Teilnehmer den Film gesehen hatten, wurden sie gefragt, welche Geschwindigkeit die beiden Wagen hatten, als es zu dem Unfall kam. Diese Frage wurde aber unterschiedlich formuliert: *„About how fast were the cars going when they smashed into each other?"* In anderen Fragen wurde das Wort *smashed* ersetzt durch *collides*, *bumped*, *contacted* oder *hit*. Die Einschätzung der Geschwindigkeit durch die Beobachter entsprach genau dem verwendeten Verb. Und damit nicht genug. Loftus fragte nach einer Woche: „Haben Sie bei dem Auffahrunfall auch die Glassplitter gesehen?" Die Teilnehmer, die zu Beginn gefragt wurden: „Mit welcher Geschwindigkeit krachte der eine Wagen in den anderen?" gaben zu einem höheren Prozentsatz an, dass sie Glassplitter gesehen hätten, obwohl in dem Film keine Splitter zu sehen waren.

---

[11] Vgl. Schafer, J./Navarro, J., 2003, Advanced interviewing techniques, S. 112.
[12] Vgl. Loftus, E./Palmer, J., 1974, Reconstruction of automobile destruction, S. 585-589.

Es ist auch ein großer Unterschied, ob in einer Frage der bestimmte oder der unbestimmte Artikel verwendet wird.[13] Die Frage an einen Zeugen „Haben Sie einen Geldschein in seiner Hand gesehen?" ist selbstverständlich suggestiv. Der Informationsgehalt der Antwort ist folglich Null. Das suggestive Potenzial lässt sich aber noch steigern, indem formuliert wird „Haben Sie den Geldschein in seiner Hand gesehen?"

Das Problematische an suggestiven Fragen ist nicht primär, dass man eine – u.U. falsche – Aussage erhält. Die aufgrund der suggestiven Frage zustande gekommene Aussage ist ab jetzt die Realität für den Aussagenden. Ab diesem Moment gibt es keine Möglichkeit mehr die Wahrheit herauszufinden. Wenn die Suggestivfrage „Hat der Kollege Meier den Vermerk hier verfasst?" mit einem „Ja!" beantwortet wird, ist ungewiss, ob es wirklich der Kollege Meier war, oder ob die Frage nur bejaht wurde, weil „Kollege Meier" vorgegeben wurde. Hinzu kommt, dass ein hohes Risiko besteht, dass der Befragte ab jetzt davon ausgeht, dass seine (falsche) Antwort richtig ist. Daher ist der Freie Bericht so entscheidend. Da nicht über Fragen gelenkt wird, kann davon ausgegangen werden, dass das Erzählte nicht durch suggestive Fragen beeinflusst wird.

Wenn es um Informationsgewinnung geht, sind offene Fragen immer die erste Wahl. Sie ermöglichen es dem Gegenüber, umfassend zu antworten und besitzen i.d.R. ein geringes suggestives Potenzial. Vor allem zu Beginn eines Interviews sollten verstärkt offene Fragen eingesetzt werden. Der Interviewpartner stellt sich darauf ein und die Wahrscheinlichkeit steigt, dass auch im weiteren Interviewverlauf aktiver geantwortet wird. Alle so genannte W-Fragen sind offene Fragen („Wie sieht in Ihrem Bereich die Vergabepraxis aus?", „Was haben Sie als nächstes getan?"). Eine Ausnahme bilden Fragen, die mit dem Wort „Warum" eingeleitet werden. Hier ist Vorsicht geboten, da Warum-Fragen immer einen Vorwurf implizieren und einen entsprechenden Rechtfertigungsdruck erzeugen. Besonders zu Beginn des Interviews kann sich dies nachteilig auf die Gesprächsatmosphäre auswirken.

Geschlossene Fragen sind aus den bereits genannten Gründen zu Beginn eines Interviews nicht geeignet. Sie „programmieren" den Gesprächspartner auf kurze und knappe Antworten und geben dem Befragten häufig die „richtige" Antwort vor („Dann haben Sie den Teamleiter informiert?", „Haben Sie sich an die Vergaberichtlinien gehalten?"). Als Ergänzung zu offenen Fragen können sie natürlich eingesetzt werden. Am Ende eines Interviews oder einer Interviewphase können sie sinnvoll sein, um spezifische Informationen zu erhalten, die vorher noch nicht genannt wurden.

---

[13] Vgl. Loftus, E./Zanni, G., 1975, Eyewitness testimony, S. 80-86.

Auch Profis kann es schnell passieren, dass sie geschlossene Fragen stellen. Ein interessantes und witziges Beispiel, ist das legendäre Interview, das Friedrich Nowottny als junger Journalist 1971 mit dem damaligen Bundeskanzler Willy Brandt geführt hat. In dem nur 30 Sekunden dauernden Interview stellt Nowottny recht komplexe geschlossene Fragen, die Willy Brandt nur mit „Ja!", „Nein!" und „Doch!" beantwortet.[14]

Auch Wahlfragen haben ein suggestives Potenzial, das häufig unterschätzt wird. Die entsprechende Wirkung kann man auch in einem Restaurant beobachten. Auf die Frage des Kellners „Möchten Sie noch ein Dessert?" antworten die meisten Gäste mit einem eindeutigen „Nein danke!". Die Frage ist aber aus Sicht des Restaurants schlecht gestellt. Würde der Kellner eine Wahlfrage stellen, wie beispielsweise „Möchten Sie als Dessert unser Tiramisu oder lieber unser Erdbeereis mit Sahne?", werden sehr viel mehr Gäste ein Dessert zu sich nehmen. Konkret bedeutet dies, dass die Frage „Hat Herr Müller oder Herr Schmidt die Änderung vorgenommen?" mit einer gewissen Wahrscheinlichkeit mit „Müller" oder „Schmidt" beantwortet wird, obwohl es vielleicht Herr Wagner war

Eine letzte Art von Fragen, die in der Praxis immer wieder gestellt werden und auf den Interviewverlauf negative Auswirkungen haben, sind so genannte Informationskiller. Bei einer Befragung von Zeugen wäre so ein Informationskiller: „An mehr können Sie sich nicht erinnern?" Zum Einen schwingt bei der Frage ein gewisser Vorwurf mit, der für eine positive Gesprächsatmosphäre ungeeignet ist. Gravierender ist aber, dass die Frage fast automatisch ein „Nein!" auslösen wird. Und damit hat sich die aussagende Person festgelegt. Sie hat sich dem Frager gegenüber gebunden, nicht mehr erinnern zu können. Jetzt ist die Wahrscheinlichkeit, dass diese Person noch einmal nachdenkt oder später noch neue Informationen nennt, sehr gering.

Bei der Befragung eines Verdächtigen wäre eine ähnlich schädliche Frage „Mehr können Sie mir dazu nicht sagen?" In 99 % aller Fälle werden die Befragten selbstverständlich mit „Nein!" antworten. Damit haben sie sich psychologisch festgelegt und es wird fast unmöglich, weitere Informationen zu erhalten. Sinnvollere Formulierungen für beide Fragen lauten „An was können Sie sich noch erinnern?" bzw. „Was können Sie mir noch sagen?"

2.6 Gesprächsabschluss und Protokollierung

Grundsätzlich kann man sagen, dass es kein zu detailliertes Protokoll einer Befragung gibt. Es sollte nicht nur notiert werden, was gesagt wird, sondern auch stockende Antworten, deutlich erkennbare Emotionen etc. Ein gutes Befragungsprotokoll sollte

---

[14] Ein sehenswerter Mitschnitt findet sich auf der Videoplattform Youtube, wenn nach „Nowottny interviewt Brandt" gesucht wird.

der Sprache der befragten Person entsprechen. Eine gegebene Antwort ohne die dazugehörige mitprotokollierte Frage ist maximal die Hälfte wert. Unsichere oder zweideutige Antworten dürfen nicht einfach in sichere Aussagen umformuliert werden.

> *Beispiel: Der Interviewer stellt die Frage: „ Wer hat die Ausschreibung denn damals beauftragt?" Die Antwort: „Das war der Gruppenleiter. (Pause) Nee, der Referatsleiter. Der Gruppenleiter darf so etwas ja gar nicht beauftragen!" In dem entsprechenden Protokoll findet sich dann: „Auf Frage: ,Der Referatsleiter hat die Ausschreibung beauftragt.'"*

Bei einem – in der Praxis häufig vorkommendem – weniger förmlichem „sich Notizen machen" ist Vorsicht angebracht. I.d.R. wird der Interviewer nur das aufschreiben, was für ihn neu ist. Dadurch verrät er dem Gesprächspartner auch, was er als Interviewer bereits weiß. Das ist sicherlich nicht immer sinnvoll.

3 Glaubwürdigkeit von Aussagen

Gerade bei der Befragung von Verdächtigen ist es von fundamentaler Bedeutung einzuschätzen, ob das Erzählte der Wahrheit entspricht oder nicht, unabhängig, ob Profis wie Polizeibeamte, Anwälte, Richter oder aber auch Laien gefragt werden. Jeder ist überzeugt, anhand bestimmter Signale einen Lügner entlarven zu können. Der Unterschied ist, dass Profis sich sicherer sind, dass sie Recht haben, wie Untersuchungen immer wieder bestätigen.[15]

Das häufigste Signal, auf das nicht nur von Profis geachtet wird, ist Blickvermeidung (Tabelle 1). Normalerweise vermeiden wir den Blickkontakt mit unserem Gesprächspartner, wenn wir angestrengt nachdenken. Jemand der lügt, muss nachdenken und wird daher seinen Blickkontakt abbrechen. Unterstützt wird diese Annahme davon, dass wir davon ausgehen, dass ein Lügner – im wahrsten Sinne des Wortes – seinem Gegenüber „nicht in die Augen schauen kann" und daher den Blick abwendet. Allerdings verfügt auch jeder Lügner über diese Alltagstheorie und wird daher genau darauf achten, dem Interviewer auch bei seiner Lüge in die Augen zu schauen, um glaubwürdig zu wirken.[16]

---

[15] Vgl. Vrij, A., 2004, Why professionals fail to catch liars and how they can improve, S. 159-181.

[16] Vgl. Vrij, A./Mann, S./Fisher, R./Leal, S./Milne, R./Bull, R., 2008, Increasing cognitive load to facilitate lie detection: the benefit of recalling an event in reverse order, S. 253-265.

Tabelle 1: Die häufigsten Nennungen von 48 Kriminalbeamten auf die Frage „Auf welche verbalen und nonverbalen Merkmale achten oder würden Sie besonders bei einer Vernehmung achten?"[17]

Blick senken, abwenden, vermeiden	25
Nervosität	18
Schwitzen	17
Nonverbales Verhalten (unspezifisch)	16
Widerspruchsfreiheit	11
Erröten	11
Verzögerte Antwort	10

Ebenfalls ganz oben auf der Liste der Lügensignale steht die Nervosität. Der Hintergrund dabei soll sein, dass jemand, der lügt, nervös wird, weil er Stress hat. Und dies kann in Form von verstärktem Schwitzen, roten Flecken und nervösen Bewegungen beobachtet werden.

Solche Anzeichen werden jedoch sehr schnell falsch interpretiert. Wie bei Tom Sawyer, dem 1986 in Florida u.a. der Mord an seinem Nachbarn vorgeworfen wurde.[18] Sawyer geriet ins Visier der Polizei, weil er bei einer Routinebefragung sehr nervös erschien. Daher wurde er zu einer zweiten Befragung eingeladen, die 16 Stunden am Stück andauerte. Während dieser Zeit machte er sich immer verdächtiger. Dies war zumindest die Schlussfolgerung der Vernehmer, weil Sawyer häufig rot anlief, stark schwitzte und einen sehr verlegenen Eindruck machte. Schließlich wurde Sawyer wegen Mordes angeklagt, in erster Linie weil er über so genanntes Täterwissen verfügte. Sawyer erwähnte während der 16-stündigen Befragung neun Tatdetails, die nur der Täter wissen konnte. Wie sich später herausstellte, war Sawyer ein Alkoholiker auf Entzug. Dies war die Ursache für seine Stresssymptome. Wie eine genaue Analyse der Vernehmungsprotokolle ergab, wurden sämtliche neun Tatdetails von den Polizeibeamten (unbewusst) selbst erwähnt. Sawyer hatte sie in der Befragung nur wiederholt.

Stresssymptome können auch durch die Befrager hervorgerufen werden, ohne dass ihnen dies bewusst ist. In einem spannenden Experiment haben Lucy Akehurst und Aldert Vrij zeigen können, dass Polizeibeamte, die verstärkt gestikulieren und im Raum umher laufen, bei den Befragten ebenfalls für verstärkte motorische Unruhe sorgen,[19] mit dem Ergebnis, dass die Befragten sich dadurch bei den Ermittlern verdächtiger machen.

---

[17] Vgl. Litzcke, S./Klossek, A., 2006, Lügenstereotype von Polizeibeamten, S. 217-238.
[18] Vgl. Kassin, S./Gudjonsson, G., 2007, Falsche Geständnisse, S. 14-19.
[19] Akehurst, L./Vrij, A., 1999, Creating suspects in police interviews, S. 192-210.

Auch das in der einschlägigen Literatur immer wieder zitierte Modell, dass man anhand der Augenbewegungen erkennen kann, ob jemand lügt oder die Wahrheit berichtet, ist schlicht falsch.[20] Dass dieses Modell so häufig zitiert wird, ist nur damit zu erklären, dass es natürlich wunderschön einfach ist. Es ist aber leider wie so oft im Leben: wenn etwas zu schön ist, um wahr zu sein, ist es wahrscheinlich nicht wahr.

Einen Lügner damit zu konfrontieren, dass man ihm nicht glaubt, ist auch keine gute Taktik. Wie Studien zeigen, intensivieren diese Lügner dann ihre Anstrengungen, wodurch sie häufig noch schwerer zu erkennen sind.

Gibt es nicht-sprachliche Hinweise auf eine Lüge? Das eine Anzeichen gibt es leider nicht. Wenn man die gängigen Studien auswertet, geht die Tendenz aber eindeutig dahin, dass ein Cluster von Anzeichen einen entsprechenden Hinweis geben kann. Danach verwendet eine Person, wenn sie die Unwahrheit sagt, vermehrt „äh", „mmm", „hm". Sie setzt auch weniger beschreibende Gesten ein, zeigt weniger Hand- und Fingerbewegungen, macht mehr Pausen, zeigt weniger Augenlidschläge und ihre Reaktionszeiten auf Fragen sind etwas länger. Insgesamt wirken Lügner kontrollierter.[21] Dies gilt jeweils im Vergleich zu einer Befragungsphase, in der die Person nicht lügt. Es ist also unerlässlich bezüglich der genannten Anzeichen zunächst in einer neutralen Befragungsphase eine Basisrate zu erheben, wie häufig diese Anzeichen Verwendung finden. Grundsätzlich herrscht weitgehend Einigkeit, dass sich das sprachliche, wie auch das nicht-sprachliche Verhalten verändern, wenn jemand lügt. Es hat also Sinn, auf entsprechende Änderungen während einer Aussage zu achten.

Ermutigend sind neuere Studien, die zeigen, dass unsere Intuition auch bei der Lügenerkennung besser ist als ihr Ruf.[22] Die meisten Menschen können eine Lüge relativ schlecht erkennen, wenn sie es bewusst tun. Das liegt in erster Linie daran, dass sie sich auf die falschen Signale konzentrieren, nämlich Blickvermeidung und Nervosität. Viele Trainings zur Lügenerkennung vermitteln immer noch diese Klassiker. Gerade auch im Bereich der eingangs erwähnten konfrontativen Techniken sind sie nach wie vor sehr beliebt. Studien zeigen, dass Polizeibeamte, die danach trainiert wurden, schlechter im Erkennen einer Lüge sind, als jene, die kein entsprechendes Seminar besucht haben.[23]

---

[20] Leo, R., 2006, The Third Degree and the Origins of Psychological Interrogation, S. 70.

[21] Vrij, A., 2006, Detecting Lies and Deceit.

[22] Vgl. Albrechtsen, J./Meissner, C./Susa, K., 2009, Can intuition improve deception detection performance?, S. 1052-1055.

[23] Mann, S./Vrij, A./Bull, R., 2004, Detecting true lies, S. 137-149.

Die Wahrscheinlichkeit, eine Lüge zu erkennen, steigt deutlich, wenn man nicht mehr auf diese Zeichen achtet. Bringt man Versuchspersonen in eine Situation, in der sie sich relativ schnell – und damit intuitiv – ein Urteil darüber bilden müssen, ob das Gehörte wahr oder falsch sei, steigt die Erkennungsquote deutlich an.[24]

Von deutschen Gerichten wird die so genannte Aussageanalyse als Beweismittel zugelassen, um die Glaubhaftigkeit einer Aussage zu prüfen. Dieses inhaltsorientierte Verfahren geht von der Undeutsch-Hypothese aus, die besagt, dass sich eine Aussage über ein selbst erlebtes Ereignis von einer Aussage unterscheidet, die jemand über ein erfundenes Ereignis macht. So deuten beispielsweise der Detailreichtum einer Aussage, die logische Konsistenz, ausgefallene und überflüssige Einzelheiten, spontanes Verbessern und einige weitere Merkmale darauf hin, dass das Ereignis real erlebt wurde.[25]

Ein Aspekt sollte nicht unerwähnt bleiben. In einem interessanten Experiment haben Hancock et al. Versuchspersonen die Gelegenheit gegeben, entweder die Wahrheit zu sagen oder zu lügen.[26] Was die Wissenschaftler dabei v.a. interessierte war, ob es einen Unterschied macht, welches Kommunikationsmittel den Versuchspersonen zur Verfügung gestellt wurde. Unter dem Gesichtspunkt der Wahrheitsfindung entpuppte sich das Telefon als schlechtestes Medium. 37 % der Teilnehmer nutzten am Telefon die Möglichkeit zu lügen. Bei einem Gespräch unter vier Augen sah es schon etwas besser aus, nur noch 27 % haben dabei gelogen. Wurden schriftliche Texte verfasst, waren es nur noch 21 %. Am wenigsten gelogen wurde – und das wird einige sicherlich überraschen –, wenn als Kommunikationsmittel die E-Mail verwendet wurde. Die Quote lag bei 14 %. Sicherlich ist die Aussagekraft eines solchen Experimentes eingeschränkt. Aber dennoch sollte vielleicht überlegt werden, an der einen oder anderen Stelle einer Prüfung, die relevanten Informationen per E-Mail abzufragen.

---

[24] Albrechtsen, J./Meissner, C./Susa, K., 2009, Can intuition improve deception detection performance?, S. 1052-1055.

[25] Vgl. Greul, L. et al., 1998, Glaubhaftigkeit der Zeugenaussage.

[26] Hancock, J./Thom-Santelli, J./Ritchie, T., 2004, Deception and design, S. 130-136.

4 Fazit

Bei der Aufklärung von dolosen Handlungen ist die Befragung von Tatverdächtigen, Hinweisgebern und Zeugen ein zentrales Ermittlungsinstrument. Hier geht es um mehr, als das Abarbeiten eines vorher formulierten Fragenkataloges. Vielmehr kann ein an der richtigen Stelle eingesetztes Schweigen wesentlich effektiver sein als jede Frage. Ein gutes Befragungsergebnis wird in den allermeisten Fällen nur dann erreicht werden können, wenn es dem Interviewer gelingt, eine gute Arbeitsbeziehung herzustellen. Damit ist der Erfolg einer Befragung maßgeblich von der Kompetenz des Interviewers abhängig. Sein sprachliches wie auch nicht sprachliches Verhalten beeinflusst unmittelbar die Aussagebereitschaft des Gesprächspartners.

Computer-Forensik

Stefan Becker

1 Einleitung

Der berufliche Alltag fast aller Menschen in westlichen Ländern ist von digitalen Prozessen abhängig, ein großer Teil des Handelns wird direkt mittels digitaler Prozesse umgesetzt oder begleitet und hinterlässt dort seine Spuren. In der realen Welt lassen sich an vielen Stellen körperliche Anzeichen des Handelns identifizieren und als Beweis für Umstände oder zur Identifikation bestimmbarer Personen dokumentieren: Dies kann z.B. ein Fingerabdruck, ein Haar als DNA-Spur, eine Unterschrift oder eine Fotografie sein.

Viele Prozesse des heutigen Arbeitslebens werden schon vollständig digital realisiert. Der Verkauf von Wertpapieren hinterlässt seine Beweise über das Zustandekommen nur noch auf digitalen Medien. Ist das delinquente Handeln vollständig im digitalen Bereich abgebildet, so kann der Beweis des Handelns konsequenterweise ebenfalls nur digital erbracht werden: Hierzu dienen die Prozesse und Methoden der Computer-Forensik. Dabei sollte nicht übersehen werden, dass eine getrennte Betrachtungsweise von realer und digitaler Welt längst nicht mehr sinnvoll ist. Auch reale Taten hinterlassen ihre Spuren in der vernetzten Welt: So kann ein gewöhnlicher Diebstahl u.U. durch die Auswertung von Daten aus einem Zutrittskontrollsystem oder der Einbuchung eines Smartphones in ein drahtloses Netzwerk aufgeklärt werden. Das Beispiel zeigt: Ob Zutrittskontrollsystem oder Smartphone, digitale Informationen zum Überführen eines Täters werden an vielen Stellen mitgeloggt. Ein Ermittler muss die Zusammenhänge und die Datenströme[1] erkennen und nutzen, um erfolgreich ermitteln zu können. Trotzdem sind nach Ermittlungen in der digitalen Welt oftmals auch klassische „reale" Prozesse wie Interviews/Vernehmungen notwendig.[2]

Die Personen, die im Bereich der Computer-Forensik eingesetzt werden, müssen nicht nur im technischen Bereich besondere Fähigkeiten und Kenntnisse besitzen, sondern auch die für Ermittler notwendige Sozialkompetenz bereit halten, um die Ermittlungen erfolgreich zu führen. Ist ein Team von mehreren Ermittlern mit der Aufklärung betraut, kann die jeweilige Kompetenz auch über mehrere Personen verteilt sein. Eine technische Grundkompetenz sollte unbedingt bei jedem Teammitglied vorhanden sein. Dazu gehört besonders auch die Bereitschaft, sich ständig fortzubilden. Dies allerdings nicht nur im technischen Bereich (betreffend die Computerlandschaft und die sich schnell entwickelnden computer-forensischen Möglichkeiten), sondern vor allen Dingen auch im Bereich der rechtlichen Anpassung, da hier permanent Veränderungen, wie in sonst wohl keiner anderen Sparte, zu beachten sind.

---

[1] Vgl. auch den Beitrag von Jackmuth zu Datenanalytik.
[2] Vgl. auch den Beitrag von Wilmer zu Befragungstechniken.

Als Beispiel für den permanenten Umgang mit Veränderungen sei hier die sehr dynamische Welt der Exploits[3] genannt. Ständig werden neue Sicherheitslücken gesucht und wahrscheinlich nur teilweise gefunden, manche davon auch veröffentlicht. Neue Entwicklungen setzen sich schnell durch: Allein die Frage, ob private Smartphones auch beruflich genutzt oder dienstliche Smartphones auch privat genutzt werden sollen, wird in vielerlei Hinsicht diskutiert. Der Wunsch, auch in der Freizeit und allgegenwärtig auf dienstliche Termine und Informationen – ganz im Sinne des beruflichen Erfolges – zugreifen zu können, hat diese Frage aktuell gemacht. Gleichzeitig ist eine Vermischung von privaten und beruflichen Daten – unter Sicherheitsaspekten betrachtet – immer eine Risikosteigerung, die es abzuwägen und zu begleiten gilt. Nur wer die technischen Gegebenheiten kennt und den Bedarf von Workflow und Nutzer einschätzen kann, wird die richtigen Entscheidungen treffen können. Der Computer-Forensiker muss sich auf diese Umstände nicht nur einstellen, er muss sein Wissen ständig aktuell halten. Die Smartphones sind dafür ein gutes Beispiel: Die so genannte Sparte Mobile Forensics, also Computer-Forensik an Smartphones, Tablets, Blackberrys usw., ist innerhalb weniger Jahre zu einem großen, dynamischen Feld der forensischen Wissenschaften geworden. Es besteht der Trend, dass sich bereits jetzt weitere Spezialisierungen im Bereich der Mobile Forensics ausprägen.

2 Einordnung der Computer-Forensik

Liegt ein delinquentes Verhalten, gleich welcher Art vor, so sind es v.a. die so genannten Spuren, die zum Erkennen, Ermitteln und Aufklären notwendig sind, um die Täter zur Verantwortung zu ziehen. Nur im Wissen um die Methoden und Möglichkeiten der Computer-Forensik wird es dem Ermittler gelingen, die Aufklärung erfolgreich abzuschließen. Wird der Vorfall Gegenstand eines Gerichtsverfahrens, zivil- oder strafrechtlicher Art, so muss der computer-forensische Prozess auch vor den kritischen Fragestellungen des Gerichts Bestand haben. Selbst unabhängig von einem etwaigen Gerichtsverfahren wollen die Verantwortlichen wissen, wie es zu dem Vorfall kam, wie weit der Täter vorgedrungen ist und welche Handlungen stattgefunden haben. Im Gegensatz zur realen Welt fallen „Einbrüche" eher selten auf und es wird auch nicht immer etwas „gestohlen". In den meisten Fällen legt der Täter Wert darauf, dass sein Handeln nicht entdeckt wird.

Soll der Sachverhalt aufgeklärt werden, gelten die Regeln der realen Welt vollständig weiter, jedoch kommt eine Reihe von Ansprüchen aus der digitalen Welt hinzu. Ein Untersuchungsleiter – aber auch die einzelne Person, die den Beweis erhebt – sollte die beson-

---

[3] Im Sinne von Angriffswerkzeuge, Schadsoftware oder Skripte, welche geeignet sind, fremde Systeme zu manipulieren.

deren Bedingungen der elektronischen Beweiserhebung kennen und beachten, um die Ermittlungen erfolgreich und gerichtsfest zu realisieren. Ebenso sollte ein Fraud Manager auch wissen, welches Spezialistenwissen im Unternehmen vorhanden ist und in welchen Situationen dieses in Anspruch genommen werden muss oder ob ggf. die Hinzuziehung von externen Spezialisten sinnvoll und notwendig ist.

3 Chancen der Computer-Forensik

Unser tägliches Handeln und Agieren hinterlässt immer mehr Spuren in der digitalen Welt. Diese Tendenz eröffnet der Computer-Forensik auch mehr Möglichkeiten, die Ermittlungen erfolgreich zu gestalten und den Verantwortlichen zu überführen.

Die allgegenwärtige Vernetzung und insbesondere die Nutzung von Smartphones eröffnen eine Reihe völlig neuer Ermittlungsmöglichkeiten. Gerade die im Zusammenhang mit GPS-Daten in modernen Smartphones entstandenen Informationen können sehr beweiskräftig zur Ent- oder Belastung bestimmter Personen beitragen. Voraussetzung dafür ist jedoch, dass das Mobiltelefon auch tatsächlich im Zugriff der betreffenden Person war.

Die fortschreitende Technisierung der beruflichen wie privaten Lebensumstände wird die Notwendigkeit weiterer Spezialisierungen in der Computer-Forensik zur Folge haben. Schon jetzt brauchen wir bei besonderen Aufgabestellungen nicht nur Spezialisten aus den Bereichen der unterschiedlichen Betriebs- und Dateisysteme, sondern auch aus den Bereichen der

- Disk-Forensics,[4]

- Network-Forensics,[5]

- Cloud-Forensics,[6]

---

[4] Untersuchungen der nicht flüchtigen Massenspeicher, meist Festplatten oder Solid State Disks (SSD). An Abbildern (Forensischen Images) der betreffenden Festplatten werden die Untersuchungen zur Beweiserhebung vorgenommen.

[5] Untersuchungen des Netzwerkverkehrs, i.d.R. „live" oder durch die nachträgliche Untersuchung eines Mitschnittes eines bestimmten Netzwerksegmentes.

[6] Neue Form der IT-Forensik, die sich mit den besonderen Umständen der „Cloud" (Wolke) beschäftigt. Damit wird der Trend bezeichnet, mehr und mehr Daten und Funktionen nicht lokal vorzuhalten, sondern im Internet – „in der Wolke" – zur Verfügung zu stellen.

- Mobile Devices Forensics,[7]

- Embedded Forensics[8]

- etc.

Den Überblick über die Notwendigkeit betreffender Spezialisierungen und der Spezialisten zu behalten und diese gezielt einzusetzen, ist eine der großen Herausforderungen zukünftiger Ermittler wie auch unternehmensinterner Fraud Manager, die dieses Spezialwissen gezielt abrufen und einsetzen müssen.

4 Ziele der Computer-Forensik

Ziel der computer-forensischen Ermittlung ist der Nachweis delinquenten Handelns einer Person. Dabei werden digitale Spuren gesammelt und bewertet. Regelmäßig geht es dabei um:

- das Erkennen der Schwachstellen oder der Methoden, die der Delinquent genutzt hat,

- die Ermittlung des Ausmaßes und des entstandenen Schadens,

- der Identifizierung der Delinquenten und

- die Beweise für juristisches Handeln herzustellen.

Dabei gilt es, die betroffenen IT-Systeme zu erkennen, auf denen das Handeln des Täters Spuren hinterlassen hat. Gleichzeitig sollten die Maßnahmen der Untersuchung die betroffenen Systeme so wenig wie möglich verändern oder beeinträchtigen.

Strategien der Computer-Forensik

In der Praxis ist es eine große Herausforderung, frühzeitig bei der Beweiserhebung festzustellen, welche Beweishärte an dieser Stelle notwendig ist. Alleine schon bei der Beantwortung dieser Frage wird die ganze Kompetenz des betreffenden Ermittlers gefragt. Folgende Fragestellungen können bei der Einschätzung hilfreich sein:

---

[7] Untersuchungen an Smartphones, Handhelds, Tablet-Computern, Navigationsgeräten usw.

[8] Die Auswertung von geschlossenen Systemen; dies können Schließ- und Zugangskontrollsysteme, Überwachungssysteme, Interne Automobilsysteme oder Steuerungen von Industriesystemen sein.

- Ist dies eine Spur, welche zur Erkenntnis der Tatabläufe oder der Täterschaft führen kann?

- Ist dies eine Spur, die lediglich Hinweise auf eine Verdachtserhärtung geben kann?

- Ist die Spur offen erhebbar oder bedarf es noch eines Abwartens und weiterer anderer unauffälliger Ermittlungen, bis eine offene Beweiserhebung wegen ihrer Wahrnehmbarkeit durchgeführt werden kann?

- Welche Auswirkungen hat die Erhebung dieses Beweises z.B. bei einem noch nicht bekannten Innentäter?

Spuren, die „nur" zur Erleuchtung des Tatablaufes führen, müssen nicht immer zwangsläufig auch Spuren sein, welche z.B. vor Gericht eine Bedeutung haben. Die richtigen Spuren, die als Beweismittel dienen sollen, müssen mit der notwendigen Beweishärte und -sicherheit erhoben werden, die ein Gerichtsverfahren erfordert. Dabei ist die besondere Herausforderung, frühzeitig die Bedeutung der Spur zu erkennen, die Erhebung, Auswertung und Dokumentation – dem Bedeutungsgrad der Spur angepasst – durchzuführen und bei entsprechend relevanten Spuren die höchstmögliche Beweiskraft zu erzeugen.

5 Computer-Forensik und Incident-Response-Prozess

Computer-forensische Untersuchungen werden meist aus zwei Umständen heraus initiiert:

1. Ein bekanntes delinquentes Verhalten (z.B. eines Mitarbeiters) benötigt für die Ermittlung die technischen Beweismöglichkeiten der Computer-Forensik oder

2. ein Systemvorfall stellt sich nicht als Betriebsstörung, sondern als Angriff auf die Technik dar.

Im ersten Fall ist bereits im Moment des Beginns transparent, dass die ab jetzt anfallenden Beweiserhebungen u.U. vor Gericht Bestand haben müssen. Insofern ist es in diesem Szenario unproblematisch, gleich die richtigen Beweisanforderungen zu handhaben.

Im zweiten Fall startete meist vor Erkennung des Angriffes bereits das Vorfallbehandlungsverfahren. Meist werden Angriffe zunächst nicht als solche erkannt, oft wird ein alltäglicher Vorfall festgestellt, der auch technische oder menschliche Fehler als Hintergrund haben kann. Im zeitlichen Ablauf keimt später der Verdacht auf, dass der Vorfall einen kriminellen Hintergrund hat. Wird der Incident-Response-Prozess, der bereits bei Erkennen der ersten Anomalien gestartet wurde, den Anforderungen der Computer-Forensik gerecht, so muss nicht der Versuch unternommen werden, diese Prozesse nachzuholen. Ist das Unternehmen durch einen professionellen Incident-Response-Prozess gut aufgestellt, können die hier entstandenen Informationen und Erkenntnisse gleich für das computer-forensische Verfahren übernommen werden. Die gewonnenen Daten können im Weiteren für eine Beurteilung des Täterverhaltens oder für eine gerichtliche Beweisführung genutzt werden.

6 Vorgehensweisen

Ein kleiner Einblick in die Umsetzung der Handlungsmöglichkeiten soll die Thematik anhand der Vorgehenssystematik in der Computer-Forensik darstellen. Der Prozess der Computer-Forensik lässt sich in die folgenden fünf Schritte einteilen, die im weiteren Verlauf dieses Beitrages näher erläutert werden:

- Vorbereitung;
- Beweiserhebung und -sicherung;
- Untersuchung;
- Bewertung;
- Dokumentation.

6.1 Vorbereitung

Auch wenn alle Schritte grundsätzlich gleichwertig sind, so zeigt die Praxis, dass es an der Vorbereitung am meisten mangelt. Nur wenn die Organisation präventiv entsprechend aufgestellt ist, nur wenn die Voraussetzungen geschaffen wurden und nur, wenn all diese Prozesse ineinander greifen, kann erfolgreich ermittelt werden. Dabei wird der Erfolg nicht nur an der Identifizierung des Täters gemessen, sondern auch an der Gerichtsfestigkeit der Beweise.[9]

Ein Konzept für die Behandlung von Sicherheitsvorfällen muss vorab erstellt werden. Nicht nur den Administratoren und Sicherheitsbeauftragten, auch der Unternehmensleitung muss klar sein, dass ein Sicherheitsvorfall sich jederzeit ereignen kann.[10] Alarmierungsregelungen müssen getroffen und im Idealfall permanent überprüft oder „geübt" werden. Weisungsbefugnisse und Notfallkompetenzen müssen entwickelt und der Veränderung des Alltages angepasst werden. Ein Monitoring-Konzept für die Vorfalls-

---

[9] Vgl. auch den Beitrag von Zawilla zur Vorgehensweise bei Sonderuntersuchungen.
[10] Vgl. auch den Beitrag von Bédé zu Krisenmanagement im Unternehmen.

behandlung ist wichtig. Damit wird geregelt, welche über den Alltagsbetrieb hinaus not-wendigen Daten protokolliert und regelmäßig ausgewertet werden sollen. Sinnvoll ist hier die Einbindung von Datenschutz und Betriebsrat.[11] Eine erweiterte Protokollierung, beschränkt auf aktuelle sicherheitsrelevante Vorfälle, ist oft im Interesse von Daten-schutzaspekten, kann doch so das Gebot der Datensparsamkeit unterstützt werden.[12]

Auch unter Datenschutzaspekten sollte bedacht werden, dass nicht nur die Frage der Datenerhebung, sondern auch die Frage der Berechtigung auf Daten eine zentrale Rolle spielt. Dabei stehen Datenerhebung und Datenschutz nur scheinbar im Widerspruch: Daten, die nicht erhoben werden, sind auch nicht gegen unberechtigten Zugriff zu sichern. Ein Berechtigungskonzept und eine Löschungsstrategie brauchen dafür nicht er-stellt zu werden.

Im Gegensatz dazu sind manche Kontrollen (oder eine Aufklärung) ohne Protokolldaten nicht möglich oder eine Protokollierung ist an anderer Stelle vorgeschrieben. Oft wird in diesem Zusammenhang übersehen, dass Protokolldaten nicht nur belastende, sondern im Sinne der potenziellen Täter auch entlastende Umstände liefern können, denn es geht nicht immer nur um Kompromittierung, sondern auch um eine entlastende Wahrheits-findung.

6.1.1 Einbindung von Ermittlungsbehörden

Die Frage, wann und unter welchen Umständen die Ermittlungsbehörden informiert werden sollen, lässt sich ohne konkreten Vorfall entspannt diskutieren. Die Zeit, die bei der Festlegung der Regeln in einem Ernstfall so gewonnen wird, ist besonders wertvoll. Es empfiehlt sich daher, bereits im Vorfeld – ohne konkreten Vorfall – mit den Ermitt-lungsbehörden oder Sicherheitsspezialisten Kontakt auf zu nehmen. Die Suche nach den zuständigen Stellen oder Personen lässt sich so im Schadensfall erheblich reduzieren. Ansprechpartner und auch Auskünfte sind mit einer professionellen Vorbereitung schneller zu erlangen.

6.1.2 Menschlicher Faktor

Die Zusammensetzung eines Response-Teams ist von besonderer Bedeutung. Es hat sich gezeigt, dass nicht nur die technischen Kompetenzen auf den betreffenden Spezialgebie-ten von Bedeutung, sondern auch die menschlichen Fähigkeiten und die Erfahrung der

---

[11] Vgl. auch den Beitrag von Röck zu Arbeitsrecht sowie von Christ zu Datenschutz und Mitarbeiterkontrollen.
[12] Vgl. auch den Beitrag von Kob zu Daten- und Informationssicherheit.

ermittelnden Personen ausschlaggebend für den Ermittlungserfolg sind.[13] Integrität, Verschwiegenheit und Zuverlässigkeit bilden wichtige menschliche Faktoren, v.a. unter dem Aspekt, dass man sich in forensischen Interviews als Ermittler nicht selten auch mit Innentätern, also Kollegen, konfrontiert sieht.[14]

Auch vor Gericht, einer Situation, die auch für erfahrene Ermittler und Sachverständige immer wieder ähnlich der einer Staatsprüfung empfunden wird, ist Persönlichkeit gefragt. Das deutsche Rechtssystem betrachtet einen Beweis nicht losgelöst für sich, sondern immer im Zusammenhang mit der Person, die den Beweis erhoben hat. Ist ein Zeuge vor Gericht unglaubwürdig, so kann das Gericht die durch diese Person erhobenen Beweise unberücksichtigt lassen. Der Auswahl der Personen ist auf jeden Fall besondere Aufmerksamkeit zu schenken: Die Überlegung, welche Personen man beispielsweise bei einem Vorfall im Vorstandsbereich – und damit auf Top-Management-Ebene – mit den Ermittlungen betrauen möchte, kann hilfreich bei der Auswahl sein.

6.2   Beweiserhebung und -sicherung

Jede Information, jedes einzelne Datum, jede Wahrnehmung kann potenziell ein Beweis sein oder ein Beweis werden. Es liegt in der Kompetenz der Ermittler, die Umstände als bedeutsam oder unwichtig zu erkennen und vor allen Dingen zu bewerten. Eine gute Vorbereitung macht sich zudem an einer guten Ausgangssituation deutlich: Sind die Protokollierungen auch für diesen Sachverhalt ausreichend? Sind ggf. Daten nicht erhoben worden, die jetzt dringend notwendig sind? Schon an diesem Umstand wird erkennbar, dass jede bedeutendere Vorfallsbehandlung einen Evaluierungsprozess nach sich ziehen sollte.

Beginnt eine Ermittlung, so kann es durchaus vorteilhaft sein, den Ort des Geschehens aufzusuchen, soweit dies möglich ist. Mit einer offenen Einstellung, ohne eine konkrete Vorstellung von der Tat, kann priorisiert werden: Logfile-Analyse, Schadensausmaß, Hergang des Eindringens oder der unberechtigten Handlungen, Analyse der Systemschwachstellen oder der Angriffswerkzeuge. Die Fragestellung, nach denen sich die Untersuchung ausrichtet, orientiert sich meist an den folgenden Fragen:

- Wer hatte Zugang oder Zugriff auf die betroffenen Bereiche?
- Welche Handlungen wurden vorgenommen?
- Welche zeitlichen Umstände lassen sich feststellen?

---

[13] Vgl. auch den Beitrag von Zawilla zu Strategische Komponenten im Fraud Management.
[14] Vgl. auch den Beitrag von Wilmer zu Befragungstechniken.

- Welche Bedeutung hat das betreffende Segment für einen Täter und die eigene Organisation?

- Ist der Täter aktuell auf dem System?

- Welche Möglichkeiten hatte der Täter?

- Welche Daten/Werkzeuge (Exploits) wurden hinterlassen (Backdoor)?

- Wurden aktiv Spuren verwischt?

- Wurden während der Aktionen von dem Täter Kopien/Backups angefertigt?

- Was wurde gelöscht, was ist noch herstellbar?

Ist das Team vor Ort, sollten weitere Umstände bedacht werden: Die Umgebung sollte in räumlicher und technischer Hinsicht abgesichert sein. Dies bedeutet, dass für das Ermittlungsteam sowohl hinsichtlich des Raumes als auch der Technik keine Überraschungen zu erwarten sind. Zu Beginn der Analysen ist oft unbekannt, ob es sich um einen Innen- oder Außentäter handelt. So sollten die Räume, in denen die Ermittlung stattfindet, durch neutrale Personen abgesichert werden, dies kann auch beispielsweise der Werkschutz sein. Auch technische Überraschungen sollten unbedingt beachtet werden. Computer lassen sich durch Fernwartungsfunktionen auch aus der Entfernung ein- oder ausschalten bzw. oft auch vollständig konfigurieren. Nutzt der Täter oder ein Helfer diese Funktionen, kann er die Untersuchung entweder stark erschweren oder sogar unmöglich machen. Smartphones lassen sich per Fernzugriff löschen. Hat das Team einen Behälter dabei, welcher jede drahtlose Netzwerkverbindung verhindert, kann somit sofort ein u.U. wichtiges Beweismittel zuverlässig gesichert werden.

Ist nun ein Konzept für die Abfolge der Beweiserhebung entstanden, müssen die Beweise gerichtsfest erhoben werden. Zentraler Punkt ist dabei die Dokumentation der Beweiserhebung. Hier ist das Vier-Augen-Prinzip von besonderem Vorteil. Wenn eine Person den Beweis selbst erhebt und der Ermittlungspartner die Dokumentation des Vorganges übernimmt, wird die Beweiskraft gesteigert.

Je nachdem, ob eine Live Response (vgl. Abschnitt 8.1) notwendig ist oder nur eine Sicherung der betroffenen Datenträger, werden in einem ersten Schritt die flüchtigen Daten des Systems gesammelt oder es werden die forensischen Duplikate (vgl. Abschnitt 8.2) erstellt.

6.3 Untersuchung der gewonnenen Informationen

Die Untersuchung der Daten aus der Live Response und der Datenträgerabbilder kann mittels der gesicherten Daten anschließend im „Labor" und damit am Arbeitsplatz des Computer-Forensikers stattfinden. Hier können mit Spezialwerkzeugen ggf. gelöschte Daten wiederhergestellt, Festplatten für eine schnellere Suche indiziert und die forensischen Werkzeuge zur Erkenntnisgewinnung eingesetzt werden. Wichtig ist dabei, dass alle am Ermittlungsprozess beteiligten Personen am Fortschritt der Ermittlungen beteiligt werden. Ist der Wissensstand aller Ermittler aktuell, können unnötige und zeitraubende Redundanzen vermieden werden.

Zum Einsatz im Labor kommt eine Vielzahl von forensischen Werkzeugen. Die Softwarewelt der Computer-Forensik ist dabei ebenso dynamisch und Veränderungen unterworfen wie die Methodik der Computer-Forensik selbst. Es entsteht permanent eine Vielzahl von Spezialanwendungen für bestimmte Zwecke und diese werden auch wieder von Neuentwicklungen abgelöst oder in eine der „großen" Forensik-Suiten funktional integriert.

Etabliert haben sich in diesem Bereich:

- Encase, von Guidance Software[15] aus Kalifornien, USA;

- FTK oder Forensik Toolkit, von Access Data[16] aus Utah, USA;

- X-Ways Forensics, der X-Ways Software Technology[17] aus Nordrhein-Westfalen, Deutschland.

Diese Werkzeuge erfüllen aus heutiger Sicht allesamt Standardanforderungen der Computer-Forensik. Bei der Auswahl der Produkte sollte nicht nur die Anwendung wissenschaftlicher anerkannter und auch überprüfter Methoden ein Kriterium sein, sondern auch die Update-Regelungen und der Schulungsaufwand für die Mitarbeiter beachtet werden. Ist der methodische Aspekt für die drei oben genannten Anwendungen sicher kein Problem, so bestehen gerade in den nächsten Kriterien doch erhebliche Unterschiede.

---

[15] Siehe http://www.guidancesoftware.com.
[16] Siehe http://accessdata.com.
[17] Siehe http://www.x-ways.net.

6.4 Bewertung

Zur Bewertung der Ergebnisse und zum immer wieder feststellbaren Zusammen„basteln" der entscheidenden Informations„schnipsel" zu einer vollständigen Beweiskette ist der Informationsfluss unter allen Beteiligten unverzichtbar. Die Beweise werden ständig auf ihre Aussagekraft in Bezug auf die Kausalität im Handlungsablauf und Relevanz bewertet. Auch wenn die Bewertung ein ständiger Prozess ist und fortlaufend im Kopf des Ermittlers stattfindet, sollten die elementaren Umstände permanent einer erneuten Bewertung unterzogen werden. Irrwege können so leichter erkannt werden.

Es muss gewährleistet sein, dass das Ermittlerteam immer „offen" bleibt. Damit ist gemeint, alle Möglichkeiten ständig weiter in Betracht zu ziehen, selbst wenn es bereits eine „heiße" Spur gibt. Zu leicht läuft man einer absichtlich gelegten Trugspur hinterher, zu leicht priorisiert man die Ermittlungen bereits (zu) früh in eine Richtung. Stellt sich später der eingeschlagene Weg als Irrweg heraus, kann es vielleicht zu spät sein, andere Ermittlungsrichtungen zu verfolgen.

Selbstkontrolle ist leicht möglich: Redet man im Team über Herrn X oder Frau Y oder noch über den oder die (unbekannten) Täter als Tatverdächtigen?

6.5 Dokumentation[18]

Ist bisher im gesamten Ermittlungsverlauf sorgfältig und vollständig dokumentiert worden, kann nun die Zusammenfassung aller gewonnenen Erkenntnisse erfolgen. Die Schlussfolgerungen werden erläutert, immer mit Blickwinkel auf die Kausalität der Ereignisse und die Handlungen der ermittelten Personen. Die Dokumentation kann sich nach der historischen Abfolge richten oder auch nach den technischen Handlungsabläufen. Bei komplexen Dokumentationen empfiehlt es sich, eine Zusammenfassung zu erstellen und die Beweismittel auch in nummerierten Verzeichnissen der Art nach zu dokumentieren. So kann man ein Sonderverzeichnis Screenshots erstellen, tatrelevante E-Mails gesondert dokumentieren und im Abschlussbericht entsprechend referenzieren.

In diesem Kontext ist darauf hinzuweisen, dass zwischen einer Beweiserhebung und einer möglichen Gerichtsverhandlung durchaus viele Monate, sogar Jahre vergehen können. Wer dann vor einer Gerichtsverhandlung zum Geschehen oder Ablauf befragt wird,

---

[18] Vgl. auch den Beitrag von Zawilla zur Vorgehensweise bei Sonderuntersuchungen.

in der er als sachverständiger Zeuge betreffend der Beweiserhebung auftritt, wird den Wert einer „sprechenden" Dokumentation besonders schätzen lernen, wenn er darauf zurückgreifen kann.

7 Computer-forensische Bewertung am Beispiel E-Mail

Jedes Verhalten hinterlässt Spuren, auch das delinquente Verhalten. Begeht der Täter Handlungen, die deliktisch dem Fraud-Bereich zuzuordnen sind, ist es selbst für erfahrene Täter schwierig abzuschätzen, wie weit die späteren Ermittlungen zurückgehen werden. Daher wird der Täter vermutlich versuchen, seine Spuren zu verwischen oder zu verfälschen. Aber selbst wenn er von Beginn der Tatplanung eine sehr genaue Vorstellung vom Tatablauf hat, so kann er trotzdem schwer einschätzen, wie weit die Ermittlungen den Tatablauf rekonstruieren. Welche Vorbereitungshandlungen, selbst wenn diese für sich betrachtet noch straflos sind, werden als Beweis dokumentiert werden? Genau dies kann ein Täter nur schwer abschätzen und sämtliche Spuren verwischen. Diese Spuren alle zu verändern, wäre vermutlich zu aufwändig: der Taterfolg würde in Frage gestellt.

Delinquentes Verhalten erfordert Interaktionen, die in der Technik ihre Spuren hinterlassen. Dies können ganz einfach E-Mails sein, die den Tathintergrund und die Vorbereitungshandlungen dokumentieren. Während dieser Phase kann der Täter sich sicher gefühlt haben, weil er sein Handeln unter einem angeblich legalen Verhalten zu verstecken glaubte. Somit wird er während der Vorbereitungshandlungen keine besondere Vorsicht walten lassen. Im Nachhinein kann diese Kommunikation sowohl in der Aufklärung und als auch in der Beweisführung von besonderer Bedeutung sein und in der Praxis oft einen Rückschluss auf die Motivsituation zulassen. Gerade die Motivlage wiederum kann sehr wichtig für den Umgang mit dem delinquenten Mitarbeiter nach Klärung des Vorfalls und insbesondere bei der Beurteilung der Konsequenzen sein. Dazu müssten jedoch im Rahmen der Ermittlungen all seine E-Mails gesichert und datenanalytisch ausgewertet werden, was allerdings weitere Fragen aufwirft. So müssen die rechtlichen Voraussetzungen dafür vorhanden sein[19] und ggf. die Mitarbeitervertretung und der Datenschutz des Unternehmens eingebunden werden. Gilt E-Mail als Post, unterliegt sie ggf. dem besonderen Schutz des Postgeheimnisses.

---

[19] Vgl. ausführlich den Beitrag von Christ zu Datenschutz und Mitarbeiterkontrollen.

Diese Fragen und Probleme lassen sich – im Vorfeld, ohne konkreten Anlass – entspannt und nachhaltig regeln. Ein Datenschutzbeauftragter wird sich eher dann nicht der Aufklärung strafbaren Verhaltens entgegensetzen, wenn die Bedingungen, die zum Kopieren des Postfaches vorliegen sollten, in Ruhe abgestimmt werden.

Die juristischen Aspekte können hier nur angerissen werden, aber eine Reduktion des E-Mail-Verkehrs auf ausschließlich dienstliche Belange befördert die Möglichkeit der Voraussetzungen für die Einsichtnahme. Schließlich kann ein Unternehmen auch die Briefpost, die an die Organisation gerichtet ist, einsehen und ablauforganisatorisch bestimmen, welche Person oder Organisationseinheit welche Briefpost einsieht. Technisch lässt sich der E-Mail-Dienst unterschiedlich implementieren – das Briefgeheimnis schützt die Post nur auf dem Weg zum Empfänger. Einmal dort angekommen, zieht der besondere Schutz des Briefgeheimnisses nicht mehr. Es ist erkennbar, dass unter Ausrichtung der Technik auch auf rechtliche Umstände die juristischen Fragestellungen übersichtlicher und überschaubarer sind.

Schon am Beispiel von E-Mail und Post-Handling lässt sich erkennen, dass ein Unternehmen proaktiv Regelungen aufstellen kann, um notwendige Ermittlungsmaßnahmen durchführen zu können. Ggf. empfiehlt es sich aber auch – unter Wahrung der strategischen Vorgehensweise und Abwägung aller Vor- und Nachteile – eine Strafanzeige zu erstatten, um den Ermittlern die erweiterten Möglichkeiten der Strafprozessordnung zusätzlich zur Verfügung zu stellen.

8 Live Response versus Post-Mortem-Abbild

8.1 Live Response

Die so genannte Live Response erhebt bereits den Zustand am laufenden System. Eine Reihe von u.U. wichtigen Daten ist nach einem Abschalten der Systeme nicht mehr verfügbar. So kann die Frage, welche User sind angemeldet, welche Dienste aktiv, welche Ports geöffnet und welche Netzwerkverbindungen etabliert sind, von großem Interesse sein. Ist zu befürchten, dass der Täter aktuell im kompromittierten System aktiv ist, können solche Daten von herausragender Bedeutung sowohl für die Rekonstruktion des Tatherganges als auch für eine Überführung des Täters sein.

Nur am laufenden System kann ein Arbeitsspeicherabbild angefertigt werden. Wird auf dem System eine Vollverschlüsselung eingesetzt, ist ohne ein solches Abbild und die Erhebung sämtlicher relevanter Umstände eine Auswertung des Systems kaum denkbar.

An immer mehr mobilen Geräten wird aus Gründen der Datensicherheit der Datenträger verschlüsselt. Diese normalerweise sicherheitsfördernde Maßnahme macht gerade in Fällen von fraudulenten Aktivitäten auf den Systemen die Live Response immer bedeutsamer. Viele Informationen lassen sich bei verschlüsselten Systemen nach dem Ausschalten nicht mehr erlangen, die Beweissicherung sollte daher bereits am laufenden Betrieb erfolgen.

8.2 Post-Mortem-Analyse

Als so genannte Post-Mortem-Analyse bezeichnet man die Auswertung von Datenträgerabbildern. Disk-Image bedeutet in diesem Kontext nach den Regeln der Forensik erzeugte vollständige Kopien der Festplatten oder sonstigen Speichermedien. Meist handelt es sich dabei um Abbilder von kompromittierten oder solchen Systemen, die dem Täter als mittelbares Tatmittel dienten. Durch Hashwerte[20] wird sichergestellt, dass die Images den Inhalt des Beweismediums vollständig repräsentieren und die Daten seit dem Zeitpunkt der Anfertigung des Images unverändert sind. Diese Standardmethode der Computer-Forensik bietet eine ganze Reihe von Vorteilen. Die Beweishärte wird durch die Unveränderbarkeit der Images gestützt, es können beliebig viele Kopien dieser Images vom Image selbst angefertigt werden. So können sogar mehrere Ermittler an einem Image gleichzeitig arbeiten. Ein Image kann vollständig indiziert werden, um z.B. eine Suche nach Namen oder Stichwörtern erheblich zu beschleunigen. Gleichzeitig kann mit einem weiteren Image des Datenträgers bereits mit der klassischen Auswertung begonnen werden. Selbst ein Hardwareschaden eines Speichermediums würde nur Zeitverluste, jedoch keinen Beweismittelverlust mit sich bringen.

8.3 Live Response und Post-Mortem-Abbild

Beide Verfahren gemeinsam erwirken die höchstmögliche Beweissituation. Unabhängig, ob sich die Ermittler für oder gegen den Aufwand einer Live Response entscheiden, eine Beweisführung an einem Datenträger sollte immer nur an einem Image gemacht werden, nie am Original. Das Anfertigen von Datenträgerabbildungen und die anschließende ausschließliche Nutzung gehören zu den wichtigsten Standardmaßnahmen eines Computer-Forensikers.

---

[20] Auch „Fingerabdruck" genannt, sind mittels mathematischer Funktion erzeugte Codes, die in diesem Falle den „Inhalt" einer Festplatte eindeutig identifizieren.

9 An- und Herausforderungen an/für den Fraud Manager im Unternehmen

Die Frage stellt sich, welche Aufgaben ein Fraud Manager im Unternehmen im Bereich der Computer-Forensik übernehmen kann. Aus Sicht des erfahrenen Ermittlers für Computerkriminalität gehören die frühzeitige Auseinandersetzung, ein grundsätzliches Verständnis der eingesetzten Systeme und deren Anfälligkeiten gegen Missbrauch grundsätzlich dazu. Darüber hinaus stellt sich immer die Frage, wann im konkreten Verdachtsfall Spezialistenwissen eingesetzt werden muss. Im Zweifel sollte die Einbindung frühzeitig erfolgen, und sei es nur, um eine ordnungsgemäße Anfertigung von ggf. im Fortgang der Ermittlungen zu untersuchenden Laufwerken gerichtsverwertbar zu garantieren.

Immer wieder wird die Frage nach standardisierbaren Checklisten für den Bereich der Computer-Forensik gestellt. So charmant dieser Gedanke einer Nutzung von standardisierbarem Vorgehen sein mag, so wenig deckt er sich mit der realen Welt. Die Schnelllebigkeit und die ständigen Weiterentwicklungen und Veränderungen bringen es mit sich, dass derartige Instrumente niemals aktuell sein können. Das Los aller Checklisten in der Praxis ist jedoch, dass sie sehr selten angepasst werden. Aufgrund der ständigen Veränderungen im Bereich der Computer-Forensik kann dies auch zu elementaren Fehlern führen. Von daher ist es ratsam, anhand der Situation vor Durchführung der Maßnahmen ein auf diesen Fall zugeschnittenes eigenes Vorgehensmodell anzufertigen (ggf. in Form einer Checkliste). Am Anfang einer Maßnahme sollte sich der Ermittler die Zeit nehmen, die für diesen Fall elementaren Dinge zu notieren – und die Abarbeitung und Vollständigkeit ggf. auch anhand dieser situativ entwickelten Checkliste zu kontrollieren.

Zusätzlich sollte die Beweismitteldokumentation sich bei Sicherstellung von Informationen auf Medien am grundsätzlichen Modell der Sicherstellung orientieren. Als grundsätzliches Gerüst für die Sicherstellung von Beweismitteln gehören zu einem solchen Protokollzettel folgende Kriterien.

Abbildung 1: Protokollzettel für die Sicherstellung von Beweisen

Erstellung eines Beweiszettels
Datum
Uhrzeit
Ort/Gebäude/Raum/spezielle Örtlichkeit (Schreibtisch, Schrank, Regal)
Aktenzeichen/Fall ID/Ermittler
Anwesende Personen
Auflistung der Gegenstände
Laufende Nr./Art des Gegenstandes/Anzahl/Beschreibung/Zugehörigkeit
Unterschriften der handelnden Personen/Zeugen
Übergabe/Übergeben von/Übernommen von/Datum/Uhrzeit
Verbleib/Lagerungsort

10 Fazit

Computersicherheit gewinnt mit steigender Digitalisierung der Unternehmensprozesse mehr und mehr an Bedeutung. Computer-Forensik als einer der Bestandteile von Sicherheit hat nicht nur die Aufgabe, Tathandlungen aufzuklären und die Täter zu ermitteln. Auf den zweiten Blick gut erkennbar ist der Umstand, dass das Wissen um das „Wie" des delinquenten Handelns, die Kenntnis über Details und Wege, nicht nur dem Vermeiden von zukünftigen Vorfällen dient, sondern auch die Sicherheit insgesamt erhöhen kann.

Spezifische Internetrecherche – Fraud-technische Recherchen im Internet – Eine Einführung

Hans-Willi Jackmuth

1 Einführung

Der Einsatz moderner Medien bietet im Rahmen von Ermittlungen Chancen, denen sich ein Fraud Manager bewusst sein muss.[1] Dies können Programme, AddOns und technologische Komponenten sein, die häufig als Freeware vorhanden sind. Der nachfolgende Beitrag soll daher auch nur einige Möglichkeiten und vielleicht neuartige Ideen aufzeigen. Sofern sich die Möglichkeit ergibt, sollte jeder ambitionierte Ermittler, aber auch interessierter Leser, seinen Horizont über spezifische Internetrecherche erweitern.

1.1 Rechtliche Grundlagen

Bei der Betrachtung des Themas sind die §§ 202 a-c des Strafgesetzbuches (StGB) zu beachten. Hierin wird u.a. das Ausspähen und Abfangen von Daten, aber auch die Vorbereitung dazu mit einer Strafe bedroht. Das Bundesverfassungsgericht (BVerfG) hatte zu entscheiden, ob die Verfassungsbeschwerde von drei Personen gegen den so genannten Hackerparagraphen (genauer: gegen § 202c Abs. 1 Nr. 2 StGB) zulässig ist. Die anhängigen Beschwerden wurden mit Beschluss vom 18.05.2009 durch das BVerfG als unzulässig abgelehnt.

Das BVerfG begründete die Ablehnung damit, dass die Beschwerdeführer durch § 202c StGB nicht „selbst, gegenwärtig und unmittelbar" in ihren Grundrechten betroffen seien. Denn ein Risiko strafrechtlicher Verfolgung sei bei einer verfassungskonformen Auslegung des Gesetzestextes für die von ihnen genannten Tätigkeiten im Umgang mit derartigen Programmen nicht gegeben.

Zum einen könne man (insbesondere bei so genannten *dual use tools*) nicht davon ausgehen, dass die Programme als „Zweck die Begehung einer Straftat" hätten. Bei den Beschwerdeführern fehle jedenfalls das „subjektive Merkmal der Vorbereitung einer Computerstraftat".[2]

Daneben kommen noch aus Sicht des Fraud Managers Straftaten nach § 303 StGB in Betracht, sofern Daten verändert werden oder Computersabotage betrieben wird. Die Delikte werden nur auf Antrag verfolgt, es sei denn, dass die Strafverfolgungsbehörde wegen des besonderen öffentlichen Interesses an der Strafverfolgung ein Einschreiten von Amts wegen für geboten hält.[3]

---

[1] Die Inhalte des Beitrags basieren auf der Vorlesung Spezifische Internetrecherche.
[2] Vgl. BVerfG, 2 BvR 2233/07 vom 18.05.2009 zum § 202c Abs. 1 Nr. 2 StGB.
[3] Vgl. § 303c StGB.

1.2 Einsatz von strategischen Tools

Jede Recherche im Internet ist mit dem Problem verbunden, dass der Ermittler vom Täter aus erkennbar wird. Daneben werden Tools benötigt, die eine interaktive Recherche auch gerichtsverwertbar dokumentieren, möglichst userfreundlich Informationen analysieren und ein deutliches Mehr an Information bieten als eine simple Abfrage in einem Online-Suchdienst.

Aufgrund der Fülle an Tools, zu denen fast täglich neue hinzu kommen, beschränkt sich der Autor in diesem Beitrag auf einige wenige. Im Rahmen der Vorlesung wurde eindrucksvoll gezeigt, wie man mit einer Kombination aus einer Toolbox und diversen kleinen Freeware-Werkzeugen einen USB-Stick generiert, der aus Sicht von Ermittlern viele Möglichkeiten ausschöpft.[4]

Abbildung 1: Screenshot der Toolbox Liberkey – Freewaretool beispielsweise zur Organisation eines USB-Sticks zur optimalen Recherche

---

[4] Vgl. www.liberkey.com.

Neben den typischen Recherchetools und spezifischen Browser-AddOns stehen auf dem USB-Stick die gebräuchlichsten Werkzeuge für Aufzeichnungen (OpenOffice), aber auch für IT-Forensik zur Verfügung. Damit kann man unabhängig auf jedem Windows-Betriebssystem ab Windows XP agieren. Die Daten werden auf dem USB-Stick gespeichert. Installationen auf dem ausführenden PC erfolgen nicht.

1.3 Ermittlungen aus dem Firmennetz?

Aufgrund der Tatsache, dass das Internet „nichts vergisst", können natürlich auch die abgehenden Daten des Senders ein Problem darstellen, wenn der potenzielle Täter frühzeitig von den Ermittlungen erfährt.

Daneben stellt der Besuch von Seiten mit kritischen Inhalten ggf. auch im Sinne einer möglichen Infektion mit Schadsoftware ein Risiko dar. Es mag jeder User für sich entscheiden, wie hoch er die Erkennungsrate der aktuellen Virenscanner einschätzt. Es verbleibt ein Restrisiko, den Firmen-PC und damit ggf. das Firmennetz zu infizieren.

Insofern sollte es eine Selbstverständlichkeit sein, im Rahmen derartiger Recherchen ein neutrales Note- oder Netbook zu nutzen. Verträge mit einer Flatrate liegen heutzutage gemessen an den zu untersuchenden Schäden in einem Bereich, der eine Anschaffung sinnvoll erscheinen lässt.

2 Browser und Einsatzmöglichkeiten von AddOns

Die Auswahl des Browsers hat sicherlich einerseits etwas mit persönlichen Vorlieben und gewohnter Umgebung zu tun. Andererseits stellt sich die Frage nach einem Mix aus Security und sinnvollen AddOns. Im Folgenden werden Tools dargestellt, die sich in Mozilla Firefox integrieren lassen und somit wesentlich zur anonymen Recherche und Sicherheit des Browsers beitragen.

Hinweis: Denken Sie immer daran, Ihren Browser auf Updates zu prüfen, um ggf. aktuelle Sicherheitslücken beim Surfen zu schließen.

Abbildung 2: Nutzung eines „portablen" Firefox – Darstellung diverser Suchmaschinen – beachten Sie auch die diversen Lesezeichen

2.1 Better Privacy

„BetterPrivacy" dient vor allem dem Schutz vor unlöschbaren Langzeit-Cookies, einer neuen Generation von Super-Cookies, welche mehr oder weniger heimlich das Internet erobert haben. Diese neue Cookie-Generation bietet der Industrie und der Markt-forschung endlich die Möglichkeit, Aktivitäten der Computer Nutzer unbegrenzt erfassen zu können. Dieses Add-On versetzt Sie in die Lage, diese LSO-Cookies im laufenden Betrieb bzw. beim Beenden des Browser rückstandslos zu löschen. Bezüglich des Daten-schutzes sind derzeit vor allem 2 Klassen von Langzeit-Tracking bedenklich: 'Flash' und 'DOM Storage'-Cookies".[5]

---

[5] Vgl. https://addons.mozilla.org/de/firefox/addon/betterprivacy/ (Abruf vom 20.03.2011).

Abbildung 3: Administrationsfenster „Better Privacy"

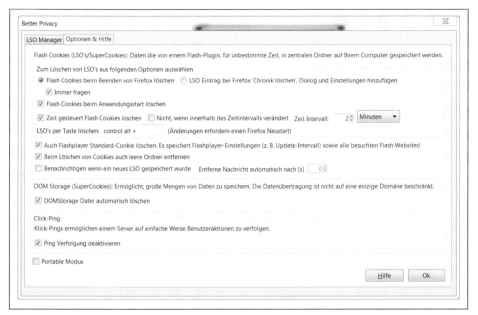

2.2 NoScript

„NoScript" sperrt in der Standardkonfiguration grundsätzlich das Scripting jeder Internetseite. Es versetzt den Anwender in die Lage, JavaScript, Java (und andere Plugins) nur bei vertrauenswürdigen Domains aus Sicht des Users (z.B. der eigenen Homebanking-Website) auszuführen. Der auf einer Positivliste basierende präventive Ansatz zum Blockieren von Skripten verhindert das Ausnutzen von (bekannten und unbekannten!) Sicherheitslücken ohne Verlust an Funktionalität."[6] Damit wird zumindest bedingt ein Schutz vor Schadsoftware in Seiten gewährleistet. Nebensächlich, aber für das userfreundliche Surfen angenehm, ist sicherlich die Verhinderung von Werbeinblendungen – und die Funktion, welche Informationen über das Nachladen von fremden Seiten zeigt.

---

[6]   Vgl. https://addons.mozilla.org/de/firefox/addon/noscript/ (Abruf vom 20.03.2011).

Abbildung 4: Auswahlmöglichkeiten bei installiertem NoScript

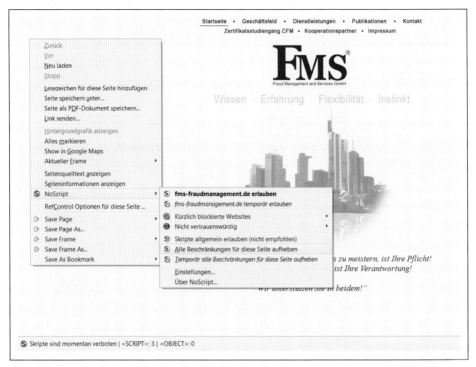

2.3 ScrapBook

ScrapBook ist eine Erweiterung für Firefox, mit dem Webseiten lokal gespeichert werden können und die hilft, Bestände einfach zu verwalten. Hauptmerkmale dieser Ergänzung sind die einfache Bedienbarkeit, Schnelligkeit, Genauigkeit und mehrsprachige Unterstützung.

Wichtige Merkmale von ScrapBook sind das lokale Speichern von Webseiten, das Speichern von Snippet-Webseiten, das Organisieren der gesammelten Webseiten in der gleichen Weise wie Bookmarks, eine Volltextsuche und schnelle Filterung der Suche.[7]

---

[7] Vgl. https://addons.mozilla.org/de/firefox/addon/scrapbook/ (Abruf vom 20.03.2011); übertragen aus dem Englischen.

Abbildung 5: Nutzung von ScrapBook – durch rechte Maustaste wird die Seite lokal gespeichert, die Ordnerstruktur kann beliebig bestimmt oder neu angelegt werden

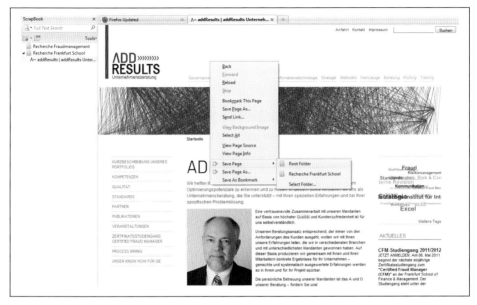

Das Tool bietet diverse Möglichkeiten, Recherchen zu systematisieren und zeitpunktbezogen Informationen abzulegen. Eine starke Ergänzung bietet die Volltextsuche – Lesezeichen sind passé, besuchte Seiten sollten konsequent in ScrapBook abgelegt werden. Die Vorteile wird man als User bei der Internetrecherche schnell erkennen.

Gerade bei der zu einem späteren Zeitpunkt reproduzierbaren Recherche sollte darauf geachtet werden, für jeden Rechercheschritt ein neues Fenster in Firefox zu öffnen. Dadurch wird der Nutzer in die Lage versetzt, seine eigene Recherche nachzuvollziehen und sein Rechercheergebnis auch in der Zukunft vorstellen zu können. Dazu eignet sich die Funktion „Alle Tabs speichern". Die geöffneten Fenster werden in der Öffnungsreihenfolge chronologisch gespeichert.

2.4 Weitere AddOns

Die Welt der AddOns ist vielfältig und richtet sich nach dem Bedarf der User. In der Praxis benötigt man jedoch häufig weitere Informationen über die Domains und deren Verwaltung (DND Domain Details),[8] Übersetzungstools für ganze Seiten oder markierte

---

[8] Vgl. http://dndetails.com/ (Abruf vom 20.03.2011).

Texte (FoxLingo)[9] oder weitergehende Suchmaschinen (Firefox Super Search).[10] Für Umwandlungen im Rahmen der Recherchen im kyrillischen Sprachraum stehen Tools wie Russkey[11] zur Verfügung.

Will man unterdrücken, von welcher Seite man kommt, verhindert das AddOn „Ref-Control" die Übergabe des so genannten Referrer. Der Referrer (engl. *to refer*: „verweisen") ist die Information über die Internetseite, von der der User bei dem Aufruf auf einer weiteren Webseite von der ursprünglichen Webseite verwiesen worden ist. Der Referrer wird dabei standardmäßig mit übermittelt, ohne dass der Benutzer dies explizit freigeben muss. Vor allen Dingen sind hier statistische Gründe anzuführen, um Marketingdaten des Weiterleitens von (fremden) Webseiten zu erheben. Nicht unumstritten ist das Weiterleiten hinter dem Rücken des Users, ggf. können auf diese Weise sogar personenbezogene Informationen aus nicht-öffentlichen Intranet-Plattformen per Link mit Referrer nach außen gelangen.

„Mit RefControl bestimmen Sie genau, welche Websites Referrer senden dürfen und welche nicht, für Websites ohne Regel lässt es sich einfach verbieten. Mit dieser Erweiterung kontrollieren Sie, ob andere Websites die Seite kennen dürfen, von der Sie kommen".[12]

3   Google und Funktionalitäten

3.1   Google und berechnen

I.d.R. wird der User bei Nutzung eines internetfähigen PCs einen Browser offen haben. Falls eine einfache Berechnung durchgeführt werden soll, benötigt er weder den Windowsrechner, den er unter Zubehör findet, noch Produkte à la MS Excel®. Eine einfache Eingabe in das Google Suchfenster und er erhält schnell und präzise ein Ergebnis. Gleiches trifft übrigens für Eingaben zu wie „100 km in Meilen" oder „500 EUR in USD".

---

[9]   Vgl. https://addons.mozilla.org/en-US/firefox/addon/foxlingo-translator-dictionary/ (Abruf vom 20.03.2011).

[10]   Vgl. https://addons.mozilla.org/de/firefox/addon/searchtweaker-super-google-igo/ (Abruf vom 20.03.2011).

[11]   Vgl. https://addons.mozilla.org/en-US/firefox/addon/russ-key/ (Abruf vom 20.03.2011).

[12]   Vgl. https://addons.mozilla.org/en-US/firefox/addon/refcontrol/reviews/ (Abruf vom 20.03.2011).

Abbildung 6: Berechnungen mit Google durchführen

3.2 Google und suchen

Aus Sicht eines normalen Users offeriert die Suche – und Google bietet hier nur ein Bei-spiel, wenngleich in Deutschland aktuell Marktführer – Möglichkeiten, die die User im Normalfall nicht nutzen. Mehrere Begriffe in das Eingabefenster eingeben und „suchen" auslösen ist der Standard. Die Analyse des Userverhaltens zeigt, dass häufig zwei Begriffe eingegeben werden. Drei Begriffe stellen schon die Ausnahme ggü. dem Normaluser dar. Die Nutzung des Buttons „erweiterte Suche" hilft dabei, den Trefferkreis deutlich einzu-schränken, um nicht in der Fülle der Information zu ersticken.

Abbildung 7: Erweiterte Suche in Google

Die Maske lässt somit Suchalgorithmen innerhalb einer Webseite genauso zu, wie Suchanfragen in einem bestimmten Land oder einer bestimmten Sprache. Insbesondere bei
Recherchen in anderen Sprachkreisen sind natürlich die verschiedenen Schreibformen zu
berücksichtigen. Von daher kann es beispielsweise auch angebracht sein, einen Namen,
der final in kyrillischer Sprache zu recherchieren ist, aus dem Deutschen ins Englische zu
übersetzen und anschließend die Suchanfrage zu starten.

Aber eine Abfrage mit der technischen Sprache der Webseite ist die absolute Ausnahme.
Dabei bietet Google eine aussagekräftige Hilfedatei über die verschiedenen Begrifflichkeiten:

Tabelle 1: Begrifflichkeiten der technischen Sprache

site:	Einschränkung der Suche auf Seiten, die sich unterhalb der eingesetzten Domäne befinden.
inurl:	Das Argument muss sich irgendwo in der URL befnden.
allinurl:	Alle hierauf folgenden Worte müssen sich in der URL befnden.
link:	Auf der gesuchten Seite muss sich ein Link auf das hier eingesetzte Argument befinden.
related:	Findet Seiten mit ähnlichem Themenkontext, wie die Seite, deren URL als Parameter angegeben wird.
intitle:	Das Argument muss sich im Titel der Seite befinden (Title-Tags des Headers der HTML-Datei).
allintitle:	Alle folgenden Worte müssen sich im Titel der Seite befinden.
intext:	Das Argument muss sich im Text, also nicht etwa im Titel oder der URL befinden.
allintext:	Alle folgenden Worte müssen sich im Text befinden.
filetype:	Das gesuchte Dokument hat diese Dateiendung.
ext:	Selbe Funktion wie filetype.
cache:	Als Argument wird eine URL eingesetzt. Das Suchergebnis liefert dann bei Vorhandensein die in den Google-Cache aufgenommene Version der Seite.
define:	Sucht in Online-Nachschlagewerken Definitionen des Begriffs
numrange:	Die Numrange Syntax ermöglicht die Eingrenzung der Suche nach Dingen die in einer bestimmten Zahlenspanne liegen.
+ bzw. AND	Logisches UND.
– bzw. OR	Logisches ODER.
„..........“	Exakter Match des Ausdrucks zwischen den Anführungszeichen.
keyword [#] .. [#]	Suche nach Zahlen zwischen einer Unter- und einer Obergrenze Joker-Symbole.
*	Joker: Beliebiges Wort von beliebiger Länge.

3.3 Google-Sprachtools

Neben der erweiterten Suche stellen die Google-Sprachtools ein mächtiges Recherche- und Ermittlungswerkzeug dar. Zwischenzeitlich können über 140 Sprachen übersetzt werden. Bei der Übersetzung sollte beachtet werden, dass Google-Sprachtools die Originalsprache zunächst ins Englische und dann erst in die Ausgangssprache übersetzt. Durch diese doppelte Übersetzung leidet die inhaltliche Information. Die besten Ergebnisse werden bei der Übersetzung der Ursprungssprache ins Englische erzielt. Auf der Google-Sprachtools-Seite können Textpassagen in einem separaten Fenster bzw. ganze Internetseiten in die gewünschte Sprache übersetzt werden.

Nach der Übersetzung der gewünschten Seite werden alle weiteren in der Seite befindlichen Links ebenfalls in die gewünschte Sprache übersetzt.

Je nach Recherche ist es sinnvoll, innerhalb des Sprachraums der zu ermittelnden Personen bzw. Firmen zu arbeiten. Lokal bekannte Personen/Firmen haben häufig keinen englischen bzw. internationalen Internetauftritt. Durch diesen Umstand können bei dieser Art der Recherche häufig bisher unbekannte Informationen erlangt werden.

Abbildung 8: Google-Sprachtool

3.4   Scroogle und suchen

Abbildung 9: Einstiegsseite Scroogle

Und falls die Suchanfragen ohne datensammelnde Funktionen in Google ausgelöst werden sollen – Scroogle ist eine Anonymisierungsmaschine:

no cookies | no search-term records | access log deleted within 48 hours

„Bei der Internet-Suche mit Google kann der Dienst einen Cookie setzen und an Informationen über den Suchenden gelangen – wie dessen IP-Adresse. Scroogle tritt als Vermittler ein, verspricht Anonymität und Datenschutz. Dabei wird die Suchanfrage an Google weitergeleitet und die zurückgelieferte Ergebnisliste an den Nutzer gesendet.

Scroogle versichert auf seiner Webseite, keine Cookies zu setzen, die Ergebnislisten nicht zu speichern und Logdaten nach 48 Stunden zu löschen."[13]

4 Fazit

Die Möglichkeiten einer direkten Suche nach Personen kann sicherlich durch Informationen aus sozialen Netzen ergänzt werden. Typische Möglichkeiten sind hier Facebook, aber auch XING oder Yasni. Im internationalen Umfeld wären hier 1-2-3people, yahoo person search etc. zu nennen.

Daneben kann man im Internet suchen nach Postleitzahlen, der Existenz von Personalausweisnummern (Prüfziffernberechnung), Vorwahlen zu Telefonnummern weltweit, vertiefenden Informationen zu Internetauftritten (Domainserver, Nameserver, grafische Darstellung der IP-Adressen), nach Geocodierung oder nach Anschriften, Entfernungen und Visualisierungen von Tatorten. Die Möglichkeiten erscheinen unbegrenzt – im Rahmen von internationalen Tatabläufen kommen noch diverse Suchalgorithmen und Übersetzungstools hinzu.

Neben den Methoden, über die ein normaler User verfügt, gibt es zahlreiche Möglichkeiten, sich Informationen compliance-konform im Internet zu beschaffen. Die Methoden sind nicht selbsterklärend, sondern bedürfen einer intensiven Schulung. Der Beitrag konnte nur einzelne Aspekte anreißen.

---

[13] Vgl. http://www.heise.de/software/download/scroogle/64583 (Abruf vom 20.03.2011).

Krisenmanagement im Unternehmen

Axel Bédé

1 Einleitung

Kein Unternehmen kann das Eintreten von Notfall- und Krisensituationen mit Sicherheit ausschließen – dies gilt für Global Player genauso wie für kleine und mittlere Unternehmen.[1] Umso bedeutsamer ist es, mit Hilfe eines professionellen Notfall- und Krisenmanagements im Ereignisfall Personen- und Sachschäden, aber auch Imageschäden zu vermeiden bzw. zu minimieren und Existenz bedrohende Situationen erfolgreich abzuwenden.

Im Zentrum einer erfolgreichen Krisenbewältigung stehen immer die verantwortlichen Akteure. Der Faktor Mensch mit seinen Stärken und Schwächen beim Handeln in kritischen Situationen macht die psychologische und arbeitsorganisatorische Vorbereitung im Krisenmanagement so relevant.

Die nachfolgenden Ausführungen beziehen sich daher auf den Aufbau eines strukturierten Krisenmanagements im Unternehmen mit einem besonderen Fokus auf die Zusammensetzung und die Arbeitsprozesse im Krisenstab.

2 Krisenmanagement – Abgrenzung und Definition

Die Krise unterscheidet sich vom Notfall insbesondere durch einen hohen Anteil an Ungewissheit und Komplexität, meist verbunden mit einem höheren zu erwartenden Schaden.

> *Definition Krise: Eine Krise ist ein gefährliches, dynamisches und Existenz bedrohendes Problem oder Ereignis für ein Unternehmen oder einzelne Mitarbeiter, dessen Bewältigung nicht mit den Strukturen der Alltagsorganisation erfolgen kann, sondern den Einsatz besonderer Organisationsformen erfordert.*

Hier wird bereits deutlich, dass die Dimension des Problems über die Bewältigungsmöglichkeiten des Notfallmanagements hinausgeht, im Rahmen der Alltagsorganisation also nicht zu beherrschen ist. Während sich die dynamischen Prozesse eines Notfalls relativ konkret prognostizieren lassen, trifft dies auf die Entwicklung einer Krise so nicht

---

[1] Die nachfolgenden Ausführungen sind z.T. gekürzte inhaltliche Zusammenfassungen meines Buches „Notfall- und Krisenmanagement im Unternehmen" (2009), Stuttgart/Berlin: Steinbeis-Edition.

zu. Die Vorbereitung auf Krisensituationen zielt daher darauf ab, unerwartete Szenarien zu managen, während sich das Notfallmanagement eher an vorgedachten Strukturen orientiert.

Beispiel: Eine Explosion in wichtiger Produktionsanlage mit großer Öffentlichkeitswirkung durch Personenschäden und Freisetzung umweltgefährdender Substanzen.

Definition Krisenmanagement:[2] *Krisenmanagement ist die Schaffung von konzeptionellen, organisatorischen und verfahrensmäßigen Voraussetzungen, die eine schnellstmögliche Zurückführung der eingetretenen außergewöhnlichen Situation in den Normalzustand unterstützen.*

Abgrenzung von Notfall- und Krisenmanagement

Die Begriffe Notfall- und Krisenmanagement werden oft synonym gebraucht – sie meinen zwar Ähnliches, aber eben nicht Gleiches.

Jede dieser Bezeichnungen hat seine Berechtigung, wird aber je nach Sprachraum, Kulturkreis und Branche mit unterschiedlichen Nebenbedeutungen assoziiert. Deshalb gibt es – bislang jedenfalls – keine international einheitliche Bezeichnung.[3]

Nachfolgende Erläuterungen sollen daher zur Begriffsklarheit beitragen:

- Notfallmanagement reflektiert auf vordefinierte Schadensszenarien und bildet praktisch die Vorstufe zum Krisenmanagement. Es umfasst die zu treffenden Maßnahmen bei einem Unglücks- oder Störfall, der in seinen Auswirkungen noch überschaubar und im Wesentlichen im Rahmen der Alltagsorganisation eines Unternehmens zu bewältigen ist. Notfallmanagement findet vorrangig auf der operativen Ebene am Ereignisort statt und wird z.T. auch als „Krisenmanagement erster Art"[4] bezeichnet.

- Krisenmanagement im eigentlichen Sinne findet auf der Managementebene abgesetzt vom Ereignisort statt und kommt immer dann zum Tragen, wenn das Notfallmanagement nicht mehr ausreicht, eine Lage zu bewältigen, weil die durch Wechselwirkungen verursachten komplexen Auswirkungen nicht mehr überschaubar sind und eine Unternehmensbedrohung darstellen können. Krisenmanagement erfordert eine Sonderorganisation – die Einberufung eines Krisenstabes als zentrales Krisenreaktionsinstrument.

---

[2] Bundesministerium des Innern, 2005, Schutz Kritischer Infrastrukturen.
[3] Vgl. Brauner, C., 2001, Präventive Schadenbewältigung.
[4] Vgl. Mayer, V., 2003, Operatives Krisenmanagement.

Das Notfallmanagement zielt darauf ab, die Handlungsfähigkeit des Systems zu erhalten, während das Krisenmanagement die Entscheidungsfähigkeit der für das System verantwortlichen Personen sicherzustellen hat. Notfallmanagement ist im Wesentlichen die Aufgabe der Unternehmenssicherheit (z.B. Werkschutz, Werkfeuerwehr etc.). Krisenmanagement ist Aufgabe der Führungsebene (Vorstand, Geschäftsleitung oder deren Beauftragte aus der ersten Ebene unterhalb des Vorstandes).

Im Notfallmanagement überwiegt der Handlungsbedarf; das Krisenmanagement erfordert hingegen primär Entscheidungen oder, wie es Albert Einstein formuliert hat: „In der Krise ist Vorstellungskraft wichtiger als Wissen."

3 Einbindung des Krisenmanagements in die Unternehmensorganisation

Glücklicherweise muss man Krisenmanagement nicht neu erfinden, da die Grundstrukturen in vielen Bereichen (z.B. Rettungsorganisationen, Militär, Polizei etc.) erprobt wurden und sich beständig fortentwickelt haben. Durchgesetzt hat sich dabei als Leitgedanke: „einfach, eindeutig, hierarchisch."

Da es für den Aufbau einer Krisenbewältigungsorganisation nicht die *one-size-fits-all*-Lösung gibt, muss die Orientierung an den individuellen Unternehmensbedürfnissen und -möglichkeiten im Vordergrund stehen. Krisenmanagement ist kein Aktions-Reaktions-Instrument, sondern ein ganzheitlicher Prozess mit aktiven Steuerungsmöglichkeiten.

Obwohl Krisenmanagement unternehmens-/branchenspezifische Unterschiede aufweist, sind die Grundstrukturen i.d.R. ähnlich. Im Krisenmanagement hat sich eine dreigliedrige, funktionsorientierte hierarchische Struktur bewährt, die die jeweiligen Verantwortlichkeiten widerspiegelt, für klare Führungs- und Unterstellungsverhältnisse sorgt, aber gleichzeitig ein flexibles Reagieren erlaubt (teilweise auch als Gold-Silber-Bronze-Prinzip bezeichnet):

1. strategische (goldene) Ebene;

2. strategisch-taktische (silberne) Ebene;

3. operative (bronzene) Ebene.

Organisationsstruktur eines Unternehmens in der Krise

- Strategische Ebene (Entscheidungsebene):

Zusammensetzung: Topmanagement (Vorstand, Geschäftsleitung).[5]

Aufgabe: Vorgabe des strategischen Rahmens, Leitlinien des Unternehmens in der Krise, Treffen der richtungweisenden Entscheidungen nach entsprechender Vorbereitung/Beratung durch die strategisch-taktische Ebene (Krisenstab).

Beispiel: Der Krisenstab legt im Rahmen einer Produkterpressung zwei Entscheidungsalternativen (offensive Öffentlichkeitsarbeit versus Geheimhaltung) mit entsprechenden Prognoseszenarien vor.

- Strategisch-taktische Ebene:

Zusammensetzung: Der Krisenstab, ggf. verstärkt durch Experten und/oder externe Berater.

Aufgabe: Koordination und Steuerung sämtlicher Maßnahmen, die das Krisenmanagement im eigentlichen Sinne betreffen, Umsetzen der Vorgaben der strategischen Ebene, meist mit eigener weitreichender Entscheidungsbefugnis.

Beispiel: Festlegung und Umsetzung des Krisenkommunikationskonzeptes des Unternehmens nach unbeabsichtigter Freisetzung toxischer Stoffe in ein nahe gelegenes öffentliches Gewässer.

- Operative Ebene (zumeist Teil des Notfallmanagements):

Zusammensetzung: Anlassbezogen können hier beispielsweise die Werkfeuerwehr unter Führung der Technischen Einsatzleitung (TEL), der Werkschutz und/oder problembezogene Teams vor Ort sowie Fachberater zum Einsatz kommen.

Aufgabe: Durchführung der erforderlichen Maßnahmen.

Beispiel: Nach Überschwemmung mit erheblichen Auswirkungen auf den IT-Bereich obliegt das Abpumpen des Wassers der Werkfeuerwehr, die Wiederherstellung der Rechenanlage den IT-Technikern und dem Werkschutz die Sicherung des Zugangs mit Personal, da das Zugangsberechtigungssystem abgeschaltet werden musste.

---

[5] Hier ist anzumerken, dass diese Funktion tatsächlich zumeist von der ersten Ebene unterhalb der Geschäftsleitung (GL) wahrgenommen wird, da die GL fast nie in das operative Geschäft eingreift. Für welche Alternative sich ein Unternehmen entscheidet, ist letztendlich eine Philosophiefrage, wichtig ist v.a., dass eine entsprechende Festlegung im Vorfeld erfolgt.

Bei global agierenden Unternehmen sollte durch die Etablierung eines strukturierten Krisenmanagements die weltweite Implementierung von Mindeststandards bei der Krisenbewältigung gewährleistet sein. Es greift zu kurz, wenn ein Unternehmen z.B. in Europa und Nordamerika im Bereich Krisenmanagement gut aufgestellt ist, aber durch diesbezügliche Versäumnisse in Asien einen Imageschaden erleidet, der auf das ganze Unternehmen zurückfällt.

Sinnvoll ist daher die Einrichtung eines Unternehmenskrisenstabes am Hauptsitz des Unternehmens, der mittels des Bereichs Corporate Security Richtlinien mit weltweiter Gültigkeit vorgibt, deren Einhaltung im Rahmen des Qualitätsmanagements (QM) sicherzustellen ist. Definiert werden können dabei z.B. einheitliche Strukturen für Standortkrisenstäbe sowie Eskalationsstufen und Meldewege, die verbindlich festlegen, wann der Unternehmenskrisenstab zu informieren bzw. einzubinden ist.

Abhängig vom Aufbau des Krisenmanagements im Unternehmen bzw. dem konkreten Anlass, wird z.B. bei Großschadenslagen schon vor der Einberufung des Krisenstabes bei Standorten mit eigener Werkfeuerwehr die TEL tätig. Sie ist Teil des Notfallmanagements und für die Koordination aller operativen Einheiten (Festlegung und Durchführung taktisch-operativer Maßnahmen) zuständig. Unternehmen ohne eigene Werkfeuerwehr entsenden zumeist nur einen Fachberater zur öffentlichen Feuerwehr und deren TEL.

Die TEL entscheidet über sämtliche operativen Maßnahmen an der Schadensstelle bzw. über den Ressourceneinsatz bei Notfallsituationen.

Diese Aufgaben werden im Rahmen des Notfallmanagements eigenverantwortlich vor Ort ausgeführt und erfordern i.d.R. keine Intervention durch den Krisenstab. Krisenmanagement ist kein operatives Notfallmanagement – insofern sollte der Krisenstab darauf bedacht sein, nicht in originäre Zuständigkeitsbereiche z.B. der Werkfeuerwehr oder des Werkschutzes einzugreifen.

Die übergeordnete Tätigkeit des Krisenstabes verfolgt das Ziel, Schäden und Auswirkungen von Krisen auf das Unternehmen sowie dessen Image in der Öffentlichkeit zu vermeiden bzw. zu minimieren und schnellstmöglich den normalen Geschäftsbetrieb wiederherzustellen. Krisenmanagement wird immer benötigt, wenn die im Rahmen der üblichen Linienorganisation sowie der Notfallorganisation verfügbaren Ressourcen, Verfahrensweisen und Systeme zur Bewältigung nicht mehr als ausreichend oder ungeeignet erachtet werden. Es erfordert strategisch-taktische Entscheidungen, die weit über die operative Ereignisbewältigung hinausgehen.

„Die Unfähigkeit, eine Entscheidung zu treffen, ist dasselbe, wie eine definitive Entscheidung, nichts zu unternehmen." [6]

Um ein rechtzeitiges Eingreifen des Krisenmanagements zu gewährleisten, sollte die Alarmierungsschwelle für den Krisenstab nicht zu hoch angesetzt und durch definierte Eskalationsstufen in Verbindung mit einem Alarmmanagement geregelt werden.

4 Ganzheitliches Krisenmanagement

Wenn Menschen über Krisen sprechen, hört man oft die nachfolgend aufgeführten thesenartigen Aussagen, die zwar grundsätzlich zutreffend sind, aus hiesiger Sicht jedoch ergänzt werden sollten:

- Krisen sind nicht vorhersehbar, zeichnen sich aber oft im Vorfeld ab!

- Jede Krise ist einzigartig, aber es gibt allgemeine Krisenmerkmale!

- Es gibt keinen Masterplan, aber sinnvolle Vorbereitungsmöglichkeiten!

Effektive Handlungsoptionen bestehen vor, während und nach einem Krisenereignis. Sie bedürfen einer übergreifenden Strategie im Rahmen des Krisenmanagements. Diese Strategie weist den verschiedenen Instrumenten ihren Platz zu. Ein ganzheitliches Krisenmanagement umfasst:

- Krisenprävention (Readiness);

- Krisenreaktion (Response);

- Instandsetzung und Wiederanlauf (Recovery);

- Krisennachbereitung (Crisis Debriefing).

4.1 Merkmale von Krisensituationen

Die Besonderheiten von Krisensituationen liegen in der ungewohnten Dynamik der Entwicklung von Ereignissen, der Gleichzeitigkeit widersprüchlicher Ziele, der teilweisen Unklarheit und Undurchschaubarkeit der Gesamtlage und bedeutsamer Details.

---

[6] Reineke, W., 1997, Krisenmanagement.

Aus der großen Zahl von Einflussgrößen und deren Verknüpfungen, ergeben sich schwer prognostizierbare Wechselwirkungen und überraschende, neuartige Handlungsanforderungen. Krisen sind komplexe Problemsituationen, die entsprechende Problemlösungsstrategien erfordern. Das Problemlösen in Krisen wird erschwert durch Zeit- und Entscheidungsdruck sowie durch die generelle Unsicherheit, die für den Krisenmanager bezüglich der verfügbaren Informationen und der Erfolgserwartungen seiner Entscheidungen besteht.

Kurz gesagt ist das Handeln von Krisenmanagern ein Entscheiden unter Unsicherheit. Krisen sind daher Belastungssituationen, die auch psychologische Bewältigungsstrategien erfordern.

Allgemein sind Krisenmerkmale:

- Dynamik;

- Unklarheit/Undurchschaubarkeit (Intransparenz);

- Zielkonflikte;

- Anzahl und Verknüpfung von Einflussfaktoren (Vernetztheit);

- Zeitdruck;

- Unsicherheit;

- Bedrohlichkeit.

Nachfolgendes Fallbeispiel „Großbrand in einem Kunststofflager" zeigt, wie sich aus Maßnahmen des Notfallmanagements eine echte Krisensituation mit spezifischen Merkmalen entwickeln kann:

> **Beispiel:** *Ein Zentrallager für Kunststoffspielwaren ist durch Platzen einer Quecksilbergasleuchte, die bis dahin üblicherweise in Hochregallagern verwendet wurden, in Brand geraten. Das Feuer konnte wegen der genauen Ortskenntnisse der Werkfeuerwehr schnell gelöscht werden (Maßnahmen im Rahmen des Notfallmanagements). Über mehrere Stunden wurde die Halle entraucht und eine Brandwache sollte eventuell versteckte Brandherde im Bedarfsfall melden und bekämpfen. Nach acht Stunden wurde die Verantwortung der Brandwache an den betrieblichen Werkschutz übertragen. Nach zwölf Stunden brach die Decke des Lagergebäudes großflächig ein und zerstörte das komplette Lager des Spielzeugherstellers sowie – durch neuerliche Brandeinwirkung – zwei weitere, angrenzende Produktionshallen (Krisensituation).*

Ursache: Durch Funkenflug wurde das brennbare Isoliermaterial in der Zwischen-decke zum Schmoren gebracht. Dieser Prozess war für den Werkschutz nicht sicht-bar. Erst nachdem die Hitze die Deckenverschalung zerstörte, führte die plötzliche Sauerstoffzufuhr zum explosionsartigen Flächenbrand.

Die Bedeutung der Brandwache wurde unterschätzt, weil das primäre Problem offensichtlich erfolgreich gelöst worden ist. Dass es Stunden nach erfolgreicher Bekämpfung des ersten Brandes noch eine weitere Problematik geben würde, die eine deutlich andere Dynamik als der erste Brand hat, erschien nicht vorstellbar – jedenfalls für nicht-professionelle Brandbekämpfer wie den Werkschutz. Bevor die erneute Alarmierung der Werkfeuerwehr erfolgen konnte, war der gesamte Lager-komplex nicht mehr zu retten, zudem wurde nun auch die Produktion in Mitleiden-schaft gezogen.

Diese existenzbedrohende Situation ist mit Mitteln des Notfallmanagements (Werkfeuer-wehr etc.) nicht mehr zu bewältigen. Erforderlich ist nunmehr ein Krisenmanagement als Sonderorganisationsform (Krisenstab), um die erforderlichen Maßnahmen (Einsatz unterschiedlicher externer Rettungsorganisationen, Krisenkommunikation, Desaster Recovery etc.) zu koordinieren.

Aufgrund der hohen Dynamik als typisches Krisenmerkmal spricht man auch vom so genannten Lawineneffekt (eine Lawine erhält ihre Gefährlichkeit erst dadurch, dass sie sich bewegt). Sind alle Ereignisse in einer Geschehensabfolge kausal auf ein Ursprungs-ereignis zurückzuführen (Kettenreaktion), so bezeichnet man diese Abfolge auch als Dominoeffekt.

4.2 Grundsätze des Krisenmanagements

Bei Eintritt einer Krisensituation kommt es zunächst darauf an, diese zu realisieren und zu akzeptieren. Bei Früherkennung der Krise ist der Handlungsspielraum bei geringem Informationsstand groß, er verringert sich mit Zeitablauf kontinuierlich, auch wenn der Informationsstand parallel anwächst. Nach realisierter Krise muss eine schnelle und umfassende Reaktion (besser noch Aktion) erfolgen, da hier die Weichen für erfolgreiche Krisenbewältigung oder Ausweitung der Krise gestellt werden.

Der Einsatz von Checklisten ist hervorragend geeignet, zunächst ein systematisches Vorgehen sicherzustellen. Sie bieten eine hilfreiche Unterstützung, um die so genannte Improvisations- oder Initialphase, treffend teilweise auch „chaotische Phase" bezeichnet, mittels klarer Strukturen schnell zu überbrücken.

Grundsätzlich gilt: Nicht kleckern, sondern klotzen – und zwar unverzüglich. Trotz dieser vereinfachten Darstellung der Notwendigkeit eines konzertierten Ressourceneinsatzes ist hierunter natürlich ein professionelles und zielgerichtetes Agieren zu verstehen.

Ziel der Sofortmaßnahmen ist es, zu verhindern, dass aus dem Kleinfeuer ein Flächenbrand wird, der auf andere (Unternehmens-)Bereiche übergreift. Die Krise ist zu isolieren (so genanntes *crisis containment*).

Auf Unternehmen bezogen werden die Weichen bereits in der Alarmierungsphase gestellt. Eine Alarmierung des Krisenstabes, die sich im Nachgang als unnötig darstellte, ist daher weitaus unproblematischer, als ein unterdosierter Kräfte- und Mitteleinsatz.

Grundsätze nach Bekanntwerden der Krisensituation

- Sofortige und umfassende Alarmierung durch berechtigte Personen (Festlegung erforderlich) gemäß im Vorfeld definierter Eskalationsstufen:
  - Auslösung der Sofortmaßnahmen gemäß Notfallhandbuch,
  - ggf. Warnmaßnahmen initiieren;
- Herstellen der Handlungs- und Führungsfähigkeit des Krisenstabes:
  - Krisenstabsraum aktivieren (Assistenzteam),
  - Dokumentation beginnen, Visualisierung der Lage (Assistenzteam);
- Beurteilung der Lage:
  - unmittelbar nach Eintreffen des Krisenstabes (Kernteam),
  - Kurzvortrag (Informationsstand, Fakten), gemeinsame Bewertung,
  - Entschlussfassung;
- Maßnahmen einleiten:
  - klare Aufträge, schriftliche Dokumentation (kein „jemand müsste sich mal kümmern"; Faustregel: Vergessen Sie den Konjunktiv!),
  - Auftragscontrolling/Effektkontrolle;
- Aktivierung der Back-up-Strukturen (Sicherung der Fortführung des Geschäfts bzw. der Produktion nicht betroffener Bereiche);

- Schadensbegrenzung, Instandsetzung und Wiederanlauf:

  - Maßnahmen des Business Continuity Managements,

  - ggf. (im Vorfeld definierten) Schadenssanierer alarmieren;

- Krisenkommunikation beachten: schnelle Reaktion der Unternehmenskommunikation.

Diese Grundsätze verfolgen das Ziel, möglichst rasch von der reinen Reaktion zur Aktion zu gelangen, also das Heft des Handelns wieder in die Hand zu nehmen.

5 Krisenprävention

Wichtig ist für Unternehmen, mögliche Bedrohungen bereits in frühen Stadien der Entwicklung zu erkennen und zu beobachten, um reagieren zu können solange das Problem noch klein bzw. beherrschbar ist. Dazu sind verschieden gestaffelte Informationen erforderlich. Gerade für Unternehmen, die eng an die globalen Wirtschafts- und Finanzströme gekoppelt sind, haben aufbereitete und zielgruppenspezifische Informationen besonderen Wert, um krisenhafte Fehlentwicklungen rechtzeitig zu antizipieren.

Beispiel: Der Pentium-Bug:[7] Der Chip-Hersteller Intel erlebte 1994 nach Markteinführung eines neuen Prozessortyps eine Situation, bei der eine (vermeintlich) minimale Irritation zu einer konzernweiten Krise führte. Seinerzeit bemerkte ein Mathematikprofessor einen Rundungsfehler bei bestimmten Rechenoperationen und teilte diesen der Intel Corporation mit. Intel hatte den Rechenfehler selbst bereits Mitte 1994 entdeckt, verkannte aber auch jetzt die Brisanz dieser externen Information und reagierte nicht. Eine E-Mail des Mathematikprofessors im Internet am 30.10.1994 führte sehr schnell zu einer starken Resonanz weiterer Betroffener, die das gleiche Problem hatten. Sie löste eine Lawine von mehr als 10.000 E-Mails aus, 20 Newsgroups diskutierten das Problem. Im November 1994 wurde die Nachricht über den fehlerhaften Chip schließlich von den Medien aufgegriffen. Die Situation eskalierte, Intel stürzte in eine ernstzunehmende Krise. Ergebnis: Intel erleidet einen finanziellen Schaden von mehreren 100 Mio. USD durch Rückruf/ Austausch sowie einen ernormen Imageschaden.

Wann ein Thema akut wird und somit in irgendeiner Weise öffentliches, mediales, finanztechnisches, wirtschaftliches und politisches Interesse weckt, lässt sich schwer vorher sagen. Dennoch gibt es bestimmte *issues* (Themen, Problemfelder), die für Unternehmen relevant werden können.

---

[7] Vgl. Töpfer, A., 1999, Plötzliche Unternehmenskrisen.

Ein wesentliches Instrument der Krisenprävention sind daher Frühwarnsysteme als Seismograph kritischer Entwicklungen.

5.1 Frühwarnsysteme

Frühwarnsysteme, z.T. auch als Whistle-Blowing-Systeme bezeichnet (bei Meldung durch eigene Mitarbeiter), sollen schwache Signale potenzieller Krisenherde in der Entstehungsphase erkennen, entsprechende (Krisen-)Prognosen ermöglichen, um darauf basierend Gegenmaßnahmen zu initiieren. Dabei können unterschiedliche Bereiche im Fokus stehen, wie z.B.

- Entwicklung der Absatzmärkte;

- gesellschaftliche Tendenzen (z.B. Entstehen neuer Bürgerinitiativen);

- Anzahl von kritischen medialen Äußerungen/Berichten im Kontext mit dem Unternehmen;

- Forschungsergebnisse (z.B. Bekanntwerden neuer krebserregender Stoffe);

- Trends in der Rechtsprechung;

- politische Entwicklungen (z.B. Einführung der Pfandpflicht für Getränkedosen);

- Verträglichkeit von Medikamenten.

Das wesentliche Ziel von (Krisen-)Frühwarnsystemen ist, die Zeitkritikalität zu entschärfen und so die Einfluss- und Handlungsoptionen zu erweitern.

5.1.1 Medienmonitoring

Generell gehört es zum Aufgabenbereich der Unternehmenskommunikation, die Medienlandschaft auf unternehmensrelevante Inhalte zu durchleuchten. Nach wie vor ist hier natürlich auch der Bereich der klassischen Medien, insbesondere der Printmedien, gemeint – beschränkt man sich hierauf, gilt allerdings: „Presseschau war gestern!"

Eine Beobachtung des Internets, so genanntes Online- oder Web-Monitoring, sollte eine Kernaufgabe im Rahmen des Medienmonitorings sein. Während unter der Überschrift „Krisenprävention" Medienmonitoring v.a. eine Awareness-Funktion im Sinne eines Frühwarnsystems zur Krisenprophylaxe hat, geht es aber auch um permanente Imageanalysen sowie um die ständig zunehmende Plagiatsproblematik – um Marken- und Produktpiraterie (z.B. Beobachtung bestimmter Ebay-Anbieter), also kriminelle Handlungen zum Nachteil des Unternehmens. Ziel ist die Identifizierung von Schwachstellen sowie die Minimierung von Gefahrenpotenzialen.

Erscheint eine eigene ständige Internetbeobachtung (z.B. durch gezieltes Surfen, Nutzung von Suchmaschinen etc.) zu aufwändig, kann das Unternehmen professionelle Web-Monitoring-Dienste mit klar definierten Aufgabenstellungen beauftragen.

5.1.2   Issues-Management

Noch einen Schritt weiter gehen so genannte Issues-Management-Systeme. Issues Management zielt darauf ab, potenzielle und konfliktäre Themen, die Einfluss auf den Handlungsspielraum und die Reputation eines Unternehmens haben sowie öffentlich diskutiert werden, durch systematische Beobachtung der relevanten Umweltbereiche frühzeitig zu identifizieren und zu bearbeiten. Eine proaktive Auseinandersetzung mit den Erwartungen und Ansprüchen von sich immer stärker vernetzenden Teilöffentlichkeiten ermöglicht es, Chancen zu erkennen und Risiken abzuwenden.[8]

> *Beispiel: In Kanada werden Untersuchungsergebnisse in einer wissenschaftlichen Publikation veröffentlicht, die Aussagen zu einer möglichen krebserzeugenden Wirkung eines bestimmten Konservierungsstoffes treffen. Für einen deutschen Lebensmittelhersteller, der diesen Stoff bei großen Teilen seiner Produktpalette verwendet, könnten diese Ergebnisse bei Bekanntwerden in der Öffentlichkeit erhebliches Krisenpotenzial beinhalten.*

Im Rahmen des Issues-Managements bestünde die Möglichkeit, sich entsprechend vorzubereiten (z.B. eigene Untersuchung in Auftrag geben, Argumentationslinien aufbauen, Produktionsumstellung planen) und gleichzeitig die Thematik im eigenen Sinne zu kommunizieren (z.B. Firma X führt regelmäßig umfangreiche Untersuchungen durch, stellt Verbraucherschutz in den Mittelpunkt des eigenen Handelns etc.).

> *„If you don't manage issues, issues will manage you". (Robert L. Heath)*

Online-Monitoring und Issues-Management sind mögliche Formen der Krisenprävention. Ergeben sich daraus kommunikative Maßnahmen eines Unternehmens im Vorfeld einer Krise, so spricht man von Risikokommunikation. Sie ist ein präventiver Teil der Krisenkommunikation, die erst nach Eintritt des Schadens einsetzt und unter Abschnitt 7 als eigenes Themenfeld dargestellt wird.

---

[8] Röttger, U./Ingenhoff, D., 2008, Krisenmanagement in der Praxis.

5.2 Erstellen des Krisenmanagementplans

Bestandteil jedes Krisenmanagements ist die Erarbeitung eines kurz gefassten, aber präzisen Krisenplans (*crisis manual*) im Vorfeld – also als Maßnahme der Krisenprävention –, da nur vor der Krise ausreichend Zeit und Möglichkeiten vorhanden sind,

- den strategischen Handlungsrahmen vorzugeben,

- die Organisationsstruktur zur Krisenbewältigung festzulegen,

- die taktischen Handlungsoptionen zu skizzieren,

- logistische Vorbereitungen zu treffen (Krisenräume, Checklisten etc.),

- Krisenkommunikation abzustimmen,

- Verantwortlichkeiten festzulegen.

Kritiker bedienen sich an dieser Stelle oft eines Zitats von Friedrich Dürrenmatt: „Je planmäßiger Menschen vorgehen, desto wirksamer trifft sie der Zufall."

Dem ist folgendes entgegenzuhalten: Krisenpläne sind Rahmenplanungen, deren Ziel nicht die detaillierte Beschreibung von Einzelaufgaben ist, sondern die Beschreibung von Führungsstrukturen und Zuständigkeiten sowie die Erfassung qualitativer und quantitativer Leistungsparameter zur Krisenbewältigung. Ein Krisenplan kann zwar nicht DIE richtige Lösung für alle Unternehmenskrisen aufzeigen, ermöglicht jedoch eine breitgefächerte Aufstellung für denkbare Szenarien sowie ein schnelles Hineinfinden in die entsprechende Organisationsstruktur und ist damit immer ein Kompromiss zwischen Standardisierung und Flexibilität.

Ein Krisenmanagementplan darf daher nicht als ein mehrere hundert Seiten umfassendes Kompendium gestaltet sein, sondern als klar strukturierte und unkomplizierte Übersicht der in Frage kommenden Maßnahmen.

Krisenpläne/-handbücher sind vertraulich zu behandeln und sollten nur einem berechtigten definierten Empfängerkreis zugänglich sein. Sie müssen sowohl als Datei mit entsprechend restriktiver Leseberechtigung als auch als Hardcopy (Redundanz) vorliegen. Ein Kopierverbot kann einer unberechtigten Weitergabe entgegenwirken und vor allem gewährleisten, dass im Umlauf befindliche Versionen stets aktuell sind. Bei Aktualisierungen ist daher ein 1:1-Austausch mit Sammlung und Vernichtung der Altexemplare an zentraler Stelle anzustreben.

Typische Elemente eines Krisenplans[9] sind:

1. Präambel/Einführung: (unternehmerische Zielsetzung, Geltungsbereich, Begriffsbestimmungen, rechtliche Grundlagen, Vertraulichkeit etc.).

2. Organisation/Aufbau: (Struktur der Krisenorganisation, Funktionen/Aufgaben und Verantwortlichkeiten, Geschäftsordnung).

3. Krisenmanagementverfahren (Ablauforganisation): (Melde- und Alarmierungsverfahren i.V.m. definierten Eskalationsstufen, Ablaufdiagramme, Szenarien wie z.B. Großschadensereignis, Produkterpressung, Pandemie etc. und entsprechende Maßnahmen, Wiederanlauf, Checklisten, Dokumentation etc.).

4. Krisenkommunikationskonzept: (externe und interne Kommunikation, Umgang mit Medien).

5. Krisenführungsraum: (Ausstattung, Aktivierung, Ausweichlokation).

6. Sonderteile: (z.B. Ausland).

7. Datenpool: (Adressen, Pläne, Kartenmaterial, Organigramme, Übersichten etc.).

8. Sonstiges: (z.B. streng vertrauliche Teile wie Maßnahmen im Entführungsfall etc.).

Die inhaltliche Ausgestaltung des Krisenplans muss sich immer an den unternehmensspezifischen Bedürfnissen orientieren. Für die an dieser Stelle empfohlene Erstellung eines Gesamtdokuments „Notfall- und Krisenmanagementplan" wird folgende Struktur empfohlen:

- Einleitung:
  - Ziel, Zweck, Geltungsbereich,
  - Definitionen, Abgrenzung Notfall, Krise,
  - Eskalationsstufen;
- A. Notfallhandbuch;
- B. Krisenmanagementplan;

---

[9] Vgl. Trauboth, J., 2002, Krisenmanagement bei Unternehmensbedrohungen.

- C. Anlagen, Datenpool:

  - Alarmierungslisten;

  - Maßnahmenkataloge, Checklisten;

  - Gebäudepläne, Kartenmaterial etc.

Die Erstellung eines solchen Gesamtdokuments hat den Vorteil, dass logische Brüche und redundante Planungen vermieden werden und ein reibungsloser Übergang vom Notfall- ins Krisenmanagement berücksichtigt wird.

Aus Gründen der Übersichtlichkeit können für die Teile A, B und C ggf. unterschiedlich farbige Seiten verwendet werden.

Aktualisierung und Pflege der Notfall- und Krisenmanagementunterlagen sollten einer Person/Stelle verantwortlich übertragen werden. Der – sicherlich nicht zu unterschätzende Aufwand – lässt sich durch die Nutzung von Datenbanken oder intranetbasierten Anwendungen (Informationsschutz beachten)[10] erheblich reduzieren.

6 Krisenreaktion – Stabsarbeit als Kernstück des effektiven Krisenmanagements

Der Ursprung einer ausgeprägten Stabsarbeit wird zumeist mit der militärischen Führung in Preußen verknüpft, die nach den Niederlagen in den Napoleonischen Kriegen reformiert wurde. An die Stelle individueller Berater des Heerführers trat die Summe des Sachverstandes eines Generalstabes.[11]

Weitaus früher, nämlich im Jahr 1520, beschrieb Niccoló Machiavelli in seinem vierten Buch über die Kriegskunst relativ treffend die Tätigkeit eines Stabes: „Die größte und wichtigste Vorsicht, die ein Feldherr anwenden muss, ist, in seiner Umgebung treue, im Krieg erfahrene und kluge Männer zu haben, mit denen er sich fortwährend beratschlagt und über die eigenen und feindlichen Streitkräfte spricht."

---

[10] Vgl. den Beitrag von Bédé zu Social Engineering.
[11] Thieme, U./Bédé, A., 2008, Polizeiliche Stabsarbeit.

Adaptiert man diese Betrachtungsweise auf eine (nicht militärische) Krisensituation im Unternehmen und bezieht die ebenso erfahrenen und klugen Frauen mit ein, so wären die Aufgaben des Unternehmenskrisenstabes als zentrales Reaktionsinstrument in der Krise gut skizziert.

Eine Krise ist ein Szenario, das die Alltagsorganisation eines Unternehmens vollkommen überfordert und auch den Rahmen der Notfallmanagementpläne sprengt. In der Krise ist daher eine besondere Führungsstruktur notwendig. Kernstück der Führung in einer Krise ist dabei der Krisenstab (*crisis management team*), der jedoch nicht selbst führt, sondern das Führungsinstrument eines alleinverantwortlichen Leiters darstellt. Der Krisenstab berät, bereitet Entscheidungen vor, koordiniert die Aufgabenzuweisung und kontrolliert deren Ausführung.

Anzumerken ist an dieser Stelle, dass einige Unternehmen von diesem Grundsatz abweichen und die komplette Entscheidungsverantwortung dem Leiter des Krisenstabes übertragen.

Die vermeintliche Tragweite dieser Grundsatzfrage dürfte sich in der Praxis ohnehin relativieren, da sich die effiziente Aufgabenwahrnehmung im Krisenstab cirka im Verhältnis 70/20/10 bewegt:

- ca. 70% der Aufgaben werden von den Stabsmitgliedern selbstständig entschieden und bearbeitet, es erfolgt lediglich eine Information an den Leiter (allgemeine, krisentypische Situationen, z.B. die Klärung der juristischen Frage, ob gegen das Unternehmen Regressansprüche bestehen, wird vom Stabsmitglied „Recht" selbstständig bzw. mit seinem Back-Office bearbeitet);

- ca. 20% werden vom Leiter des Krisenstabes entschieden (Entscheidungen von besonderer Bedeutung bzw. mit großen Auswirkungen, z.B. wann und in welcher Form die Medien informiert werden, werden nicht alleine durch das Stabsmitglied „Kommunikation" entschieden, sondern dem Leiter Krisenstab als Entscheidungsvorschlag vorgelegt);

- ca. 10% werden dem Gesamtverantwortlichen vom Krisenstab zur Entscheidung vorgelegt (Entscheidungen von herausragender Bedeutung für das Unternehmen, z.B. Freigabe eines Produktrückrufes o.ä.).

Ziele der Stabsarbeit sind die Beratung, Unterstützung und Entlastung des Gesamtverantwortungsträgers (strategische Ebene, z.B. Vorstandsvorsitzender, Geschäftsführer) sowie die Umsetzung der Krisenmanagementstrategie des Unternehmens. Dabei ist auf vorhandene Planentscheidungen in taktischer und technisch-organisatorischer Hinsicht zurückzugreifen.

Obwohl Stabsarbeit in Krisensituationen nahezu unverzichtbar erscheint, sind bei Unternehmenskrisen leider häufig gravierende Mängel in der (Vorbereitung auf) Stabsarbeit zu konstatieren. Paradoxerweise funktionieren die Abläufe und Führungsaufgaben auf der Ebene des Notfallmanagements (z.B. Technische Einsatzleitung) zumeist einwandfrei, während die Mitglieder des Krisenstabes, die eigentlich die Notfallmanagementebene in der Krise führen und übergeordnet unterstützen sollten, oftmals heillos überfordert erscheinen. Die Ursache des Missstandes liegt auf der Hand: Funktionsbereiche des Notfallmanagements (z.B. Werkfeuerwehr, IT-Serviceteams etc.) sind für ihre Tätigkeiten umfassend ausgebildet, gut trainiert und verfügen über ein hohes Maß an Einsatzerfahrung.

Diese Kriterien treffen, anders als bei Einsatzstäben von Militär, Polizei oder Rettungsorganisationen, auf Unternehmenskrisenstäbe nur selten zu – im Gegenteil: oft herrscht ein systemimmanenter Erfahrungsmangel. Teilweise sind weder Mitarbeiter für die jeweiligen Positionen fest benannt, noch Aufgaben klar definiert. Dieses Verfahren nach dem Motto: „Wer im alltäglichen Führungsgeschäft seinen Job gut macht, kann auch Krisen managen" ist ein gefährlicher Trugschluss.

6.1   Personelle Zusammensetzung

Die Zusammensetzung des Krisenstabes hängt von der Größe und Ausrichtung des Unternehmens ab und sollte sich grundsätzlich an folgenden Fragen orientieren:

- Welche Funktionen sind erforderlich?

- Welche Aufgaben, Kompetenzen und Verantwortlichkeiten sind damit verbunden?

- Wer kommt dafür in Betracht?

Bei der Personalauswahl muss deutlich sein, dass die Arbeit im Krisenstab eine extreme Ausnahmesituation ist, die hohe Anforderungen an die physische und psychische Belastbarkeit stellt. Insofern sollte bei der Berufung in den Krisenstab nicht ausschließlich die Hierarchiestufe ausschlaggebend sein. Neben fachlicher und sozialer Kompetenz ist auch eine gewisse Stressresistenz von Nöten, um auch in der Krise „den kühlen Kopf zu bewahren". In der Realität lässt sich der hier vertretene Ansatz „Kompetenz vor Hierarchie" aber nicht immer 1:1 umsetzen, da hier leider oft der Profilierungsgedanke in den Vordergrund tritt.

Die wesentlichen Funktionen werden durch die Mitglieder des so genannten Kernteams abgebildet. Hierunter fallen i.d.R. (abhängig von der Branche/dem Unternehmen):

- Leiter Krisenstab: Dem Leiter Krisenstab kommt eine Schlüsselfunktion bei der Krisenbewältigung zu. Seine Schwerpunktaufgaben sind:

  - Erstbewertung der aktuellen Lage;

  - Feststellung und Erklärung des Krisenfalles in Abhängigkeit der Lageeinschätzung, Einberufung des Krisenstabes sowie ggf. Hinzuziehung weiterer interner oder externer Berater/Experten;

  - Übernahme der Rolle des Moderators;

  - Steuerung der verschiedenen Phasen des Krisenmanagements (regelmäßige Lagebeurteilungen, Schwerpunktsetzung, Treffen/Vorbereiten von Entscheidungen, Kontrolle der Umsetzung, konsequentes Zeitmanagement);

  - Information der Entscheidungsebene sowie Abstimmung mit dieser;

  - Rückführung der Krisenorganisation in die Alltagsorganisation nach Erreichen des Normalbetriebs;

  - Veranlassung der Nachbereitung der Krisenlage.

  Der Leiter des Krisenstabes handelt insgesamt weniger inhaltlich – das machen Experten und die Vertreter der einzelnen Stabsbereiche. Er ist daher mehr Generalist, weniger Spezialist, wobei seine soziale Kompetenz mindestens ebenso gefragt ist wie seine Fachkompetenz. Der Leiter des Krisenstabes sollte der höchsten Führungsebene des Unternehmens unterhalb der Geschäftsleitung/Vorstand angehören. Der Vorstandsvorsitzende selbst ist für diese Rolle nach Möglichkeit nicht vorzusehen, da er – auch in der Krise – weiterhin sämtliche Geschicke des Unternehmens lenken muss.

- Unternehmenskommunikation: Krisenkommunikation ist zwingender Bestandteil des Krisenmanagements. Insofern muss ein (leitender) Vertreter der Abteilung Unternehmenskommunikation dem Kernteam angehören. Dabei darf es sich nicht um den Pressesprecher handeln, da er für operative Tätigkeiten (Interviews etc.) benötigt wird.

- Recht: Eine Unternehmenskrise ohne rechtliche Auswirkungen (z.B. Vertragsrecht, Haftungsrecht, Strafrecht etc.) ist kaum vorstellbar. Die Rechtsabteilung des Unternehmens sollte daher im Kernteam vertreten sein.

- Sicherheit: Da auch Sicherheitsfragen in der Mehrzahl der Krisenfälle eine besondere Relevanz haben, empfiehlt es sich, auch einen (leitenden) Vertreter der Unternehmenssicherheit in das Kernteam zu berufen. Je nach Schwerpunkt aus dem Bereich „Safety" oder „Security" (sofern dieser Personenkreis nicht bereits operativ eingebunden ist).

- Personal: Krisensituationen haben immer direkte oder indirekte Auswirkungen (z.B. verletzte Personen, Verlust von Arbeitsplätzen o.ä.) auf die Belegschaft und können eine Vertretung des Personalbereichs im Kernteam erforderlich machen. Je nach Branche bzw. Schwerpunktsetzung kann ein Vertreter des Personalbereiches dem Kernteam angehören oder auch dem erweiterten Krisenstab hinzu gezogen werden.

Die Schwerpunktaufgaben der Mitglieder des Krisenstabes sind (vor dem Hintergrund ihrer fachlichen Spezialisierung):

- Unterstützung und fachliche Beratung des Leiters Krisenstab;

- Entwicklung von Handlungsoptionen;

- Beteiligung an Bewertungs- und Entscheidungsprozessen;

- Umsetzung getroffener Entscheidungen sowie Koordination und Überwachung daraus resultierender Maßnahmen.

Die tatsächliche Zusammensetzung des Krisenstabkernteams eines Unternehmens sollte exakt auf dessen spezifische Anforderungen und die krisenrelevanten Szenarien zugeschnitten sein, denn das Kernteam wird bei allen Krisensituationen grundsätzlich in der gleichen Konstellation alarmiert und leitet alle weiteren Schritte ein.

Wenn ein Krisenstabsmitglied durch die Krisensituation persönlich betroffen ist (z.B. bei Großbrand schwer verletzter enger Mitarbeiter), muss es von der Krisenstabtätigkeit entbunden und einer seiner Stellvertreter eingesetzt werden. Neben dem Fürsorgeprinzip wird somit auch dem Gedanken Rechnung getragen, dass eine starke Emotionalisierung kontraproduktiv beim Krisenhandeln ist.

Empfehlenswert ist die formale (schriftliche) Berufung der benannten Krisenstabsmitglieder in der auch eine Haftungsausschlusserklärung (soweit ein Schadenseintritt nicht auf einer vorsätzlichen Handlung gegen gesetzliche oder unternehmensinterne Regelungen beruht) enthalten sein kann.

Der Krisenstab sollte durch ein Assistenzteam unterstützt werden, dessen Mitglieder ebenfalls festzulegen und auf ihre Tätigkeiten vorzubereiten sind. Hierunter fallen z.B.:

- Herstellen der Arbeitsfähigkeit im Krisenstabsraum einschließlich Zugangskontrolle;

- Dokumentation, Führen des Krisentagebuches, Erstellung von Besprechungsprotokollen, Führen der Anwesenheitsliste;

- Lagedarstellung (Bedienen der Visualisierungstechnik);

- Sichter (Beurteilung der Meldungen nach Priorität und Zuständigkeit);

- administrative Tätigkeiten (Kopieren, Fax-Tätigkeit, Ablage, Verteilung der Protokolle, Sicherung des Informationsflusses zwischen den Krisenstabssitzungen etc.);

- Kurierdienste;

- Versorgung (Getränke, Verpflegung).

Weitere Funktionen, die nur bedarfsbezogen aufgerufen werden, sind Mitglieder des so genannten erweiterten Krisenstabes. Je nach den Erfordernissen des Ereignisses und des jeweiligen Unternehmens kann spezielles Fachwissen benötigt werden, z.B. von folgenden Personen bzw. Abteilungen:

- Leiter des betroffenen Unternehmensbereiches;

- Finanzen;

- IT.

Neben dem erweiterten Krisenstab können auch so genannte Vor-Ort-Teams (*local teams*) zum Einsatz kommen. Ihre Aufgabe ist es, bei Krisen fernab vom Unternehmenssitz (z.B. Krisen in Auslandsstandorten des Unternehmens), die Lage vor Ort zu sondieren, dem Krisenstab direkt Bericht zu erstatten und die Unternehmensinteressen zu vertreten.

Sie fungieren somit auch als unmittelbarer Ansprechpartner für Behörden und Medien vor Ort. Je nach Einsatzgebiet ist hier die Ausstattung mit speziellen Kommunikationsmitteln zu prüfen (z.B. Satellitentelefon).

Ziel dieses modularen Aufbaus ist die Handlungsfähigkeit des Stabes im Kern und als Ganzes. Wer neben dem Kernteam aufgerufen wird, richtet sich immer nach den Bedürfnissen des Einzelfalls. Dies gilt auch für externe Berater/Experten, die nicht formales Mitglied des Krisenstabes sind. Der Einsatz externer Berater/Experten kann eine sinnvolle Alternative darstellen, wenn im Krisenfall ein spezielles Fachwissen benötigt wird, das im Unternehmen nicht verfügbar ist. Es ist hilfreich, sich beim Aufbau des Krisenmanagements mit der Frage auseinander zu setzen, in welchen Krisensituationen externe Berater benötigt werden könnten. Da deren Angebot maßgeschneidert sein sollte, besteht so die Option, sich vorab einen umfassenden Überblick am Markt zu verschaffen, der in der Krise aus Zeitgründen nicht zu realisieren ist.

Da sich die Arbeitsbedingungen im Krisenstab mit der Zunahme der Mitglieder eher verschlechtern, ist „weniger manchmal mehr". Dies ist im Übrigen auch für die Wahrung der Vertraulichkeit bei sensiblen Sachverhalten von Vorteil. Der personelle Umfang des Krisenstabes sollte sich an dem Grundsatz: „So groß wie nötig, aber so klein wie möglich" orientieren.

Der Leiter des Krisenstabes muss für den Fall seiner kurzfristigen Abwesenheit immer einen Vertreter benannt haben. Zumindest die Mitglieder des Kernteams und des erweiterten Krisenstabes sollten doppelt (besser dreifach) besetzt sein. Die Benennung von Stellvertretern folgt nicht nur der Regelung der erforderlichen Abwesenheitsvertretung, sondern ermöglicht bei längerfristigen Krisen auch notwendige Ablösungen.

Die Entscheidung, ob alle Stabsfunktionen gleichzeitig oder nacheinander ausgetauscht werden, muss durch den Leiter Krisenstab getroffen werden.[12] Beim Wechsel ist darauf zu achten, dass eine vollständige und detaillierte Übergabe erfolgt.

Da nicht jedes Unternehmen über entsprechende Personalressourcen verfügt, sollte im Rahmen einer unternehmensspezifischen Priorisierung wenigstens die zweifache Benennung der Schlüsselpositionen des Kernteams (mindestens Leiter Krisenstab und Unternehmenskommunikation) sichergestellt werden.

Krisensituationen richten sich nicht nach den Arbeitszeiten – die Einrichtung von Rufbereitschaften insbesondere für das Kernteam ist daher empfehlenswert. Die jederzeitige Arbeitsfähigkeit des Krisenstabes muss auch bei der Urlaubsplanung (bzw. Geschäftsreisen, auswärtige Seminare etc.) Berücksichtigung finden. Die Rollen und die damit verbundenen Funktionen und Aufgaben in der Krisensituation sollten klar definiert und schriftlich fixiert werden. So besteht die Möglichkeit, aufkommende Unsicherheiten durch ein schnelles Nachlesen in der Stabsaufgabenbeschreibung zu vermeiden.

Der Betriebsrat ist im Krisenstab i.d.R. nicht vertreten (muss aber rechtzeitig informiert werden, spätestens, wenn mitbestimmungspflichtige Tatbestände auftreten). Versicherer sind grundsätzlich nicht Bestandteil des Krisenstabes.

6.2 Stabsarbeit als Sonderfall der Teamarbeit

Krisenstabsarbeit ist ein Sonderfall von Teamarbeit, da Hierarchiestrukturen nicht gänzlich aufgehoben (Leiter Krisenstab), aber zumindest stark abgeflacht werden. Der Stab versteht sich als Kooperationseinheit, wobei die Gleichrangigkeit der übrigen Stabsmitglieder im Krisenstab die erwünschte offene Kommunikation untereinander fördern soll.

Gerade in der Anfangsphase fällt es vielen Stabsmitgliedern schwer, sich in eine Krisensituation als komplexe Gesamtlage mit unterschiedlichen Lagefeldern (z.B. Schadenstelle, Produktionsausfall, Imageverlust etc.) hineinzudenken.

---

[12] Vgl. Gahlen, M./Kranaster, M., 2008, Krisenmanagement.

Die Lage beurteilen heißt, im Rahmen des Auftrags und der strukturierten Problemstellung die entscheidungsrelevanten Faktoren erkennen und miteinander in Beziehung zu bringen. Es geht darum, Fakten zu sammeln, diese zu Erkenntnissen zu verdichten und daraus Konsequenzen für die Entscheidung abzuleiten.[13] Bei Zeitknappheit und in hierarchischen Strukturen bedarf es daher eines Verantwortlichen für die Gestaltung eines gemeinsamen mentalen Modells.[14]

Dem Leiter Krisenstab obliegt es daher, quasi eine gemeinsame gedankliche Landkarte, ein so genanntes *shared mental model* als Kristallisationspunkt problembezogener Kommunikation zu entwerfen. Dies sollte gleich bei der ersten Lagebesprechung durch Nennung der Fakten mit nachfolgender Bewertung unter aktiver Einbeziehung aller Stabsmitglieder („Wie sehen Sie die Situation? Andere Auffassungen? Ergänzungen?") erfolgen.

Trotzdem darf der Krisenstab nicht als basisdemokratische Institution missverstanden werden, da es dem Leiter Krisenstab bzw. dem Gesamtverantwortlichen vorbehalten bleibt, sich gegen die Beratung der Stabsmitglieder und deren Vorschlag zu entscheiden. (Führungs-) Verantwortung ist nicht teilbar – jede Form von Verantwortungsdiffusion ist hier kontraproduktiv.

Es soll an dieser Stelle nicht verschwiegen werden, dass gruppendynamische Prozesse bei der Arbeit in Stäben auch zu unerwarteten Problemen führen können. Die Zusammensetzung des Stabes mit temporärer Aufhebung von Hierarchien der Alltagsorganisation wird oftmals gerade von Führungskräften im mittleren Management als belastend empfunden.

Mitglieder von Krisenstäben, die in der alltäglichen Arbeitsstruktur Führungspositionen bekleiden, neigen oft zum operativen Notfallmanagement, weil sie sich als Macher sehen. Es besteht mitunter eine latente Neigung, die besondere Krisenorganisationsstruktur zu ignorieren und *de facto* in normale Arbeitsstrukturen zurückzufallen.

Beispiel: *Der angestellte IT-Spezialist wird bei einem Ausfall des Zentralrechners eines Unternehmens möglicherweise zum gefragten Experten im Krisenstab, während sein Abteilungsleiter nur eine Nebenrolle spielt.*

---

[13] Zwygart, U., 2007, Wie entscheiden Sie?
[14] Thieme, U./Hofinger, G., 2008, Stabsarbeit und Ständige Stäbe bei der Polizei.

Wenn diese Abweichung von der gewohnten Rangordnung zu Fehlern im Sozial- und Kommunikationsverhalten führt („... wenn Sie in meiner Abteilung mal so tolle Ideen hätten ...!"), wird der eigentliche Experte im ungünstigsten Fall „mundtot" gemacht und seine Ideen oder Bedenken für sich behalten.

Ähnlich verhält es sich mit abfälligen Bemerkungen und Reaktionen auf Meinungen, die nicht der Auffassung der Mehrheit entsprechen. In erfahrenen/institutionalisierten Stäben sind die Rollen und Funktionen der einzelnen Mitglieder sowie ihre Aufgaben und Befugnisse daher genau definiert und in Simulationen und Übungen unter Stress erprobt, um jegliche Form von latentem Kompetenzgerangel zu vermeiden. Ein Aha-Effekt ergibt sich dabei regelmäßig, wenn man sein eigenes Verhalten unter Stress und Anspannung kennenlernt.

Im Krisenstab gilt: Profilierung muss Integration weichen. Stabsarbeit lebt geradezu davon, dass sich alle Mitglieder in die Bewältigung der Krise aktiv einbringen. Kritisches Hinterfragen und das Äußern von Bedenken („Sagen worauf es ankommt und nicht was ankommt!") bewahrt dabei oft vor verhängnisvollen Fehlentscheidungen. Ein (alter römischer) Kommunikationsgrundsatz für die Stabsarbeit lautet daher: „Schweigen ist Zustimmung."

Wenn diese Regel bei allen Stabsmitgliedern bekannt und akzeptiert ist, können Entscheidungsprozesse ohne Qualitätsverlust beschleunigt werden. Im Umkehrschluss sollte der Leiter Krisenstab seine Auffassung (die oft eine präjudizierende Wirkung entfaltet) bei Beratungsrunden erst am Schluss äußern und die Meinungen seiner Stabsmitglieder aktiv einfordern, da aus der Psychologie bekannt ist, dass Menschen dazu neigen, die Ansichten einer ranghöheren Person relativ ungeprüft zu übernehmen. Unter dieser Perspektive ist daher die wichtigste Maßnahme zur Vermeidung gravierender Kommunikationsfehler die Etablierung einer Stabskultur, die mit individuellen Schwächen konstruktiv umgeht und den Mitarbeitern im Stab das Gefühl gibt, auch bei sachlichen Kontroversen nicht in ihrer fachlichen oder persönlichen Kompetenz angegriffen zu sein.[15] Führungskräfte sollten dementsprechend in einer Art und Weise kommunizieren, die alle Teammitglieder anspricht und das Denken auf Ziele und mögliche Probleme ausrichtet.[16]

---

[15] Horn, G./Strohschneider, S., 2005, Kommunikation im Krisenstab.
[16] Buerschaper, C., 2005, Handlungsregulation und Kommunikation.

6.3   Dokumentation und Informationsverarbeitung im Krisenstab

Bei der Auswertung von Einsätzen und Übungen mit Krisenstäben steht der Begriff Kommunikation in enger Verbindung mit Information(-sfluss) regelmäßig ganz oben auf der Liste der Kritikpunkte. Ein Arbeitsschwerpunkt des Krisenstabes ist die Bewältigung einer immensen Informationsmenge

- mit einem hohen Anteil an ungesicherten Informationen,
- mit ungleichmäßigem Informationseingang,
- unter hohem Entscheidungsdruck.

Diese brisante Mischung erfordert *per se* eine erstklassig funktionierende Informationsverarbeitung. Da Krisenlagen in den meisten Fällen dezidiert im Hinblick auf Schuld- und Verantwortungsfragen intern und z. T. auch extern (z. B. gerichtlich, in Untersuchungsausschüssen o. ä.) untersucht werden, besteht quasi eine Verpflichtung zu exakter und gerichtsfester Dokumentation. Dadurch wird auch die Klärung von Versicherungsangelegenheiten erheblich beschleunigt.

Es empfiehlt sich, die Informationsaufnahme niemals im Krisenstabsraum zu positionieren. Die Mitglieder des Krisenstabes wären in einer solchen Lage vorrangig mit Telefonaten (hoher Geräuschpegel) und der Verschriftlichung der Informationen beschäftigt – die erforderliche Beratung und eigentliche Führungstätigkeit käme zu kurz bzw. wäre gar nicht möglich. Günstig sind daher Nebenräume mit direktem Zugang zum Führungsraum, in denen die Informationen zentral zusammenlaufen (z. B. per Telefon, Funk, Fax, E-Mail).

> *Hinweis: Viele Unternehmen vergessen, eine eigene E-Mail-Adresse für den Unternehmenskrisenstab einzurichten. Diese ist aber zwingend erforderlich, um von Beginn an den Informationseingang zu bündeln.*

Betriebe mit eigener (Sicherheits-)Leitstelle mit Verbindung zum Führungsraum verfügen über günstige infrastrukturelle Voraussetzungen.

Bevor Meldungen/Informationen den Krisenstab erreichen, sollte zunächst eine Bewertung und Steuerung durch einen ausgebildeten Mitarbeiter des Assistenzteams erfolgen, der als Nachrichtensichter fungiert. Er hat die wichtige Aufgabe, eine erste Sichtung und Beurteilung der Informationen vorzunehmen und sie dann zielgerichtet in den Krisenstab/die jeweiligen Stabsbereiche oder andere Stellen weiterzuleiten. So wird sichergestellt, dass nicht jede Banalität den Leiter des Krisenstabes erreicht, brisante Meldungen dagegen sofort im Stab bearbeitet werden können (Filterfunktion).

Infolge des enormen Informationsaufkommens ist ein hohes Maß an Kommunikations-disziplin gefordert. Beim Eingang von Informationen mit Priorität 1 (sofortige Reaktion unabweisbar erforderlich) ist der Leiter des Krisenstabes gefordert, sicherzustellen, dass diese Information nicht untergeht. Hier bewährt sich in der Praxis eine simple Glocke oder Rezeptionsklingel, mit der die sofortige Aufmerksamkeit aller Stabsmitglieder her-gestellt werden kann.

7 Planung der Infrastruktur im Krisenmanagement

Das Vorhalten vorbereiteter Führungsräume für den Krisenstab sollte eigentlich eine Selbstverständlichkeit sein – die Realität sieht in vielen Unternehmen jedoch oft anders aus.

Wenn erst in der Krisensituation die Auswahl eines geeigneten Führungsraums erfolgt, der dann noch mit der nötigen Infrastruktur auszustatten ist, sind Zeitverlust und chao-tische Arbeitsbedingungen quasi vorprogrammiert.

Je nach Unternehmensgröße und den finanziellen Möglichkeiten kann es sich hierbei um einen Konferenzraum handeln, der im Alltag für Besprechungen genutzt wird und durch die unter Abschnitt 6.2 bezeichneten Ausrüstungsgegenstände die infrastrukturellen Grundvoraussetzungen zur Krisenbewältigung bietet.

Die Optimallösung bildet sicherlich ein separater, von außen nicht einsehbarer, Krisen-führungsbereich, in dem sich die (Sicherheits-)Leitzentrale, ein Krisenstabsraum, meh-rere kleine Besprechungsräume (davon mindestens einer ohne störende Kommunika-tionsmittel), eine Teeküche und ggf. auch Aufenthalts-/Ruheräume befinden. Der Krisenführungsbereich sollte nie in der Nähe des Pressebereiches liegen.

7.1 Zugangsregelung

Zumindest für den Krisenstabsraum, besser den gesamten Krisenführungsbereich, ist unbedingt eine Zugangskontrolle erforderlich, die am besten über einen zentralen Zugang gewährleistet werden kann. Somit wird sowohl Sicherheitsaspekten Rechnung getragen (kein nicht autorisierter Zutritt), aber auch dem berühmt-berüchtigten Krisen-stabstourismus Einhalt geboten.

Da im Krisenstabsraum sämtliche Informationen zusammenfließen, ist es nahe liegend, dass sich diverse Funktionsträger innerhalb eines Unternehmens persönlich informieren wollen. Neben ehrenwerten Motiven (Anteilnahme, Unterstützungsbereitschaft etc.)

können hier natürlich auch niedere Antriebe (schiere Neugierde, oder auch Sensationslust) eine Rolle spielen. Beide Aspekte haben leider eines gemeinsam: In beiden Fällen ist der Aufenthalt dieser Personen im Krisenstabsbereich zumeist überflüssig, oft sogar schädlich.

Das Gremium Krisenstab wurde aus guten Gründen als entscheidungsfähiger Kern mit allen erforderlichen Kompetenzen nominiert und (hoffentlich) entsprechend auf seine Aufgaben vorbereitet und trainiert.

Eine Fluktuation weiterer Personen in diesen Bereich führt i.d.R. zu erheblichen Zeit- und Konzentrationsverlusten, produziert Unruhe und trägt nicht zur Verbesserung der meist ohnehin schon schlechten Raumluft bei. Um sich hier unerfreuliche Nebenkriegsschauplätze zu ersparen („... ich war schon bei der Unternehmensgründung dabei und werde mich jetzt direkt informieren lassen ..."), ist die Benennung eines so genannten Abfangjägers oder Cerberus für diese Aufgabe empfehlenswert, der – wenn unumgänglich – VIPs durch den Krisenstab führt, ohne dessen Arbeit zu stören. Der oder diejenige sollte über Erfahrung in der VIP-Betreuung verfügen und möglichst dem Bereich Unternehmenskommunikation angehören, um zumindest auch sachgerecht und konfliktmindernd über die aktuelle Situation informieren zu können.

7.2 Ausstattung des Krisenstabsraumes

Die Ausstattung des Krisenstabsraumes orientiert sich an den tatsächlichen Unternehmensbedürfnissen und nicht etwas am technisch Machbaren. Sicherlich wird ein Kernkraftwerk hier andere Bedürfnisse haben als beispielsweise eine Bank.

Generell gilt, dass möglichst viel Kommunikationstechnik sowie störende Geräuschquellen (z.B. Drucker, Schredder, Kopierer etc.) aus dem eigentlichen Krisenstabsraum in die Peripherie zu verlagern sind, um eine weitgehend ungestörte Beratungsatmosphäre zu gewährleisten. Ebenso ist auf eine autarke und leise Klimatisierung sowie die Möglichkeit der Verdunkelung zu achten.

Nachfolgend werden Ausstattungsmöglichkeiten vorgestellt, wobei unternehmensspezifisch zu prüfen ist, was tatsächlich benötigt wird:

- Kommunikationsmittel:
  - Telefonanschlüsse:
    - amtsberechtigt,
    - Headsets, Aufzeichnungsmöglichkeit,

- PC-Arbeitsplätze (Anschlüsse):

  - Intranet-/Internet-Zugang, E-Mail-fähig,

  - aktueller Schutz (Firewall/Virenscanner),

- Faxgeräte: jeweils ein Gerät für Ein-/Ausgang,

- Mithörmöglichkeit Funk (z.B. Betriebsfunk, Werkschutz-/Werkfeuerwehrfunk),

- Videokonferenztechnik.

Hinweis: Der Unternehmensstab muss bei der Planung festlegen, welche der genannten Kommunikationsmittel tatsächlich im Krisenstabsraum installiert werden sollen oder ob eine Unterbringung in Nebenräumen präferiert wird.

- Dokumentation/Lagedarstellung:

  - Dokumentations-PC (*stand-alone*-Variante),

  - Videobeamer (möglichst fest installiert und geräuscharm):

    - ein Beamer für den so genannten Lagefilm,[17]

    - ein Beamer für sonstige Darstellungen (z.B. Karten, Pläne etc.), ggf. in Verbindung mit einem Geodateninformationssystem,

  - interaktives Whiteboard,[18]

  - Weißwandtafeln, Flipcharts, Metaplanwände und Moderatorenkoffer,

  - Overheadprojektor (sofern noch verwendet),

  - Digitaluhr(en):

    - ggf. Darstellung anderer Zeitzonen,

    - sog. Countdown-Uhr (Rückwärtslauf),

---

[17] Lagefilm = Dokumentationsprotokoll wird mittels Beamer im Krisenführungsraum für den gesamten Krisenstab visualisiert, um so direkt über den aktuellen Sachstand zu informieren bzw. Ergänzungen/Korrekturen vornehmen lassen zu können. Ausgefüllte und als aktueller Bildschirm nicht mehr sichtbare Seiten werden ausgedruckt, auf DIN A 3 kopiert und chronologisch und gut sichtbar an einer Pinwand befestigt.

[18] Eine mit PC und Beamer gekoppelte berührungsempfindliche Oberfläche ermöglicht mittels spezieller Stifte die Beschriftung, Speicherung, Weiterbearbeitung sowie den Ausdruck von Skizzen und Notizen. Weiterhin können digitalisierte Karten und Pläne visualisiert werden, die dann entsprechend (virtuell) zu beschriften sind. Die digitalisierte Verarbeitung ermöglicht darüber hinaus bei Bedarf die sofortige Übersendung an Einsatzkräfte/das lokale Team vor Ort via E-Mail oder andere Formen der Datenfernübertragung.

- TV-Gerät:

  - DVD-Player/-Recorder bzw. Festplattenrecorder,

  - Video-Player/-Recorder (sofern noch verwendet),

- Radio,

- Laserpointer, Diktiergerät,

- Digitalkamera (fotografische Dokumentation beschrifteter Weißwandtafeln);

- Peripheriegeräte:

  - (Farb-)Drucker,

  - (Farb-)Scanner,

  - (Farb-)Kopierer,

  - Schredder (Vernichtung vertraulicher Unterlagen): Kreuzschredder (Sicherheitsstufe 4).

Hinweis: Die Bedienung sämtlicher Visualisierungstechnik muss durch das Assistenzteam erfolgen, um die Krisenstabsmitglieder von unnötigen Zusatzaufgaben zu entlasten.

- Weiterhin ist zu beachten:

  - Bereitstellung von Notfall- und Krisenplan (Gesamtdokument), Kartenmaterial, Checklisten etc. als Hardcopy (Redundanz!) und digitalisiert;

  - ausreichende Bereitstellung von Büro- und Schreibutensilien, Verbrauchsmaterial (z.B. Drucker-/Kopierpapier, Tonerpatronen, Formulare, Beamer-Ersatzbirnen);

  - Material zum Schutz und zur Sicherung von Beweismitteln (Einweghandschuhe und atmungsaktive Umschläge, um beispielsweise Droh-/Erpresserschreiben spurenschützend an die Polizei übergeben zu können);

  - unterbrechungsfreie Stromversorgung (USV) des gesamten Krisenführungsbereiches und Anschluss an eine Netzersatzanlage (NEA), um Notstromversorgung sicherzustellen;

  - größtmöglicher Informationsschutz;

  - wenn möglich: festgelegte Sitzverteilung nach Funktionen (nicht nach Namen/Personal), zumindest des Kernteams;

- telefonische Erreichbarkeit des Krisenführungsbereichs nur über unveröffentlichte Telefonnummern, nicht über Haupteinwahl (Schutz vor Presseanrufen, Blockieren der Leitungen etc.).

Ratsam ist zudem eine redundante Planung des Krisenstabsraums in einem anderen Gebäude/Standort (Rückfallebene), da nicht auszuschließen ist, dass der Gebäudeteil mit dem primären Krisenführungsbereich selbst betroffen ist (z.B. durch Feuer). Da nur die wenigsten Unternehmen über zwei komplette separate Krisenführungsbereiche verfügen dürften, ist es ratsam, über nutzbare Ausweichräume, z.B. andere Besprechungsräume bzw. schnell anzumietende Räumlichkeiten (z.B. Hotel im Nahbereich) nachzudenken. Eine weitere Alternative böte ein Kooperationsabkommen mit einem örtlich nahe gelegenen anderen Unternehmen, mit dem die gegenseitige Nutzung des Krisenführungsbereiches vereinbart wird.

Damit das Ziel eines einsatz- und arbeitsfähigen Krisenführungsbereiches nicht nur eine reine Absichtserklärung bleibt, sollte die Verantwortung für dessen Funktionsfähigkeit z.B. auf ein Mitglied des Assistenzteams übertragen werden.

Durch das regelmäßige Einschalten der Computer wird verhindert, dass beim Hochfahren im Krisenfall zunächst Unmengen neuer Updates aufgespielt werden.

8 Krisenkommunikation

Definition:[19] *Alle kommunikativen Aktivitäten, die im Zusammenhang mit einer Krise durchgeführt werden, dienen der Verhinderung oder Begrenzung von Vertrauensverlust, Imageeinbußen und Schadensbegrenzung. Krisenkommunikation impliziert die klare Zuordnung von Zuständigkeiten und Verantwortlichkeiten sowie eine eindeutige Kommunikationslinie für ein inhaltlich und argumentativ einheitliches Auftreten.*

Das Hauptziel der Krisenkommunikation ist der Vertrauenserhalt bei dem für das Unternehmen relevanten Umfeld durch eine schnelle und sachliche Information sowie die glaubwürdige Vermittlung des Unternehmensstandpunktes zur Bewältigung der Krise.

---

[19] Bundesministerium des Innern, 2008, Schutz Kritischer Infrastrukturen.

Während einer Krise können sich die Medien als „bester Freund" oder „schlimmster Feind" eines Unternehmens erweisen, da sie die öffentliche Wahrnehmung dafür schärfen, wie professionell oder gar dilettantisch die Situation gemeistert wird. Oftmals wird nicht der eigentliche Vorfall im Unternehmen (z.B. Großschadenereignis) als Skandal betrachtet, sondern die Kommunikation und Information des Unternehmens in der Krise. Resultat sind dann Imageschäden, die in ihrer Tragweite zunächst oft unterschätzt werden.

„It takes 20 years to build a reputation and five minutes to ruin it." (Warren Buffet)

Dabei sind auch nachhaltige Auswirkungen auf eine gesamte Branche nicht auszuschließen. Aus einer Unternehmenskrise wird dann eine Branchenkrise – eine Situation, die u.a. die deutsche Chemieindustrie in den neunziger Jahren erlebt hat, nachdem es in einigen wenigen Unternehmen wiederholt zu Störfällen kam.

Krisenmanagement ohne Krisenkommunikation kann nicht funktionieren. Florian Ditges, Peter Höbel und Thorsten Hofmann habe diese Erkenntnis in ihrem Buch „Krisenkommunikation"[20] sehr treffend beschrieben: „Eine Krise lässt sich also nicht wegdenken oder -wünschen. Sie lässt sich auch nicht ausschließlich auf bestimmte, vermeintlich besonders risikobehaftete Branchen (Pharma, Chemie, Atom/Energie, Genussmittel) fokussieren. Eine Krise ist keineswegs etwas, das immer nur ‚den anderen' passiert. In Zeiten von Globalisierung und Wettbewerbsdruck, von allgemein hohen Sicherheitsstandards, sozialem Konfliktpotenzial und hoher Risikosensibilisierung der Öffentlichkeit, der Verbraucher, kann jede unternehmerische Fehlentscheidung blitzschnell zu einer Krise führen. Produktrückrufe, Firmenschließungen, Insolvenzen, Fusionen, Störungen, Unfälle, Entlassungen, Erpressungen – alles Situationen, verschuldet oder unverschuldet, vermeidbar oder unvermeidbar, plötzlich oder doch vorhersehbar, die eines gemeinsam haben: Sie verursachen eine (Kommunikations-)Krise. Jahrelange Bemühungen um Transparenz, Glaubwürdigkeit und Vertrauen sind mit einem Schlag umsonst gewesen. Sensationshungrige Fast-Food-Medien auf der ständigen Jagd nach Primärnachrichten in den Krisen- oder Entscheidungszentren und am Ort des Geschehens leisten ihr Übriges, um jegliche Form von Krise zu beschleunigen."

Da weitere Ausführungen zum Thema Krisenkommunikation den Umfang dieser Ausführungen sprengen würden, enthält nachfolgender Hinweis eine kostenneutrale und aus meiner Sicht sehr lesenswerte weiterführende Literaturempfehlung.

---

[20] Ditges, F./Höbel, P./Hofmann, T., 2008, Krisenkommunikation.

Hinweis: Der vom Bundesministerium des Innern im Juni 2008 veröffentliche Leitfaden „Krisenkommunikation" für Behörden und Unternehmen bietet eine umfassende Darstellung und enthält außerdem zahlreiche nützliche Handlungs-empfehlungen, Checklisten sowie ein Muster für den Aufbau eines Krisenkommu-nikationsplans. (www.bmi.bund.de)

9 Nachbereitung von Notfall- und Krisenlagen

In Anlehnung an ein Zitat eines Fußballtrainers gilt auch für das Notfall- und Krisen-management: „Nach der Krise ist vor der Krise!" Nachbereitungen, zumeist als so genannte Debriefings bezeichnet, sind ehrliche und konstruktiv-kritische Aufarbeitun-gen von Notfällen oder Krisen, um die Erfahrungen für zukünftige Anlässe zu nutzen und gegebenenfalls die Gefahrensensibilität für ähnliche Situationen zu erhöhen. Dabei werden

- das Verhalten der Beteiligten,

- der Notfall- und Krisenmanagementplan

hinsichtlich Angemessenheit, Wirksamkeit und Zweckmäßigkeit überprüft und ausge-wertet.

Nicht selten werden solche Nachbereitungen von den Teilnehmern aber immer noch als Selbstbeweihräucherungszirkel, Schwamm-drüber-Runden oder Inquisitionsprozesse erlebt. Der Lerneffekt bleibt aus, der Grundstein für den nächsten Misserfolg ist gelegt. Ein gutes Debriefing schafft dagegen eine breite Informationsbasis, um aus den bereits gemachten Fehlern zu lernen und Schlüsse für ein taktisch günstigeres Verhalten zu ziehen.

Form und Umfang von Debriefings richten sich nach der Dimension des Krisenereignis-ses. Während bei kleineren Notfalleinsätzen auch eine Gesprächsrunde mit den beteilig-ten Kräften der Nachbereitung dienen kann, empfiehlt sich bei Krisen immer eine struk-turierte Nachbereitung. Diese sollte möglichst durch einen Moderator geleitet werden, der nicht in den Einsatz/die Krisenbewältigung involviert war.

Merkmal einer professionellen Nachbereitungen ist eine möglichst zeitnahe (x + max. zwei bis drei Wochen) institutionalisierte Durchführung:

- umfangreiche Analyse (Schwachstellen, Reaktionszeiten etc.) durch

  - Auswertung von Einsatzberichten und Dokumentationsmaterial,

  - Auswertung von Medienberichten,

  - Auswertung von Einsatzbeobachtungen;

- strukturierter Ablauf:

  - Standardisierung mittels Nachbereitungsformular:

    - Art der Ereignisses,

    - Problemstellung/Problembeschreibung,

    - welche(r) Bereich(e) sind betroffen?

    - Lösungsvorschlag;

  - Problemsammlung ⇒ Stellungnahme ⇒ Problemlösung: Moderation;

  - Protokollierung/Fertigung eines Auswertungsberichts:

    - Was genau ist zu tun?!

    - Festlegung der Verantwortlichkeit/Festlegung von Terminen;

    - Ergebniskontrolle im Sinne von Lessons Learned.

Hilfreich ist dabei die Verwendung von einheitlichen Nachbereitungsformularen, die an die bei der Krisenbewältigung beteiligten Mitarbeiter ausgegeben werden. Der Moderator der Nachbereitungsveranstaltung hat so die Möglichkeit, die Probleme zu sammeln, zu strukturieren und ein Protokoll fertigen zu lassen, das die Terminierung für Änderungsaufträge sowie die Benennung der dafür Verantwortlichen enthält. Darunter fällt z.B. auch eine evtl. erforderliche Anpassung, Aktualisierung und Ergänzung des vorhandenen Krisenmanagementplans.

Fraud Management und Kommunikation

Hartwin Möhrle

1 Einleitung

„Wenn ich in Asien eine Maschine verkaufen will, muss schon mal ein Auto mit dabei sein." Ende des letzten Jahrtausends waren solche Sätze nicht ungewöhnlich unter Deutschlands Exporteuren. Wenn heute, genauer gesagt in einem Interview mit dem Handelsblatt am 30.08.2010, der Unternehmer Eginhard V. unverblümt zugibt, schon „mehr als einmal" Schmiergeld bezahlt zu haben, ziehen die Träger des deutschen Wirtschaftswachstums und deren Rechtsvertreter hörbar die Luft ein.[1] Abgesehen von den strafrechtlichen Konsequenzen sind solche öffentlichen Bekenntnisse politisch ganz und gar nicht mehr korrekt. Auch wenn die Begründung, in Ländern wie Algerien, Ägypten, Nigeria oder auch Russland komme man ohne solche Zahlungen einfach nicht durch, von vielen nach wie vor geteilt wird.

Hat der „ehrbare Kaufmann" als Leitbild für ethisch-moralisch einwandfreies wirtschaftliches Handeln also endgültig ausgedient? Nehmen wir das Beispiel Siemens. Der Fall in den Sumpf der Korruption war tief und teuer, nicht nur in monetärer Hinsicht. Und heute? Trotz eines der wohl umfänglichsten und mit großer Konsequenz etablierten Compliance-Systeme in der Großindustrie schreibt Siemens glänzende Zahlen. Oder vielleicht u.a. auch deswegen? Das Beispiel verdeutlicht zumindest, dass regelgerechtes unternehmerisches Handeln und wirtschaftlicher Erfolg kein natürlicher Widerspruch sind. Und das Positionen wie die des Eginhard V. eher auf unternehmerische Bequemlichkeit hindeuten als auf den Mut, auch unter objektiv schwierigen Rahmenbedingungen regelgerechtes Handeln als Richtwert für nachhaltigen unternehmerischen Erfolg zu setzen.

Ethisch korrektes Verhalten und ein funktionierendes, übergreifendes Regelsystem sind nicht mehr nur gut für das unternehmerische Gewissen. Sie sind zum harten Erfolgsfaktor geworden. Wer das nicht beherzigt, läuft Gefahr, von Bieterverfahren ausgeschlossen zu werden oder verliert im Wettbewerb gegen vergleichbar gute, in Sachen Compliance aber besser aufgestellte Konkurrenten. Schon ein einzelner Fall von Wirtschaftskriminalität kann schmerzhafte Strafen nach sich ziehen und die Reputation nach innen und außen massiv beschädigen. Neben den zahlreichen, öffentlichkeitswirksam gewordenen Fraud-Fällen der Vergangenheit haben viele Protagonisten der Finanz- und Wirtschaftskrise und deren Verhalten das Vertrauen in die Wirtschaft und ihre führenden Akteure zusätzlich und v.a. sehr grundsätzlich erschüttert. Die *Licence to operate* steht unter verschärfter Beobachtung. Und die Zeichen mehren sich, dass mit der Rückkehr zur Normalität in einigen Bereichen der Wirtschaft zumindest auch ein „weiter wie bisher" verbunden ist.

---

[1] Iwersen, S., 2010, Der Kampf gegen Schmiergeld ist reine Heuchelei.

Ein wesentlicher Grund dafür findet sich immer wieder in der Lücke, die zwischen Regelsystem und Rechtsbewusstsein in Unternehmen und auch Institutionen klafft. Wo Verstöße stillschweigend geduldet oder nur unzureichend geahndet werden, nützt das formal beste Compliance-System nichts. Ein Urteil des Bundesgerichtshofes (BGH) aus dem Jahr 2009 hat den Druck noch erhöht.[2] Compliance-Verantwortliche müssen für eine Rechtskultur in der Organisation sorgen, die Regelverstöße möglichst vermeidet. Sonst haftet u. U. auch der Chief Compliance Officer persönlich. Vielfach geht es dabei um die substanzielle Veränderung gelernter Einstellungen und Verhaltensweisen bei Management und Mitarbeitern – eine kulturelle, also eine kommunikative Aufgabe.

Dabei werden viele Fehler schon bei der Implementierung gemacht. Ein paar Seminare, Broschüren und jährliche Repetitorien reichen nicht für eine nachhaltige Verankerung im Alltag. Wirksames Compliance-Management bedeutet die verstärkte Verschränkung mit Wertemanagement, Changekommunikation, interner Kommunikation und präventiver Krisenkommunikation.

2 Regel vs. Kultur

Wer Compliance insgesamt und Fraud Management im Speziellen nur aus der juristischen oder administrativen Logik heraus denkt, springt u. U. zu kurz. Erfolgskritischer Bestandteil eines funktionierenden Regelsystems ist auch die kulturelle Dimension. Das neue Regelwerk ist lückenlos und juristisch wasserdicht formuliert. Ist dies nicht der Fall, kommt es womöglich so: Das Management hat umfangreiche Melde- und Kontrollsysteme installiert und detaillierte Sanktions- oder Haftungsmechanismen festgelegt. Die Seminare sind durchgeführt, die Compliance-Broschüre liegt auf jedem Schreibtisch und auch im Intranet sind die Richtlinien prominent platziert. Zwei Monate später steht überraschend die Staatsanwaltschaft vor der Tür: Fraud-Verdacht gegen Mitglieder des Vertriebs- und Einkaufsmanagements. So viel Aufwand – und doch alles für die Katz?

Dass zwischen einem nach außen vorbildlichen System und dem tatsächlich gelebten Verhalten Welten liegen können, haben die Fälle der jüngeren Vergangenheit gezeigt. Oft wird die Einrichtung einer Abteilung „Corporate Compliance" oder eines Fraud Managements mit Nachdruck forciert, aber der Umsetzung im Sinne einer wirksamen Implementierung zu wenig Beachtung geschenkt. Dies ist in erster Linie ein Vermittlungsproblem: Wenn Compliance-Kommunikation nur als technisch-administrativer Transportkanal für Regeln, Hinweise, Strafen, Verhaltensanweisungen und deren Kontrolle eingesetzt wird, kommt ein entscheidender Aspekt zu kurz – die Kommunikation

---

[2] BGH 5 StR 394/08 – Urteil vom 17.07.2009 (LG Berlin).

als Führungs- und Vermittlungsinstrument. Ergebnis: Die handelnden Personen verkennen das Wesen einer funktionierenden Compliance und nehmen die Verbotssysteme und Verfahrenshüllen als notwendiges Übel in Kauf. Der schönste und juristisch sauber formulierte Regelkanon nutzt gar nichts, wenn er nicht professionell gelebt wird. Bedenklich stimmen hier die Ergebnisse einer Studie der Wirtschaftsprüfungsgesellschaft Ernst & Young.[3]

- 25 % der Mitarbeiter europäischer Unternehmen halten es für gerechtfertigt, das Geschäft mit Hilfe von Schmiergeldern zu sichern oder anzukurbeln;

- 40 % der europäischen Beschäftigten nehmen eine starke Kultur der Integrität und Ehrlichkeit für ihre Unternehmen in Anspruch;

- 55 % der Unternehmen erwarten einen Anstieg wirtschaftskrimineller Delikte im Unternehmen.

2.1 Überzeugen statt überwachen

Offensichtlich setzt ein wirkungsvolles Regelsystem mehr voraus: Es muss zu einem gelebten Bestandteil der Unternehmenskultur werden. Und dies wiederum bedeutet, dass das Thema Compliance nicht nur passiv kommuniziert werden darf – in Form von Informationsangeboten für alle Mitarbeiter –, sondern zusätzlich ein interner Veränderungsprozess angestoßen werden muss. Compliance bleibt eine stumpfe Waffe, wenn nicht die dauerhafte Compliance-Bereitschaft der Unternehmensangehörigen gefördert, d. h. ein Wertesystem im Unternehmen auch tatsächlich gelebt wird. Compliance-Manager, die bloß in das Unternehmen hineinregieren, ohne die Mitarbeiter mitzunehmen, werden viel wissen, aber von nichts eine Ahnung haben. Der Compliance-Officer oder Fraud-Manager darf aber nicht ausschließlich als *watchdog* oder unternehmensinterne Polizei wahrgenommen werden, sondern im Idealfall auch und gerade als Berater und Managementpartner, der einem bei der regelgerechten Lösung kniffliger Situationen hilft. Eine Rolle, die in Zukunft unbedingt zum Selbstverständnis von Compliance-Officern und Fraud-Managern gehören sollte. Dabei verliert er seine überwachende und intervenierende Funktion nicht. Die kommt mit aller Deutlichkeit ins Spiel, wenn Nachlässigkeit, riskantes egoistisches Erfolgsdenken oder gar die kriminelle Energie Einzelner zur Gefahr für die Organisation werden und entsprechend konsequent geahndet werden müssen.

---

[3] Ernst & Young, 2009, European Fraud Survey.

2.2 Ziel: soziale und kulturelle Selbstkontrolle

Die zentrale Herausforderung für erfolgreiches Fraud Management lautet daher: Management und Mitarbeiter müssen überzeugt sein, dass einwandfreies professionelles Handeln keinen Nachteil, sondern einen Vorteil für das Unternehmen und für jeden Einzelnen darstellt. V.a. die Führungskräfte müssen dies aktiv vorleben. Der *tone from the top* muss klar und eindeutig die Haltung des Top-Managements zur Rechts- und Wertekultur der Organisation vermitteln. Die Botschaft kann nur heißen: „Regelverstöße werden nicht geduldet". Dies bedeutet nicht selten ein radikales Umdenken. Mangel an Unrechtsbewusstsein oder schlicht Unsicherheit darüber, wie mit problematischen Situationen umzugehen ist, führen nicht selten dazu, dass Vorgesetzte wenig eindeutig agieren, ausweichen und keine klare Orientierung vorgeben. Fehlt dann noch das soziale Korrektiv durch die Kollegen, nutzen die Compliance-Broschüren in den Regalen der Rechts- und Personalabteilung wenig. Ein wirkungsvolles Regelsystem muss im Alltag funktionieren, idealerweise in der sozialen und kulturellen Selbstkontrolle der Organisation.

Um die Führungskräfte und Mitarbeiter zu überzeugen, bedarf es jedoch nicht immer groß angelegter interner Sonderkampagnen. Oft gibt es bereits Prozesse und Formate, auf die Compliance- und Fraud Management aufbauen kann. Als gutes Beispiel sei dafür die Aurubis AG genannt: Im Zuge einer Post-Merger-Integration hat sich der größte Kupferproduzent Europas mit seinen Unternehmenswerten beschäftigt und dabei intensiv Führungskräfte und Mitarbeiter einbezogen. Die Compliance-Kommunikation wurde eng mit diesem Prozess verzahnt und konsequent in alle Formate zur Vermittlung und Auseinandersetzung integriert. Die schlüssige Verbindung zwischen Regelwerk und Wertekultur hilft allen Beteiligten, v.a. aber den Verantwortlichen in Managementpositionen, *compliant* zu agieren und zu führen.

Widersprüche auflösen, Führungskräfte als Vorbilder gewinnen, Relevanz herausstellen – richtige Kommunikation ist ein erfolgskritischer Faktor bei der Herstellung einer wirksamen Rechtskultur.

„Eine Regel ist eine Regel. Da gibt es nichts zu diskutieren, da gibt es nur etwas zu befolgen." Vielleicht ist diese oft gehörte Annahme der Grund dafür, dass sich Compliance-Kommunikation in vielen Unternehmen auf Formales beschränkt: Regeln, Vorschriften, Verbote, IT-Systeme, Online-Schulungen – maximal flankiert durch ein Vorwort des Vorstands in der Compliance-Broschüre. Doch wenn ein Compliance-System erfolgreich implementiert werden soll, geht es häufig um nicht weniger als die Veränderung von gelernten Einstellungs- und Verhaltensmustern. Demnach muss die Kommunikation viel mehr leisten als nur das formale Regelwerk möglichst verständlich aufzubereiten und Informationsangebote bereitzustellen.

2.3   Perspektiven verbinden

Compliance wird gerne als Business Enabling Strategy gepriesen. Dieser Mehrwert ist jedoch nicht auf den ersten Blick erkennbar – auch wenn es manchem Chief Compliance Officer anders erscheinen mag. Führungskräfte und Mitarbeiter sehen Compliance- und Fraud Management meist nicht als System, das unternehmerisches Handeln leichter macht – im Gegenteil, eher als leidlich akzeptiertes, weil notwendiges Übel, das die vertrieblichen Spielräume eingrenzt, den bürokratischen Aufwand erhöht und die Möglichkeiten einschränkt, auf die spezifischen Anforderungen der jeweiligen Märkte einzugehen. Im schlimmsten Fall nehmen sie die Regelwerke als persönliche Kompetenzbeschneidung wahr, die es kreativ zu unterlaufen gilt. Gerade in multinationalen Konzernen kommt es nicht selten vor, dass der Reifegrad des Compliance-Verständnisses stark zwischen Ländern oder Geschäftsbereichen differiert – abhängig von der Business-Historie und dem kulturellen Hintergrund. Bei diesen Unterschieden gilt es, mit Kommunikation, aber auch in der Personalentwicklung anzusetzen.

Im Kern geht es darum, die Perspektive von Rechtskultur und Geschäft zu verbinden – zu vermitteln, dass sich die Perspektiven nicht widersprechen, sondern langfristig gegenseitig ergänzen. Dazu sollte sich das bisweilen ungeliebte Kind Compliance- und Fraud Management zur präventiv Nutzen stiftenden Managementfunktion entwickelt, die es dem Unternehmen ermöglicht, Risiken frühzeitig zu erkennen und entschärfen zu können und damit den langfristigen Unternehmenserfolg abzusichern. Dabei kann Kommunikation eine elementare Rolle spielen.

2.4   Führungskräfte als Vorbilder gewinnen

Die Binsenweisheit „Veränderungskommunikation ist Führungskommunikation" bekommt beim Thema Compliance insgesamt und bei Fraud erst recht besondere Relevanz. Wer Einstellungs- und Verhaltensmuster im Unternehmen ändern will, muss bei den Vorbildern für die Mitarbeiter beginnen – und dies sind die Führungskräfte. Genau hier beginnen die Überzeugungsarbeit und damit die Auflösung des scheinbaren Widerspruchs zwischen regelgerechtem Handeln und Geschäft. Je nachdem, wie stark dieser Widerspruch in der Wahrnehmung verankert ist, braucht es einen Prozess zur produktiven Auseinandersetzung, um gemeinsam mit den Führungskräften ein Verständnis für den Nutzen eines wirksamen Regelsystems nach innen und nach außen zu entwickeln. Immerhin haben Führungskräfte beim Thema Compliance- und Fraud Management eine Doppelrolle zu erfüllen: Sie sind Vorbild für die Umsetzung der Regeln und Richtlinien, zugleich haben sie eine Vermittlungs- und Kontrollfunktion gegenüber ihren Mitarbeitern. Für die Kommunikation ist die Führungskraft einerseits Rezipient, der Sinn und Zweck eines funktionierenden Regelsystems verstehen muss, andererseits Kommunikator, der diese Vorteile gegenüber dem eigenen Team glaubhaft vermittelt und vorlebt.

2.5   Praxisrelevanz beweisen

Die Frage ist: Wie erkennen Mitarbeiter und Führungskräfte Relevanz und Nutzen des Regelsystems für den Arbeitsalltag? Eine Antwort lautet: Die Vermittlung des formalen Regelwerks geschieht aus der Sichtweise der jeweiligen Zielgruppe, aus der Perspektive der jeweils operativ Verantwortlichen. Diese Übersetzungsleistung gelingt am besten durch konkrete Fallbeispiele aus dem Alltag der Zielgruppen, die zum einen die Regel erklären, zum anderen die Risiken aufzeigen, die nicht regelkonformes Verhalten zur Folge hätte. So lässt sich der Mehrwert des Systems am Praxisfall nachvollziehen. Dabei geht es ganz besonders um eine zielgruppengenaue Argumentation, denn das Informationsbedürfnis und der Vermittlungsbedarf unterscheiden sich in Unternehmen zwischen den Hierarchieebenen und den Geschäftsbereichen oft deutlich.

2.6   Nachhaltigkeit sicherstellen

Allein mit einer einmaligen internen PR-Kampagne gelingt es selten, ein meist noch dazu komplexes Regelwerk nachhaltig im Bewusstsein der Organisation und ihrer Angehörigen zu verankern. Hierzu bedarf es einer gemeinsamen und nachhaltigen kommunikativen Anstrengung von Compliance-Organisation, HR- und Kommunikationsabteilung. Ob regeltreues Verhalten tatsächlich Teil einer gelebten Organisationskultur wird, dafür sind nicht allein die zentralen Stabstellen, sondern v.a. die dezentral verantwortlichen Compliance- und Fraud-Manager vor Ort entscheidend. Sie können gezielt zurückmelden, wo noch Überzeugungsarbeit zu leisten ist, offensichtliche Defizite bestehen, Risiken lauern, Verständnisprobleme liegen und für eine erneute Sensibilisierung zu sorgen ist. Wo Nachholbedarf besteht, muss dann gemeinsam kommunikativ nachgearbeitet werden.

3   Risikomanagement und Krisenprävention

Das Thema Wirtschaftskriminalität ist Bestandteil des übergreifenden Risikomanagements und gehört als solches auch in die direkte Krisenprävention. Dazu bedarf es der engen Verzahnung zwischen dem Fraud Management und der Kommunikation. Vor der kriminellen Energie Einzelner kann auch ein scheinbar lückenloses und gut implementiertes Regelsystem nicht schützen. Im Fall des Falles geht es jedoch ganz entscheidend darum, den internen und externen Stakeholdern zu beweisen, dass nicht das System, sondern Individuen versagt haben. Unternehmen, die das glaubwürdig können, werden weniger Schäden in Bilanz und Reputation zu verbuchen haben als diejenigen, die das nicht können. Und spätestens wenn der erste Journalist beim Pressesprecher kritisch nachfragt, wird jedes auch noch so intensive Bemühen um eine rein interne Klärung dem medialen Stresstest unterzogen – und zum Fall für die Krisenkommunikation. Sich darauf nicht professionell vorzubereiten, grenzt an Fahrlässigkeit.

Zunächst geht es darum, offen und schonungslos relevante Risiko- und Krisenbereiche und -themen zu identifizieren und ihr kommunikatives Eskalationspotenzial zu analysieren. Auf der Grundlage eines Krisenprofils werden Krisenszenarien erstellt, die mögliche Fraud-Fälle, ihre Verläufe und Zuspitzungen antizipieren. Nun gilt es, Antworten auf zu erwartende Fragen zu formulieren, Statements vorzubereiten und im Krisenfall benötigte Hintergrundinformationen aufzubereiten, damit im Fall des Falles schnell und sicher damit gearbeitet werden kann. Idealerweise geschieht dies in engster Zusammenarbeit zwischen Kommunikation, Fraud Management und Personalverantwortlichen und selbstverständlich der Unternehmensführung. Schon bei diesen ersten beiden Schritten der Krisenprävention haben diejenigen Unternehmen einen Vorteil, die ihre internen Hausaufgaben erledigt und ihr System nachhaltig in die Unternehmenskultur implementiert haben. Gerade während der Implementierung, in der Diskussion mit Führungskräften und Mitarbeitern werden zwangsläufig Schwachstellen und potenzielle Risikobereiche identifiziert. Wer diese kennt, kann das Präventionssystem optimal darauf abstimmen und ist im Fall der Fälle sofort handlungs- und sprachfähig.

3.1 Training und Simulation des Worst Case

Die Erfahrung zeigt: Selbst dort, wo Inhalte klar definiert sind, sind Abläufe und Prozesse für den Krisenfall vielfach weder aufeinander abgestimmt noch eintrainiert – ein potenziell krisenverschärfender Umstand. Infrastrukturen zu schaffen, abteilungsübergreifende Krisenteams zu definieren und zu trainieren, ist eine wichtige Voraussetzung, um in krisenhaften Situationen präzise, souverän und schnell agieren zu können.[4] Bei Fraud-Sachverhalten ist der Moment, in dem der diskrete, interne Vorgang zunächst in die interne und in der Folge in die externe Öffentlichkeit zu geraten droht, ein besonders neuralgischer Punkt. Umso wichtiger ist es, den kommunikativen Umgang mit den juristisch i.d.R. heiklen Sacherhalten als professionelle Routine im eigenen Issues- und Risikopräventionssystem zu etablieren. Nur dann bleibt im Krisenfall genügend Handlungsspielraum, um rechtzeitig zu intervenieren und die Chancen zur öffentlichen Deeskalation und Versachlichung zu nutzen.

---

[4] Vgl. auch den Beitrag von Bédé zu Krisenmanagement in Unternehmen.

3.2 Kommunikation im Fall der Fälle

Ein oder auch mehrere Mitarbeiter haben klar gegen verbindliche Regeln verstoßen. Es geht um Korruption, Bestechung, Vorteilsnahme. Kein Thema über das man gerne spricht, und an die große Glocke hängen will man es schon gar nicht. Der Reflex in vielen Unternehmen: Das Thema runterkochen, im kleinen Kreis halten, keine Kommunikation – am besten es erfährt niemand und man findet eine Lösung ohne großes Aufsehen. Doch so verlockend dieses Vorgehen scheint, so groß sind mitunter die Risiken, so zahlreich die vergebenen Chancen. Selbstredend ist der diskrete Umgang gerade mit Fraud-Sachverhalten wichtig und richtig – einfaches Wegschweigen kann jedoch fatale Folgen für das Unternehmen haben, nach innen wie nach außen.

Ein noch vergleichsweise harmloser Fall, allerdings einer mit in vielerlei Hinsicht typischen Merkmalen mag als Beispiel dienen. In einem internationalen Handelskonzern kam der Verdacht auf, ein oder mehrere Manager würden sich in regelmäßigen Abständen mit Wettbewerbern treffen. An ungewöhnlich luxuriösen und für ihr diskretes Umfeld bekannten Orten noch dazu. Eine geheime Untersuchung wurde eingeleitet. Am Ende kam es dann doch nicht ganz so schlimm. Zwei Manager hatten sich über Jahre hinweg schlicht ein System nicht regelkonformer „Luxusrechte" aufgebaut, um ihre zahlreichen Geschäftsreisen und Auslandsaufenthalte so angenehm wie möglich zu gestalten. Entgegen der geltenden Vorschriften flogen sie immer wieder 1. Klasse und hatten auch stets eine plausible Begründung parat, warum es immer wieder doch dieses und jenes First-Class-Hotel sein musste, mit angeschlossenem Golfplatz versteht sich. Über Jahre hinweg hatten sie sich ein geschickt gesponnenes Luxusnetz aufgebaut – auf Kosten des Unternehmens.

Die beiden waren schnell geständig. Jetzt sollten sie möglichst geräuschlos das Unternehmen verlassen. Am Ende stand ein juristischer Deal, in dem beidseitiges Stillschweigen vereinbart wurde – mit fatalen Konsequenzen. Diese Vereinbarung nahm der Personalabteilung und der Internen Kommunikation jede Möglichkeit, den plötzlichen Abgang dieser in der Belegschaft ob ihrer Erfolge anerkannten und beliebten Manager angemessen zu kommunizieren. Sie durfte keinen Bezug zu dem eigentlichen Sachverhalt herstellen und konnte deren unvermittelten Abgang nicht plausibel verargumentieren. Die Folge war, dass die Mitarbeiter der Geschäftsleitung Willkür unterstellten, die Entscheidung wurde als Management-Mobbing und Postengeschacher diskreditiert. Das Ergebnis war ein lang nachwirkender interner Reputationsschaden und ein nachhaltig beschädigtes Vertrauensverhältnis bei Führungskräften und Mitarbeitern gegenüber der Geschäftsführung. Abgesehen davon war mit dem juristischen Deal die Möglichkeit genommen, das Problem als solches, nämlich den Sinn und auch manchen Unsinn der Vorschriften, zu thematisieren.

Es handelt sich hierbei um einen klassischen Zielkonflikt zwischen juristischen und kommunikativen Implikationen. Auf den ersten Blick wirkt es paradox, aber gerade ein Regelverstoß bietet die Chance, die Bedeutung und Wirksamkeit eines Regelsystems zu belegen und damit präventiv zu wirken. Erstens ist die Tatsache, dass der Verstoß aufgedeckt wurde, schon Beweis für die Kontrollwirkung des Systems. Zweitens belegt eine angemessene Sanktionierung den Anspruch des Top-Managements, jegliche Regelverstöße, erst recht wenn sie strafrechtliche Relevanz haben, unter keinen Umständen zu tolerieren. Jedes relevante Vergehen bietet also die Möglichkeit zu einem klaren Signal: „Unser Anspruch an Euch und an uns selbst ist, dass wir die von uns und von Rechts wegen gesetzten Regeln unter allen Umständen beachten. Dieser Anspruch gilt und wird durchgesetzt." Wer Regelverstöße hingegen verschweigt, nimmt sich nicht nur die Chance für ein solches Signal, sondern geht dazu noch beträchtliche Risiken ein.

Zur Klarheit und Konsequenz im Umgang mit Regelverstößen gehört allerdings auch, den Einzelnen die Chance zu geben, Fehler zuzugeben, aus ihnen zu lernen und sich zu rehabilitieren. Dies hängt sicher von der Schwere des Verstoßes und den damit verbundenen straf- und zivilrechtlichen Konsequenzen ab. Aber langjährig verdiente und loyale Leistungsträger über minderschwere Vergehen oder singuläres Fehlverhalten aus dem Unternehmen zu stoßen, will wohl überlegt sein. Und es muss soweit als öffentlicher Vorgang gestaltbar sein, dass weder irgendwelche Zweifel an der Regelkultur aufkommen noch der Verdacht von Intransparenz und Kungelei entsteht. Eine Gratwanderung, die von allen Beteiligten Courage und Konsequenz erfordert. Die Chancen, die der sorgsame, öffentliche Umgang mit einem solchen Vorgang für die Stärkung der Rechtskultur einer Organisation bietet, sollten zumindest geprüft werden und nicht zu schnell durch formale oder individuelle Bedenken beiseite geschoben werden.

3.3 Über Fraud sprechen, aber wie?

Wie aber sieht nun ein geeigneter Umgang mit Regelverstößen in der internen Kommunikation aus? Zuerst steht die Bewertung der kommunikativen Optionen unter dem Primat der juristischen Logik. Geht es um rechtsrelevante Verstöße, sitzt die Rechtsabteilung respektive der anwaltliche Beistand des Unternehmens im beraterischen Fahrersitz. Dies ist auch richtig so. Er schätzt die rechtlichen Risiken ab, er entwirft die Strategie für die arbeits-, straf- und zivilrechtliche Auseinandersetzung. Jede Form der Kommunikation muss hinsichtlich ihrer rechtlichen Risiken abgeklopft werden. Arbeitsrechtlich kann es taktische Nachteile mit sich bringen, während eines laufenden Verfahrens Anschuldigungen zu präzisieren oder auch nur einen Tatverdacht auszusprechen. Ist der Verstoß gar mit strafrechtlichen Folgen verbunden, sieht sich das Unternehmen oft finanziellen Forderungen ausgesetzt. Spätestens in einem solchen Fall rät der umsichtige Jurist zum Maulkorb – immer in der Angst, der Staatsanwaltschaft etwas zu liefern, das die eigene Position schwächen könnte.

Aus diesen juristischen Erwägungen heraus ist die Kommunikation mindestens während der laufenden Ermittlungen in hohem Maße eingeschränkt. Es bleibt also nur der qualifizierte Hinweis auf ein laufendes Verfahren und die Ankündigung, zu gegebener Zeit mehr sagen zu können. Aber auch das ist schon mehr als eine Nicht-Kommunikation. Und sie bietet in den meisten Situationen mehr kommunikativen Spielraum als der Versuch, nichts zu sagen, von dem wir seit Watzlawik wissen, dass auch das Nicht-Kommunizieren eine kommunikative Botschaft darstellt. V.a. in der internen Öffentlichkeit, über den so genannten Flurfunk und heutzutage massiv über die privaten sozialen Netzwerke regt dieser zum Scheitern verurteilte Versuch die Fantasie- und Gerüchteproduktion mitunter erst so richtig an.

Die Mühe lohnt, den Spielraum zwischen rechtlicher Beurteilung und kommunikativer Folgenabschätzung zu identifizieren und auch aktiv zu nutzen. Es macht gerade den Mitarbeitern im direkten Umfeld der jeweils betroffenen Bereiche oder Abteilungen klar, dass hier ein relevanter Vorgang mit hohem Verantwortungsbewusstsein von allen Beteiligten behandelt wird.

3.4 Kontrollierte Offensive

Die Zeit für eine wirkliche interne Verarbeitung des Verstoßes ist erst nach Abschluss der Ermittlungen, in Einzelfällen erst nach Abschluss des Prozesses gekommen. Dann jedoch steht das Management umso mehr in der Pflicht, den Verstoß und die entsprechende Reaktion des Unternehmens möglichst gut verständlich darzustellen. Das Ziel: Mitarbeiter und Führungskräfte sollen verstehen, um was es im Kern ging, welcher Schaden durch den Verstoß entstanden ist bzw. hätte entstehen können, dass die Kontrollfunktion des eigenen Regelsystems wirkt, die dafür Verantwortlichen angemessen und professionell agiert haben und dass das Unternehmen bei Regelverstößen entschlossen handelt. Dabei geht es nicht um die Details, sondern um das Wesentliche eines Falles, v.a. um dessen übergeordnete Bedeutung für das Unternehmen. Es genügt, wenn Fälle anonymisiert dargestellt werden und Führungskräfte den Vorfall mit glaubwürdigen Sprachregelungen und kommunizierbaren Fakten gegenüber den Mitarbeitern einordnen können.

Im Wesentlichen geht es darum, bei Verstößen eine enge Abstimmung zwischen Juristen und Kommunikationsfachleuten zu organisieren, um frühzeitig kommunikative und juristische Implikationen zu erkennen. Nur so lassen sich die Chancen für den Beleg der Wirksamkeit und Ernsthaftigkeit des Systems nutzen ohne dabei juristische Risiken zu unterschätzen.

3.5 Externe Kommunikation im Fraud-Fall

Gleiches gilt erst recht für die externe Kommunikation. Wirtschaftskriminalität ist zum Top-Skandalthema für die Medienberichterstattung geworden. Vor wenigen Jahren noch zuckten viele Journalisten bei den Begriffen Compliance oder Fraud mäßig interessiert mit den Schultern. Heute reicht die bloße Nennung der Begriffe, um gleich jede Menge Skandalphantasie freizusetzen. Damit verbunden steigt das Risiko, dass interne Vorgänge schnell den Weg in die Öffentlichkeit finden. Deshalb gerät jeder Versuch, einen relevanten Fraud-Fall geheim zu halten, zu einem echten Risikounterfangen. D.h. nicht, dass alles sofort öffentlich zu machen ist. Aber alle zu Beteiligenden sollten sich auf den Worst Case professionell vorbereiten. Dazu gehören nicht nur Fraud Management, Rechtsabteilung und Management, sondern auch die Kommunikation. Nichts ist einer konsistenten, schnellen, deeskalierenden Kommunikation abträglicher als überraschte Kommunikationsleute, die einen Sachverhalt bestenfalls halb durchdrungen haben, aber schon gezwungen sind, zu agieren. Dabei können sie i.d.R. nicht gut aussehen und produzieren ungewollt ein nicht gewünschtes Bild nach außen.

Besonders kritisch in der Außenwirkung wird es, wenn der Eindruck entsteht, hier habe man es mit einem echten Management-, und damit auch mit einem Systemversagen zu tun. Gelingt es indes, die Ursache eines Fraud-Falles auf die kriminelle Energie eines Einzelnen oder Einzelner zu beschränken, stehen die Chancen für die kommunikative Schadensminderung erheblich günstiger. Denn kein System der Welt garantiert am Ende Schutz vor exzessiver krimineller Energie. Dies ist dann umso wirkungsvoller zu vermitteln, wenn das eigene System glaubwürdig die Haltung von Unternehmensführung und Management ausdrückt – und als solches auch kommunizierbar ist. Dies jedoch kann nur funktionieren, wenn die Kommunikationsverantwortlichen frühzeitig und vollständig über die jeweiligen Sachverhalte ins Bild gesetzt werden, entsprechende Kommunikationsfolgenabschätzungen vornehmen und wirksame Strategien für die interne und externe Öffentlichkeiten entwickeln können. Hier gilt es, ein paar einfache, beispielhafte Regeln aus der Risiko- und Krisenkommunikation zu beherzigen, die im Übrigen für die interne wie externe Kommunikation sinnvoll sind:

- die Situation klären: Analyse und Abstimmung der juristischen und der kommunikativen Dimension des Sachverhalts. Rechtliche Folgen und öffentliche Skandalisierung können sehr unterschiedliche „Geschichten" sein;

- sprachfähig werden: kompakte Sprachregelegung, die nichts präjudiziert, aber rasche Kommunikation nach innen uns außen zulässt;

- Sprecherrollen festlegen: wer spricht zu welchem Sachverhalt, wenn gesprochen wird. Konsistenz der Aussagen gewährleisten;

- Issues-Radar/Monitoring: die kommunikative Eskalation beobachten und auswerten. Skandalisierungs- und Schadenspotenziale erkennen, Frühwarnsystem aufbauen, kontinuierliche Kommunikationsfolgenabschätzung vornehmen;

- Kommunikationsstrategie festlegen: in Abstimmung mit der juristischen Strategie die Kommunikationsstrategie festlegen. Strategisch und taktisch kommunikationsfähig bleiben. Frage-&-Antwort-Liste aufsetzen, Storyline und Kernbotschaften formulieren, kommunikative Milestones setzen;

- Kommunikationsmanagement aufsetzen: Kontaktpflege und Dialog mit relevanten Medien und Multiplikatoren. „Ohren" im Meinungsmarkt etablieren. „Dritte" als Träger eigener Botschaften nutzen.

Wirtschaftskriminalität ist zum Top-Skandalthema avanciert. Regeltreues Verhalten wird damit zum zentralen Kriterium öffentlicher Akzeptanz für wirtschaftliches Handeln. Dabei geht es um Reputation, Image – und um konkreten wirtschaftlichen Schaden.

3.6 Fraud Management – raus aus den Silos

Eine funktionierende Rechtskultur braucht die Kompetenzen von Compliance- und Fraud-Organisation, Kommunikation und Human Resources gemeinsam. Mit Argwohn beobachten sich in vielen Unternehmen diese drei Abteilungen. Die gepflegten Vorurteile sind nach wie vor zahlreich vorhanden und, z.T. jedenfalls, immer noch stark ausgeprägt: Der Jurist sei zu sehr an Paragraphen gefesselt und habe kein Verständnis für die Anforderungen der Kommunikation, heißt es. Der Kommunikationsabteilung fehle es an Sachverstand, um die komplexen juristischen Inhalte angemessen und richtig zu übersetzen. Und die HR-Abteilung konzentriere sich nur auf die Methode und verliere die große Linie aus dem Blick. Die Pflege eines solchermaßen anachronistisch anmutenden Vorurteilswesens kann sich heute kein modernes Unternehmensmanagement mehr leisten. Eine wirksame Rechts- und Regelkultur benötigt das Zusammenspiel der Kompetenzen aller drei Managementfunktionen.

So wichtig das Zusammenspiel ist, so oft scheitert es jedoch in der Wirklichkeit. So mancher Chief Compliance Officer tendiert bei der Implementierung eines Regelsystems dazu, die HR- und Kommunikationsverantwortlichen erst zu einem sehr späten Zeitpunk in den Prozess mit einzubinden, und dann v.a. wegen ihrer instrumentellen Funktion. Dann geht es oft nur noch um die Frage, wie mit Hilfe hübsch gemachter Begleitmusik die anstrengenden Regeln leichter verdaulich gemacht und in die Organisation hineingespielt werden sollen.

Doch auch die beiden Abteilungen selbst sind teilweise nicht ganz unschuldig daran, wenn ihre Kompetenz auf die instrumentelle Umsetzung reduziert wird: Immer noch agieren Kommunikationsabteilungen oftmals nur als reine interne Berichterstatter und fokussieren sich lediglich darauf, die Inhalte so leicht verständlich und attraktiv wie möglich aufzubereiten und zu distribuieren. Und die HR-Abteilung kümmert sich womöglich entsprechend ihres geschärften methodisch-didaktischen Blicks nur noch um die Auswahl der am besten geeigneten Online-Schulung für das Regelwerk. So jedenfalls hat das mit wirksamer kommunikativer Implementierung wenig zu tun. Und die tut Not, schließlich erschließen sich die Bedeutung der verschiedenen Elemente und Instrumente eines umfassenden Fraud-Management-Systems nicht von selbst. Man nehme nur als Beispiel den Aufbau eines Hinweisgebersystems – eine in den meisten Fällen hoch heikle Angelegenheit. Dies trifft genau so auf die arbeitsrechtlichen Auswirkungen zu, wie auf den Datenschutz und die ganze Reihe der präventiven Aktivitäten im Bereich von Korruption, Geldwäsche und des Risiko- und Krisenmanagements.

An der Stelle sei noch einmal darauf hingewiesen, von welch entscheidender Bedeutung bei der Implementierung die Positionierung der Fraud-Manager ist. Jedes System lebt durch diejenigen, die es repräsentieren. Für ein erfolgreiches Fraud-Management-System ist die Kenntnis und ein klares Verständnis der Aufgabe und Rolle der Fraud-Manager, was sie tun müssen und dürfen und was auch nicht, bei Management und Mitarbeitern eines Unternehmens ein erfolgskritischer Faktor.

3.7 Strategieentwicklung als Teamarbeit

Idealerweise beginnt der Austausch der drei Kompetenzbereiche viel früher – mit dem gemeinsamen Austausch über die jeweiligen Anforderungen und der Verständigung auf eine von allen Beteiligten getragene Konzeption zur Umsetzung. Dies könnte zum Beispiel so aussehen: Compliance-Abteilung und Fraud Management liefern die thematische und inhaltliche Grundlage und setzen die organisatorischen Rahmenbedingungen. Sie wissen am besten, welche Schritte aus juristisch-inhaltlicher Sicht notwendig sind, um ein den gesetzlichen Anforderungen entsprechendes Compliance- und Fraud Management in der Organisation aufzusetzen. Aber schon bei der Verknüpfung des Regelwerks mit der bestehenden Werte- und Führungskultur sind Compliance- und Fraud-Manager gut beraten, auf das Wissen der HR-Abteilung zurückzugreifen. Und wenn es darum geht eine unternehmensweit wirksame Kommunikationsdramaturgie zu entwickeln, um die notwendige Akzeptanz des Compliance-Systems zu schaffen und seinen Mehrwert zu vermitteln, ist die Kompetenz der Kommunikationsabteilung gefragt. HR, Kommunikation und Compliance-Management sollten spätestens dann den spezifischen Mehrwert eines gemeinsamen Vorgehens bei der Implementierung des Compliance-Systems erkennen und einbringen. In der Integration der Kompetenzen liegt der Schlüssel nicht nur für die wirksame Implementierung eines Compliance- und Fraud-Managements. Damit kann auch eine echte Veränderung in den Einstellungen und Haltungen der Menschen, vom Mitarbeiter bis zum Top-Management, in Gang gebracht werden. Sie ist u.U. die wichtigste Voraussetzung für ein wirksames und den Zielen des Unternehmens oder der Institution dienendes System gegen Wirtschaftskriminalität in jeder Form. Am Ende ist es dann doch der menschliche Faktor, der das System zum Erfolg führt.

4 Fazit

Kontrolle ist gut, Vertrauen ist besser. Die Umkehrung des bekannten Satzes spitzt zu, welche Bedeutung gute Kommunikation für ein wirksames Compliance- und Fraud Management hat. Am Ende ist es die durch klare, unmissverständliche und praktikable Regeln fundierte kulturelle und soziale Selbstkontrolle, die die Organisation und ihre Akteure vor Fehlern und Fehlverhalten schützt. Sie basiert auf Verständnis, Akzeptanz und Vertrauen – und bildet gleichzeitig den Grundstock für das Reputationskapital im Krisenfonds, der im Fall des Falles genutzt werden kann.

Strafverteidigung in Unternehmen

Ingo Minoggio

1 Risikosituation des Unternehmens im Strafverfahren[1]

Auch wenn sich ein Unternehmen als juristische Person nach deutschem Strafrecht nicht strafbar machen kann,[2] so drohen ihm durch ein Strafverfahren ernstzunehmende Konsequenzen – förmliche Sanktionsrisiken durch (in der Praxis immer beliebtere)[3] strafprozessuale Vermögensabschöpfung[4] mit den dazu gehörigen vorläufigen Sicherungsmaßnahmen bereits auf einfacher Verdachtsgrundlage[5] sowie gesellschafts- und verwaltungsrechtliche Eingriffe.[6] Daneben gilt es, faktischen Risiken im Strafverfahren zu begegnen, die in ihren Auswirkungen nicht selten noch erheblich stärker schaden können.

1.1 Förmliche Sanktionsrisiken, insbesondere Verfall und Einziehung

Der Gesetzgeber will heute mehr denn je (zuweilen nur: angeblich) unrechtmäßig erlangtes Vermögen abschöpfen. So kann nach § 73 Abs. 1 S. 1 Strafgesetzbuch (StGB) für das aus einer oder für die Straftat Erlangte[7] der Verfall angeordnet werden. Ist ein Gegenstand durch eine vorsätzliche Straftat hervorgebracht oder zu deren Begehung oder Vorbereitung gebraucht oder bestimmt worden, so kann er nach § 74 Abs. 1 StGB eingezogen werden.

---

[1] Der Beitrag stellt eine verkürzte Form des Buches Firmenverteidigung von Minoggio dar. Details können jeweils dort nachgelesen werden.

[2] Vgl. hierzu Bottke, W., 1997, Standortvorteil Wirtschaftskriminalrecht, S. 246 f., Lackner, K./Kühl, K., 2011, StGB, § 14 Rn. 1a.

[3] Rönnau spricht von einer Wandelung vom „Law in the books" zu „Law in action"; Rönnau, T., 2003, Vermögensabschöpfung, Rn. 6.

[4] Vgl. die Institute des Verfalls und der Einziehung nach §§ 73 ff. StGB; hierzu insbesondere Rönnau, T., 2003, Vermögensabschöpfung, Rn. 1 ff.; Minoggio, I., 2010, Firmenverteidigung, Rn. 175 ff. Im firmenbezogenen OWiG-Verfahren greifen die §§ 29a, 30, 130 OWiG.

[5] Vgl. nur den Wortlaut des § 111b StPO, der lediglich „Gründe für die Annahme" von Verfall oder Einziehung voraussetzt.

[6] Bis hin zur Existenzvernichtung durch Auflösung einer GmbH (§ 62 GmbHG) oder AG (§ 396 AktG).

[7] Gemäß § 73 Abs. 2 StGB sind hiervon auch die mittelbaren Tatvorteile wie Surrogate oder Nutzungen im Sinne der §§ 99, 100 BGB umfasst; nach § 73a StGB unterliegt auch der Wertersatz dem Verfall. Es gilt das so genannte Bruttoprinzip, d.h. Aufwendungen wie Beschaffungskosten sind nicht abzuziehen; Schönke, A. et al., 2010, Strafgesetzbuch, § 73 Rn. 17, 17a jeweils m.w.N.; Fischer, T., 2010, Strafgesetzbuch, § 73 Rn. 7; Göhler, E., 1992, Die neue Regelung zum Verfall im StGB und OWiG, S. 133; BGH, 19.11.1993 – 2 StR 468/93, NStZ 1994, 124. Das Gericht kann nötigenfalls nach § 73b StGB schätzen.

Verfallsobjekt können die ersparten Entsorgungs- und Deponiekosten bei einer umwelt-gefährdenden Abfallentsorgung durch ein Unternehmen sein.[8] Das Eigentum an einer Ferienwohnung auf Sylt, die zu Bestechungszwecken unentgeltlich einem Dritten über-lassen wurde, kann mitleids- und ersatzlos eingezogen werden.[9]

Verfall und Einziehung können nicht nur den Täter selbst treffen, sondern auch ein Wirt-schaftsunternehmen als Dritten, wenn der Gegenstand für die Tat oder in Kenntnis der Tatumstände gewährt wurde.[10] Gleiches gilt gemäß § 73 Abs. 3 StGB, wenn der Täter für einen anderen[11] gehandelt und dieser dadurch unmittelbar etwas erlangt hat.[12] Bei der Einziehung ist für einen Eingriff in Rechte Dritter eine Wiederholungsgefahr bzw. Gefahr für die Allgemeinheit erforderlich[13] oder ein leichtfertiger Beitrag des Dritten dazu, dass das Einzugsobjekt Tatmittel wurde.[14] Hat ein Organ oder Vertreter einer juristischen Person oder rechtsfähigen Personenvereinigung gehandelt, so wird dies auch dem Vertretenen nach § 75 StGB zugerechnet.

An die Stelle des Entzugs zu Gunsten des Staates durch Verfall[15] kann die so genannte Rückgewinnungshilfe gemäß § 111b Abs. 5 Strafprozessordnung (StPO) treten,[16] durch die Strafverfolgungsbehörden zu Gunsten Geschädigter Vermögensbeschlagnahme- und Entziehungsmaßnahmen veranlassen können.

Herausragendes Merkmal und zuweilen nahezu unkalkulierbares Risiko für betroffene Unternehmen stellt die Tatsache dar, dass der Gesetzgeber seit einigen Jahren das so genannte Bruttoprinzip für alle Vermögensabschöpfungsmaßnahmen eingeführt hat.[17] Es besagt im Kern, dass die Vermögensbeschlagnahme nicht den erhaltenen Gewinn entzie-

---

[8] OLG Düsseldorf, 29.06.1999 – 5 Ss52/99 I, wistra 1999, 477.

[9] Vgl. OLG Frankfurt, 25.02.1999 – 3 Ws 128/99, NStZ-RR 2000, 45.

[10] Zur Abgrenzung vgl. BGH, 19.10.1999 – 5 StR 336/99, NStZ 2000, 34.

[11] Dies gilt auch, wenn er nur faktisch für den Dritten gehandelt hat; OLG Düsseldorf, 12.12.1978 – 1 Ws 944/78, NJW 1979, 99; ausführlich zur umfangreichen Rechtsprechung in diesem Bereich Minoggio, I., 2010, Firmenverteidigung, Rn. 196 ff.

[12] Vgl. insbesondere zum Unmittelbarkeitserfordernis Fischer, T., 2010, StGB, § 73 Rn. 31; BGH, 19.10.1999 – 5 StR 336/99, NJW 2000, 297.

[13] Vgl. § 74 Abs. 2 Nr. 2 StGB.

[14] In diesem Fall wird nach § 74f Abs. 2 Nr. 1 StGB keine Entschädigung gewährt.

[15] Bei der Einziehung gibt es keine entsprechende Vorschrift; Minoggio, I, 2010, Firmenver-teidigung, Rn. 210.

[16] Vom Staat wird diese Möglichkeit in nächster Zeit intensiver genutzt werden, denn wenn der Verletzte nicht innerhalb einer Dreijahresfrist das Erforderliche veranlasst hat, erwirbt der Staat gemäß § 111i Abs. 5 StPO das Erlangte; hierzu auch Minoggio, I., 2010, Firmenver-teidigung, Rn. 958 ff. Vgl. auch den Beitrag von Stephan zu Schadensrückgewinnung.

[17] Vgl. nur Fischer, T., 2010, StGB, § 73 Rn. 3.

hen soll, sondern den gesamten Umsatz ohne die Berücksichtigung tatsächlich aufgewendeter Kosten.[18] Dies führt zu einem strafähnlichen Charakter der Verfallsanordnung, da hierdurch weitaus mehr als der tatsächlich erlangte Vermögensvorteil abgeschöpft werden kann.[19]

Der 5. Strafsenat des Bundesgerichtshofes (BGH) hatte in der so genannten Kölner Müll-Entscheidung das Bruttoprinzip zwischenzeitlich faktisch eingeschränkt: Bei einer Schmiergeldabrede unterliege nur der hieraus zu erwartende Gewinn und nicht die gesamten Werklohnzahlungen dem Verfall, insoweit seien eigene Aufwendungen abzugsfähig.[20] Dem ist allerdings der 1. Strafsenat später vehement entgegengetreten und hat einen Abzug von Aufwendungen kategorisch abgelehnt.[21] Ein Ende dieses Streits ist derzeit nicht absehbar. Es bleibt daher das Risiko massiver Vermögenseingriffe weit oberhalb eines Gewinns.

Einen Härteausgleich nach § 73c StGB erkennt die Rechtsprechung nur in sehr begrenzten Fällen an.[22] Noch nicht einmal die Existenzgefährdung eines Unternehmens garantiert die Annahme einer unbilligen Härte.[23] Dies ist umso bedrohlicher, da die „Kontensperre auf Verdacht"[24] mittlerweile als „Lieblingswaffe der Staatsanwälte" gilt.[25]

Neben zahlreichen weiteren gesellschafts- und verwaltungsrechtlichen Folgen einer Straftat für ein Unternehmen[26] ist insbesondere das durch § 21 Schwarzarbeitsbekämpfungsgesetz (SchwArbG) eingeführte Schwarzarbeitsregister zu nennen. Durch eine bereits vor rechtskräftiger Entscheidung mögliche Eintragung[27] wird für drei Jahre die Teilnahme eines Unternehmens an Ausschreibungen der öffentlichen Hand blockiert.

---

[18] Schönke, A. et al., 2010, StGB, § 73 Rn. 17, 17a; Fischer, T, 2010, StGB, § 73 Rn. 7.

[19] Vgl. Schönke, A. et al., 2010, StGB, Vorbem. § 73 Rn. 19.

[20] BGH, 02.12.2005 – 5 StR 119/05, NJW 2006, 925.

[21] BGH, 30.05.2008 – 1 StR 166/07, BGHSt 52, 227.

[22] BGH, 02.10.2008 – 4 StR 153/08, wistra 2009, 23, dort heißt es, die Anordnung müsse „schlechthin ungerecht" sein; siehe auch BGH, 04.02.2009 – 2 StR 586/08, NStZ-RR 2009, 235; BGH, 10.06.2009 – 2 StR 76/09, wistra 2009, 391 f.

[23] Vgl. Schönke, A. et al., 2010, StGB, § 73c Rn. 2.

[24] Gemeint sind vorläufige Maßnahmen zur Sicherung einer späteren Vermögensabschöpfung durch Arrest oder Beschlagnahme auf einfacher Verdachtsgrundlage; hierzu ausführlich Minoggio, I., 2010, Firmenverteidigung, Rn. 949 ff.

[25] Vgl. Überschrift eines Artikels im Handelsblatt vom 11.12.2003.

[26] Vgl. etwa auch § 35 GewO oder § 16 Abs. 3 HandwO.

[27] Zu den Voraussetzungen im Einzelnen vgl. Minoggio, I., 2010, Firmenverteidigung, Rn. 224.

Zusätzlich existieren in einigen Bundesländern unterschiedliche Regelungen zur Einführung von Korruptionsregistern, Eintragungen dort führen ebenfalls zu Vergabesperren.[28]

Des Weiteren können Geschäftsführer oder Vorstände für fünf Jahre ihre Amtsfähigkeit nach § 6 Abs. 2 GmbH-Gesetz (GmbHG) bzw. § 76 Abs. 3 S. 3 Aktiengesetz (AktG) verlieren, wenn sie persönlich zu bestimmten Katalogtaten, wie beispielsweise einer vorsätzlichen Insolvenzverschleppung nach § 15a Insolvenzordnung (InsO), verurteilt sind.[29]

1.2 Nichtförmliche Risiken, die „Verfahrensstrafe"

Schwer treffen können ebenfalls die faktischen Konsequenzen eines Strafverfahrens für ein Unternehmen – die Verfahrensstrafe. Gerät ein Unternehmen etwa wegen eines Strafverfahrens gegen Mitarbeiter in das Visier der Strafverfolger, so ist das Interesse der Öffentlichkeit und Medien[30] hieran nicht selten groß.[31] Dieses Interesse wird gelegentlich von Seiten der Strafjustiz und ihren Ermittlungspersonen instrumentalisiert,[32] zuweilen werden ganz gezielt Indiskretionen an Medien weitergegeben.[33]

Es droht deshalb bereits von der ersten Minute eines Ermittlungsverfahrens unmittelbar Rufschaden in Öffentlichkeit und Branche. Gefragt ist eine professionelle Öffentlichkeitsarbeit, die dem von Anfang an entgegensteuert.[34]

---

[28] In NRW ist dort ebenfalls in rechtsstaatlich bedenklicher Weise bereits eine Eintragung während des noch laufenden Ermittlungsverfahrens möglich; vgl. § 5 Abs. 2 Korruptionsbekämpfungsgesetz; Gesetz- und Verordnungsblatt für das Land NRW Nr. 1 v. 04.01.2005.

[29] Vgl. hierzu Minoggio, I., 2010, Firmenverteidigung, Rn. 228; dort in Rn. 231 auch Übersicht über weitere „Nebenwirkungen" vermeintlich kleiner Strafen.

[30] Das Journalisteninteresse ist im Alltagsfall oft von Zufälligkeiten geprägt; Minoggio, I., 2010, Firmenverteidigung, Rn. 237.

[31] Auch wenn das Öffentlichkeitsprinzip des § 169 GVG erst für die Hauptverhandlung gilt, so sind auch erste Ermittlungsergebnisse mittlerweile oft öffentlich verfügbar; zutreffend plädiert Wehnert, A., 2005, Prozessführung der Verteidigung und Medien, 178 f., für eine Aufrechterhaltung des nichtöffentlichen Ermittlungsverfahrens.

[32] Anzeigeerstatter wissen natürlich auch um die Wirkung der Medien und übersenden nicht selten Anzeigen zeitgleich an Staatsanwaltschaft und Presse; Minoggio, I., 2010, Firmenverteidigung, Rn. 240.

[33] Zur Polizei, die über diesen Weg etwa Druck auf die Staatsanwaltschaft ausüben kann, Wagner, J., 1987, Strafprozessführung über Medien, S. 34.

[34] Vgl. hierzu Abschnitt 3.5 sowie Beitrag von Möhrle zu Kommunikation.

Der innere Betriebsfrieden wird durch ein laufendes Strafverfahren etwa mit spektakulären Durchsuchungsaktionen im Unternehmen und Vorladungen an einzelne Mitarbeiter gestört. Hier ist sensibles Krisenmanagement erforderlich, um einer Eigendynamik in und außerhalb des Unternehmens durch eine gezielte Informationspolitik[35] entgegenzuwirken.

Ferner kann ein Strafverfahren das operative Geschäft des Unternehmens behindern, Hauptverhandlungstage vor Gericht blockieren Mitarbeiter und Führungskräfte ebenso wie immer wieder auftretende Anfragen durch Polizei oder Staatsanwaltschaft. Manchmal kann hiergegen schon eine personelle Bündelung in der Bearbeitung der Anfragen – je nach Risikosituation auch auf einer niedrigeren Hierarchieebene – zu einer Entlastung führen.

2 Wirtschaftsstrafverfahren heute

Das moderne Wirtschaftsstrafverfahren weist in der Praxis einige Besonderheiten auf, die im Folgenden kurz umrissen werden.

2.1 Regional- und Personalcharakter

Auch wenn materielles Strafrecht sowie Verfahrensrecht durch bundeseinheitliche Gesetze geregelt sind,[36] müssen in der Praxis bedeutsame Unterschiede in der Handhabung eines Strafverfahrens festgestellt werden:

Ein Wirtschaftsstrafverfahren bei einem erfahrenen, gut ausgebildeten und motivierten Staatsanwalt in der einen Region wird mit einem vollkommen anderen Ergebnis enden als ein ähnlicher Tatvorwurf, der von einem den Dienst maximal nach Vorschrift erfüllenden und der wirtschaftsrechtlichen Grundlagen nicht mächtigen Staatsanwalt verfolgt wird. Dies ist zurückzuführen auf regionale und persönliche Besonderheiten in der Strafverfolgung.

---

[35] Wichtig ist beispielsweise eine geordnete und intern abgestimmte Mitarbeiterinformation nach einer Durchsuchungsaktion, vgl. Minoggio, I., 2010, Firmenverteidigung, Rn. 946 ff. Zur Krisenkommunikation vgl. auch den Beitrag von Möhrle.

[36] Mit Ausnahme der mittlerweile in die Länderhoheit übergegangen Regelungen zum Untersuchungshaft- und Strafhaftvollzug; kritisch für NRW etwa Piel, M./Püschel, C./Tsambikakis, M./Wallau, R., 2009, Der Entwurf eines Untersuchungshaftvollzugsgesetzes NRW, ZRP, S. 33 ff.

Manchmal entscheidet buchstäblich – wie der erfahrene Justizberichterstatter Hans Leyendecker treffend formuliert – die „Postleitzahl" über die Verfolgungsintensität einer Straftat.[37] Jede Behörde und jedes Gericht hat eine eigene Linie, die mehr oder weniger stringent verfolgt wird. Zusätzlich existieren persönliche Unterschiede zwischen Strafverfolger A und Strafverfolger B, entscheidend kann ferner der Ausbildungsstand und das Engagement des Ermittlers oder Richters sein. Inhaltliche Schwerpunkte werden in der Strafverfolgungspraxis zuweilen bewusst oder unbewusst auch aufgrund des gerade aktuellen Zeitgeistes gesetzt.[38]

Kennt man die Besonderheiten einer Behörde und die persönlichen Eigenheiten eines Ermittlers oder Richters nicht aus eigener Erfahrung, sollte man sich hierüber bei ortsansässigen Strafverteidigern erkundigen. Zusätzlich hilft für einen ersten persönlichen Eindruck eine frühe eigene Kontaktaufnahme.

2.2 Bedeutung des Ermittlungsverfahrens

Die größten Einflussmöglichkeiten auf ein späteres Ergebnis hat ein Firmenverteidiger im Ermittlungsverfahren, hier werden die Weichen gestellt.[39] Fehler im Ermittlungsverfahren sind erfahrungsgemäß in einer anschließenden Hauptverhandlung nur schwer zu korrigieren.[40]

Durch das Gericht werden regelmäßig nur noch Ermittlungsergebnisse nachvollzogen. Menschen neigen generell dazu, an eigenen, einmal getroffenen Entscheidungen festzuhalten, selbst wenn aufgrund neuer Informationen erkennbar ist, dass diese Entscheidung sich als falsch erweist.[41] Das Beharrungsinteresse darf nicht unterschätzt werden.

---

[37] Leyendecker, H., 2009, Findelkind des Journalismus, S. 196.

[38] Zurecht kritisch hierzu Hamm, R., 2009, Apokryphes Strafrecht, S. 201; Sommer, U., 2004, Das Bundesverfassungsgericht als Retter der Strafverteidigung?, S. 257; ausführlich Minoggio, I., 2010, Firmenverteidigung, Rn. 44 ff.

[39] Vgl. Minoggio, I., 2010, Firmenverteidigung, Rn. 33 ff.; SK-StPO/Wolter, vor § 151 Rn. 60; Wasserburg, K. 1993, Fehlerquellen im Ermittlungsverfahren, S. 57; ähnlich Wehnert, A., 2005, Prozessführung der Verteidigung und Medien, S. 178 (These 7); BGH, 27.02.1992 – 5 StR 190/09, NStZ 1992, S. 294 m. Anm.; Nelles, U., 1986, Der Einfluss der Verteidigung auf Beweiserhebung im Ermittlungsverfahren, S. 74.

[40] So schon Peters, K., 1970, Fehlerquellen im Strafprozess, S. 39.

[41] Dies belegen verhaltenspsychologische Studien; hierzu Staw, B., 1976, Knee-deep in the big muddy, S. 22; Joule, R./Beauvois, J., 1998, Kurzer Leitfaden der Manipulation, S. 24.

Die weit überwiegende Zahl der Wirtschaftsstrafverfahren wird ohnehin bereits im Ermittlungsverfahren und oft auch einverständlich abgeschlossen (etwa durch Einstellung mangels Tatnachweis nach § 170 Abs. 2 StPO, Einstellung gegen Geldauflage gemäß § 153a StPO oder wegen Geringfügigkeit der Schuld nach § 153 StPO, in schwereren Fällen zur Vermeidung einer öffentlichen Hauptverhandlung im rein schriftlichen Strafbefehlswege nach §§ 407 ff. StPO mit einer förmlichen, aber geräuschlosen Verurteilung).[42] Einstellungsentscheidungen sind nur sehr begrenzt einer Überprüfung zugänglich,[43] das Klageerzwingungsverfahren nach § 172 StPO ist faktisch bedeutungslos.[44] Ein Anzeigerstatter hat deshalb nur wenige Möglichkeiten, juristisch gegen eine solche Einstellung vorzugehen.

Effektive Firmenverteidigung setzt also so früh wie möglich ein.[45] Jedes passive Abwarten durch das Unternehmen verschließt oder beschneidet Handlungsmöglichkeiten und Verhandlungsspielräume. Faktische Auswirkungen des Strafverfahrens müssen sofort bekämpft werden. Kommt es nicht zu einer strafrechtlichen Verurteilung, sind auch Verfalls- oder Einziehungsanordnungen gegen das Unternehmen oder sonstige förmliche Sanktionen ausgeschlossen.

2.3 Polizei, Zoll und Steuerfahndung als heimliche Herren des Verfahrens

Die Staatsanwaltschaft wird wegen ihrer gesetzlichen Leitungsfunktion als die „Herrin des Vorverfahrens" bezeichnet.[46] Nicht zu unterschätzen ist aber die Rolle der Untersuchungsbehörden,[47] die den Staatsanwaltschaften zwar formell nachgeordnet sind,[48] die aber dennoch großen Einfluss haben.[49] Oft werden dem Staatsanwalt von der Polizei oder

---

[42] Vgl. hierzu auch Meinberg, V., 1985, Geringfügigkeitseinstellungen von Wirtschaftsstrafsachen, S. 1 ff.; Dannecker, G., 2007, Kap. 1 Rn. 46; Dierlamm, A., 2007, Verteidigung in Wirtschaftsstrafsachen, Kap. 27.

[43] Vgl. §§ 153 ff. StPO.

[44] Beulke, W., 2010, Strafprozessrecht, Rn. 344.

[45] Ausführlich hierzu Abschitt 3.1.; Minoggio, I. 2010, Firmenverteidigung, Rn. 36.

[46] Beulke, W., 2010, Strafprozessrecht, Rn. 79.

[47] Nicht zuletzt betreiben Polizei und andere Ermittlungsbehörden eine wesentlich wirksamere Öffentlichkeitsarbeit als Gerichte oder Staatsanwaltschaften; Nelles, U., 1997, Europäisierung des Strafverfahrens, S. 755, spricht gar für den Bereich der Europäisierung des Strafrechts von „polizeilichem Expertenlobbyismus".

[48] Zu den so genannten Ermittlungspersonen der Staatsanwaltschaft (früher etwas diskriminierend als „Hilfsbeamte" bezeichnet) vgl. § 152 GVG.

[49] Kritisch hierzu Nelles, U., 1997, Europäisierung des Strafverfahrens, S. 730.

anderen Ermittlungspersonen bereits fertige Untersuchungsberichte präsentiert. Dieser entscheidet oftmals ohne weitere Ermittlungen über Anklage oder Einstellung.[50]

Selbst bei Ermittlungsmaßnahmen unter Richtervorbehalt (etwa Telefonüberwachung, Verhaftung oder Durchsuchung) wird eine große polizeiliche Dominanz beklagt.[51] Die Polizei entwirft einen bestimmten Antrag, der Staatsanwalt verfügt eine wortgleiche Beantragung bei Gericht und der Ermittlungsrichter erlässt – teilweise ohne Aktenkenntnis – antragsgemäß.[52]

Im Steuerstrafverfahren wird der hinterzogene Steueranspruch i.d.R. zunächst von der Steuerfahndung in Zusammenarbeit mit der Betriebsprüfung oder einem anderen Sonderprüfer ermittelt.[53] Der Staatsanwalt – zuweilen ohne ausgeprägte steuerliche Fachkompetenz[54] – erhält erst viel später[55] durch steuerliche und strafrechtliche Abschlussberichte Kenntnis von den Sachverhalten.[56] Die Ermittlungen geleitet hat er in keiner Weise.

Der richtige Ansprechpartner für den Unternehmensverteidiger ist deshalb in einem solchen Fall der Fahnder oder Prüfer des Besteuerungsfinanzamtes. Firmenverteidiger dürfen nicht erst abwarten, bis ein steuerstrafrechtlicher Vorgang an die Staatsanwaltschaft abgegeben ist.

---

[50] Der BGH hat wegen dieser Praxis in einer Entscheidung ausdrücklich eine effektive Ausübung der Leitungs- und Kontrollbefugnisse durch die Staatsanwaltschaft eingefordert; BGH, 27.05.2000 – 1 StR 99/09.

[51] Deckers, R./Gercke, B., 2004, Strafverteidigung und Überwachung der Telekommunikation, S. 84-87; Nelles, U., 1986, Der Einfluss der Verteidigung auf Beweiserhebung im Ermittlungsverfahren, S. 75.

[52] Vgl. Deckers, R./Gercke, B., 2004, Strafverteidigung und Überwachung der Telekommunikation, S. 84 m.w.N.

[53] Zur Prägung des gesamten Steuerstrafverfahrens durch die Beurteilung des Steueranspruchs Streck, M., 2001, Die anwaltliche Sicht des Steuerprozesses, S. 1542; Minoggio, I., 2001, Steuerberater und Strafverteidiger, S. 324.

[54] Kummer, W., 2007, Steuerstrafrecht, Rn. 147.

[55] Wenn die Staatsanwaltschaft überhaupt beteiligt wird. Die Finanzbehörde kann das Ermittlungsverfahren unter den Voraussetzungen des § 386 Abs. 2 AO auch ohne Beteiligung der Staatsanwaltschaft durchführen und ggf. mit einer Einstellung oder einem Antrag auf Erlass eines Strafbefehls nach § 400 AO abschließen.

[56] Für den Bereich der illegalen Arbeitnehmerüberlassung ist ähnliches zu beobachten durch die eingeführte Finanzkontrolle Schwarzarbeit; vgl. Fehn, B., 2004, Finanzkontrolle Schwarzarbeit, S. 409; kritisch zum teils martialischen Auftreten dieser Behörde Minoggio, I., 2010, Firmenverteidigung, Rn. 82 f.; Mössmer, D./Moosburger, H., 2007, Gesetzliche oder gefühlte Ermittlungskompetenz, 55 ff.

2.4 Zwang zur Auflösung eines Gesamtkonfliktes – ein Sachverhalt, viele (juristische und außerjuristische) Fronten

Der Firmenverteidiger hat nicht nur die Aufgabe, die unmittelbar mit einem Strafverfahren zusammenhängenden Risiken zu überblicken und möglichst zu minimieren. Vielmehr muss er auch für eine Koordination in sämtlichen juristischen Verfahren und auch außerjuristischen Problemfeldern sorgen, die mit dem strafrechtlich relevanten Sachverhalt im Zusammenhang stehen.[57] Der durch ein Ermittlungsverfahren entstandene soziale Konflikt im Unternehmen muss im Ganzen und interdisziplinär gelöst werden. Eine separate Betrachtung und Bearbeitung der einzelnen juristischen Verfahren kann schweren Schaden verursachen.

Die (strafrechtlich erfreuliche) Einstellung eines Steuerstrafverfahrens gegen den Geschäftsführer einer GmbH bei gleichzeitigem Erlass steuerlicher Haftungsbescheide in Millionenhöhe für die Umsatzsteuerschulden eines anderen Unternehmens wäre ein verheerendes Ergebnis.

Im Wirtschafts- und Steuerstrafrecht hängen mit einem Strafverfahren fast immer auch andere gerichtliche oder außergerichtliche Verfahren zusammen. Wird eine Anklage wegen Bestechung erhoben, ist es nahe liegend, dass auch zivilrechtlich Schadensersatzansprüche von geschädigten Unternehmen geltend gemacht werden. Bei solchen verschiedenen juristischen Verfahren um einen und denselben Lebenssachverhalt darf von Anfang an nicht getrennt voneinander verteidigt werden.

Dies gilt unabhängig davon, dass beispielsweise eine Zivilklage und ein Strafprozess oder ein Besteuerungs- und Steuerstrafverfahren[58] ganz unterschiedlichen Verfahrensgrundsätzen folgen und bei beiden Verfahren trotz des einheitlichen Sachverhaltes nicht zwingend dasselbe Ergebnis herauskommen muss. Während bewusst wahrheitswidrige Behauptungen im Zivilprozess zu einer Strafbarkeit wegen versuchten oder vollendeten Prozessbetruges[59] führen können und ein Schweigen möglicherweise gegen den Beibringungsgrundsatz verstoßen könnte, steht der Angeklagte im Strafprozess weder unter Erklärungs- noch Wahrheitspflicht.[60]

---

[57] Vgl. in diesem Sinne auch Wessing, J., 2009, Der Unternehmensverteidiger, S. 669; Taschke, J., 2007, Verteidigung von Unternehmen, S. 497.

[58] Zu den unterschiedlichen Schätzungsbefugnissen vgl. Wessing, J./Katzung, M., 2008, Die Schätzung im Steuerstrafverfahren im Überblick, S. 21-26.

[59] Fischer, T., 2010, Strafgesetzbuch, § 263 Rn. 24, 36.

[60] Salditt, F., 2001, Grauzonen anwaltlicher Freiheit, S. 155.

Allen Verfahren gemeinsam ist nämlich, dass am Anfang immer die Beurteilung des Sachverhaltes steht. Die wechselseitige Beeinflussung zweier Verfahren spielt bei der ersten Beweisaufnahme auch eine zentrale Rolle. Die erste Aussage eines Zeugen ist ohnehin meist die aussagekräftigste, legt den Zeugen für alle späteren Befragungen fest.[61] Die Bedeutung für die anderen Verfahren muss deshalb abgeschätzt und die Durchführung durch den Firmenverteidiger in enger Abstimmung zwischen den beteiligten Beratern geplant werden. Es darf keinesfalls seitens der verschiedenen Berater in den verschiedenen Verfahren „nebeneinander her" gearbeitet werden.

Generell gelangen auch Äußerungen des Betroffenen aus einem Verfahren schnell in ein anderes Verfahren. So kann plötzlich die polizeilich protokollierte Zeugenaussage eines Firmenmitarbeiters in einem zwei Jahre später geführten Schadensersatzprozess gegen das Unternehmen auftauchen.

Divergenzen im Vortrag müssen deshalb durch unablässige Koordination vermieden werden. Jedes in einem Verfahren vorgetragene Wort muss buchstäblich auf die Goldwaage gelegt werden, um auszuschließen, dass es im anderen Verfahren als Belastungsbeleg (etwa für innere Tatumstände) dienen kann.

Für einen Entscheider bei Behörden oder Gericht ist es erfahrungsgemäß wesentlich angenehmer, eine nachteilige Entscheidung mit den eigenen Argumenten des Betroffenen zu begründen („Wie der Beklagte selbst eingeräumt hat ...").[62]

Zentral wichtig für die Organisation einer effizienten Firmenverteidigung ist deshalb eine ständige Koordination und Konsultation aller beteiligten Berater sowie eine stetige gemeinsame Optimierung der Strategie im Hinblick auf die Verfahrensziele der jeweiligen anderen Berater.[63] Sämtliche Äußerungen im Außenverhältnis sollten nur in gegenseitiger Abstimmung versendet, Termine insbesondere für den Fall einer Beweisaufnahme koordiniert und nötigenfalls gemeinsam wahrgenommen werden.[64]

---

[61] Bender, R./Nack, A., 2007, Tatsachenfeststellungen vor Gericht, Rn. 254 ff., vgl. auch Artkämper, H., 2009, Wahrheitsfindung im Strafverfahren, S. 417; Deckers, R., 2009, Aussagepsychologische Gutachten im Strafprozess, S. 416 f.

[62] Hierzu Minoggio, I., 2009, Firmenanwalt und Strafverteidiger, S. 866.

[63] Vgl. Wessing, J., 2009, Der Unternehmensverteidiger, S. 669; Taschke, J., 2007, Verteidigung von Unternehmen, S. 497.

[64] Ausführlich zu den Maßnahmen Minoggio, I., 2010, Firmenverteidigung, Rn. 480; Taschke, J., 2007, Verteidigung von Unternehmen, S. 497.

Letztlich kann durch diese umfassende Betrachtung und Lösung des sozialen Konfliktes nicht nur Negatives verhindert werden, sondern es können sich auch Synergieeffekte ergeben. Nicht selten kann durch Zugeständnisse in einem Verfahren insgesamt eine gute Paketlösung für das Unternehmen erreicht und auch das andere Verfahren beendet werden.

Immer müssen alle strategischen Ziele beachtet werden. Der Krisen-PR-Verantwortliche muss gegen den Schriftsatz an den Staatsanwalt votieren dürfen, der eine verheerend negative Öffentlichkeitswirkung haben kann, obwohl er strafjuristisch zutrifft und hilft.

3 Standards in der Firmenverteidigung

Für die optimale Vertretung von Unternehmensinteressen lassen sich Standards definieren.

3.1 Ab wann?

Firmenverteidigung beginnt so früh wie möglich. Dies bedeutet andererseits aber nicht, dass der Firmenverteidiger sofort im Außenverhältnis auftritt. Nicht selten ist die beste Verteidigung für die legitimen Interessen des Unternehmens diejenige, die leise und nur intern stattfindet – etwa die Beratung der Fachabteilung, damit durch Verhandlungen mit dem Umweltamt eine angedrohte Strafanzeige noch verhindert werden kann.

Zuweilen steht zu Beginn eine vage Vermutung bei Unternehmensverantwortlichen darüber, dass möglicherweise ein Ermittlungsverfahren im Zusammenhang mit dem Unternehmen geführt wird. Es stellt sich dann die Frage, ob abzuwarten oder eine Anfrage an die Strafverfolgungsbehörden zu veranlassen ist, um Sicherheit zu erlangen.

Oft spricht Einiges für eine Meldung bei den Strafverfolgungsbehörden. Man kann etwa bei der Anfrage sofort für das Unternehmen das wichtige Signal versenden, dass man an einer Klärung ebenfalls interessiert ist und die eigene Mithilfe anbieten, und verhindert so möglicherweise eine geplante Durchsuchung.

Einschneidende Maßnahmen zur Sicherung einer potenziellen späteren Vermögensabschöpfung[65] sind wie aufgezeigt bereits auf einfacher Verdachtsgrundlage möglich. Ist der Jagdeifer der Verfolgungsbehörden erst einmal geweckt, so geht man dort i.d.R.

---

[65] Vgl. Abschnitt 1.1.

zunächst von einer umfassenden Berechtigung der Vorwürfe aus.[66] Eine aktive Meldung bei den Strafverfolgungsbehörden ist umso mehr zu empfehlen, wenn bereits in den Medien über angebliche strafrechtlich relevante Missstände im Unternehmen berichtet wird.

Meldet sich der Firmenverteidiger schließlich bei der Staatsanwaltschaft für das Unternehmen, beginnt sofort das aktive Bemühen um Akteneinsicht. Eine schnelle Akteneinsicht ist immer notwendige Bedingung für eine effektive Verteidigung. Sie ist generell das „erste Tor", welches ein Unternehmensvertreter so schnell wie möglich durchschreiten muss. Er sollte es deshalb nicht bei einem schriftlichen Akteneinsichtsgesuch belassen. Vielmehr muss der Firmenverteidiger seinem Anliegen hartnäckig hinterher telefonieren und in geeigneten Fällen – um es der Strafjustiz so einfach wie möglich zu machen – eine Abholung durch sein Büro anbieten.[67] Ein Einblick in die Strafakten ist für die Planung der Verteidigungsstrategie von zentraler Bedeutung. Akteneinsicht hilft bei der Einschätzung der Strafverfolger und gibt konkreten Einblick in die ihnen vorliegenden Informationen. Sämtliche Verteidigungsaktivitäten müssen auf dieser Grundlage abgestimmt werden, die Pressearbeit wird entsprechend ausgerichtet, möglicherweise müssen Konsequenzen für Arbeitnehmer oder Dritte gezogen werden. Wertvolle Erkenntnisse können sich auch für eine eigene interne Untersuchung ergeben. Im Verlauf des gesamten Strafverfahrens muss sich der Firmenverteidiger immer wieder ergänzende Akteneinsicht besorgen, um die Verteidigungsstrategie zu überprüfen und eventuell anzupassen.

Ganz anders kann hingegen die Frage zu beantworten sein, wie schnell Stellungnahmen gegenüber Behörden abgegeben werden sollten. Die Führungsebene drängt den Firmenverteidiger oft, Entlastendes sofort zu präsentieren. Dies kann taktisch richtig, aber auch absolut falsch sein. Sinnvoll ist eine sofortige Stellungnahme für das Unternehmen nur, wenn eine realistische Chance besteht, das Verfahren schnell und im Interesse des Unternehmens zu erledigen. Im Regelfall gilt eine Einlassung vor Akteneinsicht als Kunstfehler eines jeden Verteidigers. Besser ist es oft auch, zunächst in einem persönlichen Kontakt mit dem zuständigen Staatsanwalt herauszufinden, wie hoch die Bereitschaft ist, in einem frühen Verfahrensstadium Entlastendes zu berücksichtigen und das Verfahren schnell abzuschließen.[68]

Für Unternehmensverantwortliche schwer nachvollziehbar ist oft auch, dass sich Ermittlungsverfahren sehr lange hinziehen können.[69] Die Strafjustiz zeichnet sich nicht durch

---

[66] Gatzweiler, N., 2001, Folgen des Strafverfahrensänderungsgesetzes; Tilmann, J., 2005, Prozessführung der Staatsanwaltschaft und Medien, S. 175.

[67] Minoggio, I., 2010, Firmenverteidigung, Rn. 834.

[68] Minoggio, I., 2010, Firmenverteidigung, Rn. 867.

[69] Vgl. in diesem Zusammenhang Meyer-Goßner, L., 2008, StPO, § 23 EGGVG Rn. 9.

einen schnellen Abschluss aus.[70] Dennoch darf nie übereilt Stellung genommen werden. Denn ist die Staatsanwaltschaft noch nicht erledigungsbereit, so beschleunigt die beste Stellungnahme die Einstellung nicht. Im Gegenteil: Möglicherweise wird dann mit größerem Aufwand anderen Ermittlungsansätzen nachgegangen, um doch noch zu einem Ergebnis zu gelangen.

Der Firmenverteidiger muss versuchen, sich einen Überblick über die Risikolage des Unternehmens zu verschaffen.[71] So kann er einschätzen, auf welche „Baustellen" die Ermittler noch stoßen können. Es kann im Interesse des Unternehmens taktisch besser sein, zunächst nichts gegen Ermittlungen in eine falsche Richtung zu unternehmen. Der Verfolgungseifer nimmt hierdurch ab und die Ressourcen der Verfolger können nach einiger Zeit knapp werden.

3.2 Wer organisiert? Wer verteidigt?

Ein wegen drohendem Verfall oder drohender Einziehung an einem Ermittlungsverfahren drittbeteiligtes Unternehmen hat gemäß § 434 S. 1 StPO (i.V.m. § 442 Abs. 1 StPO) jederzeit das Recht, sich durch einen Verteidiger vertreten zu lassen. Das Unternehmen hat dabei die gleichen Rechte wie ein Beschuldigter, es kann seinen Anwalt (bis zu drei) frei wählen.[72] Der Verteidiger kann Akten einsehen, besonders vor staatlichem Zugriff geschützt mit dem Beschuldigten schriftlich oder mündlich verkehren, eigene Ermittlungen vornehmen und darf bei Vernehmungen anwesend sein.[73] Auch das nicht nebenbeteiligte Unternehmen kann einen Rechtsanwalt beauftragen und Akteneinsicht nehmen.

Erforderlich ist eine Koordination aller internen und externen Berater, die dazu beitragen sollen, dass die materiellen und verfahrensmäßigen Rechte des Unternehmens gewahrt bleiben. Firmenverteidigung erfordert deshalb die Zusammenstellung eines fachlich kompetenten Teams, das vorbehaltlos und reibungslos zusammenarbeitet.

---

[70] Es gibt keine festen zeitlichen Grenzen, in denen ein Strafverfahren abgeschlossen sein muss. Mittlerweile kam es aber in vereinzelten Fällen zu Verurteilungen des Staates Deutschland wegen einer überlanger Verfahrensdauer, vgl. etwa EGMR 22.01.2009 – 45749/06, 51115/06, JZ 2009, 172 m.w.N.

[71] Zum nicht mehr vollständig vermeidbaren Strafbarkeitsrisiko vgl. Sommer, U., 2004, Das Bundesverfassungsgericht als Retter der Strafverteidigung, S. 257; Schneider, U., 2003, Compliance als Aufgabe der Unternehmensleitung, S. 644.

[72] Vgl. § 434 Abs. 1 S. 2 i.V.m. § 137 StPO.

[73] Hierzu im Einzelnen Niemeyer, J., 2011, Ermittlungsverfahren, § 11 Rn. 32.

Eine Koordination der Firmenverteidigung fällt in kleinen Unternehmen naturgemäß leichter. Je größer ein Unternehmen, umso mehr verschiedene Personen haben Entscheidungs- und Mitbestimmungsrechte und sind mit ihren teilweise abweichenden Interessenslagen zu berücksichtigen.

Manchmal ist schwierig, einen Kaufmann dazu zu bewegen, dem Rat des Firmenverteidigers zu folgen. Er möchte aktiv Einfluss nehmen und empfindet die gelegentliche Langsamkeit der Strafjustiz nicht als Normalität, sondern als zusätzlichen Affront. Der Firmenverteidiger muss sich dieser Verständnisschwierigkeiten bewusst sein und Überzeugungsarbeit leisten. In diesem Zusammenhang hat es sich bereits häufiger als nützlich erwiesen, den bereits länger für das Unternehmen agierenden externen Anwaltskollegen hinzuzuziehen, der das Unternehmen zivil-, handels- oder gesellschaftsrechtlich vertritt. Dieser kann der Unternehmensführung durch seine Vertrauensbeziehung leichter aus kaufmännischer Sicht ungewöhnliche taktische Erwägungen vermitteln.

Juristen sind leider als Einzelkämpfer ausgebildet.[74] In ihrer gesamten Ausbildung gehört Teamarbeit nicht zum Arbeitsprogramm. Gut ist deshalb, wenn sich ein Anwalt durch Erfahrungen in der Zusammenarbeit und der Koordination verschiedener Berater auszeichnen kann.

Der klassische Strafverteidiger verfügt über ausgeprägte forensische Erfahrung und scheut nicht den Konflikt mit den Strafverfolgungsbehörden. Allerdings ist er oft gewohnt, Verfahren alleine zu erledigen und manchmal fehlt es ihm an Spezialkenntnissen zu den wirtschafts- oder steuerrechtlichen Bezügen. Ist er zusatzqualifiziert im Wirtschafts- oder Steuerrecht und hat er bereits Erfahrung in der koordinierenden Firmenverteidigung, so verbindet er die optimalen Eigenschaften eines Firmenverteidigers in sich.

Bereits mit dem Gegenstand der strafrechtlichen Untersuchung vorbefasste Berater sollten nur zurückhaltend eingebunden werden. Sind bei der Beratung über den den Gegenstand der Untersuchung bildenden Vorgang Fehler unterlaufen, fällt es ihnen (oder den Kollegen derselben Kanzlei) naturgemäß schwerer, auf diese hinzuweisen, als einem Verteidiger aus einer anderen Beratereinheit – auch die Außenwirkung ist bei einem unabhängig von der vorbefassten Beratereinheit auftretenden Verteidiger als deutlich besser anzusehen.[75]

---

[74] Minoggio, I., 2009, Firmenanwalt und Strafverteidiger, Fach 23, S. 859, 863f.

[75] Gegen eine Verteidigung durch den Steuerberater aus denselben Gründen Kohlmann, G., 2011, Steuerstrafrecht, § 392 Rn. 10 ff.

Für die Auswahl des Verteidigers sollte nicht die Ortskunde, sondern seine Sachkunde entscheidend sein. Ein gutes Ergebnis lässt sich nicht ausschließlich wegen Ortsansässigkeit oder gar privater Bekanntschaft zum Staatsanwalt erzielen, Erfahrung im Umgang mit der Strafjustiz und Spezialkenntnisse im Wirtschafts- und Steuerstrafrecht sind ausschlaggebend.

Eher abzuraten ist davon, die Firmenverteidigung allein dem Syndikus[76] oder Firmenjustiziar zu überlassen. Zwar verfügt ein Syndikus generell über die erforderliche juristische Ausbildung sowie eine anwaltliche Zulassung und kennt zudem die internen Firmenabläufe sehr gut.[77] Jedoch ist er in seinem Tätigkeitsbereich durch berufsrechtliche Bestimmungen stark eingeschränkt und darf deshalb ohnehin nur eine „Zwischenlösung" darstellen.[78]

> *Hinweis: Eine Tätigkeit des Syndikus ab Anklageerhebung ist wegen § 46 Abs. 1 Bundesrechtsanwaltsordnung (BRAO), der ein Auftreten für den Dienstherrn vor Gericht untersagt, nach einhelliger Auffassung ausgeschlossen.[79] Zugleich muss der Syndikus beachten, dass er weder nach § 46 Abs. 2 Nr. 1 BRAO in einer Sache als Anwalt tätig sein darf, mit der er vorher im Rahmen seines Beschäftigungsverhältnisses befasst war,[80] noch umgekehrt gemäß § 46 Abs. 2 Nr. 2 BRAO.[81]*

Wegen dieser Vor- und Nachbefassungsverbote sollte der Syndikus komplett auf ein Auftreten als Verteidiger im Ermittlungsverfahren verzichten und sich nicht unnötig für eine dauerhafte und viel wertvollere Mithilfe im Team der Firmenverteidigung verbrennen.[82]

Erst recht sollte der Syndikus i.d.R. nicht die Verteidigung oder Vertretung von Firmenmitarbeitern übernehmen. Hier drohen häufig Interessenskollisionen, da er wegen seines Abhängigkeitsverhältnisses auch den Interessen des Unternehmens verpflichtet ist.

---

[76] Als Syndikus bezeichnet man einen zugelassenen Anwalt, der gleichzeitig in einem Dienstverhältnis zu einem Unternehmen steht; vgl. hierzu Eichler, H./Peukert, W., 2002, Vertraulichkeit der Rechtsberatung durch Syndikusanwälte, S. 189; Dann, M., 2009, Compliance-Untersuchungen im Unternehmen, S. 84-89.

[77] Vgl. zu seiner Spezialisierung auf das Unternehmen Eichler, H./Peukert, W., 2002, Vertraulichkeit der Rechtsberatung durch Syndikusanwälte, S. 190.

[78] Ausführlich m.w.N. Minoggio, I., 2010, Firmenverteidigung, Rn. 377.

[79] Henssler, M., 2010, Rechtsanwälte in ständigen Dienstverhältnissen, § 46 Rn. 24, 27; Kleine-Cosack, M., 2009, Bundesrechtsanwaltsordnung, § 46 Rn. 6.

[80] Vgl. hierzu BGH, 25.02.1999 – IX ZR 384/97, NJW 1999, 1715.

[81] Minoggio, I., 2010, Firmenverteidigung, Rn. 386 f.

[82] Ebenso Dann, M., 2009, Compliance-Untersuchungen im Unternehmen, S. 88; vgl. im Einzelnen Minoggio, I., 2010, Firmenverteidigung, Rn. 385 ff.

Eine wichtige Funktion im Team der Firmenverteidigung kommt der Rechtsabteilung oder dem Justiziar eines Unternehmens zu. Die Rechtsabteilung eignet sich hervorragend als Vermittler[83] zwischen den Individualverteidigern und dem Unternehmen und kann dafür sorgen, dass im Interesse des Unternehmens – in den Grenzen der Interessen der einzelnen Beschuldigten – eine gemeinsame Verteidigungslinie hergestellt wird (als so genannte Sockelverteidigung) und die generell für alle belastende Situation gemeinsam – soweit die verschiedenen Interessen das zulassen – bewältigt wird.[84]

3.3 Besondere Konstellationen

In der Firmenverteidigung tauchen immer wieder besondere Konstellationen mit Standardproblemen auf. Insbesondere zählen hierzu die einschneidende und meist unerwartet eintretende Situation der Durchsuchung auf dem Firmengelände sowie die Vorladung von Mitarbeitern als Zeugen.

3.3.1 Durchsuchung und Beschlagnahme

Findet im Unternehmen eine Durchsuchung statt, sorgt dies i.d.R. für große Aufregung und Verunsicherung bei Führungsebene und Mitarbeitern. Verhindert oder gestoppt werden kann sie praktisch nicht. Die Durchsuchung ist bereits auf einfacher Verdachtsgrundlage zulässig – auch gegen tatunbeteiligte Dritte.[85]

Im Optimalfall ist das Unternehmen auf diese Situation jedoch bereits vorbereitet und hat eine Art Notfallplan mit Anweisungen für alle Ebenen vorliegen.[86]

Ruhe und Gelassenheit sind vorteilhaft, Hektik oder Unfreundlichkeit schaden. Ziel sollte sein, das Durchsuchungsklima positiv zu beeinflussen. Die Unternehmensleitung sucht selbst schnell den Kontakt zum Hauptverantwortlichen auf Seiten der Strafver-

---

[83] Ebenso Eidam, G., 2008, Unternehmen und Strafe, Rn. 2858.

[84] Taschke, J., 2007, Verteidigung von Unternehmen, S. 499 m.w.N.; hierzu im Einzelnen Minoggio, I., 2010, Firmenverteidigung, Rn. 490 ff.

[85] Vgl. nur §§ 102, 103 StPO.

[86] Hierzu auch Wessing, J., 2008, Die Beratung des Unternehmens in der Krise, § 11 Rn. 94 ff.; Stoffers, K., 2009, Einführung eines Krisenmanagements bei Unternehmen, S. 379; Minoggio, I., 2010, Firmenverteidigung, Rn. 919 mit ausführlichen Praxistipps, die im Folgenden in aller Kürze wiedergegeben werden.

folger und lässt sich den Durchsuchungsbeschluss aushändigen sowie eine Visitenkarte bzw. die Kontaktdaten des Verantwortlichen geben. Ein Strafverteidiger sollte hinzu gerufen werden.[87]

Alle Formen von Aussagen, Spontanäußerungen, Geständnissen oder Zeugenaussagen müssen an diesem Tag generell vermieden werden. Reden kann zu verfrüht zementierten Ergebnissen führen oder neue Ermittlungsansätze aufzeigen. Beschuldigte haben ein umfassendes Schweigerecht und einen Anspruch auf Hinzuziehung eines Verteidigers ihrer Wahl, Zeugen dürfen bei Selbstbelastungsgefahr – die bei Aufgabenteilung in Wirtschaftsunternehmen sehr leicht entsteht – ebenfalls die Auskunft verweigern und haben mittlerweile auch nach § 68b Abs. 1 S. 1 StPO ein normiertes Recht auf einen Zeugenbeistand und anwaltliche Beratung.[88]

Vor der Polizei besteht generell keine Aussagepflicht für Beschuldigte oder Zeugen.[89] Ebenso wenig kann ein Mitarbeiter gezwungen werden, während der Durchsuchung vor Ort zu bleiben.

Die Unternehmensleitung sollte in Abstimmung mit dem hinzugezogenen Anwalt entscheiden, ob die Ermittlungsbehörden – etwa durch Übergabe der gesuchten Unterlagen – unterstützt werden sollen. Je nach Situation kann dies richtig oder falsch sein. Abzuwägen ist hier die Gefahr von Zufallsfunden während einer längeren Suche gegenüber der möglicherweise günstigen Informationsfülle, wenn aufwendige Auswertungen erforderlich werden.[90] Die Ressourcen der Justiz sind einerseits nicht unbegrenzt, Masse erschwert den Durchblick. Entscheidet sich das Unternehmen gegen eine aktive Mithilfe, so dürfen natürlich andererseits nicht leichtfertig Beweise beiseite geschafft werden.

---

[87] Wenn es noch keinen Firmenverteidiger oder schnell verfügbaren Syndikus oder Hausanwalt gibt, helfen Notfallrufnummer von Strafverteidigerkanzleien in jedem Fall weiter; Minoggio, I., 2010, Firmenverteidigung, Rn. 919; gewartet wird i.d.R. nicht bis zum Auftauchen des Anwaltes, vgl. Michalke, R., 2008, Wenn der Staatsanwalt klingelt, S. 1490.

[88] Vgl. §§ 136 Abs. 1 S. 2, 55 StPO; ausführlich auch zur Ausübung des Schweigerechtes für eine juristische Person bei einer Nebenbeteiligung des Unternehmens wegen drohendem Verfall oder einer Einziehung Minoggio, I., 2010, Firmenverteidigung, 671 ff.; zum Zeugenbeistand vgl. auch Abschnitt 3.3.2.

[89] Gegenschluss aus § 163a Abs. 3 S. 1 StPO.

[90] Ausführlich zu diesen taktischen Erwägungen Minoggio, I., 2010, Firmenverteidigung, Rn. 925 f.

Von tageswichtigen Unterlagen und Dateien[91] müssen Kopien gefertigt werden können. Auch auf eine nachvollziehbare Auflistung der sichergestellten Unterlagen und Gegenstände muss geachtet werden.

Ist die Durchsuchung vor Ort abgeschlossen, müssen die Mitarbeiter praktisch sofort über die Situation informiert werden. Verunsicherungen und Kantinenphantasien sollte aktiv durch eine transparente Informationspolitik entgegengesteuert[92] werden.

Nach der Durchsuchung muss der beauftragte Firmenverteidiger prüfen, ob die Anordnung der Durchsuchung rechtmäßig war oder ob eventuell ein (von der Rechtsprechung sehr restriktiv angenommenes) Beweisverwertungsverbot eingreifen könnte und deshalb ein Rechtsbehelf einzulegen ist,[93] etwa bei einer Durchsuchung ohne richterliche Anordnung wegen Gefahr im Verzug – hier hat das Bundesverfassungsgericht (BVerfG) mittlerweile der in der Praxis weit verbreiteten leichtfertigen Bejahung dieser Voraussetzung Grenzen gesetzt.[94]

Werden umfangreiche Unterlagen sichergestellt, möchte das Unternehmen nicht Beweisrelevantes – auch unabhängig von den tageswichtigen Kopien – irgendwann wieder herausbekommen. Für den Erfolg eines solchen Herausgabeverlangens gibt es keinen festen Zeitpunkt, jedoch existiert mittlerweile Rechtsprechung, die eine Angemessenheitskontrolle des Zeitablaufs bis zur Entscheidung über die Beweiserheblichkeit oder die Herausgaben mangels Beweiswert vornimmt.[95] Bejaht wurde eine Herausgabepflicht jedenfalls nach sieben bis neun Monaten. Besser als die sofortige Erhebung eines Rechtsbehelfs ist der Versuch, eine einverständliche Lösung mit den Ermittlern herbeizuführen und informell eine Herausgabe zu bewirken. Was besonders drängend herausverlangt wird, kann allerdings schnell deshalb einer genauen Kontrolle durch die Strafverfolger unterzogen werden.

---

[91] Nicht alle Strafverfolgungsbehörden verfügen über die technischen Möglichkeiten, gleich alle Datenträger nur zu spiegeln und die Kopien mitzunehmen; die Beschlagnahme von Hardware ist nur in engen Grenzen zulässig, BVerfG, 12.04.2005 – 2 BvR 1027/02, NJW 2005, 1917.

[92] Vgl. auch Beitrag von Bédé zu Krisenmanagement und Möhrle zu Kommunikation.

[93] Zur Überprüfung der Rechtmäßigkeit der Durchsuchungs- und Beschlagnahmebeschlüsse vgl. Checkliste bei Burhoff, D., 2004, Die Verfahrensverzögerung in der Praxis, S. 67.

[94] Vgl. BVerfG, 04.06.2002 – 2 BvR 1761/01, StV 2003, 205; vgl. auch Dombert, M., 2002, Zur richterlichen Erreichbarkeit nach Dienstschluss, S. 1627.

[95] Vgl. LG Kiel, 19.06.2003 – 32 Qs 72/03, StraFo 2004, 93; LG Köln, 17.02.2002 – 109 Qs 219/02, StV 2002, 413; LG Limburg, 22.08.2005 – 5 Qs 96/05, StraFo 2006, 198; ausführlich hierzu auch Minoggio, I., 2010, Firmenverteidigung, Rn. 941 ff.

3.3.2   Mitarbeiter als Zeuge

Im Laufe eines Strafverfahrens mit Firmenbeteiligung werden häufig Mitarbeiter als Zeugen vernommen. Die Firmenverteidigung sollte dafür sorgen, dass Mitarbeiter einen anwaltlichen Beistand[96] erhalten, mit dem sie sich – insbesondere auch über Aussageverweigerungsrechte[97] – beraten können. Es sollte von Anfang an klar gestellt sein, dass es hierbei nicht um eine unredliche Beeinflussung des Zeugen durch die Firmenverteidigung geht, sondern um eine unabhängige Interessenvertretung für den Zeugen, der seine eigenen Rechte regelmäßig nicht ausreichend kennt.

Ein Zeuge muss – wenn nicht die §§ 52, 53, 55 StPO greifen – wahrheitsgemäß aussagen und seinen Zeugenpflichten nachkommen.[98] Er hat generell aus § 68b Abs. 1 S. 1 StPO das Recht auf einen Zeugenbeistand, dieser hat auch ein Anwesenheitsrecht bei allen Vernehmungen aus § 68b Abs. 1 S. 2 StPO.

Seitdem das generelle Recht auf einen Zeugenbeistand nunmehr gesetzlich normiert ist,[99] existiert in § 68b Abs. 1 S. 3 StPO die Möglichkeit, den Zeugenbeistand durch den Vernehmenden auszuschließen. Dies gilt nach § 68b Abs. 3 S. 4 Nr. 2 StPO bereits, wenn der Zeugenbeistand nicht nur den Interessen des Zeugen verpflichtet erscheint.[100] Ausweislich der (absolut verfehlten) Gesetzesbegründung soll hierdurch der vom Arbeitgeber gestellte Zeugenbeistand ausgeschlossen werden können.[101]

Gegenwärtig wird von dieser zweifelhaften Neuregelung praktisch kein Gebrauch gemacht. Ansonsten müssen Rechtsmittel eingelegt[102] und die polizeiliche Vernehmung abgelehnt werden.

---

[96] Zum Zeugenbeistand vgl. bereits Sommer, U., 1998, Auskunftsverweigerung des gefährdeten Zeugen, S. 8; Minoggio, I., 2001, Der Firmenmitarbeiter als Zeuge im Ermittlungsverfahren, S. 584.

[97] BVerfG 08.10.1974 – 2 BvR 747/73, NJW 1975, 103.

[98] Ausführlich m.w.N. zu den Zeugenpflichten Minoggio, I., 2010, Firmenverteidigung, Rn. 548 ff.

[99] BGBl I 2009, 2280; grundlegend zu den Rechten bereits BVerfG, 17.04.2000 – 1 BvR 1331/99, NJW 2000, 2660.

[100] Kritisch zur Neuregelung und mit Zweifeln an der Verfassungsgemäßheit, Minoggio, I., 2010, Firmenverteidigung, Rn. 535 ff.; vgl. auch Stellungnahme des Strafrechtsausschusses der Bundesrechtsanwaltskammer, BRAK-Stellungnahme, Nr. 16/2009.

[101] BR-Drucksache 178/09, S. 26.

[102] § 163 Abs. 3 S. 3, § 161a Abs. 3 S. 1, 2 StPO.

Der Zeugenbeistand muss den Zeugen – neben einem Hinweis auf seine Wahrheitspflicht und die damit zusammenhängenden Strafbarkeitsrisiken[103] – umfassend über sein Auskunftsverweigerungsrecht nach § 55 StPO[104] informieren. Die Belehrungen durch die Strafverfolger hierzu sind oftmals sehr pauschal und abstrakt, nicht selten auch falsch. So kommt es beispielsweise nicht darauf an, ob sich der Zeuge tatsächlich strafbar gemacht hat, sondern nur, ob die Gefahr eigener Strafverfolgung durch eine bestimmte Antwort bestehen würde.[105]

Wurde der Zeugenbeistand vom Firmenverteidiger vermittelt, so sollte der Zeugenbeistand sich alleine ohne Beteiligung anderer Unternehmensangehöriger mit dem Zeugen beraten und deutlich machen, dass er nur den Interessen des Zeugen verpflichtet ist, auch im eigenen Interesse.[106]

Der Zeuge muss vor typischen Fehlern in einer Vernehmung bewahrt werden. Ihm ist zu raten, nur Tatsachen zu berichten, zu Vermutungen oder Meinungsäußerungen[107] ist er hingegen nicht verpflichtet; diese sollte er weglassen.[108] Er ist kein Strafverfolger oder Sachverständiger. Er ist auch nicht gezwungen, sich an alles erinnern zu müssen. Gerade Routinevorgänge werden vergessen. Erst recht trifft den Zeugen keine Pflicht zu weiteren eigenen Ermittlungen – ohne Abstimmung mit seinen Vorgesetzten darf er ohnehin nichts in dieser Richtung unternehmen.

Diese Vorbereitung und Beratung auf eine Aussage darf nicht zu einem „Zeugencoaching" durch das Unternehmen im Unternehmensinteresse mit etwa einem Durcharbeiten der Verfahrensakte[109] führen. Schnell kann ansonsten der Verdacht einer unzulässigen Beeinflussung entstehen. Abstimmungen können besser auf beruflicher Ebene zwischen Firmenverteidiger und Zeugenbeistand erfolgen.[110]

---

[103] Die Gefahr einer Falschaussage besteht auch, wenn der Arbeitgeber dem Zeugen Anweisungen erteilt; Minoggio, I., 2010, Firmenverteidigung, Rn. 1111 f.

[104] Dieses kann sogar zu einem umfassenden Schweigerecht erstarken, wenn der Zeuge ansonsten durch die teilweise Nichtbeantwortung gezwungen wäre, ein „mosaikartiges Beweisgebäude" zu eigenen Lasten zu erschaffen; BGH, 25.02.1998 – 3 StE 7/94-1 (2), NJW 1998, 1728.

[105] Vgl. den Wortlaut des § 55 StPO sowie Minoggio, I., 2010, Firmenverteidigung, Rn. 556.

[106] Ebenso Salditt, F., 2001, Grauzonen anwaltlicher Freiheit, S. 151.

[107] Der Zeuge möchte i.d.R. eher nicht, dass die Unternehmensleitung solche Phantasien durch Akteneinsicht erfährt; Minoggio, I., 2010, Firmenverteidigung, Rn. 568.

[108] Vgl. nur Meyer-Goßner, L., StPO, vor § 48 Rn. 2.

[109] Vgl. Minoggio, I., 2010, Firmenverteidigung, Rn. 580. Weder Zeuge noch Zeugenbeistand haben ein generelles Akteneinsichtsrecht, Minoggio, I., 2010, Firmenverteidigung, Rn. 585 ff.

[110] Vgl. OLG Düsseldorf, 20.08.2002 – 1 Ws 318/02, NJW 2002, 3267.

In der Vernehmungssituation selbst sollte der Zeugenbeistand sofort eingreifen, wenn der Zeuge in seinen Rechten beschnitten wird, also wenn beispielsweise suggestiv gefragt, falsch belehrt oder protokolliert wird.

3.4 Interne Untersuchung

Im Rahmen eines laufenden Ermittlungsverfahrens (oder unabhängig davon) kann es aus Sicht des Unternehmens geboten sein, eine interne Untersuchung durchzuführen. Eine solche Sachverhaltsaufklärung ist notwendig, um zukünftig Missstände zu verhindern, arbeitsrechtliche Konsequenzen für einzelne Mitarbeiter oder Ersatzansprüche gegen andere Unternehmen vorzubereiten, eigene Handlungspflichten aus einem Fehlverhalten zu erfüllen, eine weitere Strafanzeige vorzubereiten oder nach außen einen aktiven Selbstreinigungsprozess zu dokumentieren.[111]

Eine solche, nur interne Untersuchung darf es keinesfalls um der bloßen Aufklärung willen geben, sondern nur soweit sie im Interesse des Unternehmens liegt.[112] Ihre Organisation muss streng an diesem Aufklärungsinteresse ausgerichtet sein.[113] Auch die Intensität einer Zusammenarbeit mit den staatlichen Strafverfolgern hängt ausschließlich von der Interessenlage des Unternehmens ab.[114]

Die Untersuchung sollte intern von einer zentralen Stelle wie dem Compliance-Manager betreut werden.[115] Bei sensiblen Sachverhalten muss zusätzlich ein externer, gesetzlich schweigepflichtiger Untersuchungsführer beauftragt werden.[116] Für einzelne, spezielle Sachverhaltsermittlungen können Fraud-Ermittler, EDV-Spezialisten, Detekteien und andere externe Ermittler hinzugezogen werden.[117]

---

[111] Minoggio, I., 2010, Interne Ermittlungen im Unternehmen, Kap. 15, Rn. 3; vgl. auch Behrens, A., 2009, Internal Investigations, S. 29; Knierim, T., 2009, Verhältnis von strafrechtlichen und internen Ermittlungen, S. 326; Hauschka, C., 2007, Einführung, § 1 Rn. 35; Knauer, C./Buhlmann, E., 2010, Unternehmensinterne (Vor-)Ermittlungen, S. 387.

[112] Minoggio, I., 2010, Interne Ermittlungen im Unternehmen, Kap. 15, Rn. 6.

[113] Minoggio, I., 2010, Interne Ermittlungen im Unternehmen, Kap. 15, Rn. 6.

[114] Zu den entscheidenden Faktoren im Einzelnen Minoggio, I., 2010, Interne Ermittlungen im Unternehmen, Kap. 15, Rn. 67 ff.

[115] Minoggio, I., 2010, Interne Ermittlungen im Unternehmen, Kap. 15, Rn. 19; vgl. auch Behrens, A., 2009, Internal Investigations, S. 22, 33; Knierim, T., 2009, Verhältnis von strafrechtlichen und internen Ermittlungen, S. 324, 331.

[116] Minoggio, I., 2010, Interne Ermittlungen im Unternehmen, Kap. 15, Rn. 27.

[117] Ausführlich hierzu Minoggio, I., 2010, Interne Ermittlungen im Unternehmen, Kap. 15, Rn. 34 ff.

Schriftliche Dokumentationen müssen bei brisanten Sachverhalten auf das notwendige Minimum begrenzt werden, einen allgemeinen Beschlagnahmeschutz von Untersuchungsunterlagen im Unternehmen gibt es nicht.[118]

> **Hinweis:** *Nur wenn dem Unternehmen eine Einziehungs- oder Verfallsanordnung droht, greifen die gleichen Beschlagnahmeverbote in Bezug auf Unterlagen wie bei einem Beschuldigten – also unabhängig davon, ob sie sich im Gewahrsam des Firmenverteidigers oder des Unternehmens befinden.[119] Die Unterlagen müssen aber deutlich als Verteidigungsunterlagen gekennzeichnet sein,[120] der auf eine Verteidigung gerichtete Untersuchungszweck sollte so wie früh wie möglich dokumentiert sein.[121]*

In allen übrigen Fällen ist die Aufbewahrung diskretionsbedürftiger Ergebnisse an einem dritten Ort in der Obhut eines anwaltlichen Berufsgeheimnisträgers der sicherste Schutz.[122]

Die interne Untersuchung sollte sodann zunächst nur auf rein objektive und nicht bewertende Sachverhaltsermittlung ausgelegt sein.[123] Bei den staatlichen Strafverfolgern muss streng darauf geachtet werden, dass der Blick nicht von Anfang verstellt ist für entlastendes Material.[124]

Ist die Entscheidung für eine interne Untersuchung gefallen, muss rasch gehandelt werden.[125] Gesetzliche Vorschriften wie Mitbestimmungs-[126] und Datenschutzregelungen[127]

---

[118] Vgl. Minoggio, I., 2010, Interne Ermittlungen im Unternehmen, Kap. 15, Rn. 46; Kempf, E., 2006, Der Unternehmensanwalt, S. 372.

[119] Ausführlich und m.w.N. Minoggio, I., 2010, Interne Ermittlungen im Unternehmen, Kap. 15, Rn. 49 ff; vgl. auch Wessing, J., 2009, Der Einfluss von Compliance, Revision und firmeninternen Ermittlungen auf die Strafverteidigung, S. 928; Wessing, J., 2009, Der Unternehmensverteidiger, S. 680.

[120] Vgl. BGH, 25.02.1998 – 3 StR 490/97, NJW 1998, 1964.

[121] Minoggio, I., 2010, Interne Ermittlungen im Unternehmen, Kap. 15, Rn. 59.

[122] Ausführlich und mit weiteren Differenzierungen Minoggio, I., 2010, Interne Ermittlungen im Unternehmen, Kap. 15, Rn. 60 ff. Seit der Neufassung des § 160a StPO im Februar 2011 genießen Rechtsanwälte nunmehr umfassenden Beschlagnahmeschutz unabhängig von einer Funktion als Strafverteidiger.

[123] Minoggio, I., 2010, Interne Ermittlungen im Unternehmen, Kap. 15, Rn. 76; Knierim, T., 2009, Verhältnis von strafrechtlichen und internen Ermittlungen, S. 325.

[124] Knierim, T., 2009, Verhältnis von strafrechtlichen und internen Ermittlungen, S. 331; Knierim, T., 2009, Detektivspiele – vom Sinn und Unsinn privater Ermittlungen, S. 249.

[125] Minoggio, I., 2010, Interne Ermittlungen im Unternehmen, Kap. 15, Rn. 87 ff.

[126] Vgl. z.B. § 87 BetrVG.

[127] Vgl. ausführlich zu §§ 28, 32 BDSG Beitrag von Christ/Müller zu Datenschutz und Mitarbeiterkontrollen.

sind zu beachten, der Arbeitnehmer ist allerdings nur im Kernbereich seines allgemeinen Persönlichkeitsrechtes nicht nur vor staatlichen Zugriffen geschützt, sondern auch vor Eingriffen durch seinen Arbeitgeber.[128] Das Aufklärungsinteresse des Unternehmens erlaubt und gebietet vollständige Ermittlungen möglicher Missstände.

Hinweis: Eine spätere Untersuchung kann im Übrigen durch arbeitsrechtliche Vereinbarungen erleichtert werden.[129] Ist die private E-Mail-, Internet-, Hardware- und Telefonnutzung im Arbeitsvertrag oder in einer Betriebsvereinbarung ausnahmslos untersagt,[130] können bei späteren Untersuchungen im Regelfall sämtliche elektronisch verfügbaren Informationen durchgesehen werden. Ist eine private Mitbenutzung zugelassen oder geduldet, so müssen erkennbar ausschließlich private E-Mails und Dateien durch Suchprogramme oder Stichwortproben ausgeschieden werden.[131]

Zu beachten sind bei Massenscreenings von E-Mails oder Dateien die Grenzen zulässiger Datenerhebung, -verarbeitung und -nutzung nach § 32 Bundesdatenschutzgesetz (BDSG). Voraussetzung für eine datenschutzrechtliche Zulässigkeit ist die Erforderlichkeit der Datenverwendung für eine Entscheidung über die Durchführung oder Beendigung eines Beschäftigungsverhältnisses, eine angemessene Wahrung der berechtigten Interessen auf andere Weise muss ausgeschlossen sein.[132] Es muss zudem ein Verdacht einer Straftat in einem engen Zusammenhang zum Arbeitsverhältnis bestehen und eine Güter- und Interessenabwägung im Einzelfall vorgenommen werden.[133]

Bestehen konkrete Anhaltspunkte für eine Abspeicherung untersuchungsrelevanter Unterlagen auf einem privaten Datenträger des Arbeitnehmers am Arbeitsplatz, so dürfen auch diese – unter Beachtung des § 202a StGB – durchgesehen werden.[134]

---

[128] Minoggio, I., 2010, Interne Ermittlungen im Unternehmen, Kap. 15, Rn. 81.

[129] Vgl. Minoggio, I., 2010, Interne Ermittlungen im Unternehmen, Kap. 15, Rn. 81 ff.

[130] Minoggio, I., 2010, Interne Ermittlungen im Unternehmen, Kap. 15, Rn. 83; vgl. auch Wybitul, T., 2009, Strafbarkeitsrisiken für Compliance-Verantwortliche, S. 1584; Vogel, F./ Glas, V., 2009, Datenschutzrechtliche Probleme unternehmensinterner Ermittlungen, S. 1748; von Hehn, P./Hartung, W., 2010, Corporate Investigation, S. 599; Wellhöner, A./Byers, P., 2009, Datenschutz im Betrieb, 2312.

[131] Hierzu Schmidl, M., 2010, Recht der IT-Sicherheit, S. 790.

[132] Vgl. Wybitul, T., 2009, Strafbarkeitsrisiken für Compliance-Verantwortliche, 1583 m.w.N. sowie Beitrag von Christ/Müller zu Datenschutz und Mitarbeiterkontrollen.

[133] Hierzu im Einzelnen Minoggio, I., 2010, Interne Ermittlungen im Unternehmen, Kap. 15, Rn. 95 ff; vgl. auch Vogel, F./Glas, V., 2009, Datenschutzrechtliche Probleme unternehmensinterner Ermittlungen, 1754.

[134] Vgl. Minoggio, I., 2010, Interne Ermittlungen im Unternehmen, Kap. 15, Rn. 94; Schmidl, M., 2010, Recht der IT-Sicherheit, S. 789 ff.

Im Rahmen einer Untersuchung können sämtliche Unterlagen in Papier am Arbeitsplatz des Arbeitnehmers kontrolliert werden.[135]

Ein Verwertungsverbot in einem späteren Arbeitsprozess bei allen diesen Maßnahmen entsteht generell eher nur in besonderen Einzelfällen bei Eingriffen in den Kernbereich des Persönlichkeitsrechtes oder in Menschenrechte,[136] nicht jeder Verstoß gegen Beweisgewinnungsvorschriften führt zu einem Verwendungsverbot – wobei in diesem Punkt momentan leider nicht von einer gefestigten Gesetzes- und Rechtslage gesprochen werden kann, fast alles ist derzeit noch umstritten.

Ein heimliches Mithören von Telefonaten ist hingegen wegen des besonderen Schutzes des Fernmeldegeheimnisses im Regelfall unzulässig.[137] Die heimliche Videoüberwachung von öffentlich zugänglichen Räumen ist zwar nach § 6 BDSG verboten, dies gilt jedoch nicht für Büroräume ohne Publikumsverkehr sowie bei einem konkreten Verdacht gegen einen Arbeitnehmer und einer zwingenden Notwendigkeit der Beweissicherung.[138]

Wichtige Erkenntnisquelle stellen dritte Personen wie andere Mitarbeiter, Geschäftspartner oder Kunden dar.[139] Umso unauffälliger und informeller eine solche Befragung durchgeführt werden kann, umso höher ist meist der Erkenntnisgewinn.[140]

Bei der Befragung von eigenen Mitarbeitern muss beachtet werden, dass der Arbeitnehmer zwar grundsätzlich Auskünfte über alle Umstände im unmittelbaren Zusammenhang mit dem Arbeitsverhältnis geben muss.[141] Umstritten ist, ob er sich allerdings dabei

---

[135] Vgl. auch Knierim, T., 2009, Verhältnis von strafrechtlichen und internen Ermittlungen, S. 330; etwas anderes könnte allenfalls bei offensichtlich intimen Privataufzeichnungen gelten.

[136] Minoggio, I., 2010, Interne Ermittlungen im Unternehmen, Kap. 15, Rn. 99; anders wohl in einem gegen den Mitarbeiter geführten Strafprozess; vgl. hierzu auch weitergehend Knierim, T., 2009, Detektivspiele – vom Sinn und Unsinn privater Ermittlungen, S. 273.

[137] Vgl. Wellhöner, A./Byers, P., 2009, Datenschutz im Betrieb, 2313.

[138] Minoggio, I., 2010, Interne Ermittlungen im Unternehmen, Kap. 15, Rn. 103; Großjean, S., 2003, Überwachung von Arbeitnehmern, S. 2650; vgl. auch LAG Köln, 29.06.2006 – 4 Sa 772/06, DuD 2007, 308. Vgl. auch den Beitrag von Christ zu Datenschutz.

[139] Minoggio, I., 2010, Interne Ermittlungen im Unternehmen, Kap. 15, Rn. 106.

[140] Minoggio, I., 2010, Interne Ermittlungen im Unternehmen, Kap. 15, Rn. 109.

[141] Minoggio, I., 2010, Interne Ermittlungen im Unternehmen, Kap. 15, Rn. 131; Göpfert, B./Merten, F./Siegrist, C., 2008, Mitarbeiter als Wissensträger, S. 1705; Diller, M., 2004, Der Arbeitnehmer als Informant, S. 313; Bittmann, V./Molkenbur, J., 2009, Private Ermittlungen, arbeitsrechtliche Aussagepflicht und strafprozessuales Schweigerecht, S. 375; für Erkenntnisse nur bei der Gelegenheit einer Diensttätigkeit ist der Auskunftsanspruch bereits umstritten, vgl. Jahn, M., 2009, Ermittlungen in Sachen Siemens/SEC, S. 44.

auch selbst belasten muss oder wie im Strafverfahren selbst auf seine Selbstbelastungsfreiheit und ein daraus resultierendes Auskunftsverweigerungsrecht berufen kann.[142]

Generell besteht gegenüber dem Arbeitgeber kein Schweigerecht. Allenfalls in besonderen Drucksituationen, die denen eines Strafverfahrens – etwa wegen einer von Anfang an zugesagten unmittelbaren Weitergabe der Ergebnisse der Befragung an die Staatsanwaltschaft – vergleichbar sind, muss ein Auskunftsverweigerungsrecht akzeptiert werden.[143] Ein Verwertungsverbot außerhalb eines Strafverfahrens[144] kann aber nur in Ausnahmefällen – etwa bei Anwendung unzulässiger Vernehmungsmethoden im Sinne des § 136a StPO – greifen.[145]

Dem Mitarbeiter sollte gestattet werden, dass er sich bei einem Interview von einem Anwalt begleiten lässt. Es sollte offen angesprochen werden, dass die an der Untersuchung beteiligten Anwälte im Unternehmensinteresse handeln und ihm gegenüber nicht zur Verschwiegenheit verpflichtet sind.[146] Der Mitarbeiter selbst muss zum Schweigen über den Gegenstand der Befragung verpflichtet und zumindest über Art und Umfang der Untersuchung aufgeklärt werden.[147] Wegen seiner Auskunftspflicht ist er darauf hinzuweisen, dass er sich über die Reichweite selbst beraten lassen müsse und insoweit keine Beratung über den Interviewer erfolgt.[148]

Am Ende einer Untersuchung sollten die Ergebnisse i.d.R. in einem schriftlichen Abschlussbericht fixiert werden – wobei in besonderen Konstellationen einem nur mündlichen Reporting der Vorzug zu geben ist.[149] Wer schriftlich berichtet, schafft möglicherweise zu eigenen Lasten Beweismittel. Diskretion in brisanten Lagen kann erfahrungsgemäß nie garantiert werden.

---

[142] Vgl. Göpfert, B./Merten, F./Siegrist, C., 2008, Mitarbeiter als Wissensträger, S. 1705.

[143] Vgl. Pfordte, T., 2010, Outsourcing of Investigations?, S. 746; Minoggio, I., 2010, Interne Ermittlungen im Unternehmen, Kap. 15, Rn. 139.

[144] Vgl. hierzu LAG Hamm, 03.03.2009 – 14 Sa 1689/08, juris.

[145] Vgl. hierzu Minoggio, I., 2010, Interne Ermittlungen im Unternehmen, Kap. 15, Rn. 143 ff.; Kratz, F./Gubbels, A., 2009, Beweisverwertungsverbote bei privater Internetnutzung am Arbeitsplatz, S. 655.

[146] Ein generelles Anwesenheitsrecht wird bisher eher abgelehnt, von Hehn, P./Hartung, W., 2010, Corporate Investigation, Independent Investigation, S. 606; vgl. aber Thesen des Strafrechtsausschusses der Bundesrechtsanwaltskammer zum Unternehmensanwalt, BRAK-Stellungnahme Nr. 35/2010, S. 10 (These 3).

[147] Minoggio, I., 2010, Interne Ermittlungen im Unternehmen, Kap. 15, Rn. 120 f.

[148] Minoggio, I., 2010, Interne Ermittlungen im Unternehmen, Kap. 15, Rn. 122; vgl. zur Belehrung auch Knierim, T., 2009, Detektivspiele – vom Sinn und Unsinn privater Ermittlungen, S. 262.

[149] Vgl. Behrens, A., 2009, Internal Investigations, S. 22, 32; Knierim, T., 2009, Das Verhältnis von strafrechtlichen und internen Ermittlungen, S. 325.

3.5 Krisen- und Litigation-PR[150]

Sobald ein Ermittlungsverfahren mit einem Unternehmen in Zusammenhang gebracht wird, muss sich Firmenverteidigung intensiv um eine professionelle Krisen- und Litigation-PR kümmern.[151] Das Interesse der Öffentlichkeit und der Medien an spektakulären Wirtschaftsverfahren ist groß, für ein Unternehmen kann immenser Rufschaden entstehen.

Effektive Pressearbeit darf nicht mit Aktionismus verwechselt werden. Zunächst ist abzuschätzen, ob überhaupt Medieninteresse besteht. Manchmal ist es besser, einen nicht vollständig richtigen Artikel unkommentiert hinzunehmen, als die ganze Angelegenheit durch Gegendarstellungs- oder Widerrufsforderungen aufzuputschen. Sind andere Strategien (etwa klarstellende Pressegespräche) erfolglos und drohen Folgeberichte, muss auch der juristische Weg schnell und entschlossen beschritten werden.

Die Unternehmensverantwortlichen dürfen nie Presseanfragen nur abblocken. Bloßes Schweigen löst negative Assoziationen aus.[152] Besser ist, den eigenen Standpunkt mindestens durch eine schriftliche Presseerklärung[153] oder in geeigneten Fällen auch eine Pressekonferenz bekannt zu machen. Auf eine Anfrage muss sofort reagiert werden, im Optimalfall ist das Unternehmen bereits durch eigene Presseverteiler und bestehende Pressekontakte vorbereitet.[154]

Pressearbeit sollte der Presseabteilung oder einem speziellen Krisen-PR-Berater überlassen werden.[155] Dort ist man in der Lage, eine umfassende PR-Strategie zu entwickeln. Juristen sind gerade keine geborenen Pressekontakter. Professionelle Pressearbeit ist nicht das tägliche Handwerkzeug eines Strafverteidigers oder Anwaltes,[156] so dass der Firmenverteidiger allein i.d.R. nicht der richtige Ansprechpartner in Sachen Öffentlichkeitsarbeit ist.[157]

---

[150] Vgl. ausführlich die Beiträge von Bédé zu Krisenmanagement und Möhrle zu Kommunikation.

[151] Ausführlich hierzu Minoggio, I., 2010, Firmenverteidigung, Rn. 703 ff.

[152] Vgl. zu empirischen Untersuchungsergebnissen in den USA Holzinger, S./Wolff, U., 2008, Im Namen der Öffentlichkeit, S. 153.

[153] Vgl. Huff, M., 2004, Notwendige Öffentlichkeitsarbeit der Justiz, S. 403.

[154] Minoggio, I., 2010, Firmenverteidigung, Rn. 735; 732 f.

[155] Vgl. zu einer erfolgreichen Pressearbeit insgesamt Holzinger, S./Wolff, U., 2008, Im Namen der Öffentlichkeit.

[156] Einen Bewusstseinswandel fordern insoweit Hassemer, W., 2005, Grundsätzliche Aspekte des Verhältnisses von Medien und Strafjustiz, S. 168; Wilmes, F., 2007, Über die Notwendigkeit von Public Relations in Strafprozessen, S. 15.

[157] Anders wohl Wessing, J., 2009, Der Unternehmensverteidiger, S. 668; Taschke, StV 2007, 498.

Die Qualitätsunterschiede sind gerade bei Gerichtsreportagen sehr groß, nicht selten besteht eher eine deutliche Affinität zur Seite der Strafverfolgung.[158] Betreibt die Justiz selbst eine nicht sachliche Pressearbeit,[159] so muss hierauf sofort und aktiv reagiert werden. Auch eine Beschwerde an die Behördenleitung kann in diesen Fällen geboten sein.[160]

4 Fazit

Das Wirtschaftsunternehmen kann durch ein Strafverfahren massiv bedroht werden. Es bedarf deshalb von der ersten Sekunde an eines eigenen Schutzes und muss gegen förmliche und faktische Verfahrensrisiken (Strafverfolgung, Vermögensabschöpfung, Rufschaden, Störung des Betriebsfriedens oder der Operative etc.) verteidigt werden, vollkommen unabhängig von den Positionen der persönlich Betroffenen.

Erforderlich ist hierzu eine interdisziplinäre, äußerst enge Zusammenarbeit im Firmenverteidigungsteam. Alle Außenmaßnahmen müssen durchgehend koordiniert und grundsätzlich auf sämtliche Verfahrensziele abgestimmt werden. Fast nie vollständig zu vermeidende Zielkonflikte hierbei sind bewusst nach Priorität aufzulösen.

---

[158] Friedrichsen, G., 2005, Das Interesse der Öffentlichkeit an einer Justizberichterstattung durch die Medien, S. 169; Leyendecker, H., 2009, Findelkind des Journalismus, S. 197 f.; Minoggio, I., 2010, Firmenverteidigung, Rn. 725.

[159] Vgl. hierzu nur Wilmes, F., 2007, Über die Notwendigkeit von Public Relations in Strafprozessen, S. 11.

[160] Vgl. hierzu Eisenberg, J., 2006, Überblick zur Verteidigung gegenüber Presse- und Medienberichterstattung, S. 15, 18.

Asset Tracing und Schadensrückgewinnung

Hans Jürgen Stephan

1 Einführung

Fragen der Schadensrückgewinnung stellen sich im Zusammenhang mit wirtschaftkriminellen Straftaten fast allen betroffenen Unternehmen neben anderen, in diesem Zusammenhang ebenfalls relevanten Fragestellungen. Auch die zunehmende Betonung der Haftung der Organe von Gesellschaften im Zusammenhang mit der Wahrnehmung von Vermögenswahrungspflichten lassen Fragestellungen zur Schadensrückgewinnung zunehmend dringlicher erscheinen.

Im Mittelpunkt sämtlicher Überlegungen steht dabei regelmäßig die Überlegung nach den tatsächlichen und rechtlichen Möglichkeiten der Opfer, das ihnen durch die rechtswidrige Tat Entzogene zurück zu erlangen. Was kann als Opfer unternommen werden, mit welchen Kosten muss gerechnet werden, wie sind die Erfolgsaussichten und wo kann Unterstützung gefunden werden? Welche Rolle spielen Vermögensverschiebungen und was bedeutet es, wenn sich das Vermögen, so denn identifiziert, im Ausland oder gar an so genannten Offshore-Standorten, wie den Kanal-Inseln oder den Cayman Islands, befindet? Welche Möglichkeiten gibt es, Firmengeflechte zu durchdringen und Erkenntnisse zu den tatsächlichen Vermögensverhältnissen der Beschuldigten zu gewinnen, und was ist, wenn Vermögen nicht nur räumlich verschoben wurde, sondern auch den Besitzer gewechselt hat?

Derartige Fragestellungen sind im Rahmen einer Kosten-Nutzen-Abwägung zu prüfen und die Möglichkeiten und Erfolgsaussichten einzuleitender Maßnahmen sollten seriös abschätzbar sein, um weiteren Verlust zu vermeiden. Allerdings kann das Motto, mit welchem einmal der Verzicht auf durchaus erfolgversprechende Maßnahmen begründet wurde: „Der erste Schaden ist immer der geringste" im Bereich dieser Überlegungen wohl auch nicht als zielführend bezeichnet werden.

Festhalten sollte man bereits jetzt, dass entgegen vieler Vorurteile Hilfestellungen bei der Vermögensrückführung auch bei den Offshore-Standorten möglich sind. Viele dieser Standorte sind dem Commonwealth und dadurch dem angelsächsischen Rechtskreis zugehörig. Da in diesem Bereich das englische Recht regelmäßig zumindest sinngemäß Anwendung und Beachtung findet, können sich hinsichtlich der Anerkennung amerikanischer Entscheidungen deutliche Vereinfachungen und Vorteile gegenüber den kontinentaleuropäischen bieten.

Allerdings folgt die Hilfestellung im angelsächsischen Rechtsraum anderen Prinzipien als in Kontinentaleuropa. Ein wesentlicher Unterschied besteht dabei darin, dass die Vornahme vorgerichtlicher Handlungen und Ermittlungen zur Vorbereitung von zivilrechtlichen Schritten im angelsächsischen Rechtskreis institutionell gestützt wird, dem Opfer also entsprechende Rechte eingeräumt werden. Dies kennt das deutsche (Straf-)Recht in dieser Form nicht, welches gegenüber dem angelsächsischen Raum eine wesentlich ausgeprägtere Neigung hin zum Staat hat, die auch in diesem Bereich ihren Ausdruck findet.

Dieser Beitrag befasst sich dementsprechend in zwei Abschnitten zunächst mit den Möglichkeiten der Vermögensrückgewinnung in Deutschland und dann mit den Möglichkeiten der Vermögensrückgewinnung im angelsächsischen Raum. Dabei ist die Darstellung keine Vergleichende. Ziel ist es vielmehr, einen Überblick über die verschiedenen Handlungsmöglichkeiten und Optionen zu geben und dem Leser einen ersten allgemeinen Überblick zur abstrakten Einschätzung seiner Möglichkeiten zu bieten.

Zunächst sollen die Möglichkeiten in Deutschland dargestellt werden. Hierbei wird ein Schwerpunkt auf dem Bereich der straf- und strafprozessrechtlichen Rückgewinnungshilfe liegen, die in den letzten Jahren in der Justiz und auch in den Polizeien erheblich an Bedeutung gewonnen hat.

2 Vermögensrückgewinnung in Deutschland

Im deutschen Zivilprozess gibt es keinen Amtsermittlungsgrundsatz. Dies bedeutet, dass der Beweisantritt und ggf. auch die Beweisführung den Parteien obliegen. Besondere Rechte zur Gewinnung dieser Beweise stellt das deutsche Recht dabei allerdings nicht zur Verfügung. Es bleibt deshalb aus zivilrechtlicher Sicht dem Anspruchssteller überlassen, die Beweise beizubringen, um seine Interessen erfolgreich durchsetzen zu können. Dieses kann nicht nur schwierig, sondern auch zeitintensiv sein, denn die Mühlen der Justiz mahlen bekanntlich langsam. Zwar besteht die Möglichkeit in einem frühen Verfahrensstadium einen zivilrechtlichen Arrestbeschluss zu erwirken, dieser wird aber regelmäßig von der Täterseite mit einer durchaus nicht unerheblichen Erfolgsaussicht mit einem Widerspruch angegriffen.

Ein anderer Weg besteht darin, bei Vorliegen eines Verdachtes auf eine Straftat die Strafverfolgungsbehörden einzuschalten und zur Rückgewinnungshilfe zu bewegen.

Aufgrund des staatlichen Gewaltmonopols stehen bestimmte Zwangsmaßnahmen, bis auf einige wenige Ausnahmen, nur dem Staat zu und werden dort in dem hier interessierenden Bereich von den Strafverfolgungsbehörden wahrgenommen. Dementsprechend kommt diesen auch die Pflicht zu, Straftaten zu erforschen. Dieses ist im so genannten Legalitätsprinzip verankert, welches allgemein strafrechtlichen Ermittlungen zugrunde liegt. Mit der Erstattung einer Strafanzeige entsteht also eine Ermittlungspflicht und die Strafverfolgungsbehörden ermitteln den Sachverhalt. Daneben können sie aber auch die

Sicherung und Wiedererlangung entzogenen Vermögens betreiben und so dem Geschädigten helfen, dieses zurück zu gewinnen. Herrin des Ermittlungsverfahrens ist die Staatsanwaltschaft. Sie wird, wenn sie einen Anfangsverdacht für eine Straftat sieht, den Sachverhalt ermitteln bzw. durch die Polizei ermitteln lassen, Beweise erheben und sichern und dazu ggf. auch mit Zwang vorgehen. Klassische Instrumente wären etwa die Beschlagnahme von Gegenständen, die Untersuchungshaft von Tatverdächtigen etc.

Hat der Täter bei seiner Tat etwas erlangt – z.B. das Vermögen seines Opfers – so kann die Staatsanwaltschaft nach dem Verbleib dieses Vermögens forschen und es beschlagnahmen lassen, wenn sich die Werte im Inland befinden. Bei Gefahr im Verzug, wenn also kein Richter rechtzeitig zu erreichen ist, kann die Staatsanwaltschaft selbst diese Beschlagnahme anordnen, andernfalls benötigt sie eine richterliche Anordnung.

2.1 Rückgewinnungshilfe

All das greift bereits im Ermittlungsverfahren bei einem einfachen Tatverdacht und kann auch als Zurückgewinnungshilfe für den Verletzten durchgeführt werden. Die Vorschriften dazu lauten § 111b Abs. 5 Strafprozessordnung (StPO) i.V.m. § 73 Abs. 1 Strafgesetzbuch (StGB).

Dahinter steht folgende gesetzliche Mechanik: Die Beschlagnahme nach § 111b Abs. 1 StPO setzt voraus, dass die Voraussetzungen des strafrechtlichen Vermögensverfalls vorliegen. Diese sind in § 73 StGB zu finden, allerdings stellt man fest, dass der Verfall, der ja zugunsten des Staates wirken würde, immer ausgeschlossen ist, wenn es einen individuellen Verletzten gibt (§ 73 Abs. 2 StGB). Dies würde nun dazu führen, dass der Verfall bei Vermögensdelikten grundsätzlich nicht angeordnet werden kann und zwar genau aufgrund dieses Umstandes. Hier besagt nun § 111b StPO, dass seine Abs. 1-4 entsprechend gelten, wenn der Verfall nur deshalb nicht angeordnet werden kann, weil § 73 Abs. 2 StGB greift. Damit bleibt die Beschlagnahme zugunsten des Geschädigten, also die Rückgewinnungshilfe, möglich.

Der § 111c StPO regelt die Beschlagnahme und bezieht sich in

- Abs. 1 auf bewegliche Sachen,

- Abs. 2 auf Grundstücke und Immobiliarrechte,

- Abs. 3 auf Forderungen und Vermögensrechte,

- Abs. 4 auf Schiffe und Luftfahrzeuge und regelt in

- Abs. 5 die Wirkung eines Veräußerungsverbotes nach § 136 Bürgerlichem Gesetzbuch (BGB).

Ein ganz wesentlicher Punkt ist die Geltung des so genannten Bruttoprinzips. Dieses bedeutet, dass der Täter alles aus der Tat Erlangte herauszugeben hat, nicht etwa nur den Gewinn. Bei Vermögensdelikten wird das zwar vielfach gleichgelagert sein, es sind aber immer Konstellationen denkbar, wo der Wert des Erlangten höher war als der reine Gewinn. Dann zählt das Erlangte.

§ 73 Abs. 2 S. 2 StGB ist eine Vorschrift, die den Anwendungsbereich des Verfalls weiter ausdehnt. Sie erstreckt ihn auch auf Surrogate und Nutzungen. Hat der Täter also für die erlangte Sache oder das erlangte Geld etwas anderes eingetauscht (z.B. vom Geld ein Luxusauto o.ä. erworben), so unterliegen diese Gegenstände ebenfalls dem Verfall. Hat er geldwerte Nutzungen gezogen (ist also z.B. mit dem Luxusauto gefahren), so erhöht das den Verfallsbetrag erneut.

Soweit der Verfall des Erlangten aus irgendeinem Grund nicht möglich ist, kommt der Verfall von Wertersatz nach § 73a StGB in Betracht. Dieses ist eine in der Praxis außerordentlich wichtige Vorschrift, da sie bedeutet, dass anstelle des unmittelbar aus der Tat Erlangten genauso gut Ersatzgegenstände beschlagnahmt werden können. Eine Identität zwischen den Sachen, die aus der Tat erlangt wurden und den später beschlagnahmten Sachen ist also nicht erforderlich. Das ist auch richtig so, denn gerade bei Geld würde eine solche Identität niemals herzustellen sein. In der Praxis bedeutet dies, dass man i.d.R. nicht nach dem Verbleib des Verschwundenen forscht, sondern sich lediglich mit der Frage befasst, ob der Täter über Vermögen verfügt. Ist das der Fall, so steht dieses als Wertersatz zur Verfügung und kann beschlagnahmt werden. Dies erleichtert die Schadensrückgewinnung sehr.

Der Umfang des Erlangten kann nach § 73b StGB auch geschätzt werden. Dem kommt gerade in einem frühen Verfahrensstadium eine nicht unerhebliche Bedeutung zu. Gerade bei komplexen Vermögensdelikten ist es häufig mit erheblichen Schwierigkeiten und erheblichem tatsächlichem, aber auch zeitlichem Aufwand verbunden, den Umfang des Schadens oder eben den Umfang dessen, was der Täter aus seiner Tat erlangt hat, präzise festzustellen. Wäre man in einem solchen Stadium darauf angewiesen, nur mit sicheren Zahlen zu arbeiten, würde man gezwungener Maßen das Erlangte zunächst niedriger ansetzen müssen, als es tatsächlich ist, und den Wert in der Folge immer wieder korrigieren müssen. Die Wahrscheinlichkeit eines ausreichenden Zugriffs auf das Tätervermögen würde ein solches Vorgehen ganz sicher nicht fördern. In diesem Dilemma hilft die Schätzung, die es möglich macht, diese Schwierigkeiten auszugleichen und zunächst im Wege der Schätzung einen adäquaten Gesamtbetrag festzusetzen.

Sobald es zur Anordnung einer Beschlagnahme kommt, ist dieses dem oder den Verletzten nach § 111b Abs. 3 StPO unverzüglich mitzuteilen. Dieser Schritt versetzt den oder die Geschädigten prinzipiell in die Lage, ihre Rechte in das beschlagnahmte Vermögen geltend zu machen. Bei mehreren oder einer Vielzahl von Verletzten ist es wichtig, dass diese zeitgleich von der Anordnung der Beschlagnahme benachrichtigt werden. Im zivilrechtlichen Einzelvollstreckungsverfahren gilt das „Windhundprinzip", wer also zuerst kommt, kann seine Ansprüche vollständig befriedigen, und jeder spätere Gläubiger muss mit dem Vorlieb nehmen, was übrig ist.

§ 111g Abs. 1 StPO gewährt dem Verletzten eine vorrangige Befriedigung seiner Ansprüche dadurch, dass diese Beschlagnahme nicht gegen Verfügungen des Verletzten wirkt. Der Verletzte muss also einen zumindest vorläufig vollstreckbaren Titel gegen den Täter haben, aus dem er vorgeht. Diesen kann er entweder auf dem Zivilrechtsweg oder aber im Adhäsionsverfahren erwirkt haben. Die Vollstreckungsmaßnahme des Verletzten bedarf zudem nach § 111g Abs. 2 StPO der Zulassung durch den Richter, der für die Beschlagnahme zuständig ist.

Die Beschlagnahme kann letztendlich zugunsten des Verletzten längstens drei Monate über das Strafurteil hinaus aufrechterhalten werden. Innerhalb dieser Zeit müssen die Ansprüche spätestens geltend gemacht worden sein. Grundsätzlich muss der Erlass des Urteils zu der Aufhebung der Beschlagnahmeanordnung führen. § 111i StPO stellt also eine Verlängerung der Beschlagnahme über das abschließende Urteil hinaus dar. Dadurch soll dem Verletzten auch noch nach dem Strafurteil ermöglicht werden, einen Herausgabetitel zu erlangen.

In den letzten Jahren haben sich in der deutschen Polizei- und Justizlandschaft zahlreiche spezialisierte Dienststellen für Vermögensabschöpfung gebildet. Dazu zählen die Schwerpunktstaatsanwaltschaften für Wirtschaftskriminalität ebenso wie die Dezernate für Vermögensabschöpfung. Auch bei den Polizeibehörden haben sich Dezernate/Referate für Vermögensabschöpfung bei dem Landeskriminalämtern (LKA), aber auch bei den Flächendienststellen gebildet.

Insgesamt steht somit ein erhebliches Know-how im Bereich der Strafverfolgungsbehörden zur Verfügung, welches die Vermögensrückgewinnung in Deutschland in den letzten zehn Jahren auf ein vorher nicht bekanntes Niveau gehoben hat. Die Nutzung dieser Instrumente und die Zusammenarbeit mit den Strafverfolgungsbehörden auf diesem Gebiet sind dringend anzuraten.

2.2 Rechtshilfeverfahren

Befindet sich das erlangte Vermögen nicht in Deutschland, sondern im Ausland, so muss die Staatsanwaltschaft den Weg der Rechtshilfe beschreiten. Eine wesentliche Vorschrift dafür ist das Europäische Rechtshilfeübereinkommen (EuRhÜbk).

Danach kann der beantragende Staat den anderen Staat sowohl um die Vornahme von bestimmten Untersuchungshandlungen als auch um die Übersendung von Schriftstücken oder Beweismitteln ersuchen. Dieses Übereinkommen ist von nahezu allen europäischen Staaten ratifiziert worden – auch von Liechtenstein und der Schweiz, um zwei aus Sicht der Vermögensrückführung wichtige Länder zu nennen.

Das Gesetz über internationale Rechtshilfe in Strafsachen (IRG) regelt als nationale Vorschrift den Rechtshilfeverkehr mit dem Ausland, ist also die entsprechende Verfahrensvorschrift. Danach ist grundsätzlich der Bundesminister der Justiz im Einvernehmen mit dem Auswärtigen Amt sowie anderen Ministern, wenn deren Geschäftsbereich betroffen ist, sowohl für die Entgegennahme von Ersuchen von als auch für die Stellung von Ersuchen an andere Staaten zuständig. Von hier aus gibt es Möglichkeiten, diese Befugnisse nach „unten" bis auf die Landesregierungen und deren nachgeordneten Behörden zu übertragen. Alles in allem ist dies eine komplexe Materie und die Verfahren können sehr zeitintensiv sein, was in der Praxis oft als Nachteil erlebt wird.

2.3   Akteneinsichtsrechte

Wie bereits angeführt, muss der Verletzte nach § 111 g Abs. 1 StPO einen zumindest vorläufig vollstreckbaren zivilrechtlichen Titel gegen den Täter haben. Ebenso wurden die mit der erforderlichen Beweisführung einhergehenden Schwierigkeiten besprochen. Von daher stellt sich die Frage, ob und wie die in dem strafrechtlichen Verfahren gewonnenen Beweise, sei es durch Maßnahmen im Inland oder im Wege der Rechtshilfe, in das Zivilverfahren eingebracht werden können.

Der Akteninhalt der staatsanwaltschaftlichen Ermittlungsakte hat grundsätzlich Urkundencharakter und kann daher entsprechend den §§ 415, 417 und 418 Zivilprozessordnung (ZPO) in das Zivilverfahren eingeführt werden. Um das tun zu können, muss der Geschädigte Akteneinsicht in die staatsanwaltliche Akte nach § 406 e StPO über einen Rechtsanwalt beantragen. Ein Rechtsanwalt kann nach dieser Vorschrift die Akten, die dem Gericht vorliegen bzw. vorzulegen wären, einsehen sowie amtlich verwahrte Beweisstücke besichtigen, wenn er ein berechtigtes Interesse darlegt. Ein solches berechtigtes Interesse besteht v.a. Dingen, wenn die Akteneinsicht der Klärung der Frage dient, in welchem Umfang zivilrechtliche Ansprüche gegen den Beschuldigten des Verfahrens geltend gemacht werden sollen. Zuständig für die Gewährung der Akteneinsicht während des Hauptverfahrens ist der vorsitzende Richter des befassten Gerichts. Davor und danach, also im Ermittlungs- und im Vorverfahren und bei der Strafvollstreckung, ist es die Staatsanwaltschaft.

Der Besichtigung von Beweisstücken kommt, gerade wenn Computer sichergestellt wurden, eine erhebliche Bedeutung zu, da sich darauf häufig Dateien finden lassen, die Aussagen zu Vermögensverschiebungen oder sonstigen relevanten Umständen ermöglichen. Auch gelöschte Dateien können häufig wieder hergestellt werden.[1]

2.4 Nutzung der Geldwäschevorschriften

Die Geldwäsche[2] bzw. Verschleierung unrechtmäßig erlangter Vermögensgegenstände nach § 261 StGB bietet vor dem Hintergrund, dass die strafrechtliche Haftung wegen derartiger Delikte in den letzten Jahren systematisch erweitert wurde, hervorragende Anknüpfungspunkte und Hebel, um Dritte, bei denen sich Vermögen befinden könnte, von weiteren Verfügungen und Vermögensverschiebungen abzuhalten und zu Auskünften an die Behörden zu bewegen.

Wesentlich ist zunächst die Herstellung der Bösgläubigkeit beim Dritten. Mit Kenntnis oder auch dem Verdacht, bei welcher Bank, welchem Treuhänder, welchem Rechtsanwalt oder welcher sonstigen Stelle sich Vermögen befindet, sollte diese Stelle umfassend und unter Hinweis auf § 261 StGB über den Sachverhalt informiert werden. Derartige Schreiben können bei Vorliegen eines entsprechenden Verdachtes sehr breit gestreut versendet werden.

Inhalt des Schreibens ist zunächst eine Sachverhaltsdarstellung, also eine Substantiierung des für die Bank, den Treuhänder etc. bestehenden Geldwäscherisikos. Dazu gehören in jedem Fall neben der Darstellung des Sachverhaltes auch das Aktenzeichen des staatsanwaltlichen Ermittlungsverfahrens, Belege soweit sie das Ermittlungsverfahren nicht gefährden (ggf. mit der Staatsanwaltschaft vorher abstimmen) und die Anschriften der zuständigen Dienststellen sowie die Ansprechpartner dort.

Weiter ist die angeschriebene Stelle aufzufordern, den Vorgang bei der für sie zuständigen Financial Intelligence Unit (FIU)[3] anzuzeigen. Es empfiehlt sich, der FIU eine Kopie

---

[1] Vgl. auch den Beitrag von Becker zu IT-Forensik.

[2] Vgl. auch den Beitrag von Hardenberg zu Geldwäscheprävention.

[3] Die FIU ist die in jedem Mitgliedsland vorhandene nationale Stelle im Rahmen der 40 Empfehlungen (die Ergänzung zur Terrorismusbekämpfung werden hier außer Betracht gelassen) der Financial Action Task Force (FATF), welche 1989 anlässlich eines G7-Gipfels errichtet wurde. Die Empfehlungen der FATF von 1996 wurden in mehr als 130 Ländern übernommen und ihr an sich befristetes Mandat wurde bis Dezember 2012 erneut verlängert. Die FATF führt eine so genannte NCCT-Liste, eine Liste der nicht kooperierenden Länder (non cooperative countries and territories). Mit Beschluss vom 13.10.2006 befinden sich keine Länder mehr auf dieser Liste.

des Schreibens zu übersenden und den Empfänger darauf hinzuweisen. In Deutschland ist die FIU bei den jeweiligen LKAs angesiedelt. Außerdem sollte der Empfänger aufgefordert werden, eine Kopie an die FIU beim Bundeskriminalamt (BKA) Referat SO 32, Zentralstelle für Verdachtsanzeigen, 65173 Wiesbaden zu übersenden.

Letztendlich ist er aufzufordern, Verfügungen über das Vermögen des Betreffenden zu unterlassen, zumindest so lange, bis die FIU entschieden hat, ob sie Transaktionen dieses Vermögens zulassen will oder nicht.

In Deutschland besteht eine gesetzliche Verpflichtung zur Erstattung von Verdachtsanzeigen an die FIU bei verdächtigen Transaktionen, die sich aus § 11 Abs. 1 Geldwäschegesetz (GwG) ergibt. Diese Pflicht betrifft alle Institute, Unternehmen oder Personen i.S.d. § 3 Abs. 1 GwG, also über die Banken hinaus auch alle Rechtsanwälte, Makler, Spielbanken und sonstigen Gewerbetreibenden, die entgeltlich fremdes Vermögen verwalten. Institute nach § 1 Abs. 4 GwG sind Kreditinstitute, Finanzdienstleistungsinstitute aber auch Versicherungsunternehmen, die Verträge mit Prämienrückgewähr oder Lebensversicherungsverträge anbieten.

Bei der Feststellung von Tatsachen, die darauf schließen lassen, dass eine Finanztransaktion einer Geldwäsche nach § 261 StGB dient oder dienen würde, ist diese Transaktion unverzüglich den Strafverfolgungsbehörden und in Kopie der FIU beim BKA anzuzeigen. Mit der Herstellung der Bösgläubigkeit liegen genau solche Tatsachen vor.

Die angetragene Finanztransaktion darf nunmehr frühestens dann durchgeführt werden, wenn die Zustimmung der Staatsanwaltschaft übermittelt wurde oder wenn der zweite Werktag nach dem Abgang der Anzeige verstrichen ist, ohne das die Transaktion untersagt wurde (Regelfall). Unaufschiebbare Transaktionen dürfen durchgeführt werden, allerdings ist dann die Anzeige unverzüglich nachzuholen. Als unaufschiebbar gelten Transaktionen deren unverzügliche Durchführung der Kunde ausdrücklich wünscht oder wenn es sich aus der Natur der Transaktion ergibt (Zug-um-Zug-Geschäfte, Barabhebungen, Geldwechsel etc.)

2.5 Schadensersatzmöglichkeiten gegen Dritte

Ziel der Herstellung der Bösgläubigkeit ist neben der Sicherung des Vermögens auch das kreieren eines Haftungsrisikos für den informierten Dritten, aus welchem heraus er u.U. zivilrechtlich in Anspruch genommen werden kann.

Hier käme zunächst eine Haftung nach § 831 Abs. 1 S. 1 BGB der Bank in Betracht. Danach haftet die Bank für ihren Verrichtungsgehilfen, also Angestellten, falls dieser z.B.

das Geld trotz Geldwäscheverdacht unter Missachtung der Geldwäschevorschriften weiterleitet und es zu einer Eigentumsverletzung durch den Entzug des Geldes (Transfer auf anderes Konto) kommt. Allerdings kommt der Haftung nach § 831 Abs. 1 S. 1 BGB in der Praxis eine eher untergeordnete Bedeutung zu, da die Bank sich exkulpieren kann, wenn sie den Entlastungsbeweis führt, dass sie bei der Auswahl des Angestellten die im Verkehr erforderliche Sorgfalt beobachtet hat und ihn ebenso sorgfältig angeleitet und überwacht hat. Dieser Beweis wird ihr regelmäßig gelingen.

Eine weitere Möglichkeit bietet die Haftung für den Erfüllungsgehilfen nach § 278 BGB. Diese setzt allerdings voraus, dass zwischen dem Anspruchssteller, also dem Geschädigten und der Bank ein Schuldverhältnis, also eine vertragliche Beziehung, besteht. Daran wird es erkennbar meist fehlen.

Die direkte Haftung des Angestellten, der die Transaktion ausgeführt hat, über § 823 Abs. 1 BGB ist sicherlich in den meisten Fällen denkbar. Es hängt aber natürlich stark von der Höhe des Schadens und den persönlichen Lebensverhältnissen des Angestellten ab, ob die Verfolgung eines solchen Anspruchs überhaupt sinnvoll erscheint. Es ist offenkundig, dass der Angestellte als Schuldner deutlich uninteressanter ist, als die Bank als solche.

Interessant ist hinsichtlich der Haftung Dritter auch die Frage, ob auf deren Seite ein strafrechtlich relevantes Verhalten feststellbar ist. In Betracht käme zunächst eine Begünstigung des Täters nach § 257 StGB. Dafür ist allerdings die Absicht erforderlich, den Täter die Vorteile der Tat zu sichern und an dieser Absicht wird es zumeist fehlen. Es wird dem Angestellten, der den Täter in den meisten Fällen nicht einmal persönlich kennt, regelmäßig nicht darauf ankommen, die Wiederherstellung des Ursprungszustandes zu erschweren oder gar zu vereiteln. Er wird vielmehr die Transaktion zumeist aus Nachlässigkeit oder ähnlichen Gründen tätigen, so dass die geforderte Absicht kaum zum Tragen kommen dürfte.

Von besonderem Interesse ist deshalb die Strafbarkeit wegen Geldwäsche, da hier nach § 261 Abs. 5 StGB bereits Leichtfertigkeit reicht und nicht etwa, wie bei der Begünstigung, direkte Absichten gefordert werden. Strafbar ist nach § 261 Abs. 1 S. 1 StGB das Verbergen oder das Verschleiern der Herkunft, das Vereiteln oder Gefährden des Auffindens oder der Einziehung, der Sicherstellung oder des Verfalls. Für das Verschulden reicht bereits Leichtfertigkeit hinsichtlich der Kenntnis der Herkunft des Geldes aus. Diese ist immer gegeben, wenn sich die dubiose Herkunft nach der Sachlage aufdrängt und dieses aus grober Unachtsamkeit oder Gleichgültigkeit außer acht gelassen wurde. Hier kommt die Bösgläubigmachung natürlich zum Tragen. Die Leichtfertigkeit dürfte immer dann besonders sicher nachzuweisen sein, wenn der Betreffende vorher bösgläubig gemacht wurde. Was allerdings den zivilrechtlichen Anspruch angeht, gilt auch hier das zu der unmittelbaren Haftung des Angestellten bereits Gesagte. Was der Sache ihren

Reiz gibt, ist das persönliche strafrechtliche Haftungsrisiko des Angestellten bei einem Fehlverhalten, und es bleibt zu hoffen, dass gerade aus diesem Grund leichtfertige Transaktionen äußerst rar bleiben werden.

2.6 Vorläufiger Rechtsschutz durch Arrestbeschluss

Es wurde bereits mehrfach auf die Notwendigkeit, einen zivilrechtlichen Titel zu erwirken, hingewiesen. Dazu dient der Arrestbeschluss nach § 922 ZPO. Der Arrest dient der Sicherung der Zwangsvollstreckung wegen einer Geldforderung in das bewegliche und das unbewegliche Vermögen des Anspruchgegners.

Der Beschluss setzt einen Arrestanspruch (§ 916 ZPO) und einen Arrestgrund (§ 917 ZPO) voraus. Beide sind nach § 920 Abs. 2 ZPO glaubhaft zu machen. Die Glaubhaftmachung ist eine niedrigschwelligere Anforderung als ein Beweis. Hier reicht die überwiegende Wahrscheinlichkeit, dass sich die behaupteten Tatsachen wie dargestellt ereignet haben. Für die Glaubhaftmachung kann man sich aller präsenter Beweismittel, insbesondere eben auch der Versicherung an Eides statt, bedienen.[4]

Der Arrestanspruch nach § 916 ZPO besteht, wenn der geltend gemachte Anspruch ein Anspruch auf eine Geldforderung ist oder zumindest in einen solchen übergehen kann. Ein Arrestgrund besteht, wenn ohne die Verhängung des Arrestes die Vollstreckung des (späteren) Urteils vereitelt oder wesentlich erschwert würde (§ 917 Abs. 1 ZPO). Ziel dieser Maßnahme ist die Verhinderung einer drohenden Verschlechterung des Schuldnervermögens. Es muss also eine drohende negative Veränderung der Vermögensverhältnisse des Schuldners glaubhaft gemacht werden. Ziel ist es nicht, die Position des Gläubigers gegenüber dem Schuldner zu verbessern. Drohende negative Veränderungen können begründet sein durch:

- Belastungen oder Veräußerungen des Vermögens,

- Vermögensverschiebungen,

- gegen das Gläubigervermögen gerichtete Straftaten, wenn Wiederholungsgefahr besteht,

- Wohnsitzwechsel etc.

---

[4] Die Voraussetzungen der Versicherung an Eides statt finden sich in § 294 ZPO.

Ein weiterer Arrestgrund besteht nach § 917 Abs. 2 ZPO, wenn inländische Urteile im Ausland zu vollstrecken sind und die Gegenseitigkeit nicht verbürgt ist. Ist die Gegenseitigkeit verbürgt, ergibt sich keine wesentlich andere Situation als bei einer inländischen Vollstreckung, so dass für den besonderen Schutz kein Bedürfnis besteht. Bei welchen Ländern dies der Fall ist, kann im Anhang IV des Zivilprozessrechtkommentars von Zöller nachgesehen werden. § 917 Abs. 2 ZPO gilt nicht gegenüber den Mitgliedstaaten der Europäischen Union (EU) und auch nur, wenn dem Gläubiger im Inland keine ausreichenden Sicherheiten eingeräumt werden oder sich kein hinreichendes Vermögen im Inland befindet.

Auf der Gegenseite der relativ geringen Voraussetzungen des Arrestes steht eine Schadensersatzverpflichtung nach § 945 ZPO für den Fall, dass sich die Anordnung als von Anfang an ungerechtfertigt erweist. Dies ist der Fall, wenn Arrestanspruch oder Arrestgrund von Anfang an fehlen. Maßgeblicher Prüfungszeitpunkt ist der Zeitpunkt zum Erlass des Arrestes.

Ebenso entsteht eine Schadensersatzverpflichtung, wenn der Arrest nach § 926 Abs. 2 ZPO aufgehoben wird. Nach § 926 Abs. 1 ZPO ordnet das Gericht an, wenn es den Arrest erlässt und in der Hauptsache noch keine Klage anhängig ist, dass innerhalb einer bestimmten Frist die Klage zu erheben ist. Wird dieser Anordnung keine Folge geleistet, so hebt es den Arrest auf Antrag des Gläubigers wieder auf. Dies hat zur Folge, dass nunmehr die Schadensersatzpflicht nach § 945 ZPO zum Tragen kommt. Dabei handelt es sich um eine verschuldensunabhängige Schadensersatzpflicht, jedoch ist ein etwaiges Mitverschulden des Schuldners nach § 254 BGB zu berücksichtigen. Über § 945 ZPO ist jedoch nur der Schaden zu ersetzen, der durch die Vollziehung des Arrestes entstanden ist. Weitergehende Schäden müssen dann über die §§ 823 ff. BGB, also das allgemeine Deliktrecht geltend gemacht werden.

3 Ermittlungsmöglichkeiten und Informationsbeschaffung

Wie bereits Eingangs erwähnt, stellt das deutsche Recht den Gläubiger oder auch dem Geschädigten einer Straftat keine besonderen Instrumente zur Feststellung von Tatsachen zur Verfügung. Die Ermittlungsmöglichkeiten folgen deshalb ein wenig dem Leitmotiv „erlaubt ist, was nicht ausdrücklich verboten ist", wobei eine Vielzahl von Nebengesetzen und Bestimmungen den tatsächlich vorhandenen Spielraum erheblich einengen. Dieses gilt insbesondere im Bereich der Datenschutzbestimmungen, die im Nachgang verschiedener Skandale in den letzten Jahren immer weiter verschärft wurden.[5]

---

[5] Vgl. auch den Beitrag von Christ/Müller zu Datenschutz und Mitarbeiterkontrollen.

Es gibt in der „Ermittlungsindustrie" immer noch Angebote im Markt, die die Beschaffung von Informationen anbieten, bei denen man auf den ersten Blick erkennen kann, dass diese kaum in einer mit dem Datenschutzrecht vereinbaren Weise gewonnen werden können. Von der Erhebung solcher Informationen sowie überhaupt von einem ungeprüften, gesetzlich auch nur fragwürdigen Vorgehen bei der Erkenntnisgewinnung kann nur dringend abgeraten werden. Im schlimmsten Fall setzen Sie sich selbst erheblich ins Unrecht, machen den Täter zum Opfer und sich selbst angreif- und u.U. auch erpressbar.

Dennoch gibt es legale Möglichkeiten der Erkenntnisgewinnung. Wichtig ist bei der Beauftragung von Detekteien oder sonstigen Dienstleistern in diesem Bereich eine enge Führung und Steuerung des Vorganges, um sicherzustellen, dass Ermittlungen an den relevanten Tatbeständen entlang geführt werden und um die soeben beschriebenen Risiken gering zu halten.

Als erster Schritt bietet sich ein *public record research*, also die systematische Nutzung und Auswertung freier und kommerzieller Datenbanken zum Gewinn von Erkenntnissen und Hintergrundverständnis an. Hier können häufig, insbesondere aus historischen Daten, Erkenntnisse zu Gesellschaftsstrukturen, Verbindungen, Vermögenshintergründen, Hobbys (Yacht- oder Flugzeugbesitz, Vereinsmitgliedschaften) etc. gewonnen werden, die Rückschlüsse auf mögliche Ziele von Vermögensverschiebungen zulassen. Personale Zusammenhänge können durch Nutzung entsprechender Software sichtbar und verständlich gemacht werden.[6] Diese Informationsbeschaffung sollte ausschließlich auf Basis öffentlich zugänglicher Quellen erfolgen. Je weniger prominent oder manchmal auch eitel der Täter ist, desto geringer ist sein öffentliches Profil.

In einem nächsten Schritt können dann klassische Ermittlungen, also typische Detektivarbeiten in Erwägung gezogen werden. Dazu gehören Erkundigungen im näheren Umfeld des Betroffenen, ggf. gezielte Interviews zu spezifischen Fragestellungen oder auch die Auswertung von Computern und Observationen. Hier sind vorher jeweils die datenschutzrechtlichen Implikationen genau zu prüfen. Dieses sollte v.a. vor dem Hintergrund geschehen, dass wirtschaftkriminelle Handlungen häufig von Unternehmensangehörigen begangen werden und die § 32 Abs. 1 S. 2 Bundesdatenschutzgesetz (BDSG) sowie der Referentenentwurf zu § 32e BDSG hier doch erhebliche Restriktionen vorgeben. Auch im Hinblick auf die Kosten sollte die Sinnhaftigkeit mancher vorgeschlagener Maßnahme hinterfragt werden. Dieses gilt häufig insbesondere für Observationen, die personalintensiv und teuer sind. An dieser Stelle wird auf tiefere Ausführungen zu den Regelungen des Datenschutzes verzichtet, da diese Gegenstand eines eigenständigen Beitrags sind.[7]

---

[6] Vgl. die Beiträge von Jackmuth zu Datenanalytik, Werkzeugen und Internetrecherche.

[7] Vgl. den Beitrag von Christ/Müller zu Datenschutz und Mitarbeiterkontrollen.

4 Möglichkeiten der Vermögensrückführung im angelsächsischen Raum

Der angelsächsische Rechtskreis verfolgt bei Wahrung von Opferrechten ein anderes Konzept, welches wesentlich weniger „staatslastig" ist, dafür dem Opfer aber Ermittlungs-, Auskunfts- und Sicherungsansprüche einräumt.

4.1 Mareva by letter

Genau wie oben zur Geldwäsche beschrieben, gibt es auch im angelsächsischen Rechtskreis die Möglichkeit, ein Schreiben entsprechenden Inhalts an den Verwalter oder Treuhänder entzogenen Vermögens zu übersenden. Von dieser Möglichkeit wurde in großem Maße Gebrauch gemacht in einem Verfahren der Securities and Exchange Commission (SEC) im Jahre 2003. Dem Verfahren lag der Fall SEC vs. IPIC International Inc. zugrunde. Auf Antrag der SEC erließ der District Court in Dallas 2003 einen Arrestbeschluss und bestellte einen vorläufigen Insolvenzverwalter, um das Vermögen der von der IPIC betrogenen Investoren zu sammeln und zu sichern. Gegen die Inhaber der IPIC wurde Anklage wegen Betruges und Geldwäsche erhoben.

Durch den Insolvenzverwalter wurde die unter der Geldwäsche beschriebenen Informations- und Aufforderungsschreiben (Mareva by letter) an eine Vielzahl von Banken weltweit gesandt, die sich aus den Unterlagen der IPIC ergaben und bei denen das Geld der Investoren lag oder zumindest vermutet wurde. Dadurch wurden mehr als 10 Mio. USD ohne jeden Gerichtsbeschluss eingefroren.

4.2 Search Order

Bei der Search Order handelt es sich um eine Durchsuchungs- und Beschlagnahmeverfügung, die durch das Opfer auf zivilrechtlicher Basis erwirkt werden kann. Die Search Order wurde früher auch Anton Piller Order genannt, da sie auf das Verfahren Anton Piller KG vs. Manufacturing Processes Ltd zurückgeht.

Dabei versicherte der Kläger an Eides statt, dass ein Agent ihm gehörende Designinformationen an andere Firmen verkaufen werde. Das Gericht erließ deshalb eine Verfügung, welche es dem Kläger ermöglichte, die Geschäftsräume des Beklagten zu durchsuchen und Dokumente, die ihm gehörten, dort zu entfernen. Dieses Verfahren fand – und das war das bemerkenswerte – ohne Anhörung des Gegners oder Täters – also *ex parte* – statt.

Inzwischen ist die Search Order in Part 25. CPR (Civil Procedure Rules UK) „Interim Remedies and security for costs" sowie in der „Practice Direction 25A, Interim Injunctions" geregelt.

Bei der Search Order unterscheidet man zwischen der kleinen (Deliver) und der großen (Stand) Order. Die kleine Order ist ein Herausgabeverlangen an den Gegner hinsichtlich bestimmter Gegenstände oder Papiere. Die Große erlaubt die Durchsuchung der Räume des Gegners. Dieses kann notfalls sogar zur Nachtzeit ermöglicht werden. Folgende Voraussetzungen verlangen die Gerichte für den Erlass einer Search Order:

- Der Kläger muss einen Fall mit einem starken Anscheinsbeweis für sein Vorbringen (*prima facie*) vortragen.

- Es muss eine erhebliche Gefahr für den Klageantrag dargelegt werden für den Fall, dass die Search Order nicht erginge.

- Das Gericht muss davon überzeugt sein, dass der Beklagte wirklich im Besitz von belastenden Dokumenten oder Gegenständen ist.

- Es besteht eine hohe Wahrscheinlichkeit, dass der Täter/Beklagte Beweise vernichten oder wegschaffen würde, wenn die Order nicht erginge.

Diese Tatsachen müssen glaubhaft gemacht werden, was durch eine eidesstattliche Versicherung des Klägers geschieht. Der Kläger muss alle Tatsachen, also auch die entlastenden, umfassend und aufrichtig darlegen.

Außerdem muss der Kläger im Gegenzug eine bedingte Schadensersatzverpflichtung abgeben (*cross undertaking in damages*). Er muss sich vorab bereits mit jeder Schadensersatzverfügung des Gerichts einverstanden erklären, wenn später herauskommt, dass die Verfügung des Gerichts dem Gegner Schaden zugefügt hat und dieser ausgeglichen werden soll. Diese Verpflichtung muss in jeder Hinsicht unbegrenzt abgegeben werden.

Der Beklagte muss der Search Order Folge leisten. Jeder schuldhafte Verstoß gegen die Order ist eine Missachtung des Gerichts (Contempt of Court) und kann erhebliche Sanktionen nach sich ziehen. Dazu zählen Ersatzvornahmen, Vermögensbeschlagnahmen, Geldstrafen, Zwangsverwaltungen und im schlimmsten Fall auch Haft.

4.3 Sealed und Gagged Orders

Ergänzend können die Gerichte Nebenverfügungen, wie die Sealed oder Gagged Orders erlassen, um die Hauptverfügung zu unterstützen und zu verhindern, dass der Täter von der erlassenen Verfügung verfrüht Kenntnis erhält. Solche Nebenverfügungen werden regelmäßig mit erlassen.

4.4 Freezing Injunction (Mareva Injunction)

Die Freezing oder Mareva Injunction ist das angelsächsische Rechtsinstitut, welches am ehesten dem deutschen Arrest ähnelt, da mit ihr dem Gegner der Zugriff auf sein eingefrorenes Vermögen verwehrt wird. Sie verdankt ihren Namen dem Fall Mareva Compania Naviera S.A. vs. Internationals Bulkcarries S.A. Ihr Regelungsgegenstand ist eine einstweilige Verfügung mit dem Inhalt, dass das gesamte (also auch das unbekannte) Vermögen des Beklagten eingefroren wird, wenn die Gefahr besteht, dass dieser sein Vermögen beiseite schafft (Part 25 CPR).

Sie ergeht ebenfalls grundsätzlich *ex parte*, also ohne dass der Beklagte von ihr in Kenntnis gesetzt wird. Die Gründe, warum der Beklagte nicht anzuhören sei, müssen sich allerdings aus dem klägerischen Vortrag ergeben. Dem Beklagten steht das Recht zu, bei Kenntnis von der Verfügung deren Aufhebung zu beantragen.

Die Freezing Injunction existiert in verschiedenen Formen. Neben der so genannten Pretrail Injunction, welche vor oder während der Klage in der Hauptsache ergeht, gibt es noch die Post-judgement Injunction, die erst dem der Klage stattgebenden Hauptsacheurteil folgt. Sie entspricht der Regelungsidee des § 111i StPO und hilft zu verhindern, dass der Verurteilte vor der Vollstreckung sein Vermögen beiseite schafft.

Das Einfrieren des Vermögens hat zur Folge, dass der Beklagte nicht mehr über sein Vermögen verfügen kann, es sei denn, er holt die Zustimmung des Gerichts oder der gegnerischen Anwälte ein. Grundsätzlich ist die Verfügung gegenüber jedem Dritten wirksam, der davon in Kenntnis gesetzt wurde. Jedoch kann der Dritte eigene bestehende Sicherungsrechte an dem eingefrorenen Vermögen weiter geltend machen und ggf. auch verfolgen, soweit dieses nicht den Zweck der Verfügung unterläuft.

Eine Freezing Injunction kann auf zwei Arten erlassen werden (Part 25.1.f CPR):

- entweder als Verbot, Vermögensgegenstände aus dem Land zu entfernen, in dem die Verfügung erlassen wurde, oder

- als Verbot, über Vermögensgegenstände zu verfügen, die sich innerhalb aber auch außerhalb der englischen Gerichtsbarkeit befinden.

Die Verfügung kann weltweit gelten und ist besonders vorteilhaft in den Ländern des angelsächsischen Rechtskreises, wo sie ohne Weiteres überall anerkannt wird.

Neben der eigentlichen Freezing Injunction erlassen die Gerichte Nebenverfügungen, die die Durchsetzbarkeit ermöglichen sollen. Solche können sein:

- die Abgabe einer eidesstattlichen Versicherung über Vorhandensein und Verbleib von Vermögenswerten;

- die Abgabe des Passes;

- die Entbindungen von Schweigepflichten/Ermächtigungen zur Informationsweitergabe.

Das Gericht muss für den Erlass einer solchen Verfügung vom Obsiegen des Klägers in der Hauptsache überzeugt sein. Der Vortrag muss also mindestens den Anspruch rechtfertigen. Die Tatsachen zur Begründung dieses Anspruchs müssen durch eine eidesstattliche Versicherung glaubhaft gemacht werden und der Erlass der Verfügung muss erforderlich und auch angemessen sein. Der Kläger muss berechtigt sein, Klage in England, Wales oder ggf. auch im Ausland zu erheben und er muss dieses in naher Zukunft auch tun. Der Fall muss aber in jedem Fall irgendeinen Bezug zu England haben (z.B. eine Partei lebt in England oder die Vermögensverwaltung liegt dort).

Letztendlich muss auch hier der Antragsteller die bereits erwähnte bedingte Schadensersatzverpflichtung abgeben. Auch hier wird ein Verstoß eines Dritten gegen die Freezing Injunction als Missachtung des Gerichts gesehen und kann entsprechend geahndet werden.

Zuständig für den Erlass der Freezing Injunction ist der Richter am High Court oder jeder andere rechtzeitig bestellte Richter.

Die Vollstreckung der Freezing Injunction ist nur möglich, wenn der Beklagte oder Dritte, bei dem vollstreckt werden soll, seinen Wohn- oder Geschäftssitz in England einschließlich Wales hat. Ansonsten muss eine Auslandsvollstreckung angestrebt werden.

Diese ist im gesamten angelsächsischen Rechtskreis problemlos möglich. Im kontinentalen Rechtskreis ist es jedoch zweckmäßiger, einstweilige Vollstreckungsmaßnahmen nach dem nationalen Landesrecht zu beantragen. Anton Piller Order und Mareva Injunction sind in Kombination die mit Abstand wirksamsten Instrumente der Betrugsbekämpfung.

Soweit zu den Möglichkeiten nach deutschem oder angelsächsischem Recht. Für den Fall, dass der Täter eine außergerichtliche Einigung sucht, ist auf nachfolgendes zu achten.

5 Außergerichtliche Einigung (Vergleich)

Langwierigen Verhandlungen sollten nicht zugelassen werden. Die Zeit spielt immer für den Täter. Sie wissen nie, ob er nur verhandelt, um sie von anderen Maßnahmen abzuhalten. Es sollte immer tituliert werden – am besten ist ein notarielles Schuldanerkenntnis wegen deliktischer Ansprüche. Die Vereinbarung mit dem Täter muss u.a. folgende Punkte enthalten:

- Vermögensverzeichnis analog § 807 ZPO mit Vollständigkeitserklärung;

- Besserungsklausel (weitere Ersatzleistungen bei Besserung der Vermögenslage);

- Berichtspflicht des Schuldners über seine Vermögenslage alle drei Jahre, analog §§ 903 ZPO, 261 BGB;

- auflösende Bedingung für den Fall, dass das Vermögensverzeichnis oder spätere Berichte über die Vermögenslage unrichtig sind oder waren.

6 Fazit

Schadensrückgewinnung ist ein essentieller Teil kriminalitätsbezogenen Krisenmanagements. Sie effizient und erfolgreich zu betreiben, setzt voraus, dass man im Rahmen eines koordinierten Vorgehens die juristischen Grundprinzipien der unterschiedlichen Rechtsordnungen beachtet und für sich nützt. Deutschland verfügt über ausgebildete und erfahrene Vermögensermittler im Bereich der Strafverfolgungsbehörden sowie über die notwendigen strafprozessualen Möglichkeiten der Rückgewinnungshilfe. Der angelsächsische Rechtskreis stellt mit der Kombination aus Search Order (Anton Piller) und Freezing Injunction (Mareva) dem Geschädigten die notwendigen Instrumente zur Selbsthilfe bereit. Die rechtlichen Möglichkeiten sind also gegeben. Die eigentliche Vermögensermittlung ist eine vielfältige und komplexe Aufgabenstellung die, wenn sie nicht die Strafverfolgungsbehörden übernehmen, einer guten Koordinierung und strenger Kontrolle der beauftragten Dienstleister bedarf. Ist all dies gewährleistet, so wird man das Erlangte oder den Wertersatz abschöpfen können, wenn es noch etwas zu holen gibt, und gleichzeitig vermeiden, dass man gutes Geld dem schlechtem hinterher wirft.

VII
Kontrolle und Bewertung des Fraud-Management-Systems

Leistungsindikatoren für das Fraud Management

Christian de Lamboy

1 Einleitung

Wirtschaftskriminalität gerät nicht nur wegen der erheblichen finanziellen Schäden von bekannt gewordenen Fällen, sondern auch aufgrund der monetär nur undeutlich messbaren Image- und Vertrauensverluste verstärkt in den Blickpunkt von Unternehmen.[1] Immer mehr Unternehmen bauen aus diesem Grund spezialisierte Einheiten auf, die sich der Thematik Wirtschaftskriminalität annehmen.

Bei einigen Geschäftsleitern herrscht die Befürchtung, dass bei der Implementierung eines Fraud-Management-Programms Mitarbeiter unter Generalverdacht gestellt werden und Fraud Manager kaum mehr bringen als schlechte Stimmung. Tatsächlich dürfte es selten vorkommen, dass Fraud Manager zu den Mitarbeitern des Monats gewählt werden. Dennoch leisten sie einen wichtigen Beitrag zur Integrität der Mitarbeiter und der Schadensverhinderung für das Unternehmen. Diese Leistung ist häufig allerdings nur schwierig mess- und darstellbar, was die Wahrnehmung der Fraud-Management-Organisation durch Dritte stark beeinträchtigt. Es gilt daher, den übrigen Mitarbeitern und v.a. dem Management die erbrachte Leistung für das Unternehmen zu belegen.

Der Fraud Manager sollte allerdings nicht nur die externe Darstellung im Fokus haben, sondern auch die interne Steuerung der Organisation. Was gesteuert werden soll, muss auch gemessen werden. Von daher werden Leistungskennzahlen nicht nur zum Marketing der eigenen Aktivität, sondern auch zur eigenen strategischen Steuerung erstellt. Diese Kennzahlen können ggf. auch die Möglichkeiten eröffnen, unternehmensübergreifend Vergleiche zu erstellen.

Die große Herausforderung bei der Entwicklung von Leistungsindikatoren ist, dass wie beschrieben, die Erfolge von Fraud Management schwer messbar sind. Das Ausmaß von Betrug und Missbrauch ist meist versteckt.[2] Image- und Vertrauensverlust oder persönliche Verluste lassen sich nur schwer monetär quantifizieren. Doch für Leistungsindikatoren benötigt der Fraud Manager belastbare und möglichst quantifizierbare Informationen.

Ziel dieses Beitrages ist es daher, Hilfestellungen zu bieten und Ansätze für das Management einer Fraud-Organisation aufzuzeigen, welche Indikatoren sinnvoll sind. Diese Indikatoren sind generisch gehalten, da eine Ausgestaltung nach Branchen und Unternehmensgrößen unterschiedlich ausfallen muss. Die Ausarbeitung stellt dabei keinen

---

[1] Vgl. Hetzer, W., 2008, Organisierte Kriminalität und Wirtschaftskriminalität zwischen Quantität und Qualität.

[2] Vgl. Wells, J./Kopetzky, M., 2006, Handbuch Wirtschaftskriminalität in Unternehmen, S. 1.

Anspruch auf Vollständigkeit, sondern soll v. a. dazu anregen, eigene Indikatoren zu entwickeln, die auf die jeweiligen Fraud-Management-Organisationen angepasst sind.

2 Notwendigkeit für Leistungsindikatoren im Fraud Management

2.1 Leistungsmessung von Fraud-Management-Organisationen

Unbeschadet zunehmender regulatorischer Anforderungen an eine funktionsfähige Fraud-Management-Organisation in verschiedenen Branchen, wie § 25 c Kreditwesengesetz (KWG) in der Kreditwirtschaft oder § 197 a Sozialgesetzbuch V (SGB V) in der gesetzlichen Krankenversicherung, sollte dargelegt werden, dass die von der Abteilung in Anspruch genommenen Ressourcen und die damit erreichten Ergebnisse in einem positiven Zusammenhang stehen. Eine Methodendiskussion zur betriebswirtschaftlichen Steuerung von Fraud-Management-Organisationen hat in Deutschland, wenn überhaupt, sehr rudimentär stattgefunden. Auch die Frage nach dem Beitrag einer Fraud-Management-Organisation zum Unternehmenswert wird bislang kaum diskutiert.

Dabei kann das Fraud Management zu Recht auf wesentliche Beiträge verweisen. So unterstützt es dabei, missbräuchliche Handlungen vorzubeugen und bereits entstandene Delikte aufzuklären, auch um dadurch Präventionsmaßnahmen weiter ausbauen zu können. Zur Aufklärung von Fraud-Fällen und der Minimierung von Reputationsschäden müssen auch Elemente zur Detektion implementiert werden, damit Fälle nicht nur zufällig aufgedeckt werden. Dazu müssen Prozesse strategisch analysiert und auf Unregelmäßigkeiten untersucht werden. Diese Leistung auch angemessen zu dokumentieren und zu kommunizieren, ist in der Vergangenheit allerdings nicht immer überzeugend gelungen.

Kennzahlen erfüllen verschiedene Funktionen bei der Führung von Unternehmen. Sie geben Führungskräften einen Überblick über die Leistungen ihres Bereiches, haben eine Informations- und Steuerungsfunktion und dienen als Entscheidungsgrundlage. Kennzahlen können in ein Verhältnis zueinander gesetzt werden und ermöglichen Führungskräften einen Vergleich, z.B. im Rahmen eines zeitlichen Verlaufs, zu anderen Bereichen oder zu Erfahrungs- und Richtwerten. Kennzahlen unterstützen Führungskräfte in ihrer Arbeit, da sie Anhaltspunkte geben, wo Handlungsbedarf besteht, welche Interventionen abgeleitet werden können und welchen Effekt eine Maßnahme hat. Anhand von Kennzahlen lassen sich Zielvereinbarungen treffen, Aktivitäten beschreiben und Projektberichte oder Anliegen mit Fakten unterlegen.

Doch wie könnten Messgrößen für eine Fraud-Management-Organisation aussehen? Ein einheitlicher und übergreifender Kennzahlenkanon für alle Unternehmen existiert nicht. Dafür sind die Voraussetzungen in den Unternehmen und Branchen zu unterschiedlich. Fest steht nur, dass es neben harten betriebswirtschaftlichen Kennzahlen auch weicher Kennzahlen bedarf, welche subjektive Sichtweisen von verschiedenen Anspruchsgruppen darstellen.

Bei der Messgrößenauswahl sollten klare und transparente Kriterien zugrunde gelegt werden. Damit die Messgrößen zielführend und praktikabel genutzt werden können, müssen die Kennziffern folgende Eigenschaften erfüllen:

Tabelle 1: Charakteristika von Kennzahlen[3]

Charakteristikum	Beschreibung
Relevant	Indikatoren sollen die strategischen Ziele der Organisation treffen.
Klar definiert	Indikatoren müssen klar definiert sein, um eine konsistente Sammlung und einen entsprechenden Vergleich (der Indikatoren) zu ermöglichen.
Leicht zu verstehen und zu nutzen	Indikatoren müssen verständlich sein, auch wenn die Definition an sich eine technische/fachliche Terminologie verwendet.
Vergleichbar	Indikatoren sollten idealerweise auf einer konsistenten Datenbasis in Bezug auf unterschiedliche Organisationen und Zeitfenster vergleichbar sein.
Nachweisbar	Indikatoren sollten (Dis-)Aggregation der Daten erlauben.
Kosteneffektiv	Das Kosten-Nutzen-Verhältnis bzgl. der Informationsbeschaffung sollte ausbalanciert und gerechtfertigt sein.
Unmissverständlich/ Eindeutig	Es sollte klar sein, ob ein Anstieg im Zeigerwert eine Verbesserung oder eine Verschlechterung repräsentiert.
Zuschreibbar	Die zuständige Autorität sollte fähig sein, die Performance, welche durch den Indikator gemessen wird, zu beeinflussen.
Reagierend	Ein Indikator sollte auf Veränderungen reagieren.
Vermeidung verkehrter (Leistungs-)Anreize	Es sollte berücksichtigt werden, welches Verhalten ein Indikator hervorrufen/ verstärken sollte.
Förderung von Innovationen	Die Definition eines Indikators sollte Organisationen nicht daran hindern, neue innovative Prozesse oder alternative Methoden etc. einzuführen.
Statistisch gültig	Indikatoren, welche auf einer geringen Anzahl von Fällen basieren, können substanzielle (periodische) Schwankungen aufzeigen. Unter diesen Umständen sollte berücksichtigt werden, ob ein Indikator die richtige Methode für die Messung der Entwicklung ist oder ob ein größerer Stichprobenumfang möglich/notwendig ist.
Zeitgemäß	Indikatoren sollten auf Daten basieren, welche im Rahmen einer angemessenen Zeitskala verfügbar sind.

---

[3] Wanczura, S., 2010, Raumplanung und Risk Governance, S. 218.

Die Kennzahlen werden abgeleitet aus den strategischen Unternehmenszielen. Dies setzt aber voraus, dass unternehmerische Ziele von Seiten der Stakeholder und damit v. a. vom Management formuliert werden, was nicht immer der Fall ist.

Die Kennzahlen lassen sich in Zahlen für Ordnungsmäßigkeit (Konformität), Wirksamkeit (Effektivität) sowie Wirtschaftlichkeit (Effizienz) differenzieren. Dabei bildet die Ordnungsmäßigkeit die Grundlage für die anderen beiden Arten, da sie den Rahmen darstellt, in dem die Fraud-Management-Organisation funktionieren kann. Sie stellt sicher, dass die Fraud-Management-Organisation gemäß den Vorgaben arbeitet, die bspw. von Seiten der Regulierungsbehörden oder des Managements gegeben werden.

Die Wirksamkeit zeigt an, inwiefern das Unternehmen tatsächlich geschützt ist, hohe Aufdeckungsraten bestehen, die Mitarbeiter sensibilisiert sind etc. Hingegen stellt die Wirtschaftlichkeit die Effizienz des Mitteleinsatzes dar. Diese Betrachtung ist wichtig, da ein sehr hohes Sicherheitsniveau in aller Regel auch große Kosten verursacht.

Dabei haben Unternehmen wiederum sehr individuelle Anforderungen an diese Gliederungen. So können Kennzahlen, die für ein Unternehmen aus dem Finanzdienstleistungssektor verpflichtend sind, für ein Handelsunternehmen der Wirksamkeit zugeordnet werden, da keine (aufsichtsrechtliche) Verpflichtung besteht.

Bei der Entwicklung von geeigneten Kennzahlen sollten Stakeholder, wie das Management oder Mitarbeiter konsultiert werden, um zwei Aspekte zu bestimmen: zum einen die Art der Informationen, die gesammelt werden müssen, und zum anderen das Level, zu dem diese aggregiert werden sollten. So benötigen Abteilungsleiter eine andere Informationsdichte, als die Geschäftsleitung.[4]

Für eine strategische Steuerung müssen zwingend Ziele definiert werden. Erst nach der Zielfestlegung können Kennzahlen zur Beurteilung des Zielerreichungsgrades festgelegt werden. Entsprechend müssen auch Konsequenzen erfolgen, wenn die Zielerreichung nicht erfüllt wird, da ansonsten keine Notwendigkeit besteht, sich an den Zielen auszurichten. Häufig werden durch steuerungsirrelevante Ziele nur Datenfriedhöfe erstellt, die keiner benötigt. Die wichtigste Frage ist also, was das Management von der Fraud-Organisation erwartet und wie dies in Ziele und entsprechend Kennzahlen überführt werden kann. Da dies in den einzelnen Unternehmen sehr stark abweichen muss, kann der vorliegende Beitrag nicht mehr leisten, als eine Anregung für mögliche Kennzahlen zu geben.

---

[4] Vgl. Shavelson, R./McDonnell, L./Oakes, J., 1991, Steps in designing an indicator system.

Dessen unbeschadet sollten die Kennzahlen aber nicht nur zur strategischen Steuerung, sondern auch als Marketinginstrument für das Management sowie als Vergleichsmöglichkeit mit anderen Organisationen genutzt werden.

Die Messgrößen sollten einen Überblick über die wichtigsten Faktoren geben, anhand derer sich eine Fraud-Management-Organisation steuern lässt. Daher wird auch häufig von Schlüsselfaktoren oder Key Performance Indicators (KPI) gesprochen. Diese sollen in einem ausgewogenen Verhältnis zueinander stehen und so aufbereitet sein, dass alle wichtigen Informationen auf einen Blick zugänglich sind. Hierzu hat sich die Balanced Scorecard (BSC) als hilfreich erwiesen, weswegen kurz auf deren Nutzung eingegangen wird.

2.2 Balanced Scorecard als Bezugsrahmen für die Fraud-Leistungs-indikatoren

Aufgrund der großen Verbreitung des Managementinstruments der Balanced Scorecard in Unternehmen weltweit und des daraus folgenden hohen Bekanntheitsgrades soll diese als Bezugsrahmen dienen, um Fraud-Leistungsindikatoren darzustellen und zu ordnen. Hierzu wird kurz die Anwendung der BSC skizziert, bevor im nächsten Abschnitt mögliche Indikatoren abgeleitet werden.

Anfang der 90er Jahre entwickelten Robert S. Kaplan und David P. Norton die BSC, welche das Ziel hat, Visionen und Strategien messbar und erfolgreich umzusetzen.[5] Die BSC soll als ein ganzheitliches Managementsystem bei der Strategieimplementierung unterstützen und diese strukturieren.[6] Der Charme der Scorecard liegt darin, dass Zielwerte definiert werden, die nicht rein auf der finanziellen Ebene ansetzen, sondern auch weiche Faktoren mit einbeziehen.[7] Hierzu soll ein Gleichgewicht zwischen verschiedenen Sichtweisen hergestellt werden, welche in der ursprünglichen Entwicklung humanorientiert, extern, intern und prozessorientiert waren.

Die BSC ist ein Instrument, das über die taktische und operationelle Sicht hinausgeht, hin zu einer strategischen Sicht, die es erlaubt, eine Fraud-Organisation effizient zu steuern. Besonderheit und Herausforderung für die Nutzung der BSC und die Erstellung von Kennzahlen ist, dass die Fraud-Organisation nicht originär als Profit-Center ausgelegt ist.

---

[5] Vgl. Kaplan, R., 1996, The balanced scorecard.
[6] Vgl. Kunz, G., 2001, Die balanced scorecard im Personalmanagement, S. 7.
[7] Vgl. Fischer, D., 2009, Controlling, S. 66.

Der Fokus liegt in der Vision und der Strategie für die Fraud-Organisation, welche aus der Unternehmensstrategie auf die Fraud-Organisation abgeleitet werden sollte. Plant das Unternehmen eine aggressive Übernahmepolitik muss sich die Fraud-Organisation anders positionieren als wenn das Unternehmen durch organisches Wachstum prosperieren möchte. Ebenso sind Branchen und Regionen in die Ausrichtung mit einzubeziehen, in denen das Unternehmen operiert.[8]

Der Begriff „Balanced" bedeutet, dass diese Messzahlen in einem ausgewogenen Verhältnis zueinander stehen sollen. Es sollten daher sowohl externe sowie interne Größen aber auch Output- und Input-Faktoren integriert werden. Bei der Auswahl der einzelnen Größen sollte auch darauf geachtet werden, dass diese im nächsten Schritt bis auf die einzelnen Mitarbeiter heruntergebrochen werden können, damit das Management die BSC als Führungsinstrument nutzen kann.

Die einzelnen Messgrößen werden auf Basis der Fraud-Strategie entwickelt. Die Kennziffern sollten bewusst so gewählt werden, dass diese einfach zu messen sind und den Erfolg der Fraud-Management-Organisation kritisch widerspiegeln. Die Kennziffern sollten nicht nur eine Zahl unter vielen sein, sondern ein Indikator, aus dem konkrete Aussagen getroffen und Handlungsempfehlungen abgeleitet werden können. Zur leichteren Steuerung sollten nicht mehr als fünf Kennzahlen pro Perspektive verwendet werden. Im Rahmen der Erstellung einer BSC wird eine umfassende Vernetzung und Abstimmung mit vielen Bereichen notwendig sein. Insbesondere Betriebsrat, Personalabteilung und auch das Controlling sollten intensiv in den Prozess eingebunden werden. Dabei werden alle Indikatoren auf die jeweiligen Unternehmensgegebenheiten bzw. Fraud-Management-Organisationen anzupassen sein.[9]

Einschränkend ist an dieser Stelle zu sagen, dass die Implementierung und Nutzung der BSC sehr aufwendig sein kann und dies auch nur bei größeren Fraud-Management-Organisationen sinnvoll erscheint. In dem Fall, dass die BSC nicht genutzt wird, kann auch auf die Nutzung der drei Zielebenen Ordnungsmäßigkeit, Wirksamkeit und Wirtschaftlichkeit zurückgegriffen werden.

Im Folgenden werden mögliche Performance-Indikatoren vorgestellt, die genutzt werden können, um die Leistung einer Fraud-Management-Organisation darzustellen. Wie beschrieben, sind die genaue Ausgestaltung sowie die Höhe der Leistung an die jeweiligen Unternehmensspezifika anzupassen.

---

[8] Vgl. auch den Beitrag von Zawilla zu strategischen Komponenten.

[9] Eine detaillierte Beschreibung zur Implementierung findet sich unter Kaplan, R./Norton, D., 1998, Balanced scorecard.

3 Ansätze für Leistungsindikatoren im Fraud Management

3.1 Finanzperspektive

Die Finanzperspektive zielt auf die Kapitalgeber ab und soll sicherstellen, dass die Strategie den Ansprüchen der Kapitalgeber – im Falle der Fraud-Management-Organisation also der Geschäftsleitung – entspricht. Sie besteht häufig aus Kennzahlen der Unternehmenssteuerung, wie Return on Investment, Umsatz pro Kunde, Cashflow oder Eigenkapitalrendite. Da nicht alle Finanzkennzahlen für die Strategie von Bedeutung sind und in der reinen Form für die Fraud-Management-Organisation kaum sinnvoll anwendbar sind, ist kritisch zu prüfen, welche Kennzahl in die Balanced Scorecard einfließen soll. Jede gewählte Kennzahl sollte Teil einer Ursache-Wirkungskette sein, die am Ende ein finanzwirtschaftliches Ziel beeinflusst.[10]

Finanzielle Kennzahlen sind i.d.R. vergangenheitsorientiert, da sie eine Aussage darüber treffen, welche Erträge in der beobachteten Periode erwirtschaftet wurden.

Auch wenn Kaplan und Norton Wert darauf legen, dass die Perspektiven in einem ausgewogenen Verhältnis zueinander stehen, wird in der Praxis häufig die Finanzperspektive stärker gewichtet. Die Lenkungswirkung der Kennzahlen und die notwendige Balance zeigen sich in zwei einfachen Beispielen: Wird der Umsatz pro Vertriebsbeauftragten als eine Kennzahl festgelegt, werden die Vertriebsbeauftragten und deren Vorgesetzte versuchen, den Umsatz „um jeden Preis" zu erhöhen, auch wenn dies auf Kosten der Rentabilität geht. Es müsste also eine weitere Kennzahl eingesetzt werden, welche die Kosten berücksichtigt, die dem Umsatz entgegenstehen, oder direkt eine Kennzahl, welche die Rendite misst.

Bei der Fraud-Management-Organisation können, wie in anderen Stabsabteilungen auch, einfach die Kosten erfasst werden, die sich i.d.R. aus den Personal-, Reise-, Weiterbildungs- sowie Infrastrukturkosten ergeben. Auch können externe Spezialisten für bestimmte Sachverhalte, wie Strafrechtsspezialisten oder IT-Forensiker, benötigt werden. Diese Kosten können leicht mit dem vereinbarten Budget der Fraud-Management-Organisation verglichen und eine Nutzungs- oder auch Überschreibungsquote dargestellt werden.

Eine größere Herausforderung besteht hingegen darin, die Einnahmenseite zu befüllen. Die Fraud-Management-Abteilung produziert i.d.R. keine Leistung, welche direkt

---

[10] Vgl. Weber, J./Schäffer, U., 2000, Balanced Scorecard & Controlling, S. 7.

gemessen werden könnte und einen Preis innerhalb des Unternehmens hat, so dass von tatsächlichen Einnahmen gesprochen werden könnte. Im Folgenden werden daher einige Einkommenssurrogate von Fraud-Management-Organisationen dargestellt, anhand derer sich eine finanzielle Leistung messen lässt.

Eine mögliche finanzielle Kennzahl ist das zurück gewonnene Kapital, welches durch Fraud-Fälle verloren gegangen ist. Diese Schadenrückgewinnung kann als absolute Zahl veröffentlicht werden oder als relative Quote des Gesamtschadens.[11] Eine Herausforderung stellt hierbei die genaue Ermittlung der Schadenshöhe und die periodengerechte Zuordnung dar. Wenn der Täter beispielsweise seit zehn Jahren die fraudulente Aktion durchführt, stellt sich die Frage, ob immer bis zu den Anfängen eines Schadensfalls zurückgeforscht werden kann. Beispielsweise können Belege vernichtet worden und eine Datenrekonstruktion prohibitiv teuer sein. Auch die zukünftige Entwicklung ist ungewiss, also ob der bisherige Schaden in die Zukunft projiziert werden kann. Ebenso wird die Entwicklung der Schadenhöhe – und dadurch auch der Schadenrückgewinnung – im Zeitablauf sehr großen Schwankungen unterworfen sein. Die periodengerechte Verteilung von tatsächlichen Schäden stellt eine Herausforderung dar, weil aufgedeckte Fälle häufig erst Jahre nach der Aufdeckung zu einem Rückfluss für das Unternehmen und einem entsprechenden Erfolgsausweis für die Fraud-Management-Organisation führen.

Neben der periodengerechten Verteilung stellt sich die Herausforderung der kaum zu beeinflussenden Schwankungsintensität der Fallgröße: Beispielsweise erfolgt in einem Jahr ein Return aufgrund eines großvolumigen Falles, in den folgenden Jahren aber nur sporadische Rückflüsse, so lässt dies keineswegs auf eine schlechtere Arbeit der Fraud-Management-Organisation schließen. Der Kennzahl der aufgedeckten Schadenshöhe und somit auch aller anderen Kennzahlen, die hierauf beruhen, wie die Schadenrückgewinnung, fehlt es an den notwendigen Voraussetzungen von Indikatoren hinsichtlich der Verständlichkeit der Kennzahl und Transparenz in der Ermittlung sowie der Beeinflussbarkeit durch die Mitarbeiter. Dennoch bietet diese Kennzahl eines der stärksten Argumente gegenüber dem Management, die Arbeit der Fraud-Management-Organisation zu unterstützen und Budgets zur Verfügung zu stellen.

Ein weiteres starkes Argument gegenüber dem Management stellt der vermiedene Schaden durch andere Täter dar, der allerdings schwer berechenbar ist. Nach der Aufdeckung von Fällen sollte immer auch geprüft werden, ob die Prozesse des Unternehmens angepasst werden müssen, damit derartige Fälle nicht in der gleichen Form wieder auftreten oder zumindest sofort entdeckt werden können. Als Beispiel soll die Nutzung von Unternehmenstankkarten dienen. Damit diese nicht für andere PKW genutzt werden, können die Abrechnungen elektronisch daraufhin untersucht werden, ob der richtige

---

[11] Vgl. den Beitrag von Stephan zu Asset Tracing.

Treibstoff genutzt wurde,[12] ob nicht mehr getankt wurde als der Firmenwagen an Tankvolumen hat[13] oder ob der Verbrauch sich mit den gefahrenen Kilometern die Waage hält, falls die Laufleistungen dokumentiert werden. Wenn hier in einem Unternehmen in der Vergangenheit ein jährlicher Schaden von 100.000 EUR entstanden ist, durch die Implementierung der Kontrollen und die Abschreckung durch anonymisierte Veröffentlichung der aufgedeckten Fälle, der jährliche Schaden auf 20.000 EUR reduziert werden konnte, stellt sich die Frage, wie die gesparten 80.000 EUR dargestellt werden sollen. Im Jahr der Implementierung können die 80.000 EUR ohne Probleme ausgewiesen werden. Diese in die nächsten Jahre zu übertragen, ist allerdings schwierig, da sich der jährliche Schaden insgesamt reduziert hat. Neben dieser relativ gut berechenbaren Fallkonstellation, in der ein Schaden häufig auftritt und Durchschnittswerte aus der Vergangenheit gebildet werden können, existieren Fälle, die sehr selten oder nur einmal auftreten, so dass ein zukünftig vermiedener Schaden nur unter sehr starken Annahmen hochgerechnet und dargestellt werden kann. Auf diese Problematik hin sollte das Management sensibilisiert werden, da die präventive Wirkung der Fraud-Management-Organisation ansonsten ständig unterschätzt wird.

Grundsätzlich sollten nicht ausschließlich absolute Zahlen genutzt werden, sondern auch relative, die es ermöglichen, die eigenen Zahlen mit denen anderer Fraud-Management-Organisationen zu vergleichen. So könnten die Kosten oder die Schadenhöhe in Relation gebracht werden zu dem Betriebsergebnis oder der Gesamtzahl der Mitarbeiter des Unternehmens.[14]

Tabelle 2: Definition von Kennzahlen aus Finanzperspektive

Kennzahl	Beschreibung
Kosten	Sinnvolle Allokation von Personal-, Reise-, Weiterbildungs- sowie Infrastrukturkosten, Anteil von externen Kosten (Berater, Rechtsanwälte, Wirtschaftsprüfer etc.), Kosten pro Prüfungsstunde/Personentag sowie die Gegenüberstellung zum Budget
Schadenhöhe	Entstandener Schaden, der aufgedeckt wurde, ggf. inklusive vergangener Jahre, soweit dies nachvollziehbar ist
Schadenrückgewinnung	Rückgewonnenes Kapital von entstandenen Schäden
Vermiedener Schaden	Hochgerechnet auf X Jahre, wie viel finanzielle Mittel gespart werden konnten

---

[12] So kann Diesel gekauft worden sein, obwohl der Firmenwagen mit Benzin fährt.

[13] Es wurden schon Abrechnungen von Kleinwagen aufgedeckt, die mehr als 100 Liter getankt haben.

[14] Also etwa X TEUR Schaden pro Mitarbeiter oder es wurden Schäden verbucht in Höhe von X Prozent des Betriebsergebnisses.

3.2 Kundenperspektive

Die Kundenperspektive soll die Kunden- und Marktsegmente identifizieren, auf denen das Unternehmen langfristig erfolgreich sein kann, indem es die ermittelten Messgrößen einzelnen Kunden oder Märkten zuordnet.[15] Nach Kaplan/Norton bestehen prinzipiell zwei Bündel an Kennzahlen, die sinnvollerweise in diesem Bereich eingesetzt werden:[16]

a) Allgemeine Grundkennzahlen, die in jedem Unternehmen treffende Aussagen machen, wie z.B. Marktanteil, Kundentreue, Kundenakquisition und Kundenzufriedenheit.

b) Spezifische Leistungstreiber, welche oben genannten Grundkennzahlen wesentlich beeinflussen. Sie stellen somit den Mehrwert dar, die das Unternehmen dem Kunden bietet, wie z.B. Produkt- und Serviceeigenschaften, Kundenbeziehung, Image und Reputation.

Hierbei muss zunächst die Frage gestellt werden, wer die Kunden der Fraud-Management-Organisation sind. Es bietet sich an, den Kundenkreis weit zu ziehen, denn einzig das Management als Auftraggeber in die Betrachtung einzubeziehen, wäre nicht zielführend. Daneben sollten auch die geprüften sowie unterstützenden Unternehmensbereiche und Externe, wie Ermittlungsbehörden, Wirtschaftsprüfer und Fachkollegen, einbezogen werden.

Die Zufriedenheit und die Aufmerksamkeit durch das Management lassen sich relativ einfach durch die Anzahl und die Dauer von Besprechungen mit dem Auftraggeber darstellen. Eine Überlegung ist, ob diese Kennzahl berichtet werden soll oder diese ausschließlich zu internen Zwecken genutzt wird, denn das Management weiß schließlich, wie häufig es den Fraud-Beauftragten gesehen hat. Eine große persönliche Herausforderung für den Leiter der Fraud-Management-Organisation besteht in der konsequenten Handlung, wenn diese Kennzahl niedrig ist und das Management kaum Interesse an der Arbeit des Fraud-Beauftragten hat. Wenn beispielsweise eine Fraud-Organisation aufsichtsrechtlich vorgeschrieben, die Geschäftsleitung aber der Meinung ist, dass man keine oder zumindest nur eine für das Papier benötigt, muss sich der Fraud-Beauftragte fragen, ob er in dem richtigen Unternehmen arbeitet, oder er sollte die Erkenntnis zumindest zum Anlass nehmen, aktiv Gespräche mit dem Management oder dem Aufsichtsrat zu suchen.

---

[15] Kaplan, R., 1996, The balanced scorecard, S. 62.
[16] Vgl. Weber, J./Schäffer, U., 2000, Balanced Scorecard & Controlling, S. 9.

Abhängig davon, ob in dem Unternehmen ein Hinweisgebersystem[17] besteht und dieses bei der Fraud-Management-Organisation angesiedelt ist, kann die Anzahl der gemeldeten Auffälligkeiten als Indikator dafür genutzt werden, wie gut dieses System und damit auch die Fraud-Management-Organisation als solche von den internen Bereichen und auch Externen akzeptiert wird. Dabei könnte auch die Quote der eingehenden Meldungen zu tatsächlich werthaltigen Meldungen ausgewiesen werden, auch wenn diese nur schwierig durch die Fraud-Management-Organisation beeinflusst werden kann. Falls im Unternehmen Mitarbeiterbefragungen durchgeführt werden, könnten auch Fragen für die Fraud-Management-Organisation eingebaut werden. Beispielsweise ob bekannt ist, wer Ansprechpartner zu den Fraud-Themen ist, wo das Hinweisgebersystem gefunden werden kann, wie insgesamt die Wahrnehmung der Fraud-Management-Organisation ist.

Hinsichtlich der Prävention sind ebenfalls Kennzahlen möglich, wie der Anteil der Mitarbeiter, die zu Fraud-Prävention geschult wurden. Hierunter sollte auch Anzahl und Art der Schulungen dargestellt werden. Neben persönlichen Schulungen bietet sich die Nutzung von Online-Medien an, bei denen sich auch die Anzahl der Mitarbeiter ermitteln lässt sowie – falls eingebaut – wie viele Mitarbeiter den abschließenden Test bestanden haben. Diese Möglichkeit muss allerdings mit dem Betriebsrat abgesprochen werden.[18]

Innerhalb und außerhalb des Unternehmens kann der Fraud-Manager für positive Aufmerksamkeit sorgen. Innerhalb des Unternehmens können Artikel in der Mitarbeiterzeitschrift, ein eigener Auftritt im Intranet oder ähnlichen Medien zur Steigerung der Bekanntheit genutzt werden. Artikel in Fachmagazinen oder auch öffentlichen Zeitungen dienen v.a. dem Austausch mit den Fachkollegen und der gezielten Auseinandersetzung mit einem bestimmten Thema. Die Einschaltung der Presse kann in Abstimmung mit der zuständigen Organisationseinheit wie Public Relations dazu genutzt werden, das Unternehmen positiv darzustellen. Diese Art der Öffentlichkeitsarbeit sollte allerdings mit Vorsicht genutzt werden, denn zum einen kann ein Schadensfall doppelt zu Buche schlagen, wenn vorher ein „Saubermann-Image" aufgebaut wurde, und zum anderen ist es fast unmöglich Informationen, die einmal nach draußen gegeben wurden, zu kontrollieren.

In der täglichen Arbeit ist es besonders im Fraud Management wichtig, sich ein großes Kontaktnetzwerk aufzubauen. Wichtig sind hierbei v.a. Fraud-Beauftragte anderer Unternehmen sowie Ansprechpartner in Ermittlungsbehörden, die bei Fachfragen unkompliziert behilflich sein können. Da es zu dem Kontaktnetzwerk keine Kennzahl gibt, die sinnvoll unkompliziert und vor allen Dingen vertraulich dargestellt werden kann, können hier statt dessen Besuche auf Fachkonferenzen, Teilnahme an Arbeitskreisen o.ä. abgebildet werden.

---

[17] Vgl. den Beitrag von Buchert zu Hinweisgebersystemen sowie Wachter zu Fraud-Präventionsmaßnahmen.

[18] Vgl. den Beitrag von Röck zu Arbeitsrecht.

Eine gute Beziehung zu Ermittlungsbehörden kann durch regelmäßigen Austausch dargestellt werden. Dies schlägt sich zwar nicht unbedingt auf die Quote von gewonnenen Gerichtsverhandlungen durch, aber durch den regelmäßigen Austausch können wichtige Hinweise erhalten werden, wie Akten aufbereitet werden sollen oder worauf besonders zu achten ist. Auch die Behörden werden für bestimmte Themen sensibilisiert, denen ansonsten nicht weiter nachgegangen wird. So könnte eine Kennzahl durch gewonnene Gerichtsverhandlungen dargestellt werden, oder auch die Quote der durch die Staatsanwaltschaft eingestellten ggü. den weiter verfolgten Verfahren.

Tabelle 3: Definition von Kennzahlen aus Kundenperspektive

Kennzahl	Beschreibung
Zufriedenheit des Managements	Austauschfrequenz mit dem Management, Befragungen
Servicezufriedenheit	Teilnahme an fachlichen Schulungen, ggf. Anteil der Mitarbeiter, die einen Abschlusstest bestanden haben, Umsetzungsquote von vorgeschlagenen Präventionsmaßnahmen, Einladungen/Teilnahme des Fraud-Beauftragten zu/an Unternehmensprojekten, Einladungen an Abteilungstreffen von anderen Abteilungen
Bekanntheitsgrad bei den Mitarbeitern im Unternehmen	Anzahl der eingehenden Meldungen, Anzahl der Meldungen, die zur Aufdeckung von Fällen geführt haben; Bekanntheitsgrad und Anerkennung der Fraud-Management-Organisation im Unternehmen als Teilbereich bei Mitarbeiterbefragung; Artikel in Mitarbeiterzeitschriften, Anzahl von aufgenommenen Trainees, Click-Rate im Intranet
Wahrnehmung in der Öffentlichkeit	Anzahl veröffentlichter Artikel, Befragungen zur Unternehmens- bzw. Compliance-Wahrnehmung
Bekanntheitsgrad bei Externen	Besuch von Fachkonferenzen oder Arbeitskreisen; Artikel in Fachzeitschriften
Zufriedenheit/Anerkennung der Strafverfolgungsbehörden	Quote aus von der Staatsanwaltschaft angenommenen gegenüber eingestellten Verfahren, Quote von gewonnenen Gerichtsverhandlungen, Austausch mit den Behörden

3.3 Prozessperspektive

Die innerbetriebliche Perspektive betrachtet die Geschäftsprozesse eines Unternehmens, da der Grad der Effektivität und der Effizienz von Geschäftsprozessen in großem Maß den Erfolg eines Unternehmens bestimmen.[19] Die Aufgabe von Führungskräften ist es, vor der Implementierung einer BSC die erfolgskritischen Prozesse, so genannte Kern-

---

[19] Vgl. auch den Beitrag von Schulze Heuling zur prozessualen Umsetzung eines Fraud-Management-Systems.

prozesse, zu definieren und Ziele für diese zu formulieren. Die Führungskräfte erhalten einen bereichsübergreifenden Überblick, da die BSC aus der Strategie abgeleitet wird und diese an den Interessen der Stakeholder ausgerichtet ist. Statt der bisherigen Beschränkung auf die Identifikation bestehender Prozesse, ermöglicht die BSC alle strategisch erforderlichen Prozesse zu identifizieren. In diesem Zusammenhang werden auch bisher nicht existierende Prozessketten erkannt und erfasst.[20]

Werden die Hauptprozesse Fraud-Prävention, -Aufdeckung und -Bearbeitung analog des PDCA-Zyklus (Plan, Do, Check, Act) unterstellt,[21] können mögliche Ziele wie folgt lauten:

- Ziele für Fraud-Prävention:

  - Das Fraud-Bedrohungspotenzial ist unternehmensweit minimiert.

  - Alle Mitarbeiter im Unternehmen verfügen über die erforderliche Sensibilität und ein angemessenes Bewusstsein für den Umgang mit Fraud-Bedrohungspotenzialen.

  - Die Gefährdungsanalyse erfüllt die (aufsichtsrechtlich) definierten Anforderungen und wird regelmäßig aktualisiert.

- Ziele für Fraud-Aufdeckung:

  - Systeme zur Aufdeckung von Fraud-Fällen verhindern frühzeitig einen möglichen Schaden.

  - Aus aufgedeckten Fraud-Fällen und aus identifiziertem Fraud-Bedrohungspotenzial werden zeitnah wirksame Maßnahmen zur Korrektur und Vorbeugung eingeleitet.

- Ziele für Fraud-Bearbeitung:

  - Die Bearbeitung von eingetretenen Fraud-Ereignissen erfolgt unverzüglich, umfassend und nachhaltig.

  - Bereits entstandener Schaden durch Fraud-Ereignisse wird minimiert.

- Übergreifendes Ziel: Die Fraud-Management-Organisation weist eine hohe Qualität auf.

Der erste Hauptprozess stellt demnach die Planung und Durchführung von Präventionsmaßnahmen innerhalb des Unternehmens und ggf. auch bei Kunden und Lieferanten dar.

---

[20] Kaufmann, L., 1997, Balanced Scorecard, S. 421-428.
[21] Vgl. den Beitrag von Jackmuth/de Lamboy/Zawilla zu ganzheitlichem Fraud Management und dem Schlüsselfaktor Mensch.

Eine aus den Zielen abgeleitete Kennzahl könnte der Grad der Erfüllung der geplanten Maßnahmen sein. Eine dauerhafte und deutliche Unterschreitung des Plans lässt darauf schließen, dass zu wenige Ressourcen für diesen wichtigen Bereich zur Verfügung stehen. Wenn die Unterschreitung daran liegt, dass stattdessen die Anzahl der aufgedeckten Fälle und das gerettete Kapital gestiegen sind, hat die Abteilung gute Argumente, beim Management für mehr Ressourcen zu werben. Wenn der Plan aus anderen Gründen nicht eingehalten werden kann, war die Planung oder die Ressourcenallokation innerhalb der Abteilung nicht optimal. In beiden Fällen sollte die Führungskraft dem nachgehen und zukünftig darauf achten, dass eine Planeinhaltung erfolgt.

Die Art und Anzahl von Hinweisen geben Aufschluss darüber, ob der Hinweisgeberprozess funktioniert. Diese Kennzahl wurde bereits unter der Kundenperspektive erläutert und ist je nach Bedarf und Ausrichtung unter diese oder die Prozessperspektive zu subsumieren.

Ein weiterer Hauptprozess der Fraud-Management-Organisation besteht in der Aufdeckung von Fraud-Fällen, weshalb eine Kennzahl die Anzahl von aufgedeckten Fraud-Fällen darstellen sollte. Diese können zu den entsprechenden Schadenshöhen der Finanzperspektive in Relation gestellt werden. Auch kann die Betrachtung von Fallgruppen eine sinnvolle Ergänzung darstellen und die Wirkung von Präventionsmaßnahmen aufzeigen. Wurde beispielsweise in der Vergangenheit häufig Überweisungsbetrug durchgeführt, könnten Präventionsmaßnahmen sein, dass Schwellenwerte zur Überprüfung der Unterschrift heruntergesetzt werden oder auch Mülleimer im Eingangsbereich so montiert werden, dass niemand weggeworfene Kontoauszüge herausnehmen kann, um Informationen über existierende Kontonummern und Kontostände zu erhalten. Auch könnten Mitarbeiter in häufig geschädigten Filialen besonders geschult werden. Nach dieser Umsetzung sollte die Fallzahl (allerdings erst nach einer eventuellen Erhöhung der Fallzahlen durch verbesserte Aufdeckung) wieder zurückgehen, da die Kriminellen weniger Angriffsfläche haben. Gehen die Fallzahlen[22] in bestimmten Fallgruppen trotz Präventionsmaßnahmen langfristig nicht zurück, lässt sich leichter eruieren, wo mehr Ressourcen investiert werden müssen, als wenn nur eine aggregierte Gesamtfallzahl ausgewiesen wird.

Das durchschnittliche Alter von Fällen, also wann diese das erste Mal begonnen wurden, kann Aufschluss darüber geben, wie gut bzw. zeitnah nach der Ersttat die Aufdeckung von Fraud-Fällen funktioniert. Dabei wird unterstellt, dass je jünger die Fälle sind, umso eher diese aufgedeckt werden und desto besser die Fraud-Detektion funktioniert. Problematisch ist an dieser Kennzahl allerdings, dass einzelne sehr alte Fälle die Gesamtkennzahl stark verzerren können.

---

[22] Oder Schadenshöhen, siehe Finanzperspektive.

Die Prozessqualität kann auch anhand der Durchlaufzeit gemessen werden. Bezogen auf das Fraud Management stellt sich die Frage, was genau die Durchlaufzeit darstellt. Anhand des beschriebenen Hauptprozesses einer Fraud-Management-Organisation könnte gemessen werden, wie lange der Prozess einer Fallbearbeitung dauert. Definiert werden muss hierbei, wann die Messung startet. Beginnt man beim Eingang von Hinweisen, so kommt die Problematik auf, was mit den Hinweisen gemacht wird, aus denen kein aufgedeckter Fall entsteht. Es kann daher empfehlenswert sein, dass eine Messung dann startet, wenn ein offizieller Auftrag von dem Management vergeben wird.[23]

Auch das Ende der Durchlaufzeitmessung muss definiert werden. Hier könnte das Datum der finalen Berichtsabgabe an das Management genutzt werden oder ein anderer Punkt im Bearbeitungsprozess, wie nach der Umsetzung von Sicherungsmaßnahmen. Wichtig ist, dass alle Fälle diesen Punkt durchlaufen. Um keine zu große Verzerrung der Durchlaufzeit entstehen zu lassen, können auch Fallgruppen gebildet werden, in denen eine möglichst homogene Dauer angenommen werden kann. So häufen sich beispielsweise in Banken der Kreditbetrug und der Kartenmissbrauch. Es kann angenommen werden, dass die Aufdeckung von Kreditbetrug regelmäßig länger dauert, als die Aufdeckung von Kartenmissbrauch. Als Herausforderung stellt sich der Umgang mit einzelnen sehr komplexen Sachverhalten und Fällen, die eine solche Kennzahl stark nach oben verzerren würde. Auch hier könnte ein Ausweis von Fallgruppen behilflich sein, in dem eine Fallgruppe für sehr komplexe Fälle aufgenommen wird und das häufig wiederholbare Mengengeschäft im Fraud Management in einer anderen dargestellt wird.

Die Reaktionsschnelligkeit ist auch im Hinblick auf die Kundenzufriedenheit zu untersuchen. Wie schnell werden Anfragen durchschnittlich beantwortet, wie schnell werden Hinweise aufgegriffen, ist für diejenigen, die Rat suchen, eine wichtige Erfahrung. Aber auch, um Beweise zu sichern, muss häufig kurzfristig gehandelt werden, bspw. wenn Filme von Überwachungskameras nur einige Tage gespeichert werden. Entsprechend müssen die Prozesse so aufgestellt sein, dass schnell reagiert wird.

Die stärkere Fokussierung auf das Fraud Management von Seiten der Aufsichtsbehörden, v.a. im Finanzdienstleistungssektor, lässt auch den Wirtschaftsprüfer und die Interne Revision stärker auf diesen Bereich achten.[24] Entsprechend könnte eine Kennzahl auch die Anzahl der Moniten des Prüfers darstellen. Diese Kennzahl ist sicherlich nicht die angenehmste, da von einem angenommenen Zielwert von Null nur negativ abgewichen werden kann. Dennoch stellt diese eine objektive Qualitätseinschätzung dar und sollte

---

[23] Vgl. den Beitrag von Zawilla zu strategischen Komponenten, wo ausgeführt wird, dass das Management Handlungsaufträge vergeben sollte.

[24] Vgl. den Beitrag von Helfer zu Fraud Management aus dem Blickwinkel der Internen Revision.

mit aufgenommen werden, wenn der Wirtschaftsprüfer regelmäßig die Fraud-Management-Organisation prüft. In einer regulierten Branche wie der Finanzbranche berichtet diese Kennzahl die Ordnungsmäßigkeit[25] und stellt eine obligatorische Zahl dar. Neben dem Abschlussprüfer, gibt es aber auch andere Möglichkeiten, die Güte der Organisation prüfen zu lassen, wie beispielsweise ein Qualitäts-Audit, das freiwillig regelmäßig durchgeführt wird.

Die Qualität lässt sich auch anhand von einzelnen Kennzahlen darstellen, die aggregiert zu einer Gesamtqualitätskennzahl führen können. Denkbar wären hier vom Leiter oder einem Qualitätsbeauftragten der Fraud-Management-Organisation festgestellte Kennzahlen zu folgenden Punkten:

- Güte der Prüfungsdokumentationen,

- Fehlerquote bei Archivierung von Unterlagen,

- Termintreue Anfragenbeantwortung,

- Qualität der Abschlussberichte,

- Güte des Prüfungskonzeptes,

- Fehlerfreiheit bei Richtlinienänderungen,

- Prozessperformance nach Selbstbewertung.

Tabelle 4: Definition von Kennzahlen aus Prozessperspektive

Kennzahl	Beschreibung
Umsetzungsgrad von Präventionsmaßnahmen	Anteil der umgesetzten Präventionsmaßnahmen gegenüber den geplanten
Wirksamkeit der umgesetzten Fraud-Präventions-Maßnahmen	Anzahl der Fälle pro Mitarbeiter im Unternehmen, Höhe des Schadens pro Mitarbeiter, Anzahl und Art von Hinweisen wie diese zu der Fraud-Management-Organisation gelangt sind
Wirksamkeit der Fraud-Aufdeckung	Anzahl aufgedeckter Fraud-Fälle, ggf. auch Fallgruppen, Alter der Fälle bzw. Zeitpunkt, wann das Delikt zum ersten Mal durchgeführt wurde
Dauer der Fallbearbeitung	Durchschnittlicher Zeitaufwand, der für verschiedene Fälle oder Falltypen aufgewendet werden muss
Güte der Fraud-Management-Organisation	Anzahl der vom Abschlussprüfer ausgestellten Moniten oder Gütegrad von einem (Qualitäts-)Auditor zur Fraud-Management-Organisation

---

[25] Vgl. Abschnitt 2.1.

3.4 Mitarbeiterperspektive

Die Mitarbeiterperspektive legt den Grundstein für langfristige und hochkarätige Arbeit in einer Organisationseinheit. Sie ist dadurch besonders wichtig für die zukünftige Zielerreichung der anderen Perspektiven.[26] Diese Perspektive, die das Potenzial eines Unternehmens im Blick hat, kann in zwei Faktoren unterteilt werden:

- Qualifizierung und Potenzial der Mitarbeiter: Qualifizierte und zufriedene Mitarbeiter sind für ein Unternehmen eine der zentralen Säulen für den Erfolg. Daher ist es besonders wichtig, die Leistungsträger im Unternehmen zu identifizieren, zu fördern und im Unternehmen zu halten. Denn Mitarbeiterzufriedenheit, Personaltreue und Mitarbeiterproduktivität sind maßgeblich für die Reaktionsfähigkeit, die Produktivität, die Qualität und das Engagement am Kunden.[27]

- Motivation und Zielausrichtung der Mitarbeiter: Selbst hochqualifizierte Mitarbeiter können nicht zum Unternehmenserfolg beitragen, sofern sie nicht motiviert sind, die Unternehmensinteressen zu verfolgen.[28]

Zur Darstellung der Qualifizierung und des Potenzials der Mitarbeiter können Nachweise besuchter Fortbildungen, Zertifizierungen[29] oder auch selbst erbrachte Leistungen wie veröffentlichte Fachartikel, Vorstellungen auf Fachkonferenzen o. ä. genutzt werden. Auch die Verweildauer der festen Mitarbeiter in der Abteilung lässt darauf schließen, wie hoch die Zufriedenheit, die Größe des persönlichen Netzwerks in einem bestimmten Fachbereich oder die fachliche Qualifikation ist, wenn man davon ausgeht, dass je länger jemand in einer Abteilung arbeitet, desto höher die Qualifikation und größer das Netzwerk ist. Dies trifft allerdings nicht immer zu.

Ein Indikator ist die prozentuale Verteilung der Personentage auf Arbeit vor Ort, Weiterbildungstage, Krankheitstage und sonstige Abwesenheiten. Dieser kann sowohl für die Prozess- als auch für die Mitarbeiterperspektive von Belang sein. Eine Abweichung der geplanten Weiterbildung einzelner Mitarbeiter zu Gunsten der Arbeitstage lässt darauf schließen, dass zu wenig Ressourcen vorhanden sind, so dass die vorhandenen Aufgaben auf die verbleibenden Mitarbeiter verteilt werden und diese in Konsequenz ggf. auf ihre Weiterbildung verzichten müssen, um das Pensum zu bearbeiten. Dies stellt eine nicht zu unterschätzende Benachteiligung dar, denn wenn dieser Zustand langfristig

---

[26] Vgl. Keuper, F., 2001, Strategisches Management, S. 303.

[27] Vgl. Schmidt, J., 2003, Möglichkeiten und Grenzen der Operationalisierung von Ursache-Wirkungs-Zusammenhängen in der Balanced Scorecard, S. 109 f.

[28] Vgl. Kaplan, R., 1996, The balanced scorecard, S. 136.

[29] Beispielsweise der Certified Fraud Manager (CFM) oder Certified Fraud Expert (CFE).

beibehalten wird, kann dies zu Lasten der Motivation gehen. Ein sehr viel höherer Krankenstand als den statistisch zu Erwartenden kann ein Indiz dafür sein, dass die Motivation der Mitarbeiter oder zumindest Einzelner sehr gering ist. Ggf. ist es auch sinnvoll, die Arbeit vor Ort noch weiter zu unterteilen in operative und administrative Arbeit, um zu kontrollieren, ob die einzelnen Mitarbeiter operativ für das Unternehmen aktiv werden können oder mit administrativen Prozessen überlastet werden.

Die Abteilungsgröße bezogen auf die Gesamtmitarbeiterzahl kann ein guter Benchmark zu anderen Fraud-Management-Abteilungen sein. Beachtet werden muss hier allerdings, dass die Abteilungsgröße auch risikoorientiert bestimmt werden muss. Ein ausschließlicher Vergleich der Mitarbeiterquote ist nicht aussagekräftig.

Tabelle 5: Definition von Kennzahlen aus Mitarbeiterperspektive

Kennzahl	Beschreibung
Erfahrungsgrad/Ausbildungsgrad der Mitarbeiter	Anteil zertifizierter Mitarbeiter, Weiterbildungstage pro Mitarbeiter, geleistete Beiträge zu Fachkonferenzen oder -zeitschriften, durchschnittliche Verweildauer in der Abteilung
Verteilung der Personentage	Anteil der Personentage hinsichtlich Arbeit vor Ort, Weiterbildung, Krankheit, Sonstigem
Mitarbeiterzufriedenheit	Fluktuation, Krankentage, Umfrage, Jahresgespräch
Abteilungsgröße	Anzahl der Fraud-Beauftragten pro Mitarbeiter im Gesamtunternehmen

4   Fazit

Fraud Manager leisten einen wichtigen Beitrag zur Integrität der Mitarbeiter und der Schadensverhinderung für das Unternehmen. Dieser Fakt wird allerdings häufig nicht ausreichend gewürdigt. Es gilt daher, den übrigen Mitarbeitern und v.a. dem Management zu belegen, dass eine Fraud-Management-Organisation im Unternehmen einen Wertbeitrag erstellt. Doch nicht nur zum Marketing der eigenen Aktivität, sondern auch zur eigenen strategischen Steuerung sollten Leistungsindikatoren für das Fraud Management entwickelt werden.

Die große Herausforderung bei der Entwicklung von Leistungsindikatoren ist, dass die Erfolge von Fraud Management nur schwer messbar sind. Doch für Leistungsindikatoren benötigt der Fraud Manager belastbare und möglichst quantifizierbare Informationen.

In diesem Beitrag wurden anhand der BSC Ansätze entwickelt, um Leistungsindikatoren im Bereich des Fraud Managements zu implementieren. Die Ausarbeitung stellt dabei keinen Anspruch auf Vollständigkeit, sondern soll v. a. dazu anregen, eigene Indikatoren zu entwickeln, die auf die eigene Fraud-Management-Organisation angepasst sind.

Einschränkend muss konstatiert werden, dass die Nutzung einer BSC für kleine Fraud-Management-Organisationen wenig zielführend ist, da die Erstellung und Verwaltung relativ großen Aufwand erzeugt. Auch eine Zielvorgabe von Seiten des Managements ist notwendig, um eine BSC zu erstellen. Dies kann sich häufig als schwierig erweisen, da das Management womöglich selbst nicht genau weiß, was es erwartet. Daher kann es sinnvoll sein, ausschließlich ausgewählte Kennzahlen nach dem Muster Ordnungsmäßigkeit, Wirksamkeit und Wirtschaftlichkeit zu nutzen und diese zu berichten.

Bei der beschriebenen Herausforderung, harte Kennzahlen für die Bewertung des Erfolgs eines Fraud Managements zu finden, sollte sich immer vor Augen geführt werden, dass auch losgelöst hiervon eine positive Darstellung wichtig ist. Durch die belegbaren Kennzahlen wird die erstellte Leistung in die Sprache des Managements übersetzt. Daneben gibt es aber auch den Faktor Mensch. Und die größte Leistung der Fraud-Management-Organisation kann kaum in Zahlen ausgedrückt werden: Sicherheit für das Management und das gesamte Unternehmen.

VIII
Ausführung und Verbesserung des Fraud-Management-Systems

Analyse und Bewertung des Fraud-Management-Systems

Michael Schulze Heuling

1 Einleitung

Zielsetzungen werden nicht durch das Wollen allein realisiert, sondern dadurch, dass zur Ergebniserzeugung erforderliche Aktivitäten logisch miteinander verknüpft und konsequent umgesetzt werden. Das Resultat eines Fraud-Management-Systems ist also die Folge von Aktivitäten, die von allen am System Beteiligten in der erforderlichen Weise umgesetzt werden. Dies bedeutet, dass ein Fraud-Management-System nur entsprechend des geforderten Ergebnisse gesteuert werden kann, wenn die einzelnen Prozesse des Managementsystems gesteuert werden. Daher ist es erforderlich, das Fraud-Managment-System prozessorientiert auszurichten.

Um ein prozessorientiertes Fraud-Management-System steuern zu können, muss die Bedeutung der Prozesssteuerung in der Fraud-Policy fest verankert sein. Die Steuerung des Fraud-Management-Systems ist kein Projekt, sondern eine Steuerungsfunktion und Führungsaufgabe des Fraud Managers. Alle Fraud-Prozesse, nicht nur ausgewählte, müssen messbare Ziele haben, die sich auf die aktuelle Fraud-Policy beziehen. Der Zielerreichungsgrad der definierten Prozesse muss über geeignete Prozesskennzahlen mit einem angemessenen Aufwand gemessen werden können, um die Prozesse steuern zu können. Alle definierten Prozesse auf der obersten Prozessebene (Schlüsselprozesse) müssen in regelmäßigen Abständen systematisch anhand festgelegter Bewertungskriterien validiert und verifiziert werden. Aus den Bewertungsergebnissen müssen Maßnahmen abgeleitet werden, die eine kontinuierliche Verbesserung der Fraud-Präventionsprozesse nachweisbar machen. Nur die Sicherstellung der Ordnungsmäßigkeit (Konformität) durch die Dokumentation und Archivierung der Prozesse ist nicht ausreichend, um die Prozessergebnisse zu verbessern. Dazu müssen die Prozesse hinsichtlich ihrer Wirksamkeit (Effektivität) und Wirtschaftlichkeit (Effizienz) untersucht und verbessert werden. Die Ordnungsmäßigkeit ist die Grundlage für die Verbesserung der Wirksamkeit. Ohne Nachweis der Wirksamkeit ist keine Verbesserung der Wirtschaftlichkeit zu erzielen.

> *„Was man nicht messen kann, das kann man nicht steuern, und was man nicht steuern kann, das kann man auch nicht verbessern."*

Der folgende Beitrag beschreibt daher die erforderlichen Grundlagen und Voraussetzungen sowie die Erfolgsfaktoren zur prozessualen Steuerung mit Hilfe von Prozesszielen und Prozesskennzahlen sowie die Vorgehensweise zur Einführung und zur Messung der einzelnen Prozesse und des gesamten Fraud-Management-Systems.

2 Prozessualer Ansatz der Bewertung des Fraud-Management-Systems

2.1 Prozessualer Ansatz

Unter der Voraussetzung, dass dem Fraud-Management-System ein prozessorientierter Ansatz zugrunde liegt, ist es erforderlich, die einzelnen Prozesse dieses Managementsystems zu bewerten.

Ein Prozess ist definiert als die Gesamtheit von Tätigkeiten, die sich gegenseitig bedingen oder beeinflussen und die unter Verwendung von Ressourcen definierte Eingaben in definierte Ergebnisse umwandeln und einer kontinuierlichen Steuerung unterliegen. D.h., bei einem Prozess handelt es sich um einen geschlossenen Regelkreis. Und dieser Regelkreis erfordert einen Regler, der über Soll- und Ist-Werte von Prozesskennzahlen gesteuert wird. Dies geschieht mit Hilfe von Grenzwerten für die oberen und unteren Toleranzgrenzen der Werte der Prozesskennzahlen. Die folgende Abbildung stellt ein vereinfachtes Modell dieses Regelkreises dar.

Abbildung 1: Vereinfachtes Prozessmodell

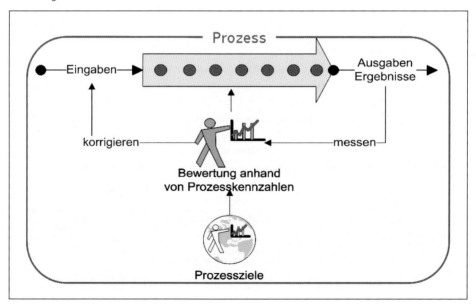

Um die Prozesssteuerung sicherstellen zu können, sind daher zunächst die Prozesse des Fraud-Management-Systems zu identifzieren, in eine Wechselbeziehung zu setzen und entsprechend zu modellieren. Dies geschieht am Besten in einer grafischen Form, um die Übersichtlichkeit zu gewährleisten. In der folgenden Abbildung ist die oberste Navigationsebene, d.h. die Hauptprozesse eines prozessorientierten Fraud-Management-Systems, dargestellt.

Die Abbildung stellt den in sich geschlossenen prozessualen Steuerungsregelkreis von Planung (Plan), Umsetzung (Do), Bewertung (Check) und von Verbesserung (Act) dar. Dies ist die grundlegende Voraussetzung für eine kontinuierliche Verbesserung des Managementsystems.

Abbildung 2: Beispiel der prozessualen Struktur eines Fraud-Management-Systems

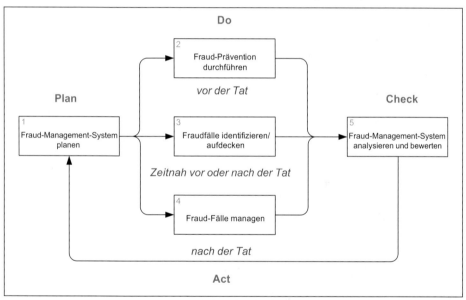

In einem nächsten Schritt werden dann die Hauptprozesse detaillierter dargestellt. Die folgende Abbildung zeigt den Teilprozess „Fraud-Management-System planen" in detaillierter Form. Die waagerechten Balken stellen die so genannten Swimlanes, d.h. die Ausführenden der jeweiligen Prozessschritte dar. Es lässt sich gut erkennen, dass die einzelnen Aktivitäten des Prozesses von unterschiedlichen Organisationseinheiten ausgeführt werden und wie sie mit einander in einer Wechselbeziehung und Abhängigkeit stehen.

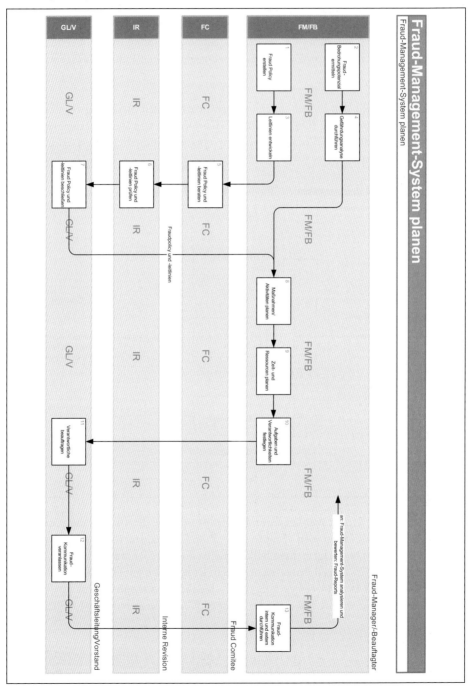

Michael Schulze Heuling

Abbildung 3: Teilprozess „Fraud-Management-System planen"

970

Die folgende Prozessgrafik beschreibt die Prozessschritte, die zu gehen sind, um Fraud-Fälle zu identifizieren und aufzudecken. Erkennbar sind die Parallelitäten und die Abfolge von Prozessschritten.

Abbildung 4: Teilprozess „Fraud-Fälle identifizieren/aufdecken"

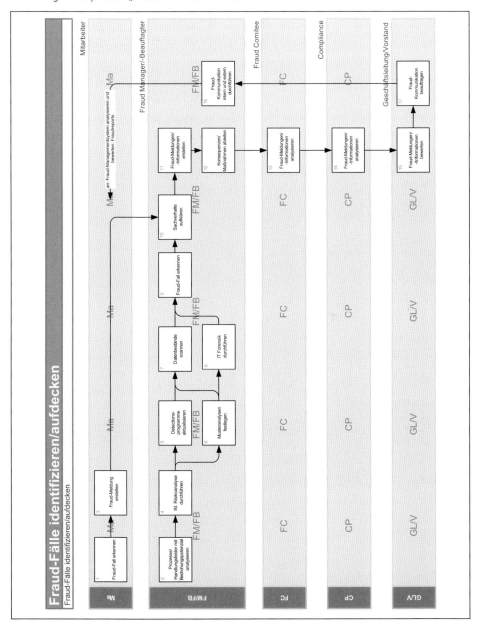

Die nächste Abbildung zeigt die Schrittfolge in jenem Teilprozess, der erforderlich ist, um die Wirksamkeit des gesamten Fraud-Management-Systems zu bewerten.

Abbildung 5: Teilprozess „Fraud-Management-System analysieren und bewerten"

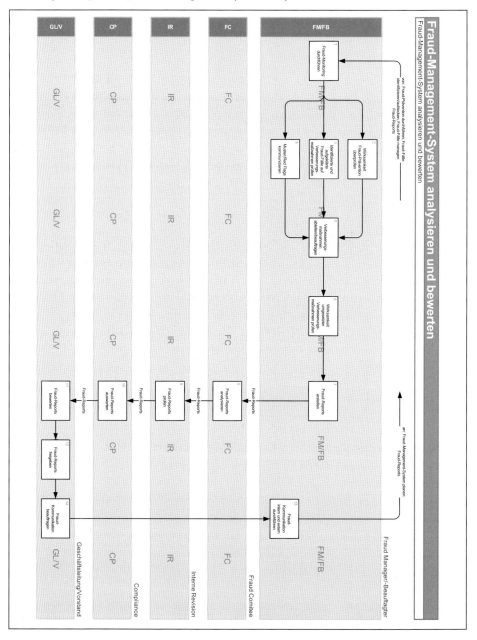

2.2 Steuerung der Prozesse durch Kennzahlen

Von einem Prozessmanagement sollte man nur sprechen, wenn eine gezielte und nachhaltige Steuerung der jeweiligen Prozesse durch Zieldefinitionen, Bewertungen der Prozessergebnisse und Gegensteuerungsmaßnahmen bei Abweichung von den definierten Toleranzen nachweisbar ist.

In den meisten Unternehmen sind zwar Arbeitsablaufbeschreibungen vorhanden, die eine Folge von Tätigkeiten und Verantwortlichkeiten festlegen. I.d.R. verfügen diese Beschreibungen jedoch nicht über Ziele und Kennzahlen, an denen die Zielerreichung gemessen werden kann. Dies bedeutet, dass sich die Prozesse der Steuerung entziehen, denn:

„Was nicht gemessen wird, kann nicht gesteuert werden, und was nicht gesteuert wird, das kann auch nicht optimiert werden."

In den Unternehmen existiert eine Fülle von Kennzahlen. Ausgewertet und berichtet werden bislang allerdings überwiegend die Finanzkennzahlen. Wenn die Wertschöpfung im Unternehmen verbessert werden soll, werden jedoch zwingend prozessbezogene Kennzahlen benötigt, die das aktuelle Geschehen in der Leistungserstellung widerspiegeln und die es der Geschäftsleitung/dem Vorstand ermöglichen, die Unternehmensplanung zeitnah an aktuelle Erfordernisse anzupassen.[1]

Um Prozesse steuern zu können, müssen die Prozessziele SMART formuliert sein. (Spezifisch-konkret, Messbar, Angemessen, Realistisch, Terminiert). Die Praxis zeigt dagegen, dass häufig:

- zu viele Kennzahlen vorhanden sind, die

- nicht oder kaum sinnvoll verknüpft sind,

- dass sich keiner für die einzelnen Kennzahlen verantwortlich fühlt,

- keine Integration in das Berichtswesen vollzogen ist,

- ein realistischer Vergleich mit anderen Unternehmen oder Abteilungen nicht möglich ist und

- Zeitreihen zur Darstellung der Entwicklung fehlen.

---

[1] Zu spezifischen Kennzahlen für die Fraud-Management-Organisation siehe den Beitrag von de Lamboy.

Das Vorhandensein von Prozessbeschreibungen ist noch kein Prozessmanagement. Die dokumentierten Arbeitsabläufe sind jedoch eine Grundlage für die Steuerung der Prozesse. Aus einer Reihe von Arbeitsabläufen lassen sich durch Hinzufügen der Steuerungsfunktionen dann Prozesse gestalten. Nachdem die Geschäftsprozesse definiert sind, geht es darum, mit Hilfe von Kennzahlen zu bewerten und zu prüfen, ob und in wie weit die gewünschten Ergebnisse erzielt werden. Folgende Fragen sind dabei zu beantworten:

- Wie stabil sind die Abläufe?
- Welche Fehlerhäufigkeiten entstehen?
- Wie hoch sind die Prozesskosten?
- Wie hoch ist der Nachbearbeitungsaufwand?

Dies sind Fragen, die in den meisten Unternehmen bislang eher „gefühlsmäßig" und geschätzt beantwortet werden, da kaum konkrete Messergebnisse vorliegen.

2.3 Wechselwirkung der Prozesse

Prozesse machen auch nicht an Abteilungs- und Bereichsgrenzen Halt, sondern ziehen sich quer durch das Unternehmen. Voraussetzung für eine verwertbare Messung ist daher, die gegenseitigen Abhängigkeiten und die Nahtstellen zu definieren und Kennzahlen festzulegen, die den gesamten Leistungsprozess berücksichtigen und nicht nur isolierte Entscheidungsbereiche.[2]

Die Prozessqualität ist ein Teil der Unternehmensleistung. Erst die Prozessqualität ermöglicht die geforderte Servicequalität an den Kontaktpunkten zum Empfänger der Berichte des Fraud-Management-Systems. Diese für den Prozesskunden wahrnehmbare Servicequalität ist Voraussetzung für den Erfolg des Systems. Voraussetzung für die Prozessqualität ist wiederum eine hohe Innovationsqualität sowie eine exzellente Führungs- und Mitarbeiterqualität.

---

[2] Für die notwendige Zusammenarbeit der Fraud-Management-Organisation mit anderen Bereichen siehe den Beitrag von Zawilla zu strategischen Komponenten.

Abbildung 6: Prozessqualität als Teil der Steuerung des Managementsystems

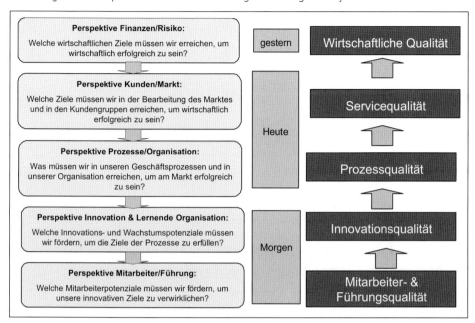

3 Erfolgsfaktoren für ein prozessorientiertes Fraud-Management-System

Für die erfolgreiche Einführung und Umsetzung eines prozessorientierten Fraud-Management-Systems ist es erforderlich, dass der Fraud Manager die Prozesse in der Fraud-Policy angemessen berücksichtigt. Die Geschäftsleitung sollte sich regelmäßig über die Entwicklung des Fraud-Management-Systems informieren.

Da für alle Prozesse Kennzahlen festgelegt sind, sind diese in ein Reportingsystem zu integrieren. Alle Prozesse müssen über Ziele und Leistungsindikatoren steuerbar sein. Die Prozesse müssen transparent und verständlich dokumentiert sein und sie müssen bekannt sein, damit sie gelebt werden können.

Folgende Erfolgsfaktoren müssen grundsätzlich gegeben sein:

- klare Ziele mit Strategiebezug;

- eindeutige Verantwortlichkeiten;

- aussagefähige Prozesskennzahlen;

- Integration des Prozessmanagements;

- systematische Verfahren;

- Nutzen und Leistung ist erkennbar;

- Bestandteil der Unternehmenskultur;

- ausreichend Ressourcen;

- verständliches Modell;

- adressatengerechte Kommunikation;

- eindeutig definierte Leistungen;

- Zuordnung der Prozessanforderungen je Bereich;

- Vorgaben werden akzeptiert und eingehalten.

4 Mindestanforderungen an ein prozessorientiertes Fraud-Management-System

Um die nachhaltige Steuerung eines Fraud-Management-Systems sicherzustellen, sind folgende Mindestanforderungen zu erfüllen:

1. strategische Verankerung des Fraud Managements in der Geschäfts- und Risikostrategie des Unternehmens sowie Verknüpfung mit dem Risikomanagementsystem;

2. strategische Planung mit:

   - konkreten, messbaren Zielen,

   - festgelegten Maßnahmen zur Zielerreichung,

   - Leistungsindikatoren/Kennzahlen zur Ermittlung der Zielerreichung,

   - Zielwerten auf der Basis der Dimensionen:

     - Finanzen/Risiko,

     - Kunden/Markt,

     - Prozesse/Organisation,

     - Innovation/Lernende Organisation,

     - Mitarbeiter/Führung;

3. Identifikation der internen und externen Kunden-/Lieferantenverhältnisse einschließlich der Anforderungen interner und externer Kunden;

4. definiertes Prozessmodell mit Prozesszielen und -anforderungen sowie Kennzahlen zur Prozesssteuerung;

5. Prozessperformancebewertung und Auditierung der Prozesse zur Bewertung der Fähigkeit der Prozesse hinsichtlich der geforderten Vorgehensweise und der Ergebnisse der Prozesse;

6. Qualitätsreporting zur Darstellung der Erreichung strategischer Ziele (vgl. Punkt 2.);

7. Bewertung des Managementsystems auf der Grundlage der definierten Fraud-Policy;

8. Ableitung, Umsetzung und Wirksamkeitsprüfung von Verbesserungsmaßnahmen.

Bei der Bewertung des Managementsystems geht es darum, die identifizierten Prozesse mit Hilfe von Kennzahlen zu bewerten und zu prüfen, ob und inwieweit die Ergebnisse erzielt werden, die sich alle Beteiligten wünschen. Eine Wirksamkeits- und Kostenkontrolle ist aber nur möglich, wenn entsprechende prozessbezogene Kennzahlen zur Verfügung stehen.

Um den Wert eines funktionierenden prozessorientierten Fraud Managements aber noch deutlicher darzustellen, muss darauf hingewiesen werden, dass es wenig Sinn macht, die Dokumentation der so genannten Fraud-Prozesse isoliert zu betrachten. Das Vorliegen von Arbeitsanweisungen mit einer Beschreibungen der Prozesse macht noch kein Prozessmanagement aus. Die Ansätze eines Prozessmanagements greifen weiter.

5 Prozessziele und Prozesskennzahlen

5.1 Prozessziele

Um Prozesse nachhaltig steuern und bewerten zu können, ist es erforderlich, dass für jeden zu steuernden Prozess messbare Ziele definiert und festgelegt werden, die es ermöglichen, mit Hilfe von Kennzahlen bewertet zu werden. Bei der Festlegung der Prozessziele ist darauf zu achten, dass sie einen Bezug zu den strategischen Zielen haben, denn Prozesse und Prozesskennzahlen sind kein Selbstzweck, sondern sollen helfen, die strategischen Ziele zu erreichen.

Für die Herleitung der Kennzahlen schlägt das Processlab der Frankfurt School of Finance & Management folgendes Vorgehensmodell vor.

Abbildung 7: Definition der Kennzahlen zur Messung des Prozesserfolges[3]

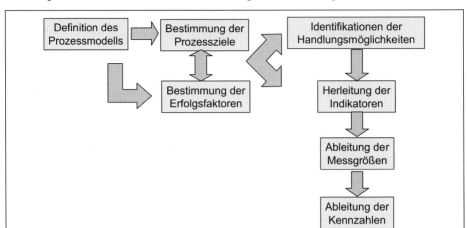

Auch bei Prozesskennzahlen gilt es, das richtige Maß zu finden, denn Masse ist nicht immer auch Klasse. Nicht alle Kennzahlen, die sich in einem Prozess messen lassen, sind dafür geeignet, den Prozess steuern zu können. Es gilt also, diejenigen Kennzahlen festzulegen und zu messen, die Einfluss auf den Prozess bzw. die Prozessergebnisse haben.

Erfahrungsgemäß werden folgende Prozesskennzahlen zur Steuerung am häufigsten genutzt:

- Prozesskosten je Prozessobjekt [EUR];

- Produktivität je Prozessobjekt [EUR];

- Durchlaufzeit je Prozessobjekt [t];

- Ressourcenausnutzungsgrad [%];

- Termineinhaltungsquote [%];

- Prozessfähigkeit [%];

- Qualitätsfähigkeit [%];

- First Pass Yield (Erstfehlerfreiheit) [%];

- Prozessreifegrad [%];

- Mitarbeiterqualifikationsgrad [%].

---

[3] Heckl, D., 2007, Steuerung von Kapitalprozessen.

Prozesskennzahlen sind also Indikatoren der Prozessleistung, die einen Nachweis der Prozessbeherrschung und -fähigkeit liefern. Regelmäßig erhoben, stellen sie auch einen Auslöser für Prozessoptimierungen dar. Prozesskennzahlen erlauben es, den Zielerreichungsgrad der festgelegten Prozessziele festzustellen, und ermöglichen es, die Einhaltung der Geschäftsstrategie festzustellen.

Für Prozesskennzahlen werden Grenzwerte für die Soll-Werte festgelegt und Schwankungsbreiten der Ist-Werte ermittelt. Auf Grundlage dessen werden Zeitreihen aufgebaut und Abweichungen zwischen Soll- und Ist-Werten analysiert. Soweit vergleichbare Kennzahlen in anderen Bereichen vorhanden sind, können auch Vergleiche mit Benchmark-Werten durchgeführt werden.

5.2 Entwicklung von Prozesskennzahlen zur Steuerung der Prozesse

Bei der Bewertung von Prozessen und bei der Festlegung von Kennzahlen für Prozesse gehen wir von den drei wesentlichen Kriterienbereichen aus.

- Qualität;
- Kosten;
- Durchlaufzeit.

Beispiele für Prozesskennzahlen aus diesen Kriterienbereichen, die sich als sinnvolle und aussagefähige Indikatoren für die Prozessleistung in der Praxis erwiesen haben, können der nachfolgenden Tabelle entnommen werden.

Tabelle 1: Prozesskennzahlen nach Qualität, Zeit, Kosten

Qualität	Zeit	Kosten
Prozessfähigkeit	Durchlaufzeit	Prozesskosten
Anteil fehlerfreier Durchläufe	Bearbeitungszeit	Fehlerkosten
Fehlerquote je Teilprozess	Transport- und Liegezeit	Ressourcenverbrauch je Prozess
Fehlerhäufigkeit, -verteilung	Hauptnutzungszeit	Deckungsbeitrag je Prozess
Fehlerfreiheit je Qualitätsstufe	Produktivitätszeit	Entwicklungskosten je Prozess
Anzahl Störungen, Ausfälle	Entwicklungszeit	Personalkosten je Teilprozess
Anteil Reklamationen	Reklamationsbearbeitungszeit	Reklamationsbearbeitungskosten

Im Unterschied zur Messung der Prozessleistung hat sich in der Praxis des Prozessmanagements diese Einteilung der Prozesskennzahlen allerdings für die Steuerung der Prozess als wenig geeignet herausgestellt. Aus dieser Einteilung wird nicht klar, an welcher Stelle im Prozess und durch wen diese Kennzahlen beeinflusst werden.

Es ist also notwendig, zu den Kennzahlen auch Messpunkte im Prozess hinzuzufügen und deutlich zu machen, ob und durch was und wen die Kennzahlen zu beeinflussen sind. Denn nicht alles, was man in einem Prozess messen kann, ist auch als Kennzahl zur Prozesssteuerung geeignet.

Für jeden Prozess sollten Mess- bzw. Wahrnehmungspunkte der Prozessqualität definiert und diese gemessen werden. Diese Wahrnehmungspunkte werden auch Quality-Gates genannt, d.h. Punkte, an denen die geforderte Qualität gemessen wird und ggf. das Prozessergebnis an den vorgelagerten Prozess zurückverwiesen wird.

Als praktikabel hat sich in der Praxis eine andere Einteilung der Prozesskennzahlen erwiesen, nämlich eine Gruppierung in:

- Input- oder Lieferantenkennzahlen: Praktisch jeder Prozess verwendet einen Input, der von einem Lieferanten bereitgestellt wird und den er weiterverarbeitet. Er muss bestimmte Anforderungen erfüllen, damit der Prozess ihn zum gewünschten Ergebnis bearbeiten kann. Deshalb kann auch der Input gemessen werden, hierzu werden Inputkennzahlen verwendet. Der Input kann aus dem eigenen Unternehmen, von anderen Prozessen, kommen oder aber auch von externen Lieferanten (z.B. Güte der Fraud-Meldungen hinsichtlich Aussagefähigkeit, Rückverfolgbarkeit, Klarheit der Angaben etc. in %).

- Störungskennzahlen: Jeder Prozess unterliegt Störungen. Um bewerten zu können, wie groß diese Störungen sind, werden Störungskennzahlen verwendet (z.B. Ausfall-häufigkeit/Nichtverfügbarkeit von IT-Systemen, fehlende Erreichbarkeit von Entscheidern, Krankheitquoten in %).

- Steuerungskennzahlen: Um die Ergebnisse zu erreichen, ist es erforderlich, den Prozess zu steuern. Und hierzu braucht man wiederum Kennzahlen, die als Steuerungskennzahlen bezeichnet werden. (z.B. Reaktionszeit von der Fraud-Meldung bis zur Einleitung von Maßnahmen in Stunden, Aufwand für die Bearbeitung der Fraud-Meldung in Minuten, Liegezeit beim Entscheider in Tagen).

- Ergebniskennzahlen: Ergebniskennzahlen sind solche Kennzahlen, mit denen man überprüft, ob der Prozess die Ziele erreicht, die an ihn gestellt werden. Typische Ergebniskennzahlen geben Auskunft, ob ein Prozess schafft, was er schaffen soll – so z.B. fehlerfreie Produkte oder Kundenzufriedenheit. Sie informieren also über die Qualität oder Effektivität des Prozesses. Ergebniskennzahlen geben aber auch Auskunft über die Wirtschaftlichkeit oder Effizienz des Prozesses: Zu welchen Kosten werden die Ziele des Prozesses erreicht (z.B. Wirksamkeit der eingeleiteten Maßnahmen zur Verhütung des Wiederauftretens identischer Fraud-Fälle in %, Grad der Erhöhung der Entdeckungswahrscheinlichkeit in %)?

6 Einführung von Prozesskennzahlen

In einem ersten Schritt werden die Prozesskennzahlen, die bereits im Hause vorhanden sind, gesammelt. Falls nötig werden diese ergänzt und modifiziert, auf Plausibilität überprüft und zu einer Kennzahlenmatrix verdichtet, die sich an den Unternehmenszielen ausrichtet. In einem zweiten Schritt werden Prozesse und Kennzahlen definiert und abgegrenzt, sinnvolle Messpunkte ermittelt und Erfassungsverfahren mit den betroffenen Mitarbeitern erörtert. Aus den gewonnenen Ergebnissen wird ein Soll-Konzept erstellt, das dann im letzten Schritt in die Praxis umgesetzt wird.

Abbildung 8: Einführung von Prozesskennzahlen

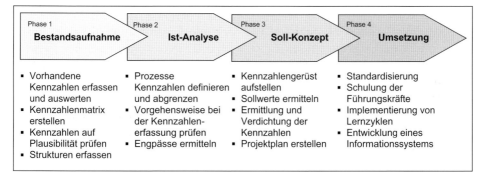

7 Prozessmessung und -bewertung

Aus einer systematischen Bewertung der Prozesse und des Managementsystems ergeben sich folgende Chancen:

1. eine Verbesserung der Prozessfähigkeit und -beherrschung durch Optimierung der gesamten Prozessorganisation anstelle von Teiloptimierungen;

2. die Vereinfachung der Administration und Koordination durch Konzentration auf die wertschöpfenden und risikorelevanten Schlüsselprozesse;

3. eine kontinuierliche Weiterentwicklung und Innovation des Fraud-Management-Systems durch Prozessorientierung, -lenkung und -optimierung;

4. die Beherrschung der Schnittstellen der funktionalen Organisation und den an den Prozessen beteiligten Organisationseinheiten durch das Management der Input- und Output-Beziehungen zwischen den Prozessen des Managementsystems;

5. eine Reduzierung von Fehlerquellen und Verkürzung der Bearbeitungszeiten durch Vermeidung von Kommunikations-, Abstimmungs- und Koordinationsproblemen.

Die Risiken liegen insbesondere in den personenorientierten Widerständen begründet. Veränderungen, gleich welcher Art, stoßen immer wieder auf Ablehnung. Die persönlichen Gründe dafür sind vielfältig, z. B. Misstrauen vor dem Neuen, Sorge um die eigene Position, Angst vor Machtverlust, Furcht vor der Aufdeckung eigener Mängel, Angst vor Mehrarbeit oder auch Verlust von Routine.

Denn das Unternehmen wird durchsichtiger. „Wissen ist Macht" gilt dann nur noch für das Unternehmen als Einheit und nicht mehr für einzelne Wissensträger. Der tatsächliche Ressourcenbedarf kann anhand der ermittelten Prozessauslastung gemessen und nachvollzogen werden.

Die Prozesse und Leistungsdaten müssen aber transparent sein, um steuerbar zu werden, auch wenn dies nicht bei allen Mitarbeitern und Führungskräften auf eine uneingeschränkte Zustimmung stößt.

Viele Unternehmen haben zur Erfüllung der Anforderungen ihre Fraud-Prozesse bzw. -Arbeitsabläufe dokumentiert. Damit sind jedoch ausschließlich die Anforderungen zur Ordnungsmäßigkeit (Konformität) erfüllt. Eine Bewertung der Wirksamkeit und Wirtschaftlichkeit hat bisher in den meisten Unternehmen nicht stattgefunden.

Die Verbesserung der Transparenz durch optimale Information der Beteiligten, um Probleme und Fehler ans Licht zu bringen, um die Veränderungsbereitschaft der Mitarbeiter zu fördern, um fundierte Analysen erstellen und Entscheidungen treffen zu können, sind Bausteine zur Realisierung strategischer Ziele. Dazu stehen verschiedene Verfahren zur Verfügung:

1. Prozessperformancebewertung des Fraud-Management-Systems;

2. Auditierung der Prozesse des Fraud-Management-Systems;

3. Review des gesamten Fraud-Management-Systems.

Bei der Bewertung geht es um die Prüfung der folgenden Faktoren:

- Ordnungsmäßigkeit des Managementsystems (Konformität) – Werden alle Anforderungen erfüllt?

- Wirksamkeit des (Effektivität) – Werden die gewünschten Ergebnisse erzielt?

- Wirtschaftlichkeit des Managementsystems (Effizienz) – Ist der Aufwand angemessen?

Eine Verbesserung der Prozessergebnisse kann nur durch eine regelmäßige Messung und Bewertung der Prozesse erreicht werden. Eine systematische Auswertung einer angemessene Anzahl aussagekräftiger Kennzahlen ermöglicht es, die Wirksamkeit der Prozesse adressatengerecht auch grafisch zu visualisieren.

Die regelmäßige Bewertung aller im Unternehmen identifizierten Geschäftsprozesse, einschließlich der Prozessziele und der Prozesskennzahlen ist erforderlich, um Stärken und Schwächen des einzelnen Prozesses und des gesamten Prozessmanagementsystems aufzuzeigen und Verbesserungsmaßnahmen abzuleiten, um weitere Optimierung/Verbesserung des einzelnen Prozesses und des gesamten Prozessmanagementsystems zu erreichen. Aber auch zur Ermittlung der Wirksamkeit des Prozessmanagementsystems. Die Zusammenführung aller einzelnen Prozessbewertungen gibt letztlich Aufschluss über die gesamte Prozessfähigkeit des Unternehmens.

Ein einfaches und praxistaugliches Tool, mit Hilfe dessen die Bewertung von Geschäftsprozessen durchgeführt werden kann, ist der Prozessreport. Mit Hilfe dieses Tools zur Prozessbewertung können unterschiedliche Formen der Bewertung und Darstellung der Prozesswirksamkeit umgesetzt werden. Der Prozessreport hat u.a. folgende Bestandteile:

- Prozessreport Prozessverantwortlicher (Selbstbewertung);

- Prozessperformancebewertung Prozessverantwortlicher (Selbstbewertung);

- Risikobewertung Prozessverantwortlicher (Selbstbewertung);

- Prozessauditreport (Auditbewertung);

- Prozessauditergebnis (Auditbewertung);

- Prozessrisikobewertung (Auditbewertung);

- Prozessperformance (Selbstbewertung/Audit);

- Portfolio-Prozessperformance;

- Verbesserungsmaßnahmen;

- Wirksamkeit der Verbesserungsmaßnahmen.

Die Bewertung der Prozessperformance jedes Prozesses erfolgt auf der Grundlage des Excellence Modells der European Foundation for Quality Management (EFQM) nach den Kriteriengruppen „Vorgehen" im Vergleich zu „Ergebnissen". Beide Kriterien sind mit jeweils 50 % Gewichtungsanteil versehen. Die Prozessperformance setzt sich zusammen aus den bewerteten und gewichteten Teilkriterien und ergibt in Summe den Maximalwert von 100 %.

Die Prozessperformance wird nach folgenden Kriterien bewertet:

1. Prozessdokumentation und Voraussetzungen:

    1. Transparenz/Aktualität des Prozesses und seiner Teilprozesse,

    2. Schnittstellen/Nahtstellen des Prozesses,

    3. Definition des Internen Kontrollsystems und Ergebnis der Bewertung der operationellen Prozessrisiken,

    4. Rahmenbedingungen für die Prozessumsetzung,

    5. Festlegung der Prozessziele mit Bezug zur Geschäftsstrategie und Messung durch Prozesskennzahlen mit anspruchsvollen Zielwerten;

2. Prozesssteuerung und Realisierung:

    1. Durchführung von Prozessanalysen/Prozessbewertungen,

    2. Vergleiche mit Anderen,

    3. Umsetzung von Prozessverbesserungsmaßnahmen,

    4. Ressourcen des Prozesse,

    5. Integration in das interne Berichtswesen,

    6. Einführung der geplanten Vorgehensweise und Umsetzung der vereinbarten Prozessanforderungen;

3. Effektivität (Wirksamkeit):

    1. Entwicklung der Steuerungsgrößen/der Ist-Werte der Prozesskennzahlen/der Prozessfähigkeit/der Prozessbeherrschung,

    2. Entwicklung der Prozessergebnisse im Vergleich mit Anderen,

    3. Wirksamkeit von Verbesserungsmaßnahmen;

4. Effizienz (Wirtschaftlichkeit):

    1. Entwicklung des Ressourceneinsatzes;

    2. Entwicklung der Prozesskosten.

So ist es möglich, durch Messungen ein Leistungsprofil der wesentlichen Prozesse darzustellen und damit auch Schwerpunkte in der Verbesserung zu schaffen. Es ist möglich, die Teilprozesse nach Wichtigkeit zu analysieren, nach Ergebnis- und Zielerreichung und nach vorhandenem Entwicklungspotenzial.

Wichtig ist, dass eine nachhaltige Verbesserung der Prozessergebnisse nur durch eine regelmäßige Messung und Bewertung der Prozesse erreicht werden kann. Eine systematische Überwachung durch eine angemessene Anzahl aussagekräftiger Kennzahlen ermöglicht es, die Wirksamkeit grafisch und numerisch zu interpretieren. Es gibt unterschiedliche Möglichkeiten der Darstellung, der Aufbereitung und der Auswertungen.

So ist es möglich, durch Messungen ein Ranking der wesentlichen Prozesse darzustellen und damit auch Schwerpunkte in der Verbesserung zu schaffen. Es ist möglich, die Teilprozesse nach Wichtigkeit zu analysieren, nach Ergebnis- und Zielerreichung und nach vorhandenem Entwicklungspotenzial.

Gleich, für welche Art der Darstellung und Aufbereitung man sich entscheidet, wichtig ist, dass die wesentlichen Kriterien, die zur Verbesserung der Kosten- und Qualitätsausprägung der Prozesse dienen, zeitnah in aussagefähiger Form zur Verfügung stehen.

8 Einführungsschritte zum prozessorientierten Fraud-Management-System

Um ein prozessorientiertes Fraud-Management-System einzuführen, bedarf es einer systematischen Vorgehensweise und eines strukturierten Projektplans. Die Vorgehensweise richtet sich hier nach den gleichen Kriterien, die für die Steuerung von Prozessen gelten.

- Es bedarf einer konkreten Zielplanung der Einführung mit definierten Zielen und Leistungskenngrößen für die Einführung.

- Die geplanten Einführungsschritte müssen konsequent und termingerecht umgesetzt werden.

- Die Einführungsergebnisse müssen bewertet werden.

- Aus den reflektierten Ergebnissen müssen Verbesserungsmaßnahmen abgeleitet werden.

Dieses Prinzip ist auch als Managementregelkreis oder PDCA Cycle (Plan, Do, Check, Act) bekannt.[4]

---

[4] Der PDCA-Zyklus wird auch im Rahmen des vorliegenden Buches genutzt, um ein ganzheitliches Fraud-Management-System darzustellen, vgl. auch den Beitrag von Jackmuth/de Lamboy/Zawilla.

Abbildung 9: PDCA-Regelkreis

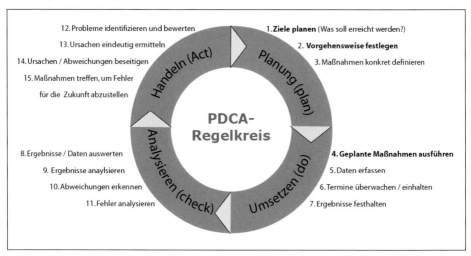

Entsprechend dem oben vorgestellten Managementregelkreis (PDCA) vollzieht sich die Einführung eines prozessorientierten Fraud-Management-Systems in diesen folgenden Schritten:

- Plan: Prozesse identifizieren, planen und modellieren;

- Do: Prozess umsetzen und messen;

- Check: Prozesse analysieren und bewerten;

- Act: Prozesse optimieren und Prozessoptimierung bewerten.

9 Bewertung eines prozessorientierten Fraud-Management-Systems

Das Prozessmanagementsystem besteht aus der Gesamtheit aller definierten Geschäftsprozesse (= Prozessportfolio) und bedarf wie jedes Portfolio einer Bewertung und Steuerung. Es ist die Aufgabe des Fraud Managers, das Fraud-Management-System des Unternehmens in geplanten Abständen zu bewerten, um dessen fortdauernde Eignung, Angemessenheit und Wirksamkeit sicherzustellen. Diese Bewertung muss Möglichkeiten für Verbesserungen und den Änderungsbedarf für das Managementsystem und der Geschäftsstrategie sowie der Unternehmensziele enthalten. Nach DIN EN ISO 9001 müssen Aufzeichnungen über diese so genannte Managementbewertung erstellt und aufrechterhalten werden. Eingaben für diese Bewertung des Managementsystems müssen mindestens folgende Informationen enthalten:

- Ergebnisse von Audits;

- Rückmeldungen von Prozesskunden;

- Prozessleistung und Produktkonformität;

- Status von Vorbeugungs- und Korrekturmaßnahmen;

- Folgemaßnahmen vorangegangener Managementbewertungen;

- Änderungen, die sich auf das Managementsystem auswirken könnten;

- Empfehlungen für Verbesserungen.

Die Ergebnisse der Bewertung müssen mindestens Entscheidungen und Maßnahmen zu Folgenden Punkten enthalten:

- Verbesserungen der Wirksamkeit des Managementsystems und seiner Prozesse;

- Produktverbesserungen in Bezug auf Anforderungen der Prozesskunden;

- Bedarf an Ressourcen.

Durch Auswertung der bewerteten Eingaben für die Managementbewertung kann das Unternehmen Handlungsbedarf erkennen. Die Maßnahmen zur Verbesserung, Korrektur und Vorbeugung werden mit Zeitplänen und Verantwortlichen dokumentiert. Die Verantwortung für die Erreichung der Ziele und die Abarbeitung der Verbesserungs-, Korrektur- und Vorbeugungsmaßnahmen trägt der Fraud Manager. Die Ergebnisse der Managementbewertung und die entsprechenden Maßnahmenpläne werden zu Informationszwecken veröffentlicht. Das Management-Review orientiert sich am Excellence Modell der EFQM und den dort definierten Kriterien:

- Führung;

- Strategie;

- Mitarbeiter;

- Partnerschaften und Ressourcen;

- Prozesse, Produkte und Dienstleistungen;

- kundenbezogene Ergebnisse;

- mitarbeiterbezogene Ergebnisse;

- gesellschaftsbezogene Ergebnisse;

- Schlüsselergebnisse.

Es ist ein einfaches und praxistaugliches Werkzeug, mit dessen Hilfe die Bewertung des Managementsystems durchgeführt werden kann. Die daraus erstellten Bewertungsergebnisse erfüllen die Anforderungen der internationalen Norm DIN EN ISO 9001 sowie die Anforderungen, die an ein Unternehmen gestellt werden, das sich am EFQM-Excellence-Modell orientiert.

Die Ergebnisdarstellung kann als so genanntes Netzdiagramm erfolgen, das die Ausprägung der Teilkriterien im Vergleich zum Maximalwert zeigt. Die äußere schwarze Linie gibt die maximal zu erreichende Performance an. Die graue Linie stellt den Erreichungsgrad im Verhältnis zum Maximalwert dar.

Abbildung 10: Auswertung des Management-Reviews

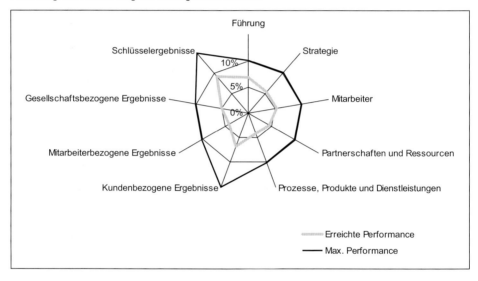

Eine weitere grafische Darstellung der Performance als Vergleich zwischen Vorgehensweise und Ergebnis (Lage des Managementsystems) ist als Portfolio möglich. Die Performance des Fraud-Management-Systems setzt sich zusammen aus den Kriterien zur Vorgehensweise:

- Führung;

- Strategie;

- Mitarbeiter;

- Partnerschaften und Ressourcen;

- Prozesse, Produkte und Dienstleistungen;

- und aus den Ergebniskriterien:

  - kundenbezogene Ergebnisse,

  - mitarbeiterbezogene Ergebnisse,

  - gesellschaftsbezogene Ergebnisse,

  - Schlüsselergebnisse.

Die Kriterien zur Vorgehensweise und zu den Ergebnissen werden mit jeweils max. 50 % Bewertungsanteil betrachtet. In Summe ergibt sich daher ein Maximalwert von 100 % Performance.

Dies lässt sich auch in einem Portfolio darstellen, das neben den absoluten Werten auch das Verhältnis zwischen Vorgehensweise und Ergebnissen deutlich macht.

Abbildung 11: Performanceportfolio des Managementsystems

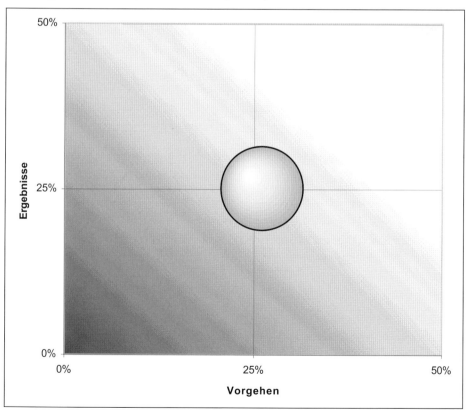

10 Fazit

Prozesse im Fraud-Management-System dienen der Erfüllung der rechtlichen Anforderungen und geschäftspolitischen Ziele. Sie müssen daher über messbare Ziele und Prozesskennzahlen, die einen Bezug zur aktuellen Fraud-Policy haben, gesteuert werden. Dazu müssen die wesentlichen Schlüsselprozesse identifiziert werden und die Prozessverantwortung an den Fraud Manager gegeben werden.

Die Prozesse müssen hinsichtlich der Ordnungsmäßigkeit, der Wirksamkeit und der Wirtschaftlichkeit regelmäßig und systematisch bewertet werden. Aus der Bewertung müssen systematisch konkrete Verbesserungsmaßnahmen abgeleitet werden, um eine kontinuierliche Verbesserung zu ermöglichen.

Das Wichtigste ist aber die Einbindung der Prozesse in das Führungs-, Steuerungs- und Risikomanagementsystem, denn

was nicht gefordert wird, das wird auch nicht gemessen, was nicht gemessen wird, das kann nicht gesteuert werden, und was nicht gesteuert wird, das kann auch nicht verbessert werden.

Gesetze und Verordnungen

Allgemeines Gleichbehandlungsgesetz (AGG) – Stand 05.02.2009

Aktiengesetz (AktG) – Stand 09.12.2010

Berufsbildungsgesetz (BBiG) – Stand 05.02.2009

Beamtenstatusgesetz (BeamtStG) – Stand 05.02.2009

Bundesdatenschutzgesetz (BDSG) – Stand 14.08.2009

Gesetz zum Elterngeld und zur Elternzeit (BEEG) – Stand 09.12.2010

Betriebsverfassungsgesetz (BetrVG) – Stand 29.07.2009

Bürgerliches Gesetzbuch (BGB) – Stand 08.12.2010

Bilanzrechtsmodernisierungsgesetz (BilMoG) – Stand 25.05.2009

Bundes-Immissionsschutzgesetz (BImSchG) – Stand 08.11.2011

Bundesrechtsanwaltsordnung (BRAO) – Stand 22.12.2010

Gesetz über Europäische Betriebsräte (EBRG) – Stand 21.12.2000

Einführungsgesetz zum Gerichtsverfassungsgesetz (EGGVG) – Stand 17.12.2008

Einkommensteuergesetz (EStG) – Stand 09.12.2010

EU-Bestechungsgesetz (EUBestG) – Stand 10.09.1998

Gemeindeordnung Baden-Württemberg (GemO BW) – Stand 09.11.2010

Genossenschaftsgesetz (GenG) – Stand 25.05.2009

Gewerbeordnung (GewO) – Stand 29.07.2009

Grundgesetz (GG) – Stand 21.07.2010

Gesetz betreffend die Gesellschaften mit beschränkter Haftung (GmbHG) – Stand 31.07.2009

Gerichtsverfassungsgesetz (GVG) – Stand 22.12.2010

Geldwäschegesetz (GwG) – Stand 01.03.2011

Handelsgesetzbuch (HGB) – Stand 01.03.2011

Gesetz zur Bekämpfung internationaler Bestechung (IntBestG) – Stand 10.09.1998

Gesetz über die internationale Rechtshilfe in Strafsachen (IRG) – Stand 18.10.2010

Gesetz zur Kontrolle und Transparenz im Unternehmensbereich (KonTraG) – Stand 02.05.1998

Korruptionsbekämpfungsgesetz NRW – Stand 18.11.2008

Kündigungsschutzgesetz (KSchG) – Stand 26.03.2008

Kreditwesengesetz (KWG) – Stand 09.12.2010

Landesbeamtengesetz Baden-Württemberg (LBG BW) – Stand 09.11.2010

Landesdisziplinargesetz Baden-Württemberg (LDG BW) – Stand 09.11.2010

Landesdatenschutzgesetz Baden-Württemberg (LDSG BW) – Stand 18.11.2008

Landespersonalvertretungsgesetz (LPVG) Baden-Württemberg – Stand 21.10.2005

Landesverwaltungsverfahrensgesetz Baden-Württemberg (LVwVfG BW) – Stand 17.12.2009

Mutterschutzgesetz (MuSchG) – Stand 17.03.2009

Gesetz über Ordnungswidrigkeiten (OWiG) – Stand 29.07.2009

Schwarzarbeitsbekämpfungsgesetz (SchwarzArbG) – Stand 20.7.2011

Sozialgesetzbuch III (SGB III) – Stand 22.12.2010

Sozialgesetzbuch IX (SGB IX) – Stand 05.08.2010

Sprecherausschußgesetz (SprAuG) – Stand 31.10.2006

Strafgesetzbuch (StGB) – Stand 22.12.2010

Strafprozeßordnung (StPO) – Stand 22.12.2010

Telekommunikationsgesetzes (TKG) – Stand 17.02.2010

Telemediengesetzes (TMG) – Stand 31.05.2010

Gesetz gegen den unlauteren Wettbewerb (UWG) – Stand 03.03.2010

Verpflichtungsgesetz (VerpflG) – Stand 15.08.1974

Verwaltungsvorschrift der Landesregierung und der Ministerien zur Verhütung unrecht-
mäßiger und unlauterer Einwirkungen auf das Verwaltungshandeln und zur Verfolgung
damit zusammenhängender Straftaten und Dienstvergehen (VwV Korruptionsverhütung
und -bekämpfung) – Stand 19.12.2005

Zivilprozessordung (ZPO) – Stand 12.04.2011

Literaturverzeichnis

Adam, Roman et al., 2010, Tarifrecht der Beschäftigten im öffentlichen Dienst, Luchterhand, Köln.

AIPPI, 2009, Grenzbeschlagnahme und andere Eingriffsmöglichkeiten der Zollbehörden gegen Verletzer, https://www.aippi.org/download/commitees/208/GR208germany_de.pdf, Zugriff 06.09.2011.

Akehurst, Lucy/Vrij, Aldert, 1999, Creating suspects in police interviews, in: Journal of Applied Social Psychology, Vol. 29, Nr. 1, S. 192-210.

Albrechtsen, Justin S./Meissner, Christan A./Susa, Kyle J., 2009, Can intuition improve deception detection performance?, in: Journal of Experimental Social Psychology, Vol. 45, Nr. 4, S. 1052-1055.

Alpar, Paul/Niederreichholz, Joachim, 2000, Data Mining im praktischen Einsatz – Verfahren und Anwendungsfälle für Marketing, Vertrieb, Controlling und Kundenunterstützung, Vieweg, Wiesbaden.

Altendorfer, Otto/Hilmer, Ludwig, 2006, Medienmanagement, VS Verlag für Sozialwissenschaften, Wiesbaden.

Ambs, Friedrich, 2010, § 5 BDSG, in: Erbs, Georg/Kohlhaas, Max, Strafrechtliche Nebengesetze, Beck, München.

Amaro, Juan Carlos, 2011, Fighting the Counterfeiters – The Mexican Solution, in: World Intellectual Property Review, S. 26-28.

Andrews, Don A./Bonta, James, 2001, The Level of Service Inventory-Revised, Multi-Health Systems, Toronto.

Arboleda-Flórez, Julio, 1998, Mental illness and violence – an epidemiological appraisal of the evidence, in: Canadian journal of psychiatry, Vol. 43, Nr. 10, S. 989-996.

von Arnim, Herbert/Heiny, Regina/Ittner, Stefan, 2006, Korruption – Begriff, Bekämpfungs- und Forschungslücken, 2. Auflage, Discussion Paper 33, Deutsches Forschungsinstitut für öffentliche Verwaltung, Speyer.

Artkämper, Heiko, 2009, Wahrheitsfindung im Strafverfahren mit gängigen und innovativen Methoden, in: Kriminalistik, S. 417.

Atkins, Paul S., 2003, Rede an der Universität zu Köln (Januar 2003), http://www.sec.gov/news/speech/spch020503psag.htm, Zugriff 03.03.2011.

Ax, Thomas/Schneider, Matthias/Scheffen, Jacob, 2010, Rechtshandbuch Korruptionsbekämpfung: Prävention – Compliance – Vergabeverfahren – Sanktionen – Selbstreinigung, Erich Schmidt, Berlin.

Babiak, Paul/Hare, Robert D., 2007, Menschenschinder oder Manager – Psychopathen bei der Arbeit, Carl Hanser, München.

Bähr, Gottfried/Fischer-Winkelmann, Wolf F./List, Stephan, 2006, Buchführung und Jahresabschluss, Gabler, Wiesbaden.

Bannenberg, Britta, 2007, Korruption in Deutschland – Bestandsaufnahme: Kriminologische Erkenntnisse und Forschungsdefizite, Vorlesung Universität Bielefeld.

Bannenberg, Britta/Dierlamm, Alfred, 2010, Korruption, in: Görling, Helmut/Inderst, Cornelia/Bannenberg, Britta, Compliance, Beck, München.

Bannenberg, Britta/Rössner, Dieter, 2005, Kriminalität in Deutschland, München, Beck, München.

Bannenberg, Britta/Schaupensteiner, Wolfgang, 2004, Korruption in Deutschland, 2. Auflage, Beck, München.

Barsch, Ralf, 2008, Erarbeitung/Anpassungen Revisionsstrategie, in: Barsch, Ralf/Nolte, Thomas (Hg.), Innovatives Revisionsmanagement – Mehrwertoffensive für den Bankbetrieb – Effizienzgewinne – Erfüllung bankaufsichtlicher Vorgaben, Finanz Colloquium Heidelberg, Heidelberg, S. 135.

Bauer Marcus, 2010, Integriertes Revisionsmanagement, Erich Schmidt, Berlin.

Baurmann, Michael/Dern, Harald/Straub, Ursula, 2009, Welche Rolle spielt die Fallanalyse in der Hauptverhandlung?, in: Bundeskriminalamt (Hg.), Die Operative Fallanalyse in der Hauptverhandlung – Ergebnisse eines BKA-Kolloquiums, in: Polizei + Forschung, Band 38, Wolters Kluwer, Köln, S. 1-17.

Beck, Ulrich, 1991, Politik in der Risikogesellschaft, Suhrkamp, Frankfurt a.M.

Beck, Ulrich, 1986, Risikogesellschaft – Auf dem Weg in eine andere Moderne, Suhrkamp, Frankfurt a.M.

Behrens, Alexander, 2009, Internal Investigations – Hintergründe und Perspektiven anwaltlicher „Ermittlungen" in deutschen Unternehmen, in: Recht der internationalen Wirtschaft, Nr. 1, S. 22.

Bender, Rolf/Nack, Armin, 1995, Tatsachenfeststellung vor Gericht, Band I – Glaubwürdigkeits- und Beweislehre, Beck, München.

Benford, Frank, 1938, The Law of Anomalous Numbers, in: Proceedings of the American Philosophical Society, Vol. 78, Nr. 4, S. 551-572.

Berndt, Markus, 2009, Anmerkung zur Entscheidung des BGH, in: Strafverteidiger, S. 687-691.

Bessis, Joël, 2002, Risk Management in Banking, Wiley, Chichester.

Beulke, Werner, 2010, Strafprozessrecht, 10. Auflage, Müller, Heidelberg.

Blümler, Peter, 2006, Zunehmende Risiken für Bankvorstände, in: BankPraktiker, Nr. 11, S. 530-535.

Bittmann, Volker/Molkenbur, Josef, 2009, Private Ermittlungen, arbeitsrechtliche Aussagepflicht und strafprozessuales Schweigerecht, in: Zeitschrift für Wirtschafts- und Strafrecht, Nr. 10, S. 373-379.

Boettger, Marcus, 2010, Wirtschaftsstrafrecht in der Praxis, ZAP, Münster.

Boetticher, Axel/Kröber, Hans-Ludwig/Müller-Isberner, Rüdiger/Böhm, Klaus-M./ Müller-Metz, Reinhard/Wolf, Thomas, 2006, Mindestanforderungen für Prognosegutachten, in: Neue Zeitschrift für Strafrecht, Vol. 26, Nr. 10, S. 537-544.

Bomsdorf, Clemens, 2008, Der gläserne Schwede ist kein Bürgerschreck, http:// www.welt.de/politik/article2128205/Der_glaeserne_Schwede_ist_kein_Buergerschreck. html, Zugriff 11.01.2011.

Bottke, Wilfried, 1997, Standortvorteil Wirtschaftskriminalrecht: Müssen Unternehmern „strafmündig werden"?, in: Zeitschrift für Wirtschafts- und Strafrecht, S. 241 ff.

Boyd, John/Edwards, S. D., 1995, Introduction to fraud, corruption and ethics, Program on Nonprofit Corporations, Queensland University of Technology, Working Paper No. 57.

Brauner, Christian, 2001, Präventive Schadenbewältigung, Mehr gewinnen als verlieren, Schweizerische Rückversicherungs-Gesellschaft, Swiss Re-Publikationen.

Brock, Peter, 1999, The Profiling Method(s) – Interview mit Thomas Müller, in: Berliner Zeitung, 29.12.1999, http://www.criminalprofiling.ch/methodmueller.html, Zugriff 09.01.2011.

Bruck, Peter/Geser, Guntram, 2000, Schulen auf dem Weg in die Informationsgesellschaft, Innsbruck, Studien Verlag, Wien, Bozen.

Brühwiler, Bruno/Romeike, Frank, 2010, Praxisleitfaden Risikomanagement – ISO 31000 und ONR 49000 sicher anwenden, Erich Schmidt, Berlin.

Buerschaper, Cornelius, 2005, Handlungsregulation und Kommunikation, in: Hofinger, Gesine (Hg.), Kommunikation in kritischen Situationen, Verlag für Polizeiwissenschaft, Frankfurt a. M.

Bundesamt für Sicherheit in der Informationstechnik (BSI), 2010, Leitfaden IT-Forensik, https://www.bsi.bund.de/cln_165/ContentBSI/Themen/Internet_Sicherheit/IT-Forensik/it-forensik.html, Zugriff 12.01.2011.

Bundesamt für Sicherheit in der Informationstechnik, 2007, Jahresbericht 2006/2007, www.bsi.de, Zugriff 20.08.2009.

Bundesamt für Verfassungsschutz, 2008, Wirtschaftsspionage – Risiko für Ihr Unternehmen, http://www.verfassungsschutz.de/de/publikationen/spionageabwehr_geheimschutz/broschuere_4_0608_wirtschaftsspionage/, Zugriff 12.10.2010.

Bundesamt für Verfassungsschutz, 2007, Spionageabwehr – Bedrohung der deutschen Wirtschaft durch chinesische Wirtschaftsspionage – Information und Prävention, http://www.countries.ifim.de/papers/bfv:chi.pdf, Zugriff 09.08.2011.

Bundeskriminalamt, 2010, Bundslagebild Korruption 2009 – Pressefreie Kurzfassung, Wiesbaden.

Bundeskriminalamt, 2009, Qualitätsstandards für die operative Fallanalyse, in: Bundeskriminalamt (Hg.): Die Operative Fallanalyse in der Hauptverhandlung – Ergebnisse eines BKA-Kolloquiums, Polizei + Forschung, Band 38, Wolters Kluwer, Köln, S. 199-209.

Bundesministerium des Innern, 2008, Schutz Kritischer Infrastrukturen – Risiko- und Krisenmanagement, Leitfaden für Unternehmen und Behörden, Anhang III (Begriffe), http://www.bmi.bund.de/cae/servlet/contentblob/131080/publicationFile/14972/Leitfaden_Schutz_kritischer_Infrastrukturen.pdf, Zugriff 08.09.2009.

Bundesministerium des Innern, 2005, Schutz Kritischer Infrastrukturen – Basisschutzkonzept, Anhang 4 Glossar, www.bmi.bund.de, Zugriff 24.06.2007

Burhoff, Detlef, 2004, Die Verfahrensverzögerung in der Praxis, in: Praxis Steuerstrafrecht, S. 275.

Burns, Jeffrey M./Swerdlow, Russel H., 2003, Right Orbitofrontal Tumor With Pedophilia Symptom and Constructional Apraxia Sign, in: Archives of Neurology, Vol. 60, Nr. 3, S. 437-440.

Caron, Zoe, 2009, Computer Fraud Casebook – The Bytes that Bite, Wiley, New York.

Cohen, Joel M./Holland, Michael P., 2008, Fünf Punkte, die ausländische Unternehmen über den United States Foreign Corrupt Practices Act (FCPA) wissen sollten, in: Corporate Compliance Zeitschrift, Nr. 1, S. 7-10.

Conroy, Mary A./Murrie, Daniel C., 2007, Forensic assessment of violence risk, Wiley, Hoboken.

Cornel, Heinz, 1994, Die Gefährlichkeit von Gefährlichkeitsprognosen, in: Neue Kriminalpolitik, Vol. 6, Nr. 3, S. 21-25.

COSO, 2010, Fraudulent Financial Reporting 1998-2007, http://www.coso.org/documents/COSOFRAUDSTUDY2010.pdf, Zugriff 29.12.2010.

Cottin, Claudia/Döhler, Sebastian, 2009, Risikoanalyse – Modellierung, Beurteilung und Management von Risiken mit Praxisbeispielen, Vieweg+Teubner, Wiesbaden.

Cressey, Donald R., 1973, Other People's Money – Study in the Social Psychology of Embezzlement, Wadsworth Publishing Company, Belmond.

Dammann, Gerhard, 2007, Narzissten, Egomanen, Psychopathen in der Führungsetage – Fallbeispiele und Lösungswege für ein wirksames Management, Haupt, Bern.

Dann, Matthias, 2009, Compliance-Untersuchungen im Unternehmen – Herausforderung für den Syndikus, in: Anwaltsblatt, S. 84-89.

Dannecker, Gerhard, 2007, Die Entwicklung des Wirtschaftsstrafrechts in der Bundes-republik Deutschland, in: Wabnitz, Heinz-Bernd/Janovsky, Thomas (Hg.), Handbuch des Wirtschafts- und Steuerstrafrechts, 3. Auflage, Beck, München, Kapitel 1.

Däubler, Wolfgang, 2011, Das neue Bundesdatenschutzgesetz und seine Auswirkungen im Arbeitsrecht, in: Neue Zeitschrift für Arbeitsrecht, S. 874-881.

Deckers, Rüdiger, 2009, Vom Nutzen und zur Qualität aussagepsychologischer Gutach-ten im Strafprozess, in: Arbeitsgemeinschaft Strafrecht des Deutschen Anwaltvereins (Hg.), Strafverteidigung im Rechtsstaat, Nomos, Baden-Baden, S. 416 ff.

Deckers, Rüdiger/Gercke, Björn, 2004, Strafverteidigung und Überwachung der Tele-kommunikation, in: Strafverteidiger Forum, Nr. 3, S. 84-87.

Dempster, Rebecca J./Hart, Stephen D., 2002, The relative utility of fixed and variable risk factors in discriminating sexual recidivists and nonrecidivists, in: Sex Abuse, Nr. 14, S. 121-138.

Dern, Christa, 2009, Autorenerkennung – Theorie und Praxis der linguistischen Tatschreibenanalyse, Boorberg, Stuttgart.

Deutsches Institut für Interne Revision (DIIR)/Gesellschaft für Datenschutz und Daten-sicherung (GDD), 2011, Datenauswertungen und personenbezogene Datenanalyse: Bei-spiele für den praktischen Umgang im Revisionsumfeld, http://www.diir.de/fileadmin/fachwissen/downloads/09DIIRDatenanalyseWeb.pdf, Zugriff 12.01.2011.

Deutsches Institut für Interne Revision (DIIR), 2008, Standard Nr. 4, Standard zur Prü-fung von Projekten, Stand: 18.06.2008.

Deutscher Städtetag, 1957, Die Preußische Städteordnung von 1808, Kohlhammer, Stutt-gart.

Dierlamm, Alfred, 2007, Verteidigung in Wirtschaftsstrafsachen, in: Wabnitz, Heinz-Bernd/Janovsky, Thomas (Hg.), Handbuch des Wirtschafts- und Steuerstrafrechts, 3. Auflage, Beck, München, Kapitel 27.

Dierlamm, Alfred, 2003, Münchner Kommentar zum StGB, Beck, München.

Diller, Martin, 2009, „Konten-Ausspäh-Skandal" bei der Deutschen Bahn: Wo ist das Problem?, in: BetriebsBerater, Nr. 9, S. 438-439.

Diller, Martin, 2004, Der Arbeitnehmer als Informant, Handlanger und Zeuge im Prozess des Arbeitgebers gegen Dritte, in: Der Betrieb, Nr. 6, S. 313-319.

Ditges, Florian/Höbel, Peter/Hofmann, Thorsten 2008, Krisenkommunikation, UVK Verlagsgesellschaft, Konstanz.

Dölling, Dieter, 2007, Handbuch der Korruptionsprävention, Beck, München.

Dombert, Matthias, 2002, Ein Einzelfall? Zur richterlichen Erreichbarkeit nach Dienstschluss, in: Neue Juristische Wochenschrift, S. 1627.

Douglas, John E./Ressler, Robert K./Burgess, Ann W./Hartman, Carol R., 1986, Criminal Profiling from Crime Scene Analysis, in: Behavioral Science and the Law, Nr. 4, S. 401-421.

Ebert, Frank, 2005, Das aktuelle Disziplinarrecht – Leitfaden für den öffentlichen Dienst, 2. Auflage, Boorberg, Stuttgart/München.

Eichler, Helmut/Peukert, Wolfgang, 2002, Vertraulichkeit der Rechtsberatung durch Syndikusanwälte und EMKR, in: Anwaltsblatt, S. 189-198.

Eidam, Gerd, 2008, Unternehmen und Strafe – Vorsorge und Krisenmanagement, 3. Auflage, Luchterhand, Köln.

Eisenberg, Johannes, 2006, Überblick zur Verteidigung gegenüber Presse- und Medienberichterstattung, in: Strafverteidiger Forum, S. 15-19.

Embrechts, Paul/Klappelberg, Claudia/Mikosch, Thomas, 1997, Modelling extremal events for insurance and finance, Springer, Berlin.

Endrass, Jérôme/Rossegger, Astrid/Urbaniok, Frank, 2007, Die Züricher Forensik-Studie.

Erben, Roland/Romeike, Frank, 2003, Allein auf stürmischer See – Risikomanagement für Einsteiger, Wiley, Weinheim.

Ernst & Young, 2009, European Fraud Survey.

Ernst & Young, 2008, Piraten des 21. Jahrhunderts.

Euler-Hermes, 2008, Wirtschaft konkret, Nr. 303.

Falk, Matthias, 2009, Der Fall WorldCom aus unternehmensethischer Perspektive, GRIN Verlag, München.

Fayyad, Usama M./Piatetsky-Shapiro, Gregory/Smyth, Padrhaic, 1996, From data mining to knowledge discovery – An overview, in: Fayyad, Usama M./Piatetsky-Shapiro, Gregory/Smyth, Padrhaic/Uthurusamy, Ramasamy (Hg.), Advances in knowledge discovery and data mining, MIT Press, Menlo Park, S. 1-36.

Fazel, Seena/Danesh, John, 2002, Serious mental disorder in 23000 prisoners – a systematic review of 62 surveys, in: Lancet, Vol. 359, Nr. 2, S. 545-550.

Fehn, Bernd J., 2004, Kriminalistik, Nomos, Baden-Baden.

Fegert, Jörg M./Schnoor, Kathleen/König Cornelia/Schläfke, Detlef, 2006, Psychiatrische Begutachtung in Sexualstrafverfahren, Centaurus, Herbolzheim.

Fischer, Thomas, 2011, Kommentar zum Strafgesetzbuch, 59. Auflage, Beck, München.

Finger, Kimberly/Pezdek, Kathy, 1999, The Effect of the cognitive interview on face identification accurancy-release from verbal overshadowing, in: Journal of Applied Psychology, Vol. 84, No 3, S. 340-348.

Fischer, Dirk, 2009, Controlling – Balanced Scorecard Kennzahlen Prozess- und Risikomanagement, Vahlen, München.

Fischer, Thomas, 2010, Strafgesetzbuch und Nebengesetze, 58. Auflage, Beck, München.

fischerAppelt, 2009, Plagiate – eine Bedrohung der deutschen Wirtschaft? Deutsche Unternehmen geben eine Einschätzung zur aktuellen Situation, http://www.markenpiraterie-apm.de/files/fischerappelt.pdf, Zugriff 09.08.2011.

Fisher, Ronald P./Geiselman, R. Edward, 1992, Memory Enhancing Techniques for Investigative Interviewing: The Cognitive Interview, Charles C Thomas Publisher, Springfield.

Fischer, Ronald P./Geiselman, R. Edward/Amador, Michael, 1989, Field Test of the cognitive interview – Enhancing the Recollection of Actual Victims and Witnesses of crime, in: Journal of Applied Psychology, Vol. 74, No 5, S. 722-727.

Fisher, Ronald P./Geiselman, R. Edward/Raymond, David S., 1987, Critical Analysis of police interviewing techniques, in: Journal of Police Science and Administration, Vol. 15, Nr. 3, S. 177-185.

Fitting, Karl, 2010, Betriebsverfassungsgesetz, 25. Auflage, Vahlen, München.

Freidank, Carl-Christian/Kusch, Annemarie, 2008, Das Benfordsche Gesetz als Instrument zur Aufdeckung von Unregelmäßigkeiten im Rahmen der Jahresabschlussprüfung, in: Wirtschaftswissenschaftliches Studium (WiSt), Vol. 37, Nr. 2, S. 100-103.

Friedrichsen, Gisela, 2005, Das Interesse der Öffentlichkeit an einer Justizberichterstattung durch die Medien, in: Strafverteidiger, S. 169-170.

Frigo, Mark L., 2002, A balanced scorecard framework for internal auditing departments, Altamonte Springs, The Institute of Internal Auditors.

Früh, Andreas, 2010, Legal/Compliance – Abgrenzung oder Annäherung (am Beispiel einer Bank), in: Corporate Compliance Zeitschrift, Nr. 4, S. 121-126.

Gabele, Eduard/Mayer, Horst, 2003, Buchführung, Oldenbourg, München.

Gahlen, Matthias/Kranaster, Maike, 2008, Krisenmanagement – Planung und Organisation von Krisenstäben, Kohlhammer, Stuttgart.

Gatzweiler, Norbert, 2001, Folgen des Strafverfahrensänderungsgesetzes 1999 – Änderung des Akteneinsichtsrechts, in: Strafverteidiger Forum, S. 1.

Geiselman, R. Edward/Fischer, Ronald P./MacKinnon, David P./Holland, Heidi L., 1986, Enhancement of eyewitness memory with the cognitive interview, in: American Journal of Psychology, Vol. 99, Nr. 3, S. 385-401.

Gleißner, Werner, 2008, Grundlagen des Risikomanagements im Unternehmen, Vahlen, München.

Gleißner, Werner/Romeike, Frank, 2005, Risikomanagement – Umsetzung, Werkzeuge, Risikobewertung, Haufe, Freiburg i.Br.

Glinder, Peter/Friedl, Eric, 2011, Gemeindehaushaltsrecht Baden-Württemberg: Neues Kommunales Haushalts- und Rechnungswesen mit Kassen- und Prüfungsrecht, Kohlhammer, Stuttgart.

Göhler, Erich, 1992, Die neue Regelung zum Verfall im StGB und OWiG, in: Zeitschrift für Wirtschafts- und Strafrecht, S. 133.

Gola, Peter, 2001, Kunden- und Arbeitnehmerdatenschutz im Call Center (Teil I), in: Datenschutz-Berater, Nr. 11, S. 17-20.

Gola, Peter/Schomerus, Rudolf, 2010, Bundesdatenschutzgesetz, 10. Auflage, Beck, München.

Gola, Peter/Schomerus, Rudolf, 2007, Bundesdatenschutzgesetz, 9. Auflage, Beck, München.

Gola, Peter/Wronka, Georg, 2009, Handbuch zum Arbeitnehmerdatenschutzgesetz, 5. Auflage, Datakontext, Heidelberg u.a.

Göpfert, Burkard/Meyer, Stephan T., 2011, Datenschutz bei Unternehmenskauf: Due Diligence und Betriebsübergang, in: Neue Zeitschrift für Arbeitsrecht, S. 486.

Göpfert, Burkard/Merten, Frank/Siegrist, Carolin, 2008, Mitarbeiter als „Wissensträger" – Ein Beitrag zur aktuellen Compliance-Diskussion, in: Neue Juristische Wochenschrift, Nr. 24, S. 1703-1709.

Greeve, Gina 2010, Korruptionsbekämpfung – Notwendigkeit von Compliance für Unternehmen, in: Hauschka, Christoph (Hg.), Corporate Compliance, Beck, München, S. 565-609.

Greul, Luise/Offe, Susanne/Fabian, Agnes/Wetzels, Peter/Fabian, Thomas/Offe, Heinz/Stadler, Michael, 1998, Glaubhaftigkeit der Zeugenaussage – Theorie und Praxis der forensisch-psychologischen Begutachtung, Wiley, Weinheim.

Grieger-Langer, Suzanne, 2011, Die Tricks der Trickser – Immunität gegen Manipulation, Machenschaften und Machtspiele, Junfermann, Paderborn.

Grieger-Langer, Suzanne, 2009, Die 7 Säulen der Macht, Junfermann, Paderborn.

Großjean, Sascha R., 2003, Überwachung von Arbeitnehmern – Befugnisse des Arbeitgebers und mögliche Beweisverwertungsverbote, in: Der Betrieb, Nr. 49, S. 2650.

Grötschel, Theo T., 2010, Bilanzpolitik – Theoretische und empirische Grundlagen, GRIN Verlag, München.

Gumbel, Emil J., 1958, Statistics of extremes, Columbia University Press, New York.

Gwyer, Patrick/Clifford, Brian R./Dritschel, Barbara, 1998, The effects of the cognitive interview on recall, recognition and the confidence-accuracy relation, in: Boros, Janos/Münnich, IIvan/Szegedi, Marton (Hg.), Psychology and crime Justice – International Review on Theory and Practice, de Gruyter, Berlin, S. 53-60.

Hager, Peter, 2004, Corporate Risk Management – Value at Risk und Cash Flow at Risk, Bankakademie-Verlag, Frankfurt a. M.

Hamm, Rainer, 2009, Apokryphes Strafrecht, in: Hassemer, Winfried/Kempf, Eberhard/ Moccia, Sergio, In dubio pro libertate – Festschrift für Klaus Volk zum 65. Geburtstag, Beck, München, S. 193-206.

Hancock, Jeffrey T./Thom-Santelli, Jennifer/Ritchie, Thompson, 2004, Deception and design: The impact of communication technology on lying behavior, in: Dykstra-Erickson, Elisabeth/Tscheligi, Manfred (Hg.), Proceedings of ACM CHI Conference on Human Factors in Computing Systems April 24-29, Wien, S. 130-136.

Hanson, Karl R./Harris, Andrew, 2000, The sex offender need assessment rating (SONAR) – A method for measuring change in risk levels, Corrections Research, Department of the Solicitor General of Canada.

Hare, Robert D., 2005, Gewissenlos – die Psychopathen unter uns, Springer, Wien.

Hare, Robert D., 2003, The Psychopathy Checklist-Revised (PCL-R), Multi-Health Systems, Toronto.

Harris, Andrew/Phenix, Amy/Hanson, Karl R./Thornton, David, 2003, Static-99 Coding Rules Revised, http://www.static99.org, Zugriff 18.01.2011.

Hart, Stephen D./Cox, D. N./Hare, Robert D., 2003, The Hare PCL: SV – Psychopathy Checklist – Screening Version, Multi-Health Systems, Toronto.

Hartwig, Maria/Granhag, Pär Anders/Strömwall, Leif A./Kronkvist, Ola, 2006, Strategic use of evidence during police interviews: when training to detect deception works, in: Law and Human Behavior, Vol. 30, Nr. 5. S. 603-619.

Hartwig, Maria/Granhag, Pär Anders/Vri, Aldert, 2005, Police interrogation from a social psychology perspective, in: Policing and Society, Vol. 15, Nr. 4, S. 379-399.

Hassemer, Winfried, 2005, Grundsätzliche Aspekte des Verhältnisses von Medien und Strafjustiz, in: Strafverteidiger, S. 167.

Hauschka, Christoph/Greeve, Gina, 2007, Compliance in der Korruptionsprävention – was müssen, was sollen, was können die Unternehmen tun?, in: BetriebsBerater, Nr. 4, S. 165-173.

Hauschka, Christoph, 2007, Einführung, in: Hauschka, Christoph (Hg.), Corporate Compliance, Beck, München, S. 1-25.

Hauschka, Christoph, 2004, Compliance als Beispiel der Korruptionsbekämpfung, in: Zeitschrift für Wirtschaftsrecht und Insolvenzpraxis , Nr. 19, S. 877-882.

Heckl, Diana, 2007, Steuerung von Kreditprozessen, Frankfurt School Verlag, Frankfurt a.M.

von Hehn, Paul/Hartung, Wilhelm, 2010, Corporate Investigation, Independent Investigation, in: Wieland, Josef/Steinmeyer, Roland/Grüninger, Stephan, Handbuch Compliance-Management, Erich Schmidt, Berlin, S. 569-614.

Helfer, Michael/Ullrich, Walter, 2010, Interne Kontrollsysteme in Banken und Sparkassen, 2. Auflage, Finanz Colloquium Heidelberg, Heidelberg.

Heinemann, Ben, W. 2009, View from the inside – Robust anti-corruption programmes in a high-performance with high integrity global company, in: Global Corruption Report 2009 – Corruption and the Private Sector, Cambridge University Press, New York.

von Heintschel-Heinegg, Bernd, 2010, Strafgesetzbuch – Kommentar, Beck, München.

Heinz, Gunter, 1982, Fehlerquellen forensisch-psychiatrischer Gutachten – Eine Untersuchung anhand von Wiederaufnahmeverfahren, Kriminalistik-Verlag, Heidelberg.

Heno, Rudolf, 2006, Jahresabschluss nach Handelsrecht, Steuerrecht und internationalen Standards (ifrs), Springer, Heidelberg.

Henssler, Martin, 2010, Rechtsanwälte in ständigen Dienstverhältnissen, in: Henssler, Martin/Pütting, Hanns, Bundesrechtsanwaltsordnung (BRAO), Kommentar, Beck, München.

Hermanutz, Max/Litzcke, Sven Max/Kroll, Ottmar/Adler, Frank, 2008, Polizeiliche Vernehmung und Glaubhaftigkeit, Boorberg, Stuttgart.

Hetzer, Wolfgang, 2008, Organisierte Kriminalität und Wirtschaftskriminalität zwischen Quantität und Qualität, in: Die Kriminalpolizei, Nr. 3, http://www.kriminalpolizei.de/articles,organisierte_kriminalitaet_und_wirtschaftskriminalitaet_zwischen_quantitaet_und_qualitaet,1,183.htm, Zugriff 03.01.2011.

Heuzeroth, Thomas, 2009, Datenklau bringt Firmen um eine Billion Dollar, in: Die Welt, 29.01.2009, S. 10.

Hey, Thomas, 2009, Kommentar zum AGG, Verlag Recht und Wirtschaft, Frankfurt a. M.

Heybrock, Hasso, 2010, Praxiskommentar zum GmbH-Recht, 2. Auflage, ZAP, Münster.

Hoffmeister, Klaus, 2010, Entwicklungen im Bereich Produkt- und Markenpiraterie aus Sicht des Zolls, Vortrag in Solingen am 28.10.2010.

Hofmann, Stefan, 2008, Handbuch Anti-Fraud-Management, Erich Schmidt, Berlin.

Hofmann, Rolf, 2005, Prüfungs-Handbuch – Leitfaden für eine Überwachungs- und Revisionskonzeption in der Corporate Governance, Erich Schmidt, Berlin.

Hollweg, Petra, 2006, Arrogant und Weltfremd, in: FOCUS, 06.11.2006.

Holzinger, Stephan/Wolff, Uwe, 2008, Im Namen der Öffentlichkeit, Gabler, Wiesbaden.

Horn, Günter/Strohschneider, Stefan, 2005, Kommunikation im Krisenstab, in: Hofinger, Gesine (Hg.), Kommunikation in kritischen Situationen, Verlag für Polizeiwissenschaft, Frankfurt a. M.

Hottelet, Ulrich, 2007, Schutzgeld-Banden im Online-Kaufhaus, in: Welt am Sonntag, 08.07.2007, S. 31.

Huff, Martin, W. 2004, Notwendige Öffentlichkeitsarbeit der Justiz, in: Neue Juristische Wochenschrift, Nr. 7, S. 403-407.

Hull, John C., 2011, Risikomanagement – Banken, Versicherungen und andere Finanzinstitutionen, 2. Auflage, Pearson, München.

Institut der Wirtschaftsprüfer (IDW), 2010, Aufdeckung von Unregelmäßigkeiten im Rahmen der Abschlussprüfung (IDW PS 210), Stand: 09.09.2010.

Institut der Wirtschaftsprüfer (IDW), 2009, Feststellung und Beurteilung von Fehlerrisiken und Reaktionen des Abschlussprüfers auf die beurteilten Fehlerrisiken (IDW PS 261), Stand: 09.09.2009.

Institute of Internal Auditors (IIA), 2010, Practice Advisories (PA) 2320-1, Stand Mai 2010, http://www.theiia.org/guidance/standards-and-guidance/ippf/practice-advisories/list-items/index.cfm?i=13224, Zugriff 01.02.2011.

Institute of Internal Auditors (IIA) Audit Executive Center, 2010: Emerging Trends in Fraud Risk, January 2010, http://www.theiia.org/recent-iia-news/?search=fraud standard &C=797&I=12687, Zugriff 20.12.2010.

Institute of Internal Auditors (IIA), 2009, International Professional Practices Framework, The IIA Research Foundation, Altamonte Springs.

Institute of Internal Auditors (IIA)/DIIR, 2007, Standards for the Professional Practice of Auditing/Standards für die berufliche Praxis der Internen Revision, http://www.diir. de/fileadmin/downloads/allgemein/IIA_Standards.pdf, Zugriff 06.07.2010.

Inbau, Fred E./Reid, John E./Buckley, Joseph P., 1986, Criminal Interrogation and Confessions, Williams & Wilkins, Philadelphia.

Ineichen, Robert, 1996, Würfel und Wahrscheinlichkeit – Stochastisches Denken in der Antike, Spektrum Akademischer Verlag, Heidelberg/Berlin/Oxford.

International Standard Organisation (ISO), 2007, The ISO Survey of Certification 2006, http://www.iso.org/iso/survey2006.pdf, Zugriff: 12.01.2011.

Iwersen, Sönke, 2010, Der Kampf gegen Schmiergeld ist reine Heuchelei, in: Handelsblatt, 10.08.2010.

Jackmuth, Hans-Willi, 2011, Prozessmanagement aus Risiko- und Revisionssicht, in: Gensch, Christian/Moormann, Jürgen/Wehn, Robert (Hg.), Prozessmanagement in der Assekuranz, Frankfurt School Verlag, Frankfurt a.M., S. 139-158.

Jahn, Matthias, 2009, Ermittlungen in Sachen Siemens/SEC – Legitimer Baustein des globalisierten Wirtschaftsstrafverfahrens oder rechtswidriges Parallelverfahren zur Strafprozeßordnung? – Eine Problemskizze, in: Strafverteidiger, S. 41-46.

Jakob, Alexander, 2010, Das Ganze ist mehr als die Summe seiner Teile – eine praxisorientierte Anwendung des „Ampel-Kodex" im Kontext von Einladungen und Geschenken, in: Corporate Compliance Zeitschrift, S. 61-65.

Joule, Robert-Vincent/Beauvois, Jean-Leon, 1998, Kurzer Leitfaden der Manipulation zum Gebrauch für ehrbare Leute, Aufbau Verlag, Berlin.

Joussen, Edgar, 2010, Sicher Handeln bei Korruptionsverdacht, Erich Schmidt, Berlin.

Jung, Claude G., 2005, Präventionskonzept zum Schutz vor Wirtschaftskriminalität – Prävention beginnt auf der Chefetage, in: Der Schweizer Treuhänder, Nr. 1/2, S. 44-50.

Jung, Hans, 2006, Allgemeine Betriebswirtschaftslehre, Oldenbourg Wissenschaftsverlag, München.

Kaplan, Robert S./Norton, David P., 1998, Balanced scorecard – Strategien erfolgreich umsetzen, Stuttgart, Schäffer-Poeschel.

Kaplan, Robert, S. 1996, The balanced scorecard – Translating strategy into action, Harvard Business School Press, Boston.

Kassin, Saul M./Gudjonsson, Gisli H., 2007, Falsche Geständnisse, in: Gehirn & Geist, Nr. 1-2, S. 14-19.

Kaufmann, Lutz, 1997, Stichwort: Balanced Scorecard, in: Zeitschrift für Planung, Nr. 8, S. 421-428.

Kaup, Andreas, 2005, Sonderuntersuchungsbericht, in: Kaup, Andreas/Schäfer-Band, Ursula/Zawilla, Peter (Hg.), Unregelmäßigkeiten im Kreditgeschäft, Finanz Colloquium Heidelberg, Heidelberg, S. 477-497.

Keller, Hildegard E., 2004, Auf sein Auventura und Risigo handeln – Zur Sprach- und Kulturgeschichte des Risiko-Begriffs, in: Risknews, Nr. 1, S. 60-65.

Kempf, Eberhard, 2006, Der Unternehmensanwalt, in: Volk, Klaus, Münchener Anwaltshandbuch Verteidigung in Wirtschafts- und Steuerstrafsachen, Beck, München, S. 363-388.

Keuper, Frank, 2001, Strategisches Management, Oldenbourg Verlag, München, Wien.

KIPO, 2010, Anticounterfeiting Activites of KIPO, http:///www.kipo.go.kr/upload/en/download/AntiCounterfeiting2010.pdf, Zugriff 09.08.2011.

Kleine-Cosack, Michael, 2009, Bundesrechtsanwaltsordnung BRAO, Beck, München.

Kleinwellfonder, Birgit, 1996, Der Risikodiskurs – Zur gesellschaftlichen Inszenierung von Risiko, VS Verlag für Sozialwissenschaften, Opladen.

Klinger, Michael A./Klinger, Oskar, 2000, Das interne Kontrollsystem im Unternehmen – Praxisbeispiele, Checklisten, Organisationsanweisungen und Muster-Prüfberichte, Vahlen, München.

Knauer, Christoph/Buhlmann, Erik, 2010, Unternehmensinterne (Vor-)Ermittlungen – was bleibt von nemo-tenetur und fair-trail? in: Anwaltsblatt, Nr. 6, S. 387-394.

Knierim, Thomas, 2009, Das Verhältnis von strafrechtlichen und internen Ermittlungen, in: Strafverteidiger, S. 324.

Knierim, Thomas C., 2009, Detektivspiele – vom Sinn und Unsinn privater Ermittlungen, in: Hassemer, Winfried/Kempf, Eberhard/Moccia, Sergio, In dubio pro libertate – Festschrift für Klaus Volk zum 65. Geburtstag, Beck, München, S. 247-274.

Kock, Martin/Francke, Julia, 2009, Arbeitnehmerkontrolle durch systematischen Datenabgleich zur Korruptionsbekämpfung, in: Arbeits-Rechts-Berater, S. 110-113.

Köhnken, Günther/Milne, Rebecca/Memon, Amina/Bull, Ray, 1999, The Cognitive Interview: A meta-analysis, Psychology, in: Crime and Law, Vol. 5, Nr. 1, S. 3-27.

König, Peter, 2009, § 130, in: Göhler, Erich, Ordnungswidrigkeitengesetz, Beck, München.

Kohlmann, Günter, 2011, Steuerstrafrecht, Otto Schmidt, Köln.

Kommission der europäischen Gemeinschaften, 2001, Grünbuch Europäische Rahmenbedingungen für die soziale Verantwortung der Unternehmen.

Kopetzky, Matthias, 2010, Standard „Sonderuntersuchung", in: Zeitschrift für Interne Revision, Nr. 5, S. 211-221.

KPMG, 2010, Wirtschaftskriminalität in Deutschland 2010, http://www.kpmg.de/docs/20091220_Wirtschaftskriminalitaet.pdf, Zugriff 31.12.2010.

Kratz, Felix/Gubbels, Achim, 2009, Beweisverwertungsverbote bei privater Internetnutzung am Arbeitsplatz, in: Neue Zeitschrift für Arbeitsrecht, S. 652-656.

Kühl, Jörn/Schumann, Karl F., 1989, Prognosen im Strafrecht – Probleme der Methodologie und Legitimation, in: Recht und Psychiatrie, Vol. 7, S. 126-148.

Kuhn, J. Randel/Sutton, Steve G., 2006, Learning from WorldCom – Implications for Fraud Detection through Continuous Assurance, in: Journal of emerging technologies in accounting, Vol. 3, S. 61-80.

Kühn, Michael, Asset Tracing and Recovery – Germany, in: Klose, Bernd H. (Hg.), Asset Tracing and Recovery, Erich Schmidt, Berlin, S. 587-636.

Kummer, Wolfgang, 2007, Steuerstrafrecht, in: Wabnitz, Heinz-Bernd/Janovsky, Thomas (Hg.), Handbuch des Wirtschafts- und Steuerstrafrechts, 3. Auflage, Beck, München, Kapitel 18.

Kunz, Gunnar, 2001, Die balanced scorecard im Personalmanagement – Ein Leitfaden für Aufbau und Einführung, Campus-Verlag, Frankfurt a.M.

Lackner, Karl/Kühl, Kristian, 2011, Strafgesetzbuch – Kommentar, 27. Auflage, Beck, München.

Langer, Andreas/Herzig, Andreas/Pedell, Burkhard, 2009, Leistungsmessung und betriebswirtschaftliche Steuerung der Internen Revision – mehr als nur ein Messproblem, in: Zeitschrift Interne Revision, Nr. 3, S. 104-111.

Laufhütte, Heinrich Wilhelm/Rissing-van-Saan, Ruth/Tiedemann, Klaus, 2009, Strafgesetzbuch – Leipziger Kommentar, 12. Auflage, de Gruyter, Berlin.

Laux, Helmut, 1995, Entscheidungstheorie, 3. Auflage, Springer, Berlin.

Leif, Thomas, 2008, Beraten und verkauft – McKinsey & Co. der große Bluff der Unternehmensberater, Goldmann, München.

Leitner, Friedrich, 1922, Die Kontrolle, Sauerländer, Frankfurt a.M.

Lembeck, Ulrich, 2007, Steuerrecht und Korruptionseindämmung – Inhalt, Grenzen, Spannungsfelder, in: Dölling, Dieter, Handbuch der Korruptionsprävention, Beck, München, 237-288.

Leo, Richard A., 2006, The Third Degree and the Origins of Psychological Interrogation in the United States, in: Lassiter, Daniel G. (Hg.), Interrogations, Confessions and Entrapment, Springer, New York, S. 37-84.

Leyendecker, Hans, 2009, Findelkind des Journalismus – Das Elend mit der Gerichtsreportage – vernachlässigt, verdrängt, verkommen, in: Arbeitsgemeinschaft Strafrecht des Deutschen Anwaltvereins (Hg.), Strafverteidigung im Rechtsstaat, Nomos, Baden-Baden.

Leyendecker, Hans, 2007, Die große Gier – Korruption, Kartelle; Lustreisen: Warum unsere Wirtschaft eine neue Moral braucht, Rowohlt, Berlin.

Litzcke, Sven Max/Klossek, Astrid, 2006, Lügenstereotype von Polizeibeamten, in: Hermanutz, Max/Litzcke, Sven Max (Hg.), Vernehmung in Theorie und Praxis, Boorberg, Stuttgart, S. 217-238.

Löffler, Hendrik/Romeike, Frank, 2007, Risiken schultern – Gesunde Balance für erfolgreiche Unternehmen, in: Finance, Nr. 11, S. 30.

Loftus, Elisabeth F./Palmer, John C., 1974, Reconstruction of automobile destruction: An example of the interaction between language and memory, in: Journal of verbal learning and verbal behavior, Vol. 13, Nr. 5, S. 585-589.

Loftus, Elizabeth F./Zanni, Guido, 1975, Eyewitness testimony: The influence of the wording of a question, in: Bulletin of the Psychonomic Society, Vol. 5, Nr. 1.

Lorenz, Manuel, 2008, Einführung in die rechtlichen Grundlagen des Risikomanagement, in: Romeike, Frank (Hg.), Rechtliche Grundlagen des Risikomanagements – Haftungs- und Strafvermeidung für Corporate Compliance, Erich Schmidt, Berlin, S. 3-30.

Lux, Christian/Peske, Thorsten, 2002, Competitive Intelligence und Wirtschaftsspionage – Analyse, Praxis, Strategie, Gabler, Wiesbaden.

Mandelbrot, Benoît B., 2008, Fraktale und Finanzen – Märkte zwischen Risiko, Rendite und Ruin, Piper, München.

Mann, Samantha/Vrij, Aldert/Bull, Ray, 2004, Detecting true lies: police officers ability to detect suspects lies, in: Journal of Applied Psychology, Vol. 89, Nr. 1, S. 137-149.

Maier, Bernhard, 1999, Die Kunst, Tatorte zu lesen, in: Wiener Zeitung, 26.02.1999.

Maschmann, Frank, 2007, Vermeidung von Korruptionsrisiken aus Unternehmenssicht, in: Dölling, Dieter, Handbuch der Korruptionsprävention, Beck, München, S. 93-184.

Mayer, Volker, 2003, Operatives Krisenmanagement, Deutscher Universitätsverlag, Wiesbaden.

Mehrabian Albert, 1972, Non-verbal Communication, Aldine-Atherton, Chicago.

Mehrabian, Albert, 1971, Silent Messages, Wadsworth, Belmont.

Meinberg, Volker, 1985, Geringfügigkeitseinstellungen von Wirtschaftsstrafsachen – Eine empirische Untersuchung zur staatsanwaltschaftlichen Verfahrenserledigung nach § 153a Abs. 1 StPO, Max-Planck-Institut für ausländisches und internationales Strafrecht, München.

Mengel, Anja/Ulrich, Thilo, 2006, Arbeitsrechtliche Aspekte unternehmensinterner Investigations, in: Neue Zeitschrift für Arbeitsrecht, S. 240-246.

Memon, Amina/Wark, Linsey/Bull, Ray/Koehnken, Guenther, 1997, Isolating the effects of the Cognitive Interview techniques, in: British Journal of Psychology, Vol. 88, Nr. 2, S. 179-198.

Meyer-Goßner, Lutz, 2008, Strafprozessordnung – Beck'sche Kurz-Kommentare, München.

Michalke, Reinhart, 2008, Wenn der Staatsanwalt klingelt – Verhalten bei Durchsuchung und Beschlagnahme, in: Neue Juristische Wochenschrift, S. 1490-1494.

Milgram, Stanley, 1974, Das Milgram-Experiment – Zur Gehorsamsbereitschaft gegenüber Autoritäten, Rohwolt, Reinbek.

Milne, Rebecca/Bull, Ray, 2003, Psychologie der Vernehmung – Die Befragung von Tatverdächtigen, Zeugen und Opfern, Verlag Hans Huber, Bern.

Minoggio, Ingo, 2011, Interne Ermittlungen im Unternehmen, in: Böttger, Marcus: Wirtschaftsstrafrecht in der Praxis, ZAP, Münster, S. 1061-1106.

Minoggio, Ingo, 2010, Firmenverteidigung – Die Vertretung von Unternehmensinteressen im Straf- und Ordnungswidrigkeitenverfahren, 2. Auflage, LexisNexis, Münster.

Minoggio, Ingo, 2010, Interne Ermittlungen im Unternehmen, in: Böttger, Marcus (Hg.), Wirtschaftsstrafrecht in der Praxis, LexisNexis, Münster.

Minoggio, Ingo, 2009, Firmenanwalt und Strafverteidiger – Zwei Seiten einer wertvollen Beratungsmedaille?, ZAP, Münster, Fach 23, S. 859-872.

Minoggio, Ingo, 2001, Steuerberater und Strafverteidiger im steuerstrafrechtlichen Ermittlungsverfahren – Plädoyer für optimale Zusammenarbeit, in: Die Steuerberatung, Nr. 7, S. 324.

Minoggio, Ingo, 2001, Der Firmenmitarbeiter als Zeuge im Ermittlungsverfahren – Der Rechtsanwalt als sein Zeugenbeistand, in: Anwaltsblatt, Nr. 11, S. 584.

Mischalke, Regina, 2010, Neue Garantenpflichten?, in: Anwaltsblatt, S. 666-670.

Mitnick, Kevin/Simon, William, 2003, Die Kunst der Täuschung – Risikofaktor Mensch, mitp-Verlag, Bonn.

Mochty, Ludwig, 2002, Die Aufdeckung von Manipulationen im Rechnungswesen – Was leistet das Benford's Law?, in: Die Wirtschaftsprüfung, Nr. 14, S. 725-736.

Möhrenschlager, Manfred, Der strafrechtliche Schutz gegen Korruption, in: Dölling, Dieter (Hg.), Handbuch der Korruptionsprävention, Beck, München, S. 377-561.

Mössmer, Doris/Moosburger, Hermann, 2007, Gesetzliche oder gefühlte Ermittlungskompetenz der FKS-Dienststellen in Steuerstrafsachen?, in: Zeitschrift für Wirtschafts- und Strafrecht, Nr. 3, S. 55-58.

Monahan, John, 1973, Dangerous offenders – A critique of Kozol et al., in: Crime and Delinquency, Vol. 19, Nr. 4, S. 418-420.

Müller, Thomas, 2010, Bestie Mensch – Gierige Bestie, rororo, Hamburg.

Müller-Isberner Rüdiger J./Cabeza, Sara G./Eucker, Sabine, 2000, Die Vorhersage sexueller Gewalttaten mit dem SVR-20, Institut für Forensische Psychiatrie, Haina.

Müller-Isberner, Rüdiger J./Jöckel, Dieter/Cabeza, Sara G., 1998, Die Vorhersage von Gewalttaten mit dem HCR-20, Institut für forensische Psychiatrie, Haina.

Nelles, Ursula, 1997, Europäisierung des Strafverfahrens – Strafprozeßrecht für Europa?, in: Zeitschrift für die gesamte Strafrechtswissenschaft, Nr. 109, S. 727-755.

Nelles, Ursula, 1986, Der Einfluss der Verteidigung auf Beweiserhebung im Ermittlungsverfahren, in: Strafverteidiger, S. 74-80.

Nerlich, Michael, 1998, Zur abenteuerlichen Moderne oder von Risiko und westlicher Zivilisation, in: Risiko – Wieviel Risiko braucht die Gesellschaft?, Verlag Versicherungswirtschaft, Berlin.

Niemeyer, Jürgen, 2011, Ermittlungsverfahren, in: Müller-Gugenberger, Christian/ Bieneck, Klaus, Wirtschaftsstrafrecht, 5. Auflage, Otto Schmidt, Köln.

Oberwetter, Christian, 2008, Arbeitnehmerrechte bei Lidl, Aldi & Co, in: Neue Zeitschrift für Arbeitsrecht, S. 609-613.

OECD, 2009, Magnitude Counterfeiting and Piracy of Tangible Products: an Update, http://www.oecd.org/dataoecd/57/27/44088872.pdf, Zugriff 13.08.2011.

O'Gara, John D., 2004, Corporate Fraud, Case Studies in Detection and Prevention, Wiley, New York.

O.V., 2011a, Behörden schließen gefälschte Apple-Stores, http://www.sueddeutsche.de/digital/china-neue-form-de-raubkopie-behoeden-schliessen-gefaelschte-apple-stores-1.1124210, Zugriff 07.08.2011.

O.V., 2011b, Ikea geht gegen Kopie in China vor, in: Hannoversche Allgemeine Zeitung, 04.08.2011.

O.V., 2009, Schwachstelle Mensch, in: Focus Magazin, Nr. 1, S. 104-105.

O.V., 2007, Gezielte Ausforschung und Manipulation – das Internet hilft!, in: Der Sicherheitsberater (VZM), Nr. 11 vom 01.06.2007, S. 197.

Palandt, Otto/Bassenge, Peter/Brudermüller, Gerd, 2008, Bürgerliches Gesetzbuch Kommentar, Beck, München.

Paun, Christopher, 2011, Between Collaboration and Competition – Global Public Partnerships against Intellectual Property Crimes, Working Paper 149, Bremen, Sfb 597, Staatlichkeit im Wandel.

Pauthner, Jürgen/de Lamboy, Christian, 2011, Aufbau unternehmensinterner Kompetenz- und Wissensressourcen für das Compliance Management, in: Corporate Compliance Zeitschrift, Nr. 4, S. 146-155.

Pauthner, Jürgen/Stephan, Hans-Jürgen, 2010, Compliance-Managementsysteme für Unternehmensrisiken im Bereich des Wirtschaftsstrafrechts, in: Hauschka, Christoph (Hg.), Corporate Compliance, 2. Auflage, Beck, München, S. 637-686.

Pedneault, Stephen, 2009, Fraud 101 – Techniques and Strategies for Understanding Fraud, Wiley, New York et al.

Peemöller, Volker/Kregel, Joachim, 2010, Grundlagen der Internen Revision, Erich Schmidt, Berlin.

Perron, Walter, 2009, Probleme und Perspektiven des Untreuetatbestandes, in: Goldammer's Archiv für Strafrecht, S. 219-234.

Peters, Karl, 1970, Fehlerquellen im Strafprozess, C. F. Müller, Karlsruhe.

Pfordte, Thilo, 2009, Outsourcing of Investigations? – Anwaltskanzleien als Ermittlungsgehilfen der Staatsanwaltschaft, in: Arbeitsgemeinschaft des Deutschen Anwaltvereins (Hg.), Strafverteidigung im Rechtsstaat – 25 Jahre Arbeitsgemeinschaft Strafrecht des Deutschen Anwaltvereins, Nomos, Baden-Baden.

Piel, Milena/Püschel, Christof/Tsambikakis, Michael/Wallau, Rochus, 2009, Der Entwurf eines Untersuchungshaftvollzugsgesetzes NRW – Ein rechtliches und politisches Ärgernis, in: Zeitschrift für Rechtspolitik, S. 33 ff.

Pierer, Heinrich v./Homann, Karl/Lübbe-Wolff, Gertrude, 2003, Zwischen Profit und Moral, Hanser, München.

Postel, Gerd, 2003, Doktorspiele – Geständnisse eines Hochstaplers, München, Goldmann.

PWC, 2010, Kriminalität im öffentlichen Sektor 2010 – Auf der Spur von Korruption & Co.

Quick, Reiner/Wolz, Matthias, 2003, Benford's Law in deutschen Rechnungslegungsdaten, in: Betriebswirtschaftliche Forschung und Praxis, Nr. 2, S. 208-224.

Quinsey, Vernon L./Harris, Grant T./Rice, Marnie/Cormier, Catherine A., 2006, Violent offenders – Appraising and managing risk, American Psychological Association, Washington DC.

Rafeld, Hagen/Then Berg, Friedrich, 2007, Digitale Ziffernanalyse in deutschen Rechnungslegungsdaten, in: Zeitschrift Interne Revision, Nr. 01, S. 26-33.

Ransiek, Andreas, 2004, Risiko, Pflichtwidrigkeit und Vermögensnachteil bei der Untreue, in: Zeitschrift für die gesamte Strafrechtswissenschaft, Nr. 116, Heft 3, S. 634-679.

Rapoport, Anatol/Chammah, Albert, M. 1965, Prisoner's dilemma – a study in conflict and cooperation, University of Michigan Press.

Redwitz, Friederike, 2008, Payback und Happy Digits bekommen Konkurrenz, Handelsblatt, http://www.handelsblatt.com/unternehmen/handel-dienstleister/payback-und-happy-digits-bekommen-konkurrenz/2925276.html?p2925276=1, Zugriff 12.01.2011.

Regierungskommission Deutscher Corporate Governance Kodex, 2010, Deutscher Corporate Governance Kodex in der Fassung vom 26. Mai 2010.

Reichertz, Jo, 2010, Verhören ist Beziehungsarbeit, in: Gehirn & Geist, Dossier, Nr. 2, S. 18-19.

Reifschneider, Christina, 2007, Informationeller Anlegerschutz, DUV, Wiesbaden.

Reineke, Wolfgang, 1997, Krisenmanagement – Richtiger Umgang mit den Medien in Krisensituationen, Stamm, Essen.

Reppesgaard, Lars, 2008, In China aufs Kreuz gelegt – und daraus gelernt, in: Handelsblatt 17.11.2008.

Reppesgaard, Lars, 2006, Wenn der Blackberry plötzlich weg ist, in: Handelsblatt 02.09.2006.

Rescher, Nicholas, 1983, Risk – a Philosophical Introduction to the Theory of Risk Evaluation and Management, University Press of America, New York.

Rettenberger, Martin/Eher, Reinhard, 2006, Die deutsche Übersetzung und Adaptierung des Static 99 zur aktuarischen Kriminalprognose verurteilter Sexualstraftäter, in: Monatszeitschrift für Kriminologic, Nr. 89, S. 352-365.

Rezaee, Zabihollah/Riley, Richard, 2009, Financial Statement Fraud – Prevention and Detection, Wiley, New York et al.

Richardi, Reinhard, 2010, Betriebsverfassungsgesetz, 12. Auflage, Beck, München.

Richter, Hans, 2011, § 25c KWG-Pflichten – Sonstige strafbare Handlungen, in: Jackmuth, Hans-Willi/Rühle, Hans Dieter/Zawilla, Peter (Hg.), Finanz Colloquium Heidelberg, Heidelberg.

Rönnau, Thomas, 2003, Vermögensabschöpfung in der Praxis, Beck, München.

Rogall, Klaus, 2010, § 85, in: Wolter, Jürgen (Hg.): Systematischer Kommentar zur StPO, Carl Heymanns Verlag, Köln.

Romeike, Frank, 2008, Rechtliche Grundlagen des Risikomanagements – Haftungs- und Strafvermeidung für Corporate Compliance, Erich Schmidt, Berlin.

Romeike, Frank, 2008, Zur Historie des Versicherungsgedankens und des Risikobegriffs, in: Romeike, Frank/Müller-Reichart, Matthias (Hg.): Risikomanagement in Versicherungsunternehmen, Wiley, Weinheim, S. 25-46.

Romeike, Frank, 2008, Gesunder Menschenverstand als Frühwarnsystem (Gastkommentar), in: Der Aufsichtsrat, Nr. 05, S. 65.

Romeike, Frank, 2006, Integriertes Risiko-Controlling und -Management im global operierenden Konzern, in: Schierenbeck, Henner (Hg.), Risk Controlling in der Praxis, Schäffer Poeschel, Zürich.

Romeike, Frank, 2005, Frühwarnsysteme im Unternehmen – Nicht der Blick in den Rückspiegel ist entscheidend, in: Rating aktuell, Nr. 2, S. 22-27.

Romeike, Frank, 2004, Integration des Managements der operationellen Risiken in die Gesamtbanksteuerung, in: Banking and Information Technology, Band 5, Nr. 3, S. 41-54.

Romeike, Frank, 1995, Zur Risikoverarbeitung in Banken und Versicherungsunternehmen (Teil 1), in: Zeitschrift für Versicherungswesen, Nr. 1, S. 18-21.

Romeike, Frank/Hager, Peter, 2009, Erfolgsfaktor Risk Management 2.0 – Methoden, Beispiele, Checklisten: Praxishandbuch für Industrie und Handel, 2. Auflage, Gabler, Wiesbaden.

Romeike, Frank/Löffler, Hendrik, 2007, RiskNET Experten-Studie – Wert- und Effizienzsteigerung durch ein integriertes Risiko- und Versicherungsmanagement, Oberaudorf/Hamburg.

Röttger, Ulrike/Ingenhoff, Diana, 2008, Rollen, Workflows und IT, in, Roselieb, Frank/Dreher, Marion (Hg.), Krisenmanagement in der Praxis, Erich Schmidt, Berlin, S. 133-152.

Rübenstahl, Markus, 2009, Anmerkung zum Urteil des BGH vom 17.07.2009, in: Neue Zeitschrift für Gesellschaftsrecht, S. 1341-1344.

Rümmele, Jürgen, 1991, Die Bedeutung der Bewertungsstetigkeit für die Bilanzierung, Duncker & Humblot, Berlin.

Salditt, Franz, 2001, Grauzonen anwaltlicher Freiheit, kasuistisch betrachtet, in: Brak-Mitteilung, S. 155.

Salhotra, Anuradha, 2011, Tackling Counterfeiters in India, in: World Intellectual Property Review, Mai/Juni, S. 36-38.

Salvenmoser, Steffen/Schreier, Heiko, 2008, Private Ermittlungen, in: Achenbach, Hans/ Ransieck Andreas (Hg.), Handbuch Wirtschaftstrafrecht, C.F. Müller, Heidelberg, S. 1237-1270.

Schafer, John. R./Navarro, Joe, 2003, Advanced interviewing techniques – Proven Strategies for Law Enforcement, Military, and Security Personnel, Charles C Thomas Publisher, Springfield.

Scherf, Christian, 2007, Erstellung eines risikoorientierten Prüfungsuniversums nach COSO II in: Förschler, Dominik (Hg.): Innovative Prüfungstechniken und Vorgehensweisen, Bankakademie Verlag, Frankfurt a.M., S. 151-207.

Schlienkamp, Christoph, 2007, Bilanzen leicht verständlich, FinanzBuch Verlag, München.

Schlösser, Jan, 2007, Zur Strafbarkeit des Betriebsrates nach § 119 BetrVG – ein Fall straffreier notwendiger Teilnahme?, in: Neue Zeitschrift für Strafrecht, Nr. 10, S. 562-565.

Schmelter, Heinrich, 1998, Die neue Rolle der Internen Revision – nur noch Erfüllungsgehilfe der WP für Compliance? in: Zeitschrift Interne Revision, Nr. 2, S. 58-64.

Schmidt, Jörg, 2003, Möglichkeiten und Grenzen der Operationalisierung von Ursache-Wirkungs-Zusammenhängen in der Balanced Scorecard – eine theoretische und empirische Analyse unter besonderer Berücksichtigung des Bankensektors, Schriftenreihe des Zentrums für Ertragsorientiertes Bankmanagement, Münster, Nr. 35, Fritz Knapp, Frankfurt a.M.

Schmidl, Michael, 2010, Recht der IT-Sicherheit, in: Hauschka, Christoph (Hg.), Corporate Compliance, 2. Auflage, Beck, München, S. 701-807.

Schneider, Uwe H., 2003, Compliance als Aufgabe der Unternehmensleitung, in: Zeitschrift für Wirtschaftsrecht und Insolvenzpraxis, Nr. 15, S. 645-650.

Schönke, Adolf/Schröder, Horst, 2010, Strafgesetzbuch: Kommentar, 28. Auflage, Beck, München.

Schöttler, Jürgen/Spulak, Reinhard, 2003, Technik des betrieblichen Rechnungswesens – Lehrbuch zur Finanzbuchhaltung, Oldenbourg, München.

Schütz, Erwin/Schmiemann, Klaus, 2009, Disziplinarrecht des Bundes und der Länder – Kommentar, Gieseking, Bielefeld.

Schulz von Thun, Friedemann, 1981, Miteinander Reden – Störungen und Klärungen, Rohwohlt, Reinbek.

Schulze, Carola, 2008, Das Recht der öffentlichen Ersatzleistungen, Lit Verlag, Berlin u.a.

Schuster, Wolfgang, 2010, Kommunalpolitik in Zeiten der Globalisierung, in: Schuster, Wolfgang/Murawski, Klaus-Peter (Hg.), Die regierbare Stadt, Deutscher Gemeindeverlag, Stuttgart.

Senge, Lothar, 2009, § 130, in: Erbs, Georg/Kohlhaas, Max, Strafrechtliche Nebengesetze, Beck, München.

Shavelson, Richard J./McDonnell, Lorraine M./Oakes, Jeannie, 1991, Steps in designing an indicator system, in: Practical Assessment, Research & Evaluation, http://pareonline.net/getvn.asp?v=2&n=12, Zugriff 04.01.2011.

Simitis, Spiros, 2011, Bundesdatenschutzgesetz, 7. Auflage, Nomos, Baden-Baden.

Singleton, Tommie/Singleton, Aaron/Bologna, Jack, 2006, Fraud auditing and forensic accounting, John Wiley and Sons, New York et al.

Sommer, Sarah, 2011, Ikea ächzt unter Chinas Klon-Kriegern, in: manager magazin, 12.08.2011.

Sommer, Ulrich, 2009, Korruptionsstrafrecht, ZAP, Münster.

Sommer, Ulrich, 2004, Das Bundesverfassungsgericht als Retter der Strafverteidigung?, in: Strafverteidiger Forum, S. 257.

Sommer, Ulrich, 1998, Auskunftsverweigerung des gefährdeten Zeugen, in: Strafverteidiger Forum, Nr. 1, S. 8-15.

Sosna, Christian, 2004, Statistische Ziffernanalyse – Teil 1, in: Steuerliche Betriebsprüfung, Nr. 9, S. 249-253.

Stadtland, Cornelis/Hollweg, M./Kleindienst, Nikolaus/Dietl, J./Reich, U./Nedopil, Norbert, 2006, Rückfallprognosen bei Sexualstraftätern – Vergleich der prädiktiven Validität von Prognoseinstrumenten, in: Der Nervenarzt, Vol. 77, Nr. 5, S. 587-595.

Stadtland, Cornelis/Kleindienst, Nikolaus/Kröner, Carolin/Eidt, Matthias/Nedopil, Norbert, 2005, Psychopathic traits and risk of criminal recidivism in offenders with and without mental disorders, in: International Journal of Forensic Mental Health, Vol. 4, Nr. 1, S. 89-97.

Stadtland, Cornelis/Nedopil, Nobert, 2004, Vergleichende Anwendung heutiger Prognoseinstrumente zur Vorhersage krimineller Rückfälle bei psychiatrisch begutachteten Probanden, in: Monatsschrift für Kriminologie und Strafrechtsreform, Vol. 87, S. 77-85.

Staw, Barry M., 1976, Knee-deep in the big muddy – a study of escalating commitment to a chosen course of action, in: Organizational Behaviour and Human Performance, Nr. 16, S. 27-44.

Stoffers, Kristian, 2009, Einführung eines Krisenmanagements bei Unternehmen im Hinblick auf mögliche Strafverfahren, in: Zeitschrift für Wirtschafts- und Strafrecht, S. 379-384.

Stoffers, Kristian, 2009, Anmerkung zum BGH-Urteil v. 17.07.2009, in: Neue Juristische Wochenschrift, S. 3173-3177.

Streck, Michael, 2001, Die anwaltliche Sicht des Steuerprozesses, in: Neue Juristische Wochenschrift, 1541-1545.

Sünderhauf, Katrin/Stumpf, Siegfried/Höft, Stefan, 2010, Assessment-Center – Von der Auftragsklärung bis zur Qualitätssicherung, ein Handbuch von Praktikern für Praktiker, Pabst, Berlin.

Talaulicar, Till, 2006, Unternehmenskodizes – Typen und Normierungsstrategien zur Implementierung einer Unternehmensethik, Gabler, Wiesbaden.

Taleb, Nassim Nicholas, 2008, Der Schwarze Schwan – Die Macht höchst unwahrscheinlicher Ereignisse, Hanser Wirtschaft, München.

Taschke, Jürgen, 2007, Verteidigung von Unternehmen – Die wirtschaftsrechtliche Unternehmensberatung, in: Strafverteidiger, S. 495-500.

Thieme, Uwe/Bédé, Axel, 2008, Polizeiliche Stabsarbeit – zwischen Beraten und Entscheiden, in: Buerschaper, Cornelius/Starke, Susanne (Hg.), Führung und Teamarbeit in kritischen Situationen, Verlag für Polizeiwissenschaft, Frankfurt a.M.

Thieme, Uwe/Hofinger, Gesine, 2008, Stabsarbeit und Ständige Stäbe bei der Polizei – Sicherheit durch Professionalisierung, in: Badke-Schaub, Petra/Hofinger, Gesine/Lauche, Kristina (Hg.), Human Factors – Psychologie sicheren Handelns in Risikobranchen, Springer, Heidelberg.

Thüsing, Gergor, 2010, Arbeitnehmerdatenschutz und Compliance, Beck, München.

Thüsing, Gregor, 2009, Grundfragen des Arbeitnehmerdatenschutzes, in: Neue Zeitschrift für Arbeitsrecht, S. 865-870.

Tiedemann, Klaus, 2006, Leipziger Kommentar Strafgesetzbuch, Laufhütte, Heinrich Wilhelm/Rissing-van Saan, Ruth/Tiedemann, Klaus (Hg.), 12. Auflage, De Gruyter, Berlin.

Tilmann, Job, 2005, Prozessführung der Staatsanwaltschaft und Medien, in: Strafverteidiger, S. 175.

Töpfer, Arnim, 1999, Plötzliche Unternehmenskrisen – Gefahr oder Chance, Luchterhand Verlag, Neuwied.

Transparency International Deutschland, 2008, Eckpunkte zur Anpassung des § 108e StGB (Abgeordnetenbestechung), Berlin.

Trauboth, Jörg, 2002, Krisenmanagement bei Unternehmensbedrohungen, Boorberg-Verlag, Stuttgart.

Urbaniok, Frank, 2007, FOTRES – Forensisches Operationalisiertes Therapie-Risiko-Evaluations-System, Zytglogge, Bern.

Urbaniok, Frank, 2004, Validität von Risikokalkulationen bei Straftätern – Kritik an einer methodischen Grundannahme und zukünftige Perspektiven, in: Fortschritte für Neurologie und Psychiatrie, Vol. 72, S. 260-269.

Urbaniok, Frank, 2001, Das Züricher PPD-Modell - Ein modernes Konzept der Zusammenarbeit von Justiz und Psychiatrie, in: Forensische Psychiatrie und Psychotherapie Werkstattschriften, Nr. 8, S. 37-67.

Urbaniok, Frank/Endrass, Jérôme/Rossegger, Astrid/Noll, Thomas/Gallo, William T./Angst, Jules, 2007, The prediction of criminal recidivism – the implication of sampling in prognostic models, in: European Archives of Psychiatry and Clinical Neuroscience, Vol. 257, Nr. 3, S. 129-134.

Urbaniok, Frank/Noll, Thomas/Grunewald, Sonja/Steinbach, Jennifer/Endrass, Jérôme, 2006, Prediction of violent and sexual offences – A replication study of the VRAG in Switzerland, in: The Journal of Forensic Psychiatry and Psychology, Vol. 17, Nr. 1, S. 23-31.

Urbaniok, Frank/Noll, Thomas/Rossegger, Astrid/Endrass, Jérôme, 2007, The predictive quality of the Psychopathy Checklist-Revised (PCL-R) for violent and sex offenders in Switzerland – A validation study, in: Fortschritte der Neurologie – Psychiatrie, Vol. 75, Nr. 3, S. 155-159.

Urbaniok, Frank/Rinne, Held, L./Rossegger, Astrid/Endrass, Jérôme, 2008, Forensische Risikokalkulationen – Grundlegende methodische Aspekte zur Beurteilung der Anwendbarkeit und Validität verschiedener Verfahren, in: Fortschritte der Neurologie und Psychiatrie, Nr. 8, S. 470-477.

Vogel, Florian/Glas, Vera, 2009, Datenschutzrechtliche Probleme unternehmensinterner Ermittlungen, in: Der Betrieb, Nr. 33, S. 1748.

Vogt, Volker, 2009, Compliance und Investigations – Zehn Fragen aus Sicht der arbeitsrechtlichen Praxis, in: Neuen Juristischen Online-Zeitschrift, Nr. 46, S. 4206-4218.

Vorhies, James Brady, 2004, Key Controls – The Solution for Sarbanes-Oxley Internal Control Compliance, IIA Research Foundation, Altamonte Springs.

Vrij, Aldert, 2008, Detecting Lies and Deceit – Pitfalls and Opportunities, Wiley, Chichester.

Vrij, Aldert, 2004, Why professionals fail to catch liars and how they can improve, in: Legal and criminological psychology, Vol. 9, Nr. 2, S. 159-181.

Vrij, Aldert/Mann, Samantha A./Fisher, Ronald P./Leal, Sharon/Milne, Rebecca/Bull, Ray, 2004, Increasing cognitive load to facilitate lie detection – the benefit of recalling an event in reverse order, in: Law and Human Behavior, Vol. 32, Nr. 3, S. 253-265.

Vygen, Klaus/Kratzenberg, Rüdiger, 2010, VOB Teile A und B Kommentar, 17. Auflage, Werner Verlag, Köln.

Wagner, Joachim, 1987, Strafprozeßführung über Medien, Nomos, Baden-Baden.

Wanczura, Sylvia, 2010, Raumplanung und „Risk Governance" – Indikatorensystem zur Messung einer effektiven und effizienten Koordination im „Risk Governance" Prozess, Dissertation, Technische Universität Dortmund.

Wank, Rolf, 2011, Erfurter Kommentare, 11. Auflage, Beck, München.

Wasserburg, Klaus, 1993, Fehlerquellen im Ermittlungsverfahren – Eine Betrachtung aus Sicht der Verteidigung, in: Kriminalistik, Nr. 47, S. 57-64.

Wastl, Ulrich/Litzka, Philippe/Pusch, Martin, 2009, SEC-Ermittlungen in Deutschland – eine Umgehung rechtsstaatlicher Mindeststandards!, in: Neue Zeitschrift für Strafrecht, Nr. 2, S. 68-74.

Watrin, Christoph/Ullmann, Robert, 2009, Ziffernanalyse in der steuerlichen Betriebsprüfung –Voraussetzungen, Funktionsweise, Anwendungsmöglichkeiten, in: Die Wirtschaftsprüfung, Nr. 2, S. 98-106.

Watzlawick, Paul/Beavin, Janet H./Jackson, Don D., 1969, Menschliche Kommunikation – Formen Störungen Paradoxien, Verlag Hans Huber, Bern.

Weber, Jürgen/Schäffer, Utz, 2000, Balanced Scorecard & Controlling – Implementierung, Nutzen für Manager und Controller, Erfahrungen in deutschen Unternehmen, Gabler, Wiesbaden.

Webster, Christopher D./Douglas, Kevin S./Eaves Derek, Hart, Stephen D., 1997, HCR-20 – Assessing the Risk of Violence, Version 2, MHLPI, Burnaby.

Wehnert, Anne, 2005, Prozessführung der Verteidigung und Medien, in: Strafverteidiger, S. 178-179.

Wellhöfer, Werner/Pelzer, Martin/Müller, Wel, 2008, Die Haftung von Vorstand, Aufsichtsrat und Wirtschaftsprüfer, Beck, München.

Wellhöner, Astrid/Byers, Philipp, 2009, Datenschutz im Betrieb – Alltägliche Herausforderung für den Arbeitgeber?!, in: Betriebsberater, Nr. 43, S. 2310.

Wells, Joseph T., 2007, Fraud Casebook - Lessons from the Bad Side of Business, John Wiley & Sons, Hoboken.

Wells, Joseph T./Kopetzky, Matthias, 2006, Handbuch Wirtschaftskriminalität in Unternehmen, LexisNexis, Wien.

Wells, Joseph T., 1997, Occupational Fraud and Abuse, Obsidian, Austin.

Wendler, Axel/Hoffmann, Helmut, 2009, Technik und Taktik der Befragung im Gerichtsverfahren – Urteile begründen, Urteile prüfen, Lüge und Irrtum aufdecken, Kohlhammer, Stuttgart.

Wessing, Jürgen, 2009, Der Einfluss von Compliance, Revision und firmeninternen Ermittlungen auf die Strafverteidigung, in: Arbeitsgemeinschaft des Deutschen Anwaltvereins (Hg.), Strafverteidigung im Rechtsstaat – 25 Jahre Arbeitsgemeinschaft Strafrecht des Deutschen Anwaltvereins, Nomos, Baden-Baden, S. 907 ff.

Wessing, Jürgen, 2009, Der Unternehmensverteidiger, in: Hiebl, Stefan/Kassebohm, Nils/Lilie, Hans, Festschrift für Volkmar Mehle, Nomos, Baden-Baden.

Wessing, Jürgen, 2008, Die Beratung des Unternehmens in der Krise, in: Klaus Volk (Hg.), Münchener Anwaltshandbuch – Verteidigung in Wirtschafts- und Steuerstrafsachen, Beck, München.

Wessing, Jürgen/Katzung, Matthias 2008, Die Schätzung im Steuerstrafverfahren im Überblick, in: Steueranwaltsmagazin, Nr. 1, S. 21-26.

Westhoff, Karl/Hellfritsch, Lothar J./Hornke, Lutz F., 2005, Grundwissen für die berufsbezogene Eignungsbeurteilung nach Din 33430, Pabst, Berlin.

Wilmes, Frank, 2007, Über die Notwendigkeit von Public Relations in Strafprozessen, in: Strafverteidiger Forum, Nr. 1, S. 11-15.

Wohlgemuth, Hans H., 1988, Datenschutz für Arbeitnehmer, 2. Auflage, Luchterhand, Köln.

Wolf, Thomas/Mulert, Gerrit, 2008, Die Zulässigkeit der Überwachung von E-Mail-Korrespondenz am Arbeitsplatz, in: BetriebsBerater, Nr. 9, S. 442-447.

Wybitul, Tim, 2009, Strafbarkeitsrisiken für Compliance-Verantwortliche, in: Betriebs-Berater, Nr. 48, S. 2590-2593.

Zawilla, Peter, 2010, Fraud Prevention in kleineren und mittleren Unternehmen – Möglichkeiten und Grenzen, in: Hoffmann, Karsten/Schlüter, Harald (Hg.), Jahrbuch Accounting, Taxation & Law (ATL), MV-Verlag, Münster, S. 287-299.

Zawilla, Peter, 2008, Neue Manipulationspraktiken in modernen Vertriebskanälen, in: BankPraktiker, Nr. 11, S. 502-509.

Zawilla, Peter, 2007, Manipulationen im Provisionsgeschäft: Nicht immer nur zur persönlichen Bereicherung, in: Banken-Times, Nr. 6, S. 21-22.

Zawilla, Peter, 2005, Indizien für Mitarbeiterverfehlungen/Schadensfälle, in: Kaup, Andreas/Schäfer-Band, Ursula/Zawilla, Peter (Hg.), Unregelmäßigkeiten im Kreditgeschäft, Finanz Colloquium Heidelberg, Heidelberg, 2005, S. 253-302.

Zehnder, Martina, 2010, Präventionskonzept Wirtschaftskriminalität bei der Schweizerischen Post, in: Der Schweizer Treuhänder, Nr. 3, S. 132-136.

Ziercke, Jörg, 2009, Vorwort, in: Bundeskriminalamt (Hg.), Die Operative Fallanalyse in der Hauptverhandlung – Ergebnisse eines BKA-Kolloquiums; Polizei + Forschung, Band 38, Wolters Kluwer, Köln, S. V.

Zwygart, Ulrich, 2007, Wie entscheiden Sie? Entscheidungsfindung in schwierigen Situationen, Haupt Verlag, Bern.

Stichwortverzeichnis

Autorenverzeichnis

Clemens Anderlitschka
abslovierte eine Ausbildung zum Telekommunikationselektroniker mit anschließendem Studium der Nachrichtentechnik an der FH Dieburg der Deutschen Telekom AG. Nach dem Studium begleitete er die internationale Standardisierung von Zugangsnetztechnologien und Intelligenten Netzen für das Bundesamt für Post und Telekommunikation, dem Vorläufer der jetzigen Bundesnetzagentur. Seit 1998 bei VIAG Interkom, der heutigen BT (Germany), einer Tochter der britischen BT plc., in wechselnden Positionen tätig (Themen u.a. TK-Regulierung und Revenue Assurance), baute er seit 2002 das Fraud Management für BT in Deutschland auf und verantwortet seitdem auch die Ablauforganisation. Seit 2004 ist Clemens Anderlitschka Mitglied im Board des Deutschen Fraud Forums (gegen Telekommunikationsmissbrauch in Deutschland). Momentan verantwortet Clemens Anderlitschka als Head of Business Improvement neben dem Fraud Management auch die Themengebiete Qualitätsmanagement, Kundenzufriedenheit und Prozesseffizienz bei BT (Germany).

Stefan Becker
Kriminalhauptkommisar Stefan Becker ist Sachbearbeiter für Computerkriminalität beim Polizeipräsidium Bonn. Seit 1987 im Dienst der Polizei des Landes Nordrhein-Westfalen wechselte er 1994 nach Abschluss des Studiums an der Fachhochschule für öffentliche Verwaltung Köln als Diplomverwaltungswirt (FH) zur Kriminalpolizei. Im Sachgebiet der Computerkriminalität ist er seit 1999 tätig. Im Jahr 2009 absolvierte er den Master of Business Administration in der Spezialisierung Risk and Fraud Management in Berlin.

Axel Bédé
Verfasser diverser Notfall- und Krisenmanagementpläne für mittlere und große, überwiegend börsennotierte Unternehmen. Implementierung und Optimierung des Notfall- und Krisenmanagements in Unternehmen einschließlich Trainings- und Übungsmaßnahmen (Stabsrahmenübungen, Teilprozessübungen und Vollübungen). Referent im Bereich Notfall- und Krisenmanagement, Unternehmenssicherheit und Social Engineering. Autor der Bücher „Notfall- und Krisenmanagement in Unternehmen" und „Social Engineering – ein besonderer Aspekt des IT-Schutzes" sowie diverser Veröffentlichungen in Fachzeitschriften/Fachbüchern. Hauptberuflich Kriminaldirektor im Landeskriminalamt Berlin.

RA Dr. Rainer Buchert

war viele Jahre leitender Kriminalbeamter im Bundeskriminalamt und Polizeipräsident einer hessischen Großstadt. Seit 1999 arbeitet er als freier Anwalt in Frankfurt a.M. Rainer Buchert hat in Deutschland die längste und umfangreichste Erfahrung als Ombudsmann und ist derzeit von 18 Unternehmen mandatiert, darunter Volkswagen, Lufthansa, Bertelsmann, Rewe, Otto, NordLB, DekaBank und Telefonica O2 Germany.

Uwe Claaßen

Nach dem Abitur ist Uwe Claaßen in die niedersächsische Landespolizei eingetreten. 1986 wurde er zum Verfassungsschutz Niedersachsen versetzt. Seit 1998 ist er für den Wirtschaftsschutz und Geheimschutz in der Wirtschaft tätig.

RA Dr. Peter Christ

ist seit 2005 im Düsseldorfer Büro von Clifford Chance im Bereich Arbeitsrecht tätig; seit 2010 als Counsel. Er berät Unternehmen in allen Fragen des Individual- und Kollektivarbeitsrechts und vertritt sie in den damit verbundenen Verfahren vor Gericht. Einer seiner Tätigkeitsschwerpunkte ist die Umsetzung von Compliance-Systemen sowie die Beratung im Rahmen von Compliance-Untersuchungen. Detailthemen sind die Mitbestimmung des Betriebsrats bei der Implementierung von Compliance-Vorgaben, im Hinblick auf datenschutzrechtliche Anforderungen, arbeitsrechtliche Konsequenzen, wie beispielsweise Ermahnung, Abmahnung, Kündigung, Sonderfall der Verdachtskündigung, Sonderprobleme bei Geschäftsführern und Vorständen (insbesondere Durchsetzen von Schadensersatzansprüchen, Beweisermittlung), Grundlagen des Arbeitnehmerdatenschutzrechts. Ein weiterer Schwerpunkt liegt in der Beratung im Zusammenhang mit dem Erwerb, der Umstrukturierung, der Umgestaltung sowie der Schließung von Unternehmen und den diesbezüglichen Verhandlungen mit Betriebsrat und Gewerkschaft.

Justine Glaz-Ocik

Justine Glaz-Ocik ist Diplom-Psychologin und spezialisierte sich mitunter auf die Bereiche der Risikoanalyse und des Fallmanagements zur Prävention von schwerer und zielgerichteter Gewalt am Arbeitsplatz sowie im sozialen Nahraum. Als Psychologische Bedrohungsmanagerin berät und schult sie Unternehmen sowie andere Institutionen zu sicherheitsrelevanten Themen, so auch zu Einschätzungen von Drohungen und dem Umgang mit gewaltbereiten Personen. Sie ist Mitglied der Association of European Threat Assessment Professionals (AETAP) und führt u.a. das Fallmanagement mit Stalkern und Gewalttätern durch.

Dr. Peter Glinder

Dr. rer. pol., Dipl.-Ökonom, Dipl.-Verwaltungswirt (FH), ist beim Rechnungsprüfungsamt der Landeshauptstadt Stuttgart Abteilungsleiter der Prüfbereiche Finanzwesen, Betriebswirtschaft, Eigenbetriebe und Informationstechnik. Zuvor war er mehrere Jahre in der Landesverwaltung Baden-Württemberg im Controlling sowie in der Preisprüfung öffentlicher Aufträge tätig. Peter Glinder ist Lehrbeauftragter an der Hochschule für öffentliche Verwaltung und Finanzen, Ludwigsburg.

Suzanne Grieger-Langer

ist Profiler und Management-Coach. Die Diplom-Pädagogin (Schwerpunkt Diagnose und Beratung) mit therapeutischen Zusatzausbildungen (u.a. Transaktionsanalyse) ist Lehrbeauftragte der FH Bielefeld und der Wirtschaftsuniversität in Wien.

Nach mehrjähriger Erfahrung in der Therapie von polyvalent Abhängigen (stationär) und dissoziativen Identitätsstörungen (ambulant) wurde sie von der Bertelsmann AG in die Wirtschaft rekrutiert. Seit 1993 trainiert sie Führungskräfte zu Führungspersönlichkeiten.

Mit ihrem Team von Profilern ist sie in der Lage, Charakterprofile auf dem Niveau des psychogenetischen Codes zu erstellen. Sie ist spezialisiert auf die defizitorientierte Erkennung von Betrugsverhalten und die ressourcenorientierte Erkennung von Führungspotenzial.

In ihren Büchern warnt sie vor Manipulationsmechanismen („Die Tricks der Trickser") und plädiert für einen verantwortungsvollen Umgang mit Macht („Die 7 Säulen der Macht").

Dr. Everhard von Groote

ist Diplom-Psychologe und arbeitete neun Jahre als Polizeipsychologe im höheren Dienst bei der Polizei in Nordrhein-Westfalen mit den Schwerpunktthemen Verhandlungen in Geiselnahmen, Entführungen und Erpressungen, Unterstützung bei verdeckten polizeilichen Maßnahmen und Distant Profiling. Er war als Referent in unterschiedlichen Bereichen der kriminalpolizeilichen Fortbildung tätig. Er hat eine Ausbildung in NLP (Neuro-Linguistische Programmierung) und in CISM (Critical Incident Stress Management). Er hat diverse Lehraufträge inne. Everhard von Groote hat sich auf die Bereiche Distant Profiling (Verhaltensprognose von Zielpersonen), Bedrohungsanalyse und Verhandlungstaktik spezialisiert.

Alexander Freiherr von Hardenberg

Alexander Freiherr von Hardenberg ist seit 2000 stellvertretender Konzerngeldwäschebeauftragter der Deutschen Bank. Nach seiner Ausbildung zum Bankkaufmann hat Alexander Freiherr von Hardenberg in unterschiedlichen Bereichen der Bank im In- und Ausland gearbeitet. Seit 2000 verantwortet er in Compliance/AML den Bereich Konzernkoordination. Hierzu gehören u.a. die Themen Richtlinien, Schulung, Risikomanagement und das Kontrollwesen.

Michael Helfer

ist Geschäftsführer von AuditManagement LiVE und befasst sich schwerpunktmäßig mit den Themen „Interne Revision" und „Corporate Governance". Er verfolgt dabei einen ganzheitlichen Ansatz von der Positionierung der Internen Revision über die Optimierung der Revisionsprozesse bis hin zur operativen Umsetzung aktueller Anforderungen im Rahmen des Enterprise Risk Managements. Sein besonderes Augenmerk liegt dabei auf einer praxisbezogenen Ausgestaltung und einem lösungsorientierten Training.

Er verfügt über eine mehr als 20-jährige Führungs- und Berufserfahrung in Banken und Sparkassen mit dem Schwerpunkt auf Interne Revision (zuletzt als langjähriger Leiter der Internen Revision der größten deutschen Volksbank), Finanz-/Rechnungswesen und Controlling begleitet von einer ebenso langjährigen Tätigkeit als Trainer und Referent. Er ist Herausgeber und Mit-Autor des Werkes „IKS in Banken und Sparkassen" sowie Autor weiterer Bücher und zahlreicher Fachbeiträge zu Themen der Internen Revision. Ferner ist er Mitglied in den DIIR-Arbeitskreisen „MaRisk" und „Abwehr wirtschaftskrimineller Handlungen in Unternehmen".

Peter Hessel

Peter Hessel ist Erster Polizeihauptkommissar und Diplom-Verwaltungswirt bei der Hessischen Polizei mit Dienstort beim Polizeipräsidium Frankfurt a.M. Peter Hessel ist zur Zeit Leiter der Zentralen Ermittlungen in der Direktion Sonderdienste, wobei die Urkundenfälschung und das Ausländerrecht sein Spezialgebiet bilden. Er ist mitverantwortlich für die Konzeption der Hessischen Polizei zur Bekämpfung der Urkundenkriminalität. Darüber hinaus ist Peter Hessel ausgebildeter Dokumentenberater und -prüfer und war lange Jahre Leiter der Urkundenprüfstelle des Polizeipräsidiums Frankfurt a.M.

Andreas Heuser

Hauptkommissar Andreas Heuser ist Diplomverwaltungsfachwirt in Fachrichtung Polizei. Andreas Heuser ist Dozent für Urkundsdelikte an der Polizeiakademie Hessen, Fachbereich 2, Kriminalitätsbekämpfung, mit Sitz in Wiesbaden. Andreas Heuser war vor seiner Tätigkeit an der Polizeiakademie in Hessen. Angehöriger des Sonderkommandos Frankfurt a.M. und zuständig für das Bahnhofsgebiet Frankfurt a.M. Seine langjährige praktische Erfahrung im Umgang mit verfälschten oder gefälschten Dokumenten macht ihn zu einem ausgewählten Spezialisten in diesem Deliktsbereich.

Hans-Willi Jackmuth

Als Inhaber von addResults befasst sich Hans-Willi Jackmuth mit Themen rund um Risikomanagement, Fraud und Interne Revision. Mehr als zwei Jahrzehnte Bankpraxis prägen seinen Erfahrungsschatz, zuletzt in leitender Stellung in der Internen Revision. Seine Schwerpunkte als Berater und Referent liegen auf den Themen Strategie der Internen Revision, Risikomanagement, IT-Audits, Datenanalytik und Fraud. Er ist fachlicher Leiter des Zertifikatsstudiengangs Certified Fraud Manager (CFM).

Timo Kob

ist Gründer und Vorstand der HiSolutions AG, einem der größten deutschen Beratungshäuser für Informations- und Unternehmenssicherheit. Er hat in den letzten 15 Jahren hunderte Unternehmen und Behörden, darunter viele DAX-Konzerne, Top-20-Banken und Ministerien zu Fragen der Sicherheit und der Business Continuity beraten sowie auditiert und ist Hauptautor des deutschen Standards für Notfallmanagement BSI 100-4. Er besitzt einen Lehrauftrag an der TU Berlin und ist fachlicher Leiter des Zertifikatsstudiengangs Certified Security Manager (CSM) an der Frankfurt School of Finance & Management.

Klaus-Peter Koch

ist Inhaber der Integrity Support® Unternehmensberatung mit Sitz in Frankfurt a.M. Praktische Erfahrung im Handelsbereich einer Bank sowie Studium der Rechtswissenschaften führten ab dem Jahre 2004 zur Spezialisierung im Tätigkeitsbereich Fraud Management. Klaus-Peter Koch ist Absolvent der Studiengänge Certified Fraud Manager und Fraud Expert Finance.

Dr. Matthias Kopetzky

CIA, CFE, CPA, ist Geschäftsführer der Business Valuation Gutachten- und Unternehmensberatung GmbH. Er arbeitet als gerichtlich zertifizierter und beeideter Sachverständiger eng mit Staatsanwaltschaften und Polizei sowie in Wirtschaftsprozessen mit Gerichten zusammen. Er ist dabei für die betriebswirtschaftliche Aufarbeitung in Wirtschaftsstrafverfahren in Form von Gerichtsgutachten zuständig. Der Autor ist als Mitglied im Vorstand des IIA-Österreich (Institut Interne Revision) für die Belange Aus- und Weiterbildung sowie Öffentlichkeitsarbeit zuständig. Er ist – neben verschiedensten anderen Publikationen – mit Joseph Wells Autor des „Handbuch Wirtschaftskriminalität in Unternehmen".

RA Michael Kühn

ist Fachanwalt für Steuerrecht und Strafrecht. Michael Kühn ist seit Jahren als Strafverteidiger im Steuer- und Wirtschaftsstrafrecht tätig. Bedingt durch diese Verteidigungen kam er frühzeitig mit den Handlungsweisen im Bereich des Unternehmensstrafrechts in Berührung. So ist es ihm möglich, die durch Straftaten Geschädigten zu vertreten und mit den Ermittlungsbehörden zusammenzuarbeiten. Michael Kühn war einer der ersten Absolventen des Zertifikatsstudiengangs zum „Certified Compliance Professional Corporates" der Frankfurt School of Finance & Management, was ihn insbesondere für die Präventionsberatung im Bereich Aufbau und Implementierung von Compliance Systemen prädestiniert. Er berät mittelständische Unternehmen im Aufbau ihrer Compliance-Management-Systeme und führt auch entsprechende Schulungen der Mitarbeiter durch. Neben seiner Tätigkeit als Dozent ist er Mitautor des Buches „Asset Tracing and Recovery" und Autor weiterer Veröffentlichungen.

Christian de Lamboy

Während seiner Ausbildung zum Bankkaufmann in der Sparkasse Krefeld studierte Christian de Lamboy Betriebswirtschaftslehre an der Johann Wolfgang Goethe-Universität in Frankfurt a. M. Innerhalb des weiteren Verlaufs des Studiums arbeitete Christian de Lamboy unter anderem beim Deutschen Aktien Institut, der Landesbank Hessen-Thüringen (HELABA) im Aktienresearch und bei Siemens VDO in der Corporate Market Intelligence. Christian de Lamboy arbeitet seit 2006 in der Frankfurt School of Finance & Management, wo er das Competence Center Governance & Audit mit den Schwerpunkten Fraud, Audit, Compliance, Technologie und Security aufgebaut hat. In 2007 absolvierte er die Zertifizierungen zum Certified Internal Auditor (CIA) sowie das Certification in Control Self-Assessment (CCSA). Seit 2008 ist Christian de Lamboy Doktorand am Management Department an der Frankfurt School of Finance & Management.

Wolfgang Lehmacher

ist eine Führungskraft mit breiter internationaler Erfahrung und Mitglied des Board of Governors der Universal Business School in Karjat, India. Nach dem betriebswirtschaftlichen Studium und verschiedenen Aufgaben bei Logistikunternehmen wie Kühne & Nagel und ASG hatte er leitende Funktionen im Senior Management bei TNT und bei der französischen La Poste inne, einschließlich der Funktion President & Chief Executive Officer GeoPost Intercontinental. Wolfgang Lehmacher ist im Bereich der Corporate Compliance und insbesondere dem Antikorruptionsmanagement aktiv, u.a. beim World Economic Forum. Er vermittelt seine Erfahrungen auch bei verschiedenen Institutionen, wie z.B. dem MIT Centre of Transportation and Logistics, und unterstützt die Prinzipien der United Nations Global Compact (UNGC) und der Partnering Against Corruption Initiative (PACI).

RA Dr. Ingo Minoggio

ist Partner der Kanzlei Minoggio Rechtsanwälte und Strafverteidiger (Hamm/Münster). Er verfügt über mehr als 25 Jahre Berufserfahrung als Rechtsanwalt und Fachanwalt für Steuer- und Strafrecht. Dabei arbeitet er in komplexen wirtschafts- oder steuerstrafrechtlichen Problemstellungen bundesweit, vor allen Gerichten und gegenüber sämtlichen Untersuchungsbehörden, betreut auch Wirtschaftsstrafverfahren mit internationalem Bezug. Er führt strafrechtliche Revisionen und berät bei Gesellschafterauseinandersetzungen, Firmenstreitigkeiten, Compliance und Risk-Management-Aufgaben, bei Schadenersatzverfolgungen nach Straftaten (Asset tracing), leitet firmeninterne Frauduntersuchungen und führt Firmenverteidigungen in Strafverfahren – Tätigkeiten und Beratungen generell auf der „Nahtstelle" zwischen dem Wirtschaftsstraf- und Steuerstrafrecht und dem angrenzenden Haftungs- und Wirtschaftsverwaltungsrecht. Daneben ist er Autor zahlreicher wissenschaftlicher Veröffentlichungen zum Strafrecht, Strafverfahrensrecht und Wirtschaftsstrafrecht, u.a. Verfasser des Fachbuches „Firmenverteidigung – die Vertretung von Unternehmensinteressen im Straf- und Ordnungswidrigkeitenverfahren" (2. Auflage 2010), und hält mehrere Lehraufträge an Hochschulen.

Hartwin Möhrle

Hartwin Möhrle ist geschäftsführender Gesellschafter der A&B ONE Kommunikationsagentur GmbH. Seine Schwerpunkte liegen in den Bereichen Corporate Communications, Krisenkommunikation, Compliance und Issues Management, Human Resources und Organisationsentwicklung. Er berät Großunternehmen, Mittelständler, Institutionen und Einzelpersonen in vielfältigen Krisensituationen, im Risikomanagement und in der Krisenprävention. Nach dem Studium der Diplompädagogik, Germanistik und Musik in Frankfurt a. M. war Hartwin Möhrle lange Jahre als freier Journalist für Agenturen, Magazine, Tageszeitungen, Hörfunk und Fernsehen tätig. Von 1990 bis 1993 leitete er als Chefredakteur das „Journal Frankfurt".

RA Arne Müller, LL.M.

ist seit 2009 im Düsseldorfer Büro von Clifford Chance im Bereich Arbeitsrecht tätig. Er berät Mandanten bei der Begründung und Beendigung von Arbeits- und Dienstverträgen sowie bei allgemeinen kollektivrechtlichen Fragestellungen des Tarifvertrags- und Betriebsverfassungsrechts. Ein Tätigkeitsschwerpunkt liegt im Bereich des Arbeitnehmerdatenschutzes sowie der Beratung im Rahmen von Compliance-Untersuchungen. Ein weiterer Schwerpunkt liegt im Bereich der Arbeitnehmerüberlassung.

Jürgen Pauthner

Geschäftsführender Partner von PauthnerDay Compliance; umfangreiche Erfahrung im Compliance Management in DAX- und großen mittelständischen Unternehmen; fachlicher Leiter des Studienganges Certified Compliance Professional (CCP) an der Frankfurt School of Finance & Management. Compliance-Auditor und Justiziar bei der größten Beratungsgesellschaft für operative Risiken mit Hauptsitz in London; Spezialisierung auf die Entwicklung eines umfassend integrierten Ansatzes im Compliance Management seit 2000; berufsbegleitende Compliance-Dissertation an der ESCP Berlin; MBA mit Compliance-Spezialisierung an der ESCP Paris; LL.M. in comparative and international law an der USD San Diego; juristisches Studium mit wirtschaftlicher Ausrichtung in Konstanz, Genf, Lausanne, Regensburg und an der London School of Economics.

Michael Schulze Heuling

ist geschäftsführender Gesellschafter der tci-tangram consultants international GmbH. Nach betriebswirtschaftlichem und verwaltungswissenschaftlichem Studium ist er seit mehr als 20 Jahren im Personal- und Organisationsmanagement tätig. Michael Schulze Heuling war als Führungskraft in internationalen Konzernen, im öffentlichen Bereich und in internationalen Beratungsunternehmen im Post-Merger-Management tätig. 1996 führte er die erste Bank in Deutschland zur Gesamtbank-Zertifizierung nach DIN EN ISO 9001. Er besitzt die Qualifikation als TQM-Assessor und verfügt über langjährige Erfahrung in der Unternehmensbewertung und -entwicklung, bei der Einführung von Managementsystemen und im Prozessmanagement des Dienstleistungsbereiches aller Branchen.

Michael Schulze Heuling betreut eine Vielzahl von Banken, darunter auch Sparkassen, Landesbanken und Genossenschaftsbanken beim Aufbau prozessorientierter Managementsysteme. Er hat verschiedene Lehraufträge zu den Themen Prozessmanagement, Qualitätsmanagement und Organisation. In diesem Zusammenhang erstellte er eine Reihe eigener Veröffentlichungen und Publikationen in Fachzeitschriften.

RA Dr. Christian Röck

Rechtsanwalt und Fachanwalt für Arbeitsrecht. Jurastudium an den Universitäten Bayreuth und Heidelberg, Promotion an der Universität Gießen, mehrjährige Tätigkeit als Rechtsanwalt in internationalen und arbeitsrechtlichen Wirtschaftskanzleien, seit 2007 Senior Legal Counsel bei der SAP AG.

Frank Romeike

ist Geschäftsführer und Eigentümer der RiskNET GmbH sowie Gründer und Gesellschafter von RiskNET Advisory – Romeike, Hager & Partner. Außerdem ist er verantwortlicher Chefredakteur der Zeitschriften „Risiko Manager" und „Risk, Compliance & Audit". Zuvor war er Chief Risk Officer (CRO) bei der IBM Central Europe, wo er u.a. an der Implementierung des weltweiten Risikomanagementprozesses der IBM beteiligt war und mehrere internationale Projekte leitete. Er hat ein betriebswirtschaftliches Studium in Köln abgeschlossen. Im Anschluss hat er Politikwissenschaften, Psychologie und Philosophie an der FernUniversität Hagen studiert. Außerdem hat er ein exekutives Masterstudium im Bereich Risiko- und Compliancemanagement abgeschlossen.

Er ist Mitglied in verschiedenen Fachverbänden und Autor zahlreicher Publikationen und Standardwerke rund um den Themenkomplex Risk Management und wertorientierte Steuerung. Frank Romeike hat Lehraufträge an mehreren Hochschulen und Universitäten.

RA Sylke Roth

ist seit 2001 als Rechtsanwältin beim Elektroakustikhersteller Sennheiser tätig und leitet die Rechtsabteilung des Mittelständlers mit einem weltweiten Vertriebsnetz und Produktionsstätten in Deutschland, Irland und den USA. Zu ihren Aufgaben gehört neben der rechtlichen Beratung der Unternehmensbereiche und Tochtergesellschaften die Bekämpfung der Marken- und Produktpiraterie. Zuvor hat Sylke Roth die Rechtsabteilung eines international ausgerichteten Verkehrsunternehmens aufgebaut und hat u.a. auch für die Organisation für wirtschaftliche Zusammenarbeit und Entwicklung (OECD) in Paris gearbeitet.

RA Hans Jürgen Stephan

Hans Jürgen Stephan ist Rechtsanwalt und Geschäftsführer der Control Risks Deutschland GmbH mit Sitz in Berlin, einem internationalen, auf Risikomanagement spezialisierten Beratungsunternehmen. Hans Jürgen Stephan war vor seiner Tätigkeit für

Control Risks Leiter der Finanzermittlungen der Abteilung Staatsschutz beim Bundes-kriminalamt. Er blickt auf eine umfassende langjährige kriminalpolizeiliche Erfahrung zurück und ist als Rechtsanwalt in Berlin bei der Kanzlei Ochsenfeld + Coll. zugelassen.

Olaf Torner

ist seit mehr als 20 Jahren als Führungskräftetrainer und Berater tätig. Seine Schwer-punkte liegen in den Bereichen Führungskräfte- und Persönlichkeitsentwicklung. Er war viele Jahre in leitenden Positionen von international ausgerichteten Unternehmen tätig. U.a. war er stellvertretender Geschäftsführer der Akademie für Führungskräfte der Wirt-schaft in Bad Harzburg. Seit 2004 ist Olaf Torner als selbstständiger Trainer und Berater für namhafte Unternehmen und Institute im deutschsprachigen Raum tätig.

Prof. Dr. med. Frank Urbaniok

studierte Medizin in Münster und Düsseldorf, war Stipendiat der Friedrich-Ebert-Stif-tung und nach Abschluss seines Studiums in der Rheinischen Landesklinik Langenfeld tätig. Dort baute er eine Modellstation für die Behandlung von persönlichkeitsgestörten Sexualstraftätern auf (Langenfelder Modell) und prägte den Begriff des „deliktorientier-ten Arbeitens". Seit 1997 ist er Chefarzt des Psychiatrisch-Psychologischen Dienstes (PPD) und Geschäftsleitungsmitglied im Amt für Justizvollzug des Kantons Zürich. Der PPD ist die größte forensische Institution der Schweiz, leistet mit derzeit 55 Mitarbeitern ca. 12.000 Konsultationen bei etwa 1.500 Straftätern jährlich und führt bei gut 250 hoch rückfallgefährdeten Gewalt- und Sexualstraftätern deliktpräventive Therapien durch. Frank Urbaniok lehrt an den Universitäten Zürich, Bern und Konstanz und gilt als inter-national führender Experte im Bereich der Forensischen Psychiatrie mit den Arbeits-schwerpunkten Prognostik, Straftätertherapien, Gewalt-, Sexual- und Wirtschaftskrimi-nalität. Er leitet verschiedene Therapie- und Forschungsprojekte und ist daneben als Psychotherapeut, Gutachter und Supervisor tätig. Mit FOTRES (Forensisches Operati-onalisiertes Therapie-Risiko-Evaluations-System) entwickelte er ein eigenes Qualitäts-management- und Dokumentationsinstrument für die Risikobeurteilungen bei Straf-tätern, das mittlerweile in fünf verschiedenen Ländern zum Einsatz kommt. Frank Urbaniok ist Autor zahlreicher wissenschaftlicher Publikationen und ein gefragter Refe-rent im In- und Ausland.

Mark Wachter

Mark Wachter (Diplom-Volkswirt, Kriminaloberkommissar a.D.) ist Manager bei der Konzernrevision eines globalen Logistik- und Transportunternehmens. Besondere Schwerpunkte seiner Tätigkeit sind die Durchführung von Compliance Audits und Special Investigations. Er ist Dozent für Compliance und Fraud Management an der Frankfurt School of Finance & Management.

Dr. Rüdiger Wilmer

ist Diplom-Psychologe und geschäftsführender Gesellschafter vom Team Psychologie & Sicherheit. Er hat zehn Jahre als Polizeipsychologe in NRW mit Aufgaben in der kriminalpolizeilichen Fortbildung mit den Schwerpunktthemen strategische und operative Analysemethoden, Konfliktmanagement, Vernehmungstechniken und Wirtschaftskriminalität gearbeitet. Er trainiert seit über 20 Jahren die Mitarbeiter vieler multinationaler Konzerne zu verschiedenen psychologischen Anwendungsbereichen. Rüdiger Wilmer hat sich auf die Prävention von Mitarbeiterkriminalität, Vernehmungs- und Befragungstechniken, persönliche Sicherheit und Bedrohungsanalyse spezialisiert.

Peter Zawilla

Peter Zawilla ist Geschäftsführer und Gründungsgesellschafter der FMS Fraud Management and Services GmbH. Im Rahmen seiner langjährigen, leitenden Tätigkeit in der Revision einer deutschen Großbank hat er sich einen umfangreichen Erfahrungsschatz angeeignet. In der verantwortlichen Durchführung komplexer Sonderuntersuchungen und Deliktrevisionen in unterschiedlichsten Fachgebieten und Bereichen hat er detaillierte Kenntnisse über wirtschaftskriminelle Handlungen sowie deren Aufklärung und Prävention erarbeitet. Neben der revisorischen Prüfungstätigkeit konnte er auch Erfahrungen beim Aufbau und der mehrjährigen Leitung einer für Sonderuntersuchungen und Deliktrevisionen verantwortlichen Spezialeinheit sowie als Mitglied von operativ tätigen und fallbezogen gebildeten Task-Force-Einheiten sammeln. Er ist Autor zahlreicher Publikationen und Mitherausgeber diverser Fachbücher. Peter Zawilla ist fachlicher Leiter des Zertifikatsstudiengangs Certified Fraud Manager (CFM).

Dieter Zeller

studierte in Friedberg Elektrotechnik mit dem Schwerpunkt Nachrichtentechnik. Nach dem Studium Einstieg in die Deutsche Bundespost und weiterer beruflicher Werdegang zum Fraud-Experten im Bereich der Telekommunikation und Wirtschaftskriminalität. Seit 1999 steht Dieter Zeller als Chairperson in der Verantwortung für das Deutsche Fraud Forum (gegen Telekommunikationskriminalität in Deutschland). Des Weiteren bekleidet er die Position eines Mitgliedes des Board of Directors von CFCA (Communication Fraud Control Association) in den USA. Im Unternehmen arbeitet er nun 20 Jahre im Bereich der Sicherheit an verschiedenen Aufgabenschwerpunkten wie Fraud Detection, Fraud Investigation und Fraud Prevention. Aktuell leitet Dieter Zeller die Abteilung Sicherheitslage, Notfall- und Krisenmanagement im Konzern Deutsche Telekom.

Frankfurt School
Verlag

Fraud Management in Kreditinstituten

Das Thema Wirtschaftskriminalität (Fraud) spielt in der Wirtschaft eine bedeutsame Rolle. Dabei ist aufgrund ihrer natürlichen Nähe zum Geld die Finanzbranche besonders gefährdet. So bestehen hier spezifische Fraud-Praktiken, die in der Vielfalt in kaum einer anderen Branche vorkommen. Auch die schnelle technische Entwicklung in den letzten Jahren verlangt nach einer ständigen Aktualisierung der Präventions- und Detektionsmaßnahmen. Wirtschaftskriminalität stellt daher für Finanzunternehmen kein Novum dar. Eine neue Brisanz bietet das Thema nun mit der Neufassung des § 25c KWG, wodurch Kreditinstitute noch deutlich weitergehende Vorgaben von Seiten der Bundesanstalt für Finanzdienstleistungsaufsicht (BaFin) zur Verhinderung „sonstiger strafbarer Handlungen" erhalten.

Dies aufgreifend müssen von den Finanzdienstleistungsinstituten Fraud-Management-Systeme zur Prävention und Aufdeckung von Fraud individuell konzipiert und installiert werden. Dabei gibt es neben typischen Fraud-Praktiken, die in den meisten Kreditinstituten in ähnlicher Form vorkommen können, auch spezifische Fraud-Muster, durch die Kreditinstitute je nach ihrem Geschäftsmodell in unterschiedlicher Art und Häufigkeit gefährdet sind.

Zur Erleichterung des Umgangs mit Wirtschaftskriminalität in Kreditinstituten bietet dieses Fachbuch eine umfassende Aufstellung typischer Fraud-Praktiken sowie zahlreiche Hinweise zum Vorgehen für Fraud-Beauftragte und greift auch die aktuellsten aufsichtsrechtlichen Entwicklungen auf. Durch die umfassende Zusammenstellung finanzspezifischer Komponenten wird ein ganzheitlicher integrierter Ansatz für Fraud Prävention und Fraud Management aufgezeigt. Alle Autoren sind langjährig erfahrene Experten aus der Finanzbranche sowie aus Aufsichts- und Ermittlungsbehörden und gewährleisten eine sehr hohe Praxisorientierung.

Hans-Willi Jackmuth / Christian de Lamboy / Peter Zawilla (Hg.)
Fraud Management in Kreditinstituten
Typische Praktiken und deren Aufdeckung sowie Verhinderung nach § 25c KWG
1. Auflage 2012 (erscheint 3. Quartal 2012)
Ca. 500 Seiten, gebunden, 79,90 EUR
ISBN 978-3-940913-45-6

Damit richtet sich das Werk an Branchen- und Fachexperten, die einen branchenspezifischen und fundierten Überblick zum Thema Fraud Management im Finanzbereich suchen. Es bietet aber auch den verantwortlichen Führungskräften von Finanzinstituten das notwendige Hintergrundwissen, um grundlegende strategische Entscheidungen zur Errichtung und Etablierung eines institutsspezifischen, ggf. konzernweiten, Fraud-Management-Systems zu treffen.

Weitere Informationen finden Sie unter www.frankfurt-school-verlag.de

Frankfurt School Verlag GmbH | Sonnemannstraße 3–5 | 60314 Frankfurt am Main | Telefon: 069/154008-680
Telefax: 069/154008-657 | E-Mail: info@frankfurt-school-verlag.de